1st Edition 개편된 시험제도 완벽대비!

2023
백광훈
경찰형사법

판례집 2권 형법각론

백광훈 편저

경단기

박영사

본서는 경찰공무원(순경) 공개경쟁채용시험(순경공채), 경찰공무원 경력경쟁채용시험(전의경·경행·법학경채), 해양경찰공무원(순경) 공개경쟁채용시험, 경찰간부후보생 선발시험(경찰간부) 및 경찰공무원 정기 승진시험(경찰승진) 등을 준비하는 수험생들을 위한 경찰형사법 전문수험서이다.

2022년 7월, 필자는 서울 경단기학원에 출강하게 됨에 따라, 위에서 나열한 시험들을 준비하는 수험생들만을 위한 경찰형사법 전용 기본서, 판례집, 기출문제집, OX문제집 등의 강의교재 시리즈를 모두 새롭게 다시 만들게 되었다.

'백광훈 경찰형사법 교재 시리즈'는 필자의 기존 형법·형사소송법 교재들의 방대한 분량을 경찰형사법의 각 단계별 강의에 맞추어 확 줄인 것이다. 즉, ① 기본이론강의에 필요한 '기본서', ② 심화총정리강의에 필요한 '판례집', ③ 기출문제총정리강의에 필요한 '기출문제집'이 바로 그것이다. 본서는 이 중 제2단계의 교재인 판례집에 해당한다.

특히 최근 경찰공무원 시험과목이 개편되어 형사법에서는 형법총론 35%, 형법각론 35%, 형사소송법의 수사와 증거 30%의 비중으로 출제되고 있는바, 이는 형사법에서 특히 형법의 비중이 상당히 높다는 것을 보여주는 것이다. 특히 경찰형사법에서 판례 출제의 비중은 가히 절대적이라 할 만하다. 이에 본서에서는 형법각론 분야의 방대한 판례의 이해와 정리에 꼭 맞는 콘텐츠를 제공하고자 하였다.

필자가 가장 역점을 둔 것은 '제1단계 교재인 기본서와의 일치된 내용 구성'에 있었다. 앞으로 독자들은 필자의 강의를 들으면서 독자들은 형법각론의 기본내용과 그 해당 판례들을 쉽게 연결할 수 있을 것이다. 늘 강조하지만, '단순암기'보다 '이유 있는 암기'가 훨씬 오래 가고 실전에서 활용도가 높다.

본서의 특징을 소개하자면 아래와 같다.

1 무질서한 판례의 나열로서는 수많은 판례들을 효과적으로 정리할 수 없다는 점에서, 형법각론의 기본서의 목차와 흐름과 일치시켜서 판례를 질서 있게 배치하였다.

2 각 장과 각 절의 내용 안에서도 형법각론의 각 논점별로 판례를 정리하여 각론의 내용과 연결하여 판례를 이해할 수 있도록 하였다.

3 각 쟁점별로 긍정하는 판례와 부정하는 판례를 비교하는 방법으로 정리하여 시험장에서 바로 연상될 수 있는 판례 정리가 되도록 하였다.

4 최신판례는 2022년 2월 11일까지 판시된 판례들을 수록하였다. 이후의 최신판례들은 각 시험 전 최신판례특강을 통해 업데이트 될 것임도 동시에 알려두고자 한다.

아무쪼록 본서가 독자들의 판례 실력 향상에 이바지하기를 바라는 마음뿐이다. 끝으로 경찰형사법 교재 시리즈를 집필함에 있어서 필자의 까다로운 여러 요청들을 묵묵히 수용해주시고 본서의 출간을 기꺼이 맡아주신 도서출판 박영사의 임직원들에 대한 심심한 감사의 마음을 지면을 빌려 기록해둔다.

2022년 8월

백 광 훈

학습문의 | cafe.daum.net/jplpexam (백광훈형사법수험연구소)

✓ 아웃라인

	목 차	난이도	출제율	대표지문
제1절 살인의 죄	01 총 설	下	★	• 사람의 생명과 신체의 안전을 보호법익으로 하고 있는 형법의 해석으로는 규칙적인 진통을 동반하면서 분만이 개시된 때(소위 진통설 또는 분만개시설)가 사람의 시기라고 봄이 타당하다. (O) • 혼인 외의 출생자가 인지하지 않은 생모를 살해하면 존속살해죄가 성립한다. (O)
	02 보통살인죄	中	★★	
	03 존속살해죄	中	★★	
	04 영아살해죄	中	★★	
	05 촉탁·승낙살인죄	下	★	
	06 자살교사·방조죄	下	★	
	07 위계·위력에 의한 살인죄	下	★	
	08 살인예비·음모죄	下	★	
제2절 상해와 폭행의 죄	01 총 설	下	★	• 폭행죄는 미수범을 처벌하는 규정이 있다. (×) • 오랜 시간 동안의 협박과 폭행을 이기지 못하고 실신하여 범인들이 불러온 구급차 안에서야 정신을 차리게 되었다면, 외부적으로 어떤 상처가 발생하지 않았다고 하더라도 생리적 기능에 훼손을 입어 신체에 대한 상해가 있었다고 봄이 상당하다. (O) • 1~2개월간 입원할 정도로 다리가 부러진 상해 또는 3주간의 치료를 요하는 우측 흉부자상이 중상해에 해당하지 않는다. (O)
	02 상해죄	中	★★	
	03 존속상해죄	下	★	
	04 중상해죄·존속중상해죄	下	★	
	05 특수상해죄	下	–	
	06 상해치사죄·존속상해치사죄	下	★	
	07 상해죄의 동시범	中	★★	
	08 폭행죄	中	★★	
	09 특수폭행죄	中	★	
	10 폭행치사상죄	下	★	
	11 상습상해·폭행죄	下	★	
제3절 과실치사상의 죄	01 과실치상죄	下	–	• 건물의 소유자로서 건물을 비정기적으로 수리하거나 건물의 일부 분으로 임대하였다는 사정만으로는 업무상 과실치상죄에 있어서 '업무'로 보기 어렵다. (O)
	02 과실치사죄	下	–	
	03 업무상 과실·중과실치사상죄	中	★★	
제4절 낙태의 죄	01 총 설	下	★	• 낙태시술을 하였으나 살아서 출생한 미숙아가 정상적으로 생존할 확률이 적은 경우, 그 미숙아에게 염화칼륨을 주입하여 사망에 이르게 하였다면 이는 낙태행위의 완성일 뿐 별개의 살인행위로
	02 자기낙태죄	中	★★	
	03 동의낙태죄	下	★	
	04 업무상 동의낙태죄	下	★	

1 아웃라인

각 편·장의 목차별 난이도 및 출제율과 함께 반복출제된 주요 대표지문을 OX문제로 수록하였습니다.

✓ 출제경향

구 분	경찰채용						경찰간부						경찰승진					
	17	18	19	20	21	22	16	17	18	19	20	21	17	18	19	20	21	22
제1절 협박과 강요의 죄		1	1	1			1			1	1		1		1	2	1	
제2절 체포와 감금의 죄		1							1					1	1		1	
제3절 약취, 유인 및 인신 매매의 죄		1			1						1	1	1				1	
제4절 강간과 추행의 죄	1	2	1	1	2	2	1	1	1	1	1	1	1	1	1	1	1	1
출제빈도			15/220						10/240						15/240			

2 출제경향

경찰채용·간부·승진 외에도 형법이 포함된 주요시험의 기출문제를 철저히 분석하였습니다.

판례연구　협박죄의 위험범적 성질 관련 판례

대법원 2007.9.28, 2007도606 전원합의체
협박죄의 기수에 이르기 위하여 상대방이 현실적으로 공포심을 일으킬 것을 요하지 않는다는 사례
협박죄가 성립하려면 고지된 해악의 내용이 …… 일반적으로 사람으로 하여금 공포심을 일으키게
하기에 충분한 것이어야 하지만, 상대방이 그에 의하여 현실적으로 공포심을 일으킬 것까지 요구하는
것은 아니며, 그와 같은 정도의 해악을 고지함으로써 상대방이 그 의미를 인식한 이상, 상대방이 현실적
으로 공포심을 일으켰는지 여부와 관계없이 그로써 구성요건은 충족되어 협박죄의 기수에 이르는 것으로
해석하여야 한다. [경찰승진 10 / 사시 13] 결국, 협박죄는 사람의 의사결정의 자유를 보호법익으로 하는
위험범이라 봄이 상당하고, 협박죄의 미수범 처벌조항은 해악의 고지가 현실적으로 상대방에게 도달하
지 아니한 경우나, 도달은 하였으나 상대방이 이를 지각하지 못하였거나 고지된 해악의 의미를 인식하지
못한 경우 등에 적용될 뿐이다. [경찰채용 12 1차 / 경찰채용 13·14 2차 / 경찰간부 11·14 / 국가9급 12 / 법원9급 10 / 법원행시
11·12/ 변호사시험 13·20] …… 정보보안과 소속 경찰관이 자신의 지위를 내세우면서 타인의 민사분쟁에
개입하여 빨리 채무를 변제하지 않으면 상부에 보고하여 문제를 삼겠다고 말한 것은 객관적으로
상대방이 공포심을 일으키기에 충분한 정도의 해악의 고지에 해당하므로 현실적으로 피해자가 공포심

3 기출표시

해당 판례가 기출제된 시험의 직렬과 기출연도를 최대한 빠짐없이 표기하였습니다.

CHAPTER 01 생명과 신체에 대한 죄

제1절 살인의 죄

01 보통살인죄

제250조【살인, 존속살해】 ① 사람을 살해한 자는 사형, 무기 또는 5년 이상의 징역에 처한다.

판례연구 자살 중인 자도 살인죄의 객체

대법원 1948.5.14, 4281형상38
피해자 甲은 자살하기 위해 치마끈으로 목을 졸라 그 실행 중에 있었다. 이때 옆에 있던 乙이 甲의

판례연구 협박죄와 법인 관련 판례

1 대법원 2010.7.15, 2010도1017
법인은 협박죄의 객체가 될 수 있다는 판례
협박죄는 사람의 의사결정의 자유를 보호법익으로 하는 범죄로서 형법규정의 체계상 개인적 법익, 특히 사람의 자유에 대한 죄 중 하나로 구성되어 있는바, 위와 같은 협박죄의 보호법익, 형법규정상 체계, 협박의 행위 개념 등에 비추어 볼 때, 협박죄는 자연인만을 그 대상으로 예정하고 있을 뿐 법인은 협박죄의 객체가 될 수 없다. [경찰채용 18 1차/ 경찰채용 13, 14 2차/ 경찰승진 12/ 국가9급 14/ 법원9급 14/ 법원행시 11, 12]

2 대법원 2010.7.15, 2010도1017
제3자의 법익을 침해하겠다는 내용의 해악 고지의 경우 제3자에 법인이 포함된다는 판례
협박죄에서 협박이란 일반적으로 보아 사람으로 하여금 공포심을 일으킬 정도의 해악을 고지하는 것을 의미하며, 피해자 본인이나 그 친족뿐만 아니라 그 밖의 `제3자`에 대한 법익 침해를 내용으로 하는 해악을 고지하는 것이라고 하더라도 피해자 본인과 제3자가 밀접한 관계에 있어 그 해악의 내용이 피해자 본인에게 공포심을 일으킬 만한 정도의 것이라면 협박죄가 성립할 수 있다. 이 때 `제3자`에는 자연인뿐만 아니라 법인도 포함된다. …… 채권추심 회사의 지사장이 회사로부터 자신의 횡령행위에 대한 민·형사상 책임을 추궁당할 지경에 이르자 이를 모면하기 위하여 회사 본사에 `회사의 내부비리 등을 금융감독원 등 관계 기관에 고발하겠다`는 취지의 서면을 보내는 한편, 위 회사 경영지원본부장이자

사례연구 차량감금과 탈출 사례 : 감금치사죄 인정례

甲은 자신의 승용차로 乙을 가로막아 승차하게 한 연후 乙의 하차요구를 무시한 채 시속 약 60~70km로 달려 乙을 내리지 못하게 하였다. 乙은 여기에서 벗어나고자 차량을 빠져나오다가 길바닥에 떨어져 상해를 입고 그 결과로 인하여 결국 사망하게 되었다. 甲의 형사책임은?

해결 승용차로 피해자를 가로막아 승차하게 한 후 피해자의 하차 요구를 무시한 채 당초 목적지가 아닌 다른 장소를 향하여 시속 약 60 내지 70km의 속도로 진행하여 피해자를 차량에서 내리지 못하게 한 행위는 감금죄에 해당하고, 피해자가 그와 같은 감금상태를 벗어날 목적으로 차량을 빠져 나오려다가 길바닥에 떨어져 상해를 입고 그 결과 사망에 이르렀다면 감금행위와 피해자의 사망 사이에는 상당인과관계가

---

4 기본서와의 동기화

이론학습의 흐름을 유지할 수 있도록 기본서와 판례집의 각 항목을 동기화하였습니다.

5 판례연구

2022.2.11.까지 판시된 가장 최신의 판례와 더불어, 반드시 학습하여야 하는 필수판례만을 선별하여 담았습니다.

6 사례연구

보다 확실한 판례이해를 위하여 사례문제를 관련판례 사이사이에 배치하였습니다.

목 차

부록

MEMO

PART 01

개인적 법익에
대한 죄

✔ 아웃라인

목 차		난이도	출제율	대표지문
제1절 살인의 죄	01 총 설	下	★	• 사람의 생명과 신체의 안전을 보호법익으로 하고 있는 형법의 해석으로는 규칙적인 진통을 동반하면서 분만이 개시된 때(소위 진통설 또는 분만개시설)가 사람의 시기라고 봄이 타당하다. (O) • 혼인 외의 출생자가 인지되지 않은 생모를 살해하면 존속살해죄가 성립한다. (O)
	02 보통살인죄	中	★★	
	03 존속살해죄	中	★★	
	04 영아살해죄	中	★★	
	05 촉탁·승낙살인죄	下	★	
	06 자살교사·방조죄	下	★	
	07 위계·위력에 의한 살인죄	下	★	
	08 살인예비·음모죄	下	★	
제2절 상해와 폭행의 죄	01 총 설	下	★	• 폭행죄는 미수범을 처벌하는 규정이 있다. (×) • 오랜 시간 동안의 협박과 폭행을 이기지 못하고 실신하여 범인들이 불러온 구급차 안에서야 정신을 차리게 되었다면, 외부적으로 어떤 상처가 발생하지 않았다고 하더라도 생리적 기능에 훼손을 입어 신체에 대한 상해가 있었다고 봄이 상당하다. (O) • 1~2개월간 입원할 정도로 다리가 부러진 상해 또는 3주간의 치료를 요하는 우측 흉부자상이 중상해에 해당하지 않는다. (O)
	02 상해죄	中	★★	
	03 존속상해죄	下	★	
	04 중상해죄·존속중상해죄	下	★	
	05 특수상해죄	下	−	
	06 상해치사죄·존속상해치사죄	下	★	
	07 상해죄의 동시범	中	★★	
	08 폭행죄	中	★★	
	09 특수폭행죄	中	★	
	10 폭행치사상죄	下	★	
	11 상습상해·폭행죄	下	★	
제3절 과실치사상의 죄	01 과실치상죄	下	−	• 건물의 소유자로서 건물을 비정기적으로 수리하거나 건물의 일부분으로 임대하였다는 사정만으로는 업무상 과실치상죄에 있어서 '업무'로 보기 어렵다. (O)
	02 과실치사죄	下	−	
	03 업무상 과실·중과실치사상죄	中	★★	
제4절 낙태의 죄	01 총 설	下	★	• 낙태시술을 하였으나 살아서 출생한 미숙아가 정상적으로 생존할 확률이 적은 경우, 그 미숙아에게 염화칼륨을 주입하여 사망에 이르게 하였다면 이는 낙태행위의 완성일 뿐 별개의 살인행위를 구성하지 않는다. (×)
	02 자기낙태죄	中	★★	
	03 동의낙태죄	下	★	
	04 업무상 동의낙태죄	下	★	
	05 부동의낙태죄	下	★	
	06 낙태치사상죄	下	★	
제5절 유기와 학대의 죄	01 총 설	下	★	• 피고인이 자신이 운영하는 주점에 손님으로 와서 수일 동안 식사는 한 끼도 하지 않은 채 계속하여 술을 마시고 만취한 피해자를 주점 내에 그대로 방치하여 저체온증 등으로 사망에 이르게 한 경우 피고인에게 계약상의 부조의무가 없으므로 유기치사죄가 성립하지 않는다. (×)
	02 유기죄	中	★★	
	03 존속유기죄	下	★	
	04 중유기죄·존속중유기죄	下	−	
	05 영아유기죄	下	★	
	06 학대죄·존속학대죄	下	★	
	07 아동혹사죄	下	★	
	08 유기치사상죄	下	★	

✔ 출제경향

구 분	경찰채용						경찰간부						경찰승진					
	17	18	19	20	21	22	16	17	18	19	20	21	17	18	19	20	21	22
제1절 살인의 죄		1									1			1				1
제2절 상해와 폭행의 죄	2	1	1	2	2	1		1	1				1	1	1	1	1	1
제3절 과실치사상의 죄								1										
제4절 낙태의 죄																		
제5절 유기와 학대의 죄							1	1	1	1	1	1	1		1		1	1
출제빈도	10/220						9/240						12/240					

CHAPTER **01**

생명과 신체에 대한 죄

국가9급						법원9급						법원행시						변호사시험					
17	18	19	20	21	22	17	18	19	20	21	22	17	18	19	20	21	22	17	18	19	20	21	22
	1						1											1	1				
		1			1					1				1		1							1
								1						1									
			1	1								1	1			1							
5/120						3/150						6/240						3/140					

CHAPTER 01 생명과 신체에 대한 죄

제1절 살인의 죄

01 보통살인죄

제250조 【살인, 존속살해】 ① 사람을 살해한 자는 사형, 무기 또는 5년 이상의 징역에 처한다.

판례연구 자살 중인 자도 살인죄의 객체

대법원 1948.5.14, 4281형상38
피해자 甲은 자살하기 위해 치마끈으로 목을 졸라 그 실행 중에 있었다. 이때 옆에 있던 乙이 甲의 자살행위에 가공하여 이를 완료하게 하여 살해목적을 달성하였다면, 乙은 살인죄의 죄책을 진다. 즉, 자살 중인 자도 얼마든지 살인죄의 객체가 될 수 있는 것이다.

판례연구 사람의 시기 관련 판례

1 대법원 1982.10.12, 81도2621
진통설에 의한 판례
사람의 생명과 신체를 보호법익으로 하고 있는 형법의 해석으로는 사람의 시기는 규칙적인 진통을 동반하면서 태아가 태반으로부터 이탈하기 시작한 때, 다시 말하면 분만이 개시된 때(소위 진통설 또는 분만개시설)라고 봄이 타당하며 이는 형법 제251조에서 분만 중의 태아도 살인죄의 객체가 된다고 규정하고 있는 점을 미루어 보아도 그 근거를 찾을 수 있는 바이니 조산원이 분만 중인 태아를 질식사에 이르게 한 경우에는 업무상 과실치사죄가 성립한다. [경찰간부 13 / 법원9급 07(상)]

2 대법원 2007.6.29, 2005도3832
자궁절개수술에 있어서 태아가 사람으로 되는 시기
제왕절개 수술의 경우 '의학적으로 제왕절개 수술이 가능하였고 규범적으로 수술이 필요하였던 시기(時期)'는 판단하는 사람 및 상황에 따라 다를 수 있어, 분만개시 시점 즉, 사람의 시기(始期)도 불명확하게 되므로 이 시점을 분만의 시기(始期)로 볼 수는 없다(태아는 아직 사람이 아니므로 과실에 의한 낙태행위에는 업무상 과실치사죄가 성립하지 않음). [경찰채용 13·21 1차 / 경찰승진(경장) 11 / 경찰승진 14·16 / 국가9급 12 / 법원9급 14 / 사시 10]

---

1 대법원 1985.5.14, 85도256

피고인이 길이 99cm, 두께 8cm나 되는 각목으로 피해자의 머리를 세 번 가량 강타하고, 피해자가 비틀거리며 쓰러졌음에도 계속하여 더 세게 머리를 두 번 때려 피해자가 두개골 골절로 인한 뇌출혈 등으로 사망한 것이라면 피고인에게는 살인의 고의가 있었다고 보기에 충분하다. [경찰채용 10 2차]

2 대법원 1987.1.20, 86도2395

7세와 3세 : 자살교사죄의 객체가 아니라 살인죄의 대상일 뿐이라는 사례

피고인 甲은 7세, 3세 남짓된 어린 자식들을 함께 죽자고 권유하여 물속에 따라 들어오게 하여 결국 익사하게 하였다. 이 경우 甲은 비록 피해자들을 물속에 직접 밀어서 빠뜨리지는 않았다고 하더라도 자살의 의미를 이해할 능력이 없고, 피고인의 말이라면 무엇이나 복종하는 어린 자식들을 권유하여 익사하게 한 이상 살인의 고의가 인정된다. [경찰채용 10 2차 / 경찰승진 22 / 국가7급 13 / 법원9급 07(상)/ 법원행시 09 · 12]

3 대법원 1994.12.22, 94도2511

피고인이 9세의 여자 어린이에 불과하여 항거를 쉽게 제압할 수 있는 피해자의 목을 피고인이 신고 있던 양말로 감아서 졸라 실신시킨 후 그곳을 떠나버린 이상 그와 같은 자신의 가해행위로 인하여 피해자가 사망에 이를 수도 있다는 사실을 인식하지 못하였다고 볼 수 없으므로, 적어도 그 범행 당시에는 피고인에게 살인의 고의가 있었다고 해야 한다.[1] [국가7급 11]

02　존속살해죄

제250조【살인, 존속살해】 ② 자기 또는 배우자의 직계존속을 살해한 자는 사형, 무기 또는 7년 이상의 징역에 처한다.

대법원 1977.1.11, 76도3871

제 분에 이기지 못하여 식도를 휘두르는 피고인을 말리거나 그 식도를 뺏으려고 한 그 밖의 피해자들을 닥치는 대로 찌르는 무차별 횡포를 부리던 중에 그의 부(父)까지 찌르게 된 결과를 빚은 경우 피고인이 칼에 찔려 쓰러진 부를 부축해 데리고 나가지 못하도록 한 일이 있다고 하여 그의 부를 살해할 의사로 식도로 찔러 살해하였다는 사실을 인정하기는 어렵다.

---

1 사례 : 甲은 자신의 남편의 전처 소생의 딸인 乙(9세)를 도로에서 약 17미터 떨어진 야산 속의 경작하지 않는 밭으로 데리고 들어가 주먹으로 얼굴을 수차례 때리고, 乙이 甲의 머리채를 잡아 뜯고 왼쪽 팔꿈치를 입으로 무는 등 반항을 하자 가지고 있던 양말(늘였을 때의 길이 약 70cm)로 乙의 목을 감아 양말의 양끝을 양손에 나누어 잡고 乙의 머리를 땅에 비비면서 약 4분 동안 2회에 걸쳐 목을 졸라 그에게 약 4주간의 치료를 요하는 상해를 가하고 乙을 실신시킨 후 버려둔 채 그곳을 떠났는데, 그 이후 乙은 스스로 깨어났다. 甲의 죄책은?

해결 살인미수죄.

03 영아살해죄

제251조 【영아살해】 직계존속이 치욕을 은폐하기 위하거나 양육할 수 없음을 예상하거나 특히 참작할 만한 동기로 인하여 분만 중 또는 분만 직후의 영아를 살해한 때에는 10년 이하의 징역에 처한다.

> **판례연구** 영아살해죄의 주체에 관한 판례의 입장
>
> 대법원 1970.3.10, 69도2285
> 영아살해죄의 주체는 법률상 직계존속
> 남녀가 사실상 동거한 관계가 있고 그 사이에 영아가 분만되었다 하여도 그 남자와 영아와의 사이에 법률상 직계존비속의 관계가 있다 할 수 없으므로 그 남자가 영아를 살해한 경우에는 (영아살해죄가 아니라) 보통살인죄에 해당한다. [경찰채용 18 3차 / 경찰승진 10]

04 살인예비 · 음모죄

제255조 【예비, 음모】 제250조와 제253조의 죄를 범할 목적으로 예비 또는 음모한 자는 10년 이하의 징역에 처한다.

> **판례연구** 살인예비죄의 주관적 구성요건
>
> 대법원 1959.12.18, 4292형상677
> 살인예비죄의 성립에는 살인의 고의가 요구된다
> 남파된 간첩이 간첩활동을 저지할 자를 살해할 의사로 무기를 소지한 행위만으로는 본죄가 성립되지 아니한다.

제2절 상해와 폭행의 죄

01 상해죄

제257조 【상해, 존속상해】 ① 사람의 신체를 상해한 자는 7년 이하의 징역, 10년 이하의 자격정지 또는 1천만 원 이하의 벌금에 처한다.
③ 전2항의 미수범은 처벌한다.

상해에 해당된다는 사례

1 대법원 1970.9.22, 70도1638

타인을 강요하게 자상하게 한 사례

피고인이 피해자를 협박하여 그로 하여금 자상케 한 경우에 피고인에게 상해의 결과에 대한 인식이 있고 또 그 협박의 정도가 피해자의 의사결정의 자유를 상실케 함에 족한 것인 이상 피고인에게 대하여 상해죄를 구성한다(상해죄의 간접정범). [법원행시 06]

2 대법원 1996.12.10, 96도2529

실신은 상해에 해당한다는 사례

(甲은 乙에게 약 2시간 동안 계속하여 회칼로 죽여버리겠다거나 소주병을 깨어 찌를 듯한 태도를 보이면서 협박하다가 손바닥으로 乙의 얼굴과 목덜미를 수회 때리자, 乙은 극도의 공포감을 이기지 못하고 기절하였다가 한참 후에 정신을 차렸다.) 오랜 시간 동안의 협박과 폭행을 이기지 못하고 실신하여 범인들이 불러온 구급차 안에서야 정신을 차리게 되었다면, 외부적으로 어떤 상처가 발생하지 않았다고 하더라도 생리적 기능에 훼손을 입어 신체에 대한 상해가 있었다고 봄이 상당하다. [경찰채용 10 1차 / 경찰간부 14 / 법원9급 12 / 사시 10]

3 대법원 1983.3.22, 83도231; 2000.7.4, 99도4341

상해죄의 고의는 상해의 고의는 필요 없고 폭행의 고의로도 족하다는 사례

상해죄의 성립에는 상해의 원인인 폭행에 대한 인식이 있으면 충분하고 상해를 가할 의사의 존재까지는 필요하지 않다. [경찰채용 13 · 18 2차 / 경찰승진 14]

상해에 해당되지 않는다는 사례

1 대법원 1996.12.23, 96도2673

좌측 팔 부분에 약 1주간의 치료를 요하는 동전 크기의 멍이 든 것은 일상생활에서 얼마든지 생길 수 있는 극히 경미한 상처이므로 굳이 따로 치료할 필요도 없는 것이어서 상해에 해당되지 않는다.

2 대법원 2007.6.29, 2005도3832

태아를 사망에 이르게 한 낙태 그 자체는 임부에 대한 상해가 아니라는 판례

현행 형법이 사람에 대한 상해 및 과실치사상의 죄에 관한 규정과는 별도로 태아를 독립된 행위객체로 하는 낙태죄, 부동의 낙태죄, 낙태치상 및 낙태치사의 죄 등에 관한 규정을 두어 포태(胞胎)한 부녀의 자기낙태행위 및 제3자의 부동의 낙태행위, 낙태로 인하여 위 부녀에게 상해 또는 사망에 이르게 한 행위 등에 대하여 처벌하도록 한 점, 과실낙태행위 및 낙태미수행위에 대하여 따로 처벌규정을 두지 아니한 점 등에 비추어 보면, 우리 형법은 태아를 임산부 신체의 일부로 보거나, 낙태행위가 임산부의 태아양육, 출산 기능의 침해라는 측면에서 낙태죄와는 별개로 임산부에 대한 상해죄를 구성하는 것으로 보지는 않는다고 해석된다. [경찰간부 13 · 14 / 국가7급 10 / 법원9급 12 · 14 / 사시 10 · 12]

1 대법원 1983.4.26, 83도524

상해죄의 죄수판단기준은 피해자의 수

상해를 입힌 행위가 동일한 일시, 장소에서 동일한 목적으로 저질러진 것이라 하더라도 피해자를 달리하고 있으면 피해자별로 각각 별개의 상해죄를 구성한다고 보아야 할 것이고 1개의 행위가 수개의 죄에 해당하는 경우라고 볼 수 없다. [법원행시 06 · 10 / 사시 13]

2 대법원 1976.12.14, 76도3375

상해를 하면서 협박한 사례 : 상해죄의 1죄

甲은 소주병으로 乙의 머리를 1회 쳐서 상해를 가하고, 또 동일한 일시에 가위로 乙에게 찔러 죽인다고 협박을 하였다. (원심은 상해죄와 협박죄의 경합범으로 판시했으나) 위 협박사실행위라는 것은 피고인에게 인정된 위 상해사실과 같은 시간 같은 장소에서 동일한 피해자에게 가해진 것임이 명백하여 달리 특별한 사정이 있었음을 찾아볼 수 없는 본 건에 있어서는 상해의 단일범의 하에서 이루어진 하나의 폭언에 불과하여 위 상해죄에 포함되는 행위라고 봄이 상당하다 할 것이다. [법원9급 07(상)]

3 대법원 1982.6.8, 82도486

협박을 하고 나서 별도로 상해를 한 사례 : 협박죄와 상해죄의 경합범

甲은 乙을 사시미칼로 찔러 죽인다고 말하여 乙은 공포심을 느꼈다. 다시 甲은 주먹과 발로 乙을 수회 구타하여 상해를 입혔다. 이는 별개의 법익을 침해한 행위로서 협박죄와 상해죄의 경합범에 해당한다.

02　중상해죄 · 존속중상해죄

제258조 【중상해, 존속중상해】 ① 사람의 신체를 상해하여 생명에 대한 위험을 발생하게 한 자는 1년 이상 10년 이하의 징역에 처한다.
② 신체의 상해로 인하여 불구 또는 불치나 난치의 질병에 이르게 한 자도 전항의 형과 같다.
③ 자기 또는 배우자의 직계존속에 대하여 전2항의 죄를 범한 때에는 2년 이상 15년 이하의 유기징역에 처한다. 〈개정 2016.1.6.〉

대법원 2005.12.9, 2005도7527

중상해교사가 아니라 상해교사에 불과하다는 사례

甲은 乙에게 "丙의 다리를 부러뜨려 1~2개월간 입원케 하라."고 말하여, 乙로부터 순차 지시를 받은 A, B는 칼로 丙의 우측가슴을 찔러 그에게 약 3주간의 치료를 요하는 우측흉부자상 등을 가하였는데, 피고인이 교사한 상해가 중상해에 해당한다거나 피해자가 입은 상해가 중상해에 해당한다고 단정할 자료가 없다. [경찰채용 10 2차 / 경찰간부 13 / 국가7급 10 / 법원행시 06 · 10 / 사시 10 · 13]

제260조【폭행, 존속폭행】① 사람의 신체에 대하여 폭행을 가한 자는 2년 이하의 징역, 500만 원 이하의 벌금, 구류 또는 과료에 처한다.
③ 제1항 및 제2항의 죄는 피해자의 명시한 의사에 반하여 공소를 제기할 수 없다.

판례연구 **폭행에 해당된다는 사례**

1 대법원 1990.2.13, 89도1406
신체에 접촉하지 않아도 폭행에 해당된다는 사례
폭행죄에 있어서의 폭행이라 함은 사람의 신체에 대하여 물리적 유형력을 행사함을 뜻하는 것으로서 반드시 피해자의 신체에 접촉함을 필요로 하는 것은 아니므로 피해자에게 근접하여 욕설을 하면서 때릴듯이 손발이나 물건을 휘두르거나 던지는 행위를 한 경우에 직접 피해자의 신체에 접촉하지 않았다고 하여도 피해자에 대한 불법한 유형력의 행사로서 폭행에 해당한다. [경찰채용 18 2차]

2 대법원 2016.10.27, 2016도9302
차를 조금씩 전진시키는 것을 반복하는 행위도 폭행에 해당한다는 사례
자신의 차를 가로막는 피해자를 부딪친 것은 아니라고 하더라도, 피해자를 부딪칠 듯이 차를 조금씩 전진시키는 것을 반복하는 행위 역시 피해자에 대해 위법한 유형력을 행사한 것이라고 보아야 한다(특수폭행).

판례연구 **폭행에 해당되지 않는 사례**

1 대법원 1977.2.8, 76도3758
타인의 신체에 대한 불법한 공격으로 볼 수 없어 폭행에 해당하지 않는 사례
甲이 먼저 乙에게 덤벼들고, 뺨을 꼬집고, 주먹으로 쥐어박았기 때문에 甲이 乙을 부둥켜안은 행위를 유형력의 행사인 폭행으로 볼 수 없다.

2 대법원 1986.10.14, 86도1796
상대방의 시비를 만류하면서 조용히 얘기나 하자며 그의 팔을 2, 3회 끈 사실만 가지고는 사람의 신체에 대한 불법한 공격이라고 볼 수 없어 형법 제260조 제1항 소정의 폭행죄에 해당한다고 볼 수 없다.

3 대법원 1991.1.29, 90도2153
형법 제260조에서 말하는 폭행이란 사람의 신체에 대하여 유형력을 행사하는 것을 의미하는 것으로서 피고인이 피해자에게 욕설을 한 것만을 가지고 당연히 폭행을 한 것이라고 할 수는 없을 것이고, 피해자 집의 대문을 발로 찬 것이 막바로 또는 당연히 피해자의 신체에 대하여 유형력을 행사한 경우에 해당한다고 할 수도 없다. [법원9급 10]

4 대법원 2001.3.9, 2001도227
단순히 눈을 부릅뜨고 "이 십팔놈아, 가면 될 것 아니냐."고 욕설을 한 것만으로는 피해자에게 불쾌감을 주는 데 그칠 뿐 피해자의 신체에 대한 유형력의 행사라고 보기 어려워 폭행죄를 구성한다고 할 수 없다. [국가9급 12]

5 대법원 2003.1.10, 2000도5716

전화를 통한 욕설과 폭언은 원칙적으로 폭행이 아니라 협박이라는 사례(심수봉 사건)

(甲은 1996년 4월경 乙의 집으로 전화를 하여 乙에게 "트로트 가요앨범진행을 가로챘다. 일본노래를 표절했다. 사회에 매장시키겠다."라고 수회에 걸쳐 폭언을 하고, 그 무렵부터 1997년 12월경까지 위와 같은 방법으로 일주일에 4 내지 5일 정도, 하루에 수십회 반복하여 乙에게 "강도 같은 년, 표절가수다." 라는 등의 폭언을 하면서 욕설을 하였고, 1998년 3월경 乙의 바뀐 전화번호를 알아낸 후 乙의 집으로 전화하여 乙에게 "전화번호 다시 바꾸면 가만 두지 않겠다."라는 등으로 폭언을 하고, 1999년 9월 1일 00 : 40경 乙의 집 자동응답전화기에 "乙이 살인 청부교사범 맞아, 남의 작품을 빼앗아 간 여자, 도둑년 하고 살면서, 미친년 정신 똑바로 차려."라는 욕설과 폭언을 수회에 걸쳐 녹음하였다.) ① 피해자의 신체에 공간적으로 근접하여 고성으로 폭언이나 욕설을 하거나 동시에 손발이나 물건을 휘두르거나 던지는 행위는 직접 피해자의 신체에 접촉하지 아니하였다 하더라도 피해자에 대한 불법한 유형력의 행사로서 폭행에 해당될 수 있는 것이지만, [국가7급 10] ② 거리상 멀리 떨어져 있는 사람에게 전화기를 이용하여 전화하면서 고성을 내거나 그 전화 대화를 녹음 후 듣게 하는 경우에는 '특수한 방법으로 수화자의 청각기관을 자극하여 그 수화자로 하여금 고통스럽게 느끼게 할 정도의 음향을 이용하였다는 등의 특별한 사정이 없는 한' 신체에 대한 유형력의 행사를 한 것으로 보기 어렵다(甲은 폭행죄가 아니라 협박죄). [경찰채용 11 1차 / 경찰승진(경사) 11 / 법원9급 10]

04 특수폭행죄

제261조 【특수폭행】 단체 또는 다중의 위력을 보이거나 위험한 물건을 휴대하여 제260조 제1항 또는 제2항의 죄를 범한 때에는 5년 이하의 징역 또는 1천만 원 이하의 벌금에 처한다.

판례연구 다중(多衆)의 위력을 보임의 의미 관련 판례

1 대법원 1961.1.18, 4293형상896

인원이 불과 '수명'인 경우에도 집단적 세력을 배경으로 한 것이면 다중에 해당한다.

2 대법원 1971.12.21, 71도1930

(특수공무집행방해죄의 '다중의 위력'과 관련하여) 불과 '3인'의 경우에는 그것이 어떤 집단의 힘을 발판 또는 배경으로 한다는 것이 인정되지 않는 한 다중의 위력을 보인 것이라고는 할 수 없다.

판례연구 위험한 물건에 해당한다는 사례

1 대법원 1997.5.30, 97도597

(구)폭처법 제3조 제1항에 있어서 '위험한 물건'을 '휴대하여'라는 말은 소지뿐만 아니라 널리 이용한다는 뜻도 포함하고 있다 할 것인데, 피고인은 견인료납부를 요구하면서 피고인 운전의 캐피탈 승용차의 앞을 가로막고 있는 교통관리직원인 피해자 이○○의 다리 부분을 승용차 앞 범퍼 부분으로 들이받고 약 1m 정도 진행하여 동인을 땅바닥에 넘어뜨려 폭행하였다는 것이므로, 피고인의 이러한 행위는 위험한 물건인 자동차를 이용하여 이○○를 폭행하였다 할 것이다. [법원행시 13 / 변호사시험 13]

2 대법원 2001.2.23, 2001도271

고속도로상에서 승용차로 다른 사람이 타고 가는 승용차 뒤를 바짝 따라붙어 운전을 방해하고 자신의 차량을 위 타인의 차량 앞으로 몰고 가 급제동을 하여 타인으로 하여금 급제동하거나 급차로 변경을 하게 하고 또한 중앙분리대와 충돌할 위험에 처하게 하는 등의 행위를 하였다면 이는 위험한 물건을 휴대하여 피해자를 폭행한 것이라고 볼 수 있다.

3 대법원 2005.4.28, 2005도547

폭력조직의 행동대원인 피고인이 후배조직원들인 피해자들의 조직기강이 해이해졌다는 이유로 바닥에 엎드리게 한 다음 길이 1m 가량의 야구방망이로 엉덩이 부분을 수회 때리는 등 상해를 가한 경우 폭처법상 '위험한 물건을 휴대하고 상해'한 경우에 해당한다.

4 대법원 2010.11.11, 2010도10256

피고인이 甲과 운전 중 발생한 시비로 한차례 다툼이 벌어진 직후 甲이 계속하여 피고인이 운전하던 자동차를 뒤따라온다고 보고 순간적으로 화가 나 甲에게 겁을 주기 위하여 자동차를 정차한 후 4 내지 5m 후진하여 甲이 승차하고 있던 자동차와 충돌한 경우, 피고인 운전의 자동차는 폭처법 제3조 제1항이 정한 '위험한 물건'에 해당한다(폭처법상 특수상해, 특수손괴). [법원행시 13]

5 대법원 2014.6.12, 2014도1894

최루탄·최루분말과 위험한 물건 : 김선동 의원 최루탄 사건
국회의원인 甲은 한미 자유무역협정 비준동의안의 국회 본회의 심리를 막기 위하여 의장석 앞 발언대 뒤에서 CS최루분말 비산형 최루탄 1개를 터뜨리고 최루탄 몸체에 남아있는 최루분말을 국회부의장 乙에게 뿌렸다. 이 경우 위 최루탄과 최루분말은 사회통념에 비추어 상대방이나 제3자로 하여금 생명 또는 신체에 위험을 느낄 수 있도록 하기에 충분한 물건으로서 폭력행위 등 처벌에 관한 법률 제3조 제1항의 '위험한 물건'에 해당한다.[2]

판례연구 **위험한 물건에 해당하지 않는다는 사례**

1 대법원 1981.7.28, 81도1046

쇠파이프(길이 2미터, 직경 5센티미터)로 머리를 구타당하면서 이에 대항하여 그곳에 있던 각목(길이 1미터, 직경 5센티미터)으로 상대방의 허리를 구타한 경우에는 위 각목은 형법상 특수폭행죄 또는 폭처법위반죄의 위험한 물건이라고 할 수 없다.

2 대법원 1989.12.22, 89도1570

乙이 식칼을 들고 나와 甲을 찌르려하자 甲이 이를 저지하기 위하여 그 칼을 뺏은 다음 乙을 훈계하면서 위 칼의 칼자루 부분으로 乙의 머리를 가볍게 친 경우 폭처법상 위험한 물건을 휴대하고 폭행한 경우에 해당하지 않는다. [변호사시험 13]

---

2 ① 이 사건 최루탄의 신관은 관체를 파괴하여 최루물질을 공중에 비산시키는 역할을 하므로 신관 폭발에 의한 직접 위험은 크지 않으나 기폭관이 파열하면서 생성되는 구리 관체의 파편에 의한 상해 위험성이 존재한다는 국립과학연구소의 감정 회보, ② 이 사건 최루탄의 탄통 소재는 강화플라스틱(FRP, Fiber Reinforced Plastics)으로서 깨어지는 구조가 아니고 찢어지는 재료로 되어 있어 파편으로 인한 사람의 생명과 신체에는 영향이 없으나 근접거리에서는 상당히 위험요소가 있다는 최루탄 제조업체에 대한 사실조회 회신, ③ 피해자들과 이 사건 최루탄 폭발 지점의 물리적 거리가 상당히 근접하였기 때문에 자칫 일부 피해자들의 신체에 파편으로 말미암아 치명적인 피해가 발생할 우려가 있었던 점, ④ 다수 피해자에게 이 사건 최루탄에서 비산된 최루분말로 인한 신체적 고통이 현실적으로 나타난 점 등을 근거로, 이 사건 최루탄과 최루분말은 사회통념에 비추어 상대방이나 제3자로 하여금 생명 또는 신체에 위험을 느낄 수 있도록 하기에 충분한 물건으로서 폭력처벌법 제3조 제1항의 위험한 물건에 해당한다.

③ 대법원 1995.1.24, 94도1949

의무경찰이 학생들의 가두캠페인 행사관계로 직진하여 오는 택시의 운전자에게 좌회전 지시를 하였음에도 택시의 운전자가 계속 직진하여 와서 택시를 세우고는 항의하므로 그 의무경찰이 택시 약 30cm 전방에 서서 이유를 설명하고 있는데, 그 운전자가 신경질적으로 갑자기 좌회전하는 바람에 택시 우측 앞 범퍼부분으로 의무경찰의 무릎을 들이받은 경우, 그와 같은 택시운행으로 인하여 사회통념상 피해자인 의무경찰이나 제3자가 위험성을 느꼈으리라고는 보이지 아니하므로 그 택시 운전자의 범행을 특수공무집행방해 치상죄로 의율할 수는 없다(택시 운전자에게 공무집행방해의 미필적 고의는 인정되나, 특수공무집행방해치상죄로 의율할 수는 없다고 한 사례이다).

④ 대법원 2008.1.17, 2007도9624

피해자의 얼굴을 주먹으로 가격하여 생긴 상처가 주된 상처로 보이고, 당구공으로는 피해자의 머리를 툭툭 건드린 정도에 불과한 것으로 보이는 사정 아래에서는, 위 당구공은 폭력행위 등 처벌에 관한 법률 제3조 제1항의 '위험한 물건'에는 해당하지 아니한다. [변호사시험 13]

⑤ 대법원 2009.3.26, 2007도3520

甲은 이혼 분쟁 과정에서 자신의 아들 S를 승낙 없이 자동차에 태우고 떠나려고 하는 乙 일행을 상대로 급하게 추격 또는 제지하는 과정에서 자신의 소형승용차(라노스)로 중형승용차(쏘나타)를 충격하였다. 충격할 당시 두 차량 모두 정차하여 있다가 막 출발하는 상태로서 차량 속도가 빠르지 않았으며 상대방 차량의 손괴 정도가 그다지 심하지 아니하였고, 위 충격으로 피해자들이 입은 상해의 정도가 비교적 경미하였다. 이 경우 충격 당시 차량의 크기, 속도, 손괴 정도 등 제반 사정에 비추어 위 자동차가 폭처법 제3조 제1항에 정한 '위험한 물건'에 해당하지 않기 때문에, 甲에게는 폭처법의 집단·흉기 등 상해죄나 집단·흉기 등 손괴죄의 죄책이 인정되지 않는다. [경찰채용 21 1차/법원행시 13/변호사시험 13]

⑥ 대법원 2010.4.29, 2010도930

경륜장 사무실에서 술에 취해 소란을 피우면서 '소화기'를 집어던졌지만 특정인을 겨냥하여 던진 것이 아닌 점 등을 종합해볼 때, 위 '소화기'는 폭력행위 등 처벌에 관한 법률 제3조 제1항의 '위험한 물건'에 해당하지 않는다. [경찰승진(경사) 11]

판례연구	위험한 물건을 휴대한 경우에 해당하는 사례

대법원 1984.4.10, 84도353

폭력행위 당시 과도를 범행현장에서 호주머니 속에 지니고 있었던 경우(이를 가지고 폭력을 행사한 것은 아니어도) 위험한 물건을 휴대하여 폭행을 한 폭처법 제3조 제1항 소정의 죄에 해당한다.

판례연구	위험한 물건을 휴대한 경우에 해당하지 않는 사례

① 대법원 1985.10.8, 85도1851

폭처법 제3조 제1항 소정의 위험한 물건의 '휴대'라 함은 범행현장에서 범행에 사용할 의도 아래 위험한 물건을 몸 또는 몸 가까이 소지하는 것을 말하므로 청산염 2그램 정도를 협박편지에 동봉 우송하여 피해자에게 도달케 하였다는 것만으로는 위 법조에서 말하는 위험한 물건의 휴대라고 할 수 없다. [법원행시 13]

2 대법원 1990.4.24, 90도401

피고인은 버섯을 채취하러 산에 가면서 칼을 휴대한 것일 뿐 주거침입에 사용할 의도 아래 이를 소지한 것이 아니고 주거침입시에 이를 사용한 것도 아닌 경우에는, 폭처법 제3조 제1항의 흉기를 휴대하여 주거침입의 죄를 범한 자라고 할 수 없다.

3 대법원 1994.10.11, 94도1991

(폭처법 제3조 제1항의 특수주거침입죄와 관련하여) 수인이 흉기를 휴대하여 타인의 건조물에 침입하기로 공모한 후 일부만이 건조물에 들어간 경우, 흉기휴대 여부는 직접 건조물에 들어간 범인을 기준으로 결정한다(그 이외의 자가 휴대한 데 불과한 경우에는 동죄가 성립하지 않음).

4 대법원 2008.7.24, 2008도2794

마약사범이 범행 현장에서 버리려고 비닐봉지에 담아 둔 칼을 들고 있다가 체포된 경우, 폭처법 제7조에 정한 위험한 물건의 '휴대'로 볼 수 없다.

05 상습상해·폭행죄

제264조【상습범】상습으로 제257조, 제258조, 제258조의2, 제260조 또는 제261조의 죄를 범한 때에는 그 죄에 정한 형의 2분의 1까지 가중한다.

판례연구 상습상해·폭행죄 관련 판례

1 대법원 2018.4.24, 2017도21663

상해·폭행의 상습범에 관한 형법 제264조의 상습의 의미

상해죄 및 폭행죄의 상습범에 관한 형법 제264조는 "상습으로 제257조, 제258조, 제258조의2, 제260조 또는 제261조의 죄를 범한 때에는 그 죄에 정한 형의 2분의 1까지 가중한다."라고 규정하고 있다. 형법 제264조에서 말하는 '상습'이란 위 규정에 열거된 상해 내지 폭행행위의 습벽을 말하는 것이므로, 위 규정에 열거되지 아니한 다른 유형의 범죄까지 고려하여 상습성의 유무를 결정하여서는 아니 된다. [경찰승진 22]

2 대법원 2018.4.24, 2017도109561

상습존속폭행죄의 죄수와 소추조건 요부

폭행죄의 상습성은 폭행 범행을 반복하여 저지르는 습벽을 말하는 것으로서, 동종 전과의 유무와 그 사건 범행의 횟수, 기간, 동기 및 수단과 방법 등을 종합적으로 고려하여 상습성 유무를 결정하여야 하고, 단순폭행, 존속폭행의 범행이 동일한 폭행 습벽의 발현에 의한 것으로 인정되는 경우, 그중 법정형이 더 중한 상습존속폭행죄에 나머지 행위를 포괄하여 하나의 죄만이 성립한다고 봄이 타당하다. 그리고 상습존속폭행죄로 처벌되는 경우에는 형법 제260조 제3항이 적용되지 않으므로, 피해자의 명시한 의사에 반하여도 공소를 제기할 수 있다. [경찰승진 22 / 법원9급 21]

06 폭처법·특가법상 특수폭행 등의 죄

대법원 2021.10.14, 2021도10243
정차 중인 버스의 운전사를 폭행한 사건
피고인이 정차한 버스 안에서 버스운전사인 피해자를 폭행한 경우, 특가법 제5조의10 제1항의 '운행 중'에 '여객자동차운송사업을 위하여 사용되는 자동차를 운행하는 중 운전자가 여객의 승차·하차 등을 위하여 일시 정차한 경우를 포함한다'고 규정되어 있는 점, …… 피고인은 이 사건 버스가 정차하고 2분이 채 지나지 않은 시점에 피해자를 폭행하였고 피해자는 피고인만 하차하면 즉시 버스를 출발할 예정이었는바, 피해자에게는 버스에 관한 계속적인 운행의사가 있었던 점 등에 비추어 보면, 이 사건 범행은 운행 중인 자동차 운전자에 대한 폭행에 해당된다.

제3절   과실치사상의 죄

01   업무상 과실·중과실치사상죄

> 제268조 【업무상 과실 · 중과실치사상】 업무상과실 또는 중대한 과실로 사람을 사망이나 상해에 이르게 한 자는 5년 이하의 금고 또는 2천만 원 이하의 벌금에 처한다. 〈우리말 순화 개정 2020.12.8.〉

1 대법원 1966.5.31, 66도536
차량의 운전업무에 종사하는 자가 아닌 자가 행한 단 1회의 운전행위는 업무상 과실치사상죄의 업무에 해당하지 않는다.

2 대법원 2009.5.28, 2009도1040
건물소유자의 지위를 업무상 과실치상죄의 업무자로 볼 수 없다는 사례
안전배려 내지 안전관리 사무에 계속적으로 종사하는 지위를 가지지 아니한 채 단지 건물의 소유자로서 건물을 비정기적으로 수리하거나 건물의 일부분을 임대하였다는 사정만으로는 업무상과실치상죄에 있어서의 '업무'로 보기 어렵다. [경찰채용 20 1차 / 경찰채용 12 3차 / 경찰간부 14 / 법원행시 09·13]

3 대법원 2009.7.9, 2009도2390
교특법상 교통사고가 아니라 형법상 과실범에 해당한다는 사례
화물차를 주차하고 적재함에 적재된 토마토 상자를 운반하던 중 적재된 상자 일부가 떨어지면서 지나가

던 피해자에게 상해를 입힌 경우, 교통사고처리 특례법에 정한 '교통사고'에 해당하지 않아 형법 제268조의 업무상과실치상죄가 성립한다.[3] [경찰채용 12 3차 / 경찰승진 12]

판례연구 **특가법상 도주운전죄가 성립하는 사례**

1 대법원 2007.9.6, 2005도4459
만취 운전자가 교통사고 직후 취중상태에서 사고현장으로부터 수십 미터까지 혼자 걸어가다 수색자에 의해 현장으로 붙잡혀 온 경우, 제반 사정상 적어도 위 운전자가 사고발생 사실과 그 현장을 이탈한다는 점을 인식하고 있었다고 보이므로 만취 등 사유만으로 도주의 고의를 부인할 수 없다.

2 대법원 2008.7.10, 2008도1339
특가법 제5조의3의 치상 후 도주죄에서 '구호조치 필요성' 유무의 판단 방법
피해자를 구호할 필요가 있었는지 여부는 사고의 경위와 내용, 피해자의 나이와 그 상해의 부위 및 정도, 사고 뒤의 정황 등을 종합적으로 고려하여 판단하여야 한다. 따라서 교통사고 피해자가 2주간의 치료를 요하는 경추부 염좌 등의 경미한 상해를 입었다는 사정만으로 사고 당시 피해자를 구호할 필요가 없었다고 단정하기는 곤란하므로, 이러한 상황에서 피고인이 차에서 내리지도 않고 피해자들의 상태를 확인하지도 않은 채 인적사항을 알려주는 등의 조치도 취하지 않고 그냥 차량을 운전하여 갔다면 치상 후 도주죄의 구성요건에 해당하는 것으로 보아야 할 것이다.

3 대법원 2009.5.14, 2009도787; 2006.9.28, 2005도6547
농로에서 중앙분리대가 설치된 왕복 4차로의 도로로 진입하던 차량의 운전자가 속도를 줄이거나 일시 정지하여 진행 차량의 유무를 확인하지 않은 채 그대로 진입하다가 도로를 진행하던 차량을 들이받아 파손한 경우, 비록 사고로 인한 피해차량의 물적 피해가 경미하고, 파편이 도로상에 비산되지도 않았다고 하더라도, 차량에서 내리지 않은 채 미안하다는 손짓만 하고 도로를 역주행하여 피해차량의 진행방향과 반대편으로 도주한 것은 교통사고 발생시의 필요한 조치를 다하였다고 볼 수 없다.

4 대법원 2010.4.29, 2010도1920
도로변에 자동차를 주차한 후 운전석 문을 열다가 후방에서 진행하여 오던 자전거의 핸들 부분을 충격하여 운전자에게 상해를 입히고도 아무런 구호조치 없이 현장에서 이탈한 경우, 특가법 제5조의3 제1항의 '도주차량 운전자'에 해당한다.

5 대법원 2011.3.10, 2010도16027
사고운전자가 피해자가 사상을 당한 사실을 인식하고도 구호조치를 취하지 않은 채 사고현장을 이탈하면서 피해자에게 자신의 신원을 확인할 수 있는 자료를 제공하여 준 경우
혈중 알코올 농도 0.197%의 음주상태에서 차량을 운전하다가 교통사고를 일으켜 피해자에게 상해를 입힌 운전자가, 피해자 병원 이송과 경찰관 사고현장 도착 전에 견인차량 기사를 통해 피해자에게 신분증을 교부한 후 피해자의 동의 없이 일방적으로 현장을 이탈하였다가 약 20분 후 되돌아온 경우, 위 운전자의 행위는 특가법 제5조의3 제1항의 '피해자를 구호하는 등 조치를 취하지 아니하고

---

3 **보충** : 피고인이 자신이 운영하는 식품가게 앞에서 1톤 포터 화물차의 적재함에 실려 있던 토마토 상자를 하역하여 가게 안으로 운반하던 중, 위 화물차에 적재되어 있던 토마토 상자 일부가 무너져 내리도록 방치한 과실로 가게 앞을 지나가던 피해자의 머리 위로 위 상자가 떨어지게 하여 골절상 등을 입게 한 위 사안에서, 피고인측은 교통사고이므로 교통사고처리특례법이 적용되어 공소기각판결이 선고되어야 한다고 주장하였으나, 대법원은 이 사건 사고가 위 화물차의 교통으로 인하여 발생한 것이라고 볼 수 없다고 판단하여 이를 받아들이지 않은 사례이다.

도주한 때'에 해당한다(자신의 신원을 확인할 수 있는 자료를 제공하여 주었다고 하더라도 도주한 때에 해당함).

판례연구 **특가법상 도주운전죄가 성립하지 않는 사례**

1 대법원 2006.1.26, 2005도7325
사고 택시의 운전자가 피해자를 구호하여 병원에 후송한 후 피해자에게 직접 자신의 신원사항을 밝히지 않고 경찰관에게 주민등록번호 중 한 자리의 숫자를 사실과 달리 불러 주고 병원을 떠났으나, 그 후 스스로 병원에 연락하여 사고 택시의 자동차등록번호와 택시공제조합에서 치료비를 부담할 것임을 통지한 경우, 피해자를 구호하는 등의 조치를 취하지 아니하고 도주한 때에 해당하지 않는다고 해야 한다.

2 대법원 2006.9.28, 2006도3441
피고인이 교통사고 후 비록 가해차량을 운전하여 사고 현장으로부터 약 400m 이동하여 정차한 사례
교통사고로 인하여 피고인이 받았을 충격의 정도, 사고 후 불가항력적으로 반대차선으로 밀려 역주행하다가 2차 사고까지 일으키게 된 정황, 정주행 차선으로 돌아온 후에도 후발사고의 위험이 없는 마땅한 주차 공간을 찾기 어려운 도로여건, 피고인이 스스로 정차한 후 개인택시조합 직원에게 사고처리를 부탁하는 전화를 마칠 무렵 경찰관이 도착한 사정 등에 비추어, 피고인이 교통사고 후 비록 가해차량을 운전하여 사고 현장으로부터 약 400m 이동하여 정차한 사실은 인정되나 이는 불가피한 것으로 볼 여지가 있고, 이로 인하여 피고인이 도로교통법에 의한 조치를 제대로 이행하지 못하였다고 하더라도 피고인에게 도주의 고의가 있었다고 보기는 어렵다고 해야 한다.

3 대법원 2007.2.9, 2006도6737
피해자를 구호하는 등 도로교통법에 의한 조치를 취할 필요가 있었다고 인정되지 아니하는 경우
사고로 인하여 외견상 쉽게 확인하기 어려운 좌상, 염좌 등의 상해만을 입은 피해자들이 교통사고 직후에 피고인과 정상적인 대화를 나누었고 사고 현장에 출동한 경찰관에게도 사고 상황에 관하여 구체적으로 설명한 점 등을 종합하여, 피해자들이 이 사건 사고로 인하여 피고인 등으로부터 구호를 받아야 할 정도의 상해를 입었다고 단정하기 어렵고, 나아가 피고인이 이미 목격자와 피해자들에게 자신의 신원을 구체적으로 알려 준 다음 경찰관들과 피고인의 아들 등이 사고를 수습하기 위하여 사고현장에 도착한 이후에 일시적으로 그 현장을 이탈한 것이기 때문에 교통사고를 낸 자가 누구인지 확정될 수 없는 상태를 초래하였다고 볼 수 없다.

> 유사 도주운전죄가 성립하려면 피해자에게 사상의 결과가 발생하여야 하고, 생명 · 신체에 대한 단순한 위험에 그치거나 형법 제257조 제1항에 규정된 '상해'로 평가될 수 없을 정도의 극히 하찮은 상처로서 굳이 치료할 필요가 없는 것이어서 그로 인하여 건강상태를 침해하였다고 보기 어려운 경우에는 위 죄가 성립하지 않는다(대법원 2000.2.25, 99도3910; 2008.10.9, 2008도3078).

> 유사 사고 상황을 종합적으로 고려하여 사고운전자가 실제로 피해자를 구호하는 등 도로교통법에 의한 조치를 취할 필요가 있었다고 인정되지 아니하는 경우에는 사고운전자가 피해자를 구호하는 등 도로교통법에 규정된 의무를 이행하기 이전에 사고현장을 이탈하였더라도 특가법 제5조의3 제1항 위반죄로는 처벌할 수 없다(대법원 2002.1.11, 2001도2869; 2007.2.9, 2006도6737; 2007.3.29, 2006도7656).

01 총 설

판례연구　　형법 제269조 제1항 등 위헌소원에 관한 헌법불합치결정례 요약

헌법재판소 2019.4.11, 2017헌바127
① (자기낙태죄 조항에 대한 판단) 자기낙태죄 조항은 입법목적을 달성하기 위하여 필요한 최소한의 정도를 넘어 임신한 여성의 자기결정권을 제한하고 있어 침해의 최소성을 갖추지 못하였고, 태아의 생명 보호라는 공익에 대하여만 일방적이고 절대적인 우위를 부여함으로써 법익균형성의 원칙도 위반하였다고 할 것이므로, 과잉금지원칙을 위반하여 임신한 여성의 자기결정권을 침해하는 위헌적인 규정이다. ② (의사낙태죄 조항에 대한 판단) 자기낙태죄 조항은 모자보건법에서 정한 사유에 해당하지 않는다면, 결정가능기간 중에 다양하고 광범위한 사회적·경제적 사유로 인하여 낙태갈등 상황을 겪고 있는 경우까지도 예외 없이 임신한 여성에게 임신의 유지 및 출산을 강제하고, 이를 위반한 경우 형사처벌한다는 점에서 위헌이므로, 동일한 목표를 실현하기 위하여 임신한 여성의 촉탁 또는 승낙을 받아 낙태하게 한 의사를 처벌하는 의사낙태죄 조항도 같은 이유에서 위헌이라고 보아야 한다. ③ (결론) 태아의 생명을 보호하기 위하여 낙태를 금지하고 형사처벌하는 것 자체가 모든 경우에 헌법에 위반된다고 볼 수는 없다. 그런데 자기낙태죄 조항과 의사낙태죄 조항에 대하여 각각 단순위헌 결정을 할 경우, 임신 기간 전체에 걸쳐 행해진 모든 낙태를 처벌할 수 없게 됨으로써 용인하기 어려운 법적 공백이 생기게 된다. …… 따라서 자기낙태죄 조항과 의사낙태죄 조항에 대하여 단순위헌 결정을 하는 대신 각각 헌법불합치 결정을 선고하되, 다만 입법자의 개선입법이 이루어질 때까지 계속적용을 명하는 것이 타당하다. 입법자는 늦어도 2020.12.31.까지는 개선입법을 이행하여야 하고, 그때까지 개선입법이 이루어지지 않으면 위 조항들은 2021.1.1.부터 효력을 상실한다(이에 대하여, 위 조항들은 헌법에 위반되지 않는다는 재판관 조용호, 재판관 이종석의 합헌의견이 있었음).

---

02 자기낙태죄

제269조【낙 태】① 부녀가 약물 기타 방법으로 낙태한 때에는 1년 이하의 징역 또는 200만 원 이하의 벌금에 처한다.

03 업무상 동의낙태죄

제270조【의사 등의 낙태, 부동의낙태】① 의사, 한의사, 조산사, 약제사 또는 약종상이 부녀의 촉탁 또는 승낙을 받아 낙태하게 한 때에는 2년 이하의 징역에 처한다.

제5절   유기와 학대의 죄

01   유기죄

> **제271조【유기, 존속유기】** ① 나이가 많거나 어림, 질병 그 밖의 사정으로 도움이 필요한 사람을 법률상 또는 계약상 보호할 의무가 있는 자가 유기한 경우에는 3년 이하의 징역 또는 500만 원 이하의 벌금에 처한다. 〈우리말 순화 개정 2020.12.8.〉

는 내용으로 예비적으로 기소된 경우, 피해자가 피고인의 지배 아래 있는 주점에서 3일 동안 과도하게 술을 마시고 추운 날씨에 난방이 제대로 되지 아니한 주점 내 소파에서 잠을 자면서 정신을 잃은 상태에 있었다면, 피고인은 주점의 운영자로서 피해자의 생명 또는 신체에 대한 위해가 발생하지 아니하도록 피해자를 주점 내실로 옮기거나 인근에 있는 여관에 데려다 주어 쉬게 하거나 피해자의 지인 또는 경찰에 연락하는 등 필요한 조치를 강구하여야 할 계약상의 부조의무를 부담하므로, … 유기치사죄를 인정한 것은 정당하다. [경찰승진 22 / 국가9급 14 · 20 · 21 / 법원행시 14 / 사시 14]

판례연구 유기죄의 보호의무가 인정되지 않는 사례

1 대법원 1980.6.24, 80도726
강간치상범의 유기 사례
강간치상의 범행을 저지른 자가 그 범행으로 인하여 실신상태에 있는 피해자를 구호하지 아니하고 방치하였다고 하더라도 그 행위는 포괄적으로 단일의 강간치상죄만을 구성한다. [경찰채용 18 2차 / 경찰간부 11 · 18 / 경찰승진 22 / 국가9급 21 / 사시 13]

2 대법원 1977.1.11, 76도3419
일정거리 동행 사례
현행형법은 유기죄에 있어서 구법과는 달리 보호법익의 범위를 넓힌 반면에 보호책임 없는 자의 유기죄는 없애고 법률상 또는 계약상의 의무 있는 자만을 유기죄의 주체로 규정하고 있어 명문상 사회상규상의 보호책임을 관념할 수 없다고 하겠으므로 유기죄의 죄책을 인정하려면 보호책임이 있게 된 경위, 사정, 관계 등을 설시하여 구성요건이 요구하는 법률상 또는 계약상 보호의무를 밝혀야 할 것이고, 설혹 동행자가 구조를 요하게 되었다 하여도 일정거리를 동행한 사실만으로서는 피고인에게 법률상 · 계약상의 보호의무가 있다고 할 수 없으니 유기죄의 주체가 될 수 없다. [국가7급 07]

3 대법원 2008.2.14, 2007도3952
내연녀가 치사량의 필로폰을 복용하여 부조를 요하는 상태에 있는 경우의 내연남 사례
사실혼관계가 인정되려면 당사자 사이에 주관적으로 혼인의 의사가 있고 객관적으로도 사회관념상 가족질서적인 면에서 부부공동생활을 인정할 만한 혼인생활의 실체가 존재하여야 한다. … 피고인과 망 공소외인이 4년여 동안 동거하기도 하면서 내연관계를 맺어왔다는 사정만으로는 두 사람의 관계를 사실혼 관계라고 보거나 두 사람의 사이에 부부간의 상호 부양의무에 준하는 보호의무를 인정할 수 없다(또한 피고인이 공소외인이 치사량의 필로폰을 복용하여 부조를 요하는 상태에 있다고 인식하였다는 점에 관하여 합리적인 의심이 생기지 않을 정도로 확신하기에는 부족하다고 판단된다). [경찰승진 13 · 17]

보충 결국 유기치사죄가 성립하지 않는다는 판례이다.

판례연구 유기죄의 고의가 없다는 사례

대법원 1988.8.9, 86도225
유기죄가 성립하기 위하여는 행위자가 요부조자에 대한 보호책임의 발생원인이 된 사실(부조를 요하는 상황)이 존재한다는 것을 인식하고, 이에 기한 부조의무를 해태한다는 의식이 있음을 요한다. [경찰간부 11 / 경찰승진 13] 피고인이 호텔 7층 객실에서 피해자(女)에게 성관계를 요구하다가 같은 피해자가 그 순간을 모면하기 위하여 7층 창문으로 뛰어내려 그녀에게 생명에 대한 위험이 발생한 경우, 우선

피해자가 위 객실에서 뛰어내린 여부를 피고인이 전혀 알지 못하였다면 피고인의 고의를 인정할 수 없다(중유기죄 불성립).

02 학대죄·존속학대죄

제273조【학대, 존속학대】① 자기의 보호 또는 감독을 받는 사람을 학대한 자는 2년 이하의 징역 또는 500만 원 이하의 벌금에 처한다.
② 자기 또는 배우자의 직계존속에 대하여 전항의 죄를 범한 때에는 5년 이하의 징역 또는 700만 원 이하의 벌금에 처한다.

판례연구 **학대행위 관련 사례**

1 대법원 1986.7.8, 84도2922
학대라 함은 육체적으로 고통을 주거나 정신적으로 차별대우를 하는 행위 등의 가혹(苛酷)한 대우(對偶)를 의미한다(학대의 의미에 관한 광의설, 다수설·판례). [경찰채용 21 1차 / 경찰간부 18 / 국가9급 14]

2 대법원 2000.4.25, 2000도223
학대죄의 학대행위는 인격에 대한 반인륜적 침해 정도로는 부족하다
학대행위는 형법의 규정체제상 학대와 유기의 죄가 같은 장에 위치하고 있는 점 등에 비추어 단순히 상대방의 인격에 대한 반인륜적 침해만으로는 부족하고 적어도 유기에 준할 정도에 이르러야 한다고 풀이함이 상당한바, 피고인과 피해자가 성관계를 맺게 된 전후의 경위 등이 원심이 적법하게 확정한 바와 같다면, 피고인이 피해자와 성관계를 가진 행위를 가리켜 위와 같은 의미의 학대행위에 해당한다고 보기는 어렵다 하겠으므로, 원심이 같은 취지에서 이 부분 공소사실에 대하여 결국 범죄의 증명이 없는 경우라고 판단하여 무죄를 선고한 조치도 정당하다. 이 경우 미성년자의제강간치상죄만 성립한다. [경찰간부 18 / 국가9급 21]

3 대법원 1969.2.4, 68도1793
친권자의 징계행위의 한계를 넘은 경우
4세인 아들이 대소변을 가리지 못한다고 닭장에 가두고 전신을 구타한 것은 친권자의 징계권행사에 해당한다고 볼 수 없으므로, 학대죄가 성립한다.

4 대법원 2020.9.3, 2020도7625
친자녀를 방임한 아동학대(아동유기·방임) 사건
아동복지법은 아동학대의 의미를 정의하면서 아동의 보호자와 그 외의 성인을 구분하여, 아동의 보호자가 아닌 성인에 관해서는 신체적·정신적·성적 폭력이나 가혹행위를 아동학대행위로 규정하는 것에 비하여 아동의 보호자에 관해서는 위 행위들에 더하여 아동을 유기하거나 방임하는 행위까지 포함시키고 있다(제3조 제7호). 자신의 보호·감독을 받는 아동에 대하여 의식주를 포함한 기본적 보호·양육·치료 및 교육을 소홀히 하는 방임행위를 하여서는 아니 되고(제17조 제6호), 이를 위반하면 5년 이하의 징역 또는 5천만 원 이하의 벌금에 처해진다(제71조 제1항 제2호). …… 친아버지인 피고인은 피해자 공소외 2(피고인의 첫째 아이, 1세)를 양육하면서 집안 내부에 먹다 남은 음식물 쓰레기,

소주병, 담배꽁초가 방치된 상태로 청소를 하지 않아 악취가 나는 비위생적인 환경에서 위 피해자에게 제대로 세탁하지 않아 음식물이 묻어있는 옷을 입히고, 목욕을 주기적으로 시키지 않아 몸에서 악취를 풍기게 하는 등으로 …… 비위생적인 환경에서 위 피해자를 양육하였고 피해자의 의복과 몸을 청결하게 유지해 주지 않았으며 피해자를 집에 두고 외출하기도 하는 등 의식주를 포함한 기본적인 보호·양육·치료 및 교육을 소홀히 하는 방임행위를 하였다고 판단된다.

5 대법원 2021.4.8, 2021도1083
장애인에 대한 정서적 학대행위가 문제된 사건
사회복지사로 근무하는 피고인이 장애인보호작업장에서 지적장애 3급인 피해자의 머리에 쇼핑백 끈 다발을 올려놓고 다른 장애인 근로자들이 피해자를 보고 웃게 하고 피해자의 사진을 찍고, 피해자에게 눈을 찌르고 우는 시늉을 하도록 지시하여 피해자가 어쩔 수 없이 이를 따르도록 하여 피해자로 하여금 수치심을 느끼게 하였다면 장애인복지법상 정서적 학대행위를 한 것으로 인정된다.

6 대법원 2021.11.11, 2021도10679
아동에 대한 정서적 학대행위가 문제된 사건
사회복지법인이 운영하는 복지시설의 원장인 피고인이 원생인 피해아동(5살 여자아이)이 대답을 하지 않았다는 이유로, 식당으로 따라 들어가 다수의 사람들이 지켜보는 상황에서 피해아동이 입고 있던 도복의 허리끈 부위를 뒤에서 잡아 들어 올린 상태로 10m 가량을 걸어 식당 건물 밖까지 나가서 피해아동을 상당 시간 화강암 또는 시멘트 재질의 바닥에 맨발로 세워둔 채 훈계한 행위는 정당한 훈육의 범위나 수단, 방식을 벗어난 것으로서 아동학대처벌법상 아동의 정신건강 및 발달에 해를 끼치는 '정서적 학대행위'에 해당한다.

03 유기치사상죄

제275조【유기 등 치사상】 ① 제271조 내지 제273조의 죄를 범하여 사람을 상해에 이르게 한 때에는 7년 이하의 징역에 처한다. 사망에 이르게 한 때에는 3년 이상의 유기징역에 처한다.
② 자기 또는 배우자의 직계존속에 대하여 제271조 또는 제273조의 죄를 범하여 상해에 이르게 한 때에는 3년 이상의 유기징역에 처한다. 사망에 이르게 한 때에는 무기 또는 5년 이상의 징역에 처한다.

판례연구 **유기치사죄 관련 사례**

대법원 1980.9.24, 79도1387
종교적 신념에 의한 수혈거부 사안 : 유기치사죄
여호와의 증인을 믿는 생모 甲은 자기 딸 乙(11세)이 당장 수혈을 받지 않으면 생명이 위험하다는 사실을 알면서도 종교적 신념을 이유로 완강하게 수혈을 거부하여 결국 사망케 하였다. … 생모가 사망의 위험이 예견되는 그 딸에 대하여는 수혈이 최선의 치료방법이라는 의사의 권유를 자신의 종교적 신념이나 후유증 발생의 염려만을 이유로 완강하게 거부하고 방해하였다면 이는 결과적으로 요부조자를 위험한 장소에 두고 떠난 경우나 다름이 없다고 할 것이고 그때 사리를 변식할 지능이 없다고 보아야 마땅한 11세 남짓의 환자본인 역시 수혈을 거부하였다고 하더라도 생모의 수혈거부 행위가 위법한 점에 영향을 미치는 것이 아니다. [경찰간부 11 / 법원9급 07(상)]

> **보충** 위 판례는 딸의 수혈을 거부한 생모 甲의 행위는 유기(소극적 유기로서 광의의 유기)에 해당되고, 종교적
> 신념은 형법의 정당화사유가 되지 않음을 밝힌 사례이다. 나아가 11세인 환자는 사물을 변별할 수 있는
> 능력이 되지 않으므로 환자 자신의 수혈거부를 환자의 '진료거부권 행사'로 보기도 어렵기 때문에, 甲은
> 유기치사죄의 책임을 지어야 한다는 것이다.

MEMO

✔ 아웃라인

CHAPTER **02**

자유에 대한 죄

✔ 키포인트

구 분	경찰채용						경찰간부						경찰승진					
	17	18	19	20	21	22	16	17	18	19	20	21	17	18	19	20	21	22
제1절 협박과 강요의 죄		1	1	1			1			1	1		1		1	2	1	
제2절 체포와 감금의 죄		1							1					1		1		
제3절 약취, 유인 및 인신 매매의 죄		1			1							1	1				1	
제4절 강간과 추행의 죄	1	2	1	1	2	2	1	1		1	1	1	1	1	1	1	1	1
출제빈도	15/220						10/240						15/240					

국가9급						법원9급						법원행시						변호사시험					
17	18	19	20	21	22	17	18	19	20	21	22	17	18	19	20	21	22	17	18	19	20	21	22
						1			1														1
			1															1	1				
										1	1	2		1		1							
			2		1	1	1	1	1			1	1	1	1	2	2	1		1		1	
4/120						8/150						12/240						6/140					

CHAPTER 02 자유에 대한 죄

제1절 협박과 강요의 죄

01 협박죄

제283조 【협박, 존속협박】 ① 사람을 협박한 자는 3년 이하의 징역, 500만 원 이하의 벌금, 구류 또는 과료에 처한다.
③ 제1항 및 제2항의 죄는 피해자의 명시한 의사에 반하여 공소를 제기할 수 없다.

판례연구 협박죄와 법인 관련 판례

1 대법원 2010.7.15, 2010도1017
법인은 협박죄의 객체가 될 수 있다는 판례
협박죄는 사람의 의사결정의 자유를 보호법익으로 하는 범죄로서 형법규정의 체계상 개인적 법익, 특히 사람의 자유에 대한 죄 중 하나로 구성되어 있는바, 위와 같은 협박죄의 보호법익, 형법규정상 체계, 협박의 행위 개념 등에 비추어 볼 때, 협박죄는 자연인만을 그 대상으로 예정하고 있을 뿐 법인은 협박죄의 객체가 될 수 없다. [경찰채용 18 1차 / 경찰채용 13 · 14 2차 / 경찰승진 12 / 국가9급 14 / 법원9급 14 / 법원행시 11 · 12]

2 대법원 2010.7.15, 2010도1017
제3자의 법익을 침해하겠다는 내용의 해악 고지의 경우 제3자에 법인이 포함된다는 판례
협박죄에서 협박이란 일반적으로 보아 사람으로 하여금 공포심을 일으킬 정도의 해악을 고지하는 것을 의미하며, 피해자 본인이나 그 친족뿐만 아니라 그 밖의 '제3자'에 대한 법익 침해를 내용으로 하는 해악을 고지하는 것이라고 하더라도 피해자 본인과 제3자가 밀접한 관계에 있어 그 해악의 내용이 피해자 본인에게 공포심을 일으킬 만한 정도의 것이라면 협박죄가 성립할 수 있다. 이 때 '제3자'에는 자연인뿐만 아니라 법인도 포함된다. …… 채권추심 회사의 지사장이 회사로부터 자신의 횡령행위에 대한 민 · 형사상 책임을 추궁당할 지경에 이르자 이를 모면하기 위하여 회사 본사에 '회사의 내부비리 등을 금융감독원 등 관계 기관에 고발하겠다'는 취지의 서면을 보내는 한편, 위 회사 경영지원본부장이자 상무이사에게 전화를 걸어 자신의 횡령행위를 문제삼지 말라고 요구하면서 위 서면의 내용과 같은 취지로 발언하였다면 위 상무이사에 대한 협박죄가 인정된다. [경찰채용 17 1차 / 경찰채용 13 · 14 2차 / 경찰간부 11 / 경찰승진 12 / 법원9급 20 / 법원행시 12 변호사시험 13 · 14]

---

1 대법원 1975.10.7, 74도2727

해악 고지의 방법 : 가위로 찌를 듯이 한 사건

협박죄에 있어서의 해악을 가할 것을 고지하는 행위는 통상 언어에 의하는 것이나 경우에 따라서는 한마디 말도 없이 거동에 의하여서도 고지할 수 있는 것이다. 피고인이 소지 중이던 위험한 물건인 가위를 동인의 목에 겨누면서 찌를 것처럼 하였다면 (특수)협박죄가 인정된다. [경찰간부 12·13/법원9급 10]

2 대법원 2011.1.27, 2010도14316

거동에 의한 해악의 고지 : 회칼로 죽어버리겠다며 자해하려 한 사건

협박죄에서 해악을 고지하는 행위는 통상 언어에 의하는 것이나 경우에 따라서는 거동으로 해악을 고지할 수도 있다. 피고인은 피해자와 횟집에서 술을 마시던 중 피해자가 모래 채취에 관하여 항의하는 데에 화가 나서, 횟집 주방에 있던 회칼 2자루를 들고 나와 죽어버리겠다며 자해하려고 하였다. 피고인의 행위는 단순한 자해행위 시늉에 불과한 것이 아니라 피고인의 요구에 응하지 않으면 피해자에게 어떠한 해악을 가할 듯한 위세를 보인 행위로서 협박에 해당한다고 볼 수 있다.

3 대법원 2007.6.1, 2006도1125

제3자로 하여금 해악을 가하도록 하겠다는 방식으로 해악을 고지한 사건

협박죄에 있어서의 해악의 고지는 행위자가 직접 해악을 가하겠다고 고지하는 것은 물론 제3자로 하여금 해악을 가하도록 하겠다는 방식으로도 해악의 고지는 가능한바, [법원9급 10·14] 고지자가 제3자의 행위를 사실상 지배하거나 제3자에게 영향을 미칠 수 있는 지위에 있는 것으로 믿게 하는 명시적·묵시적 언동을 하였거나 제3자의 행위가 고지자의 의사에 의하여 좌우될 수 있는 것으로 상대방이 인식한 경우에는 고지자가 직접 해악을 가하겠다고 고지한 것과 마찬가지의 행위로 평가할 수 있다(대법원 2006.12.8, 2006도6155). [법원9급 14/법원행시 09·10·12/사시 11] 피고인이 피해자의 장모가 있는 자리에서 서류를 보이면서 "피고인의 요구를 들어주지 않으면 서류를 세무서로 보내 세무조사를 받게 하여 피해자를 망하게 하겠다"라고 말하여 피해자의 장모로 하여금 피해자에게 위와 같은 사실을 전하게 하고, 그 다음날 피해자의 처에게 전화를 하여 "며칠 있으면 국세청에서 조사가 나올 것이니 그렇게 아시오"라고 말한 경우, 위 각 행위는 협박죄에 있어서 해악의 고지에 해당한다. [법원9급 14/법원행시 09·10·12]

4 대법원 1991.5.10, 90도2102

협박죄의 고의는 고지한 해악을 실제로 실현할 의도나 욕구는 필요로 하지 아니한다는 사례

협박죄의 주관적 구성요건으로서의 고의는 행위자가 사람으로 하여금 공포심을 일으킬 수 있는 정도의 해악을 고지한다는 것을 인식, 인용하는 것을 그 내용으로 하고 ① 고지한 해악을 실제로 실현할 의도나 욕구는 필요로 하지 아니하고, [경찰채용 13·14 1차/경찰승진 10·14/국가9급 14/법원행시 09·10·12] 다만 ② 행위자의 언동이 단순한 감정적인 욕설 내지 일시적 분노의 표시에 불과하여 주위사정에 비추어 가해의 의사가 없음이 객관적으로 명백한 때에는 협박행위 내지 협박의 의사를 인정할 수 없으나 이러한 협박행위 내지 협박의사가 있었는지는 종합적으로 판단해야 할 것이다. …… 피고인이 피해자인 누나의 집에서 온 몸에 연소성이 높은 고무놀을 바르고 라이타 불을 켜는 동작을 하면서 이를 말리려는 피해자 등에게 가위, 송곳을 휘두르면서 "방에 불을 지르겠다" "가족 전부를 죽여버리겠다"고 소리치고 이를 약 1시간 가량 말리던 피해자가 끝내 무섭고 두려워 신고를 하였다면, 피고인의 행위는 피해자로 하여금 공포심을 일으킬 수 있는 정도의 해악의 고지가 되고, 피고인에게 협박의 고의가 있었다고 보아야 한다. [경찰채용 13·14 1차/경찰승진 14/법원행시 09·10·12]

1 대법원 1998.3.10, 98도70

어떠한 법익에 대한 어떠한 해악을 가하겠다는 것인지 알 수 없다는 사례

乙과 사실혼 관계인 甲은 자신들이 세들어 사는 방의 옆방에 세들어 사는 A(여, 20세)와 수회에 걸쳐 간음하였고 이에 乙이 가출하자, 甲은 A의 언니인 B(26세)에게 전화하여 "乙이 가출하고 없다. 어떻게 할 것인가, 乙을 빨리 찾아내어 해결하여야 할 것이 아닌가, 그렇지 않으면 A를 간통죄로 고소하겠다."라고 말하였다. 그런데 이것만으로는 구체적으로 피고인 甲이 B의 어떠한 법익에 어떠한 해악을 가하겠다는 것인지 알 수 없으므로 협박죄의 해악의 고지라 볼 수 없다.

2 대법원 2012.8.17, 2011도10451

제3자의 법익을 침해하겠다는 내용의 해악 고지가 피해자 본인에 대한 협박죄를 구성하기 위한 요건

형법 제283조에서 정하는 협박죄의 성립에 요구되는 '협박'이라고 함은 일반적으로 그 상대방이 된 사람으로 하여금 공포심을 일으키기에 충분한 정도의 해악을 고지하는 것으로서, 여기서의 '해악'이란 법익을 침해하는 것을 가리키는데, 그 해악이 반드시 피해자 본인이 아니라 그 친족 그 밖의 제3자의 법익을 침해하는 것을 내용으로 하더라도 피해자 본인과 제3자가 밀접한 관계에 있어서 그 해악의 내용이 피해자 본인에게 공포심을 일으킬 만한 것이라면 협박죄가 성립할 수 있다. 피고인이 혼자 술을 마시던 중 甲 정당이 국회에서 예산안을 강행처리하였다는 것에 화가 나서 공중전화를 이용하여 경찰서에 여러 차례 전화를 걸어 전화를 받은 각 경찰관에게 경찰서 관할구역 내에 있는 甲 정당의 당사를 폭파하겠다는 말을 한 경우, 특별한 사정이 없는 한 일반적으로 甲 정당에 대한 해악의 고지가 각 경찰관 개인에게 공포심을 일으킬 만큼 서로 밀접한 관계에 있다고 보기 어려우므로 이는 각 경찰관에 대한 협박죄를 구성하지 않는다. [경찰채용 18 1차 / 경찰채용 13 · 14 2차 / 국가9급 14 / 법원9급 14]

3 대법원 2002.2.8, 2000도3245

조상천도제를 지내지 아니하면 좋지 않은 일이 생긴다는 취지의 해악의 고지 사건

공갈죄의 수단으로써의 협박은 객관적으로 사람의 의사결정의 자유를 제한하거나 의사실행의 자유를 방해할 정도로 겁을 먹게 할 만한 해악을 고지하는 것을 말하고, 그 해악에는 인위적인 것뿐만 아니라 천재지변 또는 신력이나 길흉화복에 관한 것도 포함될 수 있으나, 다만 천재지변 또는 신력이나 길흉화복을 해악으로 고지하는 경우에는 상대방으로 하여금 행위자 자신이 그 천재지변 또는 신력이나 길흉화복을 사실상 지배하거나 그에 영향을 미칠 수 있는 것으로 믿게 하는 명시적 또는 묵시적 행위가 있어야 공갈죄가 성립한다. 조상천도제를 지내지 아니하면 좋지 않은 일이 생긴다는 취지의 해악의 고지는 길흉화복이나 천재지변의 예고로서 행위자에 의하여 직접, 간접적으로 좌우될 수 없는 것이고 가해자가 현실적으로 특정되어 있지도 않으며 해악의 발생가능성이 합리적으로 예견될 수 있는 것이 아니므로 협박으로 평가될 수 없다고 한 사례. [경찰채용 12 1 차 / 경찰간부 11 · 12 · 14 / 경찰승진(경사) 10 / 경찰승진(경위) 10 / 경찰승진 13]

4 대법원 1972.8.29, 72도1565

협박죄를 구성할 만한 해악을 고지의 의사가 없었다는 사례

지서에 연행된 피고인이 경찰관으로부터 반공법위반 혐의사실을 추궁당하고 뺨까지 얻어맞게 되자 술김에 흥분하여 항의조로 "내가 너희들의 목을 자른다 내 동생을 시켜서라도 자른다"라고 말하였다 하여 당시 피고인에게 협박죄를 구성할 만한 해악을 고지할 의사가 있었다고 볼 수 없다. [경찰승진 11]

5 대법원 1986.7.22, 86도1140

甲은 乙과 언쟁 중 "입을 찢어 버릴라."라고 말을 하였다. 이는 당시의 주위사정 등에 비추어 단순한 감정적인 욕설에 불과하고 피해자에게 해악을 가할 것을 고지한 행위라고 볼 수 없어 협박에 해당하지 않는다. [경찰간부 12 / 경찰승진 13]

6 대법원 2006.8.25, 2006도546

감정적인 욕설 내지 일시적인 분노 표시에 불과하고 해악을 고지한다는 인식을 갖고 한 것이라고 보기 어렵다고 한 사례

행위자의 언동이 단순한 감정적인 욕설 내지 일시적 분노의 표시에 불과하여 주위사정에 비추어 가해의 의사가 없음이 객관적으로 명백한 때에는 협박행위 내지 협박의 의사를 인정할 수 없다. [경찰채용 13 2차] 피고인이 자신의 동거남과 성관계를 가진 바 있던 피해자에게 "사람을 사서 쥐도 새도 모르게 파묻어버리겠다. 너까지 것 쉽게 죽일 수 있다."라고 한 말은, 언성을 높이면서 말다툼으로 흥분한 나머지 단순히 감정적인 욕설 내지 일시적 분노의 표시를 한 것에 불과하고 해악을 고지한다는 인식을 갖고 한 것이라고 보기 어렵다. [경찰간부 17]

판례연구 **협박죄의 위험범적 성질 관련 판례**

대법원 2007.9.28, 2007도606 전원합의체

협박죄의 기수에 이르기 위하여 상대방이 현실적으로 공포심을 일으킬 것을 요하지 않는다는 사례

협박죄가 성립하려면 고지된 해악의 내용이 …… 일반적으로 사람으로 하여금 공포심을 일으키게 하기에 충분한 것이어야 하지만, 상대방이 그에 의하여 현실적으로 공포심을 일으킬 것까지 요구하는 것은 아니며, 그와 같은 정도의 해악을 고지함으로써 상대방이 그 의미를 인식한 이상, 상대방이 현실적으로 공포심을 일으켰는지 여부와 관계없이 그로써 구성요건은 충족되어 협박죄의 기수에 이르는 것으로 해석하여야 한다. [경찰승진 10 / 사시 13] 결국, 협박죄는 사람의 의사결정의 자유를 보호법익으로 하는 위험범이라 봄이 상당하고, 협박죄의 미수범 처벌조항은 해악의 고지가 현실적으로 상대방에게 도달하지 아니한 경우나, 도달은 하였으나 상대방이 이를 지각하지 못하였거나 고지된 해악의 의미를 인식하지 못한 경우 등에 적용될 뿐이다. [경찰채용 12 1차 / 경찰채용 13 · 14 2차 / 경찰간부 11 · 14 / 국가9급 12 / 법원9급 10 / 법원행시 11 · 12 / 변호사시험 13 · 20] …… 정보보안과 소속 경찰관이 자신의 지위를 내세우면서 타인의 민사분쟁에 개입하여 빨리 채무를 변제하지 않으면 상부에 보고하여 문제를 삼겠다고 말한 것은 객관적으로 상대방이 공포심을 일으키기에 충분한 정도의 해악의 고지에 해당하므로 현실적으로 피해자가 공포심을 일으키지 않았다 하더라도 협박죄의 기수에 이르렀다고 보아야 한다. [경찰채용 12 1차 / 경찰채용 13 · 14 2차 / 경찰간부 11 · 14 / 경찰승진 10 · 11 · 13 · 14 · 17 / 국가9급 12 · 20 / 법원9급 10 / 법원행시 11 · 12 / 사시 13 / 변호사시험 13]

판례연구 **사회상규에 위배되지 아니하므로 위법하지 않다는 사례**

1 대법원 1995.9.19, 94도2187

수박이 없어지면 네 책임이라고 말한 사례

"앞으로 수박이 없어지면 네 책임으로 한다."고 말하였다고 하더라도 피고인과 먼 친척간이기도 한 피해자가 피고인의 수박밭에 들어와 두리번거리는 것을 발견하자 피해자가 수박을 훔치려던 것으로 믿은 나머지 피해자를 훈계하려고 위와 같이 말하였으며 그 과정에서 폭행을 가하거나 달리 유형력을 행사한 바는 없었다면, 이는 정당한 훈계의 범위를 벗어나는 것이 아니어서 사회상규에 위배되지 아니하므로 위법성이 없다고 봄이 상당하고, 그 후 피해자가 스스로 음독자살(飲毒自殺)하기에 이르렀다 하더라도 이는 피해자가 자신의 결백을 밝히려는 데 그 동기가 있었던 것으로 보일 뿐 그것이 피고인의 협박으로 인한 결과라고 보기도 어려우므로 그와 같은 결과의 발생만을 들어 이를 달리 볼 것은 아니다.[4] [경찰채용 14 1차 / 경찰승진 11 / 법원행시 07]

---

4 유사 : 공갈죄에서 동일한 법리가 적용된 사례 甲은 乙의 대리인 丙으로부터 乙 소유 삼광여관을 5,000만 원에 매수하고 계약금과 잔대금 중 일부를 지급하였다. 丙은 수령금 중 2,000만 원을 자신의 乙에 대한 채권변제에 충당하여 자기 예금구좌에 입금하였다. 乙이 부채를 감당하지 못해 도피해 버리고 그의 채권자들은 乙의 여관을 점거하였다. 그로 인해 여관을 명도받기가 어려워졌으며,

2 대법원 1998.3.10, 98도70
자신의 남편과 불륜관계인 자의 가족에게 고소하겠다고 한 사례
乙은 자신의 남편인 甲과 A(여, 20세)가 수회에 걸쳐 간음한 사실을 구실로, 乙은 B(A의 언니, 26세)에 게 "너희들이 잘못해 놓고 왜 사과하지 않느냐, 가정파탄죄로 고소하겠다."고 말하였으며, A의 집에서 乙이 A의 아버지인 C에게 자신들이 작성한 유서를 보여주며 "읽어봐라. 딸이 가정파괴범이다, 시집을 보내려고 하느냐 안 보내려고 하느냐."라고 말하였는데, 이러한 해악의 고지가 있다 하더라도 그것이 사회의 관습이나 윤리관념 등에 비추어 볼 때에 사회통념상 용인할 수 있을 정도의 것이라면 협박죄는 성립하지 아니한다.

판례연구 **사회상규에 위배되므로 위법하다는 사례**

대법원 2007.9.28, 2007도606
정보과 경찰관이 빨리 채무를 변제하지 않으면 문제삼겠다고 말한 사례
정보보안과 소속 경찰관이 자신의 지위를 내세우면서 타인의 민사분쟁에 개입하여 빨리 채무를 변제 하지 않으면 상부에 보고하여 문제를 삼겠다고 말한 경우, 상대방이 채무를 변제하고 피해 변상을 하는지 여부에 따라 직무집행 여부를 결정하겠다는 취지이더라도 정당한 직무집행이라거나 목적 달성 을 위한 상당한 수단으로 인정할 수 없어 정당행위에 해당하지 않는다. [사시 13]

---

02 강요죄

제324조【강 요】 ① 폭행 또는 협박으로 사람의 권리행사를 방해하거나 의무 없는 일을 하게 한 자는 5년 이하의 징역 또는 3천만 원 이하의 벌금에 처한다. 〈개정 2016.1.6.〉
※ 2016.1.6. 3천만 원 이하의 벌금형을 선택형을 추가한 것은 반성적 조치임(총론, 시간적 적용범위 참조)

판례연구

대법원 2017.10.26, 2015도16696
○○노총이 어떤 곳인지 아느냐 사건
해악의 고지가 비록 정당한 권리의 실현 수단으로 사용된 경우라고 하여도 권리실현의 수단 방법이 사회통념상 허용되는 정도나 범위를 넘는다면 강요죄가 성립하고, 여기서 어떠한 행위가 구체적으로 사회통념상 허용되는 정도나 범위를 넘는 것인지는 그 행위의 주관적인 측면과 객관적인 측면, 즉 추구된 목적과 선택된 수단을 전체적으로 종합하여 판단하여야 한다. 피고인들은 공사현장에서 장비를 뺄 것을 요구하면서 그렇지 않을 경우 발주처에 민원을 넣어 공사를 못하게 하겠다고 말하고, 실

이에 甲은 丙에게 "삼광여관을 당장 명도해 주든가, 명도소송비용을 내놓으라, 그렇지 않으면 내가 당신에게 속은 것이니 고소하여 당장 구속시켜 버리겠다."고 말하였다. 이에 丙은 자신이 수령한 잔대금 중 1,800만 원을 甲에게 보관시키되 자신이 4일 내에 삼광여관을 명도하지 못할 때에는 이로써 명도소송비용과 손해금 등에 충당하기로 약정하고 돈을 건네주었다. 이때 甲은 정당한 권리를 행사한 것이며 다소 위협적인 말을 하였다고 하여도 이는 사회통념상 용인될 정도의 것(제20조의 사회상규에 위배되지 않는 행위)이므로 협박에 해당하지 않으므로 공갈죄가 성립하지 않는다(무죄)(대법원 1984.6.26, 84도648).
참고 : 다만 이러한 공갈죄와 관련해서는, 다수설은 판례와는 달리, 공갈죄는 성립하지 않아도 협박죄는 성립할 수 있다는 입장을 취한다.

제로 요구가 받아들여지지 않자 발주처에 부실시공 여부를 철저하게 조사하여 처벌하여 달라는 취지의 진정을 제기한 다음 이를 이용하여 피해자들로 하여금 장비를 철수하게 하고, 공사현장의 모든 건설장비를 피고인들 쪽에서 배차하는 장비만을 사용하도록 하는 취지의 협약서를 작성하도록 하였는데, 이와 같은 피고인들의 행위는 피해자들의 정당한 영업활동을 방해함으로써 피해자들로 하여금 장비를 철수시키고 자신들이 속한 노조 지회의 장비만을 사용하도록 하기 위하여 발주처에 대한 진정이라는 수단을 동원한 것으로 그 의도나 목적이 정당하다고 보기 어렵고, 나아가 피해자들의 정당한 영업활동의 자유를 침해하는 것이며, 피고인들이 피해자들에게 위와 같은 내용의 언사를 사용하고 부실공사가 아님에도 공사 발주처에 부실공사를 조사해 달라는 진정을 하였다면 이는 사회통념상 허용되는 정도나 범위를 넘는 것으로서 강요죄의 수단인 협박에 해당한다.

판례연구　**강요죄의 폭행에 해당하지 않는 사례**

대법원 2021.11.25, 2018도1346

주택 대문 바로 앞에 차량을 주차하여 차량을 주차장에 출입할 수 없도록 한 사례

강요죄의 폭행은 사람에 대한 직접적인 유형력의 행사뿐만 아니라 간접적인 유형력의 행사도 포함하며, 반드시 사람의 신체에 대한 것에 한정되지 않는다. 사람에 대한 간접적인 유형력의 행사를 강요죄의 폭행으로 평가하기 위해서는 피고인이 유형력을 행사한 의도와 방법, 피고인의 행위와 피해자의 근접성, 유형력이 행사된 객체와 피해자의 관계 등을 종합적으로 고려해야 한다. 피고인은 이 사건 도로의 소유자인데, 피해자를 포함한 이 사건 도로 인접 주택 소유자들에게 도로 지분을 매입할 것을 요구하였음에도 피해자 등이 이를 거부하자, 피해자 주택 대문 바로 앞에 피고인의 차량을 주차하여 피해자가 자신의 차량을 주차장에 출입할 수 없도록 한 경우, 피고인이 피해자에 대하여 어떠한 유형력을 행사하였다고 보기 어려울 뿐만 아니라, 피해자는 주택 내부 주차장에 출입하지 못하는 불편을 겪는 외에는 차량을 용법에 따라 정상적으로 사용할 수 있었다는 점에서 피고인의 행위는 강요죄에 해당하지 않는다.

판례연구　**강요죄에 해당하지 않는 사례**

1 대법원 2008.5.15, 2008도1097

법률상 의무 있는 일을 하게 한 경우 강요죄는 성립하지 않는다는 사례

강요죄는 폭행 또는 협박으로 사람의 권리행사를 방해하거나 의무 없는 일을 하게 하는 것을 말하고, 여기에서 '의무 없는 일'이란 법령, 계약 등에 기하여 발생하는 법률상 의무 없는 일을 말하므로, 폭행 또는 협박으로 법률상 의무 있는 일을 하게 한 경우에는 폭행 또는 협박죄만 성립할 뿐 강요죄는 성립하지 아니한다. …… 甲은 연예인 乙이 팬미팅 공연을 할 의무가 있다고 믿고 있는 상황에서 팬미팅 공연을 할 것을 상요하면서 乙에게 만날 것을 요구하였는데 乙이 거부하자 전화로 재차 만날 것을 요구하면서 팬미팅 공연이 이행되지 않으면 안 좋은 일을 당할 것이라는 협박을 하였던 경우, 甲에게 위 乙에게 공연을 할 의무가 없다는 점에 대한 미필적 인식 즉, 강요죄의 고의가 있었다고 단정하기 어려우므로 강요미수죄는 성립하지 않는다. [경찰간부 11·12·13 / 경찰승진 12 / 사시 13]

2 대법원 2012.11.2, 2010도1233

군인인 상관이 문제 있는 부하에게 일지를 기재하도록 한 사례

상관이 직무수행을 태만히 하거나 지시사항을 불이행하고 허위보고 등을 한 부하에게 근무태도를 교정하고 직무수행을 감독하기 위하여 직무수행의 내역을 일지 형식으로 기재하여 보고하도록 명령하는 행위는 직무권한 범위 내에서 내린 정당한 명령이므로 부하는 명령을 실행할 법률상 의무가 있고, 명령을 실행하지 아니하는 경우 군인사법 제57조 제2항에서 정한 징계처분이 내려진다거나 그에 갈음하여 얼차려의 제재가 부과된다고 하여 그와 같은 명령이 형법 제324조의 강요죄를 구성한다고 볼 수 없다.

3 대법원 2019.8.29, 2018도13792 전원합의체
이익을 기대하며 그 대가로서 요구에 응한 사례

행위자가 직무상 또는 사실상 상대방에게 영향을 줄 수 있는 직업이나 지위에 있고 직업이나 지위에 기초하여 상대방에게 어떠한 요구를 하였더라도 곧바로 그 요구 행위를 위와 같은 해악의 고지라고 단정하여서는 안 된다. 특히 공무원이 자신의 직무와 관련한 상대방에게 공무원 자신 또는 자신이 지정한 제3자를 위하여 재산적 이익 또는 일체의 유·무형의 이익 등을 제공할 것을 요구하고 상대방은 공무원의 지위에 따른 직무에 관하여 어떠한 이익을 기대하며 그에 대한 대가로서 요구에 응하였다면, 다른 사정이 없는 한 공무원의 위 요구 행위를 객관적으로 사람의 의사결정의 자유를 제한하거나 의사실행의 자유를 방해할 정도로 겁을 먹게 할 만한 해악의 고지라고 단정하기는 어렵다.

4 대법원 2020.1.30, 2018도2236 전원합의체
문화계 블랙리스트 사건의 강요죄 부분

대통령비서실장을 비롯한 피고인들 등은 문화체육관광부(이하 '문체부') 공무원들을 통하여 문화예술진흥기금 등 정부의 지원을 신청한 개인·단체의 이념적 성향이나 정치적 견해 등을 이유로 한국문화예술위원회·영화진흥위원회·한국출판문화산업진흥원(이하 각각 '예술위', '영진위', '출판진흥원')이 수행한 각종 사업에서 이른바 좌파 등에 대한 지원배제에 이르는 과정에서, 공무원 甲 및 지원배제 적용에 소극적인 문체부 1급 공무원 乙 등에 대하여 사직서를 제출하도록 요구하고, 예술위·영진위·출판진흥원 직원들로 하여금 지원심의 등에 개입하도록 지시하였는데(이로써 업무상·신분상 불이익을 당할 위험이 있다는 위구심을 일으켜 의무 없는 일을 하게 하였다는 강요의 공소사실로 기소됨), 사직 요구 또는 지원배제 지시를 할 당시의 구체적인 상황과 요구 경위 및 발언의 내용, 요구자와 상대방의 직위·경력, 사직 또는 지원배제에 이르게 된 경위, 일부 사업에서 특정인 또는 특정단체가 지원배제 지시에도 불구하고 지원 대상자로 선정되기도 한 사정 등을 종합할 때, 피고인들이 상대방의 의사결정의 자유를 제한하거나 의사실행의 자유를 방해할 정도로 겁을 먹게 할 만한 해악을 고지하였다는 점에 대한 증명은 부족하다고 해야 한다.

5 대법원 2020.2.13, 2019도5186
전경련 보수 시민단체 자금지원 요구 사례

공무원인 행위자가 상대방에게 어떠한 이익 등의 제공을 요구한 경우 해악의 고지로 인정될 수 없다면 직권남용이나 뇌물 요구 등이 될 수는 있어도 협박을 요건으로 하는 강요죄가 성립하기는 어렵다(전경련에 대한 보수 시민단체 자금지원 요구 사건으로서, 전경련 관계자들이 대통령비서실의 요구를 받고도 그에 따르지 않으면 정책 건의 무산, 전경련 회원사에 대한 인허가 지연 등의 불이익을 받는다고 예상하는 것이 합리적이라고 볼 만한 사정도 제시되지 않은 점 등을 고려한 판례).

판례연구 **강요죄와 공갈죄의 죄수관계 및 연속범** [경찰채용 14 1차 / 경찰간부 13]

甲은 乙에게 2,000만 원을 투자하였는데, 乙의 사업이 어려워져 다른 채권자들이 乙 등에게 소송을 제기할 기세를 보이는 상황이 되자 투자자금회수를 염려한 甲은 공갈의 고의를 가지고 자신의 말을 듣지 않으면 대공분실지하실에 데리고 가서 쥐도 새도 모르게 죽여버리겠다고 위협하여 甲에게 7,000만 원 정도의 채무가 있다는 乙 명의의 자인서를 乙로 하여금 작성하게 하였다. 이후 甲은 乙이 겁을 먹고 있는 상태를 이용하여 乙로부터 2,000만 원을 주겠다는 승낙을 받아냈다. 甲의 형사책임은?

제2절 체포와 감금의 죄

01 체포·감금죄

제276조 【체포, 감금, 존속체포, 존속감금】 ① 사람을 체포 또는 감금한 자는 5년 이하의 징역 또는 700만 원 이하의 벌금에 처한다.

판례연구 감금에 해당하는 사례

1 대법원 1982.6.22, 82도705
피해자를 승용차에 태우고 계속 질주함으로써 내리지 못하게 하는 행위는 감금에 해당한다.[5] [경찰채용 18 2차]

2 대법원 1984.5.15, 84도655
특정 지역 내에서 일정한 생활의 자유가 허용되어도 감금에 해당한다는 사례
피해자가 여관 등에서 8일간 있는 동안 그의 처와 만났으며 피고인 등과 같이 술을 마신 일이 있는 등 특정지역 내에서 일정한 생활의 자유가 허용되었다 하더라도, … 피해자가 그의 행동의 자유에 아무런 제약도 받지 아니하고 그의 자유로운 의사에 의하여 8일간을 여관 등에서 보내게 된 것이라고 볼 수 없다. [경찰간부 14 / 법원9급 05 / 법원행시 09·12]

3 대법원 1991.8.27, 91도1604
심리적·무형적 장해를 주는 행위에 의해서도 감금은 가능하다는 사례
피해자가 만약 도피하는 경우에는 생명·신체에 심한 해를 당할지도 모른다는 공포감에서 도피하기를 단념하고 있는 상태 하에서 그를 호텔로 데리고 가서 함께 유숙한 후 그와 함께 항공기로 국외에 나간 행위는 감금죄를 구성한다. [경찰채용 14·16 1차 / 경찰간부 13 / 경찰승진(경감) 11 / 경찰승진 14 / 법원행시 12]

---

5 보충 : 위 판례는 감금을 하기 위한 수단으로서의 협박은 감금죄에 흡수되어 별죄를 구성하지 아니한다는 사례이기도 하다. [경찰승진(경감) 11]

4 대법원 1994.3.16, 94모2

임의동행형식으로 연행된 피해자가 비록 경찰서 안에서는 자유롭게 활동할 수 있었더라도 그를 경찰서 밖으로 나가지 못하도록 그 신체의 자유를 제한하는 유형·무형의 억압을 가한 경우에도 감금(불법감금, 제124조)에 해당한다.

5 대법원 1984.5.15, 84도655; 2000.3.24, 2000도102; 2011.9.29, 2010도5962

감금에 있어서의 사람의 행동의 자유의 박탈은 반드시 전면적이어야 할 필요가 없으므로 감금된 특정 구역 내부에서 일정한 생활의 자유가 허용되어 있었다고 하더라도 본죄의 성립에는 영향이 없다. [경찰간부 14/법원9급 05/법원행시 09·12/사시 13/변호사시험 17]

판례연구 정신질환자 입원과정에서 정신건강의학과 전문의에게 감금의 고의 등을 부정한 사례

대법원 2015.10.29, 2015도8429

정신건강의학과 전문의인 피고인 甲, 乙이 각각 피해자의 아들 피고인 丙 등과 공동하여 피해자를 응급이송차량에 강제로 태워 병원으로 데려가 입원시켰다고 하여 폭처법 위반(공동감금)으로 기소된 경우, 망상장애와 같은 정신질환의 경우 진단적 조사 또는 정확한 진단을 위해 지속적인 관찰이나 특수한 검사가 필요한 때에도 환자의 입원이 고려될 수 있고, 피고인 甲, 乙은 보호의무자인 피고인 丙의 진술뿐만 아니라 피해자를 직접 대면하여 진찰한 결과를 토대로 피해자에게 피해사고나 망상장애의 의심이 있다고 판단하여 입원이 필요하다는 진단을 한 것이므로, 진단 과정에 정신건강의학과 전문의로서 최선의 주의를 다하지 아니하거나 신중하지 못했던 점이 일부 있었더라도 피해자를 정확히 진단하여 치료할 의사로 입원시켰다고 볼 여지 또한 충분하여, 피고인 甲, 乙에게 감금죄의 고의가 있었다거나 이들의 행위가 형법상 감금행위에 해당한다고 단정하기 어렵다.

판례연구 체포미수 관련 판례

1 대법원 2018.2.28, 2017도21249

강간미수 후 체포미수 사건

형법 제276조 제1항의 체포죄에서 말하는 '체포'는 사람의 신체에 대하여 직접적이고 현실적인 구속을 가하여 신체활동의 자유를 박탈하는 행위를 의미하는 것으로서 수단과 방법을 불문한다. 체포죄는 계속범으로서 체포의 행위에 확실히 사람의 신체의 자유를 구속한다고 인정할 수 있을 정도의 시간적 계속이 있어야 하나, 체포의 고의로써 타인의 신체적 활동의 자유를 현실적으로 침해하는 행위를 개시한 때 체포죄의 실행에 착수하였다고 볼 것이다. …… B는 피고인 A로부터 강간미수 피해를 입은 후 A의 집에서 나가려고 하였는데 A는 B가 나가지 못하도록 현관에서 거실 쪽으로 B를 세 번 밀었고, B가 A를 뿌리치고 현관문을 열고 나와 엘리베이터를 누르고 기다리는데 A가 팬티 바람으로 쫓아 나왔으며, B가 엘리베이터를 탔는데도 A는 B의 팔을 잡고 끌어내리려고 해서 이를 뿌리쳤고, A가 닫히는 엘리베이터 문을 손으로 막으며 엘리베이터로 들어오려고 하자 B는 버튼을 누르고 손으로 A의 가슴을 밀어냈다. …… 피고인은 피해자의 신체적 활동의 자유를 박탈하려는 고의를 가지고 피해자의 신체에 대한 유형력의 행사를 통해 일시적으로나마 피해자의 신체를 구속하였다고 판단된다(강간미수죄 외에도 체포미수죄 성립).

2 대법원 2020.3.27, 2016도18713

체포죄의 착수와 미수

체포죄는 사람의 신체에 대하여 직접적이고 현실적인 구속을 가하여 신체활동의 자유를 박탈하는

죄로서, 그 실행의 착수 시기는 체포의 고의로 타인의 신체적 활동의 자유를 현실적으로 침해하는 행위를 개시한 때이다. 또한 체포죄는 계속범으로서 체포의 행위에 확실히 사람의 신체의 자유를 구속한다고 인정할 수 있을 정도의 시간적 계속이 있어야 기수에 이르고, 신체의 자유에 대한 구속이 그와 같은 정도에 이르지 못하고 일시적인 것으로 그친 경우에는 체포죄의 미수범이 성립할 뿐이다.

판례연구 감금죄의 위법성이 조각된다는 사례

1 대법원 1980.2.12, 79도1349
정신병자의 어머니의 의뢰 및 승낙 하에 그 감호를 위하여 그 보호실 문을 야간에 한해서 3일간 시정하여 출입을 못하게 한 감금행위는 그 병자의 신체의 안정과 보호를 위하여 사회통념상 부득이 한 조처로서 수긍될 수 있는 것이면 위법성이 없다. [경찰간부 13]

2 대법원 1988.11.8, 88도1580
세칭 형제복지원 사건
수용시설에 수용중인 부랑인들의 야간도주를 방지하기 위하여 그 취침시간 중 출입문을 안에서 시정조치 한 행위는 형법 제20조의 정당행위에 해당되어 위법성이 조각된다.

판례연구 체포·감금죄의 죄수 관련 판례

1 대법원 1982.6.22, 82도705
감금하기 위하여 협박한 것은 감금죄에 흡수된다는 사례
甲은 乙(女, 31세)의 신고로 같은 달 자신이 폭력행위 등으로 구속되어 형사처벌을 받은 것에 불만을 품고 이를 보복하기 위하여 乙에게 "자동차에 타라, 타지 않으면 가만있지 않겠다."고 협박하면서 동녀를 그 곳에 대기시켜 놓았던 자동차 뒷좌석에 강제로 밀어 넣어 앉히고 동녀가 내려 달라고 애원했으나 내려주지 않고 그 곳에서 같은 구 망우리 공동묘지까지 동 자동차를 운전하여 약 20분간 운행하였다. 이때 감금을 하기 위한 수단으로서 행사된 단순한 협박행위는 감금죄에 흡수되어 따로 협박죄를 구성하지 아니한다. [경찰채용 18 2차 / 국가7급 13 / 법원9급 05 / 경찰간부 14 / 경찰승진(경감) 11 / 경찰승진 14 / 법원9급 20 / 법원행시 09·12 / 사시 12 / 변호사시험 17]

2 대법원 1997.1.21, 96도2715
감금행위가 강간죄나 강도죄의 수단이 된 경우에도 감금죄는 강간죄나 강도죄에 흡수되지 아니하고 별죄를 구성한다. [경찰간부 13 / 경찰승진(경감) 11 / 법원9급 05·08 / 법원행시 11 / 사시 11 / 변호사시험 17]

3 대법원 1983.4.26, 83도323
강간하기 위하여 감금한 행위는 강간과 감금의 상상적 경합이 된다는 사례
강간의 의도로 주행 중인 자동차에서 탈출 불가능하게 하여 50km를 운행하여 여관 앞까지 강제연행한 후 강간하려다 미수에 그친 경우, 감금죄와 강간미수가 1개의 행위에 의해 실현되었으므로 형법 제40조의 상상적 경합에 해당한다. [경찰채용 18 2차 / 경찰승진 12·14 / 국가9급 13 / 국가7급 08·10 / 법원행시 12 / 사시 13]

4 대법원 1961.9.21, 4294형상455; 1998.5.26, 98도1036
미성년자를 유인한 자가 계속하여 미성년자를 불법하게 감금하였을 때에는 미성년자유인죄 이외에 감금죄가 별도로 성립한다. [경찰채용 14 1차 / 경찰채용 12 3차 / 경찰승진 13·14 / 국가9급 21 / 국가7급 07 / 법원행시 12]

5 대법원 2003.1.10, 2002도4380

강도상해 이후 일정시간 감금한 행위는 실체적 경합이라는 사례

감금행위가 단순히 강도상해범행의 수단이 되는 데 그친 경우(이 경우 상상적 경합관계가 인정될수 있음)가 아니라 강도상해의 범행이 끝난 뒤에도 계속된 경우에는 1개의 행위가 감금죄와 강도상해죄에 해당하는 경우라고 볼 수 없고, 이 경우 감금죄와 강도상해죄는 형법 제37조의 경합범관계에 있다고 보아야 한다. 따라서 피고인이 다른 사람과 피해자로부터 돈을 빼앗자고 공모한 다음 그를 강제로 승용차에 태우고 가면서 돈을 빼앗고 상해를 가한 뒤에도 계속하여 상당한 거리를 진행하여 가다가 교통사고를 일으켜 감금행위가 중단된 경우, 피고인이 저지른 감금죄와 강도상해죄는 경합범관계에 있다. [경찰채용 18 2차 / 경찰승진(경감) 11 / 경찰승진 12·14 / 국가9급 21 / 법원행시 09·12 / 사시 12·13]

02 체포·감금치사상죄

제281조【체포·감금 등의 치사상】 ① 제276조 내지 제280조의 죄를 범하여 사람을 상해에 이르게 한 때에는 1년 이상의 유기징역에 처한다. 사망에 이르게 한 때에는 3년 이상의 유기징역에 처한다.
② 자기 또는 배우자의 직계존속에 대하여 제276조 내지 제280조의 죄를 범하여 상해에 이르게 한 때에는 2년 이상의 유기징역에 처한다. 사망에 이르게 한 때에는 무기 또는 5년 이상의 징역에 처한다.

판례연구 감금치사상죄 관련 판례

1 대법원 1982.11.23, 82도2024

감금치사죄와 감금 중 부작위에 의한 살인죄와의 구별

감금 중 피해자가 사망하였다고 하여 무조건 감금치사죄가 성립하는 것은 아니다. 즉, 예를 들어 ① 행위자가 피해자를 유인하여 포박·감금한 후 단지 그 상태를 유지하였을 뿐인데 피감금자가 사망에 이르게 된 것이라면 감금치사죄에만 해당된다. 그러나 ② 그 감금상태가 계속된 어느 시점에서 행위자에게 살인고의가 생겨 위험발생을 방지함이 없이 포박·감금상태에 있던 피감금자를 그대로 방치함으로써 사망하게 한 경우라면 행위자의 부작위는 살인죄에 해당되므로 감금과는 별도로 부작위에 의한 살인죄를 구성하게 되는 것이다. [국가9급 16 / 국가7급 11 / 사시 11]

2 대법원 2002.10.11, 2002도4315

차량 감금과 사망 사이에 인과관계가 인정되어 감금치사죄가 성립한다는 사례

4일 가량 물조차 제대로 마시지 못하고 잠도 자지 아니하여 거의 탈진상태에 이른 피해자(의식상실자라도 감금죄의 객체가 될 수 있음) [경찰승진(경감) 11 / 변호사시험 17]의 손과 발을 17시간 이상 묶어 두고 좁은 차량 속에서 움직이지 못하게 감금한 행위와 묶인 부위의 혈액 순환에 장애가 발생하여 혈전이 형성되고 그 혈전이 폐동맥을 막아 사망에 이르게 된 결과 사이에는 상당인과관계가 인정된다.

3 대법원 1991.10.25, 91도2085

중감금과 사망 사이에 인과관계가 인정되어 중감금치사죄가 성립한다는 사례

피고인이 아파트 안방에서 안방 문에 못질을 하여 동거하던 피해자가 술집에 나갈 수 없게 감금하고, 피해자를 허리띠로 때리고 옷을 벗기는 등 가혹한 행위를 하여 피해자가 이를 피하기 위하여 창문을 통해 밖으로 뛰어내리려 하자 피고인이 이를 제지한 후 피고인이 거실로 나오는 사이에, 갑자기

안방 창문을 통하여 알몸으로 아파트 아래 잔디밭에 뛰어내리다가 사망한 경우에 피고인의 중감금행위와 피해자의 사망 사이에는 상당인과관계가 있어서 피고인에게는 중감금치사죄의 죄책이 인정된다. [국가9급 12 / 법원행시 13]

사례연구 차량감금과 탈출 사례 : 감금치사죄 인정례

甲은 자신의 승용차로 乙을 가로막아 승차하게 한 연후 乙의 하차요구를 무시한 채 시속 약 60~70km로 달려 乙을 내리지 못하게 하였다. 乙은 여기에서 벗어나고자 차량을 빠져나오다가 길바닥에 떨어져 상해를 입고 그 결과로 인하여 결국 사망하게 되었다. 甲의 형사책임은?

해결 승용차로 피해자를 가로막아 승차하게 한 후 피해자의 하차 요구를 무시한 채 당초 목적지가 아닌 다른 장소를 향하여 시속 약 60 내지 70km의 속도로 진행하여 피해자를 차량에서 내리지 못하게 한 행위는 감금죄에 해당하고, 피해자가 그와 같은 감금상태를 벗어날 목적으로 차량을 빠져 나오려다가 길바닥에 떨어져 상해를 입고 그 결과 사망에 이르렀다면 감금행위와 피해자의 사망 사이에는 상당인과관계가 있다고 할 것이므로 감금치사죄에 해당한다(대법원 2000.2.11, 99도5286). [국가7급 11 / 법원행시 07 / 사시 12]

제3절 약취, 유인 및 인신매매의 죄

01 미성년자약취 · 유인죄

제287조【미성년자의 약취, 유인】 미성년자를 약취 또는 유인한 사람은 10년 이하의 징역에 처한다. 〈전문개정 2013. 4.5.〉

제295조의2【형의 감경】 제287조부터 제290조까지, 제292조와 제294조의 죄를 범한 사람이 약취, 유인, 매매 또는 이송된 사람을 안전한 장소로 풀어준 때에는 그 형을 감경할 수 있다. [법원9급 14] 〈전문개정 2013.4.5.〉

판례연구 미성년자약취 · 유인에 해당하는 사례

1 대법원 1982.4.27, 82도186
하자있는 피해자의 승낙이 있어도 미성년자유인에 해당한다는 사례
피해자가 스스로 가출하였다고는 하나 그것이 피고인의 독자적인 교리설교에 의하여 하자 있는 의사로써 이루어진 것이고, 동 피해자를 보호감독권자의 보호관계로부터 이탈시켜 피고인의 지배하에 옮긴 이상 미성년자 유인죄가 성립한다(피고인들의 지배 하에서 소위 '주의 일'이라는 껌팔이 등 행상을 시킨 사건).

2 대법원 1996.2.27, 95도2980
미성년의 저능아를 보호상태로부터 이탈케 한 사례
미성년자유인죄라 함은 기망 또는 유혹을 수단으로 하여 미성년자를 꾀어 현재의 보호상태로부터 이탈케 하여 자기 또는 제3자의 사실적 지배하로 옮기는 행위를 말하고, 여기서의 유혹이라 함은 기망의 정도에는 이르지 아니하나 감언이설로써 상대방을 현혹시켜 판단의 적정을 그르치게 하는 것이므로

반드시 그 유혹의 내용이 허위일 것을 요하지는 않는다. [경찰채용 12 3차] 피해자는 사고능력이 현저하게 떨어지는 미성년의 저능아로서 자신의 4촌 매형인 공소외 최○○이 경영하는 청소대행업체에서 일하면서 숙식을 해결하는 등 위 공소외인의 보호 하에 있었는데, 피고인들은 피해자의 위와 같은 사정을 알면서도 그로부터 약 8개월 후 피해자가 다시 서울로 돌아올 때까지도 위 공소외인에게 피고인들이 피해자를 제주도로 데려간 사실을 한 번도 이야기하지 아니한 채 숨겼다면, 피고인들이 피해자를 제주도로 데려간 행위는 미성년자를 유인한 행위에 해당됨이 명백하다.

❸ 대법원 1990.2.13, 89도2558; 1991.8.13, 91도1184

형법상 약취행위에 있어서의 폭행 또는 협박의 정도

형법상 약취행위는 피해자를 그 의사에 반하여 자유로운 생활관계 또는 보호관계로부터 범인이나 제3자의 사실상 지배하에 옮기는 행위를 말하는 것으로서, 폭행 또는 협박을 수단으로 사용하는 경우에 그 폭행 또는 협박의 정도는 상대방을 실력적 지배하에 둘 수 있을 정도이면 족하고 반드시 상대방의 반항을 억압할 정도의 것임을 요하지는 아니한다. [경찰채용 16 2차 / 경찰채용 12 3차 / 경찰승진 13·14 / 국가7급 07 / 법원행시 17]

❹ 대법원 2008.1.31, 2007도8011

나쁜 아버지 사건

(乙의 아버지인 甲은 미성년자인 乙의 어머니이자 자신의 妻인 丁이 교통사고로 사망하자 乙의 외조부인 丙에게 피해자의 양육을 맡겨 왔으나, 교통사고 배상금 등을 둘러싸고 丙 등과 사이에 분쟁이 발생하자 甲 자신이 직접 피해자를 양육하기로 마음먹고 학교에서 귀가하는 乙을 본인의 의사에 반하여 강제로 차에 태우고 할아버지에게 간다는 등의 거짓말로 속인 후 고아원에 데려가 乙의 수용문제를 상담하고, 개사육장에서 잠을 재운 후 다른 아동복지상담소에 데리고 가는 등의 행위를 하였다.) 미성년자를 보호·감독하는 자라 하더라도 다른 보호·감독자의 감호권을 침해하거나 자신의 감호권을 남용하여 미성년자 본인의 이익을 침해하는 경우에는 본죄의 주체가 될 수 있다. …… 외조부가 맡아서 양육해 오던 미성년인 자(子)를 자의 의사에 반하여 사실상 자신의 지배하에 옮긴 친권자에게도 미성년자 약취·유인죄가 인정된다. [경찰채용 12 3차 / 경찰간부 13 / 경찰승진 14 / 법원행시 12 / 변호사시험 14]

❺ 대법원 2021.9.9, 2019도16421

면접교섭기간이 종료하였음에도 유아를 인도하지 않은 경우 미성년자약취죄가 성립한다는 사례 [양육친 乙(여, 프랑스인)과 이혼소송 중인 비양육친 甲(남, 한국인)이 면접교섭권을 행사하기 위하여 프랑스에서 乙과 함께 살던 아동 丙(5세)을 대한민국으로 데려온 후 면접교섭 기간이 종료하였음에도 丙을 프랑스로 데려다 주지 않은 사례] 미성년자를 보호·감독하는 사람이라고 하더라도 다른 보호감독자의 보호·양육권을 침해하거나 자신의 보호·양육권을 남용하여 미성년자 본인의 이익을 침해하는 때에는 미성년자에 대한 약취죄의 주체가 될 수 있으므로(대법원 2008.1.31, 2007도8011 등), 부모가 이혼하였거나 별거하는 상황에서 미성년의 자녀를 부모의 일방이 평온하게 보호·양육하고 있는데, 상대방 부모가 폭행, 협박 또는 불법적인 사실상의 힘을 행사하여 그 보호·양육 상태를 깨뜨리고 자녀를 자기 또는 제3자의 사실상 지배하에 옮긴 경우 그와 같은 행위는 특별한 사정이 없는 한 미성년자에 대한 약취죄를 구성한다(대법원 2017.12.13, 2015도10032). …… 면접교섭 기간이 종료하였음에도 프랑스에 있는 양육친에게 데려다 주지 않고 양육친과 연락을 두절한 후 가정법원의 유아인도명령 등에도 불응한 피고인의 행위는 그 목적과 의도, 행위 당시의 정황과 피해자의 상태, 결과적으로 피해아동의 자유와 복리를 침해한 점, 법원의 확정된 심판 등의 실효성을 확보할 수 없도록 만든 점 등을 종합해 보면, 불법적인 사실상의 힘을 수단으로 피해아동을 그 의사와 복리에 반하여 자유로운 생활 및 보호관계로부터 이탈시켜 자기의 사실상 지배하에 옮긴 적극적 행위와 형법적으로 같은 정도의 행위로 평가할 수 있으므로, 형법 제287조 미성년자약취죄의 약취행위에 해당한다. [법원9급 22]

판례연구 | **미성년자약취·유인에 해당하지 않는 사례**

1 대법원 1974.5.28, 74도840
미성년자의 아버지의 부탁이 있었던 사례
미성년자의 아버지의 부탁으로 그 아이들을 보호하고 있는 자는 위 아이를 인도하라는 어머니의 요구를 거부하였다 하여 미성년자약취죄의 죄책을 진다고 볼 수 없다.

2 대법원 2008.1.17, 2007도8485
미성년자 혼자 머무는 주거에 침입하여 강도 범행을 하는 과정에서 일시적으로 부모와의 보호관계가 사실상 침해·배제된 경우 형법 제287조의 미성년자약취죄가 성립하지 않는다고 한 사례
형법 제287조에 규정된 약취행위는 폭행 또는 협박을 수단으로 하여 미성년자를 그 의사에 반하여 자유로운 생활관계 또는 보호관계로부터 이탈시켜 범인이나 제3자의 사실상 지배하에 옮기는 행위를 말하는 것이다. 물론, 여기에는 미성년자를 장소적으로 이전시키는 경우뿐만 아니라 장소적 이전 없이 기존의 자유로운 생활관계 또는 부모와의 보호관계로부터 이탈시켜 범인이나 제3자의 사실상 지배하에 두는 경우도 포함된다고 보아야 한다. [경찰채용 16 2차 / 경찰승진 14 / 변호사시험 14] 다만, 미성년자와 보호자의 일상생활의 장소적 중심인 주거에서 장소적 이전을 전제로 하지 아니한 채 폭행 또는 협박이 이루어진 경우에는, 그로 인하여 미성년자와 부모의 보호관계가 제한 혹은 박탈되는 모든 경우에 형법 제287조의 미성년자약취죄가 성립하는 것으로 볼 수는 없고, 무엇보다 미성년자를 기존의 생활관계 및 보호관계로부터 이탈시킬 의도가 없는 경우에는 실행의 착수조차 인정하기 어려우며, 범행의 목적과 수단, 시간적 간격 등을 고려할 때 사회통념상 실제로 기존의 생활관계 및 보호관계로부터 이탈시킨 것으로 인정되어야만 기수가 성립한다. [국가7급 07] …… ① 미성년자가 혼자 머무는 주거에 침입하여 그를 감금한 뒤 폭행 또는 협박에 의하여 부모의 출입을 봉쇄하거나, 미성년자와 부모가 거주하는 주거에 침입하여 부모만을 강제로 퇴거시키고 독자적인 생활관계를 형성하기에 이르렀다면 비록 장소적 이전이 없었다 할지라도 형법 제287조의 미성년자약취죄에 해당함이 명백하지만, ② 강도 범행을 하는 과정에서 혼자 주거에 머무르고 있는 미성년자를 체포·감금하거나 혹은 미성년자와 그의 부모를 함께 체포·감금, 또는 폭행·협박을 가하는 경우, 나아가 주거지에 침입하여 미성년자의 신체에 위해를 가할 것처럼 협박하여 부모로부터 금품을 강취하는 경우와 같이, 일시적으로 부모와의 보호관계가 사실상 침해·배제되었다 할지라도, 그 의도가 미성년자를 기존의 생활관계 및 보호관계로부터 이탈시키는 데 있었던 것이 아니라 단지 금품 강취를 위하여 반항을 제압하는 데 있었다거나 금품 강취를 위하여 고지한 해악의 대상이 그곳에 거주하는 미성년자였던 것에 불과하다면, 특별한 사정이 없는 한 미성년자를 약취한다는 범의를 인정하기 곤란할 뿐 아니라, 보통의 경우 시간적 간격이 짧아 그 주거지를 중심으로 영위되었던 기존의 생활관계로부터 완전히 이탈되었다고 평가하기도 곤란하다. …… 미성년자 혼자 머무는 주거에 침입하여 강도 범행을 하는 과정에서 미성년자와 그 부모에게 폭행·협박을 가하여 일시적으로 부모와의 보호관계가 사실상 침해·배제되었더라도, 미성년자가 기존의 생활관계로부터 완전히 이탈되었다거나 새로운 생활관계가 형성되었다고 볼 수 없고 범인의 의도도 위와 같은 생활관계의 이탈이 아니라 단지 금품 강취를 위한 반항 억압에 있었으므로, 형법 제287조의 미성년자약취죄가 성립하지 않는다.[6] [경찰간부 13 / 경찰승진 13·14]

---

6 **사례 : 미성년자의 주거에서 장소적 이전을 전제로 하지 않은 폭행·협박 사례** 甲은 모년 모월 모일 14:30경 아파트 현관문을 열고 집안으로 들어서는 피해자 미성년자 乙을 발견하고 乙에게 달려들어 옆구리에 칼을 들이대고 뒤따라 집안으로 침입한 후 집안을 뒤져 물품을 강취하고, 현금이 발견되지 않자 더 나아가 위 乙을 인질로 삼아 그의 부모로부터 현금을 취득하기로 마음먹고 위 乙을 결박시킨 다음 두 시간 남짓 부모의 귀가를 기다렸다. 그런데 그 후 19:00경 乙의 모 丙이 위 아파트 안으로 들어오자, 거실에서 앉아 포박된 위 乙의 옆구리에 부엌칼을 들이대면서 "아들을 살리려면 이리 와서 앉아."라고 위협하여 이에 놀란 丙이 황급히 밖으로 도망치자, 수회 전화를 걸어 "아들을 살리려면 돈 300만 원을 지금 마련해서 올라와라, 경찰에는 절대 알리지 마라, 만약 신고하면 아들을 죽이겠다."고 하는 등 수차례 협박하여 19:58경 乙의 부모 丙·丁으로부터 아파트 현관 입구에서 금품 50만 원을 전달받았으나,

3 대법원 2013.6.20, 2010도14328 전원합의체

베트남 엄마 사건

형법 제287조의 미성년자약취죄, 제288조 제3항 전단의 국외이송약취죄 등의 구성요건요소로서 약취란 폭행, 협박 또는 불법적인 사실상의 힘을 수단으로 사용하여 피해자를 그 의사에 반하여 자유로운 생활관계 또는 보호관계로부터 이탈시켜 자기 또는 제3자의 사실상 지배하에 옮기는 행위를 의미하고, 구체적 사건에서 어떤 행위가 약취에 해당하는지 여부는 행위의 목적과 의도, 행위 당시의 정황, 행위의 태양과 종류, 수단과 방법, 피해자의 상태 등 관련 사정을 종합하여 판단하여야 한다. 한편 미성년자를 보호·감독하는 사람이라고 하더라도 다른 보호감독자의 보호·양육권을 침해하거나 자신의 보호·양육권을 남용하여 미성년자 본인의 이익을 침해하는 때에는 미성년자에 대한 약취죄의 주체가 될 수 있는데, 그 경우에도 해당 보호감독자에 대하여 약취죄의 성립을 인정할 수 있으려면 그 행위가 위와 같은 의미의 약취에 해당하여야 한다. 그렇지 아니하고 폭행, 협박 또는 불법적인 사실상의 힘을 사용하여 그 미성년자를 평온하던 종전의 보호·양육 상태로부터 이탈시켰다고 볼 수 없는 행위에 대하여까지 다른 보호감독자의 보호·양육권을 침해하였다는 이유로 미성년자에 대한 약취죄의 성립을 긍정하는 것은 형벌법규의 문언 범위를 벗어나는 해석으로서 죄형법정주의의 원칙에 비추어 허용될 수 없다. 따라서 ① 부모가 이혼하였거나 별거하는 상황에서 미성년의 자녀를 부모의 일방이 평온하게 보호·양육하고 있는데, 상대방 부모가 폭행, 협박 또는 불법적인 사실상의 힘을 행사하여 그 보호·양육 상태를 깨뜨리고 자녀를 탈취하여 자기 또는 제3자의 사실상 지배하에 옮긴 경우, 그와 같은 행위는 특별한 사정이 없는 한 미성년자에 대한 약취죄를 구성한다고 볼 수 있다. 그러나 이와 달리 ② 미성년의 자녀를 부모가 함께 동거하면서 보호·양육하여 오던 중 부모의 일방이 상대방 부모나 그 자녀에게 어떠한 폭행, 협박이나 불법적인 사실상의 힘을 행사함이 없이 그 자녀를 데리고 종전의 거소를 벗어나 다른 곳으로 옮겨 자녀에 대한 보호·양육을 계속하였다면, 그 행위가 보호·양육권의 남용에 해당한다는 등 특별한 사정이 없는 한 설령 이에 관하여 법원의 결정이나 상대방 부모의 동의를 얻지 아니하였다고 하더라도 그러한 행위에 대하여 곧바로 형법상 미성년자에 대한 약취죄의 성립을 인정할 수는 없다(베트남 국적 여성인 피고인이 남편의 의사에 반하여 생후 약 13개월 된 아들인 피해자를 국외에 이송할 목적으로 주거지에서 데리고 나와 베트남에 함께 입국한 행위에 대하여 국외이송목적약취죄의 죄책이 인정되지 않는다는 판례). [경찰승진 17 / 법원9급 14·22]

그 무렵 문밖에서 대기 중이던 경찰관 P에게 체포되기에 이르렀다. 甲에게는 특가법 제5조의2의 약취·유인죄의 가중처벌규정상의 죄가 적용되는가?

배경지식 : 특가법 제5조의2(약취·유인죄의 가중처벌) 제2항 제1호는 형법 제287조(미성년자의 약취, 유인)의 죄를 범한 자가 약취 또는 유인한 미성년자의 부모 기타 그 미성년자의 안전을 염려하는 자의 우려를 이용하여 재물이나 재산상의 이익을 취득하거나 이를 요구한 때에는 무기 또는 10년 이상의 징역에 처한다고 규정하고 있다. 즉 특가법상 약취·유인 후 금품요구죄가 되기 위해서는 형법 제287조의 미성년자약취·유인죄가 성립하는 것이 그 전제조건이 된다.

판례 : 특별한 사정이 없는 한, 피고인의 원심 판시 제4항의 범행을 형법 제336조(인질강도)로 의율하는 것은 별론으로 하고, 특가법 제5조의2 제2항 제1호, 형법 제287조에 의율할 수는 없다 할 것인데도, 형법 제287조의 미성년자약취죄의 성립에 장소적 이전을 필요로 하지 아니한다는 이유만으로 특가법 위반죄의 죄책을 인정한 원심의 판단에는 미성년자약취죄의 성립요건에 관한 법리 오해의 위법이 있다(대법원 2008.1.17, 2007도8485). [경찰간부 13 / 경찰승진 13·14]

해결 : 적용되지 않는다(형법상 인질강도죄만 성립).

02 추행·간음·결혼·영리목적 약취·유인죄

제288조【추행 등 목적 약취, 유인 등】 ① 추행, 간음, 결혼 또는 영리의 목적으로 사람을 약취 또는 유인한 사람은 1년 이상 10년 이하의 징역에 처한다. 〈전문개정 2013.4.5.〉

제295조의2【형의 감경】 제287조부터 제290조까지, 제292조와 제294조의 죄를 범한 사람이 약취, 유인, 매매 또는 이송된 사람을 안전한 장소로 풀어준 때에는 그 형을 감경할 수 있다. 〈전문개정 2013.4.5.〉

판례연구   간음목적 유인에 해당하는 사례

1 대법원 2007.5.11, 2007도2318
사실적 지배 하로 옮겼다면 유인의 기수에 해당한다는 사례
형법 제288조에서 말하는 '유인'이란 기망 또는 유혹을 수단으로 사람을 꾀어 그 하자 있는 의사에 따라 그 사람을 자유로운 생활관계 또는 보호관계로부터 이탈하게 하여 자기 또는 제3자의 사실적 지배 아래로 옮기는 행위를 말하고, 여기서 사실적 지배라고 함은 미성년자에 대한 물리적·실력적인 지배관계를 의미한다고 할 것이다. 피고인이 11세에 불과한 어린 나이의 피해자를 유혹하여 모텔 앞길에서부터 모텔 301호실까지 데리고 간 이상, 그로써 피고인은 피해자를 자유로운 생활관계로부터 이탈시켜 피고인의 사실적 지배 아래로 옮겼다고 할 것이고, 이로써 간음목적유인죄의 기수에 이른 것으로 보아야 한다. [경찰간부 13]

2 대법원 2009.7.9, 2009도3816
약취행위에서 폭행·협박의 정도 및 그 판단 기준
폭행 또는 협박뿐만 아니라 사실상의 힘에 의한 경우도 포함되므로, 술에 만취한 자가 초등학교 5학년 여학생의 소매를 잡아끌면서 "우리 집에 같이 자러 가자."고 한 행위도 약취행위의 수단인 '폭행'에 해당될 수 있다.

제4절   강간과 추행의 죄

01   강간죄

제297조【강 간】 폭행 또는 협박으로 사람을 강간한 자는 3년 이상의 유기징역에 처한다. 〈개정 2012.12.28.〉

판례연구   강간죄의 객체 관련 판례

1 대법원 2009.9.10, 2009도3580
성의 기준 : 사회통념상 여성이면 법률상 여성으로 인정하여 여성으로 성전환한 자에 대한 강간을 긍정한 사례
성전환증을 가진 사람의 경우에도 남성 또는 여성 중 어느 한쪽의 성염색체를 보유하고 있고 그

염색체와 일치하는 생식기와 성기가 형성·발달되어 출생하지만, 출생 당시에는 아직 그 사람의 정신적·사회적인 의미에서의 성을 인지할 수 없으므로, 사회통념상 그 출생 당시에는 생물학적인 신체적 성징에 따라 법률적인 성이 평가된다. 그러나 ① 출생 후의 성장에 따라 일관되게 출생 당시의 생물학적인 성에 대한 불일치감 및 위화감·혐오감을 갖고 반대의 성에 귀속감을 느끼면서 반대의 성으로서의 역할을 수행하며 성기를 포함한 신체 외관 역시 반대의 성으로서 형성하기를 강력히 원하여, 정신과적으로 성전환증의 진단을 받고 상당기간 정신과적 치료나 호르몬치료 등을 실시하여도 여전히 위 증세가 치유되지 않고 반대의 성에 대한 정신적·사회적 적응이 이루어짐에 따라, 일반적인 의학적 기준에 의하여 성전환수술을 받고 반대 성으로서의 외부 성기를 비롯한 신체를 갖추고(이상 정신적·생물학적 요소 – 필자 주), ② 나아가 전환된 신체에 따른 성을 가진 사람으로서 만족감을 느끼며 공고한 성정체성의 인식 아래 그 성에 맞춘 의복, 두발 등의 외관을 하고 성관계 등 개인적인 영역 및 직업 등 사회적인 영역에서 모두 전환된 성으로서의 역할을 수행함으로써 주위 사람들로부터도 그 성으로서 인식되고 있으며, 전환된 성을 그 사람의 성이라고 보더라도 다른 사람들과의 신분관계에 중대한 변동을 초래하거나 사회에 부정적인 영향을 주지 아니하여 사회적으로 허용된다고 볼 수 있다면(이상 사회적 요소 – 필자 주), 이러한 여러 사정을 종합적으로 고려하여 사람의 성에 대한 평가 기준에 비추어 사회통념상 신체적으로 전환된 성을 갖추고 있다고 인정될 수 있는 경우가 있다. 이와 같은 성전환자는 출생시와는 달리 전환된 성이 법률적으로도 그 성전환자의 성이라고 평가받을 수 있다. 성전환자를 여성으로 인식하여 강간한 이 사안에서, 피해자가 성장기부터 남성에 대한 불일치감과 여성으로의 성귀속감을 나타냈고, 성전환 수술로 인하여 여성으로서의 신체와 외관을 갖추었으며, 수술 이후 30여 년간 개인적·사회적으로 여성으로서의 생활을 영위해 가고 있는 점 등을 고려할 때, 사회통념상 여성으로 평가되는 성전환자로서 (구형법상) 강간죄의 객체인 '부녀'에 해당한다고 해야 한다. [경찰채용 11·12 1차 / 경찰간부 12 / 법원9급 10 / 법원행시 10]

2 대법원 2013.5.16, 2012도14788 전원합의체
부부강간 긍정설을 취한 판례
[A씨와 B(여, 41세)씨는 2001년 혼인신고를 마쳤고 둘 사이에 자녀도 2명을 낳고 생활을 해온 정상적인 부부이었는데, 2~3년 전부터는 불화로 부부싸움을 자주 해오던 차에, 아내가 밤늦게 귀가하는 것에 불만을 품고 있던 A씨는 2011년 11월 어느 날 주먹과 발로 B씨를 때리고, 흉기로 찌를 듯한 태도를 보이며 강제로 세 차례 성관계를 가졌다. A에게는 (특수)강간죄가 성립하는가의 문제] 형법 제297조는 부녀를 강간한 자를 처벌한다고 규정하고 있는데, 형법이 강간죄의 객체로 규정하고 있는 부녀란 성년이든 미성년이든, 기혼이든 미혼이든 불문하며 곧 여자를 가리키는 것이다(대법원 1996.6.11, 96도791; 2009.9.10, 2009도3580 참조). 이와 같이 형법은 법률상 처를 강간죄의 객체에서 제외하는 명문의 규정을 두고 있지 않으므로, 문언 해석상으로도 법률상 처가 강간죄의 객체에 포함된다고 새기는 것에 아무런 제한이 없다. 결론적으로 …… 형법 제297조가 정한 강간죄의 객체인 '부녀'에는 법률상 처가 포함되고, 혼인관계가 파탄된 경우뿐만 아니라 혼인관계가 실질적으로 유지되고 있는 경우에도 남편이 반항을 불가능하게 하거나 현저히 곤란하게 할 정도의 폭행이나 협박을 가하여 아내를 간음한 경우에는 강간죄가 성립한다고 보아야 한다. [경찰채용 13 2차 / 경찰채용 12 3차 / 경찰승진 14·16 / 국가9급 14 / 법원9급 14 / 법원행시 10·13·14·17·18]

판례연구 **강간죄의 폭행·협박으로 인정되는 사례**

1 대법원 2000.8.18, 2000도1914
여관방으로 유인하여 방문을 걸어 잠근 후 성교할 것을 요구한 사례
甲은 乙(女)을 여관방으로 유인한 다음 방문을 걸어 잠근 후 성교할 것을 요구하였으나 乙이 이를

거부하자 "옆방에 내 친구들이 많이 있다. 소리를 지르면 다 들을 것이다. 조용히 해라. 한 명하고 할 것이냐? 여러 명하고 할 것이냐?"라고 말하면서 성행위를 요구하였다면, 甲은 乙의 항거를 현저하게 곤란하게 할 정도의 유형력을 행사한 것으로 인정된다.

② 대법원 2005.7.28, 2005도3071; 2018.2.28, 2017도21249

강간죄가 성립하기 위한 폭행·협박이 있었는지 여부의 판단 기준

강간죄가 성립하기 위한 가해자의 폭행·협박이 있었는지 여부는 그 폭행·협박의 내용과 정도는 물론 유형력을 행사하게 된 경위, 피해자와의 관계, 성교 당시와 그 후의 정황 등 모든 사정을 종합하여 피해자가 성교 당시 처하였던 구체적인 상황을 기준으로 판단하여야 하며, 사후적으로 보아 피해자가 성교 이전에 범행 현장을 벗어날 수 있었다거나 피해자가 사력을 다하여 반항하지 않았다는 사정만으로 가해자의 폭행·협박이 피해자의 항거를 현저히 곤란하게 할 정도에 이르지 않았다고 섣불리 단정하여서는 안 된다. [법원9급 06 / 법원행시 16 / 국가9급 21]

③ 대법원 2007.1.25, 2006도5979

유부녀인 피해자에 대하여 혼인 외 성관계사실을 폭로하겠다는 등의 내용으로 협박하여 피해자를 간음 (또는 추행)한 경우, 위와 같은 협박이 피해자를 단순히 외포시킨 정도를 넘어 적어도 피해자의 항거를 현저히 곤란하게 할 정도의 것이었다고 보기에 충분하기 때문에 강간죄(내지 강제추행죄)가 성립한다고 해야 한다. [경찰채용 14 1차 / 경찰채용 10 2차 / 법원행시 16 / 사시 10·13]

④ 대법원 2017.10.12, 2016도16948,2016전도156

강간죄에서 폭행·협박이 반드시 간음행위보다 선행되어야 하는 것은 아니라는 사례

강간죄가 성립하려면 가해자의 폭행·협박은 피해자의 항거를 불가능하게 하거나 현저히 곤란하게 할 정도의 것이어야 한다. …… 또한 강간죄에서의 폭행·협박과 간음 사이에는 인과관계가 있어야 하나, 폭행·협박이 반드시 간음행위보다 선행되어야 하는 것은 아니다. [법원9급 20]

판례연구 **강간죄의 폭행·협박으로 인정되지 않는 사례**

① 대법원 1990.9.28, 90도1562

여관주인에게 구조요청을 하지 않았다거나 피고인의 하숙집 주인에게 구조를 요청하지 아니하였다는 점에 이르기까지 강간행위로 인정하는 데는 쉽게 수긍이 가지 않는 사항들이다.

② 대법원 1991.5.28, 91도546

피고인과 피해자가 전화로 사귀어 오면서 음담패설을 주고받을 정도까지 되었고 당시 간음을 시도한 방에서 피해자가 "여기는 죽은 시어머니를 위한 제청방이니 이런 곳에서 이런 짓을 하면 벌 받는다."고 말하여 안방으로 장소를 옮기게 된 사정 등으로 미루어 본다면, 폭행 또는 협박이 그 반항을 현저히 곤란하게 할 정도에까지 이른 것이라고 보기는 어렵다.

판례연구 **강간의 실행의 착수를 인정한 판례**

① 대법원 1991.4.9, 91도288

여자 혼자 있는 방문을 두드리고 여자가 위험을 느껴 가까이 오면 뛰어 내리겠다고 하는 데도 창문으로 침입하려 한 때에는 폭행에 착수하였다고 할 수 있다. ⇨ 강간미수 인정. 이로써 피해자가 창문으로 뛰어내려 상해를 입었다면 강간치상죄 성립 [경찰간부 17 / 법원행시 10·13]

2 대법원 2000.6.9, 2000도1253

강간죄의 실행착수에 실제 항거의 불능·현저곤란을 요하지 아니한다는 사례

(술에 몹시 취한 甲은 乙의 집에서 그녀의 딸인 丙(19세)을 강간할 마음으로 丙의 방에 들어가 丙의 팔을 잡아 그 곳 침대에 눕히고 침대에서 일어나 나가려는 丙의 팔을 낚아채어 일어나지 못하게 하고, 갑자기 입술을 빨고 계속하여 저항하는 丙의 유방과 엉덩이를 만지면서 丙의 팬티를 벗기려 하여 丙이 이를 뿌리치고 동생방으로 건너가는 바람에 그 뜻을 이루지 못하였다.) 강간죄는 부녀(구형법, 현 '사람')를 간음하기 위하여 피해자의 항거를 불능하게 하거나 현저히 곤란하게 할 정도의 폭행 또는 협박을 개시한 때에 그 실행의 착수가 있다고 보아야 할 것이고, 실제로 그와 같은 폭행 또는 협박에 의하여 피해자의 항거가 불능하게 되거나 현저히 곤란하게 되어야만 실행의 착수가 있다고 볼 것은 아니다(甲은 강간미수죄 성립). [법원행시 09 / 법원행시 10·13]

3 대법원 2020.10.29, 2018도16466

신체 노출 사진 인터넷 게시 등으로 피해자를 협박한 사건

피고인은 아동·청소년인 피해자2(여, 15세)의 신체 노출 사진을 받아낸 다음 성관계를 하지 않으면 위 사진을 인터넷에 올린다는 등으로 협박하여 강간하려고 하였으나 미수에 그쳤다는 아동·청소년의성보호에관한법률위반으로 기소되었는데, …… 피고인이 페이스북에 3개의 계정을 만들어 1인 3역을 하면서 복잡하고 교묘한 방법을 사용한 이유는 상대여성의 경계심을 풀고 용이하게 성관계에 나아가기 위한 것이므로 그 일련의 과정에서 상대여성에게 한 위협적 언동은 모두 간음의 목적을 달성하기 위한 수단으로 볼 수 있는 점, 이 사건에서도 피해자가 피고인의 협박에 못 이겨 피고인과 접촉하기에 이른 이상 피해자가 성관계를 결심하기만 하면 다른 특별한 사정이 없는 한 피고인의 간음행위를 실행할 수 있는 단계에 이른 것으로 볼 수 있고, 협박에 의한 강간 및 위력에 의한 간음의 실행에 착수한 것으로 볼 수 있다.

판례연구	강간의 실행의 착수를 부정한 판례

대법원 1990.5.25, 90도607

강간죄의 실행의 착수가 있었다고 하려면 강간의 수단으로서 폭행이나 협박을 한 사실이 있어야 할 터인데 피고인이 강간할 목적으로 피해자의 집에 침입하였다 하더라도 안방에 들어가 누워 자고 있는 피해자의 가슴과 엉덩이를 만지면서 간음을 기도하였다는 사실만으로는 강간의 수단으로 피해자의 폭행이나 협박을 개시하였다고 하기에는 어렵다. ⇨ 강간미수죄 불성립 [경찰채용 12 3차 / 국가7급 10 / 법원9급 07(상) / 법원9급 12·14·18 / 경찰간부 12 / 경찰승진(경사) 10 / 법원행시 11 / 사시 13]

판례연구	강간죄의 죄수 관련 판례

1 대법원 1970.9.29, 70도1516

피해자를 위협하여 항거불능케 한 후 1회 간음하고 2백미터쯤 오다가 다시 1회 간음한 경우에 있어 피고인의 의사 및 그 범행시각과 장소로 보아 두번째의 간음행위는 처음 한 행위의 계속으로 볼 수 있어 이를 단순일죄로 처단한 것은 정당하다.

2 대법원 1987.5.12, 87도694

1회 강간하고 나서 약 1시간 후 장소를 옮겨 같은 피해자를 다시 1회 강간한 행위의 죄수

피해자를 1회 강간하여 상처를 입게 한 후 약 1시간 후에 장소를 옮겨 같은 피해자를 다시 1회 강간한 행위는 그 범행시간과 장소를 달리하고 있을 뿐만 아니라 각 별개의 범의에서 이루어진 행위로서로서 형법 제37조 전단의 실체적 경합범에 해당한다.

3 대법원 1974.6.11, 73도2817

강간죄와 폭행·협박의 죄수는 법조경합

형법 297조 소정의 강간죄가 성립하면 별도로 형법상의 폭행·협박죄(폭처법 제2조 제2항의 공동폭행·협박도 포함)를 구성한다고는 볼 수 없고 이 두개의 죄는 법조경합의 관계가 있을 뿐이다. [법원행시 08 / 법원9급 14 / 사시 12]

4 대법원 1988.12.13, 88도1807,88감도130

주거침입죄와 강간죄의 죄수

야간에 흉기를 들고 사람의 주거에 침입하여 강간을 한 경우에는 (구)폭처법상 주거침입죄와 강간죄가 성립하고 이 경우 두 죄는 실체적 경합관계에 있다.[7] [법원9급 07(하)]

판례연구	성폭법상 강간죄 가중처벌규정 관련 판례

1 대법원 2021.8.12, 2020도17796

유사강간죄의 실행행위에 착수한 이후 타인의 주거 또는 방실에 침입한 사건

성폭력처벌법상 주거침입강간등죄는 사람의 주거 등을 침입한 자가 피해자를 간음하는 등 성폭력을 행사한 경우에 성립하는 것으로서, 주거침입죄를 범한 후에 사람을 강간하는 등의 행위를 하여야 하는 일종의 신분범이다. 따라서 선후가 바뀌어 강간죄 등을 범한 자가 그 피해자의 주거에 침입한 경우에는 이에 해당하지 않고 강간죄 등과 주거침입죄 등의 실체적 경합범이 된다. …… 성폭력처벌법상 주거침입 강간등죄의 실행의 착수시기는 주거침입 행위 후 강간죄 등의 실행행위에 나아간 때이다. 한편, 강간죄는 사람을 강간하기 위하여 피해자의 항거를 불능하게 하거나 현저히 곤란하게 할 정도의 폭행 또는 협박을 개시한 때에 그 실행의 착수가 있다고 보아야 할 것이지(대법원 2000.6.9, 2000도1253 등), 실제 간음행위가 시작되어야만 그 실행의 착수가 있다고 볼 것은 아니다(대법원 2003.4.25, 2003도949; 2005.5.27, 2004도7892 등). 유사강간죄의 경우도 이와 같다. 피고인이 피해자에 대하여 유사강간 등 성범죄를 하기로 의욕하고 피해자를 주점의 여자화장실로 끌고 가 여자화장실의 문을 잠근 후 강제로 입맞춤을 하고 유사강간하려고 하였으나 미수에 그친 이 사안에서 피고인은 여자화장실에 들어가기 전에 이미 유사강간죄의 실행행위에 착수하였으므로(피고인은 피해자를 화장실로 끌고 들어갈 때 이미 피해자에게 유사강간 등의 성범죄를 의욕한 것임) 주거침입유사강간죄를 범할 수 있는 지위 즉, '주거침입죄를 범한 자'에 해당되지 아니한다.

2 대법원 2004.6.11, 2004도2018

성폭력특별법상 특수강간죄의 흉기휴대의 의미

구 성폭법 제6조 제1항 소정의 '흉기 기타 위험한 물건을 휴대하여 강간죄를 범한 자'란 범행현장에서 그 범행에 사용하려는 의도 아래 흉기를 소지하거나 몸에 지니는 경우를 가리키는 것이고, 그 범행과는 전혀 무관하게 우연히 이를 소지하게 된 경우까지를 포함하는 것은 아니라 할 것이나, 범행현장에서 범행에 사용하려는 의도 아래 흉기 등 위험한 물건을 소지하거나 몸에 지닌 이상 그 사실을 피해자가 인식하거나 실제로 범행에 사용하였을 것까지 요구되는 것은 아니라 할 것이다(피고인이 피해자의 주거 부엌에 있던 칼과 운동화 끈을 들고 방으로 들어가 운동화 끈으로 피해자의 손목을 묶고 강간을 하였고 부엌칼은 굳이 사용할 필요가 없어서 범행에 사용하지 않은 경우에도 피고인이 흉기 기타 위험한 물건을 휴대하여 피해자를 강간한 것으로 인정한 원심을 수긍한 예).

---

7 보충 : 다만 성폭법에 의하면, 주거침입(기수)하여 강간한 경우에는 성폭법 제3조 제1항의 특수강도강간죄가 성립하게 된다. 이 경우 주거침입죄는 별죄를 구성하지 아니한다.

3 대법원 2006.1.12, 2005도8427

사실상의 양자의 양부도 친족강간죄의 주체에 해당한다는 사례

피고인이 피해자의 생모의 동의를 얻어 피해자를 입양할 의사로 데려왔으나 자신의 처의 동의 없이 피해자를 자신과 처 사이의 친생자로 출생신고를 한 경우, 피고인은 친생자출생신고 전에는 성폭법 제7조 제5항(현 제5조 제5항)의 '사실상의 관계에 의한 친족'에 해당하고, 친생자출생신고 후에는 같은 법 제7조 제1항(현 제5조 제1항)의 '친족'에 해당한다(사실상의 양자의 양부도 현 성폭법 제5조 제5항이 규정한 사실상의 관계에 의한 친족에 해당함). [사시 10]

4 대법원 2021.2.25, 2016도4404

성폭법상 장애인의 의미

성폭력처벌법 제6조는 신체적인 장애가 있는 사람에 대하여 강간의 죄 또는 강제추행의 죄를 범하거나 위계 또는 위력으로써 그러한 사람을 간음한 사람을 처벌하고 있다. …… '신체적인 장애가 있는 사람'이란 '신체적 기능이나 구조 등의 문제로 일상생활이나 사회생활에서 상당한 제약을 받는 사람'을 의미한다고 해석할 수 있다(장애인복지법에 따른 장애인 등록을 하지 않았다거나 그 등록기준을 충족하지 못하더라도 여기에 해당할 수 있다는 판례는 대법원 2021.10.28, 2021도9051). 한편 장애와 관련된 피해자의 상태는 개인 별로 그 모습과 정도에 차이가 있는데 그러한 모습과 정도가 성폭력처벌법 제6조에서 정한 신체적인 장애를 판단하는 본질적인 요소가 되므로 신체적인 장애를 판단함에 있어서는 해당 피해자의 상태가 충분히 고려되어야 하고 비장애인의 시각과 기준에서 피해자의 상태를 판단하여 장애가 없다고 쉽게 단정해서는 안 된다. 아울러 본 죄가 성립하려면 행위자도 범행 당시 피해자에게 이러한 신체적인 장애가 있음을 인식하여야 한다.

02 유사강간죄

제297조의2【유사강간】폭행 또는 협박으로 사람에 대하여 구강, 항문 등 신체(성기는 제외한다)의 내부에 성기를 넣거나 성기, 항문에 손가락 등 신체(성기는 제외한다)의 일부 또는 도구를 넣는 행위를 한 사람은 2년 이상의 유기징역에 처한다. 〈본조신설 2012.12.18.〉

03 강제추행죄

제298조【강제추행】폭행 또는 협박으로 사람에 대하여 추행을 한 자는 10년 이하의 징역 또는 1천500만 원 이하의 벌금에 처한다.

1 대법원 2007.1.25, 2006도5979

강제추행죄의 성립요건으로서 폭행·협박의 정도

강간죄가 성립하려면 가해자의 폭행·협박은 피해자의 항거를 불가능하게 하거나 현저히 곤란하게 할 정도의 것이어야 하고, …… 강제추행죄가 성립하려면 그 폭행 또는 협박이 항거를 곤란하게 할 정도일 것을 요한다. [경찰채용 14 1차/ 사시 13]

> 유사   강제추행에 해당하는 판례들
> ① 상대방의 상의를 걷어 올려 유방을 만지고 하의를 끌어내린 행위(대법원 1994.8.23, 94도630)
> ② 상대방을 팔로 힘껏 껴안고 강제로 입을 맞춘 행위(대법원 1983.6.28, 83도399)
> ③ 골프장 여종업원들이 거부의사를 밝혔음에도 골프장 사장과의 친분관계를 내세워 함께 술을 마시지 않을 경우 신분상의 불이익을 가할 것처럼 협박하여 이른바 러브샷의 방법으로 술을 마시게 한 행위 (대법원 2008.3.13, 2007도10050) [경찰채용 12 3차/ 국가9급 13·16/ 사시 12]
> ④ 양부가 취중에 10세의 입양한 딸과 잠을 자다가 다리로 딸의 몸을 누르면서 엉덩이와 가슴을 만진 행위(대법원 2008.4.10, 2007도9487) 등

2 대법원 2002.4.26, 2001도2417

피해자와 춤을 추면서 순간적으로 피해자의 유방을 만진 사례

강제추행죄는 상대방에 대하여 폭행 또는 협박을 가하여 항거를 곤란하게 한 뒤에 추행행위를 하는 경우뿐만 아니라 폭행행위 자체가 추행행위라고 인정되는 경우도 포함되는 것이며, 이 경우에 있어서의 폭행은 반드시 상대방의 의사를 억압할 정도의 것임을 요하지 않고 [사시 11] 상대방의 의사에 반하는 유형력의 행사가 있는 이상 그 힘의 대소강약을 불문한다(최협의의 폭행이 아니라 협의의 폭행). … '피해자와 춤을 추면서 피해자의 유방을 만진 행위'가 순간적인 행위에 불과하더라도 이는 피해자의 의사에 반하여 행하여진 유형력의 행사에 해당하고 피해자의 성적 자유를 침해할 뿐만 아니라 일반인의 입장에서도 추행행위라고 평가될 수 있는 것으로서, 폭행행위 자체가 추행행위라고 인정되어 강제추행에 해당된다. [경찰채용 12·14 1차/ 경찰채용 10 2차/ 법원9급 10/ 법원행시 13/ 사시 10]

3 대법원 2010.2.25, 2009도13716

폐쇄된 공간인 엘리베이터 안이므로 강제추행을 인정한 사례

피고인이 엘리베이터라는 폐쇄된 공간에서 피해자들을 칼로 위협하는 등으로 꼼짝하지 못하도록 자신의 실력적인 지배 하에 둔 다음 피해자들에게 성적 수치심과 혐오감을 일으키는 자신의 자위행위 모습을 보여 주고 피해자들로 하여금 이를 외면하거나 피할 수 없게 한 행위는 강제추행죄의 추행에 해당한다. [경찰승진 11·15/ 국가9급 13/ 법원행시 15/ 사시 12·13]

> 유사   25세의 건장한 남자인 피고인은 11세인 여자 피해자가 귀가하는 엘리베이터에 함께 탄 후 자신의 성기를 꺼내어 피해자에게 보여주면서 피해자 쪽으로 다가갔는데, 이는 피해자의 성적 자유의사를 제압하기에 충분한 세력에 의하여 추행행위에 나아간 것으로서 청소년에 대한 위력에 의한 추행죄에 해당한다(대법원 2013.1.16, 2011도7164, 2011전도124). [경찰채용 13 2차/ 경찰간부 15/ 경찰승진 14/ 법원9급 15/ 사시 16/ 법원행시 16]

4 대법원 2012.6.14, 2012도3893, 2012감도14, 2012전도83

피고인은 공터에서 피해자들이 놀고 있는 것을 발견하고 다가가 피해자들을 끌어안고 손으로 피해자들의 음부 부위를 갑자기 1회 만졌다는 것이고, … 결국 피고인의 위 행위는 순간적인 행위이지만 피해자들의 의사에 반하여 행하여진 유형력의 행사로서, 객관적으로 일반인에게 성적 수치심이나 혐오감을 불러일으키고 선량한 성적 도덕관념에 반하는 행위에 해당하고, 그로 인하여 정신적·육체적으로 미숙한 피해자들의 심리적 성장 및 성적 정체성의 형성에 부정적 영향을 미쳤다고 할 것이므로 강제추행행위에 해당한다.

5 대법원 2015.9.10, 2015도6980

강제추행의 폭행의 의미와 기습추행 사건

추행의 고의로 상대방의 의사에 반하는 유형력의 행사, 즉 폭행행위를 하여 실행행위에 착수하였으나 추행의 결과에 이르지 못한 때에는 강제추행미수죄가 성립하며, 이러한 법리는 폭행행위 자체가 추행행위라고 인정되는 이른바 '기습추행'의 경우에도 마찬가지로 적용된다. 피고인이 밤에 술을 마시고 배회하던 중 버스에서 내려 혼자 걸어가는 피해자 갑을 발견하고 마스크를 착용한 채 뒤따라가다가 인적이 없고 외진 곳에서 가까이 접근하여 껴안으려 하였으나, 갑이 뒤돌아보면서 소리치자 그 상태로 몇 초 동안 쳐다보다가 다시 오던 길로 되돌아갔다고 하여 아동·청소년의 성보호에 관한 법률 위반으로 기소된 경우, 피고인의 행위는 아동·청소년에 대한 강제추행미수죄에 해당한다. [국가9급 16·20 / 법원행시 16·18]

6 대법원 2020.3.26, 2019도15994

기습추행 사례

(미용업체인 甲 주식회사를 운영하는 피고인이 甲 회사의 가맹점에서 근무하는 27세 여성 乙을 비롯한 직원들과 노래방에서 회식을 하던 중 乙을 자신의 옆자리에 앉힌 후 갑자기 乙의 볼에 입을 맞추고, 이에 乙이 '하지 마세요'라고 하였음에도 계속하여 오른손으로 乙의 오른쪽 허벅지를 쓰다듬은 사건) 대법원은, 피해자의 옷 위로 엉덩이나 가슴을 쓰다듬는 행위, 피해자의 의사에 반하여 그 어깨를 주무르는 행위, 교사가 여중생의 얼굴에 자신의 얼굴을 들이밀면서 비비는 행위나 여중생의 귀를 쓸어 만지는 행위 등에 대하여 피해자의 의사에 반하는 유형력의 행사가 이루어져 기습추행에 해당한다고 판단한 바 있다. …… 원심은 무죄의 근거로서 피고인이 乙의 허벅지를 쓰다듬던 당시 乙이 즉시 피고인에게 항의하거나 반발하는 등의 거부의사를 밝히는 대신 그 자리에 가만히 있었다는 점을 중시한 것으로 보이나, 성범죄 피해자의 대처 양상은 피해자의 성정이나 가해자와의 관계 및 구체적인 상황에 따라 다르게 나타날 수밖에 없다는 점에서 위 사정만으로는 강제추행죄의 성립이 부정된다고 보기 어려운 점 등을 종합할 때 기습추행으로 인한 강제추행죄의 성립을 부정적으로 볼 수 없을 뿐 아니라, 피고인이 저지른 행위가 자신의 의사에 반하였다는 乙 진술의 신빙성에 대하여 합리적인 의심을 가질 만한 사정도 없으므로, 이와 달리 보아 이 부분에 대하여도 범죄의 증명이 없다고 본 원심의 판단에는 기습추행 내지 강제추행죄의 성립에 관한 법리를 오해한 잘못이 있다.

7 대법원 2020.12.10, 2019도12282

추행에 있어 신체 부분에 따라 본질적 차이가 있다고 볼 수 없다는 사례

'추행'이란 일반인을 기준으로 객관적으로 성적 수치심이나 혐오감을 일으키게 하고 선량한 성적 도덕관념에 반하는 행위로서 피해자의 성적 자기결정권을 침해하는 것을 말한다. 이에 해당하는지는 피해자의 성별, 연령, 행위자와 피해자의 관계, 그 행위에 이르게 된 경위, 구체적 행위 모습, 주위의 객관적 상황과 그 시대의 성적 도덕관념 등을 종합적으로 고려하여 신중히 결정해야 한다(대법원 2019.6.13, 2019도3341; 2020.6.25, 2015도7102 등). 성적 자기결정 능력은 피해자의 나이, 성장과정, 환경 등 개인별로 차이가 있으므로 성적 자기결정권이 침해되었는지 여부를 판단함에 있어서도 구체적인 범행 상황에 놓인 피해자의 입장과 관점이 충분히 고려되어야 한다(대법원 2020.8.27, 2015도9436 전원합의체 판결의 취지). 여성에 대한 추행에 있어 신체 부분에 따라 본질적인 차이가 있다고 볼 수는 없다(대법원 2004.4.16, 2004도52). …… 피고인이 피해자와만 있는 간부연구실에서 업무 대화 중 '피해자의 손목을 잡고 끌어당긴 행위', '피고인의 다리로 피해자의 다리에 접촉한 행위', '피고인의 팔로 피해자의 어깨에 접촉한 행위'를 한 것은 추행행위에 해당한다.

8 대법원 2020.12.24, 2020도7981

회사 대표가 회식 장소에서 여성 직원에게 헤드락을 한 사건

회사 대표인 피고인(남, 52세)이 직원인 피해자(여, 26세)를 포함하여 거래처 사람들과 함께 회식을 하던 중 피고인의 왼팔로 피해자의 머리를 감싸고 피고인의 가슴 쪽으로 끌어당기는 일명 '헤드락' 행위를 하고 손가락이 피해자의 두피에 닿도록 피해자의 머리카락을 잡고 흔드는 등 행위를 한 경우, ① 기습추행에서 공개된 장소라는 점이 추행 여부 판단의 중요한 고려요소가 될 수 없고, ② 그 접촉부위 및 방법에 비추어 객관적으로 일반인에게 성적 수치심을 일으키게 할 수 있는 행위이며, ③ 피고인의 행위 전후의 언동에 비추어 성적 의도를 가지고 한 행위로 보이고, ④ 피해자의 피해감정은 사회통념상 인정되는 성적 수치심에 해당하며, ⑤ 동석했던 사람이 피고인의 행위를 말린 것으로 보아 제3자에게도 선량한 성적 도덕관념에 반하는 행위로 인식되었다고 보이므로, 피고인의 행위는 강제추행죄의 추행에 해당하고, 추행의 고의도 인정된다.

9 대법원 2021.7.21, 2021도6112

동성 사이의 강제추행 여부가 문제된 사건

피고인과 피해자가 모두 여성으로서 동성인 점을 고려하더라도 피고인(여성, 실장)이 이 사건 직장(한의원)에서 거부의사를 밝히는 피해자(함께 근무하는 여성 간호조무사)의 가슴을 움켜쥐거나 엉덩이를 만지고 피고인의 볼을 피해자의 볼에 가져다 대는 등의 행동을 한 것은 피해자로 하여금 성적 수치심을 느끼게 할 만한 행위로서 강제추행에 해당된다.

10 대법원 2021.10.28, 2021도7538

몰래 피해자의 등에 소변을 보았는데 피해자가 인식하지 못한 사례

추행이라 함은 객관적으로 일반인에게 성적 수치심이나 혐오감을 일으키게 하고 선량한 성적 도덕관념에 반하는 행위로서 피해자의 성적 자유를 침해하는 것으로, …… 성적 자유를 침해당했을 때 느끼는 성적 수치심은 부끄럽고 창피한 감정만으로 나타나는 것이 아니라 다양한 형태로 나타날 수 있다(대법원 2020.12.24, 2019도16258). 추행 행위에 해당하기 위해서는 객관적으로 일반인에게 성적 수치심이나 혐오감을 일으키게 할 만한 행위로서 선량한 성적 도덕관념에 반하는 행위를 행위자가 대상자를 상대로 실행하는 것으로 충분하고, 그 행위로 말미암아 대상자가 성적 수치심이나 혐오감을 반드시 실제로 느껴야 하는 것은 아니다(공중밀집장소추행죄에 관한 대법원 2020.6.25, 2015도7102 참조). …… 甲이 놀이터 의자에 앉아 통화를 하고 있는 乙의 뒤로 몰래 다가가 乙의 등 쪽에 소변을 보았다면, 행위 당시에 乙이 이를 인식하지 못하였다고 하여 추행에 해당하지 않는다고 볼 것은 아니다.

판례연구 **강제추행죄에 해당하지 않는 사례**

1 대법원 2008.5.29, 2008도2222

형법이나 성폭법에서 규정하고 있는 추행 관련 범죄와 달리 군형법 제92조의 추행죄는 구성요건적 수단이나 정황 등에 대한 제한이 없고 대표적 구성요건인 '계간'을 판단지침으로 예시하고 있을 뿐이며, 법정형도 일괄적으로 1년 이하의 징역형으로 처벌하도록 규정하고 있다. … 따라서 육군 중대장이 소속 중대원들의 젖꼭지 등 특정 신체부위를 비틀거나 때린 행위는, 장소의 공개성, 범행시각, 피해자들이 불특정 다수인 점 등에 비추어 군이라는 공동사회의 건전한 생활과 군기를 침해하는 비정상적인 성적 만족 행위라고 보기 어려우므로, 군형법 제92조의 추행죄에 해당하지 않는다.

2 대법원 2012.7.26, 2011도8805

공중에게 공개된 도로라는 점 등을 고려해서 강제추행을 부정한 사례

A는 사람 및 차량의 왕래가 빈번한 도로에서 甲(여, 48세)에게 욕설을 하면서 자신의 바지를 벗어 성기를 보여주었다. … 강제추행죄는 개인의 성적 자유라는 개인적 법익을 침해하는 죄로서, 위 법규정에서의 '추행'이란 일반인에게 성적 수치심이나 혐오감을 일으키고 선량한 성적 도덕관념에 반하는 행위인 것만으로는 부족하고 그 행위의 상대방인 피해자의 성적 자기결정의 자유를 침해하는 것이어야 한다. 따라서 건전한 성풍속이라는 일반적인 사회적 법익을 보호하려는 목적을 가진 형법 제245조의 공연음란죄에서 정하는 '음란한 행위'(또는 이른바 과다노출에 관한 경범죄처벌법 제1조 제41호에서 정하는 행위)가 특정한 사람을 상대로 행하여졌다고 해서 반드시 그 사람에 대하여 '추행'이 된다고 말할 수 없다(A에게는 강제추행죄가 성립하지 않음). [경찰승진 13·17/국가9급 13/법원행시 16/사시 14/변호사시험 13]

판례연구   **강제추행죄의 주관적 구성요건 관련 판례**

대법원 2013.9.26, 2013도5856

강제추행죄의 성립에 성욕을 자극시키려는 주관적 동기나 목적을 요하지 아니한다는 사례

'추행'이란 객관적으로 일반인에게 성적 수치심이나 혐오감을 일으키게 하고 선량한 성적 도덕관념에 반하는 행위로서 피해자의 성적 자유를 침해하는 것이고, …… 강제추행죄의 성립에 필요한 주관적 구성요건으로 성욕을 자극·흥분·만족시키려는 주관적 동기나 목적이 있어야 하는 것은 아니다. 피고인 이, 알고 지내던 여성인 피해자 甲이 자신의 머리채를 잡아 폭행을 가하자 보복의 의미에서 甲의 입술, 귀, 유두, 가슴 등을 입으로 깨무는 등의 행위를 한 경우, 객관적으로 여성인 피해자의 입술, 귀, 유두, 가슴을 입으로 깨무는 행위는 일반적이고 평균적인 사람으로 하여금 성적 수치심이나 혐오감을 일으키게 하고 선량한 성적 도덕관념에 반하는 행위로서, 甲의 성적 자유를 침해하였다고 보는 것이 타당하므로 피고인의 행위는 강제추행죄에 해당한다.[8] [경찰채용 14·15 1차/경찰간부 16/경찰승진 16/법원9급 15/법원행시 15·16]

---

04   준강간죄·준유사강간죄·준강제추행죄

> **제299조【준강간, 준강제추행】** 사람의 심신상실 또는 항거불능의 상태를 이용하여 간음 또는 추행을 한 자는 제297조, 제297조의2 및 제298조의 예에 의한다.

판례연구   **준강간·준강제추행죄의 객체인 심신상실·항거불능 상태가 인정된 사례**

1 대법원 2007.7.27, 2005도2994

지적 능력이 4~8세에 불과한 정신지체 장애인은 항거불능상태에 해당한다는 사례

피고인 甲은 별다른 강제력을 행사하지 않고서 지적 능력이 4~8세에 불과한 정신지체 장애여성 乙을

---

8 미성년자의제강제추행죄(제305조)에 있어서 고의와는 별도로 성욕을 자극·흥분시키려는 주관적 동기·목적은 필요 없다는 판례는 대법원 2006.1.13, 2005도6791 [경찰승진 13] 참조. 공연음란죄(제245조)에 있어서 주관적으로 성욕의 흥분·만족 등의 성적 목적이 있어야 하는 것은 아니며 행위의 음란성에 대한 의미의 인식이 있으면 족하다는 판례는 대법원 2000.12.22, 2000도4372 참조. [경찰승진 12/사시 11]

간음하였고 장애여성도 이에 대하여 별다른 저항행위를 하지 아니하였다. (성폭법 제6조 제4항에서는 '장애인준강간·준강제추행죄'에 대하여 **신체적인 또는 정신적인 장애**로 항거불능 또는 항거곤란 상태에 있음을 이용하여 사람을 간음하거나 추행한 사람은 동조 제1항부터 제3항까지의 예에 따라 처벌하도록 규정되어 있음). (장애인)준강간·준강제추행죄에서의 항거불능의 상태라 함은 '심리적·물리적으로 반항이 절대적으로 불가능하거나 현저히 곤란한 경우'를 의미한다. 甲은 피해자가 정신장애를 주된 원인으로 항거불능상태에 있었음을 이용하여 간음행위를 한 것으로서, 乙은 동법상 '항거불능인 상태'에 해당한다.

2 대법원 2021.2.4, 2018도9781

알코올에 의한 블랙아웃, 패싱아웃, 의사형성능력·저항력 현저 저하 상태

피해자가 깊은 잠에 빠져 있거나 술·약물 등에 의해 일시적으로 의식을 잃은 상태 또는 완전히 의식을 잃지는 않았더라도 그와 같은 사유로 정상적인 판단능력과 대응·조절능력을 행사할 수 없는 상태에 있었다면 준강간죄 또는 준강제추행죄에서의 심신상실 또는 항거불능 상태에 해당한다. 의학적 개념으로서의 '알코올 블랙아웃(black out)'은 중증도 이상의 알코올 혈중농도, 특히 단기간 폭음으로 알코올 혈중농도가 급격히 올라간 경우 그 알코올 성분이 외부 자극에 대하여 기록하고 해석하는 인코딩 과정(기억형성에 관여하는 뇌의 특정 기능)에 영향을 미침으로써 행위자가 일정한 시점에 진행되었던 사실에 대한 기억을 상실하는 것을 말한다. 알코올 블랙아웃은 인코딩 손상의 정도에 따라 단편적인 블랙아웃과 전면적인 블랙아웃이 모두 포함한다. 그러나 알코올의 심각한 독성화와 전형적으로 결부된 형태로서의 의식상실의 상태, 즉 알코올의 최면진정작용으로 인하여 수면에 빠지는 의식상실(passing out)과 구별되는 개념이다. 따라서 음주 후 준강간 또는 준강제추행을 당하였음을 호소한 피해자의 경우, 범행당시 ① 알코올이 위의 기억형성의 실패만을 야기한 알코올 블랙아웃 상태였다면 피해자는 기억장애 외에 인지기능이나 의식 상태의 장애에 이르렀다고 인정하기 어렵지만, 이에 비하여 ② 피해자가 술에 취해 수면상태에 빠지는 등 의식을 상실한 패싱아웃 상태였다면 심신상실의 상태에 있었음을 인정할 수 있다. 또한 '준강간죄 또는 준강제추행죄에서의 심신상실·항거불능'의 개념에 비추어, ③ 피해자가 의식상실 상태에 빠져 있지는 않지만 알코올의 영향으로 의사를 형성할 능력이나 성적 자기결정권 침해행위에 맞서려는 저항력이 현저하게 저하된 상태였다면 '항거불능'에 해당하여, 이러한 피해자에 대한 성적 행위 역시 준강간죄 또는 준강제추행죄를 구성할 수 있다.[9] …… (따라서) 피해사실 전후의 객관적 정황상 피해자가 심신상실 등이 의심될 정도로 비정상적인 상태에 있었음이 밝혀진 경우 혹은 피해자와 피고인의 관계 등에 비추어 피해자가 정상적인 상태하에서라면 피고인과 성적 관계를 맺거나 이에 수동적으로나마 동의하리라고 도저히 기대하기 어려운 사정이 인정되는데도, 피해자의 단편적인 모습만으로 피해자가 단순히 '알코올 블랙아웃'에 해당하여 심신상실 상태에 있지 않았다고 단정하여서는 안된다.

---

9 보충 : 법의학 분야에서는 알코올 블랙아웃이 '술을 마시는 동안에 일어난 중요한 사건에 대한 기억상실'로 정의되기도 하며, 일반인 입장에서는 '음주 후 발생한 광범위한 인지기능 장애 또는 의식상실'까지 통칭하기도 한다. 따라서 음주로 심신상실 상태에 있는 피해자에 대하여 준강간 또는 준강제추행을 하였음을 이유로 기소된 피고인이 '피해자가 범행 당시 의식상실 상태가 아니었고 그 후 기억하지 못할 뿐이다.'라는 취지에서 알코올 블랙아웃을 주장하는 경우, 법원은 피해자의 범행 당시 음주량과 음주 속도, 경과한 시간, 피해자의 평소 주량, 피해자가 평소 음주 후 기억장애를 경험하였는지 여부 등 피해자의 신체 및 의식상태가 범행 당시 알코올 블랙아웃인지 아니면 패싱아웃 또는 행위통제능력이 현저히 저하된 상태였는지를 구분할 수 있는 사정들과 더불어 CCTV나 목격자를 통하여 확인되는 당시 피해자의 상태, 언동, 피고인과의 평소 관계, 만나게 된 경위, 성적 접촉이 이루어진 장소와 방식, 그 계기와 정황, 피해자의 연령·경험 등 특성, 성에 대한 인식 정도, 심리적·정서적 상태, 피해자와 성적 관계를 맺게 된 경위에 대한 피고인의 진술 내용의 합리성, 사건 이후 피고인과 피해자의 반응을 비롯한 제반 사정을 면밀하게 살펴 범행 당시 피해자가 심신상실 또는 항거불능 상태에 있었는지 여부를 판단해야 한다(위 판례의 판결이유).

대법원 2013.4.11, 2012도12714

성폭법상 장애인준강간죄가 되려면 지적 장애 외에 성적 자기결정권을 행사하지 못할 정도의 정신장애를 가지고 있다는 점이 증명되어야 한다는 사례

성폭법 제6조의 '신체적인 또는 정신적인 장애로 항거불능인 상태에 있음'은 신체장애 또는 정신장애 그 자체로 항거불능의 상태에 있는 경우뿐 아니라 신체장애 또는 정신장애가 주된 원인이 되어 심리적 또는 물리적으로 반항이 불가능하거나 현저히 곤란한 상태에 이른 경우를 포함하지만, …… 본죄는 장애인의 성적 자기결정권을 보호법익으로 하므로 피해자가 지적 장애등급을 받은 장애인이라고 하더라도 단순한 지적 장애 외에 성적 자기결정권을 행사하지 못할 정도의 정신장애를 가지고 있다는 점이 증명되어야 하고, 피고인도 간음 당시 피해자에게 이러한 정도의 정신장애가 있음을 인식하여야 한다.

1 대법원 2000.1.14, 99도5187

준강간의 실행착수시기는 간음에 착수한 때라는 사례

[甲은 乙(女)이 잠을 자는 사이 乙의 바지와 팬티를 발목까지 벗기고 웃옷을 가슴 위까지 올린 다음 甲 자신의 바지를 아래로 내린 상태에서 乙의 가슴, 엉덩이, 음부 등을 만지고 甲 자신의 성기를 乙의 음부에 삽입하려고 하였다. 그런데 乙이 몸을 뒤척이고 비트는 등 잠에서 깨어 거부하자 더 이상의 간음행위를 포기하였다.] 피고인이 잠을 자고 있는 피해자의 옷을 벗긴 후 자신의 바지를 내린 상태에서 피해자의 음부 등을 만지고 자신의 성기를 피해자의 음부에 삽입하려고 하였으나 피해자가 몸을 뒤척이고 비트는 등 잠에서 깨어 거부하는 듯한 기색을 보이자 더 이상 간음행위에 나아가는 것을 포기한 경우, 준강간죄의 실행에 착수한 것이다. [법원행시 07]

2 대법원 2019.3.28, 2018도16002 전원합의체

준강간죄의 불능미수가 성립한다는 사례

피고인이 피해자가 심신상실 또는 항거불능의 상태에 있다고 인식하고 그러한 상태를 이용하여 간음할 의사(준강간의 고의)로 피해자를 간음하였으나 피해자가 실제로는 심신상실 또는 항거불능의 상태에 있지 않은 경우에는, 실행의 수단 또는 대상의 착오로 인하여 준강간죄에서 규정하고 있는 구성요건적 결과의 발생이 처음부터 불가능하였고 실제로 그러한 결과가 발생하였다고 할 수 없다. 피고인이 준강간의 실행에 착수하였으나 범죄가 기수에 이르지 못하였으므로 준강간죄의 미수범이 성립한다. 피고인이 행위 당시에 인식한 사정을 놓고 일반인이 객관적으로 판단하여 보았을 때 준강간의 결과가 발생할 위험성이 있었으므로 준강간죄의 불능미수가 성립한다. …… 피고인이 피해자가 심신상실 또는 항거불능의 상태에 있다고 인식하고 그러한 상태를 이용하여 간음할 의사를 가지고 간음하였으나, 실행의 착수 당시부터 피해자가 실제로는 심신상실 또는 항거불능의 상태에 있지 않았다면, 실행의 수단 또는 대상의 착오로 준강간죄의 기수에 이를 가능성이 처음부터 없다고 볼 수 있다. 이 경우 피고인이 행위 당시에 인식한 사정을 놓고 일반인이 객관적으로 판단하여 보았을 때 정신적·신체적 사정으로 인하여 성적인 자기방어를 할 수 없는 사람의 성적 자기결정권을 침해하여 준강간의 결과가 발생할 위험성이 있었다면 불능미수가 성립한다. [경찰승진 22 / 국가9급 20·21 / 국가7급 20 / 법원9급 20]

05 미성년자의제강간·유사강간·강제추행죄

제305조 【미성년자에 대한 간음, 추행】 ① 13세 미만의 사람에 대하여 간음 또는 추행을 한 자는 제297조, 제297조의2, 제298조, 제301조 또는 제301조의2의 예에 의한다. 〈개정 2012.12.18.〉
② 13세 이상 16세 미만의 사람에 대하여 간음 또는 추행을 한 19세 이상의 자는 제297조, 제297조의2, 제298조, 제301조 또는 제301조의2의 예에 의한다. 〈신설 2020.5.19.〉

06 강간 등 상해·치상죄 및 강간 등 살인·치사죄

제301조 【강간 등 상해 · 치상】 제297조, 제297조의2 및 제298조부터 제300조까지의 죄를 범한 자가 사람을 상해하거나 상해에 이르게 한 때에는 무기 또는 5년 이상의 징역에 처한다. 〈개정 2012.12.18.〉
제301조의2 【강간 등 살인 · 치사】 제297조, 제297조의2 및 제298조부터 제300조까지의 죄를 범한 자가 사람을 살해한 때에는 사형 또는 무기징역에 처한다. 사망에 이르게 한 때에는 무기 또는 10년 이상의 징역에 처한다. 〈개정 2012. 12.18.〉

판례연구 강간상해·치상죄의 상해에 해당되는 경우

1. 얼굴을 가격하여 코피가 나고 콧등이 부어 오른 경우[10] [법원행시 11]
2. 처녀막이 파열된 경우[11] [경찰채용 12 1차 / 경찰승진 14 / 법원행시 11]
3. 회음부 찰과상을 입힌 경우[12]
4. 히스테리증[13]·보행불능·수면장애·식욕감퇴 등 기능장애가 발생한 경우[14] [경찰채용 10 1차 / 법원행시 11]
5. 불안, 불면, 악몽, 자책감, 우울감정, 대인관계 회피, 일상생활에 대한 무관심, 흥미상실 등의 증상을 보였고, 이와 같은 증세가 의학적으로는 통상적인 상황에서는 겪을 수 없는 극심한 위협적 사건에서 심리적인 충격을 경험한 후 일으키는 특수한 정신과적 증상인 외상 후 스트레스 장애로써 나타난 경우[15] [사시 10]
6. '우측 슬관절 부위 찰과상 및 타박상, 우측 주관절 부위 찰과상'으로 예상치료기간이 2주인 상해를 입은 피해자가 만 14세의 중학교 3학년 여학생으로 154cm의 신장에 40kg의 체구인 경우[16] [경찰간부 13]
7. (미성년자의제강제추행치상죄와 관련하여) 미성년자에 대한 추행행위로 인하여 그 피해자의 외음부 부위에 염증이 발생한 경우(그 증상이 약간의 발적과 경도의 염증이 수반된 정도에 불과하다고 하더라도 상해가 인정됨)[17] [경찰채용 10 1차]

---

10 대법원 1991.10.22, 91도1832.
11 대법원 1995.7.25, 94도1351; 1972.6.13, 72도855; 1957.5.3, 4293형상40.
12 판례 : 피고인들이 피해자를 강간하여 피해자에게 요치 10일의 회음부찰과상을 입혔다면 상해의 정도가 0.1cm 정도의 찰과상에 불과하더라도 이것도 형법상 상해의 개념에 해당하므로 강간치상죄의 성립에 영향이 없다(대법원 1983.7.12, 83도1258).
13 대법원 1970.2.10, 69도2213.
14 대법원 1969.3.11, 69도161.
15 대법원 1999.1.26, 98도3732.
16 판례 : 이러한 피해자가 40대의 건장한 군인인 피고인과 소형승용차의 좁은 공간에서 밖으로 빠져나오려고 실랑이를 하고 위 차량을 벗어난 후에는 다시 타지 않으려고 격렬한 몸싸움을 하는 과정에서 적지 않은 물리적 충돌로 인하여 위와 같은 상해를 입게 된 사실을 알 수 있는바, 이러한 사실들을 위의 법리에 비추어 보면, 피해자가 입은 위 상해의 정도가 일상생활에 지장이 없고 단기간 내에 자연치유가 가능한 극히 경미한 상처라고 할 수 없고, 그러한 정도의 상처로 인하여 피해자의 신체의 건강상태가 불량하게 변경되고 생활기능에 장애가 초래된 것이 아니라고 단정하기도 어렵다고 할 것이다(대법원 2005.5.26, 2005도1039). [경찰간부 13]
17 대법원 1996.11.22, 96도1395.

8. 수면제(졸피뎀, Zolpidem)와 같은 약물을 투약하여 피해자를 일시적으로 수면 또는 의식불명 상태에 이르게 한 경우 : 약물로 인하여 피해자의 건강상태가 불량하게 변경되고 생활기능에 장애가 초래되었다면 자연적으로 의식을 회복하거나 외부적으로 드러난 상처가 없더라도 이는 강간치상죄나 강제추행치상죄에서 말하는 상해에 해당한다(대법원 2017.6.29, 2017도3196). [국가7급 18]

판례연구 **강간상해·치상죄의 상해에 해당되지 않는 경우**

1. 동전크기의 멍이 들어 있는 정도로서 자연적으로 치유될 수 있는 정도로 약 7일간의 가료를 요하는 상처가 생긴 경우[18]
2. 동전크기의 반상출혈상[19] [법원행시 11]
3. 강간하려는 과정에서 손바닥에 약 2cm 가량의 긁힌 상처를 낸 경우[20] [경찰채용 10 1차 / 법원행시 11·18]
4. 음모 절단[21]

판례연구 **성폭법상 특수강간상해·치상·살인·치사죄의 죄수 관련 판례**

1 대법원 1999.4.23, 99도354
성폭법상 주거침입강간상해죄를 범한 경우 주거침입죄가 별도로 성립하지 않는다는 사례
(구)성폭법 제5조 제1항은 형법 제319조 제1항의 죄를 범한 자가 강간의 죄를 범한 경우를 규정하고 있고(현 성폭법 제3조 제1항), 동법 제9조 제1항(현 제8조 제1항)은 같은 법 제5조 제1항(현 제3조 제1항)의 죄에 대한 결과적 가중범을 동일한 구성요건에 규정하고 있으므로, 피해자의 방안에 침입하여 식칼로 위협하여 반항을 억압한 다음 피해자를 강간하여 상해를 입히게 한 피고인의 행위는 그 전체가 포괄하여 같은 법 제9조 제1항(현 제8조 제1항)의 죄를 구성할 뿐이지, 그 중 주거침입의 행위가 나머지 행위와 별도로 주거침입죄를 구성한다고는 볼 수 없다.

2 대법원 2014.2.27, 2013도12301,2013전도252,2013치도2
미성년자약취 후 상해죄와 미성년자강간살인미수죄는 실체적 경합이라는 사례
미성년자인 피해자를 약취한 후에 강간을 목적으로 피해자에게 가혹한 행위 및 상해를 가하고 나아가 그 피해자에 대한 강간 및 살인미수를 범하였다면, 이에 대하여는 약취한 미성년자에 대한 상해 등으로 인한 특정범죄 가중처벌 등에 관한 법률 위반죄 및 미성년자인 피해자에 대한 강간 및 살인미수행위로 인한 성폭력범죄의 처벌 등에 관한 특례법 위반죄가 각 성립하고, 설령 상해의 결과가 피해자에 대한 강간 및 살인미수행위 과정에서 발생한 것이라 하더라도 위 각 죄는 서로 형법 제37조 전단의 실체적 경합범 관계에 있다. [경찰간부 16]

---

18 대법원 1994.11.4, 94도1311.
19 대법원 1986.7.8, 85도2042.
20 대법원 1987.10.26, 87도1880.
21 **사례 : 음모 절단** 甲은 친구 丙의 원룸 오피스텔에 乙을 데려왔다. 그런데 甲은 乙이 밥을 먹지 않는다고 하면서 乙을 강제로 눕힌 연후 옷을 벗긴 뒤 1회용 면도기로 乙의 음모를 위에서 아래로 가로 약 5cm, 세로 약 3cm 정도 깎았다. 甲에게는 강제추행치상죄가 성립하는가?(단, 모근 부분은 남기고 모간 부분만 깎았음)
판례 : 음모(陰毛)는 성적 성숙함을 나타내거나 치부를 가려주는 등의 시각적·감각적인 기능 이외에 특별한 생리적 기능이 없는 것이므로, 피해자의 음모의 모근(毛根) 부분을 남기고 모간(毛幹) 부분만을 일부 잘라냄으로써 음모의 전체적인 외관에 변형만이 생겼다면, 이로 인하여 피해자에게 수치심을 야기하기는 하겠지만, 병리적으로 보아 피해자의 신체의 건강상태가 불량하게 변경되거나 생활기능에 장애가 초래되었다고 할 수는 없을 것이므로, 그것이 폭행에 해당할 수 있음은 별론으로 하고 강제추행치상죄의 상해에 해당한다고 할 수는 없다(대법원 2000.3.23, 99도3099). [경찰채용 12 1차 / 경찰간부 13·14 / 경찰승진 10]
해결 : 성립하지 않는다.

제302조【미성년자 등에 대한 간음】미성년자 또는 심신미약자에 대하여 위계 또는 위력으로써 간음 또는 추행을 한 자는 5년 이하의 징역에 처한다.

판례연구　미성년자에 대한 위계에 의한 간음죄의 위계의 의미

대법원 2020.8.27, 2015도9436 전원합의체

[甲(36세, 피고인)은 자신을 고등학교 2학년으로 가장하여 14세의 피해자와 온라인으로 교제하던 중, 교제를 지속하고 스토킹하는 여자를 떼어내려면 자신의 선배와 성관계하여야 한다는 취지로 피해자에게 거짓말을 하고, 이에 응한 피해자를 그 선배로 가장하여 간음하였다. 甲에게는 아동·청소년에 대한 위계에 의한 간음죄의 죄책이 인정되는가의 문제이다.] '위계'라 함은 행위자의 행위목적을 달성하기 위하여 피해자에게 오인, 착각, 부지를 일으키게 하여 이를 이용하는 것을 말한다. 행위자가 간음의 목적으로 피해자에게 오인, 착각, 부지를 일으키고 피해자의 그러한 심적 상태를 이용하여 간음의 목적을 달성하였다면 위계와 간음행위 사이의 인과관계를 인정할 수 있고, 따라서 위계에 의한 간음죄가 성립한다. 왜곡된 성적 결정에 기초하여 성행위를 하였다면 왜곡이 발생한 지점이 성행위 그 자체인지 성행위에 이르게 된 동기인지는 성적 자기결정권에 대한 침해가 발생한 것은 마찬가지라는 점에서 핵심적인 부분이라고 하기 어렵다. 피해자가 오인, 착각, 부지에 빠지게 되는 대상은 간음행위 자체일 수도 있고, 간음행위에 이르게 된 동기이거나 간음행위와 결부된 금전적·비금전적 대가와 같은 요소일 수도 있다. 다만 행위자의 위계적 언동이 존재하였다는 사정만으로 위계에 의한 간음죄가 성립하는 것은 아니므로 위계적 언동의 내용 중에 피해자가 성행위를 결심하게 된 중요한 동기를 이룰 만한 사정이 포함되어 있어 피해자의 자발적인 성적 자기결정권의 행사가 없었다고 평가할 수 있어야 한다. 이와 같은 인과관계를 판단함에 있어서는 피해자의 연령 및 행위자와의 관계, 범행에 이르게 된 경위, 범행 당시와 전후의 상황 등 여러 사정을 종합적으로 고려하여야 한다. …… 이와 달리 위계에 의한 간음죄에서 행위자가 간음의 목적으로 상대방에게 일으킨 오인, 착각, 부지는 간음행위 자체에 대한 오인, 착각, 부지를 말하는 것이지 간음행위와 불가분적 관련성이 인정되지 않는 다른 조건에 관한 오인, 착각, 부지를 가리키는 것은 아니라는 취지의 종전 판례인 대법원 2001.12.24, 2001도5074, 대법원 2002.7.12, 2002도2029, 대법원 2007.9.21, 2007도6190, 대법원 2012.9.27, 2012도9119, 대법원 2014.9.4, 2014도8423, 2014전도151 판결 등은 이 판결과 배치되는 부분이 있으므로 그 범위에서 이를 변경하기로 한다. [경찰승진 22 / 국가7급 21]

> **보충**　원심은 위계에 의한 간음죄에서 행위자가 간음의 목적으로 상대방에게 일으킨 오인, 착각, 부지는 간음행위 자체에 대한 오인, 착각, 부지를 말하는 것이지 간음행위와 불가분적 관련성이 인정되지 않는 다른 조건에 관한 오인, 착각, 부지를 가리키는 것은 아니라고 보아야 한다는 종전 판례에 따라 이 사건 공소사실을 무죄로 판단하였으나, 대법원은 행위자가 간음의 목적으로 피해자에게 오인, 착각, 부지를 일으키고 피해자의 그러한 심적 상태를 이용하여 간음의 목적을 달성하였다면 위계와 간음행위 사이의 인과관계를 인정할 수 있다고 보아 이와 다른 취지의 종전 판례를 변경하고, 이 사건 공소사실을 무죄로 판단한 원심판결을 파기한 것이다.
>
> [변경된 판례 : 미성년자·심신미약자에 대한 위계에 의한 간음죄 성립]
> ① 심신미약자에게 남자를 소개시켜주겠다고 거짓말을 하여 여관으로 유인하고 성관계를 가진 경우(대법원 2002.7.12, 2002도2029) [경찰승진 17 / 사시 12·13]
> ② 청소년에게 성교의 대가로 돈을 주겠다고 거짓말을 하고 성관계를 가진 경우(대법원 2001.12.24, 2001도5074) [경찰채용 10 1차]
> ③ 정신장애가 있는 자를 인터넷 쪽지를 이용하여 자신의 집으로 유인한 후 성교행위와 제모행위를 한 경우(대법원 2014.9.4, 2014도8423) [경찰채용 15 1차 / 사시 15]

대법원 2008.7.24, 2008도4069
위력에 의한 간음에 해당한다는 사례
위력이라 함은 피해자의 자유의사를 제압하기에 충분한 세력을 말하고, 유형적이든 무형적이든 묻지
않으므로 폭행 · 협박뿐 아니라 행위자의 사회적 · 경제적 · 정치적인 지위나 권세를 이용하는 것도 가능하
다. [경찰채용 21 1차] …… 체구가 큰 만 27세 남자가 만 15세(48kg)인 피해자의 거부 의사에도 불구하고,
성교를 위하여 피해자의 몸 위로 올라간 것 외에 별다른 유형력을 행사하지는 않은 경우에도 위력에
의한 미성년자 간음죄가 성립한다.

08   업무상 위력 등에 의한 간음죄

제303조【업무상 위력 등에 의한 간음】 ① 업무, 고용 기타 관계로 인하여 자기의 보호 또는 감독을 받는 사람에
대하여 위계 또는 위력으로써 간음한 자는 7년 이하의 징역 또는 3천만 원 이하의 벌금에 처한다. 〈개정 2018.10.16.〉
② 법률에 의하여 구금된 사람을 감호하는 자가 그 사람을 간음한 때에는 10년 이하의 징역에 처한다. 〈개정
2018.10.16.〉

1 대법원 1976.2.10, 74도1519
기타 관계로 자기의 보호 또는 감독을 받는 사람
형법 303조 1항 규정 중 기타 관계로 자기의 보호 또는 감독을 받는 부녀(현 사람)라 함은 사실상의
보호 또는 감독을 받는 상황에 있는 부녀인 경우도 이에 포함되는 것이다.[22] [사시 10]

2 대법원 2020.7.9, 2020도5646
채용 절차에서 구직자를 추행한 사건
(채용 절차에 있는 구직자는 성폭법 제10조 제1항의 '업무, 고용이나 그 밖의 관계로 자기의 보호,
감독을 받는 사람'에 해당하는가의 문제이다.) 성폭법 제10조는 '업무상 위력 등에 의한 추행'에 관한
처벌 규정인데, 제1항에서 "업무, 고용이나 그 밖의 관계로 인하여 자기의 보호, 감독을 받는 사람에
대하여 위계 또는 위력으로 추행한 사람은 3년 이하의 징역 또는 1천 500만원 이하의 벌금에 처한다."
라고 정하고 있다. '업무, 고용이나 그 밖의 관계로 인하여 자기의 보호, 감독을 받는 사람'에는 직장
안에서 보호 또는 감독을 받거나 사실상 보호 또는 감독을 받는 상황에 있는 사람(형법 제303조의
'업무상 위력 등에 의한 간음'에 관한 대법원 1976.2.10, 74도1519; 2001.10.30, 2001도4085)뿐만 아니라
채용 절차에서 영향력의 범위 안에 있는 사람도 포함된다.

---

22 **판례 : 미장원에서 사실상 보호 · 감독을 받는 관계** 비록 피고인이 직접 피해자 박○○을 미장원의 종업원으로 고용한 것은 아니라
하더라도 자기의 처가 경영하는 미장원에 매일같이 출입하면서 미장원 일을 돕고 있었다면 동 미장원 종업원인 박○○은 피고인을
주인으로 대접하고 또 그렇게 대접하는 것이 우리의 일반사회실정이라 할 것이고 또한 피고인도 따라서 동 미장원 종업원인 피해자
박○○에 대하여 남다른 정의로서 처우해 왔다고 보는 것이 또한 우리의 인지상정이라 할 수 있을 것이므로 이 사건에서 사정이
그와 같다면 피고인은 박○○에 대하여 사실상 자기의 보호 또는 감독을 받는 상황에 있는 부녀의 경우에 해당된다고 못 볼 바
아니다(대법원 1976.2.10, 74도1519). [사시 10]

09 상습범

제305조의2 【상습범】 상습으로 제297조, 제297조의2, 제298조부터 제300조까지, 제302조, 제303조 또는 제305조의 죄를 범한 자는 그 죄에 정한 형의 2분의 1까지 가중한다. 〈개정 2012.12.18.〉

10 강간 등 예비·음모죄

제305조의3 【예비, 음모】 제297조, 제297조의2, 제299조(준강간죄에 한정한다), 제301조(강간 등 상해죄에 한정한다) 및 제305조의 죄를 범할 목적으로 예비 또는 음모한 사람은 3년 이하의 징역에 처한다. 〈본조신설 2020.5.19.〉

11 성폭법상 기타 규정

1. 공중밀집장소추행죄

> **판례연구** **공중밀집장소추행죄 관련 사례**
>
> **1** 대법원 2009.10.29, 2009도5704
> 성폭법상 '공중이 밀집하는 장소'의 의미
> '공중이 밀집하는 장소'에는 현실적으로 사람들이 빽빽이 들어서 있어 서로간의 신체적 접촉이 이루어지고 있는 곳만을 의미하는 것이 아니라, 찜질방 등과 같이 공중의 이용에 상시적으로 제공·개방된 상태에 놓여 있는 곳 일반을 의미한다. 따라서 찜질방 수면실에서 옆에 누워 있던 피해자의 가슴 등을 손으로 만진 행위는 성폭법에서 정한 공중밀집장소에서의 추행행위에 해당한다. [경찰채용 10 1차/경찰채용 18 2차/법원9급 10/변호사시험 13]
>
> **2** 대법원 2020.6.25, 2015도7102
> 지하철에서 추행했으나 대상자가 성적 수치심이나 혐오감을 느끼지 못한 사례
> 구 성폭법 제11조는 '대중교통수단, 공연·집회 장소, 그 밖에 공중이 밀집하는 장소에서 사람을 추행한 사람'을 1년 이하의 징역 또는 300만 원 이하의 벌금에 처하도록 하고 있다. …… 성폭법위반(공중밀집장소에서의추행)죄가 기수에 이르기 위해서는 객관적으로 일반인에게 성적 수치심이나 혐오감을 일으키게 할 만한 행위로서 선량한 성적 도덕관념에 반하는 행위를 행위자가 대상자를 상대로 실행하는 것으로 충분하고, 행위자의 행위로 말미암아 대상자가 성적 수치심이나 혐오감을 반드시 실제로 느껴야 하는 것은 아니다.

2. 통신매체이용음란죄

<table>
<tr><td>판례연구</td><td>통신매체이용음란죄 관련판례</td></tr>
</table>

1 대법원 2017.6.8, 2016도21389

성폭법상 성적 수치심·혐오감을 일으키는 그림 등을 상대방에게 도달하게 한다는 의미

성폭법 제13조에서 '성적 수치심이나 혐오감을 일으키는 말, 음향, 글, 그림, 영상 또는 물건(이하 '성적 수치심을 일으키는 그림 등')을 상대방에게 도달하게 한다'는 것은 '상대방이 성적 수치심을 일으키는 그림 등을 직접 접하는 경우뿐만 아니라 상대방이 실제로 이를 인식할 수 있는 상태에 두는 것'을 의미한다. 따라서 … 상대방에게 성적 수치심을 일으키는 그림 등이 담겨 있는 웹페이지 등에 대한 인터넷 링크(internet link)를 보내는 행위를 통해 그와 같은 그림 등이 상대방에 의하여 인식될 수 있는 상태에 놓이고 실질에 있어서 이를 직접 전달하는 것과 다를 바 없다고 평가되고, 이에 따라 상대방이 이러한 링크를 이용하여 별다른 제한 없이 성적 수치심을 일으키는 그림 등에 바로 접할 수 있는 상태가 실제로 조성되었다면, 그러한 행위는 전체로 보아 성적 수치심을 일으키는 그림 등을 상대방에게 도달하게 한다는 구성요건을 충족한다.

2 대법원 2018.9.13, 2018도9775

성폭법상 통신매체 이용 음란죄의 성립요건

'자기 또는 다른 사람의 성적 욕망을 유발하거나 만족시킬 목적'이 있는지는 피고인과 피해자의 관계, 행위의 동기와 경위, 행위의 수단과 방법, 행위의 내용과 태양, 상대방의 성격과 범위 등 여러 사정을 종합하여 사회통념에 비추어 합리적으로 판단하여야 한다. '성적 욕망'에는 성행위나 성관계를 직접적인 목적이나 전제로 하는 욕망뿐만 아니라, 상대방을 성적으로 비하하거나 조롱하는 등 상대방에게 성적 수치심을 줌으로써 자신의 심리적 만족을 얻고자 하는 욕망도 포함된다. 또한 이러한 '성적 욕망'이 상대방에 대한 분노감과 결합되어 있더라도 달리 볼 것은 아니다.

3. 카메라이용촬영죄 및 카메라이용촬영물반포·판매·제공 등의 죄

<table>
<tr><td>판례연구</td><td>카메라이용촬영죄 관련 사례</td></tr>
</table>

1 대법원 2008.9.25, 2008도7007

버스 옆 자리 허벅지 촬영 사례 : 유죄

야간에 버스 안에서 휴대폰 카메라로 옆 좌석에 앉은 여성(18세)의 치마 밑으로 드러난 허벅다리 부분을 촬영한 경우, 그 촬영 부위는 성폭법 제14조의2(현 제13조) 제1항의 '성적 욕망 또는 수치심을 유발할 수 있는 타인의 신체'에 해당하므로 위 조항 위반죄의 성립이 인정된다. [경찰채용 10 1차]

2 대법원 2011.6.9, 2010도10677

카메라 등 이용 촬영죄의 기수 시기

성폭법상 '카메라 등 이용 촬영죄'는 카메라 기타 이와 유사한 기능을 갖춘 기계장치 속에 들어 있는 필름이나 저장장치에 피사체에 대한 영상정보가 입력됨으로써 기수에 이른다고 보아야 한다. 그런데 최근 기술문명의 발달로 등장한 디지털카메라나 동영상 기능이 탑재된 휴대전화 등의 기계장치는, 촬영된 영상정보가 사용자 등에 의해 전자파일 등의 형태로 저장되기 전이라도 일단 촬영이 시작되면 곧바로 촬영된 피사체의 영상정보가 기계장치 내 RAM(Random Access Memory) 등 주기억장치에 입력되어 임시저장되었다가 이후 저장명령이 내려지면 기계장치 내 보조기억장치 등에 저장되는

방식을 취하는 경우가 많고, 이러한 저장방식을 취하고 있는 카메라 등 기계장치를 이용하여 동영상 촬영이 이루어졌다면 범행은 촬영 후 일정한 시간이 경과하여 영상정보가 기계장치 내 주기억장치 등에 입력됨으로써 기수에 이르는 것이고, 촬영된 영상정보가 전자파일 등의 형태로 영구저장되지 않은 채 사용자에 의해 강제종료되었다고 하여 미수에 그쳤다고 볼 수는 없다. [경찰채용 13 1차]

❸ 대법원 2016.10.13, 2016도6172

성폭법 제14조 제1항 후단(18년 12월 개정법으로는 동 제2항)에서 촬영물을 반포·판매·임대 또는 공연히 전시·상영한 자는 반드시 촬영물을 촬영한 자와 동일인이어야 하는 것은 아니고, 행위의 대상이 되는 촬영물은 누가 촬영한 것인지를 묻지 아니한다.

❹ 대법원 2016.12.27, 2016도16676

성폭법 제14조 제2항에서 반포할 의사 없이 특정한 1인 또는 소수의 사람에게 무상으로 교부한 것은 반포가 아니라 제공에 해당한다는 사례

성폭법 제14조 제2항은 카메라나 그 밖에 이와 유사한 기능을 갖춘 기계장치를 이용하여 성적 욕망 또는 수치심을 유발할 수 있는 다른 사람의 신체를 촬영한 촬영물이 촬영 당시에는 촬영대상자의 의사에 반하지 아니하는 경우에도 사후에 의사에 반하여 촬영물을 반포·판매·임대·제공 또는 공공 연하게 전시·상영한 사람을 처벌하도록 규정하고 있다. 여기에서 '반포'는 불특정 또는 다수인에게 무상으로 교부하는 것을 말하고, 계속적·반복적으로 전달하여 불특정 또는 다수인에게 반포하려는 의사를 가지고 있다면 특정한 1인 또는 소수의 사람에게 교부하는 것도 반포에 해당할 수 있다. 한편 '반포'와 별도로 열거된 '제공'은 '반포'에 이르지 아니하는 무상 교부 행위를 말하며, '반포'할 의사 없이 특정한 1인 또는 소수의 사람에게 무상으로 교부하는 것은 '제공'에 해당한다.

✔ 아웃라인

목차		난도	출제율	대표지문
제1절 명예에 관한 죄	01 총 설	下	★	• 명예훼손죄와 모욕죄의 보호법익은 사람의 가치에 대한 사회적 평가인 이른바 외부적 명예이다. (○) • 명예훼손죄에 있어서 공연성은 불특정 또는 다수인이 인식할 수 있는 상태를 의미한다. (○) • 명예훼손죄에 있어서 피고인의 행위에 피해자를 비방할 목적이 함께 숨어 있었다고 하더라도 그 주요한 동기가 공공의 이익을 위한 것이라면 형법 제310조의 적용을 배제할 수 없다. (○) • 허위사실 적시에 의한 명예훼손죄 및 사자명예훼손죄는 미필적 고의에 의해서도 성립하므로 허위사실에 대한 인식은 확정적일 필요가 없다. (○) • 집합적 명사를 쓴 경우에도 시간적·장소적 관련성 속에서 특정인을 가리키는 것이 명백하면, 이를 각자의 명예를 훼손하는 행위라고 볼 수 있다. (○)
	02 명예훼손죄	中	★★★	
	03 사자명예훼손죄	下	★	
	04 출판물 등에 의한 명예훼손죄	上	★★★	
	05 모욕죄	下	★	
제2절 신용·업무와 경매에 관한 죄	01 총 설	下	★	• 형법 제313조에 정한 신용훼손죄에서의 '신용'은 경제적 신용, 즉 사람의 지불능력 또는 지불의사에 대한 사회적 신뢰를 의미한다. (○) • 피고인의 단순한 의견이나 가치판단을 표시하는 것은 형법상 신용훼손죄에서의 '허위사실의 유포'에 해당하지 않는다. (○) • 업무방해죄에 있어서의 업무란 직업 또는 사회생활상의 지위에 기하여 계속적으로 종사하는 사무나 사업의 일체를 의미하고, 그 업무가 주된 것이든 부수적인 것이든 가리지 아니한다. (○) • 동업자들이 무모한 출혈경쟁을 방지하기 위한 수단으로 실질적으로 단독입찰을 하면서 경쟁입찰인 것 같이 가장한 경우에 입찰방해죄가 성립한다. (○)
	02 신용훼손죄	中	★	
	03 업무방해죄	中	★★	
	04 컴퓨터 등 장애 업무방해죄	下	★	
	05 경매·입찰방해죄	中	★	

✔ 출제경향

구 분	경찰채용						경찰간부						경찰승진					
	17	18	19	20	21	22	16	17	18	19	20	21	17	18	19	20	21	22
제1절 명예에 관한 죄	1	2	2	2	2	1	2	1		2	2	1	1	1	1	1		1
제2절 신용·업무와 경매에 관한 죄	1	1		1	1		2	1		1	1	1	1		1	1	1	1
출제빈도	14/220						14/240						10/240					

CHAPTER **03**

명예와 신용에 대한 죄

✔ 키포인트

국가9급						법원9급						법원행시						변호사시험					
17	18	19	20	21	22	17	18	19	20	21	22	17	18	19	20	21	22	17	18	19	20	21	22
1					1	1	1	2	1	1	1		1	1	1	1	1	1				1	
						1	1	1		1	1	1	2			1	1	1	2		1		
2/120						12/150						10/240						6/140					

명예와 신용에 대한 죄

제1절 명예에 관한 죄

01 명예훼손죄

> **제307조【명예훼손】** ① 공연히 사실을 적시하여 사람의 명예를 훼손한 자는 2년 이하의 징역이나 금고 또는 500만 원 이하의 벌금에 처한다.
> ② 공연히 허위의 사실을 적시하여 사람의 명예를 훼손한 자는 5년 이하의 징역, 10년 이하의 자격정지 또는 1천만 원 이하의 벌금에 처한다.
> **제310조【위법성의 조각】** 제307조 제1항의 행위가 진실한 사실로서 오로지 공공의 이익에 관한 때에는 처벌하지 아니한다.

판례연구 　명예의 주체 내지 명예훼손죄의 피해자 관련 판례

1 대법원 1982.11.9, 82도1256
주위 사정을 종합하여 피해자를 특정할 수 있다는 사례 : '어떤 분자' 사건
명예훼손죄가 성립하려면 반드시 사람의 성명을 명시하여 허위의 사실을 적시하여야만 하는 것은 아니므로 사람의 성명을 명시한 바 없는 허위사실의 적시행위도 그 표현의 내용을 주위사정과 종합 판단하여 그것이 어느 특정인을 지목하는 것인가를 알아차릴 수 있는 경우에는 그 특정인에 대한 명예훼손죄를 구성한다.[23]

2 대법원 1983.10.25, 83도1520
사자명예훼손죄의 경우 사자도 명예의 주체가 된다는 사례
사자명예훼손죄는 사자에 대한 사회적, 역사적 평가를 보호법익으로 하는 것이다.

3 대법원 2016.12.27, 2014도15290
국가·지방자치단체는 명예훼손죄·모욕죄의 피해자가 될 수 없다는 사례
형법이 명예훼손죄 또는 모욕죄를 처벌함으로써 보호하고자 하는 사람의 가치에 대한 평가인 외

---

[23] **판례 : '어떤 분자' 사례** 명예훼손죄가 성립하려면 반드시 사람의 성명을 명시하여 허위의 사실을 적시하여야만 하는 것은 아니므로 사람의 성명을 명시한 바 없는 허위사실의 적시행위도 그 표현의 내용을 주위사정과 종합 판단하여 그것이 어느 특정인을 지목하는 것인가를 알아차릴 수 있는 경우에는 그 특정인에 대한 명예훼손죄를 구성한다. 따라서 신씨종중의 재산관리위원장이던 공소외인과 피고인 사이에 종중재산의 관리에 관한 다툼이 있어 왔고 부락민 80세대 중 50세대가 신씨종중원이었다면 "어떤 분자가 종중재산을 횡령 착복하였다."는 피고인의 허위사실 방송을 청취한 부락민 중 적어도 신씨종중원들로서는 그 어떤 분자라는 것이 바로 공소외인을 지목하는 것이라는 것쯤은 알아차릴 수 있는 상황이었다고 볼 수 있다(대법원 1982.11.9, 82도1256).

부적 명예는 개인적 법익으로서, 국민의 기본권을 보호 내지 실현해야 할 책임과 의무를 지고 있는 공권력의 행사자인 국가나 지방자치단체는 기본권의 수범자일 뿐 기본권의 주체가 아니고, 정책결정이나 업무수행과 관련된 사항은 항상 국민의 광범위한 감시와 비판의 대상이 되어야 하며 이러한 감시와 비판은 그에 대한 표현의 자유가 충분히 보장될 때에 비로소 정상적으로 수행될 수 있으므로, 국가나 지방자치단체는 국민에 대한 관계에서 형벌의 수단을 통해 보호되는 외부적 명예의 주체가 될 수는 없고, 따라서 명예훼손죄나 모욕죄의 피해자가 될 수 없다. [경찰채용 18 2차 / 경찰승진 22 / 법원9급 18 · 20]

4 대법원 2006.10.13, 2005도3112; 2011.9.2, 2010도17237 등; 2021.3.25, 2016도14995
대통령의 업무수행과 관련한 의견을 표명하는 과정에서 의혹을 제기한 사례
정부 또는 국가기관의 정책결정 또는 업무수행과 관련된 사항을 주된 내용으로 하는 발언으로 정책결정이나 업무수행에 관여한 공직자에 대한 사회적 평가가 다소 저하될 수 있더라도, 발언 내용이 공직자 개인에 대한 악의적이거나 심히 경솔한 공격으로서 현저히 상당성을 잃은 것으로 평가되지 않는 한, 그 발언은 여전히 공공의 이익에 관한 것으로서 공직자 개인에 대한 명예훼손이 된다고 할 수 없다(세월호 참사 국민대책회의 공동위원장이자 '4월 16일의 약속 국민연대' 상임운영위원인 피고인 甲이 언론사 기자와 시민 등을 상대로 기자회견을 하던 중 '세월호 참사 당일 7시간 동안 대통령 B가 마약이나 보톡스를 했다는 의혹이 사실인지 청와대를 압수·수색해서 확인했으면 좋겠다.'는 취지로 발언한 것은 명예훼손에 해당하지 않음). [경찰승진 13 / 국가9급 13 / 변호사시험 14]

5 대법원 2000.10.10, 99도5407
피해자를 집합적 명사로 표현한 경우에도 특정이 가능하면 명예훼손죄가 성립한다는 사례
명예훼손죄는 어떤 특정한 사람 또는 인격을 보유하는 단체에 대하여 그 명예를 훼손함으로써 성립하는 것이므로 그 피해자는 특정한 것임을 요하고, 다만 서울시민 또는 경기도민이라 함과 같은 막연한 표시에 의해서는 명예훼손죄를 구성하지 아니한다 할 것이지만, 집합적 명사를 쓴 경우에도 그것에 의하여 그 범위에 속하는 특정인을 가리키는 것이 명백하면, 이를 각자의 명예를 훼손하는 행위라고 볼 수 있다.[24] [국가9급 17 / 법원9급 05 / 법원행시 08 · 11 / 사시 16 / 변호사시험 16]

판례연구 **공연성이 인정되는 사례**

1 대법원 1968.12.24, 68도1569
피고인이 자기 집에서 자기 동리 거주 공소외 1에게 공소외 2가 공소외 3과 약혼 전에 피고인과 가까운 사이였고, 원주에 놀러가자면 따라 오고 또 밤이나 낮이나 언제나 만나자고 하면 만나는 가까운 사이였다는 말을 하고, 이어서 음식점에서 공소외 4에게 공소외 3의 처 공소외 2와는 동 女가 결혼 전에 원주에 데리고 가서 동침하여 돌아온 일이 있다는 사실을 적시 유포하였다면, 형법 제307조에 "공연히"라 함은 불특정 또는 다수인이 인식할 수 있는 상태라고 풀이함이 상당하며, 비밀이 잘 보장되어 외부에 전파될 염려가 없는 경우가 아니면 비록 개별적으로 한 사람에 대하여 사실을 유포하였더라도

---

24 사례 : 집합명칭을 사용하였는데 구성원이 특정되는 경우 甲은 '3·19 동지회' 소속 교사들이 학생들을 선동하여 무단하교를 하게 하였다는 허위의 사실을 적시한 보도자료를 작성하여 배포하였다. 그런데 피해자 乙 역시 '3·19 동지회'의 일원이었고, 해당 학교의 교사 총 66명 중 약 37명이 '3·19 동지회' 소속 교사들이며 위 학교의 학생, 학부모 및 교육청 관계자들도 누가 '3·19 동지회' 소속 교사들인지를 모두 알고 있었다. 이때 甲의 형사책임은?
판례 : 명예훼손죄는 어떤 특정한 사람 또는 인격을 보유하는 단체에 대하여 그 명예를 훼손함으로써 성립하는 것이므로 그 피해자는 특정한 것임을 요하고, 다만 서울시민 또는 경기도민이라 함과 같은 막연한 표시에 의해서는 명예훼손죄를 구성하지 아니한다 할 것이지만, 집합적 명사를 쓴 경우에도 그것에 의하여 그 범위에 속하는 특정인을 가리키는 것이 명백하면, 이를 각자의 명예를 훼손하는 행위라고 볼 수 있다(대법원 2000.10.10, 99도5407). [법원9급 05 / 법원행시 08 · 11]
해결 : 명예훼손죄.

본건과 같이 연속하여 수인에게 사실을 유포하여 그 유포한 사실이 외부에 전파될 가능성이 있는 이상 공연성이 있다 할 것이다. [법원행시 05]

2 대법원 1983.10.11, 83도2222

피고인이 동네사람 1인 및 피해자의 시어머니가 있는 자리에서 피해자에 대하여 "시커멓게 생긴 놈하고 매일같이 붙어 다닌다. 점방 마치면 여관에 가서 누워 자고 아침에야 들어온다."고 말한 경우에 말의 전파가능성이 없어서 공연성이 결여되었다는 주장은 허용될 수 없다.

3 대법원 1993.3.23, 92도455

명예훼손의 발언(피해자들이 전과가 많다는 내용)을 들은 사람들이 피해자들과는 일면식이 없다거나 이미 피해자들의 전과사실을 알고 있었다고 하더라도 공연성 즉 발언이 전파될 가능성이 없다고 볼 수 없다. [경찰채용 13 2차 / 경찰간부 16 · 17 / 법원행시 09 / 법원9급 09]

4 대법원 1996.7.12, 96도1007

피고인의 말을 들은 사람은 한 사람씩에 불과하였으나, 그들은 피고인과 특별한 친분관계가 있는 자도 아니며, 그 범행의 내용도 지방의회 의원선거를 앞둔 시점에 현역 시의회의원이면서 다시 그 후보자가 되고자 하는 자를 비방한 것이라면 '전파될 가능성이 많기 때문에' 공연성을 갖추었다고 보아야 한다. [경찰채용 10 1차 / 경찰승진 16]

5 대법원 2007.3.30, 2007도914

甲이 乙에 대하여 명예훼손의 발언을 할 당시 주변에는 손님인 A가 있었던 외에, 피해자의 꽃농원에는 乙의 남편 B와 직원이 있었으며, 甲의 꽃농원에도 여러 사람이 있었고, B가 甲과 乙이 싸우는 소리를 듣고 달려 나와 싸움을 말렸는데 그 와중에서 甲이 재차 명예훼손적 발언을 한 경우라면 공연성이 인정된다.

6 대법원 2008.2.14, 2007도8155

개인 블로그의 비공개 대화방에서 상대방으로부터 비밀을 지키겠다는 말을 듣고 일대일로 대화하였다고 하더라도, 그 사정만으로 대화 상대방이 대화내용을 불특정 또는 다수에게 전파할 가능성이 없다고 할 수 없으므로, 명예훼손죄의 요건인 공연성을 인정할 여지가 있다. [경찰채용10 · 12 · 18 1차 / 경찰채용 14 2차 / 경찰간부 16 / 경찰승진 13 · 14 / 국가9급 13 / 법원9급 09 / 법원행시 14]

7 대법원 2009.11.12, 2009도9396

피고인이 직장 상사에게 직장 동료인 피해자에 관한 허위내용이 담긴 이메일을 보낸 경우 피고인이 이메일을 보낸 경위와 내용 등에 비추어 전파될 가능성이 있다.

8 대법원 2019.2.22, 2019도790

피고인이 페이스북 메신저를 통해 피해자에 대한 허위사실을 적시한 경우 그 상대방이 페이스북 등에서 상당한 수의 팔로워가 있는 점과 적시내용 등에 비추어 공연성이 인정된다.

9 대법원 2019.7.5, 2019도6916

피고인이 오피스텔 관리인 후보로 출마한 피해자에 대한 비위사실을 같은 관리인 후보로 출마한 후보자의 지지자에게 카카오톡 메시지를 보낸 경우에서 분쟁 상황이나 그 상대방의 지위를 고려해 볼 때 상대방이 그 내용을 불특정 또는 다수인에게 알릴 수 있다는 점이 충분히 예상된다.

10 대법원 2020.11.19, 2020도5813 전원합의체

전파가능성 법리에 관한 대법원 판례 입장의 유지

대법원은 명예훼손죄의 공연성에 관하여 개별적으로 소수의 사람에게 사실을 적시하였더라도 그 상대방이 불특정 또는 다수인에게 적시된 사실을 전파할 가능성이 있는 때에는 공연성이 인정된다고 일관되게 판시하여, 이른바 전파가능성 이론은 공연성에 관한 확립된 법리로 정착되었다. 공연성에 관한 전파가능성 법리는 대법원이 오랜 시간에 걸쳐 발전시켜 온 것으로서 현재에도 여전히 법리적으로나 현실적인 측면에 비추어 타당하므로 유지되어야 한다. 대법원 판례와 재판 실무는 전파가능성 법리를 제한 없이 적용할 경우 공연성 요건이 무의미하게 되고 처벌이 확대되게 되어 표현의 자유가 위축될 우려가 있다는 점을 고려하여, 전파가능성의 구체적·객관적인 적용 기준을 세우고, 피고인의 고의를 엄격히 보거나 적시의 상대방과 피고인 또는 피해자의 관계에 따라 전파가능성을 부정하는 등 판단기준을 사례별로 유형화하면서 전파가능성에 대한 인식이 필요함을 전제로 전파가능성 법리를 적용함으로써 공연성을 엄격하게 인정하여 왔다. 따라서 전파가능성 법리에 따르더라도 위와 같은 객관적 기준에 따라 전파가능성을 판단할 수 있고, 행위자도 발언 당시 공연성 여부를 충분히 예견할 수 있으며, 상대방의 전파의사만으로 전파가능성을 판단하거나 실제 전파되었다는 결과를 가지고 책임을 묻는 것이 아니다. …… 공연성의 존부는 발언자와 상대방 또는 피해자 사이의 관계나 지위, 대화를 하게 된 경위와 상황, 사실적시의 내용, 적시의 방법과 장소 등 행위 당시의 객관적 제반 사정에 관하여 심리한 다음, 그로부터 상대방이 불특정 또는 다수인에게 전파할 가능성이 있는지 여부를 검토하여 종합적으로 판단하여야 한다(대법원 2008.2.14, 2007도8155 등 참조). 발언 이후 실제 전파되었는지 여부는 전파가능성 유무를 판단하는 고려요소가 될 수 있으나, 발언 후 실제 전파 여부라는 우연한 사정은 공연성 인정 여부를 판단함에 있어 소극적 사정으로만 고려되어야 한다(대법원 1981.10.27, 81도1023; 1998.9.8, 98도1949; 2000.2.11, 99도4579 등). …… 추상적 위험범으로서 명예훼손죄는 개인의 명예에 대한 사회적 평가를 진위에 관계없이 보호함을 목적으로 하고, 적시된 사실이 특정인의 사회적 평가를 침해할 가능성이 있을 정도로 구체성을 띠어야 하나(대법원 1994.10.25, 94도1770; 2000.2.25, 98도2188 등), 위와 같이 침해할 위험이 발생한 것으로 족하고 침해의 결과를 요구하지 않으므로, 다수의 사람에게 사실을 적시한 경우뿐만 아니라 소수의 사람에게 발언하였다고 하더라도 그로 인해 불특정 또는 다수인이 인식할 수 있는 상태를 초래한 경우에도 공연히 발언한 것으로 해석할 수 있다. [법원9급 22]

보충 피고인이 피해자 외 2명이 듣는 자리에서 피해자가 전과자라는 사실을 공연히 적시하여 피해자의 명예를 훼손하였다는 공소사실에 대하여 원심은 전파가능성 법리를 인용하여 공연성을 긍정하였고, 피고인은 공연성이 없다고 상고하였으나, 대법원은 전파가능성 법리에 관한 기존의 대법원 판례가 여전히 타당하고, 피고인의 발언 내용, 경위 및 장소와 피고인 또는 피해자와 상대방과의 관계 등을 고려할 때 피고인의 발언에 공연성이 인정되고 위와 같은 취지의 원심을 수긍하여 피고인의 상고를 기각한 사건이다.

11 대법원 2020.12.30, 2015도15619

명예훼손죄는 추상적 위험범으로 불특정 또는 다수인이 적시된 사실을 실제 인식하지 못하였다고 하더라도 인식할 수 있는 상태에 놓인 것으로도 명예가 훼손된 것으로 보아야 한다(위 2020도5813 전원합의체). 발언 상대방이 이미 알고 있는 사실을 적시하였더라도 공연성 즉 전파될 가능성이 없다고 볼 수 없다(대법원 1993.3.23, 92도455 등). 피고인들이 피해자에 대한 허위사실을 적시한 서명자료를 만들어 다수의 동료들에게 읽고 서명하게 하였는데, 특히 그 내용이 동료들 사이에 만연한 소문이어서 동료들이 이미 알고 있었다고 하더라도 명예훼손죄의 공연성이 인정된다.

1 대법원 1982.2.9, 81도2152

피고인이 공소외인에게 피해자가 부정한 여자인 것처럼 허위의 사실을 적시하여 발설한 장소는 마을 입구 노상으로서 당시는 밤이고 공소외인 혼자만 있었으며, 또 위와 같은 허위사실을 발설하게 된 것은 피고인이 평소 유혹하려던 과부인 공소외인과 단 둘이 마주치게 되자 남편 있는 여자(피해자)도 서방질을 하는데 과부가 서방을 두는 것이 무슨 잘못이냐 운운하면서 공소외인을 설득하는 과정에서 발설케 되었다는 것이다. 그렇다면 피고인에게 공연히 피해자의 명예를 훼손할 고의가 있었던 것으로 단정키 어렵고, 객관적으로 위와 같은 발설내용의 전파가능성, 즉 공연성도 인정하기 어려우므로 무죄를 선고해야 한다.

2 대법원 1982.4.27, 82도371

사실적시행위가 피해자와 모두 집안간인 관계에 있는 사람들 앞에서 이루어졌고 그 이외의 타인들에게는 알려지지 않도록 감추려는 것이었다면 불특정 다수인에게 전파될 가능성이 없어 공연성을 갖춘 것이라고 할 수 없다.

3 대법원 1983.10.25, 83도2190

중학교 교사에 대해 '전과범으로서 교사직을 팔아가며 이웃을 해치고 고발을 일삼는 악덕교사'라는 취지의 진정서를 그가 근무하는 학교법인 이사장 앞으로 제출한 행위 자체는 위 이사장이 위 진정서 내용을 타에 전파할 가능성이 있다고 보기 어려우므로 명예훼손죄의 구성요건인 공연성이 있다고 보기 어렵다. [경찰채용 10·13 2차/ 법원9급 07(하)]

4 대법원 1984.2.28, 83도891

비밀이 보장되거나 전파될 가능성이 없는 경우는 특정한 사람에 대한 사실의 유포는 공연성을 결여한 것이라고 아니할 수 없는바, 피고인이 다방에서 피해자와 동업관계로 친한 사이인 공소외인에 대하여 피해자의 험담을 한 경우에 있어서 다방 내의 좌석이 다른 손님의 자리와 멀리 떨어져 있고 그 당시 공소외인은 피고인에게 왜 피해자에 관해서 그런 말을 하느냐고 힐책까지 한 사실이 있다면 전파될 가능성이 있다고 볼 수 없다.

5 대법원 1984.3.27, 84도86

피고인이 집에서 피고인의 처로부터 전날 피고인이 외박한 사실에 대하여 추궁당하자 이를 모면하기 위하여 처에게 피해자와 여관방에서 동침한 사실이 있다고 말한 사실만으로써는 명예훼손죄의 구성요건인 공연성이 있다 할 수 없다. [경찰승진(경감) 11]

6 대법원 1984.4.10, 83도49

피고인이 각 피해자에게 '사이비 기자 운운' 또는 "너 이 쌍년 왔구나."라고 말한 장소가 여관방 안이고 그 곳에는 피고인과 그의 처, 피해자들과 그들의 딸, 사위, 매형밖에 없었다면, 위 발언은 불특정 또는 다수인이 인식할 수 있는 상태 또는 불특정 다수인에게 전파될 가능성이 있는 상태에서 이루어진 것이라 보기 어려우므로 이는 공연성이 없다 할 것이다. ⇨ 모욕죄 불성립

7 대법원 1985.11.26, 85도2037

피고인이 자기 집에서 피해자와 서로 다투다가 피해자에게 한 욕설을 피고인의 남편 외에 들은 사람이 없다고 한다면 그 욕설을 불특정 또는 다수인이 인식할 수 있는 상태였다고 할 수는 없으므로 공연성을 인정하기 어렵다.

8 대법원 1989.7.11, 89도886

피고인이 피해자의 남편과 단 둘이 있는 장소에서 그의 처인 피해자의 비리를 지적하는 말을 한 것은 특별한 사정이 없는 한 공연하다고 말하기 어렵다.

9 대법원 1990.4.27, 89도1467

조합장으로 취임한 피고인이 조합의 원만한 운영을 위하여 피해자의 측근이며 피해자의 불신임을 적극 반대하였던 甲에게 조합운영에 대한 협조를 구하기 위하여 동인과 단둘이 있는 자리에서 이사회가 피해자를 불신임하게 된 사유를 설명하는 과정에서 피해자에 대한 여자관계의 소문이 돌고 있다는 취지의 말을 한 것이라면 그것은 전파될 가능성이 있다고 할 수 없다.

10 대법원 1996.4.12, 94도3309

피해자를 명예훼손죄로 고소할 수 있도록 그 증거자료를 미리 은밀하게 수집, 확보하기 위하여 피고인의 발언을 유도하였다고 의심되는 사람들에게 한 피해자의 여자 문제 등 사생활에 관한 피고인의 발언은 이들이 수사기관 이외의 다른 사람들에게 전파할 가능성이 있다고 단정하기는 어려우므로 공연성이 인정되지 않는다. [경찰채용 11 1차/경찰간부 18]

11 대법원 2000.2.11, 99도4579

이혼소송계속 중인 처가 남편의 친구에게 서신을 보내면서 남편의 명예를 훼손하는 문구가 기재된 서신을 동봉한 경우, 공연성이 결여되었다. [경찰승진(경감) 11/사시 10]

12 대법원 2000.5.6, 99도5622

기자에게 사실을 유포하였으나, 기사화되지 않은 경우 공연성의 구비 여부

개별적으로 한 사람에 대하여 사실을 유포하였다고 하더라도 그로부터 불특정 또는 다수인에게 전파될 가능성이 있다면 공연성의 요건을 충족하지만 이와 달리 전파될 가능성이 없다면 특정한 사람에 대한 사실의 유포는 공연성을 결한다고 할 것인바, 통상 ① 기자가 아닌 보통 사람에게 사실을 적시할 경우에는 그 자체로서 적시된 사실이 외부에 공표되는 것이므로 그때부터 곧 전파가능성을 따져 공연성 여부를 판단하여야 할 것이지만, 그와는 달리 ② 기자를 통해 사실을 적시하는 경우에는 기사화되어 보도되어야만 적시된 사실이 외부에 공표된다고 보아야 할 것이므로, 기자가 취재를 한 상태에서 아직 기사화하여 보도하지 아니한 경우에는 전파가능성이 없다고 할 것이어서 공연성이 없다고 봄이 상당하다. [경찰채용 18 1차/경찰간부 17/경찰승진(경감) 11/경찰승진 17/법원9급 11/법원행시 13/사시 10]

13 대법원 2001.4.10, 2000도5711

피고인이 경찰서에서 피해자와의 다툼 경위에 관한 조사 과정에서 피해자에 대한 명예훼손 발언을 한 경우 공연성이 인정되지 아니한다.

14 대법원 2005.12.9, 2004도2880

어느 사람에게 귀엣말 등 그 사람만 들을 수 있는 방법으로 그 사람 본인의 사회적 가치 내지 평가를 떨어뜨릴 만한 사실을 이야기하였다면, 위와 같은 이야기가 불특정 또는 다수인에게 전파될 가능성이 있다고 볼 수 없어 명예훼손의 구성요건인 공연성을 충족하지 못하는 것이며, 그 사람이 들은 말을 스스로 다른 사람들에게 전파하였더라도 위와 같은 결론에는 영향이 없다. [경찰채용 11 1차/경찰간부 16 /경찰승진(경감) 11/경찰승진 17/국가7급 07/법원9급 09/법원행시 06·11]

15 대법원 2006.9.22, 2006도4407

'피해자의 소개로 알게 된 피해자와 친분관계 있는 자'에게 피해자의 명예를 훼손하는 말을 한 경우

A는 평소 B의 소개로 친하게 지내던 C와 D에게 B의 명예를 훼손하는 취지의 말을 하였다. 그런데 A와 B, C와 D 사이의 친분관계가 있었고 C나 D는 A로부터 위와 같은 말을 듣고도 10개월여가 지날 때까지는 그 사실을 B에게 알리거나 제3자에게 전파하지 않고 있던 중 A와 C 사이의 분쟁으로 인해 관계가 악화되자 C가 B에게 위와 같은 사실을 알림으로써 비로소 A의 행위가 문제가 된 경우, A의 행위는 불특정 또는 다수인에게 전파될 가능성이 있었다고 보기는 어렵기 때문에 무죄를 선고한 것은 정당하다. [경찰승진 16]

16 대법원 2011.9.8, 2010도7497

피고인이 자신의 아들 등에게 폭행을 당하여 입원한 피해자의 병실로 찾아가 그의 모(母) 甲과 대화하던 중 甲의 이웃 乙 및 피고인의 일행 丙 등이 있는 자리에서 "학교에 알아보니 피해자에게 원래 정신병이 있었다고 하더라."라고 허위사실을 말하여 피해자의 명예를 훼손하였다는 내용으로 기소된 경우, 피고인이 丙과 함께 피해자의 병문안을 가서 피고인·甲·乙·丙 4명이 있는 자리에서 피해자에 대한 폭행사건에 관하여 대화를 나누던 중 위 발언을 한 것이라면 불특정 또는 다수인이 인식할 수 있는 상태라고 할 수 없고, 또 그 자리에 있던 사람들의 관계 등 여러 사정에 비추어 피고인의 발언이 불특정 또는 다수인에게 전파될 가능성이 있다고 보기도 어려워 공연성이 없다고 보아야 한다. [경찰채용 12·13 1차/ 경찰채용 13 2차/ 경찰간부 16/ 변호사시험 14]

17 대법원 2020.12.30, 2015도12933

상대방이 특수한 관계에 있는 경우의 전파가능성 제한의 법리(전파성제한이론)

공연성은 명예훼손죄의 구성요건으로서, 특정 소수에 대한 사실적시의 경우 공연성이 부정되는 유력한 사정이 있다고 볼 수 있으므로, 전파가능성에 관해서는 검사의 엄격한 증명이 필요하다. 발언 상대방이 발언자나 피해자의 배우자, 친척, 친구 등 사적으로 친밀한 관계에 있는 경우 또는 직무상 비밀유지의무 또는 이를 처리해야 할 공무원이나 이와 유사한 지위에 있는 경우에는 그러한 관계나 신분으로 비밀의 보장이 상당히 높은 정도로 기대되는 경우로서 공연성이 부정된다. 위와 같이 발언자와 상대방, 그리고 피해자와 상대방이 특수한 관계에 있는 경우 또는 상대방이 직무상 특수한 지위나 신분을 가지고 있는 경우에 공연성을 인정하려면 그러한 관계나 신분에도 불구하고 불특정 또는 다수인에게 전파될 수 있다고 볼 만한 특별한 사정이 존재하여야 한다(대법원 2020.11.19, 2020도5813 전원합의체). 피고인이 사무실에서 이 사건 발언을 할 당시 甲만 있었는데, 이는 공연성이 부정될 유력한 사정이므로, 피고인의 발언이 전파될 가능성에 대해서는 검사의 엄격한 증명이 필요하다. 또한 피고인과 甲의 친밀 관계를 고려하면 비밀보장이 상당히 높은 정도로 기대되기 때문에 공연성을 인정하려면 그러한 관계에도 불구하고 불특정 또는 다수인에게 전파될 수 있다고 볼 만한 특별한 사정이 있어야 한다.[25]

18 대법원 2020.12.30, 2015도15619

상대방이 직무상 비밀유지의무 등이 있는 경우의 전파가능성 제한의 법리(전파성제한이론)

개별적인 소수에 대한 발언을 불특정 또는 다수인에게 전파될 가능성을 이유로 공연성을 인정하기 위해서는 막연히 전파될 가능성이 있다는 것만으로 부족하고, 고도의 가능성 내지 개연성이 필요하며, 이에 대한 검사의 엄격한 증명을 요한다. 특히 발언 상대방이 직무상 비밀유지의무 또는 이를 처리해야 할 공무원이나 이와 유사한 지위에 있는 경우에는 …… 공연성이 부정되고, 공연성을 인정하기 위해서는 …… 특별한 사정이 존재하여야 한다(대법원 2020.11.19, 2020도5813 전원합의체; 2021.4.29, 2021도1677). …… 골프장 경기도우미들이 자율규정을 위반한 경기도우미를 징계하였으니 처리하여 달라는 취지가 기재된 요청서를 절차에 따라 골프장 운영 회사의 담당자에게 전달한 경우, …… 피고인들이 피해자에 대한 출입금지처분을 요청하기 위하여 그 담당자에게 요청서를 제출한 것이어서 담당자를 통하여 불특정 또는 다수인에게 전파될 가능성이 있다고 보이지 않는다.

1 대법원 1991.5.14, 91도420
명예훼손죄의 사실의 적시와 간접적, 우회적 표현
명예훼손죄에 있어서의 사실의 적시는 사실을 직접적으로 표현한 경우에 한정될 것은 아니고, 간접적이고 우회적인 표현에 의하더라도 그 표현의 전(全) 취지에 비추어 그와 같은 사실의 존재를 암시하고, 또 이로써 특정인의 사회적 가치 내지 평가가 침해될 가능성이 있을 정도의 구체성이 있으면 족한 것이므로, 교수가 학생들 앞에서 피해자의 이성관계를 암시하는 발언을 한 것도 명예훼손죄가 성립한다. [법원9급 05]

2 대법원 1998.3.24, 97도2956
명예훼손죄에 있어서 '사실의 적시'의 의미
명예훼손죄에 있어서의 '사실의 적시'란 가치판단이나 평가를 내용으로 하는 의견표현에 대치되는 개념으로서 시간과 공간적으로 구체적인 과거 또는 현재의 사실관계에 관한 보고 내지 진술을 의미하는 것이며, 그 표현내용이 증거에 의한 입증이 가능한 것을 말하고 판단할 진술이 사실인가 또는 의견인가를 구별함에 있어서는 언어의 통상적 의미와 용법, 입증가능성, 문제된 말이 사용된 문맥, 그 표현이 행하여진 사회적 상황 등 전체적 정황을 고려하여 판단하여야 한다. [경찰승진(경사) 11]

3 대법원 2003.5.13, 2002도7420
과거 또는 현재의 사실을 기초로 하거나 이에 대한 주장을 포함하여 장래의 일을 적시하는 경우 명예훼손죄가 성립한다는 사례
명예훼손죄가 성립하기 위하여는 사실의 적시가 있어야 하는데, 여기에서 적시의 대상이 되는 사실이란 현실적으로 발생하고 증명할 수 있는 과거 또는 현재의 사실을 말하며, 장래의 일을 적시하더라도 그것이 과거 또는 현재의 사실을 기초로 하거나 이에 대한 주장을 포함하는 경우에는 명예훼손죄가 성립한다고 할 것이고, [국가7급 07] 장래의 일을 적시하는 것이 과거 또는 현재의 사실을 기초로 하거나 이에 대한 주장을 포함하는지 여부는 그 적시된 표현 자체는 물론 전체적인 취지나 내용, 적시에 이르게 된 경위 및 전후 상황, 기타 제반 사정을 종합적으로 참작하여 판단하여야 한다. 피고인이 경찰관을 상대로 진정한 사건이 혐의인정되지 않아 내사종결 처리되었음에도 불구하고 공연히 "사건을 조사한 경찰관이 내일부로 검찰청에서 구속영장이 떨어진다."고 말한 것은 현재의 사실을 기초로 하거나 이에 대한 주장을 포함하여 장래의 일을 적시한 것으로 볼 수 있어 명예훼손죄에 있어서의 사실의 적시에 해당한다. [경찰채용 10 2차 / 국가9급 13 / 법원9급 18·20 / 법원행시 08 / 사시 10]

1 대법원 1994.6.28, 93도696; 2009.9.24, 2009도6687
자신을 형사고발하였다는 것을 알린 경우 고발인에 대한 명예훼손 여부
누구든지 범죄가 있다고 생각하는 때에는 고발할 수 있는 것이므로, ① 어떤 사람이 범죄를 고발하였다는 사실이 주위에 알려졌다고 하여 그 고발사실 자체만으로 고발인의 사회적 가치나 평가가 침해될 가능성이 있다고 볼 수는 없을 터이고, ② 다만 그 고발의 동기나 경위가 불순하다거나 온당하지 못하다는 등의 사정이 있고 이러한 사정이 함께 알려진 경우에 고발인의 명예가 침해될 가능성이 있다. 피고인이 다만 피해자가 피고인의 범죄를 고발하였다는 내용의 언사만을 하고 그 고발의 동

---

25 정리 : ① 특정된 소수에 대한 사실적시의 경우 : 전파성이 있으면 공연성 인정되나, 전파성은 고도의 가능성·개연성 필요. ② 특정된 소수에 대한 사실적시＋발언상대방이 발언자 또는 피해자와 특수관계 있는 경우＝전파성 인정 위해서는 특별한 사정 필요.

기나 경위에 관하여는 전혀 언급을 하지 아니하였다면("고발당해서 경찰서에 갔다 왔다. 년놈이 신고해서 경찰서에 갔다 왔다. 년은 안나오고 놈만 나왔다."고 한 경우, 甲이 제3자에게 乙이 丙을 선거법 위반으로 고발하였다는 말만 한 경우), 그와 같은 언사만으로는 피해자의 사회적 가치나 평가를 침해하기에 충분한 구체적인 사실이 적시되었다고 보기는 어렵다. [법원행시 08·14]

2 대법원 2007.6.15, 2004도4573
'월간중앙'이 '부·처별 고려대상자 명단'이라는 '극비 보고서'를 단독 입수했다는 부분은 자신의 기사가 「특종」임을 과시하려는 문구에 불과한 것으로 보이고, 이로써 피해자가 중요문서를 소홀하게 관리하고 있다는 사실을 암시하는 내용이라고 보기는 어렵다(나아가, 신문이나 월간지 등 언론매체가 이른바 '극비 보고서'를 입수하여 보도하였다는 이유만으로 위 보고서의 작성명의자로 되어 있는 특정인이 보안의식 등에 문제가 있는 것처럼 보이게 하여 동인의 명예를 훼손하는 범죄를 저질렀다고 평가하는 것은 언론의 자유 보장이라는 헌법적 가치에 비추어 보더라도 부당하다).

3 대법원 2011.8.18, 2011도6904
"관할 지청에서 군수로 당선된 甲의 운전기사 乙을 구속하고 甲을 조사하고 있다."는 내용의 문자메시지를 마치 관할 지방검찰청 지청에서 발신하는 것처럼 기자들에게 발송한 경우 지청에 대한 사실적시 여부
명예훼손죄가 성립하기 위하여는 사실의 적시가 있어야 하고, 적시된 사실은 이로써 특정인의 사회적 가치 내지 평가가 침해될 가능성이 있을 정도로 구체성을 띠어야 한다. 그리고 특정인의 사회적 가치나 평가를 저하시키기에 충분한 구체적인 사실의 적시가 있다고 하기 위해서는, 반드시 그러한 구체적인 사실이 직접적으로 명시되어 있을 것을 요구하는 것은 아니지만, 적어도 적시된 내용 중의 특정 문구에 의하여 그러한 사실이 곧바로 유추될 수 있을 정도는 되어야 한다. [경찰채용 14 2차] …… 문자메시지는 '관할 지청에서 乙을 구속하고 甲 군수를 조사하고 있다.'는 취지의 내용으로 보일 뿐이고, 피고인이 지청장실 전화번호 끝자리를 생략한 허위 발신번호를 게재한 사정까지 함께 고려하더라도 문자메시지 내용에서 '지청장 또는 지청 구성원이 그와 같은 내용을 알린다.'는 사실이 곧바로 유추될 수 있다고 보이지 않으므로, 위 문자메시지에 의하여 지청장 또는 지청 구성원의 사회적 가치나 평가를 저하시키기에 충분한 구체적인 사실의 적시가 있다고 볼 수 없다. [경찰채용14 2차]

4 대법원 2011.9.2, 2010도17237
방송국 프로듀서 등 피고인들이 특정 프로그램 방송보도를 통하여 '미국산 쇠고기 수입을 위한 제2차 한미 전문가 기술협의'(이른바 '한미 쇠고기 수입 협상')의 협상단 대표와 주무부처 장관이 미국산 쇠고기 실태를 제대로 파악하지 못하였다는 취지의 허위사실을 적시하여 이들의 명예를 훼손하였다는 내용으로 기소된 경우, 명예훼손죄의 사실적시에 관한 법리 및 대법원 2011.9.2. 선고 2009다52649 전원합의체 판결에서 정부 협상단의 미국산 쇠고기 실태 파악 관련 방송보도에 관하여, 정부가 미국 도축시스템의 실태 중 아무것도 본 적이 없다는 구체적 사실을 적시한 것이 아니라, 미국산 쇠고기 수입위생조건 협상에 필요한 만큼 미국 도축시스템의 실태를 제대로 알지 못하였다는 주관적 평가를 내린 것이라고 판시한 점 등에 비추어 볼 때, 이 부분 보도내용은 비판 내지 의견 제시로 볼 수 있으므로 명예훼손죄에서 말하는 '사실의 적시'에 해당하지 않는다고 해야 한다. [경찰채용 12 1차]

5 대법원 2017.5.11, 2016도19255
사실의 적시와 의견표현의 구별 : 다른 사람의 말·글을 비평하면서 사용한 표현이 겉으로 보기에 증거에 의해 입증 가능한 구체적인 사실관계를 서술하는 형태이지만, 사실의 적시에 해당하지 않는 경우
다른 사람의 말이나 글을 비평하면서 사용한 표현이 겉으로 보기에 증거에 의해 입증 가능한 구체적인

사실관계를 서술하는 형태를 취하고 있더라도, 글의 집필의도, 논리적 흐름, 서술체계 및 전개방식, 해당 글과 비평의 대상이 된 말 또는 글의 전체적인 내용 등을 종합하여 볼 때, 평균적인 독자의 관점에서 문제 된 부분이 실제로는 비평자의 주관적 의견에 해당하고, 다만 비평자가 자신의 의견을 강조하기 위한 수단으로 그와 같은 표현을 사용한 것이라고 이해된다면 명예훼손죄에서 말하는 사실의 적시에 해당한다고 볼 수 없다.

6 대법원 2020.5.28, 2019도12750
카카오톡 계정 프로필 상태메시지 게시 명예훼손 사건
학교폭력 피해학생의 모(母)인 피고인이 자신의 카카오톡 계정 프로필 상태메시지에 '학교폭력범은 접촉금지!!!'라는 글과 주먹 모양의 그림말 세 개를 게시한 것이 학교폭력 가해학생인 피해자에 대한 정보통신망법위반(명예훼손)으로 기소된 경우, 피고인은 이 사건 상태메시지를 통해 피해자의 학교폭력 사건이나 그 사건으로 피해자가 받은 조치에 대해 기재함으로써 피해자의 사회적 가치나 평가를 저하시키기에 충분한 구체적인 사실을 드러냈다고 볼 수 없다.

판례연구 **명예훼손적 사실적시에 해당하는 경우**

1 대법원 1994.4.12, 93도3535
공지의 사실이라 하더라도 사회적 평가를 저하시킬 행위라면 명예훼손죄를 구성한다는 사례
명예훼손죄가 성립하기 위하여는 반드시 숨겨진 사실을 적발하는 행위만에 한하지 아니하고 이미 사회의 일부에 잘 알려진 사실이라고 하더라도 이를 적시하여 사람의 사회적 평가를 저하시킬 만한 행위를 한 때에는 명예훼손죄를 구성한다. [경찰승진(경사) 11 / 법원9급 07(하) / 법원행시 06]

2 대법원 2007.5.10, 2007도1307
자신의 인터넷 홈페이지에 국회의원에 대하여 명예훼손적 詩를 써서 게시한 사례
인터넷 홈페이지에 게시한 어떠한 글(詩)의 표현행위가 명예훼손과 관련하여 문제가 되는 경우…甲의 詩는 일반 독자에게 그 표현 자체로서 사실의 적시라고 이해될 여지가 충분하고, 그 내용은 피해자의 의정활동에 관한 것으로서 명예에 관련된 사실인 것으로 판단된다(詩는 '민생법안이 널려 있어도/ 국회에 앉아 있으면 하품만 하는 년이지 / 아니지 국회 출석률 꼴지이지'라는 내용을 담고 있었다).

3 대법원 2007.10.25, 2007도5077
가치중립적 표현도 명예훼손적 사실적시에 해당할 수 있다는 사례 : 동성애자 게시 사건
명예훼손죄가 성립하기 위하여는 특정인의 사회적 가치 내지 평가가 침해될 가능성이 있는 구체적인 사실을 적시하여야 하는바, 어떤 표현이 명예훼손적인지 여부는 그 표현에 대한 사회통념에 따른 객관적 평가에 의하여 판단하여야 한다. 따라서 가치중립적인 표현을 사용하였다 하더라도 사회통념상 그로 인하여 특정인의 사회적 평가가 저하되었다고 판단된다면 명예훼손죄가 성립할 수 있다. [경찰채용 10 1차 / 법원9급 16] 따라서 특정인에 대하여 그를 동성애자라고 한 글을 인터넷 사이트 게시판에 게시한 행위는 명예를 훼손한 행위에 해당한다. [경찰간부 17]

판례연구 **명예훼손적 사실적시에 해당하지 않는 경우**

1 대법원 2007.10.26, 2006도5924
종교적 비판의 자유 사건
명예훼손죄가 성립하기 위하여는 사실의 적시가 있어야 하는데, …… 적시된 사실은 이로써 특정인의

사회적 가치 내지 평가가 침해될 가능성이 있을 정도로 구체성을 띠어야 하는 것이며, 비록 사실을 적시하였더라도 그 사실이 특정인의 사회적 가치 내지 평가를 침해할 수 있는 내용이 아니라면 형법 제307조 소정의 명예훼손죄는 성립하지 않으며, 헌법상 종교의 자유가 보장되는 점에 비추어 다른 종교 또는 종교집단을 비판할 자유 역시 최대한 보장되어야 한다. 목사에 대한 유인물을 배포하면서 "이단이다.", "체계적으로 신학을 공부한 적이 없다."는 등의 표현을 넣은 것은 순수한 의견 내지 논평에 해당하고 목사의 사회적 가치 내지 평가를 침해할 수 있는 명예훼손적 표현에 해당하지 않으므로 명예훼손죄로 의율할 수 없다. [법원9급 11·16 / 사시 10]

> **유사** 목사가 예배 중 특정인을 가리켜 "이단 중에 이단이다."라고 설교한 부분은 명예훼손죄에서 말하는 '사실의 적시'에 해당하지 않는다(대법원 2008.10.9, 2007도1220). [경찰채용 12 1차 / 법원행시 14]

> **비교** 아무리 종교적 목적을 위한 언론·출판의 자유가 고도로 보장되고, 종교적 의미의 검증을 위한 문제의 제기가 널리 허용되어야 한다고 하더라도 구체적 정황의 뒷받침도 없이 악의적으로 모함하는 일이 허용되지 않도록 경계해야 함은 물론, 구체적 정황에 근거한 것이라 하더라도 표현방법에 있어서는 상대방의 인격을 존중하는 바탕 위에서 어휘를 선택하여야 하고, 아무리 비판을 받아야 할 사항이 있다고 하더라도 모멸적인 표현으로 모욕을 가하는 일은 허용될 수 없다(대법원 2014.9.4, 2012도13718).

2 대법원 2008.11.27, 2008도6728
가치중립적 표현으로서 명예훼손적 표현이 아니라고 본 사례 : 일본 기업이 되었다는 사건
우리나라 유명 소주회사가 일본의 주류회사에 지분이 50% 넘어가 일본 기업이 되었다고 하는 사실적시는 가치중립적 표현으로서 명예훼손적 표현이 아니다. [경찰간부 17]

판례연구   허위사실 적시 명예훼손에 해당하지 않는 사례

1 대법원 2007.1.26, 2004도1632
타인의 발언을 그대로 소개한 후 그 중 일부분을 부각·적시한 사건
(허위사실 적시로 인한 출판물에 의한 명예훼손과 관련하여) 타인의 발언을 비판할 의도로 출판물에 그 타인의 발언을 그대로 소개한 후 그 중 일부분을 부각, 적시하면서 이에 대한 다소 과장되거나 편파적인 내용의 비판을 덧붙인 경우라 해도 위 소개된 타인의 발언과의 전체적, 객관적 해석에도 불구하고 위 비판적 내용의 사실적시가 허위라고 읽혀지지 않는 한 위 일부 사실적시 부분만을 따로 떼어 허위사실이라고 단정하여서는 안 된다. [법원행시 08]

2 대법원 2009.2.12, 2008도8310
적시된 사실의 중요부분이 사실이라면 세부적 차이나 과장된 표현이 있어도 허위사실은 아니라는 사례
적시된 사실의 중요한 부분이 객관적 사실과 합치되는 경우에는 세부에 있어서 진실과 약간 차이가 나거나 다소 과장된 표현이 있다 하더라도 이를 허위의 사실이라고 볼 수는 없다. [국가9급 17 / 법원9급 12 / 사시 10 / 변호사시험 12]

3 대법원 2014.9.4, 2012도13718
진실한 사실보다 허위의 사실의 적시가 명예에 대한 침해가 더 크지 않은 경우의 처리
비록 허위의 사실을 적시하였더라도 허위의 사실이 특정인의 사회적 가치 내지 평가를 침해할 수 있는 내용이 아니라면 형법 제307조의 명예훼손죄는 성립하지 않고, 사회 평균인의 입장에서 허위의 사실을 적시한 발언을 들었을 경우와 비교하여 오히려 진실한 사실을 듣는 경우에 피해자의 사회적 가치 내지 평가가 더 크게 침해될 것으로 예상되거나, 양자 사이에 별다른 차이가 없을 것이라고 보는 것이 합리적인 경우라면, 형법 제307조 제2항의 허위사실 적시에 의한 명예훼손죄로 처벌할 수는 없다. [경찰간부 18]

4 대법원 2017.12.5, 2017도15628

민사판결의 사실인정과 반대되는 사실의 주장이나 견해의 개진 사건

민사재판에서 법원은 당사자 사이에 다툼이 있는 사실관계에 대하여 처분권주의와 변론주의, 그리고 자유심증주의의 원칙에 따라 신빙성이 있다고 보이는 당사자의 주장과 증거를 받아들여 사실을 인정하는 것이어서, 민사판결의 사실인정이 항상 진실한 사실에 해당한다고 단정할 수는 없다. 따라서 다른 특별한 사정이 없는 한, 그 진실이 무엇인지 확인할 수 없는 과거의 역사적 사실관계 등에 대하여 민사판결을 통하여 어떠한 사실인정이 있었다는 이유만으로, 이후 그와 반대되는 사실의 주장이나 견해의 개진 등을 형법상 명예훼손죄 등에 있어서 '허위의 사실 적시'라는 구성요건에 해당한다고 쉽게 단정하여서는 아니 된다. 판결에 대한 자유로운 견해 개진과 비판, 토론 등 헌법이 보장한 표현의 자유를 침해하는 위헌적인 법률해석이 되어 허용될 수 없기 때문이다. [경찰채용 21 1차 / 국가9급 21]

판례연구 **명예훼손죄의 추상적 위험범적 성질**

1 대법원 2007.10.25, 2006도346

정보통신망을 이용한 명예훼손의 경우 게재행위의 종료 시 범죄도 성립·종료한다는 사례

검사는 정보통신망을 이용한 명예훼손의 경우에도 게재행위의 종료만으로 범죄행위가 종료하는 것이 아니고 원래 게시물이 삭제되어 정보의 송수신이 불가능해지는 시점을 범죄의 종료시기로 보아서 이때부터 공소시효를 기산하여야 한다고 주장하나, 이 경우도 게재행위 즉시 범죄가 성립하고 종료한다고 보아야 한다. 서적·신문 등 기존의 매체에 명예훼손적 내용의 글을 게시하는 경우에 그 게시행위로써 명예훼손의 범행은 종료하는 것이며 그 서적이나 신문을 회수하지 않는 동안 범행이 계속된다고 보지는 않는다는 점을 고려해 보면, 정보통신망을 이용한 명예훼손의 경우에, 게시행위 후에도 독자의 접근가능성이 기존의 매체에 비하여 좀 더 높다고 볼 여지가 있다 하더라도 그러한 정도의 차이만으로 정보통신망을 이용한 명예훼손의 경우에 범죄의 종료시기가 달라진다고 볼 수는 없기 때문이다. [경찰채용 18 2차 / 경찰간부 18]

2 대법원 2020.11.19, 2020도5813 전원합의체

명예훼손죄 규정이 '명예를 훼손한'이라고 규정되어 있음에도 이를 침해범이 아니라 추상적 위험범으로 보는 것은 명예훼손이 갖는 행위반가치와 결과반가치의 특수성에 있다. 즉 명예훼손죄의 보호법익인 명예에 대한 침해가 객관적으로 확인될 수 없고 이를 증명할 수도 없기 때문이다. 따라서 불특정 또는 다수인이 적시된 사실을 실제 인식하지 못하였다고 하더라도 그러한 상태에 놓인 것만으로도 명예가 훼손된 것으로 보아야 하고 이를 불능범이나 미수로 평가할 수 없다. 공연성에 관한 위와 같은 해석은 불특정 또는 다수인이 인식할 수 있는 가능성의 측면을 말하는 것이고, 죄형법정주의에서 허용되는 해석이며, 그와 같은 행위에 대한 형사처벌의 필요성이 있다.

> 유사 피고인은 공개된 식당에서 지나가는 피해자를 보며 부대 동료 A에게 "내가 새벽에 운동을 하고 나오면 헬스장 근처에 있는 모텔에서 피해자가 남자 친구와 나오는 것을 몇 번 봤다. 나를 봤는데 얼마나 창피했겠냐."라고 말한 것은 명예훼손죄의 구성요건으로서 공연성이 인정되고, 명예훼손죄는 추상적 위험범으로 불특정 또는 다수인이 적시된 사실을 실제 인식하지 못하였다고 하더라도 인식할 수 있는 상태에 놓인 것으로도 명예가 훼손된 것으로 보아야 한다(대법원 2020.12.10, 2019도12282).

명예훼손의 고의를 인정할 수 있는 경우

대법원 2017.9.7, 2016도15819
甲 대학교 사무처장인 피고인이 인터넷신문 기자에게 총장의 성추행 사건 등으로 복잡한 학교 측 입장을 이야기하면서 총장을 성추행 혐의로 고소한 甲 대학교 소속 교수인 피해자들에 대하여 '피해자들이 이상한 남녀관계인데, 치정 행각을 가리기 위해 개명을 하였고, 이를 확인해 보면 알 것이다.'라는 취지의 말을 하여 공연히 허위의 사실을 적시하여 피해자들의 명예를 훼손하였다는 이유로 기소된 경우, 피고인에게는 위와 같은 발언의 전파가능성에 관한 인식 및 용인의 의사가 있었다고 보아야 한다.

명예훼손의 고의를 인정할 수 없는 경우

1 대법원 2008.10.23, 2008도651
소극적 확인답변에 불과한 경우
甲이 관리단 임원들이던 A 등에 대하여 "乙이 전과 13범인 것이 확실하다.", "경찰서에 가서 확인해 보자."라고 말을 했다 하더라도, 이는 그 발언의 경위에 비추어 乙의 전과에 대한 진위가 확인되었다거나 또는 그 진위를 확인해보자는 소극적인 확인답변에 불과하므로 본조의 사실의 적시라고 할 수 없고 고의도 인정할 수 없다고 해야 한다.

2 대법원 2010.10.28, 2010도2877
질문에 대한 대답에 불과한 경우
명예훼손 사실을 발설한 것이 정말이냐는 질문에 대답하는 과정에서 타인의 명예를 훼손하는 사실을 발설하게 된 것이라면, 그 발설내용과 동기에 비추어 명예훼손의 고의를 인정할 수 없다.[26] [경찰채용 10 1차/ 경찰채용 12 2차/ 법원행시 16]

3 대법원 2011.9.2, 2010도17237
'한미 쇠고기 수입 협상'의 협상단 대표와 주무부처 장관이 협상을 졸속으로 체결하였다고 방송한 사례
방송국 프로듀서 등 피고인들이 특정 프로그램 방송보도를 통하여 '미국산 쇠고기 수입을 위한 제2차 한미 전문가 기술협의'(이른바 '한미 쇠고기 수입 협상')의 협상단 대표와 주무부처 장관이 협상을 졸속으로 체결하여 국민을 인간광우병(vCJD) 위험에 빠뜨리게 하였다는 취지로 표현하는 등 그 자질 및 공직수행 자세를 비하하여 이들의 명예를 훼손하였다는 내용으로 기소된 경우, 보도내용 중 일부가 객관적 사실과 다른 허위사실 적시에 해당한다고 하면서도, 위 방송보도가 국민의 먹을거리와 이에 대한 정부 정책에 관한 여론형성이나 공개토론에 이바지할 수 있는 공공성 및 사회성을 지닌 사안을 대상으로 하고 있는 점, 허위사실의 적시로 인정되는 방송보도 내용은 미국산 쇠고기의 광우병 위험성에 관한 것으로 공직자인 피해자들의 명예와 직접적인 연관을 갖는 것이 아닐 뿐만 아니라 피해자들에 대한 악의적이거나 현저히 상당성을 잃은 공격으로 볼 수 없는 점 등을 고려할 때, 명예훼손의 고의를 인정하기 어렵고 달리 이를 인정할 증거가 없다. [경찰채용 12 1차/ 경찰채용 12 2차]

---

26 **사례** : 입주자대표 등이 모인 삼성아파트 자치회의에서 甲이 乙에게 허위의 사실을 말하였는데, 乙은 甲에게 그와 같은 말을 한 적이 있는지 그리고 그에 관한 증거가 있는지 해명을 요구하였고, 甲은 이에 대한 답을 하는 차원에서 위 명예훼손적 사실을 발언하였다. 甲에게는 명예훼손죄의 고의가 인정되는가?
해결 : 고의가 인정되지 않는다(위 판례).

4 대법원 2018.6.15, 2018도4200

불미스러운 소문의 진위를 확인하고자 질문을 하는 과정 사례

명예훼손죄가 성립하기 위해서는 주관적 구성요소로서 타인의 명예를 훼손한다는 고의를 가지고 사람의 사회적 평가를 저하시키는 데 충분한 구체적 사실을 적시하는 행위를 할 것이 요구된다. 따라서 불미스러운 소문의 진위를 확인하고자 질문을 하는 과정에서 타인의 명예를 훼손하는 발언을 하였다면 이러한 경우에는 그 동기에 비추어 명예훼손의 고의를 인정하기 어렵다. [법원9급 21]

보충   마트의 운영자인 피고인이 마트에 아이스크림을 납품하는 업체 직원인 甲을 불러 '다른 업체에서는 마트에 입점하기 위하여 입점비를 준다고 하던데, 입점비를 얼마나 줬나? 점장 乙이 여러 군데 업체에서 입점비를 돈으로 받아 해먹었고, 지금 뒷조사 중이다.'라고 말한 사안이다. 피고인은 재고조사 후 일부 품목과 금액의 손실이 발견되자 마트 관계자들을 상대로 乙의 비리 여부를 확인하고 다니던 중 乙이 납품업자들로부터 현금으로 입점비를 받았다는 이야기를 듣고 甲을 불러 乙에게 입점비를 얼마 주었느냐고 질문하였던 점 등 제반 사정을 종합하면, 피고인에게 명예훼손의 고의를 인정하기 어렵다.

5 대법원 2021.10.14, 2020도11004

전파성에 대한 고의가 부정되는 경우를 제시한 사례

전파가능성을 이유로 명예훼손죄의 공연성을 인정하는 경우에는 적어도 범죄구성요건의 주관적 요소로서 미필적 고의가 필요하므로 전파가능성에 대한 인식이 있음은 물론 나아가 그 위험을 용인하는 내심의 의사가 있어야 하고, 행위자가 전파가능성을 용인하고 있었는지 여부는 외부에 나타난 행위의 형태와 상황 등 구체적인 사정을 기초로 일반인이라면 그 전파가능성을 어떻게 평가할 것인가를 고려하면서 행위자의 입장에서 그 심리상태를 추인하여야 한다. ① 친밀하고 사적인 관계뿐만 아니라 ② 공적인 관계에 있어서도 조직 등의 업무와 관련하여 사실의 확인 또는 규명 과정에서 발언하게 된 것이거나, ③ 상대방의 가해에 대하여 대응하는 과정에서 발언하게 된 경우 및 ④ 수사·소송 등 공적인 절차에서 그 당사자들 사이에 공방을 하던 중 발언하게 된 경우 등이라면 그 발언자의 전파가능성에 대한 인식과 위험을 용인하는 내심의 의사를 인정하는 것은 신중하여야 한다. …… 피고인이 관련 민사소송에서 피해자의 주장에 부합하는 확인서를 작성해 준 甲을 찾아가 방문 경위를 설명하고 甲으로부터 기존 확인서와 상반되는 취지의 사실확인서를 다시금 교부받는 과정에서 이 사건 발언을 하였고, 실제 이 사건 발언을 들은 상대방은 甲이 유일하며, 이 사건 발언이 달리 전파된 바 없는 경우, 명예훼손죄의 공연성 및 이에 대한 고의가 인정되지 아니한다.

판례연구   **허위의 사실의 적시와 제307조 제1항의 관계**

대법원 2017.4.26, 2016도18024

제307조 제1항의 '사실'은 제2항의 '허위의 사실'과 반대되는 '진실한 사실'을 말하는 것이 아니라 가치판단이나 평가를 내용으로 하는 '의견'에 대치되는 개념이다. 따라서 제307조 제1항의 명예훼손죄는 적시된 사실이 진실한 사실인 경우이든 허위의 사실인 경우이든 모두 성립될 수 있고, 특히 적시된 사실이 허위의 사실이라고 하더라도 행위자에게 허위성에 대한 인식이 없는 경우에는 제307조 제2항의 명예훼손죄가 아니라 제307조 제1항의 명예훼손죄가 성립될 수 있다. 제307조 제1항의 법정형이 2년 이하의 징역 등으로 되어 있는 반면 제307조 제2항의 법정형은 5년 이하의 징역 등으로 되어 있는 것은 적시된 사실이 객관적으로 허위일 뿐 아니라 행위자가 그 사실의 허위성에 대한 주관적 인식을 하면서 명예훼손행위를 하였다는 점에서 가벌성이 높다고 본 것이다. [경찰채용 21 1차 / 경찰채용 18 2차 / 경찰간부 18]

업무로 인한 행위 또는 사회상규에 위배되지 아니하는 행위의 예

1 대법원 1986.10.14, 86도1341
사과를 훔쳐간 사실을 말한 행위
과수원을 경영하는 피고인이 사과를 절취당한 피해자의 입장에서 앞으로 이와 같은 일이 재발되지
않도록 예방하기 위하여 과수원의 관리자와 같은 동네 새마을 지도자에게 각각 그들만이 있는 자리에
서 개별적으로 피해자가 피고인 소유의 과수원에서 사과를 훔쳐간 사실을 말한 행위는, 통상적인 사회
생활 면으로 보나 사회통념상 위와 같은 피고인의 소위를 위법하다고 말하기 어렵다.

2 대법원 1990.4.27, 89도1467
조합장이 대의원총회에서 회의진행의 질서유지를 위하여 한 발언 : 업무로 인한 행위
조합의 긴급이사회에서 불신임을 받아 조합장직을 사임한 피해자가 그 후 개최된 대의원총회에서
피고인 등의 음모로 조합장직을 박탈당한 것이라고 대의원들을 선동하여 회의 진행이 어렵게 되자
새 조합장이 되어 사회를 보던 피고인이 그 회의진행의 질서유지를 위한 필요조처로서 이사회의 불신임결
의 과정에 대한 진상보고를 하면서 피해자는 긴급 이사회에서 불신임을 받고 쫓겨나간 사람이라고 발언한
것이라면, 피고인에게 명예훼손의 고의가 있다고 볼 수 없을 뿐만 아니라 그러한 발언은 업무로 인한
행위이고 사회상규에 위배되지 아니한 행위라고 한 원심의 판단은 수긍된다.

3 대법원 1995.3.17, 93도923
자신의 주장의 정당성을 입증하기 위한 자료의 제출행위
피고인이 소속한 교단협의회에서 조사위원회를 구성하여 피고인이 목사로 있는 교회의 이단성 여부에
대한 조사활동을 하고 보고서를 그 교회 사무국장에게 작성토록 하자, 피고인이 조사보고서의 관련
자료에 피해자를 명예훼손죄로 고소했던 고소장의 사본을 첨부한 경우, 이는 자신의 주장의 정당성을
입증하기 위한 자료의 제출행위로서 정당한 행위로 볼 것이지, 고소장의 내용에 다소 피해자의 명예를
훼손하는 내용이 들어 있다 하더라도 이를 이유로 고소장을 첨부한 행위가 위법하다고까지는 할
수 없다.

사회상규에 위배되는 행위로서 위법하다고 본 예

1 대법원 1990.12.26, 90도2473
A사단법인의 이사장이 이사회 또는 임시총회를 진행하다가 회원 10여 명 또는 30여 명이 있는 자리에
서 허위사실을 말하였다면 그 공연성이 있으며, 위 이사장이 이사회 또는 임시총회의 의장으로서 의안
에 관하여 발언하다가 타인의 명예를 훼손하는 내용의 말을 하였다면 사회상규에 반하지 아니한다고
할 수 없으므로 위법성이 조각되지 아니한다.

2 대법원 2009.10.29, 2009도4783
인터넷 홈페이지에 심천사혈요법 피해대책위원회 운영위원 乙이 게시한 글을 甲은 자신이 운영하는
인터넷 카페 게시판에 퍼온 뒤, 乙을 지칭하면서 "호로 ××", "견 같은 새끼" 등의 모욕적인 표현을
사용하여 댓글을 달거나 '피해자가 심천사혈요법학회를 마음대로 주물럭거리고, 부당한 이익금을 챙기
며, 심천의 지회체계를 무너뜨리려고 하였다'거나 '당시 피해자가 심천에 충성을 다할 것을 맹세하였다.'
는 등의 허위사실을 적시하였다면, 피고인 甲이 이 사건 댓글을 게재한 경위에 다소 참작할 만한
사정이 있다 하더라도 이를 사회상규에 위배되지 않는 행위로 평가할 수 없다.

판례연구 **공익성을 인정하여 제310조의 위법성조각사유를 적용한 사례**

1 대법원 1989.2.14, 88도899

공공의 이익을 위한 동기에 피해자를 비방할 목적도 함께 있을 경우 형법 제310조의 적용가부(적극)

교회 담임목사를 출교처분한다는 취지의 교단산하 재판위원회의 판결문은 성질상 교회나 교단 소속신자들 사이에서는 당연히 전파, 고지될 수 있는 것이므로 위 판결문을 복사하여 예배를 보러온 신도들에게 배포한 행위에 의하여 그 목사의 개인적인 명예가 훼손된다 하여도 그것은 진실한 사실로서 오로지 교단 또는 그 산하교회 소속신자들의 이익에 관한 때에 해당하거나 적어도 사회상규에 위배되지 아니하는 행위에 해당하여 위법성이 없다. 또한 피고인들의 소행에 피해자를 비방할 목적이 함께 숨어 있었다고 하더라도 그 주요한 동기가 공공의 이익을 위한 것이라면 형법 제310조의 적용을 배제할 수 없다. [법원행시 09/사시 11]

2 대법원 1993.6.22, 92도3160

주요한 목적이 공익을 위한 것이면 부수적으로 사익적 동기가 있어도 공익성이 인정된다는 사례

적시된 사실이 공공의 이익에 관한 것인지 여부는 사실 자체의 내용과 성질에 비추어 객관적으로 판단하여야 하고, 행위자의 주요한 목적이 공공의 이익을 위한 것이면 부수적으로 다른 사익적 동기가 내포되어 있더라도 형법 제310조의 적용을 배제할 수 없다. [경찰승진 10/국가9급 17/사시 16/변호사시험 12] ……
노동조합 조합장이 전임 조합장의 업무처리내용 중 근거자료가 불명확한 부분에 대하여 대자보를 작성 부착한 행위는 공공의 이익을 위한 것이고 적시된 내용을 진실이라고 믿고 그렇게 믿은 데에 상당한 이유가 있으므로 위법성이 조각된다.

3 대법원 1996.4.12, 94도3309

개인의 사적인 신상에 관하여 적시된 사실도 그 적시의 주요한 동기가 공공의 이익을 위한 것이라면 형법 제310조 소정의 공공의 이익에 관한 것으로 볼 수 있다는 사례

개인의 사적인 신상에 관한 사실이라고 하더라도 그가 관계하는 사회적 활동의 성질이나 이를 통하여 사회에 미치는 영향력의 정도 등의 여하에 따라서는 그 사회적 활동에 대한 비판 내지 평가의 한 자료가 될 수 있는 것이므로 개인의 사적인 신상에 관하여 적시된 사실도 그 적시의 주요한 동기가 공공의 이익을 위한 것이라면 위와 같은 의미에서 형법 제310조 소정의 공공의 이익에 관한 것으로 볼 수 있는 경우가 있다. 신학대학교의 교수가 출판물 등을 통하여 사회적으로 물의를 일으킨 종교단체인 구원파를 이단으로 비판하는 과정에서 특정인을 그 실질적 지도자로 지목하여 명예를 훼손하는 사실을 적시하였으나 비방의 목적에서라기보다는 공공의 이익을 위하여 한 행위라고 판단된다. [경찰간부 18]

4 대법원 1996.10.25, 95도1473

피고인들이 위와 같은 유인물을 제작·반포하게 된 주요한 동기는 공소외인의 방해행위를 조합원들에게 통지하여 조합원들의 동요를 막기 위한 것으로 보이므로, 이는 위 조합 또는 조합원들 모두의 이익을 위한 것으로서 '오로지 공공의 이익에 관한 때'에 해당한다.

5 대법원 1999.6.8, 99도1543

특정 기독교 교단의 목사들이 교단 내 목회자들에게 보낸 유인물에서 다른 목사의 목사안수를 비난한 것이 형법 제310조 소정의 '오로지 공공의 이익에 관한 때'에 해당한다고 본 사례

피고인들(목사들)은 교단 내 목회자들에게 보내는 유인물에서 "공소외 1이 체육대회 출전을 위한 축구연습 도중 작전에 대한 여러 의견을 개진하던 중 갑자기 얼굴을 붉히고 웃옷을 벗어 던지며 ×같은 놈들 더러워서 못해먹겠다며 목회자로서 입에 담지도 못할 언행을 하였고, 이후 자신의 잘못을 시인하기는커녕 원인 제공자가 누구냐고 따지는 등 안하무인격의 불손한 태도를 보이는 등 비인격적이

고 비윤리적인 행동에도 불구하고 목사안수가 되었다."는 내용을 담아 이를 배포하였는데, 이 사건 표현은 지방회시취위원회 또는 그 시취위원들이 지방회 규약의 규정을 무시하고 인격적으로 목사안수를 받을 자격이 없는 자로 하여금 목사안수를 받도록 하였다는 것을 지적하고 있기 때문에 적시된 사실이 객관적으로 볼 때 한국침례회 또는 지방회교인들이라는 특정한 사회 집단이나 그 구성원 전체의 관심과 이익에 관한 것으로서 공공의 이익에 관한 것이라고 할 수 있다. [경찰채용 21 1차]

6 대법원 2002.4.9, 2000도4469

공공의 이익에 관한 때라 함은 반드시 공공의 이익이 사적 이익보다 우월한 동기가 된 것이 아니더라도 양자가 동시에 존재하고 거기에 상당성이 인정된다면 이에 해당한다.

7 대법원 2005.7.15, 2004도1388

아파트 동대표 부정비리 의혹을 해명 사례[27]

아파트 동대표인 피고인이 자신에 대한 부정비리 의혹을 해명하기 위하여 그 의혹제기자가 명예훼손죄로 입건된 사실 등을 기재한 문서를 아파트 입주민들에게 배포한 경우, 문서에 기재된 내용이 대체로 객관적인 사실과 일치하고, 배포가 이루어진 상대방의 범위가 제한되며, 그 표현방법도 위 의혹제기자를 비방하는 표현이 없는 점 등 제반 사정에 비추어, 위 문서 배포행위는 오로지 공공의 이익을 위하여 진실한 사실을 적시한 경우로서 형법 제310조의 위법성조각사유에 해당한다. [변호사시험 12]

8 대법원 2006.4.27, 2003도4735

피고인이 아파트 일부 주민들에게 보낸 문건의 내용이 객관적 사실에 합치되고, 그 문건을 보낸 동기가 아파트 주민들이 위탁관리계약 해지 여부에 관한 적정한 결정을 하기 위한 목적에서 비롯된 것이라면 이는 공공의 이익에 관한 것으로서 위법성이 조각된다.

9 대법원 2007.1.26, 2004도1632

공적 관심사안에 관하여 진실하거나 진실이라고 봄이 상당한 사실을 공표한 사례

형법 제310조에서 말하는 공공의 이익에는 널리 국가, 사회 기타 일반 다수인의 이익에 관한 것뿐만 아니라 특정 사회집단이나 그 구성원 전체의 관심과 이익에 관한 것도 포함되고, …… 그 표현에 있어서 다소 모욕적인 표현이 들어 있다 하더라도 형법 제310조의 적용을 배제할 수 없다. [경찰승진 10 / 국가9급 17 / 사시 16 / 변호사시험 12] 나아가 공인이나 공적 기관의 공적 활동 혹은 정책에 대하여는 국민의 알 권리와 다양한 사상, 의견의 교환을 보장하는 언론의 자유의 측면에서 그에 대한 감시와 비판기능이 보장되어야 하므로 명예를 훼손당한 자가 공인인지, 그 표현이 객관적으로 국민이 알아야 할 공공성, 사회성을 갖춘 공적 관심사안에 관한 것으로 사회의 여론형성 내지 공개토론에 기여하는 것인지, 피해자가 그와 같은 명예훼손적 표현의 위험을 자초한 것인지 여부 등의 사정도 적극 고려되어야 한다. 따라서 이러한 공적 관심사안에 관하여 진실하거나 진실이라고 봄에 상당한 사실을 공표한 경우에는 그것이 악의적이거나 현저히 상당성을 잃은 공격에 해당하지 않는 한 원칙적으로 공공의 이익에 관한 것이라는 증명이 있는 것으로 보아야 한다.[28]

---

27 **사례** : 甲(A아파트 전직 동대표)은 2001.2.26. A아파트 甲의 집에서, 甲 자신에 대한 부정비리 의혹을 해명하기 위하여 "2000.12.10. 乙과 丙(위 부정비리 의혹을 제기한 자들)을 상대로 명예훼손으로 고소를 제기하였고 부평경찰서는 그들을 상대로 수사한바 혐의가 인정되어 2001.2.10. 기소의견으로 인천지방검찰청에 송치하였다는 고소사건처리 결과를 통지 받았으며 앞으로 두 사람은 민사상 위자료까지 부담하게 되어 매우 안타깝게 생각한다."는 취지가 기재된 안내문에 부평경찰서로부터 송부 받은 乙과 丙에 대한 민원사건 처리결과통지서 사본을 첨부한 다음, 그 무렵 A아파트 a동 1층 55세대의 우편함에 1부씩 집어넣어 배포케 하였다. 甲의 죄책은?
해결 : 제310조에 의하여 위법성이 조각되어 무죄.
28 **보충** : 축협중앙회장이 농림부장관을 수입쇠고기 판매를 권장한다는 이유로 비난하는 광고를 게재한 것이, 전체적인 내용의 해석에 있어서 농림부장관 개인에 대한 비방보다는 공적 기관으로서의 농림부의 구체적 정책 혹은 그 방법론에 대한 비판을 주된 동기 내지 목적으로 하였다고 볼 여지가 더 많다는 사례이다.

10 대법원 2007.12.14, 2006도2074

형법 제310조의 규정은 인격권으로서의 개인의 명예의 보호와 헌법 제21조에 의한 정당한 표현의 자유의 보장이라는 상충되는 두 법익의 조화를 꾀한 것이라고 보아야 할 것이다. [국가9급 11] …… 개인택시운송조합 전임 이사장이 새로 취임한 이사장의 비리에 관한 사실을 적시하여 조합원들에게 유인물을 배포한 행위는 진실한 사실로서 공공의 이익에 관한 것이므로 위법성이 조각된다.[29]

11 대법원 2008.7.10, 2007도9885

교장 甲이 여성기간제교사 乙에게 차 접대 요구와 부당한 대우를 하였다는 인상을 주는 내용의 글을 게재한 교사 丙의 명예훼손행위는 공공의 이익에 관한 것으로서 위법성이 조각된다.[30]

12 대법원 2008.11.13, 2008도6342

특정 상가건물관리회의 회장이 위 관리회의 결산보고를 하면서 전 관리회장이 체납관리비 등을 둘러싼 분쟁으로 자신을 폭행하여 유죄판결을 받은 사실을 알린 행위는 건물관리회원 전체의 관심과 이익에 관한 것으로서 형법 제310조에 의하여 위법성이 조각된다. [경찰채용 13 1차]

13 대법원 2011.9.2, 2010도17237

공적사안에 관한 언론보도의 명예훼손죄 성립 여부 판단 기준

언론보도로 인한 명예훼손이 문제되는 경우에는 그 보도로 인한 피해자가 공적인 존재인지 사적인 존재인지, 그 보도가 공적인 관심사안에 관한 것인지 순수한 사적인 영역에 속하는 사안에 관한 것인지, 그 보도가 객관적으로 국민이 알아야 할 공공성, 사회성을 갖춘 사안에 관한 것으로 여론형성이나 공개토론에 기여하는 것인지 아닌지 등을 따져보아 공적 존재에 대한 공적 관심사안과 사적인 영역에 속하는 사안 간 심사기준에 차이를 두어야 하는데, ① 당해 표현이 사적인 영역에 속하는 사안에 관한 것인 경우에는 언론의 자유보다 명예의 보호라는 인격권이 우선할 수 있으나, ② 공공적·사회적인 의미를 가진 사안에 관한 것인 경우에는 그 평가를 달리하여야 하고 언론의 자유에 대한 제한이 완화되어야 한다.

---

29 **사례** : 부산광역시 개인택시운송조합('**조합**')의 이사장으로 근무하던 甲은 2000년경부터 개인택시 정보화사업을 추진하여 개인택시에 단말기를 장착하는 등 그 사업을 계속하였으나 2002.7.경 조합 이사장으로 새로 취임한 乙이 위 정보화사업을 중단시켰다는 이유로, 6회에 걸쳐서 조합원들에게 "乙이 자격도 없는 개인연구원에게 부탁하여 공인받을 수 없는 감정서를 만들어 조합원들에게 공인감정서인 것처럼 홍보하고 감정비 명목으로 지출한 2,200만 원은 중간에서 착복하였고, 위 정보화사업에 컨소시움 참여업체인 KTF가 26억 원의 지원금을 내는 조건으로 참여하고는 5억 원만 지원하고 잔액 21억 원이 있었는데 乙이 잔액 21억 원을 안 받기로 딩김해 주었나."라는 발언을 하거나 같은 취지의 유인물을 배포하였다. (그런데 甲의 발언이나 甲이 배포한 유인물의 기재는 대체로 진실에 부합하는 것이거나 피고인의 비판적인 의견을 표명한 것에 지나지 않았으며, 설령 진실인지 여부가 다소 명확하지 않은 부분이 있다고 하더라도 甲으로서는 그것이 진실하다고 믿을 만한 상당한 이유가 있었다) 甲에게 명예훼손죄가 성립하는지를 답하고 그 이유를 제시하라.

해결 : 단순한 의견 표명에 지나지 않는다면 명예훼손죄의 구성요건해당성이 조각되며, 만일 구체적 사실적시의 점이 인정되어 동죄의 구성요건해당성이 인정된다고 하더라도 명예훼손죄는 성립하지 않으며, 그 이유는 甲에 의하여 적시된 사실 또는 의견은 모두 조합의 업무집행이 정당하게 이루어지지 아니하였음을 지적하는 취지로서 그 표현행위의 상대방인 조합원들에 대한 관계에서 객관적으로 공공의 이익에 관한 것이어서 제310조에 의하여 위법성이 조각되는 경우에 해당되기 때문이다.

30 **판결이유** : 이 사건 글이 독자들에게 망 공소외 1교장이 여성인 기간제교사에게 차 준비나 차 접대를 채용과 계약유지의 조건으로 내세우고 이를 거부하자 부당한 대우를 하여 사직하도록 하였다는 인상을 줌으로써 위 공소외 1교장의 명예를 훼손한 사실은 인정되지만, 한편 여성 교원의 차 접대와 관련하여 이 사건 발생 3년 전부터 교육·여성 관련 행정기관에서 이를 금지하는 지침을 내려왔던 점, 교육현장에서의 남녀평등은 중요한 헌법적 가치이고, 교육문제는 교육관련자들만의 문제가 아니라 학부모와 학생 등 국가사회 일반의 관심사항이며, 교육문제에 관하여 정보가 공개되고 공론의 장이 마련될 필요가 있는 점, 이 사건 글이 게재된 이후 교사 업무분장의 잘못과 부적절한 관행에 대하여 시정조치가 이루어진 점 등을 종합하여 보면, 이 사건 글을 게재한 주요 동기 내지 목적은 공공의 이익에 관한 것이라고 볼 수 있다(대법원 2008.7.10, 2007도9885).

14 대법원 2020.3.2, 2018도15868

사이버대학교 총학생회장 입후보자격 관련 댓글 게시 사건

(사이버대학교 법학과 학생인 피고인은 법학과 학생들만 회원으로 가입한 네이버밴드에 甲이 총학생회장 출마자격에 관하여 조언을 구한다는 글을 게시하자 이에 대한 댓글 형식으로 직전 연도 총학생회장 선거에 입후보하였다가 중도 사퇴한 乙의 실명을 거론하며 'ㅇㅇㅇ이라는 학우가 학생회비도 내지 않고 총학생회장 선거에 출마하려 했다가 상대방 후보를 비방하고 이래저래 학과를 분열시키고 개인적인 감정을 표한 사례가 있다.'고 언급한 다음 '그러한 부분은 지양했으면 한다.'는 의견을 덧붙였다. 피고인에게 乙을 비방할 목적이 있다고 볼 수 있는가의 문제) 위 댓글은 총학생회장 입후보와 관련한 사이버대학교 법학과 학생들의 관심과 이익에 관한 사항이고, 피고인은 甲을 비롯하여 총학생회장에 입후보하려는 법학과 학생들에게 의사결정에 도움이 되는 의견을 제공하고자 댓글을 작성하였으므로, 피고인의 주요한 동기와 목적은 공공의 이익을 위한 것으로서 피고인에게 乙을 비방할 목적이 있다고 보기 어렵다.

15 대법원 2020.11.19, 2020도5813 전원합의체; 2022.2.11, 2021도10827

종중 회장 선출 종친회에서 특경법위반(횡령) 전과가 있는 자에 대하여 사기꾼은 내려오라고 말한 사건

사실적시의 내용이 사회 일반의 일부 이익에만 관련된 사항이라도 다른 일반인과의 공동생활에 관계된 사항이라면 공익성을 지닌다고 할 것이고, 이에 나아가 개인에 관한 사항이더라도 그것이 공공의 이익과 관련되어 있고 사회적인 관심을 획득한 경우라면 직접적으로 국가·사회 일반의 이익이나 특정한 사회 집단에 관한 것이 아니라는 이유만으로 형법 제310조의 적용을 배제할 것은 아니다. 사인이라도 그가 관계하는 사회적 활동의 성질과 사회에 미칠 영향을 헤아려 공공의 이익에 관련되는지 판단하여야 한다.[31]

판례연구　　**공익성을 인정하지 않아 제310조의 위법성조각사유를 적용하지 않은 사례**

1 대법원 2004.10.15, 2004도3912

회사의 대표이사에게 압력을 가하여 단체협상에서 양보를 얻어내기 위한 방법의 하나로 "공소외 주식회사사장 피해자는 체불임금 지급하고 단체교섭에 성실히 임하라.", "노동임금 갈취하는 악덕업주 피해자사장은 각성하라."는 등의 내용이 기재된 현수막과 피켓을 들고 확성기를 사용하여 반복해서 불특정다수의 행인을 상대로 소리치면서 거리행진을 함으로써 위 대표이사의 명예를 훼손한 행위는 공공의 이익을 위하여 사실을 적시한 것으로 볼 수 없어 위법성이 조각되지 아니한다.

2 대법원 2008.3.14, 2006도6049

피해자들이 거주하는 아파트 앞에서 피해자들의 주소까지 명시하여 피해자들의 명예를 훼손한 경우에는 제310조의 오로지 공공의 이익에 관한 것이라고 보기는 어렵다. [경찰채용 13 1차 / 경찰채용 20 2차]

3 대법원 2011.3.10, 2011도168

'사실의 적시'가 공직선거법 제251조 단서에 따라 위법성이 조각되기 위한 요건

사적 이익과 비교하여 공공의 이익이 명목상 동기에 불과하여 부수적인 데 지나지 않는 경우에는 공공의

---

31 **보충** : 피고인들이 종중 회장 선출을 위한 종친회에서 피해자의 종친회 회장 출마에 반대하면서 "ㅇㅇㅇ은 남의 재산을 탈취한 사기꾼이다. 사기꾼은 내려오라."로 말한 사안에서, 피해자에게 「특정경제범죄 가중처벌 등에 관한 법률」 위반(횡령)죄의 전과가 있는 이상 위 발언이 주요부분에 있어 객관적 사실에 합치되는 것으로 볼 수 있고, 피해자의 종친회 회장으로서의 적격 여부는 종친회 구성원들 전체의 관심과 이익에 관한 사항으로서 공익성이 인정된다고 본 사례이다.

이익에 관한 것으로 볼 수 없다. 같은 당 시의원 후보자 甲에 대한 불만으로 그가 시의원으로 당선되지 못하도록 하겠다는 것이 중요한 동기가 되어 여러 게시물을 게재한 경우에는, 피고인에게 공적 이익을 위한다는 뜻이 일부 있었더라도 위법성이 조각되지 않는다고 보아야 한다.

4 대법원 2021.8.26, 2021도6416

업무 담당자가 피해자에 대한 징계절차 회부 안내문을 회사 게시판에 게시한 사건

형법 제310조의 '오로지 공공의 이익에 관한 때'라 함은 적시된 사실이 객관적으로 볼 때 공공의 이익에 관한 것으로서 행위자도 주관적으로 공공의 이익을 위하여 그 사실을 적시한 것이어야 한다. …… 회사 징계절차가 공적인 측면이 있다고 해도 징계절차에 회부된 단계부터 그 과정 전체가 낱낱이 공개되어야 하는 것은 아니고, 징계혐의 사실은 징계절차를 거친 다음 일응 확정되는 것이므로 징계절차에 회부되었을 뿐인 단계에서 그 사실을 공개함으로써 피해자의 명예를 훼손하는 경우, 이를 사회적으로 상당한 행위라고 보기는 어렵고, 그 단계에서의 공개로 원심이 밝힌 공익이 달성될 수 있을지도 의문이다.

사례연구 | 형법 제310조의 위법성조각사유의 진실성에 대한 착오에 관한 위법성조각설 : 거문도 총학생회장 변사 사건

甲(한겨레신문 민권사회부 기자)은 1989.10.6.자 위 신문 11면 머릿기사 '이○○씨 사망 전 안기부 요원 동행'이라는 제목 아래 '중앙대 안성캠퍼스 총학생회장 이○○씨가 사망하기 직전에 마지막으로 동행한 사람은 남자 한 명, 여자 한 명이며 이 중 여자는 안기부에 근무하고 있다는 새로운 사실이 밝혀졌으며, 숨진 이씨가 배에 타기 직전 이씨를 보았다는 다방종업원 최○씨는 이씨가 동행한 여자는 사진으로 확인해 보니 도아무개(23세)이고 위 안기부 여직원과 동일인이었다고 경찰에서 진술했고, 선장 A는 이씨와 배에 탄 남자는 백아무개(22세)라고 말하고 도씨는 안기부에 근무하고 있는 것이 밝혀졌다.'는 요지의 기사를 작성, 이를 게재하였다. 그런데 도아무개는 안기부에 근무하는 타자수인 것은 사실이지만 이○○씨와 동행한 것은 아닌 것으로 밝혀졌다. 甲의 죄책은?

해결 | 제310조에 의하여 위법성이 조각되어 무죄.

판례 | 피고인의 위 취재보도는 ① 출판물명예훼손죄와 관련해서는, 피고인이 일간신문의 기자인 점, 위 공소외 1의 성명을 특정하지 아니하고 '도아무개'라고 기재한 점까지를 고려하여 보면, 피고인이 취재보도한 위 기사의 목적은 당시 이○○씨의 변사사건에 관하여 제기되고 있던 여러 의문점을 취재하여 이를 독자들에게 알림으로써 국민의 알 권리를 충족하려는 것이었고, 피고인에게 위 공소외 1을 비방할 목적이 있었다고 보기는 어렵다 할 것이다. ② 허위사실적시명예훼손죄와 관련해서는 피고인이 위 기사내용을 허위라고 인식하였음을 인정할 증거가 없으므로 피고인을 허위사실 적시로 인한 명예훼손죄로 처벌할 수는 없고, 다만 형법 제307조 제1항의 죄로 처벌할 여지가 있을 뿐인데, ③ 명예훼손죄에 있어서는 개인의 명예보호와 정당한 표현의 자유보장이라는 상충되는 두 법익의 조화를 꾀하기 위하여 형법 제310조를 규정하고 있으므로 적시된 사실이 공공의 이익에 관한 것이면 진실한 것이라는 증명이 없다 할지라도 행위자가 진실한 것으로 믿었고 또 그렇게 믿을 만한 상당한 이유가 있는 경우에는 위법성이 없다고 보아야 한다(대법원 1996.8.23, 84도3191).[32] [법원행시 13/사시 12·16]

---

32 **보충-판결이유** : 위 기사는 당시 평양에서 벌어진 세계청년학생축전에 학생운동권 대표가 비밀리에 참가한 것을 계기로 정부수사기관과 학생운동권 간의 긴장이 고조되고 있던 시점에서 중앙대 안성캠퍼스 총학생회장인 이○○이 거문도의 외딴 해수욕장에서 의문의 변사체로 발견된 것과 관련하여 제기된 의혹들을 취재하여 보도하는 과정에서 작성된 것으로 그 주요 목적이 공공의 이익에 관한 것으로 볼 수 있고, '이○○이 사망 직전에 마지막으로 동행한 사람은 백○○와 안기부 요원인 공소외 1이었다.'라는 취지의 이 사건 기사내용이 진실이라는 것을 입증할 증거가 없고 나아가 그것이 결국에는 사실과 다른 것으로 밝혀졌다 하더라도 안기부의 추적대상이었을 것으로 추정되는 이○○이 거문도에까지 와서 사망하게 된 경위와 그 사망 원인에 의혹이 제기되고 있던 터에 안기부 직원인 공소외 1이 여수에서 거문도까지 가는 배에 위 이○○과 동승하였던 것으로 밝혀지고 나아가 이○○과 공소외 1의 일행이 거문도에서

> **판례연구**   형법 제310조의 법적 성격에 관한 거증책임전환규정설

대법원 1996.10.25, 95도1473
명예훼손죄의 위법성조각사유에 대한 거증책임 및 형사소송법 제310조의2의 적용 여부
공연히 사실을 적시하여 사람의 명예를 훼손한 행위가 형법 제310조의 규정에 따라서 위법성이 조각되어 처벌대상이 되지 않기 위해서는 그것이 진실한 사실로서 오로지 공공의 이익에 관한 때에 해당된다는 점을 행위자가 증명하여야 하는 것이나(대법원 1988.10.11, 85다카29; 1993.6.22, 92도3160; 1996.5.28, 94다33828 등), 그 증명은 유죄의 인정에 있어 요구되는 것과 같이 법관으로 하여금 의심할 여지가 없을 정도의 확신을 가지게 하는 증명력을 가진 엄격한 증거에 의하여야 하는 것은 아니라고 할 것이므로, 이 때에는 전문증거에 대한 증거능력의 제한을 규정한 형사소송법 제310조의2는 적용될 여지가 없다. [국가9급 11 / 법원9급 12 / 법원행시 06·13 / 사시 12 / 변호사시험 12]

02   사자명예훼손죄

> **제308조 【사자의 명예훼손】** 공연히 허위의 사실을 적시하여 사자의 명예를 훼손한 자는 2년 이하의 징역이나 금고 또는 500만 원 이하의 벌금에 처한다.

> **판례연구**   사자명예훼손죄의 허위사실 적시 관련 사례

1 대법원 1983.10.25, 83도1520
빚 때문에 도망다니며 죽은 척하는 나쁜 놈 사례 : 사자명예훼손죄 ○
사자명예훼손죄는 사자에 대한 사회적·역사적 평가를 보호법익으로 하는 것이므로 그 구성요건으로서 사실의 적시는 허위의 사실일 것을 요하는데, 피고인이 사망자의 사망사실을 알면서 위 망인은 사망한 것이 아니고 빚 때문에 도망다니며, 죽은 척하는 나쁜 놈이라고 함은 공연히 허위의 사실을 적시한 행위로서 사자의 명예를 훼손하였다고 볼 것이다. [국가7급 07]

2 대법원 2010.4.29, 2007도8411
역사드라마가 그 소재가 된 역사적 인물의 명예를 훼손하였는지 여부 : 사자명예훼손죄 ×
역사적 인물을 모델로 한 드라마(즉, 역사드라마)가 그 소재가 된 역사적 인물의 명예를 훼손할 수 있는 허위사실을 적시하였는지 여부를 판단할 때에는 … 묘사된 사실이 이야기 전개상 상당한 정도 허구로 승화되어 시청자의 입장에서 그것이 실제로 일어난 역사적 사실로 오해되지 않을 정도에 이른 것으로 볼 수 있는지 여부 등을 종합적으로 고려하여야만 한다. … 역사드라마 '서울 1945'의 특정 장면이 마치 '장택상, 이승만이 친일파로서 친일경찰인 박○○을 통해 정판사 사건을 해결하고, 이승만이 여운형의 암살을 암시적으로 지시하고, 박○○이 이에 부응하여 여운형을 암살하려고 하는 것처럼 묘사'함으로써 공연히 허위사실을 적시하여 망인(亡人)인 이승만 등의 명예를 훼손하였다는 부분은, 구체적인 허위사실의 적시가 있었다고 보기 어렵다.

함께 동행하고 있는 것을 보았다는 목격자까지 나왔으나 그들이 석연치 않은 이유로 그 진술을 번복하였던 까닭에 피고인이 위 기사내용을 진실이라고 믿고 보도하게 되었던 것이므로 피고인이 그와 같이 믿은 데에는 객관적으로 그럴 만한 상당한 이유가 있었다 할 것이어서 피고인의 행위는 형법 제310조에 따라 처벌할 수 없다고 봄이 상당하다.

03 출판물 등에 의한 명예훼손죄

제309조【출판물 등에 의한 명예훼손】 ① 사람을 비방할 목적으로 신문, 잡지 또는 라디오 기타 출판물에 의하여 제307조 제1항의 죄를 범한 자는 3년 이하의 징역이나 금고 또는 700만 원 이하의 벌금에 처한다.
② 제1항의 방법으로 제307조 제2항의 죄를 범한 자는 7년 이하의 징역, 10년 이하의 자격정지 또는 1천500만 원 이하의 벌금에 처한다.

판례연구 **출판물 등에 의한 명예훼손죄의 기타 출판물에 해당하지 않는 사례**

대법원 1986.3.25, 86도1143
형법이 출판물 등에 의한 명예훼손죄를 일반명예훼손죄보다 중벌하는 취지는 사실적시의 방법으로서 출판물 등의 이용은 그 성질상 다수인이 견문할 수 있고 장기간 보존되는 등 피해자에 대한 법익침해 정도가 더 크다는 데 있다 할 것이므로, 피해자를 비방할 목적으로 흰 모조지 위에 사인펜으로 피해자는 정신분열증 환자로서 무단가출하였으니 연락해 달라는 내용을 기재한 10여 장의 광고문을 가지고 형법 제309조에서 규정하고 있는 출판물에 해당한다고 보기 어렵다.

> 유사 기타 출판물에 해당하지 않는 경우 ① 흰 모조지 위에 사인펜으로 기재한 10여 장의 광고문 : × (대법원 1986.3.25, 86도1143), ② 장수가 2장에 불과하며 제본방법도 조잡한 것으로 보이는 최고서 사본 : × (대법원 1997.8.26, 97도133), ③ 컴퓨터 워드프로세서로 작성하여 프린트된 A4 용지 7쪽 분량의 인쇄물 : × (대법원 2000.2.11, 99도3048), [법원9급 11 / 사시 10] ④ 직장 내의 전자게시판 : × (출판물은 인쇄물이어야 함)(대법원 2000.5.12, 99도5734). [국가7급 09]

사례연구 **기사의 취재·작성과 직접 관련 있는 자에게 제보한 것이 아닌 경우 : 메디슨 사례**

甲은 M주식회사와 사이에 발생한 분쟁을 해결하려고 1996년 3월경 당시의 대표이사 乙을 사기혐의로 고소하였으나 1996년 7월 30일 검찰에서 혐의없음 처분이 내려지자, 이를 야당 국회의원들을 통하여 해결하고자 1996년 9월경 당시 국민회의 소속 서울시 정무부시장 K에게 허위사실들을 적시하면서 그 분쟁경위와 검찰의 사건처리과정 등을 설명하고 국회차원에서 M주식회사의 비리를 조사해 줄 것을 부탁하며 관련 자료를 넘겨주었고, 이에 K는 그 무렵 국회의원 丙에게 그 자료를 넘겨주었으며, 丙은 그와 같은 자료를 바탕으로 1996년 10월 22일 국회에서 M주식회사에 관하여 발표함으로써 허위사실들이 언론에 보도되게 되었다. 판례에 의할 때 甲의 죄책은?

> 해결 출판물에 의한 명예훼손죄는 간접정범에 의하여 범하여질 수도 있으므로 타인을 비방할 목적으로 허위의 기사 재료를 그 정을 모르는 기자에게 제공하여 신문 등에 보도되게 한 경우에도 성립할 수 있으나(제보자 에게도 출판물명예훼손죄 성립 가능) [국가9급 13 / 국가7급 07·13 / 경찰간부 12 / 경찰승진(경사) 10 / 사시 10] 제보자가 기사의 취재·작성과 직접적인 연관이 없는 자에게 허위의 사실을 알렸을 뿐인 경우에는, 제보자가 피제보자에게 그 알리는 사실이 기사화 되도록 특별히 부탁하였다거나 피제보자가 이를 기사화 할 것이 고도로 예상되는 등의 특별한 사정이 없는 한, 피제보자가 언론에 공개하거나 기자들에게 취재됨으로써 그 사실이 신문에 게재되어 일반 공중에게 배포되더라도 제보자에게 출판·배포된 기사에 관하여 출판물에 의한 명예훼손죄의 책임을 물을 수는 없다(대법원 2002.6.28, 2000도3045). [경찰승진(경사) 10 / 국가7급 07] 즉, 기사의 취재·작성과 직접 관련 있는 자에게 적시한 행위가 아니므로 출판물에 의한 명예훼손죄는 성립하지 않고 허위사실 적시에 의한 명예훼손죄(제307조 제2항)가 성립한다.

1 대법원 1989.11.14, 89도1744

대간첩 작전시의 기념촬영사진을 광주민주화운동 관련 화보로 제공하여 월간잡지에 게재케 한 사례
피고인은 월간중앙 기자로부터 광주민주화운동 관련 화보를 특집으로 게재하게 되었으니 이에 관련된
자료사진을 제공하여 달라는 부탁을 받고, 피고인이 특전사령부에 근무할 당시에 입수하여 소지하고
있던 69년 흑산도 대간첩작전에 참가한 피해자 등이 작전종료 후 사살한 무장공비 및 노획물을 모아놓
고 그 앞에서 기념촬영한 사진 1매를 교부하여 위 잡지에 광주민주화운동 관련 화보의 일부로 게재되
었다면, 마치 위 피해자들이 1980.5. 광주민주화운동 당시 공수부대원으로 광주에 출동하여 광주시민
을 사살하고 사살된 시민들의 앞에서 기념촬영을 한 것처럼 보이게 되므로 피고인에게는 위 피해자들
을 비방할 목적이 있었다고 해야 한다.

2 대법원 2002.8.23, 2000도329

감사원에 근무하는 감사주사가, 감사사항에 대한 감사가 종료된 후 감사반원들의 토론을 거쳐 감사지적
사항으로 선정하지 않기로 하여 감사가 종결된 것임에도, 일일감사상황보고서의 일부를 변조하여 제시
하면서 자신의 상사인 감사원 국장이 고위층의 압력을 받고 감사기간 중 자신이 감사를 진행 중인 사항에
대한 감사활동을 중단시켰다고 기자회견을 한 경우, 그 적시사실의 허위성에 대한 인식은 물론 상사에
대한 비방의 목적도 있었다고 해야 한다.

3 대법원 2007.7.13, 2006도6322

백호대학교정상화추진위원회 공동대표 겸 위 대학교 전직 총장의 자격으로 일간신문에 신문광고를
게재하면서, 학교법인 A대학교 이사장 乙이 위 대학교의 기본재산을 탈법적으로 매각하고 지방자치단
체에 기부한 사실을 숨기면서 오히려 주상복합아파트(스타시티)의 건설을 통하여 개발을 하고 있다고
홍보함으로써 해교행위를 하고 있다는 내용이 포함되어 있었다면, … 그 적시된 사실은 객관적 사실에
배치되는 것으로서 허위이고, 비방할 목적이 있었다고 판단된다.

4 대법원 2008.7.10, 2008도2422

인터넷 포털사이트의 기사란에 마치 특정 여자연예인이 재벌의 아이를 낳았거나 그 대가를 받은
것처럼 댓글이 달린 상황에서 같은 취지의 댓글을 추가 게시한 경우에는 ―정보통신망 이용촉진
및 정보보호 등에 관한 법률 제61조 제2항의 소위 사이버명예훼손죄의― 비방할 목적이 인정된다.
[변호사시험 14]

5 대법원 2021.1.14, 2020도8780

피고인 본인의 이익을 추구할 목적으로 피해자를 비난하는 내용의 발언이나 글을 게시한 경우 공공의
이익이 인정되지 않는다는 사례
대안학교의 영어 교과를 담당하던 피고인이 교장인 피해자를 속이고 자신이 별도로 운영하는 교육
콘텐츠 제공 등 업체가 사용권이 있는 영어 교육 프로그램을 도입하면서 청구할 필요 없는 이용료를
학생들로부터 지급받은 문제 등으로 피해자와 대립하면서 학교 운영의 정상화나 학생의 학습권 보장
등의 목적이 아니라 본인의 이익을 추구할 목적으로 피해자를 비난하는 내용의 공소사실 기재 발언
게시행위를 하였다면, 형법 제310조의 공공의 이익에 관한 것이라 할 수 없고 피고인에게 비방할
목적이 없다고 볼 수 없다.

1 대법원 2005.4.29, 2003도213

국립대학교 교수의 제자 성추행 사실에 대한 여성단체의 공표행위 명예훼손

학교 내 연구실에서 일어난 국립대학 교수의 제자 성추행 사건과 관련하여 여성단체가 기소 전후에 그 교수들의 실명, 신분 및 범죄혐의 내용을 자신의 인터넷홈페이지에 게재하고 아울러 소식지에 담아 배포한 경우, 문제가 된 표현이 공인의 공적 활동과 밀접한 관련이 있는 내용이고, 학내에서 발생한 성폭력 문제는 공적 관심 사안으로서 사회의 여론 형성에 기여하는 측면이 강하며, 피고인들은 위 민간단체의 대표들로서 사건 발생 이후 피해 여학생 등과의 상담을 거쳐 사건 내용을 파악하고 진상조사 및 대책 마련을 촉구하는 활동을 벌이던 중 자신들의 홈페이지 및 소식지에 그 주장 내용을 담은 성명서를 옮겨 담거나 요약하여 게재하였을 뿐 위 피해자와의 사이에 어떠한 개인적 감정도 존재하지 아니하였고, 피해자가 명예훼손적 표현의 위험을 자초하였으며, 그 표현 자체도 피해자를 비하하는 등의 모욕적인 표현은 전혀 없고 객관적인 진실과 함께 자신들의 요구사항을 적시하고 있는 점에 비추어, 그러한 행위는 공공의 이익을 위한 것으로서 비방의 목적이 있다고 단정할 수 없다. [경찰채용 10 2차]

2 대법원 2006.10.26, 2004도5288

고등학교 교사가 피해자가 교감으로 근무하고 있는 고등학교의 여학생에 대한 퇴학처분의 부당함을 알리는 내용의 글을 인터넷 사이트 게시판에 게재한 경우, 정보통신망법상 명예훼손죄의 '사람을 비방할 목적'은 없다고 보아야 한다.

3 대법원 2007.1.26, 2004도1632

축산업협동조합중앙회장이 농림부장관이 공식 채택한 수입쇠고기 유통·판매 권장정책 및 농축협 통합 정책의 정당성 여부를 문제삼는 내용의 광고를 게재한 경우, 농림부장관 개인에 대한 비방의 목적이 있다고 단정할 수 없다.

4 대법원 2008.11.13, 2006도7915

감사원 소속 공무원이 재벌그룹의 콘도미니엄 사업승인과 관련한 특혜의혹사건에 관하여 기자들에게 '양심선언'이란 제목 아래 감사원 국장이 외부의 압력을 받아 감사를 이유 없이 중단시켰다는 내용의 유인물을 배포한 경우, 비방의 목적이나 허위라는 인식이 없으므로 출판물에 의한 명예훼손죄가 성립하지 않는다고 보아야 한다.

5 대법원 2009.5.28, 2008도8812; 2012.11.29, 2012도10392

소비자가 자신이 겪은 객관적 사실을 바탕으로 인터넷에 사업자에게 불리한 내용의 글을 게시한 사례

실제로 물품을 사용하거나 용역을 이용한 소비자가 인터넷에 자신이 겪은 객관적 사실을 바탕으로 사업자에게 불리한 내용의 글을 게시하는 행위에 비방할 목적이 있는지는 제반 사정을 두루 심사하여 더욱 신중하게 판단하여야 한다. 따라서 인터넷 포털사이트의 지식검색 질문·답변 게시판에 성형시술 결과가 만족스럽지 못하다는 주관적인 평가를 주된 내용으로 하는 한 줄의 댓글을 게시한 경우, 그 표현물은 전체적으로 보아 성형시술을 받을 것을 고려하고 있는 다수의 인터넷 사용자들의 의사결정에 도움이 되는 정보 및 의견의 제공이라는 공공의 이익에 관한 것이어서 비방할 목적이 있었다고 보기 어렵다. [경찰채용 14 2차 / 변호사시험 14]

6 대법원 2020.12.10, 2020도11471

드러낸 사실이 거짓인 경우 비방할 목적이 당연히 인정되는 것은 아니라는 사례

정보통신망법 제70조 제2항은 "사람을 비방할 목적으로 정보통신망을 통하여 공공연하게 거짓의

사실을 드러내어 다른 사람의 명예를 훼손한 자는 7년 이하의 징역, 10년 이하의 자격정지 또는 5천만원 이하의 벌금에 처한다."라고 정하고 있다. 이 규정에 따른 범죄가 성립하려면 피고인이 공공연하게 드러낸 사실이 거짓이고 그 사실이 거짓임을 인식하여야 할 뿐만 아니라 사람을 비방할 목적이 있어야 한다. 비방할 목적이 있는지 여부는 피고인이 드러낸 사실이 거짓인지 여부와 별개의 구성요건으로서, 드러낸 사실이 거짓이라고 해서 비방할 목적이 당연히 인정되는 것은 아니다. 그리고 이 규정에서 정한 모든 구성요건에 대한 증명책임은 검사에게 있다.

판례연구 **제보자도 출판물 등에 의한 명예훼손죄가 성립할 수 있다는 사례**

대법원 2009.11.12, 2009도8949
스포츠신문 제보자 연예인 명예훼손 사건
타인을 비방할 목적으로 허위사실인 기사의 재료를 신문기자에게 제공한 경우에 그 기사를 신문지상에 게재하느냐의 여부는 오로지 당해 신문의 편집인의 권한에 속한다고 할 것이나, 그 기사를 편집인이 신문지상에 게재한 이상 그 기사의 게재는 기사재료를 제공한 자의 행위에 기인한 것이므로, 그 기사재료를 제공한 자는 형법 제309조 제2항 소정의 출판물에 의한 명예훼손죄의 죄책을 면할 수 없는 것이다.[33] [경찰채용 13 1차 / 국가9급 11 / 국가7급 13 / 법원행시 06·11·14 / 법원9급 20]

---

04 모욕죄

> **제311조【모 욕】** 공연히 사람을 모욕한 자는 1년 이하의 징역이나 금고 또는 200만 원 이하의 벌금에 처한다.

판례연구 **모욕죄의 모욕에 해당되는 사례**

1 대법원 1981.11.24, 81도2280
명예훼손죄에 있어서 '사실의 적시'라 함은 사람의 사회적 평가를 저하시키는데 충분한 구체적 사실을 적시하는 것을 말하므로, 이를 적시하지 아니하고 단지 모멸적인 언사를 사용하여 타인의 사회적 평가를 경멸하는, 자기의 추상적 판단을 표시하는 것("빨갱이 계집년", "만신(무당)", "첩년"이라고 말한 것)은 사람을 모욕한 경우에 해당하고, 명예훼손죄에는 해당하지 아니한다.

2 대법원 1985.10.22, 85도1629
피해자에 대하여 "야 이 개 같은 잡년아, 시집을 열두 번을 간 년아, 자식도 못 낳는 창녀 같은 년"이라고 큰소리 친 경우, 위 발언내용은 그 자체가 피해자의 사회적 평가를 저하시킬 만한 구체적 사실이라기보다는 피해자의 도덕성에 관하여 가지고 있는 추상적 판단이나 경멸적인 감정표현을 과장되게 강

---

[33] **사례 : 기사재료 제공자와 출판물명예훼손죄 성부 사례 : 송일국 사건** 甲은 신문사 기자인 乙에게 연예인 A의 실명을 거론하면서 허위사실을 적시함으로써 A를 비방할 목적으로 기사의 자료를 제공하자, 이를 진실한 것으로 오신한 乙이 기사를 작성하여 공표한 경우, 甲의 죄책은?
판례 : 기사재료를 제공한 자는 형법 제309조 제2항 소정의 출판물에 의한 명예훼손죄의 죄책을 면할 수 없다(대법원 2009.11.12, 2009도8949). [국가9급 11 / 법원행시 11·14]
해결 : 출판물에 의한 명예훼손죄.

조한 욕설에 지나지 아니하여 형법 제311조의 모욕에는 해당할지언정, 형법 제307조 제1항의 명예훼손에 해당한다고 보기 어렵다. [법원9급 07(하)]

3 대법원 1987.5.2, 87도739
명예훼손죄와 모욕죄는 보호법익은 다같이 사람의 가치에 대한 사회적 평가인 이른바 외부적 명예인 점에서는 차이가 없으나, 다만 명예훼손죄는 사람의 사회적 평가를 저하시킬 만한 구체적 사실을 적시하여 명예를 침해하는 것이고, 모욕죄는 구체적 사실이 아닌 단순한 추상적 판단이나 경멸적 감정의 표현으로서 사회적 평가를 저하시키는 것이다. 피고인 甲은 공연하게 피해자 乙에 대해 "늙은 화냥년의 간나, 네가 화냥질을 했잖아"라고 말하였다면 乙의 도덕성에 관해 경멸적 감정표현을 과장되게 강조한 욕설에 불과한 것이므로 甲의 행위는 모욕죄에 해당된다.

4 대법원 1989.3.14, 88도1397
"아무것도 아닌 똥꼬다리 같은 놈"이라는 구절은 모욕적인 언사일 뿐 구체적인 사실의 적시라고 할 수 없고 "잘 운영되어 가는 어촌계를 파괴하려 한다"는 구절도 구체적인 사실의 적시라고 할 수 없으므로 명예훼손죄에 있어서의 사실의 적시에 해당한다고 볼 수 없다. [법원행시 13]

5 대법원 1990.9.25, 90도873
동네사람 4명과 구청직원 2명 등이 있는 자리에서 피해자가 듣는 가운데 구청직원에게 피해자를 가리키면서 "저 망할 년 저기 오네."라고 피해자를 경멸하는 욕설 섞인 표현을 하였다면 피해자를 모욕하였다고 볼 수 있다.

6 대법원 1994.10.25, 94도1770
"애꾸눈, 병신"이라는 발언 내용은 피고인이 피해자를 모욕하기 위하여 경멸적인 언사를 사용하면서 욕설을 한 것에 지나지 아니하고, 피해자의 사회적 가치나 평가를 저하시키기에 충분한 구체적 사실을 적시한 것이라고 보기는 어렵다.

7 대법원 2016.10.13, 2016도9674
분노감 표출 내지 무례한 언동을 뛰어넘는다는 사례
모욕죄는 공연히 사람을 모욕하는 경우에 성립하는 범죄로서(형법 제311조), 사람의 가치에 대한 사회적 평가를 의미하는 외부적 명예를 보호법익으로 하고, 여기에서 '모욕'이란 사실을 적시하지 아니하고 사람의 사회적 평가를 저하시킬 만한 추상적 판단이나 경멸적 감정을 표현하는 것을 의미한다. 그리고 모욕죄는 피해자의 외부적 명예를 저하시킬 만한 추상적 판단이나 경멸적 감정을 공연히 표시함으로써 성립하므로, 피해자의 외부적 명예가 현실적으로 침해되거나 구체적·현실적으로 침해될 위험이 발생하여야 하는 것도 아니다. [경찰승진 22]

보충 | 피고인은 순대국집 식당 영업 업무를 방해하고 식당 주인에게 폭행을 하던 중 112 신고를 받고 출동한 지구대 소속 경장인 피해자로부터 제지를 당하자 위 식당의 업주와 성명불상의 손님들이 있는 가운데 피해자에게 큰 소리로 "젊은 놈의 새끼야, 순경새끼, 개새끼야.", "씨발 개새끼야, 좆도 아닌 젊은 새끼는 꺼져 새끼야."라고 욕설하였는데, 당시 피고인은 업무방해와 폭행의 범법원행시위를 한 자로서 이를 제지하는 등 법집행을 하려는 경찰관 개인을 향하여 경멸적 표현을 담은 욕설을 함으로써 경찰관 개인의 인격적 가치에 대한 평가를 저하시킬 위험이 있는 모욕행위를 하였다고 볼 것이고, 이를 단순히 당면 상황에 대한 분노의 감정을 표출하거나 무례한 언동을 한 정도에 그친 것으로 평가하기는 어렵다.

1 대법원 2007.2.22, 2006도8915

"부모가 그런 식이니 자식도 그런 것이다."와 같은 표현으로 인하여 상대방의 기분이 다소 상할 수 있다고 하더라도, 위 내용은 너무나 막연하여 그것만으로 곧 상대방의 명예감정을 해하여 모욕죄를 구성한다고 보기는 어렵다.

2 대법원 2008.12.11, 2008도8917

임대아파트의 분양전환과 관련하여 임차인이 아파트 관리사무소의 방송시설을 이용하여 임차인대표회의의 전임회장을 비판하며 "전 회장의 개인적인 의사에 의하여 주택공사의 일방적인 견해에 놀아나고 있기 때문에"라고 한 표현도 전체 문언상 '모욕'에 해당하지 않는다. [국가9급 21 / 법원행시 16]

3 대법원 2013.1.10, 2012도13189; 2014.3.27, 2011도15631

집단표시에 의한 모욕이 집단 구성원 개개인에 대한 모욕죄를 구성하는 경우 및 구체적인 판단 기준 : 강용석 전 의원 아나운서 모욕죄 불성립 사건[34]

이른바 집단표시에 의한 모욕은, ① 모욕의 내용이 집단에 속한 특정인에 대한 것이라고는 해석되기 힘들고, 집단표시에 의한 비난이 개별구성원에 이르러서는 비난의 정도가 희석되어 구성원 개개인의 사회적 평가에 영향을 미칠 정도에 이르지 아니한 경우에는 구성원 개개인에 대한 모욕이 성립되지 않는다고 봄이 원칙이고, ② 비난의 정도가 희석되지 않아 구성원 개개인의 사회적 평가를 저하시킬 만한 것으로 평가될 경우에는 예외적으로 구성원 개개인에 대한 모욕이 성립할 수 있다. … 피고인의 이 사건 발언은 여성 아나운서 일반을 대상으로 한 것으로서 그 개별구성원인 피해자들에 이르러서는 비난의 정도가 희석되어 피해자 개개인의 사회적 평가에 영향을 미칠 정도에까지는 이르지 아니하므로 형법상 모욕죄에 해당한다고 보기는 어렵다고 볼 여지가 충분하다. [경찰채용 18 2차 / 법원9급 18]

4 대법원 2014.9.4, 2012도13718

종교적 목적의 언론·출판과 타 종교의 신앙대상에 대한 묘사

우리 헌법이 종교의 자유를 보장함으로써 보호하고자 하는 것은 종교 자체나 종교가 신봉하는 신앙의 대상이 아니라, 종교를 신봉하는 국민, 즉 신앙인이고, 종교에 대한 비판은 성질상 어느 정도의 편견과 자극적인 표현을 수반하게 되는 경우가 많으므로, 타 종교의 신앙의 대상에 대한 모욕이 곧바로 그 신앙의 대상을 신봉하는 종교단체나 신도들에 대한 명예훼손이 되는 것은 아니고, 종교적 목적을 위한 언론·출판의 자유를 행사하는 과정에서 타 종교의 신앙의 대상을 우스꽝스럽게 묘사하거나 다소 모욕적이고 불쾌하게 느껴지는 표현을 사용하였더라도 그것이 그 종교를 신봉하는 신도들에 대한 증오의 감정을 드러내는 것이거나 그 자체로 폭행·협박 등을 유발할 우려가 있는 정도가 아닌 이상 허용된다고 보아야 한다.[35] [경찰간부 18]

---

34 **보충** : 국회의원이었던 피고인 강용석이 국회의장배 전국 대학생 토론대회에 참여했던 학생들과 저녁회식을 하는 자리에서, 장래의 희망이 아나운서라고 한 여학생들에게 (아나운서 지위를 유지하거나 승진하기 위하여) "다 줄 생각을 해야 하는데, 그래도 아나운서 할 수 있겠느냐. ○○여대 이상은 자존심 때문에 그렇게 못하더라"라는 등의 말을 함으로써 공연히 8개 공중파 방송 아나운서들로 구성된 △△△△△△연합회 회원인 여성 아나운서 154명을 각 모욕하였다는 혐의로 공소가 제기된 사건이다.

35 **보충** : 종교적 목적을 위한 언론·출판의 자유가 허용되는 범위 아무리 종교적 목적을 위한 언론·출판의 자유가 고도로 보장되고, 종교적 의미의 검증을 위한 문제의 제기가 널리 허용되어야 한다고 하더라도 구체적 정황의 뒷받침도 없이 악의적으로 모함하는 일이 허용되지 않도록 경계해야 함은 물론, 구체적 정황에 근거한 것이라 하더라도 표현방법에 있어서는 상대방의 인격을 존중하는 바탕 위에서 어휘를 선택하여야 하고, 아무리 비판을 받아야 할 사항이 있다고 하더라도 모멸적인 표현으로 모욕을 가하는 일은 허용될 수 없다(위 판례).

5 대법원 2015.9.10, 2015도2229

어떠한 표현이 상대방의 인격적 가치에 대한 사회적 평가를 저하시킬 만한 것이 아니라면 표현이 다소 무례한 방법으로 표시되었다 하더라도 모욕죄의 구성요건에 해당한다고 볼 수 없다. 아파트 입주자대표회의 감사인 피고인 A가 관리소장 甲의 업무처리에 항의하기 위해 관리소장실을 방문한 자리에서 언쟁을 하다가 "야, 이따위로 일할래.", "나이 처먹은 게 무슨 자랑이냐."라고 말한 경우, 피고인의 발언은 상대방을 불쾌하게 할 수 있는 무례하고 저속한 표현이기는 하지만 객관적으로 甲의 인격적 가치에 대한 사회적 평가를 저하시킬 만한 모욕적 언사에 해당하지 않는다. [법원행시 16]

6 대법원 2015.12.24, 2015도6622

언어는 인간의 가장 기본적인 표현수단이고 사람마다 언어습관이 다를 수 있으므로 그 표현이 다소 무례하고 저속하다는 이유로 모두 형법상 모욕죄로 처벌할 수는 없다. 피고인이 택시 기사와 요금 문제로 시비가 벌어져 112 신고를 한 후, 신고를 받고 출동한 경찰관 甲에게 늦게 도착한 데 대하여 항의하는 과정에서 "아이 씨발!"이라고 말한 경우, 제반 사정에 비추어 피고인의 발언은 직접적으로 피해자를 특정하여 그의 인격적 가치에 대한 사회적 평가를 저하시킬 만한 경멸적 감정을 표현한 모욕적 언사에 해당한다고 단정하기 어렵다. [경찰채용 20 1차 / 법원행시 16]

7 대법원 2018.11.29, 2017도2661

甲 주식회사 해고자 신분으로 노동조합 사무장직을 맡아 노조활동을 하는 피고인은 노사 관계자 140여 명이 있는 가운데 큰 소리로 피고인보다 15세 연장자로서 甲 회사 부사장인 乙을 향해 "야 ○○아, ○○이 여기 있네, 니 이름이 ○○이잖아, ○○아 나오니까 좋지?" 등으로 여러 차례 乙의 이름을 불러 乙을 모욕하였다는 내용으로 기소된 경우, 제반 사정을 종합하면, 피고인의 위 발언은 상대방을 불쾌하게 할 수 있는 무례하고 예의에 벗어난 표현이기는 하지만 객관적으로 乙의 인격적 가치에 대한 사회적 평가를 저하시킬 만한 모욕적 언사에 해당하지 않는다.

판례연구 **사회상규에 위배되지 아니하는 행위에 해당되는 사례**

1 대법원 2003.11.28, 2003도3972

방송국 시사프로그램을 시청한 후 방송국 홈페이지의 시청자 의견란에 작성·게시한 글 중 특히 "그렇게 소중한 자식을 범법원행시위의 변명의 방패로 쓰시다니 정말 대단하십니다."는 등의 표현을 게재한 경우, 사회상규에 위배되지 아니하는 행위로서 위법성이 조각된다.[36 · 37]

2 대법원 2008.7.10, 2008도1433

골프클럽 경기보조원들의 구직편의를 위해 제작된 인터넷 사이트 내 회원 게시판에 특정 골프클럽의 운영상 불합리성을 비난하는 글을 게시하면서, '재수 없으면 벌당 잡힘. 규칙도 없음. 아주 조심해야 됨. 부장이나 조장 마주치지 않게 피해서 다녀야 됨. 조장들 한심한 인간들임. 불쌍한 인간임. 잘못

---

36 보충 : 게시글 전체를 두고 보더라도 그 출연자인 피해자에 대한 사회적 평가를 훼손할 만한 모욕적 언사라는 점을 인정하면서도(모욕죄의 구성요건해당성 인정), 이는 그 사실관계나 이를 둘러싼 문제에 관한 자신의 판단과 나아가 이러한 경우에 피해자가 취한 태도와 주장한 내용이 합당한가 하는 점에 대하여 자신의 의견을 개진하고, 피해자에게 자신의 의견에 대한 반박이나 반론을 구하면서, 자신의 판단과 의견의 타당함을 강조하는 과정에서 부분적으로 그와 같은 표현을 사용한 것으로서 사회상규에 위배되지 않는다(판결이유).

37 참고 : 이 판례에 대한 자세한 평석은 이동신, "방송국 시사프로그램의 출연자에 대한 모욕적 언사가 포함된 방송국 홈페이지 게시글과 사회상규에 위배되지 아니함을 이유로 한 위법성조각사유의 관계(2003.11.28, 2003도3972 : 공2004상, 84)", 대법원판례해설, 통권 제48호, 2004년, 법원도서관, 464면 이하 참조. 이 평석에서는 위 대법원 판결에 대하여, "모욕죄의 구성요건에는 해당되나 사회상규에 위배되지 아니하는 행위로서 위법성이 조각된다고 판단한 최초의 대법원판례"라고 평가하고 있다.

걸리면 공개처형됨'이라는 내용의 글을 작성·게시하였다면, 이는 사회상규의 위배되지 아니하는 행위로서 위법성이 조각된다. [경찰채용 14 2차 / 경찰승진 14 / 국가7급 13 / 법원행시 16]

③ 대법원 2021.8.19, 2020도14576
동기생 단체채팅방에서 상관을 '도라이'라고 한 사건
피고인이 해군 부사관 동기생의 단체채팅방에서, 피고인의 직속상관인 피해자가 목욕탕 청소담당 교육생들에게 과실 지적을 많이 한다는 이유로, "도라이 ㅋㅋㅋ 습기가 그렇게 많은데"라고 게시한 경우(군형법상 상관모욕죄가 문제됨), 피고인의 이 사건 표현은 단 1회에 그쳤고, 그 부분이 전체 대화 내용에서 차지하는 비중도 크지 않은 점, 이 사건 표현은 근래 비공개적인 상황에서는 일상생활에서 드물지 않게 사용되고 그 표현이 내포하는 모욕의 정도도 경미한 수준인 점 등의 사정에 비추어 볼 때, 피고인의 이 사건 표현은 동기 교육생들끼리 고충을 토로하고 의견을 교환하는 사이버공간에서 상관인 피해자에 대하여 일부 부적절한 표현을 사용하게 된 것에 불과하고 이로 인하여 군의 조직질서와 정당한 지휘체계가 문란하게 되었다고 보이지 않으므로, 이러한 행위는 사회상규에 위배되지 않는다고 보는 것이 타당하다.

제2절 신용·업무와 경매에 관한 죄

01 신용훼손죄

> 제313조【신용훼손】 허위의 사실을 유포하거나 기타 위계로써 사람의 신용을 훼손한 자는 5년 이하의 징역 또는 1천500만 원 이하의 벌금에 처한다.

판례연구 신용훼손죄의 허위사실 유포에 해당하지 않는다는 사례

대법원 1983.2.8, 82도2486
집도 남편도 없는 과부 사례 : 신용훼손죄 ×
공소외 甲은 8년 전부터 남편 없이 세 자녀를 데리고 생계를 꾸려왔을 뿐 아니라 피고인에 대한 다액의 채무를 담보하기 위해 동녀의 아파트와 가재도구까지를 피고인에게 제공한 사실이 인정되니, 공소외 甲이 집도 남편도 없는 과부라고 말한 것이 허위사실이 될 수 없고, 또 공소외 甲이 계주로서 계불입금을 모아서 도망가더라도 책임지고 도와줄 사람이 없다는 취지의 피고인의 말은 피고인의 공소외 甲에 대한 개인적 의견이나 평가를 진술한 것에 불과하여 이를 허위사실의 유포라고 볼 수 없다. [경찰간부 13 / 경찰승진 12 / 법원9급 14]

판례연구 신용훼손죄의 위계에 해당한다는 사례

대법원 2006.12.7, 2006도3400
대출이자를 연체하고 있다는 사례 : 신용훼손죄 ○
피고인은 조흥은행 본점 앞으로 '피해자 공소외 1이 대출금 이자를 연체하여 위 은행의 수락지점장인

공소외 2가 3,000만 원의 연체이자를 대납하였다.'는 등의 내용을 기재한 편지를 보낸 사실, 그러나 실제로 는 공소외 2가 위 연체이자를 대납한 적이 없는 사실을 인정할 수 있고, 피고인은 위 내용이 허위라는 점에 대하여 미필적으로나마 인식하고 있었던 것으로 보이는바, 위 인정 사실에 의하면 피고인이 위 편지를 조흥은행 본점에 송부한 행위가 그 내용을 불특정 또는 다수인에게 전파시킨 경우에 해당한다고 보기는 어려우나, 그로써 조흥은행의 오인 또는 착각 등을 일으켜 위계로써 피해자의 신용을 훼손한 경우에는 해당한다 할 것이다.[38]

판례연구 **신용훼손죄의 객체인 신용에 해당하지 않는다는 사례**

1 대법원 2006.5.25, 2004도1313
어느 회사 제품이 판매가격이 비싸다고 한 사례
이 사건 문서는 '(주)한남 제작 F.R.P정화조 50ton은 신기술 인정기간이 지나서 신기술 제품이 아닐 뿐더러 그 판매가격이 비싸므로 다른 제품으로 대체할 수 있게 해 달라.'라는 취지로서, 이는 위 정화조를 판매하는 동부건설의 지불능력이나 지불의사에 대한 사회적 신뢰를 저해하는 것이 아니다.

2 대법원 2011.5.13, 2009도5549
퀵서비스 운영자인 피고인이 배달업무를 하면서, 손님의 불만이 예상되는 경우에는 평소 경쟁관계에 있는 피해자 운영의 퀵서비스 명의로 된 영수증을 작성·교부함으로써 손님들로 하여금 불친절하고 배달을 지연시킨 사업체가 피해자 운영의 퀵서비스인 것처럼 인식하게 한 경우, 퀵서비스의 주된 계약내용이 신속하고 친절한 배달이라 하더라도, 그와 같은 사정만으로 위 행위가 피해자의 경제적 신용, 즉 지급능력이나 지급의사에 대한 사회적 신뢰를 저해하는 행위에 해당한다고 보기는 어렵다. [법원9급 14/변호사시험 12]

판례연구 **신용훼손죄의 고의가 인정되지 않는다는 사례**

대법원 2006.5.25, 2004도1313
신용훼손죄와 업무방해죄에 있어서 허위사실의 유포를 인정하는 경우 주관적 요소로서 고의의 내용
형법 제313조에 정한 신용훼손죄에서의 '신용'은 경제적 신용, 즉 사람의 지불능력 또는 지불의사에 대한 사회적 신뢰를 말하는 것이다(대법원 1969.1.21, 68도1660). 그리고 같은 조에 정한 '허위의 사실을 유포한다'고 함은 실제의 객관적인 사실과 다른 사실을 불특정 또는 다수인에게 전파시키는 것을 말하는데, 이러한 경우 그 행위자에게 행위 당시 자신이 유포한 사실이 허위라는 점을 적극적으로 인식하였을 것을 요한다고 할 것이며(대법원 1994.1.28, 93도1278), 이와 같이 전파가능성을 이유로 허위사실의 유포를 인정하는 경우에는 적어도 범죄구성요건의 주관적 요소로서 미필적 고의가 필요하므로 전파가능성에 대한 인식이 있음은 물론 나아가 그 위험을 용인하는 내심의 의사가 있어야 한다.[39]

[법원행시 09·12]

---

38 보충 : 허위사실 '유포'에 의한 신용훼손죄에는 해당되지 않고, 위계에 의한 신용훼손죄에 해당된다고 본 사례이다.
39 판례 : 이 사건 문서 중 사실과 다른 내용인 '이 사건 기술의 신기술 인정기간이 지났다.' 부분에 관해서는 사실을 확인하여 실제로 바로잡았으며, 이해관계자 외에 타인에게 전파되었다는 자료도 없으므로, 이 사건 문서 중 사실과 다른 내용이 불특정 또는 다수인에게 전파가능성이 있다거나 피고인에게 그 전파가능성에 대한 인식이 있었다고 단정하기는 어렵다(판결이유).

02 업무방해죄

제314조【업무방해】 ① 제313조의 방법 또는 위력으로써 사람의 업무를 방해한 자는 5년 이하의 징역 또는 1천500만 원 이하의 벌금에 처한다.

판례연구 사무의 사회성·계속성 인정 : 업무방해죄의 업무 인정

[1] 대법원 1971.5.24, 71도399
상사의 명령에 의해 경비업무 등 노무를 제공하는 경비원이 상사의 명령에 의해 해당 직무를 수행하고 있다면 그것이 일시적인 것이라 할지라도 본죄의 업무에 해당한다. [경찰채용 14 1차]

[2] 대법원 1992.2.11, 91도1834
공장의 조업이 끝난 후 공장 정문을 개폐하는 등의 관리사무도 본죄의 업무가 된다.[40]

[3] 대법원 1995.10.12, 95도1589
종중 정기총회를 주재하는 종중 회장의 의사진행업무 자체는 1회성을 갖는 것이라고 하더라도 그것이 종중 회장으로서의 사회적인 지위에서 계속적으로 행하여 온 종중 업무수행의 일환으로 행하여진 것이라면, 그와 같은 의사진행업무도 형법 제314조 소정의 업무방해죄에 의하여 보호되는 업무에 해당되고, 또 종중 회장의 위와 같은 업무는 종중원들에 대한 관계에서는 타인의 업무라고 해야 한다. [경찰간부 12 / 법원9급 13 / 법원행시 08·12]

[4] 대법원 2005.4.15, 2004도8701
회사가 사업장의 이전을 계획하고 그 이전을 전후하여 사업을 중단 없이 영위할 목적으로 이전에 따른 사업의 지속적인 수행방안, 새 사업장의 신축 및 가동개시와 구 사업장의 폐쇄 및 가동중단 등에 관한 일련의 경영상 계획의 일환으로서 시간적·절차적으로 일정기간의 소요가 예상되는 사업장 이전을 추진·실시하는 행위는 이 점에서도 본죄의 업무에 해당한다. [사시 12]

판례연구 사무의 사회성·계속성 부정 : 업무방해죄의 업무 부정

[1] 대법원 1989.9.12, 88도1752
업무방해에 있어서의 업무는 주된 업무뿐만 아니라 이와 밀접불가분한 관계에 있는 부수적인 업무도 포함되는 것이지만, 계속하여 행하는 사무가 아닌 공장의 이전과 같은 일회적인 사무는 업무방해죄의 객체가 되는 업무에 해당되지 않는다(공장의 이전사무는 성질상 피해자의 새로운 전자부품 제조업무를 준비하기 위한 일시적인 사무는 될지언정 전자부품 제조업무에 부수되는 계속성을 지닌 업무라고는 볼 수 없다는 이유로 무죄를 선고한 것은 정당하다).

[2] 대법원 1993.2.9, 92도2929
구청장의 조경공사 촉구 지시에 따라 건물임대인이 임대 건물 앞에서 1회적인 조경공사를 하는 것을

---

40 **보충** : 주간에 있어서의 공장 조업이 끝났다고 하더라도 공장을 가동하여 섬유제품을 생산, 가공, 판매하는 회사 본래의 주된 영업활동을 원활하게 수행하기 위하여 위 회사는 공장건물 및 기자재 관리나 당직근무자 등을 통한 공장출입자에 대한 통제를 야간에도 계속해야 함은 물론 전체 회사 직원들의 출퇴근이 제대로 이루어질 수 있도록 공장 정문의 정상적인 개폐 등에도 만전을 기하여야 하는 것이며, 이러한 업무는 위 회사의 주된 업무와 밀접불가분의 관계에 있으면서 계속적으로 수행되어지는 회사의 부수적 업무라 할 것이므로 이는 업무방해죄에서 보호의 대상으로 삼고 있는 업무에 해당된다(위 판례).

임차인이 위력으로 방해한 경우 업무방해에 해당하지 않는다.

3 대법원 2004.10.28, 2004도1256
형법상 업무방해죄의 보호대상이 되는 '업무'라 함은 직업 기타 사회생활상의 지위에 기하여 계속적으로 종사하는 사무 또는 사업을 말하는 것인데, 주주로서 주주총회에서 의결권 등을 행사하는 것은 주식의 보유자로서 그 자격에서 권리를 행사하는 것에 불과할 뿐 그것이 '직업 기타 사회생활상의 지위에 기하여 계속적으로 종사하는 사무 또는 사업'에 해당한다고 할 수 없다. [경찰간부 14 / 경찰승진 11 · 14 / 법원9급 13 / 법원행시 08 · 12 · 21 / 사시 10 · 11 · 13]

4 대법원 2013.6.14, 2013도3829
학생들이 수업을 듣는 것은 업무가 아니라는 사례
형법상 업무방해죄의 보호대상이 되는 '업무'라 함은 직업 기타 사회생활상의 지위에 기하여 계속적으로 종사하는 사무 또는 사업을 말하는 것인데, 초등학생들이 학교에 등교하여 교실에서 수업을 듣는 것은 헌법 제31조가 정하고 있는 무상으로 초등교육을 받을 권리 및 초 · 중등교육법 제12, 13조가 정하고 있는 국가의 의무교육 실시의무와 부모들의 취학의무 등에 기하여 학생들 본인의 권리를 행사하는 것이거나 국가 내지 부모들의 의무를 이행하는 것에 불과할 뿐 그것이 직업 기타 사회생활상의 지위에 기하여 계속적으로 종사하는 사무 또는 사업에 해당한다고 할 수 없다. [경찰채용 13 · 14 2차 / 경찰간부 14 / 법원행시 14]

판례연구 **업무로서 형법상 보호가치가 인정되는 경우 : 업무방해죄의 업무 인정**

1 대법원 1969.5.27, 65도572; 1980.11.25, 79도1956
무효인 계약에 근거하여 토지를 경작하고 있더라도 업무방해죄의 업무로서 보호받아야 한다.

2 대법원 1986.12.23, 86도1372
건물의 전차인이 임대인의 승낙 없이 전차(轉借)하였다고 하더라도 전차인이 불법침탈 등의 방법에 의하여 건물의 점유를 개시한 것이 아니고 그 동안 평온하게 음식점 등 영업을 하면서 점유를 계속하여 온 이상, 전차인의 업무를 업무방해죄에 의하여 보호받지 못하는 권리라고 단정할 수 없다. [법원행시 05 · 14]

3 대법원 1991.6.28, 91도944
공소외 서○○에 대한 한국방송공사 이사회의 사장임명제청을 위한 심의 또는 의결과정에 주장하는 바와 같이 공보처장관의 부당한 압력이 개입되었다고 인정할 아무런 자료가 없을 뿐 아니라, 이러한 사유만으로써 위 공사사장으로 임명된 위 서○○의 위 공사사장으로서의 업무를 업무방해죄의 보호대상인 업무가 되지 못하는 것이라고 볼 것도 아니다.

4 대법원 2006.3.9, 2006도382
아파트관리사무실의 경리가 관리단 총회에서 새로이 선임된 관리인에 의하여 재임명되어 경리업무를 수행하여 온 경우라면, 위 경리를 재임명한 관리인의 선임절차에 무효사유가 있었다 하더라도 위 경리의 아파트관리업무가 업무방해죄의 보호대상에서 제외된다고 보아서는 안 된다.

5 대법원 2008.3.14, 2007도11181
피고인 甲은 주차장의 원래의 소유자이었던 A로부터 새로 임대받았다. 따라서 甲은 적법절차에 따라 권리를 확보하였고 또한 이를 보호받는다. 그런데 위 주차장은 A로부터 B, C를 거쳐 丙에게 순차로 임대 또는 전대되어 현재는 丙이 운영하고 있다. 이에 甲은 다른 특별한 사정없이 丙의 주차장 영업을 방해하였다. 甲에게는 업무방해죄가 성립한다. [법원행시 14]

6 대법원 2010.5.27, 2008도2344

한국도로공사가 고속도로 통행료 자동징수시스템을 도입하기로 결정하고 제조구매 입찰을 실시하면서 업체 선정을 위한 현장성능시험을 시행한 경우, 당시 입찰에 참가한 회사의 하이패스 시스템이 시험에 관한 기본가정 내지 도로공사의 제안요청서상 요구되는 기술적 조건을 충족하지 못하였고 입찰참여조건을 위반하여 성능시험 자체가 부적합한 것으로 드러났다고 하더라도, 위 시험의 개시나 수행과정에서의 하자 정도가 반사회성을 띠는 데까지 이르렀다고 볼 수 없으므로, 도로공사의 위 성능시험 업무는 업무방해죄의 보호대상이 된다고 해야 한다. [법원행시 21]

7 대법원 2013.1.10, 2011도15497

파업이 확정된 상황에서 사용자가 근로자를 상대로 순회설명회를 개최하여 노동조합의 파업방침에 대해 비판적 견해를 표명한 행위와 부당노동행위 여부 : 원칙적 소극
사용자 또한 자신의 의견을 표명할 수 있는 자유를 가지고 있으므로, 사용자가 노동조합의 활동에 대하여 단순히 비판적 견해를 표명하거나 근로자를 상대로 집단적인 설명회 등을 개최하여 회사의 경영상황 및 정책방향 등 입장을 설명하고 이해를 구하는 행위 또는 비록 파업이 예정된 상황이라 하더라도 그 파업의 정당성과 적법성 여부 및 파업이 회사나 근로자에 미치는 영향 등을 설명하는 행위는 거기에 징계 등 불이익의 위협 또는 이익제공의 약속 등이 포함되어 있거나 다른 지배·개입의 정황 등 노동조합의 자주성을 해칠 수 있는 요소가 연관되어 있지 않는 한, 사용자에게 노동조합의 조직이나 운영 및 활동을 지배하거나 이에 개입하는 의사가 있다고 가볍게 단정할 것은 아니라 할 것이다.[41·42]

판례연구 　업무로서 형법상 보호가치가 인정되지 않는 경우 : 업무방해죄의 업무 부정

1 대법원 1975.12.23, 74도3255

점유자의 승낙을 얻거나 합법적인 절차에 의함이 없이 강제경작하기에 이르렀다면 그 경작하는 농사를 정당한 업무수행이라 할 수 없는 것이므로, 종전의 점유경작자가 그 토지를 점유할 권원을 대항할 수 없다 할지라도 강제경작하려는 행위를 방해하였다 한들 업무방해죄가 성립되지 아니한다.

2 대법원 1985.10.22, 85도1597

자기 소유의 토지에다 타인이 가옥을 신축하려고 기초를 판 것을 메워버린 행위는 자기소유 및 점유에 대한 부당한 침탈 또는 방해행위를 배제하기 위한 것이므로 타인의 업무를 방해한 것이라고 볼 수 없다.

3 대법원 1989.3.14, 87도3674

甲회사가, 건축공사를 시공하던 乙에 대한 채권자단 대표로부터 공사시공권을 인수하였다 하더라도

---

41 보충 : 위 사안에서 한국철도공사 측이 순회설명회에서 발언하고자 하는 내용은 파업이 예정된 상황에서 한국철도공사의 전반적 현황과 파업이 회사에 미치는 영향을 설명하면서 파업 참여에 신중할 것을 호소·설득하는 등 사용자 입장에서 노동조합이 예정한 파업방침에 대하여 비판적 견해를 표명한 것이므로 사용자 측에 허용된 언론의 자유의 범위를 벗어난 것이라고 단정하기는 어렵다(위 판례).

42 유사 : 회사측의 특별교육을 막은 사례 전국철도노동조합이 파업을 예고한 상황에서 파업 예정일 하루 전에 사용자인 한국철도공사 측 교섭위원 甲이 산하 차량정비단 직원들을 상대로 설명회 등 특별교육을 실시한 것은 부당노동행위가 아니므로, 노동조합 간부인 피고인들 등이 직원들의 교육장 진입을 막는 등 위력으로 甲의 업무를 방해한 것은 업무방해죄를 구성한다(대법원 2013.1.31, 2012도3475).

적법한 절차를 거쳐 공사현장을 인수받지 아니하고 실력으로 공사현장을 인수받아 공사를 시행(계속)하려 한다면 乙이 공사현장에 들어오려는 甲회사의 사람들을 제지하였다고 하여 甲회사의 정당한 업무를 방해한 것이라고 할 수 없다.

4 대법원 1994.4.12, 93도2690
피고인이 피해자들에게 대하양식장에 관한 권리 일체를 양도하고 그 대금일부를 지급받은 상태에서 양식장 양도잔대금의 지급관계 등을 둘러싸고 분규가 끊임없이 계속되자, 피고인이 적극적으로 양식장 운영에 관여하여 대하 사육을 계속하였는데, '피해자들이 관리인이 없는 틈을 타 절단기로 자물쇠를 절단한 후 대하를 포획하였고,'(피해자들의 행위가 보호받을 만한 업무에 해당되지 않음—필자 주) 피고인이 경찰관이 지시하는 바에 따라 더 이상의 포획행위를 중지시키기 위하여 수문을 잠그고 또 수문여닫이용 손잡이를 회사 창고에 보관하였다면, 양식대하에 대한 소유권이 피고인에게 귀속되는지의 여부에 관계없이 양식대하에 대한 현재의 관리상태를 유지하려 한 피고인의 위와 같은 행위를 형법상의 업무방해죄에 해당한다고 할 수 없다.

5 대법원 1999.1.29, 98도3240
도급인의 공사계약 해제가 적법하고 수급인이 스스로 공사를 중단한 상태에서 도급인이 공사현장에 남아 있는 수급인 소유의 공사자재 등을 다른 곳에 옮겨 놓았다고 하여 도급인이 수급인의 공사업무를 방해한 것으로 볼 수는 없다. [경찰승진 10·14/법원행시 10]

6 대법원 2001.11.30, 2001도2015
의료인이나 의료법인 아닌 자의 의료기관 개설행위는 의료법에 의하여 금지되는 행위로서 형사처벌의 대상이 되는 범죄행위일 뿐만 아니라 업무방해죄의 보호대상인 업무라고도 볼 수 없다. [경찰채용 10 1차/경찰간부 12/경찰승진 10·11/법원9급 12·20/법원행시 08·10·12/변호사시험 17]

7 대법원 2002.8.23, 2001도5592
법원의 직무집행정지 가처분결정에 의하여 그 직무집행이 정지된 자가 법원의 결정에 반하여 직무를 수행하는 것은 본죄의 업무라고 볼 수 없다. [경찰승진 10/법원행시 08·10·12/변호사시험 17]

8 대법원 2007.1.12, 2006도6599
동업관계의 종료로 공인중개사가 부동산중개업을 그만두기로 한 이상 공인중개사가 아닌 자의 중개업은 법에 의하여 금지된 행위로서 형사처벌의 대상이 되는 범죄행위에 해당하는 것으로서 사회통념상 도저히 용인될 수 없는 정도로 반사회성을 띠는 경우에 해당하여 업무방해죄의 보호대상이 되는 업무라고 볼 수 없다. [경찰간부 14/경찰승진 22]

9 대법원 2007.8.23, 2006도3687
어떠한 업무의 양도·양수 여부를 둘러싸고 분쟁이 발생한 경우에 양수인의 업무에 대한 양도인의 업무방해죄가 인정되려면, 당해 업무에 관한 양도·양수합의의 존재가 인정되어야 함은 물론이고, 더 나아가 그 합의에 따라 당해 업무가 실제로 양수인에게 양도된 후 사실상 평온하게 이루어져 양수인의 사회적 활동의 기반이 됨으로써 타인, 특히 양도인의 위법한 행위에 의한 침해로부터 보호할 가치가 있는 업무라고 볼 수 있을 정도에 이르러야 한다. 따라서 회사 운영권의 양도·양수 합의의 존부 및 효력에 관한 다툼이 있는 상황에서 양수인이 비정상적으로 위 회사의 임원변경등기를 마친 것만으로는 회사 대표이사로서 정상적인 업무에 종사하기 시작하였다거나 그 업무가 양도인에 대한 관계에서 보호할 가치가 있는 정도에 이르렀다고 보기 어려워, 양도인의 침해행위가 양수인의 '업무'에 대한 업무방해죄를 구성하는 것으로 볼 수 없다.

10 대법원 2010.6.10, 2010도935

정당한 업무집행이라고 할 수 없는 행위에 대하여는 이를 위력으로 배제하였다고 하더라도 업무방해죄가 성립되지 아니한다(대법원 1967.10.31, 67도1086; 1970.8.31, 70도1384; 1980.9.9, 79도249 등). 도로관리청 또는 그로부터 권한을 위임받아 과적차량 단속을 위한 적재량 측정의 업무를 수행하는 자라고 하더라도, 적재량 측정을 강제할 수 있는 법령상의 근거가 없는 한, 측정에 불응하는 자를 고발하는 것은 별론으로 하고, 측정을 강제하기 위한 조치를 취할 권한은 없으므로, 이를 위한 조치가 정당한 업무집행이라고 볼 수는 없다.[43]

11 대법원 2011.10.13, 2011도7081

성매매알선 등 행위는 법에 의하여 원천적으로 금지된 행위로서 형사처벌의 대상이 되는 중대한 범죄행위일 뿐 아니라 정의관념상 용인될 수 없는 정도로 반사회성을 띠는 경우에 해당하므로, 업무방해죄의 보호대상이 되는 업무라고 볼 수 없다.[44] [법원9급 13 / 법원행시 12 / 사시 12 · 14 / 변호사시험 13 · 14]

12 대법원 2007.8.23, 2006도3687; 2013.8.23, 2011도4763

업무의 양도 · 양수 여부에 분쟁이 있는 경우 양도인의 업무방해죄 성립의 조건

어떠한 업무의 양도 · 양수 여부를 둘러싸고 분쟁이 발생한 경우에 양수인의 업무에 대한 양도인의 업무방해죄가 인정되려면, 당해 업무에 관한 양도 · 양수 합의의 존재가 인정되어야 함은 물론이고, 더 나아가 그 합의에 따라 당해 업무가 실제로 양수인에게 양도된 후 사실상 평온하게 이루어져 양수인의 사회적 활동의 기반이 됨으로써 타인, 특히 양도인의 위법한 행위에 의한 침해로부터 보호할 가치가 있는 업무라고 볼 수 있을 정도에 이르러야 한다.

판례연구 | **공무는 업무방해죄의 업무가 아니라고 본 사례**

1 대법원 2009.11.19, 2009도4166 전원합의체

공무원이 직무상 수행하는 공무를 방해하는 행위를 업무방해죄로 의율할 수 있는지 여부 : 소극

업무방해죄와 공무집행방해죄는 그 보호법익과 보호대상이 상이할 뿐만 아니라[45] 업무방해죄의 행위유형에 비하여 공무집행방해죄의 행위유형은 보다 제한되어 있다. 즉 공무집행방해죄는 폭행, 협박에 이른 경우를 구성요건으로 삼고 있을 뿐 이에 이르지 아니하는 위력 등에 의한 경우는 그 구성요건의 대상으로 삼고 있지 않다. 또한, 형법은 공무집행방해죄 외에도 여러 가지 유형의 공무방해행위를 처벌하는 규정을 개별적 · 구체적으로 마련하여 두고 있으므로, 이러한 처벌조항 이외에 공무의 집행을 업무방해죄에 의하여 보호받도록 하여야 할 현실적 필요가 적다는 측면도 있다. 그러므로 형법이 업무방해죄와는 별도로 공무집행방해죄를 규정하고 있는 것은 사적 업무와 공무를 구별하여 공무에

---

43 **보충** : 도로관리청으로부터 권한을 위임받아 과적단속 업무를 담당하는 피해자의 적재량 재측정을 거부하면서, 재측정의 목적으로 피고인의 차량에 올라탄 피해자를 그대로 둔 채 차량을 진행한 경우, 위 행위에 대하여 업무방해의 결과가 발생할 위험이 없다고 한 사례이다.

44 **보충** : 폭력조직 간부인 피고인이 조직원들과 공모하여 甲이 운영하는 성매매업소 앞에 속칭 '병풍'을 치거나 차량을 주차해 놓는 등 위력으로써 업무를 방해하였다는 공소사실에 대한 무죄를 선고한 사례이다.

45 **보충** : 업무방해죄와 공무집행방해죄의 보호법익과 보호대상의 차이 형법상 업무방해죄의 보호법익은 업무를 통한 사람의 사회적 · 경제적 활동을 보호하려는 데 있으므로, 그 보호대상이 되는 '업무'란 직업 또는 계속적으로 종사하는 사무나 사업을 말하고, 여기서 '사무' 또는 '사업'은 단순히 경제적 활동만을 의미하는 것이 아니라 널리 사람이 그 사회생활상의 지위에서 계속적으로 행하는 일체의 사회적 활동을 의미한다. 한편, 형법상 업무방해죄와 별도로 규정한 공무집행방해죄에서 '직무의 집행'이란 널리 공무원이 직무상 취급할 수 있는 사무를 행하는 것을 의미하는데, 이 죄의 보호법익이 공무원에 의하여 구체적으로 행하여지는 국가 또는 공공기관의 기능을 보호하고자 하는 데 있는 점을 감안할 때, 공무원의 직무집행이 적법한 경우에 한하여 공무집행방해죄가 성립하고, 여기에서 적법한 공무집행이란 그 행위가 공무원의 추상적 권한에 속할 뿐 아니라 구체적 직무집행에 관한 법률상 요건과 방식을 갖춘 경우를 가리키는 것으로 보아야 한다(위 판례).

관해서는 공무원에 대한 폭행, 협박 또는 위계의 방법으로 그 집행을 방해하는 경우에 한하여 처벌하겠다는 취지라고 보아야 한다. 따라서 공무원이 직무상 수행하는 공무를 방해하는 행위에 대해서는 업무방해죄로 의율할 수는 없다고 해석함이 상당하다. [경찰간부 12 / 국가9급 14 / 법원9급 11 / 법원승진 10 / 사시 10 · 12]

2 대법원 2010.2.25, 2008도9049
피고인이 제1심 공동피고인 2와 함께 경찰청 민원실에서 말똥을 책상 및 민원실 바닥에 뿌리고 소리를 지르는 등 난동을 부린 행위는 위력으로 경찰관의 민원접수 업무를 방해한 것이지만 업무방해죄로 인정할 수는 없다. [경찰채용 10 1차 / 경찰승진 11 / 법원9급 13 · 14 / 법원행시 12]

3 대법원 2011.7.28, 2009도11104
A는 甲 등과 공모하여 위력으로 시장(市長) 乙 및 丙 회사 관계자 등의 기자회견 업무를 방해하였는데, 이 중 공무원 乙의 기자회견 업무에 대한 업무방해죄는 인정되지 않는다. [경찰간부 14 / 법원9급 14 / 사시 14]

판례연구   허위사실 유포에 의한 업무방해죄가 성립하는 경우

1 대법원 1991.8.27, 91도1344
피고인의 구속 형사사건의 변호인으로 선임된 변호사가 피고인에게 무죄판결을 받아주겠다고 약속한 일이 없고 피고인이 범죄사실을 자백하여 유죄의 선고를 받고 확정되었는데도, 피고인이 사람의 통행이 빈번한 변호사 사무실 앞에서 등에 붉은색 페인트로 "무죄라고 약속하고 이백만 원에 선임했다. 사건담당변호사"라는 등을 기재한 흰 가운을 입고 주변을 배회하는 등 하였다면 이는 공연히 허위의 사실을 적시하여 유포함으로써 변호사로서의 업무의 경영을 저해하는 경우에 해당하므로 업무방해죄를 구성한다.

2 대법원 2002.3.29, 2000도3231
피해자가 대표이사인 회사의 소방사업부장이 소속 직원들에게 허위의 사실을 유포하는 등의 방법을 사용하여 직원들로부터 사표를 제출받은 경우, 직원들이 집단적으로 사표를 제출함으로써 일시적으로나마 소방사업부의 업무에서 이탈하거나 업무를 중단할 위험이 생겼고 그로 인하여 피해자의 소방사업부 업무의 경영을 저해할 위험성이 발생하였다고 볼 것이므로, 업무방해죄가 성립된다.

3 대법원 2006.9.8, 2006도1580 등; 2021.9.30, 2021도6634
업무방해죄의 허위사실유포에 해당하는지 판단 기준
업무방해죄에서 '허위사실의 유포'란 객관적으로 진실과 부합하지 않는 사실을 유포하는 것으로서 단순한 의견이나 가치판단을 표시하는 것은 이에 해당하지 않는다. 유포한 대상이 사실과 의견 가운데 어느 것에 속하는지 판단할 때는 언어의 통상적 의미와 용법, 증명가능성, 문제된 말이 사용된 문맥, 당시의 사회적 상황 등 전체적 정황을 고려해서 판단해야 한다(대법원 1998.3.24, 97도2956; 2017.4.13, 2016도19159 등). 의견표현과 사실 적시가 혼재되어 있는 경우에는 이를 전체적으로 보아 허위사실을 유포하여 업무를 방해한 것인지 등을 판단해야지, 의견표현과 사실 적시 부분을 분리하여 별개로 범죄의 성립 여부를 판단해서는 안 된다(대법원 2005.6.10, 2005도89 등). 반드시 기본적 사실이 거짓이어야 하는 것은 아니고 비록 기본적 사실은 진실이더라도 이에 거짓이 덧붙여져 타인의 업무를 방해할 위험이 있는 경우도 업무방해에 해당한다. 그러나 그 내용 전체의 취지를 살펴볼 때 중요한 부분이 객관적 사실과 합치되고 단지 세부적으로 약간의 차이가 있거나 다소 과장된 표현이 있는 정도에 지나지 않아 타인의 업무를 방해할 위험이 없는 경우는 이에 해당하지 않는다.

판례연구	위계에 의한 업무방해죄가 성립한다는 사례

1 전통적인 판례들

① 노조의 휴무결정 : 노동조합 인천지부 대의원회가 회사와 협의 없이 일방적으로 휴무를 결정한 후 유인물을 배포하여 유급휴일로 오인한 근로자들이 출근하지 아니하여 공장의 가동을 불가능하게 한 경우(대법원 1992.3.31, 92도58). [법원행시 14]

② 부정입학 및 석사학위논문 대작(代作) : 대학원 신입생 전형시험문제를 출제하는 교수가 시험문제를 알려주고 학생들이 답안지에 그대로 베껴 써서 그 사정을 모르는 시험감독관에게 제출한 경우(대법원 1991.11.12, 91도2211), 대학교 총장이 신입생을 추가로 모집하면서 기부금을 낸 학부모나 교직원 자녀들의 성적 또는 지망학과를 고쳐 입학사정하게 한 경우(대법원 1993.5.11, 92도255; 1993.12.28, 93도2669), 타인이 대작(代作)한 논문을 석사학위논문으로 제출하여 심사받은 경우(대법원 1996.7.30, 94도2708)⁴⁶ [법원행시 06]

※ 총장이 소정의 절차에 따라 사정대장에 날인하지 아니하였음에도 강○○ 등을 합격자로 발표함으로써 편입학업무를 방해한 것이라는 부분은 총장의 편입학업무를 방해한 것이다(대법원 1999.1.15, 98도663).

③ 위장취업 : 노동운동을 하기 위하여 노동현장에 취업하고자 하나 자신이 대학교에 입학한 학력과 국가보안법 위반죄의 처벌전력 때문에 쉽게 입사할 수 없음을 알고, 타인 명의로 허위의 학력과 경력을 기재한 이력서를 작성하고 동인의 고등학교 생활기록부 등 서류를 작성·제출하여 시험에 합격한 경우(대법원 1992.6.9, 91도2221). [법원행시 05]

④ 단기금융회사의 가명개설 어음보관계좌에 CD를 보관하며 실명계좌에 보관된 것처럼 조작한 경우에는 위 회사의 실명전환업무를 방해한 것에 해당된다(대법원 1995.11.14, 95도1729).

2 대법원 1977.4.26, 76도2446
의장권자의 전용실시권자 등에 대한 제조판매 중지 등의 통고행위
전용실시권 없이 의장권만을 경락에 의하여 취득한 자가 전용실시권에 기하여 그 권리범위에 속하는 물품을 제조판매하는 거래에 관하여 자기에게만 실시권이 있는 양 주장하면서 물품의 제조판매의 중지와 불응시 제재하겠다는 통고문을 내용증명우편으로 발송하였다면 이는 업무방해죄의 구성요건을 충족할 수 있다. [법원행시 05]

3 대법원 2004.3.26, 2003도7927
주한외국영사관의 비자발급업무와 같이 상대방으로부터 신청을 받아 일정한 자격요건 등을 갖춘 경우에 한하여 그에 대한 수용 여부를 결정하는 업무에 있어서는 신청서에 기재된 사유가 사실과 부합하지 않을 수 있음을 전제로 하여 그 자격요건 등을 심사 판단하는 것인데, 甲은 A의 미국방문비자를 주한미국대사관 영사부에 신청함에 있어서 허위의 사실을 기재하여 신청서를 제출한 것에 그치지 않고, 그 소명을 위하여 허위로 작성한 서류를 제출하고 위 A으로 하여금 비자 면접 때 그에 맞추어 허위의 답변을 하도록 연습을 시켜 그와 같이 면접을 하게 하고 위 A의 회사 재직 여부를 묻는 미국대사관 직원의 문의 전화에 대하여 허위 답변을 하였다면, 甲에게는 위계에 의한 업무방해죄의 죄책이 인정된다. [경찰간부 12 / 경찰승진 12]

---

46 보충 : 사립대학교에서 석사학위 논문작성자가 지도교수의 지도에 따라 논문의 제목·주제·목차 등을 직접 작성하기는 하였지만, 자료를 분석·정리하여 논문의 내용을 완성하는 작업의 대부분을 타인에게 맡겨 논문을 완성하고 이를 지도교수에게 제출하여 심사를 받은 경우 업무방해에 해당한다는 사례이다.

4 대법원 2007.12.27, 2007도5030

주공 시행 공동택지용지 수의공급업무 관련 허위신청 사례

대한주택공사가 시행하는 택지개발사업의 공동택지용지 수의공급업무와 관련하여 신청자격이 없는 자가 매매계약일자를 허위기재한 소유토지조서 등 신청자격이 있는 것처럼 보이는 자료를 첨부하여 수의공급신청을 한 경우, 위계에 의한 업무방해죄를 구성한다.

5 대법원 2008.1.17, 2006도1721

공적자금 투입업체 출자전환주식 매각 주간사 1차 선정에서 평가표를 수정하여 1순위로 선정한 사례

한국자산관리공사가 공적자금을 회수하기 위하여 공적자금 투입업체의 출자전환주식을 매각하기로 하고 그 매각업무의 주간사를 선정하는 과정에서, 1차 선정위원회의 구성원들이 특정 업체에 유리하게 평가표의 평가항목별 배점을 수정하여 그 업체를 1순위로 선정한 다음, 이러한 사실을 고지하지 않은 채 2차 선정위원회에 심사결과와 수정된 평가표를 제출한 행위는 위계에 의한 업무방해죄를 구성한다.

6 대법원 2009.9.10, 2009도4772

다른 사람이 작성한 논문을 피고인 단독 혹은 공동으로 작성한 논문인 것처럼 학술지에 제출하여 발표한 논문연구실적을 부교수 승진심사 서류에 포함하여 제출한 경우, 당해 논문을 제외한 다른 논문만으로도 부교수 승진 요건을 월등히 충족하고 있었다는 등의 사정만으로는 승진심사 업무의 적정성이나 공정성을 해할 위험성이 없었다고 단정할 수 없으므로, 위계에 의한 업무방해죄를 구성한다고 해야 한다.

7 대법원 2009.10.15, 2007도9334

약관상 양도가 금지되는 포커머니를 약속된 상대방에게 이전해 준 사례

특정 회사가 제공하는 게임사이트에서 정상적인 포커게임을 하고 있는 것처럼 가장하면서 통상적인 업무처리 과정에서 적발해 내기 어려운 사설 프로그램('한도우미 프로그램')을 이용하여 약관상 양도가 금지되는 포커머니를 약속된 상대방에게 이전해 준 경우, 이는 정보통신망법에서 정한 '악성프로그램'이나 형법 제314조 제2항에 정한 '부정한 명령의 입력'에 해당하지는 않지만, 회사의 정상적인 게임사이트 운영 업무를 방해한 것이므로 위계에 의한 업무방해죄를 구성한다. [경찰승진 14 / 사시 10]

8 대법원 2010.3.25, 2008도4228

경품용 상품권 발행업체 지정 여부를 결정하는 한국게임산업개발원의 업무담당자는 관계 규정이 정한 바에 따라 가맹점 내역에 관한 공인회계사 명의의 확인서를 받았고, 가맹점에 가맹점계약의 체결 여부를 확인하였으며, 공인회계사 등 전문적인 지식을 갖춘 자들을 실사위원으로 지정하여 현장실사 하게 하는 등의 방법으로 그 요건의 존부에 관하여 나름대로 충분히 심사를 하였으나, 신청사유 및 소명자료가 허위임을 발견하지 못하고 결국 그 신청을 받아들여 공소외 1 주식회사를 경품용 상품권 발행업체로 지정하게 된 것이므로, 이는 위계에 의한 업무방해죄에 해당한다. [법원행시 07]

9 대법원 2010.3.25, 2009도8506

수산업협동조합의 신규직원 채용에 응시한 甲과 乙이 필기시험에서 합격선에 못 미치는 점수를 받게 되자, 채점업무 담당자들이 조합장인 피고인의 지시에 따라 점수조작행위를 통하여 이들을 필기시험에 합격시킴으로써 필기시험 합격자를 대상으로 하는 면접시험에 응시할 수 있도록 한 경우, 위 점수조작행위에 공모 또는 양해하였다고 볼 수 없는 일부 면접위원들이 조합의 신규직원 채용업무로서 수행한 면접업무는 위 점수조작행위에 의하여 방해되었다고 보아야 하므로, 위계에 의한 업무방해죄가 성립한다. [법원9급 11 / 변호사시험 13]

10 대법원 2011.7.14, 2011도3782

피고인들이 공모한 후 마치 특정 지역에서 甲 주식회사의 농기계 판매권한이 있는 것처럼 광고하여 농기계를 판매한 것은 위 지역에 대한 농기계 위탁판매권한을 취득한 乙의 업무를 위계로써 방해한 것이다.

11 대법원 2013.1.24, 2012도10629

상호저축은행 경영진인 피고인들이 상호저축은행의 영업정지가 임박해 있던 상황에서 금융감독원 파견 감독관에게 알리지 아니한 채 영업마감 후에 전화로 특정 고액 예금채권자들에게 영업정지 예정사실을 알려주어 이들로 하여금 상호저축은행을 방문하여 예금을 인출하도록 한 행위는, 영업정지 예정사실 통지에 관한 파견감독관의 부지를 이용하여 위 예금채권자들로 하여금 예금을 인출하도록 한 것으로 업무방해죄에 있어서의 위계에 해당한다.

12 대법원 2013.11.28, 2013도4178[47]; 2013.11.28, 2013도5117

컴퓨터 등에 정보를 입력하는 행위가 업무담당자의 오인 등을 일으킬 목적으로 행해진 사례

컴퓨터 등 정보처리장치에 정보를 입력하는 등의 행위가 입력된 정보 등을 바탕으로 업무를 담당하는 사람의 오인, 착각 또는 부지를 일으킬 목적으로 행해진 경우, 그 행위가 업무를 담당하는 사람을 직접적인 대상으로 이루어진 것이 아니라 하여 위계가 아니라고 할 수는 없다. [법원9급 22]

13 대법원 2020.9.24, 2017도19283

사립학교 봉사활동확인서 허위제출로 봉사상을 받은 사건

(사립고등학교 학생 A는 실제로 봉사활동을 한 사실이 없음에도 그 부모 甲은 다른 학교 교사와 공모하여 외부기관으로부터 허위의 봉사활동내용이 기재된 확인서를 발급받은 후 이를 학교에 제출하여 학생으로 하여금 봉사상을 받도록 하였다. 甲에게 업무방해죄가 인정되는가의 문제) 업무방해죄의 성립에 있어서는 업무방해의 결과가 실제로 발생함을 요하지 않고 업무방해의 결과를 초래할 위험이 발생하면 족하다(대법원 2002.3.29, 2000도3231 등). …… 허위의 봉사활동확인서 제출로써 학교장의 봉사상 심사 및 선정업무 방해의 결과를 초래할 위험이 발생하였고, 위 업무를 학생으로부터 봉사상 수여에 관한 신청을 받아 자격요건 등을 심사하여 수용 여부를 결정하는 것이라거나 확인서의 내용이 사실과 부합하지 않을 수 있음을 전제로 자격요건 등을 심사·판단하는 업무로는 볼 수 없다(소위 학교장의 불충분한 심사에 기인한 것이라 할 수 없다는 의미임-필자 주). 이와 달리 본 원심판결을 파기환송한다.

판례연구 **위계에 의한 업무방해죄가 성립하지 않는다는 사례**

1 대법원 1984.5.9, 83도2270

공장을 양도한 후 계약을 위배하여 외상채무자로부터 외상대금을 수령한 경우 업무방해죄가 성립하지 않는다. [경찰채용 14 1차 / 경찰간부 12]

2 대법원 1984.7.10, 84도638

어장의 대표자였던 피고인이 어장 측에 대한 허위의 채권을 주장하면서 후임대표자에게 그 인장을 인도하기를 거절함으로써 후임대표자가 만기도래한 어장소유의 수산업협동조합 예탁금을 인출하지 못하였

---

47 보충 : ○○○○당의 제19대 국회의원 비례대표 후보를 추천하기 위한 당내 경선과정에서 피고인이 선거권자들로부터 인증번호만을 전달받은 뒤 그들 명의로 자신이 지지하는 후보자인 공소외인에게 전자투표를 한 행위는 이 사건 당내 경선업무 관계자들로 하여금 비례대표 후보자의 지지율 등에 관한 사실관계를 오인, 착각하도록 함으로써 경선업무의 적정성이나 공정성을 방해한 경우에 해당하고, 그와 같은 범행에 컴퓨터를 이용한 것은 그 범행 수단에 불과하다는 판례이다.

고 어장소유 선박의 검사를 받지 못한 결과를 초래하였다 하여, 위 허위주장을 가리켜 허위사실을 유포하거나 기타 위계로써 타인의 업무를 방해한 경우에 해당한다고는 할 수 없다.

3 대법원 1997.4.17, 96도3377
금융실명제와 관련하여 기존의 비실명예금을 합의차명에 의하여 명의대여자의 실명으로 전환한 사례
금융실명거래 및 비밀보장에 관한 긴급재정경제명령의 목적과 관계규정의 취지를 종합하여 보면, 기존 비실명자산의 거래자가 위 긴급명령의 시행에 따라 이를 실명전환하는 경우 금융기관으로서는 실명전환사무를 처리함에 있어서 거래통장과 거래인감 등을 소지하여 거래자라고 자칭하는 자의 명의가 실명인지 여부를 확인하여야 하고 또 그것으로써 금융기관으로서의 할 일을 다하는 것이라 할 것이고, 그가 과연 금융자산의 실질적인 권리자인지 여부를 조사·확인할 것까지는 없다. [경찰간부 18 / 경찰승진 10]

4 대법원 2007.6.29, 2006도3839
인터넷 자유게시판 등에 실제의 객관적인 사실을 게시하는 행위는, 설령 그로 인하여 피해자의 업무가 방해된다고 하더라도, 위 법조항 소정의 '위계'에 해당하지 않는다. [법원9급 08·12]

5 대법원 2007.12.27, 2005도6404
신규직원 채용권한을 가지고 있는 지방공사사장이 시험업무 담당자들에게 지시하여 상호 공모 내지 양해 하에 시험성적조작 등의 부정한 행위를 한 경우, 법인인 공사에게 신규직원 채용업무와 관련하여 오인·착각 또는 부지를 일으키게 한 것은 아니므로, '위계'에 의한 업무방해죄에 해당하지 않는다.
[경찰채용 13 1차 / 경찰채용 14 2차 / 경찰승진 12·14 / 사시 10]

6 대법원 2008.6.26, 2008도2537; 2007.12.27, 2007도5030
甲은 A대학교 전임교수 채용에 응모하면서 미국 퍼시픽 웨스턴(Pacific Western) 대학 졸업자라고 하였는데, 위 대학은 비인증 대학이었다. 또한 甲이 제출한 이력서와 제출한 성적증명서에도 서로 모순이 있었다. 다만 甲이 위조·변조된 첨부서류를 제출한 바는 없다. 결국 A대학은 甲을 예술경영학과의 전임교수로 채용하였다. 이는 업무담당자의 불충분한 심사에 기인한 것으로서 甲에게는 업무방해죄가 성립하지 않는다.

7 대법원 2009.1.30, 2008도6950
대학교 시간강사 임용과 관련하여 허위의 학력이 기재된 이력서만을 제출한 경우, 임용심사업무 담당자가 불충분한 심사로 인하여 허위 학력이 기재된 이력서를 믿은 것이므로 위계에 의한 업무방해죄를 구성하지 않는다. [국가9급 13 / 사시 16]

8 대법원 2022.2.11, 2021도12394
컴퓨터 등 정보처리장치에 정보를 입력하는 등의 행위로 말미암아 업무와 관련하여 오인, 착각 또는 부지를 일으킨 상대방이 없었던 사례
위계에 의한 업무방해죄에서 '위계'란 행위자가 행위 목적을 달성하기 위하여 상대방에게 오인, 착각 또는 부지를 일으키게 하여 이를 이용하는 것을 말한다. ① 컴퓨터 등 정보처리장치에 정보를 입력하는 등의 행위도 그 입력된 정보 등을 바탕으로 업무를 담당하는 사람의 오인, 착각 또는 부지를 일으킬 목적으로 행해진 경우에는 여기서 말하는 위계에 해당할 수 있으나(대법원 2013.11.28, 2013도5117), ② 위와 같은 행위로 말미암아 업무과 관련하여 오인, 착각 또는 부지를 일으킨 상대방이 없었던 경우에는 위계가 있었다고 볼 수 없다(대법원 2007.12.27, 2005도6404). 전화금융사기 조직의 현금 수거책인 피고인이 무매체 입금거래의 '1인 1일 100만 원' 한도 제한을 회피하기 위하여 은행 자동화기기에 제3자의 주민등록번호를 입력하는 방법으로 이른바 '쪼개기 송금'을 한 것은 은행에 대한 업무방해죄의 위계에 해당하지 않는다. [법원9급 22]

1 전통적인 판례들

① 피해자가 시장번영회를 상대로 잦은 진정을 하고 협조를 하지 않는다는 이유로 시장번영회 총회결의에 의하여 피해자 소유점포에 대하여 정당한 권한 없이 단전조치를 한 것이라면, 이 경우에는 그 결의에 참가한 회원의 위력에 의한 업무방해행위가 성립한다(대법원 1983.11.8, 83도1798). [법원행시 05]

② 회사로 통하는 모든 출입문에 바리케이드 등을 설치하고 다수의 근로자들로 하여금 위 회사의 관리직 사원을 포함한 모든 출입자의 출입을 통제하였다면 위력으로 회사의 업무를 방해한 것이며, 그 위법성이 조각되지 아니한다(대법원 1991.6.11, 91도753).

③ 방송국 노동조합이 적법한 절차를 따라 파업결의를 한 후 사태를 지켜보던 중 일부 기자가 징계를 당하자 노조원 40여 명이 파업농성투쟁에 돌입할 것을 결의하고 보도국 사무실 일부를 점거하여 야간에는 교대로 철야농성을 하고 주간에는 다 함께 모여 농성을 하면서 구호를 외치거나 노래를 부르고 북, 장구, 징, 꽹과리를 두드리며 소란행위를 계속하고, 농성에 가담하지 아니하고 근무하는 직원들에게 "노조원들과 적이 되려 하느냐."는 등의 야유와 협박을 하며 농성가담을 적극 권유하고, 그 곳에 있는 테렉스기기에 들어가는 테렉스용지를 찢거나 그 작동을 중단시키는 등의 행위를 한 것은 위력에 의한 업무방해죄를 구성한다(그 방법이나 수단에 있어서 쟁의행위의 정당성의 한계를 벗어나 위법함)(대법원 1992.5.8, 91도3051).

2 대법원 2003.12.26, 2001도3380

노동조합이 회사의 구조조정 자체를 반대하기 위한 목적의 파업을 하면서 난방공급을 중단하는 조치를 취하여 이로 인하여 회사 설비가 손괴된 경우, 업무방해죄와 재물손괴죄의 실체적 경합이 성립한다.

[사시 10]

3 대법원 2005.3.10, 2004도341

임대인이 임차인의 물건을 임의로 철거·폐기할 수 있다는 임대차계약을 스스로 집행한 사례

"본 임대차계약의 종료일 또는 계약해지통보 1주일 이내에도 임차인이 임차인의 소유물 및 재산을 반출하지 않은 경우에는 임대인은 임차인의 물건을 임대인 임의대로 철거·폐기처분 할 수 있으며, 임차인은 개인적으로나 법적으로나 하등의 이의를 제기하지 않는다."는 임대차계약 조항은 무효이므로,[48] 피고인이 간판업자를 동원하여 피해자가 영업 중인 식당 점포의 간판을 철거한 등의 행위는 위력을 사용하여 피해자의 업무를 방해한 행위에 해당한다. [법원9급 10 / 경찰채용1차 13]

4 대법원 2005.3.25, 2003도5004

피고인이 자신의 명의로 등록되어 있는 피해자 운영의 학원에 대하여 피해자의 승낙을 받지 아니하고 폐원신고를 하였다고 하더라도 피해자에게 사전에 통고를 한 뒤 폐원신고를 하였다면 피해자에게 오인·착각 또는 부지를 일으켜 이를 이용하여 피해자의 업무를 방해한 것으로 보기는 어렵고, 오히려 피해자가 운영하고 있는 학원이 자신의 명의로 등록되어 있는 지위를 이용하여 임의로 폐원신고를 함으로써 피해자의 업무를 위력으로써 방해한 것이라고 해야 한다. [법원행시 06]

---

48 보충 : 강제집행은 국가가 독점하고 있는 사법권의 한 작용을 이루고 채권자는 국가에 대하여 강제집행권의 발동을 신청할 수 있는 지위에 있을 뿐이므로, 법률이 정한 집행기관에 강제집행을 신청하지 않고 채권자가 임의로 강제집행을 하기로 하는 계약은 사회질서에 반하는 것으로 민법 제103조에 의하여 무효라고 할 것이다(위 판례).

5 대법원 2005.5.27, 2004도8447
대부업체 직원의 전화공세 사례[49]
채권자의 권리행사는 사회통념상 허용되는 방법에 의하여야 하는 것이므로, 가령 우월한 경제적 지위를 가진 대부업자가 그 지위를 이용하여 채무자를 압박하는 방법으로 채권추심행위를 하였다면 이는 위력을 이용한 행위로서 위법하고 그로 인하여 채무자의 업무가 방해될 위험이 발생하였다면 업무방해죄의 죄책을 면할 수 없다 할 것이다. [법원9급 06 / 법원행시 06 / 변호사시험 17]

6 대법원 2007.6.14, 2007도2178
공사감독자로서 ① 벽돌납품업체를 선정함에 있어 A가 운영하는 연와의 조적번호를 전달받았음에도 공평하게 평가하는 척하면서 B 연와의 적벽돌을 지목하여 추천하였고, 또한 ② 공사감독자로서의 사회적 지위와 권세에 의한 압박을 통하여 甲 자신이 추천하는 하도급업체, 납품업체 또는 감리원을 선정하게 하거나 현장소장을 교체하도록 한 경우 : 하도급업체 또는 납품업체의 선정 업무, 감리원 채용의 업무, 그리고 인사관리의 업무는 모두 부수적이고 일회적인 것이라고 해도 본래의 업무수행의 일환으로 행하여지는 사무로서 형법 제314조 제1항이 규정하는 업무에 해당되고 ①의 행위는 위계에 의한 업무방해죄, ②의 행위는 위력에 의한 업무방해죄를 구성한다.

7 대법원 2009.4.23, 2007도9924
자신의 명의로 사업자등록이 되어 있고 자신이 상주하여 지게차 판매 등을 하고 있는 지위를 이용하여, 피해자의 사업장 출입을 금지하기 위하여 출입문에 설치된 자물쇠의 비밀번호를 변경한 행위는 위력에 의한 업무방해죄가 성립한다.

8 대법원 2009.9.10, 2009도5732
피고인이 피해자들이 경작 중이던 농작물을 트랙터를 이용하여 갈아엎은 다음 그 곳에 이랑을 만들고 새로운 농작물을 심어 피해자의 자유로운 논밭 경작 행위를 불가능하게 하거나 현저히 곤란하게 한 경우, 위력에 의한 업무방해죄에 해당한다. [사시 10]

9 대법원 2010.4.8, 2007도6754
긴급조정결정 공표 이후 자택 복귀 도중에 위 결정 규탄대회에 참가한 행위는 회사의 업무를 방해하였다고 볼 수 없으나, 개별적 업무복귀 확인신고에 관한 회사의 지시를 집단적으로 어기고 이를 지체한 행위는 다중의 위력으로 회사의 경영업무를 방해한 것으로서 업무방해죄를 구성한다.

10 대법원 2011.3.17, 2007도482 전원합의체
쟁의행위로서 파업이 업무방해죄의 '위력'에 해당하는지 여부(원칙적 부정) : 전격적 파업 이론
① 쟁의행위로서 파업(노동조합 및 노동관계조정법 제2조 제6호)도, 단순히 근로계약에 따른 노무의 제공을 거부하는 부작위에 그치지 아니하고 이를 넘어서 사용자에게 압력을 가하여 근로자의 주장을 관철하고자 집단적으로 노무제공을 중단하는 실력행사이므로, 업무방해죄에서 말하는 위력에 해당하는 요소를 포함하고 있다. 그러나 근로자는 원칙적으로 헌법상 보장된 기본권으로서 근로조건 향상을 위한 자주적인 단결권·단체교섭권 및 단체행동권을 가지므로(헌법 제33조 제1항), 쟁의행위로서 파업이 언제나 업무방해죄에 해당하는 것으로 볼 것은 아니고, 전후 사정과 경위 등에 비추어 사용자가 예측할 수 없는 시기에 전격적으로 이루어져 사용자의 사업운영에 심대한 혼란 내지 막대한 손해를 초래하는

---

49 보충 : 대부업체 직원인 甲은 간판업자인 乙의 휴대전화에 대출금 200만 원에 대한 이자 지급을 독촉하기 위하여 한 달 여에 걸쳐 매일 평균 10통 가량, 어떤 날은 심지어 90여 통에 이르는 전화공세를 하여 45일 동안 총 460회 전화를 걸었다(실제 통화연결된 횟수는 19회에 불과하였다). 甲에게는 업무방해죄가 성립한다.

등으로 사용자의 사업계속에 관한 자유의사가 제압·혼란될 수 있다고 평가할 수 있는 경우에 비로소 집단적 노무제공의 거부가 위력에 해당하여 업무방해죄가 성립한다고 보는 것이 타당하다.[50] [국가9급 14 / 법원9급 12 / 법원행시 14 / 변호사시험 13] 다만 ② 피고인 甲을 비롯한 전국철도노동조합 집행부가 중앙노동위원회 위원장의 직권중재회부결정에도 불구하고 파업에 돌입할 것을 지시하여, 조합원들이 사업장에 출근하지 아니한 채 업무를 거부하여 사용자에게 손해를 입힌 경우, 한국철도공사로서는 노동조합이 필수공익사업장으로 파업이 허용되지 않는 사업장에서 노동조합 및 노동관계조정법상 직권중재회부시 쟁의행위 금지규정 등을 위반하면서까지 파업을 강행하리라고는 예측할 수 없었다 할 것이고, 나아가 파업의 결과 수백 회에 이르는 열차 운행이 중단되어 한국철도공사의 사업운영에 예기치 않은 중대한 손해를 끼친 사정들에 비추어, 위 파업은 사용자의 자유의사를 제압·혼란케 할 만한 세력으로서 형법 제314조 제1항에서 정한 '위력'에 해당한다고 보기에 충분하다.[51] [경찰채용 14 1차]

11 대법원 2011.10.13, 2009도5698
피고인을 포함한 집회 참가자 약 1,500명이 당초 신고한 집회장소를 벗어나 피해자 회사가 운영하는 매장을 둘러싸고 함성을 지르며 매장점거를 계속 시도하였고, 그 과정에서 이를 저지하는 경찰과 충돌하여 폭력을 행사하였으며, 위와 같은 매장점거 시도행위로 인하여 손님들의 출입이 현저히 곤란해졌다면, 이는 위력으로써 피해자 회사의 업무를 방해한 업무방해죄를 구성하고 정당행위에 해당하지 아니한다.

12 대법원 2012.5.24, 2009도4141
자유게시판 접속권한 차단 사례
甲 주식회사 임원인 피고인이 자동차 판매수수료율과 관련하여 대리점 사업자들과 甲 회사 사이에 의견대립이 고조되자, 대리점 사업자 乙이 일정액의 사용료를 지급하고 판매정보 교환 등에 이용해 오던 甲 회사의 내부전산망 전체 및 고객관리시스템 중 자유게시판에 대한 접속권한을 차단하였다면, 위력에 의하여 乙의 업무를 방해하였다고 보아야 한다.

판례연구 **위력에 의한 업무방해죄가 성립하지 않는다는 사례**

1 대법원 1983.10.11, 82도2584
업무수행자에게 한 약간의 욕설이 업무방해죄의 위력 행사에 해당하는지 여부
계약갱신 및 체납임·관리비 상당액을 독려차 나온 사원에게 "너희들이 무엇인데 상인협의회에서 하는 일을 방해하며 협의회에서 돌리는 유인물을 압수하느냐 당장 해임시키겠다"고 한 정도의 욕설을 한 행위만으로는 업무방해죄의 위력을 행사한 것으로 보기 어렵다.

---

50 **판례의 변경** : 이와 달리, 근로자들이 집단적으로 근로의 제공을 거부하여 사용자의 정상적인 업무운영을 저해하고 손해를 발생하게 한 행위가 당연히 위력에 해당하는 것을 전제로 노동관계 법령에 따른 정당한 쟁의행위로서 위법성이 조각되는 경우가 아닌 한 업무방해죄를 구성한다는 취지로 판시한 대법원 1991.4.23, 선고 90도2771 판결, 대법원 1991.11.8, 선고 91도326 판결, 대법원 2004.5.27, 선고 2004도689 판결, 대법원 2006.5.12, 선고 2002도3450 판결, 대법원 2006.5.25, 선고 2002도5577 판결 등은 이 판결의 견해에 배치되는 범위 내에서 변경한다(위 판례).
51 **비교** : 전격적 파업 이론에 근거하여 위력에 해당하지 않는다고 본 사례 철도노동조합과 산하 지방본부 간부인 甲 등은 한국철도공사의 경영권에 속하는 사항을 주장하면서 업무 관련 규정을 철저히 준수하는 등의 방법으로 안전운행투쟁을 전개하여 열차가 지연 운행되게 하였다. 다만 열차의 지연 운행 횟수나 정도 등에 비추어 안전운행투쟁으로 말미암아 한국철도공사의 사업운영에 심대한 혼란 내지 막대한 손해가 초래될 위험이 있었다고 하기 어려운 경우이었다. 그렇다면 甲 등의 행위는 한국철도공사의 사업계속에 관한 자유의사가 제압·혼란될 수 있다고 평가할 수 있는 경우에 해당하지 않는다고 볼 여지가 충분한데도, 이와 달리 안전운행투쟁의 주된 목적이 정당하지 않다는 이유만으로 업무방해죄가 성립한다고 단정한 원심판단에는 위법이 있다(대법원 2014.8.20, 2011도468).

2 대법원 1999.5.28, 99도495

만 74세를 넘긴 1명의 노인의 측량 방해 사례[52]

형법 제314조의 업무방해죄의 구성요건의 일부인 '위력'이라 함은 현실적으로 피해자의 자유의사가 제압될 것을 요하는 것은 아니지만, 범인의 위세, 사람 수, 주위의 상황 등에 비추어 피해자의 자유의사를 제압하기 족한 세력을 말한다. 이 사건의 경우 피고인은 사건 당시 만 74세를 넘긴 노인이라는 점, 주위에 종중원들 및 마을주민들 10여 명과 지적공사 직원 3명이 모여 있었고 혼자서 측량을 반대했다는 점 등에 비추어 피고인이 공소외 종중들에게 소리치며 시비를 하였다고 하여 측량기사의 자유의사를 제압하기에 족한 위력을 행사한 것이라고 할 수 없다. [국가7급 08]

3 대법원 2010.11.25, 2010도9186

휴원신고 연장 사례

임대인 甲으로부터 건물을 임차하여 학원을 운영하던 A는 건물을 인도한 이후에도 자신 명의로 된 학원설립등록을 말소하지 않고 휴원신고를 연장함으로써 새로운 임차인 乙이 그 건물에서 학원설립등록을 하지 못하도록 한 경우, 피고인 A의 휴원연장신고와 乙이 학원설립등록을 하지 못한 점 사이에 인과관계가 있다고 단정하기 어렵고, 피고인의 행위가 乙의 자유의사를 제압·혼란케 할 정도의 위력에 해당한다고 보기 어렵다. [경찰채용 13 1차]

4 대법원 2011.10.27, 2010도7733

근로자 182명 중 9명이 부분파업에 참여한 사례

전국금속노동조합 부위원장인 피고인이, 조합 핵심간부 및 조합원들 등과 공모하여 '미국산 쇠고기 수입 반대 내지 재협상 요구' 등을 주된 목적으로 조합 산하 전국 사업장에서 총파업을 실시하여 위력으로 사용자의 업무를 방해하였다는 내용으로 기소된 경우, 그중 근로자 182명 중 9명만이 부분파업에 참여하는 등 파업 규모로 보아 사용자의 사업운영에 심대한 혼란이나 막대한 손해가 초래되었다고 볼 수 없는 사업장의 경우에는 사용자의 사업계속에 관한 자유의사가 제압·혼란될 수 있는 경우로 평가할 수 없는 여지가 있다.

5 대법원 2013.3.14, 2010도410

조중동 광고 소비자불매운동과 업무방해죄[53] : 광고주에 대해서는 O, 신문사에 대해서는 X

소비자불매운동이 헌법상 보장되는 정치적 표현의 자유나 일반적 행동의 자유 등의 점에서도 전체 법질서상 용인될 수 없을 정도로 사회적 상당성을 갖추지 못한 때에는 그 행위 자체가 위법한 세력의 행사로서 업무방해죄에서 말하는 위력의 개념에 포섭될 수 있으므로, ① 피고인들이 공모하여 광고주들에게 지속적·집단적으로 항의전화를 하거나 항의글을 게시하고 그 밖의 다양한 방법으로 광고중단을 압박한 행위는 피해자인 광고주들의 자유의사를 제압할 만한 세력으로서 위력에 해당하지만, ② 신문사들에 대한 업무방해의 점에 관해서는, 업무방해죄의 위력은 원칙적으로 피해자에게 행사되어야 하고 제3자를 향한 위력의 행사는 이를 피해자에 대한 직접적인 위력의 행사와 동일시할 수 있는 예외적 사정이 인정되는 경우에만 업무방해죄의 구성요건인 위력의 행사로 볼 수 있으므로, 단순히 제3자에 대한 위력의 행사와 피해자의 업무에 대한 방해의 결과나 위험 사이에 인과관계가 인정되기만 하면

---

52 **보충** : 甲은 종손인 자신의 동의 없이 종중이 부당하게 위토(**사건 토지**)를 처분하려 한다며 종중원, 마을주민, 지적공사 직원 등이 모인 곳에 나타나서 측량기사에게 사건 토지는 자신과 관련된 땅이고 측량을 신청한 사람들과는 관련이 없다고 하면서 측판 설치를 막고 종중원들에게 "내 허락 없이 측량을 하면 가만두지 않겠다."고 소리치고 '협잡꾼, 사기꾼 같은 인간들'이라고 하며 약 30분 동안 시비를 하는 등으로 현황측량을 하지 못하게 했다. 甲에게는 업무방해죄가 성립하지 않는다.

53 **보충** : 2008년 미국산 수입 쇠고기 관련 조선·중앙·동아일보 광고중단 운동을 주도해 업무방해 혐의로 기소된 인터넷 포털 다음 카페 '언론소비자주권 국민캠페인(언소주)' 회원들에 대한 대법원 판례이다. 광고주들에 대한 업무방해는 인정되나, 신문사들에 대한 업무방해를 유죄로 인정한 원심을 파기환송한 판결이다.

곧바로 피해자에 대한 위력의 행사가 있는 것으로 볼 수 있다고 판시한 원심의 판단에는 심리미진의 위법이 있다. [경찰채용 13 2차]

6 대법원 2013.2.28, 2011도16718; 2009.10.15, 2009도5623 등; 2021.7.8, 2021도3805
정당한 권한 행사는 업무방해죄의 위력에 해당하지 않는다는 사례
업무방해죄의 수단인 위력은 사람의 자유의사를 제압·혼란하게 할 만한 일체의 억압적 방법을 말하고 이는 제3자를 통하여 간접적으로 행사하는 것도 포함될 수 있다. 그러나 어떤 행위의 결과 상대방의 업무에 지장이 초래되었다 하더라도 행위자가 가지는 정당한 권한을 행사한 것으로 볼 수 있는 경우에는, 그 행위의 내용이나 수단 등이 사회통념상 허용될 수 없는 등 특별한 사정이 없는 한 업무방해죄를 구성하는 위력을 행사한 것이라고 할 수 없다. 따라서 (회계자료열람권을 가진 피고인이 회계서류 등의 열람을 요구하는 과정에서 다소 언성을 높이는 등 행위를 한 이 사건에서) 제3자로 하여금 상대방에게 어떤 조치를 취하게 하는 등으로 상대방의 업무에 곤란을 야기하거나 그러한 위험이 초래되게 하였더라도, 행위자가 그 제3자의 의사결정에 관여할 수 있는 권한을 가지고 있거나 그에 대하여 업무상의 지시를 할 수 있는 지위에 있는 경우에는 특별한 사정이 없는 한 업무방해죄를 구성하지 아니한다.

판례연구 **업무방해의 위험을 인정한 사례**

1 대법원 1994.6.14, 93도288
한국도로공사가 공소외 금성산전주식회사의 고속도로 통행요금징수 기계화시스템의 성능에 대한 2차 현장평가를 하게 되었는데, 위 금성산전주식회사의 경쟁사인 공소외 삼성전자주식회사의 직원들인 피고인들이, 위 설비의 차량판별에 있어서의 문제점을 부각시키기 위하여, 한국도로공사에 알리지 아니한 채, 인위적으로 각종 소형화물차 16대의 타이어 공기압을 낮추어 접지면을 증가시킨 후 위 설비가 설치되어 있는 동서울톨게이트 하행선 우측 2번 라인을 통과하도록 하였다면, 이와 같은 피고인들의 행위는 위계를 사용하여 한국도로공사의 현장시험업무에 지장을 줄 위험을 발생케 한 것으로서, 이에 의하여 실지로 업무방해의 결과가 발생하였는지 여부에 상관없이 업무방해죄를 구성함에 충분하다.

2 대법원 1997.3.11, 96도2801
A주식회사의 임시주주총회 결과 대표이사로 선임된 乙이 업무집행을 위하여 위 회사 사무실에 들어가려고 하자 甲 등이 2개월간 이를 제지한 행위는 A주식회사의 업무방해의 결과를 초래할 위험을 야기하였다고 인정하기에 충분하다.

3 대법원 1999.5.14, 98도3767
특정 종교를 비방하는 영문전단 발송 사례
甲은 피해자 회사가 고객으로부터 탁송을 의뢰받아 지정된 곳으로 발송 예정인 서류의 포장 안에 피해자 회사 직원 乙에게 통상의 기독교 선교 인쇄물을 집어넣는다고 말하고 乙이 모르는 사이에 타종교를 비방하는 내용의 영문종교 전단을 집어넣어 함께 발송되게 하였다. 甲의 죄책은 업무방해죄이다.[54] [법원행시 08]

---

54 **보충** : 이 사건의 경우 고객이 배달을 의뢰하지 않은 전단까지 함께 전달됨으로써 그 전단도 배달을 의뢰한 고객이 보낸 것으로 오인하게 되고, 이로써 피해자 회사가 배달을 의뢰한 고객의 위탁취지에 어긋나게 업무를 처리한 결과가 되고 종국에는 피해자의 업무의 경영이 저해될 위험을 발생시킴으로써 피해자 회사의 서류배달업무를 방해하였음이 인정된다.

판례연구 업무방해의 위험을 인정하지 않은 사례

1 대법원 1992.12.10, 99도3487
객관적으로 보아 당해 출제교사가 출제할 것이라고 예측되는 순수한 예상문제를 선정하여 수험생이나 그 교습자에게 주는 행위를 가지고 시험실시업무를 방해하는 행위라고 할 수는 없다. 그러므로 시험의 출제위원이 문제를 선정하여 시험실시자에게 제출하기 전에 이를 유출하였다고 하더라도 그와 같이 유출된 문제가 시험실시자에게 제출되지도 아니하였다면, 그러한 문제유출로 인하여 시험실시업무가 방해될 추상적인 위험조차 있다고 할 수 없으므로 업무방해죄가 성립하지 않는다. [사시 10]

2 대법원 2007.4.27, 2006도9028
행위자가 도로를 폐쇄한 경우라 하더라도, 대체도로를 이용하여 종전과 같이 조경수 운반차량 등을 운행할 수 있었다고 보여 피해자의 조경수 운반업무 등이 방해되는 결과발생의 염려가 없었다고 볼 여지가 충분한 경우라면 업무방해죄는 성립하지 않는다.

판례연구 업무방해죄의 고의가 인정되지 않는 경우

1 대법원 2005.10.27, 2005도5432
甲은 자기 소유 임야에서 조경수 조림농장을 운영하고 있었는데, 그 소유 임야에 철제울타리를 설치하여 乙 등으로 하여금 농장 내 작업도로를 사용하지 못하게 함으로써 그들의 전답 경작에 지장을 주었다. 다만 기존 도로를 이용하여 종전과 같은 경작을 할 수는 있었다. 그렇다면 甲에게는 피해자들의 경작업무를 방해한다는 고의가 없었다고 볼 여지가 있다.[55]

2 대법원 2010.10.28, 2009도4949
甲 회사와 乙의 공유인 특허발명이 그 진보성이 부정된다는 이유로 특허심판원의 무효심결이 내려진 후 확정되기 전에 甲 회사의 대표인 피고인이 '丙이 생산·판매한 제품은 위 특허권을 침해한 제품이다'라는 사실을 인터넷을 통하여 적시하고, 또한 丙의 거래처들에 같은 내용의 내용증명을 발송하였다는 내용으로 기소된 경우, 범행 당시 이미 위 특허발명에 대한 무효심결이 있었다는 사유만으로 위 심결이 확정되지도 않은 상태에서 그 무효사유가 있음을 알고 있었다고 단정하기는 어렵고, 더욱이 丙의 제품이 위 특허발명의 특징적 구성을 가지고 있어 특허권을 침해하는 것이라고 판단할 여지가 없지 않은 사정들에 비추어, 위 각 범행일시에 피고인에게 위와 같이 적시된 사실이 허위라는 인식이 있었다고 보기 어렵다.

3 대법원 2011.9.2, 2010도17237
방송국 프로듀서 등 피고인들이 특정 프로그램 방송보도를 통하여 미국산 쇠고기는 광우병 위험성이 매우 높은 위험한 식품이고 우리나라 사람들이 유전적으로 광우병에 몹시 취약하다는 취지의 허위사실을 유포하여 미국산 쇠고기 수입·판매업자들의 업무를 방해하였다는 내용으로 기소된 경우, 방송보도의 전체적인 취지와 내용이 미국산 쇠고기의 식품 안전성 문제 및 쇠고기 수입 협상의 문제점을 지적하고 협상체결과 관련한 정부 태도를 비판한 것이라는 전제에서, 피고인들에게 업무방해의 고의가 있었다고 볼 수 없다.

---

55 보충 : 위 판례의 또 다른 논점 결과발생의 염려가 없는 경우에는 본죄가 성립하지 않는다고 할 것인바, 기록에 의하면, 피해자들은 작업도로 개설 이전에는 기존도로를 이용하여 경작을 하였던 사실, 피고인이 이 사건 철제울타리를 설치할 무렵 기존도로를 측량한 결과 그 폭이 약 2m 정도에 이르는 사실, 피해자들은 작업도로를 1년 중 농번기에만 10차례 정도 농기구 운반통로로 사용하였을 뿐 그 이외의 기간에는 사용하지 않은 사실을 인정할 수 있으므로, 기존도로의 복구가 손쉽게 이루어지고 피해자들이 이를 이용하여 종전과 같은 경작을 할 수 있다면 경작업무 방해라는 결과가 발생할 염려가 없다고 볼 여지가 있다.

단전·단수조치 중 사회상규에 위배되지 아니하는 행위의 예

1 대법원 2004.8.20, 2003도4732

피해자가 관리비를 연체하자 시장번영회 회장인 피고인이 관리비 연체시 단전·단수조치를 취할 수 있도록 한 관리규약 및 시장번영회 이사회의 결의에 기초하여 단전조치를 취하고 전기공급 단자함의 전원을 차단함으로써 약 7일 동안 乙·丙의 의류판매와 세탁소업무를 방해한 경우

2 대법원 2000.3.10, 2000도257

피해자가 관리비 및 임대료를 연체하고 적자운영을 이유로 휴업한 상태에서 가게가 무단 방치되어 방화·누전·무단침입 등의 위험이 있자, 백화점번영회 회장인 피고인이 건물의 안전한 유지·관리를 위하여 단전·단수와 출입문폐쇄 조치를 취한 경우

3 대법원 1995.6.30, 94도3136

백화점 입주상인들이 영업을 하지 않고 매장 내에서 점거 농성만을 하면서 매장내의 기존의 전기시설에 임의로 전선을 연결하여 각종 전열기구를 사용함으로써 화재위험이 높아 백화점 경영회사의 대표이사인 피고인이 부득이 단전조치를 취한 경우[56] [경찰간부 12]

4 대법원 1994.4.15, 93도2899

시장번영회 관리규정을 위반하여 칸막이를 천장에까지 설치한 일부 점포주들에 대하여 시장번영회 회장인 피고인이 단전조치를 취한 경우 [변호사시험 13]

사회상규에 위배되므로 위법한 행위의 예

1 대법원 1996.11.12, 96도2214

폐석운반업무 방해 사례

회사의 폐석운반 업무가 보호대상에 속하는 한, 피고인이 고의로 위 회사의 폐석운반 업무를 방해할 의사로 선착장 앞에 위치한 자신의 어업구역 내에 양식장을 설치한다는 구실로 밧줄을 매어 선박의 출입을 방해한 행위는 정당행위에 해당한다고 보기는 어렵다.

2 대법원 2004.10.15, 2004도4467

집회나 시위에서 소음을 발생시키는 행위가 정당행위에 해당하지 않는 경우 : 심각한 소음

집회나 시위는 … ① 어느 정도의 소음이 발생할 수밖에 없는 것은 부득이한 것이므로 집회나 시위에 참가하지 아니한 일반 국민도 이를 수인할 의무가 있다고 할 수 있으며 합리적인 범위에서는 확성기 등 소리를 증폭하는 장치를 사용할 수 있고 확성기 등을 사용한 행위 자체를 위법하다고 할 수는 없으나, ② 그 집회나 시위의 장소, 태양, 내용과 소음 발생의 수단, 방법 및 그 결과 등에 비추어, 집회나 시위의 목적 달성의 범위를 넘어 사 회통념상 용인될 수 없는 정도로 타인에게 심각한 피해를 주는 소음을 발생시킨 경우에는 위법한 위력의 행사로서 정당행위라고는 할 수 없다. 따라서 신고한 옥외집회에서 고성능 확성기 등을 사용하여 발생된 소음이 82. 9dB 내지 100.1dB에 이르고, 사무실 내에서의 전화통화, 대화 등이 어려웠으며, 밖에서는 부근을 통행하기조차 곤란하였고, 인근 상인들도 소음으로 인한 고통을 호소하는 정도에 이르렀다면 이는 위력으로 인근 상인 및 사무실 종사자들의 업무를 방해한 업무방해죄를 구성한다. [경찰승진 11 / 법원행시 14]

---

56 대법원이 단전조치 당시 보호받을 업무가 존재하지 않았을 뿐만 아니라 화재예방 등 건물의 안전한 유지관리를 위한 정당한 권한행사의 범위 내의 행위에 해당하므로 피고인의 단전조치가 업무방해죄를 구성한다고 볼 수 없다고 본 사례이다.

3 대법원 2006.4.27, 2005도8074

임대차계약 갱신의사표시 지체시 단전조치와 업무방해

甲(임대인)은 乙(임차인)에게 임대한 점포에 대하여 단전조치를 취하였는바, 그 이유는 차임이나 관리비를 단 1회도 연체한 적이 없는 乙이 임대차계약의 종료 후 임대료와 관리비를 인상하는 내용의 갱신계약 여부에 관한 의사표시나 명도의무를 지체하고 있었기 때문이었고, 단전조치는 임대차계약종료일로부터 16일 만에 취해진 것이다. 그런데 甲과 乙 사이의 임대차계약서 제16조 제1항에 의하면 "임대인이 임차인에게 단전조치 등을 요구할 수 있다."는 취지로 규정되어 있다. (즉 일정한 경우에는 임대인의 단전조치에 관하여 임차인의 승낙이 있는 것이다) 또한 甲은 위와 같은 단전조치가 죄가 되지 않는다고 생각하고 있다. 그러나 결론적으로, 甲의 행위는 피해자의 승낙에 의한 행위도 되지 않고, 사회상규에 위배되지 아니하는 행위도 될 수 없고, 법률의 착오에 정당한 이유가 있는 경우라고도 할 수 없다.[57]

[국가7급 13]

03 컴퓨터 등 장애 업무방해죄

제314조 【업무방해】 ② 컴퓨터 등 정보처리장치 또는 전자기록 등 특수매체기록을 손괴하거나 정보처리장치에 허위의 정보 또는 부정한 명령을 입력하거나 기타 방법으로 정보처리에 장애를 발생하게 하여 사람의 업무를 방해한 자도 제1항의 형과 같다.

판례연구 **컴퓨터업무방해죄가 성립하는 사례**

1 대법원 2007.3.16, 2006도6663

A대학 측의 전보발령으로 웹서버를 관리, 운영할 권한이 없는 상태에서 피고인이 웹서버에 접속하여 홈페이지 관리자의 비밀번호를 무단으로 변경한 행위는 정당한 행위라고 할 수 없고, 그로 인하여 정보처리장치에 현실적인 장애를 발생시킴으로써 A대학 측에 대하여 업무방해의 위험을 초래한 행위에 해당하여 컴퓨터 등 장애업무방해죄를 구성한다. [경찰채용 13 1차 / 경찰채용 13 2차]

2 대법원 2009.4.9, 2008도11978

검색순위에는 변동이 없어도 허위의 클릭정보가 통계에 반영된 사례

컴퓨터업무방해죄는 정보처리에 장애를 발생하게 하여 업무방해의 결과를 초래할 위험이 발생한 이상, 나아가 업무방해의 결과가 실제로 발생하지 않더라도 성립한다. 따라서 포털사이트 운영회사의 통계집계시스템 서버에 허위의 클릭정보를 전송하여 검색순위 결정 과정에서 위와 같이 전송된 허위의 클릭정보가 실제로 통계에 반영됨으로써 정보처리에 장애가 현실적으로 발생하였다면, 그로 인하여

---

57 **판례의 논점** : ① 피해자 측이 단전조치에 대해 즉각 항의하였다면 그 승낙은 이미 철회된 것으로 보아야 할 것이다. 이 사건 단전조치는 피해자의 승낙에 의한 행위로서 무죄라고 볼 수 없다. ② 차임이나 관리비를 단 1회도 연체한 적이 없는 피해자가 임대차계약의 종료 후 임대료와 관리비를 인상하는 내용의 갱신계약 여부에 관한 의사표시나 명도의무를 지체하고 있다는 이유만으로 그 종료일로부터 16일 만에 피해자의 사무실에 대하여 단전조치를 취한 피고인의 행위는 그 권리를 확보하기 위하여 다른 적법한 절차를 취하는 것이 매우 곤란하였던 것으로 보이지 않아 그 동기와 목적이 정당하다거나 수단이나 방법이 상당하다고 할 수 없고, 또한 그에 관한 피고인의 이익과 피해자가 침해받은 이익 사이에 균형이 있는 것으로도 보이지 않으므로, 이 사건 단전조치는 사회상규에 위배되지 아니하는 정당행위가 될 수 없다. ③ 사무실 임대를 업으로 하는 피고인이 위와 같은 사정에서 일방적으로 취한 단전조치가 죄가 되지 않는다고 오인한 것에는 정당한 이유가 있다고 볼 수 없다.

실제로 검색순위의 변동을 초래하지는 않았다 하더라도 본죄가 성립한다.[58] [경찰채용 13 2차 / 경찰간부 16 / 법원행시 14 / 사시 12·14 / 변호사시험 16]

판례연구 **컴퓨터업무방해죄가 성립하지 않는 사례**

1 대법원 2004.7.9, 2002도631
형법 제314조 제2항의 '기타 방법'이란 컴퓨터의 정보처리에 장애를 초래하는 가해수단으로서 컴퓨터의 작동에 직접·간접으로 영향을 미치는 일체의 행위를 말하며, 위 죄가 성립하기 위해서는 위와 같은 가해행위의 결과 정보처리장치가 그 사용목적에 부합하는 기능을 하지 못하거나 사용목적과 다른 기능을 하는 등 정보처리의 장애가 현실적으로 발생하였을 것을 요한다(시스템관리자가 퇴직하면서 컴퓨터의 비밀번호를 후임자에게 알려주지 않은 것만으로는 형법 제314조 제2항이 규정하고 있는 '기타 방법'으로 정보처리에 장애를 발생하게 하여 사람의 업무를 방해한 행위에 해당되지 않는다고 본 사례).

2 대법원 2010.9.30, 2009도12238
피고인들이 불특정 다수의 인터넷 이용자들에게 배포한 '업링크솔루션'이라는 프로그램은, 甲 회사의 네이버 포털사이트 서버가 이용자의 컴퓨터에 정보를 전송하는 데에는 아무런 영향을 주지 않고, 다만 이용자의 동의에 따라 위 프로그램이 설치된 컴퓨터 화면에서만 네이버 화면이 전송받은 원래 모습과는 달리 피고인들의 광고가 대체 혹은 삽입된 형태로 나타나도록 하는 것에 불과하므로, 이것만으로는 정보처리장치의 작동에 직접·간접으로 영향을 주어 그 사용목적에 부합하는 기능을 하지 못하게 하거나 사용목적과 다른 기능을 하게 하였다고 볼 수 없어 컴퓨터업무방해죄로 의율할 수 없다. [사시 14]

3 대법원 2011.5.13, 2008도10116
컴퓨터업무방해죄가 성립하려면 '타인의 업무'임이 특정되어야 한다는 사례
형법 제314조 제2항에서 정한 '컴퓨터 등 장애 업무방해죄'는 피해자의 업무를 보호객체로 삼고 있는데, 불특정 다수인이 업무처리를 위하여 사용하는 컴퓨터 등 정보처리장치 등을 대상으로 위 조항에서 정한 범죄가 저질러진 경우에는 최소한 컴퓨터 등 정보처리장치 등을 이용한 업무 주체가 구체적으로 누구인지, 나아가 그 업무가 위 조항의 보호객체인 업무에 해당하는지를 심리·판단할 수 있을 정도로 특정되어야만 하고, 이에 이르지 못한 경우에는 공소사실로서 적법하게 특정되었다고 보기 어렵다.

---

58 유사 : NAVER 검색순위 조작 사건 허위의 정보자료를 처리하게 하였다고 하더라도 그것이 정보통신망에서 처리가 예정된 종류의 정보자료인 이상 정보통신망법 제48조에서 정한 '부정한 명령'을 처리하게 한 것이라 할 수 없고, 나아가 그와 같이 허위의 자료를 처리하게 함으로써 정보통신망의 관리자나 이용자의 주관적 입장에서 보아 진실에 반하는 정보처리 결과를 만들어 내었다고 하더라도 정보통신망에서 정보를 수집·가공·저장·검색·송신 또는 수신하는 기능을 물리적으로 수행하지 못하게 하거나 그 기능 수행을 저해하지는 아니하는 이상 형법에서 정한 '정보처리 장애'에 해당하여 컴퓨터 등 장애업무방해죄가 성립될 수 있음은 별론으로 하고 위 규정들에서 정한 '정보통신망 장애'에 해당한다고 할 수 없으므로, 이를 정보통신망 장애에 의한 정보통신망법 위반죄로 처벌할 수는 없다. … 컴퓨터 등 장애 업무방해죄는 정보처리에 장애를 발생하게 하여 업무방해의 결과를 초래할 위험이 발생한 이상, 나아가 업무방해의 결과가 실제로 발생하지 않더라도 성립한다(대법원 2013.3.28, 2010도14607).

04 경매 · 입찰방해죄

제315조【경매, 입찰의 방해】 위계 또는 위력 기타 방법으로 경매 또는 입찰의 공정을 해한 자는 2년 이하의 징역 또는 700만 원 이하의 벌금에 처한다.

판례연구 입찰방해죄가 성립하는 사례

1 대법원 1993.2.23, 92도3395

입찰방해죄는 위계 또는 위력 기타의 방법으로 입찰의 공정을 해하는 경우에 성립하는 것으로서, 입찰의 공정을 해할 행위를 하면 족하고 현실적으로 입찰의 공정을 해한 결과가 발생할 필요가 없으며, 위력의 사용은 폭행·협박의 정도에 이르러야만 되는 것도 아니다. …… 입찰장소의 주변을 에워싸고 사람들의 출입을 막는 등 위력을 사용하여 입찰에 참가하려는 사람을 참석하지 못하도록 한 행위는 입찰방해죄를 구성한다.

2 대법원 2000.7.6, 99도4079

형법 제315조 소정의 입찰방해죄에 있어 '위력'이란 사람의 자유의사를 제압, 혼란케 할 만한 일체의 유형적 또는 무형적 세력을 말하는 것으로서 폭행, 협박은 물론 사회적, 경제적, 정치적 지위와 권세에 의한 압력 등을 포함하는 것이다. 따라서 자신의 지시대로 시행하지 않으면 앞으로 계약을 취소할 것이니 각서를 쓰라고 강요한 행위도 이에 포함된다.

3 대법원 2001.6.29, 99도4525; 1994.11.8, 94도2142; 1988.3.8, 87도2646

입찰방해죄는 위태범으로서 결과의 불공정이 현실적으로 나타나는 것을 요하는 것이 아니며, 그 행위에는 가격을 결정하는 데 있어서 뿐만 아니라 적법하고 공정한 경쟁방법을 해하는 행위도 포함되므로, 그 행위가 설사 동업자 사이의 무모한 출혈경쟁을 방지하기 위한 수단에 불과하여 입찰가격에 있어 입찰실시자의 이익을 해하거나 입찰자에게 부당한 이익을 얻게 하는 것이 아니었다 하더라도, 실질적으로 단독입찰을 하면서 경쟁입찰인 것같이 가장하였다면, 그 입찰가격으로서 낙찰하게 한 점에서 경쟁입찰의 경쟁을 해한 것이 되어 입찰의 공정을 해한 것이 된다. [경찰채용 12 3차 / 법원행시 10 · 12 · 14 / 사시 12]

4 대법원 2006.6.9, 2005도8498; 2006.12.22, 2004도2581[59]; 2009.5.14, 2008도11361

담합행위가 입찰방해죄로 되기 위하여는 입찰참가자 전원과 사이에 담합이 이루어져야 하는지 여부(소극)

가장경쟁자를 조작하거나 입찰의 경쟁에 참가하는 자가 서로 통모하여 그 중의 특정한 자를 낙찰자로 하기 위하여 일정한 가격 이하 또는 이상으로 입찰하지 않을 것을 협정하거나 입찰을 포기하게 하는 등의 소위 담합행위가 입찰방해죄로 되기 위하여는 반드시 입찰참가자 전원과의 사이에 담합이 이루어져야 하는 것은 아니고, 입찰참가자들 중 일부와의 사이에만 담합이 이루어진 경우라고 하더라도 그것이 입찰의 공정을 해하는 것으로 평가되는 이상 입찰방해죄는 성립한다. [경찰채용 12 3차 / 법원행시 17]

5 대법원 2007.5.31, 2006도8070

지명경쟁입찰의 시행자인 법인의 대표자가 특정인과 공모하여 그 특정인이 낙찰자로 선정될 수 있도록 예정가격을 알려 주고 그 특정인은 나머지 입찰참가인들과 담합하여 입찰에 응하였다면, 입찰의 실시

---

59 판례 : 고속도로 휴게소 운영권 입찰에서 여러 회사가 각자 입찰에 참가하되 누구라도 낙찰될 경우 동업하여 새로운 회사를 설립하고 그 회사로 하여금 휴게소를 운영하기로 합의한 후 입찰에 참가한 경우 입찰방해죄가 성립한다(대법원 2006.12.22, 2004도2581).
[경찰채용 12 3차 / 법원행시 14]

없이 서류상으로만 입찰의 근거를 조작한 경우와는 달리 현실로 실시된 입찰의 공정을 해하는 것으로 평가되어 입찰방해죄가 성립한다.

6 대법원 2009.5.14, 2008도11361

일부 입찰참가자들이 가격을 합의하고, 낙찰이 되면 특정 업체가 모든 공사를 하기로 합의하는 등 담합하여 투찰행위를 한 경우, 이는 '적법하고 공정한 경쟁방법'을 해하는 행위로서 입찰의 공정을 해하는 경우에 해당하며, 결과적으로 위 투찰에 참여한 업체의 수가 많아서 실제로 가격형성에 부당한 영향을 주지 않았다고 하더라도 입찰방해죄가 성립한다. [법원행시 14]

7 대법원 2010.10.14, 2010도4940

입찰자들 상호 간에 특정업체가 낙찰받기로 하는 담합이 이루어진 상태에서 그 특정업체를 포함한 다른 입찰자들은 당초의 합의에 따라 입찰에 참가하였으나 일부 입찰자는 자신이 낙찰받기 위하여 당초의 합의에 따르지 아니한 채 오히려 낙찰받기로 한 특정업체보다 저가로 입찰하였다면, 이러한 일부 입찰자의 행위는 위와 같은 담합을 이용하여 낙찰을 받은 것이라는 점에서 적법하고 공정한 경쟁방법을 해한 것이 되므로, 이러한 일부 입찰자의 행위 역시 입찰방해죄에 해당한다. [경찰승진 12 / 법원행시 14]

8 대법원 2015.12.24, 2015도13946

입찰참가 가능성이 있는 자에게 영향을 미친 행위도 입찰방해죄를 구성한다는 사례

건설산업기본법 제95조 제3호 소정의 '입찰행위'의 개념은 형법상의 입찰방해죄에 있어 '입찰'과 동일한 개념이라고 할 것이다. 따라서 동조 소정의 '다른 건설업자의 입찰행위를 방해한 자'에는 입찰에 참가한 다른 건설업자의 입찰행위를 방해한 자뿐만 아니라 입찰에 참가할 가능성이 있는 다른 건설업자의 입찰 참가 여부 결정 등에 영향을 미침으로써 입찰행위를 방해한 자도 포함된다고 보아야 한다. 나아가 형법상의 입찰방해죄와 마찬가지로 건설산업기본법 제95조 제3호 위반죄는 건설공사의 입찰에서 위계 또는 위력, 그 밖의 방법으로 다른 건설업자의 입찰행위를 방해하는 경우에 성립하는 위태범이므로, 다른 건설업자의 입찰행위를 방해할 행위를 하면 그것으로 족하고 현실적으로 다른 건설업자의 입찰행위가 방해되는 결과가 발생할 필요는 없다.

판례연구 **입찰방해죄가 성립하지 않는 사례**

1 대법원 2005.9.9, 2005도3857

입찰절차가 처음부터 존재하였다고 할 수 없어 입찰방해죄의 성립을 부정한 사례

입찰방해죄가 성립하려면 최소한 적법하고 유효한 입찰 절차의 존재가 전제되어야 한다.[60] [경찰채용 20 1차 / 법원행시 07]

2 대법원 2008.5.29, 2007도5037

경제주체의 임의의 선택에 따른 계약체결의 과정은 입찰이 아니라는 사례

'입찰의 공정을 해하는 행위'란 공정한 자유경쟁을 통한 적정한 가격형성에 부당한 영향을 주는 상태를

---

60 **사례** : 甲은 乙이 고철을 매수하려 하니 입찰을 도와달라는 부탁을 받고, SA파 조직원인 후배 丙 등에게 직접 또는 간접으로 지시하여 丙 등이 입찰 장소에서 다른 입찰참가자들에게 甲이 보내서 왔다며 양보를 종용함으로써 응찰을 포기하도록 하게 하였다. 그런데 이 입찰절차는 이전의 제1차 입찰 후 실시된 재입찰절차이었으며 제1차 입찰절차에 의하여 乙이 kg당 150원에 매수하기로 이미 확정·종료된 바 있다. 甲의 죄책은?
판례 : 이 사건의 경우 처음부터 무슨 재입찰절차가 존재하였다 할 수 없어 결국 입찰방해죄는 성립할 수 없게 된다(대법원 2005.9.9, 2005도3857). [법원행시 07]
해결 : 무죄.

발생시키는 것으로, 그 행위에는 가격결정뿐 아니라 적법하고 공정한 경쟁방법을 해하는 행위도 포함되지만, 이러한 입찰방해 행위가 있다고 하기 위해서는 그 방해의 대상이 되는 입찰절차가 존재하여야 하므로, 위와 같이 공정한 자유경쟁을 통한 적정한 가격형성을 목적으로 하는 입찰절차가 아니라 공적·사적 경제주체의 임의의 선택에 따른 계약체결의 과정(추첨)에 공정한 경쟁을 해하는 행위가 개재되었다 하여 입찰방해죄로 처벌할 수는 없다.[61]

3 대법원 1982.11.9, 81도537; 1971.4.20, 70도2241
무모한 경쟁방지를 위한 담합 사례
주문자의 예정가격 안에서 무모한 경쟁을 방지하고자 담합한 경우에는 담합자끼리 금품수수가 있었더라도 입찰 자체의 공정을 해하였다고 볼 수 없다.[62]

4 대법원 2003.9.26, 2002도3924
담합을 시도하는 행위가 있었을 뿐 실제로 담합이 이루어지지 못한 사례
입찰자들의 전부 또는 일부 사이에서 담합을 시도하는 행위가 있었을 뿐 실제로 담합이 이루어지지 못하였고, 또 위계 또는 위력 기타의 방법으로 담합이 이루어진 것과 같은 결과를 얻어내거나 다른 입찰자들의 응찰 내지 투찰행위를 저지하려는 시도가 있었지만 역시 그 위계 또는 위력 등의 정도가 담합이 이루어진 것과 같은 결과를 얻어내거나 그들의 응찰 내지 투찰행위를 저지할 정도에 이르지 못하였고 또 실제로 방해된 바도 없다면, 이로써 공정한 자유경쟁을 방해할 염려가 있는 상태 즉, 공정한 자유경쟁을 통한 적정한 가격형성에 부당한 영향을 주는 상태를 발생시켜 그 입찰의 공정을 해하였다고 볼 수 없어, 이는 입찰방해미수행위에 불과하고 입찰방해죄의 기수에 이르렀다고 할 수는 없다(입찰방해미수죄는 따로 처벌규정이 없어 처벌되지 아니한다). [법원행시 14]

판례연구 **입찰방해죄와 위계에 의한 공무집행방해죄의 관계**

대법원 2000.3.24, 2000도102
범죄행위가 법원경매업무를 담당하는 집행관의 구체적인 직무집행을 저지하거나 현실적으로 곤란하게 하는 데까지는 이르지 않고 입찰의 공정을 해하는 정도의 행위라면 형법 제315조의 경매·입찰방해죄에만 해당될 뿐, 형법 제137조의 위계에 의한 공무집행방해죄에는 해당되지 않는다. [경찰채용 12 3차]

---

61 판례 : 경쟁에 의한 입찰방식이 아니라 추첨방식에 의하였고 입찰시행자가 예정한 범위 내의 행위로서 입찰방해가 아니라고 본 사례
한국토지공사 지역본부가 중고자동차매매단지를 분양하기 위하여 유자격 신청자들을 대상으로 '무작위 공개추첨'하여 1인의 수분양자를 선정하는 절차를 진행하는데, 신청자격이 없는 甲은 총 12인의 신청자 중 9인의 신청자의 자격과 명의를 빌려 그 당첨확률을 약 75%까지 인위적으로 높여 분양을 신청하였다 하더라도, 위 분양절차는 공정한 자유경쟁을 통한 적정한 가격형성을 목적으로 하는 입찰절차에 해당하지 않고, 피고인 甲이 분양절차에 참가한 것은 9인의 신청자와 맺은 합작투자의 약정에 따른 것으로서 위 분양업무의 주체인 한국토지공사가 예정하고 있던 범위 내의 행위이므로, 위 추첨방식의 분양업무의 적정성과 공정성 등을 방해하는 행위라고 볼 수 없어 입찰방해죄나 업무방해죄가 모두 성립하지 않는다(위 판례).
유사 : 한국토지공사 지사가 폐기물최종처리시설 부지를 분양하면서 일정 요건을 갖춘 분양신청자를 대상으로 추첨을 통해 1인의 분양대상자를 선정하는 방식으로 분양절차를 진행한 경우는 입찰방해죄의 입찰절차에 해당하지 않는다(대법원 2008.12.24, 2007도9287).
62 판례 : ① 입찰무효의 사유로 규정한 담합이라 함은, 입찰자가 입찰을 함에 즈음하여 실질적으로는 단독입찰인 것을 그로 인한 유찰을 방지하기 위하여 경쟁자가 있는 것처럼 제3자를 시켜 형식상 입찰을 하게 하는 소위 들러리를 세운다거나 입찰자들끼리 특정한 입찰자로 하여금 낙찰받게 하거나 당해 입찰에 있어서 입찰자들 상호 간에 가격경쟁을 하는 경우 당연히 예상되는 적정한 가격을 저지하고 특정 입찰자에게 부당한 이익을 주고 입찰실시자에게 그 상당의 손해를 입히는 결과를 가져올 정도로 싼 값으로 낙찰되도록 하기 위한 사전협정으로서 그 어느 경우이건 최저가 입찰자가 된 입찰자에게 책임을 돌릴 수 있는 경우를 말하고, ② 단지 기업이윤을 고려한 적정선에서 무모한 출혈경쟁을 방지하기 위하여 일반거래통념상 인정되는 범위 내에서 입찰자 상호 간에 의사의 타진과 절충을 한 것에 불과한 경우는 위의 담합에 포함되지 않는다(대법원 1994.12.2, 94다41454).

✔ 아웃라인

목 차		난 도	출제율	대표지문
제1절 비밀침해의 죄	01 총 설	下	★	• '회사의 직원이 회사의 이익을 빼돌린다.'는 소문을 확인할 목적으로 비밀번호를 설정함으로써 비밀장치를 한 전자기록인 피해자가 사용하던 개인용 컴퓨터의 하드디스크를 떼어내어 다른 컴퓨터에 연결한 다음 의심이 드는 단어로 파일을 검색하여 메신저 대화내용, 이메일 등을 출력한 경우 정당행위에 해당한다. (○)
	02 비밀침해죄	中	★	
	03 업무상 비밀누설죄	中	★	
제2절 주거침입의 죄	01 총 설	中	★★	• 주거침입죄는 사실상의 주거의 평온을 보호법익으로 하는 것이므로, 그 주거자 또는 간수자가 건조물 등에 거주 또는 간수할 권리를 가지고 있는가의 여부는 범죄의 성립을 좌우하는 것이 아니다. (○) • 야간에 신체의 일부만이 집 안으로 들어간다는 인식 하에 타인의 집의 창문을 열고 집 안으로 얼굴을 들이미는 행위를 하였다면 주거침입죄의 고의는 인정되지 않는다. (×) • 적법하게 직장폐쇄를 단행한 사용자로부터 퇴거요구를 받고도 불응한 채 직장점거를 계속한 행위는 퇴거불응죄를 구성한다. (○)
	02 주거침입죄	中	★★	
	03 퇴거불응죄	中	★	
	04 특수주거침입죄	下	★	
	05 주거·신체수색죄	下	★	

✔ 출제경향

구 분	경찰채용						경찰간부						경찰승진					
	16	17	18	19	20	21	17	18	19	20	21	22	17	18	19	20	21	22
제1절 비밀침해의 죄			1					1										
제2절 주거침입의 죄	1	1	1	1	1		1	1	1	1		1			1	1	1	1
출제빈도	6/220						6/240						4/240					

CHAPTER **04**

사생활의 평온에 대한 죄

✔ **키포인트**

	국가9급						법원9급						법원행시						변호사시험					
17	18	19	20	21	22	17	18	19	20	21	22	17	18	19	20	21	22	17	18	19	20	21	22
													2										
						1		1						1	1								1
	0/120						2/150						4/240						1/140				

CHAPTER 04 사생활의 평온에 대한 죄

제1절 비밀침해의 죄

01 비밀침해죄

> 제316조【비밀침해】① 봉함 기타 비밀장치한 사람의 편지, 문서 또는 도화를 개봉한 자는 3년 이하의 징역이나 금고 또는 500만 원 이하의 벌금에 처한다.
> ② 봉함 기타 비밀장치한 사람의 편지, 문서, 도화 또는 전자기록 등 특수매체기록을 기술적 수단을 이용하여 그 내용을 알아낸 자도 제1항의 형과 같다.
> 제318조【고 소】본장의 죄는 고소가 있어야 공소를 제기할 수 있다.

판례연구 비밀침해죄에 해당하는 사례

1 대법원 2008.11.27, 2008도9071

2단 서랍의 아랫칸에 잠금장치가 되어 있는 경우 '비밀장치'에 해당한다고 한 사례

형법 제316조 제1항의 비밀침해죄의 '기타 비밀장치'라 함은 반드시 문서 자체에 비밀장치가 되어 있는 것만을 의미하는 것은 아니고, 봉함 이외의 방법으로 외부 포장을 만들어서 그 안의 내용을 알 수 없게 만드는 일체의 장치를 가리키는 것으로, 잠금장치 있는 용기나 서랍 등도 포함한다고 할 것인바, 서랍이 2단으로 되어 있어 피해자가 아랫칸에 잠금장치를 하였고 객관적으로 그 내용물을 쉽게 볼 수 없도록 외부에 의사를 표시하였다면, 형법 제316조 제1항의 규정 취지에 비추어 아랫칸은 윗칸에 잠금장치가 되어 있는지 여부에 관계없이 그 자체로서 형법 제316조 제1항에 규정하고 있는 비밀장치에 해당한다고 할 것이다.

2 대법원 1984.6.12, 84도620

아들과 이름이 같은 채무자승계인 앞으로 송달된 대체집행결정정본을 개봉한 집행채권자에게 신서개피의 고의를 인정한 사례

피고인이 대체집행사건의 채무자의 승계인 (甲)앞으로 우송된 결정정본을 평소 동명으로 호명되고 있는 자기의 장남 앞으로 온 신서인 줄 알고서 개피하였다고 주장하나, 피고인이 당초 건물철거 등의 대체집행신청을 하면서 채무자의 승계인 (甲)의 주소로 표기한 장소에서는 피고인의 장남이 이미 10여 년 전에 살다가 타처로 이주하여 버렸고, 위 봉함우편물이 바로 피고인신청의 대체집행사건을 처리한 법원의 소송서류였다는 점, 그 수신인 또한 피고인이 대체집행신청을 한 사건의 상대방주소와 성명으로 표시되어 발송된 문서라는 점을 고려해 볼 때 피고인은 위 서류가 바로 대체집행사건의 채무자의 승계인 (甲)에게 송달되는 소송서류라는 사실을 능히 알고 있었다고 봄이 경험칙에 합치된다고 할 것이니 피고인에게 신서개피의 고의가 있었음을 부정할 수 없다.

대법원 2009.12.24, 2007도6243

회사의 이익을 빼돌린다는 소문을 확인할 목적으로, 피해자가 사용하면서 비밀번호를 설정하여 비밀장치를 한 전자기록인 개인용 컴퓨터의 하드디스크를 검색한 사건

'회사의 직원이 회사의 이익을 빼돌린다'는 소문을 확인할 목적으로, 비밀번호를 설정함으로써 비밀장치를 한 전자기록인 피해자가 사용하던 '개인용 컴퓨터의 하드디스크'를 떼어내어 다른 컴퓨터에 연결한 다음 의심이 드는 단어로 파일을 검색하여 메신저 대화 내용, 이메일 등을 출력한 경우, 피해자의 범죄 혐의를 구체적이고 합리적으로 의심할 수 있는 상황에서 피고인이 긴급히 확인하고 대처할 필요가 있었고, 그 열람의 범위를 범죄 혐의와 관련된 범위로 제한하였으며, 피해자가 입사시 회사 소유의 컴퓨터를 무단 사용하지 않고 업무 관련 결과물을 모두 회사에 귀속시키겠다고 약정하였고, 검색 결과 범죄행위를 확인할 수 있는 여러 자료가 발견된 사정 등에 비추어, 피고인의 그러한 행위는 사회통념상 허용될 수 있는 상당성이 있는 행위로서 형법 제20조의 '정당행위'에 해당한다. [경찰채용 11·13 2차/ 경찰간부 11·12/ 경찰승진(경사) 11/ 법원9급 21]

1 대법원 2016.5.12, 2013도15616

통신비밀보호법 제14조 제1항의 금지를 위반하는 행위가 같은 법 제3조 제1항 위반행위에 해당하여 같은 법 제16조 제1항 제1호의 처벌대상이 된다는 사례

통비법의 내용 및 형식, 통비법이 공개되지 아니한 타인간의 대화에 관한 녹음 또는 청취에 대하여 제3조 제1항에서 일반적으로 이를 금지하고 있음에도 제14조 제1항에서 구체화하여 금지되는 행위를 제한하고 있는 입법 취지와 체계 등에 비추어 보면, 통비법 제14조 제1항의 금지를 위반하는 행위는, 통비법과 형사소송법 또는 군사법원법의 규정에 의한 것이라는 등의 특별한 사정이 없는 한, 같은 법 제3조 제1항 위반행위에 해당하여 같은 법 제16조 제1항 제1호의 처벌대상이 된다고 해석하여야 한다.

2 대법원 2002.10.8, 2002도123

제3자가 전화통화자 중 일방만의 동의를 얻어 통화내용을 녹음한 것은 감청에 해당한다는 사례

① 전기통신에 해당하는 전화통화 당사자의 일방이 상대방 모르게 통화내용을 녹음하는 것은 여기의 감청에 해당하지 아니하지만(따라서 전화통화 당사자의 일방이 상대방 몰래 통화내용을 녹음하더라도, 대화 당사자 일방이 상대방 모르게 그 대화내용을 녹음한 경우와 마찬가지로 동법 제3조 제1항 위반이 되지 아니한다), ② 제3자의 경우는 설령 전화통화 당사자 일방의 동의를 받고 그 통화내용을 녹음하였다 하더라도 그 상대방의 동의가 없었던 이상, 사생활 및 통신의 불가침을 국민의 기본권의 하나로 선언하고 있는 헌법규정과 통신비밀의 보호와 통신의 자유신장을 목적으로 제정된 통신비밀보호법의 취지에 비추어 이는 동법 제3조 제1항 위반이 된다고 해석하여야 할 것이다(이 점은 제3자가 공개되지 아니한 타인간의 대화를 녹음한 경우에도 마찬가지이다).[63]

---

63 관련사례 : 불법감청에 의하여 녹음된 전화통화 내용의 증거능력 유무(소극) 수사기관이 甲으로부터 피고인의 마약류관리에 관한 법률 위반(향정) 범행에 대한 진술을 듣고 추가적인 증거를 확보할 목적으로, 구속수감되어 있던 甲에게 그의 압수된 휴대전화를 제공하여 피고인과 통화하고 위 범행에 관한 통화 내용을 녹음하게 하여 획득한 녹음을 근거로 작성된 녹취록 첨부 수사보고는 피고인의 증거동의가 있을 경우 그 증거능력이 인정되는가?

판례 : 제3자의 경우는 설령 전화통화 당사자 일방의 동의를 받고 그 통화 내용을 녹음하였다 하더라도 그 상대방의 동의가 없었던 이상, 이는 여기의 감청에 해당하여 통신비밀보호법 제3조 제1항 위반이 되고(대법원 2002.10.8, 2002도123), 법 제3조 제1항에 위반한 불법감청에 의하여 녹음된 전화통화의 내용은 법 제4조에 의하여 증거능력이 없다(대법원 2001.10.9, 2001도3106 등). 사생활

통신비밀보호법 위반죄에 해당하지 않는 사례

1 대법원 2012.10.25, 2012도4644

이미 수신이 완료된 전기통신 내용을 지득하는 등의 행위는 감청이 아니라는 사례

통신비밀보호법 제2조 제3호 및 제7호의 문언이 송신하거나 수신하는 전기통신 행위를 감청의 대상으로 규정하고 있을 뿐 송·수신이 완료되어 보관 중인 전기통신 내용은 대상으로 규정하지 않은 점, 일반적으로 감청은 다른 사람의 대화나 통신 내용을 몰래 엿듣는 행위를 의미하는 점 등을 고려하여 보면, 통신비밀보호법상 '감청'이란 대상이 되는 전기통신의 송·수신과 동시에 이루어지는 경우만을 의미하고, 이미 수신이 완료된 전기통신의 내용을 지득하는 등의 행위는 포함되지 않는다.

2 대법원 2006.10.12, 2006도4981

3인 간의 대화에 있어서 그 중 한 사람이 그 대화를 녹음하는 경우 통비법위반이 아니라는 사례

통신비밀보호법 제3조 제1항이 "공개되지 아니한 타인간의 대화를 녹음 또는 청취하지 못한다"라고 정한 것은, 대화에 원래부터 참여하지 않는 제3자가 그 대화를 하는 타인들 간의 발언을 녹음해서는 아니 된다는 취지이다. 3인 간의 대화에 있어서 그 중 한 사람이 그 대화를 녹음하는 경우에 다른 두 사람의 발언은 그 녹음자에 대한 관계에서 '타인 간의 대화'라고 할 수 없으므로, 이와 같은 녹음행위가 통신비밀보호법 제3조 제1항에 위배된다고 볼 수는 없다.

02 업무상 비밀누설죄

제317조 【업무상 비밀누설】 ① 의사, 한의사, 치과의사, 약제사, 약종상, 조산사, 변호사, 변리사, 공인회계사, 공증인, 대서업자나 그 직무상 보조자 또는 차등의 직에 있던 자가 그 업무처리 중 지득한 타인의 비밀을 누설한 때에는 3년 이하의 징역이나 금고, 10년 이하의 자격정지 또는 700만 원 이하의 벌금에 처한다.
② 종교의 직에 있는 자 또는 있던 자가 그 직무상 지득한 사람의 비밀을 누설한 때에도 전항의 형과 같다.

업무상 비밀누설죄의 누설행위의 의미

대법원 1992.5.22, 91다39320

법원에 제출하는 것은 업무상 비밀누설죄 ×

분실한 자료의 일부를 법원에 증거로 제출하는 것은 업무상 비밀누설에 해당되지 않는다.

및 통신의 불가침을 국민의 기본권의 하나로 선언하고 있는 헌법규정과 통신비밀의 보호와 통신의 자유 신장을 목적으로 제정된 통신비밀보호법의 취지에 비추어 볼 때 피고인이나 변호인이 이를 증거로 함에 동의하였다고 하더라도 달리 볼 것은 아니다(대법원 2009.12.24, 2009도11401; 2010. 10.14, 2010도9016).

해결 : 인정되지 않는다.

01 총 설

판례연구 사실상 평온설을 취한 사례

1 대법원 1983.3.8, 82도1363
사법상의 불법점유와 주거침입죄 성립은 무관하다
주거침입죄는 사실상의 주거의 평온을 보호법익으로 하는 것이므로 그 거주자 또는 간수자가 건조물 등에 거주 또는 간수할 법률상 권한을 가지고 있는 여부는 범죄의 성립을 좌우하는 것이 아니며 [경찰채용 20 1차 / 국가9급 13] 일단 적법하게 거주 또는 간수를 개시한 후에 그 권한을 상실하여 사법상 불법점유가 되더라도 권리자가 이를 배제하기 위하여 정당한 절차에 의하지 아니하고 그 주거 또는 건조물을 침입한 경우에는 주거침입죄가 성립한다. [법원행시 13]

2 대법원 1984.4.24, 83도1429
무효인 경락허가결정에 의한 인도집행에 기하여 경락인이 점유하는 건물에 소유자가 무단히 들어간 경우
근저당권설정등기가 되어 있지 아니한 별개 독립의 이 사건 건물이 근저당권의 목적으로 된 대지 및 건물과 일괄하여 경매된 경우 이 사건 건물에 대한 경락허가결정이 당연무효라고 하더라도 이에 기한 인도명령에 의한 집행으로서 일단 이 사건 건물의 점유가 경락인에게 이전된 이상 이 사건 건물의 소유자인 피고인이 위 무효인 인도집행에 반하여 위 건물에 들어간 경우에도 주거침입죄는 성립한다. [법원9급 10]

3 대법원 2007.3.15, 2006도7044
비닐하우스의 소유권이 甲에게 있다 하더라도, 乙이 丙으로부터 위 비닐하우스를 인도받아 점유하고 있는 상태에서, 甲이 함부로 위 비닐하우스의 열쇠를 손괴하고 그 안에 들어간 행위는 재물손괴죄 및 주거침입죄를 구성한다.

4 대법원 2007.7.27, 2006도3137
재단 측이 위 공동대책위원회의 진입을 저지하면서 농아원을 사실상 관리하는 상황에서는 설사 재단 측이 농아원을 관리할 법률상의 권한을 상실하였다고 하더라도 그 경우의 **사실상의 평온** 역시 건조물침입죄의 보호법익에 포함되므로, 피고인들이 그 진입과정에서 재단 측의 점유를 배제하기 위하여 관계 법령에 의한 정당한 절차에 의하지 아니한 채 재단 측을 물리적으로 제압함으로써 건조물에 침입한 이상 건조물침입죄를 구성한다.

제319조 【주거침입, 퇴거불응】 ① 사람의 주거, 관리하는 건조물, 선박이나 항공기 또는 점유하는 방실에 침입한 자는 3년 이하의 징역 또는 500만 원 이하의 벌금에 처한다. [경찰채용1차 11]

판례연구 | 타인의 주거·건조물 등에 해당한다는 사례

1 대법원 1969.12.23, 69도2098
자기 소유의 집을 동거 중인 자가 제3자에게 멋대로 매각하고 명도를 하였다 하여도 제3자가 점유하고 있는 위 주거에 무단으로 들어가면 주거침입죄가 성립한다.

2 대법원 2001.4.24, 2001도1092
위요지에 침입하여도 주거침입죄
주거침입죄에 있어서 주거라 함은 단순히 가옥 자체만을 말하는 것이 아니라 그 위요지(圍繞地)를 포함한다 할 것이므로, 이미 수일 전에 2차례에 걸쳐 피해자를 강간하였던 피고인이 대문을 몰래 열고 들어와 담장과 피해자가 거주하던 방 사이의 좁은 통로에서 창문을 통하여 방안을 엿보던 상황이라면 피해자의 주거에 대한 사실상의 평온상태가 침해된 것으로, 피고인의 이와 같은 행위는 주거침입죄에 해당한다.[64]
[국가9급 13 / 법원9급 12 / 법원행시 13·16 / 사시 13 / 변호사시험 12]

3 대법원 2007.12.13, 2007도7247
피해자 소유의 축사 건물 및 그 부지를 임의경매절차에서 매수한 사람이 위 부지 밖에 설치된 피해자 소유 소독시설을 통로로 삼아 위 축사건물에 출입한 사건
저당권의 효력이 미치는 저당부동산의 종물(從物)은 민법 제100조가 규정하는 종물과 같은 의미인바, 어느 건물이 주된 건물의 종물이기 위하여는 주물의 상용에 이바지하는 관계에 있어야 하고 이는 주물 자체의 경제적 효용을 다하게 하는 것을 말하는 것이므로, 주물의 소유자나 이용자의 사용에 공여되고 있더라도 주물 자체의 효용과 관계없는 물건은 종물이 아니다. 피해자 소유의 축사 건물 및 그 부지를 임의경매절차에서 매수한 사람이 위 부지 밖에 설치된 피해자 소유 소독시설을 통로로 삼아 위 축사건물에 출입한 사안에서, 위 소독시설은 축사출입차량의 소독을 위하여 설치한 것이기는 하나 별개의 토지 위에 존재하는 독립한 건조물로서 축사 자체의 효용에 제공된 종물이 아니므로, 위 출입행위는 건조물침입죄를 구성한다. [경찰간부 12]

4 대법원 2009.8.20, 2009도3452
다가구용 단독주택이나 공동주택 내부에 있는 공용 계단과 복도는 '사람의 주거'에 해당한다는 사례
주거침입죄에서 주거란 단순히 가옥 자체만을 말하는 것이 아니라 그 정원 등 위요지를 포함한다. 따라서 다가구용 단독주택이나 다세대주택·연립주택·아파트 등 공동주택 안에서 공용으로 사용하는 계단과 복도는, 주거로 사용하는 각 가구 또는 세대의 전용 부분에 필수적으로 부속하는 부분으로서 그 거주자들에 의하여 일상생활에서 감시·관리가 예정되어 있고 사실상의 주거의 평온을 보호할 필요성이 있는 부분이므로, 특별한 사정이 없는 한 주거침입죄의 객체인 '사람의 주거'에 해당한다. 따라서 다가구용 단독주택인 빌라의 잠기지 않은 대문을 열고 들어가 공용 계단으로 빌라 3층까지 올라갔다가 1층으로 내려온 경우 주거인 공용 계단에 들어간 행위가 거주자의 의사에 반한 것이라면 주거에 침입한 것이라 보아야 한다. [경찰채용 10 1차 / 경찰채용 13 2차 / 경찰승진 11·14 / 국가9급 14 / 법원9급 10 / 사시 10]

---

64 위요지로 볼 수 있는 경우 : ① 월정사 경내(대법원 1983.3.8, 82도1363) ② 정부 세종로 청사 앞마당(대법원 2002.9.24, 2002도959) ③ 대학교 종합운동장(대법원 2004.6.10, 2003도6133)

5 대법원 2009.9.10, 2009도4335

강간할 목적으로 피해자를 따라 피해자가 거주하는 아파트 내부의 엘리베이터에 탄 다음 그 안에서 폭행을 가하여 반항을 억압한 후 계단으로 끌고 가 피해자를 강간하고 상해를 입힌 사건

다가구용 단독주택이나 다세대주택·연립주택·아파트 등 공동주택의 내부에 있는 엘리베이터, 공용 계단과 복도는 특별한 사정이 없는 한 주거침입죄의 객체인 '사람의 주거'에 해당하고, 위 장소에 거주자의 명시적, 묵시적 의사에 반하여 침입하는 행위는 주거침입죄를 구성한다. 피고인이 강간할 목적으로 피해자를 따라 피해자가 거주하는 아파트 내부의 엘리베이터에 탄 다음 그 안에서 폭행을 가하여 반항을 억압한 후 계단으로 끌고 가 피해자를 강간하고 상해를 입힌 경우, 피고인이 성폭력범죄의 처벌 및 피해자보호 등에 관한 법률 제5조 제1항(현 성폭력범죄의 처벌 등에 관한 특례법 제3조 제1항)에 정한 주거침입범의 신분을 가지게 되었으므로, 주거침입을 인정하지 않고 강간상해죄만을 선고한 원심판결을 파기한다. [경찰채용 10 1차 / 경찰채용 13 2차 / 경찰승진 12·13 / 국가9급 14 / 법원9급 10 / 변호사시험 12]

6 대법원 2020.3.12, 2019도16484

사드기지 부지 침입 사건

피고인들은 골프장 부지에 설치된 사드(THAAD: 고고도 미사일 방어 체계)기지 외곽 철조망을 미리 준비한 각목과 장갑을 이용해 통과하여 300m 정도 진행하다가 내곽 철조망에 도착하자 미리 준비한 모포와 장갑을 이용해 통과하여 사드기지 내부 1km 지점까지 진입하였다. …… 건조물침입죄에서 건조물이란 단순히 건조물 그 자체만을 말하는 것이 아니고 위요지를 포함하는 개념이다. 위요지란 건조물에 직접 부속한 토지로서 그 경계가 장벽 등에 의하여 물리적으로 명확하게 구획되어 있는 장소를 말한다. …… 위 사드기지는 더 이상 골프장으로 사용되고 있지 않을 뿐만 아니라 이미 사드발사대 2대가 반입되어 이를 운용하기 위한 병력이 골프장으로 이용될 당시의 클럽하우스, 골프텔 등의 건축물에 주둔하고 있었고, 군 당국은 외부인 출입을 엄격히 금지하기 위하여 사드기지의 경계에 외곽 철조망과 내곽 철조망을 2중으로 설치하여 외부인의 접근을 철저하게 통제하고 있었으므로, 위 사드기지의 부지는 기지 내 건물의 위요지에 해당한다.

판례연구 **타인의 주거·건조물 등에 해당하지 않는 사례**

1 대법원 1976.5.25, 75도528

건물소유자에 대한 인도명령으로 임차인 점유부동산에 대하여 인도집행을 한 경우에 임차인이 자기소유 백미를 반출하기 위하여 위 건물에 출입한 사례

경매법원의 민사소송법 제647조에 따른 인도명령은 어디까지나 채무자에 대해서만 효력이 있다 할 것이므로 집달리는 채무자 아닌 제3자 점유 부동산에 대하여서는 그 인도집행을 할 수 없고 제3자인 임차인 점유의 정미소에 대하여 인도집행을 하였다 하여도 임차인의 점유에는 아무런 영향을 줄 수 없어 동 정미소는 의연 임차인의 점유 아래 있다 할 것이니 임차인이 자기 점유 하에 있는 정미소에 자기소유의 백미를 반출하기 위하여 출입하였다 하여 건조물침입죄를 구성한다고 볼 수 없다

2 대법원 1987.5.12, 87도3

주거침입죄의 보호법익이 소멸되어 그 범죄가 성립될 수 없다는 사례

주택의 매수인이 계약금과 중도금을 지급하고서 그 주택을 명도받아 점유하고 있던 중 위 매매계약을 해제하고 중도금반환청구소송을 제기하여 얻은 그 승소판결에 기하여 강제집행에 착수한 이후에, 매도인이 매수인이 잠가 놓은 위 주택의 출입문을 열고 들어간 경우라면 매도인으로서는 매수인이 그 주택에 대한 모든 권리를 포기한 것으로 알고 그 주택에 들어간 것이라고 할 수 있을 뿐만 아니라 또한 그 주택에 대하여 보호받아야 할 피해자의 주거에 대한 평온상태는 소멸되었다고 볼 수 있으므로 매도인의 위 소위는 주거침입죄를 구성하지 아니한다.

3 대법원 2010.4.29, 2009도14643

주거침입죄에서 침입행위의 객체인 '건조물'에 포함되는 '위요지'의 의미 : 축사 앞 공터 사건

주거침입죄에서 침입행위의 객체인 '건조물'은 그에 부속하는 위요지를 포함하나, 여기서 위요지라고 함은 건조물에 인접한 그 주변의 토지로서 외부와의 경계에 담 등이 설치되어 그 토지가 건조물의 이용에 제공되고 또 외부인이 함부로 출입할 수 없다는 점이 객관적으로 명확하게 드러나야 한다. 따라서 건조물의 이용에 기여하는 인접의 부속 토지라고 하더라도 인적 또는 물적 설비 등에 의한 구획 내지 통제가 없어 통상의 보행으로 그 경계를 쉽사리 넘을 수 있는 정도라고 한다면 일반적으로 외부인의 출입이 제한된다는 사정이 객관적으로 명확하게 드러났다고 보기 어려우므로, 이는 다른 특별한 사정이 없는 한 주거침입죄의 객체에 속하지 아니한다고 봄이 상당하다. 차량 통행이 빈번한 도로에 바로 접하여 있고, 도로에서 주거용 건물, 축사 4동 및 비닐하우스 2동으로 이루어진 시설로 들어가는 입구 등에 그 출입을 통제하는 문이나 담 기타 인적·물적 설비가 전혀 없고 노폭 5m 정도의 통로를 통하여 누구나 축사 앞 공터에 이르기까지 자유롭게 드나들 수 있는 사실 등이 인정된다면, 차를 몰고 위 통로로 진입하여 축사 앞 공터까지 들어간 행위는 주거침입에 해당하지 아니한다.[65] [경찰채용 20 1차/경찰채용 12 2차/경찰간부 11/법원행시 13]

판례연구 **주거침입에 해당하는 사례**

1 대법원 1983.7.12, 83도1394

평소 무상출입하던 주거에 범죄의 목적으로 들어간 사례

피고인이 피해자와 이웃 사이어서 평소 그 주거에 무상출입하던 관계에 있었다 하더라도 범죄의 목적으로 피해자의 승낙 없이 그 주거에 들어간 경우에는 주거침입죄가 성립된다. [경찰간부 16/법원행시 05]

2 대법원 1990.3.13, 90도173

일반적으로 출입이 허가된 건물에 비정상적인 방법으로 들어간 사례

일반적으로 출입이 허가된 건물이라 하여도 피고인이 출입이 금지된 시간에 그 건물담벽에 있던 드럼통을 딛고 담벽을 넘어 들어간 후 그곳 마당에 있던 아이스박스통과 삽을 같은 건물 화장실 유리창문 아래에 놓고 올라가 위 창문을 연 후 이를 통해 들어간 것이라면 그 침입방법 자체가 일반적인 허가에 해당되지 않는 것이 분명하게 나타난 것이므로 건조물침입죄가 성립되는 것이다. [경찰승진 12]

3 대법원 2007.8.23, 2007도2595

거주자나 관리자와의 관계 등으로 평소 그 건조물에 출입이 허용된 사람이라 하더라도 주거에 들어간 행위가 거주자나 관리자의 명시적 또는 추정적 의사에 반함에도 불구하고 감행된 것이라면 주거침입죄는 성립하며, 출입문을 통한 정상적인 출입이 아닌 경우 특별한 사정이 없는 한 그 침입 방법 자체에 의하여 위와 같은 의사에 반하는 것으로 보아야 한다.[66] [경찰승진 12/법원9급 08/법원행시 11]

---

65 **건조물로 볼 수 없는 경우** : 물탱크시설(대법원 2007.12.13, 2007도7247) [법원행시 11]
　위요지로 볼 수 없는 경우 : ① 타워크레인 [경찰채용 10 1차/경찰간부 12] ② 공사현장의 구내(대법원 2005.10.7, 2005도5351) [경찰간부 18]
66 **사례** : 회사 퇴사 후 비정상적 방법으로 들어간 사례 甲은 회장으로서 A회사의 업무처리를 위해 이 사건 사무실을 사용하였던 것이고, A회사와는 무관하게 개인적인 용도에 사용한 것은 아니었는데, 甲은 乙과 결별하고 사실상 A회사를 퇴사하였다. 그런데 甲은 이후 위 사무실에 나타나지 않다가 약 20일이 지나서 A회사의 명시적인 의사에 반하여 비정상적인 방법으로 위 사무실에 들어갔다. 甲의 행위는 주거침입죄(방실침입죄)를 구성하는가?
　해결 : 구성한다.

4 대법원 2003.5.30, 2003도1256

주거침입죄에 있어서 거주자의 반대의사가 추정될 수 있는지 여부(적극)

피고인이 피해자가 사용 중인 공중화장실의 용변칸에 노크하여 남편으로 오인한 피해자가 용변칸 문을 열자 강간할 의도로 용변칸에 들어간 것이라면 피해자가 명시적 또는 묵시적으로 이를 승낙하였다고 볼 수 없어 주거침입죄에 해당한다. [경찰채용 18 2차 / 법원9급 09·12 / 법원승진 14 / 사시 11·13 / 변호사시험 12]

5 대법원 1991.11.8, 91도326

해고된 근로자라도 상당한 기간 내에 그 해고의 효력을 다투면서 노동조합원의 자격으로서 경비원의 제지를 뿌리치고 회사 내로 들어간 후 식당에서 유인물을 배포한 사건

해고된 근로자라도 상당한 기간 내에 그 해고의 효력을 다투는 자에 대하여는 근로자 또는 조합원으로서의 지위를 인정하여야 할 것이나, 위 근로자인 피고인이 경비원들의 제지를 뿌리치고 회사 내로 들어간 후 식당에서 유인물을 배포하였다면 피고인이 단지 노동조합 사무실에 가기 위하여 회사 내에 들어갔다고 볼 수 없으므로 건조물침입죄가 성립한다.[67]

6 대법원 1994.2.8, 93도120

노조원들에 의한 회사 점거 중 해고근로자가 노조 임시사무실에 들어간 행위는 건조물침입죄를 구성한다.[68]

7 대법원 2021.1.14, 2017도21323

세차업자의 아파트 단지 안 주차장 출입 사건

건조물의 거주자나 관리자와의 관계 등으로 평소 그 건조물에 출입이 허용된 사람이라 하더라도 건조물에 들어간 행위가 거주자나 관리자의 명시적 또는 추정적 의사에 반함에도 불구하고 감행된 것이라면 건조물침입죄가 성립한다(대법원 2012.4.12, 2012도976 등). …… 입주자대표회의가 입주자 등이 아닌 자(이하 '외부인')의 단지 안 주차장에 대한 출입을 금지하는 결정을 하고 그 사실을 외부인에게 통보하였음에도 외부인이 입주자대표회의의 결정에 반하여 그 주차장에 들어갔다면, 출입 당시 관리자로부터 구체적인 제지를 받지 않았다고 하더라도 그 주차장의 관리권자인 입주자대표회의의 의사에 반하여 들어간 것이므로 건조물침입죄가 성립한다. 설령 외부인이 일부 입주자등의 승낙을 받고 단지 안의 주차장에 들어갔다고 하더라도 개별 입주자등은 그 주차장에 대한 본질적인 권리가 침해되지 않는 한 입주자대표회의 단지 안의 주차장 관리에 관한 결정에 따를 의무가 있으므로 건조물침입죄의 성립에 영향이 없다. 따라서 공동주택인 아파트의 '단지 안 주차장'에 대한 입주자등이 아닌 외부인의 출입에 관한 '출입을 승낙'한 일부 입주자등의 의사와 '출입을 금지'한 아파트 입주자대표회의의 의사가 상충(相衝)하는 경우, 세차업자인 피고인이 '아파트 지하주차장 출입을 금지'하는 아파트 입주자대

---

67 **유사** : 해고를 당한 후 해고처분무효확인소송을 제기하여 그 효력을 다툼으로써 노동조합의 조합원인 근로자의 지위를 그대로 갖고 있다 하더라도 회사가 조합의 대의원이 아닌 피고인에게 회사 내의 조합대의원회의에 참석하는 것을 허락하지 아니하였는데도 그 의사에 반하여 함부로 거기에 들어가고 회사경비원들의 출입통제업무를 방해한 것은 건조물침입죄와 업무방해죄의 실체적 경합에 해당한다(대법원 1991.9.10, 91도1666).

68 **사례** : 회사점거 중 노조사무실에 들어간 사례 甲(법률적 쟁송이 아닌 개별적 또는 집단적 협의과정을 통하여 해고의 효력을 다투고 있는 해고근로자)은 위 회사 노조수석부위원 A 등이 노조사무실에서 경찰에 의해 구속영장이 집행되자 이에 반발한 위 회사 노조원들이 위 회사 각 출입문 경비실을 장악하고 관리직 사원들의 출입을 봉쇄하며 경찰과 대치하면서 부석시위를 벌이는 등으로 회사를 점거하였을 때에 생산차량 2대를 나누어 타고 와 위 회사 조립부 풀팀(pool team) 사무실(노조 임시사무실로 사용하고 있는 곳)로 들어갔다. 甲의 죄책은?

판례 : 특별한 사정이 없는 한 해고근고자인 피고인이 노조원들에 의한 회사 점거 중 노조 임시사무실에 들어간 행위는 관리자인 회사 측의 의사 내지 추정적 의사에 반하는 것이라 아니할 수 없고, 또 피고인이 그와 같은 승낙이 있다고 믿었음에 정당한 이유가 있다고도 보기 어려운 것이다(대법원 1994.2.8, 93도120).

해결 : 건조물침입죄.

표회의의 결정 및 법원의 출입금지가처분 결정에 반하여 세차영업을 위하여 아파트 지하주차장에 들어간 행위는 건조물침입죄를 구성한다.

8 대법원 2021.10.28, 2021도9242
공동거주자도 아닌 자가 사실상 평온 침해 방법으로 들어간 사례 1 : 공동거주자가 아닌 자가 사실상의 평온상태를 해치는 행위태양으로 자신의 장인이 거주하는 처갓집에 들어간 사건
피고인은 자신과 다툰 후 집을 나간 처를 만나기 위해 피해자가 거주하는 처갓집(이하 '이 사건 집')을 방문하여 그 안으로 들어간 것으로서, 피고인은 이 사건 집의 공동거주자가 아니고, 피고인은 이 사건 범행 전 피해자 측에게 '처가 지금 오지 않으면 이 사건 집에 가서 휘발유를 뿌리겠다'는 취지의 문자메시지를 보냈으며, 이에 피해자와 가족들이 피고인을 피해 이 사건 집을 비웠음에도 피고인은 휘발유로 추정되는 물질을 소지한 채 이 사건 집을 방문하였고, 피해자 측에게 '이 사건 집을 부수고 불을 지르겠다'는 취지의 문자메시지 등을 보냈을 뿐더러 이 사건 집에 들어가는 과정에서 창문을 깨뜨리기도 하였는바, 피고인은 피해자가 이 사건 집에서 누리는 사실상의 평온상태를 해치는 행위태양으로 이 사건 집에 들어간 점 등에 비추어, 주거침입죄가 인정된다.

9 대법원 2021.12.30, 2021도13639
공동거주자도 아닌 자가 사실상 평온 침해 방법으로 들어간 사례 2 : 피해자의 집에서 피해자와 일정기간 함께 생활한 피고인이 피해자의 집에 몰래 들어간 사례
피고인은 2020. 11. 초순 피해자를 알게 되어 교제하기 시작하였고 같은 달 중순부터 2020. 12. 31.까지 1개월 조금 넘는 기간 동안 피해자의 집에서 함께 생활한 점, 피고인은 수사기관부터 원심 법정에 이르기까지 주거지를 자신이 일하는 사무실 방 또는 주민등록지(피해자의 집과 무관한 장소) 중 한 곳으로만 진술하였던 점, 피고인은 피해자가 집을 비운 틈을 이용해 아파트 1층 베란다를 타고 올라가 2층에 있는 피해자의 집 거실 베란다 문을 열고 피해자의 집 안으로 들어간 점 등에 비추어, 주거침입죄의 성립이 인정된다. …… 공동거주자 중 한 사람이 공동생활의 장소에 들어간 경우 주거침입죄의 성립을 부정한 대법원 2021.9.9, 2020도6085 전원합의체 판결은 이 사건과는 사안을 달리한다.

10 대법원 2022.1.27, 2021도15507
공동거주자도 아닌 자가 사실상 평온 침해 방법으로 들어간 사례 3 : 교제하다 헤어진 피해자의 주거가 속해 있는 아파트 동의 출입구에 설치된 공동출입문에 피해자나 다른 입주자의 승낙 없이 비밀번호를 입력하는 방법으로 아파트의 공용 부분에 출입한 사건
아파트 등 공동주택의 공동현관에 출입하는 경우에도, 그것이 주거로 사용하는 각 세대의 전용 부분에 필수적으로 부속하는 부분으로 거주자와 관리자에게만 부여된 비밀번호를 출입문에 입력하여야만 출입할 수 있거나, 외부인의 출입을 통제·관리하기 위한 취지의 표시나 경비원이 존재하는 등 외형적으로 외부인의 무단출입을 통제·관리하고 있는 사정이 존재하고, 외부인이 이를 인식하고서도 그 출입에 관한 거주자나 관리자의 승낙이 없음은 물론, 거주자와의 관계 기타 출입의 필요 등에 비추어 보더라도 정당한 이유 없이 비밀번호를 임의로 입력하거나 조작하는 등의 방법으로 거주자나 관리자 모르게 공동현관에 출입한 경우와 같이, 그 출입 목적 및 경위, 출입의 태양과 출입한 시간 등을 종합적으로 고려할 때 공동주택 거주자의 주거의 사실상의 평온상태를 해치는 행위태양으로 볼 수 있는 경우라면 공동주택 거주자들에 대한 주거침입에 해당한다.

1 대법원 1991.11.8, 91도326

해고된 근로자라도 상당한 기간 내에 그 해고의 효력을 다투면서 노동조합원의 자격으로서 경비원의 제지를 뿌리치고 회사 내 노조사무실에 들어간 사례

해고된 근로자라도 상당한 기간 내에 그 해고의 효력을 다투는 자에 대하여는 근로자 또는 조합원으로서의 지위를 인정하여야 할 것이다. 위 근로자가 조합원의 자격으로서 회사 내 노조사무실에 들어가는 것은 정당한 행위로서 회사측에서도 이를 제지할 수 없는 것이므로 노조사무실 출입목적으로 경비원의 제지를 뿌리치고 회사 내로 들어가는 것은 건조물침입죄로 벌할 수 없다.

2 대법원 2021.9.9, 2020도12630 전원합의체

공동거주자 중 일부의 승낙 하에 들어간 것이 다른 사람의 의사에 반하는 경우 : 혼외 성관계 목적으로 현실적 거주자의 허락을 받고 들어간 사례

주거침입죄의 보호법익은 사적 생활관계에 있어서 사실상 누리고 있는 주거의 평온, 즉 '사실상 주거의 평온'이다. 주거침입죄의 구성요건적 행위인 침입은 주거침입죄의 보호법익과의 관계에서 해석하여야 한다. 따라서 침입이란 '거주자가 주거에서 누리는 사실상의 평온상태를 해치는 행위태양으로 주거에 들어가는 것'을 의미한다. 침입에 해당하는지 여부는 출입 당시 객관적·외형적으로 드러난 행위태양을 기준으로 판단함이 원칙이다. 단순히 주거에 들어가는 행위 자체가 거주자의 의사에 반한다는 거주자의 주관적 사정만으로 바로 침입에 해당한다고 볼 수는 없다. …… 외부인이 공동거주자의 일부가 부재중에 주거 내에 현재하는 거주자의 현실적인 승낙을 받아 통상적인 출입방법에 따라 공동주거에 들어간 경우라면 그것이 부재중인 다른 거주자의 추정적 의사에 반하는 경우에도 주거침입죄가 성립하지 않는다고 보아야 한다. …… 피고인은 피해자의 부재중에 피해자의 처로부터 현실적인 승낙을 받아 통상적인 출입방법에 따라 주거에 들어갔으므로 주거의 사실상 평온상태를 해치는 행위태양으로 주거에 들어간 것이 아니어서 주거에 침입한 것으로 볼 수 없고, 설령 피고인의 출입이 부재중인 피해자의 추정적 의사에 반하더라도 주거침입죄의 성립에 영향을 미치지 않는다고 보아 피고인에 대한 주거침입죄의 성립을 부정한 원심판결은 정당하다. …… 이와 달리 공동거주자 중 한 사람의 승낙에 따라 주거에 출입한 것이 다른 거주자의 의사에 반한다는 사정만으로 다른 거주자의 사실상 주거의 평온을 해치는 결과가 된다는 전제에서, 공동거주자 중 주거 내에 현재하는 거주자의 현실적인 승낙을 받아 통상적인 출입방법에 따라 주거에 출입하였는데도 부재중인 다른 거주자의 추정적 의사에 반한다는 사정만으로 주거침입죄가 성립한다는 취지로 판단한 대법원 1984.6.26. 선고 83도685 판결[69]을 이 판결의 견해에 배치되는 범위 내에서 모두 변경한다. [경찰승진 22]

3 대법원 2021.9.9, 2020도6085 전원합의체

일시 별거 중인 남편과 그 부모의 공동주거 출입 사건

(가정불화로 처 A와 일시 별거 중인 남편 甲은 그의 부모 乙·丙과 함께 주거지에 들어가려고 하는데 처로부터 집을 돌보아 달라는 부탁을 받은 처제 B가 출입을 못하게 하자, 출입문에 설치된 잠금장치를 손괴하고 주거지에 출입하였다.) ① 공동거주자 각자는 특별한 사정이 없는 한 공동주거관계의 취지 및 특성에 맞추어 공동주거 중 공동생활의 장소로 설정한 부분에 출입하여 공동의 공간을 이용할 수 있는 것과 같은 이유로, 다른 공동거주자가 이에 출입하여 이용하는 것을 용인할 수인의무도

---

[69] 판례 : 남편이 일시부재 중 간통의 목적 하에 그 처의 승낙을 얻어 주거에 들어간 경우라도 남편의 주거에 대한 지배관리관계는 여전히 존속한다고 봄이 옳고 사회통념상 간통의 목적으로 주거에 들어오는 것은 남편의 의사에 반한다고 보이므로, 처의 승낙이 있었다 하더라도 남편의 주거의 사실상 평온은 깨졌다 할 것이므로 이 경우 주거침입죄가 성립한다(대법원 1984.6.26, 83도685). [경찰채용 11 1차 / 경찰채용 18 3차 / 경찰간부 13 / 법원9급 08 / 법원행시 05 / 사시 13] → 위 전원합의체 판례에 의하여 이제는 주거침입에 해당하지 않는다.

있다. 이처럼 공동거주자 각자가 공동생활의 장소에서 누리는 사실상 주거의 평온이라는 법익은 공동거주자 상호간의 관계로 인하여 일정 부분 제약될 수밖에 없고, 공동거주자는 이러한 사정에 대한 상호 용인 하에 공동주거관계를 형성하기로 하였다고 보아야 한다. 따라서 공동거주자 상호간에는 특별한 사정이 없는 한 다른 공동거주자가 공동생활의 장소에 자유로이 출입하고 이를 이용하는 것을 금지할 수 없다. …… 공동거주자 중 한 사람이 법률적인 근거 기타 정당한 이유 없이 다른 공동거주자가 공동생활의 장소에 출입하는 것을 금지한 경우, 다른 공동거주자가 이에 대항하여 공동생활의 장소에 들어갔더라도 이는 '사전 양해된 공동주거의 취지 및 특성에 맞추어 공동생활의 장소를 이용하기 위한 방편'에 불과할 뿐, 그의 출입을 금지한 공동거주자의 사실상 주거의 평온이라는 법익을 침해하는 행위라고는 볼 수 없으므로 주거침입죄는 성립하지 않는다. 설령 그 공동거주자가 공동생활의 장소에 출입하기 위하여 다소간의 물리력을 행사하여 그 출입을 금지한 공동거주자의 사실상 평온상태를 해쳤더라도 주거침입죄는 성립하지 않는다. (또한) ② 외부인이 공동거주자 중 한 사람의 승낙에 따라서 공동생활의 장소에 함께 출입한 것도 외부인의 출입을 승낙한 공동거주자의 통상적인 공동생활 장소의 출입 및 이용행위의 일환이자 이에 수반되는 행위로 평가할 수 있는 경우에는 이러한 외부인의 행위는 전체적으로 그 공동거주자의 행위와 동일하게 평가할 수 있다.

4 대법원 2022.3.24, 2017도18272 전원합의체
일반인의 출입이 허용된 장소에 영업주의 승낙을 받아 통상적인 출입방법으로 들어간 사례 : 영업주 몰래 카메라를 설치하기 위하여 음식점에 출입한 사건
(피고인들은 피해자가 운영하는 음식점에서 기자인 공소외 3을 만나 식사를 대접하면서 공소외 3이 부적절한 요구를 하는 장면 등을 확보할 목적으로 녹음·녹화 장치를 설치하거나 장치의 작동 여부 확인 및 이를 제거하기 위하여 위 음식점의 방실에 들어갔다.) …… 거주자의 의사에 반하는지는 사실상의 평온상태를 해치는 행위 태양인지를 평가할 때 고려할 요소 중 하나이지만 주된 평가 요소가 될 수는 없다. 침입행위에 해당하는지는 거주자의 의사에 반하는지가 아니라 사실상의 평온상태를 해치는 행위 태양인지에 따라 판단되어야 한다. 행위자가 거주자의 승낙을 받아 주거에 들어갔으나 범죄 등을 목적으로 한 출입이거나 거주자가 행위자의 실제 출입 목적을 알았더라면 출입을 승낙하지 않았을 것이라는 사정이 인정되는 경우 행위자의 출입행위가 주거침입죄에서 규정하는 침입행위에 해당하려면 …… 행위자의 출입 당시 객관적·외형적으로 드러난 행위 태양에 비추어 주거의 사실상 평온상태가 침해되었다고 평가되어야 한다. 이때 거주자의 의사도 고려되지만 주거 등의 형태와 용도·성질, 외부인에 대한 출입의 통제·관리 방식과 상태 등 출입 당시 상황에 따라 그 정도는 달리 평가될 수 있다. 일반인의 출입이 허용된 음식점에 영업주의 승낙을 받아 통상적인 출입방법으로 들어갔다면 특별한 사정이 없는 한 주거침입죄에서 규정하는 침입행위에 해당하지 않는다. 설령 행위자가 범죄 등을 목적으로 음식점에 출입하였거나 영업주가 행위자의 실제 출입 목적을 알았더라면 출입을 승낙하지 않았을 것이라는 사정이 인정되더라도 그러한 사정만으로는 출입 당시 객관적·외형적으로 드러난 행위 태양에 비추어 사실상의 평온상태를 해치는 방법으로 음식점에 들어갔다고 평가할 수 없으므로 침입행위에 해당하지 않는다. 이와 달리 일반인의 출입이 허용된 음식점이더라도 음식점의 방실에 도청용 송신기를 설치할 목적으로 들어간 것은 영업주의 명시적 또는 추정적 의사에 반한다고 보아 주거침입죄가 성립한다고 인정한 대법원 1997.3.28, 95도2674 판결(소위 초원복집 사건)[70] [경찰채용 10·11 1차/법원행시 12]을 비롯하여 같은 취지의 대법원 판결들은 이 판결의 견해에 배치되는 범위 안에서 이를 변경하기로 한다.[71]

---

70 **사실관계** : 평소 A시 시장 乙이 불법선거운동을 하지 않나 의심해오던 甲이 乙 등 기관장들의 조찬모임이 예약되어 있는 초원복집에 대화내용을 도청하기 위한 도청용 송신기를 설치할 목적으로 손님을 가장하여 들어갔으나, 甲은 제보를 받고 대기 중인 경찰에 의해 검거되었다.

71 **참고** : 위 2017도18272 전원합의체 판례는 95도2674 판결(초원복집 사건)을 비롯하여 '같은 취지의 대법원 판결들'을 변경한다고 판시하였으므로 어느 범위에서 종래의 판례들이 변경되는가가 향후 문제될 것이다. 명시적인 판례의 입장이 없어 다소 모호하기는 하나, 독자들의 수험을 위해서 몇 개의 판례들을 정리해본다. 다만, 추후 판례에 의하여 변동이 있을 수 있으므로 참고만 해주길

판례연구   주거침입의 실행의 착수가 인정되는 사례

대법원 2006.9.14, 2006도2824

주거침입죄의 실행의 착수시기와 출입문을 당겨본 사건

주거침입죄의 실행의 착수는 주거자, 관리자, 점유자 등의 의사에 반하여 주거나 관리하는 건조물 등에 들어가는 행위, 즉 구성요건의 일부를 실현하는 행위까지 요구하는 것은 아니고 범죄구성요건의 실현에 이르는 현실적 위험성을 포함하는 행위를 개시하는 것으로 족하므로 [경찰승진 13 / 국가7급 11·20], 출입문이 열려 있으면 안으로 들어가겠다는 의사 아래 출입문을 당겨보는 행위는 바로 주거의 사실상의 평온을 침해할 객관적인 위험성을 포함하는 행위를 한 것으로 볼 수 있어 그것으로 주거침입의 실행에 착수한 것으로 보아야 한다. [경찰채용 10·12 2차 / 경찰승진(경감) 10 / 국가9급 13 / 국가7급 10 / 법원9급 08·12 / 법원행시 07·08·09]

판례연구   주거침입의 실행의 착수가 인정되지 않는 사례

대법원 2008.4.10, 2008도1464

침입 대상인 아파트에 사람이 있는지 확인하기 위해 초인종을 누른 사건

침입 대상인 아파트에 사람이 있는지를 확인하기 위해 그 집의 초인종을 누른 행위만으로는 침입의 현실적 위험성을 포함하는 행위를 시작하였다거나, 주거의 사실상의 평온을 침해할 객관적인 위험성을 포함하는 행위를 한 것으로 볼 수 없다 할 것이다. [경찰승진 12 / 국가7급 11 / 법원행시 09·10]

판례연구   주거침입의 기수시기와 고의의 내용

대법원 1995.9.15, 94도2561

주거침입죄의 기수와 그 범의에 관하여 일부침입설 내지 보호법익기준설을 판시한 판례

주거침입죄는 사실상의 주거의 평온을 보호법익으로 하는 것이므로, 반드시 행위자의 신체의 전부가 범행의 목적인 타인의 주거 안으로 들어가야만 성립하는 것이 아니라 신체의 일부만 타인의 주거 안으로 들어갔다고 하더라도 거주자가 누리는 사실상의 주거의 평온을 해할 수 있는 정도에 이르렀다면 범죄구성요건을 충족하는 것이라고 보아야 하고, 따라서 주거침입죄의 범의는 반드시 신체의 전부가 타인의

바란다.

[여전히 침입에 해당하는 경우]

① 대리시험을 치르기 위하여 시험장에 들어간 경우(대법원 1967.12.19, 67도1281)

② 관리자의 출입 제지에도 불구하고 다중이 고함이나 소란을 피우면서 건조물에 출입한 경우(대법원 1996.5.10, 96도419)

[이제는 침입에 해당하지 않는 경우]

① 논개영정을 철거목적으로 의기사에 들어간 경우(대법원 2007.3.15, 2006도7079)

② 금남여객자동차주식회사에서 버스차장으로 근무하는 관계로 그 회사의 차고나 사무실에 출입하였는데 절취의 목적이 있었던 경우(대법원 1979.10.30, 79도1882)

[여전히 침입에 해당하지 않는 경우]

① 판례 : 다방, 당구장, 독서실 등의 영업소가 들어서 있는 건물 중 공용으로 사용되는 계단과 복도는 주야간을 막론하고 관리자의 명시적 승낙이 없어도 누구나 자유롭게 통행할 수 있는 곳이라 할 것이므로 관리자가 1층 출입문을 특별히 시정하지 않는 한 범죄의 목적으로 위 건물에 들어가는 경우 이외에는 그 출입에 관하여 관리자나 소유자의 묵시적 승낙이 있다고 봄이 상당하여 그 출입행위는 주거침입죄를 구성하지 않는다(대법원 1985.2.8, 84도2917). [경찰채용 10·11 1차 / 법원행시 12] → 일반인의 출입이 허용되는 곳이므로 위 전원합의체 판례에 의하여 이제는 범죄목적으로 들어가더라도 통상적인 출입방법으로 들어갔다면 주거침입에 해당하지 않는다.

② 판례 : 피고인이 인근 동리에 사는 고모의 아들인 피해자의 집에 잠시 들어가 있는 동안에 동 피해자에게 돈을 갚기 위하여 찾아온 동 피해자의 돈을 절취하였다면 피고인이 당초부터 불법목적을 가지고 위 피해자의 집에 들어갔거나 그의 의사에 반하여 그의 집에 들어간 것이 아니어서 주거침입죄 부분의 공소사실은 범죄의 증명이 없는 때에 해당한다(대법원 1984.2.14, 83도2897). [법원행시 09 / 사시 13]

주거 안으로 들어간다는 인식이 있어야만 하는 것이 아니라 신체의 일부라도 타인의 주거 안으로 들어간다는 인식이 있으면 족하다. 이러한 범의로써 예컨대 주거로 들어가는 문의 시정장치를 부수거나 문을 여는 등 침입을 위한 구체적 행위를 시작하였다면 주거침입죄의 실행의 착수는 있었다고 보아야 하고, 신체의 극히 일부분이 주거 안으로 들어갔지만 사실상 주거의 평온을 해하는 정도에 이르지 아니하였다면 주거침입죄의 미수에 그친다. 야간에 타인의 집의 창문을 열고 집 안으로 얼굴을 들이미는 등의 행위를 하였다면 피고인이 자신의 신체의 일부가 집 안으로 들어간다는 인식하에 하였더라도 주거침입죄의 범의는 인정되고, 또한 비록 신체의 일부만이 집 안으로 들어갔다고 하더라도 사실상 주거의 평온을 해하였다면 주거침입죄는 기수에 이른 것이다. [경찰채용 10 2차 / 경찰간부 13 / 경찰승진 11 · 12 · 14 / 국가9급 11 / 법원9급 07(하) / 법원9급 08 · 10 · 18 / 법원행시 05 · 11 · 12]

판례연구 **주거침입죄의 위법성이 조각되는 사례**

대법원 2002.9.24, 2002도2243
사용자의 직장폐쇄가 정당한 쟁의행위로 인정되지 아니하는 경우 근로자의 사업장 출입은 무죄
사용자의 직장폐쇄가 정당한 쟁의행위로 인정되지 아니하는 때에는 다른 특별한 사정이 없는 한 근로자가 평소 출입이 허용되는 사업장 안에 들어가는 행위가 주거침입죄를 구성하지 아니한다. [경찰승진 11 / 법원9급 07(하) / 사시 12]

판례연구 **주거침입죄의 위법성이 조각되지 않는 사례**

1 **대법원 1985.3.26, 85도122**
권리자가 그 권리실행으로서 자력구제의 수단으로 건조물에 침입한 경우 주거침입죄가 성립한다는 사례
주거침입죄는 사실상의 주거의 평온을 보호법익으로 하는 것이므로 그 거주자 또는 간수자가 건조물등에 거주 또는 간수할 권리를 가지고 있는가의 여부는 범죄의 성립을 좌우하는 것이 아니며, 점유할 권리 없는 자의 점유라고 하더라도 그 주거의 평온은 보호되어야 할 것이므로, 권리자가 그 권리실행으로서 자력구제의 수단으로 건조물에 침입한 경우에도 주거침입죄가 성립한다. [경찰간부 13 / 법원9급 07(하) / 사시 10 · 13]

2 **대법원 1989.9.12, 89도889**
타인 점유 하의 가옥에 대한 소유자의 침입 사건
이 사건 가옥을 피해자가 점유관리하고 있었다면 그 건물이 가사 피고인의 소유였다 할지라도 주거침입죄의 성립에 아무런 장애가 되지 않는다. 건물의 소유자라고 주장하는 피고인과 그것을 점유관리하고 있는 피해자 사이에 건물의 소유권에 대한 분쟁이 계속되고 있는 상황이라면 피고인이 그 건물에 침입하는 것에 대한 피해자의 추정적 승낙이 있었다거나 피고인의 이 사건 범행이 사회상규에 위배되지 않는다고 볼 수 없다. [경찰채용 18 3차 / 경찰승진 11 / 국가7급 10]

3 **대법원 2010.3.11, 2009도5008**
근로자들이 사용자가 제3자와 공동으로 관리 · 사용하는 공간을 사용자에 대한 정당한 쟁의행위를 이유로 관리자의 의사에 반하여 침입 · 점거한 사례
2인 이상이 하나의 공간에서 공동생활을 하고 있는 경우에는 각자 주거의 평온을 누릴 권리가 있으므로, 사용자가 제3자와 공동으로 관리 · 사용하는 공간을 사용자에 대한 쟁의행위를 이유로 관리자의 의사에 반하여 침입 · 점거한 경우, 비록 그 공간의 점거가 사용자에 대한 관계에서 정당한 쟁의행위로

평가될 여지가 있다 하여도 이를 공동으로 관리·사용하는 제3자의 명시적 또는 추정적인 승낙이 없는 이상 위 제3자에 대하여서까지 이를 정당행위라고 하여 주거침입의 위법성이 조각된다고 볼 수는 없다.

[경찰채용 11 1차/ 경찰간부 12/ 사시 12]

03 퇴거불응죄

제319조【주거침입, 퇴거불응】 ② 전항의 장소에서 퇴거요구를 받고 응하지 아니한 자도 전항의 형과 같다. [경찰채용 10 2차/ 법원9급 09]

판례연구 퇴거불응죄가 성립하는 사례

1 대법원 1992.4.28, 91도2309
교회 예배 방해 목적 퇴거불응 사례
피고인이 예배의 목적이 아니라 교회의 예배를 방해하여 교회의 평온을 해할 목적으로 교회에 출입하는 것이 판명되어 위 교회 건물의 관리주체라고 할 수 있는 교회당회에서 피고인에 대한 교회출입금지 의결을 하고, 이에 따라 위 교회의 관리인이 피고인에게 퇴거를 요구한 경우 피고인의 교회출입을 막으려는 위 교회의 의사는 명백히 나타난 것이기 때문에 이에 기하여 퇴거요구를 한 것은 정당하고 이에 불응하여 퇴거를 하지 아니한 행위는 퇴거불응죄에 해당한다.

2 대법원 2005.6.9, 2004도7218
적법한 직장폐쇄에 대한 퇴거불응 사건
적법하게 직장폐쇄를 단행한 사용자로부터 퇴거요구를 받고도 불응한 채 직장점거를 계속한 행위는 퇴거불응죄를 구성한다.[72] [국가7급 07/ 법원행시 11]

판례연구 퇴거불응죄가 성립하지 않는 사례

1 대법원 2007.11.15, 2007도6990
퇴거요구를 받고 건물에서 나가면서 가재도구 등을 남겨둔 것은 퇴거불응죄를 구성하지 않는다는 사례
주거침입죄와 퇴거불응죄는 모두 사실상의 주거의 평온을 그 보호법익으로 하고, 주거침입죄에서의 침입이 신체적 침해로서 행위자의 신체가 주거에 들어가야 함을 의미하는 것과 마찬가지로 퇴거불응죄

---

72 **사례 : 적법한 직장폐쇄에 대한 불법한 퇴거불응에 대항한 정당방위 사례** 2002년 11월 15일 당시 축협에 의하여 적법하게 직장폐쇄가 이루어지고 있었음에도, 근로자가 아닌 乙이 일방적으로 업무에 복귀하겠다면서 사용인인 甲의 퇴거요구에도 응하지 않은 채 계속하여 사업장 내로 진입을 시도하자, 甲이 이에 대응하여 乙을 폭행·협박하였다. 甲에게는 폭행·협박죄가 성립하는가?
판례 : 공소외 축협에 의하여 적법하게 직장폐쇄가 이루어지고 있었음에도, 근로자가 아닌 피해자가 일방적으로 업무에 복귀하겠다면서 피고인의 퇴거 요구에도 응하지 않은 채 계속하여 사업장 내로 진입을 시도한 것은 건조물침입죄 또는 퇴거불응죄를 구성하고, 이에 대응하여 피고인이 공소외 11과 공동하여 피해자를 폭행·협박한 것은 사업장 내의 평온과 노조의 업무방해행위를 방지하기 위한 목적에서 행하여진 것으로서 그 목적 내지 방법의 상당성 등에 비추어 정당방위 내지 정당행위에 해당한다(대법원 2005.6.9, 2004도7218).
해결 : 성립하지 않는다.

의 퇴거 역시 행위자의 신체가 주거에서 나감을 의미하므로, 피고인이 이 사건 건물에 가재도구 등을 남겨두었다는 사정은 퇴거불응죄의 성부에 영향이 없다. [경찰채용 20 2차 / 경찰간부 12 / 경찰승진 11 / 법원9급 09]

2 대법원 2007.12.28, 2007도5204

적법한 쟁의행위로 사업장을 점거한 근로자가 부당한 직장폐쇄에 대항하여 퇴거요구에 불응한 사례

사용자의 직장폐쇄는 노사간의 교섭태도, 경과, 근로자측 쟁의행위의 태양, 그로 인하여 사용자측이 받는 타격의 정도 등에 관한 구체적 사정에 비추어 형평상 근로자측의 쟁의행위에 대한 대항·방위 수단으로서 상당성이 인정되는 경우에 한하여 정당한 쟁의행위로 평가받을 수 있는 것이고, 사용자의 직장폐쇄가 정당한 쟁의행위로 인정되지 아니하는 때에는 적법한 쟁의행위로서 사업장을 점거 중인 근로자들이 직장폐쇄를 단행한 사용자로부터 퇴거 요구를 받고 이에 불응한 채 직장점거를 계속하더 라도 퇴거불응죄가 성립하지 아니한다.[73] [경찰간부 12·18 / 법원9급 09 / 사시 12·13]

---

[73] **판례 :** 부당한 직장폐쇄에 대응한 사례 사용자 측의 노사 간 교섭에 소극적인 태도, 노동조합의 파업이 노사 간 교섭력의 균형과 사용자측 업무수행에 미치는 영향 등에 비추어 노동조합이 파업을 시작한 지 불과 4시간 만에 사용자가 바로 직장폐쇄 조치를 취한 것은 정당한 쟁의행위로 인정되지 아니하므로, 사용자 측 시설을 정당하게 점거한 조합원들이 사용자로부터 퇴거요구를 받고 이에 불응하였더라도 퇴거불응죄가 성립하지 아니한다(대법원 2007.12.28, 2007도5204). [경찰간부 12 / 법원9급 09 / 사시 13]

MEMO

✔ 아웃라인

	목차	난도	출제율	대표지문
제1절 재산죄의 일반이론	01 재산죄의 분류	中	★	• 재산죄의 객체인 재물은 반드시 객관적인 금전적 교환가치를 가질 필요는 없고 소유자, 점유자가 주관적인 가치를 가지고 있음으로써 족하다. (○)
	02 재물	中	★★	• 컴퓨터에 저장되어 있는 '정보' 그 자체는 재물이 될 수 없고, 또 이를 복사하거나 출력한 행위를 가지고 절도죄를 구성한다고 볼 수도 없다. (○)
	03 재산상 이익	中	★	
	04 점유	中	★★	• '아버지와 사실혼관계에 있는 사람으로부터 돈을 갈취한 경우'는 친족상도례가 적용되지 아니한다. (○)
	05 불법영득의사	中	★★	
	06 친족상도례	上	★★★	
제2절 절도의 죄	01 총설	下	★	• 고인이 자신의 어머니 甲 명의로 구입·등록하여 甲에게 명의신탁한 자동차를 乙에게 담보로 제공한 후 乙 몰래 가져간 경우, 乙에 대한 절도죄가 성립하는 것이 아니라 乙에 대한 권리행사방해죄가 성립한다. (×)
	02 절도죄	中	★★★	
	03 야간주거침입절도죄	中	★★	
	04 특수절도죄	上	★★	
	05 (자동차·선박·항공기·원동기장치 자전거) 불법사용죄	下	★	• 주간에 사람의 주거 등에 침입하여 야간에 타인의 재물을 절취한 행위는 형법 제330조의 야간주거침입절도죄를 구성하지 않는다. (○)
	06 상습절도죄	下	★	
제3절 강도의 죄	01 총설	下	★	• 주간에 절도의 목적으로 타인의 주거에 침입하였다가 실행의 착수 이전에 발각되어 체포를 면탈하고자 폭행을 가한 경우에는 단순 주거침입죄와 폭행죄의 경합범만이 성립한다. (○)
	02 강도죄	中	★★★	
	03 특수강도죄	中	★	
	04 준강도죄	上	★★★	• 甲이 야간에 절도의 목적으로 乙이 경영하는 자동차수리공장의 담을 넘다가 방범대원 丙에게 발각되어 추격을 받자 체포를 면탈할 목적으로 丙에게 폭행을 가하였다면 준강도미수죄가 성립한다. (○)
	05 인질강도죄	中	★	
	06 강도상해·치상죄	下	★★	
	07 강도살인·치사죄	下	★	• 강도범인이 체포를 면탈할 목적으로 경찰관에게 폭행을 가한 때에는 강도죄와 공무집행방해죄는 상상적 경합관계에 있게 된다. (×)
	08 강도강간죄	下	★	
	09 해상강도죄	下	★	• 피해자로부터 신용카드를 강취하고 비밀번호를 알아내는 과정에서 피해자에게 입힌 상처가 일상생활에 지장을 초래하지 않았고, 그 회복을 위하여 치료행위가 특별히 필요하지 않은 경우에는 강도상해죄의 상해에 해당하지 않는다. (×)
	10 상습강도죄	下	★	
	11 강도예비·음모죄	中	★★	
제4절 사기의 죄	01 총설	中	★★	• 수입소고기를 사용하는 식당영업주가 한우만을 취급한다는 취지의 상호를 사용하고 식단표 등에도 한우만을 사용한다고 기재한 경우는 사기죄의 기망행위에 해당된다. (○)
	02 사기죄	上	★★★	
	03 컴퓨터 등 사용사기죄와 신용카드범죄	中	★★	• 甲이 피담보채권인 공사대금 채권을 실제와 달리 허위로 크게 부풀려 유치권에 의한 경매를 신청한 행위는 소송사기의 실행의 착수에 해당한다. (○)
	04 준사기죄	中	★	
	05 편의시설부정이용죄	下	★	• 피해자들을 유인하여 사기도박으로 도금을 편취한 경우, 피해자들에 대한 각 사기죄는 실체적 경합의 관계에 있는 것으로 보아야 한다. (×)
	06 부당이득죄	下	★	
	07 상습사기죄	下	★	
제5절 공갈의 죄	01 총설	下	★	• 조상천도제를 지내지 아니하면 피해자와 그의 가족의 생명과 신체 등에 어떤 위해가 발생할 것처럼 겁을 주고 이에 외포된 피해자로부터 예금계좌로 835,000원을 송금받은 경우 공갈죄가 성립한다. (×)
	02 공갈죄	中	★★	
	03 특수공갈죄	下	−	
	04 상습공갈죄	中	★	
제6절 횡령의 죄	01 총설	中	★★	• 동산을 양도담보로 제공하고 점유개정의 방법으로 이를 점유하고 있는 양도담보설정자가 그 동산을 제3자에게 처분한 경우 횡령죄가 성립한다. (×)
	02 횡령죄	上	★★★	
	03 업무상 횡령죄	上	★★	• 포주가 윤락녀와 사이에 윤락녀가 받은 화대를 포주가 보관하였다가 절반씩 분배하기로 약정하고도 보관 중인 화대를 임의로 소비한 경우 횡령죄가 성립한다. (○)
	04 점유이탈물횡령죄	中	★★	
제7절 배임의 죄	01 총설	中	★★	• 배임죄에 있어서의 타인의 사무라 함은 신임관계에 기초를 둔 타인의 재산의 보호 내지 관리의무가 있을 것을 그 본질적 내용으로 하는 것이다. (○)
	02 배임죄	上	★★★	
	03 업무상 배임죄	上	★★	• 채권자가 양도담보로 제공된 부동산을 변제기 후에 담보권의 실행차원에서 처분한 경우, 그 목적물을 부당하게 염가로 처분하거나 청산금의 잔액을 채무자에게 지급해주지 않으면 배임죄가 성립한다. (×)
	04 배임수재죄	中	★★	
	05 배임증재죄	中	★★	
제8절 장물의 죄	01 총설	中	★★	• 장물죄의 장물이 되기 위하여는 본범이 절도, 강도, 사기, 공갈, 횡령 등 재산죄에 의하여 영득한 물건이면 족하고 그중 어느 범죄에 의하여 영득한 것인지를 구체적으로 명시할 것을 요하지 않는다. (○)
	02 장물취득·양도·운반·보관·알선죄	中	★★★	
	03 상습장물취득·양도·운반·보관·알선죄	下	★	
	04 업무상 과실·중과실장물취득·양도·운반·보관·알선죄	下	★	
제9절 손괴의 죄	01 재물손괴죄	中	★★	• '손괴'란 물리적 훼손을 의미하며, 감정상 물건을 본래 용도에 따라 사용할 수 없게 된 경우는 이에 해당하지 않는다. (×)
	02 공익건조물파괴죄	下	−	
	03 중손괴죄·손괴치사상죄	下	−	• 자기명의의 문서라 할지라도 이미 타인에 접수되어 있는 문서에 대하여 함부로 이를 무효화시켜 그 용도에 사용하지 못하게 했다면 문서손괴죄가 성립한다. (○)
	04 특수손괴죄	下	★	
	05 경계침범죄	中	★	
제10절 권리행사를 방해하는 죄	01 권리행사방해죄	上	★★	• 형법 제323조의 권리행사방해죄와 관련하여, 취거, 은닉 또는 손괴한 물건이 자기의 물건이 아니라면 권리행사방해죄가 성립할 여지가 없다. (○)
	02 점유강취죄·준점유강취죄	中	★	
	03 중권리행사방해죄	下	−	• 장래 발생할 특정의 조건부 채권을 담보하기 위하여 부동산에 근저당권을 설정한 경우 강제집행면탈죄가 성립한다. (×)
	04 강제집행면탈죄	上	★	

CHAPTER **05**

재산에 대한 죄

✔ 키포인트

✓ **출제경향**

구 분	경찰채용						경찰간부						경찰승진					
	17	18	19	20	21	22	16	17	18	19	20	21	17	18	19	20	21	22
제1절 재산죄의 일반이론	1	1	1	2	1					2	1	1		1				1
제2절 절도의 죄	1	1	1	1		2	1		1	1	1	1	1	1		1	1	1
제3절 강도의 죄		1		2	1				1	2	2		1		1	1		1
제4절 사기의 죄		2	1	1	1		2	2	1	4	5	1	1	2	1	1	1	2
제5절 공갈의 죄	1										1		1		1			
제6절 횡령의 죄	1	3		2	1		2	2		2	1		1		1	1	1	1
제7절 배임의 죄	1	2	2	1	2	1			1	1	1	1	2	1		1	1	
제8절 장물의 죄			3				1	1				1	1		1		1	1
제9절 손괴의 죄										1							1	1
제10절 권리행사를 방해하는 죄	1				1					1			2		1	1		
출제빈도	43/220						41/240						41/240					

국가9급						법원9급						법원행시						변호사시험					
17	18	19	20	21	22	17	18	19	20	21	22	17	18	19	20	21	22	17	18	19	20	21	22
	1	1	1				1		1	1		1			1	3	1		1		1		
	1					2		1		1						1				1	1	1	1
		1										2		1	1		1	1	2	1			
	1	1			1	1	2	1	2	1	1	2	2	1	2		1	1	1		2	1	2
						1		1		1						1			1				
1	1			1	1	1	2		2	1	1	1	2	3		2	1	1		2			1
		1					1	2	1	1	1	4	2	1	2	1		1	1	1	1	1	
1							1				1	2					1	1					
			1								1	1	1	1									
						1	1	1	1		1	1		1	2	1	1	1			1		1
15/120						39/150						52/240						31/140					

재산에 대한 죄

제1절 재산죄의 일반이론

01 재 물

사례연구 재물은 물리적 관리가능성을 요하므로 법률적·사무적 관리가능성은 포함되지 않는다는 사례 : 타인의 전화에 의한 무단국제폰팅 사건

甲은 1997년 4월경부터 한 달간 乙의 방에 무단으로 침입하여 통화료 금 80만 원 상당의 국제폰팅전화를 사용하였다. 甲의 형사책임은?

해결 타인의 전화기를 무단으로 사용하여 전화통화를 하는 행위는 전기통신업자가 전기통신설비를 이용하고 전기의 성질을 과학적으로 응용한 기술을 사용하여 전화가입자에게 음향의 송수신이 가능하도록 해줌으로써 상대방과의 통신을 매개하여 주는 역무, 즉 전기통신사업자에 의하여 가능하게 된 전화기의 음향송수신기능을 부당하게 이용하는 것으로, 이러한 내용의 역무는 무형적 이익에 불과하고 물리적 관리의 대상이 될 수 없어 재물이 아니라고 할 것이므로 절도죄의 객체가 되지 아니한다. [경찰채용 14 2차 / 국가7급 07 / 법원9급 06·11 / 법원행시 06·14 / 사시 13]

정답 절도죄는 성립하지 않고, 주거침입죄만 성립한다.

판례연구 가치가 있는 재물에 해당되는 경우

1 대법원 1976.1.27, 74도3442

주관적 가치만 있으면 형법상 재물이라는 사례 : 세 조각으로 찢어버린 약속어음

발행자가 회수하여 세 조각으로 찢어 버림으로써 폐지로 되어 쓸모없는 것처럼 보이는 약속어음의 소지를 침해하여 가져갔다면 절도죄가 성립한다. 또한 찢어서 폐지로 된 타인발행 명의의 약속어음 파지면을 이용·조합하여 어음의 외형을 갖춘 경우에는 새로운 약속어음을 작성한 것으로서 그 행사의 목적이 있는 이상 유가증권위조죄가 성립한다.[74] ⇨ 절도죄와 유가증권위조죄의 경합범 [법원행시 06]

---

[74] 주관적·소극적 가치가 있으므로 재물에 해당되는 경우 : ① 발행자가 회수하여 세 조각을 찢어버린 약속어음(대법원 1976.1.27, 74도3442) [법원행시 06], ② 법원으로부터 송달된 심문기일소환장(대법원 2000.2.25, 99도5715) [경찰채용 10 2차 / 경찰채용 11 4차 / 경찰승진(경감) 10 / 법원9급 07(하) / 사시 13], ③ 작성권한 없는 자에 의하여 위조된 유가증권(대법원 1998.11.24, 98도2967) [법원행시 14], ④ 백지의 자동차 출고의뢰서 용지(대법원 1996.5.10, 95도3057)

2 대법원 1986.9.23, 86도1205

사원이 회사를 퇴사하면서 회사의 목적 업무상 기술분야에 관한 문서사본을 절취한 사례

피고인이 근무하던 회사를 퇴사하면서 가져간 서류가 이미 공개된 기술내용에 관한 것이고 외국회사에서 선전용으로 무료로 배부해 주는 것이며 동 회사연구실 직원들이 사본하여 사물처럼 사용하던 것이라도 위 서류들이 회사의 목적업무 중 기술분야에 관한 문서들로서 국내에서 쉽게 구할 수 있는 것도 아니며 연구실 직원들의 업무수행을 위하여 필요한 경우에만 사용이 허용된 것이라면 위 서류들은 위 회사에 있어서는 소유권의 대상으로 할 수 있는 주관적 가치뿐만 아니라 그 경제적 가치도 있는 것으로 재물에 해당한다 할 것이어서 이를 취거하는 행위는 절도에 해당하고 비록 그것이 문서의 사본에 불과하고 또 인수인계 품목에 포함되지 아니하였다 하여 그 위법성이 조각된다 할 수 없다. [경찰승진(경사) 11]

3 대법원 2007.8.23, 2007도2595

퇴사하면서 회사의 부동산매매계약서를 가지고 간 사례

甲이 A회사에서 사실상 퇴사하면서 A회사의 승낙 없이 A회사의 부동산매매계약서를 가지고 간 경우에는, 비록 甲이 평소 위 서류들을 사본·부본의 형태로 업무상 필요에 따라 사용할 수 있었다 하더라도 A회사의 점유가 상실된다거나 甲이 A회사와는 무관하게 독자적으로 점유를 하고 있었다고 볼 수는 없기 때문에 甲의 행위는 절도죄를 구성하게 된다. [법원행시 14]

> 비교　상사와의 의견 충돌 끝에 항의의 표시로 사표를 제출한 다음 평소 피고인이 전적으로 보관, 관리해 오던 이른바 비자금 관계 서류 및 금품이 든 가방을 들고 나온 경우, 불법영득의 의사가 있다고 할 수 없을 뿐만 아니라, 그 서류 및 금품이 타인의 점유 하에 있던 물건이라고도 볼 수 없다(대법원 1995.9.5, 94도3033). [변호사시험 14]

판례연구　　**금제품도 재물이라는 사례**

대법원 1998.11.24, 98도2967

위조된 유가증권도 형법상 재물로서 절도죄의 객체가 된다는 사례

유가증권도 그것이 정상적으로 발행된 것은 물론 비록 작성권한 없는 자에 의하여 위조된 것이라고 하더라도 절차에 따라 몰수되기까지는 그 소지자의 점유를 보호하여야 한다는 점에서 형법상 재물로서 절도죄의 객체가 된다.

판례연구　　**정보 그 자체는 재물이 아니라는 사례**

1 대법원 1996.8.23, 95도192

타인의 문서를 복사한 후 원본은 그대로 두고 사본만 가져간 경우 사본에 대한 절도가 성립하지 않음

회사 직원이 업무와 관련하여 다른 사람이 작성한 회사의 문서를 복사기를 이용하여 복사를 한 후 원본은 제자리에 갖다 놓고 그 사본만 가져간 경우, 그 회사 소유의 문서의 사본을 절취한 것으로 볼 수는 없다.[75] [경찰채용 10 1차 / 법원행시 06]

---

75 보충 : 검사의 이 사건 공소사실의 요지는 피고인이 위 서류들을 복사하여 그 사본을 가지고 가 이를 절취한 사실을 문제삼는 것이 명백하고 그 사본에 대한 복사용지 자체를 절취하였다고 기소한 것으로 볼 수는 없으므로, 원심이 피고인이 위 복사 과정에서 액수불상의 복사지를 절취하였는지 여부에 대한 판단을 하지 아니하였다고 하여 잘못이라고 할 수도 없다(위 판례의 판결이유). 또한 사본에 담겨있는 정보(콘텐츠)는 재물이 아니라는 판단도 전제되어 있는 판례이다.

2 대법원 2002.7.12, 2002도745

컴퓨터에 저장되어 있는 '정보'의 재물성 유무

절도죄의 객체는 관리가능한 동력을 포함한 재물에 한한다 할 것이고, 또 절도죄가 성립하기 위해서는 그 재물의 소유자 기타 점유자의 점유 내지 이용가능성을 배제하고 이를 자신의 점유 하에 배타적으로 이전하는 행위가 있어야만 할 것인바, 컴퓨터에 저장되어 있는 정보 그 자체는 유체물이라고 볼 수도 없고, 물질성을 가진 동력도 아니므로 재물이 될 수 없다 할 것이며, 또 이를 복사하거나 출력하였다 할지라도 그 정보 자체가 감소하거나 피해자의 점유 및 이용가능성을 감소시키는 것이 아니므로 그 복사나 출력행위를 가지고 절도죄를 구성한다고 볼 수도 없다. [경찰승진(경사) 10 / 경찰승진 14 / 국가9급 18 / 법원9급 16 / 법원행시 14 / 사시 13·16 / 변호사시험 17]

02 재산상 이익

판례연구 **재산상 이익은 경제적 재산설에 의함**

1 대법원 2001.10.23, 2001도2991

금품이 전제된 성관계와 재산상 이익

① 일반적으로 부녀와의 성행위 자체는 경제적으로 평가할 수 없고, 부녀가 상대방으로부터 금품이나 재산상 이익을 받을 것으로 약속하고 성행위를 하는 약속 자체는 선량한 풍속 기타 사회질서에 위반한 사항을 내용으로 하는 법률행위로서 무효이지만, ② 사기죄의 객체가 되는 재산상의 이익이 반드시 사법상 보호되는 경제적 이익만을 의미하지 않고, 부녀가 금품 등을 받을 것을 전제로 성행위를 하는 경우 그 행위의 대가는 사기죄의 객체인 경제적 이익에 해당하므로, 부녀를 기망하여 성행위 대가의 지급을 면하는 경우 사기죄가 성립한다. [경찰간부 17 / 경찰승진(경장) 10 / 경찰승진(경위) 10 / 법원9급 06 / 사시 10]

2 대법원 1992.5.26, 91도2963

배임죄에 있어서 재산상 손해의 유무에 대한 판단은 본인의 전재산 상태와 관계에서 법률적 판단에 의하지 아니하고 경제적 관점에서 파악하여야 하며, 법률적 판단에 의하여 당해 배임행위가 무효라 하더라도 경제적 관점에서 파악하여 배임행위로 인하여 본인에게 현실적인 손해를 가하였거나 재산상 손해발생의 위험으로 초래한 경우에는 재산상의 손해를 가한 때에 해당되어 배임죄를 구성한다. [법원9급 13 / 법원행시 10]

03 점 유

판례연구 재물을 점유하는 소유자의 사망에 따라 소유권을 취득한 상속인이 그 점유를 취득하여 상속인에 대한 절도죄가 성립할 수 있는 시기 : 사실상의 지배를 갖지 못한 상속인의 점유 ×

대법원 2012.4.26, 2010도6334
절도죄란 재물에 대한 타인의 점유를 침해함으로써 성립하는 것이다. 여기서의 '점유'라고 함은 현실적으로 어떠한 재물을 지배하는 순수한 사실상의 관계를 말하는 것으로서, 민법상의 점유와 반드시 일치하는 것이 아니다. 그렇게 보면 종전 점유자의 점유가 그의 사망으로 인한 상속에 의하여 당연히 그 상속인에게 이전된다는 민법 제193조[76]는 절도죄의 요건으로서의 '타인의 점유'와 관련하여서는 적용의 여지가 없고, 재물을 점유하는 소유자로부터 이를 상속받아 그 소유권을 취득하였다고 하더라도 상속인이 그 재물에 관하여 위에서 본 의미에서의 사실상의 지배를 가지게 되어야만 이를 점유하는 것으로서 그때부터 비로소 상속인에 대한 절도죄가 성립할 수 있다.[77] [경찰채용 13·20 1차 / 경찰채용 13 2차 / 법원9급 14 / 법원행시 13·16]

판례연구 재물의 점유 : 일반적 지배의사

대법원 1998.11.24, 98도2967
유가증권이 위조된 것이라 하더라도 정상적 절차에 의하여 몰수되기 전까지는 형법상 재물이라고 보아야 하며 그 점유도 '일반적'으로 판단된다.
판결이유 유가증권도 그것이 정상적으로 발행된 것은 물론 비록 작성권한 없는 자에 의하여 위조된 것이라고 하더라도 절차에 따라 몰수되기까지는 그 소지자의 점유를 보호하여야 한다는 점에서 형법상 재물로서 절도죄의 객체가 된다고 할 것이다[금제품(禁制品)의 재물성에 관한 적극설의 입장을 보여준 판례임]. 기록에 의하면 J는 무주리조트 서편매표소에 있던 탑승권 발매기의 전원을 켠 후 날짜를 입력시켜서 탑승권발행화면이 나타나면 전산실의 테스트카드를 사용하여 한 장씩 찍혀 나오는 탑승권을 빼내어 가지고 가는 방법으로 리프트탑승권을 발급·취득한 사실이 인정되고, 그와 같이 발매기에서 나오는 위조된 탑승권은 J가 이를 뜯어가기 전까지는 ○○○개발의 소유 및 점유 하에 있다고 보아야 할 것이므로(점유의사 중 일반적 지배의사의 개념을 인정한 판례임), 위 J의 행위는 발매할 권한 없이 발매기를 임의조작함으로써 유가증권인 리프트탑승권을 위조하는 행위와 발매기로부터 위조되어 나오는 리프트탑승권을 절취하는 행위에 해당된다.

판례연구 강간피해자의 점유 : 현장에 두고 간 손가방 사례

대법원 1984.2.28, 84도38
강간을 당한 피해자가 도피하면서 현장에 두고 간 손가방은 사회통념상 피해자의 지배 하에 있는 물건이라고 보아야 할 것이므로, 피고인이 그 손가방 안에 들어 있는 피해자 소유의 물건을 꺼낸 행위는 절도죄에 해당한다(강간죄와 절도죄의 실체적 경합, cf. 피해자 있을 때 : 강간과 강도).

---

[76] 민법 제193조(상속으로 인한 점유권의 이전) 점유권은 상속인에 이전한다.
[77] 사례 : A는 자신과 내연관계에 있는 甲과 아파트에서 동거하다가, 甲이 사망한 후 부동산 등기권리증 등이 들어 있는 가방을 위 아파트에서 가지고 나갔다. 甲에게는 상속인 乙 및 丙이 있으나 乙 및 丙이 甲 사망 후 그들의 소유권 등에 기하여 아파트 또는 그곳에 있던 가방의 인도 등을 요구한 일은 없다. A에게는 절도죄의 죄책이 인정되는가?
해결 : 인정되지 않는다. [경찰채용 13 1차 / 경찰채용 13 2차 / 법원9급 14 / 법원행시 13]

판례연구 | **유류물·분실물에 있어서 관리자의 점유가 기준이 된다는 사례**

1 대법원 1988.4.25, 88도409
종업원으로 종사하던 당구장에서 주운 금반지를 처분한 자의 죄책
어떤 물건을 잃어버린 장소가 당구장과 같이 타인의 관리 아래 있을 때에는 그 물건은 일응 그 관리자의 점유에 속한다 할 것이고, 이를 그 관리자 아닌 제3자(종업원 포함)가 취거하는 것은 유실물횡령이 아니라 절도죄에 해당한다. [법원9급 06]

2 대법원 2007.3.15, 2006도9338
피씨방에 두고 간 다른 사람의 핸드폰을 취한 행위가 절도죄를 구성한다고 한 사례
피해자가 피씨방에 두고 간 핸드폰은 피씨방 관리자의 점유 하에 있어서 제3자가 이를 취한 행위는 절도죄를 구성한다. [법원승진 13 / 법원9급 10 / 국가9급 17]

3 대법원 1993.3.16, 92도3170
고속버스 승객이 차내에 있는 유실물을 가져 간 경우의 죄책(＝점유이탈물횡령죄)
고속버스 운전사는 고속버스의 관수자로서 차내에 있는 승객의 물건을 점유하는 것이 아니고 승객이 잊고 내린 유실물을 교부받을 권능을 가질 뿐이므로 유실물을 현실적으로 발견하지 않는 한 이에 대한 점유를 개시하였다고 할 수 없고, 그 사이에 다른 승객이 유실물을 발견하고 이를 가져 갔다면 절도에 해당하지 아니하고 점유이탈물횡령에 해당한다. [경찰승진 13 / 법원행시 11·14 / 사시 10]

판례연구 | **공동점유의 경우 점유자가 누구인가가 문제되는 사례**

1 대법원 1982.12.28, 82도2058
공동점유에 속하는 조합재산을 단독점유로 옮긴 경우 불법영득의사가 있다는 사례
조합원의 1인이 조합원의 공동점유에 속하는 합유의 물건을 다른 조합원의 승낙 없이 조합원의 점유를 배제하고 단독으로 자신의 지배하에 옮긴다는 인식이 있었다면 절도죄에 있어서의 불법영득의 의사가 있었다고 볼 것이다. [경찰승진(경감) 10 / 법원행시 06]

2 대법원 2009.2.12, 2008도11804
2인의 동업관계에서 1인의 탈퇴 시 남은 자의 단독소유가 된다는 사례
두 사람으로 된 생강농사 동업관계에 불화가 생겨 그 중 1인이 나오지 않자, 남은 동업인이 혼자 생강밭을 경작하여 생강을 반출한 행위는 절도죄를 구성하지 않는다.[78]

3 대법원 1986.8.19, 86도1093
상하관계의 공동점유에서의 위탁관계 : 오토바이 열쇠 사례
유○○(다방주인)이 피고인 甲(종업원)에게 오토바이 열쇠를 주면서 그 오토바이를 타고 가서 수표를 현금으로 바꾸어 오라고 시키자 피고인 甲이 이를 응낙하고 그 오토바이를 타고 갔다면, 그것은 피고인과 피해자 사이에 오토바이의 보관에 따른 신임관계를 위배한 것이 되어 횡령죄를 구성함은 별론으로 하고 적어도 절도죄는 구성하지 않는다 할 것이다. [경찰채용 14 2차 / 경찰간부 11 / 법원9급 10 / 법원행시 06]

---

78 판결이유 : 조합관계에서 탈퇴하면 조합관계는 해산됨이 없이 종료되어 청산이 뒤따르지 아니하며 조합원의 합유에 속한 조합재산은 남은 조합원의 단독소유에 속하고, 탈퇴자와 남은 자 사이에 탈퇴로 인한 계산을 하여야 한다(대법원 1983.2.22, 82도3236; 1999.3.12, 98다54458).

1 대법원 1982.12.23, 82도2394

피해자가 시장 점포에서 물건을 매수하여 그 곳에 맡겨 놓은 후 그 곳에서 약 50m 떨어져 동 점포를 살펴볼 수 없는 딴 가게로 가서 지게꾼이던 피고인을 불러 피고인 단독으로 위 점포에 가서 맡긴 물건을 운반해 줄 것을 의뢰하자, 피고인은 동 점포에 가서 맡긴 물건을 찾아 피해자에게 운반하여 주지 않고 용달차에 싣고 가서 처분한 것이라면 횡령죄를 구성한다. [경찰승진 12]

2 대법원 1967.7.8, 65도798

피고인들은 열차사무소 취급수(철도승무원)로서 합동하여 그들이 승무한 화차 내에서 동 화차에 적재해 운송 중인 철도청의 수탁화물 중 이삿짐 포장을 풀고 그 속에 묶어 넣어 둔 탁상용 시계 1개 외 의류 9점을 빼내어 절취하였다는 것인데, 이 운송 중의 화물은 교통부의 기관에 의하여 점유·보관되는 것이라 해석되므로 특수절도로 보았음은 정당하다.

3 대법원 1957.9.20, 4290형상281

피고인은 조선운수주식회사 소속의 화물자동차 운전수로서 조선운수주식회사 인천지점에서 작업 중 지시에 의하여 인천항 구내 제1창고에서 인천시 부평동 소재 미군 제55보급부대까지 커피 3상자를 화물자동차로 운송하던 도중에 인천시 송림동 소재 박모가에서 이를 자의로 매각처분하였다는 것인데, 이를 횡령죄로 문의한 원판결은 정당하다.

대법원 1956.1.27, 4288형상375
가마니 안의 정부미 사건
피고인이 보관계약에 의하여 보관 중인 정부 소유의 미곡 가마니에서 삭대를 사용하여 약간량씩을 발취한 경우, 피고인이 발취한 포장함 입내의 보관 중의 정부소유미의 점유는 정부에 있다 할 것이므로 이를 발취한 행위는 절도죄에 해당한다.

대법원 1993.9.28, 93도2143
피고인 甲이 부엌칼로 피해자 乙의 배 부분을 1회, 허벅지 부분을 2~3회, 얼굴과 몸통을 십여 차례 힘껏 찌르는 등 고의로 피해자를 살해한 사실을 인정할 수 있을뿐더러 … 甲이 피해자 乙을 살해한 방에서 사망한 피해자 乙 곁에 4시간 30분쯤 있다가 그 곳 피해자의 자취방 벽에 걸려 있던 피해자가 소지하는 원심판시 물건들을 영득의 의사로 가지고 나온 사실이 인정되는데, 이와 같은 경우에 피해자가 생전에 가진 점유는 사망 후에도 여전히 계속되는 것으로 보아 이를 보호함이 법의 목적에 맞는 것이라고 할 것이므로 피고인의 위 행위는 피해자의 점유를 침탈한 것으로서 절도죄에 해당한다.
[경찰승진(경위) 10 / 국가9급 20·21 / 법원9급 06 / 변호사시험 13·17]

04 불법영득의사

사례연구 | **사표제출 사례 : 영득의사 부정**

A화재보험주식회사 강남지점의 영업과장인 甲은 새로 부임한 지점장 乙로부터 업무인수인계의 지연과 甲의 노동조합활동과 관련하여 질책을 듣고는 그 자리에서 사표를 써서 제출한 다음 회사의 비자금과 관계서류가 들어 있는 가방을 들고 회사를 나갔으나, 甲은 사표제출 후에도 정상적으로 근무하였다. 甲은 평소에 금원과 서류를 전적으로 관리하면서 수시로 집에 가져가 정리하기도 하였고, 특히 외부에서 감사가 나올 때에는 이를 숨기기 위해 자신의 집에 보관하기도 하였다. 甲의 죄책은?

> [해결] 상사와의 의견 충돌 끝에 항의의 표시로 사표를 제출한 다음 평소 피고인이 전적으로 보관·관리해 오던 이른바 비자금 관계서류 및 금품이 든 가방을 들고 나온 경우, 불법영득의 의사가 있다고 할 수 없을 뿐 아니라, 그 서류 및 금품이 타인의 점유 하에 있던 물건이라고도 볼 수 없다(대법원 1995.9.5, 94도3033).[79] [변호사시험 14]
>
> [정답] 무죄

판례연구 | **불법영득의사의 내용 관련 판례**

1 대법원 1989.11.28, 89도1679

피해자의 전화번호를 알아두기 위하여 전화요금 영수증을 가져간 경우 불법영득의사가 없다는 사례

절도죄의 성립에 필요한 불법영득의 의사라 함은 권리자를 배제하고 타인의 물건을 자기의 소유물과 같이 이용, 처분할 의사를 의미한다 할 것인 바, 피고인이 피해자의 전화번호를 알아두기 위하여 피해자가 떨어뜨린 전화요금영수증을 습득한 후 돌려주지 않은 경우에 그에게 불법영득의 의사가 있다고 인정하기 어렵다. [경찰승진(공통) 11]

2 대법원 1992.9.8, 91도3149

사격장에서 군무를 이탈하면서 총기를 휴대한 경우 총기에 대한 불법영득의사가 없다는 사례

절도죄의 성립에 필요한 불법영득의 의사라 함은 권리자를 배제하고 타인의 물건을 자기의 소유물과 같이 그 경제적 용법에 따라 이용·처분할 의사를 말하는 것으로 영구적으로 그 물건의 경제적 이익을 보유할 의사가 필요한 것은 아니지만 단순한 점유의 침해만으로서는 절도죄를 구성할 수 없고 소유권 또는 이에 준하는 본권을 침해하는 의사 즉 목적물의 물질을 영득할 의사이거나 또는 그 물질의 가치만을 영득할 의사이든 적어도 그 재물에 대한 영득의 의사가 있어야 한다. 피고인이 군무를 이탈할 때 총기를 휴대하고 있는지조차 인식할 수 없는 정신상태에 있었고 총기는 어떤 경우라도 몸을 떠나서는 안 된다는 교육을 지속적으로 받아왔다면 사격장에서 군무를 이탈하면서 총기를 휴대하였다는 것만 가지고는 피고인에게 총기에 대한 불법영득의 의사가 있었다고 할 수 없다.

> [유사] 국가에 반납하기 위하여 타인이 점유하는 총기를 절취한 경우에도 절도죄의 성립이 부정된다(대법원 1977.6.7, 77도1038).

---

[79] **판결이유** : 피고인의 사직서 제출은 진정으로 위 회사를 사직할 의사에서 제출하였기보다는 위 乙과의 의견 충돌 끝에 항의의 표시로 제출한 것으로 보아야 할 것이므로, 피고인이 이 사건 서류와 금품이 든 위 가방을 들고 나간 것은 여전히 위 회사를 위한 보관자의 지위에서 한 행위로서 불법영득의 의사가 있다고 볼 수 없다.

3 대법원 2000.10.13, 2000도3655

살해된 피해자의 주머니에서 꺼낸 지갑을 다른 증거품들과 함께 태워버린 경우

절도죄의 성립에 필요한 불법영득의 의사라 함은 권리자를 배제하고 타인의 물건을 자기의 소유물과 같이 그 경제적 용법에 따라 이용·처분하려는 의사를 말한다. 따라서 피고인이 살해된 피해자의 주머니에서 꺼낸 지갑을 살해도구로 이용한 골프채와 옷 등 다른 증거품들과 함께 자신의 차량에 싣고 가다가 쓰레기 소각장에서 태워버린 경우, 살인 범행의 증거를 인멸하기 위한 행위로서 불법영득의 의사가 있었다고 보기 어렵다.[80] [법원9급 17 / 법원행시 11]

판례연구	불법영득의사의 객체 관련 판례

1 대법원 1999.7.9, 99도857

신용카드로 현금서비스를 받고 신용카드를 반환한 경우

신용카드업자가 발행한 신용카드는 이를 소지함으로써 신용구매가 가능하고 금융의 편의를 받을 수 있다는 점에서 경제적 가치가 있다 하더라도, 그 자체에 경제적 가치가 화체되어 있거나 특정의 재산권을 표창하는 유가증권이라고 볼 수 없고, 단지 신용카드회원이 그 제시를 통하여 신용카드회원이라는 사실을 증명하거나 현금자동지급기 등에 주입하는 등의 방법으로 신용카드업자로부터 서비스를 받을 수 있는 증표로서의 가치를 갖는 것이어서, 이를 사용하여 현금자동지급기에서 현금을 인출하였다 하더라도 신용카드 자체가 가지는 경제적 가치가 인출된 예금액만큼 소모되었다고 할 수 없으므로, 이를 일시사용하고 곧 반환한 경우에는 불법영득의 의사가 없다. [경찰채용 11 2차 / 경찰승진(경위) 10 / 국가9급 16]

2 대법원 2010.5.27, 2009도9008

월급을 제대로 받지 못할까 염려하여 회사 통장에서 예금을 인출하고 반환한 사례

예금통장은 예금채권을 표창하는 유가증권이 아니고 그 자체에 예금액 상당의 경제적 가치가 화체되어 있는 것도 아니지만, 이를 소지함으로써 예금채권의 행사자격을 증명할 수 있는 자격증권으로서 예금계약사실 뿐 아니라 예금액에 대한 증명기능이 있고 이러한 증명기능은 예금통장 자체가 가지는 경제적 가치라고 보아야 하므로, 예금통장을 사용하여 예금을 인출하게 되면 그 인출된 예금액에 대하여는 예금통장 자체의 예금액 증명기능이 상실되고 이에 따라 그 상실된 기능에 상응한 경제적 가치도 소모된다고 할 수 있다. 그렇다면 타인의 예금통장을 무단사용하여 예금을 인출한 후 바로 예금통장을 반환하였다 하더라도 그 사용으로 인한 위와 같은 경제적 가치의 소모가 무시할 수 있을 정도로 경미한 경우가 아닌 이상, 예금통장 자체가 가지는 예금액 증명기능의 경제적 가치에 대한 불법영득의 의사를 인정할 수 있으므로 절도죄가 성립한다.[81] [경찰채용 12 2차 / 경찰승진 1·13 / 국가9급 13 / 국가7급 12 / 법원행시 12·13 / 사시 12]

---

80 **판례에 대한 보충설명** : 불법영득의사라 함은 타인의 소유를 배제하고 자신의 소유물처럼 사용·수익·처분하겠다는 의사를 말하며, 따라서 배제의사와 이용의사를 그 개념요소로 한다. 위 사례의 경우 적극적 이용의사가 결여되어 있어 불법영득의사가 부정되는 것이다. 참고로 증거인멸죄는 타인의 형사사건·징계사건에 관한 증거를 대상으로 하므로 이 사안에는 해당될 수 없다. 또한 일반물건방화죄는 구체적 위험범이므로 역시 해당되지 않는다.

81 **사실관계** : 甲은 A주식회사의 사무실에서 A회사 명의의 농협 통장을 몰래 가지고 나와 예금 1,000만 원을 인출한 후 다시 위 통장을 제자리에 갖다 놓았다. 그런데 甲은 A회사의 현장소장으로 근무하던 중 월급 등을 제대로 지급받지 못할 것을 염려하여 위 행위를 한 것이다. 위 통장 자체에 대하여 甲의 죄책은 절도죄가 성립한다.

판례연구　약정에 기한 인도청구권이 인정되어도 절도죄의 점유배제 행위를 인정한 사례

1 대법원 1973.2.28, 72도2538
외상물품의 반환청구권이 있어도 승낙을 받지 않고 가져갔다면 절도에 해당한다는 사례
매매계약의 해제가 있고 동 외상 매매물품의 반환청구권이 피고인(채권자)에게 있다고 하여도 절도라 함은 타인이 점유하는 재물을 도취하는 행위, 즉 점유자의 의사에 의하지 아니하고 그 점유를 취득하는 행위로서 절도행위의 객체는 점유라 할 것이므로, 피고인이 정○○(채무자)의 승낙을 받지 않고 위 물품들을 가져갔다면 그 물품에 대한 반환청구권이 피고인에게 있었다 하여도 피고인의 그 행위는 절도행위에 해당되는 법리라 할 것임에도 불구하고 원판결이 위와 같이 반환청구권이 있다는 이유만으로 절도죄를 구성할 여지없다고 판단한 것은 절도행위의 객체에 관한 법리를 오해한 것이다.
[국가7급 13]

2 대법원 2001.10.26, 2001도4546
굴착기 취거 사례
굴착기 매수인이 약정된 기일에 대금채무를 이행하지 아니하면 굴착기를 회수하여 가도 좋다는 약정을 하고 각서와 매매계약서 및 양도증명서 등을 작성하여 판매회사 담당자에게 교부한 후 그 채무를 불이행하자 그 담당자가 굴착기를 취거하여 매도한 경우, 굴착기에 대한 소유권 등록 없이 매수인의 위와 같은 약정 및 각서 등의 작성·교부만으로 굴착기에 대한 소유권이 판매회사로 이전될 수는 없으므로 굴착기 취거 당시 그 소유권은 여전히 매수인에게 남아 있고, 매수인의 의사표시 중에 자신의 동의나 승낙 없이 현실적으로 자신의 점유를 배제하고 굴착기를 가져가도 좋다는 의사까지 포함되어 있었던 것으로 보기는 어렵기 때문에, 그 굴착기 취거행위는 절도죄에 해당하고 불법영득의 의사도 인정된다.[82]

---

82 판례에 대한 보충설명 : 약정에 기한 인도청구권이 인정되는 경우에도 점유자의 의사에 반하여 점유를 배제하는 행위를 함으로써 절도죄가 성립한다는 판례이다. 형법상 절취란 타인이 점유하고 있는 자기 이외의 자의 소유물을 점유자의 의사에 반하여 그 점유를 배제하고 자기 또는 제3자의 점유로 옮기는 것을 말하는 것으로, 비록 약정에 기한 인도 등의 청구권이 인정된다고 하더라도, 취거 당시에 점유 이전에 관한 점유자의 명시적·묵시적 동의가 있었던 것으로 인정되지 않는 한, 점유자의 의사에 반하여 점유를 배제하는 행위를 함으로써 절도죄는 성립하는 것이고, 그러한 경우에 특별한 사정이 없는 한 불법영득의 의사가 없었다고 할 수는 없다는 것이다.

3 대법원 2010.2.25, 2009도5064

리스료 미납 덤프트럭을 가져간 사례

피고인 甲이 할부매매 덤프트럭을 가져가기 전에 B 주식회사에 "여신거래기본약관상의 기한이익 상실조항에 의거하여 리스료의 일시상환 청구를 하게 되었으며 또한 귀하의 재산에 대한 법적조치 및 연체자 정보제공 준비에 있습니다."라는 내용의 통보서를 보냈고, A 주식회사와 B 주식회사 간에 "B 주식회사가 채무를 이행하지 아니하는 경우에 A 주식회사가 이를 관리하고 그 처분 혹은 임대수익으로써 채무의 변제에 충당할 수 있다."는 취지의 서면약정이 있었다고 하더라도, 피고인이 할부매매 덤프트럭을 가져간 행위는 B 주식회사의 의사에 반하는 절취행위에 해당한다고 본 것은 정당하다.

판례연구   반환의사 관련 판례

1 대법원 1987.12.8, 87도1959

인감도장 사용 후 반환 사례 : 사용절도

피고인이 피해자 이○○의 도장과 인감도장을 그의 책상서랍에서 몰래 꺼내어 가서 그것을 차용금증서의 연대보증인란에 찍고 난 후 곧 제자리에 넣어둔 경우에는 위 도장에 대한 불법영득의 의사가 있었다고 인정할 수 없다. [경찰채용 10 2차/국가9급 16/법원행시 11]

➡ 위 판례는 영득의사의 객체인 물체 또는 가치에 있어서 가치의 범위에 관한 "주민등록증 등 증명서를 사용 후 반환한 경우 단지 당해 증명서의 사용가치만 문제되는 경우이므로 영득의사를 인정할 수 없다(대법원 1971.10.19, 70도1399)."라는 판례나, "피해자의 승낙 없이 혼인신고서를 작성하기 위하여 피해자의 도장을 몰래 꺼내어 사용한 후 곧바로 제자리에 갖다 놓은 경우, 도장에 대한 불법영득의 의사가 있었다고 볼 수 없다(대법원 2000.3.28, 2000도493)."라는 판례 [국가7급 12/사시 13]와 일맥상통한다.

2 대법원 1992.5.12, 92도280

내연관계 회복을 위해 잠시 피해자의 재물을 가져온 사례 : 사용절도

피고인이 나○○과의 내연관계를 회복시켜 볼 목적으로 그녀의 물건을 가져와 보관한 후 이를 찾으러 오면 그 때 그 물건을 반환하면서 잘 타일러 다시 내연관계를 지속시킬 생각으로 그 물건을 가져온 것이라면 불법영득의 의사가 있다고 할 수 없다. [법원9급 11·17]

판례연구   사용절도 관련 판례

1 대법원 1992.4.24, 92도118

평소 친분 있는 자의 차량을 잠시 사용·반환한 사례

피고인들은 자동차 소유자인 박○○과 같은 동네에 거주하는 선후배 관계로 평소 잘 알고 지내는 사이였고, 1990.12.경에는 피고인 나○○가 공소외 윤○○로부터 위 차량을 빌려 잠시 운행한 일이 있었는데, 그때 반환하지 아니한 보조열쇠를 이용하여 판시와 같이 3차례에 걸쳐 위 차량을 2~3시간 정도 운행한 후 원래 주차된 곳에 갖다 놓아 반환하였다면 … 피고인들과 피해자 간의 친분관계, 차량의 운행경위, 운행시간, 운행 후의 정황 등에 비추어 피고인들에게 불법영득의 의사가 있었다고 볼 수 없다.

2 대법원 1981.10.13, 81도2394

승낙 없이 오토바이를 사용 후 방치한 사례

피고인은 소유자 공소외 문○○이 길가에 세워둔 오토바이를 그 승낙 없이 타고 가서 용무를 마친

약 1시간 30분 후 본래 있던 곳에서 약 7~8m 되는 장소에 방치하였다는 것이므로 여기에 불법영득의 의사가 있었다고 할 것이다.[83]

3 대법원 2011.8.18, 2010도9570

타인의 재물을 점유자의 승낙 없이 무단 사용하고 곧 반환하지 않고 장시간 점유한 경우

甲 주식회사 감사인 A는 회사 경영진과의 불화로 한 달 가까이 결근하다가 자신의 출입카드가 정지되어 있는데도 이른 아침에 경비원에게서 출입증을 받아 컴퓨터 하드디스크를 절취하기 위해 회사 감사실에 침입하여 자신이 사용하던 컴퓨터에서 하드디스크를 떼어간 후 4개월 가까이 지난 시점에 반환하였다. A가 회사 감사실에 침입한 행위는 그 수단, 방법의 상당성을 결하는 것으로서 정당행위에 해당하지 않는다(방실침입죄 성립). 또한 타인의 재물을 점유자의 승낙 없이 무단 사용하는 경우에 있어서 그 사용으로 인하여 물건 자체가 가지는 경제적 가치가 상당한 정도로 소모되거나 또는 사용 후 그 재물을 본래 있었던 장소가 아닌 다른 장소에 버리거나 곧 반환하지 아니하고 장시간 점유하고 있는 것과 같은 때에는 그 소유권 또는 본권을 침해할 의사가 있다고 보아 불법영득의 의사를 인정할 수 있을 것이다(대법원 2006.3.9, 2005도7819 등 참조).[84] [변호사시험 14·16]

4 대법원 2012.7.12, 2012도1132

타인의 재물을 점유자의 승낙 없이 무단 사용하고 본래의 장소와 다른 곳에 유기한 경우

A는 甲의 영업점 내에 있는 甲 소유의 휴대전화를 허락 없이 가지고 나와 사용한 다음 약 1~2시간 후 위 영업점 정문 옆 화분에 놓아두고 갔다. 일시 사용의 목적으로 타인의 점유를 침탈한 경우에도 사용으로 인하여 물건 자체가 가지는 경제적 가치가 상당한 정도로 소모되거나 또는 상당히 장시간 점유하고 있거나 본래의 장소와 다른 곳에 유기하는 경우에는 이를 일시 사용하는 경우라고는 볼 수 없으므로 영득의 의사가 없다고 할 수 없다. A는 甲의 휴대전화를 자신의 소유물과 같이 경제적 용법에 따라 이용하다가 본래의 장소와 다른 곳에 유기한 것이므로, A에게는 불법영득의사가 있었다고 할 것이다. [경찰승진 14 / 국가7급 18 / 법원9급 16·17 / 법원행시 16 / 사시 16 / 변호사시험 14·16]

---

05 친족상도례

> **제328조【친족 간의 범행과 고소】** ① 직계혈족, 배우자, 동거친족, 동거가족 또는 그 배우자 간의 제323조의 죄는 형을 면제한다.
> ② 제1항 이외의 친족 간에 제323조의 죄를 범한 때에는 고소가 있어야 공소를 제기할 수 있다.
> ③ 전2항의 신분관계가 없는 공범에 대하여는 전2항을 적용하지 아니한다.

판례연구	혼인이 무효인 경우 친족상도례의 배우자에 해당하지 않는다는 사례

대법원 2015.12.10, 2014도11533

민법 제815조 제1호는 당사자 사이에 혼인의 합의가 없는 때에는 그 혼인을 무효로 한다고 규정하고

---

83 이 판례에 대해 불법영득의사를 부정해야 한다는 비판은 이재상, §16-63 참조.
84 **보충** : 상고이유에서 들고 있는 대법원 1995.9.5, 94도3033 판결은 피고인이 상사의 질책을 듣고 홧김에 사표를 제출한 후 평소 전적으로 관리하던 회사 비자금 서류 등이 든 가방을 들고 회사를 나갔다가 사표 제출 후에도 정상적으로 근무한 사안으로서, 이 사건과는 사안을 달리하여 그대로 원용하기에 적절하지 아니하다(위 판례).

있고, 이 혼인무효 사유는 당사자 사이에 사회관념상 부부라고 인정되는 정신적·육체적 결합을 할 의사를 가지고 있지 않은 경우를 가리킨다. 그러므로 비록 당사자 사이에 혼인의 신고가 있었더라도, 그것이 단지 다른 목적을 달성하기 위한 방편에 불과한 것으로서 그들 사이에 참다운 부부관계의 설정을 바라는 효과의사가 없을 때에는 그 혼인은 무효라고 할 것이다. 그리고 형법 제354조, 제328조 제1항에 의하면 배우자 사이의 사기죄는 이른바 친족상도례에 의하여 형을 면제하도록 되어 있으나, 사기죄를 범하는 자가 금원을 편취하기 위한 수단으로 피해자와 혼인신고를 한 것이어서 그 혼인이 무효인 경우라면, 그러한 피해자에 대한 사기죄에서는 친족상도례를 적용할 수 없다고 할 것이다. [경찰채용 21 1차 / 법원9급 18 / 법원행시 16]

판례연구 **형법 제328조 제1항의 '그 배우자' 및 제328조의 친족의 의미**

1 대법원 2011.5.13, 2011도1765
친족상도례를 규정한 형법 제328조 제1항에서 '그 배우자'가 동거가족의 배우자만을 의미하는 것은 아니라는 사례
형법 제354조에 의하여 준용되는 제328조 제1항에서 "직계혈족, 배우자, 동거친족, 동거가족 또는 그 배우자 간의 제323조의 죄는 그 형을 면제한다."고 규정하고 있는바, 여기서 '그 배우자'는 동거가족의 배우자만을 의미하는 것이 아니라, 직계혈족, 동거친족, 동거가족 모두의 배우자를 의미하는 것으로 볼 것이다. 피고인이 피해자의 직계혈족의 배우자임을 이유로 형법 제354조, 제328조 제1항에 따라 피해자에 대한 상습사기의 점에 관한 공소사실에 대하여 형을 면제한 것은 정당하다. [경찰채용 17 1차 / 경찰승진 14]

2 대법원 2011.4.28, 2011도2170
사기죄의 피고인과 피해자가 사돈지간인 경우 친족에 해당하지 않는다는 사례
사기죄의 피고인과 피해자가 사돈지간이라고 하더라도 이를 민법상 친족으로 볼 수 없다. 따라서 피고인이 백화점 내 점포에 입점시켜 주겠다고 속여 피해자로부터 입점비 명목으로 돈을 편취하였다며 사기로 기소된 경우, 피고인의 딸과 피해자의 아들이 혼인하여 피고인과 피해자가 사돈지간이라고 하더라도 민법상 친족으로 볼 수 없는데도, 2촌의 인척인 친족이라는 이유로 위 범죄를 친족상도례가 적용되는 친고죄라고 판단한 후 피해자의 고소가 고소기간을 경과하여 부적법하다고 보아 공소를 기각한 원심판결 및 제1심판결에는 친족의 범위에 관한 법리오해의 위법이 있다.[85] [경찰채용 12·16· 18 1차 / 경찰간부 14 / 경찰승진 13 / 법원9급 12·20 / 법원행시 11·12·13·16]

판례연구 **친족상도례가 적용되기 위한 친족관계의 존재시기**

대법원 1997.1.24, 96도1731
인지의 소급효는 친족상도례 규정에 미친다는 사례
형법 제344조, 제328조 제1항 소정의 친족간의 범행에 관한 규정이 적용되기 위한 친족관계는 원칙적으로 범행 당시에 존재하여야 하는 것이지만 [경찰승진(경위) 11 / 법원행시 09 / 사시 14], 부가 혼인 외의 출생자를 인지하는 경우에 있어서는 민법 제860조에 의하여 그 자의 출생시에 소급하여 인지의 효력이 생기는 것이며, 이와 같은 인지의 소급효는 친족상도례에 관한 규정의 적용에도 미친다고 보아야 할 것이므로, 인지가 범행 후에 이루어진 경우라고 하더라도 그 소급효에 따라 형성되는 친족관계를 기초로 하여

---

[85] **사례** : 甲은 백화점 내 점포에 입점시켜 주겠다고 속여 피해자 乙로부터 입점비 명목으로 돈을 편취하여 사기죄로 기소되었다. 그런데 甲의 딸과 乙의 아들은 혼인한 사이로 甲과 乙은 사돈지간이다. 그렇다면 甲의 사기죄는 친고죄인가?
해결 : 친고죄가 아니다.

친족상도례의 규정이 적용된다. [경찰채용 13 1차/경찰간부 11·14/국가7급 09·12·13/법원9급 07(상)/법원9급 14·18·
20/법원승진 13/법원행시 07·08·10·11·12·16/사시 11·14/변호사시험 12·16]

판례연구 피해자와의 사이에 친족관계가 인정되지 않아 친족상도례가 적용되지 않는다는 사례

1 대법원 1980.11.11, 80도131; 2014.9.25, 2014도8984 등
다이아몬드의 소유자와 점유자 사례
형법 제344조에 의하여 준용되는 형법 제328조 제1항에 정한 친족간의 범행에 관한 규정은 범인과
피해물건의 소유자 및 점유자 쌍방간에 같은 규정에 정한 친족관계가 있는 경우에만 적용되는 것이며,
단지 절도범인과 피해물건의 소유자 간에만 친족관계가 있거나 절도범인과 피해물건의 점유 자간에만
친족관계가 있는 경우에는 그 적용이 없다고 보아야 한다. [경찰승진(경사) 10/경찰승진(경감) 10/경찰승진(경위)
11/국가7급 09·12/법원9급 07(상)/법원9급 11·14/법원승진 13/법원행시 10/변호사시험 18] 피고인 甲은 공소외 정○○이
경영하는 금은세공공장에서 동 정○○이 공소외 홍○○로부터 가공의뢰를 받아 보관 중이던 위 홍○
○ 소유의 다이아몬드 6개(도합 시가 금 138만 원 상당)를 절취하였는데, 위 정○○은 피고인 甲의
생질(피고인의 누이의 아들)로서 피고인 甲과 위 정○○은 형법 제344조에 의하여 준용되는 같은
법 제328조 제2항 소정의 친족관계가 있는 것이고 … 절도죄는 재물의 점유를 침탈하므로 인하여
성립하는 범죄이므로 재물의 점유자가 절도죄의 피해자가 되는 것이나 절도죄는 점유자의 점유를 침탈
함으로 인하여 그 재물의 소유자를 해하게 되는 것이므로 재물의 소유자도 절도죄의 피해자로 보아야
할 것이다.
→ 정○○의 고소가 없더라도 절도죄로 처벌 가능(제328조 제2항 ×) [경찰간부 18/법원9급 18]

2 대법원 2007.3.15, 2006도2704
무단 계좌이체로 인한 컴퓨터 등 사용사기죄의 피해자는 거래금융기관이라는 사례
절취한 친족 소유의 예금통장을 현금자동지급기에 넣고 조작하여 예금 잔고를 다른 금융기관의
자기 계좌로 이체하는 방법으로 저지른 컴퓨터 등 사용사기죄에 있어서의 피해자는 예금통장 소유
자인 친족이 아니라 친족 명의 계좌의 금융기관이다. 따라서 손자가 할아버지 소유 농업협동조합
예금통장을 절취하여 이를 현금자동지급기에 넣고 조작하는 방법으로 예금 잔고를 자신의 거래
은행 계좌로 이체한 경우, 컴퓨터 등 사용사기 범행 부분의 피해자는 위 농업협동조합이므로 친족상도
례를 적용할 수 없다. [경찰채용 18 1차/법원9급 20]

3 대법원 2015.6.11, 2015도3160
친족과 비친족의 합유인 재산상 이익을 기망하여 편취한 경우의 친족상도례 적용 여부
피고인 등이 공모하여, 피해자 甲, 乙 등을 기망하여 甲, 乙 및 丙과 부동산 매매계약을 체결하고
소유권을 이전받은 다음 잔금을 지급하지 않아 같은 금액 상당의 재산상 이익을 편취하였다는 내용으
로 기소된 경우, 甲은 피고인의 8촌 혈족, 丙은 피고인의 부친이나, (乙은 피고인의 친족이 아니고)
위 부동산이 甲, 乙, 丙의 합유로 등기되어 있어 피고인에게 형법상 친족상도례 규정이 적용되지 않는
다고 해야 한다. [법원행시 16]

01 절도죄

제329조 【절 도】 타인의 재물을 절취한 자는 6년 이하의 징역 또는 1천만 원 이하의 벌금에 처한다.

판례연구 **타인의 소유임을 인정한 사례 : 절도죄 ○**

1 대법원 1998.11.24, 98도2967

위조한 리프트탑승권을 발매기에서 뜯어간 사례

유가증권도 그것이 정상적으로 발행된 것은 물론 비록 작성권한 없는 자에 의하여 위조된 것이라고 하더라도 절차에 따라 몰수되기까지는 그 소지자의 점유를 보호하여야 한다는 점에서 형법상 재물로서 절도죄의 객체가 된다. [법원행시 14] 따라서 리프트탑승권 발매기를 전산조작하여 위조한 탑승권을 발매기에서 뜯어 간 행위는 탑승권 위조행위와 위조탑승권 절취행위가 결합된 것이고, 따라서 위조탑승권의 장물성도 인정된다(위조리프트탑승권 구입 : 장물취득 ○).

2 대법원 1998.4.24, 97도3425

권원 없이 식재한 감나무의 감을 수확한 행위는 절도죄

타인의 토지상에 권원 없이 식재한 수목의 소유권은 토지소유자에게 귀속하고 권원에 의하여 식재한 경우에는 그 소유권이 식재한 자에게 있으므로, 권원 없이 식재한 감나무(다년생 작물이므로 토지소유자에게 부합됨)에서 감을 수확한 것은 절도죄에 해당한다. [경찰채용 14 1차 / 경찰채용 14 2차 / 경찰승진(경감이하) 16 / 경찰승진 13 / 국가9급 18 / 법원행시 06 · 14 / 변호사시험 12]

3 대법원 2004.3.12, 2002도5090

명의대여자가 명의대여약정에 따라 발급된 영업허가증·사업자등록증을 가지고 간 것은 절도 ○

식품접객업 영업허가가 행정관청의 허가이고 그 영업 자체가 국민의 보건과 관계가 있으며, 나아가 부가가치세법에 의한 사업자등록이 납세의무와 관련되어 있다 하더라도, 당사자 사이에서 그 허가명의 및 등록명의를 대여하는 것이 허용되지 않는다고 볼 것은 아니다. … 명의대여 약정에 따른 신청에 의하여 발급된 영업허가증과 사업자등록증은 피해자가 인도받음으로써 피해자의 소유가 되었다고 할 것이므로, 이를 명의대여자가 가지고 간 행위가 절도죄에 해당한다. [경찰채용 14 2차 / 경찰승진(경감이하) 11 · 17 / 국가7급 07 / 법원행시 09 · 10]

4 대법원 2007.2.22, 2006도8649

이중의 동산양도담보에서 뒤에 양도담보설정계약을 체결한 이중양수 채권자가 임의로 가져간 사례

피고인은 돼지 반출행위 당시 그 돼지들이 피고인이 아닌 타인의 소유와 점유에 속함을 알았음에도[86]

---

86 판결이유 : 돈사에서 대량으로 사육되는 돼지를 집합물에 대한 양도담보의 목적물로 삼은 경우, 그 돼지는 번식, 사망, 판매, 구입 등의 요인에 의하여 증감 변동하기 마련이므로 양도담보권자가 그 때마다 별도의 양도담보권설정계약을 맺거나 점유개정의 표시를 하지 않더라도 하나의 집합물로서 동일성을 잃지 아니한 채 양도담보권의 효력은 항상 현재의 집합물 위에 미치게 되고(대법원 2004.11.12, 2004다22858), 금전채무를 담보하기 위하여 채무자가 그 소유의 동산을 채권자에게 양도하되 점유개정의 방법으로 인도하고 채무자가 이를 계속 점유하기로 약정한 경우 특별한 사정이 없는 한 그 동산의 소유권은 신탁적으로 이전되는 것에 불과하여, 채권자와 채무자 사이의 대내적 관계에서는 채무자가 소유권을 보유하나 대외적인 관계에서의 채무자는 동산의 소유권을 이미 채권자에게 양도한 무권리자가 되는 것이어서 다시 다른 채권자와 사이에 양도담보설정계약을 체결하고 점유개정의 방법으로 인도하더라도 선의취득이 인정되지 않는 한 나중에 설정계약을 체결한 채권자로서는 양도담보권을 취득할 수 없는데, 현실의 인도가 아닌 점유개정의

이를 불법하게 영득할 의사로 그 기재와 같이 돼지를 실어 갔다고 보아야 하며, 판시와 같이 피고인이 (업체명 생략)랜드의 돼지 출하를 방해한 행위는 (업체명 생략)랜드의 업무를 방해하는 위법한 행위로 보기에 충분하다(절도죄와 업무방해죄 성립). [경찰간부 12]

5 대법원 2007.1.11, 2006도4498
자동차 명의신탁과 소유권 판단 : 특별한 사정이 있으면 대내적으로는 등록명의자 아닌 자 소유
① 자동차나 중기(또는 건설기계)의 소유권의 득실변경은 등록을 함으로써 그 효력이 생기고 그와 같은 등록이 없는 한 대외적 관계에서는 물론 당사자의 대내적 관계에 있어서도 그 소유권을 취득할 수 없는 것이 원칙이지만, ② 당사자 사이에 그 소유권을 그 등록 명의자 아닌 자가 보유하기로 약정하였다는 등의 특별한 사정이 있는 경우에는 그 내부관계에 있어서는 그 등록 명의자 아닌 자가 소유권을 보유하게 된다. 이러한 자동차 명의신탁관계에서 제3자가 명의수탁자로부터 승용차를 가져가 매도할 것을 허락받고 인감증명 등을 교부받아 위 승용차를 명의신탁자 몰래 가져간 경우, 위 제3자와 명의수탁자의 공모·가공에 의한 절도죄의 공모공동정범이 성립한다.[87] [경찰채용 18 2차 / 경찰승진(경감이하) 17 / 경찰간부 11 / 법원행시 14 / 사시 16]

> 유사 **대법원 2013.2.28, 2012도15303**
> 피고인 A는 자신의 명의로 등록된 자동차를 사실혼 관계에 있던 甲에게 증여하여 甲만이 이를 운행·관리하여 오다가 서로 별거하면서 재산분할 내지 위자료 명목으로 甲이 소유하기로 하였는데, 피고인 A는 이를 임의로 운전해 간 경우, 자동차에 대한 소유권의 득실변경은 등록을 함으로써 그 효력이 생기고 등록이 없는 한 대외적 관계에서는 물론 당사자의 대내적 관계에서도 소유권을 취득할 수 없는 것이 원칙이지만, 당사자 사이에 소유권을 등록명의자 아닌 자가 보유하기로 약정하였다는 등의 특별한 사정이 있는 경우에는 그 내부관계에 있어서는 등록명의자 아닌 자가 소유권을 보유하게 된다고 할 것이다(대법원 1989.9.12, 88다카18641; 2003.5.30, 2000도5767). [경찰채용 21 1차 / 사시 14·16]

6 대법원 2008.2.15, 2005도6223
사원이 회사를 퇴사하면서 회사의 영업비밀에 해당하는 자료를 가지고 간 사례
사원 甲(피고인)은 A회사(피해회사)를 퇴사하면서 A회사의 영업비밀에 해당하는 원료의 배합비율, 제조공정, 시제품의 품질 확인이나 제조기술 향상을 위한 각종 실험결과 등을 기재한 자료를 가져갔다. 위 문서들은 피해회사의 직원들이 피해회사의 목적 달성을 위하여 작성한 피해회사의 소유로서 甲의 행위는 절도죄에 해당한다(cf. 영업비밀 유출·미반환·미폐기 : 업무상 배임).

7 대법원 2010.2.25, 2009도5064
소유권 이전을 위하여 등기나 등록을 요하는 재산에 대하여 소유권유보부매매가 인정되지 않음
소유권유보부매매는 동산을 매매함에 있어 매매목적물을 인도하면서 대금완납시까지 소유권을 매도 인에게 유보하기로 특약한 것을 말하며, 이러한 내용의 계약은 동산의 매도인이 매매대금을 다 수령할 때까지 그 대금채권에 대한 담보의 효과를 취득·유지하려는 의도에서 비롯된 것이다. 따라서 부동산 과 같이 등기에 의하여 소유권이 이전되는 경우에는 등기를 대금완납시까지 미룸으로써 담보의 기능을 할 수 있기 때문에 굳이 위와 같은 소유권유보부매매의 개념을 원용할 필요성이 없으며, 일단 매도인이 매수인에게 소유권이전등기를 경료하여 준 이상은 특별한 사정이 없는 한 매수인에게 소유권이 귀속

방법으로는 선의취득이 인정되지 아니하므로 결국 뒤의 채권자는 적법하게 양도담보권을 취득할 수 없다(대법원 2005.2.18, 2004다 37430).

87 **보충** : 이 사건 승용차는 피해자 공소외 1이 구입한 것으로 위 피해자의 실질적인 소유이고, 다만 장애인에 대한 면세 혜택 등의 적용을 받기 위해 피고인의 어머니인 공소외 2의 명의를 빌려 등록한 것이고, 나아가 원심 판시와 같이 피고인이 이 사건 당시 공소외 2로부터 위 승용차를 가져가 매도할 것을 허락받고 그녀의 인감증명 등을 교부받은 뒤에 피고인이 이 사건 승용차를 위 피해자 몰래 가져갔다면, 피고인과 공소외 2의 공모·가공에 의한 절도죄의 공모공동정범이 성립된다고 보아야 한다(위 판례).

되는 것이다. 한편 자동차, 중기, 건설기계 등은 비록 동산이기는 하나 부동산과 마찬가지로 등록에 의하여 소유권이 이전되고, 등록이 부동산 등기와 마찬가지로 소유권이전의 요건이므로, 역시 소유권 유보부매매의 개념을 원용할 필요성이 없는 것이다(따라서 덤프트럭에 대한 리스료를 미납했다 하더라도 이를 함부로 가져오면 절도죄가 성립한다).

8 대법원 2012.4.26, 2010도11771; 2014.9.25, 2014도8984 등
자동차 명의신탁과 소유권 판단 : 대외적 관계에서는 등록명의자 소유
A는 자신의 모(母) 甲 명의로 구입·등록하여 甲에게 명의신탁한 자동차를 乙에게 담보로 제공한 후 乙 몰래 가져갔다. 이렇듯 당사자 사이에 자동차의 소유권을 등록명의자 아닌 자가 보유하기로 약정한 경우, 약정 당사자 사이의 내부관계에서는 등록명의자 아닌 자가 소유권을 보유하게 된다고 하더라도 제3자에 대한 관계에서는 어디까지나 등록명의자가 자동차의 소유자라고 할 것이다(대법원 2007.1.11, 2006도4498 등). 따라서 피고인이 자신의 모(母) 甲 명의로 구입·등록하여 甲에게 명의신탁한 자동차를 乙에게 담보로 제공한 후 乙 몰래 가져가 절취하였다는 내용으로 기소된 경우, 乙에 대한 관계에서 자동차의 소유자는 甲이고 피고인은 소유자가 아니므로 乙이 점유하고 있는 자동차를 임의로 가져간 이상 절도죄가 성립한다고 해야 한다. [경찰채용 16 1차 / 경찰채용 12·15 2차 / 경찰승진 14 / 국가9급 12 / 법원9급 14 / 법원행시 13·16 / 변호사시험 14]

판례연구　　**타인의 소유임을 인정하지 않은 사례 : 절도죄 ✕**

1 대법원 2002.1.11, 2001도3832
지입차량의 소유자는 지입회사
일반적으로 회사에 지입한 차량은 대외적으로 그 소유권이나 운행관리권이 그 회사에 귀속되는 것이어서 이를 지입차주가 직접 운행·관리하는 경우에도 지입차주는 회사로부터 지입차량에 관한 운행관리권을 위임받아 운행관리상 통상업무에 속하는 행위를 대리하는 데 불과하고, 그 차량의 소유자라고 할 수 없다(cf. 지입차주는 횡령죄의 주체인 차량 보관자에는 해당).

2 대법원 2008.11.27, 2006도4263
동산의 양도담보권자로부터 목적물반환청구권을 양도받은 자의 취거 : 절도 ✕
양도담보권자인 채권자가 제3자에게 담보목적물을 매각한 경우, 제3자는 채권자와 채무자 사이의 정산절차 종결 여부와 관계없이 양도담보 목적물을 인도받음으로써 소유권을 취득하게 되는 것이고, 양도담보의 설정자가 담보목적물을 점유하고 있는 경우 그 목적물의 인도는 채권자로부터 목적물반환청구권을 양도받는 방법으로도 가능한 것인바, 채권자가 양도담보 목적물을 위와 같은 방법으로 제3자에게 처분하여 그 목적물의 소유권을 취득하게 한 다음 그 제3자로 하여금 그 목적물을 취거하게 한 경우 그 제3자로서는 자기의 소유물을 취거한 것에 불과하므로, 사안에 따라 권리행사방해죄를 구성할 여지가 있음은 별론으로 하고, 절도죄를 구성할 여지는 없는 것이다.[88] [경찰간부 18 / 변호사시험 14]

---

88 **사실관계** : 통발어구의 양도담보권자인 주식회사 세웅수산의 상무이사 甲 등은 양도담보의 목적물인 위 어구를 제3자인 乙에게 매각한 후 乙로 하여금 이를 임의로 취거하게 하였다. 그렇다면 甲 등에게 절도죄가 성립하는가? → 성립하지 않는다.
　판결이유 : 금전채무를 담보하기 위하여 채무자가 그 소유의 동산을 채권자에게 양도하되 점유개정에 의하여 채무자가 이를 계속 점유하기로 한 경우, 특별한 사정이 없는 한 동산의 소유권은 신탁적으로 이전되고, 채권자와 채무자 사이의 대내적 관계에서 채무자는 의연히 소유권을 보유하나 대외적인 관계에 있어서 채무자는 동산의 소유권을 이미 채권자에게 양도한 무권리자가 된다고 할 것이고 (대법원 2004.6.25, 2004도1751), 따라서 동산에 관하여 양도담보계약이 이루어지고 채권자가 점유개정의 방법으로 인도를 받았다면, 그 정산절차를 마치기 전이라도 양도담보권자인 채권자는 제3자에 대한 관계에 있어서는 담보목적물의 소유자로서 그 권리를 행사할 수 있다고 할 것이다(대법원 2008.11.27, 2006도4263; 대법원 1994.8.26, 93다44739).

3 대법원 2010.4.8, 2009도11827

수산업법에 의한 양식어업권을 행사하는 구역 내에서 자연 번식하는 수산동식물의 채취 사례

수산업법에 의한 양식어업권은 행정관청의 면허를 받아 해상의 일정구역 내에서 패류·해조류 또는 정착성 수산동물을 포획·채취할 수 있는 권리를 가리키는 것으로서 이는 그 지역에서 천연으로 생육하는 수산동식물을 어업면허를 받은 종류에 한하여 배타적·선점적으로 채취할 수 있는 권리에 불과하고 그 지역 내의 수산동식물의 소유권을 취득하는 권리는 아니므로 어업권의 취득만으로 당연히 그 지역 내에서 자연 번식하는 수산동식물의 소유권이나 점유권까지 취득한다고는 볼 수 없다(대법원 1983.2.8, 82도696 참조). 따라서 어업권자와 어업권행사계약을 체결하고 어업권을 행사하는 피해자의 양식장에서 모시조개를 채취한 경우 절도죄가 성립하기 위해서는 그 채취한 모시조개가 자연 번식하는 것이 아니라 그 피해자가 양식하는 것으로서 피해자의 소유임이 인정되어야 한다.[89] [경찰채용 13 2차 / 법원행시 13 / 사시 16]

판례연구　점유의 배제를 인정한 사례 : 절도죄 ○

대법원 2007.5.10, 2007도1375

강취한 현금카드를 사용하여 현금자동지급기에서 예금을 인출한 행위는 강도죄와 별도로 절도죄를 구성한다는 사례

강도죄는 공갈죄와는 달리 피해자의 반항을 억압할 정도로 강력한 정도의 폭행·협박을 수단으로 재물을 탈취하여야 성립하므로, 피해자로부터 현금카드를 강취하였다고 인정되는 경우에는 피해자로부터 현금카드의 사용에 관한 승낙의 의사표시가 있었다고 볼 여지가 없다. 따라서 강취한 현금카드를 사용하여 현금자동지급기에서 예금을 인출한 행위는 피해자의 승낙에 기한 것이라고 할 수 없으므로, 현금자동지급기 관리자의 의사에 반하여 그의 지배를 배제하고 그 현금을 자기의 지배하에 옮겨 놓는 것이 되어서 강도죄와는 별도로 절도죄를 구성한다. [경찰승진(경사) 10 / 국가9급 14 / 사시 12·13]

　유사　강취한 직불카드를 사용하여 현금자동인출기에서 현금을 인출한 경우 (강도죄와는 별도로) 절도죄가 성립한다(대법원 2007.4.13, 2007도1377).

판례연구　점유의 배제를 인정하지 않은 사례 : 절도죄 ✕

1 대법원 2007.5.10, 2007도1375

갈취한 현금카드를 사용하여 현금자동지급기에서 예금을 인출한 행위는 공갈죄와 별도로 절도죄를 구성하지 않는다는 사례

예금주인 현금카드 소유자를 협박하여 그 카드를 갈취한 다음 피해자의 승낙에 의하여 현금카드를 사용할 권한을 부여받아 이를 이용하여 현금자동지급기에서 현금을 인출한 행위는 모두 피해자의 예금을 갈취하고자 하는 피고인의 단일하고 계속된 범의 아래에서 이루어진 일련의 행위로서 포괄하여 하나의 공갈죄를 구성하므로, 현금자동지급기에서 피해자의 예금을 인출한 행위를 현금카드 갈취행위와 분리하여 따로 절도죄로 처단할 수는 없다. 왜냐하면 위 예금 인출 행위는 하자 있는 의사표시이기는 하지만 피해자의 승낙에 기한 것이고, 피해자가 그 승낙의 의사표시를 취소하기까지는 현금카드를 적법, 유효하게 사용할 수 있으므로, 은행으로서도 피해자의 지급정지 신청이 없는 한 그의 의사에 따라 그의 계산으로 적법하게 예금을 지급할 수밖에 없기 때문이다.[90] [법원9급 08 / 법원행시 10·12·13 / 변호사시험 12]

---

89 甲이 어업권자와 어업권행사계약을 체결하고 어업권을 행사하는 乙의 양식장에서 '자연산' 모시조개를 무단 채취한 경우, 甲에게 절도죄의 죄책을 인정하지 않은 판례이다.

90 **보충** : 판례는 그 이유로서, 위 예금 인출 행위는 하자 있는 의사표시이기는 하지만 피해자의 승낙에 기한 것이고 피해자가 그 승낙의 의사표시를 취소하기까지는 현금카드를 적법·유효하게 사용할 수 있으므로, 은행으로서도 피해자의 지급정지 신청이 없는 한 그의

2 대법원 2008.6.12, 2008도2440

절취한 타인의 신용카드를 이용하여 현금지급기에서 자신의 예금계좌로 돈을 이체시킨 후 현금을 인출한 행위는 절도죄를 구성하지 않는다는 사례

절취한 타인의 신용카드를 이용하여 현금지급기에서 계좌이체를 한 행위는 컴퓨터등사용사기죄에서 컴퓨터 등 정보처리장치에 권한 없이 정보를 입력하여 정보처리를 하게 한 행위에 해당함은 별론으로 하고 이를 절취행위라고 볼 수는 없고, 한편 위 계좌이체 후 현금지급기에서 현금을 인출한 행위는 자신의 신용카드나 현금카드를 이용한 것이어서 이러한 현금인출이 현금지급기 관리자의 의사에 반한다고 볼 수 없어 절취행위에 해당하지 않으므로 절도죄를 구성하지 않는다. [경찰채용 12·18 2차/경찰승진 14/국가9급 18/국가7급 12·20/사시 14]

3 대법원 2008.7.10, 2008도3252

자기 점유 하에 있던 전기가 계속 소비된 데 불과하다는 사례

임차인의 퇴거 후 점유·관리 중이었던 냉장고를 통하여 전기가 계속 사용되었다 하더라도 이는 당초부터 자기의 점유·관리 하에 있던 전기를 사용한 것일 뿐 타인의 점유·관리 하에 있던 전기가 아니어서 절도죄가 성립하지 아니한다.[91] [경찰간부 11·14/국가7급 14/사시 13]

> 유사 | 대법원 2016.12.15, 2016도15492
>
> 甲은 강제경매 절차에서 피고인 A 소유이던 토지 및 그 지상 건물을 매수한 후 법원으로부터 인도명령을 받아 인도집행을 하였는데, 피고인 A는 이 인도집행 전에 건물 외벽에 설치된 전기코드에 선을 연결하여 A가 점유하며 창고로 사용 중인 컨테이너로 전기를 공급받아 사용하였다. 피고인은 인도명령의 집행이 이루어지기 전까지는 당초부터 피고인이 점유·관리하던 전기를 사용한 것에 불과할 뿐 타인이 점유·관리하던 전기를 사용한 것이라고 할 수 없고, 피고인에게 절도의 고의도 인정할 수 없다.

판례연구 **절도죄의 실행의 착수를 인정한 사례**

1 대법원 2003.6.24, 2003도1985, 2003감도26

방안까지 들어가서 두리번거리다가 거실로 나온 사례

야간이 아닌 주간에 절도의 목적으로 다른 사람의 주거에 침입하여 절취할 재물의 물색행위를 시작하는 등 그에 대한 사실상의 지배를 침해하는 데에 밀접한 행위를 개시하면 절도죄의 실행에 착수한 것으로 보아야 한다. 주간에 절도의 목적으로 방 안까지 들어갔다가 절취할 재물을 찾지 못하여 거실로 돌아나온 경우, 절도죄의 실행착수가 인정된다.[92] [국가7급 11/법원행시 06/사시 16/변호사시험 13]

의사에 따라 그의 계산으로 적법하게 예금을 지급할 수밖에 없기 때문이라는 근거를 제시하고 있다(대법원 2007.5.10, 2007도1375).

91 **사례** : 임차인이 임대계약 종료 후 식당건물에서 퇴거하면서 종전부터 사용하던 냉장고의 전원을 켜 둔 채 그대로 두어 전기가 소비되었다. 임차인에게는 절도죄가 성립하는가? → 성립하지 않는다.

92 **사례** : [제1문] 甲은 2002.8.21. 18:30 무렵 구리시 수택동 어느 다세대주택 2층에 있는 乙의 집에 재물을 훔치기 위하여 피해자가 빨래를 걷으러 옥상으로 올라간 사이에 열려 있는 현관문을 통하여 절취할 재물을 찾으려고 신발을 신은 채 거실을 통하여 안방으로 들어가 여기 저기를 둘러보고는 절취할 재물을 찾지 못하고 다시 거실로 나와서 두리번거리고 있다가 乙이 현관문을 통하여 거실로 들어가다가 마주치게 되었다. 甲의 죄책은? [제2문] 이때 甲은 체포를 면탈할 목적으로 乙을 밀어 1층 난간으로 떨어뜨리고, 다시 乙이 일어나 甲의 목덜미를 붙잡자 甲은 주먹으로 乙의 얼굴을 1회 때려 6주간의 치료가 필요한 우측요골두골절상 등을 가하였다. 제1문과 제2문을 종합할 때 甲의 죄책은?

해설 : 피고인이 방안으로 들어가다가 곧바로 피해자에게 발각되어 물색행위 등을 할 만한 시간적 여유가 없었던 경우가 아니고 피고인이 방안까지 들어갔다가 절취할 재물을 찾지 못하고 거실로 돌아나온 경우라면 피고인이 절도의 목적으로 침입한 이상, 물색행위를 하는 등 재물에 대한 피해자의 사실상 지배를 침해하는 데 밀접한 행위를 하였던 것으로 보아야 한다. 따라서 절도미수죄가 성립하고, 이때 제2문의 행위처럼 체포면탈의 목적으로 상해를 가하였다면 강도상해죄(＝준강도미수죄＋상해죄)가 성립하게 되는 것이다. [제1문의 해결] 주거침입죄와 절도미수죄의 경합범, [제2문의 해결] 주거침입죄와 강도상해죄의 경합범.

2 대법원 2009.9.24, 2009도5595

차 문 손잡이를 잡고 열려고 하는 절도미수 사례

야간에 손전등과 박스 포장용 노끈을 이용하여 도로에 주차된 차량의 문을 열고 현금 등을 훔치기로 마음먹고, 차량의 문이 잠겨 있는지 확인하기 위해 양손으로 운전석 문의 손잡이를 잡고 열려고 하던 중 경찰관에 발각된 경우, 절도죄의 실행에 착수한 것으로 보아야 한다. [경찰간부 14·18 / 경찰승진(경감이하) 16 / 국가7급 16 / 법원9급 16 / 사시 11]

사례연구 절도죄의 고의 관련 사례

甲은 2004년 4월 22일 영주시 임야에 있는 A조합 점유의 경량철골조 패널지붕 단층 창고 2동에서, A조합으로부터 이 사건 창고의 패널을 철거하여도 좋다는 허락을 받은 사실이 없음에도 불구하고 그 사정을 모르는 위 창고 소유자 乙로 하여금 드릴, 산소용접기 등을 이용하여 이 사건 창고 중 한 동의 패널 82장 시가 약 1,376,000원 상당을 뜯어내어 甲 자신이 운영하는 산림목탄 숯 공장으로 운반하게 하고, 2004년 8월 11일 같은 장소에서 그 사정을 모르는 乙로 하여금 같은 방법으로 나머지 한 동의 창고의 패널 82장 시가 약 1,376,000원 상당을 뜯어내어 위 숯 공장으로 운반하게 하여 甲 자신이 이를 가지게 되었다. 甲에게는 절도죄가 성립하는가?

해결 │ 여러 사정에 비추어 보면, 비록 피고인이 조합 또는 조합의 임원들로부터 현실적인 승낙을 얻어 이 사건 창고의 패널을 뜯어간 것은 아니라 할지라도, 피고인에게 조합의 의사에 반하여 이 사건 창고의 패널을 뜯어간다는 고의가 있었다고 단정하기는 어렵다고 여겨진다. 따라서 원심판결의 이유 설시에 부적절한 점(소유자를 도구로 이용하는 절도죄의 간접정범 형태가 가능함에도 불구하고 이를 부정한 원심의 판단을 지적하고 있음 – 필자 주)이 있으나 원심이 이 사건 절도 공소사실에 대하여 무죄를 선고한 결론에 있어서는 정당하다(대법원 2006.9.28, 2006도2963). [경찰간부 16 / 사시 11]

정답 │ 성립하지 않는다.

표정리 절도죄의 전통적 판례

절도죄가 성립하는 경우	절도죄가 성립하지 않는 경우
① 3조각으로 찢어버린 어음용지를 가지고 와서 조합한 행위(주관적·소극적 가치만 있어도 재물, 절도죄와 유가증권위조죄) [경찰승진(경감이하) 16]	① 타인의 방에 들어가 무단으로 국제전화를 사용한 행위(물리적 관리가 불가능, 주거침입죄만 됨) [법원행시 06]
② 정자나 난자의 절취행위	② 부동산(점유의 대상 ×, 경계침범죄만 됨)
③ 이미 분리된 신체의 일부(혈액·안구·모발·장기)의 절취	③ 신체 또는 신체 일부
④ 매장용도 이외 다른 용도의 시체의 절취	④ 시체나 유골(시체영득죄만 됨)
⑤ 절도범이 점유하는 장물의 절취(사실상 점유이면 점유 인정)	⑤ 정보의 절도(디스켓 등으로 화체되지 않는 한 ×)
⑥ 유아·정신병자가 점유하는 재물의 절취	⑥ 고속버스에 놓고 내린 물건을 다른 승객이 영득(점유이탈물횡령죄) [법원행시 14]
⑦ 수면자·일시적 의식상실자가 점유하는 재물의 절취(잠재적 지배의사도 점유)	⑦ 지하철 선반 위에 놓고 내린 물건을 다른 승객이 영득(점유이탈물횡령죄) [경찰채용 10 2차 / 법원9급 07(하) / 법원9급 07(하) / 법원행시 09]
⑧ 강간피해자가 현장에 두고 간 손가방을 가해자가 절취(정신적 점유가 인정)	⑧ 다방주인이 종업원에게 오토바이 열쇠와 수표를 맡겼는데 종업원이 이를 영득(종업원의 점유가 인정되어 횡령죄)
⑨ 목욕탕·당구장 [법원9급 06]에 두고 온 물건을 다른 손님이 절취(관리자의 점유이므로 타인점유)	⑨ 시장에서 지게꾼에게 맡긴 물건을 지게꾼이 가지고 가서 처분(현실적 감독·통제가 어려우므로 지게꾼의 점유 인정, 횡령죄)

⑩ 타인의 토지에 권원 없이 식재한 감나무의 감을 식재한 자가 따간 경우(토지소유자의 소유) [경찰채용 14 1차/ 경찰채용 14 2차/ 경찰승진(경감이하) 16/ 법원행시 06·14]

⑪ 공유관계·합유관계의 재물 절취(공동소유·공동점유이면 타인소유·타인점유)

⑫ 상점 종업원의 상점물건 절취(상위점유자에게만 점유 인정)

⑬ 철도승무원이 운송 중인 화물을 절취(건설교통부 기관의 점유이므로 절도죄)

⑭ 정부 소유 미곡 가마니 안의 쌀을 삭대를 사용하여 절취(내용물은 위탁자 점유)

⑮ 살인 후 사자의 재물을 절취(사자의 점유가 일정시간까지는 인정)

⑯ 묘지기가 관리하던 석등을 처분

〈기 타〉
예금통장을 절취하여 예금을 인출하고 통장을 반환한 행위(예금통장의 고유한 기능가치 인정, 절도죄, 사문서위조죄 및 동행사죄, 사기죄) [경찰간부 14/ 경찰채용 12 2차/ 법원행시 12·14]

⑩ 화물자동차 운전수가 운송물을 임의처분(역시 횡령죄)

⑪ 내연관계의 회복을 위해 반환의사로 잠시 피해자의 재물을 가져온 행위(사용절도)

⑫ 도장과 인감도장을 몰래 가지고 가서 차용금증서의 연대보증인란에 찍고 난 후 제자리에 넣어둔 행위(사용절도)

⑬ 주민등록증 등 증명서를 사용 후 반환할 의사로 가져온 행위(사용절도, 주민등록증이나 인장 등은 예금통장과 달리 고유한 '기능가치'가 없으므로 영득의사의 대상 ×)

⑭ 현금카드나 신용카드를 사용하고 반환하기 위하여 가져온 행위

⑮ 평소 친분 있는 자의 차량을 잠시 사용하고 반환한 행위(사용절도로서 자동차불법사용죄만 성립)

02 야간주거침입절도죄

제330조 【야간주거침입절도】 야간에 사람의 주거, 관리하는 건조물, 선박, 항공기 또는 점유하는 방실(房室)에 침입하여 타인의 재물을 절취(竊取)한 자는 10년 이하의 징역에 처한다. 〈우리말 순화 개정 2020.12.8.〉

판례연구　**야간주거침입절도죄의 실행의 착수 관련 판례**

1 대법원 2003.10.24, 2003도4417
야간에 절도의 고의로 아파트의 베란다 철제난간까지 올라가 유리창문을 열려고 시도한 사례
준강도의 주체는 절도 즉 절도범인으로, 절도의 실행에 착수한 이상 미수이거나 기수이거나 불문하고, 야간에 타인의 재물을 절취할 목적으로 사람의 주거에 침입한 경우에는 주거에 침입한 단계에서 이미 형법 제330조에서 규정한 야간주거침입절도죄라는 범죄행위의 실행에 착수한 것이라고 보아야 하며, 주거침입죄의 경우 주거침입의 범의로써 예컨대, 주거로 들어가는 문의 시정장치를 부수거나 문을 여는 등 침입을 위한 구체적 행위를 시작하였다면 주거침입죄의 실행의 착수는 있었다고 보아야 한다. 주거침입죄의 실행의 착수는 주거자, 관리자, 점유자 등의 의사에 반하여 주거나 관리하는 건조물 등에 들어가는 행위 즉, 구성요건의 일부를 실현하는 행위까지 요구하는 것은 아니고, 범죄구성요건의 실현에 이르는 현실적 위험성을 포함하는 행위를 개시하는 것으로 족하다. [경찰간부 11/ 국가7급 11] 야간에 아파트에 침입하여 물건을 훔칠 의도하에 아파트의 베란다 철제난간까지 올라가 유리창문을 열려고 시도하였다면 야간주거침입절도죄의 실행에 착수한 것으로 보아야 한다.[93] [경찰채용 16 1차/ 경찰채용 10 2차/ 경찰간부 11·16/ 경찰승진(경사) 10/ 국가7급 10·14·17/ 법원9급 08·17/ 법원행시/ 05·09/ 사시 10]

---

93 사례 : 甲은 2003.3.2. 19:45경 부천시 원미구 상동 소재 꿈동산 신안아파트 1909동 뒤편에 이르러 금품을 절취할 목적으로 난간을 잡고 1909동 202호 뒤쪽 베란다로 올라가 미리 준비한 소형손전등을 창문에 비추면서 내부를 살피던 중, 때마침 위 아파트에 근무하는 경비원인 乙(58세)에게 발각되어 그 곳 베란다에서 뛰어내려 도주하다가 체포를 면탈할 목적으로 미리 소지하고 있던 드라이버를

2 대법원 2006.9.14, 2006도2824

야간에 절도의 고의로 출입문이 열려 있으면 안으로 들어가겠다는 의사 아래 출입문을 당겨본 사건

주거침입죄의 실행의 착수는 주거자, 관리자, 점유자 등의 의사에 반하여 주거나 관리하는 건조물 등에 들어가는 행위, 즉 구성요건의 일부를 실현하는 행위까지 요구하는 것은 아니고 범죄구성요건의 실현에 이르는 현실적 위험성을 포함하는 행위를 개시하는 것으로 족하므로, 출입문이 열려 있으면 안으로 들어가겠다는 의사 아래 출입문을 당겨보는 행위는 바로 주거의 사실상의 평온을 침해할 객관적인 위험성을 포함하는 행위를 한 것으로 볼 수 있어 그것으로 주거침입의 실행에 착수한 것으로 보아야 한다.[94] [경찰채용 10·12 2차 / 국가9급 13 / 법원9급 08·12 / 법원행시 07·08·09 / 사시 14]

3 대법원 2011.4.14, 2011도300, 2011감도5

야간주거침입절도죄의 실행착수시기에 관하여 주거침입 야간시설을 취한 판례

형법은 제329조에서 절도죄를 규정하고 곧바로 제330조에서 야간주거침입절도죄를 규정하고 있을 뿐, 야간절도죄에 관하여는 처벌규정을 별도로 두고 있지 아니하다. 이러한 형법 제330조의 규정형식과 그 구성요건의 문언에 비추어 보면, 형법은 야간에 이루어지는 주거침입행위의 위험성에 주목하여 그러한 행위를 수반한 절도를 야간주거침입절도죄로 중하게 처벌하고 있는 것으로 보아야 하고, 따라서 주거침입이 주간에 이루어진 경우에는 야간주거침입절도죄가 성립하지 않는다고 해석하는 것이 타당하다.[95] [경찰채용 12·16 2차 / 경찰간부 17 / 국가9급 14·20 / 국가7급 12 / 법원9급 13 / 법원승진 13 / 법원행시 12·13 / 사시 12·14·16 / 변호사시험 16]

---

03 특수절도죄

제331조【특수절도】 ① 야간에 문이나 담 그 밖의 건조물의 일부를 손괴하고 제330조의 장소에 침입하여 타인의 재물을 절취한 자는 1년 이상 10년 이하의 징역에 처한다. 〈우리말 순화 개정 2020.12.8.〉

② 흉기를 휴대하거나 2명 이상이 합동하여 타인의 재물을 절취한 자도 제1항의 형에 처한다. 〈우리말 순화 개정 2020.12.8.〉

위 乙의 얼굴에 들이대면서 "너 잡지마, 잡으면 죽여"라고 말하였다. 甲의 죄책은?

해결 : 준강도의 주체는 절도, 즉 절도범인으로, 절도의 실행에 착수한 이상 미수이거나 기수이거나 불문하고, 야간에 타인의 재물을 절취할 목적으로 사람의 주거에 침입한 경우에는 주거에 침입한 단계에서 이미 형법 제330조에서 규정한 야간주거침입절도죄라는 범죄행위의 실행에 착수한 것이라고 보아야 한다(대법원 2003.10.24, 2003도4417). [경찰채용 10 2차 / 경찰간부 11 / 국가7급 14 / 법원9급 08 / 법원행시 09 / 사시 10]

보충 : 야간주거침입절도미수＋체포면탈목적의 협박＝준강도미수죄.

죄책 : 준강도미수죄.

94 **판례의 사실관계** : 甲은 출입문이 열려있는 집에 들어가 재물을 절취하기로 마음먹고 야간에 乙이 주거하는 다세대주택에 들어가 그 건물 101호의 출입문을 손으로 당겨보는데 문이 잠겨있자 그 옆의 102호, 2층의 201호, 202호, 3층의 301호, 302호, 옆 건물의 주택 1층에 이르러 똑같이 출입문을 당겨보는데 모두 잠겨있어 범행에 실패하였다. 甲은 야간주거침입절도죄의 미수범에 해당된다. [법원행시 09 / 사시 14]

95 **사례** : '주간에' 사람의 주거 등에 침입하여 '야간에' 타인의 재물을 절취한 행위를 형법 제330조의 야간주거침입절도죄로 처벌할 수 있는가?

해결 : 처벌할 수 없다.

판례연구 **형법 제331조 제1항의 특수절도의 '손괴'의 의미와 실행의 착수 관련 판례**

1 대법원 1986.9.9, 86도1273
야간에 절도의 목적으로 출입문에 장치된 자물통 고리를 절단하고 출입문을 손괴한 뒤 집안으로 침입하려다가 발각된 것이라면 이는 특수절도죄의 실행에 착수한 것이다. [경찰간부 16 / 국가7급 13 · 20]

2 대법원 2004.10.15, 2004도4505
형법 제331조 제1항에 정한 문이나 담 그 밖의 건조물의 일부를 손괴한 사건
형법 제331조 제1항에 정한 '문호 또는 장벽 기타 건조물의 일부'라 함은 주거 등에 대한 침입을 방지하기 위하여 설치된 일체의 위장시설(圍障施設)을 말하고, '손괴'라 함은 물리적으로 위와 같은 위장시설을 훼손하여 그 효용을 상실시키는 것을 말한다. 야간에 불이 꺼져 있는 상점의 출입문을 손으로 열어보려고 하였으나 출입문의 하단에 부착되어 있던 잠금 고리가 잠겨져 있어 열리지 않았는데, 출입문을 발로 걷어차자 잠금 고리의 아래쪽 부착 부분이 출입문에서 떨어져 출입문과의 사이가 뜨게 되면서 출입문이 열려 상점 안으로 침입하여 재물을 절취하였다면, 이는 물리적으로 위장시설을 훼손하여 그 효용을 상실시키는 행위에 해당한다.[96]

3 대법원 2015.10.29, 2015도7559
피고인이 야간에 피해자들이 운영하는 식당의 창문과 방충망을 손괴하고 침입하여 현금을 절취한 경우, 피고인이 창문과 방충망을 창틀에서 분리하였을 뿐 물리적으로 훼손하여 효용을 상실하게 한 것은 아니므로 형법 제331조 제1항의 특수절도에 해당하지 아니한다. [경찰채용 18 3차 / 변호사시험 17]

판례연구 **형법 제331조 제2항의 특수절도에 해당하는 사례**

1 대법원 1996.3.22, 96도313
형법 제331조 제2항 후단의 합동범의 성립요건
형법 제331조 제2항 후단의 2인 이상이 합동하여 타인의 재물을 절취한 경우의 특수절도죄가 성립하기 위하여는 주관적 요건으로서의 공모와 객관적 요건으로서의 실행행위의 분담이 있어야 하고 그 실행행위에 있어서는 시간적으로나 장소적으로 협동관계에 있음을 요한다. 피고인이 피해자의 형과 범행을 모의하고 피해자의 형이 피해자의 집에서 절취행위를 하는 동안 피고인은 그 집 안의 가까운 곳에 대기하고 있다가 절취품을 가지고 같이 나온 경우 시간적, 장소적으로 협동관계가 있었던 것으로 인정된다. [법원행시 09]

2 대법원 1989.9.12, 89도1153
범인들이 함께 담을 넘어 마당에 들어가 그 중 1명이 그곳에 있는 구리를 찾기 위하여 담에 붙어 걸어가다가 잡혔다면 절취대상품에 대한 물색행위가 없었다고 할 수 없다(특수절도미수). [경찰채용 11 1차 / 경찰간부 16 / 경찰승진(경감이하) 16 / 국가7급 13]

---

96 사례 : 甲은 2004.1.8. 22:50경 남원시 광치동에 있는 乙 경영의 편의점 앞에 이르러 위 상점 출입문을 발로 걷어차 잠금 고리의 아래쪽 부착 부분이 출입문에서 떨어져 출입문과의 사이가 뜨게 되자 그 안으로 침입한 다음, 상점 내에 진열되어 있던 담배를 봉투에 넣고, 카운터의 금고에서 현금을 꺼내어 자신의 상의 주머니에 집어넣고 나왔다. 甲의 죄책은?
판례 : 야간에 불이 꺼져 있는 상점의 출입문을 손으로 열어보려고 하였으나 출입문의 하단에 부착되어 있던 잠금 고리가 잠겨져 있어 열리지 않았는데, 출입문을 발로 걷어차자 잠금 고리의 아래쪽 부착 부분이 출입문에서 떨어져 출입문과의 사이가 뜨게 되면서 출입문이 열려 상점 안으로 침입하여 재물을 절취하였다면, 이는 물리적으로 위장시설을 훼손하여 그 효용을 상실시키는 행위에 해당한다(대법원 2004.10.15, 2004도4505).
해결 : 특수절도죄.

1 대법원 2012.6.14, 2012도4175

형법 제331조 제2항에서 정한 '흉기'의 의미와 판단 기준

형법 제331조 제2항에서 규정한 흉기는 본래 살상용·파괴용으로 만들어진 것이거나 이에 준할 정도의 위험성을 가진 것으로 봄이 상당하고, 이에 해당하는지 여부는 그 물건의 본래의 용도, 크기와 모양, 개조 여부, 구체적 범행 과정에서 그 물건을 사용한 방법 등 제반 사정에 비추어 사회통념에 따라 객관적으로 판단하여야 한다. 피고인이 사용한 이 사건 드라이버는 일반적인 드라이버와 동일한 것으로 특별히 개조된 바는 없는 것으로 보이고, 그 크기와 모양 등 제반 사정에 비추어 보더라도 피고인의 이 사건 범행이 흉기를 휴대하여 타인의 재물을 절취한 경우에 해당한다고 보기는 어렵다.

2 대법원 2009.12.24, 2009도9667

형법 제331조 제2항의 특수절도에서 절도범인이 그 범행수단으로 주거에 침입한 경우, 특수절도죄와 주거침입죄와의 죄수관계(＝실체적 경합) 및 특수절도죄의 실행의 착수 시기(＝물색행위시)

형법 제331조 제2항의 특수절도에 있어서 2인 이상이 합동하여 야간이 아닌 주간에 절도의 목적으로 타인의 주거에 침입하였다 하여도 아직 절취할 물건의 물색행위를 시작하기 전이라면 특수절도죄의 실행에는 착수한 것으로 볼 수 없는 것이어서 그 미수죄가 성립하지 않는다. [법원행시 12] '주간에' 아파트 출입문 시정장치를 손괴하다가 발각되어 도주한 경우는 특수절도미수에 해당하지 않는다. [경찰채용 13 2차/ 경찰채용 18 3차/ 경찰간부 17·18 / 국가7급 10·12 / 법원9급 10·12·18 / 법원행시 13 / 변호사시험 13·16 / 사시 16]

3 대법원 2010.4.29, 2009도14554

피고인이 아파트 신축공사 현장 안에 있는 건축자재 등을 훔칠 생각으로 공범과 함께 위 공사현장 안으로 들어간 후 창문을 통하여 신축 중인 아파트의 지하실 안쪽을 살핀 행위는 특수절도죄의 실행의 착수에 해당하지 않는다.[97] [법원행시 13 / 사시 11·13·16]

대법원 2008.11.27, 2008도7820; 2009.12.24, 2009도9667

형법 제331조 제2항의 특수절도에서 절도범인이 그 범행수단으로 주거에 침입한 경우, 특수절도죄와 주거침입죄와의 죄수관계(＝실체적 경합)

형법 제331조 제2항의 특수절도에 있어서 주거침입은 그 구성요건이 아니므로, 절도범인이 그 범행수단으로 주거침입을 한 경우에 그 주거침입행위는 절도죄에 흡수되지 아니하고 별개로 주거침입죄를 구성하여 절도죄와는 실체적 경합의 관계에 있게 된다. [경찰승진 14 / 법원9급 10 / 법원행시 09·12 / 변호사시험 16]

---

97 판결이유 : 피고인이 성명불상의 공범과 합동하여 2009.5.20. 22:15경 아파트 신축공사현장에서 피해자 공소외인소유의 건축공사용 자재인 동파이프를 절취하려다 미수에 그쳤다는 공소사실에 대하여, 원심에서는 피고인이 이 사건 공사현장 안에 있는 건축자재 등을 훔칠 생각으로 성명불상의 공범과 함께 마스크를 착용하고 위 공사현장 안으로 들어간 후 창문을 통하여 건축 중인 아파트의 지하실 안쪽을 살폈을 뿐이고 나아가 위 지하실에까지 침입하였다거나 훔칠 물건을 물색하던 중 동파이프를 발견하고 그에 접근하였다는 등의 사실을 인정할 만한 증거가 없는 이상, 비록 피고인이 창문으로 살펴보고 있었던 지하실에 실제로 값비싼 동파이프가 보관되어 있었다고 하더라도 피고인의 위 행위를 위 지하실에 놓여있던 동파이프에 대한 피해자의 사실상의 지배를 침해하는 밀접한 행위라고 볼 수 없다(대법원 2010.4.29, 2009도14554). [법원행시 13]

（자동차 · 선박 · 항공기 · 원동기장치자전거）불법사용죄

제331조의2 【자동차 등 불법사용】 권리자의 동의 없이 타인의 자동차, 선박, 항공기 또는 원동기장치자전거를 일시사용한 자는 3년 이하의 징역, 500만 원 이하의 벌금, 구류 또는 과료에 처한다.

> **판례연구**　형법 제331조의2 소정의 자동차등불법사용죄의 적용 요건
>
> 대법원 2002.9.6, 2002도3465
> 소유자의 승낙 없이 오토바이를 타고 가서 다른 장소에 버린 사건
> 형법 제331조의2에서 규정하고 있는 자동차등불법사용죄는 타인의 자동차 등의 교통수단을 불법영득의 의사 없이 일시 사용하는 경우에 적용되는 것으로서 일시사용의 목적으로 타인의 점유를 침탈한 경우에도 이를 반환할 의사 없이 상당한 장시간 점유하고 있거나 본래의 장소와 다른 곳에 유기하는 경우에는 이를 일시 사용하는 경우라고는 볼 수 없으므로 영득의 의사가 없다고 할 수 없다. 소유자의 승낙 없이 오토바이를 타고 가서 다른 장소에 버린 경우, 자동차등불법사용죄가 아닌 절도죄가 성립한다.[98] [경찰채용 14 1차 / 국가7급 12 / 법원9급 11 · 14 / 사시 13]

05 **상습절도（야간주거침입절도 · 특수절도 · 자동차 등 불법사용）죄**

제332조 【상습범】 상습으로 제329조 내지 제331조의2의 죄를 범한 자는 그 죄에 정한 형의 2분의 1까지 가중한다.

> **사례연구**　상습절도와 자동차불법사용의 관계
>
> 甲（절도죄 등 동종 전과 4범인 자）은 2001년 8월 27일 수원지방법원 2001고단5960호로, 상습으로 2001년 5월 16일부터 같은 해 7월 31일까지 사이에 모두 7회에 걸쳐 타인의 재물을 절취한 범죄사실에 대하여 특가법 제5조의 4 제1항 위반죄로 공소가 제기되었는데, 이에 대한 제1심판결 선고 후인 2001년 9월 28일 수원지방법원 2001고단6939호로, 甲이 2000년 5월 1일 03:00경 광주 서구 광천동 소재 상호불상의 신용협동조합 앞 노상에서 피해자 P가 빌린 광주 60허1223호 소나타승용차를 그의 동의 없이 몰고 가 이를 일시 사용한 범죄사실에 대하여 자동차 등 불법사용죄로 공소가 제기되었다. 법원은 甲에게 어떠한 조치를 취하여야 하는가?
>
> 　해결　상습절도 등의 범행을 한 자가 추가로 자동차 등 불법사용의 범행을 한 경우에 그것이 절도 습벽의 발현이라고 보이는 이상 자동차 등 불법사용의 범행은 상습절도 등의 죄에 흡수되어 1죄만이 성립하고 이와 별개로 자동차 등 불법사용죄는 성립하지 않는다고 보아야 한다. [사시 10] 이 사건 공소사실은 먼저 수원지방법원 2001고단5960호로 공소가 제기된 상습절도의 범죄사실과 함께 특가법 제5조의4 제1항

98　**판례의 사실관계** : A는 강도상해 등의 범행을 저지르고 도주하기 위하여 자신이 인천 중구 항동7가 소재 연안아파트 상가 중국집 앞에 세워져 있는 B 소유의 오토바이를 B의 승낙 없이 타고가서 신흥동 소재 뉴스타호텔 부근에 버린 다음 버스를 타고 광주로 가버렸다. [경찰승진 11 / 국가7급 12 / 사시 13]
　판례 : 형법 제331조의2에서 규정한 자동차 등 불법사용죄는 타인의 자동차 등의 교통수단을 불법영득의 의사 없이 일시 사용하는 경우에 적용되는 것으로서 불법영득의사가 인정되는 경우에는 절도죄로 처벌할 수 있을 뿐 본죄로 처벌할 수 없다 할 것이다. 따라서 A에게는 절도죄가 성립하고 자동차불법사용죄는 성립하지 않는다(대법원 2002.9.6, 2002도3465). [경찰채용 14 1차]

위반의 포괄1죄의 관계에 있고, 이 공소제기의 효력은 이 사건 공소사실에 대하여도 미치는 것이므로 공소기각의 판결(형사소송법 제327조 제3호)을 선고하여야 한다(대법원 2002.4.26, 2002도429). [경찰채용 22 1차/법원행시 06·07·14]

판례연구   **상습절도와 주거침입의 죄수관계에 관한 서로 다른 판례**

대법원 2015.10.15, 2015도8169
형법 제332조에 규정된 상습절도죄를 범한 범인이 범행의 수단으로 주간에 주거침입을 한 경우, 주간 주거침입행위가 별개로 주거침입죄를 구성하는지 여부(적극)
형법 제330조에 규정된 야간주거침입절도죄 및 형법 제331조 제1항에 규정된 특수절도(야간손괴침입절도)죄를 제외하고 일반적으로 주거침입은 절도죄의 구성요건이 아니므로 절도범인이 범행수단으로 주거침입을 한 경우에 주거침입행위는 절도죄에 흡수되지 아니하고 별개로 주거침입죄를 구성하여 절도죄와는 실체적 경합의 관계에 서는 것이 원칙이다. 또 형법 제332조는 상습으로 단순절도(형법 제329조), 야간주거침입절도(형법 제330조)와 특수절도(형법 제331조) 및 자동차 등 불법사용(형법 제331조의2)의 죄를 범한 자는 그 죄에 정한 각 형의 2분의 1을 가중하여 처벌하도록 규정하고 있으므로, 위 규정은 주거침입을 구성요건으로 하지 않는 상습단순절도와 주거침입을 구성요건으로 하고 있는 상습야간주거침입절도 또는 상습특수절도(야간손괴침입절도)에 대한 취급을 달리하여, 주거침입을 구성요건으로 하고 있는 상습야간주거침입절도 또는 상습특수절도(야간손괴침입절도)를 더 무거운 법정형을 기준으로 가중처벌하고 있다. 따라서 상습으로 단순절도를 범한 범인이 상습적인 절도범행의 수단으로 주간(낮)에 주거침입을 한 경우에 주간 주거침입행위의 위법성에 대한 평가가 형법 제332조, 제329조의 구성요건적 평가에 포함되어 있다고 볼 수 없다. 그러므로 형법 제332조에 규정된 상습절도 죄를 범한 범인이 범행의 수단으로 주간에 주거침입을 한 경우 주간 주거침입행위는 상습절도죄와 별개로 주거침입죄를 구성한다. 또 형법 제332조에 규정된 상습절도죄를 범한 범인이 그 범행 외에 상습적인 절도의 목적으로 주간에 주거침입을 하였다가 절도에 이르지 아니하고 주거침입에 그친 경우에도 주간 주거침입행위는 상습절도죄와 별개로 주거침입죄를 구성한다. [경찰간부 16/법원9급 16/사시 16/변호사시험 16·17]

비교 **대법원 2017.7.11, 2017도4044**
특가법 제5조의4 제6항에 규정된 상습절도와 주거침입의 죄수관계
특정범죄 가중처벌 등에 관한 법률 제5조의4 제6항에 규정된 상습절도 등 죄를 범한 범인이 그 범행의 수단으로 주거침입을 한 경우에 주거침입행위는 상습절도 등 죄에 흡수되어 위 조문에 규정된 상습절도 등 죄의 1죄만이 성립하고 별개로 주거침입죄를 구성하지 않으며, 또 위 상습절도 등 죄를 범한 범인이 그 범행 외에 상습적인 절도의 목적으로 주거침입을 하였다가 절도에 이르지 아니하고 주거침입에 그친 경우에도 그것이 절도상습성의 발현이라고 보이는 이상 주거침입행위는 다른 상습절도 등 죄에 흡수되어 위 조문에 규정된 상습절도 등 죄의 1죄만을 구성하고 상습절도 등 죄와 별개로 주거침입죄를 구성하지 않는다.

01 강도죄

> 제333조 【강 도】 폭행 또는 협박으로 타인의 재물을 강취하거나 기타 재산상의 이익을 취득하거나 제3자로 하여금 이를 취득하게 한 자는 3년 이상의 유기징역에 처한다.

판례연구 강도죄가 성립하는 사례

1 대법원 1997.2.25, 96도3411
강도죄에 있어서의 '재산상 이익'의 의미 : 경제적 재산설
형법 제333조 후단의 강도죄(이른바 강제이득죄)의 요건이 되는 재산상의 이익이란 재물 이외의 재산상의 이익을 말하는 것으로서, 그 재산상의 이익은 반드시 사법상 유효한 재산상의 이득만을 의미하는 것이 아니고 외견상 재산상의 이득을 얻을 것이라고 인정할 수 있는 사실관계만 있으면 여기에 해당된다. 피고인들이 폭행·협박으로 피해자로 하여금 매출전표에 서명을 하게 한 다음 이를 교부받아 소지함으로써 이미 외관상 각 매출전표를 제출하여 신용카드회사들로부터 그 금액을 지급받을 수 있는 상태가 되었는바, 피해자가 각 매출전표에 허위 서명한 탓으로 피고인들이 신용카드회사들에게 각 매출전표를 제출하여도 신용카드회사들이 신용카드 가맹점 규약 또는 약관의 규정을 들어 그 금액의 지급을 거절할 가능성이 있다 하더라도, 그로 인하여 피고인들이 각 매출전표 상의 금액을 지급받을 가능성이 완전히 없어져 버린 것이 아니고 외견상 여전히 그 금액을 지급받을 가능성이 있는 상태이므로, 결국 피고인들은 '재산상 이익'을 취득하였다고 볼 수 있다.[99] [경찰채용 14 2차 / 경찰승진(경위) 11 / 법원9급 11 / 법원행시 14]

2 대법원 2013.12.12, 2013도11899
공범들이 폭행하는 사이에 재물을 취거하면 강도죄가 성립한다는 사례
피고인이 강도의 범의 없이 공범들과 함께 피해자의 반항을 억압함에 충분한 정도로 피해자를 폭행하던 중 공범들이 계속하여 폭행하는 사이에 피해자의 재물을 취거한 경우 강도죄가 성립하고, 그 과정에서 피해자가 상해를 입은 경우 강도상해죄도 성립한다.[100]

---

[99] **사실관계** : 甲은 동거녀가 경영하는 A주점에서 乙에게 그 곳 중간방에서 잠을 자고 있던 丙을 데리고 오라고 말하였다. 이에 乙은 甲의 말에 따라 丙을 깨워 방안으로 데리고 가 무릎을 꿇게 한 다음, 甲이 있는 가운데 丙에게 "내가 강릉 조직폭력배 대부다. 잠을 잤으면 방세를 주고 가야지."라고 말하고 맥주를 강제로 마시게 한 후, 맥주병으로 丙의 머리를 3~4회 때리며 "이 자식아, 술을 먹었으면 돈을 내야지."라고 말하며, 주먹으로 얼굴을 1회 때리고, 甲은 옆에서 丙이 말을 듣지 않으면 위해를 가할 듯한 태도를 보였다. 이어 甲은 丙이 소지하고 있던 J은행 신용카드 1장과 K은행 신용카드 1장을 받아서 그 곳에 있던 신용카드 매출전표 발급기를 이용하여 각 매출전표를 작성하였다(이 때 J은행 신용카드로는 금액 30만 원짜리 매출전표 1장, K은행 신용카드로는 각 금액 30만 원, 20만 원, 10만 원짜리 매출전표 3장을 만들었음). 계속하여 甲은 위 전표들을 丙에게 들이대고 가위를 丙의 귓가에 바짝 들이대면서 "서명하지 않으면 귀를 잘라버리겠다"고 말하여 위 매출전표들에 서명하게 하였다. 甲과 乙의 형사책임은?
→ 피해자가 각 매출전표에 허위서명한 탓으로 신용카드회사들이 신용카드 가맹점 규약 또는 약관의 규정을 들어 그 금액의 지급을 거절할 가능성이 있다 하더라도, 그로 인하여 피고인들이 각 매출전표상의 금액을 지급받을 가능성이 완전히 없어져 버린 것이 아니고 외견상 여전히 그 금액을 지급받을 가능성이 있는 상태이므로 특수강도죄가 성립한다(대법원 1997.2.5, 96도3411). [경찰채용 14 2차 / 경찰승진(경감) 10 / 법원9급 11 / 법원행시 14]

[100] **사례 : 강도의 고의 없이 폭행 중 재물을 취거한 행위와 강도죄** 甲은 강도의 고의 없이 공범들과 함께 피해자 乙의 반항을 억압함에 충분한 정도로 폭행하던 중 공범들이 계속하여 폭행하는 사이에 乙의 재물을 취거하였다면 강도죄가 성립하는가?
판례 : 형법 제333조의 강도죄는 사람의 반항을 억압함에 충분한 폭행 또는 협박을 사용하여 타인의 재물을 강취하거나 재산상의 이익을 취득함으로써 성립하는 범죄이므로, 피고인이 강도의 고의 없이 공범들과 함께 피해자의 반항을 억압함에 충분한 정도로 피해자를 폭행하던 중 공범들이 피해자를 계속하여 폭행하는 사이에 피해자의 재물을 취거한 경우에는 피고인 및 공범들의 위 폭행에 의한 반항억압의 상태와 재물의 탈취가 시간적으로 극히 밀접하여 전체적·실질적으로 재물 탈취의 고의를 실현한 행위로

강도죄가 성립하지 않는 사례

1 대법원 2001.3.23, 2001도359
강도죄에 있어서 폭행·협박의 정도
공갈죄에 있어서의 폭행과 협박에 해당함은 별론으로 하더라도 사회통념상 객관적으로 상대방의 반항을 억압하거나 항거불능케 할 정도에 이르렀다고 볼 수 없다면 강도죄는 성립하지 않는다.[101] [경찰승진(경감 이하) 16]

2 대법원 2009.1.30, 2008도10308
강도죄 성립에서 폭행·협박과 재물취득 간의 관련성이 필요하다는 사례
주점 도우미인 피해자와의 윤락행위 도중 시비 끝에 피해자를 이불로 덮어씌우고 폭행한 후 이불 속에 들어 있는 피해자를 두고 나가다가 탁자 위의 피해자 손가방 안에서 현금이 든 키홀더를 우발적으로 가져간 경우, 피고인의 이 사건 재물 취거행위가 피해자가 이불 속에 들어가 있어 이를 전혀 인식하지 못한 가운데 이루어진데다가 그 원인이 되었던 피고인의 피해자에 대한 폭행행위도 그와는 전혀 무관한 윤락행위 도중의 시비 끝에 발생하게 된 것이 사실이라면, 비록 위 재물의 취득이 피해자에 대한 폭행 직후에 이루어지긴 했지만 위 폭행이 피해자의 재물 탈취를 위한 피해자의 반항억압의 수단으로 이루어졌다고 단정할 수 없어 양자 사이에 인과관계가 존재한다고 보기 어렵다 할 것이고, 달리 위 폭행이 처음부터 재물 탈취의 범의 하에 이루어졌다거나 피고인의 위 폭행 및 재물 취거의 각 행위를 전체적으로 종합하여 단일한 재물 강취의 범행으로 인정할 만한 증거가 존재하지 아니하는 이상, 위 인정 사실만으로는 폭행에 의한 강도죄의 성립을 인정하기에 부족하다고 하지 아니할 수 없다.[102] [경찰승진(경사) 11 / 국가7급 13 / 사시 14]

강도죄와 사기죄의 죄수

대법원 1991.9.10, 91도1722
예금통장 강도 후 은행 창구에서의 예금인출 사례
피고인이 예금통장을 강취하고 예금자 명의의 예금청구서를 위조한 다음 이를 은행원에게 제출·행사하여 예금인출금명목의 금원을 교부받았다면 강도, 사문서위조, 동 행사, 사기의 각 범죄가 성립하고 이들은 실체적 경합관계에 있다 할 것이다. [국가7급 20 / 변호사시험 17]

평가할 수 있으므로 강도죄의 성립을 인정할 수 있고(대법원 2009.1.30, 2008도10308 참조), 그 과정에서 피해자가 상해를 입었다면 강도상해죄가 성립한다고 보아야 한다(대법원 2013.12.12, 2013도11899).
해결 : 성립한다.

101 **판례** : 피고인들 일행 4명이 피해자를 체포하여 승합차에 감금한 상태에서 경찰관을 사칭하면서 기소중지 상태의 피해자에 대하여 '경찰서로 가자', '돈을 갚지 않으면 풀어줄 수 없다' 또는 '돈을 더 주지 않으면 가만 두지 않겠다'는 등의 협박을 하였다는 정도만으로는, 공갈죄에 있어서의 폭행과 협박에 해당함은 별론으로 하더라도, 사회통념상 객관적으로 상대방의 반항을 억압하거나 항거불능케 할 정도에 이르렀다고 볼 수는 없다(경우에 따라 감금행위 자체를 강도의 수단인 폭행으로 볼 수 있다고 하더라도, 원심이 인정하고 있는 사정만으로는 이 사건에서의 감금행위가 위에서 말하는 반항을 억압하거나 항거불능케 할 정도라고 보이지 아니한다). 따라서 강도죄가 성립하지 않으며, 대신 공갈죄와 감금죄의 상상적 경합은 성립할 수 있다.

102 **사례** : 甲(男)은 주점에서 만난 도우미 피해자 乙(女)과의 윤락을 위해 위 주점을 나와 A모텔로 갈 당시 화대를 지급하기 위해 현금인출기에서 20만 원을 인출하여 모텔비 35,000원을 지급한 다음 위 모텔 408호실에서 성관계를 하던 중에 乙이 甲의 성교행위가 너무 과격하다는 이유로 항의를 하면서 성교를 중단하는 바람에 말다툼이 벌어져 이에 화가 난 甲은 乙에 대한 폭행을 시작하면서 乙이 이불을 뒤집어쓴 후에도 계속해서 주먹과 발로 乙을 구타한 후 이불 속에 들어 있는 乙을 두고 옷을 입고 방을 나가다가 탁자 위의 피해자 손가방 안에서 현금 20만 원 등이 든 乙의 키홀더를 우발적으로 가져갔다. 甲에게는 강도죄가 성립하는가?
해결 : 성립하지 않는다.

02 특수강도죄

제334조【특수강도】 ① 야간에 사람의 주거, 관리하는 건조물, 선박이나 항공기 또는 점유하는 방실에 침입하여 제333조의 죄를 범한 자는 무기 또는 5년 이상의 징역에 처한다.

② 흉기를 휴대하거나 2인 이상이 합동하여 전조의 죄를 범한 자도 전항의 형과 같다.

판례연구 | 형법 제334조 제1항의 특수강도죄 관련 판례

1 대법원 1991.11.22, 91도2296

특수강도죄에 있어서의 실행의 착수시기에 관하여 폭행·협박시설을 취한 사례

특수강도의 실행의 착수는 강도의 실행행위 즉 사람의 반항을 억압할 수 있는 정도의 폭행 또는 협박에 나아갈 때에 있다 할 것이다. 강도의 범의로 야간에 칼을 휴대한 채 타인의 주거에 침입하여 집안의 동정을 살피다가 피해자를 발견하고 갑자기 욕정을 일으켜 칼로 협박하여 강간한 경우, 야간에 흉기를 휴대한 채 타인의 주거에 침입하여 집안의 동정을 살피는 것만으로는 특수강도의 실행에 착수한 것이라고 할 수 없으므로 위의 특수강도에 착수하기도 전에 저질러진 위와 같은 강간행위가 구 특정범죄가중처벌등에관한법률 제5조의6 제1항 소정의 특수강도강간죄에 해당한다고 할 수 없다.[103] [경찰채용 16 2차/ 법원승진 10]

2 대법원 2012.12.27, 2012도12777

형법 제334조 제1항의 특수강도에 의한 강도상해와 주거침입의 죄수

강도상해죄의 '강도'에 형법 제334조 제1항 특수강도가 포함되므로, 형법 제334조 제1항 특수강도에 의한 강도상해의 경우 별도로 '주거침입죄'가 성립하지 아니한다.[104]

---

03 준강도죄

제335조【준강도】 절도가 재물의 탈환에 항거하거나 체포를 면탈하거나 범죄의 흔적을 인멸할 목적으로 폭행 또는 협박한 때에는 제333조 및 제334조의 예에 따른다. 〈우리말 순화 개정 2020.12.8.〉

---

103 참고로, 현행 성폭법상 주거침입강간에 해당할 수 있으나, 형법상으로는 강도강간에도 해당되지 않으므로 주거침입, 강도예비, 강간의 실체적 경합에 해당한다. 한편, 일부 판례에서는 야간주거침입절도죄의 실행착수시기와 마찬가지로 주거침입시설을 취하고 있다(대법원 1992.7.28, 92도917).

104 **판례** : 형법 제334조 제1항은 "야간에 사람의 주거, 관리하는 건조물, 선박이나 항공기 또는 점유하는 방실에 침입하여 제333조(강도)의 죄를 범한 자는 무기 또는 5년 이상의 징역에 처한다."라고 규정하고 있고, 형법 제337조는 "강도가 사람을 상해하거나 상해에 이르게 한 때에는 무기 또는 7년 이상의 징역에 처한다."라고 규정하고 있는데, 강도상해죄에 있어서의 강도는 형법 제334조 제1항 특수강도도 포함된다고 보아야 한다. 그런데 형법 제334조 제1항 특수강도죄는 '주거침입'이라는 요건을 포함하고 있으므로 형법 제334조 제1항 특수강도죄가 성립할 경우 '주거침입죄'는 별도로 처벌할 수 없고, 형법 제334조 제1항 특수강도에 의한 강도상해가 성립할 경우에도 별도로 '주거침입죄'를 처벌할 수 없다고 보아야 할 것이다(대법원 2012.12.27, 2012도12777).

대법원 2014.5.16, 2014도2521

준강도죄의 주체는 (최소) 절도(미수)범인이어야 한다는 사례

피고인이 술집 운영자 甲을 유인·폭행하고 도주함으로써 술값의 지급을 면하여 재산상 이익을 취득하고 상해를 가하였다고 하여 강도상해로 기소되었는데, 절도의 실행에 착수하였다는 내용이 포함되어 있지 않음에도 '피고인이 술값의 지급을 면하여 재산상 이익을 취득하고 甲을 폭행하였다'는 범죄사실로 인정하여 준강도죄를 적용한 것은 위법하다. [경찰채용 15·16 1차 / 경찰채용 15 2차 / 경찰간부 15·18 / 경찰승진(경감이하) 16 / 국가7급 14 / 법원9급 13 / 법원행시 09·13·16 / 사시 16 / 변호사시험 15]

1 대법원 1983.3.8, 82도2838

추격한 피해자의 얼굴을 주먹으로 때리고 놓아주지 아니하면 죽여버리겠다고 한 사례

오토바이를 끌고 가다가 추격하여 온 피해자에게 멱살을 잡히게 되자 체포를 면탈할 목적으로 피해자의 얼굴을 주먹으로 때리고, 놓아주지 아니하면 죽여버리겠다고 협박한 경우에는 위와 같은 폭행·협박은 피해자의 반항을 억압하기 위한 수단으로써 일반적·객관적으로 가능하다고 인정되는 정도의 폭행·협박에 해당한다고 볼 수 있으므로 준강도죄를 구성한다.

2 대법원 1984.7.24, 84도1167

절도범인의 전화확인 제의를 거부한 경비원을 폭행한 사례

피고인이 점유자 또는 소유자의 승낙 없이 물건을 갖고 나오다 경비원에게 발각되어 동인이 절도범인 체포사실을 파출소에 신고전화 하려는데 피고인이 잘해 보자며 대들면서 폭행을 가한 경우에는, 설사 위와 같은 행위가 피고인이 사장도 잘 안다 하며 전화확인을 하자는 제의를 경비원이 거부하면서 내일이나 모레 와서 확인한 후에 가져가라 하자 피고인이 자기의 것이니 무조건 달라고 시비한 끝에 저질러진 것이라 하여도, 그곳이 체포현장이었고 주위 사람에게 도주를 방지케 부탁한 상태 아래 일어난 것이라면 준강도행위에 해당한다.

3 대법원 1960.4.23, 68도334

야간주거침입절도미수가 수권으로 방범대원의 안면을 1회 강타하여 지면에 전도케 한 사례

피고인이 (야간에) 절도의 목적으로 타인이 경영하는 자동차수리공장의 담을 넘으려다가 방범대원에게 발각되어 추격을 받자 체포를 면탈할 양으로 수권으로 동인의 안면을 1회 강타하여 지면에 전도케 하는 등 폭행을 가한 경우 피고인은 주거침입과 절도의 결합범인 야간주거침입절도행위에 착수하였다 할 것이고 따라서 피고인이 체포를 면탈할 목적으로 폭행을 가한 이상 준강도죄가 성립한다 할 것이다.

[법원행시 09]

---

105 참고 : 판례는 준강도의 폭행·협박을 다소 폭넓게 인정하는 경향을 보인다. 예를 들어, ㉮ 절도가 체포를 면탈할 목적으로 상대방의 왼쪽 손바닥을 1회 입으로 깨물어 동인에게 전치 1주일을 요하는 좌측 수장교상을 입힌 경우(대법원 1967.9.19, 67도1015), ㉯ 피고인이 절도의 현장에서 발각되어 도주하다가 추격하여 온 피해자에 대하여 체포를 면할 목적으로 소지하고 있던 손전지로 피해자의 오른손을 구타한 행위(대법원 1966.9.20, 66도1108), ㉰ 순경이 체포하려 하므로 체포당하지 않으려고 그 포승을 문다는 것이 손가락을 문 사실이 있고 도주하려다가 붙잡히게 되자 뿌리칠 때 손이 순경의 흉부에 맞은 경우(대법원 1959.11.6, 4292형상438)에 본죄의 폭행·협박으로 인정한 예가 그러하다. 수험에서는 참고만 해두길 바란다.

PART 03

판례연구 준강도의 폭행·협박 등을 인정하지 않은 판례

대법원 1990.4.24, 90도193
체포에 필요한 정도를 넘는 심한 폭력에 대항하기 위하여 절도범이 체포자에게 상해를 입힌 사례
피고인을 체포하려는 피해자가 체포에 필요한 정도를 넘어서서 발로 차며 늑골 9, 10번 골절상, 좌폐기
흉증, 좌흉막출혈 등 전치 3개월을 요하는 중상을 입힐 정도로 심한 폭력을 가해오자 피고인이 이를
피하기 위하여 엉겁결에 솥뚜껑을 들어 위 폭력을 막아 내려다가 그 솥뚜껑에 스치어 피해자가 상처를
입게 되었다면 피고인의 위 행위는 일반적·객관적으로 피해자의 체포의사를 제압할 정도의 폭행에
해당하지 않는다고 할 것이므로 준강도(상해)죄는 성립되지 않는다.[106] [법원행시 10]

판례연구 준강도죄에서 절도의 기회에 해당하는 사례

1 대법원 2001.10.23, 2001도4142
체포되었으나 신병확보가 확실치 않은 단계는 준강도의 요건인 절도의 기회에 해당한다는 사례
절도범인이 일단 체포되었으나 아직 신병확보가 확실하지 않은 단계에서 체포상태를 면하기 위해 폭행
하여 상해를 가한 경우, 그 행위는 절도의 기회에 체포를 면탈할 목적으로 폭행하여 상해를 가한
것으로서 강도상해죄에 해당한다.[107] [국가9급 13 / 법원행시 10·16]

2 대법원 1984.9.11, 84도1398
현장에서 계속 추격당하는 상태라면 절도와의 시간적·장소적 근접성이 인정된다는 사례
피고인이 야간에 절도의 목적으로 피해자의 집에 담을 넘어 들어간 이상, 절취한 물건을 물색하기
전이라고 하여도 이미 야간주거침입절도의 실행에 착수한 것이라고 하겠고, 그 후 피해자에게 발각되
어 계속 추격당하거나 체포를 면탈하고자 피해자에게 폭행을 가하였다면 그 장소가 소론과 같이 범행현
장으로부터 200m 떨어진 곳이라고 하여도 절도의 기회 계속 중에 폭행을 가한 것이라고 보아야 할
것이다.

판례연구 준강도죄에서 절도의 기회에 해당하지 않는 사례

대법원 1999.2.26, 98도3321
절도범행 후 10분이 지나 피해자의 집에서 200m 떨어진 곳에서 붙잡혀 피해자의 집으로 돌아와
피해자를 폭행한 경우, 준강도죄가 성립하지 않는다고 한 사례
준강도는 절도범인이 절도의 기회에 재물탈환, 항거 등의 목적으로 폭행 또는 협박을 가함으로써
성립되는 것이므로, 그 폭행 또는 협박은 절도의 실행에 착수하여 그 실행중이거나 그 실행 직후 또는
실행의 범의를 포기한 직후로서 사회통념상 범죄행위가 완료되지 아니하였다고 인정될 만한 단계에서
행하여짐을 요한다. 피해자의 집에서 절도범행을 마친지 10분 가량 지나 피해자의 집에서 200m 가량
떨어진 버스정류장이 있는 곳에서 피고인을 절도범인이라고 의심하고 뒤쫓아 온 피해자에게 붙잡혀
피해자의 집으로 돌아왔을 때 비로소 피해자를 폭행한 경우, 그 폭행은 사회통념상 절도범행이 이미
완료된 이후에 행하여졌으므로 준강도죄가 성립하지 않는다. [경찰승진(경사) 10 / 법원행시 09·13 / 사시 11·16]

---

106 이 판례는 강도상해죄가 성립하지 않는다는 판례로 정리될 수도 있다.
107 **판례의 사실관계** : A는 절도행위가 발각되어 도주하다가 곧바로 뒤쫓아 온 보안요원 B에게 붙잡혀 보안사무실로 인도되어 C로부터
 그 경위를 확인받던 중 체포된 상태를 벗어나기 위해서 C에게 폭행을 가하여 상해를 가했다. A의 C에 대한 폭행은 '절도의 기회'에
 행해진 것으로 볼 수 있다.

준강도죄의 미수와 기수의 판단기준 : 절취행위기준설

대법원 2004.11.18, 2004도5074 전원합의체
절도미수범이 체포를 면탈할 목적으로 폭행한 행위에 대하여 준강도미수죄로 의율한 원심판결을 수긍한 사례
형법 제335조에서 절도가 재물의 탈환을 항거하거나 체포를 면탈하거나 죄적을 인멸할 목적으로 폭행 또는 협박을 가한 때에 준강도로서 강도죄의 예에 따라 처벌하는 취지는, 강도죄와 준강도죄의 구성요건인 재물탈취와 폭행·협박 사이에 시간적 순서상 전후의 차이가 있을 뿐 실질적으로 위법성이 같다고 보기 때문인바, 이와 같은 준강도죄의 입법 취지, 강도죄와의 균형 등을 종합적으로 고려해 보면, 준강도죄의 기수 여부는 절도행위의 기수 여부를 기준으로 하여 판단하여야 한다. 절도미수범이 체포를 면탈할 목적으로 폭행한 행위에 대하여 준강도미수죄로 의율한 것은 정당하다.[108] [경찰채용 21 2차 / 경찰간부 12·18 / 경찰승진(경장) 10 / 경찰승진(경사) 10 / 경찰승진(경감이하) 17 / 경찰승진 12·13·14 / 국가9급 13 / 국가7급 08·12·13·20 / 법원9급 08·10·13 / 법원승진 10 / 법원행시 07·10·13·14·16 / 사시 12·16]

준강도죄의 목적이 인정되지 않는 사례

대법원 2003.7.25, 2003도2316
날치기 수법에 의한 절도범이 점유탈취의 과정에서 우연히 피해자를 부상케 한 사례 : 부천시 여월동 사건
날치기와 같이 강력적으로 재물을 절취하는 행위는 때로는 피해자를 전도시키거나 부상케 하는 경우가 있고, 구체적인 상황에 따라서는 이를 강도로 인정하여야 할 때가 있다 할 것이나, 그와 같은 결과가 피해자의 반항억압을 목적으로 함이 없이 점유탈취의 과정에서 우연히 가해진 경우라면 이는 절도에 불과한 것으로 보아야 한다. 준강도죄에 있어서의 '재물의 탈환을 항거할 목적'이라 함은 일단 절도가 재물을 자기의 배타적 지배하에 옮긴 뒤 탈취한 재물을 피해자측으로부터 탈환당하지 않기 위하여 대항하는 것을 말한다. 따라서 피해자의 상해가 차량을 이용한 날치기 수법의 절도시 점유탈취의 과정에서 우연히 가해진 것에 불과하고, 그에 수반된 강제력 행사도 피해자의 반항을 억압하기 위한 목적 또는 정도의 것은 아니었던 것이라면 (준강도죄가 성립하지 않으므로) 강도치상죄에 해당하지 아니한다.[109] [법원행시 12 / 변호사시험 14]

---

108 **사실관계** : 甲과 乙이 합동하여 양주를 절취할 목적으로 장소를 물색하던 중, 2003.12.9. 06:30경 부산 부산진구 부전동 소재 5층 건물 중 2층 A가 운영하는 주점에 이르러, 乙은 1층과 2층 계단 사이에서 甲과 무전기로 연락을 취하면서 망을 보고, 甲은 위 주점의 잠금장치를 뜯고 침입하여 위 주점 내 진열장에 있던 양주 45병 시가 1,622,000원 상당을 미리 준비한 바구니 3개에 담고 있던 중, 위 주점 종업원 B, C가 계단에서 서성거리고 있던 乙을 수상히 여기고 주점으로 돌아오려는 소리를 甲이 듣고서 양주를 그대로 둔 채 출입문을 열고 나오다가 B 등이 甲을 붙잡자, 甲은 체포를 면탈할 목적으로 甲의 목을 잡고 있던 B의 오른손을 깨물었다.
판례 : 피해자에 대한 폭행·협박을 수단으로 하여 재물을 탈취하고자 하였으나 그 목적을 이루지 못한 자가 강도미수죄로 처벌되는 것과 마찬가지로, 절도미수범인이 폭행·협박을 가한 경우에도 강도미수에 준하여 처벌하는 것이 합리적이라 할 것이다. 만일 강도죄에 있어서는 재물을 강취하여야 기수가 됨에도 불구하고 준강도의 경우에는 폭행·협박을 기준으로 기수와 미수를 결정하게 되면 재물을 절취하지 못한 채 폭행·협박만 가한 경우에도 준강도죄의 기수로 처벌받게 됨으로써 강도미수죄와의 불균형이 초래된다. 위와 같은 준강도죄의 입법취지, 강도죄와의 균형 등을 종합적으로 고려해 보면, 준강도죄의 기수 여부는 절도행위의 기수 여부를 기준으로 하여 판단하여야 한다고 봄이 상당하다(대법원 2004.11.18, 2004도5074). [경찰채용 21 2차 / 경찰간부 12 / 국가7급 12 / 법원9급 08·10·13·18 / 법원행시 07·10·13·14] → 甲의 죄책은 준강도미수죄이다.
109 **사실관계** : 甲은 乙, 丙과 합동하여 2002.8.8. 19:15경 부천시 오정구 여월동 6-1 앞길에서, 丙은 승용차를 운전하고, 甲과 乙은 위 승용차에 승차하여 범행 대상을 물색하던 중, 마침 그 곳을 지나가는 피해자 권○○(여, 49세)을 발견하고 그녀를 상대로 절도를 하기로 결의하였다. 이에 그들은 피해자 권모에게 위 승용차로 접근한 후 乙이 창문으로 손을 내밀어 100만 원권 자기앞수표 2장, 현금 25만 원, 휴대폰 1개 시가 50만 원 상당, 신용카드 3장이 든 피해자 소유의 손가방 1개를 낚아채어 가려 하였다. 그런데 바로 그 순간 피해자 권모가 위 손가방을 꽉 붙잡고 이를 빼앗기지 않으려고 하자, 乙은 피해자가 붙잡고 있는 위 가방을 붙잡은 채 있었고 丙이 위 승용차를 그대로 운행하여 가버림으로써 손가방을 탈취함과 동시에 피해자에게는 약 4주간의 치료를 요하는

비교

대법원 2007.12.13, 2007도7601

'날치기'의 수법의 점유탈취 과정에서 벌어진 강제력의 행사가 피해자의 반항을 억압하거나 항거 불능케 할 정도인 사례 : 대구 황금동 사건

소위 '날치기'와 같이 강제력을 사용하여 재물을 절취하는 행위가 때로는 피해자를 넘어뜨리거나 상해를 입게 하는 경우가 있고, 그러한 결과가 피해자의 반항 억압을 목적으로 함이 없이 점유탈취의 과정에서 우연히 가해진 경우라면 이는 강도가 아니라 절도에 불과하지만, 그 강제력의 행사가 사회통념상 객관적으로 상대방의 반항을 억압하거나 항거 불능케 할 정도의 것이라면 이는 강도죄의 폭행에 해당한다. 그러므로 날치기 수법의 점유탈취 과정에서 이를 알아채고 재물을 뺏기지 않으려는 상대방의 반항에 부딪혔음에도 계속하여 피해자를 끌고 가면서 억지로 재물을 빼앗은 행위는 피해자의 반항을 억압한 후 재물을 강취한 것으로서 강도에 해당한다. 따라서 날치기 수법으로 피해자가 들고 있던 가방을 탈취하면서 가방을 놓지 않고 버티는 피해자를 5m 가량 끌고 감으로써 피해자의 무릎 등에 상해를 입힌 경우, 반항을 억압하기 위한 목적으로 가해진 강제력으로서 그 반항을 억압할 정도에 해당하므로 강도치상죄가 성립한다.[110] [경찰채용 14 · 21 2차 / 경찰승진 14 / 법원행시 12 · 14 / 사시 11 / 변호사시험 14]

사례연구　　**강도죄와 강도상해죄의 관계 : 포괄일죄**

甲은 乙(女) 소유의 손목시계 1개 및 그 밖에 12종의 물건을 절취한 다음 도망하려고 할 때에 순찰 중인 방범원 丙과 丁에게 발각되어 추격당하자, 체포를 면탈할 목적으로 가지고 있던 단도로 위 丙의 왼쪽 배, 얼굴과 가슴 등 6개소를 찔러 그 사람으로 하여금 전치 3주일을 요하는 안부 및 흉부자창의 상해를 입게 하고 계속하여 도망하다가 다시 추격하여 온 위의 丁에게 단도를 내밀며 쫓아오면 이 칼로 찔러 죽인다고 소리쳐 협박하였다. 甲의 형사책임은?

　해결　甲의 행위는 강도상해죄의 포괄일죄가 된다는 것이 판례의 입장이다(대법원 1966.12.6, 66도1392). [변호사시험 12] 다만, 강도상해죄와 준강도죄의 수죄가 된다는 비판도 있다.

판례연구　　**준강도와 강도상해의 죄수**

대법원 2001.8.21, 2001도3447

준강도 과정에서 1인에게 상해를 가한 경우의 처리

절도범이 체포를 면탈할 목적으로 체포하려는 여러 명의 피해자에게 같은 기회에 폭행을 가하여 그 중 1인에게만 상해를 가하였다면 이러한 행위는 포괄하여 하나의 강도상해죄만 성립한다.[111] [경찰채용 21 2차 / 경찰승진(경감) 10 · 17 / 경찰승진(경사) 11 / 국가9급 13 / 법원행시 09 · 14 · 16 / 사시 11 · 14 · 16 / 변호사시험 14 · 17]

좌수 제3지 중위지골 골절상을 입혔다. → 甲의 죄책은 (준강도죄가 성립하지 않으므로) 강도치상죄는 성립하지 않고, 특수절도죄와 과실치상죄(의 상상적 경합)이다.

110 **사실관계** : 甲과 乙 등은 빌린 승용차를 함께 타고 돌아다니다가 범행대상 여자가 나타나면 甲이 범행대상을 쫓아가 돈을 빼앗고 乙은 승용차에서 대기하다가 범행을 끝낸 甲을 차에 태워 도주하기로 공모한 다음, 2006.12.1. 11:00경 대구 수성구 황금동 소재 롯데캐슬아파트 부근으로 차량을 운전해 가 운전석 창문으로 농협 현금인출기가 잘 보이도록 차량을 주차해 놓고 1시간동안 그곳에서 돈을 인출하는 사람을 지켜보고 있던 중, A(여, 55세)가 위 현금인출기에서 돈을 인출하여 가방에 넣고 나오는 것을 발견하고 甲은 차에서 내려 A를 뒤따라가 그곳에서 400m가량 떨어진 대구은행 황금동지점 입구까지 5~6m 정도의 거리를 두고 A를 따라가다가 A가 상가건물 안의 위 은행으로 들어가려고 하는 것을 보고 A의 뒤쪽 왼편으로 접근하여 그녀의 왼팔에 끼고 있던 손가방의 끈을 오른손으로 잡아당겼으나 A는 가방을 놓지 않으려고 버티다가 몸이 돌려지면서 등을 바닥 쪽으로 하여 넘겨졌다. 그런데 甲은 가방 끈을 잡고 계속하여 당기자 A는 바닥에 넘어진 상태로 가방 끈을 놓지 않은 채 "내 가방, 사람 살려!"라고 소리치면서 약 5m 가량 끌려가다가 힘이 빠져 가방을 놓쳤고, 그 사이에 甲은 A의 가방을 들고 도망가던 중 아파트경비업체 직원에게 붙잡히게 되었다. 甲의 위와 같은 행위로 인하여 A의 가방이 약간 찢어졌으며 A는 바닥에 넘어져 끌려가는 과정에서 왼쪽 무릎이 조금 긁히고 왼쪽 어깨부위에 견관절 염좌상을 입었다. 甲과 乙에게는 강도치상죄가 성립하는가, 특수절도죄와 과실치상죄가 성립하는가? → 강도치상죄가 성립한다(대법원 2007.12.13, 2007도7601). [경찰채용 14 · 21 2차 / 경찰승진(경감이하) 16]

제337조【강도상해, 치상】 강도가 사람을 상해하거나 상해에 이르게 한 때에는 무기 또는 7년 이상의 징역에 처한다.

판례연구 **강도상해 · 치상죄에 해당하는 사례**

1 대법원 2014.9.26, 2014도9567
강도상해죄의 성립요건 및 강도범행 이후 피해자의 심리적 저항불능 상태가 해소되지 않은 상태에서 강도범인의 상해행위가 행하여진 사례
형법 제337조의 강도상해죄는 강도범인이 강도의 기회에 상해행위를 함으로써 성립하므로 [국가7급 12] 강도범행의 실행 중이거나 실행 직후 또는 실행의 범의를 포기한 직후로서 사회통념상 범죄행위가 완료되지 아니하였다고 볼 수 있는 단계에서 상해가 행하여짐을 요건으로 한다. 그러나 반드시 강도범행의 수단으로 한 폭행에 의하여 상해를 입힐 것을 요하는 것은 아니고 상해행위가 강도가 기수에 이르기 전에 행하여져야만 하는 것은 아니므로, [경찰채용 18 3차 / 변호사시험 16 · 18] 강도범행 이후에도 피해자를 계속 끌고 다니거나 차량에 태우고 함께 이동하는 등으로 강도범행으로 인한 피해자의 심리적 저항불능 상태가 해소되지 않은 상태에서 강도범인의 상해행위가 있었다면 강취행위와 상해행위 사이에 다소의 시간적 · 공간적 간격이 있었다는 것만으로는 강도상해죄의 성립에 영향이 없다.

2 대법원 1984.6.26, 84도970
강도의 기회에 입힌 상해 사례
강도가 재물강취의 수단으로서 한 폭행에 의하여 손해를 입힌 경우가 아니라도 강도의 기회에 상해를 입힌 것이라면 강도상해죄가 성립한다 할 것인데, 강취현장에서 피고인의 발을 붙잡고 늘어지는 피해자를 30m쯤 끌고 가서 폭행함으로써 상해한 피고인의 소위는 강도상해죄에 해당한다 할 것이다. [법원행시 06 / 경찰승진(경사) 11]

3 대법원 1985.1.15, 84도2397
택시요금 지급을 면할 목적으로 과도로 협박하였는데 놀란 운전수가 급회전하다가 찔린 사례
강도치상죄에 있어서의 상해는 강도의 기회에 범인의 행위로 인하여 발생한 것이면 족한 것이므로, 피고인이 택시를 타고 가다가 요금지급을 면할 목적으로 소지한 과도로 운전수를 협박하자 이에 놀란 운전수가 택시를 급우회전하면서 그 충격으로 피고인이 겨누고 있던 과도에 어깨부분이 찔려 상처를 입었다면, 피고인의 위 행위를 강도치상죄로 의율함은 정당하다. [경찰승진(경감이하) 16 / 경찰승진 14 / 국가7급 12]

4 대법원 1995.12.12, 95도2385
외상물품 대금채권의 회수를 의뢰받은 자가 그 추심과정에서 폭행 · 협박행위를 한 사례
채권자로부터 채무자에 대한 외상물품 대금채권의 회수를 의뢰받았다 하더라도, 채무자의 반항을 억압할 정도의 폭행과 협박을 가하여 재물 및 재산상 이득을 취득한 이상 이는 정당한 권리행사라고 볼 수 없음이 명백하여 강도상해죄가 성립함에는 아무런 지장이 없다.

---

111 **사실관계** : 甲은 2001.2.2. 01:50경 대전 동구 삼성동 소재 평화빌라 내 지하주차장에서 A 소유의 베스타 승합차의 조수석 문을 열고 안으로 들어가 공구함을 뒤지던 중 위 차에 설치된 도난경보장치의 경보음을 듣고 달려 온 A에게 발각되는 바람에 절취의 뜻을 이루지 못한 채 미수에 그친 후 A의 신고를 받고 출동한 대전경찰서 소속 경장 乙, 丙이 자신을 붙잡으려고 하자 체포를 면탈할 목적으로 팔꿈치로 乙의 얼굴을 1회 때리고 (상해의 고의로) 발로 丙의 정강이를 1회 걷어 차 丙에게 약 2주간의 치료를 요하는 우측하퇴부좌상 등을 가했다. → 공무집행방해의 점은 별론으로 할 때 甲의 죄책은 강도상해죄의 포괄일죄이다. [사시 14]

5 대법원 1996.7.12, 96도1142

강도의 폭행·협박행위를 피하려다 상해를 입게 된 사례

피고인이 피해자와 함께 도박을 하다가 돈 3,200만 원을 잃자 도박을 할 때부터 같이 있었던 일행 2명 외에 후배 3명을 동원한 데다가 피고인은 식칼까지 들고 위 피해자로부터 돈을 빼앗으려고 한 점, 위 피해자는 이를 피하려고 도박을 하고 있었던 위 집 안방 출입문을 잠그면서 출입문이 열리지 않도록 완강히 버티고 있었던 점, 이에 피고인이 위 피해자에게 "이 새끼 죽여 버리겠다."고 위협하면서 위 출입문 틈 사이로 위 식칼을 집어 넣어 잠금장치를 풀려고 하고 발로 위 출입문을 수회 차서 결국 그 문을 열고 위 안방 안으로 들어왔으며, 칼을 든 피고인 외에도 그 문 밖에 피고인의 일행 5명이 있어 그 문을 통해서는 밖으로 탈출하기가 불가능하였던 점 등을 종합하여 보면 피고인의 위 폭행·협박행위와 위 피해자의 상해 사이에는 상당인과관계가 있고, 피고인으로서는 위 피해자가 위 도박으로 차지한 금원을 강취당하지 않기 위하여 반항하면서 경우에 따라서는 베란다의 외부로 통하는 창문을 통하여 위 주택 아래로 뛰어내리는 등 탈출을 시도할 가능성이 있고 그러한 경우에는 위 피해자가 상해를 입을 수 있다는 예견도 가능하였다고 봄이 상당하므로, 피고인의 위 범죄사실은 강도치상죄를 구성한다. [법원행시 13]

판례연구 **강도상해·치상죄에 해당하지 않는 사례**

1 대법원 2002.1.11, 2001도4389

강도상해죄의 상해에 해당되지 않는다고 본 사례

피고인의 폭행으로 인하여 입은 피해자의 상처는 이마 부분이 긁혀서 경도의 부종이 있는 정도에 불과하고, 굳이 치료를 받지 않더라도 일상생활을 하는 데 지장이 없으며, 시일이 경과함에 따라 자연적으로 치유될 수 있는 정도이고, 피해자도 그 상처로 병원에서 치료를 받지 아니하였다는 사실이 인정되므로, 상처의 정도 및 내용에 비추어 볼 때 그 상처로 인하여 피해자의 신체의 완전성이 손상되고 생활기능에 장애가 왔다거나 건강상태가 불량하게 변경되었다고 볼 수는 없으므로 강도상해죄의 상해에 해당되지 않는다.[112] [경찰승진 13 / 국가7급 10]

2 대법원 1985.7.9, 85도1109

피해자들의 부상이 강도를 체포하려는 과정에서 스스로의 행위의 결과로 생긴 사례

강도상해죄는 강도가 사람을 상해한 경우에 성립하는 것이므로 도주하는 강도를 체포하기 위해 위에서 덮쳐 오른손으로 목을 잡고, 왼손으로 앞부분을 잡는 순간 강도가 들고 있던 벽돌에 끼어 있는 철사에 찔려 부상을 입었다거나 또는 도망하려는 공범을 뒤에서 양팔로 목을 감싸잡고 내려오다 같이 넘어져 부상을 입은 경우라면 위 부상들은 피해자들의 적극적인 체포행위 과정에서 스스로의 행위의 결과로 입은 상처이어서 위 상해의 결과에 대하여 강도상해죄로 의율할 수 없다. [경찰간부 16 / 사시 11]

판례연구 **강도상해죄가 성립하기 위한 강도죄의 불법이득의사의 판단기준**

대법원 2021.6.30, 2020도4539

강도상해죄가 성립하려면 먼저 강도죄의 성립이 인정되어야 하고, 강도죄가 성립하려면 불법영득 또는 불법이득의 의사가 있어야 한다(대법원 2004.5.14, 2004도1370 등). 채권자를 폭행·협박하여

---

112 **비교**: 가해자가 범행 당시 주먹으로 머리를 1회 때리고 피해자의 발을 걸어 넘어뜨린 후, 발로 가슴을 1회 걷어 차 피해자가 범행 당일 우측 두부 타박으로 인한 피하출혈, 부종 및 찰과상, 두정부와 우측 발목 타박으로 부종과 동통 소견이 있어 약 2주일간의 치료를 요한다는 내용의 상해진단서를 발급받은 경우, 피해자의 신체의 건강상태가 불량하게 변경되고 생활기능에 장애가 초래된 것이라고 볼 수 있어, 강도상해죄를 구성하는 상해에 해당한다(대법원 2002.1.11, 2001도5925).

채무를 면탈함으로써 성립하는 강도죄에서 불법이득의사는 단순 폭력범죄와 구별되는 중요한 구성요건 표지이다. 폭행·협박 당시 피고인에게 채무를 면탈하려는 불법이득 의사가 있었는지는 신중하고 면밀하게 심리·판단되어야 한다. 불법이득 의사는 마음속에 있는 의사이므로, 피고인과 피해자의 관계, 채무의 종류와 액수, 폭행에 이르게 된 경위, 폭행의 정도와 방법, 폭행 이후의 정황 등 범행 전후의 객관적인 사정을 종합하여 불법이득 의사가 있었는지를 판단할 수밖에 없다.

사례연구 강도상해 공동정범 사례

甲과 乙은 사전에 과도를 들고 강도범행을 실행할 것을 공모하고, 乙이 강도범행을 실행하기 위하여 피해자의 집에 들어갔을 때에 甲은 대문 밖에서 망을 보았다. 乙은 甲과 공모한 대로 과도를 들고 피해자의 거소에 들어가 피해자를 향하여 칼을 휘둘러 피해자를 찔러 상해를 입히고 재물을 취거하였다. 甲과 乙의 형사책임은?

해결 乙은 甲과 공모한 대로 과도를 들고 강도를 하기 위하여 피해자의 거소로 들어가 피해자를 향하여 칼을 휘두른 이상, 이미 강도의 실행행위에 착수한 것임이 명백하고, 乙이 피해자를 과도로 찔러 상해를 가하였다면 甲이 乙과 구체적으로 상해를 가할 것까지 공모하지 않았다 하더라도 피고인은 상해의 결과에 대하여도 공범으로서 책임을 면할 수 없다(대법원 1998.4.14, 98도356). [사시 14]
정답 강도상해죄의 공동정범 성립[113]

사례연구 강도상해죄와 특수강도죄의 죄수관계

甲 등 4인은 모여관에 새벽에 들어가 1층 안내실에 있는 위 여관관리인 乙의 목에 칼을 들이대고 그의 발을 칼로 찌르는 상해를 가하고 그로부터 현금 등과 여관객실의 열쇠들을 강취한 연후에, 다시 2층으로 올라가서 201호 등 3개의 방에 투숙한 손님 丙 등의 금품을 강취하였다. 甲 등의 형사책임은?

해결 여관관리인에 대한 강도상해죄와 손님들에 대한 특수강도죄의 실체적 경합범이 된다고 본 판례이다(∴ 기판력이 미치지 않음). [경찰승진 13 / 법원9급 11] 다만, 위 사례에서는 설시하지 않았지만 이 사건에서 여관의 종업원에 대한 강도상해와 연이은 여관주인에 대한 특수강도행위는 법률상 1개의 행위로 평가됨이 상당하다고 하여 상상적 경합을 인정하고 있다(∴ 기판력이 미침). 사실관계에 따라 법률상 1개의 행위인가 수개의 행위인가의 판단을 달리하는 판례(대법원 1991.6.25, 91도643)로서 구체적 타당성이 있는 결론이라고 할 수 있다. [경찰승진 13 / 법원9급 11]

---

113 **판례에 대한 보충설명** : 판례는 甲이 乙과 같이 강도상해죄의 공동정범으로 된다고 판시하고 있다. 즉 위 판례에서 乙은 강도상해죄 (특수강도+상해)가 성립하는데, 이때 망을 보고 있던 甲도 강도에 대한 공모가 있는 이상(기본범죄에 대한 공동이 있다면) 무거운 결과인 상해에 대한 예견가능성도 있다고 보아 (그렇다면 일단 특수강도+'과실'치상으로서) 강도치상죄가 성립하게 된다. 이때 판례는 甲이 강도치상죄도 아니고 더 나아가 아예 乙과 함께 강도상해죄의 공동정범이 된다고 보고 있다. 이에 대해 다수설은 乙의 상해행위에 대하여 甲에게 그 결과에 대한 결과적 가중범이 성립하는가의 요건을 엄격히 심사하고 그것이 긍정된다고 하여도 이는 甲이 결과적 가중범(강도치상죄)의 공동정범이 되는 것이 아니라 결과적 가중범의 단독정범이 된다고 보아야 할 것이다.

제338조【강도살인, 치사】 강도가 사람을 살해한 때에는 사형 또는 무기징역에 처한다. 사망에 이르게 한 때에는 무기 또는 10년 이상의 징역에 처한다.

판례연구 **강도살인죄의 강도의 기회에 해당하는 사례**

1 대법원 1985.10.22, 85도1527
채무면탈의 목적으로 채권자를 살해한 후 소지하였던 재물까지 탈취한 사례
채무면탈의 목적으로 채권자를 살해하고 동인의 반항능력이 완전히 상실된 것을 이용하여 즉석에서 동인이 소지하고 있던 재물까지 탈취하였다면 살인행위와 재물탈취행위는 서로 밀접하게 관련되어 있어 살인행위를 이용한 재물탈취행위라고 볼 것이므로 이는 강도살인죄에 해당한다.[114] [경찰간부 14·18]

2 대법원 1996.7.12, 96도1108
강도범행 직후 경찰관에게 붙잡혀 파출소로 연행되던 자가 과도로 경찰관을 찔러 사망케 한 사례
강도범행 직후 신고를 받고 출동한 경찰관이 위 범행현장으로부터 약 150m 지점에서, 화물차를 타고 도주하는 피고인을 발견하고 순찰차로 추적하여 격투 끝에 피고인을 붙잡았으나, 피고인이 너무 힘이 세고 반항이 심하여 수갑도 채우지 못한 채 피고인을 순찰차에 억지로 밀어 넣고서 파출소로 연행하고자 하였는데, 그 순간 피고인이 체포를 면하기 위하여 소지하고 있던 과도로 옆에 앉아 있던 경찰관을 찔러 사망케 하였다면 피고인의 위 살인행위는 강도행위와 시간상 및 거리상 극히 근접하여 사회통념상 범죄행위가 완료되지 아니한 상태에서 이루어진 것이라고 보여지므로(위 살인행위 당시에 피고인이 체포되어 신체가 완전히 구속된 상태이었다고 볼 수 없음), 원심이 피고인을 강도살인죄로 적용하여 처벌한 것은 옳다. [경찰간부 14 / 경찰승진(경장) 11]

3 대법원 1999.3.9, 99도242
술값 채무를 면탈할 목적으로 술집 주인을 살해하고 곧바로 피해자가 소지하던 현금을 탈취한 사례
술집에 피고인과 술집 주인 두 사람밖에 없는 상황에서 술값의 지급을 요구하는 술집 주인을 살해하고 곧바로 피해자가 소지하던 현금을 탈취한 경우 강도살인죄가 성립한다. [경찰간부 14]

판례연구 **강도살인죄의 강도의 기회에 해당하지 않는 사례**

1 대법원 2004.6.24, 2004도1098
채무를 면탈할 의사로 채권자를 살해하였으나 일시적으로 채권자측의 추급을 면한 것에 불과한 사례
강도살인죄가 성립하려면 먼저 강도죄의 성립이 인정되어야 하고, 강도죄가 성립하려면 불법영득(또는 불법이득)의 의사가 있어야 하며, 형법 제333조 후단 소정의 이른바 강제이득죄의 성립요건인 '재산상 이익의 취득'을 인정하기 위하여는 재산상 이익이 사실상 피해자에 대하여 불이익하게 범인 또는 제3자 앞으로 이전되었다고 볼 만한 상태가 이루어져야 하는데, 채무의 존재가 명백할 뿐만아니라 채권자의 상속인이 존재하고 그 상속인에게 채권의 존재를 확인할 방법이 확보되어 있는 경우에

---

114 **보충** : 피고인은 피해자의 택시를 무임승차하고 택시요금을 요구하는 피해자의 추급을 벗어나고자 동인을 살해한 직후 피해자의 주머니에서 택시 열쇠와 돈 8,000원을 꺼내어 피해자의 택시를 운전하고 현장을 벗어난 사실이 인정되는데, 위와 같은 사실관계에 비추어 보면 피고인은 채무면탈의 목적으로 피해자를 살해하고 피해자의 반항능력이 완전히 상실된 것을 이용하여 즉석에서 피해자가 소지하였던 재물까지 탈취한 것이므로, 살인행위와 재물탈취행위는 서로 밀접하게 관련되어 있어 살인행위를 이용한 재물탈취행위라고 볼 것이니 피고인을 강도살인죄로 의율한 원심조치는 정당하다(위 판례). [경찰간부 14]

는 비록 그 채무를 면탈할 의사로 채권자를 살해하더라도 일시적으로 채권자측의 추급을 면한 것에 불과하여 재산상 이익의 지배가 채권자측으로부터 범인 앞으로 이전되었다고 보기는 어려우므로, 이러한 경우에는 강도살인죄가 성립할 수 없다. [경찰채용 21 1차 / 경찰간부 13 / 경찰승진(경장) 11 / 경찰승진(경사) 11 / 경찰승진(경감이하) 17 / 경찰승진 14 / 법원행시 11 · 12 · 14]

2 대법원 2004.6.24, 2004도1098
살해 후 상당한 시간이 지난 후에 별도의 범의에 터잡아 이루어진 재물 취거 사례
강도살인죄는 강도범인이 강도의 기회에 살인행위를 함으로써 성립하는 것이므로, 강도범행의 실행중 이거나 그 실행 직후 또는 실행의 범의를 포기한 직후로서 사회통념상 범죄행위가 완료되지 아니하였다고 볼 수 있는 단계에서 살인이 행하여짐을 요건으로 한다. [경찰승진(경감이하) 17] 피고인이 피해자 소유의 돈과 신용카드에 대하여 불법영득의 의사를 갖게 된 것이 살해 후 상당한 시간이 지난 후로서 살인의 범죄행위가 이미 완료된 후의 일이라면, 살해 후 상당한 시간이 지난 후에 별도의 범의에 터잡아 이루어진 재물 취거행위를 그보다 앞선 살인행위와 합쳐서 강도살인죄로 처단할 수 없다. [경찰간부 14]

판례연구 　강도살인 · 치사죄의 공범 관련 판례

대법원 1990.11.27, 90도2262
등산용 칼을 이용한 노상강도 중 살인한 사례 : 강도살인범 이외의 자들은 강도치사죄의 공동정범
피고인들이 등산용 칼을 이용하여 노상강도를 하기로 공모한 사건에서 범행 당시 차안에서 망을 보고 있던 피고인 甲이나 등산용 칼을 휴대하고 있던 피고인 乙과 함께 차에서 내려 피해자로부터 금품을 강취하려 했던 피고인 丙으로서는 그때 우연히 현장을 목격하게 된 다른 피해자를 피고인 乙이 소지 중인 등산용 칼로 살해하여 강도살인행위에 이를 것을 전혀 예상하지 못하였다고 할 수 없으므로 피고인들 모두는 강도치사죄로 의율 처단함이 옳다. [국가7급 08 / 법원행시 05 / 변호사시험 16]

06　강도강간죄

제339조 【강도강간】 강도가 사람을 강간한 때에는 무기 또는 10년 이상의 징역에 처한다. 〈개정 2012.12.18.〉

판례연구 　강도강간죄의 성립에 관하여 강간 과정에서 강도가 성립하기 위한 요건

대법원 2010.12.9, 2010도9630
강간범인이 폭행, 협박에 의한 반항억압 상태가 계속 중임을 이용하여 재물을 탈취하는 경우 새로운 폭행, 협박을 요하지 아니한다는 사례
강도죄는 재물탈취의 방법으로 폭행, 협박을 사용하는 행위를 처벌하는 것이므로 폭행, 협박으로 타인의 재물을 탈취한 이상 피해자가 우연히 재물탈취 사실을 알지 못하였다고 하더라도 강도죄는 성립하고, 폭행, 협박당한 자가 탈취당한 재물의 소유자 또는 점유자일 것을 요하지도 아니하며, 강간범인이 부녀를 강간할 목적으로 폭행, 협박에 의하여 반항을 억압한 후 반항억압 상태가 계속 중임을 이용하여 재물을 탈취하는 경우에는 재물탈취를 위한 새로운 폭행, 협박이 없더라도 강도죄가 성립한다.[115] [경찰채용 14 2차 / 법원9급 11 / 법원행시 14 / 사시 12 · 13]

판례연구　　**강간범의 강도행위시점에 따른 강도강간죄 성립여부**

❶ 대법원 1988.9.9, 88도1240

강간 후 강도인가, 강간 전 강도인가에 따라 강도강간죄의 성부가 정해진다는 사례

강도강간죄는 강도라는 신분을 가진 범인이 강간죄를 범하였을 때에 성립하는 범죄이다. 따라서 ①
강간범이 강간행위 후에 강도의 고의를 일으켜 그 부녀의 재물을 강취하는 경우에는 강도강간죄가 아니
라 강도죄와 강간죄의 경합범이 성립될 수 있을 뿐이나, [법원9급 10 / 변호사시험 13] ② 강간범이 강간행위
종료 전, 즉 그 실행행위의 계속 중에 강도의 행위를 할 경우에는 이때에 바로 강도의 신분을 취득하는
것이므로 이후에 그 자리에서 강간행위를 계속하는 때에는 강도가 부녀를 강간하는 때에 해당하여
형법 제339조 소정의 강도강간죄를 구성한다. [경찰간부 12 / 법원9급 14]

❷ 대법원 2002.2.8, 2001도6425

강간 후 특수강도한 경우 성폭법상 특수강도강간죄로 의율할 수 없다는 사례

강간범이 강간행위 후에 강도의 고의를 일으켜 그 부녀의 재물을 강취하는 경우에는 형법상 강도강간
죄가 아니라 강간죄와 강도죄의 경합범이 성립될 수 있을 뿐인바, 성폭법 제5조 제2항은 형법 제334조
(특수강도) 등의 죄를 범한 자가 형법 제297조(강간) 등의 죄를 범한 경우에 이를 특수강도강간 등의
죄로 가중하여 처벌하고 있으므로, 다른 특별한 사정이 없는 한 강간범이 강간의 범행 후에 특수강도의
고의를 일으켜 그 부녀의 재물을 강취한 경우에는 이를 성폭력범죄의 처벌 및 피해자보호 등에 관한
법률 제5조 제2항 소정의 특수강도강간죄로 의율할 수 없다. [경찰승진 14 / 법원행시 12 / 사시 10]

❸ 대법원 2010.7.15, 2010도3594

강간의 실행행위의 계속 중에 강도행위를 한 경우 '강도강간죄'를 구성한다는 사례

특수강간범이 강간행위 종료 전에 특수강도의 행위를 한 경우, 구 성폭법상 '특수강도강간죄'로 의율할
수 있다. [경찰채용 18 1차 / 변호사시험 13]

판례연구　　**강도강간죄에 있어서 강간의 피해자와 강도의 피해자의 동일성 관련 판례**

대법원 1991.11.12, 91도2241

피고인이 강도하기로 모의를 한 후 피해자 甲남으로부터 금품을 빼앗고 이어서 피해자 乙녀를 강간하였
다면 강도강간죄를 구성한다. [경찰채용 18 3차 / 경찰승진 12 / 법원행시 08 · 12]

판례연구　　**강도강간미수가 중지범의 요건인 자의성을 결여하였다고 본 사례**

대법원 1992.7.28, 92도917

피고인 甲 · 乙 · 丙이 강도행위를 하던 중 피고인 甲 · 乙은 피해자를 강간하려고 작은 방으로 끌고가
팬티를 강제로 벗기고 음부를 만지던 중 피해자가 수술한 지 얼마 안되어 배가 아프다면서 애원하는
바람에 그 뜻을 이루지 못하였다면, 강도행위의 계속 중 이미 공포상태에 빠진 피해자를 강간하려고
한 이상 강간의 실행에 착수한 것이고, 피고인들이 간음행위를 중단한 것은 피해자를 불쌍히 여겨서가
아니라 피해자의 신체조건상 강간을 하기에 지장이 있다고 본 데에 기인한 것이므로, 이는 일반의

---

115 판례 : 야간에 甲의 주거에 침입하여 드라이버를 들이대며 협박하여 甲의 반항을 억압한 상태에서 강간행위의 실행 도중 범행현장에
　　있던 乙 소유의 핸드백을 가져간 (후 이어 강간을 한) 피고인의 행위는 포괄하여 성폭법 위반(특수강도강간등)죄에 해당한다(대법원
　　2010.12.9, 2010도9630). [경찰채용 14 2차 / 법원9급 11 / 법원행시 13 / 사시 12 · 13]

경험상 강간행위를 수행함에 장애가 되는 외부적 사정에 의하여 범행을 중지한 것에 지나지 않는 것으로서 중지범의 요건인 자의성을 결여하였다고 보아야 한다.

판례연구   **강도미수범의 강간으로 인한 치상 사례**

대법원 1988.6.28, 88도820
강도미수＋강간미수＋과실치상＝강도강간미수와 강도치상의 상상적 경합
강도가 재물강취의 뜻을 재물의 부재로 이루지 못한 채 미수에 그쳤으나 그 자리에서 항거불능의 상태에 빠진 피해자를 간음할 것을 결의하고 실행에 착수했으나 역시 미수에 그쳤더라도 반항을 억압하기 위한 폭행으로 피해자에게 상해를 입힌 경우에는 강도강간미수죄와 강도치상죄가 성립되고 이는 1개의 행위가 2개의 죄명에 해당되어 상상적 경합관계가 성립된다. [경찰승진(경장) 10 / 법원9급 07(상) / 사시 12]

---

07   해상강도(상해·치상·살인·치사·강간)죄

제340조【해상강도】 ① 다중의 위력으로 해상에서 선박을 강취하거나 선박 내에 침입하여 타인의 재물을 강취한 자는 무기 또는 7년 이상의 징역에 처한다.
② 제1항의 죄를 범한 자가 사람을 상해하거나 상해에 이르게 한 때에는 무기 또는 10년 이상의 징역에 처한다.
③ 제1항의 죄를 범한 자가 사람을 살해 또는 사망에 이르게 하거나 강간한 때에는 사형 또는 무기징역에 처한다.

판례연구   **해상강도살인과 시체유기의 죄수 관련 판례**

대법원 1997.7.25, 97도1142
페스카마 15호 선상 살인사건
선장을 비롯한 일부 선원들을 살해하는 등의 방법으로 선박의 지배권을 장악하여 목적지까지 항해한 후 선박을 매도하거나 침몰시키려고 한 경우에 선박에 대한 불법영득의 의사가 있다고 보아 해상강도살인죄가 인정되고, 사람을 살해한 자가 그 시체를 다른 장소로 옮겨 유기하였을 때에는 별도로 사체유기죄가 성립하고, 이와 같은 사체유기를 불가벌적 사후행위로 볼 수는 없다.[116] [경찰채용 12 2차 / 경찰간부 13 / 법원9급 07(하) / 법원9급 05 · 12]

---

116 **판례** : 페스카마 15호 사건 피고인들은 참치잡이 원양어선 페스카마(PESCAMAR) 15호에 승선하여 남태평양 해상에서 근무하던 중 한국인 선원 7명을 살해하고 나머지 선원들의 반항을 억압하여 선박의 지배권을 장악한 범행을 다중의 위력으로 선박을 강취한 것으로 보아 이를 해상강도살인죄로 의율한 조치는 모두 정당하고, 또한 사람을 살해한 자가 그 시체를 다른 장소로 옮겨 유기하였을 때에는 별도로 사체유기죄가 성립하고, 이와 같은 시체유기를 불가벌적 사후행위로 볼 수는 없다(대법원 1997.7.25, 97도1142).

08 상습강도죄

제341조【상습범】 상습으로 제333조, 제334조, 제336조 또는 전조 제1항의 죄를 범한 자는 무기 또는 10년 이상의 징역에 처한다.

판례연구 **상습강도와 다른 범죄의 죄수 관련 판례**

1 대법원 1990.9.28, 90도1365
상습강도죄와 강도상해죄가 상상적 경합범 관계에 있지 않다는 사례
형법 제333조, 제334조, 제337조, 제341조 등의 각 규정을 살펴보면 강도죄와 강도상해죄는 따로 규정되어 있고 상습강도죄(형법 제341조)에 강도상해죄가 포괄흡수될 수는 없는 것이므로 위 두 죄는 상상적 경합범 관계가 아니다.

2 대법원 2003.3.28, 2003도665
강도상습성의 발현으로 보여지는 강도예비죄는 상습강도죄와 포괄일죄의 관계에 있지 않다는 사례
특가법상 상습강도죄를 범한 범인이 그 범행 외에 상습적인 강도의 목적으로 강도예비를 하였다가 강도에 이르지 아니하고 강도예비에 그친 경우에도 그것이 강도상습성의 발현이라고 보여지는 경우에는 강도예비행위는 상습강도죄에 흡수되어 위 법조에 규정된 상습강도죄의 1죄만을 구성하고 이 상습강도죄와 별개로 강도예비죄를 구성하지 아니한다. [국가7급 09 / 법원행시 14]

3 대법원 2010.4.29, 2010도1099
강도상해와 강도강간의 범행 중 강도에 대한 상습범 가중은 불가하다는 사례
강도가 피해자에게 상해를 입혔으나 재물의 강취에는 이르지 못하고 그 자리에서 항거불능 상태에 빠진 피해자를 간음한 경우에는 강도상해죄와 강도강간죄만 성립하고, 그 실행행위의 일부인 강도미수 행위는 위 각 죄에 흡수되어 별개의 범죄를 구성하지 않는다. [경찰승진(경장) 10 / 사시 12] …… 별개의 독립한 범죄로 처벌하는 위 각 죄의 일부로서 그에 흡수된 강도미수 행위만을 따로 떼어 강도 등의 상습범에 관한 위 가중처벌 규정을 적용할 수도 없다.

---

09 강도예비·음모죄

제343조【예비, 음모】 강도할 목적으로 예비 또는 음모한 자는 7년 이하의 징역에 처한다.

판례연구 **강도예비죄의 강도할 목적 관련 판례**

대법원 2006.9.14, 2004도6432
준강도할 목적이 있음에 그치는 경우에 강도예비·음모죄가 성립하지 않는다는 사례
(甲이 휴대 중이던 등산용 칼을 뜻하지 않게 절도 범행이 발각되었을 경우 체포를 면탈하는 데 도움이 될 수 있을 것이라는 정도의 생각에서 가지고 있을 뿐, 타인으로부터 물건을 강취하는 데 사용하겠다는 생각으로 준비하였다고 볼 수 없는 경우) 강도예비·음모죄가 성립하기 위해서는 예비·음모 행

위자에게 미필적으로라도 '강도'를 할 목적이 있음이 인정되어야 하고 그에 이르지 않고 단순히 '준강도' 할 목적이 있음에 그치는 경우에는 강도예비·음모죄로 처벌할 수 없다.[117] [경찰채용 14 1차 / 경찰채용 16 2차 / 경찰승진(경장) 10 / 경찰승진 12 · 14 / 국가7급 09 · 13 · 20 / 법원9급 20 · 21 / 법원행시 07 · 12 / 사시 11 · 12 · 14 / 변호사시험 14 · 16]

제4절 사기의 죄

01 총 설

판례연구 **사기죄의 보호법익과 조세에 관한 권력작용의 구별**

1 대법원 2008.11.27, 2008도7303
기망행위에 의하여 조세를 포탈하거나 조세의 환급·공제를 받은 사례
기망행위에 의하여 국가적 또는 공공적 법익을 침해한 경우라도 그와 동시에 형법상 사기죄의 보호법익인 재산권을 침해하는 것과 동일하게 평가할 수 있는 때에는 당해 행정법규에서 사기죄의 특별관계에 해당하는 처벌 규정을 별도로 두고 있지 않는 한 사기죄가 성립할 수 있다. 그런데 기망행위에 의하여 조세를 포탈하거나 조세의 환급·공제를 받은 경우에는 조세범처벌법 제9조(지방세법 제84조에서 준용)에서 이러한 행위를 처벌하는 규정을 별도로 두고 있을 뿐만 아니라, 조세를 강제적으로 징수하는 국가 또는 지방자치단체의 직접적인 권력작용을 사기죄의 보호법익인 재산권과 동일하게 평가할 수 없는 것이므로, 기망행위에 의하여 조세를 포탈하거나 조세의 환급·공제를 받은 경우에는 조세범처벌법위반죄가 성립함은 별론으로 하고, 형법상 사기죄는 성립할 수 없다.[118] [경찰간부 17 / 경찰승진(경감) 10 / 국가7급 14 / 법원9급 16 / 법원행시 11 / 변호사시험 17]

> **비교** 주유소 운영자가 농민들에게 면세유를 공급한 것처럼 부당하게 발급받은 면세유류공급확인서로 석유정제업자를 기망하여 부가가치세 등에 상당한 석유류를 취득한 경우에는, 석유정제업자에게 현실적인 재산상 손해가 없더라도 사기죄가 성립한다(대법원 2009.1.15, 2006도6687).

2 대법원 2019.12.24, 2019도2003
공무원을 기망하여 납부의무가 있는 농지보전부담금을 면제받은 사건
중앙행정기관의 장, 지방자치단체의 장 등 법률에 따라 금전적 부담의 부과권한을 부여받은 자(이하 '부과권자')가 재화 또는 용역의 제공과 관계없이 특정 공익사업과 관련하여 권력작용으로 부담금을

---

117 **판결이유**: 형법은 흉기를 휴대한 절도를 특수절도라는 가중적 구성요건(형법 제331조 제2항)으로 처벌하면서도 그 예비행위에 대한 처벌조항은 마련하지 않고 있는데, 만약 준강도를 할 목적을 가진 경우까지 강도예비로 처벌할 수 있다고 본다면 흉기를 휴대한 특수절도를 준비하는 행위는 거의 모두가 강도예비로 처벌받을 수밖에 없게 되어 형법이 흉기를 휴대한 특수절도의 예비행위에 대한 처벌조항을 두지 않은 것과 배치되는 결과를 초래하게 된다는 점 및 정당한 이유 없이 흉기 기타 위험한 물건을 휴대하는 행위 자체를 처벌하는 조항을 폭력행위 등 처벌에 관한 법률 제7조에 따로 마련하고 있다는 점 등을 고려해야 한다.
118 **보충**: 주유소 운영자가 농·어민 등에게 조세제한특례법에 정한 면세유를 공급한 것처럼 위조한 면세유류공급확인서로 정유회사를 기망하여 면세유를 공급받음으로써 면세유와 정상유의 가격 차이 상당의 이득을 취득한 사안에서, 정유회사에 대하여 사기죄를 구성하는 것은 별론으로 하고, 국가 또는 지방자치단체를 기망하여 국세 및 지방세의 환급세액 상당을 편취한 것으로 볼 수 없다고 한 사례이다.

부과하는 것은 일반 국민의 재산권을 제한하는 침해행정에 속한다. 이러한 침해행정 영역에서 일반 국민이 담당 공무원을 기망하여 권력작용에 의한 재산권 제한을 면하는 경우에는 부과권자의 직접적인 권력작용을 사기죄의 보호법익인 재산권과 동일하게 평가할 수 없는 것이므로, 행정법규에서 그러한 행위에 대한 처벌규정을 두어 처벌함은 별론으로 하고, 사기죄는 성립할 수 없다.

3 대법원 2021.10.14, 2016도16343
시설물안전법상 하도급 제한 규정을 위반한 사건
시설물안전법상 하도급 제한 규정은 시설물의 안전점검과 적정한 유지관리를 통하여 재해와 재난을 예방하고 시설물의 효용을 증진시킨다는 국가적 또는 공공적 법익을 보호하기 위한 것이므로, 이를 위반한 경우 구 시설물안전법에 따른 제재를 받는 것은 별론으로 하고 곧바로 사기죄의 보호법익인 재산권을 침해하였다고 단정할 수 없다. 사기죄가 성립된다고 하려면 이러한 사정에 더하여 이 사건 각 안전진단 용역계약의 내용과 체결 경위, 계약의 이행과정이나 결과 등까지 종합하여 살펴볼 때 과연 피고인들이 안전진단 용역을 완성할 의사와 능력이 없음에도 불구하고 용역을 완성할 것처럼 거짓말을 하여 용역대금을 편취하려 하였는지 여부를 기준으로 판단하여야 한다.

판례연구 **재산상 손해는 사기죄의 성립요건이 아니라고 본 판례**

1 대법원 2000.7.7, 2000도1899
재산상 손해의 유무는 사기죄 성립에 영향이 없다
재물편취를 내용으로 하는 사기죄에 있어서는 기망으로 인한 재물교부가 있으면 그 자체로서 피해자의 재산침해가 되어 이로써 곧 사기죄가 성립하는 것이고, 상당한 대가가 지급되었다거나 피해자의 전체 재산상에 손해가 없다 하여도 사기죄의 성립에는 그 영향이 없으므로 사기죄에 있어서 그 대가가 일부 지급된 경우에도 그 편취액은 피해자로부터 교부된 재물의 가치로부터 그 대가를 공제한 차액이 아니라 교부받은 재물 전부라 할 것이다. [경찰간부 11·14 / 법원행시 09·10]

2 대법원 1994.10.21, 94도2048
피해자가 재산권을 회복하여도 사기죄는 성립한다
피해자가 피고인의 기망에 의하여 당해 부동산의 소유권을 취득할 수 없게 될지도 모른다는 사정을 알지 못한 채 이를 매수하였다면 이미 재산의 침해가 있었다 할 것이고, 그 이후 피해자가 매수인 명의변경절차나 국가에 대한 민사소송 등을 통하여 소유권이전등기를 경료받아 재산상의 손해가 없게 되었다 하더라도 이는 사기죄의 성립에 아무런 영향을 미칠 수 없다.

02 사기죄

제347조【사 기】 ① 사람을 기망하여 재물의 교부를 받거나 재산상의 이익을 취득한 자는 10년 이하의 징역 또는 2천만 원 이하의 벌금에 처한다.
　② 전항의 방법으로 제3자로 하여금 재물의 교부를 받게 하거나 재산상의 이익을 취득하게 한 때에도 전항의 형과 같다.

1 대법원 2010.12.9, 2010도6256

사기 범행에 이용되리라는 사정을 알고서도 자신의 명의로 은행 예금계좌를 개설하여 甲에게 이를 양도함으로써 甲이 乙을 속여 乙로 하여금 현금을 위 계좌로 송금하게 한 사례

(사기 범행의 피해자로부터 현금을 예금계좌로 송금받은 경우, 그 사기죄의 객체가 '재물'인지 또는 '재산상의 이익'인지에 관하여 '재물'이라고 본 부분) 사기죄의 객체는 타인이 점유하는 '타인의' 재물 또는 재산상의 이익이므로, 피해자와의 관계에서 살펴보아 그것이 피해자 소유의 재물인지 아니면 피해자가 보유하는 재산상의 이익인지에 따라 '재물'이 객체인지 아니면 '재산상의 이익'이 객체인지 구별하여야 하는 것으로서, 이 사건과 같이 피해자가 본범의 기망행위에 속아 현금을 피고인 명의의 은행 예금계좌로 송금하였다면, 이는 재물에 해당하는 현금을 교부하는 방법이 예금계좌로 송금하는 형식으로 이루어진 것에 불과하여, 피해자의 은행에 대한 예금채권은 당초 발생하지 않는다. [사시 12/변호사시험 12] (이후 본인 명의의 예금계좌를 양도하는 방법으로 본범의 사기 범행을 용이하게 한 방조범이 본범의 사기행위 결과 그의 예금계좌에 입금된 돈을 인출한 경우, '장물취득죄'가 성립하지 않는다고 본 판례이기도 하다.)

2 대법원 2011.11.10, 2011도9919

'인감증명서'가 형법상 '재물'에 해당하고 인감증명서를 편취하는 경우 소지인에 대한 관계에서 사기죄가 성립한다는 사례

인감증명서는 인감과 함께 소지함으로써 인감 자체의 동일성을 증명함과 동시에 거래행위자의 동일성과 거래행위가 행위자의 의사에 의한 것임을 확인하는 자료로서 개인의 권리의무에 관계되는 일에 사용되는 등 일반인의 거래상 극히 중요한 기능을 가진다. 따라서 그 문서는 다른 특별한 사정이 없는 한 재산적 가치를 가지는 것이어서 형법상의 '재물'에 해당한다고 할 것이다. 이는 그 내용 중에 재물이나 재산상 이익의 처분에 관한 사항이 포함되어 있지 아니하다고 하여 달리 볼 것이 아니다. 따라서 위 용도로 발급되어 그 소지인에게 재산적 가치가 있는 것으로 인정되는 인감증명서를 그 소지인을 기망하여 편취하는 것은 그 소지인에 대한 관계에서 사기죄가 성립한다고 할 것이다. [경찰채용 12 2차/법원행시 12·13] 피고인이 피해자에게서 매수한 재개발아파트 수분양권을 이미 매도하였는데도 마치 자신이 피해자의 입주권을 정당하게 보유하고 있는 것처럼 피해자의 딸과 사위에게 거짓말하여 피해자 명의의 인감증명서 3장을 교부받은 경우, 위 인감증명서는 피해자측이 발급받아 소지하게 된 피해자 명의의 것으로서 재물성이 인정된다 할 것인데, 피고인이 피해자측을 기망하여 이를 교부받은 이상 재물에 대한 편취행위가 성립한다고 보아야 하고, 피고인은 피해자의 재개발아파트 수분양권을 이중으로 매도할 목적으로 그에 중요한 의미를 가지는 피해자 명의의 인감증명서를 기망에 의하여 취득하였다는 것이므로 위 인감증명서에 대한 편취의 고의도 인정하기에 충분하므로, 위와 같은 피고인의 행위에 대하여는 재물의 편취에 의한 사기죄가 성립한다.

3 대법원 2012.9.27, 2011도282

경제적 이익을 기대할 수 있는 자금운용의 권한 내지 지위를 획득하는 것이 사기죄의 객체인 재산상 이익에 포함될 수 있다는 사례

경제적 이익을 기대할 수 있는 자금운용의 권한 내지 지위의 획득도 그 자체로 경제적 가치가 있는 것으로 평가할 수 있다면 사기죄의 객체인 재산상의 이익에 포함된다. 피고인이 자신이 개발한 주식운용프로그램을 이용하면 상당한 수익을 낼 수 있고 만일 손해가 발생하더라도 원금과 은행 정기예금 이자 상당의 반환은 보장하겠다는 취지로 피해자 甲을 기망하여 甲의 자금이 예치된 甲 명의 주식계좌에 대한 사용권한을 부여받아 재산상 이익을 취득하였다면 사기죄가 성립한다. [경찰채용 13 2차]

1 대법원 1983.8.23, 83도1447
순수한 가치판단 내지 의사표시
순수한 미래예측, 상품광고에 있어서 약간의 과장적 주장은 기망행위에 해당되지 않는다. ⇨ 화가의
그림이 아름답다고 하는 평가, 순수한 법적 의견의 진술 등도 기망행위의 대상이 안 된다.

2 대법원 1995.7.28, 95도19515·19522(반소)
연립주택분양 평수 과장광고 사례
연립주택의 서비스면적을 포함하여 평형을 과장한 광고는 거래에 있어 중요한 사항에 관하여 구체적
사실을 거래상의 신의성실의 의무에 비추어 비난받을 정도의 방법으로 허위로 고지함으로써 사회적으
로 용인될 수 있는 상술의 정도를 넘은 기망행위에 해당하지 않는다.

3 대법원 2006.10.27, 2004도6083
만성피로증후군 비보험 치료 사례
피고인이 진단·처방한 만성피로증후군은 비록 한국표준질병사인분류상으로는 신경쇠약증으로 분류
되고 있다 하더라도 … 피고인의 만성피로증후군의 진단 및 처방 자체에 기망의 점이 존재함을 인정할
증거가 없는 이 사건에 있어서 위와 같은 사정만으로는 전문적인 의료판단에 따라 진단·처방하고
그에 상응하는 대가로서의 진료비를 수령한 피고인의 행위가 형법상 기망행위 혹은 편취행위에 해당한다
고 단정할 수는 없다.

4 대법원 2011.5.13, 2009도5386
예금명의자가 아닌 제3자를 예금계약의 당사자로 볼 수 없다는 사례
乙이 금융기관에 피고인 甲 명의로 예금을 하면서 자신만이 이를 인출할 수 있게 해달라고 요청하여
금융기관 직원이 예금관련 전산시스템에 '乙이 예금, 인출 예정'이라고 입력하였고 피고인도 이의를
제기하지 않았는데, 그 후 피고인이 금융기관을 상대로 예금 지급을 구하는 소를 제기하였다가 금융기
관의 변제공탁으로 패소한 경우, 금융기관과 乙 사이에 실명확인 절차를 거쳐 서면으로 이루어진
피고인 명의의 예금계약을 부정하여 예금명의자인 피고인의 예금반환청구권을 배제하고, 乙에게 이를
귀속시키겠다는 명확한 의사의 합치가 있었다고 인정할 수 없어 예금주는 여전히 피고인이므로, 이와
달리 예금주가 乙이라는 전제하에 피고인에게 사기미수죄를 인정한 원심판단에는 예금계약의 당사자
확정 방법에 관한 법리오해의 위법이 있다.[119] [경찰간부 16]

---

119 **사례** : 乙이 금융기관에 甲 명의로 예금을 하면서 자신만이 이를 인출할 수 있게 해달라고 요청하여 금융기관 직원이 예금관련
전산시스템에 '乙이 예금, 인출 예정'이라고 입력하였고 甲도 이의를 제기하지 않았는데, 그 후 甲이 금융기관을 상대로 예금 지급을
구하는 소를 제기하였다가 금융기관의 변제공탁으로 패소한 경우, 甲에게 사기미수죄의 죄책이 인정되는가?
판례 : 금융실명거래 및 비밀보장에 관한 법률에 따라 실명확인 절차를 거쳐 예금계약을 체결하고 실명확인 사실이 예금계약서
등에 명확히 기재되어 있는 경우에는, 일반적으로 예금계약서에 예금주로 기재된 예금명의자나 그를 대리한 행위자 및 금융기관의
의사는 예금명의자를 예금계약의 당사자로 보려는 것이라고 해석하는 것이 경험법칙에 합당하고, 예금계약의 당사자에 관한 법률관
계를 명확히 할 수 있어 합리적이다. 따라서 본인인 예금명의자의 의사에 따라 그의 실명확인 절차가 이루어지고 그를 예금주로
하여 예금계약서를 작성하였음에도, 위에서 본 바와 달리 예금명의자가 아닌 출연자 등을 예금계약의 당사자라고 볼 수 있는 경우는,
금융기관과 출연자 등 사이에 실명확인 절차를 거쳐 서면으로 이루어진 예금명의자와의 예금계약을 부정하여 그의 예금반환청구권을
배제하고, 출연자 등과 예금계약을 체결하여 그에게 예금반환청구권을 귀속시키겠다는 명확한 의사의 합치가 있는 극히 예외적인
경우로 제한되어야 하고, 이러한 의사의 합치는 위 법률에 따라 실명확인 절차를 거쳐 작성된 예금계약서 등의 증명력을 번복하기에
충분할 정도의 명확한 증명력을 가진 구체적이고 객관적인 증거에 의하여 매우 엄격하게 인정하여야 한다.
해결 : 인정되지 않는다.

5 대법원 2011.7.28, 2011도5299

휴대전화의 문자발송제한을 해제하고 문자를 대량 발송한 행위는 사람에 대한 기망이 아니라는 사례

사용이 정지되거나 사용할 수 없게 된 휴대전화를 구입한 후 이른바 '대포폰'으로 유통시켜 사용하도록 하거나 '유심칩(USIM Chip) 읽기'를 통하여 해당 휴대전화의 문자발송제한을 해제하고 광고성 문자를 대량 발송하는 방법으로 이동통신회사들로부터 이용대금 상당의 재산상 이득을 취득하였다는 내용으로 기소된 경우, 피고인의 행위는 '사람을 기망하여 재산상 이득을 취득한 경우'에 해당한다고 볼 수 없다.[120] [경찰채용 13 2차 / 경찰간부 16 / 법원행시 12]

6 대법원 2019.12.27, 2015도10570

문화재수리법 위반 문화재수리업자에게 발주처에 대한 공사대금 편취의 기망행위가 없다는 사례

공사도급계약에서 편취에 의한 사기죄의 성립 여부는 계약 당시를 기준으로 피고인에게 공사를 완성할 의사나 능력이 없음에도 피해자에게 공사를 완성할 것처럼 거짓말을 하여 피해자로부터 공사대금 등을 편취할 고의가 있었는지에 의하여 판단하여야 한다. 이때 법원으로서는 공사도급계약의 내용, 체결 경위 및 계약의 이행과정이나 그 결과 등을 종합하여 판단하여야 한다. …… 사기죄의 보호법익은 재산권이므로, 기망행위에 의하여 국가적 또는 공공적 법익이 침해되었다는 사정만으로 사기죄가 성립한다고 할 수 없다. 따라서 공사도급계약 당시 관련 영업 또는 업무를 규제하는 행정법규나 입찰 참가자격, 계약절차 등에 관한 규정을 위반한 사정이 있는 때에는 그러한 사정만으로 공사도급계약을 체결한 행위가 기망행위에 해당한다고 단정해서는 안 되고, 그 위반으로 말미암아 계약 내용대로 이행되더라도 공사의 완성이 불가능하였다고 평가할 수 있을 만큼 그 위법이 공사의 내용에 본질적인 것인지 여부를 심리·판단하여야 한다.

판례연구 **작위에 의한 기망행위에 해당하는 사례**

1 대법원 1980.11.25, 80도2310

절도범인이 절취한 장물을 자기 것인 양 제3자에게 담보로 제공하고 금원을 편취한 경우에는 별도의 사기죄가 성립된다. [경찰간부 17 / 국가9급 11 / 법원9급 09 / 사시 13]

2 대법원 1995.4.28, 95도250

승리제단 사건 : 헌금하지 않으면 영생할 수 없다고 하여 헌금 명목의 금원을 교부받은 사례

세칭 '승리제단' 교주가 자신을 생미륵, 구세주로 지칭하면서 자신이 인간들의 길흉화복과 우주의 풍운조화를 좌우하므로 … 풍년을 들게 하였으며 재물을 자신에게 맡기고 충성하며 자기들이 시행하는 건축공사에 참여하면 피속의 마귀를 빨리 박멸·소탕해주겠다고 하고 자신이 하나님인 사실이 알려져 세계 각국에서 금은보화가 모이면 1인당 1,000억 원씩 나누어 주겠으며 헌금하지 않는 신도는 영생할 수 없다는 취지인 설교를 사실인 것처럼 계속하여 신도를 기망하여 신도들로부터 헌금 명목으로 금원을 교부받은 경우 사기죄가 성립한다.

---

120 **판결이유** : 사기죄는 사람을 기망하여 재물의 교부를 받거나 재산상의 이익을 취득하거나 제3자로 하여금 취득하게 하는 경우에 성립한다(대법원 2003.10.10, 2003도3516; 2011.4.14, 2011도769 등). 피고인이 이동통신 판매대리점의 컴퓨터를 이용하여 이동통신 회사들의 전산망에 접속한 다음 전산상으로 사용정지된 휴대전화를 사용할 수 있도록 하거나 유심칩 읽기를 통해 문자메시지 발송한도를 해제한 것은 전산상 자동으로 처리된 것일 뿐 사기죄의 구성요건인 '사람을 기망하여 재산상 이득을 취득한 경우'에 해당한다고 볼 수 없다(대법원 2011.7.28, 2011도5299). [경찰채용 13 2차 / 법원행시 12]

3 대법원 2004.10.14, 2004도4705

휴대폰으로 메시지가 도착한 것으로 오인하게 하여 정보이용료가 부과되게 한 사례

접속 후 매 30초당 정보이용료 1,000원이 부과되는 060 회선을 임차하여 휴대폰 사용자들인 피해자들에게 음악편지도착 등의 문자메시지를 무작위로 보내어 마치 아는 사람으로부터 음악 및 음성메시지가 도착한 것으로 오인하게 하여 통화버튼을 눌러 접속하게 한 후 정보이용료가 부과되게 한 행위는 사기죄의 구성요건에 해당한다.

4 대법원 2007.6.1, 2006도1813

개정 후 기업회계기준 적용한 재무제표를 금융기관에 제출한 사례

편법을 사용하여 작성된 재무제표를 금융기관에 제출하게 되면 금융기관으로서는 원래 해당 회계연도에 적용되는 개정 전 회계처리기준에 의하여 위 재무제표가 작성되었고 그 결과 당기 순이익이 발생한 것으로 잘못 인식할 수 있는바, 이는 해당 회계연도의 회사 재무상황에 대하여 금융기관의 착오를 일으키는 것이어서 기망행위에 해당한다 할 것이다.

5 대법원 2010.2.25, 2009도1950

전기공사업 면허를 양도하면서 전기공사공제조합 대출금을 축소 고지한 사례

A 주식회사 대표이사인 甲은 乙과 전기공사업 양도계약을 체결함에 있어, 전기공사공제조합 대출금액을 축소하여 고지하고 대출금 연체 사실 및 공제조합 출자증권에 대한 가압류 사실을 숨기고 고지하지 않은 채 乙로부터 계약금을 송금받았다. 이 경우, 각종 불이익을 양수인이 모두 승계하여야 하는 것이었던 점을 고려한다면, 피해자가 사전에 이 사건 회사의 공제조합에 대한 대출금의 정확한 액수 및 그 연체 사실을 고지받았다면 이 사건 계약과 같은 내용의 전기공사업 양도양수계약을 체결하지 않았을 것임이 충분히 추단된다 할 것이므로, 甲의 행위는 사기죄를 구성한다.

판결이유 출자증권에 가압류가 되어 있는 경우 모든 업무거래가 정지되고, 출자증권의 양도·양수가 불가능하며, 전기공사업 면허의 양도도 불가능하다는 것인바, 만일 위 각 사실조회 회신의 취지대로 출자증권에 가압류가 되어 있는 경우 전기공사업 면허의 양도가 불가능하다면, 피해자가 사전에 위 가압류 사실을 고지받았을 경우 이 사건 계약과 같은 내용의 전기공사업 양도양수계약을 체결하지 않았을 것으로 충분히 추단된다.

6 대법원 2013.4.26, 2011도10797

전화 진찰을 대면 진찰인 것처럼 요양급여비를 청구한 사례

전화 진찰[121]이 의료법에 정한 '직접 진찰'에 해당한다 하더라도 그러한 사정만으로 요양급여의 대상이 된다고 할 수 없는 이상,[122] 피고인이 전화 진찰하였음을 명시적으로 밝히면서 요양급여비용청구를 시도하는 등의 경우는 별론으로 하고, 전화 진찰을 요양급여대상으로 되어 있던 내원 진찰인 것으로 하여 요양급여비용을 청구한 것은 기망행위로서 사기죄를 구성한다고 할 것이다. [경찰승진 14]

유사 대법원 2015.7.9, 2014도11843

비의료인 개설 의료기관이 요양기관 가장하여 요양급여비를 청구한 사례

의료법에서는 의료기관 개설자격(의사, 한의사 등)이 없는 자가 의료기관을 개설하는 것을 금지하면서 이를 위반한 경우 형사처벌하고, 국민건강보험법 제42조 제1항 제1호는 요양급여를 실시할 수 있는

---

121 **관련판례 : 전화진찰 무죄 사건** 구 의료법 제17조 제1항은 '의료업에 종사하고 직접 진찰한 의사'가 아니면 진단서·검안서·증명서 또는 처방전을 작성하여 환자에게 교부하지 못한다고 정하고 있다. 이 조항은 스스로 진찰을 하지 아니하고 처방전을 발급하는 행위를 금지하는 규정일 뿐이고, 대면 진찰을 하지 아니하였거나 충분한 진찰을 하지 아니한 상태에서 처방전을 발급하는 행위 일반을 금지하는 조항이 아니다. 따라서 죄형법정주의 원칙, 특히 유추해석 금지의 원칙상 전화나 화상 등을 이용하여 진찰(전화 진찰)을 하였다는 사정만으로 '직접 진찰'을 한 것이 아니라고 볼 수 없다(대법원 2013.4.11, 2010도1388).

122 **보충 :** 구 '국민건강보험 요양급여의 기준에 관한 규칙'에 기한 보건복지부장관의 고시는 내원을 전제로 한 진찰만을 요양급여의 대상으로 정하고 있고 전화 진찰이나 이에 기한 약제 등의 지급은 요양급여의 대상으로 정하고 있지 않다(위 판례).

요양기관 중의 하나인 의료기관을 '의료법에 따라 개설된 의료기관'으로 한정하고 있다. 따라서 의료법 제33조 제2항을 위반하여 적법하게 개설되지 아니한 의료기관에서 환자를 진료하는 등의 요양급여를 실시하였다면 해당 의료기관은 국민건강보험법상 요양급여비용을 청구할 수 있는 요양기관에 해당되지 아니하므로 요양급여비용을 적법하게 지급받을 자격이 없다(대법원 2012.1.27, 2011두21669; 2015.5.14, 2012다72384 참조). 따라서 비의료인이 개설한 의료기관이 마치 의료법에 의하여 적법하게 개설된 요양기관인 것처럼 국민건강보험공단에 요양급여비용의 지급을 청구하는 것은 국민건강보험공단으로 하여금 요양급여비용 지급에 관한 의사결정에 착오를 일으키게 하는 것으로서 사기죄의 기망행위에 해당하고, 이러한 기망행위에 의하여 국민건강보험공단으로부터 요양급여비용을 지급받을 경우에는 사기죄가 성립한다. 이 경우 설령 그 의료기관의 개설인인 비의료인이 자신에게 개설 명의를 빌려준 의료인으로 하여금 환자들에게 요양급여를 제공하게 하였다 하여도 마찬가지이다. [법원9급 16·17/변호사시험 16]

비교   다른 의료인 명의로 개설·운영되는 의료기관에서 의료인이 요양급여비용을 지급받은 것을 사기죄를 구성하지 않는다(대법원 2019.5.30, 2019도1839, 자세한 것은 후술).

7 대법원 2013.7.26, 2012도4438
기업구매전용카드 사용 거래에서 허위 납품 내역을 고지하지 않고 대금을 청구한 사례
'기업구매전용카드'를 사용한 거래에서 판매기업(가맹점)이 카드회사에 용역제공을 가장한 허위 내용의 납품내역임을 고지하지 아니하고 대금을 청구한 경우, 카드회사가 판매기업의 용역제공을 가장한 허위 내용의 납품내역에 의한 대금청구에 대하여는 이를 거절할 수 있는 등 납품내역이 허위임을 알았더라면 판매기업에 그 대금의 지급을 하지 아니하였을 관계가 인정된다면, 판매기업이 용역제공을 가장한 허위의 납품내역임을 고지하지 아니한 채 카드회사에 대금을 청구한 행위는 사기죄의 실행행위로서의 기망행위에 해당하고, 판매기업에 이러한 기망행위에 관한 고의가 있었다면, 비록 당시 그 운영자에게 카드 이용대금을 변제할 의사와 능력이 있었다고 하더라도 사기죄의 고의가 있었음이 인정되어 사기죄가 성립한다(대법원 1999.2.12, 98도3549).[123]

8 대법원 2015.7.23, 2015도6905
초과보험 상태 의도적 유발 사례
보험계약자가 보험계약 체결 시 보험금액이 목적물의 가액을 현저하게 초과하는 초과보험 상태를 의도적으로 유발한 후 보험사고가 발생하자 초과보험 사실을 알지 못하는 보험자에게 목적물의 가액을 묵비한 채 보험금을 청구하여 보험금을 교부받은 경우, 보험자가 보험금액이 목적물의 가액을 현저하게 초과한다는 것을 알았더라면 같은 조건으로 보험계약을 체결하지 않았을 뿐만 아니라 협정보험가액에 따른 보험금을 그대로 지급하지 아니하였을 관계가 인정된다면, 보험계약자가 초과보험 사실을 알지 못하는 보험자에게 목적물의 가액을 묵비한 채 보험금을 청구한 행위는 사기죄의 실행행위로서의 기망 행위에 해당한다. [법원9급 16·17]

9 대법원 2021.6.24, 2021도2068
직영 가산금의 지급요건인 병원 식당의 '직영' 여부가 문제된 사건
직영 가산금 제도의 취지와 직영의 문언적 의미에 비추어 보면, 직영 가산금의 지급요건인 '직영'은 요양기관이 식당을 자기의 계산으로 운영하고 그로 인한 이익과 손실의 귀속주체 또한 요양기관이 되는 것을 의미한다. …… 위 각 병원이 식당을 직영함을 전제로 하는 직영 가산금을 청구할 수 없음에도 위 각 병원의 운영자인 피고인이 이를 알면서도 직영 가산금을 청구한 것은 사기죄에 해당한다.

---

123 **보충-다른 논점** : 피고인이 '기업구매전용카드'를 이용하여 물품판매 또는 용역제공을 가장하여 거래하는 방법으로 자금을 융통하였다고 하여 구 여신전문금융업법 위반으로 경우, 위 카드에 의한 거래를 같은 법 제70조 제2항 제2호 (가)목에서 정한 신용카드에 의한 거래로 보기 어렵다(위 판례).

판례연구　**작위에 의한 기망행위에 해당하지 않는 사례**

1 대법원 2002.4.23, 2001도6570

어음의 발행인들이 각자 자력이 부족한 상태에서 자금을 편법으로 확보하기 위하여 서로 동액의 융통어음을 발행하여 교환한 경우 사기죄가 성립하지 않는다는 사례

① 어음의 발행인이 그 지급기일에 결제되지 않으리라는 점을 예견하였거나 지급기일에 지급될 수 있다는 확신이 없으면서도 그러한 내용을 상대방에게 고지하지 아니한 채 이를 속여 어음을 발행·교부하고 상대방으로부터 그 대가를 교부받았다면 사기죄가 성립하는 것이지만, ② 이와 달리 어음의 발행인들이 각자 자력이 부족한 상태에서 자금을 편법으로 확보하기 위하여 서로 동액의 융통어음을 발행하여 교환한 경우에는, 특별한 사정이 없는 한 쌍방은 그 상대방의 부실한 자력상태를 용인함과 동시에, 상대방이 발행한 어음이 지급기일에 결제되지 아니할 때에는 자기가 발행한 어음도 결제하지 않겠다는 약정 하에 서로 어음을 교환하는 것이므로, 자기가 발행한 어음이 그 지급기일에 결제되지 않으리라는 점을 예견하였거나 지급기일에 지급될 수 있다는 확신 없이 상대방으로부터 어음을 교부받았다고 하더라도 사기죄가 성립하는 것은 아니다. [경찰승진(경위) 10]

2 대법원 2010.5.27, 2010도3498

원인되는 법률관계 없이 자기 계좌에 이체된 돈을 인출한 사례

송금의뢰인이 수취인의 예금계좌에 계좌이체 등을 한 이후, 수취인이 은행에 대하여 예금반환을 청구함에 따라 은행이 수취인에게 그 예금을 지급하는 행위는 계좌이체금액 상당의 예금계약의 성립 및 그 예금채권 취득에 따른 것으로서 은행이 착오에 빠져 처분행위를 한 것이라고 볼 수 없으므로, 결국 이러한 행위는 은행을 피해자로 한 사기죄에 해당하지 않는다고 봄이 상당하다.[124] [경찰채용 14·16 1차 / 경찰채용 12·13 2차 / 경찰승진(경사) 11 / 경찰승진(경감) 11·16 / 국가7급 21 / 법원9급 05·08 / 사시 12]

3 대법원 2016.3.24, 2015도17452

자동차 양도 후 GPS 위치추적으로 절취한 사건

피고인 등이 피해자 甲 등에게 자동차를 매도하겠다고 거짓말하고 자동차를 양도하면서 매매대금을 편취한 다음, 자동차에 미리 부착해 놓은 지피에스(GPS)로 위치를 추적하여 자동차를 절취하였다고 하여 사기 및 특수절도로 기소된 경우, 피고인이 甲 등에게 자동차를 인도하고 소유권이전등록에 필요한 일체의 서류를 교부함으로써 甲 등이 언제든지 자동차의 소유권이전등록을 마칠 수 있게 된 이상, 피고인이 자동차를 양도한 후 다시 절취할 의사를 가지고 있었더라도 자동차의 소유권을 이전하여 줄 의사가 없었다고 볼 수 없고, 피고인이 자동차를 매도할 당시 곧바로 다시 절취할 의사를 가지고 있으면서도 이를 숨긴 것을 기망이라고 할 수 없어, 결국 피고인이 자동차를 매도할 당시 기망행위가 없었으므로 사기죄를 인정한 원심판결에는 법리오해의 잘못이 있다. [경찰채용 16 2차 / 법원9급 17 / 변호사시험 18]

---

124 **사례** : 예금주인 甲은 제3자 丙에게 편취당한 송금의뢰인 乙로부터 甲 자신의 은행계좌에 계좌송금된 돈을 출금하였다. 횡령죄의 성립은 별론으로 하고, 甲의 죄책은?

판결이유 : 계좌이체 또는 현금으로 계좌송금(이하 '계좌이체 등'이라고 한다)이 되었지만 예금원장에 입금의 기록이 된 때에 예금이 된다고 예금거래기본약관에 정하여져 있을 뿐이고, 수취인과 은행 사이의 예금계약의 성립 여부를 송금의뢰인과 수취인 사이에 계좌이체 등의 원인인 법률관계가 존재하는지 여부에 의하여 좌우되도록 별도로 약정하였다는 등의 특별한 사정이 없다면, 송금의뢰인과 수취인 사이에 계좌이체 등의 원인인 법률관계가 존재하는지 여부에 관계없이 수취인과 은행 사이에는 계좌이체금액 상당의 예금계약이 성립하고, 수취인은 은행에 대하여 위 금액 상당의 예금채권을 취득한다. … 피고인은 예금주로서 은행에 대하여 예금반환을 청구할 수 있는 권한을 가진 자이므로, 위 은행을 피해자로 한 사기죄가 성립하지 않는다는 원심의 판단은 정당하다.

해결 : 무죄.

4 대법원 2016.12.29, 2015도3394

어린이집 운영자가 어린이집의 운영과 관련하여 허위로 지출을 증액한 내용으로 '재무회계규칙에 의한 회계'를 하고 그 결과를 보고하여 기본보육료를 지급받았더라도 그와 같이 회계보고에 허위가 개입되어 있다는 사정은 기본보육료의 지급에 관한 의사결정에 영향을 미쳤다고 볼 수 없으므로, 이를 들어 구 영유아보육법 제54조 제2항의 '거짓이나 그 밖의 부정한 방법으로 보조금을 교부받은 경우'에 해당한다고 볼 수 없고, 이와 같은 행위가 형법 제347조 제1항에 정한 사기죄에 해당한다고 볼 수도 없다(장애인단체 보조금 사건, 태풍피해복구 보조금 사건과 유사).

5 대법원 2018.4.10, 2017도17699

의료기관 개설 자격의 존부와 사기죄 성립 범위에 관한 사건

① (요양급여비 지급 청구) 의료인의 자격이 없는 일반인(비의료인)이 개설(의료법 제33조 제2항 위반)한 의료기관이 마치 의료법에 의하여 적법하게 개설된 요양기관인 것처럼 국민건강보험공단에 요양급여비용의 지급을 청구하는 것은 국민건강보험공단으로 하여금 요양급여비용 지급에 관한 의사 결정에 착오를 일으키게 하는 것이 되어 사기죄의 기망행위에 해당하고, 이러한 기망행위에 의하여 국민건강보험공단으로부터 요양급여비용을 지급받을 경우에는 사기죄가 성립한다. …… ② (자동차 보험진료수가 청구) 설령 개설자격이 없는 비의료인이 의료법 제33조 제2항을 위반하여 개설한 의료 기관이라고 하더라도, 면허를 갖춘 의료인을 통해 피해자에 대한 진료가 이루어지고 보험회사 등에 자동차손해배상 보장법에 따라 자동차보험진료수가를 청구한 것이라면 보험회사 등으로서는 특별한 사정이 없는 한 그 지급을 거부할 수 없다고 보아야 한다. 따라서 피해자를 진료한 의료기관이 위 의료법 규정에 위반되어 개설된 것이라는 사정은 피해자나 해당 의료기관에 대한 보험회사 등의 자동차보험진료수가 지급의무에 영향을 미칠 수 있는 사유가 아니어서, 해당 의료기관이 보험회사 등에 이를 고지하지 아니한 채 그 지급을 청구하였다고 하여 사기죄에서 말하는 기망이 있다고 볼 수는 없다. …… ③ (실손의료비 지급 청구) 특별한 사정이 없는 한 피보험자를 진료한 의료기관이 의료법 제33조 제2항에 위반되어 개설된 것이라는 사정은 해당 피보험자에 대한 보험회사의 실손의료 비 지급의무에 영향을 미칠 수 있는 사유가 아니라고 보아야 하고, 설령 해당 의료기관이 보험회사 등에 이를 고지하지 아니한 채 보험수익자에게 진료사실증명 등을 발급해 주었다 하더라도, 그러한 사실만으로는 사기죄에서 말하는 기망이 있다고 볼 수는 없다.

6 대법원 2019.5.30, 2019도1839

다른 의료인 명의로 개설운영되는 의료기관에서 의료인이 요양급여비용을 지급받은 사례

의료법 제4조 제2항은 '의사, 치과의사, 한의사 또는 조산사'(이하 '의료인')가 다른 의료인의 명의로 의료기관을 개설하거나 운영하는 행위를 제한하고 있으나, 이를 위반하여 개설·운영되는 의료기관도 의료기관 개설이 허용되는 의료인에 의하여 개설되었다는 점에서 제4조 제2항이 준수된 경우와 본질 적 차이가 있다고 볼 수 없다. …… 따라서 의료인으로서 자격과 면허를 보유한 사람이 의료법에 따라 의료기관을 개설하여 건강보험의 가입자 또는 피부양자에게 국민건강보험법에서 정한 요양급여를 실시하고 국민건강보험공단으로부터 요양급여비용을 지급받았다면, 설령 그 의료기관이 다른 의료인의 명의로 개설·운영되어 의료법 제4조 제2항을 위반하였더라도 그 자체만으로는 국민건강보험법상 요양 급여비용을 청구할 수 있는 요양기관에서 제외되지 아니하므로, 달리 요양급여비용을 적법하게 지급 받을 수 있는 자격 내지 요건이 흠결되지 않는 한 국민건강보험공단을 피해자로 하는 사기죄를 구성한다 고 할 수 없다. [경찰채용 21 1차]

부작위에 의한 기망행위 긍정 판례

1 부동산매매 관련 부작위에 의한 기망 사례

① 매매목적물의 소유권귀속에 관한 재심소송의 계속사실을 알리지 않고 부동산을 매도한 경우 (대법원 1986.9.9, 86도956)

② 매도인이 부동산에 대한 명도소송이 계속 중이고 점유이전금지가처분까지 되어 있는 사실을 알리지 않고 매도한 경우(대법원 1985.3.26, 84도301)

③ 토지에 여객정류장시설 또는 유통업무시설을 설치하는 도시계획이 입안되어 있어 토지가 협의 매수되거나 수용될 것이라는 점을 알고 있었음에도 불구하고 이러한 사정을 알지 못하는 매수인에게 고지하지 않은 경우(대법원 1993.7.13, 93도14) [경찰채용 16 1차 / 국가9급 16 / 법원행시 16 / 변호사시험 14]

④ 부동산의 매도인이 부동산매매목적물이 유언으로 재단법인에 출연된 사실을 숨기고 매도하여 대금을 교부받은 경우(대법원 1992.8.14, 91도2202) [법원행시 16]

2 대법원 1994.10.14, 94도1911

토지수용보상금 출급신청 수령 사례

비록 자신이 토지의 소유자로 등기되어 있다고 하더라도 자신이 진정한 소유자가 아닌 사실을 알게 되었음에도 불구하고, 이러한 사실을 고지하지 아니한 채 수용보상금으로 공탁된 공탁금의 출급을 신청하여 이를 수령한 경우, 당해 토지의 수용보상금을 수령함에 있어서 당해 토지를 수용한 기업자나 공탁공무원에게 그러한 사실을 고지하여야 할 의무가 있다.[125] [경찰채용 11 1차 / 경찰간부 12]

3 대법원 1998.12.8, 98도3263

임대인이 임대차계약을 체결하면서 임차인에게 임대목적물이 경매진행중인 사실을 알리지 아니한 사례

사기죄의 요건으로서의 기망은 널리 재산상의 거래관계에 있어 서로 지켜야 할 신의와 성실의 의무를 저버리는 모든 적극적 또는 소극적 행위를 말하는 것이고, 이러한 소극적 행위로서의 부작위에 의한 기망은 법률상 고지의무 있는 자가 일정한 사실에 관하여 상대방이 착오에 빠져 있음을 알면서도 이를 고지하지 아니함을 말하는 것으로서, [국가7급 11 / 법원승진 10] 일반거래의 경험칙상 상대방이 그 사실을 알았더라면 당해 법률행위를 하지 않았을 것이 명백한 경우에는 신의칙에 비추어 그 사실을 고지할 법률상 의무가 인정되는 것이다. 임대인이 임대차계약을 체결하면서 임차인에게 임대목적물이 경매진행중인 사실을 알리지 아니한 경우, 임차인이 등기부를 확인 또는 열람하는 것이 가능하더라도 사기죄가 성립한다. [경찰승진(경장) 11 / 경찰승진(경위) 11 / 국가9급 21 / 사시 14 / 변호사시험 12]

4 대법원 2000.1.28, 99도2884

소위 아들 낳는 수술 사례

특정 시술을 받으면 아들을 낳을 수 있을 것이라는 착오에 빠져 있는 피해자들에게 그 시술에 관해 사실대로 고지하지 아니한 채 아들을 낳을 시술인 것처럼 가장하여 일련의 시술과 처방을 행한 의사의 경우 사기죄가 성립한다. [경찰채용 12 1차]

5 대법원 2003.12.12, 2003도4450

생계형 창업자금 허위 신청 사례

명의상의 학원 원장에 불과한 자가 외환위기 후 신규창업 자금을 지원하기 위한 생계형 창업특별

---

125 **판례의 사실관계** : A는 자신이 토지의 소유자로 등기되어 있지만 자신이 진정한 소유자가 아닌 사실을 알게 되었다. 그런데 A는 당해 토지의 수용보상금을 수령함에 있어서 당해 토지를 수용한 기업자나 공탁공무원에게 그러한 사실을 고지하지 않고 수용보상금으로 공탁된 공탁금의 출급을 신청하여 이를 수령하였다. A의 죄책은 사기죄이다.

보증제도의 목적 및 대출금의 용도에 반하여 창업자금 대출금 중 일부를 개인적인 용도로 사용할 생각이 있었음에도 불구하고 이를 속이고 위 대출금을 위 학원 운전자금 용도로 사용하겠다면서 보증을 신청한 경우 사기죄가 성립한다.

6 대법원 2004.10.27, 2004도4974

경매신청사실 불고지 사례

건물을 임대하는 임대인이 그 건물에 설정된 근저당권자로부터 근저당권에 기한 경매신청이 있을 것이라는 사실을 통고받았음에도 불구하고 (이 경우 이를 임대차계약체결 전에 임차인에게 고지하여 줄 신의칙상 의무가 있음) 그러한 사실을 고지하지 아니한 경우 사기죄가 성립한다.

7 대법원 2004.4.9, 2003도7828

자동차할부금융 대출금 허위 신청 사례

사채업자가 대출희망자로부터 대출을 의뢰받은 다음 대출희망자가 자동차의 실제 구입자가 아니어서 자동차할부금융의 대상이 되지 아니함에도 그가 실제로 자동차를 할부로 구입하는 것처럼 그 명의의 대출신청서 등 관련 서류를 작성한 후 이를 할부금융회사에 제출하여 자동차할부금융으로 대출금을 받은 경우 사기죄가 성립한다.[126] [국가7급 14 / 법원승진 11]

8 대법원 2006.2.23, 2005도8645

금융기관으로부터 대출받으면서 비정상적인 이면약정이 있음을 고지하지 않은 사례

빌딩을 경락받은 피고인들이 수분양자들과 사이에 대출금으로 충당되는 중도금을 제외한 계약금과 잔금의 지급을 유예하고 재매입을 보장하는 등의 비정상적인 이면약정을 체결하고 점포를 분양하였음에도, 금융기관에 대해서는 그러한 이면약정의 내용을 감춘 채 분양 중도금의 집단적 대출을 교섭하여 중도금 대출 명목으로 금원을 지급받은 경우, 대출 금융기관에 대하여 비정상적인 이면약정의 내용을 알릴 신의칙상 의무가 있다고 보아야 하므로 이를 알리지 않은 것은 사기죄의 요건으로서의 부작위에 의한 기망에 해당한다.

9 대법원 2006.10.27, 2004도6503

증자 전의 주식이 아니라 증자 후의 주식이라는 점을 제대로 알리지 않은 사례

'이 사건 주식거래의 목적물이 증자 전의 주식이 아니라 증자 후의 주식'이라는 점은 주식거래 여부나 그 내용을 결정하는 데 중요한 사항이므로 주식매도인인 위 피고인은 주식매수인인 피해자들에게 이를 고지할 의무가 있는데 위 피고인이 피해자들에게 이를 제대로 알리지 않아 피해자들을 기망한 것으로 판단된다. [법원행시 11]

10 대법원 2007.4.12, 2007도967

특정 질병을 앓고 있는 사람이 보험회사가 정한 약관에 그 질병에 대한 고지의무를 규정하고 있음을 알면서도 이를 고지하지 아니한 채 그 사실을 모르는 보험회사와 그 질병을 담보하는 보험계약을 체결한 다음 바로 그 질병의 발병을 사유로 하여 보험금을 청구한 경우 사기죄가 성립한다. [법원행시 10 / 사시 14]

---

126 **보충** : 이 경우 할부금융회사로서는 사채업자가 할부금융의 방법으로 대출의뢰인들 명의로 자동차를 구입하여 보유할 의사 없이 단지 자동차할부금융대출의 형식을 빌려 자금을 융통하려는 의도로 할부금융대출을 신청하였다는 사정을 알았더라면 할부금융대출을 실시하지 않았을 것이므로, 사채업자로서는 신의성실의 원칙상 사전에 할부금융회사에게 자동차를 구입하여 보유할 의사 없이 자동차할부금융대출의 방법으로 자금을 융통하려는 사정을 고지할 의무가 있다. 그럼에도 불구하고 이를 고지하지 아니한 채 대출의 뢰인들 명의로 자동차할부금융을 신청하여 그 대출금을 지급하도록 한 행위에 대하여 판례는 고지할 사실을 묵비함으로써 거래상 대방인 할부금융회사를 기망한 것이 되어 사기죄를 구성한다고 보고 있는 것이다.

11 대법원 2009.10.15, 2009도7459

위조 콘도회원권 판매 사례

콘도회원권 판매 등의 대리점 영업을 하는 자가 위조한 회원증 등을 마치 사용가능한 것으로 피해자들에게 말하거나 위조된 사실을 숨긴 채 판매하고 그 대금을 지급받은 행위는 사기죄를 구성한다. 또한 피고인은 추후 피해자들에게 진정한 회원증 등을 교부하였다고 주장하고 피해자들 중 일부는 추후 진정한 회원증 등을 교부받은 것으로 보이기는 하나, 위와 같은 기망행위로 인하여 그 대금을 교부받은 이상 그 자체로써 피해자들의 재산침해가 되어 이로써 곧 사기죄가 성립하고, 추후 피해자들에게 진정한 회원증 등을 교부하였다고 하더라도 사기죄의 성립에는 영향이 없다.

12 대법원 2014.1.16, 2013도9644

홈쇼핑 보험상담원의 1회 보험료 결제 후 보험계약 불유지 사실의 불고지 사례

피고인은 피해자인 보험회사의 보험 상품을 판매하는 보험상담원으로 근무하면서 보험가입자와 전화 상담 후 피해자와 보험계약을 체결하도록 하고 그 보험계약 체결 실적에 따라 피해자로부터 ○○홈쇼핑을 거쳐 수수료를 지급받은 것이므로, 피고인으로서는 신의성실의 원칙상 사전에 피해자에게 진정으로 보험계약을 성립시킬 의사 없이 수수료 수입을 올리기 위한 방편으로 보험가입신청서를 접수한다는 사정을 고지할 의무가 있다 할 것이고, 그럼에도 불구하고 이를 고지하지 아니한 채 보험가입자로 하여금 피해자와 보험계약을 체결하게 하고 이에 따른 수수료를 지급받은 행위는 고지할 사실을 묵비함으로써 피해자를 기망한 것이 되어 사기죄를 구성한다.

판례연구 **부작위에 의한 기망행위 부정 판례**

1 대법원 1983.6.14, 83도575

식육점과 그에 딸린 식당의 매매에 있어서 매도인의 식당영업무허가의 불고지 사례

위 매매가 식당영업허가가 있음을 전제로 하는 것이라고는 단정할 수 없으므로 매도인이 식당영업허가가 없는 사실을 고지하지 아니하였다 하더라도 기망행위에 해당한다고 볼 수 없다.

2 대법원 1989.10.24, 89도1397

대물변제예약을 고지하지 않고 한 매매계약 사례

자동차의 매도인이 이미 제3자와의 사이에 자동차매매계약이 체결된 사실을 고지하지 아니한 채 매수인과 매매계약을 체결하였다고 하더라도 제3자와의 위 자동차매매계약이 그 제3자에 대한 차용금채무를 담보하기 위하여 대물변제의 예약을 한 것이라면 매도인은 제3자 명의로 소유권이전등록이 되기까지는 언제든지 차용원리금을 변제하고 위 대물변제예약을 해제할 수 있는 것이며 이 대물변제의 예약 때문에 당연히 매수인이 그 자동차를 인도받아 소유권을 취득하는 데 장애가 되는 것은 아니므로 이와 같은 사실만으로는 매도인이 매수인을 기망하여 그 매매대금을 편취한 것이라고 볼 수 없다.[127]

3 대법원 1998.4.14, 98도231

중고차할부금 불고지 사례

甲은 할부금이 남아 있는 승용차를 丙으로부터 매수한 다음 승용차의 할부금이 남아 있음에도

해결 : 구성한다.

127 **보충** : 위 판례는 대물변제예약을 고지하지 않고 한 매매계약은 기망은 아니라고 본 판례이다. 즉 피고인과 乙의 위 자동차매매계약은 대물변제의 예약을 한 것으로서 피고인은 위 乙 명의로 소유권이전등록이 되기까지는 언제든지 위 차용금의 원리금을 변제하고 위 대물변제 예약을 해제할 수 있는 것이며 이 대물변제의 예약 때문에 당연히 매수인인 B가 이 사건 자동차를 인도받아 소유권을 취득하는 데 장애가 되는 것은 아니라 할 것이므로 이와 같은 사실만으로는 피고인이 B를 기망하여 그 매매대금을 편취한 것이라고 볼 수 없다는 것이다.

甲은 마치 자신이 丙인 것처럼 가장하면서 乙(피해자)에게 위 승용차에 남아 있는 할부금이 있다는 사실을 이야기하지 않아 이에 속은 乙과 위 승용차를 매도하는 계약을 체결하고 그 자리에서 매매대금 명목으로 금 950만 원을 교부받았다. 이 경우 중고매매에 있어서 매도인(甲)의 할부금융회사 또는 보증보험에 대한 할부가 매수인(乙)에게 당연히 승계되는 것이 아니다. 그러므로 그 할부금의 존재를 매수인(乙)에게 고지하지 아니한 것이 부작위에 의한 기망에 해당하지 아니한다. 따라서 위 사례에 있어서 甲에게는 사기죄의 성립이 부정된다. [경찰채용 11·16 1차/경찰채용 10 2차/경찰승진(경장) 10/경찰승진 13/국가7급 13 /법원9급 11/법원행시 16/사시 11/변호사시험 13·18]

▣ 대법원 2004.4.27, 2004도1232; 2011.1.27, 2010도5124
중개인이 매도인이 전매인이라는 사정과 매도인과 원소유자 간의 매매대금의 액수를 고지하지 않은 사례
부동산중개인이 매매계약을 중개함에 있어서 매도인이 전매인이라는 사정과 매도인과 원소유자 사이의 매매대금의 액수에 관하여 이를 고지하지 않았다고 하더라도 이는 매매로 인한 법률관계에 아무런 영향을 미칠 수 없는 것이어서 매수인의 권리의 실현에 장애가 되지 아니하는 사유로 매수인에게 고지하지 않더라도 사기죄가 성립하는 것은 아니다.

▣ 대법원 2004.5.27, 2003도4531
매도인이 매수인으로부터 매매잔금을 지급 받음에 있어 초과하여 교부한 돈을 수령한 사례
일반거래의 경험칙상 상대방이 그 사실을 알았더라면 당해 법률행위를 하지 않았을 것이 명백한 경우에는 신의칙에 비추어 그 사실을 고지할 법률상 의무가 인정된다 할 것인바, ⓐ 매수인이 매도인에게 매매잔금을 지급함에 있어 착오에 빠져 지급해야 할 금액을 초과하는 돈을 교부하는 경우, 매도인이 사실대로 고지하였다면 매수인이 그와 같이 초과하여 교부하지 아니하였을 것임은 경험칙상 명백하므로, 매도인이 매매잔금을 교부받기 전 또는 교부받던 중에 그 사실을 알게 되었을 경우에는 특별한 사정이 없는 한 매도인으로서는 매수인에게 사실대로 고지하여 매수인의 그 착오를 제거하여야 할 신의칙상 의무를 지므로 그 의무를 이행하지 아니하고 매수인이 건네주는 돈을 그대로 수령한 경우에는 사기죄에 해당될 것이지만, ⓑ 그 사실을 미리 알지 못하고 매매잔금을 건네주고 받는 행위를 끝마친 후에야 비로소 알게 되었을 경우에는 주고 받는 행위는 이미 종료되어 버린 후이므로 매수인의 착오 상태를 제거하기 위하여 그 사실을 고지하여야 할 법률상 의무의 불이행은 더 이상 그 초과된 금액 편취의 수단으로서의 의미는 없으므로, 교부하는 돈을 그대로 받은 그 행위는 점유이탈물횡령죄가 될 수 있음은 별론으로 하고 사기죄를 구성할 수는 없다(매도인이 매매잔금을 교부받을 당시 매수인이 자기 앞수표 1장을 착오로 보태어 함께 교부한다는 사정을 알면서도 이를 수령하였다고 인정할 만한 증거가 없다는 이유로 원심판결을 파기한 사례). [경찰채용 16 1차/경찰승진(경감) 11/국가7급 07·11]

▣ 대법원 2012.4.13, 2011도2989
신탁금지약정 사실 불고지 사례
A는 부동산에 대해 甲과 신탁금지약정을 체결한 사실을 乙 은행에 알리지 아니한 채 위 부동산을 담보신탁하고 乙 은행에서 대출을 받아 대출금을 취득하였다. 그런데, 법률행위에 따른 상대방의 법률상 지위에 아무런 영향을 미칠 수 없는 사유에 대해서도 형법상 고지의무가 인정되지 않는다는 점에서, 신탁금지약정 사실을 고지하지 아니하였다고 하여 乙 은행을 기망하였다고 평가할 수 없기 때문에, A에게는 사기죄의 죄책이 인정되지 아니한다. [경찰채용 20 2차]

1 대법원 1992.9.14, 91도2994

백화점 변칙세일 사례 : 거래상의 신의성실의 의무도 사기죄의 보호법익이다

이 사건에 문제가 되고 있는 위와 같은 변칙세일은 진실규명이 가능한 구체적 사실인 가격조건에 관하여 기망이 이루어진 경우로서 그 사술의 정도가 사회적으로 용인될 수 있는 상술의 정도를 넘은 것이어서 사기죄의 기망행위를 구성한다고 하지 않을 수 없으며, 이 변칙세일이 소비자들의 그릇된 소비심리에 편승한 것이라거나 소비자들도 나름대로 가격을 교량하여 물품을 구매하였을 것이라는 점은 기망행위의 성립에 아무런 영향이 없다.

2 대법원 1997.9.9, 97도1561

상품의 허위·과장광고가 사기죄의 기망행위에 해당되는 사례

일반적으로 상품의 선전, 광고에 있어 다소의 과장, 허위가 수반되는 것은 그것이 일반 상거래의 관행과 신의칙에 비추어 시인될 수 있는 한 기망성이 결여된다고 하겠으나 거래에 있어서 중요한 사항에 관하여 구체적 사실을 거래상의 신의성실의 의무에 비추어 비난받을 정도의 방법으로 허위로 고지한 경우에는 과장, 허위광고의 한계를 넘어 사기죄의 기망행위에 해당한다. 식육식당을 경영하는 자가 음식점에서 한우만을 취급한다는 취지의 상호를 사용하면서 광고선전판, 식단표 등에도 한우만을 사용한다고 기재한 경우, '한우만을 판매한다'는 취지의 광고가 식육점 부분에만 한정하는 것이 아니라 음식점에서 조리·판매하는 쇠고기에 대한 광고로서 음식점에서 쇠고기를 먹는 사람들로 하여금 그 곳에서는 한우만을 판매하는 것으로 오인시키기에 충분하므로, 이러한 광고는 진실규명이 가능한 구체적인 사실인 쇠갈비의 품질과 원산지에 관하여 기망이 이루어진 경우로서 그 사술의 정도가 사회적으로 용인될 수 있는 상술의 정도를 넘는 것이고, 따라서 피고인의 기망행위 및 편취의 범의를 인정하기에 넉넉하다. [경찰승진 14 / 국가7급 13]

3 대법원 2002.2.5, 2001도5789

통신판매에서의 허위광고가 사기죄의 기망행위를 구성한다고 한 사례

농업협동조합의 조합원이나 검품위원이 아닌 자가 TV홈쇼핑업체에 납품한 삼(蔘)이 제3자가 산삼의 종자인지 여부가 불분명한 삼의 종자를 뿌려 이식하면서 인공적으로 재배한 삼이라는 사실을 알면서도, 광고방송에 출연하여 위 삼이 위 조합의 조합원들이 자연산삼의 종자를 심산유곡에 심고, 자연방임 상태에서 성장시킨 산양산삼이며 자신이 조합의 검품위원으로서 위 삼 중 우수한 것만을 선정하여 감정인의 감정을 받은 것처럼 허위 내용의 광고를 한 것은 진실규명이 가능하고 구매의 결정에 있어 가장 중요한 요소로서 구체적 사실인 판매물품의 품질에 관하여 기망한 것으로서 그 사술의 정도가 용인될 수 있는 상술의 정도를 넘은 것이어서 사기죄를 구성한다. [경찰승진 14]

4 대법원 2004.1.15, 2001도1429

녹동달오리골드 사례 : 부정의약품제조＋사기＝실·경

오리, 하명, 누에, 동충하초, 녹용 등 여러가지 재료를 혼합하여 제조·가공한 '녹동달오리골드'라는 제품이 당뇨병, 관절염, 신경통 등의 성인병 치료에 특별한 효능이 있는 좋은 약이라는 허위의 강의식 선전·광고행위를 하여 이에 속은 노인들로 하여금 위 제품을 고가에 구입하도록 한 것은 그 사술의 정도가 상술의 정도를 넘은 것이어서 사기죄의 기망행위를 구성한다.[128] [경찰승진(경감이하) 16]

---

128 **보충** : 위 판례는 보건범죄단속에 관한 특별조치법위반죄(부정의약품제조등)와 특정경제범죄가중처벌 등에 관한 법률위반(사기)의 실체적 경합이 인정된 사건이다.

5 대법원 2008.7.10, 2008도1664

신생 수입브랜드의 시계를 마치 오랜 전통을 지닌 브랜드의 제품인 것처럼 허위광고 함으로써 그 품질과 명성을 오인한 구매자들에게 고가로 판매한 행위는 사기죄의 '기망행위'에 해당한다.

판례연구 | 허위·과장광고 관련 기망행위 부정 판례

1 대법원 2007.1.25, 2004도45

피고인들이 매수인들에게 토지의 매수를 권유하면서 언급한 내용이 객관적 사실에 부합하거나 비록 확정된 것은 아닐지라도 연구용역 보고서와 신문스크랩 등에 기초한 것이라면 사기죄에 있어서 기망행위에 해당한다고 보기는 어렵다. [경찰승진(경위) 10 / 법원9급 16]

2 대법원 2008.6.12, 2008도76

인터넷 사이트의 초기화면에 성인 동영상물에 대한 광고용 선전문구 및 영상을 게재하고 이를 통해 접속한 사람들을 유료회원으로 가입시킨 경우, 실제 제공하는 영상물과 광고내용에 다소 차이가 있더라도 사기의 기망행위에 해당하지 않는다.

3 대법원 2010.9.9, 2010도7298

구청에 작업을 해놓아 입주권이 나온다고 한 사례

기획부동산업자인 甲 등은 도시계획시설 사업으로 수용되는 철거주택의 입주권을 받게 해줄 의사나 능력이 없는데도 '구청 공무원들에게 이미 작업을 해놓아 입주권이 나올 것이 확실하다.'는 취지로 乙 등에게 말하여 입주권 매매대금을 교부받았다. 그런데 甲 등은 이전부터 수채의 주택을 대상으로 입주권 판매사업을 하면서 도시계획시설 결정에 관한 권한을 가진 서대문구청장 공소외 3등에게 금전을 제공하는 대가로 그들의 도움을 받은 바 있었고, 이 사건 홍제동 다가구주택 역시 매수 단계에 서부터 같은 방식으로 그들의 도움을 받았으므로, 피고인들이 피해자들에게 언급한 내용은 객관적 사실에 부합하거나, 비록 다소의 과장이나 허위가 수반되었다고 하더라도 일반 상거래의 관행과 신의칙에 비추어 시인될 수 있는 정도를 벗어나 사기죄에 있어서의 기망행위에 해당한다고 보기는 어렵다.

판례연구 | 부동산이중매매·부동산명의신탁 관련 사기죄 부정 판례

1 대법원 2008.5.8, 2008도1652

부동산의 이중매매에서 매도인이 제2의 매수인에게 제1의 매매계약을 일방적으로 해제할 수 없는 처지에 있음을 고지하지 아니한 것은 사기죄의 기망행위에 해당하지 않는다는 사례

부동산을 매매함에 있어서 …… 매매로 인한 법률관계에 아무런 영향도 미칠 수 없는 것이어서 매수인의 권리실현에 장애가 되지 아니하는 사유까지 매도인이 매수인에게 고지할 의무가 있다고는 볼 수 없는 것인바, 부동산의 이중매매에 있어서 매도인이 제1의 매매계약을 일방적으로 해제할 수 없는 처지에 있었다는 사정만으로는, 바로 제2의 매매계약의 효력이나 그 매매계약에 따르는 채무의 이행에 장애를 가져오는 것이라고 할 수 없음은 물론, 제2의 매수인의 매매목적물에 대한 권리의 실현에 장애가 된다고 볼 수도 없는 것이므로 매도인이 제2의 매수인에게 그와 같은 사정을 고지하지 아니하였다고 하여 제2의 매수인을 기망한 것이라고 평가할 수는 없을 것이다.[129]

---

129 **판례의 사실관계** : 부동산의 이중매매에서 매도인 甲은 제2의 매수인 丙에게 제1매수인 乙과의 제1의 매매계약을 일방적으로 해제할 수 없는 처지에 있음을 고지하지 아니하고 丙과 매매계약을 체결하고 계약금을 지급받았다. 甲의 행위는 사기죄의 기망행위에 해당하는가? → 이 사건 제2매매계약 당시 피고인이 공소외 4에 대하여 이 사건 부동산에 대한 소유권이전등기의무를 부담하고 있었다는 사정은, 이 사건 제2매매계약의 효력이나 그 매매계약에 따르는 채무의 이행에 장애를 가져오는 것이라고 볼 수 없음은

2 대법원 2012.1.26, 2011도15179

부동산 이중매매에서 매도인이 제1의 매매계약을 일방적으로 해제할 수 없는 처지에 있었다는 사정을 제2의 매수인에게 고지하지 아니한 것이 사기죄의 기망행위에 해당하지 않으며, 부동산 이중양도담보의 경우에도 동일한 법리가 적용된다.[130]

3 대법원 2007.1.11, 2006도4498

부동산이나 자동차의 명의수탁자가 명의신탁 사실을 고지하지 않고, 나아가 자신 소유라는 말을 하면서 제3자에게 매도하고 이전등기·등록까지 마쳐 준 경우 매수인에 대한 사기죄가 성립하지 않는다는 사례

부동산의 명의수탁자가 부동산을 제3자에게 매도하고 매매를 원인으로 한 소유권이전등기까지 마쳐 준 경우, 명의신탁의 법리상 대외적으로 수탁자에게 그 부동산의 처분권한이 있는 것임이 분명하고, 제3자로서도 자기 명의의 소유권이전등기가 마쳐진 이상 무슨 실질적인 재산상의 손해가 있을 리 없으므로 그 명의신탁 사실과 관련하여 신의칙상 고지의무가 있다거나 기망행위가 있었다고 볼 수도 없어서 그 제3자에 대한 사기죄가 성립될 여지가 없고, 나아가 그 처분시 매도인(명의수탁자)의 소유라는 말을 하였다고 하더라도 역시 사기죄가 성립하지 않으며, 이는 자동차의 명의수탁자가 처분한 경우에도 마찬가지이다. [경찰채용 12·14 1차 / 경찰채용 10 2차 / 경찰승진(경사) 11 / 경찰승진(경감이하) 17 / 경찰승진 12 / 법원9급 08·09 / 법원행시 10]

판례연구	피기망자가 기망행위자와 동일인이거나 공모자 등인 경우 사기죄가 성립하지 아니한다는 사례

대법원 2017.8.29, 2016도18986

피해자 법인·단체의 대표 등이 기망행위자와 동일인·공모자인 경우

사기죄는 타인을 기망하여 착오에 빠뜨려 재물을 교부받거나 재산상의 이익을 얻음으로써 성립하므로 기망행위의 상대방 또는 피기망자는 재물 또는 재산상 이익을 처분할 권한이 있어야 한다. 사기죄의 피해자가 법인이나 단체인 경우에 기망행위가 있었는지는 법인이나 단체의 대표 등 최종 의사결정권자 또는 내부적인 권한 위임 등에 따라 실질적으로 법인의 의사를 결정하고 처분을 할 권한을 가지고 있는 사람을 기준으로 판단하여야 한다. 피해자 법인이나 단체의 대표자 또는 실질적으로 의사결정을 하는 최종결재권자 등 기망의 상대방이 기망행위자와 동일인이거나 기망행위자와 공모하는 등 기망행위를 알고 있었던 경우에는 기망의 상대방에게 기망행위로 인한 착오가 있다고 볼 수 없고, 기망의 상대방이 재물을 교부하는 등의 처분을 했더라도 기망행위와 인과관계가 있다고 보기 어렵다. 이러한 경우에는 사안에 따라 업무상횡령죄 또는 업무상 배임죄 등이 성립하는 것은 별론으로 하고 사기죄가 성립한다고 보기 어렵다. [경찰채용 21 1차]

비교	대법원 2017.9.26, 2017도8449

피해자 법인의 실무자는 알지만, 대표자 등은 몰랐던 경우

사기죄의 피해자가 법인이나 단체인 경우에 기망행위로 인한 착오, 인과관계 등이 있었는지는 법인이나 단체의 대표 등 최종 의사결정권자 또는 내부적인 권한 위임 등에 따라 실질적으로 법인의 의사를 결정하고 처분을

물론, 제2매수인의 매매목적물에 대한 권리의 실현에 장애가 된다고도 볼 수 없으므로, 피고인이 제2매수인에게 그와 같은 사정을 고지하지 아니하였다고 하여 제2매수인을 기망한 것이라고 평가할 수는 없다고 할 것이다(대법원 2008.5.8, 2008도1652).

130 **보충**: 이 사건 제2의 매매계약 또는 양도담보계약 당시 피고인이 제1의 매수인이나 양도담보권자에 대하여 오산시 원동 (지번 생략)에 있는 ○○○○○ 상가건물의 일부에 대한 소유권이전등기의무를 부담하고 있었다는 사정은 이 사건 제2의 매매계약 또는 양도담보계약의 효력이나 그 계약에 따르는 채무의 이행에 장애를 가져오는 것이라고 볼 수 없음은 물론, 제2의 매수인 또는 양도담보권자의 계약목적물에 대한 권리의 실현에 장해가 된다고도 볼 수 없으므로, 피고인이 제2의 매수인이나 양도담보권자에게 그와 같은 사정을 고지하지 아니하였다고 하여 제2의 매수인이나 양도담보권자를 기망한 것으로 평가할 수는 없다고 할 것이다(위 판례).

할 권한을 가지고 있는 사람을 기준으로 판단하여야 한다. …… 피해자 법인이나 단체의 업무를 처리하는 실무자인 일반 직원이나 구성원 등이 기망행위임을 알고 있었더라도, 피해자 법인이나 단체의 대표자 또는 실질적으로 의사결정을 하는 최종결재권자 등이 기망행위임을 알지 못한 채 착오에 빠져 처분행위에 이른 경우라면, 피해자 법인에 대한 사기죄의 성립에 영향이 없다.

판례연구　　**삼각사기의 성립요건에 관한 사실상 지위설**

대법원 1994.10.11, 94도1575
사기죄에서 피기망자와 피해자가 다른 경우, 피기망자에게 요구되는 피해자의 재산을 처분할 수 있는 권능이나 지위가 반드시 사법상의 위임이나 대리권의 범위와 일치하여야 하는 것은 아니라는 사례
사기죄가 성립되려면 피기망자가 착오에 빠져 어떠한 재산상의 처분행위를 하도록 유발하여 재산적 이득을 얻을 것을 요하고, 피기망자와 재산상의 피해자가 같은 사람이 아닌 경우에는 피기망자가 피해자를 위하여 그 재산을 처분할 수 있는 권능을 갖거나 그 지위에 있어야 하지만, 여기에서 피해자를 위하여 재산을 처분할 수 있는 권능이나 지위라 함은 반드시 사법상의 위임이나 대리권의 범위와 일치하여야 하는 것은 아니고 피해자의 의사에 기하여 재산을 처분할 수 있는 서류 등이 교부된 경우에는 피기망자의 처분행위가 설사 피해자의 진정한 의도와 어긋나는 경우라고 할지라도 위와 같은 권능을 갖거나 그 지위에 있는 것으로 보아야 한다.

판례연구　　**소송사기의 주체·기망행위 등 요건 관련 판례**

1 대법원 1998.2.27, 97도2786; 2007.9.6, 2006도3591
소송사기죄 적용의 엄격성
소송사기는 법원을 속여 자기에게 유리한 판결을 얻음으로써 상대방의 재물 또는 재산상 이익을 취득하는 범죄로서, 이를 쉽사리 유죄로 인정하게 되면 누구든지 자기에게 유리한 주장을 하고 소송을 통하여 권리구제를 받을 수 있는 민사재판제도의 위축을 가져올 수밖에 없으므로, 피고인이 그 범행을 인정한 경우 외에는 그 소송상의 주장이 사실과 다름이 객관적으로 명백하고 피고인이 그 주장이 명백히 거짓인 것을 인식하였거나 증거를 조작하려고 하였음이 인정되는 때와 같이 범죄가 성립하는 것이 명백한 경우가 아니면 이를 유죄로 인정하여서는 아니 되고, 단순히 사실을 잘못 인식하였다거나 법률적 평가를 잘못하여 존재하지 않는 권리를 존재한다고 믿고 제소한 행위는 사기죄를 구성하지 아니하며, 소송상 주장이 다소 사실과 다르더라도 존재한다고 믿는 권리를 이유 있게 하기 위한 과장표현에 지나지 아니하는 경우 사기의 범의가 있다고 볼 수 없고, 또한 소송사기에서 말하는 증거의 조작이란 처분문서 등을 거짓으로 만들어내거나 증인의 허위 증언을 유도하는 등으로 객관적·제3자적 증거를 조작하는 행위를 말한다. [법원9급 14]

2 대법원 2004.3.12, 2003도333
소송사기의 기망행위의 요건
소송사기는 법원을 기망하여 자기에게 유리한 판결을 얻음으로써 상대방의 재물 또는 재산상 이익을 취득하는 것을 내용으로 하는 범죄로서, 원고측에 의한 소송사기가 성립하기 위하여는 제소 당시에 그 주장과 같은 채권이 존재하지 아니하다는 것만으로는 부족하고 그 주장의 채권이 존재하지 아니한 사실을 잘 알고 있으면서도 허위의 주장과 입증으로써 법원을 기망한다는 인식을 하고 있어야만 하는 것이고, 이와 마찬가지로, 피고측에 의한 소송사기가 성립하기 위하여는 원고 주장과 같은 채무가 존재한다는 것만으로는 부족하고 그 주장의 채무가 존재한다는 사실을 잘 알고 있으면서도 허위의 주장과 입증으로써 법원을 기망한다는 인식을 하고 있어야만 한다.

3 대법원 1998.2.27, 97도2786

민사소송의 피고도 소송사기죄의 주체가 될 수 있다는 사례

적극적 소송당사자인 원고뿐만 아니라 방어적인 위치에 있는 피고라 하더라도 허위내용의 서류를 작성하여 이를 증거로 제출하거나 위증을 시키는 등의 적극적인 방법으로 법원을 기망하여 착오에 빠지게 한 결과 승소확정판결을 받음으로써 자기의 재산상의 의무이행을 면하게 된 경우에는 그 재산가액 상당에 대하여 사기죄가 성립한다고 할 것이고, 그와 같은 경우에는 적극적인 방법으로 법원을 기망할 의사를 가지고 허위내용의 서류를 증거로 제출하거나 그에 따른 주장을 담은 답변서나 준비서면을 제출한 경우에 사기죄의 실행의 착수가 있다고 볼 것이다. [경찰채용 10 1차 / 경찰간부 17 / 경찰승진(경사) 10 / 법원9급 10·12 / 법원승진 10·14 / 법원행시 05·06·08·10·11]

4 대법원 2007.9.6, 2006도3591

간접정범 형태에 의한 소송사기죄가 성립하는 경우

자기에게 유리한 판결을 얻기 위하여 소송상의 주장이 사실과 다름이 객관적으로 명백하거나 증거가 조작되어 있다는 정을 인식하지 못하는 제3자를 이용하여 그로 하여금 소송의 당사자가 되게 하고 법원을 기망하여 소송 상대방의 재물 또는 재산상 이익을 취득하려 하였다면 간접정범의 형태에 의한 소송사기죄가 성립하게 된다. 甲이 乙 명의 차용증을 가지고 있기는 하나 그 채권의 존재에 관하여 乙과 다툼이 있는 상황에서 당초에 없던 월 2푼의 약정이자에 관한 내용 등을 부가한 乙 명의 차용증을 새로 위조하여, 이를 바탕으로 자신의 처에 대한 채권자인 丙에게 차용원금 및 위조된 차용증에 기한 약정이자 2,500만 원을 양도하고, 이러한 사정을 모르는 丙으로 하여금 乙을 상대로 양수금 청구소송을 제기하도록 한 경우, 적어도 위 약정이자 2,500만 원 중 법정지연손해금 상당의 돈을 제외한 나머지 돈에 관한 甲의 행위는 丙을 도구로 이용한 간접정범 형태의 소송사기죄를 구성한다. [경찰승진(경감) 10 / 경찰승진(경감이하) 17 / 국가9급 13 / 법원9급 09 / 법원행시 13 / 사시 11]

5 대법원 2004.6.24, 2002도4151[131]; 2011.9.8, 2011도7262[132]

소송사기의 요건 및 허위의 지급명령 신청과 확정 사건

허위의 내용으로 지급명령을 신청하여 법원을 기망한다는 고의가 있는 경우에 법원을 기망하는 것은 반드시 허위의 증거를 이용하지 않더라도(증거를 조작하지 않더라도) 당사자의 주장이 법원을 기만하기 충분한 것이라면 기망수단이 된다. [경찰채용 12 1차] 지급명령신청에 대해 상대방이 이의신청을 하면 지급명령은 이의의 범위 안에서 그 효력을 잃게 되고 지급명령을 신청한 때에 소를 제기한 것으로 보게 되는 것이지만 이로써 이미 실행에 착수한 사기의 범행 자체가 없었던 것으로 되는 것은 아니다. 지급명령을 송달받은 채무자가 2주일 이내에 이의신청을 하지 않는 경우에는 구 민사소송법 제445조에 따라 지급명령은 확정되고, 이와 같이 확정된 지급명령에 대해서는 항고를 제기하는 등 동일한 절차 내에서는 불복절차가 따로 없어서 이를 취소하기 위해서는 재심의 소를 제기하거나 위 법

---

131 **사례** : 甲은 B에게 A가 발행한 액면 2,000만 원의 당좌수표 1장을 할인해 주었음에도 불구하고, 위 수표가 부도나서 할인해 준 금원을 회수할 수 없게 되자, B를 甲 자신에게 소개시켜 준 乙 때문에 손해를 보게 되었다는 이유로, 마치 乙에게 그 수표를 할인해 준 것처럼 허위 주장을 하며 전주지방법원 김제시법원에 乙을 상대로 그 법원 98차1524호로 "채무자(乙)는 채권자(甲)에게 2,000만 원 및 이에 대한 지급명령 송달 다음날부터 완제일까지 연 25%의 비율에 의한 지연손해금과 독촉절차비용을 지급하라."라는 허위의 지급명령을 신청하고, (이 과정에서 갑은샤 B에게 위증을 교사하였다) 이에 속은 그 법원 판사로부터 같은 해 12.15.경 위와 같은 취지의 지급명령을 송달받은 후 지급명령정본에 집행문을 부여받아 1999.2.12. 강제경매개시결정을 받았다. 甲의 죄책은?
해결 : 사기기수죄(대법원 2004.6.24, 2002도4151).

132 **사례** : 甲 주식회사의 경영자인 A는, 甲 회사와 乙 주식회사 사이에 허위로 작성된 물품공급계약서에 따른 공급을 완료하였음을 전제로 乙 회사를 상대로 물품대금 청구소송을 제기하면서 증거자료로 위 물품공급계약서를 제출하였다가 그 후 소송을 취하하였다. A의 행위는 사기미수죄를 구성하는가?
판례 : 허위의 내용으로 소송을 제기하여 법원을 기망한다는 고의가 있는 경우에 법원을 기망하는 것은 반드시 허위의 증거를 이용하지 않더라도 당사자의 주장이 법원을 기망하기에 충분한 것이라면 기망수단이 되므로, 피고인의 행위는 사기미수죄에 해당한다(대법원 2011.9.8, 2011도7262).

제505조에 따라 청구이의의 소로써 강제집행의 불허를 소구할 길이 열려 있을 뿐인데, 이는 피해자가 별도의 소로써 피해구제를 받을 수 있는 것에 불과하므로 허위의 내용으로 신청한 지급명령이 그대로 확정된 경우에는 소송사기의 방법으로 승소 판결을 받아 확정된 경우와 마찬가지로 사기죄는 이미 기수에 이르렀다고 볼 것이다. [경찰승진(경사) 11 / 경찰승진(경위) 11 / 경찰승진(경감) 10 / 경찰승진 13 / 국가7급 13 / 법원행시 05 · 08 · 11]

판례연구　　**소송사기가 성립하려면 법원의 판결이 효력이 있어야 한다는 사례**

소송사기에 있어서 피기망자인 법원의 재판은 피해자의 처분행위에 갈음하는 내용과 효력이 있는 것이 어야 하고, 그렇지 아니하는 경우에는 착오에 의한 재물의 교부행위가 있다고 할 수 없어서 사기죄는 성립되지 아니한다. 따라서 판결의 효력이 발생하지 않는 다음과 같은 경우에는 소송사기가 될 수 없다.

판례연구　　**판결의 효력이 없어 소송사기가 성립하지 않는 사례**

1	피고인의 제소가 사망한 자를 상대로 한 경우(사망한 자에 대한 판결은 그 내용에 따른 효력이 생기지 아니하여 상속인에게 그 효력이 미치지 아니하므로 사기죄를 구성한다고 할 수 없고, 상속인에게도 판결의 효력이 미치지 않음)(대법원 1997.7.8, 97도632). [경찰채용 10 2차 / 경찰간부 12 / 경찰승진(경장) 10 / 경찰승진(경사) 10 / 국가9급 12 / 법원행시 12]
2	재판상 화해의 경우 즉, 미등기토지를 편취할 목적으로 허위인 매매를 원인으로 하는 소유권이전등기 절차이행의 소송진행 중 쌍방의 소송대리인들이 화해한 것처럼 가장하여 재판부로 하여금 소송상 화해조서를 작성하게 한 경우(화해조서는 소송당사자들 사이에만 미치고 제3자인 토지소유자에게는 미치지 아니하여 화해조서에 기하여 토지에 대한 제3자의 소유권이 이전되는 것이 아님)(대법원 1987.8.18, 87도1153).
3	소유권자 아닌 자 또는 아무런 권한이 없는 사람을 상대로 소를 제기하여 승소한 경우(판결의 효력이 제3자인 소유자에게 미치지 않음)(대법원 1985.10.8, 84도2642) [법원행시 06 · 12]
4	타인과 공모하여 그 공모자를 상대로 제소하여 의제자백의 판결을 받아 이에 기하여 부동산의 소유권 이전등기를 한 경우(대법원 1997.12.23, 97도2430[133]; 2013.11.28, 2013도459[134]). [법원9급 07(하) / 법원9급 10 · 11 · 12 · 14 / 경찰승진(경사) 10 / 경찰승진(경위) 11 / 경찰승진(경감) 11 · 17 / 법원행시 12]

해결 : 구성한다.

133 **유사** : 소송사기에 있어서 피기망자인 법원의 재판은 피해자의 처분행위에 갈음하는 내용과 효력이 있는 것이어야 하므로, ① 피고인들이 타인과 공모하여 그 공모자를 상대로 제소한 경우나, ② 피고인들이 법원을 기망하여 얻으려고 한 판결의 내용이 소송 상대방의 의사에 부합하는 것일 때에는, 착오에 의한 재물의 교부행위가 있다고 할 수 없어 소송사기죄가 성립되지 아니한다(대법원 1996.8.23, 96도1265).

보충 : 甲은 이 사건 유지의 소유자인 乙로부터 이 사건 유지에 관하여 소송상의 처분권한을 포함하는 모든 권한을 위임받았는데 피고인들은 위 甲으로부터 사전승낙을 받아 위 乙을 피고로 한 원심판시 민사소송을 제기하였고, 위 甲은 위 민사소송의 판결을 통하여 피고인들을 비롯한 몽리민 전원에게 이 사건 유지의 소유권을 이전하여 주려 한 사실을 인정하기에 넉넉하므로 위 민사소송의 피고인 乙의 의사와 피고인들의 의사가 합치되어 피고인들의 행위가 소송사기로 되지 아니한다고 한 원심의 사실인정과 판단은 모두 정당하다.

134 **사례** : 건물을 신축하여 그 소유권을 원시취득한 미등기건물의 소유자 A가 있고 그에 대한 채권담보 등을 위하여 건축허가명의만을 가진 자 乙이 따로 있는 상황에서, 건축허가명의자에 대한 채권자 甲은 위 명의자 乙과 공모하여 乙을 상대로 위 건물에 관한 강제경매를 신청하여 법원의 경매개시결정이 내려지고, 그에 따라 위 명의자 乙 앞으로 촉탁에 의한 소유권보존등기가 되고 나아가 그 경매절차에서 건물이 매각되었다. 그렇다면 甲의 위와 같은 경매신청행위 등이 진정한 소유자에 대한 관계에서 사기죄를 구성하는가?

판례 : 경매신청행위 등이 진정한 소유자에 대한 관계에서 사기죄가 된다고 볼 수는 없다. 왜냐하면 위 경매절차에서 한 법원의 재판이나 법원의 촉탁에 의한 소유권보존등기의 효력은 그 재판의 당사자도 아닌 위 진정한 소유자에게는 미치지 아니하는 것이어서, 피기망자인 법원의 재판이 피해자의 처분행위에 갈음하는 내용과 효력이 있는 것이라고 보기는 어렵기 때문이다(대법원 2013.11.28,

대법원 2006.11.10, 2006도5811

소송사기는 법원을 기망하여 자기에게 유리한 판결을 얻고 이에 터잡아 상대방으로부터 재물의 교부를 받거나 재산상 이익을 취득하는 것을 말하는 것으로서 소송에서 주장하는 권리가 존재하지 않는 사실을 알고 있으면서도 법원을 기망한다는 인식을 가지고 소를 제기하면 이로써 실행의 착수가 있고 소장의 유효한 송달을 요하지 아니한다고 할 것인바, [법원9급 05 / 법원승진 14] 이러한 법리는 제소자가 상대방의 주소를 허위로 기재함으로써 그 허위주소로 소송서류가 송달되어 그로 인하여 상대방 아닌 다른 사람이 그 서류를 받아 소송이 진행된 경우에도 마찬가지로 적용된다. [경찰승진 14 / 국가7급 16 / 법원9급 07(상) / 법원9급 14 / 법원행시 07 / 사시 13]

---

1 대법원 1992.12.22, 92도2218

채권이 소멸된 판결정본에 의하여 강제집행을 한 경우

민사판결의 주문에 표시된 채권을 변제받거나 상계하여 그 채권이 소멸되었음에도 불구하고 판결정본을 소지하고 있음을 기화로 하여 이를 근거로 강제집행을 하였다면 사기죄를 구성한다. [경찰승진(경장) 10 / 경찰승진(경감) 10 / 법원9급 07(하) / 법원행시 08]

> **비교**　이에 비해 채권이 없음에도 채권압류 및 전부명령을 신청하여 받은 행위는 사기죄를 구성하지 않는다는 판례(대법원 2009.12.10, 2009도9982 : 피압류채권이 없는데도 있는 것처럼 하여 채권압류 및 전부명령을 신청하게 하여 그 명령을 받게 한 행위만으로는 소송사기의 실행에 착수하였다고 할 수 없음) [사시 12]가 있음은 소송사기 부정판례에서 후술될 것이며, 구별을 요한다.

2 대법원 1997.10.14, 96도1405

자주점유(自主占有)의 권원에 관한 처분문서를 위조하고 위증을 교사한 경우

토지를 20년 이상 점유하여 왔더라도 그 점유권원의 성질이 불분명하여 일단 자주점유로 추정받기는 하나, 상대방이 그 추정을 번복시킬 수 있는 사실을 입증하면 취득시효(取得時效)를 인정받을 수 없어 결국 상대방의 입증 여부에 따라 소송의 승패가 결정되는 소송에서, 소송의 승패에 결정적인 증거인 자주점유의 권원에 관한 처분문서를 위조하고, 그 성립에 관한 위증을 교사함으로써 상대방의 추정 번복의 입증을 원천적으로 봉쇄하고 법원으로서도 그 처분문서의 성립이 인정되는 한, 채증법칙상 그 문서의 내용대로 인정할 수밖에 없도록 하는 등의 소송행위는 사회통념상 도저히 용인될 수 없다고 할 것이므로, 비록 점유자가 자주점유로 추정받는다고 하더라도 위와 같은 기망행위에 의하여 적극적으로 법원을 기망하여 착오에 빠지게 함으로써 승소판결을 받고, 등기까지 했던 것이라면 그 행위는 정당한 권리행사라 할 수 없어 사기죄를 구성한다. [경찰채용 10 2차 / 경찰승진(경감) 10 / 법원행시 10]

3 대법원 2003.7.22, 2003도1951

부동산소유자로 등기된 적이 있는 자의 말소등기청구소송 사례

부동산등기부상 소유자로 등기된 적이 있는 자가 자기 이후에 소유권이전등기를 경료한 등기명의인들을 상대로 허위의 사실을 주장하면서 그들 명의의 소유권이전등기의 말소를 구하는 소송을 제기한 경우 그 소송에서 승소한다면 등기명의인들의 등기가 말소됨으로써 그 소송을 제기한 자의 등기

2013도459).

해결 : 구성하지 않는다.

명의가 회복되는 것이므로 이는 법원을 기망하여 재물이나 재산상 이익을 편취한 것이라고 할 것이고 따라서 등기명의인들 전부 또는 일부를 상대로 하는 그와 같은 말소등기청구소송의 제기는 사기의 실행에 착수한 것이라고 보아야 한다. [경찰채용 16 2차 / 경찰간부 11 / 법원행시 10]

4 대법원 2003.12.26, 2003도4914
허위의 분실사유로 자기앞수표(내지 가계수표)에 대하여 제권판결(除權判決)을 받은 경우
자기앞수표를 교부한 자가 이를 분실하였다고 허위로 공시최고신청을 하여 제권판결을 선고받아 확정되었다면, 그 제권판결의 적극적 효력에 의해 그 자는 그 수표상의 채무자인 은행에 대하여 수표를 소지하지 않고도 수표상의 권리를 행사할 수 있는 지위를 취득한 것이다. 따라서 이로써 사기죄에 있어서의 재산상 이익을 취득한 것으로 보기에 충분하다. 이는 제권판결이 그 신청인에게 수표상의 권리를 행사할 수 있는 형식적 자격을 인정하는 데 그치고, 그를 실질적 권리자로 확정하는 것이 아니라는 점만으로 달리 볼 수는 없다. [경찰승진(경장) 10 / 경찰승진(경감) 10 / 경찰승진(경장) 11 / 국가7급 12 / 법원9급 06 / 법원행시 08·09]

5 대법원 2004.6.25, 2003도7124
진정한 권원과 별개의 허위의 권원을 추가로 주장한 사례
원고가 특정 권원(權原)에 기하여 민사소송을 진행하던 중 법원에 조작된 증거를 제출하면서 종전에 주장하던 특정 권원과 별개의 허위의 권원을 추가로 주장하는 경우에는 원칙적으로 소송사기의 실행의 착수라고 볼 수 있다.[135]

6 대법원 2006.4.7, 2005도9858 전원합의체[136]
소유권보존등기 말소소송에 의한 판결이 확정된 사례
피고인 또는 그와 공모한 자가 자신이 토지의 소유자라고 허위의 주장을 하면서 소유권보존등기 명의자를 상대로 보존등기의 말소를 구하는 소송을 제기한 경우 그 소송에서 위 토지가 피고인 또는 그와 공모한 자의 소유임을 인정하여 보존등기 말소를 명하는 내용의 승소확정판결을 받는다면, 이에 터 잡아 언제든지 단독으로 상대방의 소유권보존등기를 말소시킨 후 위 판결을 부동산등기법 제130조 제2호 소정의 소유권을 증명하는 판결로 하여 자기 앞으로의 소유권보존등기를 신청하여 그 등기를 마칠 수 있게 되므로, 이는 법원을 기망하여 유리한 판결을 얻음으로써 '대상 토지의 소유권에 대한 방해를 제거하고 그 소유명의를 얻을 수 있는 지위'라는 재산상 이익을 취득한 것이어서 사기죄에 해당하고, 그 경우 '기수시기는 위 판결이 확정된 때'이다.[137] [경찰승진(경감) 10 / 법원9급 18 / 법원승진 13 / 법원행시 07·11 / 사시 12]

7 대법원 2008.12.11, 2008도7631
강제집행절차에서 채무자가 제3자를 허위채권자로 내세우는 방법으로 법원을 기망한 소송사기의 피해자
배당절차와 같은 강제집행절차에서 배당될 금전의 소유자 겸 채무자가 제3자와 공모하여 그 제3자를 허위채권자로 내세우는 방법으로 법원을 기망함으로써 배당을 받아 재산상 이득을 취득하는 경우, 그로 인한 피해자는 그 절차에서 법원에 대한 기망이 없었을 경우 배당을 받을 수 있었음에도 위

---

135 **판례의 사실관계** : A는 B에 대하여 보관금 지급약정에 따른 2,000만 원의 지급을 구하는 민사소송을 진행하던 중 2001.3.13.
136 후술하는 소유권이전등기 말소청구소송 판례들과 구별해야 하는 사례이다.
137 **보충** : 이와는 달리, 소유권보존등기 명의자를 상대로 그 보존등기의 말소를 구하는 소송을 제기한 경우, 설령 승소한다고 하더라도 상대방의 소유권보존등기가 말소될 뿐이고 이로써 원고가 당해 부동산에 대하여 어떠한 권리를 회복 또는 취득하거나 의무를 면하는 것은 아니므로 법원을 기망하여 재물이나 재산상 이익을 편취한 것이라고 볼 수 없다는 취지로 판시한 대법원 1983.10.25, 83도1566 판결 등은 위 법리에 저촉되는 범위 내에서 변경한다(위 판례).

기망으로 인하여 배당을 받지 못하게 된 자라고 보아야 할 것이다.[138]

8 대법원 2011.12.13, 2011도8873

토지의 소유명의를 얻을 수 있는 지위와 재산상 이익의 취득

이미 국가 명의로 소유권보존등기가 되어 있는 상태에서 소유권보존등기의 말소 청구를 하고 청구의 일부인용 판결에 준하는 화해권고결정이 확정된 이상, 청구인용 부분에 대하여는 법원을 기망하여 유리한 결정을 받음으로써 '대상 토지의 소유명의를 얻을 수 있는 지위'라는 재산상 이익을 취득하였다고 할 것이고(대법원 2006.4.7, 2005도9858 전원합의체), [법원9급 10/사시 12] 이는 사기죄의 대상인 재산상 이익의 편취에 해당한다(청구인용 부분에 대하여 사기죄, 그리고 화해권고결정에 의하여 등기말소청구를 포기한 부분에 대하여 사기미수죄가 각 인정됨).[139]

9 대법원 2012.5.24, 2010도12732

법원에 허위의 임차권등기명령을 신청한 사례

임차권등기명령의 절차 및 그 집행에 의한 임차권등기의 법적 효력을 고려하면, 다른 특별한 사정이 없는 한, 법원의 임차권등기명령은 피신청인의 재산상의 지위 또는 상태에 영향을 미칠 수 있는 행위로서 피신청인의 처분행위에 갈음하는 내용과 효력이 있다고 보아야 하고,[140] 따라서 이러한 법원의 임차권등기명령을 이용한 소송사기의 경우 피해자인 피신청인이 직접 처분행위를 하였는지 여부는 사기죄의 성부에 아무런 영향을 주지 못한다. 법원의 임차권등기명령을 피해자의 재산적 처분행위에 갈음하는 내용과 효력이 있는 것으로 보고 그 집행에 의한 임차권등기가 마쳐짐으로써 신청인이 재산상 이익을 취득하였다고 보는 이상, 진정한 임차권자가 아니면서 허위의 임대차계약서를 법원에 제출하여 임차권 등기명령을 신청하면 그로써 소송사기의 실행행위에 착수한 것으로 보아야 하고, 나아가 그 임차보증금 반환채권에 관하여 현실적으로 청구의 의사표시를 하여야만 사기죄의 실행의 착수가 있다고 볼 것은 아니다. [법원행시 16/사시 14]

10 대법원 2012.11.15, 2012도9603

피담보채권인 공사대금 채권을 실제와 달리 허위로 부풀려 유치권에 의한 경매를 신청한 사례

유치권에 의한 경매를 신청한 유치권자는 일반채권자와 마찬가지로 피담보채권액에 기초하여 배당을 받게 되는 결과 피담보채권인 공사대금 채권을 실제와 달리 허위로 크게 부풀려 유치권에 의한 경매를 신청할 경우 정당한 채권액에 의하여 경매를 신청한 경우보다 더 많은 배당금을 받을 수도 있으므로, 이는 법원을 기망하여 배당이라는 법원의 처분행위에 의하여 재산상 이익을 취득하려는 행위로서, 불능범에 해당한다고 볼 수 없고, 소송사기죄의 실행의 착수에 해당한다. [경찰채용 17 1차/경찰채용 13 2차 /경찰간부 16/경찰승진(경감이하) 17/법원9급 18·22/사시 14·16/법원행시 13]

---

138 **사례 : 허위의 배당 신청 사례** 甲은 이미 전액을 변제받은 D재단법인에 대한 판결 상의 채권에 기하여 D재단법인이 공탁한 341,858,500원의 공탁금회수청구권에 대하여 채권압류 및 추심명령을 받은 다음 그 공탁금에 관한 배당절차에 참가하여 배당법원을 기망하여 그중 일부 금액을 배당받음으로써, 甲이 배당요구를 하지 않았더라면 배당받았을 乙이 배당을 받지 못하는 결과가 발생하였다. 그런데 D재단법인에서는 甲의 위 공탁금에 대한 배당신청 및 금전의 수령에 대하여 양해 내지 승낙을 하였다. 이 경우 甲이 배당금을 수령한 것은 사기죄가 성립하는가?
판례 : 피고인이 '피해자 乙이 아닌' D재단법인 측으로부터 위와 같은 허위의 배당신청과 배당금 수령에 대하여 양해 또는 승낙을 얻었다는 사정만으로 사기죄에 해당하지 아니한다고 할 수는 없다(대법원 2008.12.11, 2008도7631).

139 **사례 : 국가명의 보존등기에 대해 말소청구를 하여 청구가 인용된 사례** 甲이 일제시대 사정(査定)받은 토지에 대하여 소유자 미복구를 원인으로 국가 명의의 소유권보존등기가 되어 있는 상태에서, A는 乙이 사정명의인 甲의 소유권을 대습상속한 것처럼 상속인의 사망 시기 등을 조작한 다음 乙을 원고로 하여 국가를 상대로 소유권보존등기 말소등기 청구소송을 제기하여 이를 일부 인용하는 취지의 화해권고결정이 확정되었다. A에게는 사기죄의 죄책이 인정되는가?
해결 : 인정된다. [법원행시 12]

140 **참고 :** 통정허위표시로서 무효인 임대차계약에 기초하여 임차권등기명령을 받아 임차권등기를 마친 경우에도 외형상 임차인으로서 취득하게 되는 권리는 사기죄의 객체인 '재산상 이익'에 해당한다. [변호사시험 17]

11 대법원 2015.2.12, 2014도10086

부동산에 대한 권리이전청구권에 대한 강제집행절차를 통한 소송사기에서 실행의 착수시기

민사집행법 제244조에서 규정하는 부동산에 관한 권리이전청구권에 대한 강제집행은 그 자체를 처분하여 대금으로 채권에 만족을 기하는 것이 아니고, 부동산에 관한 권리이전청구권을 압류하여 청구권의 내용을 실현시키고 부동산을 채무자의 책임재산으로 귀속시킨 다음 다시 부동산에 대한 경매를 실시하여 매각대금으로 채권에 만족을 기하는 것이다. 이러한 경우 소유권이전등기청구권에 대한 압류는 당해 부동산에 대한 경매의 실시를 위한 사전 단계로서의 의미를 가지나, 전체로서의 강제집행절차를 위한 일련의 시작행위라고 할 수 있으므로, 허위 채권에 기한 공정증서를 집행권원으로 하여 채무자의 소유권이전등기청구권에 대하여 압류신청을 한 시점에 소송사기의 실행에 착수하였다고 볼 것이다(실행착수를 위해 부동산 자체에 대한 경매신청은 불요). [경찰채용 15 3차 / 법원9급 18]

12 대법원 2017.6.19, 2013도564

허위의 근저당권자가 집행법원을 기망하여 배당금을 지급받은 사례

근저당권자가 집행법원을 기망하여 원인무효이거나 피담보채권이 존재하지 않는 근저당권에 기해 채무자 또는 물상보증인 소유의 부동산에 대하여 임의경매신청을 함으로써 경매절차가 진행된 결과 부동산이 매각되었더라도 그 경매절차는 무효로서 채무자나 물상보증인은 부동산의 소유권을 잃지 않고, 매수인은 부동산의 소유권을 취득할 수 없다. 이러한 경우에 허위의 근저당권자가 매각대금에 대한 배당절차에서 배당금을 지급받기에 이르렀다면 집행법원의 배당표 작성과 이에 따른 배당금 교부행위는 매수인에 대한 관계에서 그의 재산을 처분하여 직접 재산상 손해를 야기하는 행위로서 매수인의 처분행위에 갈음하는 내용과 효력을 가진다.

판례연구 **소송사기 부정 판례**

1 대법원 1982.7.27, 82도1160

기한미도래의 채권을 즉시 지급받기 위한 지급명령 신청 사례

허위의 증거를 조작하는 등의 적극적인 사술이 사용되지 아니한 위와 같은 행위는 소송사기의 요건상 기망행위로 보기 어렵다. [법원승진 13]

> 비교 지급명령 신청의 사기죄 성립 여부 : ① 기한미도래의 채권을 즉시 지급받기 위하여 지급명령을 신청한 행위 : × (위 판례), ② 타인 명의로 가집행선고부 지급명령을 발부받아 채권압류 및 전부명령을 받은 행위 : ○ (대법원 1977.1.11, 76도3700), [법원행시 05] ③ 증거를 조작함이 없이 허위의 내용으로 지급명령을 신청한 행위 : ○ (대법원 2004.6.24, 2002도4151). [경찰승진(경감) 10 / 경찰승진(경위) 11 / 국가7급 13 / 법원행시 05 · 08 · 11]

2 대법원 1982.10.26, 82도1529

가압류 내지 가처분의 신청행위

가압류는 강제집행의 보전방법에 불과하고 그 기초가 되는 허위의 채권에 의하여 실제로 청구의 의사표시를 한 것이라고 할 수 없으므로 소의 제기 없이 가압류신청을 한 것만으로는 사기죄의 실행에 착수한 것이라고 할 수 없다. [경찰채용 17 1차 / 경찰채용 16 2차 / 경찰승진(경장) 10 / 경찰승진 11 / 법원9급 10 · 12 / 법원승진 13 / 법원행시 05 · 06 · 10 · 11 · 12]

3 대법원 2009.4.9, 2009도128

부동산을 매수한 사실이 없음에도 소유권이전등기 말소청구소송을 제기한 경우

피고인이 甲이 "부동산을 매수한 일이 없음"에도 매수한 것처럼 허위의 사실을 주장하여 위 부동산에

대한 소유권이전등기를 거친 사람을 상대로 그 이전등기의 원인무효를 내세워 그 이전등기의 말소를 구하는 소송을 甲 명의로 제기하고 그 소송의 결과 원고로 된 갑이 승소한다고 가정하더라도 그 피고의 등기가 말소될 뿐이고 이것만으로 (甲이 위 부동산에 관한 어떠한 재산상 이익을 취득할 수는 없으므로) 피고인이 위 부동산에 관한 어떠한 권리를 취득하거나 의무를 면하는 것은 아니므로 법원을 기망하여 재물이나 재산상 이익을 편취한 것이라고 보기 어렵고, 따라서 위 소제기 행위를 가리켜 사기의 실행에 착수한 것이라고 할 수 없다(대법원 1981.12.8, 81도1451). [사시 14]

4 대법원 2009.4.9, 2009도128
예고등기로 인한 경매대상 부동산의 경매가격 하락 등을 목적으로 허위의 채권을 주장하며 채권자대위의 방식에 의한 원인무효로 인한 소유권보존등기 말소청구소송을 제기한 경우
피고인 등이 위 소유권보존등기말소청구 소송을 제기한 것은 예고등기가 경료되도록 하여 경매대상 부동산에 대한 경매가격의 하락 등을 위한 것이라 할 것이고, 소송을 통하여 법원을 기망하여 승소판결을 얻음으로써 재물 또는 재산상 이익을 취득하고자 하는 의사가 여기에 포함되어 있다고 할 수 없다.[141] [경찰채용 12 2차/ 사시 16]

5 대법원 2009.9.24, 2009도5900
부동산경매절차에서 허위의 공사대금채권을 근거로 유치권 신고를 한 사례
부동산 경매절차에서 피고인들이 허위로 유치권을 신고한 경우, 유치권자가 경매절차에서 유치권을 신고하는 경우 법원은 이를 매각물건명세서에 기재하고 그 내용을 매각기일공고에 적시하나, 이는 경매목적물에 대하여 유치권 신고가 있음을 입찰예정자들에게 고지하는 것에 불과할 뿐 처분행위로 볼 수는 없고, 또한 유치권자는 권리신고 후 이해관계인으로서 경매절차에서 이의신청권 등 몇 가지 권리를 얻게 되지만 이는 법률의 규정에 따른 것으로서 재물 또는 재산상 이득을 취득하는 것으로 볼 수도 없으므로, 허위 공사대금채권을 근거로 유치권 신고를 하였더라도 이를 소송사기 실행의 착수가 있다고 볼 수는 없다. [경찰승진 11 / 법원9급 13·14 / 법원승진 11]

6 대법원 2009.12.10, 2009도9982
피압류채권이 없는데도 있는 것처럼 하여 채권압류 및 전부명령을 신청하여 받은 사례
채권에 대한 압류 및 전부(추심)명령을 신청한 경우, 집행력 있는 정본의 존부, 집행개시의 요건 구비 여부 등은 법원의 심사 대상이지만 피압류채권의 존부는 그 심사 대상이 아니다. 따라서 피고인(甲회사 운영자)이 '甲회사의 乙에 대한 채권'이 존재하지 않는다는 사실을 알면서 그 사실을 모르는 丙(甲회사에 대한 채권자)에게 '甲회사의 乙에 대한 채권'의 압류 및 전부(추심)명령을 신청하게 하여 그 명령을 받게 한 경우, 丙이 甲회사에 대하여 진정한 채권을 가지고 있는 이상, 위와 같은 사정만으로는 법원을 기망하였다고 볼 수 없고, 丙이 乙을 상대로 전부(추심)금 소송을 제기하지 않은 이상 소송사기의 실행에 착수하였다고 볼 수도 없다고 해야 한다.

---

141 **판결이유** : 피고인과 그 공모자들은 원인무효로 인한 소유권보존등기말소청구소송을 제기하여 그 결과 법원의 촉탁으로 예고등기(豫告登記)가 이루어지는 경우 경매절차가 진행 중인 부동산의 경우에 경매 유찰 등으로 인하여 경매가격이 하락된다는 사실에 착안하여 경매절차가 진행 중인 적당한 부동산을 물색하거나 또는 경매 유찰로 싼 가격에 부동산을 낙찰받기를 원하는 사람들의 부탁을 받고 허위의 소유권보존등기말소청구 소송 등을 제기하고 그 과정에서 자신들이 직접 부동산을 낙찰받아 이익을 취하거나 타인으로 하여금 싼 가격에 낙찰받도록 하여 사례비를 받아 재산상 이익을 취하거나 합의금 명목의 금원을 교부받는 방식으로 범행을 저지르기로 공모하였다는 것이다. 그런데, 피고인 등이 허위의 주장을 하여 소유권보존등기말소청구 소송 등을 제기한 것은 그로 인하여 경매절차가 진행 중인 부동산에 예고등기가 경료되도록 함으로써 경매가격 하락 등을 의도한 것으로 보일 뿐이고, 위 말소청구소송을 통하여 승소판결을 받아 재산상의 이익을 취하려고 한 것으로 보기 어렵다.
보충 : 소송사기는 법원을 기망하여 자기에게 유리한 재판을 얻고 이에 기하여 상대방으로부터 재물의 교부를 받거나 재산상 이익을 취득하는 것이어서(대법원 2003.7.22, 2003도1951 등), 판례는 위 공모내용에 의하더라도 피고인들에게는 법원의 승소판결에 의하여 재산상 이익을 취득하고자 하는 의사가 있었다고 볼 수 없다고 본 것이다.

유사 대법원 2015.2.12, 2014도10086

허위의 채권에 기하여 채권압류 및 전부명령을 신청한 것은 사기죄를 구성한다는 사례

사기죄의 재산상 이익 취득은 법률상 무효라고 하여도 외형상 취득한 것이면 충분하므로 피전부채권이 법률상으로 유효하지 않고 전부명령이 효력을 발생할 수 없다고 하여도 피전부채권이나 전부명령이 외형상 존재하는 한 재산상 이익취득으로 보아 사기죄로 인정할 수 있다(대법원 1975.5.27, 75도760 등). 피고인이 허위 내용의 약속어음 공정증서를 집행권원으로 하여 채권압류 및 전부명령 신청을 하고 그 결정을 받은 것은 사기죄를 구성한다(유사 : 2002도4251).

7 대법원 2010.1.28, 2007도9331

어음발행인이 어음을 분실하였다고 허위신고하여 제권판결을 받았으나, 위 어음은 지방자치단체에 기부금을 납부하기로 약정하고 골프장사업을 승인받으면서 그 이행을 위해 발행·교부된 것인 경우

행정처분과 실제적 관련성이 없어 부관으로 붙일 수 없는 부담을 사법상 계약의 형식으로 행정처분의 상대방에게 부과할 수 없으므로,[142] 甲 주식회사의 실질적 경영자인 피고인이, 전(前) 대표이사 乙이 지방자치단체에 기부금을 납부하기로 약정하고 골프장사업을 승인받으면서 그 이행을 위해 약속어음을 발행·교부한 사실을 잘 알고 있음에도 위 어음을 분실하였다는 허위 사유를 들어 법원을 기망하고 제권판결을 선고받은 경우, 위 기부금 증여계약은 지방자치단체장의 공무수행과 결부된 금전적 대가로서 그 조건이나 동기가 사회질서에 반하여 무효이므로 지방자치단체로서는 위 어음금의 지급을 청구할 수 없음에도, 위 증여가 유효하다고 판단하여 피고인을 유죄로 인정한 원심에는 민법 제103조[143]에 관한 법리오해의 위법이 있다.

8 대법원 2018.12.28, 2018도13305

소송사기죄가 성립하기 위한 요건

소송사기는 법원을 기망하여 자기에게 유리한 판결을 얻음으로써 상대방의 재물 또는 재산상 이익을 취득하는 것을 내용으로 하는 범죄로서, 이를 처벌하는 것은 필연적으로 누구든지 자기에게 유리한 주장을 하고 소송을 통하여 권리구제를 받을 수 있다는 민사재판제도의 위축을 가져올 수밖에 없으므로, 피고인이 그 범행을 인정한 경우 외에는 그 소송상의 주장이 사실과 다름이 객관적으로 명백하거나 피고인이 그 소송상의 주장이 명백히 허위인 것을 인식하였거나 증거를 조작하려고 한 흔적이 있는 등의 경우 외에는 이를 쉽사리 유죄로 인정하여서는 안 된다. 그리고 소송사기가 성립하기 위하여는 제소 당시에 그 주장과 같은 채권이 존재하지 아니한다는 것만으로는 부족하고 그 주장의 채권이 존재하

---

142 **판결이유** : 기부금품모집금지법에서는 공무원은 여하한 명목의 기부금도 모집할 수 없으며, 국가 또는 지방자치단체 및 그 소속기관과 공무원은 기부금품의 모집을 할 수 없고, 비록 자발적으로 기탁하는 금품이라도 원칙적으로 이를 접수할 수 없다고 규정하고 있는데, 이러한 규정들은 기부행위가 공무원의 직무와 사이에 외관상 대가관계가 없는 것으로 보이더라도 사실상 공권력의 영향력에 의한 것이거나 또는 그러한 의심을 자아내는 경우가 있음을 경계하여 직무 관련 여부를 묻지 아니하고 이를 금지함으로써 공무의 순수성과 염결성이 훼손되지 않도록 함에 그 취지가 있는바, 하물며 직무와 사이에 대가관계가 인정되는 기부행위라면 이는 결코 허용되어서는 아니 된다 할 것이다. 뿐만 아니라, 공무원이 인·허가 등 수익적 행정처분을 하면서 상대방에게 그 처분과 관련하여 이른바 부관으로서 부담을 붙일 수 있다 하더라도, 그러한 부담은 법치주의와 사유재산 존중, 조세법률주의 등 헌법의 기본원리에 비추어 비례의 원칙이나 부당결부금지의 원칙에 위배되지 않아야만 적법한 것인바(대법원 1997.3.11, 96다49650 참조), 행정처분과 부관 사이에 실제적 관련성이 있다고 볼 수 없는 경우 공무원이 위와 같은 공법상의 제한을 회피할 목적으로 행정처분의 상대방과 사이에 사법상 계약을 체결하는 형식을 취하였다면 이는 법치행정의 원리에 반하는 것으로서 위법하다고 보지 않을 수 없다. 위와 같은 모든 점을 종합할 때, 이 사건 증여는 공무수행과 결부된 금전적 대가로서 그 조건이나 동기가 사회질서에 반하는 것이어서 민법 제103조에 의해 무효라고 할 것이다.

143 **보충** : 민법 제103조에 의하여 무효로 되는 반사회질서 행위는 법률행위의 목적인 권리의무의 내용이 선량한 풍속 기타 사회질서에 위반되는 경우뿐만 아니라, 그 내용 자체는 반사회질서적인 것이 아니라고 하여도 법률적으로 이를 강제하거나 법률행위에 반사회질서적인 조건 또는 금전적인 대가가 결부됨으로써 반사회질서적 성질을 띠게 되는 경우 및 표시되거나 상대방에게 알려진 법률행위의 동기가 반사회질서적인 경우를 포함한다(대법원 2000.2.11, 99다56833; 2009.9.10, 2009다37251 등 참조).

지 아니하는 사실을 잘 알면서도 허위의 주장과 증명으로써 법원을 기망한다는 인식을 하고 있어야만 하고, 단순히 사실을 잘못 인식하였다거나 법률적 평가를 잘못하여 존재하지 않는 권리를 존재한다고 믿고 제소한 행위는 사기죄를 구성하지 않는다.[144]

사례연구 ┃ 사기죄의 착오에는 동기의 착오도 포함된다는 사례 : 그린벨트 해제 접대비용

甲은 부산 동래구 연산동 소재 개발제한구역(그린벨트) 내의 토지에 대한 개발제한구역 지정을 해제하여 줄 의사와 능력이 없음에도 불구하고 乙에게 건설교통부 고위 공직자에게 청탁하여 제3자 소유의 위 토지에 대한 개발제한구역 지정을 해제하고자 하는 데 접대 비용이 필요하다고 하면서 "만약 금 20,000,000원을 빌려주면 이를 접대 비용으로 사용하여 2개월 내에 위 토지에 대한 개발제한구역 지정을 해제받고 토지소유자로부터 상당한 금액의 커미션을 받아 그 중 일부를 위 차용금과 함께 돌려주겠다."고 거짓말하여 이에 속은 乙로부터 금 20,000,000원을 차용한 다음, 이를 자신의 부족한 생활비로 소비하였다. 그런데 甲이 진정한 용도를 고지하였더라면 乙은 甲에게 돈을 빌려주지 않았을 것이다. 甲에게는 사기죄가 성립하는가?

> **해결** 사기죄의 실행행위로서의 기망은 반드시 법률행위의 중요 부분에 관한 허위표시임을 요하지 아니하고 상대방을 착오에 빠지게 하여 행위자가 희망하는 재산적 처분행위를 하도록 하기 위한 판단의 기초가 되는 사실에 관한 것이면 족한 것이므로, 용도를 속이고 돈을 빌린 경우에 있어서 만일 진정한 용도를 고지하였더라면 상대방이 돈을 빌려 주지 않았을 것이라는 관계에 있는 때에는 사기죄의 실행행위인 기망은 있는 것으로 보아야 한다(대법원 1996.2.27, 95도2828). [법원9급 11]
>
> **정답** 성립한다.

판례연구 ┃ 사기죄의 처분행위 긍정 판례

1 대법원 1968.5.21, 68도480
자전거 시운전 빙자 도주 사건
피고인은 자전거를 살 의사도 없이 피해자로부터 시운전에 빙자하여 교부받은 자전거를 타고 시운전을 하는 척 하다가 그대로 도망갔다는 것이므로, 위 사실에 대하여 사기죄로 의율처단한 제1심 판결을 유지한 원판결은 정당하고, 위 사실이 절도죄에 해당한다고는 볼 수 없다.[145]

2 대법원 2002.11.22, 2000도4419
항소 취하 사례
배당이의(配當異議) 소송의 제1심에서 패소판결을 받고 항소한 자가 그 항소를 취하하면 그 즉시 제1심 판결이 확정되고 상대방이 배당금을 수령할 수 있는 이익을 얻게 되는 것이므로 위 항소를 취하하는 것 역시 사기죄에서 말하는 재산적 처분행위에 해당한다. [경찰채용 14 1차 / 경찰간부 14·17 / 경찰승진(경감이하) 17 / 법원행시 09]

---

144 **판결이유** : 甲 주식회사 대표이사인 A는, 2011.11.경 甲 회사에 입사하였다가 2016.3.11. 퇴직한 근로자 乙을 상대로 2011.12.부터 2015.4.까지 포괄일급에 포함하여 이미 지급한 퇴직적립금에 대하여 부당이득반환청구 소송을 제기하면서 2015.5.1.자 근로계약서의 일급란 기재 금액을 변조하여 증거자료로 제출하였다. 그런데 甲 회사는 乙에게 포괄일급에 일급의 8.3%에 해당하는 퇴직적립금을 포함하여 임금을 지급하였는데, 乙의 퇴사 후 위와 같이 乙에게 지급된 퇴직적립금이 퇴직금 지급으로서의 효력이 없다는 자문을 받고 별도로 퇴직금 전액을 지급하였으므로 피고인이 부당이득반환의 소를 제기한 것은 정당한 권리행사의 일환으로 보아야 한다. 따라서 피고인에게 사기미수죄를 인정한 원심판결에는 소송사기의 법리를 오해한 잘못이 있다.

145 판례의 입장과 같은 주장은 손동권, 374면; 이재상, §18−36. 다만 사기죄를 부정하는 것이 다수설로 보인다. 김일수/서보학, 427면; 박상기, 295면; 배종대, 430면; 오영근, 467면; 임웅, 351면 등 참조.

3 대법원 2007.7.12, 2005도9221

작가의 인세청구권 불행사 유도 사례

출판사 경영자가 출고현황표를 조작하는 방법으로 실제출판부수를 속여 작가에게 인세의 일부만을 지급한 경우, 작가가 나머지 인세에 대한 청구권의 존재 자체를 알지 못하는 착오에 빠져 이를 행사하지 아니한 것은 사기죄에 있어 부작위에 의한 처분행위에 해당한다. [경찰채용 14·16 1차/법원행시 08]

4 대법원 2007.9.20, 2007도5507

기망에 의하여 가압류를 해제한 사례

부동산가압류결정을 받아 부동산에 관한 가압류집행까지 마친 자가 그 가압류를 해제하면 소유자는 가압류의 부담이 없는 부동산을 소유하는 이익을 얻게 되므로, 가압류를 해제하는 것 역시 사기죄에서 말하는 재산적 처분행위에 해당하고, [사시 14] 그 이후 가압류의 피보전채권이 존재하지 않는 것으로 밝혀졌다고 하더라도 가압류의 해제로 인한 재산상의 이익이 없었다고 할 수 없다. [경찰간부 16/경찰승진(경감) 10/법원9급 08·09/법원행시 08·11/사시 10]

5 대법원 2008.1.24, 2007도9417

기망에 의하여 무효인 가등기를 말소한 사례[146]

부동산 위에 소유권이전청구권 보전의 가등기를 마친 자가 그 가등기를 말소하면 부동산 소유자는 가등기의 부담이 없는 부동산을 소유하게 되는 이익을 얻게 되는 것이므로, 가등기를 말소하는 것 역시 사기죄에서 말하는 재산적 처분행위에 해당하고, 설령 그 후 위 가등기에 의하여 보전하고자 하였던 소유권이전청구권이 존재하지 않아 위 가등기가 무효임이 밝혀졌다고 하더라도 가등기의 말소로 인한 재산상의 이익이 없었던 것으로 볼 수 없다. 피고인이 피해자를 기망하여 이 사건 가등기를 말소하도록 한 이상, 설령 이 사건 가등기가 부동산 실권리자명의 등기에 관한 법률에 위반하여 무효라 하더라도 피고인으로서는 가등기의 부담이 없는 부동산을 소유하게 되는 재산상의 이익을 취득한 것으로 보아야 한다. [경찰승진(경위) 11]

6 대법원 2009.3.26, 2008도6641

권리금을 지급한 것처럼 하여 출자금 지급을 면제받으려 한 사례

甲은 사실은 오락실 개업준비를 위하여 권리금을 지급한 사실이 없음에도 허위의 사용내역서를 작성·교부하여 마치 자신이 권리금 6,000만 원을 지급한 것처럼 동업자인 乙 등을 속여 6,000만 원의 출자금 지급을 면제받아 재산상의 이익을 취득하려 하였으나 乙 등이 근거자료 제시를 요구하며 이의를 제기하는 바람에 그 뜻을 이루지 못하고 미수에 그쳤다. 이 경우, 비록 동업자들이 피고인에 대하여 출자의무를 명시적으로 면제하지 아니하더라도, 피고인의 기망행위에 의하여 피고인이 출자금 전액에 대한 출자의무를 이행하였다는 착오에 빠진 결과 이를 면제해 주는 결과에 이를 수 있는 만큼 이는 부작위에 의한 처분행위에 해당한다(사기미수 성립). [국가7급 16]

7 대법원 2012.4.13, 2012도1101

기망행위로 인하여 채권자가 채무를 확정적으로 소멸 내지 면제시키는 특약 등 처분행위를 한 경우,

---

146 **사례** : 乙은 甲에 대한 농지에 관한 명의신탁약정에 기한 소유권이전등기청구권을 보전할 목적으로 2001.10.25.경 위 농지에 자신(乙)의 아들인 A명의로 가등기를 마쳤다(다만 이 가등기는 부동산 실권리자명의 등기에 관한 법률에 위반하여 무효이었다). 그런데 乙은 2003.12.27.경 甲의 기망에 의해 위 가등기를 말소해 주었는데, 이는 甲이 ─ 위 농지의 소유권을 乙에게 이전해 줄 의사가 없었음에도 불구하고─ 乙의 요구가 있으면 언제든지 위 농지의 소유권을 이전해 줄 것처럼 행세하면서 위 가등기의 말소를 요청하여 이에 속은 乙이 위 가등기를 말소해준 것이었다. 그 후 甲은 2004.12.경 및 2005.1.20.경 乙 몰래 이 사건 농지를 제3자에게 매도하고 그 소유권이전등기를 마쳐주었다. 甲에게는 사기죄가 성립하는가?

논점 : 위 판례의 요점은 ① 무효인 가등기를 말소하는 것이 사기죄의 재산적 처분행위에 해당한다는 점과 ② 무효인 가등기여서 그 말소를 구할 권리를 가진 자라 하더라도 기망행위를 사용하여 이를 말소하게 하였다면 사기죄가 성립한다는 점이다.

채무의 면제라고 하는 재산상 이익에 관한 사기죄가 성립한다는 사례

사기죄에서 '재산상의 이익'이란 채권을 취득하거나 담보를 제공받는 등의 적극적 이익뿐만 아니라 채무를 면제받는 등의 소극적 이익까지 포함하며, 채무자의 기망행위로 인하여 채권자가 채무를 확정 적으로 소멸 내지 면제시키는 특약 등 처분행위를 한 경우에는 채무의 면제라고 하는 재산상 이익에 관한 사기죄가 성립하고, 후에 재산적 처분행위가 사기를 이유로 민법에 따라 취소될 수 있다고 하여 달리 볼 것은 아니다. 따라서 피고인이 피해자들을 기망하여 부동산을 매도하면서 매매대금 중 일부를 피해자들의 피고인에 대한 기존 채권과 상계하는 방법으로 지급받아 채무 소멸의 재산상 이익을 취득한 경우, 피고인이 상계에 의하여 기존 채무가 소멸되는 재산상 이익을 취득하였다고 보아 사기죄를 인정한 원심판단은 정당하다. [경찰채용 12 2차 / 법원행시 18]

판례연구   사기죄의 처분행위 부정 판례

1 대법원 1994.8.12, 94도1487

금은방 귀금속 절도 사건

피고인이 피해자 경영의 금방에서 마치 귀금속을 구입할 것처럼 가장하여 피해자로부터 순금목걸이 등을 건네받은 다음 화장실에 갔다 오겠다는 핑계를 대고 도주한 것이라면 위 순금목걸이 등은 도주하기 전까지는 아직 피해자의 점유 하에 있었다고 할 것이므로 이를 절도죄로 의율 처단한 것은 정당하다. [경찰승진(경감이하) 16 / 법원9급 10 / 법원행시 09 · 11 / 변호사시험 13]

2 대법원 1996.10.15, 96도2227

결혼예식장 축의금 접수인 행세 사례

피해자가 결혼예식장에서 신부 측 축의금 접수인인 것처럼 행세하는 피고인에게 축의금을 내어 놓자 이를 교부받아 가로챈 사안에서, 피해자의 교부행위의 취지는 신부 측에 전달하는 것일 뿐 피고인에게 그 처분권을 주는 것이 아니므로, 이를 피고인에게 교부한 것이라고 볼 수 없고 단지 신부 측 접수대에 교부하는 취지에 불과하므로 피고인이 그 돈을 가져간 것은 신부 측 접수처의 점유를 침탈하여 범한 절취행위라고 보는 것이 정당하다. [경찰채용 10 · 14 2차 / 경찰승진(경장) 10 / 경찰승진(경사) 10 / 경찰승진 12 / 법원9급 10 · 16/ 법원행시 08 / 사시 13]

3 대법원 1997.3.8, 96도2625

기망에 의하여 보험가입사실증명원을 발급받은 사례

A가 보험가입자인 B의 형사책임을 면하게 하기 위하여 甲화재보험주식회사를 기망하여 보험가입사실 증명원을 발급받아 수사기관에 제출하도록 한 경우, A에게는 사기죄가 성립하지 않는다. 보험가입사실 증명원은 교통사고를 일으킨 차가 교통사고처리특례법 제4조에서 정한 취지의 보험에 가입하였음을 보험회사가 증명하는 내용의 문서일 뿐이고, 거기에 재물이나 재산상의 이익의 처분에 관한 사항을 포함하고 있는 것은 아니기 때문이다. [경찰채용 16 2차 / 경찰간부 11 / 사시 10]

4 대법원 2001.7.13, 2001도1289

부동산매도용인감증명서를 교부받은 것으로는 부동산에 관한 처분행위가 인정되지 않는다는 사례

피해자에게 부동산매도용인감증명서 및 등기의무자본인확인서면의 진실한 용도를 속이고 그 서류들을 교부받아 행위자의 명의로 해당 부동산에 관한 소유권이전등기를 경료하였더라도 피해자의 위 부동산에 관한 처분행위가 있었다고 할 수 없어 사기죄를 구성하지 않는다.[147] [경찰승진(경장) 10 / 경찰승진(경사) 11 / 경찰승진 12 / 법원9급 11 · 16 / 사시 10]

해결 : 사기죄가 성립한다.

147 사례 : 甲(피고인)은 1995년 8월 말경 남양주시 수동면 소재 수동면사무소에서, 내연관계에 있던 Y가 남양주시 수동면 수산리

5 대법원 2007.11.16, 2007도3475

일본국 특허청 공무원으로부터 특허출원자 명의를 변경받은 사례

피고인이 피해자 명의의 양도증서 등 명의변경 서류를 위조하여 일본국 특허청 공무원에게 제출함으로써 피고인 명의로 이 사건 특허의 출원자 명의를 변경하였다고 하더라도 위 피해자의 이 사건 특허를 받을 수 있는 권리에 관한 처분행위가 있었다고 할 수 없을 뿐만 아니라 일본국 특허청 공무원에게 이 사건 특허를 받을 수 있는 권리의 처분권한이 있다고도 볼 수 없으므로, 이 부분 공소사실은 사기죄를 구성한다고 보기 어렵다.[148] [경찰간부 12]

6 대법원 2009.2.12, 2008도10971

채무를 확정적으로 소멸·면제시키는 행위가 없었다면 처분행위가 인정되지 않는다는 사례

사기죄에 있어서 '재산상의 이익'이란 채권을 취득하거나 담보를 제공받는 등의 적극적 이익뿐만 아니라 채무를 면제받는 등의 소극적 이익까지 포함하는 것이기는 하지만, 단순한 채무변제 유예의 정도를 넘어서 채무의 면제라고 하는 재산상 이익에 관한 사기죄가 성립하기 위해서는 채무자의 기망행위로 인하여 그 채무를 확정적으로 소멸 내지 면제시키는 채권자의 처분행위가 있어야만 하는 것이므로, 단지 채무의 이행을 위하여 채권 기타 재산적 권리의 양도가 있었다는 사정만으로 그러한 처분행위가 있었다고 단정하여서는 안 될 것이고(대법원 2008.12.24, 2008도8600), 그것이 기존 채무의 확정적인 소멸 내지 면제를 전제로 이루어진 것인지 여부를 적극적으로 살핀 다음, 채무면제를 목적으로 하는 사기죄의 성립 여부를 판단하여야 할 것이다.[149]

217의 3 전 3,379㎡를 대금 9,500만 원에 乙(피해자)로부터 매수하기로 계약을 체결한 후 계약금 및 중도금으로 4,500만 원을 지급하고 나머지 잔금을 지급하지 않은 상태에서 사실은 乙로부터 부동산매도용인감증명서 및 등기의무자본인확인서면을 교부받더라도 이를 이용하여 위 부동산에 대한 형질변경 및 건축허가를 받는 데에 사용하지 아니하고 乙의 의사에 반하여 위 부동산을 甲 명의로 소유권이전등기를 하는 데에 사용할 생각임에도 불구하고, 乙에게 형질변경 및 건축허가를 받는 데에 부동산매도용인감증명서 및 확인서면이 반드시 필요하니 이를 甲에게 건네주면 위 용도로만 사용하겠다고 거짓말하여, 이에 속은 乙로부터 즉석에서 부동산매도용인감증명서 및 등기의무자본인확인서면을 교부받은 후 이를 이용하여 같은 해 9일경 위 부동산을 甲 외 4인 명의로 소유권이전등기를 경료하였다. 甲의 죄책은?
판례 : 사기죄는 타인을 기망하여 착오에 빠뜨리고 그로 인한 처분행위로 재물의 교부를 받거나 재산상의 이익을 취득한 때에 성립하는 것이므로, 피고인이 피해자에게 부동산매도용인감증명서 및 등기의무자본인확인서면의 진실한 용도를 속이고 그 서류들을 교부받아 피고인 등 명의로 위 부동산에 관한 소유권이전등기를 경료하였더라도 피해자의 위 부동산에 관한 처분행위가 있었다고 할 수 없고, 따라서 사기죄를 구성하지 않는다(대법원 2001.7.13, 2001도1289).
해결 : 무죄.

148 **사례 :** 甲은 乙로부터 乙이 그 명의로 일본국 특허청에 출원 중인 6건의 특허를 받을 수 있는 권리를 양도받은 사실이 없음에도 불구하고, 2003.11.5.경 乙 명의의 양도증서 6장 및 위임장 6장을 각 위조하고, 같은 달 7.경 일본 동경도 소재 특허청 민원실에서 일본인 변리사를 통하여 그 사정을 모르는 민원실 담당 직원에게 위와 같이 위조된 양도증서 6장 및 위임장 6장을 교부하여 이에 속은 위 특허청 담당 직원으로 하여금 乙 명의의 시가 불상의 이 사건 특허의 출원자를 甲의 명의로 변경케 함으로써 위 특허에 관한 권리를 편취하였다. 甲의 죄책은?
판례 : 사문서위조 및 위조사문서행사의 죄책이 인정됨은 자명하다. 그런데 사기죄는 다른 사람을 기망하여 착오에 빠뜨리고 그로 인한 처분행위로 재물의 교부를 받거나 재산상 이익을 얻음으로써 성립하는 것인데, 특허권에 관한 처분행위가 있었다고 볼 수 없으므로 사기죄를 구성하지 않는다.
해결 : 사문서위조죄와 위조사문서행사죄의 실체적 경합(사기죄는 성립하지 않음).

149 **사례 : 공장기계 양도담보 설정 후 다른 채권자에게 차용금 변제에 갈음해 양도한 행위에 대한 사기죄 부정례** 甲은 자신의 기계들에 대해 부산은행에 양도담보권을 설정해 주었음에도, 그 사실을 A 주식회사에 알리지 않고 A 주식회사에 대한 차용금의 변제에 갈음하여 양도해주었다. 다만 이후에도 A 주식회사는 차용금을 변제받지 못할 경우에 대비하여 甲으로부터 다시 담보의 제공을 요구하여 지급받은 돈 중 일부를 차용원리금 채무 중 일부에 변제충당하였다. 이러한 사실들을 고려할 때, 甲의 A 주식회사에 대한 행위는 사기죄를 구성하는가?
판례 : 단순한 채무변제 유예의 정도를 넘어서 채무의 면제라고 하는 재산상 이익에 관한 사기죄가 성립하기 위해서는 채무자의 기망행위로 인하여 그 채무를 확정적으로 소멸 내지 면제시키는 채권자의 처분행위가 있어야만 하는 것이므로, 단지 채무의 이행을 위하여 채권 기타 재산적 권리의 양도가 있었다는 사정만으로 그러한 처분행위가 있었다고 단정하여서는 안 될 것이다(대법원 2008.12.24, 2008도8600; 2009.2.12, 2008도10971). [법원행시 10]
판결이유 : 피해자 주식회사는 피고인으로부터 이 사건 기계들을 6억 원의 차용금채무에 대한 대물변제로 양도받은 후에도, 이

7 대법원 2011.4.14, 2011도769

이자 지급 약정 하에 대여금(투자금 명목)을 교부받아 편취하였는데, 이자를 지급하지 않은 사례

피고인이 피해자들을 기망하여 투자금 명목의 돈을 편취하는 과정에서 이자 지급 약정하에 대여금을 교부받았으나 이자를 지급하지 않은 경우, 위 이자 부분에 대해서도 사기죄가 성립하기 위하여는 피고인의 기망행위로 인해 이자 부분에 관한 별도의 처분행위가 있어야 하는데, 이에 대하여 피해자들의 처분행위가 있었다고 단정할 자료가 없는데도, 피고인의 기망행위와 위 이자 발생 사이에 인과관계를 인정하여 유죄를 인정한 원심판단에는 위법이 있다.

8 대법원 2012.6.28, 2012도4773

사업자등록 명의 대여는 사기죄의 처분행위가 아니라는 사례

피고인이 甲에게 사업자등록 명의를 빌려주면 세금이나 채무는 모두 자신이 변제하겠다고 속여 그로부터 명의를 대여받아 호텔을 운영하면서 甲으로 하여금 호텔에 관한 각종 세금 및 채무 등을 부담하게 한 경우, 甲이 명의를 대여하였다는 것만으로 피고인이 위와 같은 채무를 면하는 재산상 이익을 취득하는 甲의 재산적 처분행위가 있었다고 보기 어렵다.

판례연구 **서명사취 사건 : 처분행위의 의미 · 내용 · 결과를 인식하지 못하더라도 처분문서에 서명 · 날인한다는 인식이 있었다면 처분의사가 인정된다는 사례**

대법원 2017.2.16, 2016도13362 전원합의체

[다수의견] 처분의사는 착오에 빠진 피기망자가 어떤 행위를 한다는 인식이 있으면 충분하고, 그 행위가 가져오는 결과에 대한 인식까지 필요하다고 볼 것은 아니다. 사기죄의 성립요소로서 기망행위는 널리 거래관계에서 지켜야 할 신의칙에 반하는 행위로서 사람으로 하여금 착오를 일으키게 하는 것을 말하고, 착오는 사실과 일치하지 않는 인식을 의미하는 것으로, 사실에 관한 것이든, 법률관계에 관한 것이든, 법률효과에 관한 것이든 상관없다. 또한 사실과 일치하지 않는 하자 있는 피기망자의 인식은 처분행위의 동기, 의도, 목적에 관한 것이든, 처분행위 자체에 관한 것이든 제한이 없다. 따라서 피기망자가 기망당한 결과 자신의 작위 또는 부작위가 갖는 의미를 제대로 인식하지 못하여 그러한 행위가 초래하는 결과를 인식하지 못하였더라도 그와 같은 착오 상태에서 재산상 손해를 초래하는 행위를 하기에 이르렀다면 피기망자의 처분행위와 그에 상응하는 처분의사가 있다고 보아야 한다. …… 결론적으로 사기죄의 본질과 구조, 처분행위와 그 의사적 요소로서 처분의사의 기능과 역할, 기망행위와 착오의 의미 등에 비추어 보면, 비록 피기망자가 처분행위의 의미나 내용을 인식하지 못하였더라도, 피기망자의 작위 또는 부작위가 직접 재산상 손해를 초래하는 재산적 처분행위로 평가되고, 이러한 작위 또는 부작위를 피기망자가 인식하고 한 것이라면 처분행위에 상응하는 처분의사는 인정된다. 다시 말하면 피기망자가 자신의 작위 또는 부작위에 따른 결과까지 인식하여야 처분의사를 인정할 수 있는 것은 아니다. 이른바 '서명사취' 사기는 기망행위에 의해 유발된 착오로 인하여 피기망자가 내심의 의사와 다른 처분문서에 서명 또는 날인함으로써 재산상 손해를 초래한 경우이다. 피기망자가 행위자의 기망행위로 인하여 착오에 빠진 결과 내심의 의사와 다른 효과를 발생시키는 내용의 처분문서에 서명 또는 날인함으로써

사건 기계들로 6억 원을 회수하지 못할 경우에 대비하여 피고인에게 다시 담보의 제공을 요구하여, 이에 피고인이 2006.8.10. 김해시 한림면 공장건물 및 그 부지에 관하여 피해자 주식회사에 가등기를 마쳐주었다는 것이고, 기록에 의하면, 피고인은 위와 같이 대물변제계약을 체결한 이후 피해자 주식회사 또는 피해자 주식회사의 실질적 사주인 공소외인에게 2006.7.21.부터 같은 해 10.10.까지 합계 2억 4,490만 원을 지급하였는데, 피해자 주식회사는 위와 같이 지급받은 돈 중 112,144,000원으로 위 6억 원의 차용원리금채무 중 일부에 변제충당한 사실을 인정할 수 있다. 위 인정 사실에 의하면, 피고인과 피해자 주식회사 사이에 기존의 6억 원 차용금채무의 이행에 갈음하여 이 사건 기계들을 양도함으로써 위 차용금채무를 확정적으로 면제 내지 소멸시키기로 하는 약정 내지 처분행위가 있었다고 단정할 수는 없다.

해결 : 구성하지 않는다.

처분문서의 내용에 따른 재산상 손해가 초래되었다면 그와 같은 처분문서에 서명 또는 날인을 한 피기망자의 행위는 사기죄에서 말하는 처분행위에 해당한다. 아울러 비록 피기망자가 처분결과, 즉 문서의 구체적 내용과 법적 효과를 미처 인식하지 못하였더라도, 어떤 문서에 스스로 서명 또는 날인함으로써 처분문서에 서명 또는 날인하는 행위에 관한 인식이 있었던 이상 피기망자의 처분의사 역시 인정된다.[150]

[경찰간부 18 / 법원9급 18 / 법원행시 18]

> **보충** A는 토지의 소유자이자 매도인인 甲 등에게 토지거래허가 등에 필요한 서류라고 속여 근저당권설정계약서 등에 서명·날인하게 하고 인감증명서를 교부받은 다음, 이를 이용하여 甲 등의 소유 토지에 A를 채무자로 한 근저당권을 乙 등에게 설정하여 주고 돈을 차용하였다. 甲 등은 피고인(A) 등의 기망행위로 착오에 빠진 결과 토지거래허가 등에 필요한 서류로 잘못 알고 처분문서인 근저당권설정계약서 등에 서명 또는 날인함으로써 재산상 손해를 초래하는 행위를 하였으므로, 甲 등의 행위는 사기죄에서 말하는 처분행위에 해당하고, 甲 등이 비록 자신들이 서명 또는 날인하는 문서의 정확한 내용과 문서의 작성행위가 어떤 결과를 초래하는지를 미처 인식하지 못하였더라도 토지거래허가 등에 관한 서류로 알고 그와 다른 근저당권설정계약에 관한 내용이 기재되어 있는 문서에 스스로 서명 또는 날인함으로써 그 문서에 서명 또는 날인하는 행위에 관한 인식이 있었던 이상 처분의사도 인정된다.

> **판례연구** **사기죄의 인과관계 인정 판례**
>
> 대법원 2009.6.23, 2008도1697
> 피기망자 측의 과실이 있는 경우에도 인과관계가 인정된다는 사례
> 사기죄가 성립하기 위해서는 기망행위와 상대방의 착오 및 재물의 교부 또는 재산상의 이익의 공여와의 사이에 순차적인 인과관계가 있어야 하지만, 착오에 빠진 원인 중에 피기망자 측에 과실이 있는 경우에도 사기죄가 성립한다.[151] [사시 11·13]

> **판례연구** **사기죄의 인과관계 부정 판례**
>
> **1** 대법원 2011.2.24, 2010도17512
> 피고인이 남편의 폭행으로 목을 다쳤을 뿐인데도 교통사고로 상해를 입었다는 취지로 보험금을 청구하여 다수의 보험회사들로부터 보험금을 받은 사건
> 사기죄는 타인을 기망하여 착오에 빠뜨리고 처분행위를 유발하여 재물을 교부받거나 재산상 이익을

---

150 **판례** : 처분행위에 관하여 종래 대법원은 주관적으로 피기망자에게 처분의사, 즉 처분결과에 대한 인식이 있고, 객관적으로 이러한 의사에 지배된 행위가 있어야 한다고 판시하여 왔다(대법원 1987.10.26, 87도1042 등). 이에 따르면 피해자가 기망을 당하여 자신에게 재산상 손해를 초래하는 행위를 하였다고 하더라도 그로써 생겨나는 결과에 대한 인식이 없으면 처분행위가 인정될 수 없기 때문에 사기죄는 성립하지 않는다. 그러나 사기죄는 본래 행위자가 기망행위를 수단으로 피기망자를 착오에 빠뜨려 피기망자로 하여금 자신의 행위가 어떤 결과를 가져올지 잘 모르는 상태에서 처분행위를 하도록 만드는 범죄이다. 피기망자가 자신의 행위가 가져올 결과를 정확하게 인식하였다면 그것은 결국 기망을 당하지 않았거나 기망행위로 착오에 빠지지 않았다는 것을 의미하므로 사기죄가 성립할 수 없다. 따라서 처분결과에 대한 피기망자의 인식이 있어야 처분의사를 인정할 수 있다는 종전의 견해는 재검토할 필요가 있다. … 사기죄에서 말하는 처분행위가 인정되려면 피기망자에게 처분결과에 대한 인식이 있어야 한다고 판시한 대법원 1987.10.26, 선고 87도1042 판결, 대법원 1999.7.9, 선고 99도1326 판결, 대법원 2011.4.14, 선고 2011도769 판결 등은 이 판결과 배치되는 범위에서 이를 변경하기로 한다(대법원 2017.2.16, 2016도13362 전원합의체).

151 **판례** : 대부업자가 새마을금고와 제3자에 대한 차량담보대출채권을 담보로 제공하고 개개 자동차담보채권액만큼 대출받는 것을 내용으로 하는 '대출채권담보대출 중개운용에 관한 업무협약 및 채권담보계약'을 체결하였음에도, 계약 취지와 달리 대출금을 기존 채무의 변제에 사용하고 새마을금고의 허락 없이 임의로 차량에 설정된 근저당권을 해제하는 등 새마을금고에 대한 채무변제를 성실히 이행하지 않은 경우, 위 대부업자가 대출 당시 대출금채무를 변제할 의사나 능력이 없음에도 있는 것처럼 새마을금고를 기망하여 이에 속은 새마을금고로부터 대출금을 편취하였고 그 편취의 고의도 인정되므로, 위 대출이 새마을금고의 재무상태 등에 대한 실사를 거쳐 실행됨으로써 새마을금고가 위 대출이 가능하다는 착오에 빠지는 원인 중에 새마을금고 측의 과실이 있더라도 사기죄의 성립이 인정된다(대법원 2009.6.23, 2008도1697). [사시 11]

얻음으로써 성립하는 것으로서, 기망, 착오, 재산적 처분행위 사이에 인과관계가 있어야 한다. 피고인이 남편의 폭행으로 목을 다쳤을 뿐인데도 교통사고로 상해를 입었다는 취지로 보험금을 청구하여 다수의 보험회사들로부터 보험금을 교부받아 편취하였다는 내용으로 기소된 경우, 피고인이 위와 같이 상해를 입고 수술을 받았으나 후유장해가 남은 것은 사실이고 이는 일반재해에 해당되므로, 피고인의 교통재해를 이유로 한 보험금청구가 보험회사에 대한 기망에 해당할 수 있으려면 각 보험약관상 교통재해만이 보험사고로 규정되어 있을 뿐 일반재해는 보험사고로 규정되어 있지 않거나 교통재해의 보험금이 일반재해의 보험금보다 다액으로 규정되어 있는 경우에 해당하여야 한다. 따라서 피고인이 가입한 각 보험의 보험사고가 무엇인지 및 각 보험회사들이 보험금을 지급한 것이 피고인의 기망으로 인한 것인지 등에 대하여 상세히 심리·판단하지 아니한 채 피고인의 보험금청구가 기망행위에 해당한다거나 인과관계가 있다고 쉽사리 단정할 수 없다.

2 대법원 2011.10.13, 2011도8829
피해자의 재산적 처분행위 또는 이를 유발한 피고인의 행위가 피고인이 도모하는 사업의 성패 내지 성과와 밀접하게 관련된 경우, 사기죄 성립 여부에 관한 판단 방법
피해자의 재산적 처분행위나 이러한 재산적 처분행위를 유발한 피고인의 행위가 피고인이 도모하는 어떠한 사업의 성패 내지 성과와 밀접한 관련 아래 이루어진 경우에는, 단순히 피고인의 재력이나 신용상태 등을 토대로 기망행위나 인과관계 존부를 판단할 수는 없고, 피해자와 피고인의 관계, 당해 사업에 대한 피해자의 인식 및 관여 정도, 피해자가 당해 사업과 관련하여 재산적 처분행위를 하게 된 구체적 경위, 당해 사업의 성공가능성, 피해자의 경험과 직업 등의 사정을 모두 종합하여 일반적·객관적으로 판단하여야 한다.[152] [법원행시 18]

3 대법원 2016.7.14, 2015도20233
임대주택건설자금 대출을 신청하면서 아파트 부지의 매매가격을 부풀린 매매계약서 등을 제출한 사건
甲 회사가 시행하고 乙 회사가 시공하는 아파트 중 임대아파트 부분의 신축과 관련하여 甲 주식회사의 실질적 운영자이자 乙 주식회사의 대표이사인 A는 戊 은행에 임대주택건설자금 대출을 신청하면서 아파트 부지의 매매가격을 부풀린 매매계약서 등을 제출하였다. 戊 은행은 '호당 대출금액'과 임대아파트 세대수를 기준 삼아 전체 대출금액을 정하였고, '호당 대출금액'은 '호당 주택가격', 즉 '호당 부지가격'과 '호당 건물가격'을 기초로 산정되는데, '호당 건물가격'은 戊 은행이 정한 표준건축비 단가를 적용하여 산정되므로 아파트 부지의 가치와는 무관하고 허위 매매계약서 등에 의하여 영향을 받을 수 있는 부분은 '호당 부지가격'뿐이며, '호당 부지가격'은 戊 은행이 정한 '사정가격'에 의하여 정해지는데, 戊 은행은 별도의 감정평가법인이 정한 감정평가액을 기초로 '사정가격'을 결정하였고, 감정평가액이 피고인들의 행위로 부당하게 높게 산정되었다는 점에 대한 증명이 부족하여 戊 은행이 담보가치 평가를 그르쳐 적정 담보가치를 반영하지 못한 '사정가격'을 결정하였다고 단정하기 어려우므로, 피고인들이 아파트 부지의 매매가격을 부풀린 매매계약서 등을 제출한 행위와 戊 은행의 대출 사이에는 인과관계가 존재한다고 보기 어렵다.

보충 착오 자체가 존재하지 않는다고 볼 수도 있는 사례이다.

---

152 **사실관계 및 판결이유** : 甲 주식회사 운영자인 피고인이 회사 운영이 어려워 돈을 차용하거나 투자를 받더라도 갚을 의사나 능력이 없는데도 피해자들을 기망하여 회사 운영자금 명목으로 돈을 차용하여 편취하였다는 내용으로 기소된 사안에서, 피해자들은 부동산 중개업자 또는 은행지점장 출신으로 甲 회사에서 부사장으로 행세하거나 자금담당 상무로 근무하면서 자금조달 및 투자유치 등의 업무를 직접 수행하여 왔으므로 그 과정에서 甲 회사나 피고인이 타인으로부터 투자금을 조달하지 않는 한 자력으로는 대여금을 변제할 만한 능력이 없다는 것을 충분히 알게 되었으리라고 보이는 점, 자금담당 상무로 근무하던 피해자가 임원진 선임을 둘러싼 의견대립으로 고용계약을 해지하면서 甲 회사의 자금조달에 문제가 생겼고, 피해자들로부터 차용한 돈은 甲 회사의 운영경비 등으로 사용된 점 등 피해자들의 경험과 직업, 피해자들이 甲 회사에 대여한 자금의 용도 등 제반 사정을 종합할 때, 피고인이 피해자들을

기망수단으로서 변조 또는 위조한 차용증서 등을 제시하여 (그 과정에서 일부 진정한 금전 소비대차관계가
성립되어 피해자가 그 차용인들로부터 일부를 회수하였다) 금전을 차용한 경우 당초의 수령액 전부에 대하여
사기죄가 성립하는가, 그 수령액에서 진정하게 소비대차가 성립한 금액을 공제한 액수에 한하여 사기
죄가 성립하는가?

> 해결   기망수단으로서 변조 또는 위조한 차용증서 등을 제시하였고(그 과정에서 일부 진정한 금전 소비대차관
> 계가 성립되어 피해자가 그 차용인들로부터 일부를 회수하였다고 할지라도) 당초의 수령액 전부에 대하
> 여 사기죄가 성립하는 것이지 그 수령액에서 진정하게 소비대차가 성립한 금액을 공제한 액수에 한하여
> 사기죄가 성립하는 것은 아니다(대법원 1998.4.24, 98도248).
>
>   정답   당초의 수령액 전부에 대하여 사기죄가 성립한다.

판례연구   사기죄의 재산상 손해 발생 불요설 관련 판례

1 대법원 2005.4.29, 2002도7262

분식회계에 의한 재무제표 등으로 금융기관을 기망하여 대출을 받은 사례

사기죄는 상대방을 기망하여 하자 있는 상대방의 의사에 의하여 재물을 교부받음으로써 성립하는
것이므로 분식회계에 의한 재무제표 등으로 금융기관을 기망하여 대출을 받았다면 사기죄는 성립하고,
변제의사와 변제능력의 유무 그리고 충분한 담보가 제공되었다거나 피해자의 전체 재산상에 손해가
없고, 사후에 대출금이 상환되었다고 하더라도 사기죄의 성립에는 영향이 없다.[153] [경찰승진(경위) 11 / 법원행시
10 / 사시 10]

2 대법원 2005.9.9, 2005도3518

피고인들이 상대방 운전자의 과실에 의하여 야기된 교통사고로 일부 경미한 상해를 입었다고 하더라도,
이를 기화로 그 상해를 과장하여 병원에 장기간 입원하고, 이를 이유로 다액의 보험금을 받았다면,
그 보험금 전체에 대해 사기죄가 성립한다. [경찰간부 14 / 경찰승진 13 / 국가7급 16 / 법원9급 08 / 사시 16]

> 유사   통원치료의 경우에도 보험금 전액에 대한 사기죄가 성립한다(대법원 2021.8.12, 2020도13704).

판례연구   재산상 이익 취득 관련 판례

1 대법원 1998.12.9, 98도3282; 2009.7.23, 2009도2384

어음수표 할인에 의한 사기죄의 재산상의 이익액은 실제 수령액

수표나 어음이 지급기일에 결제되지 않으리라는 점을 예견하였거나 지급기일에 지급될 수 있다는
확신이 없으면서도 그러한 내용을 수취인에게 고지하지 아니하고 이를 속여서 할인을 받으면 사기죄가
성립한다. 어음·수표의 할인에 의한 사기죄에 있어서 피고인이 피해자로부터 수령한 현금액이 피고인
이 피해자에게 교부한 어음·수표의 액면금보다 적을 경우, 피고인이 취득한 재산상의 이익액은, (당사
자가 선이자와 비용을 공제한 현금액만을 실제로 수수하면서도 선이자와 비용을 합한 금액을 대여원금
으로 하기로 하고 대여이율을 정하는 등의 소비대차특약을 한 경우 등의 특별한 사정이 없는 한)

기망하였다거나 피고인의 기망행위로 인하여 피해자들이 착오에 빠져 어떠한 재산적 처분행위를 하였다고 보기는 어렵다(대법원
2011.10.13, 2011도8829).

153 **유사** : A회사(대표이사 甲)는 당해 회계연도의 결산이 적자인 경우 다음 해에 관급공사의 수주나 금융기관으로부터의 대출이 어렵게
되는 것을 피하기 위하여 실제로는 손실을 입었음에도 이익이 발생한 것처럼 이른바 분식결산서를 작성한 후 이를 토대로 금융기관으
로부터 대출을 받았다. 甲에게는 사기죄의 죄책이 인정된다(대법원 2000.9.8, 2000도1447).

위 어음·수표의 액면금이 아니라 피고인이 수령한 현금액이라고 할 것이다.[154]

2 대법원 2006.2.10, 2005도8995
편취금을 재투자 형식으로 다시 편취한 경우 편취액의 산정방법
재물을 편취한 후 예금계좌 등으로 그 일부를 수당 등의 명목으로 입금해 주어 피해자가 이를 '현실적으로 수령'한 다음, 일정기간 후 이를 가지고 다시 물품을 구매하는 형식으로 재투자하였다면, 이는 새로운 법익의 침해가 발생한 경우라고 할 것이어서 그 재구매 금액은 편취액에서 제외할 성질의 것이 아니다.

3 대법원 2007.3.30, 2005도5972
채무이행을 연기받을 목적으로 어음을 발행 교부한 경우 사기죄가 성립한다는 사례
채권자가 채무자로부터 정상적으로 결제될 가능성이 없는 어음(딱지어음)을 진성어음인 것처럼 교부받고 어음상의 지급기일까지 그 채권의 행사를 늦추어 준 경우, 사기죄의 성립요건인 처분행위가 채무자의 기망행위로 인하여 이루어진 것이라 볼 수 있다.

4 대법원 2007.4.26, 2007도1274; 2013.11.14, 2012도15254; 2013.11.28, 2011도7229
대한주택보증 임대보증금 사기 사건
甲은 고의부도 준비사실 등을 고지하지 아니한 채 대한주택보증 주식회사의 임대보증금 보증에 가입한 경우, 대한주택보증의 임대보증금 보증서 발급이 甲의 기망행위에 의하여 이루어졌다면, 그로써 곧 사기죄는 성립하는 것이고, 이로 인하여 취득한 재산상 이익은 대한주택보증이 보증한 임대보증금 상당액이라 할 것이다. [법원9급 17]

유사 대법원 2008.2.28, 2007도10416
신용보증기금의 신용보증서 발급이 기망행위에 의하여 이루어진 이상 그로써 곧 사기죄는 성립하고, 그로 인하여 기망행위자가 취득한 재산상 이익은 신용보증금액 상당액이다. [법원행시 11]

5 대법원 2007.7.26, 2007도3160
아파트 소유권이전등기청구권을 가압류당한 아파트 수분양권자가 가압류채권자에게 "가압류를 해제하여 주면 아파트 매도대금으로 채무를 변제하겠다." 라고 거짓말하여 이에 속은 채권자로부터 가압류 해제신청서를 받아 가압류를 해제한 후 아파트를 매도하였으면서도 위 채무를 변제하지 아니한 경우에는, 위 수분양권자로서는 가압류가 해제됨으로써 아파트 매도가 용이해져 매도대금을 수령할 수 있게 된 이익이 있으므로 가압류청구금액 상당의 재산상의 이익을 취득한 데 대한 사기죄가 성립한다.

6 대법원 2008.2.14, 2007도10658
유동적 무효인 계약의 상대방에게 매매대금을 정산해줄 것처럼 하여 근저당권을 설정하게 한 사례
사기죄는 타인을 기망하여 그로 인한 하자있는 의사에 기하여 재물을 교부받거나 재산상 이익을 취득함으로써 성립되는 범죄인만큼, 설사 피고인과 피해자들 사이의 매매계약이 토지거래허가를 받지

---

154 유사 : 甲은 항만의 선박에 유류를 공급하는 회사를 운영하면서 외국 국적선에 공급하는 유류의 종류나 양을 허위로 기재한 서류를 작성, 제출하고 정유회사로부터 해상면세유를 매입함으로써 A정유회사로부터 해당 부분 유류, 즉 재물을 편취함으로써 특정법 위반죄(사기)를 범했다. 그렇다면 이 경우 이득액은 편취한 유류의 가액의 합계인가, 아니면 위 유류를 타에 처분함으로써 얻은 이윤인가? → 특정경제범죄 가중처벌 등에 관한 법률(이하 '특경법') 제3조 제1항의 이득액은 거기에 열거된 범죄행위로 인하여 취득하거나 제3자로 하여금 취득하게 한 불법영득의 대상이 된 재물이나 재산상 이익의 가액의 합계이고, 궁극적으로 그와 같은 이득을 실현할 것인지 여부는 영향이 없다고 할 것인바, 이득액은 편취한 유류의 가액의 합계라고 보아야 할 것이므로, 위와 같이 편취한 유류를 타에 처분함으로써 얻은 이윤을 특경법 제3조 제1항 소정의 이득액으로 보아야 한다는 취지의 주장은 이유 없다(대법원 2006.3.10, 2005도9387).

아니하여 유동적 무효의 상태에 있었다 하더라도, 피고인이 대출금 및 매매대금을 정산해 줄 것처럼 피해자를 기망하여 그로 하여금 근저당권을 설정하게 함으로써 재산상의 이익을 취득한 이상 피고인으로서는 사기죄의 죄책을 면할 수 없다. [사시 10]

7 대법원 2012.4.13, 2012도216
위임받은 범위를 초과한 대출의 편취액
자금중개업자인 피고인이 대출의뢰인 甲에게서 일정 금액을 대출해 달라는 부탁을 받았음에도 위임받은 범위를 초과한 금액의 대출의뢰를 받은 것처럼 사채업자 乙을 속여 돈을 대출받아 편취하였다고 하여 특경법 위반(사기)으로 기소된 경우, 피고인이 乙로부터 교부받은 돈 전부를 편취액으로 인정한 것은 정당하다.

판례연구　　**사기죄의 실행의 착수를 부정한 판례**

1 대법원 2003.6.13, 2003도1279
장애인단체 보조금 정산보고서를 허위로 제출한 것만으로 실행착수 부정
보조금 정산보고서는 참고자료에 불과하므로 허위의 정산보고서를 제출한 것만으로는 다음 해의 보조금 편취의 실현에 이르는 현실적 위험성을 포함하는 행위를 개시한 것이라고 볼 수 없어 기망의 실행의 착수가 있다고 보기 어렵다.

> 유사 대법원 1999.3.12, 98도3443
> 태풍 피해복구보조금 지원절차가 행정당국에 의한 실사를 거쳐 피해자로 확인된 경우에 한하여 보조금 지원신청을 할 수 있도록 되어 있는 경우, 피해신고는 국가가 보조금의 지원 여부 및 정도를 결정함에 있어 그 직권조사를 개시하기 위한 참고자료에 불과하다는 이유로 허위의 피해신고만으로는 위 보조금 편취범행의 실행에 착수한 것이라고 볼 수 없다. [법원9급 20 / 법원승진 14]

> 유사 대법원 2016.12.29, 2015도3394
> 어린이집 회계보고에 허위가 개입되었다 하여 사기에 해당하지 않는다는 사례
> 어린이집 운영자가 어린이집의 운영과 관련하여 허위로 지출을 증액한 내용으로 '재무회계규칙에 의한 회계'를 하고 그 결과를 보고하여 기본보육료를 지급받았더라도 그와 같이 회계보고에 허위가 개입되어 있다는 사정은 기본보육료의 지급에 관한 의사결정에 영향을 미쳤다고 볼 수 없으므로, 이를 들어 구 영유아보육법 제54조 제2항의 '거짓이나 그 밖의 부정한 방법으로 보조금을 교부받은 경우'에 해당한다고 볼 수 없고, 이와 같은 행위가 형법 제347조 제1항에 정한 사기죄에 해당한다고 볼 수도 없다.

2 대법원 2013.11.14, 2013도7494
피보험자 가장 보험계약 체결만으로는 보험사기의 실행착수 부정
타인의 사망을 보험사고로 하는 생명보험계약을 체결함에 있어 제3자가 피보험자인 것처럼 가장하여 체결하는 등으로 그 유효 요건이 갖추어지지 못한 경우에도, 그 보험계약 체결 당시에 이미 보험사고가 발생하였음에도 이를 숨겼다거나 보험사고의 구체적 발생 가능성을 예견할 만한 사정을 인식하고 있었던 경우 또는 고의로 보험사고를 일으키려는 의도를 가지고 보험계약을 체결한 경우와 같이 보험사고의 우연성과 같은 보험의 본질을 해칠 정도라고 볼 수 있는 특별한 사정이 없는 한, 그와 같이 하자 있는 보험계약을 체결한 행위만으로는 미필적으로라도 보험금을 편취하려는 의사에 의한 기망행위의 실행에 착수한 것으로 볼 것은 아니다(대법원 2012.11.15, 2010도6910 참조). 그러므로 그와 같이 기망행위의 실행의 착수로 인정할 수 없는 경우에 피보험자 본인임을 가장하는 등으로 보험계약을

체결한 행위는 단지 장차의 보험금 편취를 위한 예비행위에 지나지 않는다 할 것이다. [법원9급 17 / 변호사시험 16]

판례연구　**사기죄의 기수 관련 판례**

1 대법원 2003.5.16, 2001도1825
주문에 따라 제작된 (백두산 미륵불상 건립사업 홍보)도자기가 배달을 위하여 보관 중인 경우
사기죄에 있어서 '재물의 교부'란 범인의 기망에 따라 피해자가 착오로 재물에 대한 사실상의 지배를 범인에게 이전하는 것을 의미하는데, 재물의 교부가 있었다고 하기 위하여 반드시 재물의 현실의 인도가 필요한 것은 아니고, 재물이 범인의 사실상의 지배 아래에 들어가 그의 자유로운 처분이 가능한 상태에 놓인 경우에도 재물의 교부가 있었다고 보아야 한다. [경찰채용 16 1차 / 경찰승진(경위) 11 / 경찰승진(경감이하) 16] 따라서 피고인의 주문에 따라 제작된 도자기 중 실제로 배달된 것뿐만 아니라 피고인이 지정하는 장소로의 배달을 위하여 피해자가 보관중인 도자기도 피고인에게 모두 교부되었다고 판단하여 사기죄의 기수를 인정한 것은 정당하다. [경찰승진(경위) 11 / 법원9급 07(하)]

2 대법원 2003.7.25, 2003도2252
사기죄의 기수시기 : 기망을 통하여 통장으로 돈을 송금받은 때
타인의 명의를 빌려 예금계좌를 개설한 후, 통장과 도장은 명의인에게 보관시키고 자신은 위 계좌의 현금인출카드를 소지한 채, 명의인을 기망하여 위 예금계좌로 돈을 송금하게 한 경우, 자신은 통장의 현금인출카드를 소지하고 있으면서 언제든지 카드를 이용하여 차명계좌 통장으로부터 금원을 인출할 수 있었고, 명의인을 기망하여 위 통장으로 돈을 송금받은 이상, 이로써 송금받은 돈을 자신의 지배하에 두게 되어 편취행위는 기수에 이르렀다고 할 것이고, 이후 편취금을 인출하지 않고 있던 중 명의인이 이를 인출하여 갔다 하더라도 이는 범죄성립 후의 사정일 뿐 사기죄의 성립에 영향이 없다. [국가9급 21 / 법원9급 11 / 법원행시 05]

3 대법원 2003.12.26, 2003도4914
수표를 스스로 교부하고서도 제권판결을 받고 그 판결을 제출하여 은행으로부터 수표금 상당액을 수령한 경우 사기죄의 기수시기 : 제권판결을 선고받아 확정된 때
수표를 스스로 교부하고서도 공시최고 신청을 하여 제권판결을 선고받아 확정되었다면 그 제권판결의 적극적 효력에 의하여 피고인은 수표상 채무자인 은행에 대하여 수표를 소지하지 않고도 수표상의 권리를 행사할 수 있는 지위를 취득하였다고 할 것이므로, 이로써 사기죄에 있어서의 재산상 이익을 취득한 것으로 보기에 충분하다.[155] [경찰승진(경장) 10 / 국가7급 12 · 13 / 법원행시 08 · 09]

4 대법원 2015.11.26, 2015도3012
이미 취득한 재물 또는 재산상 이득을 사후에 반환하거나 변상하였더라도 사기죄는 성립한다.

5 대법원 2019.4.3, 2014도2754
보험사기의 기수시기
보험계약자가 고지의무를 위반하여 보험회사와 보험계약을 체결한다 하더라도 그 보험금은 보험계약

---

155 **비교** : 대여금 채권자인 A는 채무자 B에 대하여 승소확정판결을 받은 후 대여금 전액을 변제받고서도 위 판결정본으로 집행관으로 하여금 채무자 소유의 동산에 압류집행을 하게 하였다. 대여금 채권자가 채무자에 대하여 승소확정판결을 받은 대여원리금채권을 그 판결확정 후에 전액을 변제받고서도 형식상 적법한 채무명의인 판결정본을 그대로 소지하고 있음을 이용하여 위 판결정본에 기한 채권이 존재함을 내세워 집행관으로 하여금 그 집행절차를 수임하게 하여 위 채무자 소유의 동산에 압류집행을 하도록 하였다면 채권자의 위 소위는 사기미수에 해당한다(대법원 1988.4.12, 87도2394). [법원행시 05]

의 체결만으로 지급되는 것이 아니라 보험계약에서 정한 우연한 사고가 발생하여야만 지급되는 것이다. …… 피고인이 위와 같은 고의의 기망행위로 보험계약을 체결하고 위 보험사고가 발생하였다는 이유로 보험회사에 보험금을 청구하여 보험금을 지급받았을 때 사기죄는 기수에 이른다.

판례연구 **사기죄의 고의·영득의사 긍정 판례**

1 대법원 2005.4.29, 2005도741
무리하게 쇼핑몰 상가분양을 강행한 경우
쇼핑몰 상가 분양사업을 계획하면서 사채와 분양대금만으로 사업부지 매입 및 공사대금을 충당할수 있다는 막연한 구상 외에 체계적인 사업계획 없이 무리하게 쇼핑몰 상가 분양을 강행한 경우 편취의 고의를 인정할 수 있다. [경찰승진(경위) 10 / 국가7급 12]

2 대법원 2005.8.19, 2004도6859
이미 과다한 부채의 누적이 있는데도 신용카드를 사용한 경우
카드회원이 일시적인 자금궁색 등의 이유로 그 채무를 일시적으로 이행하지 못하게 되는 상황이아니라 이미 과다한 부채의 누적 등으로 신용카드 사용으로 인한 대출금채무를 변제할 의사나 능력이없는 상황에 처하였음에도 불구하고 신용카드를 사용하였다면 사기죄에 있어서 기망행위 내지 편취의 고의를 인정할 수 있다. [국가9급 11 / 법원9급 13 / 법원행시 07·14]

3 대법원 2006.3.24, 2006도282; 2004.5.28, 2004도1465
시세조종된 주식을 담보로 제공한 사례
시세조종된 주식임을 잘 알면서도 이를 숨긴 채 담보로 제공하였다면 대출받을 당시 담보가치가 충분히있었다고 하더라도 편취의 고의가 인정된다. [경찰승진(경위) 10]

4 대법원 2007.4.27, 2006도7634
대출조건·용도가 한정된 정책자금을 실제보다 부풀려 대출받은 사례
농어촌구조개선 특별회계기금을 재원으로 하여 임업후계자육성을 위해 이루어지는 정책자금대출로서 그 대출의 조건 및 용도가 임야매수자금으로 한정되어 있는 정책자금을 대출받음에 있어 임야매수자금을 실제보다 부풀린 허위의 계약서를 제출함으로써 대출취급기관을 기망하였다면, 대출받을 자금을 상환할 의사와 능력이 있었는지 여부를 불문하고 편취의 고의가 인정된다. [법원행시 11]]

5 대법원 2007.11.29, 2007도8549
파산신청 2년 전부터 40여 일 전까지 돈을 빌린 사례
개인파산·면책제도를 통하여 면책을 받은 채무자에 대한 차용금 사기죄의 인정 여부는 그 사기로 인한 손해배상채무가 면책대상에서 제외되어 경제적 회생을 도모하려는 채무자의 의지를 꺾는 결과가 될 수 있다는 점을 감안하여 보다 신중한 판단을 요하지만, 차용금 사기죄로 기소된 자가 파산신청을 하여 면책허가결정이 확정된 경우, 파산신청 2년 전부터 불과 40여 일 전까지 여러 사람들로부터 돈을 빌려서 채무변제와 생활비 등으로 사용한 것은 사기죄를 구성한다.

비교 개인파산·면책제도를 통하여 면책을 받은 채무자에 대한 차용금 사기죄의 심리방법
차용인이 대여인으로부터 관광버스 구입자금을 차용한 후 계속된 사업실패로 파산신청을 하여 면책허가결정이 확정되자 대여인이 차용금 사기죄로 고소한 사안에서, 차용 당시 차용인에게 편취의 고의가있었다고 볼 수 없다고 한 사례도 있다(대법원 2008.2.14, 2007도10770).

6 대법원 2013.9.26, 2013도3631
투자금 편취에 의한 사기죄에 있어서 원금반환약정과 편취의 고의 유무 판단의 기준시점
투자금의 편취에 의한 사기죄의 성립 여부에 있어 투자약정 당시 투자받은 사람이 투자자로부터
투자금을 지급받아 투자자에게 설명한 투자사업에 사용하더라도 일정 기간 내에 원금을 반환할 의사
나 능력이 없음에도 마치 일정 기간 내에 투자자에게 원금을 반환할 것처럼 거짓말을 한 경우에는
투자자가 원금반환 약정을 전적으로 믿고 투자를 한 경우라면 사기죄의 요건으로서 기망행위에 해당
할 수 있고, 이때 투자금 약정 당시를 기준으로 피해자로부터 투자금을 편취할 고의가 있었는지 여부를
판단하여야 할 것이다.

7 대법원 2018.8.1, 2017도20682
금전대차관계의 채무불이행과 편취의 고의 판단
① 민사상 금전대차관계에서 채무불이행 사실을 가지고 바로 차용금 편취의 고의를 인정할 수는 없으나
② 피고인이 확실한 변제의 의사가 없거나 또는 차용 시 약속한 변제기일 내에 변제할 능력이 없는데도
변제할 것처럼 가장하여 금원을 차용한 경우에는 편취의 고의를 인정할 수 있다.

> **보충** A는 甲 저축은행에 대출을 신청하여 심사를 받을 당시 동시에 다른 저축은행에 대출을 신청한 상태였는데
> 도 甲 저축은행으로부터 다른 금융회사에 동시에 진행 중인 대출이 있는지에 대하여 질문을 받자
> '없다'고 답변하였고, 甲 저축은행으로부터 대출을 받은 지 약 6개월 후에 신용회복위원회에 대출
> 이후 증가한 채무를 포함하여 프리워크아웃을 신청하였다. A의 행위는 사기죄를 구성한다.

8 대법원 2021.9.9, 2021도8468
대학 교수의 국가연구개발사업의 연구비 편취 사건
① 국가연구개발사업에서 연구책임자인 교수가 처음부터 소속 학생연구원들에 대한 개별지급의사 없이
공동관리계좌를 관리하면서 이를 숨기고 산학협력단에 연구비를 신청하여 이를 지급받은 경우 산학협
력단에 대한 관계에서 부작위에 의한 기망행위에 해당한다. ② 다만 연구책임자가 원래 용도에 부합하
게 학생연구원들의 사실상 처분권 귀속 하에 학생연구원들의 공동비용 충당 등을 위하여 학생연구원들의
자발적인 의사에 근거하여 공동관리계좌를 조성하고 실제로 그와 같이 운용한 경우라면, 비록 공동관
리계좌의 조성 및 운영이 관련 법령이나 규정 등에 위반되더라도 그러한 사정만으로 불법영득의사가
추단되어 사기죄가 성립한다고 단정할 수 없다. …… 국가연구개발사업 연구책임자인 의과대학교수가
학생연구원들의 연구비를 처음부터 실질적으로 자신이 관리하는 공동관리계좌에 귀속시킬 의도로
산학협력단으로부터 학생연구비를 지급받아 개인적인 용도 등으로 사용하였다면, 산학협력단에 대한
관계에서 부작위에 의한 기망행위 및 불법영득의사가 모두 인정되어 사기죄가 성립된다.

판례연구 **사기죄의 고의·영득의사 부정 판례**

1 대법원 2007.4.13, 2005도4222
법률문외한인 자가 동일한 채권에 기해 거듭 배당을 요구하여 배당을 받은 사례
법률문외한(法律門外漢)인 자가 두 개의 각 근저당권의 피담보채권이 별개의 것이라고 여긴 끝에 실질적
으로는 동일한 그 각 피담보채권에 관하여 각각 배당을 요구하여 배당받았다는 것만으로는 법원을
기망하여 재물을 편취할 고의가 있었다고 단정하기 어렵다.

2 대법원 2008.9.25, 2008도5618
분양대금 편취에 의한 사기죄와 관련하여 편취 고의의 판단 시점을 건별로 판단해야 한다고 본 사례
사기죄의 성립 여부는 그 행위 당시를 기준으로 판단하여야 하고, 그 행위 이후의 경제사정의 변화 등으로

인하여 피고인이 채무불이행 상태에 이르게 된다고 하여 이를 사기죄로 처벌할 수는 없다. 따라서 이른바 분양대금 편취에 의한 사기죄의 성립 여부를 판단할 때에도 분양계약을 체결할 당시 또는 그 분양대금을 수령할 당시에 피고인에게 그 편취의 고의가 있었는지 여부, 즉 그 당시에 분양목적물에 관하여 분양계약을 체결하고 그 분양대금을 수령하더라도 수분양자에게 해당 목적물을 분양해 주는 것이 불가능하게 될 가능성을 인식하고 이를 용인한 채 그러한 행위를 한 것인지 여부를 기준으로 판단하여야 한다. 따라서 각 전전대분양계약에 관하여 각 사기죄 상호 간에 실체적 경합범 관계에 있다면, 피고인에게 편취의 고의가 인정되는지 여부도 이 사건 각 전전대분양계약마다 개별적, 구체적으로 판단하여야 할 것이다. [법원행시 18]

3 대법원 2012.11.15, 2010도6910; 2017.4.26, 2017도1405
피보험자의 과거 항암치료 전력을 고지하지 않은 종신보험계약 체결 사례
보험계약자가 상법상 고지의무를 위반하여 보험자와 생명보험계약을 체결한다고 하더라도 그 보험금은 보험계약의 체결만으로 지급되는 것이 아니라 우연한 사고가 발생하여야만 지급되는 것이므로, 상법상 고지의무를 위반하여 보험계약을 체결하였다는 사정만으로 보험계약자에게 미필적으로나마 보험금 편취를 위한 고의의 기망행위가 있었다고 단정하여서는 아니 되고, 더 나아가 보험사고가 이미 발생하였음에도 이를 묵비한 채 보험계약을 체결하거나 보험사고 발생의 개연성이 농후함을 인식하면서도 보험계약을 체결하는 경우 또는 보험사고를 임의로 조작하려는 의도를 갖고 보험계약을 체결하는 경우와 같이 그 행위가 '보험사고의 우연성'과 같은 보험의 본질을 해할 정도에 이르러야 비로소 보험금 편취를 위한 고의의 기망행위를 인정할 수 있다고 할 것이다.

4 대법원 2016.4.2, 2012도14516
대주가 차주의 장래의 변제 지체 또는 변제불능 위험을 예상하거나 충분히 예상할 수 있는 사례
사기죄가 성립하는지 여부는 그 행위 당시를 기준으로 판단하여야 하므로, 소비대차 거래에서 차주가 돈을 빌릴 당시에는 변제할 의사와 능력을 가지고 있었다면 비록 그 후에 변제하지 않고 있다 하더라도 이는 민사상의 채무불이행에 불과하며 형사상 사기죄가 성립하지는 아니한다. 따라서 소비대차 거래에서, 대주(貸主)와 차주(借主) 사이의 친척·친지와 같은 인적 관계 및 계속적인 거래 관계 등에 의하여 대주가 차주의 신용 상태를 인식하고 있어 장래의 변제 지체 또는 변제불능에 대한 위험을 예상하고 있었거나 충분히 예상할 수 있는 경우에는, 차주가 차용 당시 구체적인 변제의사, 변제능력, 차용 조건 등과 관련하여 소비대차 여부를 결정지을 수 있는 중요한 사항에 관하여 허위 사실을 말하였다는 등의 다른 사정이 없다면, 차주가 그 후 제대로 변제하지 못하였다는 사실만을 가지고 변제능력에 관하여 대주를 기망하였다거나 차주에게 편취의 고의가 있었다고 단정할 수 없다.

5 대법원 2001.3.27, 2001도202; 2016.6.9, 2015도18555; 2017.1.25, 2016도18432
채무불이행을 피할 수 있다고 믿었고 노력할 의사가 있는 경우 사기의 고의를 부정한 사례
사업의 수행과정에서 이루어진 거래에서 기업경영자가 파산에 의한 채무불이행의 가능성을 인식할 수 있었으나 그러한 사태를 피할 수 있는 가능성이 있다고 믿었고, 계약이행을 위해 노력할 의사가 있었을 경우, 사기죄의 고의가 있었다고 단정할 수 없다.

대법원 2009.1.30, 2008도9985[156]; 2012.5.24, 2011도15639
기망행위를 통해 제3자에게 재물을 교부받게 한 경우 사기죄가 성립하기 위한 요건
범인이 기망행위에 의해 스스로 재물을 취득하지 않고 제3자로 하여금 재물의 교부를 받게 한 경우에 사기죄가 성립하려면, 그 제3자가 범인과 사이에 사정을 모르는 도구 또는 범인의 이익을 위해 행동하는 대리인의 관계에 있거나, 그렇지 않다면 적어도 불법영득의사와의 관련상 범인에게 그 제3자로 하여금 재물을 취득하게 할 의사가 있어야 할 것인바, 위와 같은 의사는 반드시 적극적 의욕이나 확정적 인식이 어야 하는 것은 아니고 미필적 인식이 있으면 충분하며, 그 의사가 있는지 여부는 범인과 그 제3자 및 피해자 사이의 관계, 기망행위 혹은 편취행위의 동기, 경위와 수단·방법, 그 행위의 내용과 태양 및 당시의 거래관행 등 여러 사정을 종합하여 사회통념에 비추어 합리적으로 판단하여야 한다. 한편, 재물편취를 내용으로 하는 사기죄에 있어서는 기망으로 인한 재물교부가 있으면 그 자체로써 피해자 의 재산침해가 되어 곧 사기죄는 성립하는 것이고, 그로 인한 이익이 결과적으로 누구에게 귀속하는지는 사기죄의 성부에 아무런 영향이 없다. [국가7급 16 / 사시 11]

1 대법원 2003.6.13, 2002도6410
특정 일자에 업무상 재해를 입지 않은 자의 산재보상급여 신청 사례
산업재해보상 보험급여를 지급받을 수 있는 지위에 있었다고 하더라도 특정 일자에 업무상 재해를 입은 사실이 전혀 없음에도 불구하고, 허위내용의 목격자진술서를 첨부하는 등의 부정한 방법으로 요양 신청을 하여 산업재해보상 보험급여를 지급받았다면, 이러한 행위는 그 자체로 이미 사회통념상 권리행사의 수단으로 용인할 수 없다.

2 대법원 2003.12.26, 2003도4914
자기앞수표를 갈취당한 자가 분실신고를 하여 제권판결을 받아낸 사례
자기앞수표를 갈취당한 자라 하더라도 자기 권리 실현의 수단으로서 이를 분실하였다고 허위로 공시최 고신청을 하여 제권판결을 선고받은 것은 그 수표를 갈취하여 소지하고 있는 자에 대해 사기죄가 성립된 다. [경찰승진(경장) 10·11 / 법원행시 08·09 / 법원9급 06]

3 대법원 2009.5.28, 2008도4665
입원 권유 및 퇴원 만류 등의 방법으로 장기간의 입원을 시켜 과다한 요양급여비를 청구한 사례
보험금을 지급받을 수 있는 사유가 있다 하더라도 이를 기화로 실제 지급받을 수 있는 보험금보다 다액의 보험금을 편취할 의사로 장기간의 입원 등을 통하여 과다한 보험금을 지급받는 경우에는 지급 받은 보험금 전체에 대하여 사기죄가 성립하므로, 환자들의 건강상태에 맞게 적정한 진료행위를 하지 않은 채 입원의 필요성이 적은 환자들에게까지 입원을 권유하고 퇴원을 만류하는 등으로 장기간의 입원을 유도하여 국민건강보험공단에 과다한 요양급여비를 청구한 행위는 사회통념상 권리행사의 수단으로 용인할 수 없는 것이어서, 비록 그중 일부 기간에 대하여 실제 입원치료가 필요하였다고 하더라도 그 부분을 포함한 당해 입원기간의 요양급여비 전체에 대하여 사기죄가 성립한다. [경찰승진(경장) 10 / 경찰승진(경감) 10 / 법원승진 10 / 사시 12·13]

---

156 **사실관계** : 甲이 乙에게 이중매도한 택지분양권을 순차 매수한 丙·丁에게 이중매도 사실을 숨긴 채 자신의 명의로 형식적인 매매계약서 를 작성해 주면서 甲이 직접 매매대금을 수령하지 않은 경우, 甲은 丙·丁에 대한 사기죄가 성립하는가? → 성립한다. [사시 11]

4 대법원 2009.7.9, 2009도295

근저당권자의 대리인의 위임 없는 경매개시결정 정본 수령 사례

근저당권자의 대리인인 피고인이 채무자 겸 소유자인 피해자를 대리하여 경매개시결정 정본을 받을 권한이 없음에도, 경매개시결정 정본 등 서류의 수령을 피고인에게 위임한다는 내용의 피해자 명의의 위임장을 위조하여 법원에 제출하는 방법으로 경매개시결정 정본을 교부받은 경우, 위 행위는 사회통념상 도저히 용인될 수 없으므로 비록 근저당권이 유효하다고 하더라도 사기죄의 기망행위에 해당한다고 해야 한다.[157] [법원행시 10·18 / 법원승진 10]

5 대법원 2011.3.10, 2010도14856

부동산 소유권이전등기절차 이행을 구하는 소를 제기하여 동시이행 조건 없이 이행을 명하는 승소확정판결을 받은 자가 매매잔금을 공탁해 줄 것처럼 거짓말을 하여 소유권을 이전받은 사례

피고인이 피해자에 대하여 동시이행 조건 없이 이 사건 부동산에 관한 소유권이전등기절차의 이행을 명하는 승소확정판결을 받아 단독으로 이전등기를 경료할 수 있었다 하더라도, 피고인이 그 판결에 기해 이전등기를 경료하지 않고 위 판결 확정 후 피해자에게 매매잔금을 공탁해 줄 것처럼 거짓말을 하여 '이 사건 부동산에 관한 이전등기를 경료받은 후 피해자에게 매매잔금을 공탁해 주는 조건으로 이 사건 부동산의 소유권을 임의로 이전받기로' 피해자와 합의하고 그에 기해 이 사건 부동산의 소유권을 이전받은 이상, 피고인의 행위는 사회통념상 권리행사의 수단으로서 용인할 수 있는 범위를 벗어난 것으로 사기죄에 있어서의 기망행위에 해당한다고 할 것이다.

6 대법원 2011.11.24, 2010도15454

허위의 임금 지급 증빙서류를 작성·제출하여 지자체 보조금을 교부받아 취득한 사례

영농조합법인의 대표이사인 甲은 버섯재배사 신축사업 진행과 관련하여 허위의 임금 지급 증빙서류들을 작성·제출하여 지방자치단체로부터 지원되는 보조금을 교부받아 취득한 경우, 보조금을 지급받기 위해서는 실제 지출 금원의 증빙서류들을 제출해야 함에도, 실제 지급한 적이 없는 임금을 마치 정상적으로 지급한 것처럼 허위의 노무비 지급명세서 및 영수증, 입금증 등 임금 지급을 증빙하는 서류들을 작성한 다음 이를 제출함으로써 이에 속은 담당공무원으로부터 보조금을 교부받은 것은, 전체적으로 보아 사회통념상 권리행사의 수단으로서 용인할 수 있는 범위를 벗어난 것으로서 기망행위에 해당하고, 나아가 피고인들에게 편취의 고의 및 불법영득의 의사도 인정된다.

> 비교 허위의 정산보고서를 제출하여 장애인단체 보조금을 신청한 사례(대법원 2003.6.13, 2003도1279), 허위의 피해신고를 통하여 태풍 피해복구보조금 지원을 신청한 사례(대법원 1999.3.12, 98도3443), 어린이집 운영자가 허위로 지출을 증액한 내용을 보고하여 기본보육료를 지급받은 사례(대법원 2016.12.29, 2015도3394)에서는 사기죄의 성립을 부정하였다.

7 대법원 2016.10.13, 2015도11200

수급인 또는 하수급인이 시공물량을 부풀려 기성금을 청구하고 지급받은 사례

공사의 도급 또는 하도급계약에서 공사대금을 기성고 비율에 따라 산정한 기성금으로 분할 지급하기로 약정한 경우에 수급인 또는 하수급인이 시공물량을 부풀려 기성금을 청구하고 이를 지급받는 행위가 거래관계에서 신의와 성실의 의무를 저버리는 것으로서 사회통념상 권리행사의 수단으로 용인할 수 없는 정도에 이르렀다고 볼 수 있다면 사기죄로 인정할 수 있다.

---

157 **사실관계 및 결론** : 근저당권자 丙의 대리인인 甲은 채무자 겸 소유자인 乙을 대리하여 경매개시결정 정본을 받을 권한이 없음에도, 경매개시결정 정본 등 서류의 수령을 甲에게 위임한다는 내용의 乙 명의의 위임장을 위조하여 법원에 제출하는 방법으로 경매개시결정 정본을 교부받아 경매절차가 진행되도록 하였다. 다만 위 근저당권은 유효한 것이다. 甲에게는 사기미수죄의 죄책이 인정된다.

8 대법원 2017.11.9, 2016도12460

길흉화복에 관한 어떠한 결과를 약속하고 기도비를 교부받은 사례

피고인이 피해자에게 불행을 고지하거나 길흉화복에 관한 어떠한 결과를 약속하고 기도비 등의 명목으로 대가를 교부받은 경우에 전통적인 관습 또는 종교행위로서 허용될 수 있는 한계를 벗어났다면 사기죄에 해당한다.

판례연구 **용인될 수 있는 권리행사로 보아 무죄로 판시한 사례**

1 대법원 2002.2.8, 2001도6669

임차인이 임대차계약서의 임차인 명의를 자신의 처(妻)의 명의로 변경하여 배당을 요구한 사례

임대인과 임대차계약을 체결한 임차인이 임차건물에 거주하기는 하였으나 그의 처만이 전입신고를 마친 후에 경매절차에서 배당을 받기 위하여 임대차계약서상의 임차인 명의를 처로 변경하여 경매법원에 배당요구를 한 경우, 실제의 임차인이 전세계약서상의 임차인 명의를 처의 명의로 변경하지 아니하였다 하더라도 소액임대차보증금에 대한 우선변제권 행사로서 배당금을 수령할 권리가 있다 할 것이어서, 경매법원이 실제의 임차인을 처로 오인하여 배당결정을 하였더라도 이로써 재물의 편취라는 결과의 발생은 불가능하다 할 것이고, 이러한 임차인의 행위를 객관적으로 결과발생의 가능성이 있는 행위라고 볼 수도 없으므로 형사소송법 제325조에 의하여 무죄를 선고하여야 한다(위험성이 없어 불능미수가 아니라 불능범으로서 무죄로 본 판례임).[158]

2 대법원 2004.7.22, 2003도6412

실제의 임차인이 임대차보증금반환채권으로 전환하기로 합의하여 확정일자를 받은 사례

공사대금채권·대여금채권을 합산하여 임대차보증금반환채권으로 전환하기로 합의하여 임대차계약을 체결하고, 실제로 임차인이 임대차목적물에 거주하면서 주민등록전입신고·확정일자를 받은 경우, 임차인이 이에 기하여 경매법원으로부터 배당을 받은 행위를 사기죄로 의율할 수 없다. [법원행시 10]

3 대법원 2010.6.10, 2010도1777

상해를 입은 경위에 대해서 거짓말을 하여 건강보험급여처리를 받은 사례

타인의 폭행으로 상해를 입고 병원에서 치료를 받으면서, 상해를 입은 경위에 관하여 거짓말을 하여 국민건강보험공단으로부터 보험급여 처리를 받은 경우, 위 상해는 '전적으로 또는 주로 피고인의 범죄행위에 기인하여 입은 상해'라고 할 수 없으므로 사기죄는 인정되지 아니한다.[159] [경찰승진(경위) 11 / 경찰승진 14]

판례연구 **사기죄의 간접정범의 피이용자에 대한 사기 성부 관련 판례**

대법원 2017.5.31, 2017도3894

사기죄의 간접정범에서 도구로서만 이용된 타인에 대한 사기죄는 별도로 성립하지 않는다는 사례

간접정범을 통한 범행에서 피이용자는 간접정범의 의사를 실현하는 수단으로서의 지위를 가질 뿐이므로, 피해자에 대한 사기범행을 실현하는 수단으로서 타인을 기망하여 그를 피해자로부터 편취한

---

158 단, 위 판례는 판례의 전통적인 입장인 편취의 불법설의 내용이라기보다는 오히려 영득의 불법설에 가깝다.
159 **보험과 관련된 사기 판례의 간단한 정리** : ① 특정일자에 업무상 재해를 입은 사실이 없음에도 상해를 입었다고 산업재해보상보험급여 신청 : 권리남용 → 사기 ○, ② 상해를 입은 경위에 대해 거짓말을 하여 국민건강보험급여처리 받음 : 사기 ×, ③ 보험회사를 기망하여 화재보험가입사실증명원을 발급받은 행위 : 사기 ×, [경찰간부 11 / 사시 10] ④ 신용보증기금을 기망하여 신용보증서를 발급받은 행위 : 사기 ○

재물이나 재산상 이익을 전달하는 도구로서만 이용한 경우에는 편취의 대상인 재물 또는 재산상 이익에 관하여 피해자에 대한 사기죄가 성립할 뿐 도구로 이용된 타인에 대한 사기죄가 별도로 성립한다고 할 수 없다. [법원9급 18 / 법원행시 18 / 변호사시험 18]

> 비교 | 위조문서행사죄의 간접정범에서는 도구로 이용된 자도 행사죄의 상대방이 된다(후술).

판례연구 **사기죄의 죄수판단 기준 관련 판례**

1 대법원 2010.4.29, 2010도2810
수인의 피해자에 대하여 단일한 범의하에 동일한 방법으로 각 피해자별로 기망행위를 하여 재물을 편취한 사례 : 다수의 계(契)를 조직하여 수인의 계원들을 개별적으로 기망하여 계불입금을 편취한 사건
① 단일한 범의를 가지고 동일한 상대방(1인의 피해자)을 기망하여 착오에 빠뜨림으로써 그로부터 동일한 방법에 의하여 여러 차례에 걸쳐 재물을 편취하면 그 전체가 포괄하여 일죄로 되지만, ② 여러 사람의 피해자에 대하여 따로 기망행위를 하여 각각 재물을 편취한 경우에는 비록 범의가 단일하고 범행방법이 동일하더라도 각 피해자의 피해법익은 독립한 것이므로 그 전체가 포괄일죄로 되지 아니하고 피해자별로 독립한 여러 개의 사기죄가 성립하고 그 사기죄 상호간은 실체적 경합범 관계에 있다고 할 것이다.[160] [경찰채용 10 1차 / 경찰간부 12 / 경찰승진 13 / 국가9급 12 / 국가7급 07 · 10 / 법원9급 05 · 12 / 법원승진 12]

2 대법원 2011.4.14, 2011도769
수인의 피해자에 대한 사기의 포괄일죄로 볼 수 있는 경우와 그렇지 못한 경우
① 사기죄에서 수인의 피해자에 대하여 각 피해자별로 기망행위를 하여 각각 재물을 편취한 경우에 그 범의가 단일하고 범행방법이 동일하다고 하더라도 포괄일죄가 성립하는 것이 아니라 피해자별로 1개씩의 죄가 성립하는 것으로 보아야 한다. 다만 ② 피해자들이 하나의 동업체를 구성하는 등으로 피해 법익이 동일하다고 볼 수 있는 사정이 있는 경우에는 피해자가 복수이더라도 이들에 대한 사기죄를 포괄하여 일죄로 볼 수도 있다. 그러나 ③ 사기죄 피해자들의 피해 법익이 동일하다고 볼 근거가 없는데도 위 피해자들이 부부라는 사정만으로 이들에 대한 각 사기 행위가 포괄하여 일죄에 해당한다고 보아 특정경제범죄 가중처벌 등에 관한 법률을 적용한 원심판결에는 죄수에 관한 법리오해의 위법이 있다.

> 비교 | 상가족 수인에 대한 강도가 1죄를 구성하는 판례(죄수론에서 전술)와 구별할 것.

3 대법원 2017.5.30, 2016도21713
하나의 선거비용 보전청구서에 의한 사기 사건
피고인이 수개의 선거비용 항목을 허위기재한 하나의 선거비용 보전청구서를 제출하여 대한민국으로부터 선거비용을 과다 보전받아 이를 편취하였다면 이는 일죄로 평가되어야 하고, 각 선거비용 항목에 따라 별개의 사기죄가 성립하는 것은 아니다. [경찰채용 20 2차]

4 대법원 2011.1.13, 2010도9330
수인에 대한 사기도박으로 상상적 경합이 되는 사례
피고인 등이 피해자들을 유인하여 사기도박으로 도금을 편취한 행위는 사회관념상 1개의 행위로 평가하는 것이 타당하므로, 피해자들에 대한 각 사기죄는 상상적 경합의 관계에 있다. [경찰채용 12 1차 / 경찰간부 14 · 18 / 국가9급 14 / 사시 12]

---

160 **사실관계 및 결론** : 甲은 다수의 계(契)를 조직하여 수인의 계원들을 개별적으로 기망하여 계불입금을 편취하였다. 甲은 수개의 사기죄의 실체적 경합범이 된다(대법원 2010.4.29, 2010도2810). [경찰간부 12]

1 대법원 2000.11.10, 2000도3483

피해자를 기망하여 재물을 편취한 후 그 반환을 회피할 목적으로 현실적인 자금의 수수 없이 기존 차입원리금을 새로이 투자하는 형식을 취한 경우, 별도의 사기죄가 성립하지 않는다는 사례

재물편취를 내용으로 하는 사기죄에 있어서는 기망으로 인한 재물교부가 있으면 그 자체로써 피해자의 재산침해가 되어 이로써 곧 사기죄가 성립하고, 그 후 피해자를 기망하여 편취한 재물의 반환을 회피할 목적으로 현실적인 자금의 수수 없이 기존 차입원리금을 새로이 투자하는 형식을 취하였다 하더라도 이는 새로운 법익을 침해하는 것이 아니므로 별도로 사기죄를 구성하지 않는다.

2 대법원 2006.2.10, 2005도8995

① 재물을 편취한 후 현실적인 자금의 수수 없이 형식적으로 기왕에 편취한 금원을 새로이 장부상으로만 재투자하는 것으로 처리한 경우에는 그 재투자금액은 이를 편취액의 합산에서 제외하여야 할 것이나, [경찰채용 17 1차] ② 그렇지 아니하고 재물을 편취한 후 예금계좌 등으로 그 일부를 수당 등의 명목으로 입금해 주어 피해자가 이를 현실적으로 수령한 다음, 일정기간 후 이를 가지고 다시 물품을 구매하는 형식으로 재투자하였다면, 이는 새로운 법익의 침해가 발생한 경우라고 할 것이어서 그 재구매 금액은 편취액에서 제외할 성질의 것이 아니다.

> 유사   사기죄에서 피해자에게 '대가가 지급된 후' 피해자를 기망하여 그가 보유하고 있는 그 대가를 다시 편취하거나 피해자로부터 그 대가를 위탁받아 보관하던 중 횡령한 경우, 별도의 사기죄나 횡령죄가 성립한다(대법원 2009.10.29, 2009도7052). [경찰승진 12 / 국가7급 16 / 사시 13·16]

대법원 2006.11.23, 2006도6795

불법원인급여에 해당하는 경우에도 사기죄가 성립할 수 있다는 사례

민법 제746조의 불법원인급여에 해당하여 급여자가 수익자에 대한 반환청구권을 행사할 수 없다고 하더라도, 수익자가 기망을 통하여 급여자로 하여금 불법원인급여에 해당하는 재물을 제공하도록 하였다면 사기죄가 성립한다고 할 것인바, 피고인이 피해자 공소외인으로부터 도박자금으로 사용하기 위하여 금원을 차용하였더라도 사기죄의 성립에는 영향이 없다. [경찰채용 21 1차 / 경찰간부 14 / 국가9급 13 / 사시 11 / 변호사시험 13]

대법원 1976.4.13, 75도781

사기죄에 친족상도례를 적용하기 위하여 피기망자에게 친족의 신분은 요하지 않는다는 사례 : 법원을 기망하여 직계혈족인 제3자로부터 재물을 편취한 경우와 형법 328조 1항에 의한 형의 면제

법원을 기망하여 제3자로부터 재물을 편취한 경우에 피기망자인 법원은 피해자가 될 수 없고 재물을 편취당한 제3자가 피해자라고 할 것이므로 피해자인 제3자와 사기죄를 범한 자가 직계혈족의 관계에 있을 때에는 그 범인에 대하여 형법 328조 1항을 준용하여 형을 면제하여야 한다. [경찰채용 13 1차 / 경찰승진(경장) 10 / 경찰승진(경위) 10·11 / 국가9급 14 / 법원9급 20 / 법원행시 10 / 사시 11]

[연습] 법원이 피기망자에 해당하는 소송사기에 있어서 사기범죄자와 피해자 간에 친족관계가 있으면 친족상도례가 적용된다. [경찰채용 17 1차 / 법원행시 16]

1 대법원 1979.7.10, 79도840
위조통화행사죄와 사기죄의 죄수는 실체적 경합
통화위조죄에 관한 규정은 공공의 거래상의 신용 및 안전을 보호하는 공공적인 법익을 보호함을
목적으로 하고 있고, 사기죄는 개인의 재산법익에 대한 죄이어서 양죄는 그 보호법익을 달리하고
있으므로 위조통화를 행사하여 재물을 불법영득한 때에는 위조통화행사죄와 사기죄의 양죄가 성립된
다. [경찰채용 13 1차 / 법원행시 05·06 / 사시 13 / 변호사시험 12]

2 대법원 1980.12.9, 80도1177
자기가 점유하는 타인의 재물을 횡령하기 위하여 기망을 한 경우 사기죄는 성립하지 않는다는 사례
자기가 점유하는 타인의 재물을 횡령하기 위하여 기망수단을 쓴 경우에는 피기망자에 의한 재산처분행
위가 없으므로 일반적으로 횡령죄만 성립되고 사기죄는 성립되지 아니한다. [국가7급 11 / 법원행시 08 / 법원9급
06 / 경찰승진(경위) 10 / 경찰승진(경감) 10 / 경찰승진(경장) 11 / 경찰승진(경위) 11 / 사시 13 / 변호사시험 17]

3 대법원 2002.7.18, 2002도669 전원합의체
**1개의 행위에 관하여 사기죄와 업무상배임죄 또는 단순배임죄의 각 구성요건이 모두 구비된 경우의
죄수 관계는 상상적 경합이라는 사례**
업무상배임행위에 사기행위가 수반된 때의 죄수 관계에 관하여 보면, 사기죄는 사람을 기망하여 재물
의 교부를 받거나 재산상의 이익을 취득하는 것을 구성요건으로 하는 범죄로서 임무위배를 그 구성요
소로 하지 아니하고 사기죄의 관념에 임무위배 행위가 당연히 포함된다고 할 수도 없으며, 업무상배임
죄는 업무상 타인의 사무를 처리하는 자가 그 업무상의 임무에 위배하는 행위로써 재산상의 이익을
취득하거나 제3자로 하여금 이를 취득하게 하여 본인에게 손해를 가하는 것을 구성요건으로 하는
범죄로서 기망적 요소를 구성요건의 일부로 하는 것이 아니어서 양 죄는 그 구성요건을 달리하는
별개의 범죄이고 형법상으로도 각각 별개의 장(章)에 규정되어 있어, 1개의 행위에 관하여 사기죄와
업무상배임죄의 각 구성요건이 모두 구비된 때에는 양 죄를 법조경합 관계로 볼 것이 아니라 상상적
경합관계로 봄이 상당하다 할 것이고, 나아가 업무상배임죄가 아닌 단순배임죄라고 하여 양 죄의 관계
를 달리 보아야 할 이유도 없다. [경찰채용 12 1차 / 국가7급 11 / 법원행시 06 / 사시 11·13·14 / 변호사시험 12]

4 대법원 2010.11.11, 2010도10690
**배임행위가 본인 이외의 제3자에 대한 '사기죄'를 구성하는 경우 별도로 '배임죄'가 성립하고, 두 죄의
죄수 관계는 실체적 경합이라는 사례 : 건물관리인이 건물주로부터 월세임대차계약 체결업무를 위임
받고도 임차인들을 속여 전세임대차계약을 체결하고 그 보증금을 편취한 사건**
본인에 대한 배임행위가 본인 이외의 제3자에 대한 사기죄를 구성한다 하더라도 그로 인하여 본인에게
손해가 생긴 때에는 사기죄와 함께 배임죄가 성립한다. 피고인이 이 사건 각 건물에 관하여 전세임대차
계약을 체결할 권한이 없음에도 임차인들을 속이고 전세임대차계약을 체결하여 그 임차인들로부터
전세보증금 명목으로 돈을 교부받은 행위는 건물주인 공소외인이 민사적으로 임차인들에게 전세보증
금반환채무를 부담하는지 여부와 관계없이 사기죄에 해당하고, 이 사건 각 건물에 관하여 전세임대차
계약이 아닌 월세임대차계약을 체결하여야 할 업무상 임무를 위반하여 전세임대차계약을 체결하여
그 건물주인 피해자 공소외인으로 하여금 전세보증금반환채무를 부담하게 한 행위는 위 사기죄와
별도로 업무상배임죄에 해당한다. 나아가 위 각 죄는 서로 구성요건 및 그 행위의 태양과 보호법익을
달리하고 있어 상상적 경합범의 관계가 아니라 실체적 경합범의 관계에 있다. [국가7급 11 / 사시 12]

5 대법원 2008.3.27. 2007도9328(대법원 2020.6.18, 2019도14340 전원합의체 판결에 의하여 변경)

기망에 의한 근저당권 설정 약정 후 부동산 이중저당 한 경우, 과거의 판례는 사기와 배임의 경합범으로 보았으나, 2020년 전합판결에 의하여 사기죄만 성립된다고 변경된 사례

① 과거의 판례 : 부동산에 피해자 명의의 근저당권을 설정하여 줄 의사가 없음에도 피해자를 속이고 근저당권설정을 약정하여 금원을 편취한 경우라 할지라도, 이러한 약정은 사기 등을 이유로 취소되지 않는 한 여전히 유효하여 피해자 명의의 근저당권설정등기를 하여 줄 임무가 발생하는 것이고, 그럼에도 불구하고 임무에 위배하여 그 부동산에 관하여 제3자 명의로 근저당권설정등기를 마친 경우, 이러한 배임행위는 금원을 편취한 사기죄와는 전혀 다른 새로운 보호법익을 침해하는 행위로서 사기 범행의 불가벌적 사후행위가 되는 것이 아니라 별죄를 구성한다. ② 전원합의체 판례(대법원 2020.6.18, 2019도14340 전원합의체) : 채무자가 금전채무를 담보하기 위한 저당권설정계약에 따라 채권자에게 그 소유의 부동산에 관하여 저당권을 설정할 의무를 부담하게 되었다고 하더라도, 이를 들어 채무자가 통상의 계약에서 이루어지는 이익대립관계를 넘어서 채권자와의 신임관계에 기초하여 채권자의 사무를 맡아 처리하는 것으로 볼 수 없다. 채무자가 저당권설정계약에 따라 채권자에 대하여 부담하는 저당권을 설정할 의무는 계약에 따라 부담하게 된 채무자 자신의 의무이다. 채무자가 위와 같은 의무를 이행하는 것은 채무자 자신의 사무에 해당할 뿐이므로, 채무자를 채권자에 대한 관계에서 '타인의 사무를 처리하는 자'라고 할 수 없다. 따라서 채무자가 제3자에게 먼저 담보물에 관한 저당권을 설정하거나 담보물을 양도하는 등으로 담보가치를 감소 또는 상실시켜 채권자의 채권실현에 위험을 초래하더라도 배임죄가 성립한다고 할 수 없다. 위와 같은 법리는, 채무자가 금전채무에 대한 담보로 부동산에 관하여 양도담보 설정계약을 체결하고 이에 따라 채권자에게 소유권이전등기를 해 줄 의무가 있음에도 제3자에게 그 부동산을 처분한 경우에도 적용된다. ③ 정리 : ①의 경우 사기와 배임의 경합범이 아니라 사기죄만 성립한다.

6 대법원 2011.1.13, 2010도9330

이른바 '사기도박'의 경우 도박죄가 별도로 성립하지 않고, 기망행위 개시 시에 사기도박도 실행에 착수된다는 사례

① 도박이란 2인 이상의 자가 상호간에 재물을 도(賭)하여 우연한 승패에 의하여 그 재물의 득실을 결정하는 것이므로, 이른바 사기도박과 같이 도박당사자의 일방이 사기의 수단으로써 승패의 수를 지배하는 경우에는 도박에서의 우연성이 결여되어 사기죄만 성립하고 도박죄는 성립하지 아니한다. [경찰채용 11 2차 / 경찰간부 13 / 국가9급 14 / 법원행시 05 · 12 / 사시 11 / 변호사시험 12] ② 사기도박에서 실행의 착수시기는 (상대방에게 도박에 참가할 것을 권유하는 등) 사기도박을 위한 기망행위를 개시한 때이다(도박의 개시는 요하지 않음). [경찰채용 13 1차 / 경찰간부 14 / 경찰승진 14 / 법원9급 17 / 변호사시험 12] 피고인 등이 사기도박에 필요한 준비를 갖추고 그 실행에 착수한 후에 사기도박을 숨기기 위하여 얼마간 정상적인 도박을 하였더라도 이는 사기죄의 실행행위에 포함되는 것이어서, 피고인에 대하여는 피해자들에 대한 사기죄만이 성립하고 도박죄는 따로 성립하지 아니한다. [국가9급 14 / 경찰간부 13 · 14 / 사시 11 · 13 / 변호사시험 12] ③ 피고인 등이 피해자들을 유인하여 사기도박으로 도금을 편취한 행위는 사회관념상 1개의 행위로 평가함이 상당하므로, 피해자들에 대한 각 사기죄는 상상적 경합의 관계에 있다.

7 대법원 2004.6.25, 2004도1751

부정수표단속법위반죄와 사기죄의 실체적 경합 사례

사기의 수단으로 발행한 수표가 지급거절된 경우 부정수표단속법위반죄와 사기죄는 그 행위의 태양과 보호법익을 달리하므로 실체적 경합범의 관계에 있다(부+사=실). [경찰채용 10 · 17 1차 / 경찰간부 13 · 18 / 법원행시 12]

8 대법원 2012.6.28, 2012도3927

특경법위반(알선수재)죄와 사기죄의 상상적 경합 사례

금융회사 등의 임직원의 직무에 속하는 사항의 알선에 관하여 금품이나 그 밖의 이익을 수수한 때에는 위와 같은 금품 등을 수수하는 것으로써 특정경제범죄 가중처벌 등에 관한 법률 위반(알선수재)죄가 성립되고, 위와 같은 금품 등을 수수한 자가 실제로 알선할 생각이 없었다 하더라도 금품 등을 수수하는 것이 자기의 이득을 취하기 위한 것이라면 위 죄의 성립에는 영향이 없다. 따라서 피고인이 금융회사 등의 임직원의 직무에 속하는 사항에 관하여 알선할 의사와 능력이 없음에도 알선을 한다고 기망하고 이에 속은 피해자로부터 알선을 한다는 명목으로 금품 등을 수수하였다면, 이러한 피고인의 행위는 형법 제347조 제1항의 사기죄와 특정경제범죄 가중처벌 등에 관한 법률 제7조 위반죄에 각 해당하고 위 두 죄는 상상적 경합의 관계에 있다(알＋사＝상). [경찰채용 10 1차 / 국가7급 14 / 법원9급 09]

표정리 사기죄의 전통적 사례 정리

사기죄가 성립하는 경우	사기죄가 성립하지 않는 경우
① 백화점 변칙세일(판례) (기망 정도가 신의칙에 위반)	① 연립주택분양시 평수의 과장광고(판례)(용인될 수 있는 상술의 정도)
② 수입쇠고기 한우판매(판례) (사술의 정도가 상술의 정도를 초과)	② 상품광고에 있어서 약간의 과장된 주장(판례)(순수한 가치판단으로서 기망의 대상이 아님)
③ 처음부터 알고 한 무전취식·무전숙박(묵시적 기망행위)	③ 나중에야 알게 된 무전취식·무전숙박(기망 ×)
④ 가짜보석에 대해 진짜의 가격을 부르는 행위(묵시적 기망행위)	④ 과다한 거스름돈을 주는 것을 알고 수령한 행위(부작위에 의한 기망 ×, 점유이탈물횡령죄)(다수설)
⑤ 절취한 도품(장물)의 선의의 제3자로의 처분행위(판례)(묵시적 기망행위)	⑤ 과다한 거스름돈 수령 후 알고 영득한 행위(점유이탈물횡령죄)
⑥ 절취한 예금통장으로 예금을 인출한 행위(묵시적 기망행위, 독자적 제3자의 법익침해)	⑥ 중고차의 할부금을 매수인에게 고지하지 않은 매도인의 행위(판례)
⑦ 지급의사·능력 없음에도 어음·수표를 발행하는 행위	⑦ 일반적인 과장광고
⑧ 아들 낳는 수술인 것처럼 가장한 의사의 행위(판례)(부작위에 의한 기망)	⑧ 부동산이중매매시 매도인의 제2매수인에 대한 매도행위(제2매수인이 유효하게 소유권 취득, 기망의 정도가 신의칙 위반 ×)
⑨ 부동산매도인이 매수인에게 매매목적물의 소송계속 사실(점유이전금지가처분, 도시계획 – 협의매수, 수용, 유언으로 재단법인 출연) 등을 고지하지 않은 경우(이상 판례)(부작위) [경찰채용 16 1차 / 국가9급 16 / 법원행시 16]	⑨ 부동산명의수탁자의 제3자에 대한 임의처분행위(역시 소유권 취득) [법원행시 16]
⑩ 법원에 대한 소송사기(판례)(허위주장으로 법원을 적극 기망한 경우, 소제기시 착수)	⑩ 법원공무원에 대한 허위의 등기이전신청(사실상 처분의 지위 ×, 공정증서원본부실기재죄만 ○)
⑪ 타인 명의로 가집행선고부 지급명령을 받아 채권압류·전부명령을 받은 행위(판례)(사술 ○) [국가7급 13]	⑪ 사망한 자에 대한 제소(판례)(판결효력 ×)
⑫ 가계수표에 허위분실사유로 공시최고신청을 하여 제권판결받은 행위(판례)(소송사기) [경찰승진(경장) 10 / 국가7급 13]	⑫ 재판상 화해(판례) (화해당사자간에만 효력)
⑬ 임대차목적물에 경매진행 중인 사실을 고지하지 않은 행위(판례)(부작위)	⑬ 기한미도래 채권의 지급명령(판례) (적극적 사술 ×)
⑭ 채권소멸된 판결정본에 의한 강제집행(판례) [경찰승진(경장) 10]	⑭ 가압류·가처분(판례) (강제집행의 보전절차)
⑮ 도난·분실된 타인의 신용카드를 가맹점에서 사용한 행위(판례)(신용카드부정사용죄와는 실체적 경합의 관계)	⑮ 금목걸이를 구입하는 것처럼 하여 도주하거나 피해자가 한눈을 파는 사이 물건을 가지고 가는 행위(판례)(처분행위의 직접성이 없어 사기죄 ×, 절도죄 ○, 반대로 자전거를 살 의사 없이 시운전을 빙자해 도주한 행위는 판례가 사기죄 ○)

| <기 타>
• 사기도박 [경찰채용 11 2차 / 법원행시 05] · 산상 이익을 취득(판례)(배임죄와 사기죄의 상상적 경합) | <기 타>
• 자기가 보관하는 타인의 소유물을 기망수단으로 영득한 행위(횡령죄만 됨) [법원9급 06 / 법원행시 08]
• 결혼식 축의금 접수인으로 가장하여 축의금을 가로챈 행위(판례)(축의금 교부는 접수인에게 처분권을 주는 것이 아니므로 사기죄 ×, 절도죄 ○) [법원9급 10 / 법원행시 08] |

03 컴퓨터 등 사용사기죄와 신용카드범죄

제347조의2 【컴퓨터 등 사용사기】 컴퓨터 등 정보처리장치에 허위의 정보 또는 부정한 명령을 입력하거나 권한 없이 정보를 입력·변경하여 정보처리를 하게 함으로써 재산상의 이익을 취득하거나 제3자로 하여금 취득하게 한 자는 10년 이하의 징역 또는 2천만 원 이하의 벌금에 처한다.

판례연구 **컴퓨터 등 사용사기죄 관련 판례**

1 대법원 2003.5.13, 2003도1178

컴퓨터사용사기죄는 재물죄가 아니라 이득죄라는 사례

우리 형법은 재산범죄의 객체가 재물인지 재산상의 이익인지에 따라 이를 재물죄와 이득죄로 명시하여 규정하고 있는데, 형법 제347조가 일반 사기죄를 재물죄 겸 이득죄로 규정한 것과 달리 형법 제347조의2는 컴퓨터 등 사용사기죄의 객체를 재물이 아닌 재산상의 이익으로만 한정하여 규정하고 있으므로, 절취한 타인의 신용카드로 현금자동지급기에서 현금을 인출하는 행위가 재물에 관한 범죄임이 분명한 이상 이를 위 컴퓨터 등 사용사기죄로 처벌할 수는 없다고 할 것이고, 입법자의 의도가 이와 달리 이를 위 죄로 처벌하고자 하는 데 있었다거나 유사한 사례와 비교하여 처벌상의 불균형이 발생할 우려가 있다는 이유만으로 그와 달리 볼 수는 없다. [국가7급 10 / 법원9급 11 / 법원행시 05]

2 대법원 2006.3.24, 2005도3516

현금카드 소유자로부터 일정액의 현금을 인출해 오라는 부탁을 받은 자가 초과 인출한 사례

예금주인 현금카드 소유자로부터 일정한 금액의 현금을 인출해 오라는 부탁을 받으면서 이와 함께 현금카드를 건네받은 것을 기화로 그 위임을 받은 금액을 초과하여 현금을 인출하는 방법으로 그 차액 상당을 위법하게 이득할 의사로 현금자동지급기에 그 초과된 금액이 인출되도록 입력하여 그 초과된 금액의 현금을 인출한 경우에는 그 인출된 현금에 대한 점유를 취득함으로써 이때에 그 인출한 현금 총액 중 인출을 위임받은 금액을 넘는 부분의 비율에 상당하는 재산상 이익을 취득하는 것으로 볼 수 있으므로 이러한 행위는 그 차액 상당액에 관하여 형법 제347조의2에 규정된 '컴퓨터 등 정보처리장치에 권한 없이 정보를 입력하여 정보처리를 하게 함으로써 재산상의 이익을 취득'하는 행위로서 컴퓨터 등 사용사기죄에 해당된다. [경찰채용 11·12 1차 / 경찰간부 11·14 / 경찰승진(경장) 10 / 경찰승진 11 / 법원9급 08·09·11·18 / 법원승진 12 / 법원행시 07 / 사시 16]

3 대법원 2013.11.14, 2011도4440

컴퓨터 등 사용사기죄의 구성요건 중 '부정한 명령의 입력'의 의미 : 사무처리시스템의 프로그램 자체에서 발생하는 오류를 적극적으로 이용한 사례

형법 제347조의2는 컴퓨터 등 정보처리장치에 허위의 정보 또는 부정한 명령을 입력하거나 권한

없이 정보를 입력·변경하여 정보처리를 하게 함으로써 재산상의 이익을 취득하거나 제3자로 하여금 취득하게 하는 행위를 처벌하고 있다. 여기서 '부정한 명령의 입력'은 당해 사무처리시스템에 예정되어 있는 사무처리의 목적에 비추어 지시해서는 안 될 명령을 입력하는 것을 의미한다. 따라서 설령 '허위의 정보'를 입력한 경우가 아니라고 하더라도, 당해 사무처리시스템의 프로그램을 구성하는 개개의 명령을 부정하게 변개·삭제하는 행위는 물론 프로그램 자체에서 발생하는 오류를 적극적으로 이용하여 그 사무처리의 목적에 비추어 정당하지 아니한 사무처리를 하게 하는 행위도 특별한 사정이 없는 한 위 '부정한 명령의 입력'에 해당한다고 보아야 한다.[161] [경찰채용 14 2차 / 국가7급 20 / 변호사시험 16]

4 대법원 2014.3.13, 2013도16099

컴퓨터등사용사기죄에서 '정보처리'에 의하여 직접적으로 재산처분의 결과가 초래되어야 한다는 사례
형법 제347조의2는 컴퓨터 등 정보처리장치에 허위의 정보 또는 부정한 명령을 입력하거나 권한 없이 정보를 입력·변경하여 정보처리를 하게 함으로써 재산상의 이익을 취득하거나 제3자로 하여금 취득하게 하는 행위를 처벌하고 있다. 이는 재산변동에 관한 사무가 사람의 개입 없이 컴퓨터 등에 의하여 기계적·자동적으로 처리되는 경우가 증가함에 따라 이를 악용하여 불법적인 이익을 취하는 행위도 증가하였으나 이들 새로운 유형의 행위는 사람에 대한 기망행위나 상대방의 처분행위 등을 수반하지 않아 기존 사기죄로는 처벌할 수 없다는 점 등을 고려하여 신설한 규정이다. 여기서 '정보처리'는 사기죄에서 피해자의 처분행위에 상응하므로 입력된 허위의 정보 등에 의하여 계산이나 데이터의 처리가 이루어짐으로써 직접적으로 재산처분의 결과를 초래하여야 하고, 행위자나 제3자의 '재산상 이익 취득'은 사람의 처분행위가 개재됨이 없이 컴퓨터 등에 의한 정보처리 과정에서 이루어져야 한다(악성프로그램을 이용하여 낙찰하한가를 알아내어 일부 응찰자에게 정보를 알려준 행위는 본죄에 해당되지 않음).[162] [경찰채용 13 1차 / 국가7급 20]

5 대법원 2006.9.14, 2006도4127

금융기관 직원이 전산단말기를 이용하여 다른 공범들이 지정한 특정계좌에 돈이 입금된 것처럼 허위의 정보를 입력하는 방법으로 위 계좌로 입금되도록 한 경우, 컴퓨터 등 사용사기죄의 기수시기
금융기관 직원이 전산단말기를 이용하여 다른 공범들이 지정한 특정계좌에 돈이 입금된 것처럼 허위의 정보를 입력하는 방법으로 위 계좌로 입금되도록 한 경우, 이러한 입금절차를 완료함으로써 장차 그 계좌에서 이를 인출하여 갈 수 있는 재산상 이익을 취득하였으므로 형법 제347조의2에서 정하는

---

161 **사례 : 복권사이트 부정클릭 사건** 피고인 A는 甲 주식회사에서 운영하는 전자복권구매시스템에서 일정한 조건하에 복권 구매명령을 입력하면 가상계좌로 복권 구매요청금과 동일한 액수의 가상현금이 입금되는 프로그램 오류를 이용하여 복권 구매명령을 입력하는 행위를 반복함으로써 자신의 가상계좌로 구매요청금 상당의 금액이 입금되게 하였다. A의 행위는 컴퓨터 등 사용사기죄에서 정한 '부정한 명령의 입력'에 해당하는가?
　　해결 : 해당한다. [경찰채용 14 2차 / 변호사시험 16]
162 **사례 : 컴퓨터 등 사용사기죄에서 정보처리 및 재산상 이익 취득의 의미** 甲은 시설공사 발주처인 지방자치단체 등의 재무관 컴퓨터에는 암호화되기 직전 15개의 예비가격과 그 추첨번호를 해킹하여 볼 수 있는 악성프로그램을, 입찰자의 컴퓨터에는 입찰금액을 입력하면서 선택하는 2개의 예비가격 추첨번호가 미리 지정된 추첨번호 4개 중에서 선택되어 조달청 서버로 전송되도록 하는 악성프로그램을 각각 설치하여 낙찰하한가를 미리 알아낸 다음 A 건설사에 낙찰이 가능한 입찰금액을 알려주어 그 건설사가 낙찰받게 하였다. 甲에게는 컴퓨터 등 사용사기죄가 성립하는가?
　　판례 : 적격심사를 거치게 되어 있는 이 사건 각 시설공사의 전자입찰에 있어서 특정 건설사가 낙찰하한가에 대한 정보를 사전에 알고 투찰할 경우 그 건설사가 낙찰자로 결정될 가능성이 높은 것은 사실이나, 낙찰하한가에 가장 근접한 금액으로 투찰한 건설사라고 하더라도 적격심사를 거쳐 일정 기준 이상이 되어야만 낙찰자로 결정될 수 있는 점 등을 감안할 때, 피고인 1 등이 조달청의 국가종합전자조달시스템에 입찰자들이 선택한 추첨번호가 변경되어 저장되도록 하는 등 권한 없이 정보를 변경하여 정보처리를 하게 함으로써 직접적으로 얻은 것은 낙찰하한가에 대한 정보일 뿐, 위와 같은 정보처리의 직접적인 결과 특정 건설사가 낙찰자로 결정되어 낙찰금액 상당의 재산상 이익을 얻게 되었다거나 그 낙찰자 결정이 사람의 처분행위가 개재됨이 없이 컴퓨터 등의 정보처리 과정에서 이루어졌다고 보기 어렵다(대법원 2014.3.13, 2013도16099).
　　해결 : 성립하지 않는다.

컴퓨터 등 사용사기죄는 기수에 이르렀고, [경찰승진 14 / 국가7급 08 · 12 · 20 / 사시 13 · 16] 그 후 그러한 입금이 취소되어 현실적으로 인출되지 못하였다고 하더라도 이미 성립한 컴퓨터 등 사용사기죄에 어떤 영향이 있다고 할 수는 없다. [경찰채용 13 · 16 1차 / 경찰승진(경감) 10 / 법원행시 07 · 09 / 사시 13 / 변호사시험 12]

6 대법원 2007.3.15, 2006도2704

절취한 친족 소유의 예금통장을 현금자동지급기에 넣고 조작하여 예금 잔고를 다른 금융기관의 자기 계좌로 이체하는 방법으로 저지른 컴퓨터등사용사기죄에 있어서 친족상도례가 적용되지 않는다는 사례

컴퓨터 등 정보처리장치를 통하여 이루어지는 금융기관 사이의 전자식 자금이체거래는 금융기관 사이의 환거래관계를 매개로 하여 금융기관 사이나 금융기관을 이용하는 고객 사이에서 현실적인 자금의 수수 없이 지급 · 수령을 실현하는 거래방식인바, 권한 없이 컴퓨터 등 정보처리장치를 이용하여 예금계좌 명의인이 거래하는 금융기관의 계좌 예금 잔고 중 일부를 자신이 거래하는 다른 금융기관에 개설된 그 명의 계좌로 이체한 경우, 예금계좌 명의인의 거래 금융기관에 대한 예금반환 채권은 이러한 행위로 인하여 영향을 받을 이유가 없는 것이므로, 거래 금융기관으로서는 예금계좌 명의인에 대한 예금반환 채무를 여전히 부담하면서도 환거래관계상 다른 금융기관에 대하여 자금이체로 인한 이체자금 상당액 결제채무를 추가 부담하게 됨으로써 이체된 예금 상당액의 채무를 이중으로 지급해야 할 위험에 처하게 된다. 따라서 친척 소유 예금통장을 절취한 자가 그 친척 거래 금융기관에 설치된 현금자동지급기에 예금통장을 넣고 조작하는 방법으로 친척 명의 계좌의 예금 잔고를 자신이 거래하는 다른 금융기관에 개설된 자기 계좌로 이체한 경우, 그 범행으로 인한 피해자는 이체된 예금 상당액의 채무를 이중으로 지급해야 할 위험에 처하게 되는 그 친척 거래 금융기관이라 할 것이므로, 위와 같은 경우에는 친족 사이의 범행을 전제로 하는 친족상도례를 적용할 수 없다. 손자가 할아버지 소유 농업협동조합 예금통장을 절취하여 이를 현금자동지급기에 넣고 조작하는 방법으로 예금 잔고를 자신의 거래 은행 계좌로 이체한 경우, 위 농업협동조합이 컴퓨터 등 사용사기 범행 부분의 피해자이므로 친족상도례를 적용할 수 없다. [경찰채용 13 1차 / 경찰채용 11 2차 / 경찰간부 13 · 14 / 경찰승진(경장) 10 / 경찰승진(경사) 10 / 경찰승진(경감) 11 / 경찰승진 14 / 국가9급 11 / 국가7급 12 / 법원9급 12 · 13 / 법원승진 12 / 법원행시 07 · 08 · 09 · 11 / 사시 11 · 14]

판례연구 신용카드 등 관련범죄 관련 판례

1 대법원 1999.7.9, 99도857

신용카드는 유가증권이 아니라는 사례

신용카드업자가 발행한 신용카드는 이를 소지함으로써 신용구매가 가능하고 금융의 편의를 받을 수 있다는 점에서 경제적 가치가 있다 하더라도, 그 자체에 경제적 가치가 화체되어 있거나 특정의 재산권을 표창하는 유가증권이라고 볼 수 없고, [경찰채용 10 1차 / 경찰간부 13 / 경찰승진(경위) 10] 단지 신용카드회원이 그 제시를 통하여 신용카드회원이라는 사실을 증명하거나 현금자동지급기 등에 주입하는 등의 방법으로 신용카드업자로부터 서비스를 받을 수 있는 증표로서의 가치를 갖는 것이어서, 이를 사용하여 현금자동지급기에서 현금을 인출하였다 하더라도 신용카드 자체가 가지는 경제적 가치가 인출된 예금액만큼 소모되었다고 할 수 없으므로, 이를 일시 사용하고 곧 반환한 경우에는 불법영득의 의사가 없다.

2 대법원 1996.4.9, 95도2466

대출금을 정상적으로 결제할 의사나 능력 없이 '자기 명의 신용카드'를 사용하여 현금서비스를 받거나 가맹점으로부터 물품을 구입한 경우의 죄책 및 그 죄수

피고인이 카드사용으로 인한 대금결제의 의사와 능력이 없으면서도 있는 것 같이 가장하여 카드회사를

기망하고, 카드회사는 이에 착오를 일으켜 일정 한도 내에서 카드사용을 허용해 줌으로써 피고인은 기망당한 카드회사의 신용공여라는 하자 있는 의사표시에 편승하여 자동지급기를 통한 현금대출도 받고, 가맹점을 통한 물품구입대금 대출도 받아 카드발급회사로 하여금 같은 액수 상당의 피해를 입게 함으로써, 카드사용으로 인한 일련의 편취행위가 포괄적으로 이루어지는 것이다. 따라서 카드사용으로 인한 카드회사의 손해는 그것이 자동지급기에 의한 인출행위이든 가맹점을 통한 물품구입행위이든 불문하고 모두가 피해자인 카드회사의 기망당한 의사표시에 따른 카드발급에 터잡아 이루어지는 사기의 포괄일죄이다(현금자동지급기를 통한 현금인출이 사기죄에 해당하지 않는다고 판단한 원심판결에는 위법이 있음)(피기망자, 처분행위자, 재산상 피해자 모두 카드회사임). [경찰간부 11 / 국가9급 11 / 국가7급 16 / 사시 10]

3 대법원 2003.11.14, 2003도3977
절취한 직불카드를 이용하여 현금자동지급기로부터 예금을 인출하는 행위는 직불카드부정사용죄에 해당하지 않는다는 사례
여신전문금융업법 제70조 제1항 소정의 부정사용이라 함은 위조·변조 또는 도난·분실된 신용카드나 직불카드를 진정한 카드로서 신용카드나 직불카드의 본래의 용법에 따라 사용하는 경우를 말하는 것이므로, 절취한 직불카드를 온라인 현금자동지급기에 넣고 비밀번호 등을 입력하여 피해자의 예금을 인출한 행위는 여신전문금융업법 제70조 제1항 소정의 부정사용의 개념에 포함될 수 없다.

4 대법원 2006.7.6, 2006도654
결제하라고 건네준 신용카드를 사용한 행위는 신용카드부정사용죄에 해당하지 않는다는 사례
여신전문금융업법 제70조 제1항 제4호에 의하면, "강취·횡령하거나 사람을 기망·공갈하여 취득한 신용카드 또는 직불카드를 판매하거나 사용한 자"에 대하여 "7년 이하의 징역 또는 5천만 원 이하의 벌금에 처한다"고 규정하고 있는바, 여기서 강취, 횡령, 기망 또는 공갈로 취득한 신용카드는 소유자 또는 점유자의 의사에 기하지 않고, 그의 점유를 이탈하거나 그의 의사에 반하여 점유가 배제된 신용카드를 가리킨다. 따라서 유흥주점 업주가 과다한 술값 청구에 항의하는 피해자들을 폭행 또는 협박하여 피해자들로부터 일정 금액을 지급받기로 합의한 다음, 피해자들이 결제하라고 건네준 신용카드로 합의에 따라 현금서비스를 받거나 물품을 구입한 경우, 신용카드에 대한 피해자들의 점유가 피해자들의 의사에 기하지 않고 이탈하였거나 배제되었다고 보기 어려워 여신전문금융업법상의 신용카드 부정사용에 해당하지 않는다. [경찰승진(경장) 10 / 법원행시 07]

5 대법원 2002.7.12, 2002도2134
타인의 명의를 모용하여 발급받은 신용카드로 현금자동지급기에서 현금을 인출한 행위는 절도죄에 해당한다는 사례
피고인이 타인의 명의를 모용하여 신용카드를 발급받은 경우, 비록 카드회사가 피고인으로부터 기망을 당한 나머지 피고인에게 피모용자 명의로 발급된 신용카드를 교부하고, 사실상 피고인이 지정한 비밀번호를 입력하여 현금자동지급기에 의한 현금대출(현금서비스)을 받을 수 있도록 하였다 할지라도, 카드회사의 내심의 의사는 물론 표시된 의사도 어디까지나 카드명의인인 피모용자에게 이를 허용하는 데 있을 뿐, 피고인에게 이를 허용한 것은 아니라는 점에서 피고인이 타인의 명의를 모용하여 발급받은 신용카드를 사용하여 현금자동지급기에서 현금대출을 받는 행위는 카드회사에 의하여 미리 포괄적으로 허용된 행위가 아니라, 현금자동지급기의 관리자의 의사에 반하여 그의 지배를 배제한 채 그 현금을 자기의 지배하에 옮겨 놓는 행위로서 절도죄에 해당한다고 봄이 상당하다. [경찰채용 14 1차 / 법원9급 07(상) / 법원9급 07(하) / 법원행시 07 / 변호사시험 12]

6 대법원 2006.7.27, 2006도3126

타인의 명의를 모용하여 발급받은 신용카드를 이용하여 현금자동지급기에서 현금을 인출한 행위와 ARS 전화서비스 등으로 신용대출을 받은 행위는 카드회사에 대한 사기죄의 포괄일죄가 아니라는 사례

① 피고인이 타인의 명의를 모용하여 발급받은 신용카드를 사용하여 현금자동지급기에서 현금대출을 받는 행위는 카드회사에 의하여 미리 포괄적으로 허용된 행위가 아니라 현금자동지급기의 관리자의 의사에 반하여 그의 지배를 배제한 채 그 현금을 자기의 지배하에 옮겨 놓는 행위로서 절도죄에 해당한 다. ② 타인의 명의를 모용하여 발급받은 신용카드의 번호와 그 비밀번호를 이용하여 ARS 전화서비스나 인터넷 등을 통하여 신용대출을 받는 방법으로 재산상 이익을 취득하는 행위 역시 미리 포괄적으로 허용된 행위가 아닌 이상, 컴퓨터 등 정보처리장치에 권한 없이 정보를 입력하여 정보처리를 하게 함으로써 재산상 이익을 취득하는 행위로서 컴퓨터 등 사용사기죄에 해당한다. ③ 따라서 타인의 명의를 모용하여 발급받은 신용카드를 이용하여 현금자동지급기에서 현금을 인출한 행위와 ARS 전화 서비스 등으로 신용대출을 받은 행위를 포괄적으로 카드회사에 대한 사기죄가 된다고 판단한 원심판결 을 파기한다. [경찰채용 16 1차 / 경찰간부 17 / 경찰승진(경감이하) 16 / 경찰승진 12 / 국가9급 11·14·18 / 국가7급 12·16 / 법원승진 12 / 법원행시 07 / 사시 13·14]

7 대법원 1997.1.21, 96도2715

신용카드부정사용죄와 사기죄의 죄수 : 실체적 경합

강취한 신용카드를 가지고 자신이 그 신용카드의 정당한 소지인인 양 가맹점의 점주를 속이고 그에 속은 점주로부터 주류 등을 제공받아 이를 취득한 것이라면 신용카드부정사용죄와 별도로 사기죄가 성립한다. [경찰채용 18 2차 / 경찰간부 18 / 경찰승진(경장) 10 / 국가9급 13 / 법원9급 13 / 법원행시 08 / 사시 10·14]

8 대법원 2008.2.14, 2007도8767

신용카드부정사용죄의 기수시기

신용카드를 절취한 사람이 대금을 결제하기 위하여 신용카드를 제시하고 카드회사의 승인까지 받았다 고 하더라도 매출전표에 서명한 사실이 없고 도난카드임이 밝혀져 최종적으로 매출취소로 거래가 종결 되었다면, 신용카드 부정사용의 미수행위에 불과하다(미수범 처벌규정이 없으므로 신용카드부정사용 에 관하여 무죄). [경찰채용 17 1차 / 경찰간부 16 / 경찰승진(경장) 10 / 국가9급 13 / 국가7급 10 / 사시 10·14·16]

9 대법원 1996.7.12, 96도1181

동일한 신용카드의 반복적인 부정사용에 대한 포괄일죄를 인정한 사례

피고인은 절취한 카드로 가맹점들로부터 물품을 구입하겠다는 단일한 범의를 가지고 그 범의가 계속된 가운데 동종의 범행인 신용카드 부정사용행위를 동일한 방법으로 반복하여 행하였고, 또 위 신용카드의 각 부정사용의 피해법익도 모두 위 신용카드를 사용한 거래의 안전 및 이에 대한 공중의 신뢰인 것으로 동일하므로, 피고인이 동일한 신용카드를 위와 같이 부정사용한 행위는 포괄하여 일죄에 해당 하고, 신용카드를 부정사용한 결과가 사기죄의 구성요건에 해당하고 그 각 사기죄가 실체적 경합관계에 해당한다고 하여도 [국가7급 10·16] 신용카드부정사용죄와 사기죄는 그 보호법익이나 행위의 태양이 전혀 달라 실체적 경합관계에 있으므로 신용카드 부정사용행위를 포괄일죄로 취급하는데 아무런 지장이 없다.[163] [국가7급 10 / 사시 10]

---

163 판례 : 약 2시간 20분 동안에 걸쳐 카드가맹점 7곳에서 도합 2,008,000원 상당의 물품을 구입하면서 그 각 구입대금을 절취한 신용카드로 결제한 경우, 신용카드부정사용죄는 포괄일죄가 된다.

10 대법원 1999.2.12, 98도3549

신용카드 가맹점주가 신용카드회사에게 용역의 제공을 가장한 허위의 매출전표를 제출하여 대금을 청구한 행위는 사기죄의 기망행위에 해당한다.[164] [법원9급 06 / 법원행시 10]

11 대법원 2008.5.29, 2007도1925

甲이 신용카드회원(乙)의 신용카드로 쌀을 구매한 다음, 이를 스스로 할인매입하지 않고 제3자에게 처분하여 그 대금에서 일정 금액을 수수료 명목으로 떼고 나머지를 신용카드회원에게 지급한 사례
여신전문금융업법 제70조 제2항 제3호 (나)목은 '신용카드회원으로 하여금 신용카드에 의하여 물품·용역 등을 구매하도록 한 후 신용카드회원이 구매한 물품·용역 등을 할인하여 매입하는 행위'를 통하여 자금을 융통하여 준 자 또는 이를 중개·알선한 자를 처벌하도록 규정하고 있는바(불법자금 융통죄), 이는 신용카드회원이 신용카드에 의하여 구매한 물품 등을 자금을 융통하여 주는 자가 직접 할인하여 매입함으로써 신용카드회원에게 그 매입대금 상당의 자금을 융통하여 주는 경우뿐만 아니라, 신용카드회원이 신용카드에 의하여 구매한 물품 등을 자금을 융통하여 주는 자가 제3자로 하여금 할인하여 매입하도록 하고 그 매입대금의 전액 또는 일부를 신용카드회원에게 지급하는 방법으로 자금을 융통하여 주는 경우에도 적용되는 것으로 봄이 상당하다.

12 대법원 2001.6.12, 2000도3559

여신전문금융업법상 불법자금융통죄를 다수인을 상대로 수회 범한 경우
여신전문금융업법 제70조 제2항 제3호는 '물품의 판매 또는 용역의 제공을 가장하거나 실제 매출금액을 초과하여 신용카드 매출전표를 작성하고 자금을 융통하여 준 자'를 처벌하도록 규정하고 있는데, 그 구성요건 및 보호법익에 비추어 볼 때 위 규정 위반의 죄는 신용카드를 이용한 자금융통행위 1회마다 하나의 죄가 성립한다고 할 것이고, 일정기간 다수인을 상대로 동종의 자금융통행위를 계속하였다고 하더라도 그 고의가 단일하다고 할 수 없으므로 이를 포괄하여 하나의 죄가 성립한다고 할 수 없다.

알아두기　신용카드범죄 관련 중요판례 요약

① 신용카드는 유가증권이 아니다(대법원 1999.7.9, 99도857). [경찰채용 10 1차 / 경찰간부 13 / 경찰승진(경위) 10]
② 카드채무에 대한 이행의사·능력 없이 신용카드 발급신청을 하여 현금대출도 받고 가맹점을 통한 물품구입대금 대출도 받은 경우는 사기죄의 포괄일죄이다(대법원 1996.4.9, 95도2466). [경찰간부 11 / 사시 10 / 국가7급 16]
③ 타인의 명의를 모용하여 발급받은 신용카드로 현금자동지급기에서 현금을 인출한 행위는 (신용카드부정사용죄는 성립하지 않고) 절도죄를 구성한다(대법원 2002.7.12, 2002도2134). [경찰채용 14 1차 / 법원9급 07(상) / 법원9급 07(하) / 법원행시 07 / 변호사시험 12]
④ 절취한 신용카드로 가맹점에서 물품을 구입하는 행위는 신용카드부정사용죄와 사기죄를 구성한다(대법원 1996.7.12, 96도1181; 대법원 1997.1.21, 96도2715). [경찰간부 18 / 경찰승진 10 / 경찰승진(경장) 10 / 법원행시 08]

164　**사례 : 카드가맹점주의 용역제공을 가장한 카드대금 청구 사례** 甲은 乙 명의의 비자카드를 빌린 후, 자신이 경영하는 여관에 乙이 투숙하고 대금결제를 乙 명의의 비자카드로 한 것처럼 매출전표를 작성하여 신용카드회사에 위 매출전표를 제출, 숙박비 상당의 금원을 교부받았다. 甲의 죄책은?
판례 : 신용카드회사가 가맹점의 용역의 제공을 가장한 허위내용의 매출전표에 의한 대금청구에 대하여는 이를 거절할 수 있는 등 매출전표가 허위임을 알았더라면 피고인에게 그 대금의 지급을 하지 아니하였을 관계가 인정된다면, 피고인이 이 사건 매출전표가 용역의 제공을 가장한 허위의 매출전표임을 고지하지 아니한 채 신용카드회사에게 제출하여 대금을 청구한 행위는 사기죄의 실행행위로서의 기망행위에 해당한다고 할 것이고, 피고인에게 이러한 기망행위에 대한 고의가 있었다면, 비록 당시 피고인에게 신용카드 이용대금을 변제할 의사와 능력이 있었다고 하더라도 피고인에게 사기죄의 고의가 있었음을 인정할 수 있다(대법원 1999.2.12, 98도3549). [법원9급 06 / 법원행시 10]
해결 : 사기죄.

⑤ 신용카드회원이 결제하라고 건네준 신용카드를 사용한 행위는 신용카드부정사용죄를 구성하지 않는다(대법원 2006.7.6, 2006도654). [경찰승진(경장) 10 / 법원행시 07]

⑥ 절취한 직불카드를 온라인 현금자동지급기에 넣고 예금을 인출한 행위는 직불카드의 본래의 용법을 벗어난 것이어서 부정사용죄에 해당되지 않는다(대법원 2003.11, 14, 2003도3977).

⑦ 타인의 명의를 모용하여 발급받은 신용카드를 이용하여 현금자동지급기에서 현금을 인출한 행위(절도에 해당)와 ARS 전화서비스 등으로 신용대출을 받은 행위(컴퓨터사용사기에 해당)는 카드회사에 대한 사기죄의 포괄일죄를 구성하지 않는다(대법원 2006.7.27, 2006도3126). [경찰승진 12 / 국가9급 11 · 14 / 국가7급 12 / 법원9급 18 / 사시 13 · 14]

⑧ 신용카드를 부정사용하는 과정에서 신용카드 매출전표에 카드명의인의 명의를 모용하는 행위를 한 경우에는 별도의 문서위조죄를 구성하지 않고 신용카드부정사용죄에 흡수된다(대법원 1992.6.9, 92도77). [국가9급 14]

⑨ 절취한 신용카드로 대금을 결제하기 위해 신용카드를 제시하고 카드회사의 승인까지 받았으나 매출전표에 서명은 아직 못한 상태에서 도난카드임이 밝혀져 최종적으로 매출취소로 거래가 종결되면 이러한 신용카드부정사용죄의 미수범처벌규정이 없으므로 죄가 되지 않는다(대법원 2008.2.14, 2007도8767). [경찰채용 13 · 17 1차 / 경찰간부 16 / 경찰승진(경장) 10 / 국가9급 13 / 사시 10 · 14 · 16]

⑩ 용역의 제공을 가장한 허위의 매출전표를 신용카드회사에게 제출하여 대금을 청구하여 지급받은 여관 업주의 행위는 사기죄에 해당된다(대법원 1999.2.10, 98도3549). [법원9급 06 / 법원행시 10]

⑪ 여신전문금융업법상 불법자금융통죄를 다수인을 상대로 수회 범한 경우 자금융통행위 1회마다 하나의 죄가 성립한다고 할 것이므로 포괄하여 하나의 죄가 성립한다고 할 수 없다(2000도3559).

⑫ 여신전문금융업법상 불법자금융통죄는 제3자로 하여금 할인하여 매입하도록 하는 경우에도 적용된다(대법원 2008.5.29, 2007도1925).

04 편의시설부정이용죄

제348조의2 【편의시설부정이용】 부정한 방법으로 대가를 지급하지 아니하고 자동판매기, 공중전화 기타 유료자동설비를 이용하여 재물 또는 재산상의 이익을 취득한 자는 3년 이하의 징역, 500만 원 이하의 벌금, 구류 또는 과료에 처한다.

판례연구 편의시설부정이용죄 관련 판례

대법원 2001.9.25, 2001두3625
편의시설부정이용죄의 '대가를 지급하지 아니하고'의 의미 : 타인의 전화카드(한국통신의 후불식 통신카드)를 절취하여 전화통화에 이용한 사례
형법 제348조의2에서 규정하는 편의시설부정이용의 죄는 부정한 방법으로 대가를 지급하지 아니하고 자동판매기, 공중전화 기타 유료자동설비를 이용하여 재물 또는 재산상의 이익을 취득하는 행위를 범죄구성요건으로 하고 있는데, 타인의 전화카드(한국통신의 후불식 통신카드)를 절취하여 전화통화에 이용한 경우에는 통신카드서비스 이용계약을 한 피해자가 그 통신요금을 납부할 책임을 부담하게 되므로, 이러한 경우에는 피고인이 '대가를 지급하지 아니하고' 공중전화를 이용한 경우에 해당한다고 볼 수 없어 편의시설부정이용의 죄를 구성하지 않는다.[165] [국가9급 13 / 변호사시험 17]

---

165 단, 사문서부정행사죄는 성립한다는 것이 판례이다(대법원 2002.6.25, 2002도461). [경찰승진(경장) 11 / 국가9급 13] 후술하는 문서에 관한 죄 중 사문서부정행사죄 참조.

05 부당이득죄

제349조【부당이득】 ① 사람의 곤궁하고 절박한 상태를 이용하여 현저하게 부당한 이익을 취득한 자는 3년 이하의
징역 또는 1천만 원 이하의 벌금에 처한다. 〈우리말 순화 개정 2020.12.8.〉
② 제1항의 방법으로 제3자로 하여금 부당한 이익을 취득하게 한 경우에도 제1항의 형에 처한다. 〈우리말 순화
개정 2020.12.8.〉

판례연구 | **부당이득죄의 곤궁하고 절박한 상태 관련 판례**

1 대법원 2005.4.15, 2004도1246
자기 조합의 이익에 부합한다는 판단에 의한 경우 : 궁박한 상태 ✕
피고인이 피해자인 ○○재건축조합에게 토지를 시세보다 비싼 가격으로 매도하였더라도 그 매매대금
이 현저하게 부당하다고 단정할 수 없고, 피해자 조합이 재건축사업을 추진함에 있어서 위 토지가
반드시 필요한 것은 아니었고, 이를 매입하지 아니하고도 재건축을 추진할 대안이 있었음에도 피해자
조합의 이익에 가장 부합한다는 판단 하에 피고인을 설득하여 위 토지를 매입하게 된 사정들에 비추어
피해자 조합의 궁박상태를 인정하기에는 부족하다.

2 대법원 2008.5.29, 2008도2612
주택신축사업을 미리 알고 토지소유자를 회유하여 자신에게 팔게 한 후 비싼 값에 재매도한 사
례 : 궁박한 상태 ○
甲건설회사의 공동주택신축사업 계획을 미리 알고 있던 乙은 사업부지 내의 토지소유자 丙을 회유하
여 甲과 맺은 토지매매 약정을 깨고 자신에게 이를 매도 및 이전등기하게 한 다음 이를 甲에게 재매도
하면서 2배 이상의 매매대금과 양도소득세를 부담시켰다. 그런데 위 토지는 이 사건 사업부지 중간에
위치하고 있어 위 토지를 제외하고는 사업시행이 불가능하여 甲으로서는 반드시 이 사건 토지를 취득하여
야 하는 처지에 있었다. 위 토지가 전체 사업부지 내에서 갖는 중요성, 乙의 자력, 甲의 사업진행정도
등을 고려할 때 乙의 행위는 부당이득죄를 구성한다.

3 대법원 2009.1.15, 2008도8577
미리 알고 부동산을 매수한 것이 아니라 아파트 건축 추진 수년 전부터 일부 부동산을 소유해온 사례 :
궁박한 상태 ✕
우리 헌법이 규정하고 있는 자유시장경제질서와 여기에서 파생되는 사적 계약자유의 원칙을 고려하여
부당이득죄의 성립을 인정함에 있어서는 신중을 요한다(대법원 2008.12.11, 2008도7823; 2005.4.15,
2004도1246). 개발사업 등이 추진되는 사업부지 중 일부의 매매와 관련된 이른바 '알박기' 사건에서
부당이득죄의 성립 여부가 문제되는 경우, 그 범죄의 성립을 인정하기 위해서는 피고인이 피해자의 개발
사업 등이 추진되는 상황을 미리 알고 그 사업부지 내의 부동산을 매수한 경우이거나 피해자에게 협조할
듯한 태도를 보여 사업을 추진하도록 한 후에 협조를 거부하는 경우 등과 같이, 피해자가 궁박한 상태에
빠지게 된 데에 피고인이 적극적으로 원인을 제공하였거나 상당한 책임을 부담하는 정도에 이르러야
한다. 이러한 정도에 이르지 않은 상태에서 단지 개발사업 등이 추진되기 오래 전부터 사업부지 내의
부동산을 소유하여 온 피고인이 이를 매도하라는 피해자의 제안을 거부하다가 수용하는 과정에서
큰 이득을 취하였다는 사정만으로 함부로 부당이득죄의 성립을 인정해서는 안 된다.[166] [법원행시 06
/ 사시 13]

---

166 **유사** : 이른바 알박기의 목적을 가지지 않은 甲은 주상복합건물 신축사업 부지 중 일부 부동산을 매수하였다가, 위 사업의 시행사에
주변 부지의 평당 매매가보다 약 2.4배 이상 비싼 금액에 다시 매도하였다. 甲의 행위는 부당이득죄를 구성하지 않는다(대법원
2010.5.27, 2010도778).

1 대법원 1972.10.31, 72도1803
채무액의 2배 대물변제 사례 : 현저한 부당이 아니다
피고인 甲이 피해자 乙에게 매도한 대지 잔대금 300만 원의 변제에 갈음하여 대지 666평 시가 300만 원 상당, 주택은행융자금 200만 원, 가옥매매대금 100만 원, 합계 600여 만 원의 이득을 취득하여 지급받을 300만 원을 공제한 300만 원의 이득을 취득한 것만으로 형법 제349조에서 말하는 현저하게 부당한 이득을 취득한 것이라고 보기 어렵다고 판단하였음은 상당하다.

2 대법원 2006.9.8, 2006도3366
형법상 부당이득죄에 있어서 궁박이라 함은 '급박한 곤궁'을 의미하고, '현저하게 부당한 이익의 취득'이라 함은 단순히 시가와 이익과의 배율로만 판단할 것이 아니라 구체적·개별적 사안에 있어서 일반인의 사회통념에 따라 결정하여야 하는 것으로서 …… 제반 상황을 종합하여 구체적으로 판단하되, 특히 우리 헌법이 규정하고 있는 자유시장경제질서와 여기에서 파생되는 사적 계약자유의 원칙을 고려하여 그 범죄의 성립을 인정함에 있어서는 신중을 요한다. …… 피고인이 토지지분을 시가의 약 10배에 해당하는 가격으로 매도함으로써 사회통념상 과도한 이득을 취하였다는 사정만으로는 현저하게 부당한 이득을 취득하였다고 단정할 수 없다.

제5절 공갈의 죄

01 공갈죄

제350조 【공 갈】 ① 사람을 공갈하여 재물의 교부를 받거나 재산상의 이익을 취득한 자는 10년 이하의 징역 또는 2천만 원 이하의 벌금에 처한다.
② 전항의 방법으로 제3자로 하여금 재물의 교부를 받게 하거나 재산상의 이익을 취득하게 한 때에도 전항의 형과 같다.

1 대법원 1984.5.9, 84도573
간통을 한 다음 이러한 비밀을 폭로하겠다고 한 경우
피고인의 연령이 당시 16세이고, 고소인은 32세인 점 및 한 집에 여러 사람이 취침한다는 점에 미루어 … 피해자의 유혹으로 간통관계를 갖게 되었다 하더라도 이를 미끼로 판시와 같이 협박하여 금원의 교부를 받은 사실이 인정되는 이상, 범죄의 성립에는 영향이 없다 할 것이므로 이를 공갈죄로 의율한 조치는 정당하다. [경찰승진(경위) 10]

2 대법원 1991.5.28, 91도80
방송사 기자가 건설회사에게 부실공사를 보도하겠다고 한 경우
방송기자인 피고인이 피해자에게 피해자 경영의 건설회사가 건축한 아파트의 진입도로 미비 등 공사하자에 관하여 방송으로 계속 보도할 것 같은 태도를 보임으로써 피해자가 위 방송으로 말미암아 그의 아파트 건축사업이 큰 타격을 받고 자신이 경영하는 회사의 신용에 커다란 손실을 입게 될 것을 우려하여 방송을 하지 말아 달라는 취지로 돈 200만 원을 피고인에게 교부한 경우 공갈죄의 구성요건이 충족되고 또 인과관계도 인정된다고 할 것이다. [경찰간부 14]

3 대법원 1997.2.14, 96도1959
해당 업체의 반박광고에 대하여 신문사측에서 기자들의 격앙된 분위기를 전한 경우
신문의 부실공사 관련 기사에 대한 해당 건설업체의 반박광고가 있었음에도 재차 부실공사 관련 기사가 나가는 등 그 신문사 기자들과 그 건설업체 대표이사의 감정이 악화되어 있는 상태에서, 그 신문사 사주 및 광고국장이 보도자제를 요청하는 그 건설업체 대표이사에게 자사 신문에 사과광고를 싣지 않으면 그 건설업체의 신용을 해치는 기사가 계속 게재될 것 같다는 기자들의 분위기를 전달하는 방식으로 사과광고를 게재토록 하면서 과다한 광고료를 받은 행위는 공갈죄의 구성요건에 해당한다. [경찰채용 18 2차]

4 대법원 2013.4.11, 2010도13774
소비자불매운동 사건 : 조중동에 광고하면 광고주에 대해 불매운동하겠다는 것은 공갈이라는 사례
소비자불매운동이라 하더라도 대상 기업에게 특정한 요구를 하면서 이에 응하지 않을 경우 불매운동의 실행 등 대상 기업에 불이익이 되는 조치를 취하겠다고 고지하거나 공표하는 것과 같이 소비자불매운동의 일환으로 이루어지는 것으로 볼 수 있는 표현이나 행동이 정치적 표현의 자유나 일반적 행동의 자유 등의 관점에서도 전체 법질서상 용인될 수 없을 정도로 사회적 상당성을 갖추지 못한 때에는 그 행위 자체가 강요죄나 공갈죄에서 말하는 협박의 개념에 포섭될 수 있으므로, 소비자불매운동 과정에서 이루어진 어떠한 행위가 강요죄나 공갈죄의 수단인 협박에 해당하는지 여부는 해당 운동의 목적 등 제반 사정을 종합적·실질적으로 고려하여 판단하여야 한다.[167]

5 대법원 2005.9.29, 2005도4738
삼각공갈 사례 : 주점 종업원에게 재산의 처분에 관한 사실상 지위를 인정한 사건
공갈죄에 있어서 공갈의 상대방은 재산상의 피해자와 동일함을 요하지는 아니하나, 공갈의 목적이 된 재물 기타 재산상의 이익을 처분할 수 있는 사실상 또는 법률상의 권한을 갖거나 그러한 지위에 있음을 요한다(삼각사기·삼각공갈 모두 사실상 지위설에 의함). [경찰채용 12 3차 / 경찰승진(경감이하) 17 / 경찰승진 12 / 법원9급 11·14 / 법원행시 10·12] 따라서 주점의 종업원에게 신체에 위해를 가할 듯한 태도를 보여 이에 겁을 먹은 위 종업원으로부터 주류를 제공받은 경우에 있어 위 종업원은 주류에 대한 사실상의 처분권자이므로 공갈죄의 피해자에 해당된다.

판례연구 　**공갈죄의 구성요건에 해당하지 않는 사례**

1 대법원 2012.8.30, 2012도6157
공갈죄의 대상은 타인의 재물이어야 한다는 사례
공갈죄의 대상이 되는 재물은 타인의 재물을 의미하므로, 사람을 공갈하여 자기의 재물을 교부받는

---

167 **비교** : 광고주에 대한 불매운동이 신문사들에 대한 업무방해죄가 무조건 되는 것은 아니라는 판례(대법원 2013.3.14, 2010도410)는 앞서 기술하였다.

경우에는 공갈죄가 성립하지 아니한다. 그리고 타인의 재물인지는 민법, 상법, 기타의 실체법에 의하여 결정되는데, 금전을 도난당한 경우 절도범이 절취한 금전만 소지하고 있는 때 등과 같이 구체적으로 절취된 금전을 특정할 수 있어 객관적으로 다른 금전 등과 구분됨이 명백한 예외적인 경우에는 절도 피해자에 대한 관계에서 그 금전이 절도범인 타인의 재물이라고 할 수 없다.[168] [경찰채용 13 1차 / 법원9급 14 / 법원행시 13·16 / 사시 13 / 변호사시험 18]

2 대법원 2002.2.8, 2000도3245

조상천도제를 지내지 아니하면 좋지 않은 일이 생긴다는 취지의 해악의 고지가 공갈죄의 수단으로써 협박으로 평가될 수 없다고 한 사례

공갈죄의 수단으로써 협박은 객관적으로 사람의 의사결정의 자유를 제한하거나 의사실행의 자유를 방해할 정도로 겁을 먹게 할 만한 해악을 고지하는 것을 말하고, [법원9급 11] 그 해악에는 인위적인 것뿐만 아니라 천재지변 또는 신력이나 길흉화복에 관한 것도 포함될 수 있으나, 다만 천재지변 또는 신력이나 길흉화복을 해악으로 고지하는 경우에는 상대방으로 하여금 행위자 자신이 그 천재지변 또는 신력이나 길흉화복을 사실상 지배하거나 그에 영향을 미칠 수 있는 것으로 믿게 하는 명시적 또는 묵시적 행위가 있어야 공갈죄가 성립한다. 따라서 조상천도제를 지내지 아니하면 좋지 않은 일이 생긴다는 취지의 해악의 고지는 길흉화복이나 천재지변의 예고로서 행위자에 의하여 직접·간접적으로 좌우될 수 없는 것이고 가해자가 현실적으로 특정되어 있지도 않으며 해악의 발생가능성이 합리적으로 예견될 수 있는 것이 아니므로 협박으로 평가될 수 없다. ⇨ 단순한 경고는 협박이 아니다. [경찰채용 12 1차 / 경찰간부 11·12·14 / 경찰승진(경사) 10 / 경찰승진(경위) 10 / 경찰승진(경감이하) 16]

3 대법원 1983.2.8, 82도2714

금품이 전제되지 않은 부녀와의 정교가 공갈죄의 객체인 재산상 이익으로 평가될 수 없다는 사례

공갈죄는 재산범으로서 그 객체인 재산상 이익은 경제적 이익이 있는 것을 말하는 것인바, 일반적으로 부녀와의 정교 그 자체는 이를 경제적으로 평가할 수 없는 것이므로 부녀를 공갈하여 정교를 맺었다고 하여도 특단의 사정이 없는 한 이로써 재산상 이익을 갈취한 것이라고 볼 수는 없는 것이며, 부녀가 주점접대부라 할지라도 피고인과 매음을 전제로 정교를 맺은 것이 아닌 이상 피고인이 매음대가의 지급을 면하였다고 볼 여지가 없으니 공갈죄가 성립하지 아니한다. [경찰승진 13 / 국가7급 14]

4 대법원 2012.1.27, 2011도16044

공갈죄는 편취죄로서 재산상 처분행위가 있어야 한다는 사례 : 택시기사를 폭행하고 도주한 사건

재산상 이익의 취득으로 인한 공갈죄가 성립하려면 폭행 또는 협박과 같은 공갈행위로 인하여 피공갈자가 재산상 이익을 공여하는 처분행위가 있어야 한다. 물론 그러한 처분행위는 반드시 작위에 한하지 아니하고 부작위로도 족하여서, 피공갈자가 외포심을 일으켜 묵인하고 있는 동안에 공갈자가 직접 재산상의 이익을 탈취한 경우에도 공갈죄가 성립할 수 있다. 그러나 폭행의 상대방이 위와 같은 의미에서의 처분행위를 한 바 없고, 단지 행위자가 법적으로 의무 있는 재산상 이익의 공여를 면하기 위하

---

168 **사례** : 공갈죄의 대상인 '타인의 재물'인지 판단하는 기준 甲이 乙의 돈을 절취한 다음 다른 금전과 섞거나 교환하지 않고 쇼핑백 등에 넣어 자신의 집에 숨겨두었는데, A가 乙의 지시로 丙과 함께 甲에게 겁을 주어 위 돈을 교부받아 갈취하였다. A에게는 공갈죄의 죄책이 성립하는가?
판례 : 공갈죄의 대상이 되는 재물은 타인의 재물을 의미하므로, 사람을 공갈하여 자기의 재물을 교부받는 경우에는 공갈죄가 성립하지 아니한다. 그리고 타인의 재물인지는 민법, 상법, 기타의 실체법에 의하여 결정되는데, 금전을 도난당한 경우 절도범이 절취한 금전만 소지하고 있는 때 등과 같이 구체적으로 절취된 금전을 특정할 수 있어 객관적으로 다른 금전 등과 구분됨이 명백한 예외적인 경우에는 절도 피해자에 대한 관계에서 그 금전이 절도범인 타인의 재물이라고 할 수 없다. 피고인 등이 甲에게서 되찾은 돈은 절취 대상인 당해 금전이라고 구체적으로 특정할 수 있어 객관적으로 甲의 다른 재산과 구분됨이 명백하므로 이를 타인인 甲의 재물이라고 볼 수 없으므로 공갈죄가 성립된다고 볼 수 없다(대법원 2012.8.30, 2012도6157). [경찰채용 13 1차 / 법원9급 14 / 법원행시 13 / 사시 13]
해결 : 성립하지 않는다.

여 상대방을 폭행하고 현장에서 도주함으로써 상대방이 행위자로부터 원래라면 얻을 수 있었던 재산상 이익의 실현에 장애가 발생한 것에 불과하다면, 그 행위자에게 공갈죄의 죄책을 물을 수 없다.[169]
[경찰채용 12 3차 / 경찰승진 14 / 국가9급 12 / 법원행시 12·13·16]

판례연구 **실질적 권리남용 여부 : 사회상규에 위배되지 아니하는 행위**

1 공갈죄를 인정한 경우 : 권리남용 ○

1. 피고인이 교통사고로 2주일간의 치료를 요하는 상해를 당하여 그로 인한 손해배상청구권이 있음을 기화로 사고차량의 운전사가 바뀐 것을 알고서 그 운전사의 사용자에게 과다한 금원을 요구하면서 이에 응하지 않으면 수사기관에 신고할 듯한 태도를 보여 이에 겁을 먹은 동인(同人)으로부터 금 350만 원을 교부받은 것이라면, 이는 손해배상을 받기 위한 수단으로서 사회통념상 허용되는 범위를 넘어서 그 권리행사를 빙자하여 상대방을 외포하게 함으로써 재물을 교부받은 경우에 해당하므로 공갈죄가 성립한다고 할 것이다(대법원 1971.11.9, 71도1629). [경찰간부 14 / 경찰승진(경장) 11]

2. 남편 乙의 정신병원에서의 퇴원요구를 거절해 온 처 甲이 乙에 대하여 계속적인 재산이전요구를 한 경우, 乙이 재산이전요구에 응하지 않으면 퇴원시켜 주지 않겠다고 甲이 말한 바 없더라도 이는 암묵적 의사표시로서 공갈죄의 수단인 해악의 고지에 해당하고 이러한 해악의 고지는 그것이 권리의 실현수단으로 사용되었더라도 그 수단·방법이 사회통념상 허용되는 정도나 범위를 넘는 것으로서 공갈죄를 구성한다(대법원 2001.2.23, 2000도4415).

2 공갈죄를 부정한 경우 : 권리남용 ×

1. 손해배상을 청구하면서 고소하겠다고 한 경우(대법원 1984.1.24, 83도3023)
2. 보증금을 환불하지 않으면 구속시키겠다고 한 경우(대법원 1977.6.7, 77도1107)
3. 공사금을 지급하지 않으면 진정하겠다고 한 경우(대법원 1979.10.30, 79도1660)
4. 다소 시위를 할 듯한 태도를 보이는 경우(대법원 1980.11.25, 79도2656)

판례연구 **공갈죄와 수뢰죄의 죄수 및 금품제공자의 증뢰죄의 성부**

대법원 1969.7.22, 65도1166
공무원이 직무집행에 빙자하여 타인을 공갈하여 재물을 교부케 한 경우에는 공갈죄만이 성립한다는 사례
공무원이 직무집행을 빙자하여 타인을 공갈하여 재산을 교부케 한 경우에는 공갈죄만이 성립하고 금품제공자에 대하여 증뢰죄가 성립될 수 없다. [경찰채용 14 1차 / 법원9급 05·09·14 / 법원행시 06·14 / 변호사시험 17]
즉, 공무원이 직무집행에 빙자하여 타인을 공갈하여 재물을 교부케 한 경우에는 공갈죄만이 성립한다 할 것이고, 이러한 경우 공무원의 협박의 정도가 피해자의 반항을 억압할 수 있는 정도의 것이 아니고 따라서 피해자의 의사결정의 자유가 완전히 박탈된 것이 아니라 할지라도 가해자의 해악의 고지로

---

169 **사례 : 택시기사 폭행 후 달아난 경우 공갈죄 부정례** 甲은 乙이 운전하는 택시를 타고 간 후 목적지가 다르다는 이유로 택시요금의 지급을 면하고자 이를 요구하는 乙을 폭행하고 달아났다. 甲에게는 공갈죄의 죄책이 인정되는가?
판례 : 피고인이 피해자가 운전하는 택시를 타고 간 후 최초의 장소에 이르러 택시요금의 지급을 면할 목적으로 다른 장소에 가자고 하였다면서 택시에서 내린 다음 택시요금 지급을 요구하는 피해자를 때리고 달아나자, 피해자가 피고인이 말한 다른 장소까지 쫓아가 기다리다 그곳에서 피고인을 발견하고 택시요금 지급을 요구하였는데 피고인이 다시 피해자의 얼굴 등을 주먹으로 때리고 달아난 경우, 피해자가 피고인에게 계속해서 택시요금의 지급을 요구하였으나 피고인이 이를 면하고자 피해자를 폭행하고 달아났을 뿐, 피해자가 폭행을 당하여 외포심을 일으켜 수동적·소극적으로라도 피고인이 택시요금 지급을 면하는 것을 용인하여 이익을 공여하는 처분행위를 하였다고 할 수 없는데도, 이와 달리 보아 공갈죄를 인정한 원심판결에는 법리오해 등 위법이 있다(대법원 2012.1.27, 2011도16044). [경찰채용 12 3차 / 국가9급 12 / 법원행시 12·13]
해결 : 인정되지 않는다.

인하여 외포의 결과 금품을 제공한 것이었다면 그 금품 제공자는 공갈죄의 피해자가 될 것이고 증뢰죄의 성립은 될 수 없다고 하여야 할 것이다.

02 친족상도례

제354조【친족간의 범행, 동력】제328조와 제346조의 규정은 본장의 죄에 준용한다.

> **판례연구** 공갈죄 및 (구)폭처법상 흉기휴대 공갈죄에 관한 친족상도례
>
> 대법원 2010.7.29, 2010도5795
> 흉기 기타 위험한 물건을 휴대하고 공갈죄를 범하여 (구) 폭력행위 등 처벌에 관한 법률 제3조 제1항에 의해 가중처벌되는 경우 친족상도례 규정이 적용된다는 사례
> 형법 제354조, 제328조의 규정에 의하면, 직계혈족, 배우자, 동거친족, 동거가족 또는 그 배우자 간의 공갈죄는 그 형을 면제하여야 하고 그 외의 친족 간에는 고소가 있어야 공소를 제기할 수 있는바, 흉기 기타 위험한 물건을 휴대하고 공갈죄를 범하여 '폭력행위 등 처벌에 관한 법률' 제3조 제1항, 제2조 제1항 제3호에 의하여 가중처벌되는 경우에도 형법상 공갈죄의 성질은 그대로 유지되는 것이고, 특별법인 위 법률에 친족상도례에 관한 형법 제354조, 제328조의 적용을 배제한다는 명시적인 규정이 없으므로, 형법 제354조는 '폭력행위 등 처벌에 관한 법률 제3조 제1항 위반죄'에도 그대로 적용된다.[170]
> [경찰승진(경장) 11 / 경찰승진 14 / 법원9급 18 / 법원행시 13 / 사시 14]

제6절 횡령의 죄

01 횡령죄

제355조【횡령, 배임】① 타인의 재물을 보관하는 자가 그 재물을 횡령하거나 그 반환을 거부한 때에는 5년 이하의 징역 또는 1천500만 원 이하의 벌금에 처한다.

---

170 **보충** : 피고인과 친족관계에 있는 피해자에 대한 '흉기휴대 공갈'의 '폭력행위 등 처벌에 관한 법률 위반죄'를 형법 제354조, 제328조에 의하여 피해자의 고소가 있어야 논할 수 있는 친고죄로 보고, 제1심판결 선고 전에 피고인의 처벌을 바라지 아니하는 의사가 표시된 합의서가 제출되었다는 이유로, 형사소송법 제327조 제5호에 의하여 공소를 기각한 원심판결을 수긍한 사례이다.

1 대법원 1990.3.23, 89도1911
건축허가명의를 수탁받은 회사의 실질적 경영자가 소유권보존등기가 되지 않은 신축건물의 보관자로서 횡령죄의 주체라고 본 사례
법률상 부동산을 제3자에게 유효하게 처분할 수 있는 지위에 있는 자는 그 부동산에 대한 지배력을 가지고 있다고 할 것이므로, 횡령죄의 성립에 있어서 그 부동산을 보관하는 자에 해당한다고 보아야 할 것인 바, 소유권보존등기가 되어있지 않은 이 사건 건물이 실제로 피해자가 재료의 주요부분과 노력을 제공하여 건축한 피해자의 소유로서 건축허가명의만을 甲회사에게 신탁한 경우에 있어서, 건축허가 관계서류에 의하여 작성된 건축물관리대장(또는 가옥대장)의 등본에 의하여 자기 또는 피상속인이 그 대장에 소유자로서 등록되어 있는 것을 증명하는 자가 미등기건물의 소유권보존등기를 신청할 수 있도록 되어 있는 부동산등기법 제131조 제1호, 건축법시행규칙 제6조 등의 규정내용에 비추어볼 때 甲회사의 실질적인 경영자인 피고인은 건축허가명의자인 甲회사의 명의로 소유권보존등기를 하여 대외적으로 유효하게 위 건물을 처분할 수 있는 지위에 있는 자이어서 타인의 부동산인 위 건물을 보관하는 자에 해당한다고 보아야 할 것이다.

2 대법원 1993.3.9, 92도2999
횡령죄에 있어서 미등기부동산의 보관자
부동산의 보관은 원칙으로 등기부상의 소유명의인에 대하여 인정되지만 등기부상의 명의인이 아니라도 소유자의 위임에 의거해서 실제로 타인의 부동산을 관리, 지배하면 부동산의 보관자라 할 수 있고, 미등기건물에 대하여는 위탁관계에 의하여 현실로 부동산을 관리, 지배하는 자가 보관자라고 할 수 있다.[171] [경찰채용 11 2차 / 경찰채용 12 3차]

3 대법원 2010.1.28, 2009도1884
등기부상 소유명의인의 배우자
등기부상 소유명의인의 배우자로서 소유명의인의 위임에 의하여 그 부동산의 실질적인 지배·관리권 및 대외적인 처분권을 갖고 있는 경우에는 그 부동산의 보관자에 해당한다고 할 것이다.

4 대법원 2005.8.19, 2005도3045; 2010.12.23, 2008도8851; 2011.3.24, 2010도17396; 2012.6.28, 2012도2628
주식회사의 주주나 대표이사가 회사 소유 재산을 사적인 용도로 임의 처분한 경우
주식회사는 주주와 독립된 별개의 권리주체로서 그 이해가 반드시 일치하는 것은 아니므로, 회사 소유 재산을 주주나 대표이사 또는 그에 준하여 회사 자금의 보관이나 운용에 관한 '사실상의 사무를 처리하는 자'와 같이 회사재산에 대한 위탁관계에 의해 보관자의 지위가 인정되는 자가 제3자의 자금 조달을 위하여 담보로 제공하는 등 사적인 용도로 임의 처분하였다면 그 처분에 관하여 주주총회나 이사회의 결의가 있었는지 여부와는 관계없이 횡령죄의 죄책을 면할 수는 없다. 경찰승진 13 / 국가9급 22 / 법원행시 06·08 / 변호사시험 14]

5 대법원 2011.2.10, 2010도13284
국민연금 보험료 횡령 사건
국민연금법에 의하여 사용자는 매월 임금에서 국민연금 보험료 중 근로자가 부담할 기여금을 원천공제하여 근로자를 위하여 보관하고, 국민연금관리공단에 위 보험료를 납부하여야 할 업무상 임무를

---

171 **보충** : 위 판례는 미등기건물의 관리를 위임받아 보관하고 있는 자가 임의로 건물을 자신의 명의로 보존등기를 하여 횡령한 후, 다시 근저당권설정등기를 한 행위가 불가벌적 사후행위에 해당한다고 본 사례이기도 하다.

부담하게 되며, 사용자가 이에 위배하여 근로자의 임금에서 원천공제한 기여금을 위 공단에 납부하지 아니하고, 나아가 이를 개인적 용도로 소비하였다면 업무상 횡령죄의 죄책이 있다.[172] [경찰승진 13]

6 대법원 2015.6.25, 2015도1944 전원합의체

차량의 등록명의자가 아닌 보관위임자나 보관자 : 차량도 등록 기준이 아니라 점유 기준

소유권의 취득에 등록이 필요한 타인 소유의 차량을 인도받아 보관하고 있는 사람이 이를 사실상 처분하면 횡령죄가 성립하며, 그 보관 위임자나 보관자가 차량의 등록명의자일 필요는 없다. 그리고 이와 같은 법리는 지입회사에 소유권이 있는 차량에 대하여 지입회사로부터 운행관리권을 위임받은 지입차주가 지입회사의 승낙 없이 그 보관 중인 차량을 사실상 처분하거나 지입차주로부터 차량 보관을 위임받은 사람이 지입차주의 승낙 없이 그 보관 중인 차량을 사실상 처분한 경우에도 마찬가지로 적용된다. … 이와 달리 소유권의 취득에 등록이 필요한 차량에 대한 횡령죄에서 타인의 재물을 보관하는 사람의 지위는 일반 동산의 경우와 달리 차량에 대한 점유 여부가 아니라 등록에 의하여 차량을 제3자에게 법률상 유효하게 처분할 수 있는 권능 유무에 따라 결정하여야 한다는 취지의 대법원 1978.10.10, 78도1714 판결, 대법원 2006.12.22, 2004도3276 판결 등은 이 판결과 배치되는 범위에서 이를 변경하기로 한다. [경찰간부 17 / 국가7급 21 / 법원9급 17·18·22 / 법원행시 18 / 사시 16]

7 대법원 2019.12.24, 2019도9773

주식회사의 주주나 대표이사 또는 그에 준하여 회사 자금의 보관이나 운용에 관한 사실상의 사무를 처리하는 자가 회사 소유의 재산을 사적인 용도로 함부로 처분한 사례

횡령죄는 타인의 재물에 대한 재산범죄로서 재물의 소유권 등 본권을 보호법익으로 하는 범죄이다. 따라서 횡령죄의 객체가 타인의 재물에 속하는 이상 구체적으로 누구의 소유인지는 횡령죄의 성립 여부에 영향이 없다. 주식회사는 주주와 독립된 별개의 권리주체로서 그 이해가 반드시 일치하는 것은 아니므로, 주주나 대표이사 또는 그에 준하여 회사 자금의 보관이나 운용에 관한 사실상의 사무를 처리하는 자가 회사 소유의 재산을 사적인 용도로 함부로 처분하였다면 횡령죄가 성립한다. …… 피고인들이 공모하여 甲 주식회사 등 피해 회사가 납품하는 물품을 마치 피해 회사의 자회사로서 서류상으로만 존재하는 乙 주식회사 등이 납품하는 것처럼 서류를 꾸며 피해 회사가 지급받아야 할 납품대금을 자회사 명의의 계좌로 지급받아 급여 등의 명목으로 임의로 사용하였다고 하여 특경법위반(횡령)으로 기소된 경우, 법인격 부인 또는 남용 법리는 회사가 법인격을 남용했다고 볼 수 있는 예외적인 경우에 회사에 법인격이 있더라도 이를 무시하고 그 뒤에 있는 배후자에게 책임을 추궁하는 것이므로, 피고인들이 피해 회사의 자회사 계좌를 이용하여 피해 회사의 납품대금을 횡령한 사건에서 법인격 부인 여부에 따라 횡령죄의 성립이 좌우되는 것은 아니라고 할 것이다.

판례연구 **횡령죄의 주체로서 보관자임을 인정하지 않은 판례**

1 대법원 2004.5.27, 2003도6988

부동산의 공유자 중 1인이 다른 공유자의 지분을 임의로 처분하거나 임대한 사례

부동산에 관한 횡령죄에 있어서 타인의 재물을 보관하는 자의 지위는 동산의 경우와는 달리 부동산에

---

172 **사례 : 국민연금 횡령 사례** 사용자가 근로자의 임금에서 국민연금 보험료 중 근로자가 부담하는 기여금을 원천공제한 뒤 국민연금관리공단에 납부하지 않고 개인적 용도로 사용한 경우, 업무상 횡령죄가 성립하는가?
판례 : 구 국민연금법 제90조 제1항, 제95조 제1항, 구 국민연금법 시행령 제64조 등의 규정에 의하여 사용자는 매월 임금에서 국민연금 보험료 중 근로자가 부담할 기여금을 원천공제하여 근로자를 위하여 보관하고, 국민연금관리공단에 위 보험료를 납부하여야 할 업무상 임무를 부담하게 되며, 사용자가 이에 위배하여 근로자의 임금에서 원천공제한 기여금을 위 공단에 납부하지 아니하고, 나아가 이를 개인적 용도로 소비하였다면 업무상 횡령죄의 책임을 면할 수 없다(대법원 2011.2.10, 2010도13284). [경찰승진 13]
해결 : 성립한다.

대한 점유의 여부가 아니라 부동산을 제3자에게 유효하게 처분할 수 있는 권능의 유무에 따라 결정하여야 하므로, 부동산의 공유자 중 1인이 다른 공유자의 지분을 임의로 처분하거나 임대하여도 그에게는 그 처분권능이 없어 횡령죄가 성립하지 아니한다. [경찰간부 11] 따라서 구분소유자 전원의 공유에 속하는 공용부분인 지하주차장 일부를 피고인 2가 독점 임대하였더라도 그 피고인이 그 공용부분을 다른 구분소유자들을 위하여 보관하는 지위에 있는 것은 아니므로 위 공용부분을 임대하고 수령한 임차료 역시 다른 구분소유자들을 위하여 보관하는 것은 아니라고 할 것이어서 그 돈을 임의로 소비하였어도 횡령죄가 성립하지 아니한다.[173][174] [경찰승진(경사) 11 / 경찰승진 13 / 법원9급 20 / 국가9급 21 / 법원행시 11 / 사시 13]

2 대법원 2000.4.11, 2000도565
공동상속인 중 1인이 상속 부동산을 혼자 점유하던 중 다른 공동상속인의 상속지분을 임의로 처분한 사례
부동산에 관한 횡령죄에 있어서 타인의 재물을 보관하는 자의 지위는 동산의 경우와는 달리 부동산에 대한 점유의 여부가 아니라 부동산을 제3자에게 유효하게 처분할 수 있는 권능의 유무에 따라 결정하여야 하므로, 부동산을 공동으로 상속한 자들 중 1인이 부동산을 혼자 점유하던 중 다른 공동상속인의 상속지분을 임의로 처분하여도 그에게는 그 처분권능이 없어 횡령죄가 성립하지 아니한다.[175] [경찰간부 12 / 경찰승진(경장) 11 / 경찰승진(경감이하) 17 / 법원9급 06·09·10 / 법원행시 14]

3 대법원 2010.6.24, 2009도9242
원인무효인 소유권이전등기의 명의자
물품제조 회사가 농지를 매수하여 피고인 명의로 소유권이전등기를 마침으로써 소유명의를 신탁하여 두었는데 피고인이 그 후 이를 타인에게 처분한 경우, 물품제조회사는 농지를 소유할 수 없으므로 위 농지 매매계약은 무효이므로 피고인은 애초부터 명의수탁자가 아니라 원인무효인 소유권이전등기의 명의자에 불과하여 위 토지를 제3자에게 유효하게 처분할 수 있는 권능을 가지지 아니한다는 점에서 위 토지의 보관자라 할 수 없다. [경찰간부 17/ 경찰승진(경사) 11 / 경찰승진(경감이하) 17 / 경찰승진 12 / 국가9급 12 / 법원행시 08·10·11 / 사시 13]

4 대법원 2010.1.28, 2009도11868
지방자치단체가 사인과 국가를 당사자로 계약에 관한 법률에 따르지 않고 예약·계약을 한 경우
甲교육청이 乙주식회사가 사용해 오던 교육청 토지를 매도하면서 乙회사의 직원인 피고인을 낙찰자로 선정한 다음, 매수인을 피고인으로 명시한 계약서를 작성하고 甲교육청 교육장과 피고인이 기명날인하였는데, 피고인이 그 토지의 보상금을 임의로 소비한 경우, 계약당사자는 乙회사가 아니라 피고인이 므로 피고인은 회사에 대한 보관자라 할 수 없다.[176]

---

173 물론 공유자들이 그 중 1인의 공유자에게 위탁을 시킨 경우에는 횡령죄가 성립할 수 있다.
174 **비교** : 甲과 乙은 건물을 丙에게 임대해 준 공동임대인인데, 그 중 甲은 임대보증금을 보관하다가 임의로 소비하였다. 공동소유자 중 1인에 불과한 甲이 乙의 승낙 없이 위 임대보증금 잔금을 임의로 처분하였으므로 횡령죄가 성립한다(대법원 2001.10.30, 2001도2095).
175 **판례** : A, B의 계모인 甲은 A, B와 공동으로 상속한 건물에 거주·관리하면서 이를 乙에게 임의로 매도하였다. 甲에게는 횡령죄가 성립하지 않는다(대법원 2000.4.11, 2000도565). [경찰채용 18 1차/ 법원9급 06]
176 **사례** : 지방자치단체가 사인과 국가를 당사자로 하는 계약에 관한 법률에 따르지 않고 예약·계약을 한 경우 甲교육청이 乙주식회사가 사용해 오던 교육청 토지를 매도하면서 관련 법령에 따라 공개경쟁입찰절차를 거쳐 乙회사의 직원인 A(피고인)를 낙찰자로 선정한 다음, 매수인을 A로 명시한 계약서를 작성하고 甲교육청 교육장과 A가 각 기명·날인한 경우, A가 위 토지의 보상금을 임의 소비한 행위는 횡령죄를 구성하는가?
판례 : 매매계약의 체결경위나 소요자금의 부담관계 등의 사정을 고려하더라도 이 사건 매매계약에서 충청북도의 계약상대방으로서 매수인의 지위에 있는 자는 그 계약서 표시된 바에 따라 피고인으로 봄이 상당하다. 따라서 이와 달리 피해자 회사가 이 사건 매매계약의 매수인임을 전제로 이 사건 교육청 토지의 등기만을 이전받은 피고인은 이 사건 교육청 토지 및 그와 동일성이 인정되는 보상금을 피해자 회사를 위하여 보관하는 지위에 있었다는 이유로, 피고인이 위 보상금을 임의 소비한 행위가 피해자 회사에 대한 관계에서 횡령죄에 해당한다고 본 원심판단에는 이 사건에서 횡령죄 판단의 전제가 된 매매당사자 확정에 관한 법리를 오해하여 판결 결과에 영향을 미친 위법이 있다 할 것이다(대법원 2010.1.28, 2009도11868).

판례연구 **횡령죄의 요건인 위탁관계를 인정한 판례**

1 대법원 1983.4.26, 82도3079

약속어음을 그 할인을 위하여 교부받은 수탁자도 그 위탁의 취지에 따라 보관하는 것에 불과하고 위 약속어음을 교부할 당시에 그 할인의 편의를 위하여 배서양도의 형식을 취하였다 하더라도 다를 바 없다.[177]

비교 대법원 1995.1.20, 94도2760

백지의 약속어음 보관자가 보충권을 남용하여 보충 후 채무변제조로 제3자에게 교부한 사례

발행인으로부터 일정한 금액의 범위 내에서 액면을 보충·할인하여 달라는 의뢰를 받고 액면 백지인 약속어음을 교부받아 보관 중이던 자가 발행인과의 합의에 의하여 정해진 보충권의 한도를 넘어 보충을 한 경우에는 발행인의 서명날인 있는 기존의 약속어음 용지를 이용하여 새로운 별개의 약속어음을 발행한 것에 해당하여 이러한 보충권의 남용행위로 인하여 생겨난 새로운 약속어음에 대하여는 발행인과의 관계에서 보관자의 지위에 있다 할 수 없으므로, 설사 그 약속어음을 자신의 채무변제조로 제3자에게 교부하여 임의로 사용하였다고 하더라도, 발행인으로 하여금 제3자에 대하여 어음상의 채무를 부담하는 손해를 입게 한 데에 대한 배임죄가 성립될 수 있음은 별론으로 하고, 보관자의 지위에 있음을 전제로 횡령죄가 성립될 수는 없다.

보충 – 판결이유 중에서 발췌 : 지방재정법 및 국가를 당사자로 하는 계약에 관한 법률에 의하여, 지방자치단체가 사경제의 주체로서 사인과 사법상의 계약을 체결함에 있어서는 위 법률에 따른 계약서를 따로 작성하는 등 그 요건과 절차를 이행하여야 할 것이고, 지방자치단체와 사인 간에 사법상의 계약 또는 예약이 체결되었다 하더라도 위 법률상의 요건과 절차를 거치지 아니한 계약 또는 예약은 그 효력이 없다(대법원 2004.1.27, 2003다14812 등).

해결 : 구성하지 않는다.

177 **사례** : 약속어음의 할인을 위하여 교부받은 수탁자 사례 : 대법원 1983.4.26, 82도3079 명○○는 안○○으로부터 약속어음 2매를 할인하여 달라는 부탁과 함께 교부받고 다시 甲에게 그 할인을 부탁하고 이를 교부함에 있어서(이때 甲은 할인을 해주지 않겠다는 의사를 가지고 있었던 것은 아니었다) 甲의 요구에 따라 배서양도하는 형식을 취하였으며 한편 명○○에 대하여 대여금채권을 갖고 있던 甲은 위 약속어음을 교부받은 후부터는 이를 채권변제에 충당한다면서 할인을 하여 주지 않고 있던 중에 명○○와 안○○으로부터 위 약속어음은 원래 안○○의 소유로서 명○○를 거쳐서 甲에게 교부된 것이니 반환해 달라는 항의를 받게 되자 그 반환조건으로 명○○의 위 차용금 지불에 대한 각서 및 담보제공을 요구하기에 이르러 이를 모두 제공받고도, 그것만으로는 채권확보에 미흡하다고 하면서 甲 자신의 채권자인 이○○에게 위 약속어음 2매를 교부하여 그 채권변제에 충당하였다. 이 경우 甲의 죄책은?

(제1문) 또한 만약 甲이 처음부터 할인을 해주겠다는 의사를 가지고 있지 않은 상태에서 약속어음을 교부받았다면 甲의 죄책은?

(제2문) 판례 : 약속어음을 그 할인을 위하여 교부받은 수탁자가 배서양도의 형식으로 위탁된 약속어음을 수탁자가 자신의 채무변제에 충당하였다면 이와 같은 수탁자의 행위는 위탁의 취지에 반하는 것으로서 횡령죄를 구성한다(이상 제1문). 다만 피고인이 당초부터 피해자를 기망하여 약속어음을 교부받은 경우에는 그 교부받은 즉시 사기죄가 성립하고 그 후 이를 피해자에 대한 피고인의 채권의 변제에 충당하였다 하더라도 불가벌적 사후행위가 됨에 그칠 뿐, 별도로 횡령죄를 구성하지 않는다(이상 제2문). [법원행시 06 / 경찰승진(경감) 11]

보충 – 제2문의 판결이유 : 피고인이 당초부터 할인하여 줄 의사가 없으면서 있는 것처럼 명○○를 기망하여 위 약속어음을 교부받은 사실을 엿볼 수 있다고 설시한 대목이 있고, 과연 피고인이 당초부터 명○○를 기망하여 위 약속어음을 교부받은 것이라면 그 교부받은 즉시 사기죄가 성립하고 그후 이를 명○○에 대한 피고인의 채권의 변제에 충당하였다 하더라도 불가벌적 사후행위가 됨에 그칠 뿐, 별도로 횡령죄를 구성하지는 않는다고 할 것임은 소론과 같으나 원심판결을 전체적으로 자세히 살펴보면 피고인은, 당초에는 위 약속어음을 할인하여 줄 의사를 가졌다가 나중에 철회하였다는 취지로 판시한 것으로 보여지고 또 기록상 피고인의 기망행위를 인정할만한 뚜렷한 증거도 찾아 볼 수 없고, 원심은 결론에 있어서도 사기죄의 성립을 부정하고 횡령죄를 인정하고 있는 만큼 피고인에게 당초부터 기망의 의사가 있었음을 인정하는 듯한 설시의 잘못은 판결결과에 영향을 미치지는 않았다고 할 것이므로 이 점을 들어 비난하는 논지는 이유 없다.

해결 : 횡령죄(제1문), 사기죄(제2문).

비교 : A회사의 대표이사 甲은 회사의 상가분양사업을 통해 수분양자들로부터 기망을 통하여 편취한 분양대금을 개인채무변제용도로 유용하였다. 쇼핑몰 상가분양사업을 계획하면서 사채와 분양대금만으로 사업부지 매입 및 공사대금을 충당할 수 있다는 막연한 구상 외에 체계적인 사업계획 없이 무리하게 쇼핑몰 상가 분양을 강행한 경우 편취의 고의를 인정할 수 있다고 한 원심의 판단은 수긍이 된다. 그리고 대표이사가 회사의 상가분양 사업을 수행하면서 수분양자들을 기망하여 편취한 분양대금은 회사의 소유로 귀속되는 것이므로, 대표이사가 그 분양대금을 횡령하는 것은 사기 범행이 침해한 것과는 다른 법익을 침해하는 것이어서 회사를 피해자로 하는 별도의 횡령죄가 성립된다(대법원 2005.4.29, 2005도741). [경찰채용 11 1차 / 경찰승진(경위) 10 / 국가7급 12 / 법원행시 14 / 사시 14]

2 대법원 1996.1.23, 95도784

사망한 부동산명의수탁자의 상속인(포괄승계인) 사례 : 횡령죄 ○[178]

횡령죄에 있어 부동산에 대한 보관자의 지위는 그 부동산에 대한 점유를 기준으로 할 것이 아니라 그 부동산을 유효하게 처분할 수 있는 권능이 있는지의 여부를 기준으로 하여 결정하여야 할 것이고, [경찰채용 10 1차 / 경찰채용 12 3차 / 법원9급 16 / 법원행시 08 · 10] 위 임야의 사정명의자로서 명의수탁자인 조부가 사망함에 따라 그의 자인 부가, 또 위 부가 사망함에 따라 피고인이 각 그 상속인이 됨으로써 피고인은 위 임야의 수탁관리자로서의 지위를 포괄승계한 것이어서, 피고인은 위 임야를 유효하게 처분할 수 있는 보관자로서의 지위를 취득하였다고 할 것이다. [경찰채용 10 1차 / 경찰채용 12 3차 / 법원행시 08 · 10]

3 대법원 1996.5.14, 96도410

가계수표를 찢어버린 채무자 사례 : 횡령죄 ○

피고인인 채무자가 채무총액에 대한 지불각서를 써줄 것으로 믿고 채권자가 채무자에게 액면금액을 확인할 수 있도록 가계수표를 건네주자, 채무자가 이들 중 일부를 찢은 것은 반환거부의사를 드러낸 것으로써, 이는 만일 채권자와 채무자 사이에 합의가 결렬되어 지불각서를 써주지 아니한 경우에는 곧바로 그 가계수표들을 채권자에게 반환하기로 하는 조리(條理)에 의한 위탁관계를 위배한 것으로서 횡령죄에 해당한다. [경찰승진(경장) 11]

4 대법원 2006.1.12, 2005도7610

주식회사의 대표이사의 처(妻)가 피해자도 지분을 가지고 있는 위 회사의 주식을 제3자에게 양도하고 피해자의 몫이 포함된 주식양도대금을 지급받았음에도 이를 소비한 경우에도 횡령죄의 죄책을 진다 (사무관리 내지 신의칙상의 위탁관계에 기하여 피해자의 몫을 보관하는 자의 지위에 있었다고 볼 수 있음).[179]

5 대법원 2010.12.9, 2010도891

송금절차 착오로 입금된 돈을 임의로 인출한 사례

어떤 예금계좌에 돈이 착오로 잘못 송금되어 입금된 경우에는 그 예금주와 송금인 사이에 신의칙상 보관관계가 성립한다고 할 것이므로, 피고인이 송금 절차의 착오로 인하여 피고인 명의의 은행 계좌에 입금된 돈을 임의로 인출하여 소비한 행위는 횡령죄에 해당하고, 이는 송금인과 피고인 사이에 별다른 거래관계가 없다고 하더라도 마찬가지이다. [경찰채용 11 1차 / 경찰채용 10 2차 / 경찰승진(경장) 10 / 국가9급 17 / 국가7급 16 / 법원9급 11 · 16 · 18 / 법원행시 13 / 사시 11 · 12 / 변호사시험 14 · 16]

---

178 **판례의 사실관계** : 경북 울진군 후포면 금음 3리 주민들의 공동소유로서 甲의 조부인 亡 A가 위 주민들의 위탁에 따라 위 망인의 명의로 사정받은 임야를 甲이 위 亡 A, 甲의 父 亡 B로부터 순차로 상속받아 관리하여 오던 중 이를 임의로 처분하였다. 甲에게는 횡령죄의 타인의 재물을 보관하는 자의 지위가 인정된다.

179 **사례 : 주식양도대금 사례** 甲은 A주식회사의 대표이사로 재직하던 B의 妻인바, 위 회사의 주식 중 60%를 B가, 20%를 B의 동생인 C가, 나머지 20%를 피해자 乙이 각 나누어 소유하고 있는 상황에서, 甲은 2002.8.28.경 B · C 양인을 대리하여 乙과 함께 위 회사의 주식 전부를 E에게 양도하되 그 대금 중 1억 원을 乙에게 지급하기로 약정한 후, 2003.3.19.경 군포시 산본동에 있는 F법무사 사무실에서 E로부터 위 회사의 양도대금으로 3억 원을 수령하여 그중 乙의 몫에 해당하는 1억 원을 개인 용도에 임의 소비하였다. 甲의 죄책은?

판례 : 피고인이 E로부터 피해자의 몫도 포함된 주식양도대금 3억 원을 지급받은 것이라면, 피고인이 사무관리 내지 신의칙상의 위탁관계에 기하여 피해자의 몫인 1억 원을 보관하는 자의 지위에 있었다고 보아야 할 것이다(대법원 2006.1.12, 2005도7610).

해결 : 횡령죄.

1 대법원 1987.2.10, 86도2349
사망한 부동산관리자의 아들 사례 : 횡령죄 ✕
부동산의 소유명의 및 관리를 위탁받은 자가 자기명의로의 소유권이전등기를 생략한 채 그 子에게 소유권이전등기를 하여 주고 사망하였다면, 비록 子가 그러한 사정을 알고 있었다 하더라도 그로써 곧 그 자가 위탁자와의 관계에 있어 등기명의 및 관리의 수탁자로서 지위를 취득하거나 승계하게 된다고는 할 수 없어 위탁자에게 그 부동산의 반환을 거부한다 하더라도 횡령죄를 구성하지 않는다. [경찰채용 18 2차 / 경찰간부 11]

2 대법원 2016.5.19, 2014도6992 전원합의체
횡령죄의 위탁신임관계는 형법상 보호할 만한 가치 있는 신임에 의한 것으로 한정된다는 사례
횡령죄에서 보관이란 위탁관계에 의하여 재물을 점유하는 것을 뜻하므로 횡령죄가 성립하기 위하여는 재물의 보관자와 재물의 소유자(또는 기타의 본권자) 사이에 법률상 또는 사실상의 위탁신임관계가 존재하여야 한다. 이러한 위탁신임관계는 사용대차 · 임대차 · 위임 등의 계약에 의하여서뿐만 아니라 사무관리 · 관습 · 조리 · 신의칙 등에 의해서도 성립될 수 있으나, 횡령죄의 본질이 신임관계에 기초하여 위탁된 타인의 물건을 위법하게 영득하는 데 있음에 비추어 볼 때 위탁신임관계는 횡령죄로 보호할 만한 가치 있는 신임에 의한 것으로 한정함이 타당하다(중간생략등기 명의수탁자와 명의신탁자 간에는 인정될 수 없음). [경찰채용 16 2차 / 국가9급 17 · 18 / 국가7급 16 / 법원9급 17 / 법원행시 16 / 변호사시험 17]

대법원 2006.8.25, 2006도3631
약속어음이 횡령죄 및 업무상횡령죄의 객체가 되는 경우
횡령죄 및 업무상횡령죄의 객체인 타인의 재물이라 함은 부동산, 동산은 물론 유가증권 등을 포함하는 개념인바, 약속어음의 발행인이 유통시킬 의사로 어음상에 발행인의 기명 · 날인까지 마쳐 어음으로서의 외관을 갖춘 경우 위와 같은 약속어음은 횡령죄 및 업무상횡령죄의 객체인 재물에 해당한다고 할 것이고, 한편 위와 같은 약속어음을 업무상 등의 이유로 보관하던 중 그 임무에 위배하여 제3자에게 대여하거나 할인 목적으로 사용하도록 교부하는 행위 또는 제3자가 금전을 차용하는 데 대한 담보로 제공하는 행위 등은 약속어음을 객체로 한 횡령행위에 해당될 수 있다.[180]

1 대법원 1994.3.8, 93도2272
광업권이 횡령죄의 객체가 되지 않는다는 사례
횡령죄에 있어서의 재물은 동산, 부동산의 유체물에 한정되지 아니하고 관리할 수 있는 동력도 재물로 간주되지만, 여기에서 말하는 관리란 물리적 또는 물질적 관리를 가리킨다고 볼 것이고, 재물과 재산상 이익을 구별하고 횡령과 배임을 별개의 죄로 규정한 현행 형법의 규정에 비추어 볼 때 사무적으로 관리가 가능한 채권이나 그 밖의 권리 등은 재물에 포함된다고 해석할 수 없다. (따라서) 광업권은 재물인 광물을 취득할 수 있는 권리에 불과하지 재물 그 자체는 아니므로 횡령죄의 객체가 된다고 할 수

---

180 **판례** : 회사의 대표이사가 회사의 약속어음을 보관하던 중 자신과 사적으로 주식 및 경영권 양도계약을 체결한 지위에 있을 뿐인 사람에게 교부한 경우 업무상 횡령죄를 구성한다(대법원 2006.8.25, 2006도3631).

없다.[181] [경찰채용 16 2차 / 경찰간부 17 / 경찰승진(경감) 10 / 경찰승진(경경) 11 / 변호사시험 16]

② 대법원 2005.2.18, 2002도2822

주식이 횡령죄의 객체가 될 수 없다는 사례

상법상 주식은 자본구성의 단위 또는 주주의 지위(株主權)를 의미하고, 주주권을 표창하는 유가증권인 주권(株券)과는 구분이 되는바, 주권(株券)은 유가증권으로서 재물에 해당되므로 횡령죄의 객체가 될 수 있으나, 자본의 구성단위 또는 주주권을 의미하는 주식은 재물이 아니므로 횡령죄의 객체가 될 수 없다.

판례연구 **부동산양도담보의 채권자의 임의 처분의 죄책**

① 대법원 1995.5.12, 95도283; 1992.7.14, 92도753[182]

부동산양도담보(매도담보 및 협의의 양도담보)의 채권자가 임의로 처분한 경우 배임죄가 성립한다는 사례

채권의 담보를 목적으로 부동산의 소유권이전등기를 마친 채권자는 채무자가 변제기일까지 그 채무를 변제하면 채무자에게 그 소유명의를 환원하여 주기 위하여 그 소유권이전등기를 이행할 의무가 있으므로, 그 변제기일 이전에 그 임무에 위배하여 제3자에게 근저당권을 경료하여 주었다면 변제기일까지 채무자의 채무변제가 없었다고 하더라도 배임죄는 성립되고, 그와 같은 법리는 채무자에게 환매권을 주는 형식을 취하였다고 하여 다를 바가 없다.[183] [국가7급 21 / 법원9급 07(상)]

② 대법원 1990.8.10, 90도414

담보목적의 가등기권자가 소유자측으로부터 채무변제공탁 사실을 통고받고서도 본등기 경료와 동시에 제3자 명의로 가등기한 경우 배임죄가 성립한다는 사례

담보목적으로 피고인 명의로 가등기가 경료된 피해자 소유의 부동산에 대하여 피해자의 아들로부터 채무가 변제공탁된 사실을 통고받고서도 피고인 앞으로 본등기를 경료함과 동시에 제3자 앞으로 가등기

---

181 **사례** : 甲은 1990년 8월경 乙과 합의 하에 그로부터 그 소유의 예당저수지 124광구의 사금채취 광업권을 명의신탁받아 보관하던 중, 1991년 5월 중순경 乙로부터 위 광업권을 반환하라는 요구를 받고도 1990년 9월 15일 乙로부터 위 광업권을 금 5,000만 원에 매수한 것이라고 주장하면서 그 반환요구를 거부하였다. 甲에게 횡령죄의 죄책이 인정되는가?
판례 : 광업권은 재물인 광물을 취득할 수 있는 권리에 불과하지 재물 그 자체는 아니므로 횡령죄의 객체가 된다고 할 수 없다(대법원 1994.3.8, 93도2272). [법원행시 08 / 변호사시험 16] 따라서 횡령죄가 성립하지 않는다.
해결 : 인정되지 않는다.

182 **판례의 사실관계** : 甲은 乙에게 합계 금 10억 원을 대여하여 주고 그 양도담보의 방법으로 乙 소유 건물에 대한 각 1/2지분에 관하여 甲의 명의로 소유권이전등기를 마쳤는바, 1987.8.19.경 乙의 위 금 10억 원의 채무의 변제기를 1992.7.20.로 5년 간 연장하여 주되 그 변제기까지 금 16억 원에 乙이 환매할 수 있도록 하는 내용으로 제소 전 화해를 하고, 다시 1992.10.21.경 위 금 16억 원의 채무의 변제기를 1993.4.20.로 6개월 간 재연장하되 그 변제기 전에는 22억 원에 乙이 환매할 수 있도록 하는 내용으로 합의하였다. 그런데 甲은 ① 1991.10.31.경 부산지방법원 동래등기소에서 이 사건 부동산에 대하여 채권 최고액 1억 8천만 원으로 A 주식회사 동광상호신용금고 앞으로 근저당권설정등기를 마쳐주고 금 1억 2천만 원을 차용하였고, ② 1992.11.11.경 같은 등기소에서 이 사건 부동산에 대하여 채권최고액 2억 5천만 원으로 B 앞으로 근저당권설정등기를 마쳐주고 금 1억 5천만 원을 차용하였다. 판례에 의하면 甲에게는 횡령죄가 아니라 배임죄가 성립한다. [국가7급 21]

183 **유사** : 채권의 담보를 목적으로 부동산의 소유권이전등기를 경료받은 채권자는 채무자가 변제기일까지 그 채무를 변제하면 채무자에게 그 소유명의를 환원하여 주기 위하여 그 소유권이전등기를 이행할 의무가 있으므로 그 변제기일 이전에 그 임무에 위배하여 제3자에게 근저당권설정등기를 경료하여 주었다면 변제기일까지 채무자의 채무변제가 없었다 하더라도 배임죄는 성립된다 할 것이고(이상은 부동산양도담보 중 협의의 양도담보에 있어서 양도담보권자의 임의적 처분에 대하여 배임죄의 성립을 인정한 판례의 입장이 나타나 있음 - 필자 주) 그와 같은 법리는 채무자에게 환매권을 주는 형식을 취하였다 하여 다를 바 없다(이 부분은 부동산양도담보 중 매도담보권에 있어서 매도담보권자의 임의적 처분에 대하여 배임죄의 성립을 인정한 판례의 입장이 나타나 있음)(대법원 1987.4.28, 87도265). [법원9급 07(상)]

를 경료하여 준 경우에는 배임죄가 성립된다.[184] [경찰간부 11]

3 대법원 1985.11.26, 85도1493 전원합의체

부동산양도담보권자의 변제기 이후 정산의무 불이행은 자기사무 처리이므로 배임죄 불성립[185]

양도담보가 처분정산형의 경우이건 귀속정산형의 경우이건 간에 담보권자가 변제기 경과 후에 담보권을 실행하여 그 환가대금 또는 평가액을 채권원리금과 담보권 실행비용 등의 변제에 충당하고 환가대금 또는 평가액의 나머지가 있어 이를 담보제공자에게 반환할 의무는 담보계약에 따라 부담하는 자신의 정산의무이므로, 그 의무를 이행하는 사무는 곧 자기의 사무처리에 속하는 것이라 할 것이고 이를 부동산매매에 있어서의 매도인의 등기의무와 같이 타인인 채무자의 사무처리에 속하는 것이라고 볼 수는 없어 그 정산의무를 이행하지 아니한 소위는 배임죄를 구성하지 않는다. [경찰승진(경감이하) 16 / 법원9급 07(상) / 법원행시 10·13 / 변호사시험 12]

> **판례연구** **동산양도담보의 채무자와 채권자의 형사책임**

1 대법원 2020.2.20, 2019도9756 전원합의체

동산양도담보권설정자인 채무자가 임의로 해당 동산을 처분한 경우 : 배임죄 ×

배임죄에서 '타인의 사무를 처리하는 자'라고 하려면, 이익대립관계에 있는 통상의 계약관계에서 채무자의 성실한 급부이행에 의해 상대방이 계약상 권리의 만족 내지 채권의 실현이라는 이익을 얻게 되는 관계에 있다거나, 계약을 이행함에 있어 상대방을 보호하거나 배려할 부수적인 의무가 있다는 것만으로는 채무자를 타인의 사무를 처리하는 자라고 할 수 없고(대법원 2015.3.26, 2015도1301 등), 위임 등과 같이 계약의 전형적·본질적인 급부의 내용이 상대방의 재산상 사무를 일정한 권한을 가지고 맡아 처리하는 경우에 해당하여야 한다. 채무자가 금전채무를 담보하기 위하여 그 소유의 동산을 채권자에게 양도담보로 제공함으로써 채권자인 양도담보권자에 대하여 담보물의 담보가치를 유지·보전할 의무 내지 담보물을 타에 처분하거나 멸실·훼손하는 등으로 담보권 실행에 지장을 초래하는 행위를 하지 않을 의무를 부담하게 되었더라도, 이를 들어 채무자가 통상의 계약에서의 이익대립관계를 넘어서 채권자와의 신임관계에 기초하여 채권자의 사무를 맡아 처리하는 것으로 볼 수 없다. 따라서 채무자를 배임죄의 주체인 '타인의 사무를 처리하는 자'에 해당한다고 할 수 없고, 그가 담보물을 제3자에게 처분하는 등으로 담보가치를 감소 또는 상실시켜 채권자의 담보권 실행이나 이를 통한 채권실현에 위험을 초래하더라도 배임죄가 성립한다고 할 수 없다. 위와 같은 법리는, 채무자가 동산에 관하여 양도담보설정계약을 체결하여 이를 채권자에게 양도할 의무가 있음에도 제3자에게 처분한 경우에도 적용되고, 주식에 관하여 양도담보설정계약을 체결한 채무자가 제3자에게 해당 주식을 처분한 사안에도 마찬가지로 적용된다. [경찰채용 20 1차]

> **보충 1** 이와 달리 채무담보를 위하여 동산이나 주식을 채권자에게 양도하기로 약정하거나 양도담보로 제공한 채무자가 채권자인 양도담보권자의 사무를 처리하는 자에 해당함을 전제로 채무자가 담보목적물을 처분한 경우 배임죄가 성립한다고 한 대법원 1983.3.8, 82도1829, 1998.11.10, 98도2526, 2007.6.15,

---

184 **판례의 사실관계** : A는 담보목적으로 A 명의로 가등기가 경료된 B 소유의 부동산에 대하여(따라서 A는 가등기담보권자임) B의 아들인 C로부터 채무가 변제 공탁된 사실을 통고받고서도 A 앞으로 본등기를 경료하고 다른 D 앞으로 가등기를 경료해주었다. 판례에 의하면 A의 죄책은 배임죄이다. [경찰간부 11]

185 **판례의 사실관계** : 서울 강남구 역삼동 대지 94평과 그 지상건물에 관하여 乙로부터 甲 앞으로 경료된 1983.10.17.자 소유권이전등기 (1983.3.23자 소유권청구권 가등기의 본등기)는 甲이 1981.12.18. 강원도 명주군 왕산면 대기리 소재 태륜탄광을 위 乙의 아들인 丙에게 대금 3,500만 원에 매도하고 1983.9.21.까지 지급받기로 한 잔대금 채권 1,700만 원의 담보목적으로 경료한 것이었다. 그런데 甲은 약정기일까지 위 잔대금의 이행을 받지 못하자 위 담보부동산을 A에게 처분하여 그 대금 3,500만 원을 전액 수령하고서도 채권액 1,700만 원 등을 공제한 나머지 돈을 정산하여 乙에게 반환하지 아니하였다. 판례에 의하면, 甲에게는 배임죄가 성립하지 않는다.

2006도3912, 2010.2.25, 2009도13187, 2010.11.25, 2010도11293, 2011.11.22, 2010도7923 판결을 비롯한 같은 취지의 대법원 판결들은 이 판결의 견해에 배치되는 범위 내에서 모두 변경하기로 한다.[186] 예컨대, ① "수입업자가 신용장개설은행에게 양도담보로 제공한 수입 물품을 신용장대금 변제 전에 보세창고업자로부터 인도받아 임의 처분한 경우(대법원 1998.11.10, 98도2526)", ② "채무자가 채권자로부터 돈을 차용하면서 담보로 채무자 소유의 주식에 대하여 주권교부의 방법으로 양도담보를 설정하기로 약정하고 아직 채권자에게 주식의 현실 교부가 이루어지지 아니한 상태에서 다시 제3자와 그 주식의 일부 또는 전부에 대하여 양도담보를 설정하기로 약정하고 차용금의 일부 또는 전부를 수령한 경우(대법원 2010.2.25, 2009도13187)", 종래 판례는 배임죄가 성립한다고 하였으나 이제는 위 전원합의체 판결에 의해 배임죄가 성립하지 않는다.

보충 2 회사의 은행에 대한 대출금 담보를 위해 동산을 양도담보로 제공한 자(회사 운영자)에 대하여 '은행(채권자)이 담보 목적을 달성할 수 있도록 담보물을 보관·관리할 의무나 임무를 위배하여 타에 매각함으로써 채권자에게 재산상 손해를 가하였다.'는 사실로 배임죄로 기소된 사안이다.

2 대법원 2020.8.27, 2019도14770 전원합의체
동산담보권 설정자의 임의 처분 사건 : 배임죄 ✕
(A회사의 대표이사인 甲은 乙에게 금전채무에 대한 담보로 A회사 소유의 기계에 대하여 동산·채권 등의 담보에 관한 법률에 의한 동산담보권을 설정했음에도 丙에게 위 기계를 매도하였다. 甲에게 배임죄의 죄책이 인정되는가의 문제) 채무자가 금전채무를 담보하기 위하여 그 소유의 동산을 채권자에게 동산·채권 등의 담보에 관한 법률에 따른 동산담보로 제공함으로써 채권자인 동산담보권자에 대하여 담보물의 담보가치를 유지·보전할 의무 또는 담보물을 타에 처분하거나 멸실, 훼손하는 등으로 담보권 실행에 지장을 초래하는 행위를 하지 않을 의무를 부담하게 되었더라도, 이를 들어 채무자가 통상의 계약에서의 이익대립관계를 넘어서 채권자와의 신임관계에 기초하여 채권자의 사무를 맡아 처리하는 것으로 볼 수 없다. 따라서 이러한 경우 채무자를 배임죄의 주체인 '타인의 사무를 처리하는 자'에 해당한다고 할 수 없고, 그가 담보물을 제3자에게 처분하는 등으로 담보가치를 감소 또는 상실시켜 채권자의 담보권 실행이나 이를 통한 채권실현에 위험을 초래하더라도 배임죄가 성립하지 아니한다.

3 대법원 2020.10.22, 2020도6258 전원합의체
저당권이 설정된 동산을 임의처분한 경우 및 권리이전에 등기·등록을 요하는 동산에 대한 이중양도 사건 : 배임죄 ✕
(甲은 ① 피해자 메리츠캐피탈 주식회사에게 저당권을 설정해 준 버스를 임의처분하였고, ② 피해자 이○○에게 버스를 매도하기로 하여 중도금까지 지급받았음에도 버스에 공동근저당권을 설정하였다. 甲의 각 행위에 대하여 배임죄가 성립하는가의 문제) ① 금전채권채무 관계에서 금전채무의 이행은 어디까지나 채무자가 자신의 급부의무의 이행으로서 행하는 것이므로 이를 두고 채권자의 사무를 맡아 처리하는 것으로 볼 수 없으므로 **채무자를 채권자에 대한 관계에서 '타인의 사무를 처리하는 자'에 해당한다고 할 수 없다.** …… 채무자가 저당권설정계약에 따라 부담하는 의무, 즉 동산을 담보로 제공할 의무, 담보물의 담보가치를 유지·보전하거나 담보물을 손상, 감소 또는 멸실시키지 않을 소극적 의무, 담보권 실행 시 채권자나 그가 지정하는 자에게 담보물을 현실로 인도할 의무와 같이 채권자의

---

[186] 대법원은 금전채권채무 관계에서 채권자가 채무자에 대한 신임을 기초로 그의 재산을 보호 또는 관리하는 임무를 부여하였다고 할 수 없고, 금전채무의 이행은 어디까지나 채무자가 자신의 급부의무의 이행으로서 행하는 것이므로 이를 두고 채권자의 사무를 맡아 처리하는 것으로 볼 수 없어 채무자를 '타인의 사무를 처리하는 자'에 해당한다고 볼 수 없으며, 또한 채무자가 채무를 담보하기 동산을 채권자에게 양도하기로 약정하거나 양도담보로 제공한 경우에도 채무자가 양도담보설정계약에 따라 부담하는 의무는 채무자 자신의 급부의무로 이를 이행하는 것은 자신의 사무이고, 담보설정계약의 체결이나 담보권 설정 전후를 불문하고 당사자 관계의 전형적·본질적 내용은 여전히 금전채권의 실현 내지 피담보채무의 변제에 있으므로 담보설정계약상의 의무를 이유로 담보를 제공한 채무자를 '타인의 사무를 처리하는 자'로 볼 수 없으므로 채무자가 담보물을 처분하였다 하여 배임죄로 처벌할 수 없다는 등의 이유로 이와 다른 취지의 종래 판례를 변경하고, 배임죄를 유죄로 판단한 원심판결을 파기한 것이다.

담보권 실행에 협조할 의무 등은 모두 저당권설정계약에 따라 부담하게 된 채무자 자신의 급부의무이다. 또한 채무자가 위와 같은 급부의무를 이행하는 것은 채무자 자신의 사무에 해당할 뿐이고, 채무자가 통상의 계약에서의 이익대립관계를 넘어서 채권자와의 신임관계에 기초하여 채권자의 사무를 맡아 처리한다고 볼 수 없으므로 채무자를 채권자에 대한 관계에서 배임죄의 주체인 '타인의 사무를 처리하는 자'에 해당한다고 할 수 없다. 그러므로 채무자가 담보물을 제3자에게 처분하는 등으로 담보가치를 감소 또는 상실시켜 채권자의 담보권 실행이나 이를 통한 채권실현에 위험을 초래하더라도 배임죄가 성립하지 아니한다. 위와 같은 법리는, 금전채무를 담보하기 위하여 「공장 및 광업재단 저당법」에 따라 저당권이 설정된 동산을 채무자가 제3자에게 임의로 처분한 사안에도 마찬가지로 적용된다. ② 동산매매계약에서의 매도인은 매수인에 대하여 그의 사무를 처리하는 지위에 있지 아니하므로, 매도인이 목적물을 타에 처분하였다 하더라도 형법상 배임죄가 성립하지 아니한다(대법원 2011.1.20, 2008도10479 전원합의체 등). 위와 같은 법리는 권리이전에 등기·등록을 요하는 동산에 대한 매매계약에서도 동일하게 적용되므로, 자동차 등의 매도인은 매수인에 대하여 그의 사무를 처리하는 지위에 있지 아니하여, 매도인이 매수인에게 소유권이전등록을 하지 아니하고 타에 처분하였다고 하더라도 마찬가지로 배임죄가 성립하지 아니한다.

4 대법원 1989.4.11, 88도906
동산양도담보권자(채권자)가 임의로 해당 동산을 처분한 경우 : 횡령죄 ○
채무자가 채무이행의 담보를 위하여 동산에 관한 양도담보계약을 체결하고 점유개정의 방법으로 여전히 그 동산을 점유하는 경우 그 계약이 채무의 담보를 위하여 양도의 형식을 취하였을 뿐이고 실질은 채무의 담보와 담보권실행의 정산절차를 주된 내용으로 하는 것이라면 별단의 사정이 없는 한, 그 동산의 소유권은 여전히 채무자에게 남아 있고 채권자는 단지 양도담보물권을 취득하는 데 지나지 않으므로 그 동산을 다른 사유에 의하여 보관하게 된 채권자는 타인 소유의 물건을 보관하는 자로서 횡령죄의 주체가 될 수 있다.[187] [변호사시험 12]

판례연구	불법원인급여 관련 판례

1 대법원 1988.9.20, 86도628
불법원인급여의 경우 수익자는 횡령죄가 성립하지 않음이 원칙
민법 제746조에 불법의 원인으로 인하여 재산을 급여하거나 노무를 제공한 때에는 그 이익의 반환을 청구하지 못한다고 규정한 뜻은 급여를 한 사람은 그 원인행위가 법률상 무효임을 내세워 상대방에게

---

187 **유사판례의 사례** : 甲은 乙에게 금전을 대여하면서 채무자 乙로부터 그 담보로 동산을 교부받은 담보권자 甲은 담보목적물을 보관하고 있음을 기화로 실제의 피담보채권 이외에 甲 자신의 丙(제3자)에 대한 기존의 채권까지 변제받을 의도로, 담보제공자 乙과 사이의 소비대차 및 담보설정관계를 부정하고 그 담보목적물이 甲 자신과 제3자 丙 사이의 소비대차 및 담보설정계약에 따라 제공된 것으로서 실제의 피담보채권 외에 丙에 대한 기존의 채권까지도 피담보채권에 포함되는 것이라고 주장하면서 그것까지 포함하여 변제가 이루어지지 아니할 경우 乙에게 반환하지 않을 것임을 표명하다가 A에게 담보목적물을 매각해버림으로써 乙과의 피담보채무 이외의 丙에 대한 채권까지도 변제충당해버렸다. 甲의 죄책은?
판례 : 금전을 대여하면서 채무자로부터 그 담보로 동산을 교부받은 담보권자는 그 담보권의 범위 내에서 담보권을 행사할 수 있을 것인데, 담보권자가 담보목적물을 보관하고 있음을 기화로 실제의 피담보채권 이외에 자신의 제3자에 대한 기존의 채권까지 변제받을 의도로, 채무자인 담보제공자와 사이의 소비대차 및 담보설정관계를 부정하고 그 담보목적물이 자신과 제3자 사이의 소비대차 및 담보설정계약에 따라 제공된 것으로서 실제의 피담보채권 외에 제3자에 대한 기존의 채권까지도 피담보채권에 포함되는 것이라고 주장하면서 그것까지 포함하여 변제가 이루어지지 아니할 경우 반환하지 않을 것임을 표명하다가 타인에게 담보목적물을 매각하거나 담보로 제공하여 피담보채무 이외의 채권까지도 변제충당한 경우에는 정당한 담보권의 행사라고 볼 수 없고, 위탁의 취지에 반하여 자기 또는 제3자의 이익을 위하여 권한 없이 그 재물을 자기의 소유인 것 같이 처분하는 것으로서 불법영득의 의사가 인정된다(대법원 2007.6.14, 2005도7880).
해결 : 횡령죄.

부당이득반환청구를 할 수 없고, 또 급여한 물건의 소유권이 자기에게 있다고 하여 소유권에 기한 반환청구도 할 수 없어서 결국 급여한 물건의 소유권은 급여를 받은 상대방에게 귀속된다는 것이므로 조합장이 조합으로부터 공무원에게 뇌물로 전달하여 달라고 금원을 교부받은 것은 불법원인으로 인하여 지급 받은 것으로서 이를 뇌물로 전달하지 않고 타에 소비하였다고 해서 타인의 재물을 보관 중 횡령하였다고 볼 수는 없다.[188] [국가7급 14 / 법원9급 18 / 법원행시 10·12 / 변호사시험 12·14]

② 대법원 2013.8.14, 2013도321

성매매알선 동업계약시 성매매 권유 등 수단으로 교부한 선불금 : 불법원인급여 ○, 횡령죄 ×

성매매 및 성매매알선 등 행위는 선량한 풍속 기타 사회질서에 반하여 성매매할 사람을 고용함에 있어 성매매의 권유·유인·강요의 수단으로 이용되는 선불금 등 명목으로 제공한 금품이나 그 밖의 재산상 이익 등은 불법원인급여로서 반환을 청구할 수 없는바(대법원 2004.9.3, 2004다27488, 27495 등), 성매매알선 등 행위에 관하여 동업계약을 체결한 당사자 일방이 상대방에게 그 동업계약에 따라 성매매의 권유·유인·강요의 수단으로 이용되는 선불금 등 명목으로 사업자금을 제공하였다면 그 사업자금 역시 불법원인급여에 해당하여 반환을 청구할 수 없다.[189]

③ 대법원 2017.4.26, 2016도18035

자금세탁을 위해 교부받은 범죄수익 등인 수표를 소비한 행위 : 불법원인급여 ○, 횡령죄 ×

피고인 A는 甲으로부터 수표를 현금으로 교환해 주면 대가를 주겠다는 제안을 받고 위 수표가 乙 등이 사기범행을 통해 취득한 범죄수익 등이라는 사실을 잘 알면서도 교부받아 그 일부를 현금으로 교환한 후 丙, 丁과 공모하여 아직 교환되지 못한 수표 및 교환된 현금을 임의로 사용하였다. … 피고인이 甲으로부터 수표를 교부받은 원인행위는 이를 현금으로 교환해 주고 대가를 지급받기로 하는 계약으로서, 범죄수익은닉의 규제 및 처벌 등에 관한 법률('범죄수익은닉규제법') 제3조 제1항 제3호에 의하여 형사처벌되는 행위, 즉 거기에서 정한 범죄수익 등에 해당하는 수표를 현금으로 교환하여 그 특정, 추적 또는 발견을 현저히 곤란하게 하는 은닉행위를 법률행위의 내용 및 목적으로 하는 것이므로 선량한 풍속 기타 사회질서에 위반되고, 범죄수익은닉규제법에 의하여 직접 처벌되는 행위를 내용으로 하는 위 계약은 그 자체로 반사회성이 현저하며, 형벌법규에서 금지하고 있는 자금세탁행위를 목적으로 교부된 범죄수익 등을 특정범죄를 범한 자가 다시 반환받을 수 있도록 한다면, 범죄자로서는 교부의 목적을 달성하지 못하더라도 언제든지 범죄수익을 회수할 수 있게 되어 자금세탁행위가 조장될 수 있으므로, 범죄수익의 은닉이나 가장, 수수 등의 행위를 억지하고자 하는 범죄수익은닉규제법의 입법 목적에도 배치되므로, 결국 피고인이 甲으로부터 범죄수익 등의 은닉범행 등을 위해 교부받은 수표는 불법의 원인으로 급여한 물건에 해당하여 소유권이 피고인에게 귀속되고, 따라서 피고인이 그중 교환하지 못한 수표와 이미 교환한 현금을 임의로 소비하였더라도 횡령죄가 성립하지 않는다. [법원행시 18]

> **유사** 범죄수익 은닉을 위해 교부받은 무기명 양도성예금증서 사건
>
> A는 甲 등이 금융다단계 사기 범행을 통하여 취득한 범죄수익 등인 무기명 양도성예금증서를 乙로부터 건네받아 현금으로 교환한 후 임의로 소비하였다. 피고인(A)이 乙로부터 범죄수익 등의 은닉을

---

188 **사례** : 뇌물횡령의 경우 횡령죄 부정 사례 1981년 1월 초순경 중계동 새마을연립주택조합의 조합장인 甲이 자신의 집에서 도봉구청 도시정비국장 乙에게 공여한다는 명목으로 조합공금에서 인출한 금 100만 원 중 금 50만 원을 甲의 생활비 등에 임의소비하고, 위 일시·장소에서 위 도봉구청 녹지과 직원들에게 공여한다는 명목으로 조합공금에서 인출한 금 50만 원 중 금 23만 원을 甲의 생활비 등에 임의소비하였다. 甲에게는 횡령죄의 죄책이 인정되는가?
해결 : 인정되지 않는다.

189 **보충** : 다만 이 사안에서, 피고인이 운영하던 직업소개소 소속 여종업원들의 근무시간·장소 및 내용, 접대비용 및 그 지급방법, 피고인의 여종업원들에 대한 관리형태 등을 알 수 있는 자료를 찾을 수 없어 피고인이 성매매알선 등 행위를 하였다거나, 피해자가 피고인의 성매매알선 등 행위 사실을 알면서 동업계약에 따라 위 돈을 지급하였다고 쉽게 단정할 수 없다(위 판례).

위해 교부받은 무기명 양도성예금증서는 불법의 원인으로 급여한 물건에 해당하여 소유권이 피고인에게 귀속되므로, 피고인이 무기명 양도성예금증서를 교환한 현금을 임의로 소비하였더라도 횡령죄가 성립하지 않는다(대법원 2017.10.26, 2017도9254).

4 대법원 1999.9.17, 98도2036

포주가 윤락녀와 사이에 윤락녀가 받은 화대를 포주가 보관하였다가 분배하기로 약정하고도 보관중인 화대를 임의로 소비한 사례 : 불법원인급여의 예외에 속하여 횡령죄 ○

민법 제746조에 의하면, 불법의 원인으로 인한 급여가 있고, 그 불법원인이 급여자에게 있는 경우에는 수익자에게 불법원인이 있는지 여부, 수익자의 불법원인의 정도, 그 불법성이 급여자의 그것보다 큰지 여부를 막론하고 급여자는 불법원인급여의 반환을 구할 수 없는 것이 원칙이나, 수익자의 불법성이 급여자의 그것보다 현저히 큰 데 반하여 급여자의 불법성은 미약한 경우에도 급여자의 반환청구가 허용되지 않는다면 공평에 반하고 신의성실의 원칙에도 어긋나므로, 이러한 경우에는 민법 제746조 본문의 적용이 배제되어 급여자의 반환청구는 허용된다. 포주가 윤락녀와 사이에 윤락녀가 받은 화대를 포주가 보관하였다가 절반씩 분배하기로 약정하고도 보관중인 화대를 임의로 소비한 경우, (포주와 윤락녀의 사회적 지위, 약정에 이르게 된 경위와 약정의 구체적 내용, 급여의 성격 등을 종합해 볼 때 포주의 불법성이 윤락녀의 불법성보다 현저히 크다는 점에서 화대의 소유권은 여전히 윤락녀에게 속하므로) 포주의 행위는 횡령죄를 구성한다.[190] [경찰승진(경위) 10 / 경찰승진 13 / 법원9급 09·10 / 법원행시 14]

5 대법원 2008.10.9, 2007도2511

병원을 대신하여 제약회사들로부터 의약품을 공급받는 대가로 그 의약품 매출액에 비례하여 기부금 명목의 금원을 제공받아 병원을 위하여 보관하는 관계 : 불법원인급여 자체가 아니므로 횡령죄 ○

피고인이 병원을 대신하여 제약회사들로부터 의약품을 공급받는 대가로 그 의약품 매출액에 비례하여 기부금 명목의 금원을 제공받은 다음 병원을 위하여 보관하여 왔던 것뿐이라면, 다른 특별한 사정이 없는 한 이를 두고 선량한 풍속 기타 사회질서에 반하는 행위로서 불법원인급여에 해당한다고 보기는 어려우므로, 위 병원이 병원을 대신하여 위 제약회사들로부터 위와 같은 금원을 제공받아 보관하고 있던 피고인에 대해 그 반환을 구하지 못한다고 할 수는 없다. [국가7급 16]

판례연구	목적·용도 특정 금전이어서 횡령죄가 성립하는 사례

1 대법원 2002.8.23, 2002도366

타인으로부터 용도가 엄격히 제한된 자금을 위탁받아 집행하면서 그 제한된 용도 이외의 목적으로 자금을 이용한 경우 : 횡령죄 ○

횡령죄에 있어서의 불법영득의 의사라 함은 자기 또는 제3자의 이익을 꾀할 목적으로 보관하고 있는 타인의 재물을 자기의 소유인 것과 같이 사실상 또는 법률상 처분하는 의사를 의미하는 것으로, 타인으로부터 용도가 엄격히 제한된 자금을 위탁받아 집행하면서 그 제한된 용도 이외의 목적으로 자금을 사용하는 것은, 그 사용이 개인적인 목적에서 비롯된 경우는 물론 결과적으로 자금을 위탁한 본인을 위하는 면이 있더라도, 그 사용행위 자체로서 불법영득의 의사를 실현한 것이 되어 횡령죄가 성립한다.

[법원9급 17 / 법원행시 08 / 변호사시험 12]

---

190 사례 : 포주의 화대 횡령 사건 피고인 甲(포주)은 자신의 처인 공소외 신○○과 공모하여, 1994년 5월 1일 인천 남구 학익동 소재 甲 경영의 윤락업소에서 피해자 조○○과 사이에 피해자가 손님을 상대로 윤락행위를 하고 그 대가로 받은 화대를 절반씩 분배하기로 약정한 다음, 그때부터 같은 해 9월 30일까지 피해자가 甲의 업소에 찾아온 손님들을 상대로 윤락행위를 하고서 받은 화대 합계 2,700만 원을 보관하던 중 그 중 절반인 1,350만 원을 피해자에게 반환하지 아니하고 甲과 위 신○○의 생활비 등으로 임의로 소비하였다. 甲의 형사책임은?

해결 : 횡령죄

2 대법원 1998.4.10, 97도3057

금전수수를 수반하는 사무처리를 위임받은 자가 그 행위에 기하여 위임자를 위하여 제3자로부터 수령한 금전은 위임자 소유로 귀속되므로 수임자가 이를 임의로 소비한 행위는 횡령죄가 성립한다는 사례

금전수수를 수반하는 사무의 처리를 위임받은 자가 그 행위에 기하여 위임자를 위하여 제3자로부터 수령한 금전은 그 목적이나 용도를 한정하여 위탁된 금전과 마찬가지로 특별한 사정이 없는 한 그 수령과 동시에 위임자의 소유에 속하는 것이고, 위임을 받은 자는 이를 위임자를 위하여 보관하는 관계에 있다. 따라서 위탁자로부터 당좌수표 할인을 의뢰받은 피고인이 제3자를 기망하여 당좌수표를 할인받은 다음 그 할인금을 임의소비한 경우, 제3자에 대한 사기죄와 별도로 위탁자에 대한 횡령죄가 성립한다.[191] [국가7급 07]

3 횡령죄에 해당하는 판례 정리

1	문화예술진흥기금을 소비한 경우(대법원 1997.3.28, 96도3155)
2	양곡구입대금으로 교부받은 금원을 임의로 소비한 경우(대법원 1982.3.9, 81도572)
3	집행되지 않은 정부출연금을 반환 않고 임의로 사용한 경우(대법원 1999.7.9, 98도4088)
4	되돌이 거래를 한 자가 목적물을 반환하지 않은 경우(대법원 2002.3.29, 2001도6650)[192]
5	사립학교법상 교비회계에 속하는 금원을 같은 학교법인에 속하는 다른 학교의 교비회계에 사용한 경우(대법원 2002.5.10, 2001도1779; 2010.3.11, 2009도6482)
6	대학 총장이나 단체의 대표자가 자기 개인의 변호사 비용을 교비회계자금이나 법인회계자금 등과 같은 단체의 비용으로 지출한 경우(대법원 2003.5.30, 2002도235[193]; 2006.10.26, 2004도6280[194]; 2008.6.26,

---

191 **보충** : 甲으로부터 액면금 2,000만 원인 당좌수표 1장의 할인을 의뢰받은 乙이 丙에게 부도가 예상되는 위 수표를 제시하면서 "틀림없이 결제될 수표이니 할인하여 달라."고 하여 丙으로부터 그 자리에서 선이자를 공제한 금 1,850만 원에 할인을 받아 그중 1,000만 원을 甲에게 주고 850만 원은 자신이 보관하던 중 이를 임의로 소비한 경우, 乙에게는 사기죄와 횡령죄의 실체적 경합범이 성립한다.

192 **사례 : 되돌이 사례** 甲은 보석가계를 운영하는 자인바, 2000년 8월 16일 14:00경 위 상가 1층 소재 乙 운영의 보석가게에서, 위 甲의 가게에 찾아온 손님이 급하게 다이아몬드를 찾자 물건을 구하던 중, 乙로부터 다이아몬드 1.06캐럿짜리 1개 시가 900만 원 상당을 잠시 빌려 보관하던 중, 같은 해 9월 6일경 위 乙로부터 빌려간 다이아몬드를 돌려달라는 요청을 받고도 그 반환을 거부하였다. 甲의 죄책은?

판례 : 피고인은 상당한 기간이 지난 후에도 위 다이아몬드 대금을 지급하지 않았고, 그렇다고 하여 위 다이아몬드를 반환하지도 않았다는 것이며, 피해자가 그 반환을 요구하자 아예 다이아몬드를 가져온 사실을 부인하면서 반환을 거부하고 있다는 것인바, 만약 피고인이 피해자로부터 위 다이아몬드를 가져간 것이 맞다면 앞서 본 바와 같이 피고인은 위 다이아몬드 대금이나 다이아몬드 자체를 피해자에게 반환하여야 할, 횡령죄 소정의 '타인의 재물을 보관하는 자'의 지위에 있다 할 것인바, 그와 같은 지위에 있는 피고인이 피해자로부터 다이아몬드를 교부받은 사실조차 부인하는 이상, 피고인의 위 다이아몬드에 대한 불법영득의사가 객관적으로 외부에 드러났다 할 것이다(대법원 2002.3.29, 2001도6650).

해결 : 횡령죄.

193 **사례 : 대학총장 변호사비용 지출 사례** B대학교의 총장 甲(학교법인 A학원의 이사이기도 하며 B대학교는 A학원이 설립한 것임)은 丙(A학원의 설립자이자 전 이사장)이 학원의 반환을 요구하면서 분규를 일으키고 그를 추종하는 B대학교 직원들이 파업에 들어가자 이에 대항하게 되었다. 이 과정에서 甲은 명예훼손으로 고소를 당하게 되자 자신의 변호사 비용을 법인회계자금 및 교비회계자금에서 지출하였다. 甲에게는 업무상 횡령죄가 성립하는가?

판례 : 법인회계자금에서 변호사비용을 지출한 부분에 관하여 살펴보면 법인의 구성원은 적법한 방법으로 그 법인을 위한 업무를 수행하여야 하므로, 법인의 구성원이 업무수행에 있어 관계 법령을 위반함으로써 형사재판을 받게 되었다면 그의 개인적인 변호사비용을 법인자금으로 지급한다는 것은 횡령에 해당하며, 그 변호사비용을 법인이 부담하는 것이 관례라고 하여도 그러한 행위가 사회상규에 어긋나지 않는다고 할 만큼 사회적으로 용인되어 보편화된 관례라고 할 수 없다. 그런데 이 부분 변호사비용은 피고인 1이 공소외 학원 및 제1대학교의 분규 와중에서 제1대학교총장의 업무수행 중 관계 법령을 위반한 행위로 인하여 받게 된 형사재판을 위한 것으로서, 그 변호사비용은 법인회계자금에서 지출할 수 없는 것이라 봄이 타당하고, 따라서 피고인이 법인의 이사장인 공소외 1과 공모하여 그 변호사비용을 법인자금에서 인출하여 지출하였다면 이는 업무상횡령죄를 구성한다 할 것이다. 또한 교비회계자금에서 변호사비용을 지출한 부분을 살펴보면, 학교회계 중 특히 교비회계에 속하는 수입은 다른 회계에 전출하거나 대여할 수 없는 등 용도가 엄격히 제한되어 있기 때문에 교비회계자금을 다른 용도에 사용하였다면 그 자체로서 횡령죄가 성립한다 할 것이므로, 피고인들이 교비회계자금에서 변호사비용을 지출한 행위는 그 자체로서 업무상 횡령죄를 구성하는 것이다(대법원 2003.5.30, 2002도235).

해결 : 업무상 횡령죄가 성립한다.

194 **판례** : 단체의 대표자 개인이 당사자가 된 소송사건의 변호사 비용을 단체의 비용으로 지출한 경우, 그 비용 지출에 대한 횡령죄

	2007도9679[195]; 2009.9.10, 2009도4987; 2011.9.29, 2011도4677[196]) [사시 13]
7	대학 학장이 사립학교의 교비회계에 속하는 수입을 적법한 교비회계의 세출에 포함되는 용도(당해 학교의 교육에 직접 필요한 용도가 아닌 다른 용도)에 사용한 경우(대법원 2008.2.29, 2007도9755[197]; 2012.5.10, 2011도12408[198])
8	학교법인 이사장이 학교법인이 설치·운영하는 대학 산학협력단이 용도를 특정하여 교부받은 보조금 중 일부를 대학 교비계좌로 송금하여 교직원 급여 등으로 사용한 경우(대법원 2011.10.13, 2009도13751)[199] [법원승진 14 / 사시 13]

성립 여부의 판단 기준 '원칙'적으로 단체의 비용으로 지출할 수 있는 변호사 선임료는 단체 자체가 소송당사자가 된 경우에 한하므로 단체의 대표자 개인이 당사자가 된 민·형사사건의 변호사 비용은 단체의 비용으로 지출할 수 없고, '예외'적으로 분쟁에 대한 실질적인 이해관계는 단체에게 있으나 법적인 이유로 그 대표자의 지위에 있는 개인이 소송 기타 법적 절차의 당사자가 되었다거나 대표자로서 단체를 위해 적법하게 행한 직무행위 또는 대표자의 지위에 있음으로 말미암아 의무적으로 행한 행위 등과 관련하여 분쟁이 발생한 경우와 같이, 당해 법적 분쟁이 단체와 업무적인 관련이 깊고 당시의 제반 사정에 비추어 단체의 이익을 위하여 소송을 수행하거나 고소에 대응하여야 할 특별한 필요성이 있는 경우에 한하여 단체의 비용으로 변호사 선임료를 지출할 수 있다. [사시 13] … 재건축조합 조합장이 조합장 개인을 위하여 자신의 위법원행시위에 관한 형사사건의 변호인을 선임하는 것을 재건축조합의 업무라고 볼 수 없으므로, 그가 재건축조합의 자금으로 자신의 변호사 비용을 지출하였다면 이는 횡령에 해당하고, 위 형사사건의 변호사 선임료를 지출함에 있어 이사 및 대의원회의 승인을 받았다 하여도 재건축조합의 업무집행과 무관한 조합장 개인의 형사사건을 위하여 변호사 선임료를 지출하는 것이 위법한 이상 위 승인은 내재적 한계를 벗어나는 것으로서 횡령죄의 성립에 영향을 미치지 아니한다(재건축조합장이 개인 명의의 손해배상청구소송을 위하여 변호사를 소송대리인으로 선임하고 그 선임료를 재건축조합의 비용으로 지출한 행위가 업무상 횡령죄에 해당한다고 본 사례)(대법원 2006.10.26, 2004도6280). [법원행시 10]

195 판례 : 회사의 대표이사의 배임행위 소송 관련 변호사 비용을 회사의 자금으로 지급한 경우 법인의 대표자 개인이 당사자이거나 법인이 형식적 소송당사자에 불과한 소송사건에서 변호사 비용을 법인의 비용으로 지출한 경우 횡령죄가 성립하므로, 회사의 대표이사가 자신이 당사자일 뿐만 아니라 자신의 경영권을 방어하기 위한 목적으로 신주를 발행하는 과정에서 저지른 배임행위에 대한 소송을 수행하면서 그 변호사 비용을 회사의 자금으로 지급한 경우 업무상 횡령죄가 성립한다(대법원 2008.6.26, 2007도9679).

196 판례 : 단체의 대표자 개인이 자신이 소송당사자가 된 민·형사사건의 변호사 비용을 단체의 비용으로 지출한 경우, 횡령죄가 성립하는지 여부(원칙적 적극) 집합건물 입주자대표회의의 회장과 대표자인 피고인들이 자신들의 형사사건 변호사 선임비용을 입주자대표회의비로 지출한 경우, ① 피고인 甲에 대한 형사소송은 다른 입주자대표들의 자격, 기존의 입주자대표회의가 처리해 온 업무의 효력 등과 연관되어 있는 점에서 그와 관련된 변호사 비용을 지출한 것은 단체의 업무수행에 필요한 비용을 지급한 것이나(횡령죄 불성립), ② 피고인 乙의 개인적인 형사사건을 위하여 단체의 비용으로 변호사 선임료를 지출한 것은 위법하다(횡령죄 성립)(대법원 2011.9.29, 2011도4677).

197 사례 : 대학 학장의 교비회계자금의 계속적 사용 사례 A대학 학장인 甲은 乙 소유 은마상가 중 일부를 임차하기로 하고, A 대학 교비회계에 속하는 금원을 위 임대차와 관련하여 임대차보증금, 임대료, 시설용역관리비, 공사비 등으로 지출하였다. 甲의 죄책은?
판례 : 사립학교의 교비회계에 속하는 수입을 적법한 교비회계의 세출에 포함되는 용도, 즉 당해 학교의 교육에 직접 필요한 용도가 아닌 다른 용도에 사용하였다면 그 사용행위 자체로서 불법영득의사를 실현하는 것이 되어 그로 인한 죄책을 면할 수 없다. 또한 수개의 업무상 횡령행위라 하더라도 피해법익이 단일하고, 범죄의 태양이 동일하며, 단일 고의의 발현에 기인하는 일련의 행위라고 인정될 때에는, 포괄하여 1개의 범죄라고 봄이 상당하다(대법원 2008.2.29, 2007도9755). [법원행시 08 / 경찰간부 17]
해결 : 업무상 횡령죄의 포괄일죄.

198 판례 : 학교법인 이사장이 교비회계로 개인주거 공사대금 지급 사례 학교법인 이사장인 B는 산하 대학의 건물 중 일부를 규정상 근거 없이 주거용으로 사용하다가 거실 확장 공사 등을 한 후 공사대금을 대학 교비회계에 속하는 수입으로 지급하게 하였다. B에게는 업무상 횡령의 죄책이 인정된다(위 판례).

199 사례 : 학교법인 이사장이 대학 산학협력단이 교부받은 보조금을 사용한 사례 A 학교법인 이사장 甲은 A 학교법인이 설치·운영하는 대학 산학협력단이 용도를 특정하여 교부받은 보조금 중 일부를 대학 교비계좌로 송금하여 교직원 급여 등으로 사용하였다. 위 행위는 업무상 횡령죄에 해당하는가?
판례 : '보조금의 예산 및 관리에 관한 법률'의 제 규정의 취지를 고려하면 보조금은 용도가 엄격히 제한된 자금으로 보아야 한다(대법원 2004.12.24, 2003도4570). [법원승진 14] 또한 '산업교육진흥 및 산학협력촉진에 관한 법률'의 규정 등에 비추어 보면, 위 각 규정이 산학협력단이 특정사업으로 용도를 정하여 교부받은 보조금을 사업과 무관하게 대학의 일반관리비나 교직원 급여 등으로 사용하는 것을 허용하는 취지라고 볼 수 없다(대법원 2011.10.13, 2009도13751). [사시 13]
해결 : 해당한다.

9	버스 매각대금을 임의로 소비한 경우(대법원 2003.6.24, 2003도1741)[200]
10	부동산의 매매계약금으로 수령한 돈을 자신의 피해자에 대한 채권의 변제에 충당한다는 명목으로 그 반환을 거부하면서 자기의 소유인 것 같이 처분한 경우(대법원 2004.3.12, 2004도134)
11	집합건물의 관리회사가 구분소유자들로부터 특별수선충당금의 명목으로 금원을 납부받아 보관하던 중 이를 일반경비로 사용한 경우(대법원 2004.5.27, 2003도6988)
12	대표이사가 회사의 상가분양 사업을 수행하면서 수분양자들을 기망하여 편취한 분양대금(이는 회사의 소유로 귀속되는 것이다)을 대표이사가 개인 채무 변제 용도로 소비한 경우(대법원 2005.4.29, 2005도741) [경찰채용 11 1차/경찰승진(경위) 10/국가7급 12/법원행시 14]
13	노동조합이 사용자단체로부터 조합원들의 출퇴근 편의를 위한 통근차량의 구입 및 유지에 사용하도록 용도가 제한된 자금을 다른 용도로 사용한 행위(대법원 2007.2.22, 2006도2238)
14	회사의 경영권 방어 또는 회사의 매각 등을 위하여 위탁받은 주식과 현금을 개인적인 용도로 사용한 경우(대법원 2008.5.8, 2008도1652; 1997.9.26, 97도1520; 1999.7.9, 98도4088)
15	임대인 회사 대표이사가 임차인으로부터 수도요금 등 납부라는 특정한 목적으로 위탁받은 돈을 은행 대출이자 용도 등으로 임의소비한 경우(대법원 2008.10.9, 2008도3787)
16	상품판매대금을 지급하기 전까지는 피해회사가 상품 소유권을 가지기로 하는 상품거래계약을 맺은 자가 판매대금 중 일부를 임의로 사용한 경우(대법원 2010.1.14, 2009도7737)[201]
17	지방자치단체의 조례상의 보조금을 경비부족을 메우기 위하여 전용한 경우(대법원 2002.8.23, 2002도366; 2008.9.25, 2006도5636; 2010.9.30, 2010도987[202]) 등 [국가7급 18]

판례연구 **목적·용도 특정 금전 등이 아니어서 횡령죄가 성립하지 않는 사례**

위탁받은 금전의 특정성이 인정되지 않거나 위탁받은 자에게 그 사용에 관한 광범위한 재량권이 인정되는 등 해당 금전의 소유권이 위탁자가 아니라 수탁자에게 귀속되는 경우에는 이를 사용했다 하여도 횡령죄를 구성하지 않게 된다. 다음과 같은 경우가 있다.

---

200 **사례 : 버스대금 횡령 사례** 乙은 甲으로부터 차량(그랜버드버스)을 매수하여 甲을 통하여 지입회사에 지입하여 두었으나 그 권리관계에 문제가 발생하자 甲이 乙과 합의하여 이를 처분한 다음 그 대금으로 압류되어 있는 다른 차량을 찾아서 乙에게 넘겨주기로 약정하였다. 그런데 甲은 그 매각대금을 보관·위탁의 취지에 반하여 임의로 소비하였다. 甲의 죄책은?
판례 : 금전의 수수를 수반하는 사무처리를 위임받은 자가 그 행위에 기하여 위임자를 위해 제3자로부터 수령한 금전은, 목적이나 용도를 한정하여 위탁된 금전과 마찬가지로, 달리 특별한 사정이 없는 한 그 수령과 동시에 위임자의 소유에 속하고 위임을 받은 자는 이를 위임자를 위하여 보관하는 관계에 있다. 따라서 피고인이 그 매각대금을 보관 위탁의 취지에 반하여 임의로 소비하였다면 횡령죄가 성립한다(대법원 2003.6.24, 2003도1741). [경찰채용 11 2차/법원9급 11]
해결 : 횡령죄.
201 **판례 : 상품대금 지급 전까지 공급회사의 소유권을 인정하는 상품거래계약의 경우** 甲(피고인)은 A회사(피해회사)로부터 상품을 양도받으면서, 그 대금 지급에 관하여 매일 그날의 매출액 전부를 A회사에 송금하되 그 대금을 모두 지급하기 전까지는 A회사가 위 상품에 대한 소유권을 가지기로 하는 상품거래계약을 체결한 후, 상품의 판매대금 중 일부 금원만 A회사에 송금하고 나머지 금원은 매장 인테리어 비용, 홍보비용 등에 사용하였다. 이 경우 대금을 전액 지급하기 전까지는 피고인은 피해회사를 위하여 상품 및 그 '판매대금 전액'을 보관하는 지위에 있다고 할 것이므로, 상품의 판매대금 중 공급가에 해당하는 금원만을 피해회사를 위하여 보관하고 있었다고 본 원심판결은 횡령죄에 있어 '보관자의 지위'에 관한 법리를 오해한 것이다(대법원 2010.1.14, 2009도7737).
202 **판례 : 지방자치단체의 조례상 보조금 사례** '장흥군 사회단체보조금 지원에 관한 조례' 등의 규정에 비추어 위 조례상의 보조금은 그 용도가 엄격히 제한된 자금으로 보아야 하고, 위와 같은 보조금을 집행할 직책에 있는 자가 자기 자신의 이익을 위한 것이 아니고 경비부족을 메우기 위하여 보조금을 전용하였더라도, 업무상횡령죄의 '불법영득의사'를 부인할 수 없다(대법원 2010.9.30, 2010도987).
유사 : 마을 이장인 피고인이 경로당 화장실 개·보수 공사를 위하여 업무상 보관 중이던 공사비를 그 용도 외에 다른 용도로 사용한 이상 횡령죄는 성립하고, 피고인이 과거 마을을 위하여 개인 돈을 지출하였다고 하여 이에 충당할 수는 없다(대법원 2010.9.30, 2010도7012). [사시 13]

1	물건(감자)납품을 위한 선매대금을 매수인으로부터 건네받은 매도인이 이를 임의로 소비한 경우(대법원 1986.6.24, 86도631)[203] [경찰승진(경감) 11]
2	법인의 이사를 상대로 한 이사직무집행정지가처분결정에 대하여 항쟁할 필요가 있어 법인의 대표자가 법인 경비에서 필요한 소송비용을 지급한 경우(대법원 2003.5.30, 2003도1174)[204]
3	공동운영자로부터 위임을 받은 자가 수금한 물품대금을 그들을 위하여 경비로 사용한 경우(대법원 2003.7.25, 2003도2331)[205]
4	보험을 유치하면서 보험회사로부터 지급받은 시책비 중 일부를 개인적인 용도로 사용한 경우(대법원 2006.3.9, 2003도6733)[206] [경찰채용 14 2차 / 국가9급 12]
5	원래 교비회계에 속하는 자금으로 지출할 수 있는 항목(학교교육시설에 관한 건축비 사용)에 관한 차입금을 상환하기 위하여 －사립학교법의 규정을 준수하지 않고－ 교비회계자금을 지출한 경우(대법원 2006.4.28, 2005도4085)[207] [경찰채용 16 1차 / 국가9급 12]

203 **사례** : 감자선매대금 사례 甲은 H로부터 감자 선매대금을 지급받고 감자를 납품하는 거래를 과거에 여러 차례 해오던 자인데 甲은 H로부터 위와 같은 감자 선매대금을 교부받아 이를 임의로 소비하였다. 甲에게는 횡령죄가 성립하는가?
　　판례 : 물건납품을 위한 선매대금은 매수인으로부터 매도인에게 교부되면 그 소유권이 매도인에게 이전되는 것이고 따라서 매수인을 위하여 그 대금을 보관하는 지위에 있지 아니하므로 피고인이 그 대금으로 교부받은 돈을 임의로 소비하였다고 하더라도 이는 횡령죄를 구성하지 아니한다(대법원 1986.6.24, 86도631). [경찰승진(경감) 11]
　　보충－판결이유 : 검사가 들고 있는 대법원 1982.3.9, 81도572 판결은 다른 사람으로부터 양곡을 구입하여 달라는 부탁을 받고 그 구입자금을 교부받아 보관하고 있다가 수탁 취지에 위배하여 임의로 소비한 것(양곡구입대금 사례 － 필자 주)으로서 이 사건과 사안을 달리하여 이 사건에 적절치 못하므로 결국 상고 논지는 이유 없다.
　　해결 : 횡령죄가 성립하지 않는다.

204 **사례** : 이사직무집행정지가처분에 대하여 항쟁할 필요가 있었던 사례 A주식회사의 대표이사인 甲에 대하여 이사직무집행정지가처분결정이 내려졌는데, 甲은 이에 대하여 적법한 이사회 결의를 통하여 정당한 직무집행을 한 것이라고 적극 다투고 있고, 당시 甲의 대표이사 자격의 부존재가 객관적으로 명확하여 항쟁의 여지가 없다고 보기는 어려웠다. 이 경우 甲이 위 신청사건 및 소송사건에 응소하여 A주식회사의 자금으로 자신의 변호사 선임비용을 지급하였다면 이는 업무상 횡령죄에 해당하는가?
　　판례 : 법인의 이사를 상대로 한 이사직무집행정지가처분결정이 된 경우, 당해 법인의 업무를 수행하는 이사의 직무집행이 정지당함으로써 사실상 법인의 업무수행에 지장을 받게 될 것은 명백하므로 법인으로서는 (그 이사 자격의 부존재가 객관적으로 명백하여 항쟁의 여지가 없는 경우가 아닌 한) 위 가처분에 대항하여 항쟁할 필요가 있다고 할 것이고, 이와 같이 필요한 한도 내에서 법인의 대표자가 법인 경비에서 당해 가처분 사건의 피신청인인 이사의 소송비용을 지급하더라도 이는 법인의 업무수행을 위하여 필요한 비용을 지급한 것에 해당하고, 법인의 경비를 횡령한 것이라고는 볼 수 없다(대법원 2003.5.30, 2003도1174).
　　해결 : 해당하지 않는다.

205 **사례** : 전체 공동운영자들을 위한 경비 사용 사례 공동운영자 중 과반수 이상의 위임을 받아 물품대금을 수금한 수탁자가 그 후에 전체 공동운영자들을 위하여 공증서류작성, 대책회의 개최, 교통비 등으로 일시 지출한 경우 횡령죄가 성립하는가?
　　판례 : 위탁받은 금전의 특정성이 요구되지 아니하는 경우 수탁자가 위탁의 취지에 반하지 않고 필요한 시기에 다른 금전으로 대체시킬 수 있는 상태에 있는 한 묵시적으로 허용된 용도에 일시 사용하더라도 횡령죄를 구성하지 아니하는 것인바(대법원 1995.10.12, 94도2076), 위 경우 수탁자에게 불법영득의사를 인정할 수 없어 횡령죄가 성립하지 않는다(대법원 2003.7.25, 2003도2331).
　　해결 : 성립하지 않는다.

206 **판례** : 목적과 용도를 정하여 위탁한 금전은 정해진 목적, 용도에 사용할 때까지는 이에 대한 소유권이 위탁자에게 유보되어 있는 것으로서, 수탁자가 임의로 소비하면 횡령죄를 구성하지만, 피고인들이 보험을 유치하면서 보험회사로부터 지급받은 시책비 중 일부를 개인적인 용도로 사용한 행위는 횡령죄를 구성하지 않는다(대법원 2006.3.9, 2003도6733). [경찰채용 14 2차 / 국가9급 12]
　　판결이유 : 보험을 유치하면서 특별이익 제공과는 무관한 통상적인 실적급여로서의 시책비를 지급받아 그중 일부를 개인적인 용도로 사용한 점을 알 수 있는데, 그렇다면 위 피고인들이 소비한 금전은 모두 통상적인 실적급여로서의 성격을 가진 시책비에 해당하여 그 목적이나 용도가 특정되어 위탁된 금전이라고 보기 어렵다고 할 것이다.

207 **사례** : 건축비 채무 상환 목적의 교비회계자금 사용 사례 甲은 A학교법인 소속 B대학의 학교교육시설에 관한 건축비 채무를 다른 곳에서 일시적으로 차용한 돈으로 변제한 다음 그 차용금의 변제를 위하여 B대학의 교비회계에 속하는 자금을 지출하였다. 그런데 甲은 이러한 차입을 하거나 지출을 하는 과정에서 사립학교법의 규정을 제대로 준수하지 않았다. 甲에게는 횡령죄의 불법영득의사가 인정되는가?
　　판례 : 사립학교에 있어서 학교교육에 직접 필요한 시설, 설비를 위한 경비 등과 같이 원래 교비회계에 속하는 자금으로 지출할 수 있는 항목에 관한 차입금을 상환하기 위하여 교비회계 자금을 지출한 경우, 이러한 차입금 상환행위에 관하여 교비회계 자금을 임의로 횡령하고자 하는 불법영득의 의사가 있다고 보기는 어렵고, 만일 그 행위자가 이러한 차입을 하거나 지출을 하는 과정에서 사립학교법의 관련 규정을 제대로 준수하지 아니하였다면 이에 대하여 사립학교법에 따른 형사적 제재 등이 부과될 수 있을 뿐이다(대법원 2006.4.28, 2005도4085).
　　해결 : 인정되지 않는다.

6	금전수수를 수반하는 사무처리를 위임받은 자라 하더라도 자신의 명의로 배당받은 공탁금에 대하여 반환을 거부한 경우(대법원 2007.7.26, 2007도1840)[208]
7	골프회원권 매매중개업체를 운영하는 자가 매수의뢰와 함께 입금받아 보관하던 금원을 다른 회사자금과 함께 보관하다가 일시적으로 다른 회원권의 매입대금 등으로 임의로 소비한 경우(대법원 2008.3.14, 2007도7568 : 목적·용도가 특정되어 있으나 다른 자금과 함께 보관되어 그 특정성이 인정되지 않는 경우)[209] [국가7급 16]
8	사립학교 경영자가 학생 등이 납부한 수업료 등을 교비회계 아닌 다른 회계에 임의로 사용한 경우(대법원 2012.5.10, 2011도12408)[210] [경찰채용 13 2차 / 경찰채용 12 3차]
9	아파트 입주자대표회의 회장이 아파트 특별수선충당금을 구조진단 견적비 및 손해배상청구소송의 변호사 선임료로 사용하였으나, 구분소유자들·입주민들로부터 포괄적인 동의를 얻어 특별수선충당금을 위탁의 취지에 부합하는 용도에 사용한 것으로 볼 수 있는 경우(대법원 2017.2.15, 2013도14777) 등

판례연구 **소송비용을 법인의 경비에서 지급한 경우와 횡령죄의 성부**

대법원 2008.6.26, 2007도9679; 2019.5.30, 2016도5816

① 법인의 이사를 상대로 한 이사직무집행정지가처분 신청이 받아들여질 경우, 당해 법인의 업무를 수행하는 이사의 직무집행이 정지당함으로써 사실상 법인의 업무수행에 지장을 받게 될 것이 명백하므로, 해당 법인으로서는 그 이사 자격의 부존재가 객관적으로 명백하여 항쟁의 여지가 없는 경우가 아닌 한 위 가처분신청에 대항하여 항쟁할 필요가 있고, 위와 같은 필요에서 법인의 대표자가 법인 경비에서 당해 가처분사건의 소송비용을 지급하는 것은 법인의 업무수행을 위하여 필요한 비용을 지급하는 것에 해당한다. 따라서 이러한 지급을 가지고 법인의 경비를 횡령한 것이라고 할 수 없다(대법원 2010.6.24, 2010도4512). ② 이러한 법리는 상가관리운영위원회의 운영위원장이 그에 대하여 제기된 직무집행정지가처분 신청에 대응하기 위하여 선임한 변호사의 선임료를 상가 관리비에서 지급한 경우에도 마찬가지로 적용된다. ③ 그리고 법인 자체가 소송당사자가 된 경우에는 원칙적으로 그 소송의 수행이 법인의 업무수행이라고 볼 수 있으므로 그 소송에서 법인이 형식적으로 소송당사자

---

208 **사례 : 자기의 명의로 배당받은 공탁금 사례** 甲은 주식회사 대방건설과 사이에 공탁금을 수령하여 그중 4,100만 원을 대방건설에게 반환하기로 약정하고, 배당절차에서 甲 자신의 명의로 수령한 금원에 대하여 대방건설의 반환요구가 있었음에도 불구하고 반환을 거부하였다. 甲의 행위는 횡령죄를 구성하는가?
판례 : 횡령죄는 타인의 재물을 보관하는 자가 그 재물을 횡령하는 것을 처벌하는 범죄이므로, 횡령죄가 성립되기 위해서는 횡령의 대상이 된 재물이 타인의 소유일 것을 요한다 할 것이므로, 금전의 수수를 수반하는 사무처리를 위임받은 자가 그 행위에 기하여 위임자를 위하여 제3자로부터 수령한 금전이라고 하더라도 이것이 위임자의 소유에 속하지 아니한 경우라면, 그 반환을 거부하는 수임자를 횡령죄로 처벌할 수 없는 것이다. 위 사안의 경우 자신의 명의로 배당받은 공탁금은 피고인 자신의 소유에 속한다고 판단하였는바, 이 사건 횡령의 대상이 된 금원이 대방건설의 소유에 속하지 아니한 이상, 피고인이 위 약정에 반하여 4,100만 원의 반환을 거부한다고 하여 횡령죄로 처벌할 수는 없다고 할 것이다(대법원 2007.7.26, 2007도1840).
해결 : 구성하지 않는다.
209 **판례 : 골프회원권 매수의뢰자금을 다른 자금과 함께 보관한 사례** 골프회원권 매매중개업체를 운영하는 자가 매수의뢰와 함께 입금받아 보관하던 금원을 일시적으로 다른 회원권의 매입대금 등으로 임의로 소비한 경우, 위 매입대금은 그 목적과 용도를 정하여 위탁된 금전으로서 골프회원권 매입시까지 그 소유권이 위탁자에게 유보되어 있으나, 다른 회사자금과 함께 보관된 이상 그 특정성을 인정하기 어렵고, 피고인의 불법영득의사를 추단할 수 없으므로 횡령죄를 구성하지 아니한다(대법원 2008.3.14, 2007도7568).
보충설명 : 이 판례는 목적과 용도를 정하여 위탁한 금전이라 하더라도 다른 자금과 함께 보관되어 그 특정성을 인정하기 어렵고 불법영득의사도 인정될 수 없다고 한 사례이다.
210 **판례 : 사립학교 경영자의 수업자 사용 사례** 피고인이 甲 사립학교 경영자 乙과 공모하여 학생이나 학부모가 납부한 수업료 기타 납부금을 교비회계 아닌 다른 회계에 임의로 사용하였다고 하여 구 특정경제범죄 가중처벌 등에 관한 법률 위반(횡령)으로 기소된 경우, 甲 학교는 사인(私人)인 乙 등이 설립하여 운영하는 학교로서 수업료 등으로 조성된 교비는 특별한 사정이 없는 한 甲 학교의 설치·경영자인 乙 등의 소유에 속하므로, 피고인이 乙과 공모하여 이를 임의로 사용하였더라도 사립학교법 위반죄가 성립하는 것 외에 따로 횡령죄가 성립하지 않는다고 보아야 한다(대법원 2012.5.10, 2011도12408). [경찰채용 13 2차 / 경찰채용 12 3차]

가 되어 있을 뿐 실질적인 당사자가 따로 있고 법인으로서는 그 소송의 결과에 있어서 별다른 이해관계가 없다고 볼 만한 특별한 사정이 없는 한 그 변호사 선임료를 법인의 비용으로 지출할 수 있다.

판례연구 | **위탁매매의 위탁매매인의 판매대금 소비 사례**

대법원 1990.8.28, 90도1019
팔아달라는 부탁을 받고 교부받은 다이아몬드를 판매한 대금을 임의 소비한 사례 : 횡령죄 ○
피고인이 피해자로부터 피해자 소유의 다이아반지 1개를 팔아 달라는 부탁을 받고 교부받아 이를 판매한 대금을 보관 중 임의소비한 경우 피고인에게 불법영득의 의사가 있었다고 보아야 할 것이므로 피고인의 행위는 횡령죄를 구성한다.[211] [경찰간부 16 / 변호사시험 12]

판례연구 | **조합의 재산 등 동업체의 재산이어서 횡령죄가 성립하는 사례**

1 대법원 1993.2.23, 92도387
동업자의 동의 없이 통지만 하고 동업체의 재산을 임의처분한 경우 : 횡령죄 ○
동업체에 속하는 재산을 다른 동업자들의 동의 없이 임의로 처분하거나 반출하는 행위는 이를 다른 동업자들에게 통지를 하였다 하더라도 횡령죄를 구성한다.[212] [법원승진 11 / 변호사시험 12]

---

211 **유사1** : 위탁판매 및 구매계약 사무처리 위임에 따른 판매대금 소비 사례 의류유통 판매업체인 甲 주식회사 대표이사 및 실질적 운영자인 A 등은 공모하여, 甲 회사가 乙 유한회사 등과 체결한 투자약정과 乙 회사와 체결한 위탁판매 및 구매계약의 사무처리 위임에 따라 투자금으로 구입한 의류의 판매대금을 甲 회사 명의 미지정계좌로 입금받아 임의로 소비하였다. A 등에게는 횡령죄의 죄책이 인정되는가?
판례 : 피고인이 수령한 금전은 위임자인 피해자 회사의 소유로 귀속되고, 공소외 1 주식회사는 피해자 회사를 위하여 이를 보관하는 지위에 있다고 할 것인데, 피고인들이 그 판매대금을 공소외 1 주식회사 명의의 미지정계좌로 입금받아 임의로 소비한 행위는 사용방법이 엄격히 제한된 자금을 위탁받아 집행하면서 그 제한된 사용방법 이외의 부당한 경로를 통해 자금을 사용한 것으로서 그 사용이 결과적으로 피해자 회사를 위하는 측면이 있다고 하더라도 불법영득의 의사를 실현한 것이 되어 횡령죄가 성립한다(대법원 2011.6.10, 2010도17202).
해결 : 인정된다.
유사2 : 금 위탁판매대금 횡령 사례 금은방을 운영하는 피고인이, 甲이 맡긴 금을 시세에 따라 사고파는 방법으로 운용하여 매달 일정한 이익금을 지급하는 한편 甲의 요청이 있으면 언제든지 보관 중인 금과 현금을 반환하기로 甲과 약정하였는데, 그 후 경제사정이 악화되자 이를 자신의 개인채무 변제 등에 사용하였다면, 甲이 매매를 위탁하거나 피고인이 그 결과로 취득한 금이나 현금은 모두 甲의 소유이므로 횡령죄의 죄책이 성립한다(대법원 2013.3.28, 2012도16191).
212 **유사1** : 동업체의 재산인 중기 운영 수익금 횡령 사례 甲이 乙과의 사이에 동업계약을 체결하고 중기의 운영으로 인한 수익금을 乙 명의의 통장에 입금시켰다가 그의 결재를 받아 지출하기로 약정하고서도 위 중기가 자신의 단독소유라고 주장하며 乙의 동의 없이 위 약정에 따른 절차를 거치지 아니하고 그 수익금을 임의로 소비하였다면 甲에게는 횡령죄가 성립하는가?
판례 : 2인이 동업계약을 체결하고 수익금을 상대방 명의의 장부에 입금시키고 그의 결제에 의해 지출하기로 약정하였는데도 수익금을 임의로 소비하였다면 횡령죄가 성립한다(대법원 1989.11.14, 89도17).
해결 : 성립한다.
유사2 : 2인이 동업계약을 체결하고 수익금을 상대방 명의의 장부에 입금시키고 그의 결제에 의해 지출하기로 약정하였는데도 수익금을 임의로 소비하였다면 횡령죄가 성립한다(대법원 1989.11.14, 89도17; 1993.2.23, 92도387). 조합원 상호 간의 합유(合有)가 인정되기 때문이다. 마찬가지로 동업약정에 따라 주택건축사업 등을 목적으로 하는 주식회사를 설립하고 그 사업을 공동으로 영위하기 위하여 자신이 매수한 토지를 위 회사에 출자하였음에도, 토지의 매수자금에 상당하는 금액이 위 회사의 회계장부상 甲으로부터의 단기차입금으로 계상되어 있다는 이유만으로 다른 동업자들의 반대에 불구하고 위 회사 명의로 금융기관에 예치중인 돈을 임의로 인출하여 자신의 채무변제에 사용한 행위는 업무상 횡령죄를 구성하게 된다(대법원 2005.4.15, 2003도7773).
유사3 : 동업재산인 부가가치세 환급금 임의사용 사례 甲이 대표이사로서 운영하는 오피스텔 등 신축·분양사업 시행사인 A주식회사가 시공사인 B주식회사와 공동사업자로서 상호 협력하여 사업을 추진하기로 약정하여 동업계약을 체결함으로써 조합을 구성하였는데, 甲이 조합 사업과 관련된 부가가치세를 납부한 후 돌려받은 환급금을 공동 운영계좌에 입금하지 않고 개인적인 용도에 임의로 사용하였다면 그 죄책은?
판례 : 동업관계로 인하여 발생한 수익금은 합유에 속하는 동업재산에 해당하고, 위 부가가치세 환급금은 동업재산이므로 피고인이 이를 개인적인 용도에 임의로 사용하였다면 A회사와 B회사의 이익분배비율과 관계없이 그 전액에 대하여 횡령죄의 죄책을 부담한다

2 대법원 2009.10.15, 2009도7423

동업자 사이에 손익분배의 정산이 되지 않은 상태에서 동업자가 동업재산에 대한 지분을 임의처분하거나 동업재산 매각대금을 임의소비한 경우 횡령금액 전부에 대해 횡령죄가 성립한다는 사례

동업재산은 동업자의 합유에 속하는 것이므로 동업관계가 존속하는 한 동업자는 동업재산에 대한 그 지분을 임의로 처분할 권한이 없고 동업자의 한 사람이 그 지분을 임의로 처분하거나 또는 동업재산의 처분으로 얻은 대금을 보관 중 임의로 소비하였다면 횡령죄의 죄책을 면할 수 없다. 또한 동업자 사이에 손익분배의 정산이 되지 아니하였다면 동업자의 한 사람이 임의로 동업자들의 합유에 속하는 동업재산을 처분할 권한이 없는 것이므로, 동업자의 한 사람이 동업재산을 보관 중 임의로 횡령하였다면 지분비율에 관계없이 임의로 횡령한 금액 전부에 대하여 횡령죄의 죄책을 부담한다. [경찰채용 12·16 2차 / 경찰승진(경위) 10 / 경찰승진 14 / 법원9급 06 / 법원행시 08]

3 대법원 2007.6.1, 2006도1813

수개의 회사 소유 자금을 구분없이 함께 보관하던 사람이 그 자금 중 일부를 횡령한 경우의 피해자(=수개의 회사 전부)

수개의 회사 소유 자금을 지분 비율을 알 수 없는 상태로 구분 없이 함께 보관하던 사람이 그 자금 중 일부를 횡령한 경우, 수개의 회사는 횡령된 자금에 대하여 지분 비율을 알 수 없는 공동 소유자의 지위에 있다고 할 것이니 수개의 회사는 모두 횡령죄의 피해자에 해당한다. [경찰승진 12]

판례연구 | **동업체의 재산이 아니어서 횡령죄가 성립하지 않는 사례**

1 대법원 1971.12.28, 71도2032

익명조합의 영업자의 이익금 소비 사건

익명조합원이 영업을 위하여 출자한 금전 기타의 재산은 상대방인 영업자의 재산으로 되는 것이므로 영업자가 그 영업의 이익금을 함부로 자기 용도에 소비하였다 하여도 횡령죄가 되지 아니한다.[213]

[경찰간부 11 / 경찰승진(경장) 10]

2 대법원 2011.11.24, 2010도5014

내적 조합인가 익명조합인가의 사례

① 조합재산은 조합원의 합유에 속하므로 조합원 중 한 사람이 조합재산 처분으로 얻은 대금을 임의로 소비하였다면 횡령죄의 죄책을 면할 수 없고, 이러한 법리는 내부적으로는 조합관계에 있지만 대외적으로는 조합관계가 드러나지 않는 이른바 내적 조합의 경우에도 마찬가지이다. ② 조합 또는 내적 조합과 달리 익명조합의 경우에는 익명조합원이 영업을 위하여 출자한 금전 기타의 재산은 상대편인 영업자의 재산이 되므로 영업자는 타인의 재물을 보관하는 자의 지위에 있지 않고, 따라서 영업자가 영업이익금 등을 임의로 소비하였더라도 횡령죄가 성립할 수는 없다. ③ 어떠한 법률관계가 내적

(대법원 2011.5.26, 2011도1904).

해결 : (업무상) 횡령죄.

보충 : 다만, 위 판례는 甲이 위 돈을 조합 사업과 직·간접적으로 관련된 비용에 지출하였다면 불법영득의사가 부정되어 횡령죄가 성립하지 않게 된다는 점도 인정하였다.

213 **비교** : 익명조합이 아님에도 익명조합관계임을 주장하는 경우 실질적으로 피해자가 단독으로 운영하여 오던 사업장이어서 그 사업장의 재산은 피해자의 단독 소유라고 할 것임에도, 피고인이 익명조합관계의 영업자의 지위에 있다고 주장하면서 사업장의 재산의 반환을 거부한 경우, 횡령죄가 성립한다(또한 피고인이 자신의 명의로 사업자등록이 되어 있고 자신이 상주하여 지게차 판매 등을 하고 있는 지위를 이용하여, 피해자의 사업장 출입을 금지하기 위하여 출입문에 설치된 자물쇠의 비밀번호를 변경하였다면, 위력에 의한 업무방해죄가 성립한다)(대법원 2009.4.23, 2007도9924).

조합에 해당하는지 아니면 익명조합에 해당하는지는, 당사자들의 내부관계에 공동사업이 있는지, 조합원이 업무검사권 등을 가지고 조합의 업무에 관여하였는지, 재산의 처분 또는 변경에 전원의 동의가 필요한지 등을 모두 종합하여 판단하여야 한다. ④ 피고인이 甲과 특정 토지를 매수하여 전매한 후 전매이익금을 정산하기로 약정한 다음 甲이 조달한 돈 등을 합하여 토지를 매수하고 소유권이전등기는 피고인 등의 명의로 마쳐 두었는데, 위 토지를 제3자에게 임의로 매도한 후 甲에게 전매이익금 반환을 거부함으로써 이를 횡령하였다는 내용으로 기소된 경우, 甲이 토지의 매수 및 전매를 피고인에게 전적으로 일임하고 그 과정에 전혀 관여하지 아니한 사정 등에 비추어, 비록 甲이 토지의 전매차익을 얻을 목적으로 일정 금원을 출자하였더라도 이후 업무감시권 등에 근거하여 업무집행에 관여한 적이 전혀 없을 뿐만 아니라 피고인이 아무런 제한 없이 재산을 처분할 수 있었음이 분명하므로 피고인과 甲의 약정은 조합 또는 내적 조합에 해당하는 것이 아니라 '익명조합과 유사한 무명계약'에 해당한다. 따라서 피고인은 타인의 재물을 보관하는 자의 지위에 있지 않으므로 횡령죄가 성립하지 않는다. [경찰채용 13 1차 / 국가7급 21]

판례연구 **채권양도담보에서 양도인의 횡령죄 성립 여부가 문제된 사건**

1 대법원 2022.6.23, 2017도3829 전원합의체

채권양도인이 채권양도 통지를 하기 전에 채무자로부터 채권을 추심하여 금전을 수령한 경우 채권양도인은 타인의 재물을 보관하는 자가 아니므로 횡령죄의 주체가 되지 않는다는 사례

채권양도인이 채무자에게 채권양도 통지를 하는 등으로 채권양도의 대항요건을 갖추어 주지 않은 채 채무자로부터 채권을 추심하여 금전을 수령한 경우, 특별한 사정이 없는 한 금전의 소유권은 채권양수인이 아니라 채권양도인에게 귀속하고 채권양도인이 채권양수인을 위하여 양도 채권의 보전에 관한 사무를 처리하는 신임관계가 존재한다고 볼 수 없다. 따라서 채권양도인이 위와 같이 양도한 채권을 추심하여 수령한 금전에 관하여 채권양수인을 위해 보관하는 자의 지위에 있다고 볼 수 없으므로, 채권양도인이 위 금전을 임의로 처분하더라도 횡령죄는 성립하지 않는다. 이와 달리 채권양도계약을 체결한 채권양도인이 채무자에게 채권양도 통지를 하는 등으로 채권양도의 대항요건을 갖추어 주기 전에 채무자로부터 채권을 추심하여 금전을 수령한 경우, 그 금전은 채권양도인과 채권양수인 사이에서 채권양수인의 소유에 속하고 채권양도인이 채권양수인을 위하여 채권보전에 관한 사무를 처리하는 지위에 있으므로 보관자 지위가 인정된다는 전제에서, 채권양도인이 위 금전을 임의로 처분한 경우 횡령죄가 성립한다고 한 대법원 1999.4.15, 97도666 전원합의체 판결, 대법원 2007.5.11, 2006도4935 판결을 비롯한 같은 취지의 대법원 판결들은 이 판결의 견해에 배치되는 범위 내에서 모두 변경하기로 한다.

2 대법원 2021.2.25, 2020도12927

채권양도 예외적 판례 : 채무의 담보로서 채권을 양도한 채권양도인의 임의소비는 횡령죄를 구성하지 않는다는 사례

채무자가 기존 금전채무를 담보하기 위하여 다른 금전채권을 채권자에게 양도하는 경우, 채무자가 채권자에 대하여 부담하는 '담보 목적 채권의 담보가치를 유지·보전할 의무'는 채권 양도담보계약에 따라 부담하게 된 채무의 한 내용에 불과하다. 또한 통상의 채권양도계약은 그 자체가 채권자지위의 이전을 내용으로 하는 주된 계약이고, 그 당사자 사이의 본질적 관계는 양수인이 채권자지위를 온전히 확보하여 채무자로부터 유효하게 채권의 변제를 받는 것이다. 그런데 채권 양도담보계약은 피담보채권의 발생을 위한 계약(예컨대 금전소비대차계약 등)의 종된 계약으로, 채권 양도담보계약에 따라 채무자가 부담하는 위와 같은 의무는 담보목적을 달성하기 위한 것에 불과하고, 그 당사자 사이의 본질적이고 주된 관계는 피담보채권의 실현이다. 이처럼 채권 양도담보계약의 목적이나 본질적 내용을 통상의 채권

양도계약과 같이 볼 수는 없다. 따라서 채무자가 채권 양도담보계약에 따라 담보 목적 채권의 담보가치를 유지·보전할 의무는 계약에 따른 자신의 채무에 불과하고, 채권자와 채무자 사이에 채무자가 채권자를 위하여 담보가치의 유지·보전사무를 처리함으로써 채무자의 사무처리를 통해 채권자가 담보 목적을 달성한다는 신임관계가 존재한다고 볼 수 없다. 그러므로 채무자가 제3채무자에게 채권양도 통지를 하지 않은 채 자신이 사용할 의도로 제3채무자로부터 변제를 받아 변제금을 수령한 경우, 이는 단순한 민사상 채무불이행에 해당할 뿐, 채무자가 채권자와의 위탁신임관계에 의하여 채무자를 위해 위 변제금을 보관하는 지위에 있다고 볼 수 없고, 채무자가 이를 임의로 소비하더라도 횡령죄는 성립하지 않는다.

판례연구 **1인주주의 1인회사에 대한 형사책임 관련 판례**

1 대법원 1989.5.23, 89도570; 1995.3.14, 95도59
1인주주가 1인회사의 금원을 보관 중 임의 처분하면 업무상 횡령죄가 성립한다는 판례[214]
주식회사의 주식이 사실상 1인의 주주에 귀속하는 1인회사에 있어서도 회사와 주주는 분명히 별개의 인격이어서 1인회사의 재산이 곧바로 그 1인주주의 소유라고는 볼 수 없으므로, 피고인이 회사의 사실상 1인주주라고 하더라도 그 회사의 금원을 업무상 보관 중 이를 임의로 처분하면 업무상 횡령죄가 성립한다.[215]

2 대법원 1983.12.13, 83도2330 전원합의체
1인주주가 1인회사에 손해를 끼친 경우 횡령죄가 아니라 업무상 배임죄가 성립한다는 판례
주식회사의 주식이 사실상 1인 주주에 귀속하는 소위 1인 회사에 있어서도 행위의 주체와 그 본인은 분명히 별개의 인격이며 그 본인인 주식회사에 재산상 손해가 발생하였을 때 배임의 죄는 기수가 되는 것이므로 궁극적으로 그 손해가 주주의 손해가 된다고 하더라도(또 주식회사의 손해가 항시 주주의 손해와 일치한다고 할 수도 없다) 이미 성립한 죄에는 아무 소장이 없다고 할 것이며 한편 우리 형법은 배임죄에 있어 자기 또는 제3자의 이익을 도모하고 또 본인에게 손해를 가하려는 목적을 그 구성요건으로 규정하고 있지 않으므로 배임죄의 고의는 자기의 행위가 그 임무에 위배한다는 인식으로 족하고 본인에게 손해를 가하려는 의사는 이를 필요로 하지 않는다고 보아야 한다(회사의 돈을 1인 주주의 개인의 채무변제의 용도로 사용함으로써 회사에 손해를 끼친 경우에는 업무상 배임죄가 성립하게 된다는 판례).

---

214 **판례의 사실관계** : A는 X건설회사(주주가 A 1인뿐인 1인회사)의 대표이사로서 위 회사가 육군상무사업통제단 발주의 상무대이전공사 중 본공사의 39.68% 지분을 도급받은 후 그 무렵부터 육군중앙경리단으로부터 위 공사의 선수금 및 기성금 조로 수십 회에 걸쳐 합계 금 69,042,369,421원을 교부받아 이를 보관하던 중, 1991.11.9.부터 위 회사 사무실에서 자신의 개인용도로 사용할 의사로 금 11,000,000원을 인출하고 경리직원으로 하여금 장부상에는 도시고속도로 공사 전도금 명목으로만 기재하게 하는 등 그때부터 1992. 12. 31.까지 같은 방법으로 모두 182회에 걸쳐 합계 금 18,890,795,540원을 인출하여 자신의 개인용도로 임의 소비하였다. A의 죄책은 업무상 횡령죄이다.
215 **유사** : 이른바 1인 회사에서 1인 주주가 회사에 대한 횡령죄의 주체가 될 수 있으며, 회사에 대하여 별도의 가수금채권을 가지고 있다는 사정이 이미 성립한 업무상 횡령죄에 영향을 주는 것은 아니다(대법원 2011.11.24, 2009도980).

판례연구   채권 상계충당 관련 횡령죄의 성부

1 대법원 2002.9.10, 2001도3100

임의로 채권에 상계충당한 행위는 횡령죄에 해당한다는 사례

금전수수를 수반하는 사무처리를 위임받은 자가 그 행위에 기해 제3자로부터 수령한 금전도 목적·
용도를 한정하여 위탁된 금전과 마찬가지로 그 소유권이 위임자에게 속하므로, 이를 그 위임취지대로
사용하지 않고 피고인의 위임자에 대한 채권에 상계충당함은, 상계정산의 특약이 없는 한, 당초 위임취
지에 반하므로 횡령죄를 구성한다(대법원 2002.9.10, 2001도3100).[216] [법원9급 16]

2 대법원 2002.7.26, 2001도5459

대표이사가 회사를 위하여 보관하고 있는 회사 소유의 금전으로 이사회의 승인 없이 자신의 회사에
대한 채권의 변제에 충당하는 행위는 횡령죄에 해당하지 않는다는 사례

회사에 대하여 개인적인 채권을 가지고 있는 대표이사가 회사를 위하여 보관하고 있는 회사 소유의
금전으로 자신의 채권 변제에 충당하는 행위는 회사와 이사의 이해가 충돌하는 자기거래행위에 해당하
지 않는 것이므로, 대표이사가 이사회의 승인 등의 절차 없이 그와 같이 자신의 회사에 대한 채권을
변제하였더라도, 이는 대표이사의 권한 내에서 한 회사 채무의 이행행위로서 유효하고, 따라서 불법영득
의 의사가 인정되지 아니하여 횡령죄의 죄책을 물을 수 없다. [경찰승진(경감) 11·16/법원9급 16/법원승진 14/법원행시
09·14]

판례연구   기타 횡령죄가 성립하는 사례

1 대법원 2000.8.18, 2000도1856

예금명의신탁의 명의수탁자의 반환 거부 사건

횡령죄에 있어서 보관이라 함은 재물이 사실상 지배하에 있는 경우뿐만 아니라 법률상의 지배·처분이
가능한 상태를 모두 가리키는 것으로 타인의 금전을 위탁받아 보관하는 자는 보관방법으로 이를 은행
등의 금융기관에 예치한 경우에도 보관자의 지위를 갖는 것이다. 타인의 금전을 위탁받아 보관하는
자가 보관방법으로 금융기관에 자신의 명의로 예치한 경우, 금융실명거래및비밀보장에관한긴급재정
경제명령이 시행된 이후 금융기관으로서는 특별한 사정이 없는 한 실명확인을 한 예금명의자만을 예금주
로 인정할 수밖에 없으므로 수탁자 명의의 예금에 입금된 금전은 수탁자만이 법률상 지배·처분할 수
있을 뿐이고 위탁자로서는 위 예금의 예금주가 자신이라고 주장할 수는 없으나, 그렇다고 하여 보관을
위탁받은 위 금전이 수탁자 소유로 된다거나 위탁자가 위 금전의 반환을 구할 수 없는 것은 아니므로
수탁자가 이를 함부로 인출하여 소비하거나 또는 위탁자로부터 반환요구를 받았음에도 이를 영득할
의사로 반환을 거부하는 경우에는 횡령죄가 성립한다.[217] [경찰채용 16 1차/경찰간부 12·17/법원행시 16/사시 16]

---

216 **판례의 사실관계** : 암달러상 甲은 A로부터 환전하여 달라는 부탁을 받고 그 자금으로 교부받은 현금 110,000,000원을 마음대로
이를 환전하여 주지 아니한 채 그 반환을 거절하고 있다. 그런데 甲의 주장은 A로부터 교부받은 위 돈은 A의 소유가 아니라 A의
남편인 B 소유의 돈이고 B는 이전부터 甲과 환전거래를 하여 오다가 甲으로부터 1996.1.16. 금 5,000만 원 상당의, 같은 달 23일
금 6,500만 원 상당의 엔화를 매수하였으나 B가 대금지급조로 교부한 약속어음과 수표들이 부도처리되는 바람에 甲이 B에 대하여
합계 금 115,000,000원 상당의 대금채권이 있었는데, 甲이 B를 대리한 위 A로부터 환전의뢰를 받은 후 무허가 환전상에 대한
당국의 단속이 심해져 동인들과 계속적인 거래가 어렵게 되므로 환전을 의뢰받은 이 사건 돈을 위 B에 대한 위 채권에 상계충당함으로
써 일단 동인들과 거래를 청산한 것에 지나지 않는 것이라고 주장하고 있다. 甲의 죄책은 횡령죄이다.
217 위 판례는 금융실명거래 및 비밀보장에 관한 긴급재정경제명령이 시행된 이후 금융기관으로서는 특별한 사정이 없는 한 실명확인을
한 예금명의자만을 예금주로 인정할 수밖에 없으나, 그렇다고 하여 보관을 위탁받은 위 금전이 수탁자 소유로 된다거나 위탁자가
위 금전의 반환을 구할 수 없는 것은 아니라고 한다(이는 판례가 1997년 시행된 금융실명거래 및 비밀보장에 관한 법률 −소위
금융실명법− 을 효력규정이 아니라 단속규정 정도로 보고 있음을 보여준다).

대법원 2008.12.11, 2008도8279

　　보관자의 지위에 있는 공동명의 예금채권자가 다른 채권의 집행 확보를 위하여 위 예금계좌에 초과로 입금된 돈의 반환을 거부한 행위는 횡령죄에 해당하지 않는다.[218]

2 대법원 2001.10.30, 2001도2095

공동임대인 중 1인이 임대보증금을 임의로 처분한 사건

피고인 甲과 乙이 임대목적물을 공동으로 임대한 것이라면 그 보증금반환채무는 성질상 불가분채무에 해당하므로, 위 임대보증금 잔금은 이를 정산하기까지는 피고인 甲과 乙의 공동소유에 귀속한다고 할 것이고, 공동소유자 1인에 불과한 피고인 甲이 乙의 승낙 없이 위 임대보증금잔금을 임의로 처분하였다면 횡령죄가 성립한다.[219]

3 대법원 2000.11.10, 2000도4335

복권당첨금 횡령 사건

피고인이 2천 원을 내어 피해자를 통하여 구입한 복권 4장을 피고인과 피해자를 포함한 4명이 한 장씩 나누어 그 당첨 여부를 확인하는 결과 피해자 등 2명이 긁어 확인한 복권 2장이 1천 원씩에 당첨되자 이를 다시 복권 4장으로 교환하여 같은 4명이 각자 한 장씩 골라잡아 그 당첨 여부를 확인한 결과 피해자 등 2명이 긁어 확인한 복권 2장이 2천만 원씩에 당첨되었으나 당첨금을 수령한 피고인이 피해자에게 그 당첨금의 반환을 거부한 경우, 피고인과 피해자를 포함한 4명 사이에는 어느 누구의 복권이 당첨되더라도 당첨금을 공평하게 나누거나 공동으로 사용하기로 하는 묵시적인 합의가 있었다고 보아야 하므로 그 당첨금 전액은 같은 4명의 공유라고 봄이 상당하여 피고인으로서는 피해자의 당첨금 반환요구에 따라 그의 몫을 반환할 의무가 있고 피고인이 이를 거부하고 있는 이상 불법영득의사가 있으므로 횡령죄가 성립한다.

4 대법원 2000.12.8, 99도214

수개의 학교법인을 운영하는 자가 각 학교법인의 금원을 다른 학교법인을 위하여 사용한 사례

수개의 학교법인을 운영하는 자가 각 학교법인의 금원을 다른 학교법인을 위하여 사용한 경우, 각 학교법인은 별개의 법인격을 가진 소유의 주체로서 이를 실질적으로 1개의 학교법인이라고 볼 수 없으므로 각 학교법인의 금원을 다른 학교법인을 위하여 사용한 경우 이를 단순히 예산항목을 유용하거나 장부상의 분식이나 이동에 불과하다고 할 수 없고, 각 학교법인 사이에서의 자금이동이 단순한 대차관계에 불과하다고 할 수도 없으므로 횡령죄가 성립한다.[220] [법원행시 14]

---

218 **사례 : 구상금채권의 집행확보를 위해 초과입금된 개발부담금 반환을 거부한 사례** 공동명의 예금채권자인 甲 등은 A 등 조합원들이 이 사건 예금계좌에 초과로 입금된 개발부담금의 반환을 거부하였는데, 그 이유는 A 등 조합원들이 제기한 소송으로 인하여 조합이 입게 되는 손해에 대한 구상금채권의 집행 확보를 위한 것에 있었다면, 甲 등과 같은 보관자의 지위에 있는 공동명의 예금채권자가 다른 채권의 집행 확보를 위하여 위 예금계좌에 초과로 입금된 돈의 반환을 거부한 위와 같은 행위에 대해서는 횡령죄의 죄책이 성립하는가?
　　판례 : 반환거부의 이유 및 주관적인 의사 등을 종합하여 반환거부행위가 횡령행위와 같다고 볼 수 있을 정도이어야만 횡령죄가 성립하므로, 위 행위는 위 개발부담금을 영득하기 위한 것이라고 볼 수 없다(대법원 2008.12.11, 2008도8279). [경찰채용 20 1차]
　　해결 : 성립하지 않는다.
219 **보충** : 위 판례의 경우에는 공동임대인 간의 일정한 위탁관계에 의해 임대보증금을 그중 1인이 보관하고 있다는 점이 그 전제가 되고 있다.
220 **사례 : 학교법인간의 예산 전용 사례** A는 그의 남편인 B 등과 공모하여, 1995년 1월경부터 1997.4.22.경까지 사이에 업무상 보관 중이던 X학교법인의 금원 중 합계 금 2,135,042,562원, Y학교법인의 금원 중 합계 금 1,425,000,000원을 임의로 위 각 학교법인의 용도 이외에 사용하였고, 위 각 학교법인이 설립한 각 학교의 교비회계에 속하는 수입 중 제1대학교의 수입금 7,337,845,479원, 제2산업대학교의 수입금 849,408,646원, 제3전문대학교의 수입금 4,814,572,157원, 제4예술학교 및 제5예술대학교의 수입금 910,801,506원을 위 학교들을 각 설치·운영하는 학교법인의 다른 회계로 전출하였다. A의 죄책은?
　　판례 : 피고인 S와 L이 설립·운영하는 각 학교법인은 별개의 법인격을 가진 소유의 주체로서 이를 실질적으로 1개의 학교법인이라고

5 대법원 2010.5.13, 2009도1373

주식회사의 지점이나 합명회사의 분사무소 구성원들이 법인을 위하여 보관 중이던 돈을 비자금으로 조성한 사례

상법에 의하면 주식회사의 지점이나 합명회사의 분사무소는 주식회사나 합명회사와 독립된 별개의 법인격이나 권리주체가 아니라 주식회사나 합명회사에 소속된 하부조직에 불과하므로, 주식회사의 지점이나 합명회사의 분사무소가 주식회사의 본점이나 합명회사의 주사무소의 회계와는 별도의 독립 채산제 방식으로 운영되고 있다고 하더라도 주식회사의 지점이나 합명회사의 분사무소가 보유한 재산은 그 주식회사 또는 합명회사의 소유일 뿐 법인격도 없고 권리주체도 아닌 주식회사의 지점이나 합명회사의 분사무소 구성원들 개인의 소유가 되는 것은 아니다. 따라서 감정평가법인 지사에서 근무하는 감정평가사들이 접대비 명목 등으로 임의로 나누어 사용할 목적으로 감정평가법인을 위하여 보관 중이던 돈의 일부를 비자금으로 조성한 경우, 피고인들이 위 지사를 독립채산제로 운영하기로 했다고 하더라도 그것은 지사가 처리한 감정평가업무로 인한 경제적 이익의 분배에 관하여 그와 같이 약정을 한 것에 불과한 것이므로 피고인들이 사용한 지사의 자금이 법률상으로는 위 법인의 자금이 아니라고 할 수는 없고, 당초의 비자금 조성 목적 등에 비추어 비자금 조성 당시 피고인들의 불법영득의사가 객관적으로 표시되었다고 할 것인 점 등에 비추어, 위 비자금 조성행위는 업무상횡령죄에 해당한다. [경찰채용 14 2차 / 경찰승진(경감이하) 16 / 사시 13]

6 대법원 2013.4.25, 2011도9238

회사의 이사 등이 보관 중인 회사 자금으로 뇌물을 공여하거나 부정한 청탁을 하고 배임증재를 한 사건

회사가 기업활동을 하면서 형사상의 범죄를 수단으로 하여서는 안 되므로 뇌물공여를 금지하는 법률 규정은 회사가 기업활동을 할 때 준수하여야 하고, 따라서 회사의 이사 등이 업무상의 임무에 위배하여 보관 중인 회사의 자금으로 뇌물을 공여하였다면 이는 오로지 회사의 이익을 도모할 목적이라기보다는 뇌물공여 상대방의 이익을 도모할 목적이나 기타 다른 목적으로 행하여진 것이라고 보아야 하므로, 그 이사 등은 회사에 대하여 업무상횡령죄의 죄책을 면하지 못한다. 그리고 특별한 사정이 없는 한 이러한 법리는 회사의 이사 등이 회사의 자금으로 부정한 청탁을 하고 배임증재를 한 경우에도 마찬가지로 적용된다. [경찰승진 14 / 국가9급 13 / 법원행시 13·16]

7 대법원 2013.8.30, 2013도2761

조합장의 이사회 결의 없는 보수 수령 사건

관광지조성사업조합의 조합장인 피고인이 정관에서 정한 절차를 거치지 않고 조합 계좌에서 급여 명목의 보수를 수령하여 개인 채무 변제 등에 사용한 경우, 피고인이 정관에서 정한 이사회 결의 등의 절차를 거쳐 보수를 지급받은 것이 아닌 이상 조합에 대해 보수채권을 주장할 수 없으므로 횡령죄가 성립한다.

볼 수 없으므로, 각 학교법인의 금원을 다른 학교법인을 위하여 사용하거나 피고인 및 L의 개인적인 용도에 사용한 행위는 불법영득의 의사를 실현한 행위라고 충분히 인정할 수 있으며, 또한 일부 학교법인의 경우 그 학교법인으로부터 전출한 금원보다 더 많은 금원을 유입하였다고 하더라도 각 학교법인의 금원을 다른 학교법인 등에 임의로 사용함으로써 불법영득의 의사가 객관적으로 외부에 표시되어 횡령죄가 기수에 이르게 된 이상, 위와 같은 사정은 이미 성립한 횡령죄에 아무런 영향이 없다 할 것이다(대법원 2000.12.8, 99도214).

해결 : 업무상 횡령죄.

8 대법원 2014.4.30, 2013도8799

근로자의 운송수입금 소비 사건

근로자는 운송회사로부터 일정액의 급여를 받으면서 당일 운송수입금을 전부 운송회사에 납입하고, 운송회사는 이를 월 단위로 정산하기로 하는 약정이 체결된 경우, 근로자가 운송수입금을 임의로 소비한 행위가 횡령죄를 구성하고, 근로자가 사납금을 초과하는 수입금 일부를 배분받을 권리가 있더라도 마찬가지이다.[221] [경찰간부 17 / 경찰간부 16]

판례연구 | **기타 횡령죄가 성립하지 않는 사례**

1 대법원 1997.9.5, 97도1592

지입차주가 낸 돈을 회사가 항목유용한 사례

지입차주들이 차량위탁관리료와 산업재해보상보험료 및 제세공과금을 합한 일정 금액을 일괄하여 납입하는 지입료는 일단 지입회사의 소유로 되어 회사가 그 지입료 등을 가지고 그 운영비와 전체 차량의 제세공과금 및 보험료에 충당할 수 있는 것이므로 지입차주들이 낸 보험료나 세금을 회사가 항목유용하였다 하더라도 횡령죄가 되지 아니한다.

2 대법원 1998.4.14, 98도292

프랜차이즈 가맹점주가 물품판매대금을 임의 소비한 사례

피고인이 본사와 맺은 가맹점계약은 독립된 상인간에 일방이 타방의 상호, 상표 등의 영업표지를 이용하고 그 영업에 관하여 일정한 통제를 받으며 이에 대한 대가를 타방에 지급하기로 하는 특수한 계약 형태인 이른바 '프랜차이즈 계약'으로서 그 기본적인 성격은 각각 독립된 상인으로서의 본사 및 가맹점주 간의 계약기간 동안의 계속적인 물품공급계약이고, 본사의 경우 실제로는 가맹점의 영업 활동에 관여함이 없이 경영기술지도, 상품대여의 대가로 결과적으로 매출액의 일정 비율을 보장받는 것에 지나지 아니하여 본사와 가맹점이 독립하여 공동경영하고, 그 사이에서 손익분배가 공동으로 이루어진다고 할 수 없으므로 이러한 가맹점 계약을 동업계약 관계로는 볼 수 없고, 따라서 가맹점주인 피고인이 판매하여 보관 중인 물품판매 대금은 피고인의 소유라 할 것이어서 피고인이 이를 임의 소비한 행위는 프랜차이즈 계약상의 채무불이행에 지나지 아니하므로, 결국 횡령죄는 성립하지 아니한다. [경찰승진(경장) 10 / 경찰승진(경위) 11 / 경찰승진 14 / 국가7급 07 / 사시 16 / 변호사시험 16]

3 대법원 2000.2.11, 99도4979

채권자가 채권의 지급담보를 위하여 채무자로부터 발행·교부받은 수표를 임의 처분한 사건

채권자가 그 채권의 지급을 담보하기 위하여 채무자로부터 수표를 발행·교부받아 이를 소지한 경우에는, 단순히 보관의 위탁관계에 따라 수표를 소지하고 있는 경우와는 달리 그 수표상의 권리가 채권자에게 유효하게 귀속되고, 채권자와 채무자 사이의 수표 반환에 관한 약정은 원인관계상의 인적 항변사

---

221 **판례 : 근로자의 운송수입금 소비 사건** 운송회사와 소속 근로자 사이에 근로자가 운송회사로부터 일정액의 급여를 받으면서 당일 운송수입금을 전부 운송회사에 납입하되, 운송회사는 근로자가 납입한 운송수입금을 월 단위로 정산하여 그 운송수입금이 월간 운송수입금 기준액인 사납금을 초과하는 경우에는 그 초과금액에 대하여 운송회사와 근로자에게 일정 비율로 배분하여 정산하고, 사납금에 미달되는 경우에는 그 부족금액에 대하여 근로자의 급여에서 공제하여 정산하기로 하는 약정이 체결되었다면, 근로자가 사납금 초과 수입금을 개인 자신에게 직접 귀속시키는 경우와는 달리, 근로자가 애초 거둔 운송수입금 전액은 운송회사의 관리와 지배 아래 있다고 봄이 상당하므로 근로자가 운송수입금을 임의로 소비하였다면 횡령죄를 구성한다. 이는 근로자가 운송회사에 대하여 사납금을 초과하는 운송수입금의 일부를 배분받을 권리를 가지고 있다고 하더라도 다른 특별한 사정이 없는 한 다를 바 없다고 할 것이다(대법원 2014.4.30, 2013도8799).

유에 불과하므로, 채권자는 횡령죄의 주체인 타인의 재물을 보관하는 자의 지위에 있다고 볼 수 없다.[222] [경찰간부 12 / 경찰승진(경사) 10 / 국가7급 07 / 법원행시 12]

4 대법원 2000.9.8, 2000도258

낙찰명의인 낙찰부동산 임의 처분 사건

부동산 입찰절차에서 수인이 대금을 분담하되 그 중 1인 명의로 낙찰받기로 약정하여 그에 따라 낙찰이 이루어진 경우, 그 입찰절차에서 낙찰인의 지위에 서게 되는 사람은 어디까지나 그 명의인이므로 입찰목적부동산의 소유권은 경락대금을 실질적으로 부담한 자가 누구인가와 상관없이 그 명의인이 취득한다 할 것이므로 그 부동산은 횡령죄의 객체인 타인의 재물이라고 볼 수 없어 명의인이 이를 임의로 처분하더라도 횡령죄를 구성하지 않는다.[223] [경찰승진(경장) 11 / 경찰승진 14 / 국가9급 18 / 법원9급 07(하) / 법원행시 09 / 사시 14]

5 대법원 2012.1.12, 2011도12604

제3채무자가 집행공탁을 하여야 할 것을 착오로 변제공탁을 한 경우, 집행채무자가 압류채권금을 변제받아 집행채권자에게 반환을 거부한 사례

피고인이 한국수자원공사에 대하여 가지는 토지보상금채권에 관하여 피고인의 채권자 甲 주식회사가 압류 및 추심명령을 받아 그 명령이 피고인에게 송달되었는데, 그 후 한국수자원공사가 업무착오로 토지보상금을 집행공탁이 아닌 변제공탁하자 피고인이 이를 수령하여 보관하며 반환요구를 거절한 경우, 공탁 취지에 좇아 수령한 토지보상금은 피고인의 소유이므로 횡령죄가 성립하지 않는다.[224]

6 대법원 2013.6.27, 2012도4848

기업주의 자신의 친족에 대한 필요하고 합리적인 고문 위촉 사례

회사 운영자나 대표 등이 그 내부 절차를 거쳐 고문 등을 위촉하고 급여를 지급한 경우, 그와 같이 고문 등을 위촉할 필요성이나 정당성이 명백히 결여되거나 그 지급되는 급여가 합리적인 수준을 현저히 벗어나는 경우가 아닌 때에는 업무상 횡령죄가 성립하지 않는다.

---

222 **판례의 사실관계**: A는 B에게 가계수표 3장을 할인하여 주면서 그 담보조로 B가 발행한 가계수표 3장을 별도로 교부받아 이를 임의로 C에게 빌려주었다. A는 횡령죄가 성립하지 않는다.

223 **사례: 낙찰부동산 임의처분 사례** 甲(피고인)은 1997년 12월경 乙(피해자) 및 丙과 사이에 3인이 공동으로 출자하여 경매물건인 이 사건 대지를 甲 명의로 낙찰받은 다음 이를 전매하여 그 차익을 출자가액비율로 나누기로 약정한 후, 1997년 12월 9일 입찰기일에 甲 명의로 이 사건 대지에 관하여 211,700,000원에 매수신청한 결과 같은 달 29일 낙찰허가결정을 받고 3인이 공동으로 분담하여 1998년 1월 9일 그 대금을 완납하였다. 그런데 甲은 자기 앞으로의 소유권이전등기 비용을 마련하기 위해 평소 금전거래를 해오던 S로부터 돈을 차용하면서 그 차용금 및 기존 채무변제를 위해 같은 해 3월 5일경 乙 및 丙의 동의 없이 甲 명의로 소유권이전등기를 마침과 동시에 S 명의로 채권최고액 145,000,000원으로 된 근저당권설정등기를 마쳐 주었다. 甲은 횡령죄가 성립하는가?
해결: 성립하지 않는다(대법원 2000.9.8, 2000도258). [경찰승진 14 / 법원9급 07(하) / 법원행시 09 / 사시 14]

224 **사례: 제3채무자가 집행공탁을 하여야 할 것을 착오로 변제공탁을 한 사례** 甲이 한국수자원공사에 대하여 가지는 토지보상금채권에 관하여 甲의 채권자 A 주식회사가 압류 및 추심명령을 받아 그 명령이 甲에게 송달되었는데, 그 후 한국수자원공사가 업무착오로 토지보상금을 집행공탁이 아닌 변제공탁하자 甲이 이를 수령하여 보관하며 반환요구를 거절하였다. 甲에게는 횡령죄의 죄책이 인정되는가?
판례: 집행채무자가 제3채무자에 대하여 가지는 금전채권에 관하여 압류 및 추심명령이 행하여져서 제3채무자는 집행채무자에게 그 채권금을 지급하는 것이, 집행채무자는 이를 수령하는 것이 각 금지된다고 하더라도(민사집행법 제227조 제1항 참조), 제3채무자가 위와 같은 금지에도 불구하고 피압류채무를 스스로 변제하였거나 또는 그에 관하여 민법 제487조에 기한 변제공탁을 하였다면, 집행채무자가 그로써 수령한 금전은 자기 채권에 관한 원래의 이행으로 또는 변제공탁 등과 같이 변제에 갈음하는 방법을 통하여 취득한 것으로서 역시 그의 소유에 속한다고 할 것이고, 그가 단지 집행채권자 또는 제3채무자의 금전을 '보관'하는 관계에 있다고 할 수 없다. 따라서 집행채무자가 그 금전을 집행채권자에게 반환하는 것을 거부하였다고 하여 그에게 횡령의 죄책을 물을 수는 없다. 이는 제3채무자가 원래 민사집행법 제248조에서 정하는 집행공탁을 하여야 할 것을 착오로 변제공탁을 하였다고 해서 달리 볼 수 없다(대법원 2012.1.12, 2011도12604).
해결: 인정되지 않는다.

1 대법원 2021.2.18, 2016도18761 전원합의체

부동산실명법 위반 양자간 명의신탁에서 명의수탁자가 신탁부동산을 임의로 처분한 경우 횡령죄 부정

형법 제355조 제1항이 정한 횡령죄에서 보관이란 위탁관계에 의하여 재물을 점유하는 것을 뜻하므로

횡령죄가 성립하기 위하여는 재물의 보관자와 재물의 소유자(또는 기타의 본권자) 사이에 법률상

또는 사실상의 위탁관계가 존재하여야 한다. 이러한 위탁관계는 사용대차·임대차·위임 등의 계약에

의하여서뿐만 아니라 사무관리·관습·조리·신의칙 등에 의해서도 성립될 수 있으나, 횡령죄의 본질

이 신임관계에 기초하여 위탁된 타인의 물건을 위법하게 영득하는 데 있음에 비추어 볼 때 위탁관계는

횡령죄로 보호할 만한 가치 있는 신임에 의한 것으로 한정함이 타당하다(대법원 2016.5.19, 2014도6992

전원합의체 참조). 위탁관계가 있는지 여부는 재물의 보관자와 소유자 사이의 관계, 재물을 보관하게

된 경위 등에 비추어 볼 때 보관자에게 재물의 보관 상태를 그대로 유지하여야 할 의무를 부과하여

그 보관 상태를 형사법적으로 보호할 필요가 있는지 등을 고려하여 규범적으로 판단하여야 한다(대법원

2018.7.19. 2017도17494 전원합의체 참조). …… 부동산실명법의 명의신탁관계에 대한 규율 내용 및

태도 등에 비추어 보면, 부동산실명법에 위반하여 명의신탁자가 그 소유인 부동산의 등기명의를 명의수

탁자에게 이전하는 이른바 양자간 명의신탁의 경우, 계약인 명의신탁약정과 그에 부수한 위임약정,

명의신탁약정을 전제로 한 명의신탁 부동산 및 그 처분대금 반환약정은 모두 무효이다(대법원

2006.11.9, 2006다35117; 2015.9.10, 2013다55300 등 참조). 나아가 명의신탁자와 명의수탁자 사이에

무효인 명의신탁약정 등에 기초하여 존재한다고 주장될 수 있는 사실상의 위탁관계라는 것은 부동산실명

법에 반하여 범죄를 구성하는 불법적인 관계에 지나지 아니할 뿐 이를 형법상 보호할 만한 가치 있는

신임에 의한 것이라고 할 수 없다(위 대법원 2016.5.19, 2014도6992 전원합의체 판결 참조). 명의수탁자

가 명의신탁자에 대하여 소유권이전등기말소의무를 부담하게 되나, 위 소유권이전등기는 처음부터

원인무효여서 명의수탁자는 명의신탁자가 소유권에 기한 방해배제청구로 말소를 구하는 것에 대하여

상대방으로서 응할 처지에 있음에 불과하다. 명의수탁자가 제3자와 한 처분행위가 부동산실명법 제4

조 제3항에 따라 유효하게 될 가능성이 있다고 하더라도 이는 거래 상대방인 제3자를 보호하기 위하여

명의신탁약정의 무효에 대한 예외를 설정한 취지일 뿐 명의신탁자와 명의수탁자 사이에 위 처분행위

를 유효하게 만드는 어떠한 위탁관계가 존재함을 전제한 것이라고는 볼 수 없다. 따라서 말소등기의무

의 존재나 명의수탁자에 의한 유효한 처분가능성을 들어 명의수탁자가 명의신탁자에 대한 관계에서

'타인의 재물을 보관하는 자'의 지위에 있다고 볼 수도 없다. 그러므로 부동산실명법에 위반한 양자간

명의신탁의 경우 명의수탁자가 신탁받은 부동산을 임의로 처분하여도 명의신탁자에 대한 관계에서 횡령

죄가 성립하지 아니한다. 이러한 법리는 부동산 명의신탁이 부동산실명법 시행 전에 이루어졌고 같은

법이 정한 유예기간 이내에 실명등기를 하지 아니함으로써 그 명의신탁약정 및 이에 따라 행하여진

등기에 의한 물권변동이 무효로 된 후에 처분행위가 이루어진 경우에도 마찬가지로 적용된다. 이와

달리 부동산실명법에 위반한 양자간 명의신탁을 한 경우, 명의수탁자가 명의신탁자에 대한 관계에서

'타인의 재물을 보관하는 자'의 지위에 있다고 보아 명의수탁자가 그 명의로 신탁된 부동산을 임의로

처분하면 명의신탁자에 대한 횡령죄가 성립한다고 판시한 대법원 판결들(대법원 1999.10.12, 99도3170;

2000.2.22, 99도5227; 2000.4.25, 99도1906; 2003.12.26, 2003도4893; 2009. 8.20, 2008도12009;

2009.11.26, 2009도5547; 2011.1.27, 2010도12944 판결 등)은 이 판결에 배치되는 범위에서 이를 변경하

기로 한다. [법원9급 22]

2 대법원 2016.5.19, 2014도6992 전원합의체

중간생략등기형 명의신탁의 명의수탁자에게 횡령죄의 성립을 부정한 전원합의체 판례

① (횡령죄의 위탁신임관계) 횡령죄의 본질이 신임관계에 기초하여 위탁된 타인의 물건을 위법하게 영득함에 있음에 비추어 볼 때 위탁신임관계는 횡령죄로 보호할 만한 가치 있는 신임에 의한 것으로 한정함이 타당하다. ② (중간생략등기형 명의신탁 부동산의 소유관계) 부동산을 매수한 명의신탁자가 자신의 명의로 소유권이전등기를 하지 아니하고 명의수탁자와 맺은 명의신탁약정에 따라 매도인에게서 바로 명의수탁자에게 중간생략의 소유권이전등기를 마친 경우, 부동산실명법 제4조 제2항 본문에 의하여 명의수탁자 명의의 소유권이전등기는 무효이고, 신탁부동산의 소유권은 매도인이 그대로 보유하게 된다. 따라서 명의신탁자로서는 매도인에 대한 소유권이전등기청구권을 가질 뿐 신탁부동산의 소유권을 가지지 아니하고, 명의수탁자 역시 명의신탁자에 대하여 직접 신탁부동산의 소유권을 이전할 의무를 부담하지는 아니하므로, 신탁부동산의 소유자도 아닌 명의신탁자에 대한 관계에서 명의수탁자가 횡령죄에서 말하는 '타인의 재물을 보관하는 자'의 지위에 있다고 볼 수는 없다. ③ (중간생략등기형 명의신탁의 신탁자와 수탁자 사이의 위탁신임관계) 부동산실명법의 입법 취지와 아울러 명의신탁약정에 따른 명의수탁자 명의의 등기를 금지하고 이를 위반한 명의신탁자와 명의수탁자 쌍방을 형사처벌까지 하고 있는 부동산실명법의 명의신탁관계에 대한 규율 내용 및 태도 등에 비추어 볼 때, 명의신탁자와 명의수탁자 사이에 위탁신임관계를 근거 지우는 계약인 명의신탁약정 또는 이에 부수한 위임약정이 무효임에도 불구하고 횡령죄 성립을 위한 사무관리·관습·조리·신의칙에 기초한 위탁신임관계가 있다고 할 수는 없다. 또한 명의신탁자와 명의수탁자 사이에 존재한다고 주장될 수 있는 사실상의 위탁관계라는 것도 부동산실명법에 반하여 범죄를 구성하는 불법적인 관계에 지나지 아니할 뿐 이를 형법상 보호할 만한 가치 있는 신임에 의한 것이라고 할 수 없다.

④ 중간생략등기형 명의신탁의 명의수탁자의 죄책 : 그러므로 명의신탁자가 매수한 부동산에 관하여 부동산실명법을 위반하여 명의수탁자와 맺은 명의신탁약정에 따라 매도인에게서 바로 명의수탁자 명의로 소유권이전등기를 마친 이른바 중간생략등기형 명의신탁을 한 경우, 명의신탁자는 신탁부동산의 소유권을 가지지 아니하고, 명의신탁자와 명의수탁자 사이에 위탁신임관계를 인정할 수도 없다. 따라서 명의수탁자가 명의신탁자의 재물을 보관하는 자라고 할 수 없으므로, 명의수탁자가 신탁받은 부동산을 임의로 처분하여도 명의신탁자에 대한 관계에서 횡령죄가 성립하지 아니한다. [경찰채용 18 1차 / 경찰채용 16·18 2차 / 국가9급 17 / 국가7급 16 / 법원9급 17 / 법원행시 16 / 변호사시험 17]

3 대법원 2016.5.26, 2015도89

부동산을 증여받는 중간생략등기형 명의신탁에서도 명의수탁자는 횡령죄 부정

부동산을 증여받은 명의신탁자가 자신의 명의로 소유권이전등기를 하지 아니하고 명의수탁자와 맺은 명의신탁약정에 따라 증여자로부터 바로 명의수탁자에게 중간생략의 소유권이전등기를 마친 경우, 부동산실명법 제4조 제2항 본문에 의하여 명의수탁자 명의의 소유권이전등기는 무효이고, 신탁부동산의 소유권은 증여자가 그대로 보유하게 된다. 따라서 명의신탁자로서는 증여자에 대한 소유권이전등기청구권을 가질 뿐 신탁부동산의 소유권을 가지지 아니하고, 명의수탁자 역시 명의신탁자에 대하여 직접 신탁부동산의 소유권을 이전할 의무를 부담하지는 아니하므로, 신탁부동산의 소유자도 아닌 명의신탁자에 대한 관계에서 명의수탁자가 횡령죄에서 말하는 타인의 재물을 보관하는 자의 지위에 있다고 볼 수는 없다. 따라서 명의수탁자가 신탁받은 부동산을 임의로 처분하여도 명의신탁자에 대한 관계에서 횡령죄가 성립하지 아니한다.

4 대법원 2012.11.29, 2011도7361; 2012.12.13, 2010도10515

계약명의신탁에 의하여 악의의 매도인으로부터 소유권이전등기를 받은 명의수탁자는 '타인의 재물을 보관하는 자' 또는 '타인의 사무를 처리하는 자'의 지위에 있지 않다는 사례

명의신탁자와 명의수탁자가 이른바 계약명의신탁 약정을 맺고 명의수탁자가 당사자가 되어 명의신탁

약정이 있다는 사실을 알고 있는 소유자와 부동산에 관한 매매계약을 체결한 후 매매계약에 따라 부동산의 소유권이전등기를 명의수탁자 명의로 마친 경우에는 부동산 실권리자명의 등기에 관한 법률(이하 '부동산실명법'이라 한다) 제4조 제2항 본문에 의하여 수탁자 명의의 소유권이전등기는 무효이고 부동산의 소유권은 매도인이 그대로 보유하게 되므로, 명의수탁자는 부동산 취득을 위한 계약의 당사자도 아닌 명의신탁자에 대한 관계에서 횡령죄에서 '타인의 재물을 보관하는 자'의 지위에 있다고 볼 수 없고, 또한 명의수탁자가 명의신탁자에 대하여 매매대금 등을 부당이득으로 반환할 의무를 부담한다고 하더라도 이를 두고 배임죄에서 '타인의 사무를 처리하는 자'의 지위에 있다고 보기도 어렵다. 한편 위 경우 명의수탁자는 매도인에 대하여 소유권이전등기말소의무를 부담하게 되나, 위 소유권이전등기는 처음부터 원인무효여서 명의수탁자는 매도인이 소유권에 기한 방해배제청구로 말소를 구하는 것에 대하여 상대방으로서 응할 처지에 있음에 불과하고, 그가 제3자와 한 처분행위가 부동산실명법 제4조 제3항에 따라 유효하게 될 가능성이 있다고 하더라도 이는 거래 상대방인 제3자를 보호하기 위하여 명의신탁 약정의 무효에 대한 예외를 설정한 취지일 뿐 매도인과 명의수탁자 사이에 위 처분행위를 유효하게 만드는 어떠한 신임관계가 존재함을 전제한 것이라고는 볼 수 없으므로, 말소등기의무의 존재나 명의수탁자에 의한 유효한 처분가능성을 들어 명의수탁자가 매도인에 대한 관계에서 횡령죄에서 '타인의 재물을 보관하는 자' 또는 배임죄에서 '타인의 사무를 처리하는 자'의 지위에 있다고 볼 수도 없다. [경찰채용 13 2차 / 경찰간부 16 / 경찰승진(경감이하) 17 / 국가7급 08 / 법원9급 13 / 법원행시 16 / 사시 13]

5 대법원 2000.3.24, 98도4347

계약명의신탁에 의하여 선의의 매도인으로부터 소유권이전등기를 받은 명의수탁자는 횡령죄의 '타인의 재물을 보관하는 자'의 지위에 있지 않다는 사례

횡령죄는 타인의 재물을 보관하는 자가 그 재물을 횡령하는 경우에 성립하는 범죄인바, 부동산실권리자명의등기에관한법률 제2조 제1호 및 제4조의 규정에 의하면, 신탁자와 수탁자가 명의신탁 약정을 맺고, 이에 따라 수탁자가 당사자가 되어 명의신탁 약정이 있다는 사실을 알지 못하는 소유자와 사이에서 부동산에 관한 매매계약을 체결한 후 그 매매계약에 기하여 당해 부동산의 소유권이전등기를 수탁자 명의로 경료한 경우에는, 그 소유권이전등기에 의한 당해 부동산에 관한 물권변동은 유효하고, 한편 신탁자와 수탁자 사이의 명의신탁 약정은 무효이므로, 결국 수탁자는 전소유자인 매도인뿐만 아니라 신탁자에 대한 관계에서도 유효하게 당해 부동산의 소유권을 취득한 것으로 보아야 할 것이고, 따라서 그 수탁자는 타인의 재물을 보관하는 자라고 볼 수 없다. [경찰승진(경위) 11 / 국가7급 14 / 법원행시 06 · 10 · 12 / 변호사시험 12]

6 대법원 2004.4.27, 2003도6994

계약명의신탁에 의하여 선의의 매도인으로부터 소유권이전등기를 받은 명의수탁자는 배임죄의 '타인의 사무를 처리하는 자'의 지위에 있지 않다는 사례

신탁자와 수탁자가 명의신탁약정을 맺고, 그에 따라 수탁자가 당사자가 되어 명의신탁약정이 있다는 사실을 알지 못하는 소유자와 사이에서 부동산에 관한 매매계약을 체결한 계약명의신탁에 있어서 수탁자는 신탁자에 대한 관계에서도 신탁 부동산의 소유권을 완전히 취득하고 단지 신탁자에 대하여 명의신탁약정의 무효로 인한 부당이득반환의무만을 부담할 뿐인바, 그와 같은 부당이득반환의무는 명의신탁약정의 무효로 인하여 수탁자가 신탁자에 대하여 부담하는 통상의 채무에 불과할 뿐 아니라, 신탁자와 수탁자 간의 명의신탁약정이 무효인 이상, 특별한 사정이 없는 한 신탁자와 수탁자 간에 명의신탁약정과 함께 이루어진 부동산 매입의 위임 약정 역시 무효라고 볼 것이어서 수탁자를 신탁자와의 신임관계에 기하여 신탁자를 위하여 신탁 부동산을 관리하면서 신탁자의 허락 없이는 이를 처분하여서는 아니되는 의무를 부담하는 등으로 신탁자의 재산을 보전 · 관리하는 지위에 있는 자에 해당한다고 볼 수 없어 수탁자는 타인의 사무를 처리하는 자의 지위에 있지 아니하다 할 것이다. [경찰간부 11 / 법원9급 13 / 법원승진 10 / 법원행시 12]

부동산 양도담보 중 매도담보	① 매도담보의 목적물(부동산)의 소유권은 채권자(매도담보권자)에게 있고, 채권담보를 목적으로 부동산소유권이전등기를 마친 채권자는 변제기일까지 그 채무를 변제하면 채무자에게 소유명의를 환원하여 주기 위하여 소유권 이전등기를 이행할 의무가 있음 ② 채권자(매도담보권자)의 제3자에게 근저당권 설정 : 배임죄(대법원 2007.1.25, 2005도7559; 대법원 1995.5.12, 95도283; 대법원 1992.7.14, 92도753)
부동산 양도담보 중 양도담보	① 협의의 양도담보는 채무자가 자기 소유의 부동산에 대하여 "소유권 이전의 의사 없이" 채권자에게 소유권이전등기를 함으로써 부동산을 담보로 제공하는 것 ② 채권자(양도담보권자)가 임의로 자신의 명의로 본등기를 하여 제3자에게 처분하거나 담보로 제공 : 배임죄 ③ "채권담보 목적으로 부동산의 소유권 이전등기를 넘겨받은 채권자가 임의로 처분한 경우" : 배임죄(대법원 1989.11.28, 89도1309; 대법원 1987.4.28, 87도265) [법원9급 07(상)] ④ 채무자(양도담보권설정자)의 처분 : 채무자가 금전채무에 대한 담보로 부동산에 관하여 양도담보설정계약을 체결하고 이에 따라 채권자에게 소유권이전등기를 해 줄 의무가 있음에도 제3자에게 그 부동산을 처분한 경우 : 배임죄 ×(대법원 2020.6.18, 2019도14340 전원합의체, 배임죄에서 후술) [경찰채용 21 1차] ⑤ 양도담보권자의 변제기 이후 처분 : 담보목적부동산 처분, 나머지를 채무자에게 반환하지 않은 경우, 정산의무는 자기사무 ∴ 배임죄 ×(대법원 1985.11.26, 85도1493) [법원9급 07(상) / 법원행시 10·13/변호사시험 12]
부동산 양도담보 중 가등기담보	① 담보목적으로 가등기가 경료된 부동산에 대하여 채무자 측의 변제공탁 후 채권자가 자기 앞으로 본등기를 경료함과 동시에 제3자 앞으로 가등기 경료 : 배임죄 ② 변제기 후 채권자의 정산의무 불이행 : 무죄
동산양도담보	① 금전채무를 담보하기 위하여 채무자가 그 소유의 동산을 채권자에게 점유개정에 의하여 양도한 동산양도담보의 경우, 양도담보목적물의 '소유권'은 대내적으로는 여전히 채무자에게 있다. ② 채무자(동산양도담보권설정자)의 임의 처분 : 채무자가 양도담보설정계약에 따라 부담하는 의무는 채무자 자신의 급부의무로 자신의 사무이므로 담보설정계약상의 의무를 이유로 담보를 제공한 채무자를 '타인의 사무를 처리하는 자'로 볼 수 없음(배임죄 불성립, 대법원 2020.2.20, 2019도9756 전합합의체) ③ 채권자(동산양도담보권자)의 임의적 처분 : 횡령죄(대법원 1989.4.11, 88도906) [국가9급 18] ④ 동산양도담보권자가 채무자 점유 담보목적물 매각하고 목적물반환청구권 양도하여 매수인으로 하여금 목적물을 취거하게 한 경우 : (권리행사방해죄는 별론으로 하고) 절도죄 ×(대법원 2008.11.27, 2006도4263) [변호사시험 14] ⑤ 후순위 담보권자의 절취 : 절도죄(돈사 돼지 절도, 대법원 2007.2.22, 2006도8649) [경찰간부 12]
소유권유보부 매매	① (할부판매약관에 의한 할부판매시) 매수인이 임의 처분 : 횡령죄 ② 자동차 할부대금 완납 전 임의 처분 : 횡령죄 × ③ 할부판매약관에 기하지 않고 할부판매된 동산 처분 : 횡령죄 ×
부동산 이중매매	① 제1매수인으로부터 중도금 수령한 매도인이 임의 처분 : 배임죄 ○ ② 제1매수인에 대해 매도인은 횡령죄 × ③ 제2매수인에 대해 매도인은 사기죄 × ④ 단, 매도인이 처음부터 이중매매를 의도하고 계약금 수령 : 사기죄
부동산 명의신탁	① 2자간 명의신탁 : 2021년 2월 전합판례에 의해 횡령죄 ×(대법원 2021.2.18, 2016도18761 전원합의체) ② 3자간 명의신탁(중간생략등기형) : (부동산을 그 소유자로부터 매수한 자가 자신 명의로 소유권이전등기를 하지 아니하고 제3자와 맺은 명의신탁약정에 따라 매도인으로부터 바로 제3자 앞으로 중간생략의 소유권이전등기를 경료한 경우) 임의 처분한 명의수탁자는 횡령죄 ×(대법원 2016.5.19, 2014도6992 전원합의체) [경찰채용 16 2차 / 국가9급 17 / 국가7급 16 / 법원9급 17 / 법원행시 16 / 변호사시험 17] ③ 계약명의신탁(매수위임형) : 신탁자와 수탁자가 명의신탁약정을 맺고 이에 따라 수탁자가 당사자가 되어 소유자와 사이에서 부동산에 관한 매매계약을 체결한 후 그 매매계약에 기하여 당해 부동산의 소유권이전등기를 수탁자 명의로 경료한 경우 　㉠ 부동산매도인인 원권리자가 악의 : 명의수탁자는 횡령죄·배임죄 모두 부정

	ⓛ 원권리자가 선의 : 명의수탁자는 횡령죄·배임죄 모두 부정 [경찰간부 11·16 / 경찰승진(경위) 11 / 국가7급 14 / 법원9급 13 / 법원행시 10·12·16] ④ 종중·배우자 명의신탁 : 명의수탁자는 횡령죄
예금명의신탁	① 타인 금전을 위탁받은 자가 보관방법으로 금융기관에 자신 명의 예치시 횡령죄의 보관자 인정 ∴ 예금명의수탁자의 반환거부는 횡령죄(대법원 2000.8.18, 2000도1856) [경찰채용 16 1 차 / 경찰간부 12·17 / 법원행시 16·17 / 사시 16] ② 공동명의 예금채권자가 '다른 채권의 집행확보를 위해' 초과입금된 돈의 반환 거부시 불법영 득의사 부정되어 횡령죄 ✕(대법원 2008.12.11, 2008도8279)
목적·용도를 특정하여 위탁한 대체물 등	① 수탁자가 정해진 용도에 사용할 때까지는 위탁물에 대한 소유권이 위탁자에게 유보되어 있으므로, 용도 이외 목적으로 사용하는 것은 그 사용행위 자체가 불법영득의사를 실현한 것이 되어 횡령죄 성립(대법원 2002.8.23, 2002도366) [법원행시 08·09] ② 횡령죄 긍정 판례 　ⓖ 당좌수표 할인대금(대법원 1998.4.10, 97도3057), [국가7급 07] ⓛ 문화예술진흥기금(대법 원 1997.3.28, 96도3155), ⓒ 양곡구입대금(대법원 1982.3.9, 81도572), ⓔ 정부출연금(대법 원 1999.7.9, 98도4088), ⓜ 사립학교법상 교비회계에 속하는 금원(대법원 2002.5.10, 2001 도1779) = 교육인적자원부장관으로부터 학교 캠퍼스 이전승인의 조건으로 법인부담금을 부담하게 된 학교법인이 교비회계 자금을 수당지급과 기부금모집 등의 방법을 가장하여 법 인회계로 전출한 경우(대법원 2010.3.11, 2009도6482), [법원행시 10 / 사시 13] ⓗ 부동산의 매매 계약금으로 수령한 돈(대법원 2004.3.12, 2004도134), ⓧ 특별수선충당금(대법원 2004.5.27, 2003도6988), ⓞ 단체의 대표자 개인이 당사자가 된 소송사건의 변호사 비용을 단체의 비용 으로 지출(대법원 2006.10.26, 2004도6280), ⓩ 수분양자들을 기망하여 편취한 분양대금(대 법원 2005.4.29, 2005도741), [경찰승진(경위) 10 / 국가7급 12 / 법원행시 14] ⓩ 조합원들의 출퇴근 편 의를 위한 통근차량의 구입 및 유지 자금(대법원 2007.2.22, 2006도2238), ⓪ 회사의 경영권 방어 또는 회사의 매각 등을 위하여 위탁받은 주식과 현금(대법원 2008.5.8, 2008도1652), ⓔ 임차인의 수도요금 납부용도 위탁자금(대법원 2008.10.9, 2008도3787), ⓟ 상품을 양도 받으며 그 대금 완납 전에는 회사가 상품 소유권을 가지는 상품거래계약시 그 판매대금 전액(대법원 2010.1.14, 2009도7737) 등 ③ 횡령죄 부정 판례 　ⓖ 물건납품을 위한 선매대금(감자 선매대금) : 소유권이 매도인에게 이전되어 횡령죄 ✕ (대법원 1986.6.24, 86도631), [경찰승진(경감) 11] ⓛ 이사직무 집행정지 가처분결정에 대해 항쟁 할 필요가 있는 경우 법인경비로 지출(대법원 2003.5.30, 2003도1174), ⓒ 전체 공동운영자 들을 위한 경비로 사용(대법원 2003.7.25, 2003도2331), ⓔ 보험회사 시책비(대법원 2006.3.9, 2003도6733), [경찰채용 14 2차 / 국가9급 12] ⓜ 건축비 상환목적 법인회계자금 사용(대법원 2006.4.28, 2005도4085), [국가9급 12] ⓗ 자신의 명의로 배당받은 공탁금의 반환 거부(대법원 2007.7.26, 2007도1840), ⓧ 보관 중인 금전 용도가 추상적으로만 정해져있고 광범위한 재량 권이 부여된 경우(대법원 2010.6.24, 2007도5899) 등 ④ 약속어음을 그 할인을 위하여 교부받은 수탁자(대법원 1983.4.26, 82도3079) [경찰승진(경감) 11] 　ⓖ 배서양도 형식으로 위탁된 약속어음을 자기 채무변제에 충당 : 횡령죄 　ⓛ 당초부터 피해자를 기망하여 약속어음을 교부받은 수탁자 : 사기죄가 성립할 뿐, 별도 의 횡령죄는 불성립
위탁매매	위탁자 소유 ∴ 위탁매매인이 위탁판매대금 소비하면 횡령죄(대법원 1990.8.28, 90도1019) [변호사시험 12]
조합·동업체	① 조합원 합유 ∴ 횡령죄(대법원 1989.11.14, 89도17; 대법원 2004.7.9, 2004도810; 대법원 2011.5.26, 2011도1904) ② 동업 조합관계 탈퇴시 남은 자의 단독소유 ∴ 횡령죄 ✕(대법원 2005.7.15, 2003도6934)
공동의 복권당첨금	공동소유이므로 당첨금 반환거부는 횡령죄(대법원 2000.11.11, 2000도4335)
채권양도	① 채권양도인이 양도 통지 받지 못한 채무자로부터 금전 수령 : 사기죄 ✕ ② 수령한 금전을 소비 : 횡령죄 ✕(대법원 2022.6.23, 2017도3829 전원합의체) [경찰채용 14 2차 / 법원9급 07(하) / 법원행시 06 / 변호사시험 14] ③ 채무담보 채권양도인의 소비 : 횡령죄 ✕(대법원 2021.2.25, 2020도12927)

1인회사	① 1인주주가 회사 금원 업무상 보관 중 임의 처분 : 업무상 횡령죄(1인 회사에 있어서도 회사와 주주는 분명히 별개의 인격이어서 1인 회사의 재산이 곧바로 그 1인주주의 소유라고 볼 수 없음)(대법원 1989.5.23, 89도570; 대법원 1995.3.14, 95도59; 대법원 2010.4.29, 2007도6553) [국가7급 07] ② 1인주주가 회사 금원 개인채무변제용도 사용, 회사 손해 : 업무상 배임죄(대법원 1983.12. 13, 83도2330 전원합의체)
공동임대인	보증금반환채무는 불가분채무 ∴ 임대보증금은 공동임대인의 공동소유이므로 임의 처분하면 횡령죄(대법원 2001.10.30, 2001도2095)
수개의 학교법인	각 학교법인은 별개의 법인격을 가진 소유의 주체 ∴ 각 학교법인의 금원을 다른 학교법인을 위해 사용하면 업무상 횡령죄(대법원 2000.12.8, 99도214) [법원행시 14]
채권 상계충당	① 금전수수 수반 사무처리 위임과 같은 법리 ∴ 위임취지대로 사용하지 않고 위임자에 대한 채권에 상계충당한 위임받은 자는 횡령죄 (대법원 2002.7.26, 2001도3100) ② 회사에 채권을 가진 대표이사의 상계충당은 횡령죄 ×(대법원 2002.7.26, 2001도5459) [경찰승진(경감) 11 / 법원행시 09·14]
프랜차이즈	물품판매대금을 가맹점주가 임의 소비해도 횡령죄 ×(대법원 1998.4.14, 98도292) [경찰승진(경장) 10 / 경찰승진(경위) 11 / 경찰승진 14 / 국가9급 18 / 국가7급 07 / 사시 16 / 변호사시험 16]
낙찰부동산	입찰목적부동산의 소유권은 경락대금을 실질적으로 부담한 자와 관계없이 낙찰명의인이 취득하므로 임의처분하여도 횡령죄 ×(대법원 2000.9.8, 2000도258) [경찰승진 14 / 법원9급 07(하) / 법원행시 09 / 사시 14]
채권담보 수표	채무자로부터 수표를 발행·교부받아 소지한 채권자는 횡령죄 ×(대법원 2000.2.11, 99도4979) [경찰간부 12 / 경찰승진(경사) 10 / 국가7급 07 / 법원행시 12]
지입료 유용	지입료는 지입회사 소유 ∴ 지입차주들이 낸 보험료·세금을 회사가 항목유용해도 횡령죄 × (대법원 1997.9.5, 97도1952)

표정리 횡령죄 또는 업무상 횡령죄의 불법영득의사가 인정되는 경우

1	사후에 이를 반환하거나 변상·보전하려는 의사가 있다 하더라도 타인의 소유물을 보관하는 자가 이를 임의로 소비한 경우(대법원 2005.5.26, 2004도1925[225]; 2006.11.10, 2004도5167)
2	회사의 이사가 회사의 이익을 위함이 아니라 국회의원 후보자 개인의 이익이나 정권의 이익을 도모하기 위하여 회사재산으로 선거자금을 지원한 경우(대법원 1999.6.25, 99도1141)[226] [경찰승진 12 / 법원행시 10 / 사시 13]
3	주식회사의 대표이사가 회사의 금원을 인출하여 사용하였는데 그 사용처에 관한 증빙자료를 제시하지 못하고 있고 그 인출사유와 금원의 사용처에 관하여 납득할 만한 합리적인 설명을 하지 못하는 경우(대법원 2003.8.22, 2003도2807; 2008.3.27, 2007도9250)[227] [경찰승진(경감) 10 / 경찰승진(경감이하) 17 / 법원9급 11 / 법원행시 08·09]

---

225 **판례** : **물탱크 보관 사례** 사회복지법인의 이사가 설립자를 대리하여 선교지원금 명목의 금원을 수령하고, 그 금원에 대하여 설립자 개인 명의로 영수증을 작성해주고 선교지원금 명목의 금원을 자기 집의 물탱크 안에 보관하다가 나중에 반환한 경우에는 업무상 횡령죄가 성립한다(대법원 2005.5.26, 2004도1925).

226 **사례** : **선거자금 지원 사례** 甲은 제15대 국회의원 선거 전인 1996년 초경 당시의 국가안전기획부 차장이 甲을 불러 "지금 각 기업마다 의원들이 할당되어 있는데 이 모 후보는 기아사람이니 기아에서 지원하라."는 취지로 말하여 이를 거절하지 못하고 회사재산을 처분하여 그 대금으로 위 후보의 선거자금을 지원하였다. 甲에게는 횡령죄가 성립하는가?

판례 : 회사의 이사가 보관 중인 회사 재산을 처분하여 그 대금을 공직선거에 입후보한 타인의 선거자금으로 지원한 경우 그것이 회사의 이익을 도모할 목적으로 합리적인 범위 내에서 이루어졌다면 그 이사에게 횡령죄에 있어서 요구되는 불법영득의 의사가 있다고 할 수 없을 것이나, 그것이 회사의 이익을 도모할 목적보다는 그 후보자 개인의 이익을 도모할 목적이나 기타 다른 목적으로 행하여졌다면 그 이사는 회사에 대하여 횡령죄의 죄책을 면하지 못한다고 할 것이다. 이 사건 선거자금의 지원은 그 주된 목적이 국회의원 입후보자인 이 모 개인의 이익이나, 국가안전기획부 차장에 의하여 대변되는 정권의 이익을 도모함에 있었던 것으로 보여질 뿐, 전적으로 회사 자체의 이익을 도모함에 있었던 것으로는 보이지 않으므로, 피고인에게는 횡령죄에 있어서 요구되는 불법영득의 의사가 있었다 할 것이다(대법원 1999.6.25, 99도1141). [법원행시 10 / 사시 13]

해결 : 성립한다.

227 **유사1** : 자신이 위탁받아 보관하고 있던 재물(금제삼존불상)이 없어졌는데도 그 행방이나 사용처를 제대로 설명하지 못하는 경우

4	주식회사 대표이사가 회사의 주식을 매도하는 과정에서 중도금 마련을 위하여 위 회사 소유의 양도성예금증서를 대출금의 담보로 제공해 달라는 매수인 측의 요청을 받아들여 위 회사의 재산인 양도성예금증서를 담보로 제공한 경우(LBO[228]방식에 의한 M&A계약의 피인수회사 대표이사 사건)(대법원 2005. 8.19, 2005도3045)[229]
5	타인을 위하여 금전 등을 보관·관리하는 자가 개인적 용도로 사용할 자금을 마련하기 위하여 적정한 금액보다 과다하게 부풀린 금액으로 공사계약을 체결하기로 공사업자 등과 사전에 약정하고 그에 따라 과다지급된 공사대금 중의 일부를 공사업자로부터 되돌려 받는 경우(대법원 2007.10.12, 2005도7112; 2010.5.27, 2010도3399; 2015.12.10, 2013도13444) [경찰채용 11·14 1차 / 법원9급 09 / 법원행시 08·11·12·13 / 사시 11·13]
6	회사의 대표이사가 이자나 변제기의 약정 없이 이사회 결의 등 적법한 절차를 거치지 아니하고 회사를 위한 지출 이외의 용도로 거액의 회사 자금을 가지급금 등의 명목으로 인출·사용한 경우(대법원 2006. 4.27, 2003도135; 2010.5.27, 2010도3399)
7	회사의 비자금을 보관하는 자가 비자금을 사용하였는데 해당 비자금 사용의 주된 목적이 개인적인 용도에 사용하기 위한 경우(대법원 2009.2.28, 2007도4784; 2010.4.15, 2009도6634) [변호사시험 17]
8	주식회사의 대표이사가 회사의 돈을 인출하여 사용하고도 그 사용처에 관한 증빙자료를 제시하지 못하거나 사용처에 사용된 자금이 그 돈과 다른 자금으로 충당된 것으로 드러나는 등 대표이사가 주장하는 사용처에 그 돈이 사용되었다는 점을 인정할 수 있는 자료가 부족하고, 오히려 그 돈을 개인적인 용도에 사용하였다는 점에 대한 신빙성 있는 자료가 많은 경우(대법원 2002.7.26, 2001도5459; 2008.3.27, 2007도9250; 2010.4.29, 2007도6553) [법원9급 11 / 법원행시 08·09]
9	대표이사가 회사 명의로 대출을 받을 당시 금융기관에 '자신이 실제 채무자이고 회사는 단순히 형식상의 주채무자'라는 의사표시를 하지 않고, 대표이사가 회사에 귀속된 위 대출금을 인출하여 임의로 사용한 경우(대법원 2010.5.27, 2010도369)[230]
10	법인의 운영자 또는 관리자가 법인과 아무런 관련이 없거나 개인적인 용도로 착복할 목적 하에 법인 자금으로 부외자금(簿外資金) 등의 비자금을 조성한 뒤 자기 또는 제3자인 다른 계열사들의 이익을 위하여 사용한 경우(계열회사 전부가 자신의 1인회사인 경우에도 마찬가지임)(대법원 2011.2.10, 2010도12920) 등 [사시 16]

(대법원 2009.12.10, 2008도10669)

유사2 : 위탁받은 비자금을 이용하여 친지들 명의로 부동산을 구입하여 이를 개인적으로 관리하면서도 그 부동산 구입에 관하여 납득할 만한 합리적인 설명을 하지 못하고 오히려 개인적인 목적으로 부동산을 구입하였다는 점에 대한 신빙성 있는 자료가 많은 경우(대법원 2009.12.24, 2008도11967)

228 LBO라 함은 Leveraged Buy Out의 약어이며 차입매수(借入買受)라는 용어로도 사용되는데, M&A거래에 있어서 취득하고자 하는 투자대상회사(매수대상기업)의 자산을 직접 또는 간접으로 담보하여 기업매수자금을 외부로부터의 차입금으로 조달하고, 그것을 기초로 당해 회사를 매수하는 M&A의 기법이다.

229 **사례 : LBO 거래의 피인수회사의 대표이사 사례** 甲(주식회사 사이어스의 주주이자 대표이사임)이 주식회사 사이어스의 주식을 매도하는 과정에서 1차 중도금 50억 원 마련을 위하여 위 회사 소유의 양도성예금증서를 대출금의 담보로 제공해 달라는 丙(매수인)측의 요청을 乙(甲의 대리인)을 통하여 전달받은 다음 이에 응하는 방법으로 순차 공모하여, 위 회사의 재산이자 자금으로 준비한 53억 원 상당의 양도성예금증서를 담보로 제공하였다. [그 거래의 형식은 LBO(Leveraged Buy Out)방식에 의한 M&A계약의 외양을 갖추었다] 한편 이러한 과정에서 乙은 甲에 대하여 양도성예금증서의 준비를 독촉하는 외에 머뭇거리는 甲과 양도성예금증서의 교부를 반대하는 위 회사 주주이자 이사인 丁에게 법적으로 책임질 것이 없다는 취지로 말하면서 강력히 권유하여 위와 같이 양도성예금증서를 丙측에 담보로 제공할 수 있게 하였다. 甲과 乙의 형사책임은?

판례 : 주식회사는 주주와 독립된 별개의 권리주체로서 그 이해가 반드시 일치하는 것은 아니므로, 회사 소유 재산을 주주나 대표이사가 제3자의 자금 조달을 위하여 담보로 제공하는 등 사적인 용도로 임의 처분하였다면 그 처분에 관하여 주주총회나 이사회의 결의가 있었는지 여부와는 관계없이 횡령죄의 죄책을 면할 수는 없는 것이고, 횡령죄에 있어서 불법영득의 의사라 함은 자기 또는 제3자의 이익을 꾀할 목적으로 업무상의 임무에 위배하여 보관하는 타인의 재물을 자기의 소유인 경우와 같은 처분을 하는 의사를 말하고 사후에 이를 반환하거나 변상, 보전하는 의사가 있다 하더라도 불법영득의 의사를 인정함에 지장이 없다. 또한 주식회사의 재산을 임의로 처분하려는 대표이사의 횡령행위를 주선하고 그 처분행위를 적극적으로 종용한 경우에는 대표이사의 횡령행위에 가담한 공동정범의 죄책을 면할 수 없다(대법원 2005.8.19, 2005도3045). [법원9급 07(상) / 법원행시 06·08]

해결 : 업무상 횡령죄의 공동정범.

230 **사례 : 대표이사가 회사 명의로 대출받은 돈을 임의로 사용한 사례** A회사 대표이사 甲은 회사 명의로 금융기관에서 대출을 받으면서 자기가 실제 채무자이고 회사는 단순히 형식상 주채무자라는 의사표시를 하지 않고 대출을 받아 위 대출금을 인출하여 임의로 사용하였다. 다만 甲은 이후 자신의 개인자금으로 대출금 상당액을 상환하였다. 甲의 죄책은?

판례 : 대표이사가 회사 명의로 대출을 받을 당시 금융기관에 '자신이 실제 채무자이고 회사는 단순히 형식상의 주채무자'라는 의사표시를 하거나, 대출담당자가 '회사에 대해서는 채무자로서의 책임을 지우지 아니하려는 의도'를 가지고 있었다고 인정할 아무런

표정리	횡령죄 또는 업무상 횡령죄의 불법영득의사가 인정되지 않는 경우

1	법인의 이사를 상대로 한 이사직무집행정지가처분결정이 되었는데, 법인으로서는 (그 이사 자격의 부존재가 객관적으로 명백하여 항쟁의 여지가 없는 경우가 아닌 한) 위 가처분에 대항하여 항쟁할 필요가 있고, 이와 같이 필요한 한도 내에서 법인의 대표자가 법인 경비에서 당해 가처분 사건의 피신청인인 이사의 소송비용을 지급한 경우(대법원 1990.6.26, 89도1102; 2003.5.30, 2003도1174; 2009.3.12, 2008도10826) [경찰승진(경사) 10 / 국가7급 16 / 사시 16]
2	재단법인 이사장이 재단의 신규사업을 추진하는 용도로 법인의 자금을 인출한 경우(대법원 1998.2.13, 97도1962)[231]
3	회사의 비자금이 회사의 장부상 일반자금 속에 은닉되어 있는 경우(장부상의 분식-粉飾-에 불과함)(대법원 1999.9.17, 99도2889)[232]
4	사찰 창건 이래 사찰재산에 대한 관리처분권한이 부여되어 사찰창건주이자 주지로서 사찰의 운영을 책임지고 있었던 자가 병원치료비와 장학금지급 등을 위하여 사찰재산을 사용한 경우(대법원 2001.5.8, 99도4699)
5	예산을 집행할 직책에 있는 자가 자기 자신의 이익을 위한 것이 아니고 경비부족을 메우기 위하여 예산을 전용한 경우(그 예산의 항목유용 자체가 위법한 목적을 가지고 있다거나 예산의 용도가 엄격하게 제한되어 있는 경우가 아님을 전제함)(대법원 2002.2.5, 2001도5439)
6	법인의 기밀비 지출이 법인 업무와 관련되어 지출된 경우(대법원 2005.2.18, 2002도2822)[233]
7	회사의 이사가 회사 채무의 변제를 위하여 회사 소유 재물에 대한 반환을 거부한 경우(반환 거부에 정당한 이유가 있음)(대법원 2006.2.10, 2003도7487)[234]

자료가 없는 경우, 금융기관과 회사 사이의 대출약정을 통정허위표시로 볼 수 없으므로(대법원 2008.6.12, 2008다7772,7789 등), 대표이사가 회사에 귀속된 위 대출금을 인출하여 임의로 사용한 행위는 업무상 횡령에 해당하고, 그 후 개인자금으로 대출금 상당액을 상환하였다는 등의 사정은 범죄 성립에 영향을 미치지 아니한다(대법원 2010.5.27, 2010도369).
해결 : 업무상 횡령죄.

231 **사례 : 재단 신규사업을 위해 법인자금 인출 사례** 재단법인 이사장 甲은 1989년도 법인세신고를 앞두고 전년도에 비하여 급격한 세액신고의 증가를 피하려는 동기에서 위 법인의 자금을 인출하여 재단과 무관한 자가 아니라 자신과 위 재단의 이사 3인의 명의로 은행계좌에 보관하면서 이 자금을 재원으로 하여 묘원 확장을 위한 토지 구입을 비롯한 재단의 신규사업을 검토 및 추진하여 왔다. 甲의 행위는 횡령에 해당하는가?
판례 : 불법영득의사를 실현하는 행위로서의 횡령행위가 있다는 점은 어디까지나 검사가 입증하여야 하는 것으로서, 그 입증은 법관으로 하여금 합리적인 의심을 할 여지가 없을 정도의 확신을 생기게 하는 증명력을 가진 엄격한 증거에 의하여야 하고, 이와 같은 증거가 없다면 설령 피고인에게 유죄의 의심이 간다 하더라도 피고인의 이익으로 판단할 수밖에 없다 할 것인바, 이 사건에서 피고인 1은 위 인출금을 자신과 이사 3인의 명의로 비록 전 기간에 걸쳐 전액을 예치한 것은 아니더라도 이를 금융기관에 예치하여 관리하고 있었던 것으로 보이므로, 횡령죄가 되기 위해서는 피고인들의 자금 인출행위가 그 인출금을 재단의 자금으로 별도 관리하기 위한 것이 아니라 불법영득의사의 실행으로 한 것이고, 그 결과 위 예치금도 재단을 위하여 보관한 것이 아니라는 점이 증거에 의하여 입증되어야 할 것이다(대법원 1998.2.13, 97도1962).
해결 : 해당하지 않는다.

232 **사례 : 장부상의 분식에 불과한 사례** 회사의 비자금을 회계장부상 일반자금 속에 은닉한 행위는 횡령에 해당하는가?
판례 : 횡령행위의 한 태양으로서의 은닉이란, 타인의 재물의 보관자가 위탁의 본지에 반해 그 재물을 발견하기 곤란한 상태에 두는 것을 말하는 것인바, 피고인이 조성한 비자금이 회사의 장부상 일반자금 속에 은닉되어 있었다 하더라도 이는 당해 비자금의 소유자인 회사 이외의 제3자가 이를 발견하기 곤란하게 하기 위한 장부상의 분식(粉飾)에 불과하여 그것만으로 피고인의 불법영득의 의사를 인정할 수는 없다(대법원 1999.9.17, 99도2889).
해결 : 해당하지 않는다.

233 **판례 : 법인 기밀비 사용 사례** 법인의 기밀비와 같은 경우에는 법인의 업무와 관련하여 지출한 접대비의 일종으로서 일정한 한도 내에서는 접대비로 간주되어 손금에 산입될 수 있으므로, 기밀비의 지출이 법인의 업무와 관련되어 지출된 이상 불법영득의사를 인정하기는 어렵다(대법원 2005.2.18, 2002도2822).

234 **판례 : 버스회수권 반환거부 사례** 회사의 대표이사가 대표이사 직무대행자에게 회사 소유 버스회수권을 반환하지는 않았으나, 그 회수권은 원래 회사 채권자에 대한 회사 채무의 변제를 위하여 사용하기로 하였던 것이어서 회사 채권자에게 회사 채무에 대한 담보나 대물변제조로 교부해 줄 의사로 그 반환을 거부한 것으로 인정되는 경우(그리고 실제로 이를 회사 채권자에게 교부하였다면), 불법영득의 의사로 반환을 거부한 것이라고 볼 수는 없게 된다(대법원 2006.2.10, 2003도7487).

8	지방재정법 시행령에 따라 행정안전부령으로 '지방자치단체 업무추진비 집행에 관한 규칙'이 제정되기 전 포괄적으로 그 용도가 정해져 있을 뿐인 업무추진비의 경우(지방자치단체장이 내부지침을 위반하여 이를 집행하였다거나 사후적으로 그 사용에 관한 증빙자료가 제출되지 못하고 있다고 하여 불법영득의 의사가 인정될 수 없음)(대법원 2010.6.24, 2008도6755)[235]
9	법인이나 단체에서 지급되는 이른바 판공비 또는 업무추진비가 실비변상적 급여의 성질을 가지고 있고 포괄적으로 용도를 정하고 있을 뿐인 경우(대법원 2010.6.24, 2007도5899)[236] [경찰간부 16]
10	타인으로부터 용도가 엄격히 제한된 자금을 위탁받아 집행하면서 제한된 용도 이외의 목적으로 자금을 사용하는 경우가 아님을 전제로, 행위자가 불법영득의사의 존재를 인정하기 어려운 사유를 들어 돈의 행방이나 사용처에 대한 설명을 하고 있고 이에 부합하는 자료도 있는 경우(대법원 2006.8.24, 2006도3272; 2009.4.23, 2009도495; 2011.5.26, 2011도1904[237]) 또는 회사의 경영자가 회사를 위하여 자금을 지출하면서 자금을 집행하기 위한 회사 내부의 정상적인 절차를 거친 경우(원래 사용될 이외의 목적으로 자금을 지출하였다는 사정만으로 불법영득의사가 있다고 단정할 수 없음)(대법원 2012.5.24, 2012도535; 2013.2.15, 2011도13606[238]) 등.

판례연구 **횡령죄의 기수 관련 판례**

1 대법원 2002.11.13, 2002도2219

횡령죄가 위태범이므로 보관 중인 타인의 재물을 담보로 제공하는 행위가 사법상 무효인 경우에도 횡령죄가 성립한다는 사례

횡령죄는 다른 사람의 재물에 관한 소유권 등 본권을 그 보호법익으로 하고 본권이 침해될 위험성이 있으면 그 침해의 결과가 발생되지 아니하더라도 성립하는 이른바 위태범이므로, 다른 사람의 재물을 보관하는 사람이 그 사람의 동의 없이 함부로 이를 담보로 제공하는 행위는 불법영득의 의사를

---

235 **보충 - 판결이유** : 업무추진비의 성질상 집행의 시기나 범위를 사전에 명확히 하기가 곤란하여 사전에 내부적인 결제절차를 취한 후 금원을 수령하여 집행하는 것이 어려운 경우가 많으며, 현금거래 등으로 인하여 이를 사용한 후에도 그 지출에 관한 영수증 등 증빙자료를 구비하는 것이 어렵다. 이러한 사정 하에서는 지방자치단체장에게 업무추진비의 사용처나 규모, 공무와 관련된 것인지 여부 등에 대한 판단이 맡겨져 있다고 할 것이고, 그 판단은 우선적으로 존중되어야 할 것이다.

236 **사례** : 버스운송사업조합의 이사장이 현금으로 지급된 판공비 또는 조합활동비의 구체적인 사용처를 설명하지 못한다거나 사후적으로 그 증빙자료를 제출하지 못하지만 횡령죄의 성립이 부정된 사례 서울특별시마을버스운송사업조합 이사장인 甲에게는 2003.1.경부터 2005.7.경까지 사이에 업무수행을 위하여 매월 500만 원 또는 400만 원씩 현금으로 판공비가 지급되었다. 위 조합 정관에는 업무수행을 위하여 지급할 수 있다고만 되어 있을 뿐 그 사용 대상이나 목적, 지출 방법 등에 대하여 제한을 두지 않았고, 달리 그 사용에 관한 기준도 마련되어 있지 않았으며, 그동안 이 사건 조합에서는 이사장 등에게 판공비 등을 사용한 이후 그 지출에 관한 영수증 등 증빙자료를 제출하도록 하거나 사용처 등을 밝히도록 요구하지도 않았다. 그런데 甲은 그간 사용한 판공비의 구체적인 사용처를 설명하지 못하고 있을 뿐만 아니라 조합을 위하여 사용하였다고 인정할 아무런 자료를 제시하지 못하고 있다. 甲에게는 업무상 횡령죄가 성립하는가?
판례 : 불법영득의 의사에 관한 입증책임은 어디까지나 검사에게 있는 것이므로, 어떤 금전의 용도가 추상적으로 정하여져 있다 하여도 그 구체적인 사용 목적이나 사용처, 사용 시기 등에 관하여 보관자에게 광범위한 재량을 가지고 이를 사용할 권한이 부여되어 있고, 지출한 후에 그에 관한 사후보고나 증빙자료의 제출도 요구되지 않는 성질의 것이라면, 그 보관자가 위 금전을 사용한 다음 그 행방이나 사용처를 제대로 설명하지 못하거나 증빙자료를 제출하지 못하고 있다고 하여 함부로 불법영득의 의사를 추단하여서는 아니되고, 그 금전이 본래의 사용 목적과는 관계없이 개인적인 이익을 위하여 지출되었다거나 합리적인 범위를 넘어 과다하게 이를 지출하였다는 등 불법영득의 의사를 인정할 수 있는 사정을 검사가 입증하여야 함은 입증책임의 법리상 당연하다 하겠다(대법원 2010.6.24, 2007도5899).
해결 : 성립하지 않는다.

237 **보충** : 비록 동업재산에 해당하는 부가가치세 환급금이라 하더라도 목적·용도가 엄격히 제한된 자금을 그 제한된 용도 이외의 목적으로 사용하는 경우가 아니라 조합 사업과 직·간접적으로 관련된 비용에 지출한 경우에는 함부로 불법영득의사를 인정할 수 없다는 판례이다.

238 **판례** : 甲 주식회사의 공동운영자인 A 등은 乙 주식회사의 자금집행 담당자 丙과 공모하여, 乙 회사가 甲 회사와 체결한 선박건조계약에 따라 甲 회사로부터 지급받은 선박건조 선수금을 甲 회사의 대출금 변제 등 다른 용도에 사용하였다. 다만 위 선수금의 용도가 선박건조용으로 엄격하게 제한되어 있었다거나 丙에게 불법영득의사가 있었다고 단정하기 어려운 경우이었다. 그렇다면 A 등에게는 업무상 횡령죄의 죄책이 인정되지 않는다.

표현하는 횡령행위로서 사법(私法)상 그 담보제공행위가 무효이거나 그 재물에 대한 소유권이 침해되는 결과가 발생하는지 여부에 관계없이 횡령죄를 구성한다.[239] [국가7급 14 / 법원행시 12]

2 대법원 2008.11.13, 2006도4885

대표이사가 자신의 다른 횡령사실을 감추기 위하여 가공의 공사대금을 지급한 것처럼 회계처리하고 가공의 공사대금에 대한 부가가치세 명목으로 회사 자금을 임의로 지출한 사례

횡령죄에 있어서 불법영득의 의사라 함은 자기 또는 제3자의 이익을 꾀할 목적으로 임무에 위배하여 보관하는 타인의 재물을 자기의 소유인 경우와 같이 처분을 하는 의사를 말하고, 사후에 이를 반환하거나 변상, 보전하는 의사가 있다 하더라도 불법영득의 의사를 인정함에는 지장이 없는 것이므로, 주식회사의 대표이사가 자신의 다른 횡령사실을 감추기 위한 목적으로 가공의 공사대금을 지급한 것처럼 허위로 회계처리하면서 가공의 공사대금에 대한 부가가치세 명목으로 회사 자금을 임의로 지출한 경우에는 그로써 횡령죄는 기수에 달하는 것이며 그 후에 그 지출액 상당을 매입세액으로 환급받아 회사에 다시 입금하였다고 해서 이미 성립한 횡령죄에 영향을 미치지 아니한다.[240] [사시 12]

판례연구 | **횡령죄의 죄수 관련 판례**

1 대법원 2013.10.31, 2013도10020

횡령죄의 죄수판단기준은 위탁관계의 수라는 판례

여러 개의 위탁관계에 의하여 보관하던 여러 개의 재물을 1개의 행위에 의하여 횡령한 경우, 횡령죄의 죄수 관계는 상상적 경합범이다. [경찰승진(경감이하) 17 / 국가9급 16]

2 대법원 1998.2.24, 97도3282

횡령죄의 불가벌적 사후행위에 관한 기본 법리

타인의 재물을 점유하는 자가 그 점유를 자기를 위한 점유로 바꾸려고 하는 의사를 가지고 그러한 영득의 의사가 외부에 인식될 수 있는 객관적 행위를 하였을 때에는 그 재물 전체에 대한 횡령죄가 성립되고, 일단 횡령을 한 이후에 다시 그 재물을 처분하는 것은 불가벌적 사후행위에 해당하여 처벌할 수 없다. [법원9급 05]

3 대법원 2010.2.25, 2010도93

횡령죄의 불가벌적 사후행위에 해당한다는 사례

공동상속인 중 1인이 상속재산인 임야를 보관 중 다른 상속인들로부터 매도 후 분배 또는 소유권이전등기를 요구받고도 그 반환을 거부한 경우 이때 이미 횡령죄가 성립하고, 그 후 그 임야에 관하여 다시

---

239 **사례**: 타인 소유물을 임의로 담보로 제공하였는데 무효인 경우 甲은 충남 예산군 소재 도예공품 공장과 기계 일부를 조카 명의로 공매받아 M세라믹이라는 상호로 경영하던 중 은행에 공장과 자신이 보관하고 있던 乙 소유의 자동포장기 등을 포함한 기계전부를 담보로 제공하고 채권최고액을 6억 5천만 원으로 하는 근저당권설정계약을 체결하였다(그런데 공장저당법 관련규정에 의하면 乙 소유의 기계에는 저당권의 효력이 미치지 않으므로 이 부분에 대한 저당권설정행위는 무효임). 甲의 乙에 대한 죄책은?
판례: 횡령죄는 다른 사람의 재물에 관한 소유권 등 본권을 그 보호법익으로 하고 본권이 침해될 위험성이 있으면 그 침해의 결과가 발생되지 않더라도 성립하는 이른바 위태범(危殆犯)이므로 다른 사람의 재물을 보관하는 사람이 그 사람의 동의 없이 함부로 이를 담보로 제공하는 행위는 불법영득의 의사를 표현하는 횡령행위로서 사법상 그 담보제공행위가 무효이거나 그 재물에 대한 소유권이 침해되는 결과가 발생하는지 여부에 관계없이 횡령죄를 구성한다(대법원 2002.11.13, 2002도2219).
해결: 횡령죄

240 **보충**: 또다른 논점-횡령과 배임증재의 상상적 경합처럼 본 사례 주식회사의 대표이사가 노조위원장에게 부정한 청탁을 하면서 회사공금을 노조위원장측에게 송금한 행위로 배임증재죄의 확정판결을 받은 후 같은 송금행위에 대하여 업무상횡령으로 기소된 경우, 두 개의 공소사실은 하나의 동일한 송금행위에 의하여 실현된 것으로서 자연적·사회적 사실관계가 기본적인 점에서 동일하여 형사소송법 제326조 제1호의 '확정판결이 있는 때'에 해당할 여지가 있다(위 판례).

제3자 앞으로 근저당권설정등기를 경료해 준 행위는 불가벌적 사후행위로서 별도의 횡령죄를 구성하지 않는다. [경찰채용 12 2차]

4 대법원 2013.2.21, 2010도10500 전원합의체
횡령죄의 불가벌적 사후행위의 판단기준을 제시한 사례 : 소위 새로운 위험 이론
횡령죄는 다른 사람의 재물에 관한 소유권 등 본권을 보호법익으로 하고 법익침해의 위험이 있으면 침해의 결과가 발생되지 아니하더라도 성립하는 위험범이다. 그리고 일단 특정한 처분행위(이를 '선행 처분행위'라 한다)로 인하여 법익침해의 위험이 발생함으로써 횡령죄가 기수에 이른 후 종국적인 법익침해의 결과가 발생하기 전에 새로운 처분행위(이를 '후행 처분행위'라 한다)가 이루어졌을 때, ① 후행 처분행위가 선행 처분행위에 의하여 발생한 위험을 현실적인 법익침해로 완성하는 수단에 불과하거나 그 과정에서 당연히 예상될 수 있는 것으로서 새로운 위험을 추가하는 것이 아니라면 후행 처분행위에 의해 발생한 위험은 선행 처분행위에 의하여 이미 성립된 횡령죄에 의해 평가된 위험에 포함되는 것이므로 후행 처분행위는 이른바 불가벌적 사후행위에 해당한다. 그러나 ② 후행 처분행위가 이를 넘어서서, 선행 처분행위로 예상할 수 없는 새로운 위험을 추가함으로써 법익침해에 대한 위험을 증가시키거나 선행 처분행위와는 무관한 방법으로 법익침해의 결과를 발생시키는 경우라면, 이는 선행 처분행위에 의하여 이미 성립된 횡령죄에 의해 평가된 위험의 범위를 벗어나는 것이므로 특별한 사정이 없는 한 별도로 횡령죄를 구성한다고 보아야 한다. 따라서 타인의 부동산을 보관 중인 자가 불법영득의사를 가지고 그 부동산에 근저당권설정등기를 경료함으로써 일단 횡령행위가 기수에 이르렀다 하더라도 그 후 같은 부동산에 별개의 근저당권을 설정하여 새로운 법익침해의 위험을 추가함으로써 법익침해의 위험을 증가시키거나 해당 부동산을 매각함으로써 기존의 근저당권과 관계없이 법익침해의 결과를 발생시켰다면, 이는 당초의 근저당권 실행을 위한 임의경매에 의한 매각 등 그 근저당권으로 인해 당연히 예상될 수 있는 범위를 넘어 새로운 법익침해의 위험을 추가시키거나 법익침해의 결과를 발생시킨 것이므로 특별한 사정이 없는 한 불가벌적 사후행위로 볼 수 없고, 별도로 횡령죄를 구성한다. 따라서 피해자 甲 종중으로부터 토지를 명의신탁받아 보관 중이던 피고인 乙이 개인 채무 변제에 사용할 돈을 차용하기 위해 위 토지에 근저당권을 설정하였는데, 그 후 피고인 乙, 丙이 공모하여 위 토지를 丁에게 매도한 경우, 피고인들의 토지 매도행위는 별도의 횡령죄를 구성한다. [경찰채용 13 2차 / 경찰채용 18 3차 / 경찰간부 18 / 국가9급 18 / 국가7급 14 · 20 / 법원9급 16 · 20 / 법원승진 14 / 법원행시 08 · 09 · 10 · 11 · 14 · 16 / 변호사시험 16]

5 대법원 1992.3.10, 92도147
회사의 대표자가 회사자금을 인출하여 횡령함에 있어 경비지출을 장부상 과다 계상하고, 이를 토대로 조세를 납부한 행위는 횡령죄의 불가벌적 사후행위로 볼 수 없다는 사례
법인 대표자가 회사자금을 횡령하였다면 회사는 그에 상당하는 손해배상청구권 내지 부당이득반환청구권이 있는 것이고 이는 곧 회사의 익금으로 보아야 하므로 회사 대표자가 회사자금을 인출하여 횡령함에 있어 경비지출을 과다계상하여 장부에 기장하고 나아가 이를 토대로 법인세 등의 조세를 납부한 경우 국가의 조세수입의 감소를 초래하여 조세를 포탈하였다고 할 것이다. 위와 같은 조세포탈 행위는 횡령범행과는 전혀 다른 새로운 법익을 침해하는 행위로서 이를 횡령의 불가벌적 사후행위라고 볼 수 없다.

6 대법원 2001.11.27, 2000도3463
보관자가 토지수용보상금 중 일부를 소비하고, 이어 수용되지 않은 나머지 부동산 전체에 대한 반환을 거부한 행위는 횡령죄의 불가벌적 사후행위로 볼 수 없다는 사례
명의수탁자가 신탁 받은 부동산의 일부에 대한 토지수용보상금 중 일부를 소비하고, 이어 수용되지 않은 나머지 부동산 전체에 대한 반환을 거부한 경우, 부동산의 일부에 관하여 수령한 수용보상금

중 일부를 소비하였다고 하여 객관적으로 부동산 전체에 대한 불법영득의 의사를 외부에 발현시키는 행위가 있었다고 볼 수는 없으므로, 그 금원 횡령죄가 성립된 이후에 수용되지 않은 나머지 부동산 전체에 대한 반환을 거부한 것은 새로운 법익의 침해가 있는 것으로서 별개의 횡령죄가 성립하는 것이지 불가벌적 사후행위라 할 수 없다. [경찰채용 11·16 1차/경찰승진(경사) 10/경찰승진(경감) 10/국가9급 11/법원승진 12/사시 14/변호사시험 12]

판례연구   **(전기통신금융)사기범행으로 송금된 현금을 인출하는 행위 관련 판례**

1 대법원 2017.5.31, 2017도3894

전기통신금융사기 범인이 피해자를 기망하여 피해자의 자금을 사기이용계좌로 송금·이체받은 후 사기이용계좌에서 현금을 인출한 행위가 사기의 피해자에 대하여 별도의 횡령죄를 구성하지 않는다는 사례

전기통신금융사기(이른바 보이스피싱 범죄)의 범인이 피해자를 기망하여 피해자의 자금을 사기이용계좌로 송금·이체받으면 사기죄는 기수에 이르고, 범인이 피해자의 자금을 점유하고 있다고 하여 피해자와의 어떠한 위탁관계나 신임관계가 존재한다고 볼 수 없을 뿐만 아니라, 그 후 범인이 사기이용계좌에서 현금을 인출하였더라도 이는 이미 성립한 사기범행이 예정하고 있던 행위에 지나지 아니하여 새로운 법익을 침해한다고 보기도 어려우므로, 위와 같은 인출행위는 사기의 피해자에 대하여 별도의 횡령죄를 구성하지 아니한다. 이러한 법리는 사기범행에 이용되리라는 사정을 알고서 자신 명의 계좌의 접근매체를 양도함으로써 사기범행을 방조한 종범이 사기이용계좌로 송금된 피해자의 자금을 임의로 인출한 경우에도 마찬가지로 적용된다.

2 대법원 2018.7.19, 2017도17494 전원합의체

계좌명의인이 개설한 예금계좌가 전기통신금융사기 범행에 이용되어 그 계좌에 피해자가 사기피해금을 송금·이체한 경우, 계좌명의인이 그 돈을 영득할 의사로 인출하면 피해자에 대한 횡령죄가 성립한다는 사례

횡령죄의 본질이 위탁받은 타인의 재물을 불법으로 영득하는 데 있음에 비추어 볼 때 그 위탁관계는 횡령죄로 보호할 만한 가치가 있는 것으로 한정된다. 위탁관계가 있는지 여부는 재물의 보관자와 소유자 사이의 관계, 재물을 보관하게 된 경위 등에 비추어 볼 때 보관자에게 재물의 보관 상태를 그대로 유지하여야 할 의무를 부과하여 그 보관 상태를 형사법적으로 보호할 필요가 있는지 등을 고려하여 규범적으로 판단하여야 한다. 송금의뢰인과 계좌명의인 사이에 송금·이체의 원인이 된 법률관계가 존재하지 않음에도 송금·이체에 의하여 계좌명의인이 그 금액 상당의 예금채권을 취득한 경우 계좌명의인은 송금의뢰인에게 그 금액 상당의 돈을 반환하여야 한다. 이와 같이 계좌명의인이 송금·이체의 원인이 되는 법률관계가 존재하지 않음에도 계좌이체에 의하여 취득한 예금채권 상당의 돈은 송금의뢰인에게 반환하여야 할 성격의 것이므로, 계좌명의인은 그와 같이 송금·이체된 돈에 대하여 송금의뢰인을 위하여 보관하는 지위에 있다고 보아야 한다. 따라서 계좌명의인이 그와 같이 송금·이체된 돈을 그대로 보관하지 않고 영득할 의사로 인출하면 횡령죄가 성립한다. 이러한 법리는 ① 계좌명의인이 개설한 예금계좌가 전기통신금융사기 범행에 이용되어 그 계좌에 피해자가 사기피해금을 송금·이체한 경우에도 마찬가지로 적용된다. 계좌명의인은 피해자와 사이에 아무런 법률관계 없이 송금·이체된 사기피해금 상당의 돈을 피해자에게 반환하여야 하므로, 피해자를 위하여 사기피해금을 보관하는 지위에 있다고 보아야 하고, 만약 계좌명의인이 그 돈을 영득할 의사로 인출하면 피해자에 대한 횡령죄가 성립한다. ② 이때 계좌명의인이 사기의 공범이라면 자신이 가담한 범행의 결과 피해금을 보관하게 된 것일 뿐이어서 피해자와 사이에 위탁관계가 없고, 그가 송금·이체된 돈을 인출하더라도 이는 자신이 저지른 사기범행의 실행행위에 지나지 아니하여 새로운 법익을 침해한다고 볼 수 없으므로 사기죄 외에 별도로 횡령죄를 구성하지 않는다. ③ 한편 계좌명의인의 인출행위는 전기통신금융사기의 범인에 대한 관계에서는 횡령죄가 되지 않는다. 계좌명의인과 전기통신금융사기의 범인 사이의 관계는

횡령죄로 보호할 만한 가치가 있는 위탁관계가 아니다. 사기범이 제3자 명의 사기이용계좌로 돈을 송금·이체하게 하는 행위는 그 자체로 범죄행위에 해당한다. 그리고 사기범이 그 계좌를 이용하는 것도 전기통신금융사기 범행의 실행행위에 해당하므로 계좌명의인과 사기범 사이의 관계를 횡령죄로 보호하는 것은 그 범행으로 송금·이체된 돈을 사기범에게 귀속시키는 결과가 되어 옳지 않다. …… 피고인 甲, 乙이 공모하여, 피고인 甲 명의로 개설된 예금계좌의 접근매체를 보이스피싱 조직원 丙에게 양도함으로써 丙의 丁에 대한 전기통신금융사기 범행을 방조하고, 사기피해자 丁이 丙에게 속아 위 계좌로 송금한 사기피해금 중 일부를 별도의 접근매체를 이용하여 임의로 인출함으로써 주위적으로는 丙의 재물을, 예비적으로는 丁의 재물을 횡령하였다는 내용으로 기소되었는데, 원심이 피고인들에 대한 사기방조 및 횡령의 공소사실을 모두 무죄로 판단한 경우, 피고인들에게 사기방조죄가 성립하지 않는 이상 사기피해금 중 일부를 임의로 인출한 행위는 사기피해자 丁에 대한 횡령죄가 성립한다.

[경찰채용 20 2차 / 국가9급 20 / 국가7급 21 / 법원9급 22]

판례연구 **횡령죄의 다른 범죄와의 관계**

1 대법원 2000.9.8, 2000도1447

타인의 재물을 보관하는 자가 보관하고 있는 재물을 영득할 의사로 은닉한 경우, 횡령죄 외에 별도의 강제집행면탈죄를 구성하지 않는다는 사례

횡령죄의 구성요건으로서의 횡령행위란 불법영득의 의사, 즉 타인의 재물을 보관하는 자가 자기 또는 제3자의 이익을 꾀할 목적으로 위탁의 취지에 반하여 권한 없이 그 재물을 자기의 소유인 것처럼 사실상 또는 법률상 처분하려는 의사를 실현하는 행위를 말하고, 강제집행면탈죄에 있어서 은닉이라 함은 강제집행을 면탈할 목적으로 강제집행을 실시하는 자로 하여금 채무자의 재산을 발견하는 것을 불능 또는 곤란하게 만드는 것을 말하는 것으로서 진의에 의하여 재산을 양도하였다면 설령 그것이 강제집행을 면탈할 목적으로 이루어진 것으로서 채권자의 불이익을 초래하는 결과가 되었다고 하더라도 강제집행면탈죄의 허위양도 또는 은닉에는 해당하지 아니한다 할 것이므로, 타인의 재물을 보관하는 자가 보관하고 있는 재물을 영득할 의사로 은닉하였다면 이는 횡령죄를 구성하는 것이고 채권자들의 강제집행을 면탈하는 결과를 가져온다 하여 이와 별도로 강제집행면탈죄를 구성하는 것은 아니다.

[경찰채용 13 1차 / 법원9급 07(하) / 법원9급 06·11 / 법원행시 09 / 사시 10]

2 대법원 2004.6.17, 2003도7645 전원합의체; 2009.6.25, 2008도10096[241]; 2011.9.8, 2011도 7262[242]

타인으로부터 금원을 차용하여 주금을 납입하고 설립등기나 증자등기 후 바로 인출하여 차용금 변제에 사용하는 경우, 상법상 납입가장죄의 성립 외에 업무상횡령죄가 성립하지 않는다는 사례

---

241 **판례 : 소위 견금방식의 납입가장행위의 횡령죄 성부** 주식회사의 설립업무 또는 증자업무를 담당한 자와 주식인수인이 사전 공모하여 주금납입취급은행 이외의 제3자로부터 납입금에 해당하는 금액을 차입하여 주금을 납입하고 납입취급은행으로부터 납입금보관증명서를 교부받아 회사의 설립등기절차 또는 증자등기절차를 마친 직후 이를 인출하여 위 차용금채무의 변제에 사용하는 경우, 위와 같은 행위는 실질적으로 회사의 자본을 증가시키는 것이 아니고 등기를 위하여 납입을 가장하는 편법에 불과하여, 주금의 납입 및 인출의 전과정에서 회사의 자본금에는 실제 아무런 변동이 없다고 보아야 할 것이므로, 그들에게 회사의 돈을 임의로 유용한다는 불법영득의 의사가 있다고 보기 어렵다 할 것이고, 이러한 관점에서 상법상 납입가장죄의 성립을 인정하는 이상 회사 자본이 실질적으로 증가됨을 전제로 한 업무상 횡령죄가 성립한다고 할 수는 없다(이에 배치되는 종전의 대법원 판결들 변경)(대법원 2004.6.17, 2003도7645 전원합의체; 2009.6.25, 2008도10096). [사시 13]

242 **사례 : 차용한 돈으로 주금을 납입하고 설립등기·증자등기절차 후 바로 인출·변제한 경우 업무상 횡령죄 성부** 甲 주식회사의 사실상 경영자인 A는, 乙에게서 돈을 차용하여 가장납입의 방법으로 甲 회사의 유상증자에 참여한 후 乙이 납입한 주금 해당액을 바로 인출하여 자기앞수표로 반환하였는데, 이후 회계감사에 대비하여 위 수표를 乙에게서 잠시 돌려받아 甲 회사 계좌에 입금한 뒤 다시 해당 금액을 인출하여 변제하였다. A에게는 업무상 횡령죄의 불법영득의사가 인정되는가?
판례 : 납입된 주금이 회사에 일단 귀속되어 회사 자본이 실질적으로 증가한 것으로 볼 수 있는지 여부는 그 주금의 납입 경위, 납입된 주금의 보관 및 인출 형태와 경위 등 제반 사정을 종합하여 판단하여야 한다. 피고인이 주금 가장납입의 방법에 의한 납입금에

상법 제628조 제1항 소정의 납입가장죄는 회사의 자본충실을 기하려는 법의 취지를 유린하는 행위를 단속하려는 데 그 목적이 있는 것이므로, 당초부터 진실한 주금납입으로 회사의 자금을 확보할 의사 없이 형식상 또는 일시적으로 주금을 납입하고 이 돈을 은행에 예치하여 납입의 외형을 갖추고 주금납입증명서를 교부받아 설립등기나 증자등기의 절차를 마친 다음 바로 그 납입한 돈을 인출한 경우에는, 이를 회사를 위하여 사용하였다는 특별한 사정이 없는 한 실질적으로 회사의 자본이 늘어난 것이 아니어서 납입가장죄 및 공정증서원본불실기재죄와 불실기재공정증서원본행사죄가 성립하고, 다만 납입한 돈을 곧바로 인출하였다고 하더라도 그 인출한 돈을 회사를 위하여 사용한 것이라면 자본충실을 해친다고 할 수 없으므로 주금납입의 의사 없이 납입한 것으로 볼 수는 없고, 한편 주식회사의 설립업무 또는 증자업무를 담당한 자와 주식인수인이 사전 공모하여 주금납입취급은행 이외의 제3자로부터 납입금에 해당하는 금액을 차입하여 주금을 납입하고 납입취급은행으로부터 납입금보관증명서를 교부받아 회사의 설립등기절차 또는 증자등기절차를 마친 직후 이를 인출하여 위 차용금채무의 변제에 사용하는 경우, 위와 같은 행위는 실질적으로 회사의 자본을 증가시키는 것이 아니고 등기를 위하여 납입을 가장하는 편법에 불과하여 주금의 납입 및 인출의 전과정에서 회사의 자본금에는 실제 아무런 변동이 없다고 보아야 할 것이므로, 그들에게 회사의 돈을 임의로 유용한다는 불법영득의 의사가 있다고 보기 어렵다 할 것이고, 이러한 관점에서 상법상 납입가장죄의 성립을 인정하는 이상 회사 자본이 실질적으로 증가됨을 전제로 한 업무상횡령죄가 성립한다고 할 수는 없다. [경찰간부 17 / 경찰승진(경감이하) 17 / 경찰승진 12 / 법원행시 07·09·10 / 사시 13]

3 대법원 2005.5.26, 2003도5519
회사의 대표이사가 부외자금을 인출하여 정치자금으로 기부한 경우 횡령과 기부제한위반의 경합범이라는 사례
회사의 대표이사가 보관 중인 회사 재산(부외자금)을 처분하여 그 대금을 정치자금으로 기부한 경우 그것이 회사의 이익을 도모할 목적보다는 후보자 개인의 이익을 도모할 목적이나 기타 다른 목적으로 행하여졌다면 그 이사는 회사에 대하여 횡령죄의 죄책을 면하지 못하며, 특경법위반(횡령)죄와 정치자금법위반(기부제한규정위반)죄의 경합범에 해당한다.

판례연구   **횡령죄의 친족상도례 관련 판례**

대법원 2008.7.24, 2008도3438
횡령범인이 피해물건의 소유자와 위탁자 중 한쪽과 친족관계가 있는 경우, 친족상도례는 적용되지 않는다는 사례
횡령범인이 위탁자가 소유자를 위해 보관하고 있는 물건을 위탁자로부터 보관받아 이를 횡령한 경우에 형법 제361조에 의하여 준용되는 제328조 제2항의 친족간의 범행에 관한 조문은 범인과 피해물건의 소유자 및 위탁자 쌍방 사이에 같은 조문에 정한 친족관계가 있는 경우에만 석용되고, 단지 횡령범인과 피해물건의 소유자간에만 친족관계가 있거나 횡령범인과 피해물건의 위탁자간에만 친족관계가 있는 경우에는 적용되지 않는다.[243] [경찰채용 12·13·16·18 1차 / 경찰간부 11 / 경찰승진(경사) 10 / 경찰승진(경감) 10 / 경찰승진 14 / 국가9급 11·14 / 법원9급 09·12 / 법원승진 12 / 법원행시 10·11 / 사시 11·14 / 변호사시험 12]

해당하는 금액을 자기앞수표로 인출한 것이 甲 회사에 실질적으로 귀속되는 회사 자금의 횡령행위라고 볼 수 없음은 원심이 인정한 바와 같으나, 나아가 회계감사에 대비하여 수표를 甲 회사에 일시 반환하도록 하였다가 다시 인출하여 돌려준 사정만으로는 위 돈이 갑 회사에 실질적으로 귀속된 것으로 볼 수 없고, 오히려 위 인출 및 반환과 재인출 경위에 비추어 이는 즉시 반환이 예정된 일시 차용에 불과하여 그 실질은 위 가장납입금의 당초 약정에 따른 종국적 인출행위라고 보는 것이 타당하므로, 이러한 행위를 들어 피고인에게 甲 회사의 돈을 임의로 유용한다는 불법영득의사가 존재한다고 볼 수 없는데도, 이와 달리 판단한 원심판결에는 법리오해의 위법이 있다(대법원 2011.9.8, 2011도7262).
해결 : 인정되지 않는다.
[243] **사례** : 소유자와는 친족관계가 있으나 위탁자와는 없었던 경우 甲은 乙로부터 丙에게 전달해 달라는 부탁과 함께 금 2,000,000원을 교부받은 丁으로부터 丙에게 전달해 주겠다며 위 금원을 받아 보관하던 중 위 금 2,000,000원을 임의 사용함으로써 이를 횡령하였다.

01 총 설

판례연구 **배임죄의 위험범적 성질 관련 판례**

대법원 2015.9.10, 2015도6745
배임죄의 재산상 손해에 있어서 재산상 실해 발생의 위험의 의미 : 구체적 위험범설
배임죄는 본인에게 재산상의 손해를 가한 때 성립하는데, 여기서 재산상의 손해에는 현실적인 손해가
발생한 경우뿐만 아니라 재산상 실해 발생의 위험을 초래한 경우도 포함되고, 재산상 손해의 유무에
대한 판단은 법률적 판단에 의하지 않고 경제적 관점에서 파악하여야 한다. 그런데 재산상 손해가 발생하
였다고 평가될 수 있는 재산상 실해 발생의 위험이란 본인에게 손해가 발생할 막연한 위험이 있는
것만으로는 부족하고 경제적인 관점에서 보아 본인에게 손해가 발생한 것과 같은 정도로 구체적인 위험이
있는 경우를 의미한다. 따라서 재산상 실해 발생의 위험은 구체적·현실적인 위험이 야기된 정도에 이르
러야 하고 단지 막연한 가능성이 있다는 정도로는 부족하다. [경찰채용 16 2차/법원행시 16/사시 16]

> **보충** 甲 은행 지점장인 A가 업무상 임무에 위배하여 물품대금지급보증서를 발급한 후 乙 주식회사의 거래처인
> 丙 주식회사에 건네주었으나 丙 회사가 乙 회사와 거래를 개시하지 않아 지급보증 대상인 물품대금
> 지급채무 자체가 현실적으로 발생하지 않았다면, 보증인인 甲 은행에 경제적인 관점에서 손해가 발생한
> 것과 같은 정도로 구체적인 위험이 발생하였다고 평가할 수 없으므로, A에게는 배임죄의 죄책이 인정되지
> 않는다는 사례이다.

사례연구 **규정에 위반한 백미 외상 거래 사례**

甲 등은 乙과 백미 외상거래를 함에 있어 마땅히 조합 내부의 제 규정 등에 따라 먼저 담보를 취득한
다음 감정평가 기준에 의한 정확한 감정을 통하여 평가된 담보가액의 범위 안에서 외상거래 약정을
체결하되 그 거래 약정금액이 5억 원을 초과할 때에는 농협중앙회 전남지역본부의 심사를 거치거나
조합 이사회의 의결을 얻어야 하고 나아가 거래처에 대한 신용정도를 면밀히 파악하여 외상거래를
하더라도 그 대금의 지불능력이 있는지 여부 등까지 충분히 검토한 후 외상거래를 하여야 할 업무상
임무가 있음에도 아무런 담보의 설정 없이 그리고 거래약정의 체결 및 이사회의 의결 등을 거치지
아니한 상태에서 乙과의 외상거래를 개시하였다. 甲 등의 행위는 배임에 해당하는가?

> **해결** 배임죄는 현실적인 재산상 손해액이 확정될 필요까지는 없고 단지 재산상 권리의 실행을 불가능하게
> 할 염려 있는 상태 또는 손해 발생의 위험이 있는 경우에 바로 성립되는 위태범이므로(대법원 1989.4.11,
> 88도1247), 이 사건에서와 같이 피고인들이 그 업무상 임무에 위배하여 부당한 외상 거래행위를 함으로써
> 업무상 배임죄가 성립하는 경우 담보물의 가치를 초과하여 외상 거래한 금액이나 실제로 회수가 불가능
> 하게 된 외상거래 금액만이 아니라 재산상 권리의 실행이 불가능하게 될 염려가 있거나 손해 발생의
> 위험이 있는 외상 거래대금 전액을 그 손해액으로 보아야 한다(대법원 2000.4.11, 99도334).
> **정답** 배임에 해당한다(배임죄의 공동정범). [법원행시 12]

그런데 甲은 乙의 삼촌이고 乙은 甲을 고소한 사실이 없다. 다만 丁은 甲과는 친족관계가 없다. 이처럼 횡령범인(甲)이 피해물건의
소유자(乙)와 위탁자(丁) 중 한쪽과 친족관계가 있는 경우, 친족상도례가 적용되는가?
해결 : 적용되지 않는다.

1 대법원 1999.9.17, 97도3219

배임죄의 성립에 행위자의 적법한 대리권은 필요하지 않다는 사례

배임죄에 있어서 타인의 사무를 처리하는 자라 함은 양자간의 신임관계에 기초를 둔 타인의 재산보호 내지 관리의무가 있음을 그 본질적 내용으로 하는 것이므로, 배임죄의 성립에 있어 행위자가 대외관계에서 타인의 재산을 처분할 적법한 대리권이 있음을 요하지 아니한다.[244] [경찰채용 14·18 1차]

2 대법원 2002.6.14, 2001도3534

미성년자와 친생자관계가 없으나 호적상 친모로 등재되어 있는 자가 미성년자의 상속재산 처분에 관여한 사례

배임죄의 주체로서 '타인의 사무를 처리하는 자'란 타인과의 대내관계에서 신의성실의 원칙에 비추어 그 사무를 처리할 신임관계가 존재한다고 인정되는 자를 의미하고, 반드시 제3자에 대한 대외관계에서 그 사무에 관한 대리권이 존재할 것을 요하지 않으며, 나아가 업무상 배임죄에서 업무의 근거는 법령, 계약, 관습의 어느 것에 의하건 묻지 않고, 사실상의 것도 포함한다. 따라서 미성년자와 친생자관계가 없으나 호적상 친모로 등재되어 있는 자가 미성년자의 상속재산 처분에 관여한 경우, 배임죄에 있어서 타인의 사무를 처리하는 자의 지위에 있다.[245] [법원9급 08 / 법원행시 09]

---

244 **사례 : 배임죄의 성립에 적법한 대리권이 필요없다는 사례** 甲은 항공화물 운송회사가 개설한 은행계좌에 乙(수입자)이 예치한 운송보증금을 수출대금 결제시까지 관리하고 그 후 乙이 반환받도록 할 임무에 위배하여 화물항공 알선회사에 대해 위 운송보증금을 수출자가 지불해야 할 운송료 및 항공알선 수수료로 전환하는 데 동의하여 운송료 등으로 지불되게 함으로써 수출업자에게 재산상 이익을 취득하게 하고 乙에게 손해를 가하였다. 甲의 형사책임은?

판례 : 배임죄에 있어서 타인의 사무를 처리하는 자라 함은 양자간의 신임관계에 기초를 둔 타인의 재산보호 내지 관리의무가 있음을 그 본질적 내용으로 하는 것이므로, 배임죄의 성립에 있어 행위자가 대외관계에서 타인의 재산을 처분할 적법한 대리권이 있음을 요하지 아니한다(대법원 1999.9.17, 97도3219). [경찰채용 14 1차] 따라서 甲이 乙과의 신임관계를 위반하여 이 사건 운송보증금을 운송료 등으로 전환함에 동의함으로써 乙에게 손해를 가한 사실이 인정되는 이상, 甲은 위 운송보증금을 운송료 등으로 전환하는 데 동의할 수 있는 적법한 권한이 없었다 하더라도, 이러한 甲의 행위는 배임죄를 구성한다.

해결 : 배임죄.

245 **사례 : 친생자관계는 없으나 호적상 친모로 된 사례** 사망한 A는 1980. 말경부터 B와 동거하면서 甲(A의 妻)을 멀리하였으나 신체적 결함으로 자녀를 가질 수 없자, 1982.경 당시 타인의 아들인 생후 5개월의 乙을 입양하기로 하여 실부모로부터 입양에 대한 동의를 얻고, 1983.1.경부터 B와 함께 국내의 거주지에서 乙을 양육하면서 1988.7.20. A와 甲의 친생자로 출생신고하였다. 그런데 甲은 A가 1995.2.9. 일본에서 사망하자, 같은 해 3.2. 일본에서 귀국하여 B를 찾아가 A의 재산소유 현황을 알아본 후, 같은 달 초경 B와 함께 중앙상호신용금고를 찾아가 A명의의 정기예금을 인출하려 하였으나 A에게 미성년인 子 乙이 있으므로 특별대리인과 함께 오지 않으면 예금을 인출할 수 없다고 하자, 같은 달 17. 서울가정법원으로부터 A의 누나 S를 乙의 특별대리인으로 선임하는 결정을 받은 후 같은 달 20. S로 하여금 乙의 상속분을 공동상속인 甲에 대하여 포기한다는 취지의 각서를 작성하게 하여 2,373,009,202원을 인출하였다. 甲의 죄책은?

판례 : 배임죄의 주체로서 '타인의 사무를 처리하는 자'란 타인과의 대내관계에서 신의성실의 원칙에 비추어 그 사무를 처리할 신임관계가 존재한다고 인정되는 자를 의미하고, 반드시 제3자에 대한 대외관계에서 그 사무에 관한 대리권이 존재할 것을 요하지 않으며, 나아가 업무상 배임죄에서 업무의 근거는 법령, 계약, 관습의 어느 것에 의하건 묻지 않고, 사실상의 것도 포함한다(대법원 2002.6.14, 2001도3534).

해결 : 배임죄. [법원9급 08 / 법원행시 09]

제355조 【횡령, 배임】 ② 타인의 사무를 처리하는 자가 그 임무에 위배하는 행위로써 재산상의 이익을 취득하거나 제3자로 하여금 이를 취득하게 하여 본인에게 손해를 가한 때에도 전항의 형과 같다.

판례연구	**배임죄의 주체인 타인의 사무를 처리하는 자의 의미**

1 대법원 2020.2.20, 2019도9756 전원합의체
배임죄의 주체인 타인의 사무를 처리하는 자의 의미에 관한 기본법리
배임죄는 타인의 사무를 처리하는 자가 그 임무에 위배하는 행위로써 재산상의 이익을 취득하거나 제3자로 하여금 이를 취득하게 하여 사무의 주체인 타인에게 손해를 가할 때 성립하는 것이므로 범죄의 주체는 타인의 사무를 처리하는 지위에 있어야 한다. 여기에서 '타인의 사무를 처리하는 자'라고 하려면, 타인의 재산관리에 관한 사무의 전부 또는 일부를 타인을 위하여 대행하는 경우와 같이 당사자 관계의 전형적·본질적 내용이 통상의 계약에서의 이익대립관계를 넘어서 그들 사이의 신임관계에 기초하여 타인의 재산을 보호 또는 관리하는 데에 있어야 한다. 이익대립관계에 있는 통상의 계약관계에서 채무자의 성실한 급부이행에 의해 상대방이 계약상 권리의 만족 내지 채권의 실현이라는 이익을 얻게 되는 관계에 있다거나, 계약을 이행함에 있어 상대방을 보호하거나 배려할 부수적인 의무가 있다는 것만으로는 채무자를 타인의 사무를 처리하는 자라고 할 수 없고, 위임 등과 같이 계약의 전형적·본질적인 급부의 내용이 상대방의 재산상 사무를 일정한 권한을 가지고 맡아 처리하는 경우에 해당하여야 한다. [법원승진 14]

2 대법원 2021.6.30, 2015도19696
지입계약관계에서 지입회사 운영자는 지입차주의 사무를 처리하는 자라는 사례
이른바 지입제는 자동차운송사업면허 등을 가진 운송사업자와 실질적으로 자동차를 소유하고 있는 차주간의 계약으로 외부적으로는 자동차를 운송사업자 명의로 등록하여 운송사업자에게 귀속시키고 내부적으로는 각 차주들이 독립된 관리 및 계산으로 영업을 하며 운송사업자에 대하여는 지입료를 지불하는 운송사업형태를 말한다(대법원 2003.9.2, 2003도3073; 2009.9.24, 2009도5302 등). 따라서 지입차주가 자신이 실질적으로 소유하거나 처분권한을 가지는 자동차에 관하여 지입회사와 지입계약을 체결함으로써 지입회사에 자동차의 소유권등록 명의를 신탁하고 운송사업용 자동차로서 등록 및 그 유지 관련 사무의 대행을 위임한 경우에는, 특별한 사정이 없는 한 지입회사 측이 지입차주의 실질적 재산인 지입차량에 관한 재산상 사무를 일정한 권한을 가지고 맡아 처리하는 것으로서 당사자 관계의 전형적·본질적 내용이 그들 사이의 신임관계에 기초하여 타인의 재산을 보호 또는 관리하는 데에 있으므로, 지입회사 운영자는 지입차주와의 관계에서 '타인의 사무를 처리하는 자'의 지위에 있다(지입회사 운영자가 지입차량에 임의로 저당권을 설정한 행위는 배임죄에 해당함).

표정리 배임죄의 주체인 타인의 사무를 처리하는 자에 해당하는 사례

1	종중의 임원(대법원 2007.12.28, 2007도6554)[246]
2	계주(대법원 1995.9.29, 95도1176)[247] [경찰승진(경장) 10]

---

246 판례 : 종중 소유 재산의 관리·처분은 종중규약에 정한 바가 있으면 이에 따르고 그 전에 관한 종중규약이 없으면 종중총회의 결의에 의하여야 하므로(대법원 1994.9.30, 93다27703 참조), 종중과 위임에 유사한 계약관계에 있는 종중의 임원은 종중 소유 재산의 관리·처분에 관한 사무를 처리함에 있어 종중규약의 규정 또는 종중총회의 결의에 따라야 함은 물론 선량한 관리자로서의 주의를 다하여야 할 의무가 있다. 종중규약의 규정 또는 종중총회의 결의 등에 기하여 그와 같은 자금대여가 허용된다고 볼 수 있는 특별한 사정이 없는 한, 이는 타인에게 이익을 얻게 하고 종중에 손해를 가하는 행위로서 종중에 대하여 배임행위가 되고,

3	부동산매매계약에 의하여 중도금을 수령한 부동산매도인(등기협력의무는 자기의 거래를 완성하기 위한 자기의 사무인 동시에 상대방의 재산보전에 협력할 의무, 대법원 1999.9.17, 97도3219; 2005.3.25, 2004도6890 등) [경찰간부 11]
4	부동산에 가등기를 해 둔 가등기권리자(가등기담보권자)나 소유권이전등기에 필요한 서류를 임치받고 있는 채권자(채무자가 채무를 변제할 때까지 해당 서류를 보전해야 할 타인의 사무를 부담함, 대법원 1976.9.14, 76도2069; 1990.8.10, 90도414)[248] [경찰간부 11 / 법원승진 10]
5	1인회사의 1인주주(대법원 1983.12.13, 83도2330 전원합의체)
6	고유의 권한으로서 사무처리를 하는 자뿐만 아니라 그 자의 보조기관으로서 직접·간접으로 그 처리에 관한 사무를 담당하는 자(대법원 2004.6.24, 2004도520) [경찰승진(경감이하) 17 / 법원행시 09]
7	공무원(대법원 2008.6.26, 2006도2222; 2013.9.27, 2013도6835)[249]
8	업무담당자의 상급기관(업무상배임죄의 주체에 해당함, 대법원 2004.7.9, 2004도810)[250]
9	매매대금 지급 담보를 위한 처분신탁계약상 수익권에 관한 권리질권설정자(매수인)(대법원 2010.8.26, 2010도4613)[251]

이러한 이치는 그 타인이 종원이라 하여 달라지지 않는다(대법원 2007.12.28, 2007도6554).

247 **판례** : 乙은 甲이 계주가 되어 조직한 낙찰계의 계원으로서 1회부터 14회 때까지 빠짐없이 계불입금을 성실하게 납입하여 오다가 제15회 계모임에 참석하여 낙찰을 받았는데 甲은 계원들로부터 계금을 전부 징수하였음에도 불구하고 乙에게 계금을 지급하지 않았다. 계주 甲이 계원들로부터 월불입금을 모두 징수하였음에도 불구하고 그 임무에 위배하여 정당한 사유 없이 이를 지정된 계원에게 지급하지 아니하였다면 다른 특별한 사정이 없는 한, 그 지정된 계원에 대한 관계에 있어서 배임죄를 구성한다(대법원 1995.9.29, 95도1176). [경찰승진(경장) 10]

248 **판례1** : 매매예약으로 인한 소유권이전등기청구권 보전을 위한 가등기권자는 채무의 변제기 까지는 가등기 상태를 유지할 것이요 그 변제기한이 지나도록 채무이행이 없을 경우에 비로소 본등기를 경료할 임무가 있고 그 범위 안에서는 타인의 사무를 처리하는 자라 할 것이므로 가등기권자가 위의 임무에 위배하여 변제기한 전에 채무자의 승낙 없이 이 사건 부동산을 그의 처 앞으로 소유권이전등기를 경료한 경우에는 배임죄가 성립한다(대법원 1976.9.14, 76도2069). [법원승진 10]
판례2 : 채권담보를 위해 부동산에 가등기를 해 둔 가등기권리자나 소유권이전등기에 필요한 서류를 임치받고 있는 채권자는 채무자가 채무를 변제할 때까지 해당 서류를 보전해야 할 타인의 사무를 부담한다(대법원 1990.8.10, 90도414). [경찰간부 11]

249 **판례** 공무원이 임무에 위배되는 행위로써 제3자로 하여금 재산상 이익을 취득하게 하여 국가에 손해를 가한 경우, 업무상배임죄가 성립한다(대법원 2008.6.26, 2006도2222; 2013.9.27, 2013도6835).

250 **판례** : 업무상배임죄에 있어서 타인의 사무를 처리하는 자라 함은 고유의 권한으로서 그 처리를 하는 자에 한하지 않고, 직접 업무를 담당하고 있는 자가 아니더라도 그 업무 담당자의 상급기관으로서 실행행위자의 행위가 피해자인 본인에 대한 배임행위에 해당한다는 것을 알면서도 실행행위자의 배임행위를 교사하거나 또는 배임행위의 전 과정에 관여하는 등으로 배임행위에 적극 가담한 경우에는 배임죄의 주체가 된다(대법원 2004.7.9, 2004도810).

251 **사례** : 먼저 이전등기를 받은 매수인이 매매대금 지급 담보를 위해 신탁계약상 수익권에 관한 권리질권을 설정해 준 사례 피고인 A는 甲으로부터 토지를 매수하여 먼저 소유권이전등기를 넘겨받은 다음 매매대금 지급을 담보하기 위해 이를 신탁회사에 처분신탁하고 신탁계약상의 수익권에 관하여 甲에게 권리질권을 설정해 주었으나, 매매대금 일부가 미지급된 상태에서 일부 토지에 관한 신탁계약을 해지하고 이를 제3자에게 처분하였다. A의 행위는 배임죄를 구성하는가?
판례 : ① 이 사건 매매계약은 피고인이 운영하는 공소외 주식회사가 피해자로부터 먼저 이 사건 토지에 관하여 소유권이전등기를 넘겨받아 이를 다시 신탁회사에 처분신탁한 다음 그 신탁계약에 따른 토지의 처분대금으로 피해자에게 매매대금을 지급하기로 한 것이어서, 매매대금도 모두 지급받지 못한 상태에서 매수인에게 소유권을 먼저 이전하여 주는 위험을 부담하게 되는 피해자와 피고인 사이에는 고도의 신임관계가 필요불가결하게 전제되어야 하고, 피고인은 약정된 방식에 따라 이 사건 토지를 관리할 의무가 있는 점, ② 이 사건 매매계약에서는 위와 같은 신임관계를 담보하기 위한 방편으로 이 사건 토지에 관하여 신탁회사에 처분신탁을 한 후 위탁자 겸 수익자인 공소외 주식회사가 수탁자인 신탁회사에 대하여 가지는 처분대금 등에 대한 수익권에 관하여 피해자에게 권리질권을 설정하는 방법을 취한 것이므로, 피고인이 신탁회사와 사이에서 신탁계약에 따른 신탁관계를 유지하면서 처분대금을 받아 매도인인 피해자에게 권리질권의 피담보채무인 매매대금을 지급하여야 하는 의무는, 단순한 채권관계를 넘어 피고인이 피해자의 재산을 보호 또는 관리하기로 하는 피해자와 피고인 간의 고도의 신임관계를 기초로 한 것으로서 이 사건 매매계약의 본질적 내용인 점, ③ 이 사건 매매대금채무를 담보하기 위하여 설정된 질권설정계약에서 피담보채무(매매대금채무)의 지급기일인 2005.6.7. 이 도래하는 경우 질권자는 수탁자에게 요청하여 신탁부동산에 대한 근저당권 설정 등 채권보전조치를 하거나 질권설정자로부터 수익자의 지위를 양도받기로 약정하기까지 하였으므로, 피고인은 위 지급기일 이후에는 피해자가 신탁부동산에 관한 근저당권을 취득하도록 협조하거나 피해자에게 신탁계약에서의 수익자 지위를 양도하여야 하는 의무도 있는 점 등에 비추어 볼 때, 피고인은 이 사건 매매계약 및 질권설정계약에 의하여 발생한 신임관계를 기초로 하여 신탁계약을 유지하고 그 신탁계약의 목적 달성에 적극적으로 협조함으로써 피해자의 매매대금채권 또는 권리질권이라는 재산의 보호 또는 관리를 위하여 협력하여야 하는 지위에 있으므로 '타인의 사무를 처리하는 자'에 해당한다(대법원 2010.8.26, 2010도4613).
해결 : 구성한다.

10	영화제작사 대표이사가 영화 현상료 등을 자신이 변제하지 못할 경우 장래에 발생할 영화사 예금으로 변제에 충당할 의사로 영화사 명의의 은행통장 등을 투자회사에 건네 준 경우의 영화사 대표이사(대법원 2010.8.19, 2010도6280)[252]
11	타인과 공동으로 토지를 매수하여 그 지상에 창고사업을 하는 내용의 동업약정을 하고 동업재산이 될 토지에 관한 매매계약을 체결한 자(이 경우 배임죄의 피해자는 동업체인 '조합', 대법원 2011.4.28, 2009도14268)[253]
12	甲 주식회사와 가맹점 관리대행계약 등을 체결하고 그 대리점으로서 가맹점 관리업무 등을 수행하는 자가 甲 회사의 가맹점을 다른 경쟁업체 가맹점으로 임의로 전환한 경우(대법원 2012.5.10, 2010도3532) [경찰승진 14]
13	직무발명에 대한 권리를 사용자 등에게 승계한다는 취지를 정한 약정 또는 근무규정의 적용을 받는 종업원 등이 직무발명의 완성 사실을 사용자 등에게 통지하지 아니한 채 그에 대한 특허를 받을 수 있는 권리를 제3자에게 이중으로 양도하여 제3자가 특허권 등록까지 마치도록 하는 등으로 발명의 내용이 공개되도록 한 경우(대법원 2012.11.15, 2012도6676)[254] 등 [법원승진 13]
14	지입계약관계에서 지입회사 운영자가 임의로 지입차량에 저당권을 설정한 경우(대법원 2021.6.30, 2015도19696)

---

252 **사례 : 영화제작사 대표이사 영화 현상료 통장 담보 사례** 영화제작사인 甲회사의 대표이사 A는 투자자인 乙회사 부담의 영화 현상료 등을 자신이 변제하지 못할 경우 장래에 발생할 甲회사 예금으로 변제에 충당할 의사로 甲회사 명의의 은행통장 등을 乙회사에 건네 준 후 위 통장계좌에 입금된 예금을 출금·소비한 경우, A의 행위는 배임죄를 구성하는가?

판례 : 영화제작사인 甲 회사의 대표이사가, 회사 제작의 영화 '어린왕자'에 관련된 프린트 및 현상료를 투자자인 乙 회사가 부담하는 대신, 乙 회사에 甲 회사 명의의 은행통장과 법인인감, 보안카드를 건네주고, 자신이 이를 변제하지 못할 경우 위 통장계좌로 입금받을 예정인 부가가치세 환급금으로 대체하기로 하는 내용의 지불각서를 작성하여 주었으나, 그 후 환급금의 입금 사실을 먼저 확인하고 통장 분실신고를 한 뒤 재발급받은 새 통장을 이용하여 위 돈을 다른 계좌로 이체하고 출금하여 다른 채권자들에게 지급한 경우, 이러한 경우 대표이사로서는 자신이 위 현상료 등을 변제할 때까지 乙 회사가 위 예금채권에 대한 실질적인 담보권을 유지하고, 나아가 이를 변제하지 못한 경우에는 乙 회사가 위 예금을 직접 출금할 수 있도록 협력해야 할 의무가 있음에도, 스스로 위 예금을 출금·소비함으로써 위 의무에 위배하여 乙 회사에 손해를 가하였으므로 대표이사 A의 행위는 배임죄를 구성한다(대법원 2010.8.19, 2010도6280).

해결 : 구성한다.

253 **사례 : 동업재산이 될 토지에 대한 매매계약 위반과 배임죄의 피해자인 조합 사례** 甲이 乙과 공동으로 토지를 매수하여 그 지상에 창고사업을 하는 내용의 동업약정을 하고 동업재산이 될 토지에 관한 매매계약을 체결하였는데, 이후 乙 몰래 제3자 명의로 소유권이전등기를 마치는 배임행위를 하였다. 이 경우 배임죄의 피해자는 동업체인 '조합'인가, '乙'인가?

판례 : 피고인이 乙과 공동으로 토지를 매수하여 그 지상에 창고사업을 하는 내용의 동업약정을 하고 동업재산이 될 토지에 관한 매매계약을 체결하였는데, 이후 소유권이전등기 업무를 처리하면서 乙 몰래 매도인과 사이에 위 매매계약을 해제하고 甲을 배제하는 내용의 새로운 매매계약을 체결한 다음 제3자 명의로 소유권이전등기를 마친 사안에서, 피고인과 乙은 2인 이상이 상호출자 하여 공동사업을 경영할 것을 내용으로 하는 민법 제703조가 정한 조합계약을 체결한 것이고, 피고인은 부동산의 소유권이전등기 등 업무에 관하여 동업체인 조합에 대하여 선량한 관리자의 주의로 사무를 처리해야 할 의무가 있으므로(민법 제707조, 제681조), '조합의 사무를 처리하는 자'의 지위에 있다고 할 것인데도 그 임무에 위배하여 위와 같이 소유권이전등기를 마침으로써 위 '조합'에 대한 배임행위를 한 것으로 보아야 한다. 따라서 피해자를 '乙'이라고 본 원심판단에는 배임죄의 피해자 특정에 관한 법리오해의 위법이 있다(대법원 2011.4.28, 2009도14268).

해결 : 조합.

254 **판례 : 특허권 이중양도 사건** 직무발명에 대한 특허를 받을 수 있는 권리 등을 사용자 등에게 승계한다는 취지를 정한 약정 또는 근무규정의 적용을 받는 종업원 등은 사용자 등이 이를 승계하지 아니하기로 확정되기 전까지는 임의로 위와 같은 승계 약정 또는 근무규정의 구속에서 벗어날 수 없는 상태에 있는 것이어서, 종업원 등이 그 발명의 내용에 관한 비밀을 유지한 채 사용자 등의 특허권 등 권리의 취득에 협력하여야 할 의무는 자기 사무의 처리라는 측면과 아울러 상대방의 재산보전에 협력하는 타인 사무의 처리라는 성격을 동시에 가지게 되므로, 이러한 경우 종업원 등은 배임죄의 주체인 '타인의 사무를 처리하는 자'의 지위에 있다고 할 것이다. 따라서 위와 같은 지위에 있는 종업원 등이 임무를 위반하여 직무발명을 완성하고도 그 사실을 사용자 등에게 알리지 않은 채 그 발명에 대한 특허를 받을 수 있는 권리를 제3자에게 이중으로 양도하여 제3자가 특허권 등록까지 마치도록 하는 등으로 그 발명의 내용이 공개되도록 하였다면, 이는 사용자 등에게 손해를 가하는 행위로서 배임죄를 구성한다(대법원 2012.11.15, 2012도6676). 법원승진 13]

1 대법원 2014.2.27, 2011도3482

자기의 사무를 처리하는 경우라면 배임죄의 주체가 될 수 없다는 사례

배임죄는 타인의 사무를 처리하는 자가 위법한 임무위배행위로 재산상 이득을 취득하여 사무의 주체인 타인에게 손해를 가함으로써 성립하므로, 그 범죄의 주체는 타인의 사무를 처리하는 신분이 있어야 한다. 여기서 '타인의 사무처리'로 인정되려면, 타인의 재산관리에 관한 사무의 전부 또는 일부를 타인을 위하여 대행하는 경우와 타인의 재산보전행위에 협력하는 경우라야만 되고, 두 당사자 관계의 본질적 내용이 단순한 채권관계상의 의무를 넘어서 그들 간의 신임관계에 기초하여 타인의 재산을 보호 내지 관리하는 데 있어야 한다. 만약, 그 사무가 타인의 사무가 아니고 자기의 사무라면, 그 사무의 처리가 타인에게 이익이 되어 타인에 대하여 이를 처리할 의무를 부담하는 경우라도, 그는 타인의 사무를 처리하는 자에 해당하지 않는다.

2 대법원 2010.5.27, 2007도11279

사무처리의 근거가 무효라면 타인의 사무를 처리하는 자에 해당하지 않는다는 사례

토지구획정리사업법상의 토지구획정리사업조합이 국가에 납세담보물로 제공한 '체비지'의 보관에 관하여 위 조합은 타인의 사무를 처리하는 자의 지위에 있지 아니하여 배임죄의 주체가 될 수 없다.[255]

3 대법원 2021.7.8, 2014도12104

아파트 수분양권 매도인은 매수인의 사무처리자는 아니라는 사례

매매와 같이 당사자 일방이 재산권을 상대방에게 이전할 것을 약정하고 상대방이 그 대금을 지급할 것을 약정함으로써 그 효력이 생기는 계약의 경우(민법 제563조), 쌍방이 그 계약의 내용에 좇은 이행을 하여야 할 채무는 특별한 사정이 없는 한 '자기의 사무'에 해당하는 것이 원칙이다. 또한 수분양권 매매계약의 매도인으로서는 원칙적으로 수분양자 명의변경에 관한 분양자 측의 동의 내지 승낙을 얻어 수분양자 명의변경절차를 이행하면 계약상 의무를 다한 것이 되고, 그 수분양권에 근거하여 목적물에 관한 소유권을 취득한 다음 매수인 앞으로 소유권이전등기를 마쳐 줄 의무까지는 없다(대법원 2006.11.23, 2006다44401 등). …… 수분양권 매매계약에 따른 당사자 관계의 전형적·본질적 내용이 통상의 계약에서의 이익대립관계를 넘어서 그들 사이의 신임관계에 기초하여 타인의 재산을 보호 또는 관리하는 데에 있다고 할 수 없다. 따라서 특별한 사정이 없는 한 수분양권 매도인이 수분양권매매계약에 따라 매수인에게 수분양권을 이전할 의무는 자신의 사무에 해당할 뿐이므로, 매수인에 대한 관계에서 '타인의 사무를 처리하는 자'라고 할 수 없다. 그러므로 수분양권 매도인이 위와 같은 의무를

---

255 **판례 : 토지구획정리사업법상의 토지구획정리사업 시행자가 장래 환지처분시에 취득하게 되는 같은 법 제54조 제1항의 '체비지'를 대상으로 한 납세담보 제공 약정 사례** 국세기본법은 제29조에서 세법에 따라 제공하는 담보의 종류를 제한적·열거적으로 규정하는 한편(대법원 2000.6.13, 98두10004 참조), 제31조에서 납세담보의 제공방법에 대하여도 별도로 정하고 있으므로, 이와 같이 국세기본법이 정하는 방법에 의하지 아니한 납세담보 제공의 약정은 조세법률주의의 원칙에 비추어 세법상 담보제공으로서의 효력이 없음은 물론, 그 사법상 담보설정계약으로서의 효력도 인정되지 않는다(대법원 1976.3.23, 76다284 참조). … 구 토지구획정리사업법의 토지구획정리사업 시행자인 이 사건 토지구획정리사업조합이 장래 환지처분시에 취득하게 되는 소유권의 전신에 해당하는 '물권 유사의 사용수익권'에 불과한 이 법 제54조 제1항 소정의 체비지는 국세기본법 제29조가 납세담보의 대상 중 하나로 규정하고 있는 '토지'에 해당하지 아니하지 않을 뿐만 아니라 그에 관한 납세담보 제공의 절차에 관해서도 법령상 규정되어 있지 아니하므로, 이를 대상으로 한 납세담보 제공의 약정은 세법상의 효력은 물론 사법상 담보설정계약으로서의 효력도 인정되지 않는다 할 것이다. 그렇다면 위 토지구획정리사업조합은 국가에 대하여 납세담보물로 제공한 체비지의 보관에 관한 타인의 사무를 처리하는 자의 지위에 있지 아니하여 배임죄의 주체가 될 수 없다(대법원 2010.5.27, 2007도11279).

이행하지 아니하고 수분양권 또는 이에 근거하여 향후 소유권을 취득하게 될 목적물을 미리 제3자에게 처분하였다고 하더라도 형법상 배임죄가 성립하는 것은 아니다.

4 대법원 2021.7.14, 2015도5184

채권양도담보계약을 체결한 채무자가 채권자에게 담보 목적 채권에 관한 대항요건을 갖추어 주기 전에 이를 이중으로 양도하고 제3채무자에게 그 채권양도통지를 한 사례

금전채권채무의 경우 채무자는 채권자에 대한 관계에서 '타인의 사무를 처리하는 자'에 해당한다고 할 수 없다(대법원 2011.4.28, 2011도3247 등). 채무자가 기존 금전채무를 담보하기 위하여 다른 금전채권을 채권자에게 양도하는 경우에도 마찬가지이다. 채권양도담보계약에 따라 채무자가 부담하는 '담보 목적 채권의 담보가치를 유지·보전할 의무' 등은 담보목적을 달성하기 위한 것에 불과하며, 채권양도담보계약의 체결에도 불구하고 당사자 관계의 전형적·본질적 내용은 여전히 피담보채권인 금전채권의 실현에 있다(대법원 2020.2.20, 2019도9756 전원합의체 등). 따라서 채무자가 채권양도담보계약에 따라 부담하는 '담보 목적 채권의 담보가치를 유지·보전할 의무'를 이행하는 것은 채무자 자신의 사무에 해당할 뿐이고, 채무자가 통상의 계약에서의 이익대립관계를 넘어서 채권자와의 신임관계에 기초하여 채권자의 사무를 맡아 처리한다고 볼 수 없으므로, 이 경우 채무자는 채권자에 대한 관계에서 '타인의 사무를 처리하는 자'에 해당한다고 할 수 없다.

> 유사 전세보증금반환채권에 관하여 채권양도담보계약을 체결한 채무자가 양도담보의 관한 대항요건을 갖추어 주기 전에 제3자에게 전세권근저당권을 설정하여 준 경우 배임죄가 성립하지 않는다(대법원 2021.7.15, 2020도3514).

5 대법원 2021.12.16, 2020도9789

비트코인 착오이체 사건 : 알 수 없는 경위로 자신의 계정으로 이체된 비트코인을 자신의 다른 계정으로 이체한 행위는 배임죄를 구성하지 않는다는 사례

가상자산 권리자의 착오나 가상자산 운영 시스템의 오류 등으로 법률상 원인관계 없이 다른 사람의 가상자산 전자지갑에 가상자산이 이체된 경우, 가상자산을 이체 받은 자는 가상자산의 권리자 등에 대한 부당이득반환의무를 부담하게 될 수 있다. 그러나 이는 당사자 사이의 민사상 채무에 지나지 않고 이러한 사정만으로 가상자산을 이체 받은 사람이 신임관계에 기초하여 가상자산을 보존하거나 관리하는 지위에 있다고 볼 수 없다. 또한 피고인과 피해자 사이에는 아무런 계약관계가 없고 피고인은 어떠한 경위로 이 사건 비트코인을 이체 받은 것인지 불분명하여 부당이득반환청구를 할 수 있는 주체가 피해자인지 아니면 거래소인지 명확하지 않다. 설령 피고인이 피해자에게 직접 부당이득반환의무를 부담한다고 하더라도 곧바로 가상자산을 이체 받은 사람을 피해자에 대한 관계에서 배임죄의 주체인 '타인의 사무를 처리하는 자'에 해당한다고 단정할 수는 없다. …… 배임죄의 성립 범위를 제한하고 있다. 이 사건과 같이 가상자산을 이체 받은 경우에는 피해자와 피고인 사이에 신임관계를 인정하기가 쉽지 않다. 가상자산은 국가에 의해 통제받지 않고 블록체인 등 암호화된 분산원장에 의하여 부여된 경제적인 가치가 디지털로 표상된 정보로서 재산상 이익에 해당한다(대법원 2021.11.11, 2021도9855). 가상자산은 보관되었던 전자지갑의 주소만을 확인할 수 있을 뿐 그 주소를 사용하는 사람의 인적사항을 알 수 없고, 거래 내역이 분산 기록되어 있어 다른 계좌로 보낼 때 당사자 이외의 다른 사람이 참여해야 하는 등 일반적인 자산과는 구별되는 특징이 있다. 이와 같은 가상자산에 대해서는 현재까지 관련 법률에 따라 법정화폐에 준하는 규제가 이루어지지 않는 등 법정화폐와 동일하게 취급되고 있지 않고 그 거래에 위험이 수반되므로, 형법을 적용하면서 법정화폐와 동일하게 보호해야 하는 것은 아니다. …… 원인불명으로 재산상 이익인 가상자산을 이체 받은 자가 가상자산을 사용·처분한 경우 이를 형사처벌하는 명문의 규정이 없는 현재의 상황에서 착오송금 시 횡령죄 성립을 긍정한 판례(대법원 2010.12.9, 2010도891 등)를 유추하여 신의칙을 근거로 피고인을 배임죄로 처벌하는 것은 죄형법정주의에 반한다.

이 사건 비트코인이 법률상 원인관계 없이 피해자로부터 피고인 명의의 전자지갑으로 이체되었더라도 피고인이 신임관계에 기초하여 피해자의 사무를 맡아 처리하는 것으로 볼 수 없는 이상, 피고인을 피해자에 대한 관계에서 '타인의 사무를 처리하는 자'에 해당한다고 할 수 없다.

표정리 배임죄의 주체인 타인의 사무를 처리하는 자에 해당하지 않는 사례

1	부동산을 경락받은 자가 경락허가결정이 확정된 뒤에 경매부동산의 소유자들에게 대하여 경락을 포기하겠노라고 약속하여 놓고 경매법원에서 경락대금지급명령이 전달되자 약속을 어기고 경락대금을 완납함으로써 경락부동산에 대한 소유권을 취득한 경우(대법원 1969.2.25, 69도46) [경찰승진(경감) 11 / 법원승진 14]
2	월부상환 중인 자동차를 타인에게 매도한 자동차등록명의인(그 자동차매수인을 위한 할부금의 완납의무에 관하여)(대법원 1983.11.8, 83도2493)
3	변제기 이후의 가등기담보권자(그 가등기담보설정자를 위한 정산금반환의무에 관하여)(대법원 1985.11.26, 85도1493 전원합의체)[256] [법원9급 07(상) / 법원행시 10·13 / 변호사시험 12]
4	양도담보권자가 담보권의 실행으로 담보목적물을 환가처분하는 경우(변제기 이후)(채권의 변제충당을 위하여 적절한 환가처분을 하여 원리금에 충당하고 나머지가 있으면 이를 채무자에게 정산해야 한다는 의미에서 자기사무 처리자에 불과함)(대법원 1989.10.24, 87도126; 1997.12.23, 97도2430[257]) [경찰간부 18 / 국가9급 18 / 법원9급 18·22]
5	청산회사의 대표청산인(처리하는 채무의 변제나 재산의 환가처분 등 회사의 청산업무는 청산인 자신인 사무 또는 청산회사의 업무에 속하는 것이므로 청산인이 회사의 채권자들에 대한 관계에서)(대법원 1990.5.25, 90도6) [경찰승진(경감) 11 / 법원승진 14]
6	음식점 임대차계약에 의하여 임차인의 지위를 양도한 자(임차권 양도인으로서 부담하는 채무가 있을 뿐이어서)(대법원 1991.12.10, 91도2184) [경찰간부 16 / 경찰승진(경감) 11 / 법원행시 11·13]
7	골프시설의 운영자가 일반회원들을 위한 회원의 날을 없애고 일반회원들 중에서 주말예약에 대하여 우선권이 있는 특별회원을 모집함으로써 일반회원들의 주말예약권을 사실상 제한하거나 박탈하는 결과가 된 경우(이는 일반회원들에 대한 회원가입계약에 따른 민사상의 채무를 불이행한 것에 불과함)(대법원 2003.9.26, 2003도763) [법원9급 08]

---

256 앞서 횡령죄에서 기술하였듯이, 양도담보권자가 변제기 경과 후에 담보권을 실행하여 그 환가대금 또는 평가액을 채권원리금과 담보권 실행비용 등의 변제에 충당하고 환가대금 또는 평가액의 나머지가 있어 이를 담보제공자에게 반환할 의무는 담보계약에 따라 부담하는 자신의 정산의무이므로 그 의무를 이행하는 사무는 곧 자기의 사무처리에 속하는 것이라 할 것이어서 그 정산의무를 이행하지 아니한 소위는 배임죄를 구성하지 않는다는 것이 판례이다(대법원 1985.11.26, 85도1493 전원합의체). [법원행시 10·13 / 변호사시험 12] 다만 통설은 현행 가등기담보법의 취지에 따라 횡령죄의 성립을 주장한다는 점도 횡령죄를 검토하면서 기술한 바 있다.

257 **판례의 사실관계** : 甲(채권자)은 흥일건설(채무자)에 대한 이 사건 건물의 신축공사로 인한 공사대금채권 등을 보전하기 위하여 1991.11.26. 흥일건설의 실질적인 사주인 乙로부터 이 사건 대지 및 건물 중에서 종전에 실제 매도된 부분을 공제한 나머지를 대금 30억 원에 매매하는 매매계약서를 작성하여 받으면서 위임장, 건축허가신청서 및 이 사건 대지의 사용승낙원 등 일체의 서류를 교부받았고, 이어 1992.3.31. 위 乙로부터 이 사건 건물 공사는 甲이 그 비용을 부담하여 공사를 마무리하고, 소유권이전 등은 甲 명의로 하며, 乙, 丙은 이에 필요한 모든 제반 서류를 제출하여야 하고 이 사건 대지와 건물은 甲이 매각 또는 분양, 임대의 권리를 가지되, 다만 매각 또는 임대한 금액에서 공사대금과 발생되는 제세공과금 등을 우선 공제하고 잔여 금액을 3자가 합의하여 처리한다는 취지의 합의각서를 교부받았다. 이때 甲이 공사를 마무리한 후 위 건물을 매각하였는데 乙·丙은 甲이 부당하게 염가로 처분하였다고 주장하고 있지만, 甲에게 배임죄가 성립하지 않는다.

8	신주발행에 있어서 일반 주주들에 대한 대표이사의 경우(그들의 신주인수권과 기존 주식의 가치를 보존하는 임무를 대행한다거나 주주의 재산보전 행위에 협력하는 자의 지위에 있는 것은 아님)(대법원 2004.5.13, 2002도7340[258]; 2010.10.14, 2010도387[259])
9	주식회사 한국외환은행의 매각 관련 신주발행에서 위 은행이나 그 주주들에 대한 재정경제부 금융정책국장의 경우(대법원 2010.10.14, 2010도387[260])
10	채무자가 제3자 소유의 부동산을 채무의 담보로 제공하기로 한 약정에 따라 채권자를 위하여 그 부동산에 근저당권설정등기를 경료하여 준 경우(이로써 채무자는 담보제공약정상의 의무를 이행한 것이 되고, 그 후 위 근저당권설정등기를 임의로 말소해서는 안 되는 것은 물권의 대세적 효력의 당연한 귀결로서 채무자를 포함한 모든 사람이 부담하는 의무이고 채무자가 그 담보제공약정에 따라 채권자의 재산의 관리보호를 위하여 특별히 부담하는 의무는 아니므로)(대법원 1987.8.18, 87도201; 2007.8.24, 2007도3408)[261]
11	건설회사가 피해자들로부터 이 사건 다세대주택 분양대금의 선지급 명목으로 피해자들 소유 대지들의 소유권을 이전받은 경우(다세대주택의 건설 목적 범위 내에서 위 대출금을 관리·사용하여야 할 임무는 단순한 채무에 불과하지 피해자들의 재산관리 내지 보전의 사무라고 볼 수 없음)(대법원 2007.10.11, 2007도6161)[262]
12	아파트 건축공사 시행사가 시공사와의 아파트 건축공사 도급계약을 체결하면서 분양수입금을 공동명의로 개설한 예금계좌로만 수령하고 그 분양수입금으로 공사대금 등을 지급하기로 특약하였음에도, 시행사가 이를 어기고 아파트에 대한 분양수입금을 공동명의 예금계좌에 입금하지 아니한 채 이를 자신의 기존 채무의 변제 등에 사용한 경우(그 분양수입금으로 시공사에 공사대금을 지급하는 사무는 시행사 자신의 사무)(대법원 2008.3.13, 2008도373)[263] [법원승진 13]

---

258 **판례 : 신주발행에 있어서 주식회사의 대표이사가 기존 주주의 사무를 처리하는 자의 지위에 있어 그의 가장납입행위가 업무상 배임죄를 구성하는지 여부** 신주발행은 주식회사의 자본조달을 목적으로 하는 것으로서 신주발행과 관련한 대표이사의 업무는 회사의 사무일 뿐이므로 신주발행에 있어서 대표이사가 납입된 주금을 회사를 위하여 사용하도록 관리·보관하는 업무 역시 회사에 대한 선관주의의무 내지 충실의무에 기한 것으로서 회사의 사무에 속하는 것이고, 신주발행에 있어서 대표이사가 일반 주주에 대하여 그들의 신주인수권과 기존 주식의 가치를 보존하는 임무를 대행한다거나 주주의 재산보전 행위에 협력하는 자로서 타인의 사무를 처리하는 자의 지위에 있다고는 볼 수 없을 뿐만 아니라, 납입을 가장하는 방법에 의하여 주금이 납입된 경우 회사의 재산에 대한 지분가치로서의 기존 주식의 가치가 감소하게 될 수는 있으나, 이는 가장납입에 의하여 회사의 실질적 자본의 감소가 초래됨에 따른 것으로서 업무상 배임죄에서의 재산상 손해에 해당된다고 보기도 어렵다. 따라서 신주발행에 있어서 대표이사가 납입의 이행을 가장한 경우에는 상법 제628조 제1항에 의한 가장납입죄가 성립하는 이외에 따로 기존 주주에 대한 업무상 배임죄를 구성한다고 할 수 없다(대법원 2004.5.13, 2002도7340). 경찰승진(경장) 11

259 소위 론스타 사건에 관한 판례 중에서, 주식회사 한국외환은행의 매각 관련 신주발행에서 은행장 甲 및 부행장 乙이 위 은행에 대한 관계에서 사무처리자의 지위에 있으나 위 은행의 기존 주주들에 대한 관계에서는 사무처리자의 지위에 있지 않다는 판례이다.

260 **판례 : 론스타 사건 중 재경부 국장 사례** 주식회사 한국외환은행의 매각 관련 신주발행 업무가 위 은행 이사회의 결정 사항으로 그 대표이사 또는 이사의 사무에 속하는 점, 재정경제부 금융정책국장으로서의 업무집행은 국가나 정부, 국민을 위하여 부담하는 공무일 뿐, 달리 특별한 사정이 없는 한 위 은행에 대하여 부담하는 사무의 처리라고 볼 수는 없는 점 등에 비추어, 재정경제부 금융정책국장이 위 신주발행에서 위 은행이나 그 주주들에 대한 사무처리자의 지위에 있다고 볼 수는 없다(대법원 2010.10.14, 2010도387).

261 따라서 채무자가 등기관계 서류를 위조하여 근저당권설정등기를 말소하였다 하더라도 이는 문서에 관한 범죄를 구성할 뿐이고 달리 배임죄를 구성한다고 할 수 없다.

262 **사례 : 선지급받은 분양대금 명목의 토지를 담보로 대출받아 사용한 건설업자 사례** 건설업자 甲은 乙 등 소유의 토지 위에 다세대주택을 신축하여 그 중 일부를 乙 등에게 분양해 주기로 하면서 분양대금의 선지급 명목으로 토지의 소유권을 이전받은 후 이를 담보로 대출받은 돈을 임의로 사용하였다. 甲의 행위는 배임죄를 구성하는가?

판례 : 공소외 회사가 피해자들로부터 이 사건 다세대주택 분양대금의 선지급 명목으로 피해자들 소유 대지들의 소유권을 이전받았다면, 공소외 회사의 대표이사인 피고인으로서는 피해자들에 대하여 이 사건 다세대주택 중 각 1세대에 관한 소유권이전등기를 경료해 줄 임무가 있고, 이러한 피고인의 임무는 배임죄에 있어서의 타인의 사무에 해당한다고 볼 수 있으나, 위 공소사실 기재와 같은 이 사건 다세대주택의 건설 목적 범위 내에서 위 대출금을 관리·사용하여야 할 임무는 단순한 채무에 불과하지 피해자들의 재산관리 내지 보전의 사무라고 볼 수 없으므로, 피고인에게 그러한 의무가 있더라도 피고인을 배임죄에 있어서의 타인의 사무를 처리하는 자에 해당한다고 할 수 없고, 한편 위 공소사실 기재와 같은 피고인의 위 대출금 유용행위를 피고인의 피해자들에 대한 위 소유권이전등기 임무에 위배되는 행위라고 볼 수도 없다(대법원 2007.10.11, 2007도6161).

해결 : 구성하지 않는다.

263 위 특약은 시행사의 수급인인 시공사에 대한 공사대금 채무의 변제를 확보하는 방편으로 약정한 것에 불과할 뿐이고, 위 아파트의 수분양자로부터 분양수입금을 수령할 권한 자체는 여전히 시행사에 있기 때문이다.

13	금융기관의 임직원인 甲은 임의로 예금주 乙의 예금계좌에서 5,000만 원을 인출한 경우(금융기관의 임직원은 예금주로부터 예금계좌를 통한 적법한 예금반환 청구가 있으면 이에 응할 의무가 있을 뿐 예금주와의 사이에서 그의 재산관리에 관한 사무를 처리하는 자의 지위에 있다고 할 수 없음)(대법원 2008.4.24, 2008도1408)[264] [경찰채용 18 1차/ 경찰승진(경장) 10/ 경찰승진(경감) 10·16/ 경찰승진 14/ 국가7급 18/ 법원9급 09/ 법원행시 08·13]
14	신탁회사와 신축아파트에 대한 부동산관리처분 신탁계약을 체결하고 소유권이전등기까지 경료해 준 아파트 건축분양회사가 임의로 신탁목적물인 아파트를 제3자에게 매도하여 제3자로 하여금 아파트를 임대하고 보증금을 받게 한 경우(신탁계약의 목적은 소유권이전등기의 경료로써 이미 달성되었고 신탁목적물에 대한 보존·관리 및 비용부담 등의 사무는 위탁자인 건축분양회사 자신의 사무에 해당함)(대법원 2009.2.26, 2008도11722)
15	계원들에게서 계불입금을 징수하지 않은 상태의 낙찰계의 계주(그가 부담하는 계금지급의무는 단순한 채권관계상의 의무에 불과함)(대법원 2009.8.20, 2009도3143)[265] [경찰승진(경감이하) 16/ 법원9급 10·11/ 법원행시 18/ 사시 13]
16	乙과 동일 기업집단 내 계열사인 甲(甲회사의 이사들)이 乙의 보유주식 매각과 관련하여 乙로부터 乙의 이사회의 결의 없이 작성된 손실보상각서를 乙의 이사회의 승인이 있었는지 확인하지 않고 받고 위 주식의 매수인 丁과 주식매수청구권 부여계약을 체결한 경우(위 각서는 乙이 주식매매대금을 지급받기 위하여 부담하여야 할 주식재매수의무를 甲이 대신 부담하면서 그 사무를 처리하는 과정에서 발생되는 주식환매대금 상당의 비용을 상환받기로 확약받은 것에 불과함)(대법원 2009.5.14, 2007도6564)
17	부동산매매에서 미리 소유권을 이전받은 매수인이 목적물을 담보로 제공하는 방법으로 매매대금을 마련하여 매도인에게 제공하기로 약정한 경우(매수인에게 있어서 그 대금의 지급은 당사자 사이의 신임관계에 기하여 매수인에게 위탁된 매도인의 사무가 아니라 애초부터 매수인 자신의 사무임)(대법원 2011.4.28, 2011도3247)[266] [경찰채용 12 2차/ 경찰간부 14/ 경찰승진(경감이하) 17/ 변호사시험 14]

264 이른바 보통예금은 은행 등 법률이 정하는 금융기관을 수취인으로 하는 금전의 소비임치 계약으로서, 그 예금계좌에 입금된 금전의 소유권은 금융기관에 이전되고, 예금주는 그 예금계좌를 통한 예금반환채권을 취득하는 것이다.

265 판례 : 계불입금을 받지 않은 상태의 계주 사례 낙찰계의 계주가 계원들과의 약정에 따라 부담하는 계금지급의무가 배임죄에서 말하는 '타인의 사무'에 해당하려면 그 관계의 본질적 내용이 단순한 채권관계상의 의무를 넘어서 신임관계에 기초하여 타인의 재산을 보호 내지 관리하는 데 이르러야 하는바, ① 계주가 계원들로부터 계불입금을 징수하게 되면 그 계불입금은 실질적으로 낙찰계원에 대한 계금지급을 위하여 계주에게 위탁된 금원의 성격을 지니고 따라서 계주는 이를 낙찰·지급받을 계원과의 사이에서 단순한 채권관계를 넘어 신의칙상 그 계금지급을 위하여 위 계불입금을 보호 내지 관리하여야 하는 신임관계에 들어서게 되므로, 이에 기초한 계주의 계금지급의무는 배임죄에서 말하는 타인의 사무에 해당한다. 그러나 ② 계주가 계원들로부터 계불입금을 징수하지 아니하였다면 그러한 상태에서 부담하는 계금지급의무는 위와 같은 신임관계에 이르지 아니한 단순한 채권관계상의 의무에 불과하여 타인의 사무에 속하지 아니하고, 이는 계주가 계원들과의 약정을 위반하여 계불입금을 징수하지 아니한 경우라 하여 달리 볼 수 없다(대법원 2009.8.20, 2009도3143). [법원9급 10·11/ 법원행시 18/ 사시 13]

266 사례 : 부동산매매에서 미리 소유권이전등기를 받은 매수인 사례 甲은 乙에게서 부동산을 매수하면서, 계약금을 지급하는 즉시 甲 앞으로 소유권을 이전받되 매매잔금은 일정기간 내에 이를 담보로 대출을 받아 지급하고 건축허가를 받지 못하면 계약을 해제하여 원상회복해 주기로 약정하였는데도, 소유권을 이전받은 직후 이에 관하여 다른 용도로 근저당권을 설정하였다. 甲의 죄책은?
판례 : 일정한 신임관계의 고의적 외면에 대한 형사적 징벌을 핵심으로 하는 배임의 관점에서 보면, 부동산매매에서 매수인이 대금을 지급하는 것에 대하여 매도인이 계약상 권리의 만족이라는 이익이 있다고 하여도 대금의 지급은 어디까지나 매수인의 법적 의무로서 행하여지는 것이고, 그 사무의 처리에 관하여 통상의 계약에서의 이익대립관계를 넘는 신임관계가 당사자 사이에 발생한다고 할 수 없다. 따라서 그 대금의 지급은 당사자 사이의 신임관계에 기하여 매수인에게 위탁된 매도인의 사무가 아니라 애초부터 매수인 자신의 사무라고 할 것이다. 또한 매도인이 대금을 모두 지급받지 못한 상태에서 매수인 앞으로 목적물에 관한 소유권이전등기를 경료하였다면, 이는 법이 동시이행의 항변권 등으로 마련한 대금 수령의 보장을 매도인이 자신의 의사에 기하여 포기한 것으로서, 다른 특별한 사정이 없는 한 대금을 받지 못하는 위험을 스스로 인수한 것으로 평가된다. 그리고 그와 같이 미리 부동산을 이전받은 매수인이 이를 담보로 제공하여 매매대금 지급을 위한 자금을 마련하고 이를 매도인에게 제공함으로써 잔금을 지급하기로 당사자 사이에 약정하였다고 하더라도, 이는 기본적으로 매수인이 매매대금의 재원을 마련하는 방편에 관한 것이고, 그 성실한 이행에 의하여 매도인이 대금을 모두 받게 되는 이익을 얻는다는 것만으로 매수인이 신임관계에 기하여 매도인의 사무를 처리하는 것이 된다고 할 수 없다(대법원 2011.4.28, 2011도3247).
해결 : 무죄.

18	택시노조 지역본부 교섭위원인 자가 사용자단체인 지역택시운송사업조합과 노사교섭을 담당하면서, 근로자 과반수의 동의 없이 부가가치세 경감세액 중 일부를 단체협약상 운송사업자가 부담할 비용에 사용할 수 있도록 합의한 경우(지역본부 교섭위원으로서 한 합의의 체결은 지역본부의 사무이고, 소속 조합원들에 대한 관계에서 직접 그들의 사무를 처리하는 자의 지위에 있다고 할 수 없음)(대법원 2012.3.15, 2010도3207)
19	채권 담보 목적으로 부동산에 관한 대물변제예약을 체결한 채무자가 대물로 변제하기로 한 부동산을 제3자에게 처분한 경우(대법원 2014.8.21, 2014도3363 전원합의체)[267] [경찰간부 16 / 경찰승진(경감이하) 17 / 국가9급 16 / 국가7급 16 / 법원행시 16]
20	투자금반환채무의 변제를 위하여 '담보로 제공한 임차권 등의 권리를 그대로 유지할 계약상 의무가 있는 채무자(대법원 2015.3.26, 2015도1301)[268] [사시 16]
21	임차인과 아파트 임대차계약을 체결하면서 자신이 소유권을 취득하는 즉시 임차인에게 알려 전입신고를 하고 확정일자를 받아 대항력을 취득할 수 있도록 약정한 임대인(대법원 2015.11.26, 2015도4976)[269]
22	동산양도담보를 한 채무자(대법원 2020.2.20, 2019도9756 전원합의체, 횡령죄에서 전술함)
23	새마을금고로부터 건물 신축에 필요한 공사자금을 대출받으면서 이를 담보하기 위하여 새마을금고를 우선수익자로 한 담보신탁계약을 체결한 채무자(대법원 2020.4.29, 2014도9907)[270]

267 **사례** : 채무자인 A는 채권자 甲에게 차용금을 변제하지 못할 경우 자신의 어머니 소유 부동산에 대한 유증상속분을 대물변제하기로 약정한 후 유증을 원인으로 위 부동산에 관한 소유권이전등기를 마쳤음에도 이를 제3자에게 매도하였다. A에게는 배임죄의 죄책이 인정되는가?

판례 : (가) 채무자가 채권자에 대하여 소비대차 등으로 인한 채무를 부담하고 이를 담보하기 위하여 장래에 부동산의 소유권을 이전하기로 하는 내용의 대물변제예약에서, 약정의 내용에 좇은 이행을 하여야 할 채무는 특별한 사정이 없는 한 '자기의 사무'에 해당하는 것이 원칙이다. (나) 채무자가 대물변제예약에 따라 부동산에 관한 소유권을 이전해 줄 의무는 예약 당시에 확정적으로 발생하는 것이 아니라 채무자가 차용금을 제때에 반환하지 못하여 채권자가 예약완결권을 행사한 후에야 비로소 문제가 되고, 채무자는 예약완결권 행사 이후라도 얼마든지 금전채무를 변제하여 당해 부동산에 관한 소유권이전등기절차를 이행할 의무를 소멸시키고 의무에서 벗어날 수 있다. 한편 채권자는 당해 부동산을 특정물 자체보다는 담보물로서 가치를 평가하고 이로써 기존의 금전채권을 변제받는 데 주된 관심이 있으므로, 채무자의 채무불이행으로 인하여 대물변제예약에 따른 소유권등기를 이전받는 것이 불가능하게 되는 상황이 초래되어도 채권자는 채무자로부터 금전적 손해배상을 받음으로써 대물변제예약을 통해 달성하고자 한 목적을 사실상 이룰 수 있다. 이러한 점에서 대물변제예약의 궁극적 목적은 차용금반환채무의 이행 확보에 있고, 채무자가 대물변제예약에 따라 부동산에 관한 소유권이전등기절차를 이행할 의무는 궁극적 목적을 달성하기 위해 채무자에게 요구되는 부수적 내용이어서 이를 가지고 배임죄에서 말하는 신임관계에 기초하여 채권자의 재산을 보호 또는 관리하여야 하는 '타인의 사무'에 해당한다고 볼 수는 없다. (다) 그러므로 채권 담보를 위한 대물변제예약 사안에서 채무자가 대물로 변제하기로 한 부동산을 제3자에게 처분하였다고 하더라도 형법상 배임죄가 성립하는 것은 아니다. 따라서 피고인이 대물변제예약에 따라 甲에게 부동산의 소유권이전등기를 마쳐 줄 의무는 민사상 채무에 불과할 뿐 타인의 사무라고 할 수 없어 피고인이 '타인의 사무를 처리하는 자'의 지위에 있다고 볼 수 없는데도, 피고인이 이에 해당된다고 전제하여 유죄를 인정한 원심판결에는 배임죄에서 '타인의 사무를 처리하는 자'의 의미에 관한 법리오해의 위법이 있다(대법원 2014.8.21, 2014도3363 전원합의체).

해결 : 성립하지 않는다.

268 **판례** : **투자금반환채무 변제를 위해 임차권 등 권리유지의 의무가 있는 채무자 사례** 채무자가 투자금반환채무의 변제를 위하여 담보로 제공한 임차권 등의 권리를 그대로 유지할 계약상 의무가 있다고 하더라도, 이는 기본적으로 투자금반환채무의 변제의 방법에 관한 것이고, 그 성실한 이행에 의하여 채권자가 계약상 권리의 만족이라는 이익을 얻는다고 하여도 이를 가지고 통상의 계약에서의 이익대립관계를 넘어서 배임죄에서 말하는 신임관계에 기초하여 채권자의 재산을 보호 또는 관리하여야 하는 '타인의 사무'에 해당한다고 볼 수 없다(대법원 2015.3.26, 2015도1301).

269 **사례** : **대항력 취득 약정과 임대인의 지위** 임대인 A는 임차인 B와 아파트에 관한 임대차계약을 체결하면서 자신이 소유권을 취득하는 즉시 임차인 B에게 알려 B가 전입신고를 하고 확정일자를 받아 1순위 근저당권자 다음으로 대항력을 취득할 수 있도록 하기로 약정하였는데, 그 후 A는 B에게서 전세금 전액을 수령하고 소유권을 취득하였음에도 취득 사실을 고지하지 않고 다른 2, 3순위 근저당권을 설정해 주었다. 임대인 A에게는 배임죄의 죄책이 인정되는가?

판례 : ① 일반적으로 임차인이 전입신고를 하고 확정일자를 받는 것은 임대인의 도움 없이 임차인이 일방적으로 할 수 있는 점, ② 이 사건의 경우 임대인인 피고인 측의 필요에 의하여 '임차인의 전입신고는 피고인 측이 소유권을 취득하고 국민은행에 1순위 근저당권을 설정해 준 후에 하기로' 약정하였던 관계로 피고인이 소유권 취득 사실을 고지하지 않은 상태에서 피해자가 전입신고를 하기는 어려웠던 사정은 있으나, 그렇다고 하여 피고인과 피해자 관계의 본질적 내용이 단순한 채권관계상의 의무를 넘어서 피고인과 피해자 간의 신임관계에 기초하여 피해자의 재산을 보호 내지 관리하는 데 있다고까지 보기는 어려운 점 등을 고려할 때, 피고인은 타인의 사무를 처리하는 자의 지위에 있다고 보기 어렵다(대법원 2015.11.26, 2015도4976).

해결 : 인정되지 않는다.

270 **사례** : **공사자금 대출에 대한 담보신탁계약을 체결한 채무자 사례** A는 甲 새마을금고로부터 특정 토지 위에 건물을 신축하는 데 필요한 공사자금을 대출받으면서 이를 담보하기 위하여 乙 신탁회사를 수탁자, 甲 금고를 우선수익자, A를 위탁자 겸 수익자로

24	주권발행 전 주식을 이중으로 양도한 양도인(대법원 2020.6.4, 2015도6057)[271] [법원9급 22]
25	부동산 저당권·양도담보 설정을 약정하였음에도 부동산이중저당이나 부동산 처분을 한 채무자(대법원 2020.6.18, 2019도14340 전원합의체, 횡령죄에서 전술함)
26	저당권이 설정된 동산을 임의처분한 채무자 및 권리이전에 등기·등록을 요하는 동산에 대한 이중양도를 한 매도인(대법원 2020.10.22, 2020도6258 전원합의체, 횡령죄에서 전술함)
27	아파트 수분양권 매매계약을 체결하였는데 수분양권(또는 목적물)을 제3자에게 처분한 아파트 수분양권 매도인(대법원 2021.7.8, 2014도12104)
28	채권자와 채권양도담보계약을 체결한 채무자(대법원 2021.7.14, 2015도5184) 유사 채무담보 채권양도인의 임의 소비는 횡령죄도 불성립(대법원 2021.2.25, 2020도12927)
29	알 수 없는 경위로 비트코인을 자신의 계정으로 이체받은 자(대법원 2021.12.16, 2020도9789)

판례연구 배임죄의 임무에 위배하는 행위의 의미

대법원 2008.5.29, 2005도4640
배임행위의 의미의 기본법리
업무상배임죄에서 그 '임무에 위배하는 행위'란 사무의 내용, 성질 등 구체적 상황에 비추어 법률의 규정, 계약의 내용 혹은 신의칙상 당연히 할 것으로 기대되는 행위를 하지 않거나 당연히 하지 않아야 할 것으로 기대되는 행위를 함으로써 본인과의 신임관계를 저버리는 일체의 행위를 포함한다.

PART 01

PART 02

PART 03

한 담보신탁계약 및 자금관리대리사무계약을 체결하였다. 따라서 A는 위 계약 내용에 따라 건물이 준공된 후 乙 회사에 신탁등기를 이행하여 甲 금고의 우선수익권을 보장할 임무가 있다. 그런데 A는 이를 위배하여 丙 앞으로 건물의 소유권보존등기를 마쳐주었다. A에게는 배임죄의 죄책이 인정되는가?
판례 : 이익대립관계에 있는 통상의 계약관계에서 채무자의 성실한 급부이행에 의해 상대방이 계약상 권리의 만족 내지 채권의 실현이라는 이익을 얻게 되는 관계에 있다거나, 계약을 이행함에 있어 상대방을 보호하거나 배려할 부수적인 의무가 있다는 것만으로는 채무자를 타인의 사무를 처리하는 자라고 할 수 없다(대법원 2015.3.26, 2015도1301; 2020.2.20, 2019도9756 전원합의체 등). A(피고인)가 乙 회사, 甲 금고와 체결한 담보신탁계약의 신탁 대상 부동산은 토지이고, 건물에 대해서는 위 계약에 따라 신탁등기가 이루어지는 것이 아니라 향후 건물이 준공되어 소유권보존등기까지 마친 후 乙 회사를 수탁자로, 甲 금고를 우선수익자로 한 담보신탁계약 등을 체결하고 그에 따른 등기절차 등을 이행하기로 약정한 것에 불과한 점, 건물에 관하여 추가 담보신탁하기로 약정한 것은 甲 금고가 피고인에 대한 대출금 채권의 변제를 확보하기 위함이고, 甲 금고의 주된 관심은 건물에 대한 신탁등기 이행 여부가 아닌, 대출금 채권의 회수에 있다고 봄이 타당한 점, 피고인은 甲 금고와의 관계에서 향후 건물이 준공되면 乙 회사와 건물에 대한 담보신탁계약, 자금관리대리사무계약 등을 체결하고, 그에 따라 신탁등기절차를 이행하여 甲 금고에 우선수익권을 보장할 민사상 의무를 부담함에 불과하고, '甲 금고의 우선수익권'은 계약당사자인 피고인, 甲 금고, 乙 회사 등이 약정한 바에 따라 각자의 의무를 성실히 이행하면 그 결과로서 보장될 뿐인 점을 종합하면, 결국 피고인은 통상의 계약에서의 이익대립관계를 넘어서 甲 금고와의 신임관계에 기초하여 甲 금고의 우선수익권을 보호 또는 관리하는 등 그의 사무를 처리하는 자의 지위에 있다고 보기 어려우므로 배임죄에서의 '타인의 사무를 처리하는 자'에 해당하지 않는다(대법원 2020.4.29, 2014도9907).
해결 : 인정되지 않는다.
271 판례 : 주권발행 전 주식을 이중으로 양도한 경우 양도인에게 배임죄가 성립하지 않는다는 사례 주권발행 전 주식의 양도는 양도인과 양수인의 의사표시만으로 그 효력이 발생한다. 그 주식양수인은 특별한 사정이 없는 한 양도인의 협력을 받을 필요 없이 단독으로 자신이 주식을 양수한 사실을 증명함으로써 회사에 대하여 그 명의개서를 청구할 수 있다(대법원 2019.4.25, 2017다21176 등). 따라서 양도인이 양수인으로 하여금 회사 이외의 제3자에게 대항할 수 있도록 확정일자 있는 증서에 의한 양도통지 또는 승낙을 갖추어 주어야 할 채무를 부담한다 하더라도 이는 자기의 사무라고 보아야 하고, 이를 양수인과의 신임관계에 기초하여 양수인의 사무를 맡아 처리하는 것으로 볼 수 없다. 그러므로 주권발행 전 주식에 대한 양도계약에서의 양도인은 양수인에 대하여 그의 사무를 처리하는 지위에 있지 아니하여, 양도인이 위와 같은 제3자에 대한 대항요건을 갖추어 주지 아니하고 이를 타에 처분하였다 하더라도 형법상 배임죄가 성립하는 것은 아니다(대법원 2020.6.4, 2015도6057).
보충 : 동산이중매매와 유사한 결론으로 정리해도 된다.

1	회사의 이사가 이미 채무변제능력을 상실한 타인에게 회사자금을 대여하거나 타인의 채무를 회사 이름으로 지급보증하는 행위(대법원 1999.6.25, 99도1141)[272]
2	주식회사의 이사가 타인 발행의 약속어음에 회사 명의로 배서할 경우 그 타인이 어음금의 지급능력이 없어 그 배서로 인해 회사에 손해가 발생하리라는 점을 알면서 이에 나아간 경우(대법원 2000.5.26, 99도2781)[273] [국가9급 21 / 법원9급 07(하)]
3	기업의 영업비밀을 사외로 유출하지 않을 것을 서약한 회사의 직원이 경제적인 대가를 얻기 위하여 경쟁업체에 영업비밀을 유출하거나(대법원 2001.1.19, 2000도2914[274]; 2011.7.28, 2010도9652), [변호사시험 17] 회사직원이 퇴사시 회사의 영업비밀 또는 영업상 주요한 자산에 해당하는 업무관련 파일들을 회사에 반환·폐기하지 않은 행위(대법원 2008.4.24, 2006도9089[275]; 2009.10.15, 2008도9433)
4	고등학교 교장으로 사실상 학교법인의 경영을 주도하는 자가 학교법인 이사회의 의결과 관할 교육청 및 구청의 허가를 얻고 학교법인 부지를 시세보다 저렴하게 임대하는 경우(대법원 2003.3.14, 99도457)[276]

272 **사례 : 부실계열사 자금 지원 사례** 기아자동차 회장 甲은 이미 채무변제능력을 상실하여 한계상황에 도달한 기아특수강 주식회사와 주식회사 기산, 아시아자동차 주식회사, 주식회사 기아인터트레이드 등 계열사를 위하여 자금대여나 지급보증을 해 줄 경우 이를 회수하지 못하거나 보증책임을 지게 되어 기아자동차에 손해가 발생하리라는 점을 충분히 인식하면서도 별다른 채권보전조치도 없이 이 사건 지급보증 또는 자금대여를 해주었다. 甲의 행위는 배임에 해당하는가?
판례 : 회사의 이사가 타인에게 회사자금을 대여하거나 타인의 채무를 회사 이름으로 지급보증함에 있어 그 타인이 이미 채무변제능력을 상실하여 그를 위하여 자금을 대여하거나 지급보증을 할 경우 회사에 손해가 발생하리라는 점을 충분히 알면서 이에 나아갔다면, 그와 같은 자금대여나 지급보증은 타인에게 이익을 얻게 하고 회사에 손해를 가하는 행위로서 회사에 대하여 배임행위가 되고, 회사의 이사는 단순히 그것이 경영상의 판단이라는 이유만으로 배임죄의 죄책을 면할 수는 없으며, 이러한 이치는 그 타인이 자금지원 회사의 계열회사라 하여 달라지지 않는다. 따라서 이는 회사에 대하여 배임행위가 되고, 그에 대한 고의도 충분히 인정되며, 피고인으로서는 단순히 그것이 경영상의 판단이라는 이유를 내세워 그에 대한 죄책을 면할 수는 없다(대법원 1999.6.25, 99도1141).
해결 : 해당한다.

273 **사례 : 주식회사 이사가 발행인이 지급능력 없는 약속어음에 회사 명의로 배서한 사례** 금융권에서 신용이 있는 주식회사 HH건설의 대주주이자 이사 겸 부사장으로서 경영을 사실상 책임지고 있던 甲은 항도종합금융 주식회사의 경영권을 인수할 목적으로 그 회사 발행의 주식을 매집하고자 그에 소요되는 자금을 마련하기 위한 방편으로써 10억 원을 투자하여 급조한 주식회사 HJ 및 거래실적이나 자산이 거의 없는 乙 경영의 KD종합건설 주식회사 명의로 액면 합계 467억 원에 달하는 약속어음들을 발행하고, 나아가 이를 금융기관에서 할인하기 위해 HH건설의 명의로 배서를 하였다. 당시 주식회사 HJ 및 KD종합건설 주식회사는 위 약속어음들을 결제할 자금이나 능력이 없어 결국 그 배서인인 HH건설이 모두 책임을 져야 할 상황이었다. 이에 甲은 그 배서에 앞서 HH건설 이사회의 결의를 거치고, 또한 HH건설의 대주주로서 甲의 형들인 A·B의 승낙을 받았다. 甲의 형사책임은?
판례 : 주식회사의 이사가 타인 발행의 약속어음에 회사 명의로 배서할 경우 그 타인이 어음금의 지급능력이 없어 그 배서로 인해 회사에 손해가 발생하리라는 점을 알면서 이에 나아갔다면, 이러한 약속어음의 배서행위는 타인에게 이익을 얻게 하고 회사에 손해를 가하는 행위로서 회사에 대해 배임행위가 되고, 그것이 경영상의 판단이라는 이유만으로 배임죄의 죄책을 면할 수는 없다. 또한 이 경우 그 배임행위에 대해 사실상 대주주의 양해를 얻었다거나 이사회의 결의를 거쳤다고 하여 그 배임행위가 정당화될 수는 없다(대법원 2000.5.26, 99도2781). [법원9급 07(하)]
해결 : 업무상 배임죄.

274 **판례 : 경제적 대가를 얻기 위한 기업의 영업비밀 유출 사례** 기업의 영업비밀을 사외로 유출하지 않을 것을 서약한 회사의 직원이 경제적인 대가를 얻기 위하여 경쟁업체에 영업비밀을 유출하는 행위는 피해자인 회사와의 신임관계를 저버리는 행위로서 업무상 배임죄를 구성한다. 이 사건에서 피고인이 피해자 회사의 영업비밀인 설계도면 등의 자료를 취득함으로써 얻은 이익은 그 자료가 가지는 재산가치 상당이고, 그 재산가치는 그 자료를 가지고 경쟁사 등 다른 업체에서 제품을 만들 경우 그 자료로 인하여 기술개발에 소요되는 비용이 감소되는 경우의 그 감소분 상당과 나아가 그 자료를 이용하여 제품생산까지 발전시킨 경우 제품의 판매이익 중 그 자료가 제공되지 않았을 경우와의 차액 상당으로서 그러한 가치를 감안하여 시장경제원리에 의하여 형성될 시장교환가격이라고 보아야 한다(대법원 2001.1.19, 2000도2914). [변호사시험 17]

275 **판례 : 영업비밀 또는 영업상 주요한 자산에 대한 미반환·미폐기 사례** 영업비밀은 아니지만 영업상 주요한 자산인 자료를 무단반출하거나 적법하게 반출한 영업비밀 등을 퇴사시 반환·폐기의무에 위배하여 경쟁업체에 유출하거나 반환·폐기하지 않은 행위는 업무상 배임죄를 구성한다. 그렇다면 회사직원이 퇴사시 업무관련 파일들을 회사에 반환하거나 폐기할 의무가 있음에도 이를 폐기하지 않고 계속 보관하다가 경쟁업체에 반출한 경우, 위 파일들이 회사의 영업비밀 또는 영업상 주요한 자산에 해당한다면, 위 파일들의 각 반출행위 또는 파일들의 미반환·미폐기 행위는 업무상 배임죄를 구성한다(대법원 2008.4.24, 2006도9089). [변호사시험 18]

276 **사례 : 고등학교 교장의 저렴한 임대 사례** 고등학교의 교장으로서 사실상 학교법인의 경영을 주도하며 재산관리 및 수익사업을 비롯한 법인업무 전반을 총괄하는 한편 위 고등학교의 교무를 총괄하면서 교비회계에 속하는 자금을 비롯하여 위 고등학교의 운영을 위하여 위 고등학교에 귀속된 모든 자금을 보관·관리하는 업무를 취급하고 있는 자인 甲은 학교법인의 부지를 시세보다 현저히 저렴한 임대료로 임차하여 甲의 처이며 이사장인 乙로 하여금 골프연습장을 경영하도록 하였다. 이때 위 골프연습장 부지의 임대에 관하여 학교법인의 이사회의 의결을 거쳤으며 관할 교육청 및 구청의 허가를 얻었다. 甲의 행위는 업무상 배임에 해당하는가?

5	대학교수나 주식회사 임원이 (학교) 법인으로부터 교부받아 소지하고 있던 판공비 지출용 법인신용카드를 업무와 무관하게 개인적 용도(지인들과의 식사대금)에 사용하는 행위(대법원 2006.5.26, 2003도8095; 2014.2.21, 2011도8870) [경찰채용 14 2차 / 법원행시 07 / 사시 14]
6	부도로 인하여 회사정리절차가 진행 중인 회사의 자산을 인수하는 과정에서 그 회사의 자산을 주식인수자 금을 대출받는 데 담보로 제공하거나(대법원 2006.11.9, 2004도7027)[277] [변호사시험 14] 이른바 LBO 방식의 기업인수 과정에서 인수자가 제3자가 주채무자인 대출금 채무에 대하여 아무런 대가 없이 피인수회사의 재산을 담보로 제공하는 행위(대법원 2008.2.28, 2007도5987),[278] 또는 이 때 피인수기업이 회생절차를 밟고 있는 경우(대법원 2012.6.14, 2012도1283)[279]
7	회사의 대표이사가 회사 소유의 건물을 임대하고 교부받은 임대보증금 중 일부를 자신의 다른 회사에 대한 체불임금채권에 충당한 행위(대법원 2008.7.24, 2008도287)
8	마을의 물류창고 신축 회사로부터 공사에 따른 피해보상 예치금을 받아 보관하던 마을 이장이 탄핵으로 사임한 후에도 후임 이장에게 위 예치금을 인계하지 않고 계속 보관하다가 예치금 반환기간이 종료되자 마을 주민들의 동의 없이 회사에 반환한 행위(대법원 2009.2.12, 2008도10915)

판례 : 甲은 업무상 배임죄의 주체가 될 수 있다. 이 사건과 같은 경우, 피고인이 위 고등학교의 교장에 불과하여 학교법인의 재산에 관한 사무를 처리하는 주체가 될 수 없다는 것은 타당하지 않다. 또한 배임죄에 있어서 배임행위에 해당하는 한 이에 관하여 재산처분에 관한 결정권을 가진 학교법인의 이사회의 결의가 있었다거나 그것이 감독청의 허가를 받아서 한 것이라고 하여 그 배임행위를 정당화할 수 없다(대법원 2003.3.14, 99도457).

해결 : 해당한다.

277 **사례** : 회사정리절차 진행 중인 회사를 인수하는 자의 회사 자산 담보 제공 사례 A회사에 대해서 회사정리절차가 진행 중인데 甲은 A회사를 인수하기 위하여 서류상 B회사를 설립하고 대출을 받아 A회사의 주식 등을 인수하는 과정에서 A회사의 자산을 위 주식인수자금을 대출받는 데에 있어서 담보로 제공하였다. 甲의 죄책은?

판례 : 인수자 또는 제3자에게 담보 가치에 상응한 재산상 이익을 취득하게 하고 피인수회사에게 그 재산상 손해를 가하였다고 봄이 상당하다. 부도로 인하여 회사정리절차(2006.4.1. 채무자 회생 및 파산에 관한 법률의 시행으로 '회생절차'로 바뀌었다)가 진행 중인 주식회사의 경우에도 그 회사의 주주나 채권자들의 잠재적 이익은 여전히 보호되어야 할 것이므로, 피인수회사가 회사정리 절차를 밟고 있는 기업이라고 하더라도 위와 같은 결론에는 아무런 영향이 없다(대법원 2006.11.9, 2004도7027). [변호사시험 14]

보충 : 회사의 대표이사가 제3자를 위하여 회사의 재산을 담보로 제공한 후 이미 설정한 담보물을 교체하는 경우에 기존 담보물의 가치보다 새로 제공하는 담보물의 가치가 더 크다면, 특별한 사정이 없는 한 회사에게 위와 같은 방법으로 증가된 담보가치 중에서 피담보채무액에 상당하는 액수만큼 재산상 손해가 발생하였다고 할 것이나, 회사의 대표이사가 제3자를 위하여 회사의 재산을 담보로 제공한 후 이미 설정한 담보물을 교체하는 경우에 기존 담보물의 가치보다 새로 제공하는 담보물의 가치가 더 작거나 동일하다면 회사에 재산상 손해가 발생하였다고 볼 수 없다.

해결 : 업무상 배임죄.

278 **사례** : LBO 방식의 M&A에서 인수자의 피인수회사 자산 담보 제공 사례 A회사의 인수자인 甲은 제3자인 乙이 주채무자인 대출금 채무에 대하여 아무런 대가 없이 피인수회사인 A회사의 재산을 담보로 제공하였다. 그런데 주채무자인 제3자 乙은 대출원리금 상당의 정리채권 등을 담보로 제공하고 있었다. 甲의 행위는 업무상 배임죄를 구성하는가?

판례 : 이른바 LBO(Leveraged Buyout) 방식의 기업인수 과정에서, 인수자가 제3자가 주채무자인 대출금 채무에 대하여 아무런 대가 없이 피인수회사의 재산을 담보로 제공하였다면, 설사 주채무자인 제3자가 대출원리금 상당의 정리채권 등을 담보로 제공하고 있었다고 하더라도, 피인수회사로서는 이로 인하여 그 담보가치 상당의 재산상 손해를 입었다고 할 것이므로 배임죄가 성립한다(대법원 2008.2.28, 2007도5987)(유사판례로는 대법원 2020.10.15, 2016도10654).

해결 : 구성한다.

비교 : 차입매수 또는 LBO 방식의 기업인수에서 배임죄에 해당하는지 여부를 일률적으로 단정할 수 없다는 판례 이른바 차입매수 또는 LBO(Leveraged Buy−Out의 약어)란 일의적인 법적 개념이 아니라 일반적으로 기업인수를 위한 자금의 상당 부분에 관하여 피인수회사의 자산을 담보로 제공하거나 그 상당 부분을 피인수기업의 자산으로 변제하기로 하여 차입한 자금으로 충당하는 방식의 기업인수 기법을 일괄하여 부르는 경영학상의 용어로, 거래현실에서 그 구체적인 태양은 매우 다양하다. 이러한 차입매수에 관하여는 이를 따로 규율하는 법률이 없는 이상 일률적으로 차입매수 방식에 의한 기업인수를 주도한 관련자들에게 배임죄가 성립한다거나 성립하지 아니한다고 단정할 수 없는 것이고, 배임죄의 성립 여부는 차입매수가 이루어지는 과정에서의 행위가 배임죄의 구성요건에 해당하는지 여부에 따라 개별적으로 판단되어야 한다(대법원 2010.4.15, 2009도6634; 2013.6.13, 2011도524).

279 **판례** : 부도로 인하여 회생절차가 진행 중인 주식회사의 경우에도 회사의 주주나 채권자들의 잠재적 이익은 여전히 보호되어야 하므로, 피인수회사가 회생절차를 밟고 있는 기업이라고 하더라도 위와 같은 결론에는 아무런 영향이 없다(대법원 2012.6.14, 2012도1283).

9	회사의 이사가 회사에 필요한 물품을 납품받음에 있어 할인된 가격으로 납품가격을 정할 수 있었음에도 납품과정에서 자신이 이익을 취득할 의도로 납품업자에게 가공의 납품업체를 만들게 한 뒤 그 납품업체로 부터 할인되지 않은 가격으로 납품을 받은 경우(대법원 2009.10.15, 2009도5655)[280] [경찰간부 14 / 법원 9급 11]
10	甲 회사와 乙 회사의 주식매수청구권 계약과 관련하여 甲 회사와 동일 기업집단 내 계열사 대표이사가 위 계열사 명의의 손실보상각서를 그 계열사의 이사회의 결의 없이 작성하여 준 경우(대법원 2009.10.29, 2009도7783)
11	종중 소유이나 종원 5명의 공유로 명의신탁된 토지를 매도하는 계약의 이행 등 종중 사무를 총괄하는 자가 종중의 유효한 결의를 받지 못하였음에도 그 임무에 위배하여 등기이전을 거부하는 공유자들에게 매매대금 중 일부를 지급한 경우(대법원 2010.9.9, 2010도7380)
12	회사의 임원이 사실상 1인 사원이나 대지분을 가진 사원의 양해를 얻고 행한 임무에 위배되는 행위로 재산상 이익을 취득하거나 제3자로 하여금 이를 취득하게 하여 회사에 손해를 가한 행위(대법원 2011.3.10, 2008도6335)[281]
13	재무구조가 열악한 회사의 대표이사가 제3자에게 회사의 자산으로 거액의 기부를 한 경우(대법원 1983.12.13, 83도2330 전원합의체; 2005.6.10, 2005도946; 2011.3.10, 2008도6335; 2012.6.14, 2010도9871)[282] [변호사시험 16]
14	회사의 이사가 사기적인 포괄적 주식교환계약을 이행한 경우(대법원 2012.11.15, 2010도11382)[283]

---

280 **보충 : 재산상 손해액이 밝혀지지 않는 경우의 처리** 구체적 사정에 비추어 할인받을 수 있는 가격을 특정할 수 없는 등의 특별한 사정이 있다면 이사가 취득한 이익 전체를 회사에 발생한 재산상 손해액이라고 할 수는 없고, 회사에는 가액을 산정할 수 없는 손해가 발생하였다고 봄이 상당하다.

281 **판례 : 론스타 사례 중 론스타코리아 회사의 수익 이전 논점** 甲 회사 및 乙 회사 모두의 자산관리자인 丙 회사의 대표이사 丁이 甲 회사의 1인 사원의 동의를 얻어 甲 회사의 수익을 乙 회사에 불법적으로 이전한 행위가 배임죄를 구성하는가?

판례 : 유한회사와 그 사원은 별개의 법인격을 가진 존재로서 동일인이라 할 수 없고 유한회사의 손해가 항상 사원의 손해와 일치한다고 할 수도 없으므로, 1인 사원이나 대지분을 가진 사원도 본인인 유한회사에 손해를 가하는 임무위배행위를 한 경우에는 배임죄의 죄책을 진다. 따라서 회사의 임원이 임무에 위배되는 행위로 재산상 이익을 취득하거나 제3자로 하여금 이를 취득하게 하여 회사에 손해를 가한 경우, 임무위배행위에 대하여 사실상 1인 사원이나 대지분을 가진 사원의 양해를 얻었다고 하더라도 배임죄의 성립에는 지장이 없다. 따라서 甲 회사 및 乙 회사 모두의 자산관리자인 丙 회사의 대표이사 丁이 甲 회사의 수익을 乙 회사에 불법적으로 이전한 행위는 배임죄를 구성하고, 丁의 배임행위가 甲 회사의 1인 사원 동의하에 이루어진 것이라도 달리 볼 수 없다(대법원 2011.3.10, 2008도6335).

참고 – 위 판례의 또 다른 논점 : 이 판례에서 대법원은 2003년 외환카드 합병 당시 '허위 감자설'을 유포한 혐의(증권거래법 위반) 등으로 기소된 유회원 론스타코리아 대표에 대해 증권거래법 위반(주가조작) 부분을 무죄로 선고한 원심을 깨고 이 사건을 서울고법으로 돌려보냈다. 당시 론스타코리아의 유 대표가 론스타 측 임원들과 공모, 외환카드 인수자금을 줄이기 위해 계획도 없는 감자설을 유포시켜 주가를 끌어내렸다고 본 것이다.

해결 : 구성한다.

282 **판례 :** 그로써 회사를 채무초과 상태에 빠뜨리거나 채무상환이 곤란한 상태에 처하게 하는 등 그 기부액수가 회사의 재정상태 등에 비추어 기업의 사회적 역할을 감당하는 정도를 넘는 과도한 규모로서 상당성을 결여한 것이고 특히 그 기부의 상대방이 대표이사와 개인적 연고가 있을 뿐 회사와는 연관성이 거의 없다면, 그 기부는 대표이사의 선량한 관리자로서의 업무상 임무에 위배되는 행위에 해당한다 할 것이고, 그 대표이사가 실질적 1인 주주라는 등의 사정이 있다고 하더라도 마찬가지라 할 것이다(위 판례). [변호사시험 16]

283 **사례 : 사기적 포괄적 주식교환계약 이행 사건** 甲 주식회사 대표이사인 A는 乙 주식회사 대표이사 丙과 포괄적 주식교환계약을 체결하면서 甲 회사의 매출액을 부풀려 허위 계상한 회계자료를 평가기관에 제공하는 방법으로 甲 회사의 주식가치가 과대평가되도록 하여 주식교환비율을 정한 다음 乙 회사의 대표이사로 취임한 후 위 계약에 따라 주식교환을 실시하였다. A의 행위는 업무상 배임죄를 구성하는가?

판례 : 포괄적 주식교환계약의 이행 사무를 처리할 당시 피고인은 乙 회사 대표이사의 지위에 있었고, 허위 매출자료 등에 의하여 甲 회사의 주당가치가 증가되었다는 사정과 포괄적 주식교환계약을 그대로 실시하면 乙 회사가 주당가치에 상당 정도 미달하는 甲 회사의 주식을 인수하고 그 대가로 乙 회사의 신주를 甲 회사 주주들에게 발행하게 되어 乙 회사가 상당한 재산상 손해를 입게 되리라는 사정을 잘 알고 있었으므로, 乙 회사의 사무를 처리하는 지위에 있었던 피고인에게는 乙 회사의 이사회나 주주총회를 소집하여 위와 같은 사정을 알리고 기망을 이유로 포괄적 주식교환계약을 취소하는 등 선량한 관리자로서 乙 회사가 입을 재산상 손해를 방지하고 乙 회사에 최선의 이익이 되도록 직무를 충실하게 수행할 업무상 임무가 있었다고 보아야 한다(대법원 2012.11.15, 2010도11382).

해결 : 구성한다.

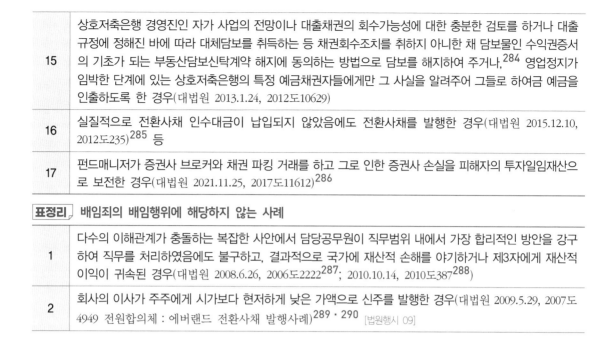

15	상호저축은행 경영진인 자가 사업의 전망이나 대출채권의 회수가능성에 대한 충분한 검토를 하거나 대출규정에 정해진 바에 따라 대체담보를 취득하는 등 채권회수조치를 취하지 아니한 채 담보물인 수익권증서의 기초가 되는 부동산담보신탁계약 해지에 동의하는 방법으로 담보를 해지하여 주거나,[284] 영업정지가 임박한 단계에 있는 상호저축은행의 특정 예금채권자들에게만 그 사실을 알려주어 그들로 하여금 예금을 인출하도록 한 경우(대법원 2013.1.24, 2012도10629)
16	실질적으로 전환사채 인수대금이 납입되지 않았음에도 전환사채를 발행한 경우(대법원 2015.12.10, 2012도235)[285] 등
17	펀드매니저가 증권사 브로커와 채권 파킹 거래를 하고 그로 인한 증권사 손실을 피해자의 투자일임재산으로 보전한 경우(대법원 2021.11.25, 2017도11612)[286]

표정리 배임죄의 배임행위에 해당하지 않는 사례

1	다수의 이해관계가 충돌하는 복잡한 사안에서 담당공무원이 직무범위 내에서 가장 합리적인 방안을 강구하여 직무를 처리하였음에도 불구하고, 결과적으로 국가에 재산적 손해를 야기하거나 제3자에게 재산적 이익이 귀속된 경우(대법원 2008.6.26, 2006도2222[287]; 2010.10.14, 2010도387[288])
2	회사의 이사가 주주에게 시가보다 현저하게 낮은 가액으로 신주를 발행한 경우(대법원 2009.5.29, 2007도4949 전원합의체 : 에버랜드 전환사채 발행사례)[289] · [290] [법원행시 09]

---

284 **보충** : 상호저축은행 임직원인 피고인들이 대체담보를 취득하지 아니한 채 대출채권에 대한 기존 담보를 해지함으로써 업무상 배임죄가 성립하는 경우 그 손해액은 담보물 가액을 한도로 한 대출잔액으로 보아야 할 것임에도, 담보물의 가액을 초과하는 대출잔액을 재산상 손해액으로 인정한 원심은 파기되어야 한다(위 판례).

285 **판례** : 전환사채의 발행업무를 담당하는 사람과 전환사채 인수인이 사전 공모하여 제3자에게서 전환사채 인수대금에 해당하는 금액을 차용하여 전환사채 인수대금을 납입하고 전환사채 발행절차를 마친 직후 인출하여 차용금채무의 변제에 사용하는 등 실질적으로 전환사채 인수대금이 납입되지 않았음에도 전환사채를 발행한 경우 특별한 사정이 없는 한, 전환사채의 발행업무를 담당하는 사람은 업무상 배임죄의 죄책을 진다. 그리고 그 후 전환사채의 인수인이 전환사채를 처분하여 대금 중 일부를 회사에 입금하였거나 또는 사채로 보유하는 이익과 주식으로 전환할 경우의 이익을 비교하여 전환권을 행사함으로써 전환사채를 주식으로 전환하였더라도, 이러한 사후적인 사정은 이미 성립된 업무상 배임죄에 영향을 주지 못한다(대법원 2015.12.10, 2012도235).

286 **보충** : '채권 파킹 거래'란 펀드매니저의 지시에 따라 증권사 브로커가 증권사의 계산으로 채권을 매수하여 증권사의 계정에 보관(parking)한 후, 손익 정산을 전제로 펀드매니저가 다시 그 채권을 매수하거나 이를 다른 곳에 매도하도록 증권사 브로커에게 지시함으로써 그 보관을 해소하는 일련의 거래를 포괄하는 채권 거래 방식이다. 위 사건에서 대법원은 피고인이 한 **채권 파킹 거래는 임무위배행위**에 해당하고 그 임무위배행위를 통해 투자자에게는 금액을 특정할 수 없는 재산상 손해가 발생하였으며 증권사는 금액을 특정할 수 없는 재산상 이익을 취득한 것이므로 배임죄가 성립한다고 본 것이다.

287 **판례** : 불법매각 국유지 환수업무 처리 공무원 사례 불법매각된 국유지의 환수업무를 처리하는 공무원이 다수의 이해관계가 충돌하고 그 법적 해결이 용이하지 않은 상황에서 이를 해결하기 위하여 선의의 취득자 보호를 위한 국유재산법상 특례매각에 관한 규정을 유추적용하면서 그 매각범위를 확장 시행한 경우, 그로 인해 결과적으로 국가의 재산적 손실이 발생하였다고 하더라도 업무상 배임죄에 해당하지 않는다(대법원 2008.6.26, 2006도2222).

288 **판례** : 론스타 사례 중 공무원의 배임행위 논점 주식회사 한국외환은행의 매각 관련 신주발행 및 구주매각 당시 위 은행에 대규모 자본확충의 필요성이 있었는지, 미국계 사모펀드인 론스타펀드와의 협상절차가 적정하였는지, 신주발행가격 및 구주매각가격이 적정하였는지 여부 등 제반 사정에 비추어, 피고인들인 은행장 甲, 부행장 乙, 재정경제부 금융정책국장 丙에게 임무위배행위가 있었다거나 피해자들에게 손해 또는 그 위험이 발생하였다고 볼 수 없기 때문에, 위 피고인들에 대해서는 그 손해에 대한 행정적인 책임 기타 다른 법령상의 책임을 묻는 것은 모르되 그 행위가 배임죄에 해당한다고 할 수는 없다는 점에서 특정경제범죄 가중처벌 등에 관한 법률 위반(배임)의 공소사실에 대하여 무죄를 선고한 원심판단을 수긍한 판례이다.

289 **보충** : 회사의 이사가 제3자에게 시가보다 현저하게 낮은 가액으로 신주 등을 발행하면 업무상 배임죄가 성립하지만, 주주에게 시가보다 현저하게 낮은 가액으로 신주 등을 발행한 경우 업무상 배임죄가 성립하지 않으므로, 신주 등의 발행에서 회사가 기존 '주주'들에게 지분비율대로 신주 등을 인수할 기회를 부여하였다면 주주들이 그 인수를 포기함에 따라 발생한 실권주 등을 시가보다 현저히 낮은 가액으로 제3자에게 배정한 경우에는 주주 배정방식으로 볼 수 있다. … 주주배정의 방법으로 주주에게 전환사채인수권을 부여하였지만 주주들이 인수청약하지 아니하여 실권된 부분을 제3자에게 발행하더라도 주주의 경우와 같은 조건으로 발행할 수밖에 없고, 이러한 법리는 주주들이 전환사채의 인수청약을 하지 아니함으로써 발생하는 실권의 규모에 따라 달라지는 것은 아니다(대법원 2009.5.29, 2007도4949 전원합의체).

290 **보충** : 이사가 주식회사의 지배권을 기존 주주의 의사에 반하여 제3자에게 이전하는 것은 기존 주주의 이익을 침해하는 행위일 뿐 지배권의 객체인 주식회사의 이익을 침해하는 것으로 볼 수는 없는데, 주식회사의 이사는 주식회사의 사무를 처리하는 자의 지위에 있다고 할 수 있지만 주식회사와 별개인 주주들에 대한 관계에서 직접 그들의 사무를 처리하는 자의 지위에 있는 것은 아니고, 더욱이 경영권의 이전은 지배주식을 확보하는 데 따르는 부수적인 효과에 불과한 것이어서, 회사 지분비율의 변화가 기존 주주 자신의 선택에 기인한 것이라면 지배권 이전과 관련하여 이사에게 임무위배가 있다고 할 수 없다(대법원 2009.5.29, 2007도4949

3	재건축정비사업조합의 조합장이 조합에 대한 법원의 판결에 대하여 항소를 제기하는 등으로 다투고 있는 경우 등에도 조합장이 당연히 그 판결의 취지에 따른 조치를 취하여야 할 임무가 있다고 볼 수는 없으며, 또한 조합이 아닌 조합 임원들을 상대로 한 직무집행정지 가처분 등이 있다고 하여 조합장에게 반드시 그에 따른 조치를 취하여야 할 임무가 있다고 볼 수도 없는 경우(대법원 2009.9.10, 2009도4987)
4	회사 직원이 경쟁업체 또는 자신의 이익을 위하여 이용할 의사로 무단으로 자료를 반출하는 행위를 업무상 배임죄로 의율할 때에는 위 자료가 반드시 영업비밀에 해당할 필요까지는 없더라도 적어도 '영업상 주요한 자산'에 해당할 것을 요하므로(대법원 2005.7.14, 2004도7962; 2008.7.10, 2008도3435; 2011.6.30, 2009도3915; 2011.7.14, 2010도3043) 여기에 해당하지 않는 자료를 반출한 경우(대법원 2011.6.30, 2009도3915)[291]
5	주식회사의 임원·종업원이 자신들의 직무발명에 대한 특허출원인 명의를 회사 명의가 아니라 자신의 명의로 변경하여 특허출원이 이루어지도록 한 경우(특허를 받을 수 있는 권리는 원래 발명자에게 있다는 점에서 이는 배임에 해당하지 않음)(대법원 2011.7.28, 2010도12834[292]; 2012.12.27, 2011도15093)
6	동일인 대출한도 제한규정을 위반하여 초과대출을 한 행위(원칙적 부정)(대법원 2008.6.19, 2006도4876 전원합의체; 2011.8.18, 2009도7813[293])

전원합의체). [법원행시 09]

291 **사례 : 영업상 주요한 자산인가와 배임죄의 성부** 회사 직원이 무단으로 자료를 반출하는 행위를 업무상 배임죄로 의율하기 위해서는 위 자료가 '영업상 주요한 자산'에 해당하여야 하는가?

판례 : 회사 직원이 경쟁업체 또는 자신의 이익을 위하여 이용할 의사로 무단으로 자료를 반출하는 행위를 업무상 배임죄로 의율할 때에는, 위 자료가 반드시 영업비밀에 해당할 필요까지는 없더라도, 적어도 불특정 다수인에게 공개되어 있지 않아 보유자를 통하지 아니하고는 이를 입수할 수 없고 보유자가 자료 취득이나 개발을 위해 상당한 시간, 노력 및 비용을 들인 것으로 이를 통해 경쟁상 이익을 얻을 수 있는 정도의 '영업상 주요한 자산'에 해당할 것을 요한다. 따라서 피고인들이 甲 주식회사를 퇴사하면서 甲 회사가 제조·판매하는 특정 단말기에 관한 회로도, 부품리스트, 다운로드 매뉴얼, 테스트 매뉴얼, 소프트웨어, 사양서 등이 저장된 CD와 컴퓨터를 반출하였다고 하여 업무상배임으로 기소된 사안에서, 기술 자료 중 회로도는 이미 공개되어 있는 표준회로도와 매우 유사하고, 단말기는 피고인들이 자료 반출 당시 이미 판매되고 있었으며, 단말기를 구성하는 부품 자체는 모두 공지된 것이어서 자료의 부품리스트를 쉽게 알아낼 수 있었던 것이고, 다운로드 매뉴얼과 테스트 매뉴얼 및 사양서는 제품의 하드웨어 구조와 소프트웨어 기능이 확정되면 작성될 수 있는 것이어서, 위 자료는 불특정 다수인에게 공개된 것이 아니라거나 보유자가 자료 취득·개발을 위해 상당한 시간, 노력 및 비용을 들인 것으로 이를 통해 경쟁상 이익을 얻을 수 있는 정도에 이르렀다고 할 수 없으므로 이를 甲 회사의 '영업상 주요한 자산'에 해당한다고 볼 수 없는데도, 이와 달리 판단하여 피고인들에게 유죄를 인정한 원심판결에 법리오해의 위법이 있다(대법원 2011.6.30, 2009도3915).

해결 : 해당하여야 한다.

292 **사례 : 발명진흥법상 '직무발명'의 사용자 승계와 배임죄의 성부** A주식회사의 임원 또는 종업원인 甲 등은 직무발명에 대한 특허출원인 명의를 甲 등으로 변경하여 특허출원이 이루어지도록 하였다. 甲 등은 A회사에 대하여 업무상 배임죄를 범한 것인가?

판례 : 甲 주식회사의 임원 또는 종업원인 피고인들이 직무발명에 대한 특허출원인 명의를 피고인들 등으로 변경해서 특허출원이 이루어지도록 하여 甲 회사에 재산상 손해를 가하였다는 내용으로 기소된 경우, 피고인들이 직무에 관하여 발명한 '3D 입체게임 전용 컨트롤러'는 발명진흥법에서 정한 '직무발명'에 해당하여 이에 대하여 특허를 받을 수 있는 권리는 당연히 발명자인 피고인들에게 있으므로 사용자인 甲 회사가 발명의 특허출원을 하기 위하여는 피고인들로부터 특허를 받을 수 있는 권리를 승계하여야 하는데, 제반 사정에 비추어 甲 회사가 위 발명에 대하여 특허를 받을 수 있는 권리를 적법하게 승계하였다고 할 수 없으므로, 피고인들이 위 발명에 대하여 특허출원인 명의를 피고인들 등으로 변경하여 출원하였다 하여 그와 같은 행위가 업무상 배임죄에 해당한다고 할 수 없다(대법원 2011.7.28, 2010도12834).

해결 : 범한 것이 아니다.

293 **판례 : 동일인 대출한도 제한규정 위반 초과대출행위의 배임죄 성부** 동일인 대출한도를 초과하여 대출함으로써 상호저축은행법을 위반하였다고 하더라도, ① 대출한도 제한규정 위반으로 처벌함은 별론으로 하고, 그 사실만으로 특별한 사정이 없는 한 업무상 배임죄가 성립한다고 할 수 없으나, ② 일반적으로 이러한 동일인에 대한 대출한도 초과대출이라는 임무위배의 점에 더하여 대출 당시의 대출채무자의 재무상태, 다른 금융기관으로부터의 차입금, 기타 채무를 포함한 전반적인 금융거래상황, 사업현황 및 전망과 대출금의 용도, 소요기간 등에 비추어 볼 때 채무상환능력이 부족하거나 제공된 담보의 경제적 가치가 부실하여 대출채권의 회수에 문제가 있는 것으로 판단되는 경우에는 재산상 손해가 발생하였다고 보아 업무상 배임죄가 성립한다고 할 것이다(대법원 2008.6.19, 2006도4876 전원합의체; 2011.8.18, 2009도7813).

유사 : 브리지론 신용대여 사건 금융기관이 아닌 일반기업의 전문경영인인 대표이사와 임직원이, 위 회사로 하여금, 부동산개발사업자가 초기 개발자금(일종의 브리지론)을 금융기관에서 신용대출 받는 데 지급보증하게 하거나, 부동산개발사업자에게 초기 개발자금을 직접 대여하게 한 경우, 피고인들이 C(차주)가 위 대출금을 위 약정에 반하여 다른 사업체에 사용할 것을 알고 있었다거나 혹은 위 피고인들과 C 사이에 위 연대보증과 관련하여 부정한 대가가 수수되었다는 등의 특별한 사정이 없는 한, 단지 위 피고인들이 C가 운영하는 E회사의 대출금 사용처를 통제·감독하기 위한 조치 없이 B회사로 하여금 연대보증하게 하였다는 사정을 주된 이유로 하여 위 피고인들의 행위를 업무상 배임죄에 있어서의 임무위배행위에 해당한다거나 위 피고인들에게 배임의 고의가 있었다고

영업비밀 또는 영업상 주요한 자산의 유출에 관한 법리

대법원 2017.6.29, 2017도3808

① 회사직원이 영업비밀 또는 영업상 주요한 자산을 경쟁업체에 유출하거나 스스로의 이익을 위하여 이용할 목적으로 무단으로 반출한 경우, 업무상 배임죄의 기수시기(＝유출 또는 반출시) : 업무상 배임죄의 주체는 타인의 사무를 처리하는 지위에 있어야 한다. 따라서 회사직원이 재직 중에 영업비밀 또는 영업상 주요한 자산을 경쟁업체에 유출하거나 스스로의 이익을 위하여 이용할 목적으로 무단으로 반출하였다면 타인의 사무를 처리하는 자로서 업무상의 임무에 위배하여 유출 또는 반출한 것이어서 유출 또는 반출 시에 업무상 배임죄의 기수가 된다. [국가7급 18 / 법원9급 18]

② 영업비밀 등을 적법하게 반출하였으나 퇴사시에 회사에 반환하거나 폐기할 의무가 있음에도 같은 목적으로 이를 반환하거나 폐기하지 아니한 경우, 업무상 배임죄의 기수시기(＝퇴사시) : 또한 회사직원이 영업비밀 등을 적법하게 반출하여 반출행위가 업무상배임죄에 해당하지 않는 경우라도, 퇴사시에 영업비밀 등을 회사에 반환하거나 폐기할 의무가 있음에도 경쟁업체에 유출하거나 스스로의 이익을 위하여 이용할 목적으로 이를 반환하거나 폐기하지 아니하였다면, 이러한 행위 역시 퇴사 시에 업무상배임죄의 기수가 된다.

③ 퇴사한 회사직원이 위와 같이 반환하거나 폐기하지 아니한 영업비밀 등을 경쟁업체에 유출하거나 스스로의 이익을 위하여 이용한 행위가 따로 업무상 배임죄를 구성하는지 여부(원칙적 소극) : 그러나 회사직원이 퇴사한 후에는 특별한 사정이 없는 한 퇴사한 회사직원은 더 이상 업무상 배임죄에서 타인의 사무를 처리하는 자의 지위에 있다고 볼 수 없고, 위와 같이 반환하거나 폐기하지 아니한 영업비밀 등을 경쟁업체에 유출하거나 스스로의 이익을 위하여 이용하더라도 이는 이미 성립한 업무상 배임 행위의 실행행위에 지나지 아니하므로, 그 유출 내지 이용행위가 부정경쟁방지 및 영입비밀보호에 관한 법률 위반(영업비밀누설 등)죄에 해당하는지는 별론으로 하더라도, 따로 업무상 배임죄를 구성할 여지는 없다.

④ 제3자가 위와 같은 유출 내지 이용행위에 공모·가담한 경우, 업무상 배임죄의 공범이 성립하는지 여부(원칙적 소극) : 그리고 위와 같이 퇴사한 회사직원에 대하여 타인의 사무를 처리하는 자의 지위를 인정할 수 없는 이상 제3자가 위와 같은 유출 내지 이용행위에 공모·가담하였더라도 타인의 사무를 처리하는 자의 지위에 있다는 등의 사정이 없는 한 업무상 배임죄의 공범 역시 성립할 수 없다.

배임죄의 재산상 손해의 의미 : 재단법인 이사장의 후원회 기부금 대여 사례

재단법인 불교방송 이사장 직무대리로서 위 법인의 업무일체를 총괄하여 오던 승려 甲(피고인)은 평소 알고 지내던 신도 丙이 자금압박을 받고 있고 은행대출에 필요한 제반조건을 갖추지 못해 대출을 받는 데 어려움이 있다는 사정을 알고 있던 중, 재단사무국 사무실에서 불교방송 사장 직무대리로 있던 乙을 통해 전국의 불교신도들로 구성된 불교방송프로그램후원회로부터 적립금 2억 2천 5백여만 원을 전달받아 재단사무국 수시자금 거래통장에 입금시켰는데, 丙에게 정당한 사유 없이 금원을 대여해 주기로 마음먹고, 그로부터 적정한 담보를 제공받지 아니한 데다 이사회의 의결이나 승인을 받지도 않은 채 재단 회계담당자를 통해 위 통장에서 금 2억 원을 인출한 후 丙에게 단기대여 명목으로 송금하였다. 甲의 형사책임은?

섣불리 단정하여서는 아니 될 것이다(대법원 2013.12.26, 2013도7360).

배임죄에서 '재산상의 손해를 가한 때'라 함은 현실적인 손해를 가한 경우뿐만 아니라 재산상 실해발생의 위험을 초래한 경우도 포함되고 일단 손해의 위험성을 발생시킨 이상, 사후에 피해가 회복되었다 하여도 배임죄의 성립에 영향을 주는 것은 아니다. 따라서 재단법인 불교방송의 이사장 직무대리인이 후원회 기부금을 정상 회계처리하지 않고 자신과 친분관계에 있는 신도에게 확실한 담보도 제공받지 않은 채 대여하였다면, 그 신도가 이자금을 제때에 불입하고 나중에 원금을 변제했다 하더라도 배임죄가 성립한다(대법원 2000.12.8, 99도3338). [법원행시 07·16 / 사시 10·11]

업무상 배임죄

사례연구 신협 이사장이 비조합원·무자격자에게 대출한 사례

[제1문] 일반 금융기관과 달리 상호유대를 가진 자 사이의 협동조직을 통하여 자금의 조성과 이용 등을 도모하기 위하여 설립된 A신용협동조합의 이사장 甲은 乙이 비조합원 또는 무자격자임에도 대출해주었다. 다만 乙은 적정한 담보를 제공하였고 또한 위 대출금은 회수할 수 있는 상태이었고, 甲은 위 대출에 있어 조합 내 여신위원회의 사전심사와 결의절차를 모두 거쳤다. 甲의 죄책은?

[제2문] 위 대출은 乙의 명의로 하되 丙(조합원)의 계산으로 하는 대출이었는데, 그 대출금액과 추가대출금액을 포함한 대출총액이 丙의 대출한도액을 초과하고 있다. 그렇다면 甲에게는 별도의 배임죄가 성립하는가?

[제1문] 조합이 다른 조합원에게 정당하게 대출할 자금을 부당하게 감소시킨 결과가 되어 그 대출금에 대한 회수의 가능 여부나 담보의 적정 여부에 관계없이 조합에 재산적 손해를 입게 한 것으로 보아야 할 것이고, 이 경우 이사장의 임무위배가 인정되는 이상 설령 조합 내 여신위원회의 사전심사와 결의를 거쳤다고 하더라도 업무상 배임죄의 성립에 영향이 없다.

[제2문] 동일 조합원에 대한 대출한도의 초과 여부를 판단함에 있어 본인의 계산으로 타인의 명의에 의하여 행하는 대출은 그 본인의 대출로 보아야 할 것이고(1998.1.13. 법률 제5506호로 전문 개정된 신용협동조합법 제42조 단서에서는 이 점을 명문화하였다), 이때 종전 대출명의자인 타인이 비조합원 또는 무자격자이고 그 무자격자에 대한 대출이 별도의 배임행위로 처벌받는다고 하더라도 그 대출금액과 추가대출금액을 포함한 대출총액이 본인의 대출한도액을 초과하는 때에는 이에 대하여 별도의 배임죄가 성립한다(대법원 2001.11.30, 99도4587).

[제1문] 업무상 배임죄 [제2문] 별도의 업무상 배임죄가 성립한다.

사례연구 배임죄의 재산상 손해의 의미 : 소극적 손해 사건

피고인 甲은 피해자 회사 A 회사의 부사장 직책으로 대외적 영업활동을 하여 그 활동 및 계약 등을 A 회사에 귀속시키기로 하고, A 회사에 귀속된 금형제작·납품계약을 이행하기 위한 금형제작물량 중 50%는 피고인이 운영하던 B 주식회사에서, 나머지 50%는 A 회사에서 제작하여 그 수익을 1/2씩 나누기로 하는 약정을 체결하였다. 그럼에도 피고인 甲은 A 회사에 알리지 않고 甲 자신이 A 회사의 대표인 것처럼 가장하거나 甲이 별도로 설립한 C 주식회사명의로 5회에 걸쳐 합계 2억 원의 금형제작·납품계약을 체결하였다. 그 후 甲은 그 납품대금으로 합계 1억 원을 수령하였는데, 나머지 계약대금은 계약 해지 등으로 인해 지급받지 못하였다. 이 경우 업무상 배임죄의 재산상 손해액은 ① 甲이 실제로 수령한 1억 원인가? ② 받지 못하게 된 계약대금까지 모두 포함된 2억 원인가?

업무상 배임에서 재산상 손해의 유무에 관한 판단은 법률적 판단에 의하지 아니하고 경제적 관점에서 실질적으로 판단되어야 하는데, 여기에는 재산의 처분 등 직접적인 재산의 감소, 보증이나 담보제공 등 채무 부담으로 인한 재산의 감소와 같은 적극적 손해를 야기한 경우는 물론, 객관적으로 보아 취득할 것이 충분히 기대되는데도 임무위배행위로 말미암아 이익을 얻지 못한 경우, 즉 소극적 손해를 야기한

경우도 포함된다. 그렇다면 이러한 재산상 손해는 피고인이 위와 같은 임무위배행위로 금형제작·납품계약을 체결한 때에 발생되는 것이므로, 원칙적으로 그 임무위배행위로 위 금형제작·납품계약을 체결한 때를 기준으로 위 금형제작·납품계약 대금에 기초하여 산정하여야 할 것이며, 따라서 위 금형제작·납품계약 대금 중에서 사후적으로 발생되는 미수금이나 계약의 해지로 인해 받지 못하게 되는 나머지 계약대금 등은 특별한 사정이 없는 한 위 금형제작·납품계약 대금에서 공제할 것이 아니다(대법원 2013.4.26, 2011도6798). [법원행시 13]

정답 ② 2억 원

판례연구 배임죄의 재산상 손해 긍정 판례

1 **대법원 1982.11.9, 81도2501**
사무처리를 위임받은 법무사가 1번 저당권을 의뢰받고 2번 저당권을 설정한 사례 : 배임죄[294]
저당권 내지 근저당권의 순위는 저당물건의 가액으로부터 어느 저당권이 우선하여 변제를 받을 수 있는가 하는 재산상의 이해에 관하여 우열을 정하는 것이므로, 본건에서 피해자는 제1순위의 근저당권이 설정될 것으로 알고 금원을 대여하고 그런 내용의 근저당권설정에 관한 문서작성을 위촉하였는데도 불구하고 피고인이 후순위인 제2번 내지 제3번의 근저당권설정에 관한 문서를 작성하여 그에 따른 신청으로 등기가 경료되었다면 이는 의뢰자인 본인에게 손해를 가하였다고 볼 것이다. [경찰채용 14 1차 / 법원승진 13]

2 **대법원 1983.2.8, 81도3190**
위조된 문서에 의한 대출 사례 : 재산상 손해 인정 – 배임죄
배임죄에 있어서 손해를 가한 때라 함은 현실적인 손해를 가한 경우뿐만 아니라 실해발생의 위험을 초래할 경우도 포함되는 것이므로 위조된 문서를 근거로 대출해 준 행위는 업무상 배임죄에 해당한다.

3 **대법원 2000.11.10, 99도5463**
퇴출 위기의 회사 대표이사의 전 직원에 대한 퇴직위로금 지급행위
퇴출 위기에 있는 회사의 대표이사가 전 직원의 명예퇴직을 실시하고 이에 따라 전 직원에게 퇴직금 외에 별도로 퇴직위로금을 지급한 행위는 업무상 배임죄를 구성한다.

4 **대법원 2003.10.10, 2003도3516; 2010.1.28, 2009도10730[295]**
금융기관이 실제로 거래처에게 대출금을 새로 교부한 경우
금융기관이 실제로 거래처에게 대출금을 새로 교부한 경우에는 (거래처가 그 대출금을 임의로 처분할 수 없다거나 그 밖에 어떠한 이유로든 그 대출금이 기존 대출금의 원리금으로 상환될 수밖에 없다는

---

294 **판례의 사실관계 및 검토** : 乙은 자신에게 A 소유의 부동산에 관하여 제1순위의 근저당권이 설정될 것으로 알고 법무사 甲에게 금원을 대여하고 그런 내용의 근저당권설정에 관한 문서작성을 위촉하였는데도 불구하고 甲은 제2번 근저당권설정에 관한 문서(근저당권설정계약서·위임장)를 작성하여 그에 따른 신청으로 등기가 경료되었다. 원래 근저당권설정계약서나 위임장에는 저당권의 순위번호가 필수적인 기재사항은 아니다. 그렇다고 하더라도 '부동산에 관한 근저당권설정계약서나 그 등기신청에 첨부되는 위임장에 설정할 근저당권의 순위번호의 기재가 필수적 요건은 아니나 피고인이 문서작성의 위촉을 받을 때 제1순위의 근저당권설정 및 그 등기신청에 관한 것이 뚜렷한 이 사건에 있어서 그 위임의 취지에 배치되는 제2심 및 제3심의 근저당권설정에 관한 문서를 작성한 소위는 문서위조죄에 해당된다.' 따라서 甲에게는 사문서위조죄 및 동행사죄가 성립한다. 또한 '저당권 내지 근저당권의 순위는 저당물건의 가액으로부터 어느 저당권이 우선하여 변제를 받을 수 있는가 하는 재산상의 이해에 관하여 우열을 정하는 것이므로 이는 의뢰자인 본인에게 손해를 가하였다고 볼 것이다.' 따라서 甲에게는 업무상 배임죄도 성립한다.
295 **사례 : 부실 대출금 새로 교부한 사례** A상호저축은행의 임원 甲 등은 A은행의 실질적 최대주주인 乙의 지시에 따라 상당한 담보를 확보하지 아니하고 관계 규정상의 적법한 대출심사를 거치지도 아니한 채 각 부실대출을 실행하여, 乙에게 실제로 귀속된 그 대출금 중 일부를 기존 대출금의 변제충당을 위하여 위 은행에 다시 입금하는 등의 용도로 사용한 경우, 甲 등에게는 업무상 배임죄의 죄책이 인정되는가?
해결 : 인정된다(대법원 2010.1.18, 2009도10730).

등의 특별한 사정이 없는 한) 비록 새로운 대출금이 기존 대출금의 원리금으로 상환되도록 약정되어 있다고 하더라도 그 대출과 동시에 이미 손해발생의 위험은 발생하였다고 해야 한다. [사시 11]

5 대법원 2004.3.26, 2003도7878[296]
만기에 여신지원된 돈이 상환되지 않은 상태가 일정기간 지속된 경우
실제로 만기에 여신지원된 돈이 상환된 것이 아니라 만기 연장을 거듭하다가 피고인의 일부 채무 변제거부와 다른 사람의 회유, 핵심사업의 처분 등으로 비로소 상환되거나 일부 채무가 출자전환방식으로 채무가 변제된 것으로 정리되었다면 사후에 피해가 대부분 회복되었다고 하더라도 배임죄의 성립에 영향을 주지 않는다.

6 대법원 2004.11.26, 2003도1791
타인의 채무에 대하여 보증을 하였는데 피보증인이 변제자력이 없는 상태에서 보증인이 피보증인에게 신규로 자금을 제공한 행위에 대한 배임죄 성부 판단기준
이미 타인의 채무에 대하여 보증을 하였는데, 피보증인이 변제자력이 없어 결국 보증인이 그 보증채무를 이행하게 될 우려가 있다고 하더라도 ⓐ 보증인이 피보증인에게 신규로 자금을 제공하거나 피보증인이 신규로 자금을 차용하는 데 담보를 제공하면서 그 신규자금이 이미 보증을 한 채무의 변제에 사용되도록 한 경우가 아니라면 보증인으로서는 결국 기보증채무와 별도로 새로 손해를 발생시킬 위험을 초래한 것이라고 볼 수밖에 없다. 그러나 그 ⓑ 신규로 대여한 자금이 이미 보증을 한 채무의 변제에 사용되도록 한 것이라면 그로 인하여 기왕의 채무보증행위로 인한 손해와는 별도로 새로운 손해를 발생시킬 위험을 초래한 것이라고 볼 수는 없다고 할 것이다. [법원행시 16]

> 유사 상호지급보증관계에 있는 회사 간에 보증회사가 채무변제능력이 없는 피보증회사에 대하여 합리적인 채권회수책 없이 새로 금원을 대여하거나 예금담보를 제공하였다면 업무상 배임죄를 구성한다(대법원 2004.7.9, 2004도810).

7 대법원 2005.4.29, 2005도856
비상장주식의 매입행위가 배임행위가 되는 경우
비상장주식의 실거래가격이 시가와 근사하거나 적정한 가격으로 볼 수 있는 범위 내에 속하는 것으로 보여 실거래가격과의 차액 상당의 손해가 있다고 할 수 없는 경우에 있어서도, 그 거래의 주된 목적이 비상장주식을 매도하려는 매도인의 자금조달에 있고 회사가 그 규모 및 재정 상태에 비추어 과도한 대출을 일으켜 그 목적달성에 이용된 것에 불과하다고 보이는 등의 특별한 사정이 있는 경우라면 그와 같이 비상장주식을 현금화함으로써 매도인에게 유동성을 증가시키는 재산상의 이익을 취득하게 하고 반대로 회사에 그에 상응하는 재산상의 손해로서 그 가액을 산정할 수 없는 손해를 가한 것으로 볼 수 있다고 할 것이다[모회사(母會社)와 자회사(子會社)가 모회사의 대주주로부터 그가 소유한 다른 회사의 비상장주식을 매입한 사안에서 대주주와 모회사 및 자회사의 임직원들에 대하여 업무상 배임죄의 성립을 인정한 사례].[297]

---

296 **사실관계** : 한국산업은행 임원 甲은 채무자 乙회사(남북정상회담을 전후하여 대북경제협력사업을 추진 중인 H건설 및 H상선)의 채무변제기가 다가오자 만기에 다시 여신지원을 하였는데, 위 여신지원된 돈이 상환되지 않고 만기 연장을 거듭하다가 乙의 일부 채무 변제거부와 甲의 회유, 핵심사업의 처분 등으로 비로소 상환되거나 일부 채무가 출자전환 방식으로 채무가 변제된 것으로 정리되었다. 즉 사후에 피해가 대부분 회복되었다고 볼 수 있다. 甲의 업무상 배임죄의 성립과 관련하여 한국산업은행에 재산상 손해가 발생한 것으로 볼 수 있다(위 판례는 남북정상회담을 전후하여 대북경제협력사업을 추진 중인 기업에 대하여 대규모 여신지원을 한 금융기관이 국책은행이라고 하더라도 은행 관련자들에게 배임의 고의가 인정된다는 판례이다. 왜냐하면 금융기관의 임직원들이 대출을 함에 있어 대출채권의 회수를 확실하게 하기 위하여 충분한 담보를 제공받는 등 상당하고도 합리적인 조치를 강구하지 아니한 채 만연히 대출을 해 주었다면 업무위배행위로 제3자로 하여금 재산상 이득을 취득하게 하고 금융기관에 손해를 가한다는 인식이 없었다고 볼 수 없기 때문이다).

8 대법원 2006.4.27, 2004도1130

상당하고 합리적인 조치 없이 만연히 대출해준 사례

금융기관의 직원들이 대출을 하면서 대출채권의 회수를 확실하게 하기 위하여 충분한 담보를 제공받는 등 상당하고도 합리적인 조치를 강구함이 없이 만연히 대출을 해줌으로써 부실대출에 의한 업무상 배임죄가 성립하는 경우에는[298] 담보물의 가치를 초과하여 대출한 금액이나 실제로 회수가 불가능하게 된 금액만을 손해액으로 볼 것은 아니고, 재산상 권리의 실행이 불가능하게 될 염려가 있거나 손해발생의 위험이 있는 대출금 전액을 손해액으로 보아야 할 것이다.

9 대법원 2007.4.27, 2007도1038

특정 목적을 위하여 조성된 자금을 지원한도를 초과하여 대출하는 행위로 인하여 자금운용 주체에게 (업무상 배임죄의) 재산상 손해가 발생한 사례

수협의 수산업경영개선자금을 부적격자에게 대출하거나 적격자에게 대출하더라도 그 지원한도를 초과하여 대출하는 행위는, 비록 충분한 담보가 제공되어 대출금의 회수가 보장된다고 하더라도, 결국 특정 목적을 위하여 조성된 위 경영개선자금의 감소를 초래하여 위 자금이 본래의 목적을 위하여 사용됨을 저해하는 것이므로, 해수어류수산업협동조합은 위와 같은 경영개선자금의 부당대출로 인하여 재산상의 손해를 입었다고 보아야 한다.

10 대법원 2009.10.29, 2008도11036

경영권 프리미엄[299]을 지닌 주식 매도와 배임죄의 손해액

① 배임죄의 성립을 인정하려면 손해의 발생이 합리적인 의심이 없는 정도의 증명에 이르러야 하는바,

---

297 **유사1 : 재벌그룹 계열사 대표이사의 주식 1원 매도 및 대주주의 이익을 위한 자사주 매각 사례** 재벌그룹 소속 甲회사가 골프장 건설 사업을 진행 중인 비상장회사 乙의 주식 전부를 보유하고 乙회사를 위하여 수백억 원의 채무보증을 한 상태에서 甲회사의 대표이사 A와 이사 B 등이 乙회사의 주식 전부를 주당 1원으로 계산하여 위 그룹 회장 등에게 매도하였다. 이는 주식의 적정한 객관적 교환가치보다 현저하게 낮은 가격이었다. A와 B 등은 甲회사에 주식의 내재된 가치를 포기하면서 신용위험만을 부담시키는 것으로서 甲회사에 주식의 적정한 거래가격과 매도가격의 차액 상당에 해당하는 손해를 가한 배임행위에 해당한다. ⋯ 또한 재벌그룹 소속의 상장법인인 회사의 이사들이 대표이사이자 대주주인 丙에게 그의 개인적 이익을 위해 자사주(自社株)를 매각하였다(대법원 2008.5.15, 2005도7911).
유사2 : 재벌그룹 계열사 유상증자 동원 및 매도인의 자금 조달을 위한 비상장주식 적정가 매입 사례 재벌그룹 회장과 그룹 구조조정 추진본부 임원들이 해외금융자본과 특정 계열사의 분쟁을 해결하기 위하여 그 계열사의 유상증자에 다른 계열사들을 동원하여 참여시킴으로써 다른 계열사들에 손해를 입힌 행위는 업무상 배임죄를 구성하고, 회사의 이사가 회사를 대표하여 주주 등 특수관계자와 주식교환계약을 체결한 것이 경영상 필요에 의한 정상적인 거래로 허용될 수 없는 것으로서 특수관계자의 개인적 이익을 위한 것이라면 역시 업무상 배임죄를 구성하며, 비상장주식의 매입가격이 적정하다고 하더라도 그 거래의 주된 목적이 비상장주식을 매도하려는 매도인의 자금조달에 있고 회사로서는 그 목적 달성에 이용된 것에 불과하다고 보이는 등의 특별한 사정이 있다면 역시 배임죄가 성립할 수 있다(대법원 2008.5.29, 2005도4640). [사시 10]
298 **유사1 : 상당한 조치를 취하지 않고 회사의 자금을 대여한 사례** 회사의 이사 등이 타인에게 회사자금을 대여함에 있어 그 타인이 이미 채무변제능력을 상실하여 그에게 자금을 대여할 경우 회사에 손해가 발생하리라는 사정을 충분히 알면서 이에 나아갔거나, 충분한 담보를 제공받는 등 상당하고도 합리적인 채권회수조치를 취하지 아니한 채 만연히 대여해 주었다면, 그와 같은 자금대여는 타인에게 이익을 얻게 하고 회사에 손해를 가하는 행위로서 회사에 대하여 배임행위가 되고, 회사의 이사는 단순히 그것이 경영상의 판단이라는 이유만으로 배임죄의 죄책을 면할 수는 없으며, 이러한 이치는 그 타인이 자금지원 회사의 계열회사라 하여 달라지지 않는다(대법원 1999.6.25, 99도1141; 2000.3.14, 99도4923; 2003.4.8, 2002도6020; 2006.11.10, 2004도5167 등).
유사2 : 종중의 임원이 해당 종중 소유 재산의 관리·처분에 관한 사무로서 타인에게 종중의 자금을 대여함에 있어 충분한 담보를 제공받는 등 상당하고도 합리적인 채권회수조치를 취하지 아니한 채 만연히 대여해 준 경우에도 배임죄가 성립하게 된다(대법원 2007.12.28, 2007도6554).
유사3 : 회사의 이사가 회사에 손해가 발생하리라는 점을 충분히 알면서 채무변제능력을 상실한 계열회사에 회사자금을 대여하거나 회사 이름으로 지급보증을 하는 것은 회사에 대하여 배임행위에 해당된다(대법원 2010.11.25, 2009도9144).
299 경영권프리미엄이라 함은 보통 기업이 경영활동을 통해 쌓아 온 무형의 자산가치를 말하는데, 어떤 기업을 평가할 때는 기업 소유의 부동산이나 기업의 주식가격 같은 유형자산뿐만 아니라 고객 인지도나 상표 가치 등 계량적 수치로 나타낼 수 없는 경영권 프리미엄으로 표현되는 무형자산을 포괄해서 평가하게 된다. M&A의 경우에도 이러한 경영권프리미엄은 적정선에서 고려 대상이 된다.

배임행위로 인한 재산상 손해의 발생 여부가 충분히 입증되지 않았음에도 가볍게 액수 미상의 손해는 발생하였다고 인정함으로써 배임죄의 성립을 인정하는 것은 허용될 수 없다. 따라서 주식 거래와 관련한 배임행위로 인한 손해의 발생 여부를 판단하기 위하여 주식 가치의 평가가 요구되는 경우에는, 그 평가 방법이나 기준에 따라 주식의 가치가 구구하게 산정된다고 하더라도 이를 쉽게 포기하지 말고 상대적으로 가장 타당한 평가방법이나 기준을 심리하여 손해의 발생 여부를 구체적으로 판단하는 것이 필요하다. 다만, ② 주식 거래에 수반하는 경영권 프리미엄의 가치를 함께 평가하는 경우에는 경영권 프리미엄 자체가 궁극적으로 거래 상대방과의 교섭조건, 교섭능력 등에 따라 평가될 수밖에 없는 것이므로 이를 산정할 방법이 없어서 결과적으로 배임죄의 손해액을 구체적으로 산정할 수 없게 되었다고 하더라도 여기에 위법이 있다고 볼 수 없다. [법원승진 10]

11 대법원 2009.10.29, 2007도6772
본인의 손해액이 구체적으로 명백하게 산정되지 않은 경우에도 배임죄 성립
업무상 배임죄에서 본인에게 손해를 가한 때라 함은 총체적으로 보아 본인의 재산상태에 손해를 가한 경우를 말하고, 실해 발생의 위험을 초래케 한 경우도 포함하는 것이므로 손해액이 구체적으로 명백하게 산정되지 않았더라도 업무상 배임죄의 성립에는 영향이 없다(대법원 2001.1.19, 2000도2914; 2006.10.27, 2004도6876 등). [법원행시 06]

12 대법원 2010.9.9, 2010도5972
상호저축은행의 실질적 사주의 지시에 따른 부실대출 사례
A상호저축은행의 실질적 사주인 甲의 지시에 따라 대출명의자 乙에 대한 기본적인 신용조사 절차 없이 별도의 상당한 채권회수조치가 강구되지도 않은 채 대출한도를 초과한 신용대출이 이루어진 경우, 금융기관의 담당자가 대출을 함에 있어 대출채권의 회수를 확실하게 하기 위하여 상당하고도 합리적인 조치를 강구함이 없이 만연히 대출을 해주었다면, 업무위배행위로 제3자로 하여금 재산상 이득을 취득하게 하고 금융기관에 손해를 가한다는 인식이 없었다고 볼 수 없다(대법원 2000.3.14, 99도4923; 2004.3.26, 2003도7878 등). 또한 배임죄에 있어서 '재산상의 손해를 가한 때'라 함은 현실적인 손해를 가한 경우뿐만 아니라 재산상 실해 발생의 위험을 초래한 경우도 포함되고 일단 손해의 위험성을 발생시킨 이상 사후에 피해가 회복되었다 하여도 배임죄의 성립에 영향을 주는 것은 아니다(대법원 2000.12.8, 99도3338; 2004.7.22, 2002도4229 등). [경찰간부 18/사시 10·11]

13 대법원 2014.2.21, 2011도8870
타인의 사무를 처리하는 회사의 대표이사가 회사로 하여금 타인에 대한 채무를 부담하게 한 사례
회사가 타인의 사무를 처리하는 일을 영업으로 영위하고 있는 경우, 회사의 대표이사가 그 타인의 사무를 처리하면서 업무상 임무에 위배되는 행위를 함으로써 재산상 이익을 취득하거나 제3자로 하여금 이를 취득하게 하고 그로 인하여 회사로 하여금 그 타인에 대한 손해배상책임 등 채무를 부담하게 한 때에는 회사에 손해를 가하거나 재산상 실해 발생의 위험을 초래한 것으로 볼 수 있으므로, 이러한 행위는 회사에 대한 관계에서 업무상 배임죄를 구성한다. [변호사시험 16]

14 대법원 2015.8.13, 2014도5713
농지관리기금 부당지원 사례
한국농어촌공사의 직원이 구 한국농어촌공사 및 농지관리기금법 제18조에서 정한 농지매매사업 등을 수행하기 위하여 정부에서 위탁받아 운용하는 농지관리기금을 농지매매사업의 지원대상에 해당하지 아니하는 농지를 매입하는 데 사용하거나 지원요건을 갖추지 아니한 농업인을 위하여 부당하게 지원하도록 한 경우, 한국농어촌공사는 업무상 배임죄의 재산상 손해를 입은 것으로 보아야 한다.

15 대법원 2015.11.26, 2014도17180

주식회사 대표이사 연대보증 사건

甲 주식회사 대표이사인 A는 자신과 딸이 발행주식 전부를 소유하고 있는 乙 주식회사를 운영하면서 乙 주식회사가 건물 신축 과정에서 받은 대출금 등 채무를 甲 회사로 하여금 연대보증하게 하고 신축될 건물을 미리 임차하여 임대차보증금을 선지급하도록 하였다. A에게는 업무상 배임죄의 죄책이 인정된다.

16 대법원 2017.9.21, 2014도9960

재산상 실해발생의 위험이 발생하였다면 배임기수에 해당한다는 사례

타인의 사무를 처리하는 자가 배임의 고의로, 즉 임무에 위배하는 행위를 한다는 점과 이로 인하여 자기 또는 제3자가 이익을 취득하여 본인에게 손해를 가한다는 점에 대한 인식이나 의사를 가지고 임무에 위배한 행위를 개시한 때 배임죄의 실행에 착수한 것이고, 이러한 행위로 인하여 자기 또는 제3자가 이익을 취득하여 본인에게 손해를 가한 때 배임죄는 기수가 된다(형법 제355조 제2항). 그런데 타인의 사무를 처리하는 자의 임무위배행위는 민사재판에서 법질서에 위배되는 법률행위로서 무효로 판단될 가능성이 적지 않고, 그 결과 본인에게도 아무런 손해가 발생하지 않는 경우가 많다. 이러한 때에는 배임죄의 기수를 인정할 수 없다. 그러나 의무부담행위로 인하여 실제로 채무의 이행이 이루어지거나 본인이 민법상 불법원인시위책임을 부담하게 되는 등 본인에게 현실적인 손해가 발생하거나 실해 발생의 위험이 생겼다고 볼 수 있는 사정이 있는 때에는 배임죄의 기수를 인정하여야 한다(회사 대표이사의 의무부담행위로 인하여 회사의 채권에 대한 압류·전부명령에 기하여 실제 채무의 이행이 이루어진 경우는 배임기수에 해당한다는 사례).

판례연구 | **배임죄의 재산상 손해 부정 판례**

1 대법원 1990.4.24, 89도2281; 2006.6.15, 2004도5102; 2009.9.24, 2008도9213; 2011.1.13, 2009도10541

전세권설정의무자의 근저당권설정행위가 배임죄를 구성하지 않는다는 사례[300]

전세권설정의무를 부담하는 자(甲)가 제3자에게 근저당권을 설정하여 준 경우 그 행위가 배임죄에 해당하는지 여부를 판단하기 위해서는 당시 그 부동산의 시가 및 선순위담보권의 피담보채권액을 계산하여 그 행위로 인하여 당해 부동산의 담보가치가 상실되었는지를 따져 보아야 할 것인바, 甲의 행위는 배임죄를 구성하지 않는다. 또한 타인에 대하여 근저당권설정의무를 부담하는 자가 제3자에게 근저당권을 설정하여 주는 배임행위로 인하여 취득하는 재산상 이익 내지 그 타인의 손해는 그 타인에게 설정하여 주기로 한 근저당권의 담보가치 중 제3자와의 거래에 대한 담보로 이용함으로써 상실된 담보가치 상당으로서, 이를 산정하는 때에 제3자에 대한 근저당권 설정 이후에도 당해 부동산의 담보가치가 남아 있는 경우에는 그 부분을 재산상 이익 내지 손해에 포함시킬 수 없다. [법원9급 10]

→ 다만 대법원 2020.6.18, 2019도14340 전원합의체 판례(부동산이중저당에서 후술)에 의하여 채무의 담보로 자기 소유 부동산에 저당권을 설정해주기로 한 채무자는 배임죄의 타인의 사무처리자에 해당하지 않는 것으로 보므로, 이제 위 전세권설정의무자는 근본적으로 배임죄의 주체에 해당되지 않는 것으로 볼 가능성이 크다.

---

300 판례: 전세권설정의무자가 근저당권을 설정했지만 충분한 담보가치가 남아있는 경우 甲은 금 180,000,000원의 1번 근저당권설정등기가 되어 있는 토지와 건물 중 건물에 대하여만 乙과 전세계약을 체결하면서 전세금 130,000,000원의 전세권설정등기를 하여 주기로 하고서도 그 등기를 하지 아니한 채 위 토지와 건물에 대하여 丙에게 금 270,000,000원의 2번 근저당권설정등기를 경료하였다. 다만 위 2번 근저당권설정등기를 하던 시점에서 위 건물은 시가 7억 원 정도로 평가가 되기 때문에 그 담보가치는 충분히 남아 있었다. 甲의 행위는 배임죄에 해당하지 않는다.
유사: 타인에게 근저당권설정의무를 부담하는 자가 제3자에게 근저당권을 설정해 준 경우
비교: 아파트 건축공사 시행사의 이전등기 전 계약위반 근저당권설정등기 사례 아파트 건축공사의 시행사가 수분양자들에게 소유권이전 등기절차를 이행하지 않은 채 분양계약서에 기재된 대출한도금액을 초과한 근저당권설정등기를 경료한 경우, 수분양자들에 대한 (업무상) 배임죄의 성립이 인정된다(대법원 2009.5.28, 2009도2086).

2 대법원 1999.7.9, 99도1864

타인의 사무를 처리하는 자가 채무자에게 기존 대출금에 대한 대출기한을 연장해 준 경우

타인의 사무를 처리하는 자가 그 임무에 위배하여 채무자에게 기존 대출금에 대한 대출기한을 연장해 준 경우, 기한 연장 당시에는 채무자로부터 대출금을 모두 회수할 수 있었는데 기한을 연장해 주면 채무자의 자금사정이 대출금을 회수할 수 없을 정도로 악화되리라는 사정을 알고 그 기한을 연장해 주었다면 그 기한연장으로 인한 새로운 손해가 발생하였다고 할 수 있을 것이므로, 이러한 사정이 밝혀지지 않고서는 대출기한을 연장해 준 부분을 따로 떼어 배임죄가 성립된다고 할 수는 없다.

3 대법원 2000.6.27, 2000도1155

실제로 대출금을 새로 교부한 것이 아닌 경우

금융기관이 거래처의 기존 대출금에 대한 원리금에 충당하기 위하여 거래처에게 신규대출을 함에 있어서 형식상 신규대출을 하는 것처럼 서류상 정리를 하였을 뿐 실제로 거래처에게 대출금을 새로 교부한 것이 아니라면 그로 인하여 금융기관에게 어떤 새로운 손해가 발생한 것은 아니라고 할 것이므로 따로 업무상 배임죄가 성립된다고 볼 수 없다. [경찰승진(경사) 11 / 법원행시 10]

4 대법원 2004.4.9, 2004도771

대표이사가 개인명의로 작성·교부한 차용증에 회사 법인 인감을 날인한 사례

대표이사가 개인의 차용금 채무에 관하여 개인 명의로 작성하여 교부한 차용증에 추가로 회사의 법인 인감을 날인하였다고 하더라도 대표이사로서 행한 적법한 대표행위라고 할 수 없으므로 회사가 위 차용증에 기한 차용금 채무를 부담하게 되는 것이 아니다(또한 금원의 대여자는 위와 같은 행위가 적법한 대표행위가 아님을 알았거나 알 수 있었다 할 것이어서 회사가 대여자에 대하여 사용자책임이나 법인의 불법원행시위 등에 따른 손해배상의무도 부담할 여지가 없으므로, 결국 회사에 재산상 손해가 발생하였다거나 재산상 실해발생의 위험이 초래되었다고 볼 수 없음). [경찰채용 14 1차 / 경찰승진(경장) 11 / 경찰승진(경감) 11 / 사시 10]

5 대법원 2005.4.15, 2004도7053

배임죄에 있어 재산상의 손실을 야기한 임무위배행위가 동시에 그 손실을 보상할 만한 재산상의 이익을 준 경우, 재산상 손해가 있다고 할 수 없다는 사례

배임죄나 업무상배임죄에 있어 재산상의 손해를 가한다 함은 총체적으로 보아 본인의 재산상태에 손해를 가하는 경우, 즉 본인의 전체적 재산가치의 감소를 가져오는 것을 말하므로 재산상의 손실을 야기한 임무위배행위가 동시에 그 손실을 보상할 만한 재산상의 이익을 준 경우, 예컨대 그 배임행위로 인한 급부와 반대급부가 상응하고 다른 재산상 손해(현실적인 손해 또는 재산상 실해 발생의 위험)도 없는 때에는 전체적 재산가치의 감소, 즉 재산상 손해가 있다고 할 수 없다.[301]

6 대법원 2007.2.22, 2006도6686

점유개정의 방법으로 양도담보에 제공한 동산인 어선(20t 이하)을 다시 제3자에게 매도하고 어선원부상 소유자명의를 변경 등록한 경우

피고인은 2002.11.21. 이 사건 어선(20t 이하의 동력 어선이어서 선박등기법의 적용을 받지 않아 동산

---

[301] **판례 : 급부와 반대급부가 상응하는 등 전체 재산상에 손해가 없는 경우** 위 판례는 회사의 선박과 어획물을 객관적 가치보다 더 높게 계산하여 회사의 채권자에게 채무변제조로 제공한 경영자는 배임죄가 될 수 없다는 판례이다. 또한 이와 유사하게, 적법하게 선임 또는 채용된 이 사건 임직원이 이 사건 재건축조합을 위하여 실제 사무를 처리하거나 노무를 제공해 왔다면, 이 사건 재건축조합으로서는 조합원총회의 결의를 거친 임직원 보수규정의 제정이 없더라도 이들에게 정관규정과 관련 법규 등에 따라 그 사무처리 또는 노무제공에 상응하는 대가로서 보수를 지급할 의무가 있는 것이므로, 그 보수지급이 있었다고 하여 바로 이 사건 재건축조합에 전체적 재산가치의 감소, 즉 재산상 손해가 있었다고 쉽게 단정할 수 없다는 판례(대법원 2007.6.15, 2005도4338)도 있다.

에 준하여 취급된다)을 피해자에게 점유개정에 의한 방식으로 양도담보로 제공한 후 2003.8.13. 이 사건 어선을 동생인 공소외인에게 매도하는 매도증서를 작성하고 공소외인을 어선원부상 소유자로 변경 등록하면서도 피고인은 계속 이 사건 어선을 점유하여 사용하였다. 그리고 피고인과 공소외인은 담보대출기간의 연장 등을 이유로 위와 같이 공부상 명의만 변경하였을 뿐 아무런 실질적 권리이전은 없었다. 그렇다면 어선원부(漁船原簿) 등은 행정상 편의를 위하여 소유자를 등록, 변경하는 공부에 불과할 뿐 사법상 권리변동과는 무관하므로, 어선원부상의 소유자명의 변경만으로는 양도담보권자인 피해자에게 사실상 담보물의 발견을 어렵게 하여 어떠한 재산상 손해를 발생시킬 위험이 없다. 따라서 피고인에게는 배임죄가 성립하지 않고 무죄가 된다.

7 대법원 2007.6.1, 2006도1813
대출의 실질이 자금이동 없는 서류상의 채무자 변경에 불과한 경우
회사가 행한 대출의 실질이 자금이동 없는 서류상의 채무자 변경에 불과하고 실질적인 담보력에 변화가 없어 이로 인하여 대출 채권을 회수하지 못할 위험이 발생하였거나 발생할 염려가 생긴 것이 아니라면 그 대출행위는 배임죄를 구성하지 않는다.

8 대법원 2008.2.14, 2007도7716
회수할 수 없게 된 은행채권을 회수하기 위한 신규대출과 배임죄의 성부
이미 신용불량자로 등록되어 있어 추가대출이 불가능한데도 마치 그 연체대출금이 모두 변제된 것처럼 전산조작을 하여 부정대출을 해주었더라도, 이로 인하여 결과적으로 회수한 채권액이 더 많아졌다면 계산상 대출금융기관에게 손해가 아닌 이익이 되었다고 볼 여지가 있다.

9 대법원 2008.5.8, 2008도484
담보교체를 통한 어음 회수 사례
선행 담보제공행위로 백지약속어음을 제공할 때 이미 회사에 그 피담보채무액 상당의 손해발생 위험이 발생하였으므로 이후 다른 담보를 제공하고 위 어음을 회수했다 하더라도, 경제적인 관점에서 볼 때 전후의 담보제공에 의해 발생하는 손해발생의 위험성은 결국 동일하므로, 위 담보교체행위로 선행 담보제공으로 인한 기존의 위험과는 별개로 회사에 새로운 손해발생의 위험을 초래하였다고는 보기 어렵다. [국가7급 21]

10 대법원 2008.6.19, 2006도4876 전원합의체
새마을금고 임·직원이 동일인 대출한도 제한규정을 위반하여 초과대출행위를 한 사실만으로 업무상 배임죄를 구성하는 재산상 손해가 발생하였다고 볼 수 있는가의 사례
새마을금고의 동일인 대출한도 제한규정은 새마을금고 자체의 적정한 운영을 위하여 마련된 것이지 대출채무자의 신용도를 평가해서 대출채권의 회수가능성을 직접적으로 고려하여 만들어진 것은 아니므로 동일인 대출한도를 초과하였다는 사실만으로 곧바로 대출채권을 회수하지 못하게 될 위험이 생겼다고 볼 수 없고, 구 새마을금고법(2007.5.25. 법률 제8485호로 개정되기 전의 것) 제26조의2, 제27조에 비추어 보면 동일인 대출한도를 초과하였다는 사정만으로는 다른 회원들에 대한 대출을 곤란하게 하여 새마을금고의 적정한 자산운용에 장애를 초래한다는 등 어떠한 위험이 발생하였다고 단정할 수도 없다. 따라서 동일인 대출한도를 초과하여 대출함으로써 구 새마을금고법을 위반하였다고 하더라도, 대출한도 제한규정 위반으로 처벌함은 별론으로 하고, 그 사실만으로 특별한 사정이 없는 한 업무상 배임죄가 성립한다고 할 수 없다.[302] [경찰승진(경감이하) 17 / 법원행시 14 / 사시 13]

---

302 **보충** : 위 판례에 의하여 종래의 대법원 2003.5.16, 2002도2030 판결, 대법원 2004.8.20, 2004도3926 판결, 대법원 2004.11.25, 2004도5332 판결, 대법원 2006.7.28, 2005도6586 판결 등에서, 대법원이 새마을금고의 임·직원이 단순히 동일인 대출한도를 초과하

11 대법원 2008.8.21, 2008도3651

저당권설정자가 자동차를 매도한 사례

자동차에 대하여 저당권이 설정되는 경우 자동차의 교환가치는 그 저당권에 포섭되고, 저당권설정자가 자동차를 매도하여 그 소유자가 달라지더라도 저당권에는 영향이 없으므로, 특별한 사정이 없는 한 저당권설정자가 단순히 그 저당권의 목적인 자동차를 다른 사람에게 매도한 것만으로는 배임죄가 성립하지 아니한다. [경찰간부 14 / 경찰승진(경감) 10 / 법원9급 09 / 법원행시 10]

12 대법원 2009.2.12, 2008도10971

자신의 공장기계를 양도담보로 제공한 채무자가 다시 공장근저당권을 설정해주었으나 무효인 사례

① 채무자가 자기 소유의 동산을 양도담보로 제공하고 점유개정의 방법으로 점유하고 있다가 이를 다시 제3자에게 역시 점유개정의 방법으로 양도하는 경우 이 경우 제3자가 그 동산을 선의취득할 수 없으므로 최초의 양도담보권자에게 어떠한 재산상 손해의 위험이 발생한다고 할 수 없어 배임죄가 성립하지 않는다(대법원 1990.2.13, 89도1931). 또한 ② 자신의 공장기계를 채권자에게 양도담보로 제공한 후 은행으로부터 대출을 받으면서 위 기계들에 대하여 임의로 공장근저당권을 설정해준 경우 이러한 저당권설정행위는 횡령죄를 구성하지 않음은 물론이거니와 나아가 공장저당법에 의하여 그 효력도 인정되지 않으므로 채무자는 양도담보권자에게 어떠한 손해를 준 것도 없어 배임죄의 죄책도 지지 않는다.[303]

13 대법원 2009.7.23, 2007도541[304]; 2010.11.25, 2009도9144

보증인이 피보증인에게 신규로 자금을 제공하는데 그 자금이 기보증채무의 변제에 사용되도록 한 경우

이미 타인의 채무에 대하여 보증을 하였는데 피보증인이 변제자력이 없어 결국 보증인이 그 보증채무를 이행하게 될 우려가 있고, 보증인이 피보증인에게 신규로 자금을 제공하거나 피보증인이 신규로 자금을 차용하는 데 담보를 제공하면서 '그 신규자금이 이미 보증을 한 채무의 변제에 사용되도록 한 경우'라면, 보증인으로서는 기보증채무와 별도로 새로 손해를 발생시킬 위험을 초래한 것이라고 볼 수 없다. [법원승진 10]

14 대법원 2011.4.28, 2009도14268

동업재산이 될 토지에 관한 매매계약 체결에 의해 계약금이 지급된 상태에서 조합의 의사에 반하여 타인 명의로 소유권이전등기를 마친 경우의 재산상 손해액

피고인이 乙과 공동으로 토지를 매수하여 그 지상에 창고사업을 하는 내용의 동업약정을 하고 동업재산이 될 토지에 관한 매매계약을 체결한 다음 매도인에게 계약금을 지급하였는데, 이후 소유권이전등기 업무를 처리하면서 乙 몰래 매도인과 사이에 위 매매계약을 해제하고 乙을 배제하는 내용의 새로운 매매계약을 체결한 다음 제3자 명의로 소유권이전등기를 마친 경우, 피해자인 조합으로서는 장차 취득할 것이 기대되었던 토지의 가치에 상응하는 재산이 감소되었지만 다른 한편으로는 토지의 잔금지급의무를 면하게 되었으므로 토지의 매수대금 상당액이 위 배임행위로 인하여 조합이 입게 된

여 대출하였다는 사정을 근거로 하여 대출금에 대한 회수 가능 여부나 담보의 적정 여부 등을 따져보지 아니한 채 당해 새마을금고에 재산상 손해를 가한 것이라고 판시한 의견은 변경된 것이다.

303 앞서 횡령죄, 동산양도담보에서 상술한 판례이다.

304 **보충** : 위 판례는, 대규모기업집단에 속한 A 회사가 종합금융회사의 지급보증 아래 할인받은 어음을 결제하지 못하여 종합금융회사가 현실적·구체적으로 어음금을 대위변제하여야 할 상황에서, 종합금융회사와의 어음거래약정에 기한 채무에 관하여 연대보증을 하고 있던 A 회사와 같은 그룹 내 계열사인 B 회사와 C 회사가 A 회사의 어음을 매입하거나 전면보증을 하는 방법으로 A 회사를 지원하여 B 회사와 C 회사가 보증한 기존의 채무를 변제하도록 한 것은 자신의 보증채무를 감소시킨 것으로서, 기왕의 보증행위로 인한 손해와는 별도의 새로운 손해를 발생시킬 위험을 가져온 것으로 볼 수 없다는 취지이다. [법원승진 10]

재산상 손해액에 해당한다고 할 수는 없는데도, 피고인이 얻은 이득액 및 피해자가 입은 손해액을 토지의 매수대금 상당액으로 인정하여 특경법위반(배임)죄로 의율한 원심판단에는 배임죄의 재산상 손해액에 관한 법리오해의 위법이 있다.[305]

15 대법원 2011.5.13, 2010도16391
주식양도인이 주식을 매도한 후 주식명의개서에 협조하지 않은 사례
주식양도인이 甲 주식회사의 주권 발행 전 주식을 이미 乙 주식회사에 매도하였음에도, 주식 명의개서(名義改書)[306]를 받을 수 있도록 협조하지 않고 위 주식을 포기하고 甲 회사에 반환하였다 하여도 주식양수인인 乙 주식회사에 재산상 손해를 초래한 것이라 할 수 없다.[307]

16 대법원 2011.12.13, 2011도10525
특허출원서 발명자란 허위 기재 사례
甲 주식회사 직원인 피고인이 대표이사 乙 등이 직무에 관하여 발명한 '재활용 통합 분리수거 시스템'의 특허출원을 하면서 임의로 특허출원서 발명자란에 乙 외에 피고인의 성명을 추가로 기재하여 공동발명자로 등재되게 한 경우, 발명자에 해당하는지는 특허출원서 발명자란 기재 여부와 관계없이 실질적으로 정해지므로 피고인의 행위만으로 곧바로 甲 회사의 특허권 자체나 그와 관련된 권리관계에 어떠한 영향을 미친다고 볼 수 없어, 결국 그로 인하여 甲 회사에 재산상 손해가 발생하였다거나 재산상 손해발생의 위험이 초래되었다고 볼 수 없고, 달리 공소사실을 인정할 증거가 없으므로 업무상 배임죄가 성립하지 않는다.

17 대법원 2016.4.2, 2015도5665
질권설정자가 질권자의 동의 없이 제3채무자에게서 질권의 목적인 채권의 변제를 받은 사례
타인에 대한 채무의 담보로 제3채무자에 대한 채권에 대하여 권리질권을 설정한 경우 질권설정자는 질권자의 동의 없이 질권의 목적된 권리를 소멸하게 하거나 질권자의 이익을 해하는 변경을 할 수 없다(민법 제352조). 또한 질권설정자가 제3채무자에게 질권설정의 사실을 통지하거나 제3채무자가 이를 승낙한 때에는 제3채무자가 질권자의 동의 없이 질권의 목적인 채무를 변제하더라도 이로써 질권자에게 대항할 수 없고, 질권자는 여전히 제3채무자에 대하여 직접 채무의 변제를 청구하거나 변제할 금액의 공탁을 청구할 수 있다(민법 제353조 제2항, 제3항). 그러므로 타인에 대한 채무의 담보로

305 **보충** : 甲이 乙과 공동으로 토지를 매수하여 그 지상에 창고사업을 하는 내용의 동업약정을 하고 동업재산이 될 토지에 관한 매매계약을 체결한 다음 매도인에게 계약금을 지급하였는데, 이후 乙 몰래 제3자 명의로 소유권이전등기를 마치는 배임행위를 한 경우, 이로 인해 甲이 얻은 이득액 및 피해자인 조합이 입은 손해액을 위 토지의 매수대금 상당액으로 본 것은 위법하다는 판례이다.
306 **보통** 주주명부(株主名簿)의 명의개서를 말하는바, 주주명부의 명의개서는 기명주식(記名株式)에 대한 권리의 이전이 있는 때에 그 주식을 취득한 자의 주주권(株主權)의 행사를 위하여 그의 성명과 주소를 주주명부(株主名簿)에 기재하는 것이다(상법 제337조). 즉 기명식증권(記名式證券)의 권리이전의 사실을 공시하고 또한 그 사실로써 제3자에게 대항할 수 있도록 하는 것이다.
307 **사례 : 주식양도인이 주식양수인에게 명의개서를 받도록 협조하지 않은 사례** A는 甲 주식회사의 주권 발행 전 주식을 이미 乙 주식회사에 매도하였음에도, 주식 명의개서(名義改書)를 받을 수 있도록 협조할 임무에 위배하여 위 주식을 포기하고 甲 회사에 반환함으로써 乙 회사에 재산상 손해를 가하였다는 내용으로 기소되었다. A에게는 배임죄의 죄책이 인정되는가?
판례 : 피해자 회사가 공소사실과 같이 피고인으로부터 이 사건 주식을 적법하게 양수하였다면, 피해자 회사는 주식 양수인으로서 특별한 사정이 없는 한 양도통지 등 피고인의 협력 없이 단독으로 위 주식 양수 사실을 증명하여 공소외 1 주식회사에 대하여 명의개서 청구를 하는 등 자신이 적법한 주주임을 주장할 수 있는 것이고, 주식 양수인이 명의개서 여부를 자유로이 결정할 권리를 가지고 있어 주식 양도인인 피고인에게는 명의개서 청구권이 없으므로 피고인에게 피해자 회사의 명의개서 절차에 협조할 의무가 있다고 보기 어렵고, 피고인이 이 사건 주식 양도 이후 임의로 공소외 1 주식회사에 대하여 그 주식을 포기한다거나 이를 반환한다는 의사표시를 하였을지라도 이는 무권한자의 행위로서 아무런 효력이 없어 피해자 회사가 자신이 여전히 적법한 주주임을 주장하는 데에 아무런 장애가 없으므로 이로써 분쟁을 야기하는 등 사실상 불편을 초래하였다고 볼 수 있을지언정 피고인이 피해자 회사에 현실적인 손해를 가하였거나 재산상 실해 발생의 위험을 초래하였다고 보기 어렵다(대법원 2011.5.13, 2010도16391).
해결 : 인정되지 않는다.

PART 01

PART 02

PART 03

제3채무자에 대한 채권에 대하여 권리질권을 설정하고, 질권설정자가 제3채무자에게 질권설정의 사실을 통지하거나 제3채무자가 이를 승낙한 상태에서, 질권설정자가 질권자의 동의 없이 제3채무자에게서 질권의 목적인 채권의 변제를 받은 경우, 질권설정자가 질권의 목적인 채권의 변제를 받았다고 하여 질권자에 대한 관계에서 타인의 사무를 처리하는 자로서 임무에 위배하는 행위를 하여 질권자에게 손해를 가하거나 손해 발생의 위험을 초래하였다고 할 수 없으므로 배임죄가 성립하지 않는다.

18 대법원 2017.2.3, 2016도3674
유치권자로부터 점유를 위탁받아 부동산을 점유하는 자의 재판상 자백 사례
유치권자인 피해자로부터 점유를 위탁받아 부동산을 점유하는 피고인이 경매를 통하여 부동산을 매수한 자로부터 소유권에 기한 부동산 인도소송을 당하자 점유권원에 대한 항변을 하지 않은 채 상대방의 주장을 그대로 인정한다는 취지로 진술하여 재판상 자백한 것은 배임죄를 구성하지 아니한다.[308]

19 대법원 2004.4.9, 2004도771; 2009.8.20, 2009도4120; 2010.3.25, 2009도14585; 2010.5.27, 2010도1490[309]; 2010.9.30, 2010도6490[310]; 2011.7.14, 2011도3180[311]; 2012.2.9, 2010도176;

---

308 **보충-판결이유** : ① 피고인과 피해자의 점유위탁관계가 이미 해지되어 피고인이 점유를 상실한지 약 2년의 기간이 경과한 사정, 피고인이 부동산을 점유할 당시 소유자가 피고인을 상대로 점유이전금지가처분결정을 받았기 때문에 인도청구소송의 상대방으로 특정되었을 뿐인 사정, 피해자가 인도소송이 제기된 사정을 알면서도 피고인에게 소송대리인을 선임해주거나, 직접 보조참가를 시도하는 등의 별다른 조치를 취하지 않았다는 사정 등을 종합하여 피고인이 타인의 사무를 처리하는 자에 해당하거나 피고인의 행위를 임무위배행위라고 단정할 수 없다. ② 피고인의 재판상 자백의 내용은 결국 소유자의 소유권 및 자신의 가처분 당시 점유사실을 인정하는 것에 불과하여 그 자체로 피해자의 유치권 성립·존속에 어떤 영향을 미친다고 할 수 없는데다가, 소유자가 승소판결을 선고받더라도 승계인에 해당하지 않는 유치권자인 피해자를 상대로 집행할 수 없을 것으로 보이며, 만약 소유자가 승소판결에 기초하여 현재의 점유자를 상대로 집행하려고 하더라도 피해자는 유치권자로서 제3자 이의의 소를 제기하여 그 집행의 배제를 구할 수 있을 것으로 보인다는 사정 등에 비추어 배임죄에서의 재산상 손해 발생에 이르렀다고 단정할 수 없다.
309 **사례 : 회사 명의의 차용증 작성·교부가 무효인 사례** A회사의 대표이사 甲은 대표권을 남용하여 자신의 개인채무에 대하여 A회사 명의의 차용증을 작성하여 주었고, 그 상대방 乙도 이와 같은 진의를 알았거나 알 수 있었다. 甲의 행위는 업무상 배임죄를 구성하는가?
판례 : 대표이사가 대표권의 범위 내에서 한 행위는 설사 대표이사가 회사의 영리목적과 관계없이 자기 또는 제3자의 이익을 도모할 목적으로 그 권한을 남용한 것이라 할지라도 일단 회사의 행위로서 유효하지만, 그 행위의 상대방이 대표이사의 진의를 알았거나 알 수 있었을 때에는 회사에 대하여 무효가 되는 것이다(대법원 1993.6.25, 93다13391; 2005.7.28, 2005다3649 등 참조). 그에 따라 이 사건 회사는 이 사건 차용증에 기한 변제책임 내지 보증책임을 부담하지 않는 것이고 달리 이 사건 회사가 사용자책임 등에 따른 손해배상 의무를 부담할 여지도 없는 점 등에 비추어 보면 피고인들이 공소외 1에게 이 사건 차용증을 작성하여 준 것만으로는 이 사건 회사에 재산상 손해가 발생하였다거나 재산상 실해 발생의 위험이 초래되었다고 볼 수 없어 피고인들에 대하여 업무상 배임죄가 성립하지 않는다고 판단한 것은 정당하다(대법원 2010.5.27, 2010도1490).
해결 : 구성하지 않는다.
310 **판례 : 상호저축은행 대표이사의 행위가 법률상 무효인 경우** 상호저축은행이 채무를 보증하거나 담보를 제공하는 행위를 금지하는 구 상호저축은행법 제18조의2 제4호는 효력규정으로서 이에 위배하는 상호저축은행 대표이사 등의 행위는 무효이므로(대법원 2004.6.11, 2003다1601; 2004.6.25, 2004다2199), 그로 인하여 상호저축은행이 민법상 사용자책임 또는 법인의 불법원행시위책임을 부담하는 등의 특별한 사정이 없는 한 배임죄는 성립하지 아니한다는 판례이다.
311 **사례 : 인위적 주가관리를 하는 과정에서 법인의 대표자가 법인 명의로 한 채무부담행위** A주식회사 대표이사인 甲은 B주식회사 등의 주식에 대한 인위적 주가관리를 하는 과정에서 乙에게서 필요한 자금을 제공받은 후 A회사를 채무자로 하는 금전소비대차계약 등의 약정을 체결하였다. 甲의 행위는 (업무상) 배임죄를 구성하는가?
판례 : 배임죄에서 '재산상 손해를 가한 때'란 현실적인 손해를 가한 경우뿐만 아니라 재산상 실해발생의 위험을 초래한 경우도 포함되나, 그러한 손해발생의 위험조차 초래되지 아니한 경우에는 배임죄가 성립하지 아니하는데(대법원 2010.3.25, 2009도14585 등), 법인의 대표자가 법인 명의로 한 채무부담행위가 법률상 효력이 없는 경우에는 특별한 사정이 없는 한 그로 인하여 법인에 어떠한 손해가 발생하거나 발생할 위험이 있다고 할 수 없으므로, 대표자의 행위는 배임죄를 구성하지 아니한다(대법원 2010.9.30, 2010도6490 등). 2인 이상이 공모하여 범죄를 실행하는 과정에서, 범죄에 필요한 자금을 제공한 공범에게 자금제공에 대한 대가를 지급하거나 자금제공에 따른 손실을 보전하여 주기로 하는 공범 간 약정은 사회질서에 위배되어 무효이고, 공범 아닌 제3자가 그 무효인 약정에 기한 채무를 부담하거나 이행하기로 하는 약정도 역시 무효이다. 따라서 피고인이 甲 회사로 하여금 약정에 따른 채무를 부담하게 하는 행위는 회사의 영리목적 또는 경영상 필요와 관계없이 피고인 또는 제3자의 이익을 도모할 목적으로 권한을 남용한 것으로 상대방 丙도 그와 같은 진의를 알았거나 알 수 있었다고 볼 여지가 있을 뿐만 아니라(대법원 1993.6.25,

2012.2.23, 2011도15857; 2012.5.24, 2012도2142; 2013.3.28, 2010도7439[312]
법인 대표자의 행위가 무효이어서 위험조차 인정되지 않는 경우

① 법인의 대표자·피용자가 그 법인 명의로 한 채무부담행위가 관련 법령에 위배되어 법률상 효력이 없는 경우에는 그로 인하여 법인에게 어떠한 손해가 발생한다고 할 수 없으므로, 그 행위로 인하여 법인이 민법상 사용자책임 또는 법인의 불법원행시위책임을 부담하는 등의 특별한 사정이 없는 한 그 대표자·피용자의 행위는 배임죄를 구성하지 않는다. 이러한 예는 다음과 같다. [경찰승진(경장) 11 / 법원승진 11 / 사시 10 / 변호사시험 17]

  1. 상호저축은행이 채무를 보증하거나 담보를 제공하는 것을 금지하는 상호저축은행법상 효력규정을 위반하여 무효인 경우(대법원 2010.9.30, 2010도6490)
  2. 인위적 주가관리와 같은 범죄를 실행하는 과정에서 범죄에 필요한 자금을 제공하는 약정이 사회질서에 위배되어 무효인 경우(대법원 2011.7.14, 2011도3180)
  3. 주식회사의 주주총회결의에서 자신이 대표이사로 선임된 것으로 주주총회의사록 등을 위조한 자가 회사를 대표하여 대물변제 등의 행위를 한 경우(대법원 2013.3.28, 2010도7439)

② 마찬가지로 주식회사의 대표이사가 회사의 영리목적과 관계없이 자기 또는 제3자의 이익을 도모할 목적으로 그 권한을 남용한 행위에 대하여 그 행위의 상대방이 대표이사의 진의를 알았거나 알 수 있었을 때에도 회사에 대하여 무효가 되므로 해당 회사에 재산상 손해 내지 실해 발생의 위험이 초래되었다고 볼 수 없어 배임죄에 해당되지 않는다. 이러한 예는 다음과 같다.

  1. 대표권을 남용하여 자신의 개인채무에 대하여 회사 명의의 차용증을 작성해 주었는데 상대방이 악의·유과실인 경우(대법원 2010.5.27, 2010도1490)
  2. 대표이사가 회사에 대한 '자신'의 대여금 채권의 담보를 취득하기 위해 회사 명의의 약속어음을 발행·취득한 경우(대법원 2012.2.9, 2010도176)
  3. 주식회사의 실질적 경영자가 자신의 개인채무를 담보하기 위하여 회사 소유 부동산에 상대방 앞으로 근저당권설정등기를 마쳤는데 상대방은 대표권 남용임을 알고 있는 경우(대법원 2012.2.23, 2011도15857)
  4. 대표권을 남용하여 개인 채권자들에게 회사 명의의 금전소비대차 공정증서와 약속어음 공정증서를 작성해 주었는데 상대방이 악의·유과실인 경우(대법원 2012.5.24, 2012도2142) [경찰승진(경감 이하) 17 / 변호사시험 14]

> 비교 대표이사의 행위가 법률적으로는 무효이지만 경제적으로는 손해가 인정된 사례
>
>   1. 甲 주식회사의 실질적 경영자가, 자신의 개인사업체가 회사에 수목을 매도하였다는 허위의 매매계약을 체결하고 그 매매대금 채권과 甲 회사의 A에 대한 채권을 '상계' 처리하였는데, 위 상계가 법률상 무효가 된다 하더라도 甲 회사에 대한 실해발생의 위험을 초래된 것으로 볼 수 있다(대법원 2012.2.23, 2011도15857). [법원승진 13]

93다13391; 2010.5.27, 2010도1490 등), 위 금전소비대차계약 자체가 사기적 부정거래 등을 통한 주가조작 범행을 공모하여 실행한 공범 사이에서 범행에 필요한 자금제공에 대한 대가를 지급하거나 그에 따른 손실을 보전하여 주기로 하는 반사회질서 법률행위에 기초한 것으로 볼 수도 있어 위 채무부담행위는 甲 회사에 대하여 무효이므로, 그로 인하여 甲 회사에 어떠한 재산상 손해가 발생하거나 발생할 위험이 있다고 보기 어려운데도 피고인에게 유죄를 인정한 원심판단에는 대표권의 남용, 반사회질서의 법률행위, 배임행위로 인한 손해의 의미 등에 관한 법리오해의 위법이 있다(대법원 2011.7.14, 2011도3180).
해결 : 구성하지 않는다.

312 사례 : 주식회사 대표이사로 선임된 것으로 위조한 자의 대물변제 사건 주식회사의 주주총회결의에서 자신이 대표이사로 선임된 것으로 주주총회의사록 등을 위조한 자가 회사를 대표하여 대물변제 등의 행위를 한 경우, 원칙적으로 회사에 대한 배임죄를 구성하는가?
판례 : 주식회사의 주주총회결의에서 자신이 대표이사로 선임된 것으로 주주총회의사록 등을 위조한 자가 회사를 대표하여 한 대물변제 등의 행위는 법률상 효력이 없어 그로 인하여 회사에 어떠한 손해가 발생한다고 할 수 없으므로, 그 행위로 인하여 회사가 상법 제395조의 표현대표이사책임을 부담하는 등의 특별한 사정이 없는 한 그 대표이사를 사칭한 자의 행위는 배임죄를 구성하지 아니한다(대법원 2013.3.28, 2010도7439).
해결 : 구성하지 않는다.

2. 회사의 대표이사가 대표권을 남용하여 회사 명의의 '약속어음을 발행'하였고 상대방이 그 남용의 사실을 알았거나 중대한 과실로 알지 못하여 회사가 상대방에 대하여는 채무를 부담하지 아니한다 하더라도, 약속어음이 제3자에게 유통되었다면 회사의 어음채무 부담 위험이 구체적으로 발생하여 배임죄의 기수범이 되고, 약속어음이 제3자에게 유통되지 않았다면 배임죄의 기수범이 아니라 배임미수죄로 처벌되어야 한다(대법원 2017.7.20, 2014도1104 전원합의체, 이 판례에 대해서는 항을 바꾸어 상세히 소개함). [경찰채용 21 1차/경찰채용 16 2차/경찰간부 14·18/국가9급 18/변호사시험 17]

3. 회사의 대표이사가 회사로 하여금 타 회사로부터 아무런 담보나 대가를 받지 아니한 채 타 회사의 채무에 대하여 연대보증하게 하고, 타 회사가 발행한 '약속어음에도 연대보증'하게 한 다음 채권자가 위 약속어음 공정증서에 기하여 '강제집행을 함에 있어 강제집행에 아무런 이의를 제기하지 않기로 하는 약정을 체결'하여 채권자로 하여금 약속어음 액면금 전액을 추심하도록 함으로써 회사에 동액 상당의 손해를 입힌 경우, (업무상) 배임죄가 성립한다(대법원 2013.4.11, 2012도15890). [국가9급 21]

20 대법원 2017.7.20, 2014도1104 전원합의체
주식회사의 대표이사가 대표권을 남용하는 등 임무에 위배하여 약속어음 발행을 한 행위가 배임죄의 기수 또는 미수에 해당하는지 판단하는 기준
주식회사의 대표이사가 대표권을 남용하는 등 그 임무에 위배하여 회사 명의로 의무를 부담하는 행위를 하더라도 일단 회사의 행위로서 유효하고, 다만 상대방이 대표이사의 진의를 알았거나 알 수 있었을 때에는 회사에 대하여 무효가 된다. 따라서 상대방이 대표권남용 사실을 알았거나 알 수 있었던 경우 그 의무부담행위는 원칙적으로 회사에 대하여 효력이 없고, 경제적 관점에서 보아도 이러한 사실만으로는 회사에 현실적인 손해가 발생하였다거나 실해 발생의 위험이 초래되었다고 평가하기 어려우므로, 달리 그 의무부담행위로 인하여 실제로 채무의 이행이 이루어졌다거나 회사가 민법상 불법원행시위책임을 부담하게 되었다는 등의 사정이 없는 이상 배임죄의 기수에 이른 것은 아니다. 그러나 이 경우에도 대표이사로서는 배임의 고의로 임무위배행위를 함으로써 실행에 착수한 것이므로 배임죄의 미수범이 된다. 그리고 상대방이 대표권남용 사실을 알지 못하였다는 등의 사정이 있어 그 의무부담행위가 회사에 대하여 유효한 경우에는 회사의 채무가 발생하고 회사는 그 채무를 이행할 의무를 부담하므로, 이러한 채무의 발생은 그 자체로 현실적인 손해 또는 재산상 실해 발생의 위험이라고 할 것이어서 그 채무가 현실적으로 이행되기 전이라도 배임죄의 기수에 이르렀다고 보아야 한다. … 주식회사의 대표이사가 대표권을 남용하는 등 그 임무에 위배하여 약속어음 발행을 한 행위가 배임죄에 해당하는지도 원칙적으로 위에서 살펴본 의무부담행위와 마찬가지로 보아야 한다. 다만 약속어음 발행의 경우 어음법상 발행인은 종전의 소지인에 대한 인적 관계로 인한 항변으로써 소지인에게 대항하지 못하므로(어음법 제17조, 제77조), ① 어음발행이 무효라 하더라도 그 어음이 '실제로 제3자에게 유통되었다면' 회사로서는 어음채무를 부담할 위험이 구체적·현실적으로 발생하였다고 보아야 하고, 따라서 그 어음채무가 실제로 이행되기 전이라도 배임죄의 기수범이 된다. 그러나 ② 약속어음 발행이 무효일 뿐만 아니라 그 어음이 '유통되지도 않았다면' 회사는 어음발행의 상대방에게 어음채무를 부담하지 않기 때문에 특별한 사정이 없는 한 회사에 현실적으로 손해가 발생하였다거나 실해 발생의 위험이 발생하였다고도 볼 수 없으므로, 이때에는 배임죄의 기수범이 아니라 배임미수죄로 처벌하여야 한다.[313] [국가7급 21]

---

[313] **보충** : 피고인의 약속어음 발행행위로 인해 甲 회사에 현실적인 손해나 재산상 실해 발생의 위험이 초래되었다고 볼 수 없는데도, 이에 대한 심리 없이 약속어음 발행행위가 배임죄의 기수에 이르렀음을 전제로 공소사실을 유죄로 판단한 원심판결에는 배임죄의 재산상 손해 요건 및 기수시기 등에 관한 법리오해의 잘못이 있다. 이와 달리 대표이사의 회사 명의 약속어음 발행행위가 무효인 경우에도 그 약속어음이 제3자에게 유통되지 아니한다는 특별한 사정이 없는 한 재산상 실해 발생의 위험이 초래된 것으로 보아야 한다는 취지의 대법원 2012.12.27, 2012도10822, 대법원 2013.2.14, 2011도10302 판결 등은 배임죄의 기수 시점에 관하여 이 판결과 배치되는 부분이 있으므로 그 범위에서 이를 변경하기로 한다.

21 대법원 2017.10.12, 2017도6151

재산상 실해 발생의 구체적 위험이 야기된 것으로 볼 수 없다는 사례

배임죄에서 재산상 손해가 발생하였다고 평가할 수 있는 '재산상 실해 발생의 위험'은 '구체적·현실적인 위험이 야기된 정도'에 이르러야 하고 단지 막연한 가능성이 있다는 정도로는 부족하다. …… 업무상배임죄에서 타인의 사무를 처리하는 자의 임무위배행위는 민사재판에서 법질서에 위배되는 법률행위로서 무효로 판단될 가능성이 적지 않고, 그 결과 본인(타인)에게도 아무런 손해가 발생하지 않는 경우가 많다. 이러한 경우에는 그 의무부담행위로 인하여 실제로 채무의 이행이 이루어졌는지 또는 본인이 민법상 사용자책임 등을 부담하게 되었는지 등과 같이 현실적인 손해가 발생하거나 실해 발생의 위험이 생겼다고 볼 수 있는 사정이 있는지를 면밀히 심리·판단하여야 한다(장려금 등 명목으로 단가를 조정해준 것만으로는 배임죄를 구성하지 아니한다는 사례).

22 대법원 2018.2.13, 2017도17627

과다한 용역비를 지급한 것인지는 충분한 증명을 요한다는 사례

회사의 대표이사 등이 임무에 위배하여 회사로 하여금 다른 사업자와 용역계약을 체결하게 하면서 적정한 용역비의 수준을 벗어나 부당하게 과다한 용역비를 정하여 지급하게 하였다면 다른 특별한 사정이 없는 한 통상 그와 같이 지급한 용역비와 적정한 수준의 용역비 사이의 차액 상당의 손해를 회사에 가하였다고 볼 수 있다. 이 경우 배임죄가 성립하기 위해서는 해당 용역비가 적정한 수준에 비하여 과다하다고 볼 수 있는지가 객관적이고 합리적인 평가 방법이나 기준을 통하여 충분히 증명되어야 하고, 손해의 발생이 그와 같이 증명된 이상 손해액이 구체적으로 명백하게 산정되지 아니하였더라도 배임죄의 성립에는 영향이 없다. 그러나 적정한 수준에 비하여 과다한지 여부를 판단할 객관적이고 합리적인 평가 방법이나 기준 없이 단지 임무위배행위가 없었다면 더 낮은 수준의 용역비로 정할 수도 있었다는 가능성만을 가지고 재산상 손해 발생이 있었다고 쉽사리 단정하여서는 안 된다.

판례연구   배임죄의 요건인 재산상 이익의 취득

대법원 2021.11.25, 2016도3452[314]

손해를 가하였어도 이익을 취득하지 않았다면 배임죄가 성립할 수 없다는 사례

업무상배임죄는 업무상 타인의 사무를 처리하는 자가 임무에 위배하는 행위를 하고 그러한 임무위배행위로 인하여 재산상의 이익을 취득하거나 제3자로 하여금 이를 취득하게 하여 본인에게 재산상의 손해를 가한 때 성립한다. 여기서 '재산상 이익 취득'과 '재산상 손해 발생'은 대등한 범죄성립요건이고, 이는 서로 대응하여 병렬적으로 규정되어 있다(형법 제356조, 제355조 제2항). 따라서 임무위배행위로 인하여 여러 재산상 이익과 손해가 발생하더라도 재산상 이익과 손해 사이에 서로 대응하는 관계에 있는 등 일정한 관련성이 인정되어야 업무상배임죄가 성립한다. …… 업무상배임죄는 본인에게 재산상 손해를 가하는 외에 임무위배행위로 인하여 행위자 스스로 재산상 이익을 취득하거나 제3자로 하여금 재산상 이익을 취득하게 할 것을 요건으로 하므로, 본인에게 손해를 가하였다고 할지라도 행위자 또는 제3자가 재산상 이익을 취득한 사실이 없다면 배임죄가 성립할 수 없다(대법원 2007.7.26, 2005도6439; 2009.6.25, 2008도3792).

---

314 **보충**: 새마을금고 임직원인 피고인이 새마을금고의 여유자금 운영에 관한 규정을 위반하여 금융기관으로부터 금융상품을 매입함으로써 새마을금고에 액수 불상의 손해를 가하고, 금융기관에 수수료 상당의 이익을 취득하게 하였다고 하여 업무상배임 등으로 기소되었는데, 대법원은 피고인의 임무위배행위로 새마을금고에 액수 불상의 재산상 손해가 발생하였다고 하더라도 금융기관이 취득한 수수료 상당의 이익을 그와 관련성 있는 재산상 이익이라고 인정할 수 없고, 공소사실에 재산상 이익으로 기재된 수수료 상당의 이익은 배임죄에서의 재산상 이익에 해당한다고 볼 수 없다고 본 것이다.

표정리 배임죄의 요건인 재산상 이익의 취득이 인정되지 않는 사례

1	계주가 계원으로부터 받은 계불입금을 마지막 곗날까지 낙찰받지 못한 정당한 계원에게 지급한 이상 계원들 중 계금을 지급받지 못한 사람이 있어 그에게 손해를 가하였다 하더라도 이로써 계주가 재산상 이익을 취득한 바가 없는 경우(대법원 2004.4.9, 2004도18)
2	A회사의 사업부 영업팀장 甲이 체인점들에 대한 전매입고 금액을 삭제하여 전산상 회사의 체인점들에 대한 외상대금채권이 줄어든 것으로 처리하는 전산조작행위를 하였다 하더라도 재산상 이익을 행위자 또는 제3자가 취득한 사실이 없는 경우(대법원 2006.7.27, 2006도3145) [경찰채용 14 1차 / 경찰채용 16 2차 / 경찰간부 11]
3	A회사를 대표하여 기계 제작·설치 계약의 이행에 관한 업무를 처리하는 甲이 고의로 기계 제작 의무를 이행하지 않아 계약이 해제됨으로써 계약상대방 乙이 보증보험회사로부터 선급금반환 및 위약금 명목의 보험금을 수령한 경우(대법원 2007.7.26, 2005도6439)
4	입주자대표회의 회장이 열 사용요금의 납부를 위한 지출결의서의 날인을 거부함으로써 아파트 입주자들에게 그 연체료를 부담시켰다 하더라도 열 사용요금 납부연체료를 지급받은 공급업체가 연체료 상당의 재산상 이익을 취득한 것으로 볼 수 없는 경우(대법원 2009.6.25, 2008도3792)[315] [변호사시험 14]
5	회사의 승낙 없이 임의로 지정 할인율보다 더 높은 할인율을 적용하여 회사가 지정한 가격보다 낮은 가격으로 제품을 '덤핑판매'하였다 하더라도 이로써 거래처가 재산상 이익을 취득하였다고 볼 수 없는 경우(대법원 2009.12.24, 2007도2484)[316] [사시 10·13] 등

판례연구 배임죄의 손해액을 잘못 산정한 것은 위법이라는 사례

대법원 2012.1.26, 2011도15179
배임죄에서 발생된 손해액을 잘못 산정한 것이 위법이라는 사례
배임죄에 있어서 손해액이 구체적으로 명백하게 산정되지 않더라도 배임죄의 성립에는 영향이 없다고 할 것이나, 발생된 손해액을 구체적으로 산정하여 인정하는 경우에는 이를 잘못 산정하는 것은 위법하고 (대법원 1999.4.13, 98도4022), 매도인이 부동산의 매도 후 그 부동산에 양도담보계약을 체결하고 제3자에게 돈을 차용한 경우에 매수인이 입은 손해액은 그 양도담보권에 의하여 담보되는 피담보채무 상당액이라고 봄이 상당하다. 피고인이 피해자에게 이 사건 건물 중 103호를 매도한 후 계약금 및 중도금 합계 342,452,000원을 수령한 다음 이 사건 건물 중 103호에 관한 양도담보계약을 체결하고 공소외 2에게 3,450만 원을 차용한 경우, 피고인의 배임행위로 인하여 입을 피해자의 손해액은 양도담보계약의 피담보채무 상당액인 3,450만 원으로 봄이 상당함에도, 계약금 및 중도금 합계 342,452,000원을 피고인의 배임행위로 인하여 입을 피해자의 손해액으로 본 것은 배임죄의 손해액 산정에 관한 법리를 오해하여 판결에 영향을 미친 위법이 있다.[317]

---

315 **판결이유** : 열 사용요금 납부 연체로 인하여 발생한 연체료는 금전채무 불이행으로 인한 손해배상에 해당하므로, 공급업체가 연체료를 지급받았다는 사실만으로 공급업체가 그에 해당하는 재산상의 이익을 취득하게 된 것으로 단정하기 어렵고, 나아가 공급업체가 열 사용요금 연체로 인하여 실제로는 아무런 손해를 입지 않았거나 연체료 액수보다 적은 손해를 입었다는 등의 특별한 사정이 인정되는 경우에 한하여 비로소 연체료 내지 연체료 금액에서 실제 손해액을 공제한 차액에 해당하는 재산상의 이익을 취득한 것으로 볼 수 있을 뿐이므로, 공급업체가 연체료 상당의 재산상 이익을 취득한 것으로 보아 업무상 배임죄의 성립을 인정한 원심판결을 파기되어야 한다.

316 **판례 : 덤핑판매 사례** 피고인이 피해 회사의 승낙 없이 임의로 지정 할인율보다 더 높은 할인율을 적용하여 회사가 지정한 가격보다 낮은 가격으로 제품을 판매하는 이른바 '덤핑판매'로 제3자인 거래처에 재산상의 이익이 발생하였는지 여부는 경제적 관점에서 실질적으로 판단하여야 할 것인바, 피고인이 피해 회사가 정한 할인율 제한을 위반하였다 하더라도 시장에서 거래되는 가격에 따라 제품을 판매하였다면 지정 할인율에 의한 제품가격과 실제 판매시 적용된 할인율에 의한 제품가격의 차액 상당을 거래처가 얻은 재산상의 이익이라고 볼 수는 없다(대법원 2009.12.24, 2007도2484).

317 **판례 : 배임죄의 손해액** 매도인이 부동산의 매도 후 그 부동산에 양도담보계약을 체결하고 제3자에게 돈을 차용한 경우에 매수인이 입은 손해액은 그 양도담보권에 의하여 담보되는 피담보채무 상당액이라고 봄이 상당하다(위 판례).

유사 : 피고인이 피해자 甲으로부터 명의신탁(부동산실명법위반이 아님을 전제함)을 받아 보관 중인 부동산에 임의로 근저당권을 설정하였는데, 위 부동산에는 이전에 별도의 근저당권설정등기가 마쳐져 있던 경우, 피고인이 부동산을 횡령하여 취득한 이득액은 부동산을 담보로 제공한 피담보채무액 또는 채권최고액이라고 보아야 하는데, 이와 달리 부동산의 시가 상당액을 기초로 이득액을 산정한 원심판결에는 법리오해의 잘못이 있다(대법원 2013.5.9, 2013도2857).

> **판례연구** 　배임행위와 재산상 이익취득 간의 인과관계

대법원 2008.6.26, 2007도7060
배임죄는 타인의 사무를 처리하는 자가 그 임무에 위배하는 행위로써 재산상의 이익을 취득하거나 제3자로 하여금 이를 취득하게 하여 본인에게 손해를 가한 경우에 성립하는바, 재산상의 이익취득에 관하여 배임죄의 죄책을 인정하기 위해서는 그러한 재산상의 이익취득과 임무위배행위 사이에 상당인과관계가 인정되어야 한다.[318] [법원승진 10]

> **판례연구** 　특경법상 배임죄 관련 판례

🔳 대법원 2015.12.23, 2014도11042
특경법 제3조 제1항의 '이득액'의 의미
특경법 제3조 제1항의 (가중처벌기준이 되는) '이득액'이란 거기에 열거된 범죄행위로 취득하거나 제3자로 하여금 취득하게 한 불법영득의 대상이 된 재물이나 재산상 이익의 가액의 합계액이지 궁극적으로 그와 같은 이득이 실현되었는지 여부는 영향이 없다.

🔳 대법원 2015.9.10, 2014도12619
형법상 배임죄와 특경법상 배임죄의 차이
① 형법 제355조 제2항의 배임죄는 타인의 사무를 처리하는 자가 임무에 위배하는 행위로써 재산상의 이익을 취득하거나 제3자로 하여금 이를 취득하게 하여 본인에게 손해를 가함으로써 성립하고, 형법 제356조의 업무상 배임죄는 업무상의 임무에 위배하여 제355조 제2항의 죄를 범한 때에 성립하는데, 취득한 재산상 이익의 가액이 얼마인지는 범죄 성립에 영향을 미치지 아니한다. 반면 ② 배임 또는 업무상배임으로 인한 특경법 제3조 위반죄는 취득한 재산상 이익의 가액(이득액)이 5억 원 이상 또는 50억 원 이상이라는 것이 범죄구성요건의 일부로 되어 있고 이득액에 따라 형벌도 매우 가중되어 있으므로, 배임행위로 취득한 재산상 이익의 가액(이득액)을 산정할 수 없는 경우 특경법 제3조 제1항 제1호를 적용할 수 없다.

🔳 대법원 2007.4.19, 2005도7288 전원합의체; 2007.5.31, 2005도3102; 2011.6.30, 2011도1651
부동산 이중매매로 인한 배임죄에서, 특경법 제3조 제1항의 적용을 전제로 대상 부동산 가액을 산정할 때, 부동산 시가 상당액에서 근저당권 등에 의한 부담 금액을 공제한다는 사례
배임행위로 얻은 재산상 이익의 일정한 액수 자체를 가중적 구성요건으로 규정하고 있는 특정경제범죄 가중처벌 등에 관한 법률 제3조 제1항의 적용을 전제로 하여 이중매매 대상이 된 부동산 가액을

---

318 **사례 : 연구용역결과를 다른 곳에 제공하였으나 그로 인해 재산상 이익을 취득한 것은 아닌 경우** A대학 환경공학과 교수 甲은 축산분뇨 처리장치[일명 타오(TAO) 시스템] 기술을 실용화하기 위하여 알켐코리아 주식회사와 체결한 시험연구용역계약에 위반하여, 피고인이 2000.8.24.경 강원지역환경기술센터와 위 시험연구용역계약과 동일한 계약을 체결하고, 2001.9.경 강원지역환경기술센터에 이미 알켐코리아에 제출한 시험연구용역 결과를 다시 제공함으로써, 알켐코리아가 甲에게 제공한 연구용역비 2억 1,000만 원, 알켐코리아가 연구용역 담당직원에게 지급한 임금 17,355,140원, 합계 227,355,140원의 재산상 이익을 취득하고, 알켐코리아에 같은 금액 상당의 재산상의 손해를 가하였다는 공소사실로 기소되었다. 甲의 행위와 연구용역비 및 임금 취득 사이에는 상당인과관계가 인정되는가?
판례 : 피고인이 알켐코리아로부터 제공받아 취득한 재산상 이익인 연구용역비와 담당직원 임금은 이 사건 시험연구용역계약에 따른 알켐코리아의 의무이행에 기한 것일 뿐, 이 사건 공소사실에서 피고인의 임무위배행위로 적시되어 있는 강원지역환경기술센터와의 계약 체결 또는 용역결과 제공으로 인하여 초래된 것이 아니므로, 원심이 지적하고 있는 재산상 이익의 취득과 피고인의 임무위배행위 사이에는 상당인과관계를 인정할 수 없다(대법원 2008.6.26, 2007도7060).
해결 : 인정되지 않는다.

산정하는 경우, 부동산에 아무런 부담이 없는 때에는 부동산 시가 상당액이 곧 가액이라고 볼 것이지만, 부동산에 근저당권설정등기가 경료되어 있거나 압류 또는 가압류 등이 이루어진 때에는 특별한 사정이 없는 한 아무런 부담이 없는 상태의 부동산 시가 상당액에서 근저당권의 채권최고액 범위 내에서 피담보채권액, 압류에 걸린 집행채권액, 가압류에 걸린 청구금액 범위 내에서 피보전채권액 등을 뺀 실제 교환가치를 부동산 가액으로 보아야 한다.

판례연구	**배임죄의 기수 관련 판례**

대법원 2011.11.24, 2010도11394
회사의 대표이사가 회사 명의로 체결한 계약이 관련 법령이나 정관에 위배되어 법률상 효력이 없는 경우, 그 계약의 체결행위만으로 배임의 범행이 기수에 이르렀거나 범행이 종료되었다고 볼 수 없다는 사례
배임죄의 재산상 손해의 유무는 법률적 판단에 의하지 아니하고 경제적 관점에서 파악하여야 하나, 회사의 대표이사가 회사 명의로 체결한 계약이 관련 법령이나 정관에 위배되어 법률상 효력이 없는 경우에는 그로 인하여 회사가 계약 상대방에게 민법상 불법원행시위책임을 부담하게 되는 등 특별한 사정이 없는 한 계약의 체결행위만으로 회사에 현실적인 손해가 발생하거나 재산상 실해 발생의 위험이 초래되었다고 할 수 없어서, 그것만으로 배임죄 구성요건이 모두 충족되어 범행이 기수에 이르렀거나 범행이 종료되었다고 볼 수 없다.[319] [경찰채용 14 1차 / 법원승진 11 / 법원행시 13]

표정리 배임의 고의가 인정되는 사례

1	대기업의 회장 또는 주식회사의 이사가 경영상의 판단이라는 이유로 甲 계열회사의 자금으로 재무구조가 상당히 불량한 상태에 있는 乙 계열회사가 발행하는 신주를 액면가격으로 인수하거나 계열회사에게 충분한 담보를 제공받지 않고 회사의 자금을 대여한 행위(이익을 취득하는 제3자가 같은 계열회사이고 계열그룹 전체의 회생을 위한다는 목적에서 이루어진 행위로서 그 행위의 결과가 일부 본인을 위한 측면이 있다 하더라도 본인의 이익을 위한다는 의사는 부수적일 뿐이고 이득 또는 가해의 의사가 주된 것임이 판명되면 배임죄의 고의를 부정할 수 없음)(대법원 2000.3.14, 99도4923; 2004.6.24, 2004도520; 2008.5.29, 2005도4640; 2009.7.23, 2007도541; 2010.10.28, 2009도1149; 2010.12.23, 2008도8851) [법원행시 07]
2	대기업 또는 대기업의 회장 등 개인이 정치적으로 난처한 상황에서 벗어나기 위하여 자회사 및 협력회사 등으로 하여금 특정 회사의 주식을 매입수량, 가격 및 매입시기를 미리 정하여 매입하게 한 경우(대법원 2007.3.15, 2004도5742)

---

319 **사례** : 무효인 계약의 체결행위와 배임범행의 기수 내지 종료 여부 회사의 대표이사가 회사 명의로 체결한 계약이 관련 법령이나 정관에 위배되어 법률상 효력이 없는 경우, 원칙적으로 그 계약의 체결행위만으로 배임의 범행이 기수에 이르렀거나 범행이 종료되었다고 볼 수 있는가?
판례 : 회사의 대표이사가 회사 명의로 체결한 계약이 관련 법령이나 정관에 위배되어 법률상 효력이 없는 경우에는 그로 인하여 회사가 계약 상대방에게 민법상 불법원행시위책임을 부담하게 되는 등 특별한 사정이 없는 한 계약의 체결행위만으로 회사에 현실적인 손해가 발생하거나 재산상 실해 발생의 위험이 초래되었다고 할 수 없어서, 그것만으로 배임죄 구성요건이 모두 충족되어 범행이 기수에 이르렀거나 범행이 종료되었다고 볼 수 없다. 따라서 甲 주식회사 대표이사인 피고인이 주주총회 의사록을 허위로 작성하고 이를 근거로 피고인을 비롯한 임직원들과 주식매수선택권부여계약을 체결함으로써 甲 회사에 재산상 손해를 가하였다고 하며 특정경제범죄 가중처벌 등에 관한 법률 위반(배임)으로 기소된 경우, 상법과 정관에 위배되어 법률상 무효인 계약을 체결한 것만으로는 업무상 배임죄 구성요건이 완성되거나 범행이 종료되었다고 볼 수 없고, 임직원들이 이후 계약에 기초하여 甲 회사에 주식매수선택권을 행사하고, 피고인이 이에 호응하여 주식의 실질가치에 미달하는 금액만을 받고 신주를 발행해 줌으로써 비로소 甲 회사에 현실적 손해가 발생하거나 그러한 실해 발생의 위험이 초래되었다고 볼 수 있으므로, 피고인에 대한 업무상 배임죄는 피고인이 의도한 배임행위가 모두 실행된 때로서 최종적으로 주식매수선택권이 행사되고 그에 따라 신주가 발행된 시점에 종료되었다고 보아야 하는데도, 이와 달리 계약을 체결한 시점에 범행이 종료되었음을 전제로 공소시효가 완성되었다고 보아 면소를 선고한 원심판결에는 법리오해의 위법이 있다(대법원 2011.11.24, 2010도11394).
해결 : 볼 수 없다.

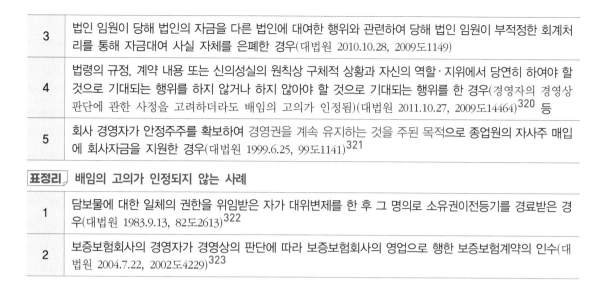

3	법인 임원이 당해 법인의 자금을 다른 법인에 대여한 행위와 관련하여 당해 법인 임원이 부적정한 회계처리를 통해 자금대여 사실 자체를 은폐한 경우(대법원 2010.10.28, 2009도1149)
4	법령의 규정, 계약 내용 또는 신의성실의 원칙상 구체적 상황과 자신의 역할·지위에서 당연히 하여야 할 것으로 기대되는 행위를 하지 않거나 하지 않아야 할 것으로 기대되는 행위를 한 경우(경영자의 경영상 판단에 관한 사정을 고려하더라도 배임의 고의가 인정됨)(대법원 2011.10.27, 2009도14464)[320] 등
5	회사 경영자가 안정주주를 확보하여 경영권을 계속 유지하는 것을 주된 목적으로 종업원의 자사주 매입에 회사자금을 지원한 경우(대법원 1999.6.25, 99도1141)[321]

표정리 배임의 고의가 인정되지 않는 사례

1	담보물에 대한 일체의 권한을 위임받은 자가 대위변제를 한 후 그 명의로 소유권이전등기를 경료받은 경우(대법원 1983.9.13, 82도2613)[322]
2	보증보험회사의 경영자가 경영상의 판단에 따라 보증보험회사의 영업으로 행한 보증보험계약의 인수(대법원 2004.7.22, 2002도4229)[323]

---

320 **사례** : 경영상 판단과 관련하여 경영자에게 배임의 고의와 불법이득의 의사가 있었는지를 판단하는 방법 甲 상호저축은행 임원인 A 등은 타인 명의로 토지를 매수한 다음 이른바 특수목적법인(SPC)인 乙 주식회사를 설립하고 乙 회사에 甲 은행 자금을 대출하여 乙 회사 명의로 골프장 건설사업을 추진하였다. A 등에게는 업무상 배임의 고의가 인정되는가?
판례 : 피고인들이 상호저축은행법 등 관계 법령에 위배되는 까닭에 甲 은행이 실질적 당사자가 되어 시행하거나 보유할 수 없는 골프장 건설사업을 타인의 명의 등을 내세워 편법으로 추진하고, 임원의 임무에 위배하여 구체적인 사업성 검토도 제대로 거치지 아니한 채 함부로 甲 은행의 자금을 지출한 행위는 법령의 규정, 직무 내용은 물론 신의성실의 원칙상 당연히 하지 않아야 할 것으로 기대되는 행위를 함으로써 본인과 맺은 신임관계를 저버리고 그로 인하여 본인에게 재산상 손해를 가하고 제3자로 하여금 재산상 이익을 취득하게 한 경우이므로, 이와 달리 피고인들에게 업무상 배임의 고의를 인정할 수 없다고 보아 무죄를 선고한 원심판결에는 법리오해의 위법이 있다(대법원 2011.10.27, 2009도14464).
해결 : 인정된다.

321 **사례** : 경영자의 자금 지원의 목적이 경영권 보전에 있었던 사례 기아자동차 회장 甲을 중심으로 한 경영진이 사실상 지배하는 경영발전위원회는 원래 기아자동차 주식회사(이하 '기아자동차'라고만 한다)와 그 계열사의 종업원들로부터 2개월에 한 번씩 통상임금의 2%(월 1%)씩을 갹출하여 그 금원을 기금으로 하여 운영되어 왔는데, 1993.11.경 삼성 측이 기아자동차의 주식을 집중적으로 매집하여 회사지배권을 넘보는 사태가 발생하자 피고인을 중심으로 한 경영진은 자신들이 사실상 지배하는 경영발전위원회 등의 주식지분 비율을 높여 회사 경영권을 계속 보전할 목적으로 회사 자금으로 경영발전위원회 등에게 이 사건 자금지원을 하였다. 甲의 행위는 배임에 해당하는가?
판례 : 경영자의 자금지원의 주된 목적이 종업원의 재산형성을 통한 복리증진보다는 안정주주를 확보함으로써 경영자의 회사에 대한 경영권을 계속 유지하고자 하는 데 있다면, 그 자금지원은 경영자의 이익을 위하여 회사재산을 사용하는 것이 되어 회사의 이익에 반하므로 회사에 대한 관계에서 임무위배행위가 된다. 따라서 피고인을 중심으로 한 회사의 경영진이 외부의 회사지배권 쟁탈 기도에 즈음하여 자신들이 사실상 지배하는 경영발전위원회 등의 주식지분 비율을 높여 회사 경영권을 계속 보전할 목적으로 회사의 자금으로 경영발전위원회 등에게 이 사건 자금지원을 하기에 이르렀다면, 그 자금지원은 피고인을 비롯한 경영진 자신들의 이익을 위하여 회사재산을 사용하는 것이 되어 회사에 대한 관계에서 임무위배행위가 된다 할 것이고, 그 자금지원의 목적이 위와 같은 이상 피고인에게는 임무에 위배하여 자금지원을 함으로써 경영발전위원회 등에 이익을 주고 회사에 손해를 가한다는 인식 즉, 배임죄의 고의와 재산죄에 있어서 요구되는 불법이득의 의사도 있었다고 봄이 상당하다(대법원 1999.6.25, 99도1141).
해결 : 해당한다.

322 **사례** : 담보물 대위변제 후 소유권이전등기의 경우 배임 고의 부정례 乙은 甲의 알선으로 대주(貸主) 2인으로부터 금원을 차용하고 부동산을 담보로 제공하여 대주 명의로 제1, 2순위 가등기를 경료한 후 그 부동산에 관한 권한 일체를 甲에게 위임하였다. 그런데 甲은 제1, 2순위 가등기에 우선하는 근저당권에 기한 경매를 막기 위하여 그 피담보채권을 변제하고, 또 제1순위 가등기권자가 그 명의로 본등기를 하여 제2순위 가등기가 말소되자 제1순위 가등기권자의 피담보채권까지 변제하고, 위 두개의 구상채권과 제2순위 가등기권자의 채권을 담보하기 위하여 제1순위 가등기권자와 사이에 이미 변제한 채무원리금을 乙에 대한 매매대금으로 하여 甲 자기 명의로 소유권이전등기를 하였다. 甲에게는 배임의 고의가 인정되는가?
판례 : 배임의 고의가 있다 할 수 없다(대법원 1983.9.13, 82도2613).
해결 : 인정되지 않는다.

323 **판례** : 보증보험회사의 경영자의 보증보험계약의 인수 사례 기업의 경영에는 원천적으로 위험이 내재하여 있어서 경영자가 아무런 개인적인 이익을 취할 의도 없이 선의에 기하여 가능한 범위 내에서 수집된 정보를 바탕으로 기업의 이익에 합치된다는 믿음을 가지고 신중하게 결정을 내렸다 하더라도 그 예측이 빗나가 기업에 손해가 발생하는 경우가 있을 수 있는바, 이러한 경우에까지 고의에 관한 해석기준을 완화하여 업무상 배임죄의 형사책임을 묻고자 한다면 이는 죄형법정주의의 원칙에 위배되는 것임은 물론이고 정책적인 차원에서 볼 때에도 영업이익의 원천인 기업가 정신을 위축시키는 결과를 낳게 되어 당해 기업뿐만 아니라 사회적으로도 큰 손실이 될 것이므로, 현행 형법상의 배임죄가 위태범이라는 법리를 부인할 수 없다 할지라도, 문제된 경영상의 판단에 이르게

3	부동산신탁회사의 상무이사가 토지개발신탁사업의 개발투자비 상환채권을 담보하기 위해 제공된 부동산의 관리·처분신탁계약을 해지하고 소유권이전등기를 환원해 준 경우(대법원 2005.6.9, 2004도2786)[324]
4	퇴사한 전직 동료의 편의를 위하여 회사 컴퓨터에 저장된 (영업비밀이 아닌) 개인 파일 등을 복사해 준 경우(대법원 2009.5.28, 2008도5706)
5	甲 회사가 부실회사인 乙 회사를 인수할 당시 이미 검토되었던 투자의 실행으로서 이루어진 유상증자 참여결정에 따라 乙 회사의 발행주식을 적정가액보다 고가로 인수한 경우(대법원 2010.1.14, 2007도10415)[325]
6	방송사 사장이 방송사의 조세소송 관련 사무를 처리하면서 보다 유리한 내용으로 조정안을 관철하지 못한 경우(대법원 2012.1.12, 2010도15129)[326] 등
7	타인으로부터 금원을 차용하여 주금을 납입하고 설립등기나 증자등기 후 바로 인출하여 차용금 변제에 사용하는 경우(상법상 납입가장죄 성립 외에 배임죄 불성립, 대법원 2005.4.29, 2005도856)[327] [경찰승진(경감) 10 / 경찰승진 12]

판례연구 | **부동산 이중매매에 관한 배임죄 성립 입장을 유지한 판례**

1 대법원 2018.5.17, 2017도4027 전원합의체

다수의견 부동산 매매계약에서 계약금만 지급된 단계에서는 어느 당사자나 계약금을 포기하거나 그 배액을 상환함으로써 자유롭게 계약의 구속력에서 벗어날 수 있다. 그러나 중도금이 지급되는 등 계약이 본격적으로 이행되는 단계에 이른 때에는 계약이 취소되거나 해제되지 않는 한 매도인은 매수인에게 부동산의 소유권을 이전해 줄 의무에서 벗어날 수 없다. 따라서 이러한 단계에 이른 때에 매도인은 매수인에 대하여 매수인의 재산보전에 협력하여 재산적 이익을 보호·관리할 신임관계에 있게 된다. 그때부터 매도인은 배임죄에서 말하는 '타인의 사무를 처리하는 자'에 해당한다고 보아야 한다. 그러한 지위에 있는 매도인이 매수인에게 계약 내용에 따라 부동산의 소유권을 이전해 주기 전에 그 부동산을 제3자에게 처분하고 제3자 앞으로 그 처분에 따른 등기를 마쳐 준 행위는 매수인의 부동산 취득 또는 보전에 지장을 초래하는 행위이다. 이는 매수인과의 신임관계를 저버리는 행위로서 배임죄가 성립한다. [국가7급 21]

된 경위와 동기, 판단대상인 사업의 내용, 기업이 처한 경제적 상황, 손실발생의 개연성과 이익획득의 개연성 등 제반 사정에 비추어 자기 또는 제3자가 재산상 이익을 취득한다는 인식과 본인에게 손해를 가한다는 인식(미필적 인식을 포함) 하의 의도적 행위임이 인정되는 경우에 한하여 배임죄의 고의를 인정하는 엄격한 해석기준은 유지되어야 할 것이고, 그러한 인식이 없는데 단순히 본인에게 손해가 발생하였다는 결과만으로 책임을 묻거나 주의의무를 소홀히 한 과실이 있다는 이유로 책임을 물을 수는 없다(대법원 2004.7.22, 2002도4229).

324 **판결이유** : 피고인은 결재권자로서 담당 지점장이 보고한 내용을 검토, 확인한 후 이를 승인하였고, 피고인 자신의 개인적인 이익을 취하거나 위탁자로 하여금 재산상의 이익을 취하게 할 의도가 있었다고 볼 사정이 없으므로, 단순히 부동산신탁회사에 손해가 발생하였다는 결과만으로 피고인에게 책임을 묻거나 주의의무를 소홀히 한 과실이 있다는 이유로 피고인에게 배임의 고의가 있었다고 하기는 어렵다(대법원 2005.6.9, 2004도2786).

325 **보충** : 乙 회사 유상증자에의 참여를 결정한 甲 회사의 대표이사 및 이사에게는 자기 또는 제3자가 재산상 이익을 취득한다는 인식과 본인에게 손해를 가한다는 인식이 없는데 단순히 본인에게 손해가 발생하였다는 결과만으로 책임을 묻거나 주의의무를 소홀히 한 과실이 있다는 이유로 책임을 물을 수는 없다(위 판례).

326 **판례** : **경영상 판단과 배임의 고의** 경영상 판단과 관련하여 경영자에게 배임의 고의와 불법이득의 의사가 있었는지를 판단할 때에도, 문제된 경영상의 판단에 이르게 된 경위와 동기, 판단 대상인 사업의 내용, 기업이 처한 경제적 상황, 손실 발생과 이익 획득의 개연성 등의 여러 사정을 고려할 때 자기 또는 제3자가 재산상 이익을 취득한다는 인식과 본인에게 손해를 가한다는 인식하의 의도적 행위임이 인정되는 경우에 한하여 배임죄의 고의를 인정하여야 하고, 그러한 인식이 없는데도 본인에게 손해가 발생하였다는 결과만으로 책임을 묻거나 단순히 주의의무를 소홀히 한 과실이 있다는 이유로 책임을 물어서는 안 된다(대법원 2004.7.22, 2002도4229; 2007.11.15, 2007도6075; 2010.1.14, 2007도10415; 2012.1.12, 2010도15129).

327 **판례** : **상법상 납입가장죄가 되는 경우 배임죄는 성립하지 않는다는 사례** 주식회사의 설립업무 또는 증자업무를 담당한 자와 주식인수인이 사전 공모하여 주금납입취급은행 이외의 제3자로부터 납입금에 해당하는 금액을 차입하여 주금을 납입하고 납입취급은행으로부터 납입금보관증명서를 교부받아 회사의 설립등기절차 또는 증자등기절차를 마친 직후 이를 인출하여 위 차용금채무의 변제에 사용하는 경우, 위와 같은 행위는 실질적으로 회사의 자본을 증가시키는 것이 아니고 등기를 위하여 납입을 가장하는 편법에 불과하여 주금의 납입 및 인출의 전 과정에서 회사의 자본금에는 실제 아무런 변동이 없다고 보아야 할 것이므로 그들에게 불법이득의 의사가 있다거나 회사에 재산상 손해가 발생한다고 볼 수는 없으므로, 업무상배임죄가 성립한다고 할 수 없다(대법원 2005.4.29, 2005도856).

2 대법원 2018.12.13, 2016도19308
부동산이중매매와 서면으로 부동산 증여의 의사를 표시한 증여자
(위 1.번 판례의) 법리는 서면에 의한 부동산 증여계약에도 마찬가지로 적용된다. 서면으로 부동산 증여의 의사를 표시한 증여자는 계약이 취소되거나 해제되지 않는 한 수증자에게 목적부동산의 소유권을 이전할 의무에서 벗어날 수 없다. 그러한 증여자는 '타인의 사무를 처리하는 자'에 해당하고, 그가 수증자에게 증여계약에 따라 부동산의 소유권을 이전하지 않고 부동산을 제3자에게 처분하여 등기를 하는 행위는 수증자와의 신임관계를 저버리는 행위로서 배임죄가 성립한다.

판례연구 **부동산 이중매매의 매도인이 배임죄의 주체인 사무처리자로 인정되기 위한 요건**

1 대법원 2007.6.14, 2007도379; 1986.7.8, 85도1873
부동산매도인이 배임죄의 주체가 되려면 제1매수인으로부터 중도금을 수령해야 한다는 사례
이중매매에 있어서 매도인이 매수인의 사무를 처리하는 자로서 배임죄의 주체가 되기 위하여는 매도인이 계약금을 받은 것만으로는 부족하고 적어도 중도금을 받는 등 매도인이 더 이상 임의로 계약을 해제할 수 없는 상태에 이르러야 하는바, 특별한 사정이 없는 한 매매계약 당시 합의한 계약금이 매매대금 총액에 비하여 다소 과다하다는 사정만으로 매도인이 그 배액을 상환하여 매매계약을 해제할 권한을 유보하지 아니한 것으로 볼 수는 없고, 이러한 경우 매도인이 합의한 계약금 전부를 지급받지 못하고 있다면, 아직 타인의 사무를 처리하는 자의 지위에 있다고 할 수 없으므로 이중으로 제3자에게 처분한 행위에 대하여 배임죄의 책임을 물을 수 없다.

2 대법원 1986.10.28, 86도936
부동산양도인이 계약금 및 중도금에 갈음하여 소유권이전등기 소요서류를 교부 받았다가(중도금을 지급받은 것과 마찬가지로 평가받을 수 있는 상태) 그 양도부동산을 제3자에게 이중양도한 사례
부동산을 대금 213,000,000원에 양도하면서 양수인으로부터 계약금 및 중도금에 갈음하여 양수인 소유의 부동산을 120,000,000원으로 평가하여 이전받기로 하고 그 소유권이전등기소요서류를 모두 교부받았다면 양도인이 비록 그 부동산에 관하여 자기 앞으로 소유권이전등기를 마치지 않은 상태였다 하더라도 그 이전등기에 필요한 서류를 모두 교부받은 이상 양도인 앞으로의 소유권이전등기는 그 실행 여부만이 남아있는 것이고 이는 오로지 양도인의 의사와 행위에 의하여 좌우될 사항이어서 그 상태는 사회통념 내지 신의칙에 비추어 계약금 및 중도금을 이행받은 경우와 마찬가지라고 봄이 상당하여 이 경우 양도인이 양도부동산을 제3자에게 이중양도하고 소유권이전등기를 마쳤다면 이는 양수인에 대한 배임행위가 된다. [법원행시 06 / 사시 12]

표정리 **부동산이중매매로서 배임죄에 해당하는 사례**

1	부동산 매도인 甲이 잔금까지 치른 매수인 乙의 의사에 반하여 甲 자신의 丙으로부터 빌린 차용금에 대한 담보로 위 매매목적부동산에 대하여 丙에게 가등기를 경료해 준 경우(대법원 1982.2.23, 81도3146)
2	부동산의 매도인으로서 매수인에 대하여 그 앞으로의 소유권이전등기절차에 협력할 의무 있는 자가 같은 부동산을 매수인 이외의 제3자에게 이중으로 매도하고 제3자 앞으로 소유권이전청구권 보전을 위한 가등기를 마쳐준 경우(대법원 1983.6.14, 81도2278; 2006.11.9, 2006도3626; 2008.7.10, 2008도3766) [사시 10]
3	매도인과 매수인 사이에 소유권이전등기절차를 이행하기로 하는 재판상 화해가 성립하는 등 위임받은 타인의 사무가 소유권이전등기의무인 때 매도인의 소유권이전등기의무가 이행불능이거나 이행불능에 빠질 위험성이 발생한 경우(대법원 1993.5.27, 93도169; 2007.7.26, 2007도3882; 2011.6.30, 2011도1651; 2012.1.26, 2011도15179) 등

	표정리 부동산이중매매 관련 배임죄에 해당하지 않는 사례
1	부동산을 이중매매함에 있어서 매도인이 선매수인에게 소유권이전의무를 이행한 경우(후매수인에 대한 관계에서 그가 임무를 위법하게 위배한 것이라고 할 수 없음)(대법원 1992.12.24, 92도1223; 2009.2.26, 2008도11722[328]; 2010.4.29, 2009도14427) [경찰승진(경장) 11 / 경찰승진(경감이하) 17 / 경찰승진 12 / 법원행시 10]
2	매도인이 자신의 명의로 가등기를 마친 경우(제1매수인의 재산을 해할 위험이 없음)(대법원 1985.8.20, 84도2109)[329] 등

	표정리 부동산이중매매의 제1매매계약이 유효하지 않아 제2매매가 배임죄를 구성하지 않는 사례
1	자경·자영할 의사가 없는 농지의 매수인은 농지개혁법상 농지에 대한 소유권을 취득할 수 없고 비농가인 매수인이 자경·자영의사가 없었다고 인정되면 매수인은 매도인에 대하여 소유권이전등기절차의 이행을 청구할 수 없는데 이러한 매수인에게 농지를 매도한 경우(대법원 1960.2.10, 4292형상958; 1979.3.27, 79도141[330]; 2011.1.27, 2009도10701[331])
2	제1매매계약이 사회질서에 반하여 무효인 경우(내연관계 유지목적의 증여계약은 무효 : 대법원 1986.9.9, 86도1382)[332] [법원9급 09 / 사시 11]

328 **사례** : 선매수인에게 소유권 이전한 경우 후매수인에 대한 배임죄의 성부 아파트 건축분양회사 A회사는 수분양자들에게 소유권이전등기절차를 이행하지 않은 채 분양 전 B금융기관과 체결한 근저당권설정계약에 따라 위 아파트에 대하여 근저당권설정등기를 경료해주었다. A회사에게는 수분양자들에 대하여 배임죄의 죄책이 성립하는가?
해결 : 성립하지 않는다.

329 **사례** : 매도인 자신의 이름으로 가등기를 마친 경우 A는 B, C와 공모하여 1982.3.22. 서울 중구 을지로2가 평화합동법률사무소에서 C와 공동 매입하여 B명의로 신탁등기하여 두었던 이 사건 부동산을 대금 32,800,000원에 한일가스산업주식회사에 매도하기로 매매계약을 체결하고 동일 계약금으로 금 3,000,000원, 같은 해 4.12. 중도금으로 금 13,000,000원을 수령하였으므로 그 잔금지급기일인 같은 해 5.3. 그 잔금을 수령하고 위 부동산의 소유권이전등기를 위 회사에 이행하여 줄 의무가 있었다. 그런데 A는 같은 해 5.6. A명의로 위 부동산에 대한 가등기를 경료해버렸다. A에게는 배임죄가 성립하는가?
판례 : 위 매매계약은 그 매도인이 등기명의자인 B로 형식상 기재되어 있을 뿐 실제로는 A와 C가 위 회사와 직접 체결한 계약임이 엿보이는 만큼 이 사건 부동산은 실질적으로 A와 C의 공동소유로서, 위 매매에 따른 소유권이전등기의무도 A와 C가 실질적으로 부담하는 것으로 보아야 되며, 이와 같이 소유권이전등기의무자중의 한 사람인 A가 실질적으로 자신의 소유인(C와 공동소유인) 이 사건 부동산에 A자신 명의의 가등기를 경료하였다 하여 특단의 사정이 없는 한 그 사유만으로써 매수인인 위 회사의 소유권이전등기청구권이 이행불능될 위험성이 있다거나 또는 기타 다른 어떤 손해가 발생할 위험성이 있다고 보기 어렵다(대법원 1985.8.20, 84도2109).
해결 : 성립하지 않는다.

330 **판례** : 비농가이고 자경의사도 없는 사람에게 농지를 매도하였다가 제3자에게 이중양도한 경우 농가가 아니고 농지를 자경하거나 자영할 의사도 없어 농지개혁법상 농지를 취득할 수 없는 자에 대하여 농지를 매도한 계약은 무효이어서 매도인은 소유권이전등기절차를 이행할 임무가 없으므로 매도인이 그 농지를 제3자에게 이중으로 양도하였다 하더라도 배임죄가 성립되지 아니한다(대법원 1979.3.27, 79도141).
비교 : 물권변동에 관하여 형식주의를 취하고 있는 현행 민법 하에 있어서는 농지매매에 관하여 소재지관서의 증명이 없는 경우에는 매매에 의한 물권변동의 효과 즉 소유권이전의 효과를 발생할 수는 없으나 농지매매 당사자 사이의 채권계약 자체의 효력이 발생하지 아니하는 것은 아니며, 농지매매에 있어 소재지관서의 증명이 없을지라도 농지매매 당사자 사이에 채권계약으로서의 매매계약은 유효히 성립할 수 있다는 것이 당원의 견해이므로(대법원 1964.10.1, 64다563 전원합의체; 1967.3.21, 64다255; 1968.6.18, 68다646; 1971.10.23, 70다1750; 1972.6.27, 72다700; 1979.8.28, 79다1077; 1987.4.28, 85다카971), 농지를 이중으로 매도한 경우에 먼저의 농지매매에 관하여 소재지관서의 증명이 없다는 이유만으로는 배임죄의 성립을 부정할 수 없다고 할 것이다(대법원 1996.8.23, 96도1514; 1991.7.9, 91도846).

331 **사례** : 자경·자영의사 없는 매수인과의 농지매매계약 사례 망(亡) 甲은 망 乙에게, 망 乙은 자경 또는 자영의사 없는 丙에게 농지를 매매하는 계약을 체결하고 매매대금을 교부받았는데, 매도인 甲의 처인 A는 甲의 위와 같은 의무를 상속하였음에도 위 토지를 제3자에게 처분하고 소유권이전등기를 마쳤다. A에게는 丙에 대한 배임죄의 죄책이 인정되는가?
판례 : 乙과 丙 사이의 토지 매매는 자경 또는 자영할 의사가 없었던 매매로서 丙은 구 농지개혁법상 위 토지의 소유권을 취득할 수 없으므로, 피고인이 제3자에게 위 토지를 처분하고 소유권이전등기절차를 마쳤더라도 丙에 대하여 배임죄를 구성하지 아니한다고 본 원심판단은 정당하다(대법원 2011.1.27, 2009도10701).
해결 : 인정되지 않는다.

332 **판례** : 내연의 처와의 불륜관계를 지속하는 대가로서 부동산에 관한 소유권이전등기를 경료해 주기로 약정한 경우, 이러한 부동산증여계약은 선량한 풍속과 사회질서에 반하는 것으로서 무효이어서 위 증여로 인한 소유권이전등기의무가 인정되지 아니하는 이상, 동인이 타인의 사무를 처리하는 자에 해당한다고 볼 수 없어 비록 위 등기의무를 이행하지 않는다 하더라도 배임죄를 구성하지 않는다(대법원 1986.9.9, 86도1382). [법원9급 09 / 사시 11]

3	통정허위표시에 해당되어 무효인 경우(대법원 1983.7.12, 82도2941)[333]
4	구 국토의 이용 및 관리에 관한 법률(현재의 '국토의 계획 및 이용에 관한 법률')상 토지거래허가지역 내의 토지에 대하여 토지거래허가가 없어서(대법원 1996.8.23, 96도1514; 1996.2.9, 95도2891; 1992.10.13, 92도1070)[334 · 335](유동적) 무효인 경우 [법원행시 10 · 11 · 13]
5	국토의 계획 및 이용에 관한 법률에서 정한 토지거래계약 허가구역 내 토지에 관하여 허가를 배제 · 잠탈하는 내용으로 체결된 매매계약에 해당되어 확정적 무효인 경우(대법원 2011.6.30, 2011도614)[336] 등

판례연구 **기타 부동산 이중매매 관련 판례**

1 대법원 2007.3.29, 2006도6674; 2006.5.12, 2006도1140

부동산매매계약 · 증여계약에 적법한 해제사유가 있다고 믿었지만 그 믿음에 정당한 사유가 있지 아니하다고 보아 이중매도한 행위가 배임죄를 구성한다고 본 사례

매매계약에 있어서 매도인이 부동산을 매도한 후 그 매매계약을 해제하고 이를 다시 제3자에게 매도한 경우에 ① 그 매매계약의 해제가 해제요건을 갖추지 못하여 부적법하더라도 매도인이 그 해제가

---

333 **사례 : 통정허위표시로서 무효인 경우** 甲이 자신의 부동산 14필지에 대한 乙과의 분쟁을 甲의 처남 丙을 내세워 결정할 생각으로 丙에게 허위로 위 부동산에 대한 매매계약서를 작성 · 교부하고 가등기를 경료하였다. 이후 甲은 丙 명의의 가등기권리증 및 위 부동산 14필지에 대한 소유권이전등기의 말소등기신청서 각 1통씩을 작성하여 등기소에 제출하여 등기부원본에 가등기 기재를 말소시켰다. 결국 위 부동산 14필지 중 3필지를 丁에게 매도하였다. 甲의 형사책임은?
해결 : 처남에 대한 의사표시가 통정허위표시로서 무효이므로, 배임죄가 성립하지 않는다.

334 **사례 : 토지거래허가지역 내의 토지에 관한 토지거래허가 없는 매매계약의 효력** 甲은 乙이 1990년 12월 3일과 그 달 31일 乙 소유의 국토이용관리법상 토지거래허가지역 내에 있는 토지를 丙, 丁에게 각 매도하고 계약금과 중도금까지 수령하였으므로 잔금 수령과 동시에 위 각 토지에 대한 소유권이전등기를 경료해 주어야 할 의무가 있음을 잘 알면서도 적극적으로 이중매매를 권유하여 1991년 2월 13일경 위 乙로부터 위 각 토지를 이중으로 매수한 다음 戊의 명의로 소유권이전등기를 경료하였다. 甲과 乙의 형사책임은?
판례 : 국토이용관리법 소정의 거래허가를 받은 바 없다면, 그 매매계약은 채권적 효력도 없는 것이어서 乙에게 피해자들에 대한 소유권이전등기에 협력할 의무가 생겼다고 볼 수 없으므로 乙을 배임죄의 주체인 타인의 사무를 처리하는 자에 해당한다고 할 수 없다(대법원 1992.10.13, 92도1070). [법원행시 10 · 11 · 13]

335 **유사 :** 이 사건 토지와 건물이 국토이용관리법상의 허가구역 안에 있는데 토지거래계약에 관하여 같은 법에 따른 허가를 받은 바 없다면 매도인인 피고인이 토지에 관하여 배임죄의 주체인 타인의 사무를 처리하는 자에 해당한다고 할 수 없음은 물론이고(대법원 1992.10.13, 92도1070; 1993.6.22, 91다21435 참조), 토지에 관한 거래허가가 없으면 건물만이라도 매매하였을 것이라고 볼 수 있는 특별한 사정이 없는 한 토지와 그 지상의 건물은 법률적인 운명을 같이 한다고 볼 것이고, 토지에 대한 거래허가가 있어 그 매매계약이 유효한 것으로 확정되지 아니한 상태에서 건물부분의 매매계약만 유효한 것으로 보아 매도인에게 건물만에 대한 이전등기의무가 있다고 할 수 없는 것이므로(대법원 1992.10.13, 92다16836), 원심으로서는 이 부분 사실관계를 밝혀 건물부분에 대한 배임죄가 성립되는지 여부를 판단하여야 할 것이다(대법원 1994.6.28, 94도1279).
비교 : 허가구역이 아니라 신고구역인 경우 국토이용관리법 제21조의7 소정의 신고구역 내 토지를 신고 없이 거래한 행위에 관하여 동 규정은 단속법규에 속하고 신고의무에 위반한 거래계약의 사법적 효력까지 부인되는 것은 아니므로(대법원 1988.11.22, 87다카2777; 1991.2.12, 90다14218) 신고구역 내 토지에 대하여 매매당사자들이 당국에 신고하지 아니하고 매매계약을 체결한 것이라고 하여도 이를 무효라고 할 수 없으므로 이중매도로 인한 배임죄는 성립한다(대법원 1996.8.23, 96도1514; 1991.7.9, 91도846).

336 **사례 : 구 국토의 계획 및 이용에 관한 법률에서 정한 토지거래계약 허가구역 내 토지에 관하여 허가를 배제하거나 잠탈하는 내용으로 체결된 매매계약** 부동산 매매업자 乙은 甲에게서 구 국토의 계획 및 이용에 관한 법률에서 정한 토지거래허가구역 내 토지를 매수하면서, 매수인을 법상 토지거래허가에 필요한 거주요건을 갖추지 못한 자신(乙) 대신에 자신이 운영하는 부동산컨설팅 회사 직원 A 등의 명의로 하고, 소유권이전등기는 乙이 지정하는 자에게 하기로 하는 내용의 토지매매계약을 체결하고 대금을 지급하였는데, 그 후 위 토지가 허가구역 지정에서 해제되자 甲이 이를 임의로 처분하였다. 甲에게는 배임죄의 죄책이 인정되는가?
판례 : 구 국토의 계획 및 이용에 관한 법률(이하 '법'이라 한다)에서 정한 토지거래계약 허가구역 내 토지에 관하여 허가를 배제하거나 잠탈하는 내용으로 매매계약이 체결된 경우에는 법 제118조 제6항에 따라 그 계약은 체결된 때부터 확정적으로 무효이다. 이러한 '허가의 배제나 잠탈 행위'에는 토지거래허가가 필요한 계약을 허가가 필요하지 않은 것에 해당하도록 계약서를 허위로 작성하는 행위뿐만 아니라, 정상적으로는 토지거래허가를 받을 수 없는 계약을 허가를 받을 수 있도록 계약서를 허위로 작성하는 행위도 포함된다. 따라서 법상 토지거래허가에 필요한 거주요건을 갖추지 못한 乙이 허가요건을 갖춘 A 명의로 허가를 받으려는 의사로 위와 같이 토지매매계약을 체결한 이상, 이와 같은 행위는 처음부터 토지거래허가를 잠탈한 경우에 해당하고, 따라서 위 계약은 처음 체결된 때부터 확정적으로 무효이므로 피고인의 행위가 배임죄를 구성한다고 보기 어려운데, 위 계약이 토지거래허가를 잠탈하는 내용의 계약이라고 단정할 수 없다는 이유로 피고인에게 배임죄를 인정한 원심판결에 논리와 경험법칙 위반 또는 법리오해의 위법이 있다(대법원 2011.6.30, 2011도614).
해결 : 인정되지 않는다.

적법한 것으로 믿고 그 믿음에 정당한 이유가 있다면 매도인에게 배임죄의 범의를 인정할 수 없지만, ② 피고인이 들고 있는 계약해제사유가 적법한 것이 아닌데 피고인이 이를 적법한 해제사유로 믿고 그 믿음에 정당한 사유가 있었다고 보이지 아니하는 경우 피고인의 배임의 범의는 인정되며, 이와 같은 법리는 이 사건 기부약정과 같은 증여계약에도 마찬가지로 적용되어야 한다.

2 대법원 1983.10.11, 83도2057; 2003.3.25, 2002도7134; 2010.4.29, 2009도14427
부동산의 이중양도와 배임죄의 실행의 착수시기 : 제2매수인으로부터 중도금 수령 시
부동산 이중양도에 있어서 매도인이 제2차 매수인으로부터 계약금만을 지급받고 중도금을 수령한 바 없다면 배임죄의 실행의 착수가 있었다고 볼 수 없다. [국가7급 08·10 / 법원9급 10·12·14 / 법원행시 06·08·11 / 사시 11·13 / 변호사시험 12]

3 대법원 1983.7.12, 82도180
부동산을 2중양도케 한 제2의 양수인이 적극 공모하였다면 배임죄의 공동정범에 해당한다는 사례
점포의 임차인이 임대인이 그 점포를 타에 매도한 사실을 알고 있으면서 점포의 임대차 계약 당시 "타인에게 점포를 매도할 경우 우선적으로 임차인에게 매도한다"는 특약을 구실로 임차인이 매매대금을 일방적으로 결정하여 공탁하고 임대인과 공모하여 임차인 명의로 소유권이전등기를 경료하였다면 임대인의 배임행위에 적극가담한 것으로서 배임죄의 공동정범에 해당한다. [국가7급 14 / 사시 13]

판례연구 **부동산이중저당 · 부동산이중양도담보 사건**

대법원 2020.6.18, 2019도14340 전원합의체
채무 담보를 위하여 채권자에게 부동산에 관하여 근저당권을 설정해주기로 약정한 채무자가 담보목적물을 처분한 경우 배임죄가 성립하지 않는다는 사례
배임죄는 타인의 사무를 처리하는 자가 그 임무에 위배하는 행위로써 재산상의 이익을 취득하거나 제3자로 하여금 이를 취득하게 하여 사무의 주체인 타인에게 손해를 가할 때 성립하는 것이므로, 그 범죄의 주체는 타인의 사무를 처리하는 지위에 있어야 한다. 여기에서 '타인의 사무를 처리하는 자'라고 하려면, 타인의 재산관리에 관한 사무의 전부 또는 일부를 타인을 위하여 대행하는 경우와 같이 당사자 관계의 전형적·본질적 내용이 통상의 계약에서의 이익대립관계를 넘어서 그들 사이의 신임관계에 기초하여 타인의 재산을 보호 또는 관리하는 데에 있어야 한다(대법원 2011.1.20, 2008도 10479 전원합의체; 2014.8.21, 2014도3363 전원합의체 등 참조). 이익대립관계에 있는 통상의 계약관계에서 채무자의 성실한 급부이행에 의해 상대방이 계약상 권리의 만족 내지 채권의 실현이라는 이익을 얻게 되는 관계에 있다거나, 계약을 이행함에 있어 상대방을 보호하거나 배려할 부수적인 의무가 있다는 것만으로는 채무자를 타인의 사무를 처리하는 자라고 할 수 없고(대법원 2015.3.26, 2015도1301 등), 위임 등과 같이 계약의 전형적·본질적인 급부의 내용이 상대방의 재산상 사무를 일정한 권한을 가지고 맡아 처리하는 경우에 해당하여야 한다(대법원 2020.2.20, 2019도9756 전원합의체 참조). 채무자가 금전채무를 담보하기 위한 저당권설정계약에 따라 채권자에게 그 소유의 부동산에 관하여 저당권을 설정할 의무를 부담하게 되었다고 하더라도, 이를 들어 채무자가 통상의 계약에서 이루어지는 이익대립관계를 넘어서 채권자와의 신임관계에 기초하여 채권자의 사무를 맡아 처리하는 것으로 볼 수 없다. 채무자가 저당권설정계약에 따라 채권자에 대하여 부담하는 저당권을 설정할 의무는 계약에 따라 부담하게 된 채무자 자신의 의무이다. 채무자가 위와 같은 의무를 이행하는 것은 채무자 자신의 사무에 해당할 뿐이므로, 채무자를 채권자에 대한 관계에서 '타인의 사무를 처리하는 자'라고 할 수 없다. 따라서 채무자가 제3자에게 먼저 담보물에 관한 저당권을 설정하거나 담보물을 양도하는 등으로 담보가치를 감소 또는 상실시켜 채권자의 채권실현에 위험을 초래하더라도 배임죄가 성립한다고 할 수 없다. 위와 같은 법리는, 채무자가 금전채무에 대한 담보로 부동산에 관하여 양도담보 설정계약을

체결하고 이에 따라 채권자에게 소유권이전등기를 해 줄 의무가 있음에도 제3자에게 그 부동산을 처분한 경우에도 적용된다. 이와 달리 채무 담보를 위하여 채권자에게 부동산에 관하여 근저당권을 설정해주기로 약정한 채무자가 채권자의 사무를 처리하는 자에 해당함을 전제로 채무자가 담보목적물을 처분한 경우 배임죄가 성립한다고 한 대법원 판결들(대법원 2008.3.27, 2007도9328; 2011.11.10, 2011도11224 판결을 비롯한 같은 취지의 대법원 판결들)은 이 판결의 견해에 배치되는 범위 내에서 모두 변경하기로 한다. [법원9급 22]

> **보충** 한편 대법원 2018.5.17, 2017도4027 전원합의체 판결은 부동산 이중매매의 경우 배임죄의 성립을 인정하였다. 위 판결은 부동산이 국민의 경제생활에서 차지하는 비중이 크고, 부동산 매매대금은 통상 계약금, 중도금, 잔금으로 나뉘어 지급되는데, 매수인이 매도인에게 매매대금 중 상당한 부분을 차지하는 계약금과 중도금까지 지급하고도 매도인의 이중매매를 방지할 충분한 수단이 마련되어 있지 않은 거래 현실의 특수성을 고려하여 부동산 이중매매의 경우 배임죄가 성립한다는 종래의 견해를 유지한 것이다. 이러한 점에 비추어 보면, 위 전원합의체 판결의 취지는 이 판결의 다수의견에 반하지 아니함을 밝혀둔다(2019도14340 전원합의체 판결의 내용 중에서).

판례연구 **동산이중매매 사건**

대법원 2011.1.20, 2008도10479 전원합의체
매도인이 매수인으로부터 중도금을 수령한 이후에 매매목적물인 '동산'을 제3자에게 양도하는 행위는 배임죄를 구성하지 않는다는 사례

> **다수의견** 매매와 같이 당사자 일방이 재산권을 상대방에게 이전할 것을 약정하고 상대방이 그 대금을 지급할 것을 약정함으로써 그 효력이 생기는 계약의 경우(민법 제563조), 쌍방이 그 계약의 내용에 좇은 이행을 하여야 할 채무는 특별한 사정이 없는 한 '자기의 사무'에 해당하는 것이 원칙이다. 매매의 목적물이 동산일 경우, 매도인은 매수인에게 계약에 정한 바에 따라 그 목적물인 동산을 인도함으로써 계약의 이행을 완료하게 되고 그때 매수인은 매매목적물에 대한 권리를 취득하게 되는 것이므로, 매도인에게 자기의 사무인 동산인도채무 외에 별도로 매수인의 재산의 보호 내지 관리 행위에 협력할 의무가 있다고 할 수 없다. 동산매매계약에서의 매도인은 매수인에 대하여 그의 사무를 처리하는 지위에 있지 아니하므로, 매도인이 목적물을 매수인에게 인도하지 아니하고 이를 타에 처분하였다 하더라도 형법상 배임죄가 성립하는 것은 아니다. 피고인이 '인쇄기'를 甲에게 양도하기로 하고 계약금 및 중도금을 수령하였음에도 이를 자신의 채권자 乙에게 기존 채무 변제에 갈음하여 양도함으로써 재산상 이익을 취득하고 甲에게 동액 상당의 손해를 입혔다는 배임의 공소사실에 대하여, 이를 무죄로 선고한 원심판단은 정당하다. [경찰채용 18 1차 / 경찰채용 16 2차 / 경찰간부 13 · 16 / 경찰승진(경감이하) 17 / 경찰승진 14 / 국가7급 14 / 법원9급 11 · 22 / 법원승진 11 / 법원행시 11 · 12 / 사시 12 · 13 · 14 / 변호사시험 12 · 18]

판례연구 **배임죄의 죄수 관련 판례**

❶ 대법원 1994.5.13, 93도3358
아파트를 분양받은 수인의 피해자에 대한 각 배임행위의 죄수 : 배임죄의 죄수의 기준은 신임관계의 수
아파트의 각 세대를 분양받은 각 피해자에 대하여 소유권이전등기절차를 이행하여 주어야 할 업무상의 임무가 있었다면, 각 피해자의 보호법익은 독립된 것이므로, 범의가 단일하고 제3자 앞으로 각 소유권이전등기 및 근저당권설정등기를 한 각 행위시기가 근접하여 있으며 피해자들이 모두 위 회사로부터 소유권이전등기를 받을 동일한 권리를 가진 자라고 하여도, 각 공소사실이 포괄일죄의 관계에 있다고는 할 수 없고 피해자별로 독립한 수개의 업무상 배임죄의 관계에 있다.[337]

---

337 판례 : 수인에 대한 배임 사례 아파트의 각 세대를 분양받은 각 피해자에 대하여 소유권이전등기절차를 이행하여 주어야 할 업무상의

2 대법원 2005.10.28, 2005도4915

배임죄의 불가벌적 사후행위가 아니라는 사례

배임죄는 재산상 이익을 객체로 하는 범죄이므로, 1인 회사의 주주가 자신의 개인채무를 담보하기 위하여 회사 소유의 부동산에 대하여 근저당권설정등기를 마쳐 주어 배임죄가 성립한 이후에 그 부동산에 대하여 새로운 담보권을 설정해 주는 행위는 선순위 근저당권의 담보가치를 공제한 나머지 담보가치 상당의 재산상 이익을 침해하는 행위로서 별도의 배임죄가 성립한다.[338] [경찰승진 12 / 경찰간부 18 / 경찰승진(경감) 11 / 국가7급 21 / 법원행시 08 · 10 · 12]

03 업무상 배임죄

> **제356조【업무상의 횡령과 배임】** 업무상의 임무에 위배하여 제355조의 죄를 범한 자는 10년 이하의 징역 또는 3천만 원 이하의 벌금에 처한다.

판례연구 업무상 배임죄의 수익자 또는 제3자의 죄책 관련 판례

1 대법원 2007.2.8, 2006도483[339]; 2008.7.24, 2008도287[340]

임무가 있었다면 각 피해자의 보호법익은 독립된 것이므로, 고의가 단일하고 제3자 앞으로 각 소유권이전등기 및 근저당권설정등기를 한 각 행위시기가 근접하여 있으며 피해자들이 모두 위 회사로부터 소유권이전등기를 받을 동일한 권리를 가진 자라고 하여도, 각 공소사실이 포괄일죄의 관계에 있다고 할 수 없고 피해자별로 독립한 수개의 업무상 배임죄의 관계에 있다(대법원 1994.5.13, 93도3358).

비교1 : 하나의 부실대출 사례 대출에 있어 부실한 담보를 받고 대출한도 거래약정 또는 여신한도 거래약정을 체결하면 그 때에 그 한도금액 범위 내에서 한 개의 배임죄가 성립한다고 볼 것이며, 그 한도금액을 여러 번에 걸쳐 나누어 인출하였다고 하여 그 여러 번의 인출행위를 포괄하여 배임죄의 일죄가 성립한다고 볼 것은 아니다(대법원 2001.2.9, 2000도5000). ⇨ 배임죄의 포괄일죄 ×, 단순일죄 ○

비교2 : 주택조합부지 등기명의 무단 이전 사례 주택조합 아파트 건립 예정 부지에 관한 등기명의가 주택공급을 맡은 건설회사 앞으로 이전 · 경료되어 있던 상태에서 그 건설회사의 이사로 있던 피고인의 1회의 임무위배행위로 다른 회사 앞으로 소유권이전등기를 경료하게된 것이라면, 그로 인한 그 토지 시가 상당의 피해가 실질적으로 각 주택조합원들에게 돌아가게 된다 하더라도 업무상 배임의 단순1죄가 성립한다(대법원 1995.2.17, 94도3297).

338 **판례의 사실관계** : 1인 회사의 주주인 A는 국가에 대한 상속세 납부의무를 담보하기 위하여 회사 명의로 되어 있는 부동산에 대하여 국가 명의로 근저당권설정등기를 마쳐 주었다. 그 후 A는 자신의 개인채무를 담보하기 위하여 역시 회사 소유로 되어 있는 부동산에 대하여 근저당권설정등기를 마쳐 주었다. A의 죄책은 배임죄와 배임죄의 실체적 경합이 된다.

339 **판례** : 주식회사의 임원 · 회계책임자와 대주주가 적극 공동한 사례 주식회사의 임원이나 회계책임자가 당해 회사의 주식을 매수하여 대주주가 되려고 하는 자에게 미리 대주주대여금 명목으로 회사자금을 교부하여 그 돈으로 주식매수대금을 지급하게 하는 행위는 대주주가 되려는 자의 개인적인 이익을 도모하고 회사의 부실을 초래하는 것으로서, (그 대여행위가 회사의 이익을 위한 것임이 명백하고 회사 내부의 정상적인 의사결정절차를 거쳤으며 그로 인하여 회사의 자금운용에 아무런 어려움이 발생하지 않을 뿐만 아니라 대여금 회수를 위한 충분한 담보도 확보되어 있다는 등의 특별한 사정이 없는 한) 업무상 배임죄(경우에 따라서는 업무상 횡령죄)에 해당하고, 또 그와 같은 방법으로 회사의 대주주가 된 자가 회사 임원 등의 배임행위를 교사하거나 배임행위의 전 과정에 관여하는 등으로 적극 가담한 경우에는 업무상 배임죄의 공동정범이 된다(대법원 2007.2.8, 2006도483). [국가9급 13]

340 **사례** : 업무상 배임죄의 실행으로 이익을 얻는 수익자와 그와 밀접한 관련이 있는 제3자를 배임행위의 공동정범으로 인정하기 위한 요건 A회사의 대표이사 甲은 A회사 소유의 건물을 乙에게 임대하고 교부받은 임대보증금 중 일부를 甲 자신의 B회사에 대한 체불임금채권에 충당하였다. 그런데 이 사건 임대차계약은 乙의 제안에 따라 체결된 것이고, 乙은 그 당시 甲이 B회사의 직원으로서 A회사의 명목상 대표이사에 불과한 사실을 알고 있었다. 甲의 행위는 업무상 배임죄를 구성하는바, 乙에게는 위 죄에 대한 공범이 성립하는가?
판례 : 피고인 1이 이 사건 임대차계약 체결 당시 피고인 2가 Y산업의 직원으로서 D산업의 명목상 대표이사에 불과한 사실을 알고 있었다는 이유만으로 피고인 1이 피고인 2의 업무상 배임죄의 공범에 해당한다고 할 수 없다(대법원 2008.7.24, 2008도287).

업무상배임죄의 실행으로 이익을 얻는 수익자와 그와 밀접한 관련이 있는 제3자를 배임행위의 공동정범으로 인정하기 위한 요건

업무상배임죄의 실행으로 인하여 이익을 얻게 되는 수익자 또는 그와 밀접한 관련이 있는 제3자를 배임의 실행행위자와 공동정범으로 인정하기 위하여는 우선 실행행위자의 행위가 피해자 본인에 대한 배임행위에 해당한다는 점을 인식하였어야 하고, 나아가 실행행위자의 배임행위를 교사하거나 또는 배임행위의 전 과정에 관여하는 등으로 배임행위에 적극 가담할 것을 필요로 한다. [국가9급 13 / 법원행시 08·10 / 사시 14]

2 대법원 2016.10.13, 2014도17211

거래상대방의 대향적 행위의 존재를 필요로 하는 유형의 배임죄에서 수익자는 배임죄의 공범 ×(원칙)

거래상대방의 대향적 행위의 존재를 필요로 하는 유형의 배임죄에서 거래상대방은 기본적으로 배임행위의 실행행위자와 별개의 이해관계를 가지고 반대편에서 독자적으로 거래에 임한다는 점을 고려하면, 업무상 배임죄의 실행으로 인하여 이익을 얻게 되는 수익자는 배임죄의 공범이라고 볼 수 없는 것이 원칙이고, 실행행위자의 행위가 피해자 본인에 대한 배임행위에 해당한다는 점을 인식한 상태에서 배임의 의도가 전혀 없었던 실행행위자에게 배임행위를 교사하거나 또는 배임행위의 전 과정에 관여하는 등으로 배임행위에 적극 가담한 경우에 한하여 배임의 실행행위자에 대한 공동정범으로 인정할 수 있다. 甲이 丙 등의 공동소유인 이 사건 특허권에 대하여 丙 등으로부터 명의신탁을 받아 관리하는 업무를 맡아오던 乙에게 대금 1,000만 원을 지급하고 위 특허권에 관하여 甲 앞으로 이전등록한 경우, 甲이 이 사건 특허권이 乙의 소유가 아니라는 사정을 알 수 있었던 상황에서 乙에게 특허권을 이전하라고 제의하였다고 하더라도, 배임행위의 실행행위자인 乙과는 별개의 이해관계를 가지고 대향적 지위에서 독자적으로 거래하면서 자신의 이익을 위하여 이 사건 특허권을 이전받은 것이므로 甲에게 배임의 결의를 하게 하여 교사하였다거나 배임행위의 전 과정에 관여하는 등 배임행위에 적극 가담하였다고 단정하기 어렵다. [변호사시험 18]

> 보충 또한, 乙과 甲에게는 배임수재·배임증재의 죄책도 인정되지 않는다. 이는 배임수증재죄에서 후술한다.

3 대법원 2003.10.30, 2003도4382

회사직원의 영업비밀 무단 반출 후 영업비밀 취득행위는 배임의 공동정범이 될 수 없다는 사례

회사직원이 영업비밀을 경쟁업체에 유출하거나 스스로의 이익을 위하여 이용할 목적으로 무단으로 반출한 때 업무상배임죄의 기수에 이르렀다고 할 것이고, 그 이후에 위 직원과 접촉하여 영업비밀을 취득하려고 한 자는 업무상배임죄의 공동정범이 될 수 없다.[341] [법원행시 07]

해결 : 성립하시 않는다.

341 사례 : 영업비밀 유출 이후 해당 직원을 채용하려고 한 자에게 업무상 배임의 공동정범을 부정한 사례 B는 GSM휴대폰, CDMA휴대폰, CDMA무선 모델의 각 제조기술을 개발한 뒤 그 기술을 휴대폰 제조업체에 이전하여 그 대가로 기술개발 용역비, 로열티를 취득하는 기술개발업체인 주식회사 벨웨이브(이하 '벨웨이브'라 한다)의 대표이사이고, A는 1984.3.21.부터 2000.7.19.경까지는 주식회사 삼성전자 산하 기흥통신연구소의 수석연구원으로서 삼성 휴대폰 GCH800 모델개발 등 GSM 휴대폰 기술개발 업무를 담당하고 있는 자이다(그런데 A는 같은 해 7.1.경부터는 벨웨이브의 GSM휴대폰 사업부 이사로서 같은 업무를 담당하게 된다). 그런데 A는 2000.4.경 삼성전자를 퇴직하기로 마음먹고 퇴직 후에 삼성전자의 영업비밀과 관련된 벤처기업에 취업할 경우 업무에 활용할 목적으로, 같은 달 하순경 삼성전자의 영업비밀("SGH 800 신규 및 개선항목"을 비롯하여 당시 위 회사에서 시판 중인 SGH 800모델 휴대폰에 관한 일체의 자료)을 씨디롬(CD-R)과 디스켓에 저장한 후 같은 해 5.경 위 씨디롬을 회사 밖으로 반출하여 집으로 가져왔다. 그 후 A는 같은 해 6.경 B를 만나 벨웨이브에 취업하고 싶다는 뜻을 표시하면서 삼성전자의 영업비밀에 관한 자료를 집에 보관하고 있다고 말하였는데, B는 알았다고 하면서 A의 요구를 받아들여 연봉 6,500만 원 외에 벨웨이브의 주식 3만 주를 주기로 약정하였고, 그 후 A는 같은 해 6. 말경 삼성전자에 사직서를 제출하면서 위 디스켓마저 집으로 가져와 보관하고 있다가, 같은 해 7.1.경 벨웨이브에 먼저 취업한 다음 같은 해 7. 19. 삼성전자를 퇴사한 후인 같은 해 10.경 위 씨디롬 및 디스켓에 들어 있는 영업비밀을 벨웨이브의 서버컴퓨터에 제공하였다.

해결 : B는 A의 업무상 배임죄의 범행에 대한 공동정범이 성립하지 않는다.

> 제357조【배임수증재】① 타인의 사무를 처리하는 자가 그 임무에 관하여 부정한 청탁을 받고 재물 또는 재산상의 이익을 취득하거나 제3자로 하여금 이를 취득하게 한 때에는 5년 이하의 징역 또는 1천만 원 이하의 벌금에 처한다. 〈개정 2016.5.29.〉
> ③ 범인 또는 그 사정을 아는 제3자가 취득한 제1항의 재물은 몰수한다. 그 재물을 몰수하기 불가능하거나 재산상의 이익을 취득한 때에는 그 가액을 추징한다. 〈개정 2016.5.29, 우리말 순화 개정 2020.12.8.〉

판례연구 **배임수증재죄의 보호법익**

대법원 1988.12.20, 88도167; 1996.10.11, 95도2090; 1998.6.9, 96도837
배임수증죄에 있어서 부정한 청탁이라 함은 청탁이 사회상규와 신의성실의 원칙에 반하는 것을 말하고, 이를 판단함에 있어서는 청탁의 내용과 이와 관련되어 교부받거나 공여한 재물의 액수, 형식, 보호법익인 사무처리자의 청렴성 등을 종합적으로 고찰하여야 하며 그 청탁이 반드시 명시적임을 요하는 것은 아니다. [경찰승진 11]

표정리 배임수재죄의 주체인 타인의 사무를 처리하는 자에 해당하는 사례

1	방송국 소속 가요담당 프로듀서(PD)(대법원 1991.6.11, 91도688)[342]
2	제약회사로부터 자기 회사의 의약품만을 처방해달라는 청탁을 받은 종합병원 의사(대법원 1991.6.11, 91도413)[343]
3	출판사로부터 자기 출판사의 교재만 채택해달라는 청탁을 받은 대학교수(대법원 1996.10.11, 95도2090)
4	특정학원 소속 강사만 채용하고 특정회사에서 출판되는 교재만 채택하는 수능과외방송을 내용으로 하는 방송협약을 체결해 달라는 청탁을 받은 광고대행업무를 수행하는 주식회사의 이사(대법원 2002.4.9, 99도2165) [법원9급 08 / 법원행시 06]
5	감정평가법인의 지점을 독립채산제로 운영하는 자(대법원 2004.10.27, 2003도7340)[344]
6	재건축 현장의 철거공사 수주와 관련하여 철거업체로부터 금품을 수수한 재건축조합장(대법원 2007. 6.29, 2007도3096)
7	미리 인수회사 그룹에 피인수회사의 매각업무에 관한 정보를 제공하고 인수회사의 대표이사로부터 거액의 재산상 이익을 취득한 피인수회사의 이사(대법원 2010.4.15, 2009도6634)[345]

---

342 **판례** : 가수매니저로부터 돈을 받은 PD 사례 방송국에 소속되어 가요 프로그램의 제작연출 등의 사무를 처리하는 가요담당 프로듀서는, 방송법이 규정하고 있는 방송의 공적 책임수행과 그 내용의 공정성 및 공공성의 요청에 따라 방송국의 내규가 정하는 제한범위 내에서 방송될 가요를 선곡하는 임무를 방송국으로부터 부여받은 자로서 '타인의 사무를 처리하는 자'이므로 배임수재죄의 주체가 될 수 있다. 이러한 가요담당 방송프로듀서가 직무상 알고 지내던 가수매니저들로부터 많게는 100만 원, 적게는 20만 원 정도의 금품을 28회에 걸쳐 받은 것을 가리켜 의례적이라거나 사회상규에 위반되지 아니한다고 할 수도 없다(대법원 1991.6.11, 91도688).

343 **판례** : 독점처방을 청탁받은 의사 사례 종합병원 또는 대학병원 소속 의사들이 자신들이 처방하는 약을 환자들이 예외 없이 구입복용하는 것을 기화로, 의약품수입업자로부터 병당 사례비를 줄 터이니 수입하여 독점판매하고 있는 약을 본래의 적응증인 순환기질환뿐 아니라 내분비 등 거의 모든 병에 잘 듣는 약이니 그러한 환자에게 원외처방하여 그들로 하여금 위 약을 많이 사먹도록 해달라는 부탁을 받고 금원을 교부받은 경우, 위 의사들은 그 임무에 관하여 부정한 청탁을 받고 금품을 수수하였다고 할 것이므로 위와 같은 행위는 배임수재죄를 구성한다(대법원 1991.6.11, 91도413).

344 **판례** : 감정평가법인의 지점 사례 피고인이 ○○감정평가법인의 △△지점의 지배인 겸 ○○법인의 총무이사인데… 피고인이 이 사건 각 부동산에 관하여 담보목적에 부적합한 수준으로 과대하게 평가하자 위 금융기관은 이를 이유로 ○○법인의 △△지점뿐만 아니라 ○○법인의 전체 본·지점의 감정평가를 6개월간 정지하기도 하였는 바, 이러한 점 등에 비추어 보면 비록 피고인이 행한 업무로 인한 경제적 이익을 피고인에게 귀속시키기로 약정하였다고 하더라도 피고인이 행한 모든 감정평가업무가 ○○법인의 사무가 아닌 피고인의 사무로 되는 것은 아니라고 할 것이므로 피고인은 타인인 ○○법인의 사무를 수행하였다고 할 것이다(대법원 2004.10.27, 2003도7340).

345 **판례** : 피인수회사의 대표이사 사례 인수·합병 추진계획이 있는 피인수회사의 이사로 취임한 甲이 미리 인수회사 그룹에 피인수회사

| 8 | 회사 측으로부터 부정한 청탁을 받은 이른바 현장조직(노동조합과는 별개의 사업장 내 단체)의 간부(대법원 2010.9.9, 2009도10681)[346] |
| 9 | 전국화물자동차운송사업연합회 회장 선거에서 특정 후보자를 지지해달라는 취지의 청탁을 받은 지역화물자동차운송사업협회의 대표자(대법원 2011.8.25, 2009도5618) |

표정리 배임수재죄의 주체인 타인의 사무를 처리하는 자에 해당하는 사례

1	대학의 편입학사무와 관련이 없는 학교법인의 상무이사(대법원 1982.4.13, 81도2646)[347]
2	조합장선거와 관련하여 금원을 교부받은 지역별 수산업협동조합의 총대(대법원 1990.2.27, 89도970)[348]
3	공사에 관하여 일괄하도급계약을 체결하는 수급인(대법원 2005.11.10, 2003도7970)[349]
4	잠실야구장의 광고권자 선정에 관하여 청탁을 받은 한국야구위원회(KBO) 사무총장(대법원 2006.3.24, 2005도6433)

의 매각업무에 관한 정보를 제공하고 인수회사의 대표이사 乙로부터 거액의 재산상 이익을 취득한 사안에서, 피고인 甲이 회사의 이사로서 다른 이사들에 대한 감시의무가 있고, 이사 본래의 사무로서 이사회에 참석하여 발언하고 의결하는 등의 방법으로 그 회사의 매각절차에 관여할 수 있는 지위에 있었으며, 실제 이사 취임을 전후로 인수회사 그룹에 매각업무에 관한 정보를 제공하고 피인수회사에 이 그룹을 인수업체로 추천하였을 뿐만 아니라, 인수회사와 사이에 경영자문계약을 체결한 점 등에 비추어 위 매각절차에 관련한 업무를 처리하는 지위에 있다고 볼 것이고, 피고인 甲이 위 정보제공 외에 피고인 乙로부터 특별한 대가를 받을 이유가 없고, 일부 금원은 인수회사의 비자금에서 지급된 점 등에 비추어 정보제공 등으로 인수를 도와달라는 취지의 묵시적 청탁이 있었다고 추인함이 상당하고, 위와 같은 청탁은 사회상규 또는 신의성실의 원칙에 반하는 부정한 청탁이라고 보아야 하기 때문에, 피고인 甲의 배임수재 및 피고인 乙의 배임증재의 공소사실에 대하여 무죄를 선고한 원심판결은 파기되어야 한다(대법원 2010.4.15, 2009도6634).

346 **판례 : 현장조직 간부 사례** 여러 사업 및 활동을 총괄하고 이를 추진하는 사무를 처리해 온 피고인이 노동조합 활동이나 위 현장조직 소속 대의원 내지 교섭위원들에 대하여 사실상의 영향력을 행사하는 것을 단순히 친분관계를 이용하여 평소 알고 지내던 노조원들에게 부탁을 한 것이라거나 조합원 내지 소속 회원으로서 지지를 표방하거나 사업에 참여하는 등의 개인적 차원의 활동을 한 것이라고 볼 수는 없기 때문에 청탁의 '임무관련성'을 충분히 인정할 수 있다(대법원 2010.9.9, 2009도10681).

347 **판례 : 학교법인 상무이사와 편입학업무** 교육법 및 동시행령에 의하면 대학에의 편입학에 관한 사무는 특별한 사정이 없는 한 대학의 총장이나 학장의 임무에 속하고 학교법인의 상무이사가 처리할 임무가 아니므로 가사 피고인이 편입학에 대한 사례로 학교법인의 상무이사에게 재물을 공여한 것으로 인정되더라도 배임증재에는 해당하지 아니한다(대법원 1982.4.13, 81도2646).

유사 : 교사에게 전입학 업무에 대해 부정한 청탁을 한 경우도 교사가 사무처리자가 아니라는 점에서 배임수재에 해당하지 않는다(2003도7970). "○○공고에서 학생의 전입학 여부를 결정하는 최종 권한은 교장에게 있고, 학생 전입학 관련 업무 및 성적 등 학사관리업무를 담당하고 있는 자는 교무부장으로서, 연구부장인 피고인은 교사연수 및 교육계획 등을 수립하는 업무를 담당하고 있을 뿐 전입학 업무를 담당하지는 아니하였고, … 따라서 피고인이 A의 전입학과 관련하여 부정한 청탁을 받고 금품을 수수하였다고 하더라도 스스로 타인의 사무를 처리하는 자로서 그러한 행위를 하였다고는 볼 수 없으므로 피고인의 위와 같은 행위를 배임수재죄로 처벌할 수는 없다고 할 것이다."

348 **판례 : 지역별 수산업협동조합의 총대 사례** 지역별 수산업협동조합의 총대는 조합의 의결기관인 총회의 구성원일 뿐 임원이나 기타 업무집행기관이 아니며 선출지역 조합원의 지시나 간섭을 받지 않고 스스로의 권한으로 총회에서 임원선거에 참여하고 의결권을 행사하는 등 자주적으로 업무를 수행하는 것이므로 총회에서의 의결권 또는 선거권의 행사는 자기의 사무이고 이를 선거구역 조합원이나 조합의 사무라고 할 수 없는 것이고, 따라서 총대가 조합장선거에 출마한 후보자들로부터 자신을 지지하여 달라는 부탁과 함께 금원을 교부받았더라도 배임수재죄로 처벌할 수 없다(대법원 1990.2.27, 89도970).

349 **판례 : 일괄하도급의 대가로 차액 상당액을 교부한 행위는 배임증재죄를 구성하지 않는다는 사례** '타인의 사무처리'로 인정되려면 타인의 재산관리에 관한 사무의 전부 또는 일부를 타인을 위하여 대행하는 경우와 타인의 재산보전행위에 협력하는 경우라야만 되는 것이고 단순히 타인에 대하여 채무를 부담하는 경우에는 본인의 사무로 될지언정 타인의 사무처리에 해당한다고 볼 수는 없다 할 것이다. … 주식회사의 행위는 수급인(受給人)으로서 발주청에 대한 단순한 채무불이행에 불과하여 건설산업기본법 등에 따른 책임을 부담하는 것은 별론으로 하고 수급인이 위 신축공사에 대한 일괄 하도급계약을 체결하는 행위는 타인을 위한 사무처리가 아니라 바로 수급인 자신의 사무처리행위에 해당되고, 따라서 피고인 4가 하수급인 원심 공동피고인 1을 통하여 수급인에게 차액 상당액인 164,000,000원을 교부하였다고 하더라도 이는 자신의 사무를 처리한 자에 대한 교부에 불과하므로 위 피고인을 배임증재죄로 처벌할 수는 없다고 할 것이다(대법원 2005.11.10, 2003도7970).

판례연구 **배임수재죄의 타인의 사무처리자의 지위는 중요하다는 사례**

1 대법원 2009.5.28, 2009도991; 2010.7.22, 2009도12878³⁵⁰

'타인의 사무를 처리하는 자'의 지위를 취득하기 전에 부정한 청탁을 받은 경우, 배임수재죄로 처벌할 수 없다는 사례

형법 제357조 제1항에 정한 배임수재죄는 타인의 사무를 처리하는 자가 그 임무에 관하여 부정한 청탁을 받고 재물 또는 재산상의 이익을 취득한 경우에 성립하는 범죄로서 원칙적으로 타인의 사무를 처리하는 자라야 그 범죄의 주체가 될 수 있고, 그러한 신분을 가지지 아니한 자는 신분 있는 자의 범행에 가공한 경우에 한하여 그 주체가 될 수 있으며(대법원 1999.1.15, 98도663; 2008.3.27, 2006도3504 등), 배임수재죄는 타인의 사무를 처리하는 지위를 가진 자에게 부정한 청탁을 행하여야 성립하는 것으로 형법 제357조 제1항에 규정되어 있고, 타인의 사무를 처리하는 자의 지위를 취득하기 전에 부정한 청탁을 받은 행위를 처벌하는 별도의 구성요건이 존재하지 않는 이상, 타인의 사무처리자의 지위를 취득하기 전에 부정한 청탁을 받은 경우에 배임수재죄로는 처벌할 수 없다고 보는 것이 죄형법정주의의 원칙에 부합한다고 할 것이다. [변호사시험 16]

2 대법원 2010.4.15, 2009도4791

장래에 담당할 임무에 관하여 부정한 청탁을 받고 재물 또는 재산상 이익을 취득한 후 그 임무를 현실적으로 담당하게 된 경우, 배임수재죄가 성립한다는 사례

타인의 사무를 처리하는 자가 그 신임관계에 기한 사무의 범위에 속한 것으로서 장래에 담당할 것이 합리적으로 기대되는 임무에 관하여 부정한 청탁을 받고 재물 또는 재산상 이익을 취득한 후 그 청탁에 관한 임무를 현실적으로 담당하게 되었다면 이로써 타인의 사무를 처리하는 자의 청렴성은 훼손되는 것이어서 배임수재죄의 성립을 인정할 수 있다.³⁵¹ [국가7급 13 / 법원행시 16]

---

350 **사례** : '타인의 사무를 처리하는 자'의 지위를 취득하기 전에 부정한 청탁을 받은 사례 시(市)에서 발주한 도시형폐기물종합처리시설 건설사업의 기본설계 적격심의 및 평가위원 甲은 부정한 청탁을 받을 당시에 위 건설사업에 관한 사무를 처리하는 지위에 있었다고 인정되지 않는다. 甲에게 배임수재죄가 성립하는가?

판례 : 형법 제357조 제1항에 정한 배임수재죄는 타인의 사무를 처리하는 자가 그 임무에 관하여 부정한 청탁을 받고 재물 또는 재산상의 이익을 취득한 경우에 성립하는 범죄로서 원칙적으로 타인의 사무를 처리하는 자라야 그 범죄의 주체가 될 수 있고, 그러한 신분을 가지지 아니한 자는 신분 있는 자의 범행에 가공한 경우에 한하여 그 주체가 될 수 있으며(대법원 1999.1.15, 98도663; 2008.3.27, 2006도3504 등 참조), 배임수재죄는 타인의 사무를 처리하는 지위를 가진 자에게 부정한 청탁을 행하여야 성립하는 것으로 형법 제357조 제1항에 규정되어 있고, 타인의 사무를 처리하는 자의 지위를 취득하기 전에 부정한 청탁을 받은 행위를 처벌하는 별도의 구성요건이 존재하지 않는 이상, 타인의 사무처리자의 지위를 취득하기 전에 부정한 청탁을 받은 경우에 배임수재죄로는 처벌할 수 없다고 보는 것이 죄형법정주의의 원칙에 부합한다고 할 것이다(대법원 2009.5.28, 2009도991 참조)(대법원 2010.7.22, 2009도12878). [변호사시험 16]

해결 : 성립하지 않는다.

351 **사례** : 장래에 담당할 임무에 관하여 부정한 청탁을 받고 재물 또는 재산상 이익을 취득한 후 그 임무를 현실적으로 담당하게 된 **사례** 방송국 예능담당 프로듀서인 甲은 연예기획사 운영자로부터 상당한 시세차익이 예상되는 주식의 매수기회를 제공받음으로써 甲이 제작하는 예능프로그램 등에 그 소속 연예인을 출연시키거나 뮤직비디오를 방영해 달라는 청탁을 받고, 이 주식을 매수함으로써 재산상 이익을 취득하였다. 甲의 죄책은?

판례 : 타인의 사무를 처리하는 자가 그 신임관계에 기한 사무의 범위에 속한 것으로서 장래에 담당할 것이 합리적으로 기대되는 임무에 관하여 부정한 청탁을 받고 재물 또는 재산상 이익을 취득한 후 그 청탁에 관한 임무를 현실적으로 담당하게 되었다면 이로써 타인의 사무를 처리하는 자의 청렴성은 훼손되는 것이어서 배임수재죄의 성립을 인정할 수 있는바, 설령 피고인이 위와 같이 부정한 청탁을 받을 당시에는 그 청탁과 관련한 임무로서 현실적으로 담당하고 있던 것이 없었다 하더라도, 앞서 본 사실관계에 의하면, 피고인이 위와 같이 부정한 청탁을 받고 재산상 이익을 취득한 후 실제 그 청탁과 관련한 임무를 담당하게 되었고 이는 그 청탁 당시 장래에 담당할 것이 합리적으로 기대되었던 임무라고 볼 수 있으므로, 피고인에게 배임수재죄가 성립하지 않는다고 할 수 없다(대법원 2010.4.15, 2009도4791). [국가7급 13 / 법원행시 16]

해결 : 배임수재죄.

> **판례연구** 　예금통장·현금카드 등을 교부받은 경우 배임수재죄의 성부
>
> 대법원 2017.12.5, 2017도11564
> 타인의 사무를 처리하는 자가 그 임무에 관하여 부정한 청탁을 받고 재물 또는 재산상의 이익을 취득하거나 제3자로 하여금 이를 취득하게 하면 배임수재죄가 성립한다(형법 제357조 제1항). 타인의 사무를 처리하는 자가 증재자로부터 돈이 입금된 계좌의 예금통장이나 이를 인출할 수 있는 현금카드나 신용카드를 교부받아 이를 소지하면서 언제든지 위 예금통장 등을 이용하여 예금된 돈을 인출할 수 있어 예금통장의 돈을 자신이 지배하고 입금된 돈에 대한 실질적인 사용권한과 처분권한을 가지고 있는 것으로 평가될 수 있다면, 예금된 돈을 취득한 것으로 보아야 한다.

표정리 　배임수증재죄의 부정한 청탁에 해당하는 사례

1	신문사 지국장이 무허가 벌채사건의 기사를 본사에 송고(送稿)하지 않을 것을 청탁받은 경우(대법원 1970.9.17, 70도1355)
2	은행장이 회수불능이 예상되는 회사로부터 거액의 불량대출을 청탁받은 경우(대법원 1983.3.8, 82도2873)
3	보험회사 지부장이 피보험자의 사인(死因)에 관하여 보험회사가 의심을 가지고 내사를 진행하는데도 보험금을 빨리 지급받도록 해달라고 청탁받은 경우(대법원 1978.11.1, 78도2081)
4	종중으로부터 회관을 매수하는 사무를 수탁처리함에 있어 매도인으로부터 그 매수대금을 증액결가함과 또 약정의 대금지급기일 이전에 (소유권이전도 받기 전에) 대금을 지급할 것을 청탁받은 경우(대법원 1980.10.14, 79도190) [경찰채용 18 3차]
5	파산 직전의 B건설회사의 전무로부터 피고인 자신이 대표이사로 있는 A건설회사가 발주하는 공사에 파산 직전의 위 B회사를 입찰경쟁업체로 지명하여 주는 청탁을 받은 경우(대법원 1983.12.13, 82도735)
6	아파트 건축회사 협상대표(甲)가 보상금지급요구 문제 등에 관한 협상권한을 위임받은 아파트입주자 대표들(乙)에게 보상금을 대폭 감액하여 조속히 합의하여 달라고 부탁한 경우(甲: 배임증재, 乙: 배임수재) (대법원 1993.3.26, 92도2033)
7	납품계약과 위탁관리계약의 당사자로부터 그 계약이 종료되는 경우에 적어도 계약을 갱신하여 계속적으로 유지할 수 있도록 해 주고, 그 계약내용을 이행함에 있어서도 다른 경쟁업체들보다 상대적으로 유리하도록 영향력을 행사하여 달라는 청탁을 받은 경우(대법원 2004.3.26, 2002도4131)
8	KOC 위원장으로서 업무를 처리하는 과정에서 "KOC 위원으로 선임해 달라, 부산아시아경기대회 조직위원회 조직위원 및 KOC 상임위원으로 선임해 달라."라는 등의 부탁을 받고 금원을 수령한 경우(대법원 2005.1.14, 2004도6646) [경찰승진 11]
9	투자대상회사의 기금을 운영하는 자가 그 투자대상회사의 전환사채에 관한 청탁을 받고 금원을 취득한 경우(대법원 2006.5.12, 2004도491)
10	회원제 골프장의 예약업무 담당자가 부킹대행업자의 청탁에 따라 회원에게 제공해야 하는 주말부킹권을 부킹대행업자에게 판매하고 그 대금 명목의 금품을 받은 경우(대법원 2008.12.11, 2008도6987) [경찰승진 11 / 법원행시 18]
11	재건축조합의 업무를 실질적으로 주도하는 재건축조합의 총무로서 시공사로부터 건설회사가 시공사의 지위를 계속 유지하고 재건축공사를 진행함에 있어 시공사에게 유리한 쪽으로 편의를 보아 달라는 청탁을 받은 경우(대법원 2008.12.24, 2008도9602)
12	주택조합아파트 시공회사 직원들이 조합장으로부터 조합의 이중분양에 관한 민원을 회사에 보고하지 않고 묵인하거나 이중분양에 대한 조치를 강구할 때 조합의 입장을 배려하여 달라는 청탁을 받고 위 아파트 분양권을 취득한 경우(대법원 2011.2.24, 2010도11784)
13	대학병원 의사가 의약품 등을 지속적으로 납품할 수 있도록 해달라는 부정한 청탁 또는 의약품 등을 사용해 준 대가로 제약회사 등으로부터 명절 선물이나 골프접대 등 향응을 제공받은 경우(대법원 2011.8.18, 2010도10290) [경찰간부 13]
14	언론사 기자에 대한 유료기사 게재 청탁(대법원 2021.9.30, 2019도17102)

판례연구	배임수증재죄의 부정한 청탁 긍정 판례

대법원 2021.9.30, 2019도17102

언론사 소속 기자에게 소위 '유료 기사' 게재를 청탁하는 것은 부정한 청탁이라는 사례

언론의 보도는 공정하고 객관적이어야 하며, 언론은 공적인 관심사에 대하여 공익을 대변하며, 취재·보도·논평 또는 그 밖의 방법으로 민주적 여론형성에 이바지함으로써 그 공적 임무를 수행한다(언론중재 및 피해구제 등에 관한 법률 제4조 제1항, 제3항). …… 신문사 등이 광고주로부터 홍보자료 등을 전달받아 실질은 광고이지만 기사의 형식을 빌린 이른바 '기사형 광고'를 게재하는 경우에는, 독자가 광고임을 전제로 정보의 가치를 합리적으로 판단할 수 있도록 그것이 광고임을 표시하여야 하고, 언론 보도로 오인할 수 있는 형태로 게재하여서는 안 된다(대법원 2018.1.25, 2015다210231 등). 그러므로 보도의 대상이 되는 자가 언론사 소속 기자에게 소위 '유료 기사' 게재를 청탁하는 행위는 사실상 '광고'를 '언론 보도'인 것처럼 가장하여 달라는 것으로서 언론 보도의 공정성 및 객관성에 대한 공공의 신뢰를 저버리는 것이므로, 배임수재죄의 부정한 청탁에 해당한다(대법원 2014.5.16, 2012도11258 등). 설령 '유료 기사'의 내용이 객관적 사실과 부합하더라도, 언론 보도를 금전적 거래의 대상으로 삼은 이상 그 자체로 부정한 청탁에 해당한다.

표정리 │ 배임수증재죄의 부정한 청탁에 해당하지 않는 사례

1	실질적으로 학교법인의 이사장 직무를 수행하면서 학교공사와 관련하여 공개입찰을 하지 않고 공사대금 중 수급인이 학교법인 부담부분 상당액을 학교법인에 기부하는 것을 조건으로 공사계약을 체결한 후(수의계약) 공사를 완성하여 이 부분에 대한 공사대금 지급의무를 면제받은 경우(학교법인의 이익으로 되는 것일 뿐 실질적으로 학교법인의 이사장 직무를 수행한 자가 면제받은 대금 상당의 이익을 취득하였다고 볼 수 없음)(대법원 2001.2.9, 2000도4700)
2	청탁 내용이 단순히 규정이 허용하는 범위 내에서 최대한 선처를 바란다는 내용에 불과하거나 위탁받은 사무의 적법하고 정상적인 처리범위에 속하는 경우(대법원 1982.9.28, 82도1656)
3	종중 사무를 총괄하는 자가 공동주택사업을 추진하던 건설회사 담당직원으로부터 '토지매매대금 이외에 수고비를 주겠으니 종중 토지의 공유자(등기명의인)들로부터 조속히 소유권이전에 필요한 모든 서류를 하자 없이 받아달라.'는 취지의 청탁을 받고 재산상 이익을 취득한 경우(대법원 2010.9.9, 2010도7380)[352]
4	대학병원 등의 의사가 의약품을 사용해 준 대가 또는 향후 의약품을 지속적으로 납품할 수 있도록 해달라는 청탁의 취지로 제약회사 등이 제공하는 의약품에 관한 '시판 후 조사' 연구용역계약을 체결하고 연구비 명목의 돈을 수수한 경우(대법원 2011.8.18, 2010도10290[353]) [경찰간부 13]

---

352 **보충 : 종중의 사무를 총괄하는 자의 배임수재죄 부정 사례** 종중 사무를 총괄하는 피고인이 공동주택사업을 추진하던 건설회사 담당직원 甲으로부터 '토지매매대금 이외에 수고비를 주겠으니 종중 토지의 공유자(등기명의인)들로부터 조속히 소유권이전에 필요한 모든 서류를 하자 없이 받아달라.'는 취지의 부정한 청탁을 받고 재산상 이익을 취득하였다는 배임수재의 공소사실에 대해서는, 甲이 피고인에게 부정한 청탁을 하고 피고인이 그 대가로 건설회사로부터 보상금 명목의 금원을 받은 것으로 보기 어렵기 때문에 무죄를 선고해야 한다(대법원 2010.9.9, 2010도7380).
참고판례 : 배임수증재죄 부정 및 긍정 사례 ① 피고인 甲이 한국자산관리공사 직원인 피고인 乙, 丙에게 한 청탁은 그 구체적 내용 및 乙, 丙이 내부 규정을 위반하지 않으면서 업무를 신속하게 처리해 준 점, 금품의 교부일시 등 제반 사정에 비추어 부정한 청탁에 해당하지 않으므로 위 피고인들의 배임수증재 공소사실에 대해서는 무죄를 선고한 것은 정당하나, ② 피고인 甲이 집행관사무소 사무원인 피고인 丁에게 한 청탁은 그 구체적 내용 및 丁에게 현금으로 6,700만 원에 이르는 거액이 교부된 점, 丁에게는 높은 직무청렴성이 요구되는 점 등 제반 사정에 비추어 부정한 청탁에 해당하므로 이 부분에 대한 위 피고인들의 배임수증재 공소사실은 유죄이다(대법원 2010.9.30, 2009도5793).

353 **판결이유 :** 연구목적의 적정성 및 필요성, 연구결과 신뢰성을 확보하려는 노력의 유무, 연구 수행과정과 방법의 적정성 및 결과 충실성, 연구대가의 적정성 등 제반 사정에 비추어, 연구용역계약은 의학적 관점에서 필요성에 따라 근거와 이유를 가지고 정당하게 체결되어 수행되었을 뿐, 제약회사 등의 조영제 납품에 관한 부정한 청탁 또는 대가 지급 의도로 체결된 것으로 볼 수 없다고 한 원심판단은 정당하다.

5	아파트개발사업 시행업체 측으로부터 철거공사를 담당할 업체를 선정할 권한과 함께 명도·이주 업무를 책임지고 수행할 임무를 위임받은 자가, 시행업체의 양해 하에 철거업체로 선정되면 철거공사 하도급대금 중 일부를 자신에게 지급하기로 하는 내용의 약정을 철거업체와 체결한 경우(대법원 2006.11.23, 2006도906; 2011.4.14, 2010도8743[354]) [경찰채용 12 3차 / 법원행시 06]
6	사회복지법인의 설립자 내지 운영자, 학교법인의 이사장 또는 사립학교 경영자가 사회복지법인이나 학교법인의 운영권을 양도하고 양수인으로부터 양수인 측을 사회복지법인·학교법인의 임원으로 선임해 주는 대가로 양도대금을 받기로 하는 내용의 청탁을 받은 경우(대법원 2013.12.26, 2010도16681; 2014.1.23, 2013도11735[355]) [법원9급 16]
7	거래상대방의 대향적 행위의 존재를 필요로 하는 유형의 배임죄에서 그 거래상대방이 양수대금 등 그 해당 거래에 따른 계약상 의무를 이행하고 배임행위의 실행행위자가 이를 이행받은 경우(특허권 명의 이전의 대가를 받은 사례, 대법원 2016.10.13, 2014도17211) : 배임수재죄 및 배임증재죄에서 공여 또는 취득하는 재물 또는 재산상 이익은 부정한 청탁에 대한 대가 또는 사례여야 한다. 따라서 甲은 乙에게 특허권의 명의를 대금 1,000만 원에 이전해 달라고 하고 1,000만 원을 지급한 경우, 이는 甲이 乙과 체결한 계약에 따른 의무의 이행으로 1,000만 원을 지급하고 乙이 이를 받은 것을 두고 부정한 청탁에 대한 대가로 수수하였다고 단정하기 어렵다. [변호사시험 17]

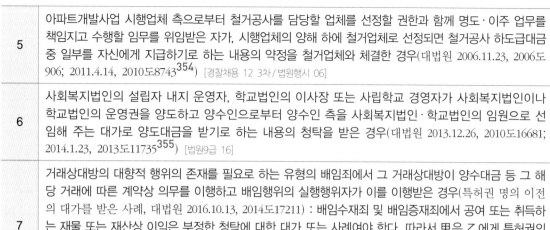

판례연구 제3자 배임수재죄의 제3자의 범위

대법원 2021.9.30, 2020도2641
제3자 배임수재죄의 제3자에는 사무처리를 위임한 타인은 포함되지 아니한다는 사례
(신문사 기자들인 A 등은 홍보성 기사를 게재하는 대가로 기자들이 소속된 신문사들이 甲으로부터 돈을 교부받은 경우 甲에게 배임증재죄가 성립하지 않음) 제3자 배임수재죄가 신설된 것은 사무처리자 본인이 직접 재물 등을 취득하는 행위뿐만 아니라 제3자로 하여금 재물 등을 취득하게 하는 행위도 처벌할 수 있도록 하기 위한 것이므로, 특별한 사정이 없는 한 형법 제357조 제1항의 '제3자'에는 사무처리를 위임한 '타인'이 포함되지 않는다, …… 신문사 기자들이 홍보성 기사를 게재(이는 배임수증재죄의 부정한 청탁에는 해당)하는 대가로 기자들이 소속된 신문사들이 피고인으로부터 돈을 교부받은 행위는 형법 제357조 제1항의 사무처리자 또는 제3자가 돈을 교부받은 경우가 아니다. 따라서 신문사들의 배임수재죄가 성립하지 않고 이를 전제로 하는 피고인의 배임증재죄 역시 성립하지 않는다.

판례연구 배임수재죄에서 수재의 시기는 중요하지 않다는 사례

1 대법원 1997.10.24, 97도2042
타인의 사무를 처리하는 자가 부정한 청탁을 받고 사직한 후에 재물을 수수한 경우, 배임수재죄가 성립한다는 사례
형법 제357조 제1항의 배임수재죄는 타인의 사무를 처리하는 자의 청렴성을 보호법익으로 하는 것

354 보충 : 이 사건 아파트개발사업의 시행업체 측은 피고인에게 철거업체로부터 명도·이주 업무 등의 보수를 지급받는 것을 허용하였고, … 피고인에게 철거업체로 선정되게 해달라고 부탁한 것도 피고인에게 철거공사 하도급업체 선정을 위탁한 시행업체 측의 양해하에 그 철거업체 선정의 전제로 내세운 위 차액 반환이라는 계약조건을 받아들인 것에 불과하므로, 이를 타인의 위탁을 받아 계약과 관련된 사무를 처리하는 사람이 특정인으로부터 계약체결의 상대방이 될 수 있게 해 달라는 부정한 청탁을 받고 그 대가를 받은 경우라고 보기는 어렵다(위 판례).

355 보충 : 사회복지법인·학교법인의 운영권의 유상 양도를 금지·처벌하는 입법자의 결단이 없는 이상 사회복지법인·학교법인 운영권의 양도 및 그 양도대금의 수수 등으로 인하여 향후 사회복지법인·학교법인의 기본재산에 악영향을 미칠 수 있다거나 사회복지법인의 건전한 운영에 지장을 초래할 경우가 있다는 추상적 위험성만으로 운영권 양도계약에 따른 양도대금 수수행위를 형사처벌하는 것은 죄형법정주의나 형벌법규 명확성의 원칙에 반하는 것이어서 허용될 수 없다. 따라서 그 청탁의 내용이 당해 사회복지법인·학교법인의 설립 목적과 다른 목적으로 기본재산을 매수하여 사용하려는 것으로서 실질적으로 법인의 기본재산을 이전하는 것과 다름이 없어 사회복지법인·학교법인의 존립에 중대한 위협을 초래할 것임이 명백하다는 등의 특별한 사정(대법원 2001.9.28, 99도2639 참조)이 없는 한 사회상규 또는 신의성실의 원칙에 반하는 것을 내용으로 하는 청탁이라고 할 수 없으므로 이를 배임수재죄의 성립 요건인 '부정한 청탁'에 해당한다고 할 수 없다(위 판례).

으로, 그 임무에 관하여 부정한 청탁을 받고 재물을 수수함으로써 성립하고 반드시 수재 당시에도 그와 관련된 임무를 현실적으로 담당하고 있음을 그 요건으로 하는 것은 아니므로, 타인의 사무를 처리하는 자가 그 임무에 관하여 부정한 청탁을 받은 이상 그 후 사직으로 인하여 그 직무를 담당하지 아니하게 된 상태에서 재물을 수수하게 되었다 하더라도, 그 재물 등의 수수가 부정한 청탁과 관련하여 이루어진 것이라면 배임수재죄가 성립한다.[356] [경찰승진(경사) 10 / 법원9급 14]

2 대법원 2013.11.14, 2011도11174
부정한 청탁을 받고 나서 사후에 청탁의 대가로 재물 또는 재산상의 이익을 취득한 경우와 부정한 청탁의 결과로 상대방이 얻은 재물 등의 일부를 상대방으로부터 청탁의 대가로 취득한 경우
임무에 관하여 부정한 청탁을 받고 재물 또는 재산상 이익을 취득하면 배임수재죄는 성립되고, 어떠한 임무위배행위를 하거나 본인에게 손해를 가하는 것을 요건으로 하지 아니하나, 재물 또는 이익을 공여하는 사람과 취득하는 사람 사이에 부정한 청탁이 개재되지 않는 한 성립하지 않는다. 그리고 부정한 청탁을 받고 나서 사후에 재물 또는 재산상의 이익을 취득하였다고 하더라도 재물 또는 재산상의 이익이 청탁의 대가인 이상 배임수재죄가 성립되며, 또한 부정한 청탁의 결과로 상대방이 얻은 재물 또는 재산상 이익의 일부를 상대방으로부터 청탁의 대가로 취득한 경우에도 마찬가지이다. [법원행시 18]

판례연구 **사기 범행의 공동정범 사이 수수행위는 배임수증재죄를 구성하지 않는다는 사례**

대법원 2016.5.24, 2015도18795
공동의 사기 범행으로 인하여 얻은 돈을 공범자끼리 수수한 행위가 공동정범들 사이의 범행에 의하여 취득한 돈이나 재산상 이익의 내부적인 분배행위에 지나지 않는다면 돈의 수수행위가 따로 배임수증재죄를 구성한다고 볼 수는 없다. … 공사 발주처의 입찰 업무를 처리하는 자가 공사업자와 공모하여 부정한 방법으로 낙찰하한가를 알아낸 다음 공사업자에게 알려주어 발주처가 공사업자를 낙찰자로 선정하도록 하여 공사계약의 체결에 이르게 하고 공사업자에게서 돈을 수수한 경우에, 돈의 성격을 타인의 업무에 관한 부정한 청탁의 대가로 볼 것인지, 아니면 공동의 사기 범행에 따라 편취한 것으로 볼 것인지는 돈을 공여하고 수수한 당사자들의 의사, 공사계약 자체의 내용 및 성격 등을 종합적으로 고려하여 객관적으로 평가하여 판단해야 한다. [법원행시 16]

판례연구 **배임수재죄의 재산상 손해발생 요부 및 배임죄와의 죄수**

1 대법원 1983.12.13, 82도735
자격없는 건설업체를 입찰경쟁업체로 지명하고 사례를 받았지만 본인에게 손해가 발생하지 않은 경우 배임수재죄가 성립한다는 사례
피고인이 그가 대표이사로 있는 회사가 발주하는 공사에 관하여 입찰경쟁업체로 지명함에 있어서 부적당하다는 정을 알면서도 부정한 청탁을 받고 소외 건설업체를 지명하고 그 사례로 금원을 수수하여 배임수재죄가 성립하였다면 그 후 위 건설업체가 동 공사를 아무런 하자없이 시공하여 준공검사를 마침으로써 그 회사에 아무런 손해가 발생하지 아니하였더라도 아무런 영향이 없다.

2 대법원 2011.2.24, 2010도11784
'임무위배행위'나 '본인에게 손해를 가할 것'이 배임수재죄의 성립 요건은 아니라는 사례
배임수재죄는 타인의 사무를 처리하는 자가 그 임무에 관하여 부정한 청탁을 받고 재물 등을 취

---

356 **비교** : 다만 후술하는 수뢰죄에서는 공무원일 때 뇌물을 받을 것을 약속하고 퇴직 후 수수한 경우에는 수뢰죄는 성립하지 않고 뇌물약속죄나 사후수뢰죄가 성립할 뿐이다. 자세한 것은 뇌물죄에서 후술한다.

득함으로써 성립하는 것이고, 어떠한 임무위배행위나 본인에게 손해를 가할 것을 요건으로 하는 것은 아니다.[357] [경찰간부 16]

3 대법원 1984.11.27, 84도1906

배임수재죄와 배임죄의 죄수관계는 경합범이라는 사례

형법 제357조 제1항의 배임수재죄는 타인의 사무를 처리하는 자가 그 임무에 관하여 부정한 청탁을 받고 재물 등을 취득함으로써 성립하는 것이고 어떠한 임무 위배행위나 본인에게 손해를 가한 것을 요건으로 하는 것이 아닌데 대하여 동법 제256조, 제355조 제2항의 배임죄는 타인의 사무를 처리하는 자가 그 임무에 위배하는 행위가 있어야 하고 그 행위로서 본인에게 손해를 가함으로써 성립하는 것이나 부정한 청탁을 받거나 금품을 수수한 것을 그 요건으로 하지 않고 있으므로 이들 양 죄는 행위의 태양을 전연 달리하고 있어 일반법과 특별법관계가 아닌 별개의 독립된 범죄라고 보아야 하고 또 업무상 배임죄의 법정형은 10년 이하의 징역(단순배임죄의 법정형도 5년 이하의 징역)인데 비하여 배임수재죄의 그것은 업무상 배임죄의 법정형 보다 경한 5년 이하의 징역이므로 업무상 배임죄가 배임수재죄에 흡수되는 관계에 있다거나 결과적 가중범의 관계에 있다고는 할 수 없으므로 위 양죄를 형법 제37조 전단의 경합범으로 의율처단하였음은 정당하다.

4 대법원 2008.12.11, 2008도6987

수인으로부터 각각 같은 종류의 부정한 청탁과 함께 금품을 받은 배임수재행위가 포괄일죄를 구성하지 않는다는 사례

① 타인의 사무를 처리하는 자가 동일인으로부터 그 직무에 관하여 부정한 청탁을 받고 여러 차례에 걸쳐 금품을 수수한 경우, 그것이 단일하고도 계속된 범의 아래 일정기간 반복하여 이루어진 것이고 그 피해법익도 동일한 때에는 이를 포괄일죄로 보아야 한다. 다만, ② 여러 사람으로부터 각각 부정한 청탁을 받고 그들로부터 각각 금품을 수수한 경우에는 비록 그 청탁이 동종의 것이라고 하더라도 단일하고 계속된 범의 아래 이루어진 범행으로 보기 어려워 그 전체를 포괄일죄로 볼 수 없다. [경찰승진 11 / 법원9급 09 / 사시 10]

판례연구 **형법 제357조 제3항의 범인이 취득한 제1항의 재물의 의미와 관련하여 배임수재자가 받은 재물을 그대로 증재자에게 반환한 사례**

대법원 2017.4.7, 2016도18104

배임수재죄와 배임증재죄는 이른바 대향범으로서 위 제3항에서 필요적 몰수 또는 추징을 규정한 것은 범행에 제공된 재물과 재산상 이익을 박탈하여 부정한 이익을 보유하지 못하게 하기 위한 것이므로, 제3항에서 몰수의 대상으로 규정한 '범인이 취득한 제1항의 재물'은 배임수재죄의 범인이 취득한 목적물이자 배임증재죄의 범인이 공여한 목적물을 가리키는 것이지 배임수재죄의 목적물만을 한정하여 가리키는 것이 아니다. 그러므로 수재자가 증재자로부터 받은 재물을 그대로 가지고 있다가 증재자에게 반환하였다면 증재자로부터 이를 몰수하거나 그 가액을 추징하여야 한다.

보충 상고이유 주장은 위와 같이 재물을 그대로 반환한 경우에는 수재자는 물론 증재자로부터도 몰수나 추징을 할 수 없다는 취지이나 이유 없다. 원심이 피고인 2로부터 5,000만 원을 추징한 것은 정당하고, 거기에 배임수증재죄에서의 추징에 관한 법리를 오해한 잘못이 없다.

---

357 판례 : 주택조합아파트 시공회사 직원인 피고인들이 조합장으로부터 조합의 이중분양에 관한 민원을 회사에 보고하지 않고 묵인하거나 이중분양에 대한 조치를 강구할 때 조합의 입장을 배려하여 달라는 청탁을 받고 위 아파트 분양권을 취득한 경우, 피고인들에게 배임수재죄의 죄책이 인정된다(대법원 2011.2.24, 2010도11784).

제357조【배임수증재】② 제1항의 재물 또는 재산상 이익을 공여한 자는 2년 이하의 징역 또는 500만 원 이하의 벌금에 처한다. 〈우리말 순화 개정 2020.12.8.〉

③ 범인 또는 그 사정을 아는 제3자가 취득한 제1항의 재물은 몰수한다. 그 재물을 몰수하기 불가능하거나 재산상의 이익을 취득한 때에는 그 가액을 추징한다. 〈우리말 순화 개정 2020.12.8.〉

사례연구 | 가수 매니저와 가요담당 PD 사례

다음은 대법원 1991.1.15. 90도2257 판결을 문제로 만든 것이다. 잘 읽고 물음에 답하시오.

> 甲은 한국방송공사 라디오국 프로듀서로 근무하면서 각종 프로그램의 제작연출 등 사무를 처리하고 있던 중 당시 제작하는 가요프로그램에 실을 수 있는 가요의 수는 제한되어 있음에도 A가수 또는 그 매니저 乙로부터 위 프로그램에 위 가수들의 노래를 선곡하여 자주 방송함으로써 인기도가 올라갈 수 있도록 하여 달라는 청탁을 받고 그 사례금명목으로 31회에 걸쳐 합계금 7,900,000원을 교부받았다.

[제1문] 가요담당 PD 甲의 임무에 관한 부정한 청탁이 있는가?　[제2문] 甲의 죄책은?
[제3문] 乙의 입장에서는 부정한 청탁에 해당하는가?　　　　　[제4문] 乙의 죄책은?

> 해결 　[제1문·제2문] 방송은 공적책임을 수행하고 그 내용의 공정성과 공공성을 유지하여야 하는 것이므로(방송법 제4조, 제5조 참조), 방송국에서 프로그램의 제작연출 등의 사무를 처리하는 피고인으로서는 특정가수의 노래만을 편파적으로 선곡하여 계속 방송하여서는 아니되고 청취자들의 인기도, 호응도 등을 고려하여 여러 가수들의 노래를 공정성실하게 방송하여야 할 임무가 있음에도 위와 같이 피고인이 담당하는 제한된 방송프로그램에 특정가수의 노래만을 자주 방송하여 달라는 청탁은 사회상규나 신의성실의 원칙에 반하는 부정한 청탁이라 할 것이다. [법원행시 06/사시 11]
> 　[제3문·제4문] 형법 제357조 제1항의 배임수재죄와 같은 조 제2항의 배임증재죄는 통상 필요적 공범의 관계에 있기는 하나 이것은 반드시 수재자와 증재자가 같이 처벌받아야 하는 것을 의미하는 것은 아니고 증재자에게는 정당한 업무에 속하는 청탁이라도 수재자에게는 부정한 청탁이 될 수도 있는 것이고(대법원 1979.6.12. 79도708), [경찰채용 12 2차/경찰승진(경사) 10/법원9급 12/법원행시 13] 또한 여기서 수재자에 대한 부정한 청탁이라 함은 업무상 배임에 이르는 정도가 아니나 사회상규 또는 신의성실의 원칙에 반하는 것을 내용으로 하는 청탁을 의미한다.

> 보충 　배임증재죄가 배임수재죄와 필요적 공범관계에 있다고 해서 반드시 두 범죄가 항상 함께 성립하는 것은 아니다. 예를 들어, 방송국 소속 가요담당 프로듀서(PD)에게 가수 매니저가 선곡을 많이 해달라고 청탁을 한 것은 PD 입장에서는 부정한 청탁이지만 가수 매니저의 업무로서는 당연한 부탁이므로 배임증재죄는 성립하지 않을 것이다(대법원 1991.6.11. 91도688).

> 정답 　[제1문] 부정한 청탁이 있다. / [제2문] 배임수재죄 / [제3문] 부정한 청탁에 해당하지 않는다. / [제4문] 무죄

사례연구 | 처분금지가처분 취하 청탁과 배임수증재죄의 성부

甲 주식회사를 사실상 관리하는 乙이 甲 회사가 사업용 부지로 매수한 토지에 관하여 처분금지가처분 등기를 마쳐두었는데, 토지를 매수하려는 丙에게서 가처분을 취하해 달라는 청탁을 받고 돈을 수수하였다. 乙과 丙에게 배임수재죄와 배임증재죄가 성립하는가?

> 해결 　형법 제357조 제1항의 배임수재죄와 같은 조 제2항의 배임증재죄는 통상 필요적 공범의 관계에 있기는 하나, 이것은 반드시 수재자와 증재자가 같이 처벌받아야 하는 것을 의미하는 것은 아니고, 증재자에

게는 정당한 업무에 속하는 청탁이라도 수재자에게는 부정한 청탁이 될 수도 있다(대법원 1991.1.15, 90도2257). [경찰채용 12 2차 / 경찰승진(경사) 10 / 법원9급 12 / 법원행시 13] … 乙이 받은 돈은 부정한 청탁의 대가임이 분명하고 乙에게 부정한 청탁에 대한 인식이 없었다고 볼 수 없어 배임수재죄가 성립하나, 반면 丙은 사업의 더 큰 손실을 피하기 위하여 가처분 취하의 대가로 乙이 지정하는 계좌로 돈을 송금한 점, 丙으로서는 위 돈이 궁극적으로 甲 회사에 귀속될 것인지 乙에게 귀속될 것인지에 관한 분명한 인식이 있었다고 볼 수 없는 점 등 제반 사정에 비추어, 丙이 가처분 취하의 대가로 돈을 교부한 행위는 사회상규에 위배되지 아니하여 배임증재죄를 구성할 정도의 위법성은 없다(대법원 2011.10.27, 2010도7624). [법원행시 18]

보충 **전제되는 논점** 부동산에 처분금지가처분결정을 받아 가처분집행까지 마친 경우, 피보전채권의 실제 존재 여부를 불문하고 가처분이 되어 있는 부동산은 매매나 담보제공 등에 있어 그렇지 않은 부동산보다 불리할 수밖에 없는 점, 가처분집행이 되어 있는 부동산의 가처분집행이 해제되면 가처분 부담이 없는 부동산을 소유하게 되는 이익을 얻게 되는 점 등을 고려하면 가처분권리자로서는 가처분 유지로 인한 재산상 이익이 인정되고, 그 후 가처분의 피보전채권이 존재하지 않는 것으로 밝혀졌더라도 가처분의 유지로 인한 재산상 이익이 있었던 것으로 보아야 한다(대법원 2007.1.11, 2006도4400; 2007.9.20, 2007도5507). [경찰승진(경감) 10 / 법원9급 12 / 법원행시 11 / 사시 10]

정답 乙은 배임수재죄가 성립하지만, 丙에게는 배임증재죄가 성립하지 않는다.

제8절 장물의 죄

01 총 설

판례연구 장물의 요건 관련 장물에 해당하는 사례

1 대법원 2004.12.9, 2004도5904
본범의 횡령행위에 가공하면서 이를 구입·취득한 경우도 장물에 해당한다는 사례
甲이 회사 자금으로 乙에게 주식매각 대금조로 금원을 지급한 경우, 그 금원은 단순히 횡령행위에 제공된 물건이 아니라 횡령행위에 의하여 영득된 장물에 해당한다고 할 것이고, 나아가 설령 甲이 乙에게 금원을 교부한 행위 자체가 횡령행위라고 하더라도 이러한 경우 甲의 업무상횡령죄가 기수에 달하는 것과 동시에 그 금원은 장물이 된다.[358] [경찰승진 14 / 법원9급 18 / 법원행시 11·12 / 사시 10]

2 대법원 2000.3.10, 98도2579
장물인 현금과 자기앞수표를 금융기관에 예치하였다가 현금으로 인출한 경우, 인출한 현금의 장물성이 상실되지 않는다는 사례
장물이라 함은 재산범죄로 인하여 취득한 물건 그 자체를 말하고, 그 장물의 처분대가는 장물성을

---

[358] **사실관계** : 乙은 2001.5. 하순경 甲으로부터 甲이 업무상 보관중인 D 주식회사 소유의 5,000만 원을 그것이 횡령한 것임을 알고 주식매각 대금조로 교부받았다. 판례에 의하면, 甲에게는 업무상 횡령죄가 성립하는데 이와 동시에 乙에게도 장물취득죄가 성립한다.
유사 : 회사직원의 공금횡령행위에 대하여 공모를 하지는 않았지만 그가 정상적이 아닌 부정한 방법으로 금원을 마련하여 송금하는 사정을 미필적으로나마 인식하고 있으면서도 이를 계속하여 묵인한 채 송금을 받은 경우, 횡령행위에 대한 방조 또는 장물취득행위에 해당한다(대법원 2001.5.8, 2001도2181).

상실하는 것이지만, 금전은 고도의 대체성을 가지고 있어 다른 종류의 통화와 쉽게 교환할 수 있고, 그 금전 자체는 별다른 의미가 없고 금액에 의하여 표시되는 금전적 가치가 거래상 의미를 가지고 유통되고 있는 점에 비추어 볼 때, 장물인 현금을 금융기관에 예금의 형태로 보관하였다가 이를 반환받기 위하여 동일한 액수의 현금을 인출한 경우에 예금계약의 성질상 인출된 현금은 당초의 현금과 물리적인 동일성은 상실되었지만 액수에 의하여 표시되는 금전적 가치에는 아무런 변동이 없으므로 장물로서의 성질은 그대로 유지된다고 봄이 상당하고, 자기앞수표도 그 액면금을 즉시 지급받을 수 있는 등 현금에 대신하는 기능을 가지고 거래상 현금과 동일하게 취급되고 있는 점에서 금전의 경우와 동일하게 보아야 한다. [경찰채용 11 2차 / 경찰승진(경사) 10 / 경찰승진 12·13·14 / 국가9급 13·14 / 국가7급 07·13 / 법원9급 07(상) / 법원9급 12 / 법원행시 06·08·10·11 / 사시 10·11·14]

3 대법원 2011.4.28, 2010도15350

장물죄에서 본범이 되는 범죄행위에 대하여 우리 형법이 적용되지 않는 경우, 그에 관한 법적 평가 기준 및 '장물'에 해당하기 위한 요건 : 미국 리스 차량 수입 사건

'장물'이라 함은 재산죄인 범죄행위에 의하여 영득된 물건을 말하는 것으로서 절도·강도·사기·공갈·횡령 등 영득죄에 의하여 취득된 물건이어야 한다. 여기에서의 범죄행위는 절도죄 등 본범의 구성요건에 해당하는 위법한 행위일 것을 요한다. 그리고 본범의 행위에 관한 법적 평가는 그 행위에 대하여 우리 형법이 적용되지 아니하는 경우에도 우리 형법을 기준으로 하여야 하고 또한 이로써 충분하므로, 본범의 행위가 우리 형법에 비추어 절도죄 등의 구성요건에 해당하는 위법한 행위라고 인정되는 이상 이에 의하여 영득된 재물은 장물에 해당한다.[359] [경찰간부 14 / 법원행시 13 / 사시 13]

| 판례연구 | 장물의 요건 관련 장물에 해당하지 않는 사례 |

1 대법원 1971.2.23, 70도2589

장물은 재물이어야 한다는 사례

장물이라 함은 물리적 관리가능성이 있는 물건 즉 "재물"을 말하는 것이고 재산상의 이익은 장물죄의 객체가 될 수 없다. 따라서 전화가입권은 하나의 채권적 권리로서 재산상의 이익은 될지언정 재물이 아니라 하여 장물죄로 처단할 수 없다고 판단한 것은 정당하다. [경찰간부 16 / 경찰승진(경감) 11 / 법원행시 10]

2 대법원 1975.9.23, 74도1804

산림절도로 절취한 임산물과는 달리 임산물단속법 위반으로 생긴 임산물이 장물이 될 수는 없다는 사례

장물이라 함은 절도, 강도, 사기, 공갈, 횡령 등 재산죄인 범죄행위에 의하여 영득된 물건을 말

---

359 **사례** : 미국 리스 차량 수입 사례 – 장물죄에서 본범이 되는 범죄행위에 대하여 우리 형법이 적용되지 않는 경우, 그에 관한 법적 평가 기준 대한민국 국민 또는 외국인이 미국 캘리포니아주에서 미국 리스회사와 미국 캘리포니아주의 법에 따라 차량 이용에 관한 리스계약을 체결하였는데, 이후 자동차수입업자인 甲이 리스기간 중 위 리스이용자들이 임의로 처분한 위 차량들을 수입하였다. 甲에게는 장물취득죄가 성립하는가?

판례 : 본범의 행위에 관한 법적 평가는 그 행위에 대하여 우리 형법이 적용되지 아니하는 경우에도 우리 형법을 기준으로 하여야 하고 [국가9급 13] 또한 이로써 충분하므로, 본범의 행위가 우리 형법에 비추어 절도죄 등의 구성요건에 해당하는 위법한 행위라고 인정되는 이상 이에 의하여 영득된 재물은 장물에 해당한다. … 대한민국 국민 또는 외국인이 미국 캘리포니아주에서 미국 리스회사와 미국 캘리포니아주의 법에 따라 차량 이용에 관한 리스계약을 체결하면서 준거법에 관하여는 별도로 약정하지 아니하였는데, 이후 자동차수입업자인 피고인이 리스기간 중 위 리스이용자들이 임의로 처분한 리스계약의 목적물인 차량들을 수입한 경우, 국제사법에 따라 위 리스계약에 적용될 준거법인 미국 캘리포니아주의 법에 의하면, 위 차량들의 소유권은 리스회사에 속하고, 리스이용자는 일정 기간 차량의 점유·사용의 권한을 이전받을 뿐이어서(미국 캘리포니아주 상법 제10103조 제a항 제10호도 참조), 리스이용자들은 리스회사에 대한 관계에서 위 차량들에 관한 보관자로서의 지위에 있으므로, 위 차량들을 임의로 처분한 행위는 형법상 횡령죄의 구성요건에 해당하는 위법한 행위로 평가되고 이에 의하여 영득된 위 차량들은 장물에 해당하므로, 피고인에게 장물취득죄를 인정한 원심판단의 결론은 정당하다(대법원 2011.4.28, 2010도15350). [경찰간부 14 / 경찰승진 13 / 법원행시 13 / 사시 13]

해결 : 성립한다.

하는 것이므로 산림법 93조 소정의 절취한 임산물이 아니고 임산물단속에 관한 법률위반죄에 의하여 생긴 임산물은 재산 범죄적 행위에 의한 것이 아니기 때문에 장물이 될 수 없다.

3 대법원 1975.12.9, 74도2804

이중매도로 인한 배임범죄에 제공된 부동산은 장물이 아니라는 사례

형법상 장물죄의 객체인 장물이라 함은 재산권상의 침해를 가져 올 위법원행시위로 인하여 영득한 물건으로서 피해자가 반환청구권을 가지는 것을 말하고 본건 대지에 관하여 매수인 "甲"에게 소유권 이전등기를 하여 줄 임무가 있는 소유자가 그 임무에 위반하여 이를 "乙"에게 매도하고 소유권이전등 기를 경유하여 준 경우에는 위 부동산소유자가 배임행위로 인하여 영득한 것은 재산상의 이익이고 위 배임죄에 제공된 대지는 범죄로 인하여 영득한 것 자체는 아니므로 그 취득자 또는 전득자에게 대하여 배임죄의 가공여부를 논함은 별 문제로 하고 장물취득죄로 처단할 수 없다.[360] [경찰채용 12 2차 / 법원9급 11 / 법원행시 11]

4 대법원 2004.4.16, 2004도353

컴퓨터등사용사기죄의 범행으로 예금채권을 취득한 다음 자기의 현금카드를 사용하여 현금자동지급 기에서 현금을 인출한 경우, 그 인출된 현금은 장물이 될 수 없다고 한 사례

① 형법 제41장의 장물에 관한 죄에 있어서의 '장물'이라 함은 재산범죄로 인하여 취득한 물건 그 자체를 말하므로, 재산범죄를 저지른 이후에 별도의 재산범죄의 구성요건에 해당하는 사후행위가 있었 다면 비록 그 행위가 불가벌적 사후행위로서 처벌의 대상이 되지 않는다 할지라도 그 사후행위로 인하여 취득한 물건은 재산범죄로 인하여 취득한 물건으로서 장물이 될 수 있다. 그러나 ② 컴퓨터등사 용사기죄의 범행으로 예금채권을 취득한 다음 자기의 현금카드를 사용하여 현금자동지급기에서 현금을 인출한 경우, 현금카드 사용권한 있는 자의 정당한 사용에 의한 것으로서 현금자동지급기 관리자의 의사에 반하거나 기망행위 및 그에 따른 처분행위도 없었으므로, 별도로 절도죄나 사기죄의 구성요건에 해당하지 않는다 할 것이고, 그 결과 그 인출된 현금은 재산범죄에 의하여 취득한 재물이 아니므로 장물이 될 수 없다.[361] [경찰간부 14·16·17 / 경찰승진(경장) 10 / 경찰승진(경사) 10 / 경찰승진 12·14·17 / 국가9급 13·14 / 국가7급 07·11·13·20 / 법원9급 13·18 / 법원승진 12 / 법원행시 05·08·09·10·11·12·13 / 사시 10·11·16 / 변호사시험 14·16]

---

360 **유사** : S약품 대표인 공소외 임○○는 S약품의 재고약품을 피해자 우○○의 S약품에 대한 채권확보책으로 우○○에게 양도담보로 제공한 후 재고약품 중 일부를 다시 피고인 노○○ 등에게 양도한 사실을 확정하고, 임○○의 위 피고인들에 대한 양도행위는 배임죄에 해당하는 것이며(참고: 2019도9756 전합 판례에 의해 이제는 배임죄에 해당하지 않음), 임○○가 다시 양도한 재고약품 중 일부는 그의 배임행위에 제공한 물건이지 배임행위로 인하여 영득한 물건 자체는 아니므로 장물이라고 볼 수 없다(대법원 1983.11.8, 82도2119). [경찰승진(경감) 11 / 법원행시 09 / 사시 11]

361 **판례** : **컴퓨터사용사기죄는 장물취득죄의 본범이 될 수 없다는 사례** (甲은 컴퓨터등사용사기죄의 범행으로 예금채권을 취득한 다음 자기의 현금카드를 사용하여 현금자동지급기에서 현금을 인출하였는데, 乙은 이러한 사정을 알고 위 현금을 甲으로부터 받아 취득하 였다) 컴퓨터 등 사용사기죄의 범행으로 예금채권을 취득한 다음 자기의 현금카드를 사용하여 현금자동지급기에서 현금을 인출한 경우, 현금카드 사용권한 있는 자의 정당한 사용에 의한 것으로서 현금자동지급기 관리자의 의사에 반하거나 기망행위 및 그에 따른 처분행위도 없었으므로, 별도로 절도죄나 사기죄의 구성요건에 해당하지 않는다 할 것이고, 그 결과 그 인출된 현금은 재산범죄 에 의하여 취득한 재물이 아니므로 장물이 될 수 없다. 따라서 甲이 권한 없이 인터넷뱅킹으로 타인의 예금계좌에서 자신의 예금계좌 로 돈을 이체한 후 그중 일부를 인출하여 그 사정을 아는 乙에게 교부한 경우, 甲이 컴퓨터 등 사용사기죄에 의하여 취득한 예금채권은 재물이 아니라 재산상 이익이므로, 그가 자신의 예금계좌에서 돈을 인출하였더라도 장물을 금융기관에 예치하였다가 인출한 것으로 볼 수 없다. 따라서 乙의 장물취득죄의 성립은 부정된다(대법원 2004.4.16, 2004도353). [경찰간부 14 / 국가9급 13 / 국가7급 11·13 / 법원9급 13 / 법원승진 12 / 법원행시 05·08·09·10·11·12·13 / 변호사시험 14]

02 장물취득·양도·운반·보관·알선죄

> **제362조【장물의 취득, 알선 등】** ① 장물을 취득, 양도, 운반 또는 보관한 자는 7년 이하의 징역 또는 1천500만원 이하의 벌금에 처한다.
> ② 전항의 행위를 알선한 자도 전항의 형과 같다.

판례연구	장물취득 등 죄의 구성요건·죄수 관련 판례

1 대법원 2010.12.9, 2010도6256

본인 명의의 예금계좌를 양도하는 방법으로 본범의 사기 범행을 용이하게 한 방조범이 본범의 사기행위 결과 그의 예금계좌에 입금된 돈을 인출한 사례

장물취득죄에서 '취득'이라 함은 장물의 점유를 이전받음으로써 그 장물에 대하여 사실상 처분권을 획득하는 것을 의미하는데, 이 사건의 경우 본범의 사기행위는 피고인이 예금계좌를 개설하여 본범에게 양도한 방조행위가 가공되어 본범에게 편취금이 귀속되는 과정 없이 피고인이 피해자로부터 피고인의 예금계좌로 돈을 송금받아 취득함으로써 종료되는 것이고, 그 후 피고인이 자신의 예금계좌에서 위 돈을 인출하였다 하더라도 이는 예금명의자로서 은행에 예금반환을 청구한 결과일 뿐 본범으로부터 위 돈에 대한 점유를 이전받아 사실상 처분권을 획득한 것은 아니므로, 피고인의 위와 같은 인출행위를 장물취득죄로 벌할 수는 없다.[362] [국가9급 12 / 법원9급 11 / 법원행시 14 / 사시 12·14·16 / 변호사시험 14]

2 대법원 2003.5.13, 2003도1366

장물취득죄에 있어서 '취득'의 의미

장물취득죄에서 '취득'이라고 함은 점유를 이전받음으로써 그 장물에 대하여 사실상의 처분권을 획득하는 것을 의미하는 것이므로, 단순히 보수를 받고 본범을 위하여 장물을 일시 사용하거나 그와 같이 사용할 목적으로 장물을 건네받은 것만으로는 장물을 취득한 것으로 볼 수 없다.[363] [경찰승진 12·16 / 국가7급 11·13 / 법원9급 12 / 법원승진 14 / 법원행시 13 / 변호사시험 12]

3 대법원 2011.5.13, 2009도3552

장물인 수입자동차를 국내에서 신규등록하고 나서 이를 양도한 사례

장물인 수입자동차를 국내에서 신규등록한 것이 원시취득에 해당하여 장물양도행위가 범죄를 구성하지 않는다고 볼 수 없다(원시취득에 해당하지 않는다는 의미). 따라서 피고인이 도난차량인 미등록 수입자동차를 취득하여 신규등록을 마친 후 위 자동차가 장물일지도 모른다고 생각하면서 이를 양도한 행위는 장물양도죄에 해당한다.[364] [법원행시 12 / 사시 14]

---

362 **판례 : 계좌를 빌려준 사기방조범의 인출행위의 장물취득죄 성부** 사기 범행에 이용되리라는 사정을 알고서도 자신의 명의로 새마을금고 예금계좌를 개설하여 甲에게 이를 양도함으로써 甲이 乙을 속여 乙로 하여금 1,000만 원을 위 계좌로 송금하게 한 사기 범행을 방조한 피고인이 위 계좌로 송금된 돈 중 140만 원을 인출하여 甲이 편취한 장물을 취득하였다는 공소사실에 대하여, 甲이 사기 범행으로 취득한 것은 재산상 이익이어서 장물에 해당하지 않는다는 원심판단은 적절하지 아니하지만, 피고인의 위와 같은 인출행위를 장물취득죄로 벌할 수는 없으므로, 위 '장물취득' 부분을 무죄로 선고한 원심의 결론은 정당하다(대법원 2010.12.9, 2010도6256). [법원9급 11 / 법원행시 14 / 사시 14 / 변호사시험 14]

363 **사실관계 : 甲은 乙로부터 보수를 받는 조건으로 乙이 습득한 신용카드로 물품을 구입하여 주기로 하고, 위 신용카드를 교부받아 가지고 있었다. 甲에게는 장물보관죄만 성립하며, 장물취득죄는 성립하지 않는다. [국가7급 11]

364 **사례 : 장물인 수입자동차를 국내에서 신규등록한 것이 원시취득에 해당하지 않는다는 사례** 甲은 도난차량인 미등록 수입자동차를 취득하여 신규등록을 마친 후 위 자동차가 장물일지도 모른다고 생각하면서 이를 양도하였다. 甲의 죄책은?
**판례 : 장물죄에 있어서 장물의 인식은 확정적 인식임을 요하지 않으며 장물일지도 모른다는 의심을 가지는 정도의 미필적 인식으로서도 충분하다(대법원 2004.12.9, 2004도5904 등). [경찰승진 1·14 / 법원9급 12 / 법원행시 06·07 / 사시 14] 또한 구 자동차관리법 제6조가 "자동차 소유권의 득실변경은 등록을 하여야 그 효력이 생긴다."고 규정하고 있기는 하나, 위 규정은 도로에서의 운행에 제공될

4 대법원 1999.3.26, 98도3030

절취한 차량이라는 정을 알면서 본범의 강도행위를 위해 그 차량을 운전해 준 사례

본범자와 공동하여 장물을 운반한 경우에 본범자는 장물죄에 해당하지 않으나 그 외의 자의 행위는 장물운반죄를 구성하므로, 피고인이 본범이 절취한 차량이라는 정을 알면서도 본범 등으로부터 그들이 위 차량을 이용하여 강도를 하려 함에 있어 차량을 운전해 달라는 부탁을 받고 위 차량을 운전해 준 경우, 피고인은 강도예비와 아울러 장물운반의 고의를 가지고 위와 같은 행위를 하였다고 봄이 상당하다(장물운반과 강도예비의 상상적 경합). [경찰간부 17 / 경찰승진(경사) 10 / 국가7급 10·20 / 법원행시 08·14]

5 대법원 1983.9.13, 83도1146

장물인 승용차에 편승한 사례

타인이 절취, 운전하는 승용차의 뒷자석에 편승한 것을 가리켜 장물운반행위의 실행을 분담하였다고는 할 수 없다.

6 대법원 1986.1.21, 85도2472

점유권한 있는 자가 장물인 정을 알고서도 계속 보관한 사례

장물인 정을 모르고 장물을 보관하였다가 그 후에 장물인 정을 알게 된 경우 그 정을 알고서도 이를 계속하여 보관하는 행위는 장물죄를 구성하는 것이나 [경찰승진 13·16 / 법원승진 14 / 사시 16] 이 경우에도 점유할 권한이 있는 때에는 이를 계속하여 보관하더라도 장물보관죄가 성립하지 않는다.[365] [경찰승진(경장) 10 / 경찰승진(경사) 11 / 경찰승진 12 / 법원9급 20 / 법원행시 08·09·10·11 / 사시 11]

7 대법원 2009.4.23, 2009도1203

장물알선죄에서 '알선'의 의미

형법 제362조 제2항에 정한 장물알선죄에서 '알선'이란 장물을 취득·양도·운반·보관하려는 당사자 사이에 서서 이를 중개하거나 편의를 도모하는 것을 의미한다. 따라서 장물인 정을 알면서, 장물을 취득·양도·운반·보관하려는 당사자 사이에 서서 서로를 연결하여 장물의 취득·양도·운반·보관행위를 중개하거나 편의를 도모하였다면, 그 알선에 의하여 당사자 사이에 실제로 장물의 취득·양도·운반·보관에 관한 계약이 성립하지 아니하였거나 장물의 점유가 현실적으로 이전되지 아니한 경우라도 장물알선죄가 성립한다. 따라서 장물인 귀금속의 매도를 부탁받은 피고인이 그 귀금속이 장물임을 알면서도 매매를 중개하고 매수인에게 이를 전달하려다가 매수인을 만나기도 전에 체포되었다 하더라도, 위 귀금속의 매매를 중개함으로써 장물알선죄가 성립한다고 해야 한다. [경찰채용 12 2차 / 경찰승진 16·17 / 법원9급 18 / 법원행시 13·14 / 사시 11·14·16 / 변호사시험 13·17]

8 대법원 2006.10.13, 2004도6084; 1971.4.20, 71도468[366]

재물을 인도받은 후에 비로소 장물이 아닌가 하는 의구심을 가진 경우 장물취득의 고의

장물취득죄는 취득 당시 장물인 정을 알면서 재물을 취득하여야 성립하는 것이므로 피고인이 재물을 인도받은 후에 비로소 장물이 아닌가 하는 의구심을 가졌다고 하여 그 재물수수행위가 장물취득죄를 구성한다고 할 수 없다.[367] [국가7급 11 / 사시 14]

자동차의 소유권을 공증하고 안전성을 확보하고자 하는 데 그 취지가 있는 것이므로, 장물인 수입자동차를 신규등록하였다고 하여 그 최초 등록명의인이 해당 수입자동차를 원시취득하게 된다거나 그 장물양도행위가 범죄가 되지 않는다고 볼 수는 없다(대법원 2011.5.13, 2009도3552). [법원행시 12]

해결 : 장물양도죄.

[365] **판례** : 채권담보로 교부받은 장물인 사정을 알고도 보관한 경우 장물인 사정을 모르고 채권담보로써 수표를 교부받았다가 그 사정을 알고서도 계속 보관한 경우와 같이 적법한 권원이 있는 경우의 보관행위는 장물보관죄에 해당되지 않는다(대법원 1986.1.21, 85도2472). [경찰승진 12 / 법원행시 08·11 / 사시 11]

[366] **판례** : 피고인이 위 자전거의 인도를 받은 후에 비로소 장물이 아닌가 하는 의구심을 가졌다고 해서 그 수수행위가 장물취득죄를 구성한다고 할 수 없다(대법원 1971.4.20, 71도468). [국가7급 11]

[367] **판례** : 전당포영업자가 돈을 대여하고 물건을 전당잡는 행위(질권설정행위)는 전당잡은 물건에 대하여 사실상의 처분권을 획득하는

> **제364조【업무상 과실, 중과실】** 업무상 과실 또는 중대한 과실로 인하여 제362조의 죄를 범한 자는 1년 이하의 금고 또는 500만 원 이하의 벌금에 처한다.

판례연구 | 업무상과실장물취득 · 보관죄 관련 판례

1 대법원 1984.9.25, 84도1488
장물 여부에 관한 영업자의 주의의무의 정도
전당포영업자인 피고인이 전당의뢰자로부터 목적물을 전당잡으면서 전당포영업법 제15조 소정의 확인방법에 따라 의뢰자의 주민등록증을 제시받아 그의 주소, 성명, 직업, 연령 등 인적사항을 확인하고 전당물대장에 전당물과 전당물주의 특징등을 기재하는 한편 그의 전화번호까지 적어 두었다면 전당업무 처리상의 주의의무를 다한 것으로 보아야 할 것이고 더 나아가 전당물의 구입경위나 출처, 전당의 동기까지 확인해야 할 주의의무는 없다.

2 대법원 2003.4.25, 2003도348
장물인지 의심할 만한 특별한 사정이 있는 경우
금은방을 운영하는 자가 귀금속류를 매수함에 있어 매도자의 신원확인절차를 거쳤다고 하여도 장물인 지의 여부를 의심할 만한 특별한 사정이 있거나, 매수물품의 성질과 종류 및 매도자의 신원 등에 좀 더 세심한 주의를 기울였다면 그 물건이 장물임을 알 수 있었음에도 불구하고 이를 게을리하여 장물인 정을 모르고 매수하여 취득한 경우에는 업무상과실장물취득죄가 성립한다고 할 것이고, …… 금은방 운영자가 반지를 매수함에 있어 장물인 정을 알 수 있었거나 장물인지의 여부를 의심할 만한 특별한 사정이 있었다면 매도인의 신원확인 외에 반지의 출처 및 소지경위 등에 대하여도 확인할 업무상 주의의 무가 있다 할 것이다.[368]

행위로서 장물취득죄에 있어서의 취득행위에 해당하므로 장물취득죄에 있어서의 고의 유무는 이때를 기준으로 판단하여야 하는데, 전당포영업자가 보석들을 전당잡으면서 인도받을 당시 장물이라는 사정을 알았다고 볼 증거가 없다면, 그 후 장물일지도 모른다고 의심하면서 소유권포기각서를 받았다 하더라도 장물취득죄에 해당하지 않는다(대법원 2006.10.13, 2004도6084). [경찰간부 11 / 사시 14] **보충** : 또한 전당포영업자인 피고인이 대여금채권의 담보로 보석들을 전당잡은 경우에는 이를 점유할 권한이 있는 때에 해당하여 장물보관죄가 성립할 여지 역시 없다.

368 **사례** : 장물인지 의심할만한 특별한 사정이 있는 경우 금은방 운영자 甲은 반지를 매수함에 있어 매도인 乙(19세)이 2001.11. 말경에 도 14K 커플링 반지를 가지고 운영의 금은방에 와서 이를 매수한 적이 있는데, 불과 1주일여 만에 다시 이 사건 반지[종류가 다른 18K 큐빅 반지 2개(여자용 및 남녀공용 각 1개)]를 팔러 왔고, 乙은 이 사건 반지를 팔러 왔을 때 그 중량이나 가격을 알지 못하고, 오히려 甲에게 몇 돈이 나가느냐고 물어보았음에도 甲은 乙의 주민등록증을 제시받아 신원을 확인하였을 뿐 이 사건 반지의 소유관계 등에 대해서는 물어보지 않았다. 甲의 죄책은?
판례 : 금은방 운영자가 반지를 매수함에 있어 장물인 사정을 알 수 있었거나 장물인지 여부를 의심할 만한 특별한 사정이 있었다면(비 록 이 사건 반지의 매수시세가 17만 원 정도로 그다지 고가가 아니라고 하더라도 동일한 전과까지 있는 피고인으로서는 이 사건 반지가 장물인 점을 알 수 있었거나 장물인지의 여부를 의심할 만한 특별한 사정이 있는 경우에 해당한다. – 판결이유 중에서) 매도인의 신원확인 외에 반지의 출처 및 소지경위 등에 대하여도 확인할 업무상 주의의무가 있다(대법원 2003.4.25, 2003도348).
해결 : 업무상 과실장물취득죄.

제9절 손괴의 죄

01 재물손괴죄

> 제366조【재물손괴 등】타인의 재물, 문서 또는 전자기록 등 특수매체기록을 손괴 또는 은닉 기타 방법으로 그 효용을 해한 자는 3년 이하의 징역 또는 700만 원 이하의 벌금에 처한다.

판례연구 **손괴죄에 해당하는 사례**

1 대법원 1984.12.26, 84도2290
자기가 점유하는 타인소유 문서도 문서손괴죄의 객체가 된다는 사례
문서손괴죄의 객체는 타인소유의 문서이며 피고인 자신의 점유 하에 있는 문서라 할지라도 타인소유인
이상 이를 손괴하는 행위는 문서손괴죄에 해당한다.[369] [경찰간부 12 / 사시 14]

2 대법원 1987.4.14, 87도177
타인(타기관)에 접수되어 있는 자기명의의 문서를 무효화시킨 행위도 문서손괴죄에 해당한다는 사례
비록 자기명의의 문서라 할지라도 이미 타인(타기관)에 접수되어 있는 문서에 대하여 함부로 이를 무효
화시켜 그 용도에 사용하지 못하게 하였다면 일응 형법상의 문서손괴죄를 구성한다(따라서 그러한
내용의 범죄될 사실을 허위로 기재하여 수사기관에 고소한 이상 무고죄의 죄책이 인정됨).[370] [경찰간부
12 / 경찰승진 12 · 16]

3 대법원 2004.5.28, 2004도434
구 도시재개발법에 의한 관리처분계획의 인가·고시 이후 분양처분의 고시 이전에 재개발구역 안의
무허가 건물을 제3자가 임의로 손괴한 사례
구 도시재개발법에 의한 재개발구역 안의 무허가 건물에 대한 사실상 소유권은 관리처분계획의
인가·고시에 의하여 이에 해당하는 아파트 등을 분양받을 조합원의 지위로 잠정적으로 바뀌고, 분양처
분의 고시가 있는 경우에는 같은 법 제39조 제1항 전문의 규정에 의하여 그에 대한 사실상 소유권이
소멸하고 분양받은 아파트에 대한 소유권만이 남게 되는 것이므로, 관리처분계획의 인가·고시 이후
분양처분의 고시 이전에 재개발구역 안의 무허가 건물을 제3자가 임의로 손괴할 경우 특별한 사정이
없는 한 재물손괴죄가 성립한다. [경찰승진(경위) 10 / 국가9급 11]

4 대법원 1985.2.26, 84도2802
어음배서의 연속성을 상실시키는 명의 추가 기입 행위는 문서손괴에 해당한다는 사례
약속어음의 발행인이 소지인에게 어음의 액면과 지급기일을 개서하여 주겠다고 하여 위 어음을 교부
받은 후 위 어음의 수취인란에 타인의 이름을 추가로 기입하여 위 어음배서의 연속성을 상실하게 함으로
써 그 효용을 해한 경우에는 문서손괴죄에 해당한다.[371]

---

369 판례 : 甲(임대인 : 전세보증금반환채무자)은 乙(임차인 : 채권자)로부터 전세금 2백만 원을 받고 영수증을 작성·교부한 뒤에 乙에
게 전세금을 반환하겠다고 말하여 乙로부터 영수증을 교부받고 나서 전세금을 반환하기 전에 이를 찢어버렸다. 이 경우 甲 자신의
점유 하에 있는 문서라고 할지라도 타인의 소유에 속하는 이상, 이를 손괴하는 행위는 문서손괴죄에 해당한다(대법원 1984.12.26,
84도2290). [사시 14]

370 판례 : 학교장 甲은 합법적인 절차에 따라 결재하여 서울특별시교육회에 이미 제출·접수시킨 추천서를 피추천인인 乙에게 아무런
양해도 구함이 없이 임의로 무효화시킴으로써 일본방문에 필요한 서류인 위 추천서를 그 용도에 사용할 수 없게 하였다. 이 경우
비록 자기명의의 문서라 할지라도 이미 타인(타기관)에 접수되어 있는 문서에 대하여 함부로 이를 무효화시켜 그 용도에 사용하지
못하게 하였다면 일응 형법상의 문서손괴죄를 구성한다(대법원 1987.4.14, 87도177). [경찰간부 18 / 경찰승진 12]

371 판례 : 甲은 A에게 약속어음을 발급하고 위 A는 B에게 백지배서의 방식으로 양도하였는데 그 후 甲은 소지인인 위 B에게 위

5 대법원 1971.11.23, 71도1576

반환 거부와 같은 부작위에 의한 손괴 사례

회사의 경리사무 처리상 필요불가결한 매출계산서, 매출명세서 등의 반환을 거부함으로써 그 문서들을 일시적으로 그와 같은 용도에 사용할 수 없게 하는 것도 그 문서의 효용을 해한 경우에 해당한다.

[법원행시 10]

6 대법원 1992.7.28, 92도1345; 2007.6.28, 2007도2590; 2017.12.13, 2017도10474

재물손괴죄의 재물의 효용을 해한다는 의미

형법 제366조의 재물손괴죄는 타인의 재물을 손괴 또는 은닉하거나 기타의 방법으로 그 효용을 해하는 경우에 성립한다. 여기에서 재물의 효용을 해한다고 함은 사실상으로나 감정상으로 그 재물을 본래의 사용 목적에 제공할 수 없는 상태로 만드는 것을 말하고, [국가9급 11] 일시적으로 그 재물을 이용할 수 없는 상태로 만드는 것도 포함한다. [경찰간부 18 / 경찰승진 14 / 국가9급 11 / 법원행시 10]

7 대법원 2007.6.28, 2007도2590

건조물의 벽면에 낙서를 하거나 게시물을 부착 또는 오물을 투척한 행위가 재물손괴에 해당하는 경우 : 래커 스프레이 낙서 사건

건조물의 벽면에 낙서를 하거나 게시물을 부착하는 행위 또는 오물을 투척하는 행위 등이 그 건조물의 효용을 해하는 것에 해당하는지 여부는, 당해 건조물의 용도와 기능, 그 행위가 건조물의 채광·통풍·조망 등에 미치는 영향과 건조물의 미관을 해치는 정도, 건조물 이용자들이 느끼는 불쾌감이나 저항감, 원상회복의 난이도와 거기에 드는 비용, 그 행위의 목적과 시간적 계속성, 행위 당시의 상황 등 제반 사정을 종합하여 사회통념에 따라 판단하여야 한다. 해고노동자 등이 복직을 요구하는 집회를 개최하던 중 래커 스프레이를 이용하여 회사 건물 외벽과 1층 벽면 등에 낙서한 행위는 건물의 효용을 해한 것으로 볼 수 있다.372 [경찰승진(경위) 10]

8 대법원 2016.11.25, 2016도9219

자동문을 자동으로 작동하지 않고 수동으로만 개폐가 가능하게 한 사건

재물손괴죄의 손괴 또는 은닉 기타 방법으로 그 효용을 해하는 경우에는 물질적인 파괴행위로 물건 등을 본래의 목적에 사용할 수 없는 상태로 만드는 경우뿐만 아니라 일시적으로 물건 등의 구체적 역할을 할 수 없는 상태로 만들어 효용을 떨어뜨리는 경우도 포함된다. 따라서 자동문을 자동으로 작동하지 않고 수동으로만 개폐가 가능하게 하여 자동잠금장치로서 역할을 할 수 없도록 한 경우에도 재물손괴죄가 성립한다. [법원9급 22]

9 대법원 1990.5.22, 90도700

경락받은 공장건물을 개조하기 위하여 그 안에 시설되어 있는 타인의 자재를 적법한 절차 없이 철거하게 하여 손괴한 사례

피고인이 경락받은 농수산물 저온저장 공장건물 중 공냉식 저온창고를 수냉식으로 개조함에 있어 그 공장에 시설된 피해자 소유의 자재에 관하여 피해자에게 철거를 최고하는 등 적법한 조치를 취함이 없이 이를 일방적으로 철거하게 하여 손괴하였다면 이는 재물손괴의 범의가 없었다고 할 수 없고 이것이 사회상규상 당연히 허용되는 것이라고 할 수도 없다. [법원행시 18 / 사시 11]

어음의 액면과 지급기일을 개서하여 주겠다고 하여 위 어음을 교부받은 후 함부로 위 어음의 수취인란에 "C, D, E"의 이름을 추가로 기입하였다. 이처럼 약속어음의 발행인이 소지인에게 어음의 액면과 지급기일을 개서하여 주겠다고 하여 위 어음을 교부받은 후 위 어음의 수취인란에 타인의 이름을 추가로 기입하여 위 어음배서의 연속성을 상실하게 함으로써 그 효용을 해한 경우에는 문서손괴죄에 해당한다(대법원 1985.2.26, 84도2802).

372 **유사** : 타인 소유의 광고용 간판을 백색페인트로 도색하여 광고문안을 지워버린 경우, 재물손괴죄를 구성한다(대법원 1991.10.22,

⑩ 대법원 1982.7.13, 82도1057

판결에 의하여 명도받은 토지의 경계에 설치한 철조망과 경고판을 치워버린 사례

재물손괴죄에서의 효용을 해하는 행위에는 일시 물건의 구체적 역할을 할 수 없는 상태로 만드는 경우도 해당하므로 판결에 의하여 명도받은 토지의 경계에 설치해 놓은 철조망과 경고판을 치워 버림으로써 울타리로서의 역할을 해한 때에는 재물손괴죄가 성립한다(경계침범이 아니라 재물손괴에 해당). [법원행시 07]

⑪ 대법원 2017.9.7, 2017도9999

손괴행위의 위법성이 인정된 사례 : 이미 타인의 점유가 확립된 상태에서 실력에 의하여 탈환한 행위

민법 제209조 제2항 전단은 '점유물이 침탈되었을 경우에 부동산일 때에는 점유자는 침탈 후 직시(直時) 가해자를 배제하여 이를 탈환할 수 있다.'고 하여 자력구제권 중 부동산에 관한 자력탈환권에 관하여 규정하고 있다. 여기에서 '직시'란 '객관적으로 가능한 한 신속히' 또는 '사회관념상 가해자를 배제하여 점유를 회복하는 데 필요하다고 인정되는 범위 안에서 되도록 속히'라는 뜻으로, 자력탈환권의 행사가 '직시'에 이루어졌는지는 물리적 시간의 장단은 물론 침탈자가 확립된 점유를 취득하여 자력탈환권의 행사를 허용하는 것이 오히려 법적 안정 내지 평화를 해하거나 자력탈환권의 남용에 이르는 것은 아닌지 함께 살펴 판단하여야 한다. 집행관이 집행채권자 甲 조합 소유 아파트에서 유치권을 주장하는 피고인 A를 상대로 부동산인도집행을 실시하자, 피고인 A가 이에 불만을 갖고 아파트 출입문과 잠금 장치를 훼손하며 강제로 개방하고 위 아파트에 들어갔다면, 피고인이 아파트에 들어갈 당시에는 이미 甲 조합이 집행관으로부터 아파트를 인도받은 후 출입문의 잠금 장치를 교체하는 등으로 그 점유가 확립된 상태여서 점유권 침해의 현장성 내지 추적가능성이 있다고 보기 어려워, 점유를 실력에 의하여 탈환한 피고인의 행위는 민법상 자력구제에 해당하지 않으므로 유죄를 인정한 원심판단은 수긍이 된다(건조물침입과 재물손괴 인정).

판례연구 **손괴죄에 해당하지 않는 사례**

1 대법원 1989.10.24, 88도1296

경리장부를 이기(移記)하는 과정에서 누계가 잘못된 부분을 찢은 사례

손괴죄의 객체인 문서란 거기에 표시된 내용이 적어도 법률상 또는 사회생활상 중요한 사항에 관한 것이어야 하는 바, 이미 작성되어 있던 장부의 기재를 새로운 장부로 이기하는 과정에서 누계 등을 잘못 기재하다가 그 부분을 찢어버리고 계속하여 종전장부의 기재내용을 모두 이기하였다면 그 당시 새로운 경리장부는 아직 작성 중에 있어서 손괴죄의 객체가 되는 문서로서의 경리장부가 아니라 할 것이고, 또 그 찢어버린 부분이 진실된 증빙내용을 기재한 것이었다는 등의 특별한 사정이 없는 한 그 이기과정에서 잘못 기재되어 찢어버린 부분 그 자체가 손괴죄의 객체가 되는 재산적 이용가치 내지 효용이 있는 재물이라고도 볼 수 없다. [사시 16]

2 대법원 1996.2.23, 95도2754

명인방법을 갖추지 못한 수확되지 아니한 농작물에 대하여 매도인의 허락으로 손괴한 사례

물권변동에 있어서 형식주의를 채택하고 있는 현행 민법 하에서는 소유권을 이전한다는 의사 외에 부동산에 있어서는 등기를, 동산에 있어서는 인도를 필요로 함과 마찬가지로 이 사건 쪽파와 같은 수확되지 아니한 농작물에 있어서는 명인방법을 실시함으로써 그 소유권을 취득한다. 쪽파의 매수인이 명인방법을 갖추지 않은 경우, 쪽파에 대한 소유권을 취득하였다고 볼 수 없어 그 소유권은 여전히 매도인에게 있고 매도인과 제3자 사이에 일정 기간 후 임의처분의 약정이 있었다면 그 기간 후에 제3자가 쪽파를 손괴하였더라도 재물손괴죄가 성립하지 않는다. [경찰승진 12·16 / 법원행시 10·13]

91도2090). [경찰승진 14 / 법원행시 13·18]

3 대법원 2015.11.27, 2014도13083
문서의 종래 사용상태가 문서소유자의 의사에 반하거나 무관하게 이루어진 경우, 종래 사용상태의 제거 또는 변경은 문서손괴죄가 성립하지 아니한다는 사례
문서손괴죄는 타인 소유의 문서를 손괴 또는 은닉 기타 방법으로 그 효용을 해함으로써 성립하고, 문서의 효용을 해한다고 함은 그 문서를 본래의 사용목적에 제공할 수 없게 하는 상태로 만드는 것은 물론 일시적으로 그것을 이용할 수 없는 상태로 만드는 것도 포함한다. 따라서 ① 소유자의 의사에 따라 어느 장소에 게시 중인 문서를 소유자의 의사에 반하여 떼어내는 것과 같이 소유자의 의사에 따라 형성된 종래의 이용상태를 변경시켜 종래의 상태에 따른 이용을 일시적으로 불가능하게 하는 경우에도 문서손괴죄가 성립할 수 있다. 그러나 ② 문서손괴죄는 문서의 소유자가 그 문서를 소유하면서 사용하는 것을 보호하려는 것이므로, 어느 문서에 대한 종래의 사용상태가 문서 소유자의 의사에 반하여 또는 문서 소유자의 의사와 무관하게 이루어진 것일 경우에 단순히 그 종래의 사용상태를 제거하거나 변경시키는 것에 불과하고 이를 손괴, 은닉하는 등으로 새로이 문서 소유자의 그 문서 사용에 지장을 초래하지 않는 경우에는 문서의 효용, 즉 문서 소유자의 문서에 대한 사용가치를 일시적으로도 해하였다고 할 수 없어서 문서손괴죄가 성립하지 아니한다. [경찰간부 18]

4 대법원 1979.8.28, 79도1266
민사사건에 증거로 제출한 행위는 문서은닉에 해당하지 아니한다는 사례
피고인이 자기가 속하고 있는 종중 소유라고 믿고 있는 임야에 대한 소외인 명의의 등기권리증을 그 소지인이 제시하자 이를 가지고 가서 위 종중이 원고가 되어 그 말소등기를 구하는 민사사건에 증거로 제출한 소위는 문서은닉죄에 해당되지 아니한다.

5 대법원 2007.6.28., 2007도2590
건조물의 벽면에 낙서를 하거나 게시물을 부착 또는 오물을 투척한 행위가 재물손괴에 해당하지 않는 경우 : 계란 투척 사건
해고노동자 등이 복직을 요구하는 집회를 개최하던 중 계란 30여 개를 건물에 투척한 행위는 건물의 효용을 해하는 정도의 것에 해당하지 않는다. [경찰간부 12 / 경찰승진(경위) 10 / 경찰승진 14·16 / 법원행시 07·18]

6 대법원 2020.3.27, 2017도20455
유색 페인트와 래커 스프레이를 이용하여 회사 소유의 도로 바닥에 직접 문구를 기재하거나 도로 위에 놓인 현수막 천에 문구를 기재하여 페인트가 바닥으로 배어 나와 도로에 배게 한 사례
도로 바닥에 낙서를 하는 행위 등이 도로의 효용을 해하는 것에 해당하는지 여부는 …… 제반 사정을 종합하여 사회통념에 따라 판단하여야 한다. 甲 주식회사의 직원인 피고인들이 유색 페인트와 래커 스프레이를 이용하여 甲 회사 소유의 도로 바닥에 직접 문구를 기재하거나 도로 위에 놓인 현수막 천에 문구를 기재하여 페인트가 바닥으로 배어 나와 도로에 배게 한 경우, 위 도로의 주된 용도와 기능은 사람과 자동차 등이 통행하는 데 있고, 미관은 그다지 중요한 작용을 하지 않는 곳으로 보이며, 피고인들이 도로 바닥에 기재한 여러 문구들 때문에 도로를 이용하는 사람들과 자동차 등이 통행하는 것 자체가 물리적으로 불가능하게 되지는 않은 점 …… 등을 종합하면, 위 도로의 효용을 해하는 정도에 이른 것이라고 보기 어렵다.

7 대법원 1986.9.23, 86도941
재물손괴의 고의 부정 사례 : 공중전화가 고장난 것으로 생각하여 조치를 취한 사례
공중전화기가 고장난 것으로 생각하고 파출소에 신고하기 위하여 전화선코드를 빼고 이를 떼어낸 것이라면 위 전화기를 물질적으로 파괴하거나 또는 위 전화기를 떼어내 전화기의 구체적 역할인 통화를 할 수 없게 함으로써 그 효용을 해하려는 손괴의 범의가 있었다고 볼 수 없다.

8 대법원 1989.1.31, 88도1592

재물손괴의 고의 부정 사례 : 방치된 이웃 소유의 대지의 구석 부분에 구덩이를 파고 쓰레기를 버린 사례

재물손괴죄는 타인의 소유물에 대한 효용의 전부 또는 일부를 침해하겠다는 인식을 가지고 물건의 전부 또는 일부에 대하여 유형력을 행사함으로써 그 원래의 용도에 따른 효용을 멸실시키거나 감손시킬 때 성립하는 것이다. [경찰승진 16] 피고인이 자신의 집에 인접한 대지 50평의 소유자로부터 위 대지에 대한 재산세를 피고인이 부담하기로 하여 이를 임차한 다음 피고인의 집 마당으로 사용하던 중 생활하수 등을 처리하기 위하여 위 대지 중 피고인 집의 담에 인접한 구석부분에 구덩이를 파고 거기에 깨어진 콘크리트조각 50개 가량을 집어넣은 경우, 피고인이 위 대지를 임차할 때부터 현재까지 위 대지가 다른 용도로는 사용되지 아니한 채 방치되어 있어 잡초가 곳곳에 나고 동네사람들이 버린 쓰레기와 돌조각 등으로 덮여져 있었다면 …… 위 대지가 갖는 본래의 효용을 해한 것이라고 할 수 없을 뿐만 아니라 그 효용을 해한다는 인식이 있었다고도 볼 수 없다 할 것이다.

9 대법원 1990.9.25, 90도1591

재물은닉의 고의 부정 사례 : 영업을 방해하기 위하여 타인이 설치하려는 철조망을 영업자가 당초 놓여있던 곳으로부터 200 내지 300미터 떨어진 곳으로 옮긴 사례

甲 소유였다가 약정에 따라 乙 명의로 이전되었으나 권리관계에 다툼이 생긴 토지상에서 甲이 버스공용터미널을 운영하고 있는 데 乙이 甲의 영업을 방해하기 위하여 철조망을 설치하려 하자 甲이 위 철조망을 가까운 곳에 마땅한 장소가 없어 터미널로부터 약 200 내지 300미터 가량 떨어진 甲 소유의 다른 토지 위에 옮겨 놓았다면 甲의 행위에는 재물의 소재를 불명하게 함으로써 그 발견을 곤란 또는 불가능하게 하여 그 효능을 해하게 하는 재물은닉의 범의가 있다고 할 수 없다. [법원행시 10·18]

10 대법원 1976.12.28, 76도2359

손괴행위가 사회상규에 위배되지 않는다는 사례 : 뽕밭을 유린하는 소의 고삐를 끊은 행위

뽕밭을 유린하는 소의 고삐가 나무에 얽혀 풀 수 없는 상황 하에서 고삐를 낫으로 끊고 소를 밭에서 끌어냄은 사회상규상 용인되어 특단의 사정이 없는 한 처벌할 수 없다.

02 특수손괴죄

제369조【특수손괴】① 단체 또는 다중의 위력을 보이거나 위험한 물건을 휴대 [법원9급 13]하여 제366조의 죄를 범한 때에는 5년 이하의 징역 또는 1천만 원 이하의 벌금에 처한다.
　② 제1항의 방법으로 제367조의 죄를 범한 때에는 1년 이상의 유기징역 또는 2천만 원 이하의 벌금에 처한다.

판례연구 **특수손괴죄에 해당하는 사례**

대법원 2003.1.24, 2002도5783)
자동차로 타인의 자동차를 손괴한 사례
어떤 물건이 폭처법 제3조 제1항의 '위험한 물건'에 해당하는지 여부는 구체적인 사안에서 사회통념에 비추어 그 물건을 사용하면 상대방이나 제3자가 생명 또는 신체에 위험을 느낄 수 있는지 여부에 따라 판단하여야 하고, 자동차는 원래 살상용이나 파괴용으로 만들어진 것이 아니지만 사람의 생명 또는

신체에 위해를 가하거나 다른 사람의 재물을 손괴하는 데 사용되었다면 폭력행위등처벌에관한법률 제3조 제1항의 '위험한 물건'에 해당한다. 위험한 물건을 휴대하고 다른 사람의 재물을 손괴하면 상대 방이 그 위험한 물건의 존재를 인식하지 못하였거나 그 위험한 물건의 사용으로 생명 또는 신체에 위해를 입지 아니하였다고 하더라도 폭처법 제3조 제1항 위반죄가 성립한다. 따라서 자동차를 이용하여 다른 사람의 자동차 2대를 손괴한 경우, 그 자동차의 소유자 등이 실제로 해를 입거나 해를 입을 만한 위치에 있지 아니하였다고 하더라도 폭처법 제3조 제1항 위반죄가 성립한다. [법원행시 13]

판례연구 **특수손괴죄에 해당하지 않는 사례**

대법원 2009.3.26, 2007도3520
자동차를 이용하여 다른 자동차를 충격한 경우에서, 위 자동차가 폭처법 제3조 제1항에 정한 '위험한 물건'에 해당하지 않는다고 한 사례
피고인이 이혼 분쟁 과정에서 자신의 아들을 승낙 없이 자동차에 태우고 떠나려고 하는 피해자들 일행을 상대로 급하게 추격 또는 제지하는 과정에서 이 사건 자동차를 사용하게 된 점, 이 사건 범행은 소형승용차(라노스)로 중형승용차(쏘나타)를 충격한 것이고, 충격할 당시 두 차량 모두 정차하여 있다 가 막 출발하는 상태로서 차량 속도가 빠르지 않았으며 상대방 차량의 손괴 정도가 그다지 심하지 아니한 점, 이 사건 자동차의 충격으로 피해자들이 입은 상해의 정도가 비교적 경미한 점 등의 여러 사정을 종합하면, 피고인의 이 사건 자동차 운행으로 인하여 사회통념상 상대방이나 제3자가 생명 또는 신체에 위험을 느꼈다고 보기 어렵다고 판단된다(구 폭처법상 흉기휴대손괴, 흉기휴대상해 모두 불성립). [법원 행시 13 / 변호사시험 13]

---

03 경계침범죄

제370조【경계침범】 경계표를 손괴, 이동 또는 제거하거나 기타 방법으로 토지의 경계를 인식불능하게 한 자는 3년 이하의 징역 또는 500만 원 이하의 벌금에 처한다.

판례연구 **경계침범죄에 해당하는 사례**

대법원 1991.9.10, 91도856
경계침범죄의 경계표에 해당하는 사례
비록 실제상의 경계선에 부합되지 않는 경계표라 할지라도 그것이 종전부터 일반적으로 승인되어 온 것이라면 그와 같은 경계표는 형법 제370조 소정의 계표에 해당된다 할 것이다.

판례연구 **경계침범죄에 해당하지 않는 사례**

1 대법원 1986.12.9, 86도1492
일반적으로 승인된 것이 아닌 일방적 주장에 의한 것은 본죄의 계표에 해당하지 않는다는 사례
형법 제370조의 경계침범죄는 토지의 경계에 관한 권리관계의 안정을 확보하여 사권을 보호하고 사회질서를 유지하려는데 그 규정목적이 있으므로 ① 비록 실체상의 경계선에 부합되지 않는 경계

표라 할지라도 그것이 종전부터 일반적으로 승인되어 왔다거나 이해관계인들의 명시적 또는 묵시적 합의에 의하여 정하여진 것이라면 그와 같은 경계표는 위 법조 소정의 계표에 해당된다 할 것이나, [경찰간부 13 / 법원9급 12] ② 반대로 기존경계가 진실한 권리상태와 맞지 않는다는 이유로 당사자의 어느 한쪽이 기존경계를 무시하고 일방적으로 경계측량을 하여 이를 실체권리관계에 맞는 경계라고 주장하면서 그 위에 계표를 설치하더라도 이와 같은 경계표는 위 법조에서 말하는 계표에 해당되지 않는다. [법원행시 12]

2 대법원 1991.9.10., 91도856; 2010.9.9, 2008도8973[373]

계표의 손괴 등의 행위가 있더라도 토지경계의 인식불능의 결과가 발생하지 않은 경우

형법 제370조의 경계침범죄는 단순히 계표를 손괴하는 것만으로는 부족하고 계표를 손괴, 이동 또는 제거하거나 기타 방법으로 토지의 경계를 인식불능하게 함으로써 비로소 성립되며 계표의 손괴, 이동 또는 제거 등은 토지의 경계를 인식불능케 하는 방법의 예시에 불과하여 이와 같은 행위의 결과로서 토지의 경계가 인식불능케 됨을 필요로 하고 동죄에 대하여는 미수죄에 관한 규정이 없으므로 계표의 손괴 등의 행위가 있더라도 토지경계의 인식불능의 결과가 발생하지 않은 한 본죄가 성립될 수 없다.

[경찰승진(경위) 11 / 국가7급 13 / 법원행시 12 · 14]

3 대법원 1992.12.8, 92도1682

경계를 침범하고자 하는 행위는 있었지만 그 행위로 인하여 토지경계 인식불능의 결과가 발생하지 않은 경우 경계침범죄는 성립하지 않는다는 사례

종래 통용되어 오던 사실상의 경계가 법률상의 정당한 경계인지 여부에 대하여 다툼이 있다고 하더라도 사실상의 경계가 법률상 정당한 경계가 아니라는 점이 이미 판결로 확정되었다는 등 경계로서의 객관성을 상실하는 것으로 볼 만한 특단의 사정이 없는 한, 여전히 본조에서 말하는 경계에 해당되는 것이다. (그런데) 경계침범죄는 어떠한 행위에 의하여 토지의 경계가 인식불능하게 됨으로써 비로소 성립되는 것이어서, 경계를 침범하고자 하는 행위가 있었다 하더라도 그 행위로 인하여 토지경계 인식불능의 결과가 발생하지 않는 한 경계침범죄가 성립될 수 없다. (따라서) 기왕에 건립되어 있던 담벽의 연장선상에 추가로 담벽을 설치한 행위가 자신이 주장하는 경계를 보다 확실히 하고자 한 행위에 지나지 아니할 뿐 토지경계에 대한 인식불능의 결과를 초래한다고는 볼 수 없어 경계침범죄는 성립하지 아니한다.

제10절 권리행사를 방해하는 죄

01 권리행사방해죄

제323조 【권리행사방해】 타인의 점유 또는 권리의 목적이 된 자기의 물건 또는 전자기록 등 특수매체기록을 취거, 은닉 또는 손괴하여 타인의 권리행사를 방해한 자는 5년 이하의 징역 또는 700만 원 이하의 벌금에 처한다.

---

373 판례 : 피고인이 인접한 피해자 소유의 토지를 침범하여 나무를 심고 도랑을 파내는 등의 행위를 하였다 하더라도, 피고인과 피해자 소유의 토지는 이전부터 경계구분이 되어 있지 않았고 피고인의 행위로 인하여 새삼스럽게 토지경계에 대한 인식불능의 결과를 초래하였다고 볼 수 없는 이상, 경계침범의 점은 그 범죄의 증명이 없다(대법원 2010.9.9, 2008도8973).

대법원 2017.5.30, 2017도4578
소유자에게 고의가 없다면 이에 가담한 자도 권리행사방해죄의 공동정범이 될 수 없다는 사례
형법 제323조의 권리행사방해죄는 타인의 점유 또는 권리의 목적이 된 자기의 물건을 취거, 은닉 또는 손괴하여 타인의 권리행사를 방해함으로써 성립하므로 그 취거, 은닉 또는 손괴한 물건이 자기의 물건이 아니라면 권리행사방해죄가 성립할 수 없다. [법원9급 08 / 법원행시 05 / 사시 10] 또한, 물건의 소유자가 아닌 사람은 형법 제33조 본문에 따라 소유자의 권리행사방해 범행에 가담한 경우에 한하여 그의 공범이 될 수 있을 뿐이다. 그러나 권리행사방해죄의 공범으로 기소된 물건의 소유자에게 고의가 없는 등으로 범죄가 성립하지 않는다면 공동정범이 성립할 여지가 없다.

대법원 1992.1.21, 91도1170
주식회사의 대표이사가 직무집행행위로서 타인이 점유하는 위 회사의 물건을 취거한 사례
주식회사의 대표이사가 대표이사의 지위에 기하여 그 직무집행행위로서 타인이 점유하는 위 회사의 물건을 취거한 경우에는, 위 행위는 위 회사의 대표기관으로서의 행위라고 평가되므로, 위 회사의 물건도 권리행사방해죄에 있어서의 "자기의 물건"이라고 보아야 할 것이다.[374] [경찰간부 12 / 경찰승진 17 / 국가7급 21 / 법원9급 10 · 17 / 법원승진 13 / 법원행시 09 · 10 / 사시 13 / 변호사시험 17]

| 1 | 공동소유물(대법원 1984.6.26, 83도2413) |
| 2 | 선의의 매도인일 경우의 계약명의신탁 이외의 부동산명의신탁의 명의수탁자(대법원 2007.1.11, 2006도4215)[375] |

---

[374] **판례**: 피고인의 회사의 대표이사의 지위에 처하여 그 직무집행행위로서 지입차주 등이 점유하는 버스를 취거하는 경우에는 피고인의 행위는 위 회사의 대표기관으로서의 행위라고 평가되므로, 위 회사의 물건도 권리행사방해죄에 있어서 자기의 물건이라고 보아야 한다(대법원 1992.1.21, 91도1170). [경찰간부 12 / 법원9급 10 / 법원행시 09 · 10 / 사시 13]

[375] **보충**: 부동산명의신탁 중 2자간 명의신탁은 명의신탁자 소유, 3자간 명의신탁은 매도인 소유, 악의의 매도인일 경우의 계약명의신탁은 매도인 소유에 속하므로 모두 명의수탁자 소유가 아닌 경우들이다. 다만 선의의 매도인일 경우의 계약명의신탁에서는 명의수탁자에게 이전된 등기가 유효하다고 보아 명의수탁자 소유가 되는 것이다. 판례는 다음과 같다.
사례: 선의의 매도인과의 계약명의신탁이 아닌 부동산명의신탁의 명의수탁자와 권리행사방해죄의 성부 A진흥영농조합법인이 乙로부터 이 사건 과수원을 매수할 당시 甲에게 그 매수인 명의를 신탁하였고 乙도 그 사실을 알고 있었다. 그런데 甲은 위 과수원을 처분해버렸다.
제1문: 권리행사방해죄에서 있어서 명의신탁 받은 부동산이 원칙적으로 명의수탁자의 '자기의 물건'이 되는가?
제2문: 위 甲에게는 권리행사방해죄의 죄책이 인정되는가?
판례: 형법 제323조의 권리행사방해죄에서 말하는 '자기의 물건'이라 함은 범인이 소유하는 물건을 의미하고, 여기서 소유권의 귀속은 민법 기타 법령에 의하여 정하여진다 할 것인바, (부동산실명법 제4조 제1항, 제2항 및 제8조에 의하면 종중 및 배우자에 대한 특례가 인정되는 경우나 부동산에 관한 물권을 취득하기 위한 계약에서 명의수탁자가 그 일방당사자가 되고 그 타방 당사자가 명의신탁약정이 있다는 사실을 알지 못하는 경우 이외에는) 명의수탁자는 명의신탁 받은 부동산의 소유자가 될 수 없고, 이는 제3자에 대한 관계에 있어서도 마찬가지이므로, 명의수탁자로서는 명의신탁 받은 부동산이 '자기의 물건'이라고 할 수 없다. 따라서 위 명의신탁약정 및 그에 기하여 이루어진 이 사건 과수원에 대한 피고인 명의의 소유권이전등기는 모두 무효이므로, 이 사건 과수원 및 그 지상에 식재된 감귤나무를 피고인의 소유로 볼 수 없다고 하여, 주위적 공소사실인 권리행사방해의 점을 무죄로 판단한 것은 정당하다(대법원 2007.1.11, 2006도4215).
제1문의 해결: 원칙적으로 명의수탁자의 자기의 물건이 되지 않는다.
제2문의 해결: 인정되지 않는다.

3	자신의 처(妻)에게 점포를 명의신탁한 실제 소유자가 그 점포에 자물쇠를 채워 임차인의 출입을 막은 경우(대법원 2005.9.9, 2005도626)[376] [법원9급 20]
4	회사에 지입한 차량을 지입차주가 취거한 경우(대법원 1985.9.10, 85도899[377]; 2003.5.30, 2000도 5767[378]) [법원행시 09·10 / 사시 10]] 나 회사 명의로 소유권등기가 경료된 선박을 회사의 과점주주·부사장이 취거한 경우(대법원 1984.6.26, 83도2413[379] [법원행시 09·10]]와 같이 차량 등의 등록명의가 타인 명의로 되어 있다거나 미등록상태인 경우(대법원 2005.11.10, 2005도6604[380]; 2006.3.23, 2005도4455[381]; 2010.2.25, 2009 도5064[382]). [경찰간부 12 / 경찰승진(경장) 10 / 경찰승진(경사) 10 / 경찰승진 14 / 법원9급 22 / 법원승진 13 / 법원행시 06·10 / 사시 10·13]

판례연구 **권리행사방해죄의 타인의 점유에 해당된다는 사례**

1	유치권 등에 기한 점유(대법원 2011.5.13, 2011도2368)[383]
2	무효인 경매절차에 의하여 부동산을 낙찰받은 자가 가지는 동시이행항변권 등에 기한 점유(대법원 2003.11.28, 2003도4257)[384] [경찰승진(경사) 10 / 경찰승진(경위) 10 / 경찰승진(경감) 11 / 법원행시 10 / 사시 10·13 / 변호사시험 13]

보충 : 다만 이 사안에서, 甲은 丙에 대한 차용금의 담보로 위 과수원에 관하여 丙 앞으로 근저당권설정등기를 경료하여 주었고, 甲은 丙의 경매신청에 의하여 이 사건 과수원에 대한 경매절차가 개시된 후에 위 과수원에 대한 폐원신청을 하고 그 지상에 식재된 감귤나무들을 모두 굴취한 후 북제주군으로부터 폐원보상비를 지급받았다. 이 부분은 피고인이 이 사건 과수원에 대한 근저당권설정자로서 근저당권자인 피해자가 담보목적을 달성할 수 있도록 담보물인 감귤나무를 보관할 의무가 있다 할 것임에도 위와 같이 폐원신청을 하고 감귤나무를 굴취함으로써 폐원보상비 상당의 재산상의 이득을 취득하고 피해자로 하여금 이 사건 근저당권의 담보가치가 감소되는 손해를 입도록 하였으므로, 배임죄의 죄책을 면할 수 없다.

376 판례 : 甲이 중간생략등기형 명의신탁 또는 계약명의신탁의 방식으로 자신의 처 乙에게 등기명의를 신탁하여 놓은 점포에 자물쇠를 채워 점포의 임차인 A를 출입하지 못하게 한 경우, 그 점포는 대외적 관계에서는 명의수탁자 소유가 되므로 본죄의 객체인 자기의 물건에 해당하지 않는다(대법원 2005.9.9, 2005도626). [경찰승진(경감) 11 / 경찰승진 12 / 법원승진 10 / 법원행시 09 / 사시 10·13]

377 판례 : 굴삭기를 회사에 지입한 자가 지입한 굴삭기를 취거한 행위는 권리행사방해죄에 해당하지 않는다. 왜냐하면 피고인이 이건 굴삭기를 취거할 당시 그 굴삭기를 공소외 회사에 지입하여 그 회사명의로 중기등록원부에 소유권등록이 되어 있었다면 위 굴삭기는 위 회사의 소유이고 피고인의 소유가 아니라 할 것이기 때문이다(대법원 1985.9.10, 85도899).

378 판례 : 피고인이 택시를 회사에 지입하여 운행하였다고 하더라도, (피고인이 회사와 사이에 위 택시의 소유권을 피고인이 보유하기로 약정하였다는 등의 특별한 사정이 없는 한) 위 택시는 그 등록명의자인 회사의 소유이고 피고인의 소유는 아니라고 할 것이므로 회사의 요구로 위 택시를 회사 차고지에 입고하였다가 회사의 승낙을 받지 않고 이를 가져간 피고인의 행위는 권리행사방해죄에 해당하지 않는다(대법원 2003.5.30, 2000도5767). [법원행시 09·10]

379 판례 : 이 사건 선박이 공소외 회사명의로 소유권등기가 경료된 것이라면 위 선박은 피고인의 소유라 할 수 없고 피고인이 위 회사의 과점주주라거나 부사장이라 하여도 피고인의 소유라 할 수 없는 것이므로, 피고인이 타인이 점유 중인 위 선박을 취거하였다 하여도 이는 권리행사방해죄를 구성하지 아니한다(대법원 1984.6.26, 83도2413). [법원행시 10]

380 판례 : A는 B에게 자신의 채무에 대한 담보로 BMW 차량을 제공하였는데 위 차량은 그 자동차등록원부에 제3자인 C의 명의로 등록되어 있다. A는 B의 승낙 없이 미리 소지하고 있던 위 차량의 보조키를 이용하여 이를 운전하여 가져갔다. A의 행위는 권리행사방해죄를 구성하지 않는다. 위 차량은 자동차등록원부에 비엠더블유파이낸셜서비스코리아 명의로 등록되어 있고, 자동차관리법 제6조에 의하면, 자동차 소유권의 득실변경은 등록을 하여야 그 효력이 생기는 것이므로, 위 차량은 그 등록명의자인 비엠더블유파이낸셜서비스코리아의 소유이고 피고인의 소유는 아니기 때문이다(대법원 2005.11.10, 2005도6604). [경찰간부 12 / 경찰승진(경장) 10 / 경찰승진 14 / 법원행시 06·10 / 사시 10·13]

381 판례 : 렌터카회사의 공동대표이사 중 1인인 乙이 회사 보유 차량을 개인적인 채무담보 명목으로 A에게 양도하였는데 다른 공동대표이사인 甲이 위 차량을 임의로 가져간 경우, -비록 위 차량에 대한 A의 점유가 본죄의 점유에는 해당이 되지만- 위 차량이 위 회사 또는 乙 명의로 등록되어 있지 않은 상태라면 자기의 소유물을 객체로 하는 본죄는 성립하지 않는다(대법원 2006.3.23, 2005도4455). [법원9급 07(하) / 법원9급 08 / 법원승진 13 / 법원행시 10 / 사시 10 / 변호사시험 13]

382 판례 : 리스료를 미납한 '덤프트럭'이어도 등록명의가 B 주식회사에 있는 이상 이는 B 주식회사의 소유일 뿐 A 주식회사 측의 위임을 받은 피고인 甲의 소유는 아니므로, 甲이 이를 운전하여 갔더라도 위 행위는 -절도죄를 구성할 뿐- 권리행사방해죄를 구성하지 아니한다(대법원 2010.2.25, 2009도5064).

383 사례 : 유치권에 기한 점유 甲 종합건설회사가 유치권 행사를 위하여 점유하고 있던 주택에 A가 그 소유자인 처(妻)와 함께 출입문 용접을 해제하고 들어가 거주하였다면, A에게는 권리행사방해죄의 죄책이 인정되는가? 판례 : 형법 제323조의 권리행사방해죄에 있어서의 타인의 점유라 함은 권원으로 인한 점유, 즉 정당한 원인에 기하여 물건을 점유하는 것을 의미하지만, 반드시 본권에 기한 점유만을 말하는 것이 아니라 유치권 등에 기한 점유도 여기에 해당한다(대법원 2011.5.13, 2011도2368). 해결 : 인정된다.

384 판례 : 무효인 경매절차에 의하여 부동산을 낙찰받아 점유하게 된 자의 점유 쌍무계약이 무효로 되어 각 당사자가 서로 취득한

3	전차인으로서 권리에 기하여 전대차 목적물에 대한 가지는 점유사용권에 기한 점유(대법원 2001.9.14, 2001도3454)[385]
4	적법한 권원에 의하여 점유한 이상 설령 그 후에 그 점유물을 소유자에게 명도해야 할 사정이 발생하였다고 할지라도 점유자가 임의로 명도를 하지 않고 계속 점유하고 있는 경우(명도의무 있는 건물의 점유자로 본죄의 피해자로 인정됨)(대법원 1977.9.13, 77도1672). [경찰승진 17] 즉 명도의무 있는 건물의 점유자도 본죄의 점유자로 인정된다.

판례연구 권리행사방해죄의 타인의 점유에 해당되지 않는다는 사례

1	단순한 채권적인 사용관계(대법원 1971.6.29, 71도926)[386]
2	본권과 같은 적법한 권원을 갖지 아니한 절도범인의 점유 [경찰간부 11 / 법원9급 08·10·17 / 법원행시 05·06·10 / 사시 13]

판례연구 권리행사방해죄의 타인의 권리에 해당한다는 사례

1 대법원 1991.4.26, 90도1958

점유를 수반하지 않는 채권도 권리행사방해죄의 보호대상인 타인의 권리에 해당한다는 사례

피고인과 甲 간에 '甲이 임야의 입목을 벌채하는 등의 공사를 완료하면 피고인은 甲에게 그 벌채한 원목을 인도한다'는 계약이 성립되고 甲이 위 계약상 의무를 모두 이행하였더라도 그것만으로 위 원목의 소유권이 바로 甲에게 귀속되는 것이 아니라 별도로 그 소유자인 피고인이 甲에게 위 원목에 관한 소유권이전의 의사표시를 하고 이를 인도함으로써 비로소 그 소유권이전의 효력이 생기는 것이므로, 아직 피고인이 甲에게 위 원목에 관한 소유권이전의 의사표시를 하고 이를 인도하지 아니한 채 이를 타인에게 매도한 행위는 자기 소유 물건의 처분행위에 불과하여 절도죄를 구성하지 아니한다. (다만) 권리행사방해죄의 구성요건 중 타인의 '권리'란 반드시 제한물권만을 의미하는 것이 아니라 물건에 대하여 점유를 수반하지 아니하는 채권도 이에 포함된다(따라서 권리행사방해죄에는 해당됨). [경찰간부 11 / 경찰승진(경장) 10 / 경찰승진(경사) 10 / 경찰승진(경위) 11 / 경찰승진(경감) 11 / 법원행시 05·06 / 법원9급 10]

2 대법원 1994.9.27, 94도1439

공장근저당권도 권리행사방해죄의 타인의 권리에 해당한다는 사례

공장근저당권이 설정된 선반기계 등을 이중담보로 제공하기 위하여 이를 다른 장소로 옮긴 경우, 이

것을 반환하여야 할 경우, 어느 일방의 당사자에게만 먼저 그 반환의무의 이행이 강제된다면 공평과 신의칙에 위배되는 결과가 되므로 각 당사자의 반환의무는 동시이행관계에 있다고 보아 민법 제536조를 준용함이 옳다고 해석되고, 이러한 법리는 경매절차가 무효로 된 경우에도 마찬가지라고 할 것이므로, 무효인 경매절차에서 경매목적물을 경락받아 이를 점유하고 있는 낙찰자의 점유는 적법한 점유로서 그 점유자는 권리행사방해죄에 있어서의 타인의 물건을 점유하고 있는 자라고 할 것이다(대법원 2003.11.28, 2003도4257). [경찰승진(경사) 10 / 경찰승진(경위) 10 / 법원행시 10 / 변호사시험 13]

385 **판례** : 전차인의 점유사용권에 대한 방해가 권리행사방해죄를 구성하는지 여부 권리행사방해죄에서 타인의 점유의 목적이 된 자기의 물건에 대한 타인의 권리행사를 방해한다 함에는 적법한 권원에 기하여 타인으로 하여금 목적물을 점유케 한 경우 소유자가 그 점유를 법절차에 따라 이전받기 전에 그 타인의 그 물건에 대한 점유를 방해한 경우도 포함되는 것이며, 민법 제631조에 의하여 임차인이 임대인의 동의를 얻어 임차물을 전대한 경우에는 임대인과 임차인 간의 계약이 해지 등으로 종료된 경우에도 전차인의 전차건물에 대한 권리는 소멸하지 아니하는 것이므로, 이 사건 피해자가 전차인으로서 권리에 기하여 전대차 목적물에 대한 점유사용권을 행사하던 중에 임대인인 피고인이 방해한 것은 권리행사방해죄가 된다(대법원 2001.9.14, 2001도3454).
   보충 민법 제631조【전차인의 권리의 확정】 : 임차인이 임대인의 동의를 얻어 임차물을 전대한 경우에는 임대인과 임차인의 합의로 계약을 종료한 때에도 전차인의 권리는 소멸하지 아니한다.

386 **판례** : 승낙을 얻어 타인의 변소를 사용하는 권리는 권리행사방해죄의 권리에 해당하지 않는다. 즉 소유자가 위 변소사용자가 있음에도 불구하고 변소를 손괴하는 행위는 권리행사방해죄를 구성하지 않는 것이다. 이는 단순한 채권적인 사용관계이고 점유권을 내용으로 하는 것이 아니기 때문에 위 변소를 손괴하여도 본죄는 성립하지 않는 것이다(대법원 1971.6.29, 71도926).

는 공장저당권의 행사가 방해될 우려가 있는 행위로서 권리행사방해죄에 해당한다(배임죄가 아님).

[법원9급 07(하) / 법원9급 10 / 법원행시 05]

판례연구 **권리행사방해죄의 행위태양 및 현실적인 권리행사방해 결과는 필요없다는 판례들**

1 대법원 1994.9.27, 94도1439; 2016.11.10, 2016도13734
저당권이 설정된 차량을 대포차로 유통되게 한 사례
피고인 甲은 차량을 구입하면서 피해자 乙로부터 차량 매수대금을 차용하고 담보로 차량에 피해자 명의의 저당권을 설정해 주었는데, 그 후 대부업자 丙으로부터 돈을 차용하면서 차량을 대부업자에게 담보로 제공하여 이른바 '대포차'로 유통되게 하였다. 형법 제323조의 권리행사방해죄의 '은닉'이란 타인의 점유 또는 권리의 목적이 된 자기 물건 등의 소재를 발견하기 불가능하게 하거나 또는 현저히 곤란한 상태에 두는 것을 말하고, 그로 인하여 권리행사가 방해될 우려가 있는 상태에 이르면 권리행사 방해죄가 성립하고 현실로 권리행사가 방해되었을 것까지 필요로 하는 것은 아니다. 따라서 피고인에게 는 권리행사방해죄의 죄책이 인정된다. [국가7급 21]

2 대법원 2017.5.17, 2017도2230
저당권등록된 차량들의 차량등록을 직권말소시켜 저당권이 소멸되게 한 사례
피고인들이 공모하여 렌트카 회사인 甲 주식회사를 설립한 다음 乙 주식회사 등의 명의로 저당권등록 이 되어 있는 다수의 차량들을 사들여 甲 회사 소유의 영업용 차량으로 등록한 후 자동차대여사업자등 록 취소처분을 받아 차량등록을 직권말소시켜 저당권 등이 소멸되게 함으로써 乙 회사 등의 저당권의 목적인 차량들을 은닉하는 방법으로 권리행사를 방해하였다는 내용으로 기소된 경우, 이러한 행위는 그 자체로 저당권자인 乙 회사 등으로 하여금 자동차등록원부에 기초하여 저당권의 목적이 된 자동차의 소재를 파악하는 것을 현저하게 곤란하게 하거나 불가능하게 하는 행위에 해당함에도, 이와 달리 피고인 들이 차량들을 은닉하였다고 단정할 수 없다는 이유로 무죄로 판단한 원심판결에는 권리행사방해죄에 관한 법리오해의 잘못이 있다. [경찰간부 18 / 국가7급 21]

3 대법원 2021.1.14, 2020도14735
담보유지의무가 문제되는 사안에서 권리행사방해죄를 인정한 사건
(甲은 자동차정비업을 운영하는 자기 소유의 건물과 기계·기구에 대하여 乙에게 근저당권을 설정하 였음에도 위 건물을 철거한 뒤 멸실등기를 마치고 기계·기구를 다른 사람에게 양도하였다. 甲에게는 권리행사방해죄가 성립함) 검사는 2018.12.21. 피고인들이 이 사건 건물과 기계·기구에 근저당권을 설정하고도 담보유지의무를 위반하여, 이 사건 건물을 철거 및 멸실등기 하고, 이 사건 기계·기구를 양도한 행위를 배임의 점으로 공소 제기하였다가 2019. 9. 25. 권리행사방해의 점으로 공소장변경을 신청하여 허가되었다. …… 피고인들은 근저당권이 설정된 이 사건 건물을 철거한 뒤 멸실등기를 마치고, 이 사건 기계·기구를 양도함으로써 피해자의 권리의 목적이 된 피고인들의 물건을 손괴 또는 은닉하여 피해자의 권리행사를 방해하였다고 보아야 한다(배임죄가 아니라 권리행사방해죄에 해당함).

판례연구 **권리행사방해죄의 행위태양에 해당하지 않는 사례**

대법원 1988.2.23, 87도1952
점유자의 의사에 기하여 점유가 이전된 것은 형법 제323조 소정의 '취거'에 해당하지 않는다는 사례
형법 제323조 소정의 권리행사방해죄에 있어서의 취거라 함은 타인의 점유 또는 권리의 목적이 된

자기의 물건을 그 점유자의 의사에 반하여 그 점유자의 점유로부터 자기 또는 제3자의 점유로 옮기는 것을 말하므로 점유자의 의사나 그의 하자있는 의사에 기하여 점유가 이전된 경우에는 여기에서 말하는 취거로 볼 수는 없다.[387] [경찰승진(경사) 10/ 법원9급 08·17/ 법원승진 13/ 법원행시 05·10]

02 강제집행면탈죄

제327조【강제집행면탈】 강제집행을 면할 목적으로 재산을 은닉, 손괴, 허위양도 또는 허위의 채무를 부담하여 채권자를 해한 자는 3년 이하의 징역 또는 1천만 원 이하의 벌금에 처한다.

판례연구 강제집행면탈죄의 보호법익이자 필수요건인 채권의 존재

1 대법원 2008.5.8, 2008도198

'채권의 존재'는 강제집행면탈죄의 성립요건이라는 사례

형법 제327조의 강제집행면탈죄는 채권자의 권리보호를 그 주된 보호법익으로 하고 있는 것이므로 강제집행의 기본이 되는 채권자의 권리, 즉 채권의 존재는 강제집행면탈죄의 성립요건이라 할 것이고, 따라서 그 채권의 존재가 인정되지 않을 때에는 강제집행면탈죄가 성립하지 않는다(대법원 1988.4.12, 88도48; 2007.7.12, 2007도3005 등).[388] [법원9급 11·16/ 법원행시 11·13/ 사시 12/ 변호사시험 13]

2 대법원 2012.8.30, 2011도2252

상계로 인하여 소멸하게 되는 채권의 경우 상계의 효력 발생 이후 강제집행면탈죄가 성립지 않는다는 사례

강제집행면탈죄를 유죄로 인정하기 위해서는 먼저 채권이 존재하는지에 관하여 심리·판단하여야 하고, 민사절차에서 이미 채권이 존재하지 않는 것으로 판명된 경우에는 다른 특별한 사정이 없는 한 이와 모순·저촉되는 판단을 할 수가 없다고 보아야 한다. 한편 상계의 의사표시가 있는 경우에는 각 채무는 상계할 수 있는 때에 소급하여 대등액에 관하여 소멸한 것으로 보게 된다. 따라서 상계로 인하여 소멸한 것으로 보게 되는 채권에 관하여는 상계의 효력이 발생하는 시점 이후에는 채권의 존재가 인정되지 않으므로 강제집행면탈죄가 성립하지 않는다.[389] [법원행시 13/ 변호사시험 16]

---

387 **판례** : 채권자인 乙은 채무자인 甲으로부터 차용금 채무의 담보로 제공받은 甲 소유의 맥콜을 A 등 2인에게 보관시키고 있던 중 甲은 위 맥콜은 B로부터 교부받은 것이고 이를 B에게 반환한다는 내용으로 된 반환서를 B에게 작성해 주어 B가 위 A 등 2인에게 이 반환서를 제시하면서 위 맥콜은 甲에게 자신이 편취당한 장물이므로 이를 인계하여 달라고 요구하여 이를 믿은 A 등 2인들로부터 이를 교부받아 가져갔다. 이는 취거에 해당하지 않으므로 권리행사방해죄가 성립하지 않는다(대법원 1988.2.23, 87도1952). [법원행시 05·10]

388 **판례** : 채권자가 민사소송에서 승소확정판결을 받기 전에 당해 채권(공사대금채권)을 제3자에게 양도한 경우, 양도 전 수개의 가압류가 경합하고 있었고 채무자가 민사소송에서 채권이 양도되었다는 항변을 제출하지 않아 승소판결이 되었다면, 강제집행면탈죄의 성립요건인 '채권의 존재'를 인정할 수 있게 된다(대법원 2008.5.8, 2008도198).

389 **사례** : 상계로 인하여 소멸하는 채권에 대한 강제집행면탈죄 성립 여부 A는 妻 甲 명의로 임차하여 운영하는 주유소의 주유대금 신용카드 결제를, 별도로 운영하는 다른 주유소의 신용카드 결제 단말기로 처리함으로써 甲 명의 주유소의 매출채권을 다른 주유소의 매출채권으로 바꾸는 수법으로 은닉하여 甲에 대하여 연체차임 등 채권이 있어 甲 명의 주유소의 매출채권을 가압류한 乙 주식회사의 강제집행을 면탈하였다는 내용으로 기소되었다. 그런데 乙 회사가 甲을 상대로 미지급 차임 등의 지급을 구하는 민사소송을 제기하였으나 甲이 임대차보증금 반환채권으로 상계한다는 주장을 하여 乙 회사의 청구가 기각된 판결이 확정되었다. A에게는 강제집행면탈죄의 죄책이 인정되는가?

판례연구 강제집행면탈죄의 객체인 재산에 해당되는 사례

1 대법원 2001.11.27, 2001도4759

강제집행면탈죄에 있어서 '재산'의 범위

강제집행면탈죄에 있어서 재산에는 동산·부동산뿐만 아니라 재산적 가치가 있어 민사소송법에 의한 강제집행 또는 보전처분이 가능한 특허 내지 실용신안 등을 받을 수 있는 권리도 포함된다. [경찰채용 13 1차 / 경찰간부 11 / 경찰승진(경감) 10 / 경찰승진(경장) 11 / 경찰승진(경감) 11 / 경찰승진 17 / 법원9급 09]

2 대법원 2011.7.28, 2011도6115

강제집행면탈죄의 객체인 '재산'에 '장래의 권리'가 포함될 수 있다는 사례

강제집행면탈죄의 객체인 재산은 채무자의 재산 중에서 채권자가 민사집행법상 강제집행 또는 보전처분의 대상으로 삼을 수 있는 것을 의미하는데, 장래의 권리라도 채무자와 제3채무자 사이에 채무자의 장래청구권이 충분하게 표시되었거나 결정된 법률관계가 존재한다면 재산에 해당하는 것으로 보아야 한다.390 [변호사시험 13]

판례연구 강제집행면탈죄의 객체인 재산에 해당되지 않는다는 사례

1 대법원 2008.9.11, 2006도8721

'보전처분 단계에서 가압류채권자의 지위' 자체는 강제집행면탈죄의 재산에 해당하지 않는다는 사례

강제집행면탈죄의 객체는 채무자의 재산 중에서 채권자가 민사집행법상 강제집행 또는 보전처분의 대상으로 삼을 수 있는 것만을 의미하므로, '보전처분 단계에서의 가압류채권자의 지위' 자체는 원칙적으로 민사집행법상 강제집행 또는 보전처분의 대상이 될 수 없어 강제집행면탈죄의 객체에 해당한다고 볼 수 없고, 이는 가압류채무자가 가압류해방금을 공탁한 경우에도 마찬가지이다. (또한) 채무자가 가압류채권자의 지위에 있으면서 가압류집행해제를 신청함으로써 그 지위를 상실하는 행위(가압류채권의 상태에서 가압류를 해제하여 단순채권의 상태로 바꾸는 것)는 형법 제327조에서 정한 '은닉, 손괴, 허위양도 또는 허위채무부담' 등 강제집행면탈행위의 어느 유형에도 포함되지 않는 것이므로, 이러한 행위를 처벌대상으로 삼을 수 없다. [경찰간부 11 / 경찰승진(경위) 11 / 경찰승진(경감) 11 / 국가9급 12 / 법원9급 09·22 / 법원승진 10 / 법원행시 09·11·13]

판례 : 형법 제327조의 강제집행면탈죄는 채권자의 권리보호를 주된 보호법익으로 하므로 강제집행의 기본이 되는 채권자의 권리, 즉 채권의 존재는 강제집행면탈죄의 성립요건이다. 따라서 채권의 존재가 인정되지 않을 때에는 강제집행면탈죄는 성립하지 않는다. 한편 상계의 의사표시가 있는 경우에는 각 채무는 상계할 수 있는 때에 소급하여 대등액에 관하여 소멸한 것으로 보게 된다. 따라서 상계로 인하여 소멸한 것으로 보게 되는 채권에 관하여는 상계의 효력이 발생하는 시점 이후에는 채권의 존재가 인정되지 않으므로 강제집행면탈죄가 성립하지 않는다. … 상계의 의사표시에 따라 乙 회사의 차임채권 등은 채권 발생일에 임대차보증금 반환채권과 대등액으로 상계되어 소멸되었으므로 피고인의 행위 당시 乙 회사의 채권의 존재가 인정되지 아니하여 강제집행면탈죄가 성립하지 않는다(대법원 2012.8.30, 2011도2252). [법원행시 13]
해결 : 인정되지 않는다.

390 사례 : 강제집행면탈죄의 객체인 '재산'에 '장래의 권리'가 포함되는지 여부(한정 적극) 피해자 甲은 乙의 채권자로서 乙이 丙 소유 부동산 경매사건에서 지급받을 배당금 채권의 일부에 가압류를 해 두었는데, 乙 사망 후 피고인과 丙, 乙의 상속인 등이 공모하여 丙의 乙에 대한 채무가 완제된 것처럼 허위의 채무완제확인서를 작성하여 법원에 제출하는 등의 방법으로 매각허가결정된 丙 소유 부동산의 경매를 취소하였다. 피고인에게는 강제집행면탈죄의 죄책이 인정되는가?
판례 : 장래의 권리라도 채무자와 제3채무자 사이에 채무자의 장래청구권이 충분하게 표시되었거나 결정된 법률관계가 존재한다면 재산에 해당하는 것으로 보아야 한다. 위 사안에서, 乙의 상속인들이 丙 소유 부동산의 경매절차에서 배당받을 배당금지급채권은 강제집행면탈죄의 객체인 '재산'에 해당하고, 피고인 등이 丙의 乙에 대한 채무가 완제된 것처럼 가장하여 乙의 상속인 등을 상대로 청구이의의 소를 제기하고 그 판결에 기하여 강제집행정지 및 경매취소에 이르게 한 행위는 소유관계를 불명하게 하는 방법에 의한 '재산의 은닉'에 해당한다(대법원 2011.7.28, 2011도6115).
해결 : 인정된다.

2 대법원 2011.12.8, 2010도4129

계약명의신탁에 있어서 당해 부동산이 채무자인 명의신탁자의 재산으로서 강제집행면탈죄의 객체가 될 수는 없다는 사례

① (선의의 매도인의 경우) 명의신탁자와 명의수탁자가 이른바 계약명의신탁 약정을 맺고 명의수탁자가 당사자가 되어 명의신탁 약정이 있다는 사실을 알지 못하는 소유자와 부동산에 관한 매매계약을 체결한 후 그 매매계약에 따라 당해 부동산의 소유권이전등기를 명의수탁자 명의로 마친 경우에는, 명의신탁자와 명의수탁자의 명의신탁 약정이 무효임에도 불구하고 부동산 실권리자명의 등기에 관한 법률 제4조 제2항 단서에 의하여 명의수탁자가 당해 부동산의 완전한 소유권을 취득한다. ② (악의의 매도인의 경우) 반면에 소유자가 계약명의신탁 약정이 있다는 사실을 안 경우에는 수탁자 명의의 소유권이전등기는 무효이고 당해 부동산의 소유권은 매도인이 그대로 보유하게 된다. 어느 경우든지 명의신탁자는 그 매매계약에 의해서는 당해 부동산의 소유권을 취득하지 못하게 되어, 결국 그 부동산은 명의신탁자에 대한 강제집행이나 보전처분의 대상이 될 수 없다. [경찰채용 13·17 1차/경찰간부 11/경찰승진 13/사시 11·12/변호사시험 16]

3 대법원 2014.10.27, 2014도9442

골조공사만 완료된 채 공사가 중단된 건물은 강제집행면탈죄의 재산에 해당하지 않는다는 사례

甲 주식회사 대표이사 등인 피고인들이 공모하여 회사 채권자들의 강제집행을 면탈할 목적으로 甲 회사가 시공 중인 건물에 관한 건축주 명의를 甲 회사에서 乙 주식회사로 변경하였다는 내용으로 기소된 경우, 위 건물은 지하 4층, 지상 12층으로 건축허가를 받았으나 피고인들이 건축주 명의를 변경한 당시에는 지상 8층까지 골조공사가 완료된 채 공사가 중단되었던 사정에 비추어 민사집행법상 강제집행이나 보전처분의 대상이 될 수 있다고 단정하기 어렵다.

4 대법원 2017.4.26, 2016도19982

의료법에 의하여 적법하게 개설되지 아니한 의료기관에서 요양급여가 행하여진 경우(위 의료기관이 국민건강보험공단에 대한) 요양급여비용 채권은 강제집행면탈죄의 객체가 되지 않는다는 사례

의료법에 의하여 적법하게 개설되지 아니한 의료기관에서 요양급여가 행하여졌다면 해당 의료기관은 국민건강보험법상 요양급여비용을 청구할 수 있는 요양기관에 해당되지 아니하여 해당 요양급여비용 전부를 청구할 수 없고, 해당 의료기관의 채권자로서도 위 요양급여비용 채권을 대상으로 하여 강제집행 또는 보전처분의 방법으로 채권의 만족을 얻을 수 없는 것이므로, 결국 위와 같은 채권은 강제집행면탈죄의 객체가 되지 아니한다.

5 대법원 2017.8.18, 2017도6229

압류금지채권의 목적물을 수령하는 데 사용하던 기존 예금계좌가 채권자에 의해 압류된 채무자가 압류되지 않은 다른 예금계좌를 통하여 그 목적물을 수령하는 행위는 강제집행면탈죄를 구성하지 않는다는 사례

① 압류금지채권의 목적물이 채무자의 예금계좌에 입금된 경우에는 그 예금채권에 대하여 더 이상 압류금지의 효력이 미치지 아니하므로 그 예금은 압류금지채권에 해당하지 않지만, ② 압류금지채권의 목적물이 채무자의 예금계좌에 입금되기 전까지는 여전히 강제집행 또는 보전처분의 대상이 될 수 없으므로, 압류금지채권의 목적물을 수령하는 데 사용하던 기존 예금계좌가 채권자에 의해 압류된 채무자가 압류되지 않은 다른 예금계좌를 통하여 그 목적물을 수령하더라도 강제집행이 임박한 채권자의 권리를 침해할 위험이 있는 행위라고 볼 수 없어 강제집행면탈죄가 성립하지 않는다.

판례연구 강제집행면탈죄의 행위태양에 해당하는 사례

1 대법원 1992.12.8, 92도1653
자신의 모(母) 소유로 사칭하면서 모 명의로 제3자이의의 소를 제기하여 강제집행을 저지한 사례
강제집행면탈죄에 있어서 재산의 은닉이라 함은 재산의 소유관계를 불명케 하는 행위도 포함하는 것이
므로, 채권자에 의하여 압류된 채무자 소유의 유체동산을 채무자의 모 소유인 것으로 사칭하면서 모의
명의로 제3자이의의 소를 제기하고, 집행정지결정을 받아 그 집행을 저지하였다면 이는 재산을 은닉한
경우에 해당한다. [경찰승진 14 / 법원9급 09]

2 대법원 2000.7.28, 98도4558
담보목적의 가등기권자와 채무자가 공모하여 다른 채권자들의 강제집행을 불가능하게 할 목적으로
위 선순위 가등기권자 앞으로 본등기를 경료한 사건
피고인이 자신의 채권담보의 목적으로 채무자 소유의 선박들에 관하여 가등기를 경료하여 두었다가
채무자와 공모하여 위 선박들을 가압류한 다른 채권자들의 강제집행을 불가능하게 할 목적으로 정확한
청산절차도 거치지 않은 채 의제자백판결을 통하여 선순위 가등기권자인 피고인 앞으로 본등기를 경료
함과 동시에 가등기 이후에 경료된 가압류등기 등을 모두 직권말소하게 하였음은 소유관계를 불명하게
하는 방법에 의한 '재산의 은닉'에 해당한다. [경찰채용 17 1차]

3 대법원 2003.10.9, 2003도3387
사업장에서 사용하는 금전등록기의 사업자 이름만을 변경한 사례
형법 제327조에 규정된 강제집행면탈죄에 있어서의 재산의 '은닉'이라 함은 강제집행을 실시하는 자에
대하여 재산의 발견을 불능 또는 곤란케 하는 것을 말하는 것으로서, 재산의 소재를 불명케 하는 경우는
물론 그 소유관계를 불명하게 하는 경우도 포함하나, 재산의 소유관계를 불명하게 하는 데 반드시
공부상의 소유자 명의를 변경하거나 폐업 신고 후 다른 사람 명의로 새로 사업자 등록을 할 것까지
요하는 것은 아니고, 강제집행면탈죄의 성립에 있어서는 채권자가 현실적으로 실제로 손해를 입을
것을 요하는 것이 아니라 채권자가 손해를 입을 위험성만 있으면 족하다. (따라서) 사업장의 유체동산에
대한 강제집행을 면탈할 목적으로 사업자 등록의 사업자 명의를 변경함이 없이 사업장에서 사용하는
금전등록기의 사업자 이름만을 변경한 경우, 강제집행면탈죄에 있어서 재산의 '은닉'에 해당한다. [경찰간
부 11 / 경찰승진 17 / 국가7급 21 / 법원행시 09]

판례연구 강제집행면탈죄의 행위태양에 해당하지 않는 사례

1 대법원 2014.6.12, 2012도2732
채무자가 제3자 명의로 되어 있던 사업자등록을 또 다른 제3자 명의로 변경한 사례
채무자가 제3자 명의로 되어 있던 사업자등록을 또 다른 제3자 명의로 변경하였다는 사정만으로는
그 변경이 채권자의 입장에서 볼 때 사업장 내 유체동산에 관한 소유관계를 종전보다 더 불명하게
하여 채권자에게 손해를 입게 할 위험성을 야기한다고 단정할 수 없다. [법원9급 16]

2 대법원 2007.6.1, 2006도1813
회사대표의 회사에 대한 횡령행위를 회사대표의 개인채권자에 대한 강제집행면탈죄의 은닉행위로
평가할 수는 없다는 사례
회사 대표가 계열회사들 소유 자금 중 일부를 임의로 빼돌려 자기 소유 자금과 구분없이 거주지 안방에
보관한 행위는 계열회사들에 대한 횡령행위의 일부를 구성하는 것일 뿐이고 나아가 이를 일률적으로
회사 대표 개인의 채권자들에 대한 강제집행면탈행위로서의 은닉행위로 평가할 수는 없다. [경찰승진 12]

3 대법원 1983.7.26, 82도1524

명의신탁을 해지하고 타인에게 명의신탁한 것은 정당한 권리행사라는 사례

교회의 목사인 피고인 및 공소외 甲의 공동명의로 신탁된 교회소유의 대지가 위 甲의 사업실패로 그 채권자들로부터 강제집행의 우려가 있자 교회건축위원회에서 피고인 및 甲에 대한 명의신탁을 해지한 후 다른 제직회 임원인 공소외 乙 등 5명 앞으로 명의신탁하기로 결정하고 이에 따라 매매를 원인으로 하여 경료된 소유권이전등기는 신탁자의 신탁재산에 대한 정당한 권리행사이고 강제집행면탈죄의 구성요건인 허위양도에 해당하지 아니한다.[391]

4 대법원 1987.9.22, 87도1579; 1983.9.27, 83도1869

진실한 양도는 강제집행면탈죄의 허위양도에 해당할 수 없다는 사례

강제집행면탈죄에 있어서의 허위양도라 함은 진실한 양도가 아님에도 불구하고 표면상 진실한 양도인 것처럼 가장하여 재산의 명의를 변경하는 것을 말한다. 피고인이 이 사건 부동산을 공소외인에게 양도한 것은 그 사람과의 합의 아래 그 사람의 전세보증금 채권을 담보하기 위하여 한 이른바 양도담보로서 진실한 양도라고 보아야 할 것이므로 강제집행면탈죄가 성립하지 아니한다. [경찰승진(경장) 10 / 경찰승진 17 / 법원9급 17 / 법원행시 11 / 사시 12 / 변호사시험 16]

5 대법원 1987.8.18, 87도1260

단지 소유권이전청구권보전을 위한 가등기를 경료한 것은 채무부담이 아니라는 사례

피고인이 타인에게 채무를 부담하고 있는 양 가장하는 방편으로 피고인 소유의 부동산들에 관하여 소유권이전청구권보전을 위한 가등기를 경료하여 주었다 하더라도 그와 같은 가등기는 원래 순위보전의 효력밖에 없는 것이므로 그와 같이 각 가등기를 경료한 사실만으로는 피고인이 강제집행을 면탈할 목적으로 허위채무를 부담하여 채권자를 해한 것이라고 할 수 없다. [경찰승진(경장) 11 / 경찰승진(경감) 11]

6 대법원 1996.10.25, 96도1531

장래 발생할 특정의 조건부채권을 담보하기 위하여 부동산에 근저당권을 설정한 사례

피고인이 장래에 발생할 특정의 조건부채권을 담보하기 위한 방편으로 부동산에 대하여 근저당권을 설정한 것이라면, 특별한 사정이 없는 한 이는 장래 발생할 진실한 채무를 담보하기 위한 것으로서, 피고인의 위 행위를 가리켜 강제집행면탈죄 소정의 '허위의 채무를 부담'하는 경우에 해당한다고 할 수 없다. [경찰간부 12 / 법원9급 11]

판례연구	강제집행면탈죄의 채권자를 해할 위험이 있다는 사례

1 대법원 2008.5.8, 2008도198

은닉·허위양도한 부동산의 시가액보다 그 부동산으로 담보된 채무액이 더 많아도 위험이 있다는 사례

강제집행면탈죄는 이른바 위태범으로서 [법원행시 13 / 법원9급 09] 강제집행을 당할 구체적인 위험이 있는 상태에서 재산을 은닉, 손괴, 허위양도 또는 허위의 채무를 부담하면 바로 성립하는 것이고, 반드시 채권자를 해하는 결과가 야기되거나 이로 인하여 행위자가 어떤 이득을 취하여야 범죄가 성립하는 것은 아니며, [경찰승진 13 / 법원9급 05·16 / 법원행시 13] 은닉한 부동산의 시가액보다 그 부동산에 의하여 담보된 채무

---

391 **판례 : 강제집행면탈 목적의 진실한 양도** 교회의 목사인 피고인 및 공소외 甲의 공동명의로 신탁된 교회 소유의 대지가 甲의 사업실패로 그 채권자들로부터 강제집행의 우려가 있자, 교회건축위원회에서 피고인 및 甲에 대한 명의신탁을 해지한 후 다른 제직회 임원인 공소외 乙 등 5명 앞으로 명의신탁하기로 결정하고 이에 따라 매매를 원인으로 하여 경료된 소유권이전등기는 신탁자의 신탁재산에 대한 정당한 권리행사로서 강제집행면탈죄의 구성요건인 허위양도에 해당하지 아니한다(대법원 1983.7.26, 82도1524).

액이 더 많다고 하여 그 은닉으로 인하여 채권자를 해할 위험이 없다고 할 수 없다(대법원 1999.2.12, 98도2474; 2006.12.21, 2006도4775 등). [경찰채용 17 1차 / 경찰승진(경장) 11 / 법원9급 06·22 / 변호사시험 12]

2 대법원 2008.4.24, 2007도4585

채무자에게 약간의 다른 재산이 있더라도 강제집행면탈죄가 성립할 수 있다. (따라서) 허위채무 등을 공제한 후 채무자의 적극재산이 남는다고 예측되더라도 위 허위채무 부담행위로 채권자를 해할 위험이 있다면 강제집행면탈죄는 성립한다. [사시 12]

판례연구	**강제집행면탈죄의 채권자를 해할 위험조차 없다는 사례**
1	(조건부 채권이라 하더라도 당해 채권의 보전처분을 면탈하는 행위를 한 경우에는 설사 사후에 채권의 부관－附款－인 그 조건이 불성취된 경우라 하더라도 강제집행면탈죄가 성립할 수 있으나) **채권 압류 및 전부명령이 송달된 후**(이미 집행이 종료되었음을 의미함) 피전부채권에 관한 허위영수증의 발행 및 수취행위를 한 경우(강제집행을 방해한 것도 아닐 뿐 아니라 본죄의 행위태양에도 해당되지 않음)(대법원 1984.6.12, 82도1544)(참고만 할 것)[392]
2	**가압류 후에 목적물의 소유권을 취득한 제3취득자가 다른 사람에 대한 허위의 채무에 기하여 근저당 권설정등기 등을 경료한 경우**(가압류에는 처분금지적 효력이 있으므로 가압류 후에 목적물의 소유권을 취득한 제3취득자 또는 그 제3취득자에 대한 채권자는 도대체 그 소유권 또는 채권으로써 가압류 권자에게 대항할 수 없기 때문에, 가압류채권자의 법률상 지위에 어떤 영향을 미치지 않음)(대법원 2008.5.29, 2008도2476) [경찰승진(경장) 11 / 경찰승진(경감) 11 / 법원9급 12 / 법원행시 09·11]
3	**피해자가 건물명도청구권을 가지고 있는 상태에서 채무자가 허위의 금전채무를 부담하고 이를 담보 하는 가등기를 경료한 경우**(대법원 1984.2.14, 83도708)[393] [경찰승진(경장) 11 / 경찰승진(경감) 11]

---

392 **사례** : 조건부채권의 조건이 불성취되었더라도 보전처분 면탈행위를 한 경우의 법리 및 채권전부명령 송달로 강제집행이 완료된 후 허위영수증 발행으로 강제집행면탈죄가 성립하는가의 사례 A는 자신의 아버지인 X의 이름으로 1979.8.20. Y로부터 경양식집의 영업권 및 집기류를 대금 10,000,000원에 매수키로 하면서 그 영업소내 집기류가 B에 의하여 처분금지가처분이 되어 있던 관계로 해서 위 집기류대금에 상당하는 금 2,500,000원은 잔대금으로 하여 매도인(Y)이 2월 내에 위 가처분을 해제하여 인도하면 이를 지급하고 그 기간 내에 해제하지 못할 경우에는 위 잔대금 채권은 소멸한다고 약정하였는데 같은 해 8.29. B가 Y에 대한 채무명의에 기하여 X를 상대로 위 잔대금 채권에 대한 압류 및 전부명령을 받고 그 명령이 같은 달 30일 제3채무자에게 송달되자 A와 Y는 공모하여 같은 해 9.5. 위 잔대금이 같은 해 8.30.까지 2차에 걸쳐 전액 지급된 양 허위의 영수증을 발행하였다. 그런데 그 뒤 B가 X를 상대로 한 전부금청구소송에서는 Y가 위 집기류에 대한 가처분을 해제하지 아니한 채로 약정기간 2월이 경과됨으로써 Y의 X에 대한 조건부 잔대금채권은 위 허위영수증과는 관계없이 소멸되었다. Y에게는 강제집행면탈죄가 성립하는가?
판례 : 이 경우 ① 집행할 채권이 조건부 채권이라 하여도 그 채권자는 이를 피보전권리로 하여 보전처분을 함에는 법률상 아무런 장해도 없다 할 것이니 이와 같은 보전처분을 면할 목적으로 형법 제327조 소정의 행위를 한 이상 강제집행면탈죄는 성립되며 그 후 그 조건의 불성취로 채권이 소멸되었다 하여도 일단 성립한 범죄에는 영향을 미칠 수 없다고 해석함이 상당하다. 그러나 ② 채권자가 채무자에 대한 채무명의에 기하여 제3채무자에 대한 매매잔대금채권에 관하여 압류 및 전부명령을 받고 그 명령이 제3채무자에게 송달되자 피고인이 채무자와 공모하여 위 잔대금이 전부명령 송달 전에 전액 지급된 양 허위영수증을 발행한 경우 피고인이 채무자로부터 허위영수증을 수취한 것이 제3채무자에 대한 전부명령의 송달로 위 잔대금채권에 대한 집행이 완료된 후라면 이로써는 동 채권에 대한 채권자의 강제집행을 방해하였다고는 볼 수 없고 또 위 영수증의 발행 및 그 수취행위는 제3채무자의 재산에 대한 형법 제327조 소정의 어느 행위에도 해당되지 않는다 할 것이므로 강제집행면탈죄는 성립되지 아니한다(대법원 1984.6.12, 82도1544).
해결 : 성립하지 않는다.
393 **판례** : 피해자의 건물명도청구권에 대해 채무자가 허위채무를 부담하고 이에 대한 가등기를 경료한 경우 채무자가 피해자로부터 금원을 차용하고 변제기까지 갚지 못하면 그 소유의 건물을 명도하여 주기로 제소전화해를 하고 그 기한내에 원리금을 갚지 못하였다 면 현실적으로 강제집행이 있을 것으로 예상되는 권리는 피해자의 건물명도청구권으로서 채무자가 허위의 금전채무를 부담하였다 하여 명도청구권의 집행에 장애가 된다고 할 수 없고, 채무자와 공모한 피고인들이 허위채무담보를 목적으로 그 명의로 경료한 가등기는 본등기를 위한 순위보전의 효력밖에 없는 것이므로 가등기가 경료되었다는 것만으로는 피해자의 위 건물에 대한 명도청구 권에 기한 강제집행을 불능케 하는 사유에 해당한다고는 할 수 없고, 또 그 후 피해자가 제기한 위 가등기말소청구소송에서 피고인이 항쟁을 하였다 하여 위 가등기가 강제집행에 장애사유가 되었다고는 할 수 없는 것이므로 위 허위채무부담과 가등기경료사실등만으

4	토지 소유자가 그 지상 건물 소유자에 대하여 건물철거 및 토지인도청구권을 갖는 때, 건물 소유자가 허위채무로 위 건물에 근저당권설정등기를 경료한 경우(토지소유자의 강제집행을 불능케 하는 사유에 해당한다고 할 수 없음)(대법원 2008.6.12, 2008도2279)³⁹⁴ [경찰채용 13 1차 / 경찰승진 12 · 13]
5	채권이 존재하는 경우에도 채무자에게 채권자의 집행을 확보하기에 충분한 다른 재산이 있는 경우(대법원 2011.9.8, 2011도5165)³⁹⁵ [법원행시 13 / 변호사시험 16]

판례연구 강제집행을 받을 구체적 위험이 있는 객관적 상태에 해당하는 경우

❶ 대법원 1999.2.9, 96도3141
약 18억 원 정도의 채무초과 상태에 있는 피고인 발행의 약속어음이 부도가 난 경우

형법 제327조의 강제집행면탈죄는 강제집행을 당할 구체적인 위험이 있는 상태에서 재산을 은닉, 손괴, 허위양도 또는 허위의 채무를 부담하여 채권자를 해할 때 성립된다 할 것이고, 여기서 집행을 당할 구체적인 위험이 있는 상태란 채권자가 이행청구의 소 또는 그 보전을 위한 가압류, 가처분신청을 제기하거나 제기할 태세를 보인 경우를 말한다. (따라서) 약 18억 원 정도의 채무초과 상태에 있는 피고인 발행의 약속어음이 부도가 난 경우는 강제집행을 당할 구체적인 위험이 있는 상태에 있다고 인정된다.³⁹⁶ [변호사시험 13]

로는 건물명도청구권자에 대한 강제집행면탈죄는 성립되지 않는다 할 것이다(대법원 1984.2.14, 83도708).

394 **사례 : 토지소유자의 철거에 대해 건물소유자가 근저당권 설정한 경우** A는 채권자이면서도 토지 소유자로서 지상 건물의 소유자에 대하여 건물철거 및 토지인도청구권을 가지고 있는바, 이러한 A가 그 지상의 건물 소유자인 甲을 상대로 소송을 통하여 위 건물의 철거 및 토지인도를 구하고 있는 도중에, 甲은 위 건물에 관하여 B 명의로 근저당권설정등기를 경료해 주었다. 甲의 행위는 강제집행 면탈죄를 구성하는가?
판례 : 채권자의 채권이 금전채권이 아니라 토지 소유자로서 그 지상 건물의 소유자에 대하여 가지는 건물철거 및 토지인도청구권인 경우라면 채무자인 건물 소유자가 제3자에게 허위의 금전채무를 부담하면서 이를 피담보채무로 하여 건물에 관하여 근저당권설정등기를 경료하였다는 것만으로는 직접적으로 토지 소유자의 건물철거 및 토지인도청구권에 기한 강제집행을 불능케 하는 사유에 해당한다고 할 수 없으므로 건물 소유자에게 강제집행면탈죄가 성립한다고 할 수 없고, 이는 건물 소유자가 토지 임차인으로서 임대인인 토지 소유자에 대하여 민법 제643조 소정의 건물매수청구권을 행사함으로써 건물 소유자와 토지 소유자 사이에 건물에 관한 매매관계가 성립되어 토지 소유자가 건물 소유자에 대하여 건물에 관한 소유권이전등기 및 명도청구권을 가지게 된 이후에 건물 소유자가 제3자에게 허위의 금전채무를 부담하면서 이를 피담보채무로 하여 건물에 관하여 근저당권설정등기를 경료한 경우에도 마찬가지라고 할 것이다(대법원 2008.6.12, 2008도2279). [경찰채용 13 1차]
해결 : 강제집행면탈죄를 구성하지 않는다(A의 건물철거 및 토지인도청구권의 집행에 아무런 장애가 되지 않기 때문에).

395 **사례 : 채무자에게 충분한 다른 재산이 있는 경우** A는 자신을 상대로 사실혼관계해소 청구소송을 제기한 甲에 대한 채무를 면탈하려고 A 명의 아파트를 담보로 대출을 받아 그 중 대부분을 타인 명의 계좌로 입금하였다. 그런데 A에게는 甲의 위자료채권액을 훨씬 상회하는 다른 재산이 있었다. A에게는 강제집행면탈죄의 죄책이 인정되는가?
판례 : (채권이 존재하지 않으면 강제집행면탈죄도 성립하지 않으며 만일) 채권이 존재하는 경우에도 채무자의 재산은닉 등 행위 시를 기준으로 채무자에게 채권자의 집행을 확보하기에 충분한 다른 재산이 있었다면 채권자를 해하였거나 해할 우려가 있다고 쉽사리 단정할 것이 아니다. … 피고인이 자신을 상대로 사실혼관계해소 청구소송을 제기한 갑에 대한 채무를 면탈하려고 피고인 명의 아파트를 담보로 10억 원을 대출받아 그중 8억 원을 타인 명의 계좌로 입금하여 은닉하였다고 하여 강제집행면탈죄로 기소된 이 사건에서, (피고인의 재산은닉 행위 당시 갑의 재산분할청구권은 존재하였다고 보기도 어렵고) 가사사건 제1심판결에 근거하여 위자료 4,000만 원의 채권이 존재한다는 사실이 증명되었다고 볼 여지가 있었을 뿐이므로, 피고인에게 위자료채권액을 훨씬 상회하는 다른 재산이 있었던 이상 강제집행면탈죄는 성립하지 않는다고 보아야 하는데도, 이와 달리 피고인에게 유죄를 인정한 원심판단에는 법리오해의 위법이 있다(대법원 2011.9.8, 2011도5165). [법원행시 13]
해결 : 인정되지 않는다.

396 **판례 : 약속어음 부도 후 다른 약속어음 지급기일 이전에 재산을 허위양도한 것이 강제집행면탈죄를 구성하는 지 여부** 피고인 발행의 약속어음이 부도가 난 이상 특별한 사정이 없는 한 피고인 발행의 다른 약속어음들도 만기에 지급거절이 될 것이 예상되어 그 소지인들이 만기 전이라고 할지라도 소구가 가능할 뿐만 아니라(대법원 1984.7.10, 84다카424; 1993.12.28, 93다35254), 통상 약속어음의 부도는 그 발행인의 신용상태가 파탄상태에 이른 것이 객관적으로 확인되는 의미가 있어 위와 같은 정도의 채무초과 상태라면 변제기가 도래하지 아니한 피고인의 다른 일반 채권자들도 채권확보에 나설 것이 예상되므로 피고인은 현실적으로 강제집행을 당할 구체적인 위험이 있는 상태라고 할 것이므로 그와 같은 상황에서 재산을 허위양도하였다면 강제집행면탈죄를 구성한다(대법원 1999.2.9, 96도3141). [변호사시험 13]

2 대법원 2008.6.26, 2008도3184

이혼을 요구하는 처로부터 재산분할청구권에 근거한 가압류 등 강제집행을 받을 우려가 있는 상태에서 남편이 이를 면탈할 목적으로 허위의 채무를 부담하고 소유권이전청구권보전가등기를 경료한 경우, 강제집행면탈죄가 성립한다. [경찰채용 17 1차/사시 12]

판례연구 강제집행을 받을 구체적 위험이 있는 객관적 상태에 해당하지 않는 경우

1 대법원 2012.4.26, 2010도5693

국세징수법에 의한 체납처분을 면탈할 목적으로 재산을 은닉한 사례

형법 제327조의 강제집행면탈죄가 적용되는 강제집행은 민사집행법의 적용대상인 강제집행 또는 가압류·가처분 등의 집행을 가리키는 것이므로, 국세징수법에 의한 체납처분을 면탈할 목적으로 재산을 은닉하는 등의 행위는 위 죄의 규율대상에 포함되지 않는다. [법원9급 05/사시 12/변호사시험 13·17]

2 대법원 2015.3.26, 2014도14909

'담보권 실행 등을 위한 경매'를 면탈할 목적으로 재산을 은닉한 사례

형법 제327조의 강제집행면탈죄가 적용되는 강제집행은 민사집행법 제2편의 적용 대상인 '강제집행' 또는 가압류·가처분 등의 집행을 가리키는 것이고, 민사집행법 제3편의 적용 대상인 '담보권 실행 등을 위한 경매'를 면탈할 목적으로 재산을 은닉하는 등의 행위는 위 죄의 규율 대상에 포함되지 않는다. [법원행시 15]

판례연구 강제집행면탈죄의 기수·종료 관련 판례

1 대법원 2009.5.28, 2009도875

강제집행면탈죄의 범죄행위 종료시점과 공소시효기간의 기산

허위의 채무를 부담하는 내용의 채무변제계약 공정증서를 작성한 후 이에 기하여 채권압류 및 추심명령을 받은 때에, 강제집행면탈죄가 성립함과 동시에 그 범죄행위가 종료되어 공소시효가 진행한다. [경찰승진 17/법원행시 13/사시 11/변호사시험 16]

2 대법원 2011.10.13, 2011도6855

강제집행 면탈의 목적으로 채무자가 제3채무자에 대한 채권을 허위로 양도한 경우, 강제집행면탈죄의 공소시효 기산점(=제3채무자에게 채권양도의 통지가 행해진 때)

형법 제327조에서 정하는 강제집행면탈죄는 위태범으로서, 민사소송법(민사집행법)에 의한 강제집행 또는 가압류·가처분의 집행을 받을 우려가 있는 객관적인 상태에서, 즉 채권자가 본안 또는 보전소송을 제기하거나 제기할 태세를 보이고 있는 상태에서 주관적으로 강제집행을 면탈하려는 목적으로 재산을 은닉, 손괴 또는 허위양도하거나 허위의 채무를 부담하여 채권자를 해할 위험이 있으면 성립하는 것이고, 반드시 채권자를 해하는 결과가 야기되거나 행위자가 어떤 이득을 취하여야 범죄가 성립하는 것은 아니다. 한편 강제집행면탈죄는 채권자의 권리 실현의 이익을 보호법익으로 하는데, 강제집행 면탈의 목적으로 채무자가 그의 제3채무자에 대한 채권을 허위로 양도한 경우에 제3채무자에게 채권 양도의 통지가 행하여짐으로써 통상 제3채무자가 채권 귀속의 변동을 인식할 수 있게 된 시점에서는 채권 실현의 이익이 해하여질 위험이 실제로 발현되었다고 할 것이므로, 늦어도 그 통지가 있는 때에는 그 범죄행위가 종료하여 그때부터 공소시효가 진행된다고 볼 것이다.

판례연구 강제집행면탈죄의 죄수 관련 판례

1 대법원 2011.12.8, 2010도4129

강제집행면탈죄의 죄수판단의 기준은 채권자의 수 : 채권자가 수인인 경우의 죄수

채권자들에 의한 복수의 강제집행이 예상되는 경우 재산을 은닉 또는 허위양도함으로써 채권자들을 해하였다면 채권자별로 각각 강제집행면탈죄가 성립하고, 상호 상상적 경합범의 관계에 있다. [경찰간부 18/경찰승진 14/법원9급 13·16/법원행시 13]

2 대법원 2008.5.8, 2008도198

허위채권에 기한 담보가등기 설정 후 또 다른 자에게 본등기를 경료하게 한 사례

채무자가 자신의 부동산에 甲명의로 허위의 금전채권에 기한 담보가등기를 설정하고 이를 乙에게 양도하여 乙명의의 본등기를 경료하게 한 경우, 甲명의 담보가등기 설정행위로 강제집행면탈죄가 성립한다고 하여 그 후 乙명의로 이루어진 가등기 양도 및 본등기 경료행위가 불가벌적 사후행위가 되는 것은 아니다.

MEMO

PART 02

사회적 법익에 대한 죄

목 차		난 도	출제율	대표지문
제1절 공안을 해하는 죄	01 총 설	下	–	• 범죄단체조직죄는 목적범이다. (○) • 추심을 위임받은 채권을 용이하게 추심하는 방편으로 합동수사반원임을 사칭하고 협박한 경우에는 공무원자격사칭죄로 처벌할 수 없다. (○) • 사형, 무기 또는 장기 4년 이상의 징역에 해당하는 범죄를 목적으로 하는 단체 또는 집단을 조직하거나 이에 가입 또는 구성원으로 활동한 사람은 그 목적한 죄에 정한 형으로 처벌한다. 다만 형을 감경할 수 있다. (○)
	02 범죄단체조직죄	下	★	
	03 소요죄	下	–	
	04 다중불해산죄	下	–	
	05 전시공수계약불이행죄	下	–	
	06 공무원자격사칭죄	下	★	
제2절 폭발물에 관한 죄	01 폭발물사용죄	下	★	• 평시에 폭발물을 사용하여 사람을 다치게 한 자도 사형에 처해질 수 있다. (○) • 대법원은 화염병은 형법 제119조 소정의 폭발물에 해당하지 않는다고 판시한 바 있다. (○)
	02 전시폭발물사용죄	下	–	
	03 폭발물사용예비·음모·선동죄	下	–	
	04 전시폭발물제조·수입·수출·수수·소지죄	下	–	
제3절 방화와 실화의 죄	01 총 설	下	★	• 방화죄의 주된 보호법익은 공공의 안전으로서 방화죄의 기본적 성격은 공공위험죄이지만, 부차적으로 개인의 재산도 보호법익에 포함된다. (○) • 피고인이 주택주변과 피해자의 몸에 휘발유를 상당히 뿌린 상태에서 라이터를 켜 불꽃을 일으켰는데, 불이 피해자의 몸에만 붙고 방화목적물인 주택 자체에 불이 옮겨붙지 않았다면 현존건조물방화죄의 실행의 착수가 있었다고 볼 수 없다. (×) • 방화죄는 화력이 매개물을 떠나 스스로 연소할 수 있는 상태에 이르렀을 때에 기수가 되고 반드시 목적물의 중요부분이 소실하여 그 본래의 효용을 상실한 때라야만 기수가 되는 것이 아니다. (○) • 타인소유의 현주건조물에 방화하자 불이 옆에 있는 자기소유의 일반건조물에 옮겨 붙은 경우 연소죄가 성립한다. (×)
	02 현주건조물 등 방화죄	中	★★	
	03 현주건조물 등 방화치사상죄	中	★	
	04 공용건조물 등 방화죄	下	–	
	05 일반건조물 등 방화죄	下	–	
	06 일반물건방화죄	中	★	
	07 연소죄	中	★	
	08 방화예비·음모죄	下	–	
	09 진화방해죄	下	–	
	10 폭발성물건파열죄 및 폭발성물건파열치사상죄	下	–	
	11 가스·전기 등 방류죄 및 가스·전기 등 방류치사상죄	下	–	
	12 가스·전기공급방해죄 및 가스·전기공급방해치사상죄	下	–	
	13 실화죄	下	★	
	14 과실폭발성물건파열죄, 업무상 과실·중과실폭발성물건파열죄	下	–	
제4절 일수와 수리에 관한 죄	01 총 설	下	–	• 평시에 폭발물을 사용하여 사람을 다치게 한 자도 사형에 처해질 수 있다. (○) • 대법원은 화염병은 형법 제119조 소정의 폭발물에 해당하지 않는다고 판시한 바 있다. (○)
	02 현주건조물 등 일수죄	下	–	
	03 공용건조물 등 일수죄	下	–	
	04 일반건조물 등 일수죄	下	–	
	05 일수예비·음모죄	下	–	
	06 방수방해죄	下	–	
	07 과실일수죄	下	–	
	08 수리방해죄	下	★	
제5절 교통방해의 죄	01 총 설	下	–	• 일반교통방해죄는 이른바 추상적 위험범으로서 교통이 불가능하거나 또는 현저히 곤란한 상태가 발생하면 바로 기수가 되고 교통방해의 결과가 현실적으로 발생하여야 하는 것은 아니다. (○)
	02 일반교통방해죄	中	★	
	03 기차·선박 등 교통방해죄	下	–	
	04 기차 등 전복죄	下	–	
	05 교통방해 등 예비·음모죄	下	–	
	06 교통방해치사상죄	下	–	
	07 과실교통방해죄	下	–	

공공의 안전과 평온에 대한 죄

✔ **출제경향**

구 분	경찰채용						경찰간부						경찰승진					
	17	18	19	20	21	22	16	17	18	19	20	21	17	18	19	20	21	22
제1절 공안을 해하는 죄				1			3										1	
제2절 폭발물에 관한 죄																		
제3절 방화와 실화의 죄				1				1	1	1		1	1	1	1		1	1
제4절 일수와 수리에 관한 죄																		
제5절 교통방해의 죄								1	1						1			
출제빈도	2/220						9/240						7/240					

국가9급						법원9급						법원행시						변호사시험					
17	18	19	20	21	22	17	18	19	20	21	22	17	18	19	20	21	22	17	18	19	20	21	22
										1							1						
		1			1													1			1		
			1											1			1	1					
3/120						1/150						3/240						3/140					

CHAPTER 01 공공의 안전과 평온에 대한 죄

제1절 공안을 해하는 죄

01 범죄단체조직죄

> **제114조 【범죄단체 등의 조직】** 사형, 무기 또는 장기 4년 이상의 징역에 해당하는 범죄를 목적으로 하는 단체 또는 집단을 조직하거나 이에 가입 또는 그 구성원으로 활동한 사람은 그 목적한 죄에 정한 형으로 처벌한다. 다만, 형을 감경할 수 있다. [경찰채용 20 1차/법원행시 16] 〈전문개정 2013.4.5〉

판례연구   **범죄단체·집단 조직·가입·활동죄가 성립한다는 사례**

1 대법원 1975.9.23, 75도2321

형법 114조 소정 범죄단체조직죄의 성립요건

형법 제114조 소정 범죄단체조직죄는 범죄를 목적으로 하는 단체(현 '사형·무기 또는 장기 4년 이상의 징역에 해당하는 범죄를 목적으로 하는 단체')를 조직함으로써 성립하는 것이고 그 후 목적한 범죄의 실행행위를 하였는가 여부는 위 죄의 성립에 영향이 없다.

2 대법원 1987.10.13, 87도1240

폭처법상 범죄단체 구성·가입죄에 해당한다고 한 사례

피고인들이 수괴, 간부 가입자를 구분할 수 있을 정도의 지휘통솔체계를 갖춘 단체를 구성하고 또는 이에 가입한 후 피고인 甲으로부터 단체생활에 필요한 자금 등을 제공받고, 싸움에 대비하여 수시로 단체 및 개인훈련을 실시하는 한편 피고인 甲의 사주를 받거나 고향의 선배들을 괴롭히는 자들을 응징한다는 명목 등으로 위 단체 구성후 1년 10개월 동안 16건에 걸쳐 강도상해 및 폭력행위(상해, 협박 등)를 자행하여 왔다면 그 과정에서 생활비 절감 등의 편의상 함께 모여 단체생활을 한 일면이 있다고 인정된다거나 위 단체의 명칭이 수사단계에서야 비로소 붙여진 것이라 하더라도 피고인들의 위와 같은 소위는 결국 폭력을 목적으로 한 범죄단체를 구성 또는 이에 가입한 죄에 해당된다(형법상 범단조직죄가 아니라 폭처법상 폭력단체구성죄에 해당함).

3 대법원 2020.8.20, 2019도16263

범죄집단 조직·가입·활동 사건

(중고차량을 시세보다 비싸게 판매해 금원을 편취할 목적으로 조직된 외부사무실은 형법 제114조의 범죄집단에 해당하는가의 문제) 형법 제114조에서 정한 '범죄를 목적으로 하는 단체'란 특정 다수인이 일정한 범죄를 수행한다는 공동목적 아래 구성한 계속적인 결합체로서 그 단체를 주도하거나 내부의 질서를 유지하는 최소한의 통솔체계를 갖춘 것을 의미한다(대법원 2016.5.12, 2016도1221)(범죄단체

조직·가입·활동죄에는 해당하지 않음). …… 형법 제114조에서 정한 '범죄를 목적으로 하는 집단'이란 특정 다수인이 사형, 무기 또는 장기 4년 이상의 범죄를 수행한다는 공동목적 아래 구성원들이 정해진 역할 분담에 따라 행동함으로써 범죄를 반복적으로 실행할 수 있는 조직체계를 갖춘 계속적인 결합체를 의미한다. '범죄단체'에서 요구되는 '최소한의 통솔체계'를 갖출 필요는 없지만, 범죄의 계획과 실행을 용이하게 할 정도의 조직적 구조를 갖추어야 한다.

> **보충** 소위 '뜯플', '쌩플'의 수법으로 중고차량을 시세보다 비싸게 판매해 금원을 편취할 목적으로 조직된 이 사건 외부사무실은 특정 다수인이 사기범행을 수행한다는 공동목적 아래 구성원들이 대표, 팀장, 출동조, 전화상담원 등 정해진 역할분담에 따라 행동함으로써 사기범행을 반복적으로 실행하는 체계를 갖춘 결합체, 즉 형법 제114조의 '범죄를 목적으로 하는 집단'에 해당한다고 보아, 이를 무죄로 판단한 원심판결을 파기한 사례이다.

판례연구 **범죄단체조직죄가 성립하지 않는 사례**

1 대법원 1981.11.24, 81도2608
형법 제114조 제1항 소정의 '범죄를 목적으로 하는 단체'라 함은 특정다수인이 일정한 범죄를 수행한다는 공동목적 아래 이루어진 계속적인 결합체로서 단순한 다중의 집합과는 달라 단체를 주도하는 최소한의 통솔체제를 갖추고 있어야 함을 요하는바, 피고인들이 각기 소매치기의 범죄를 목적으로 그 실행행위를 분담하기로 약정하였으나 계속적이고 통솔체제를 갖춘 단체를 조직하였거나 그와 같은 단체에 가입하였다고 볼 수 없다면 범죄단체조직죄는 성립하지 않는다. [경찰승진 12]

2 대법원 1985.10.8, 85도1515
甲은 乙, 丙, 丁 등과 은행에 당좌계정을 개설하여 은행으로부터 어음용지를 교부받아 거액의 어음을 발행한 후 이를 부도시키는 방법 등으로 타인의 재물을 편취하기로 모의한 뒤 위 범죄를 목적으로 제1실업이라는 상호로 사무실을 개설하여 전자제품 도매상을 경영하는 것처럼 위장하고 甲은 대표자, 乙, 丁은 대외적인 업무를 맡고 丙은 감사로서의 임무를 수행하기로 한 사실은 인정되지만, 이는 어음사기를 목적으로 한 범죄단체로서의 단체내부의 질서를 유지하는 통솔체제를 갖춘 계속적인 결합체에 이른 것으로는 볼 수 없다. [경찰간부 17]

3 대법원 2004.7.8, 2004도2009
사북 지역 출신의 청년들에 의하여 자생적으로 조직된 사북청년회라는 단체의 일부 회원들이 사북 지역에 내국인 카지노가 들어서면서 폭력 범행을 저지르거나 관여하게 되었다고 하여 사북청년회 자체가 폭처법상의 폭력 범행을 목적으로 한 범죄단체에 해당하는 것은 아니다.

판례연구 **범죄단체조직죄는 즉시범이라는 사례**

대법원 1997.10.10, 97도1829
한 범죄단체에 가입한 후 별개의 범죄단체에 가입하였다는 이유로 추가 기소된 경우, 이중처벌이라고 볼 수 없다는 사례
폭력행위등처벌에관한법률 제4조 소정의 단체 등의 조직죄는 같은 법에 규정된 범죄를 목적으로 한 단체 또는 집단을 구성하거나 가입함으로써 즉시 성립하고 그와 동시에 완성되는 즉시범이라 할 것이므로, 피고인이 범죄단체인 연주파에 가입한 이후 별개의 범죄단체에 가입하였다는 이유로 추가 기소가 되었다고하여 이를 이중처벌이라고 할 수는 없다.

02 공무원자격사칭죄

> **제118조 【공무원자격의 사칭】** 공무원의 자격을 사칭하여 그 직권을 행사한 자는 3년 이하의 징역 또는 700만 원 이하의 벌금에 처한다.

판례연구 공무원자격사칭죄가 성립하지 않는 사례

1 대법원 1972.12.26, 72도2552
청와대 민원비서관임을 사칭하여 고장난 시외전화의 선로를 수리하라고 한 것은 공무원자격사칭에 해당하지 아니한다.

2 대법원 1977.12.13, 77도2750
중앙정보부 직원이 아닌 자가 동 직원임을 사칭하고 청와대에 파견된 감사실장인데 사무실에 대통령사진의 액자가 파손된 채 방치되었다는 사실을 보고받고 나왔으니 자인서를 작성 제출하라고 말한 행위는 중앙정보부 직원의 직권행사에 해당되지 않는다.

3 대법원 1981.9.8, 81도1955
위임받은 채권을 추심하는 방편으로 합동수사반원임을 사칭하고 협박한 사례
공무원자격사칭죄가 성립하려면 어떤 직권을 행사할 수 있는 권한을 가진 공무원임을 사칭하고 그 직권을 행사한 사실이 있어야 하는바, 피고인들이 그들이 위임받은 채권을 용이하게 추심하는 방편으로 합동수사반원임을 사칭하고 협박한 사실이 있다고 하여도 위 채권의 추심행위는 개인적인 업무이지 합동수사반의 수사업무의 범위에는 속하지 아니하므로 이를 공무원자격사칭죄로 처벌할 수 없다. [경찰승진(경장) 11 / 경찰간부 17 / 법원행시 14]

제2절 폭발물에 관한 죄

01 폭발물사용죄

> **제119조 【폭발물 사용】** ① 폭발물을 사용하여 사람의 생명, 신체 또는 재산을 해하거나 그 밖에 공공의 안전을 문란하게 한 자는 사형, [법원행시 13] 무기 또는 7년 이상의 징역에 처한다. 〈우리말 순화 개정 2020.12.8.〉
> ③ 제1항과 제2항의 미수범은 처벌한다. 〈우리말 순화 개정 2020.12.8.〉

판례연구 폭발물사용죄 관련 판례

1 대법원 2012.4.26, 2011도17254
형법 제119조 폭발물사용죄에서 '폭발물'의 의미 및 어떠한 물건이 폭발물에 해당하는지 판단하는 기준
형법 제119조 제1항에서 규정한 폭발물사용죄는 폭발물을 사용하여 공안을 문란하게 함으로써 성립하

는 공공위험범죄로서 개인의 생명, 신체 등과 아울러 공공의 안전과 평온을 보호법익으로 하는 것이고, 법정형이 사형, 무기 또는 7년 이상의 징역으로 범죄의 행위 태양에 해당하는 생명, 신체 또는 재산을 해하는 경우에 성립하는 살인죄, 상해죄, 재물손괴죄 등의 범죄를 비롯한 유사한 다른 범죄에 비하여 매우 무겁게 설정되어 있을 뿐 아니라, 형법은 제172조에서 '폭발성 있는 물건을 파열시켜 사람의 생명, 신체 또는 재산에 대하여 위험을 발생시킨 자'를 처벌하는 폭발성물건파열죄를 별도로 규정하고 있는데 그 법정형은 1년 이상의 유기징역으로 되어 있다. 이와 같은 여러 사정(폭발성물건파열죄의 폭발성물건과 폭발물사용죄의 폭발물은 구별되어야 한다는 사정 포함)을 종합해 보면, 폭발물사용죄에서 말하는 폭발물이란 폭발작용의 위력이나 파편의 비산 등으로 사람의 생명, 신체, 재산 및 공공의 안전이나 평온에 직접적이고 구체적인 위험을 초래할 수 있는 정도의 강한 파괴력을 가지는 물건을 의미한다. 따라서 어떠한 물건이 형법 제119조에 규정된 폭발물에 해당하는지는 폭발작용 자체의 위력이 공안을 문란하게 할 수 있는 정도로 고도의 폭발성능을 가지고 있는지에 따라 엄격하게 판단하여야 한다. …… 피고인이 제작한 물건의 구조, 그것이 설치된 장소 및 폭발 당시의 상황 등에 비추어, 위 물건은 폭발작용 자체에 의하여 공공의 안전을 문란하게 하거나 사람의 생명, 신체 또는 재산을 해할 정도의 성능이 없거나, 사람의 신체 또는 재산을 경미하게 손상시킬 수 있는 정도에 그쳐 사회의 안전과 평온에 직접적이고 구체적인 위험을 초래하여 공공의 안전을 문란하게 하기에는 현저히 부족한 정도의 파괴력과 위험성만을 가진 물건이므로 형법 제172조 제1항에 규정된 '폭발성 있는 물건'에는 해당될 여지가 있으나 이를 형법 제119조 제1항에 규정된 '폭발물'에 해당한다고 볼 수는 없다. [경찰간부 17 / 법원행시 13]

2 대법원 1968.3.5, 66도1056
화염병은 폭발물사용죄의 폭발물에 해당하지 아니한다. [법원행시 13]

3 대법원 1969.7.8, 69도832
폭발물사용죄가 성립하기 위하여서는 폭파 시 신체를 해한다는 등의 고의가 있어야 한다는 사례
형법 제119조를 적용하려면 사람의 생명, 신체 또는 재산을 해하거나 기타 공안을 문란한다는 고의가 있어야 한다(폭발물사용죄의 구체적 위험범적 성질이 나타남). [경찰간부 12]

제3절 방화와 실화의 죄

01 총 설

판례연구 방화죄의 보호법익에 관한 이중성격설의 판례

대법원 2009.10.15, 2009도7421
방화죄는 공공의 안전을 제1차적인 보호법익으로 하지만 제2차적으로는 개인의 재산권을 보호하는 범죄이다.

---

02 현주건조물 등 방화죄

> **제164조【현주건조물 등 방화】** ① 불을 놓아 사람이 주거로 사용하거나 사람이 현존하는 건조물, 기차, 전차, 자동차, 선박, 항공기 또는 지하채굴시설을 불태운 자는 무기 또는 3년 이상의 징역에 처한다. 〈우리말 순화 개정 2020.12.8.〉
>
> **제174조【미수범】** 제164조 제1항, 제165조, 제166조 제1항, 제172조 제1항, 제172조의2 제1항, 제173조 제1항과 제2항의 미수범은 처벌한다.

판례연구 **방화죄의 객체인 건조물 관련 판례**

대법원 2013.12.12, 2013도3950
형법상 방화죄의 객체인 건조물은 토지에 정착되고 벽 또는 기둥과 지붕 또는 천장으로 구성되어 사람이 내부에 기거하거나 출입할 수 있는 공작물을 말하고, 반드시 사람의 주거용이어야 하는 것은 아니라도 사람이 사실상 기거·취침에 사용할 수 있는 정도는 되어야 한다. [경찰간부 17 / 국가9급 22 / 법원행시 16]

판례연구 **방화죄의 실행의 착수와 기수 관련 판례**

1 대법원 2002.3.26, 2001도6641
매개물을 통한 점화 시 방화죄의 실행의 착수가 인정된다는 사례 : 형식적 객관설
매개물을 통한 점화에 의하여 건조물을 소훼함을 내용으로 하는 형태의 방화죄의 경우에, 범인이 그 매개물에 불을 켜서 붙였거나 또는 범인의 행위로 인하여 매개물에 불이 붙게 됨으로써 연소작용이 계속될 수 있는 상태에 이르렀다면, 그것이 곧바로 진화되는 등의 사정으로 인하여 목적물인 건조물 자체에는 불이 옮겨 붙지 못했더라도, 방화죄의 실행의 착수가 있었다고 보아야 할 것이다. … 피고인이 방화의 의사로 뿌린 휘발유가 인화성이 강한 상태로 주택주변과 피해자의 몸에 적지 않게 살포되어 있는 사정을 알면서도 라이터를 켜 불꽃을 일으킴으로써 피해자의 몸에 불이 붙은 경우, 비록 외부적 사정에 의하여 불이 방화 목적물인 주택 자체에 옮겨 붙지는 아니했더라도 현존건조물방화죄의 실행의 착수가 있었다고 봄이 상당하다. [경찰채용 12 2차 / 경찰간부 14 / 경찰승진(경사) 10 / 경찰승진(경감이하) 16·17 / 경찰승진 13 / 국가9급 12·13 / 국가7급 12·14·20 / 법원9급 07(상) / 법원9급 06·13·14 / 법원행시 16 / 사시 11 / 변호사시험 12]

2 대법원 1983.1.18, 82도2341
방화죄의 기수시기에 관한 독립연소설의 판례
현주건조물에의 방화죄는 공중의 생명, 신체, 재산 등에 대한 위험을 예방하기 위하여 공공의 안전을 그 제1차적인 보호법익으로 하고 제2차적으로는 개인의 재산권을 보호하는 것이라고 할 것이나, 여기서 공공에 대한 위험은 구체적으로 그 결과가 발생됨을 요하지 아니하는 것이고 이미 현주건조물에의 점화가 독립연소의 정도에 이르면 동 죄는 기수에 이르러 완료되는 것이다(독립연소설 : 불이 매개물을 떠나 목적물에 독립하여 연소할 수 있는 상태에 이르면 기수가 된다는 입장). [경찰간부 13·14 / 경찰승진(경사) 10 / 국가7급 12]

3 대법원 2007.3.16, 2006도9164
현주건조물방화죄의 기수시기
피해자의 사체 위에 옷가지 등을 올려놓고 불을 붙인 천조각을 던져서 그 불길이 방안을 태우면서 천장에까지 옮겨 붙었다면 도중에 진화되었다고 하더라도 일단 천장에 옮겨 붙은 때에 이미 현주건조물방화죄의 기수에 이른 것이다. [경찰간부 16 / 국가9급 13 / 국가7급 20 / 법원행시 16]

03 일반건조물 등 방화죄

제166조【일반건조물 등 방화】 ① 불을 놓아 제164조와 제165조에 기재한 외의 건조물, 기차, 전차, 자동차, 선박, 항공기 또는 지하채굴시설을 불태운 자는 2년 이상의 유기징역에 처한다. 〈우리말 순화 개정 2020.12.8.〉
② 자기 소유인 제1항의 물건을 불태워 공공의 위험을 발생하게 한 자는 7년 이하의 징역 또는 1천만원 이하의 벌금에 처한다. 〈우리말 순화 개정 2020.12.8.〉
제176조【타인의 권리대상이 된 자기의 물건】 자기의 소유에 속하는 물건이라도 압류 기타 강제처분을 받거나 타인의 권리 또는 보험의 목적물이 된 때에는 본장의 규정의 적용에 있어서 타인의 물건으로 간주한다.

04 일반물건방화죄

제167조【일반물건 방화】 ① 불을 놓아 제164조부터 제166조까지에 기재한 외의 물건을 불태워 공공의 위험을 발생하게 한 자는 1년 이상 10년 이하의 징역에 처한다. 〈우리말 순화 개정 2020.12.8.〉
② 제1항의 물건이 자기 소유인 경우에는 3년 이하의 징역 또는 700만 원 이하의 벌금에 처한다. 〈우리말 순화 개정 2020.12.8.〉
제176조【타인의 권리대상이 된 자기의 물건】 자기의 소유에 속하는 물건이라도 압류 기타 강제처분을 받거나 타인의 권리 또는 보험의 목적물이 된 때에는 본장의 규정의 적용에 있어서 타인의 물건으로 간주한다.

> **판례연구** 일반건조물방화 및 일반물건방화 관련 판례

1 대법원 2009.10.15, 2009도7421
불을 놓아 '무주물'을 소훼하여 공공의 위험을 발생하게 한 경우, 형법 제167조 제2항을 적용하여 처벌할 수 있다는 사례 : 재활용품·쓰레기에 불을 놓아 공공의 위험을 발생시킨 사건
형법 제167조 제2항은 방화의 객체인 물건이 자기의 소유에 속한 때에는 같은 조 제1항보다 감경하여 처벌하는 것으로 규정하고 있는바, 방화죄는 공공의 안전을 제1차적인 보호법익으로 하지만 제2차적으로는 개인의 재산권을 보호하는 것이라고 볼 수 있는 점, 현재 소유자가 없는 물건인 무주물에 방화하는 경우에 타인의 재산권을 침해하지 않는 점은 자기의 소유에 속한 물건을 방화하는 경우와 마찬가지인 점, 무주의 동산을 소유의 의사로 점유하는 경우에 소유권을 취득하는 것에 비추어(민법 제252조) 무주물에 방화하는 행위는 그 무주물을 소유의 의사로 점유하는 것이라고 볼 여지가 있는

점 등을 종합하여 보면, 불을 놓아 무주물을 소훼하여 공공의 위험을 발생하게 한 경우에는 '무주물'을 '자기 소유의 물건'에 준하는 것으로 보아 형법 제167조 제2항을 적용하여 처벌하여야 한다(자기소유일반물건방화죄 성립). 따라서 노상에서 전봇대 주변에 놓인 재활용품과 쓰레기 등에 불을 놓아 소훼한 경우, 그 재활용품과 쓰레기 등은 '무주물'로서 형법 제167조 제2항에 정한 '자기 소유의 물건'에 준하는 것으로 보아야 하므로, 여기에 불을 붙인 후 불상의 가연물을 집어넣어 그 화염을 키움으로써 전선을 비롯한 주변의 가연물에 손상을 입히거나 바람에 의하여 다른 곳으로 불이 옮아붙을 수 있는 공공의 위험을 발생하게 하였다면, 일반물건방화죄가 성립한다. [경찰채용 10·12·14 2차 / 경찰간부 16·18 / 경찰승진 12·13 / 경찰승진(경감이하) 16·17 / 국가9급 12·13]

2 대법원 2013.12.12, 2013도3950
방화죄의 객체인 '건조물'의 개념과 일반물건방화의 미수는 벌하지 아니한다는 사례
형법상 방화죄의 객체인 건조물은 토지에 정착되고 벽 또는 기둥과 지붕 또는 천장으로 구성되어 사람이 내부에 기거하거나 출입할 수 있는 공작물을 말하고, 반드시 사람의 주거용이어야 하는 것은 아니라도 사람이 사실상 기거·취침에 사용할 수 있는 정도는 되어야 한다. 그런데 이 사건 폐가는 지붕과 문짝, 창문이 없고 담장과 일부 벽체가 붕괴된 철거 대상 건물로서 사실상 기거·취침에 사용할 수 없는 상태의 것이므로 형법 제166조의 건조물이 아닌 형법 제167조의 물건에 해당하고, 피고인이 이 사건 폐가의 내부와 외부에 쓰레기를 모아놓고 태워 그 불길이 이 사건 폐가 주변 수목 4~5그루를 태우고 폐가의 벽을 일부 그을리게 하는 정도만으로는 방화죄의 기수에 이르렀다고 보기 어려우며(일반물건방화죄는 구체적 위험범으로서 공공의 위험이 발생하여야 기수가 됨), 일반물건방화죄에 관하여는 미수범의 처벌 규정이 없으므로 무죄가 된다.

05 실화죄

1. 단순실화죄

> **제170조 【실 화】** ① 과실로 제164조 또는 제165조에 기재한 물건 또는 타인 소유인 제166조에 기재한 물건을 불태운 자는 1천500만원 이하의 벌금에 처한다. 〈우리말 순화 개정 2020.12.8.〉
> ② 과실로 자기 소유인 제166조의 물건 또는 제167조에 기재한 물건을 불태워 공공의 위험을 발생하게 한 자도 제1항의 형에 처한다. 〈우리말 순화 개정 2020.12.8.〉

사례연구   **타인소유 사과나무 실화 사례 : 실화죄**

甲은 乙 소유의 사과나무 밭에서 마른 풀을 모아 놓고 성냥불을 마른 풀에 붙여 담뱃불을 붙인 뒤 자리를 떠났다. 그런데 남은 불씨가 잔디에 옮겨 붙고 결국 乙 소유의 사과나무에 옮겨 붙어 사과나무 217주(시가 671만 원 상당)가 소훼되었다. 甲의 형사책임은?

해결 형법 제170조 제2항에서 말하는 "자기의 소유에 속하는 제166조 또는 제167조에 기재한 물건"이라 함은 '자기의 소유에 속하는 제166조에 기재한 물건 또는 자기의 소유에 속하든, 타인의 소유에 속하든 불문하고 제167조에 기재한 물건'을 의미하는 것이라고 해석하여야 할 것이며, 제170조 제1항과 제2항의 관계로 보아서도 제166조에 기재한 물건(일반건조물 등) 중 타인의 소유에 속하는 것에 관하여는 제1항에서 이미 규정하고 있기 때문에 제2항에서는 그 중 자기의 소유에 속하는 것에 관하여 규정하고, 제167조에

기재한 물건에 관하여는 소유의 귀속을 불문하고 그 대상으로 삼아 규정하고 있는 것이라고 봄이 관련조문을 전체적·종합적으로 해석하는 방법일 것이다. 이렇게 해석한다고 하더라도 그것이 법규정의 가능한 의미를 벗어나 법형성이나 법창조행위에 이른 것이라고는 할 수 없어 죄형법정주의의 원칙상 금지되는 유추해석이나 확장해석에 해당한다고 볼 수는 없을 것이다. [사시 16] 따라서 이 점을 지적하는 논지는 이유 있다(대법원 1994.12.20, 94모32 전원합의체). ⇨ 형법 제170조 제2항의 실화죄 성립

2. 업무상 실화죄 · 중실화죄

제171조【업무상 실화, 중실화】 업무상 과실 또는 중대한 과실로 인하여 제170조의 죄를 범한 자는 3년 이하의 금고 또는 2천만 원 이하의 벌금에 처한다.

판례연구 　**업무상 실화죄가 성립하지 않는다는 사례**

대법원 1990.11.13, 90도2011
유조차운전사가 석유구판점의 위험물취급주임의 지시를 받아 유조차의 석유를 구판점 탱크로 급유하다가 탱크주입구에서 급유호스가 빠지는 바람에 화기에 인화되어 화재가 발생한 사례 : 업무상 실화 불성립
(소방법 및 관련법규에 의하면 유조차의 석유를 구판점의 지하 석유탱크에 공급하는 작업은 위험물취급주임의 참여하에 하여야 하고, 작업자는 그의 보완에 관한 지시와 감독하에 일을 하여야 하는 것이며, 그 보안에 관한 책임은 위험물취급주임에게 있는 것이다. 따라서) 유조차의 운전사에게 위험물취급주임의 지시 없이도 석유가 제대로 급유되는지, 어떠한 사유로 인하여 급유장애가 발생하는지 여부를 확인하기 위하여 급유가 끝날 때까지 그와 함께 또는 그와 교대로 급유호스가 주입구에서 빠지려고 할 때는 즉시 대응조치를 할 수 있는 자세를 갖추어야 할 업무상의 주의의무가 있다고 할 수는 없으므로, 유조차운전사가 석유구판점의 위험물취급주임의 지시를 받아 유조차의 석유를 구판점 탱크로 급유하다가 급유호스가 탱크주입구에서 빠지는 바람에 분출된 석유가 화기에 인화되어 화재가 발생한 경우 운전수가 위험물취급주임이 탱크주입구 부분을 이탈하였음을 보고서도 유조차 운전석에 앉아 다른 일을 보고 있었다고 하여 운전사에게 화재발생에 대하여 과실이 있다고 책임을 물을 수는 없다.

판례연구 　**중실화죄에 해당되는 사례**

1 대법원 1988.8.23, 88도855
형법 제171조의 중실화의 의미
형법 제171조가 정하는 중실화는 행위자가 극히 작은 주의를 함으로써 결과발생을 예견할 수 있었는데도 부주의로 이를 예견하지 못하는 경우를 말한다. 피고인이 약 2.5평 넓이의 주방에 설치된 간이온돌용 새마을보일러에 연탄을 갈아 넣음에 있어서 연탄의 연소로 보일러가 가열됨으로써 그 열이 전도, 복사되어 그 주변의 가열접촉물에 인화될 것을 쉽게 예견할 수 있었음에도 불구하고 그 주의의무를 게을리하여 위 보일러로부터 5 내지 10센티미터쯤의 거리에 판시 가연물질을 그대로 두고 신문지를 구겨서 보일러의 공기조절구를 살짝 막아놓은 채 그 자리를 떠나버렸기 때문에 판시와 같은 화재가 발생한 사실을 인정하기에 넉넉하다(중실화죄 성립). [경찰간부 11]

2 대법원 1993.7.27, 93도135
성냥불이 꺼진 것을 확인하지 아니한 채 휴지가 들어있는 플라스틱 휴지통에 던진 것은 중대한 과실에 해당한다. [경찰승진(경사) 10 / 경찰승진(경감이하) 17]

중실화죄에 해당되지 않는 사례

1 대법원 1989.1.17, 88도643

연탄아궁이로부터 80센티미터 떨어진 곳에 쌓아둔 스펀지요, 솜 등이 연탄아궁이 쪽으로 넘어지면서 화재현장에 의한 화재가 발생한 경우라고 하더라도 그 스펀지요, 솜 등을 쌓아두는 방법이나 상태 등에 관하여 아주 작은 주의만 기울였더라면 스펀지요나 솜 등이 넘어지고 또 그로 인하여 화재가 발생할 것을 예견하여 회피할 수 있었음에도 불구하고 부주의로 이를 예견하지 못하고 스펀지와 솜 등을 쉽게 넘어질 수 있는 상태로 쌓아둔 채 방치하였기 때문에 화재가 발생한 것으로 판단되어야만, "중대한 과실"로 인하여 화재가 발생한 것으로 볼 수 있다(중실화죄 불성립). [경찰간부 11]

2 대법원 1989.10.13, 89도204

호텔오락실의 경영자가 그 오락실 천장에 형광등을 설치하는 공사를 하면서 그 호텔의 전기보안담당자에게 아무런 통고를 하지 아니한 채 무자격전기기술자로 하여금 전기공사를 하게 하였더라도, 전기에 관한 전문지식이 없는 오락실경영자로서는, 시공자가 조인터박스를 설치하지 아니하고 형광등을 천징에 바짝 붙여 부착시키는 등 부실하게 공사를 하였거나 또는 전기보안담당자가 전기공사사실을 통고받지 못하여 전기설비에 이상이 있는지 여부를 점검하지 못함으로써 위와 같은 부실공사가 그대로 방치되고 그로 인하여 전선의 합선에 의한 방화가 발생할 것등을 쉽게 예견할 수 있었다고 보기는 어려우므로 위 오락실경영자에게 위와 같은 과실이 있었더라도 사회통념상 이를 화재발생에 관한 중대한 과실이라고 평가하기는 어렵다. [경찰승진(경장) 10]

3 대법원 1994.3.11, 93도3001

전기석유난로를 켜 놓은 채 귀가하여 전기석유난로 과열로 화재가 발생하였다 하여 중실화를 유죄로 인정한 원심판결에는 심리미진의 위법이 있다.

---

06 과실폭발성물건파열죄, 업무상 과실 · 중과실폭발성물건파열죄

제173조의2 【과실폭발성 물건파열 등】 ① 과실로 제172조 제1항, 제172조의2 제1항, 제173조 제1항과 제2항의 죄를 범한 자는 5년 이하의 금고 또는 1천500만 원 이하의 벌금에 처한다.
② 업무상 과실 또는 중대한 과실로 제1항의 죄를 범한 자는 7년 이하의 금고 또는 2천만 원 이하의 벌금에 처한다.

과실폭발성물건파열 · 업무상과실폭발성물건파열 관련 판례

1 대법원 2001.6.1, 99도5086

임차인이 자신의 비용으로 설치 · 사용하던 가스설비의 휴즈콕크를 아무런 조치 없이 제거하고 이사를 간 후 가스공급을 개별적으로 차단할 수 있는 주밸브가 열려져 가스가 유입되어 폭발사고가 발생한 경우, 임차인의 과실과 가스폭발사고 사이의 상당인과관계가 인정된다(과실폭발성물건파열죄 성립). [경찰채용 10 2차]

2 대법원 1997.1.24, 96도776

건설업자가 토공사 및 흙막이공사의 감리업무까지 수행하기로 약정하였음에도 이에 위반하여 실질적인 감리업무를 수행할 수 있는 사람을 감리자로 파견하지 않은 상태에서, 건설업법 제33조, 건설업법시행령 제36조 제2항 제2호 소정의 건설기술자를 현장에 배치할 의무를 위반하여 건설기술자조차 현장에 배치하지 아니한 과실은 공사현장 인접 소방도로의 지반침하 방지를 위한 그라우팅공사 과정에서 발생한 가스폭발사고와 상당한 인과관계가 있다(업무상과실폭발성물건파열죄 성립).

제4절　일수와 수리에 관한 죄

01　수리방해죄

제184조【수리방해】 둑을 무너뜨리거나 수문을 파괴하거나 그 밖의 방법으로 수리(水利)를 방해한 자는 5년 이하의 징역 또는 700만 원 이하의 벌금에 처한다. 〈우리말 순화 개정 2020.12.8.〉

사례연구　하수나 폐수의 배수를 방해하는 경우, 수리방해죄의 성립 여부

甲(피고인)은 乙 등의 집(농촌주택)에서 배출되는 생활하수의 배수관(소형 PVC관)을 토사로 막아 하수가 내려가지 못하게 하였다. 甲의 죄책은?

[해결]　원천 내지 자원으로서 물의 이용이 아니라, 하수나 폐수 등 이용이 끝난 물을 배수로를 통하여 내려보내는 것은 형법 제184조 소정의 수리에 해당한다고 할 수 없고, 그러한 배수 또는 하수처리를 방해하는 행위는, 특히 그 배수가 수리용의 인수와 밀접하게 연결되어 있어서 그 배수의 방해가 직접 인수에까지 지장을 초래한다는 등의 특수한 경우가 아닌 한, 수리방해죄의 대상이 될 수 없다. 이에 농촌주택에서 배출되는 생활하수의 배수관(소형 PVC관)을 토사로 막아 하수가 내려가지 못하게 했다면, 그러한 행위가 하수도법이나 경범죄처벌법 등 다른 법률규정에 해당하는지 여부는 별론으로 하고, 수리방해죄에는 해당하지 아니한다(대법원 2001.6.26, 2001도404). [경찰채용 10 2차 / 국가9급 16 / 법원9급 07(상)]

제5절　교통방해의 죄

01　일반교통방해죄

제185조【일반교통방해】 육로, 수로 또는 교량을 손괴 또는 불통하게 하거나 기타 방법으로 교통을 방해한 자는 10년 이하의 징역 또는 1천500만 원 이하의 벌금에 처한다.

판례연구 　교통방해죄의 육로에 해당하는 사례

1 대법원 1994.11.4, 94도2112
골목길을 자신의 소유라는 이유로 약간의 공간만 남겨두고 담장을 설치한 사례
형법 제185조 소정의 육로라 함은 사실상 일반공중의 왕래에 공용되는 육상의 통로를 널리 일컫는
것으로서 그 부지의 소유관계나 통행권리관계 또는 통행인의 많고 적음 등은 가리지 않는 것이다. (따라
서) 주민들에 의하여 공로로 통하는 유일한 통행로로 오랫동안 이용되어 온 폭 2m의 골목길을 자신의
소유라는 이유로 폭 50 내지 75cm 가량만 남겨두고 담장을 설치하여 주민들의 통행을 현저히 곤란하게
하였다면 일반교통방해죄를 구성한다. [경찰채용 14 1차 / 경찰간부 13 / 경찰승진(경사) 10]

2 대법원 1995.9.15, 95도1475
도로가 농가의 영농을 위한 경운기나 리어카 등의 통행을 위한 농로로 개설되었다 하더라도 그 도로가
사실상 일반 공중의 왕래에 공용되는 도로로 된 이상 교통방해죄의 도로에 해당된다. [법원행시 16 / 사시 16]

판례연구 　교통방해죄의 육로에 해당하지 않는 사례

1 대법원 2007.10.11, 2005도7573
목장 소유자가 목장운영을 위해 목장용지 내에 임도를 개설하고 차량 출입을 통제하면서 인근 주민들
의 일부 통행을 부수적으로 묵인한 경우, 위 임도는 공공성을 지닌 장소가 아니어서 일반교통방해죄의
'육로'에 해당하지 않는다.[397] [국가9급 20 / 사시 16]

2 대법원 2010.2.25, 2009도13376
피고인 소유의 임야 내 타인의 음식점으로 통하는 진입도로는 일반교통방해죄에서 정한 불특정 다수인
을 위한 공공성을 가진 도로라고 보기 어렵다.

3 대법원 2017.4.7, 2016도12563
통행로를 이용하는 사람이 적은 경우에도 위 규정에서 말하는 육로에 해당할 수 있으나, 공로에 출입할
수 있는 다른 도로가 있는 상태에서 토지 소유자로부터 일시적인 사용승낙을 받아 통행하거나 토지
소유자가 개인적으로 사용하면서 부수적으로 타인의 통행을 묵인한 장소에 불과한 도로는 위 규정에서
말하는 육로에 해당하지 않는다.

판례연구 　교통방해죄의 교통방해행위에 해당하는 사례

1 대법원 1994.11.4, 94도2112
골목길을 자신의 소유라는 이유로 약간의 공간만 남겨두고 담장을 설치하여 주민들의 통행을 현저히
곤란하게 하는 행위는 일반교통방해죄에 해당한다. [경찰채용 14 1차 / 경찰승진(경사) 10]

---

397 **유사** : 충남 홍성읍 고암리 이 사건 대지 294평방미터는 甲의 소유 토지였는데 그 북쪽에 위치한 삼일제재소(乙 경영)가 위 대지
북쪽부분을 목재적치장으로 사용하고 있어 이의 수거 및 토지인도소송의 승소판결을 받아 1980.1.5. 그 집행을 하여 일시 그 부분이
공터로 두었을 때 인근주민들이 위 토지의 동서쪽에 있는 도로에 이르는 지름길로 일시 이용한 적이 있다. 그러나 이는 일반공중의
내왕에 공용되는 도로라 할 수 없음을 알 수 있으므로 이런 취지에서 원심판결이 이를 육로로 볼 수 없다고 한 조치는 정당하다(대법
원 1984.11.13, 84도2192). [법원9급 09]

2 대법원 2002.4.26, 2001도6903

도로의 토지 일부의 소유자라 하더라도 일반교통방해죄(및 업무방해죄)에 해당된다는 사례[398]

불특정 다수인의 통행로로 이용되어 오던 도로의 토지 일부의 소유자라 하더라도 그 도로의 중간에 바위를 놓아두거나 이를 파헤침으로써 차량의 통행을 못하게 한 행위는 일반교통방해죄 및 업무방해죄에 해당한다. [경찰간부 13 / 경찰승진(경사) 10 / 경찰승진(경장) 11 / 경찰승진 13 / 법원9급 09]

3 대법원 2005.10.28, 2004도7545

쇠파이프구조물을 설치하거나 화물차로 도로를 가로막는 방법도 일반교통방해에 해당한다.

4 대법원 2007.3.15, 2006도9418

깊이 1m 정도의 구덩이를 파는 등의 행위를 한 것은 교통방해죄에 해당된다.

5 대법원 2007.12.14, 2006도4662

왕복 4차로의 도로 중 편도 3개 차로 쪽에 차량 2, 3대와 간이테이블 수십 개를 이용하여 길가 쪽 2개 차로를 차지하는 포장마차를 설치하고 영업행위를 한 것은 비록 행위가 교통량이 상대적으로 적은 야간에 이루어졌다 하더라도 교통방해죄를 구성한다.[399] [경찰간부 18 / 법원행시 16]

6 대법원 2009.1.30, 2008도10560

육로인 도로를 침범한 상태로 자신의 트랙터를 세워두거나 철책 펜스를 설치해 차량들이 통행할 수 없도록 한 행위는 교통방해죄를 구성한다. [경찰승진 12]

판례연구 **교통방해죄의 교통방해행위에 해당하지 않는 사례**

1 대법원 1992.8.18, 91도2771

약 600명의 노동조합원들이 보도가 따로 마련되어 있지 아니한 도로 우측의 편도 2차선의 대부분을 차지하면서 행진하는 방법으로 시위를 함으로써 나머지 편도 2차선으로 상, 하행차량이 통행하느라 차량의 소통이 방해되었다 하더라도 그 시위행위에 대하여 교통방해죄를 적용할 수 없다.[400] [경찰채용 14 1차 / 경찰승진(경사) 10]

2 대법원 2003.10.10, 2003도4485

도로변의 노상 주차장에 주차된 차량들 옆으로 바짝 붙여 주차시키기는 하였지만, 그 옆으로 다소 불편하기는 하겠으나 다른 차량들이 충분히 지나갈 수 있었을 것으로 보인다면 일반교통방해죄로 처벌하기 어렵다.

---

398 **판례의 사실관계** : A가 1995.5.경 이 사건 토지 위쪽으로 아리랑여관 및 식당 건물을 신축하면서 공사차량이 국도에서 진입하기 가까운 그 곳의 일부를 통로로 이용하기 시작한 이후로 B가 운영하는 벤엘버섯농장의 작업차량과 위 여관 및 식당의 손님들도 그 곳을 진입로로 이용하여 왔다. 그런데 甲은 1996.8.30. 한국수자원공사로부터 이 사건 토지를 매입한 이후 1997.3.경부터 그 곳의 평탄작업을 하게 되었는데, A는 자신의 비용으로 공사업자로 하여금 그 곳의 일부인 이 사건 통행로부분(이 사건 도로)을 도로로 만들게 하였고, 그 이후에도 계속 아리랑여관 및 식당과 벤엘버섯농장의 차량이나 손님, 등산객, 인근 주민들이 이 사건 도로를 통행로로 이용하여 왔고, 이에 대하여 甲도 별다른 이의를 제기한 적이 없었으며, 이 사건 도로는 그 길이가 총 80m 정도로서 국도에서부터 국도부지 및 하천부지를 지나 甲의 토지를 통과하여 위 여관 및 버섯농장으로 연결되도록 설치되었는데(그중 甲 소유의 토지는 약 20여 m 부분임), 甲은 그 도로의 중간에 바위를 놓아두거나 이를 파헤쳐 차량의 통행을 못하게 하였다. 甲의 죄책은 일반교통방해죄와 업무방해죄(의 상상적 경합)이다(대법원 2002.4.26, 2001도6903). [경찰승진 13 / 법원9급 09]

399 그로 인하여 이 사건 도로의 교통을 방해하여 차량통행이 현저히 곤란한 상태가 발생하였다고 하지 않을 수 없고, 이 사건 도로를 통행하는 차량이 나머지 1개 차로와 반대편 차로를 이용할 수 있었다고 하여 피고인들의 행위가 일반교통방해죄에 해당하지 않는다고 볼 수도 없다(위 판례의 판결이유 중에서 인용).

3 대법원 2009.1.30, 2008도10560

차량들의 앞을 가로막고 자신이 직접 앉아서 일시 통행하지 못하도록 한 것만으로 교통방해죄에 해당되지 않는다. [경찰승진 12]

4 대법원 2009.7.9, 2009도4266

공항 여객터미널 버스정류장 앞 도로 중 공항리무진 버스 외의 다른 차의 주차가 금지된 구역에서 밴 차량을 40분간 불법주차하고 호객행위를 한 것은, 다른 차량들의 통행을 불가능하거나 현저히 곤란하게 한 것으로 볼 수 없어 형법 제185조의 일반교통방해죄를 구성하지 않는다. [경찰간부 18 / 법원행시 16]

판례연구 **교통방해죄의 추상적 위험범 및 계속범의 성질**

1 대법원 2005.10.28, 2004도7545

일반교통방해죄의 추상적 위험범적 성질과 기수시기

일반교통방해죄는 이른바 추상적 위험범으로서 교통이 불가능하거나 또는 현저히 곤란한 상태가 발생하면 바로 기수가 되고 교통방해의 결과가 현실적으로 발생하여야 하는 것은 아니다. [법원9급 16 / 법원행시 07 / 사시 16]

2 대법원 2018.1.24, 2017도11408

일반교통방해죄의 계속범적 성질

일반교통방해죄에서 교통방해 행위는 계속범의 성질을 가지는 것이어서 교통방해의 상태가 계속되는 한 가벌적인 위법상태는 계속 존재한다.

판례연구 **일반교통방해죄와 다른 범죄와의 관계**

1 대법원 2007.12.14, 2006도4662

형법상의 일반교통방해죄와 도로교통법위반죄의 관계(=상상적 경합)

도로교통법은 교통에 방해가 될 만한 물건을 함부로 도로에 방치한 사람을 처벌하도록 규정하고 있는바, 원심이 확정한 바와 같은 포장마차를 도로에 설치하여 교통에 방해가 될 만한 물건을 함부로 도로에 방치한 행위와 그로 인하여 성립하는 형법 제185조의 일반교통방해죄는 1개의 행위가 수개의 죄에 해당하는 형법 제40조 소정의 상상적 경합관계가 있다 할 것이다.

2 대법원 2018.1.24, 2017도11408; 2018.5.11, 2017도9146

집회·시위가 교통방해를 수반할 경우 교통방해죄가 성립할 수 있다는 사례

일반교통방해죄에서 교통을 방해하는 방법을 위와 같이 포괄적으로 정하고 있는 데다가 도로에서 집회와 시위를 하는 경우 일반 공중의 교통안전을 직접적으로 침해할 위험이 있는 점을 고려하면, 집회나 시위로 교통방해 행위를 수반할 경우에 특별한 사정이 없는 한 일반교통방해죄가 성립할 수 있다. …… 신고 범위를 현저히 벗어나거나 집회 및 시위에 관한 법률 제12조에 따른 조건을 중대하게 위반함으로써 교통방해를 유발한 집회에 참가한 경우, 참가 당시 이미 다른 참가자들에 의해 교통의 흐름이 차단된 상태였더라도 교통방해를 유발한 다른 참가자들과 암묵적·순차적으로 공모하여 교통방해의 위법상태를 지속시켰다고 평가할 수 있다면 일반교통방해죄가 성립한다.

---

400 **보충** : 보도가 따로 마련되어 있지 아니한 도로라는 사실관계를 고려한 판례이다.

3 대법원 2008.11.13, 2006도755

집회·시위는 원칙적으로 교통방해죄가 성립하지 않는다는 사례

적법한 신고를 마치고 도로에서 집회나 시위를 하는 경우 도로의 교통이 어느 정도 제한될 수밖에 없으므로, ① 그 집회 또는 시위가 신고된 범위 내에서 행해졌거나 신고된 내용과 다소 다르게 행해졌어도 신고된 범위를 현저히 일탈하지 않는 경우에는, 그로 인하여 도로의 교통이 방해를 받았다고 하더라도 특별한 사정이 없는 한 형법 제185조의 일반교통방해죄가 성립한다고 볼 수 없다(위 2번 판례와 상반된 표현이므로 객관식에서는 주의). 그러나 ② 그 집회 또는 시위가 당초 신고된 범위를 현저히 일탈하거나 집시법에 의한 조건을 중대하게 위반하여 도로 교통을 방해함으로써 통행을 불가능하게 하거나 현저하게 곤란하게 하는 경우에는 일반교통방해죄가 성립한다.

4 대법원 2021.7.15, 2018도11349; 2016.11.10, 2016도4921

불법집회·시위 참가자에게 일반교통방해죄의 성립을 묻기 위한 요건

당초 신고된 범위를 현저히 일탈하거나 집시법 제12조에 의한 조건을 중대하게 위반하여 도로 교통을 방해함으로써 통행을 불가능하게 하거나 현저하게 곤란하게 하는 집회 및 시위에 참가하였다고 하여, 그러한 참가자 모두에게 당연히 일반교통방해죄가 성립하는 것은 아니다. 실제로 그 참가자가 위와 같이 신고된 범위의 현저한 일탈 또는 조건의 중대한 위반에 가담하여 교통방해를 유발하는 직접적인 행위를 하였거나, 그렇지 아니할 경우에는 그 참가자의 참가 경위나 관여 정도 등에 비추어 그 참가자에게 공모공동정범으로서의 죄책을 물을 수 있는 경우라야 일반교통방해죄가 성립한다.

5 대법원 2011.8.25, 2008도10960

일반교통방해죄와 집시법위반죄의 죄수

집시법에 위반되는 집회·시위와 그로 인하여 성립하는 일반교통방해는 상상적 경합관계에 있다.

02 기차 등 전복죄

제187조【기차 등의 전복 등】 사람이 현존하는 기차, 전차, 자동차, 선박 또는 항공기를 전복, 매몰, 추락 또는 파괴한 자는 무기 또는 3년 이상의 징역에 처한다.

판례연구 기차등전복등죄 관련 판례

1 대법원 2009.4.23, 2008도11921

예인선단과 대형 유조선의 충돌로 초래된 '태안반도 유조선 기름누출사고'와 형법 제187조 선박파괴죄에서 말하는 '파괴'의 의미

형법이 제187조를 교통방해의 죄 중 하나로서 그 법정형을 높게 정하는 한편 미수, 예비·음모까지도 처벌 대상으로 삼고 있는 사정에 덧붙여 '파괴' 외에 다른 구성요건 행위인 전복, 매몰, 추락 행위가 일반적으로 상당한 정도의 손괴를 수반할 것이 당연히 예상되는 사정 등을 고려해 볼 때, 형법 제187조에서 정한 '파괴'란 다른 구성요건 행위인 전복, 매몰, 추락 등과 같은 수준으로 인정할 수 있을 만큼 교통기관으로서의 기능·용법의 전부나 일부를 불가능하게 할 정도의 파손을 의미하고, 그 정도에 이르지 아니하는 단순한 손괴는 포함되지 않는다. (따라서) 총 길이 338m, 갑판 높이 28.9m, 총 톤수

146,848톤, 유류탱크 13개, 평형수탱크 4개인 대형 유조선의 유류탱크 일부에 구멍이 생기고 선수마스트, 위성통신 안테나, 항해등 등이 파손된 정도에 불과한 것은 형법 제187조에 정한 선박의 '파괴'에 해당하지 않는다(업무상과실선박파괴죄 불성립).**401** [경찰승진(경위) 10]

2 대법원 2000.6.23, 99도4688
선박매몰죄의 고의가 성립하기 위한 인식의 정도 및 선박매몰죄의 기수
선박매몰죄의 고의가 성립하기 위하여는 행위시에 사람이 현존하는 것이라는 점에 대한 인식과 함께 이를 매몰한다는 결과발생에 대한 인식이 필요하며, 현존하는 사람을 사상에 이르게 한다는 등 공공의 위험에 대한 인식까지는 필요하지 않고, 사람의 현존하는 선박에 대해 매몰행위의 실행을 개시하고 그로 인하여 선박을 매몰시켰다면 매몰의 결과발생시 사람이 현존하지 않았거나 범인이 선박에 있는 사람을 안전하게 대피시켰다고 하더라도 선박매몰죄의 기수로 보아야 할 것이지 이를 미수로 볼 것은 아니다. [경찰승진(경장) 11 / 경찰승진 13]

03 과실교통방해죄

1. 과실일반교통방해, 기차·전차 등 교통방해, 기차 등 전복죄

> 제189조 【과실, 업무상 과실, 중과실】 ① 과실로 인하여 제185조 내지 제187조의 죄를 범한 자는 1천만 원 이하의 벌금에 처한다.

2. 업무상 과실·중과실 일반교통방해, 기차·선박 등 교통방해, 기차 등 전복죄

> 제189조 【과실, 업무상 과실, 중과실】 ② 업무상 과실 또는 중대한 과실로 인하여 제185조 내지 제187조의 죄를 범한 자는 3년 이하의 금고 또는 2천만 원 이하의 벌금에 처한다.

판례연구 업무상과실교통방해죄 등 관련 판례

1 대법원 1997.11.28, 97도1740
성수대교 붕괴사고에서 교량 건설회사의 트러스 제작 책임자, 교량공사 현장감독, 발주관청의 공사감독공무원 등에게 업무상 과실치사상, 업무상 과실일반교통방해, 업무상 과실자동차추락죄 등의 유죄를 인정한 사례
① 업무상 과실로 인하여 교량을 손괴하여 자동차의 교통을 방해하고 그 결과 자동차를 추락시킨 경우에는 구 형법 제189조 제2항, 제185조 소정의 업무상 과실일반교통방해죄와 같은 법 제189조 제2항, 제187조 소정의 업무상 과실자동차추락죄가 성립하고, 위 각 죄는 형법 제40조 소정의 상상적 경합관계에 있다.
② 성수대교와 같은 교량이 그 수명을 유지하기 위하여는 건설업자의 완벽한 시공, 감독공무원들의 철저한 제작시공상의 감독 및 유지·관리를 담당하고 있는 공무원들의 철저한 유지·관리라는 조건이 합치되어야 하는 것이므로, 위 각 단계에서의 과실 그것만으로 붕괴원인이 되지 못한다고

---

401 보충 : 업무상과실선박파괴죄의 성립은 인정하지 않았으나, 기름누출에 관해서는 해양오염방지법상 선박오염물질배출죄의 죄책은 인정되었다.

하더라도, 그것이 합쳐지면 교량이 붕괴될 수 있다는 점은 쉽게 예상할 수 있으므로 위 각 단계에 관여한 자는 전혀 과실이 없다거나 과실이 있다고 하여도 교량붕괴의 원인이 되지 않았다는 등의 특별한 사정이 있는 경우를 제외하고는 붕괴에 대한 공동책임을 면할 수 없다.[402]

③ 2인 이상이 상호의사의 연락 없이 동시에 범죄구성요건에 해당하는 행위를 하였을 때에는 원칙적으로 각인에 대하여 그 죄를 논하여야 하나, 그 결과발생의 원인이 된 행위가 분명하지 아니한 때에는 각 행위자를 미수범으로 처벌하고(독립행위의 경합), 이 독립행위가 경합하여 특히 상해의 경우에는 공동정범의 예에 따라 처단(동시범)하는 것이므로, 상호의사의 연락이 있어 공동정범이 성립한다면, 독립행위경합 등의 문제는 아예 제기될 여지가 없다. [법원행시 16]

2 대법원 2009.6.11, 2008도11784
예인선 정기용선자의 현장소장과 예인선 선장을 업무상과실일반교통방해죄의 공동정범으로 처벌한 사례
예인선 정기용선자의 현장소장 甲은 사고의 위험성이 높은 해상에서 철골 구조물 및 해상크레인 운반작업을 함에 있어 선적작업이 지연되어 정조시점에 맞추어 출항할 수 없게 되었음에도, 출항을 연기하거나 대책을 강구하지 않고 예인선 선장 乙의 출항연기 건의를 묵살한 채 출항을 강행하도록 지시하였고, 예인선 선장 乙은 甲의 지시에 따라 사고의 위험이 큰 시점에 출항하였고 해상에 강조류가 흐르고 있었음에도 무리하게 예인선을 운항한 결과 무동력 부선에 적재된 철골 구조물이 해상에 추락하여 해상의 선박교통을 방해하였다면, 甲과 乙은 업무상과실일반교통방해죄의 공동정범으로 처벌된다.

3 대법원 1990.9.11, 90도1486
승객이 탄 헬리콥터의 조종사가 엔진 고장시에 긴급시의 항법으로서 정해진 절차에 따라 운행하지 못한 과실로 위 항공기를 해상에 추락시킨 사례
형법 제187조에서 말하는 항공기의 '추락'이라 함은 공중에 떠 있는 항공기를 정상시 또는 긴급시의 정해진 항법에 따라 지표 또는 수면에 착륙 또는 착수시키지 못하고, 그 이외의 상태로 지표 또는 수면에 낙하시키는 것을 말하는 것인바, 헬리콥터에 승객 3명을 태우고 운항하던 조종사가 엔진 고장이 발생한 경우에 위 항공기를 긴급시의 항법으로서 정해진 절차에 따라 운항하지 못한 과실로 말미암아 사람이 현존하는 위 항공기를 안전하게 비상착수시키지 못하고 해상에 추락시켰다면 업무상 과실항공기추락죄에 해당한다.

---

402 **보충** : 과실범의 공동정범의 문제에 관한 행위공동설의 입장을 판시하고 있다.

✔ **아웃라인**

공공의 신용에 대한 죄

구 분	경찰채용						경찰간부						경찰승진					
	17	18	19	20	21	22	16	17	18	19	20	21	17	18	19	20	21	22
제1절 통화에 관한 죄							1					1		1				
제2절 유가증권, 우표와 인지에 관한 죄	1	2					1		1							1		1
제3절 문서에 관한 죄	1	2		1	2	3	2		2			1	2	2	1	1	1	1
제4절 인장에 관한 죄											1	1						
출제빈도	12/220						11/240						11/240					

	국가9급							법원9급							법원행시							변호사시험					
	17	18	19	20	21	22		17	18	19	20	21	22		17	18	19	20	21	22		17	18	19	20	21	22
										1					1		1										
		1		1	1			1	2	1	1	1	2		2	1	1	1	1	2		1	1	1	1	2	
			3/120							9/150							10/240							6/140			

CHAPTER 02 공공의 신용에 대한 죄

제1절 통화에 관한 죄

01 내국통화위조·변조죄

> **제207조【통화의 위조 등】** ① 행사할 목적으로 통용하는 대한민국의 화폐, 지폐 또는 은행권을 위조 또는 변조한 자는 무기 또는 2년 이상의 징역에 처한다.

판례연구 통화위조·변조의 요건 관련 판례

1 대법원 2012.3.29, 2011도7704

통화위조죄와 위조통화행사죄의 객체인 위조통화는 유통과정에서 일반인이 진정한 통화로 오인할 정도의 외관을 갖추어야 한다. [경찰간부 17 / 경찰승진 10·13 / 법원행시 06]

2 대법원 1979.8.28, 79도639

한국은행권 10원짜리 주화의 표면에 하얀 약칠을 하여 100원짜리 주화와 유사한 색채를 갖도록 색채의 변경만을 한 경우 이는 일반인으로 하여금 진정한 통화로 오신케 할 정도의 새로운 화폐를 만들어 낸 것이라고 볼 수 없다. [경찰간부 13]

3 대법원 1986.3.25, 86도255

전자복사기 사례 : 통화위조죄 ×[403]

통화위조죄와 위조통화행사죄의 객체인 위조통화는 그 유통과정에서 일반인이 진정한 통화로 오인할 정도의 외관을 갖추어야 할 것이므로, 한국은행발행 일만 원 권의 지폐의 앞, 뒷면을 전자복사기로 복사하여 비슷한 크기로 자른 정도의 것은 객관적으로 진정한 통화로 오인할 정도에 이르지 못하여 통화위조죄 및 위조통화행사죄의 객체가 될 수 없다.

4 대법원 2012.3.29, 2011도7704

형법 제207조 통화위조죄 등에서 '행사할 목적'의 의미

형법 제207조에서 정한 '행사할 목적'이란 유가증권위조의 경우와 달리 위조·변조한 통화를 진정한

---

[403] **판례의 사실관계** : A는 한국은행발행 일만 원권 지폐의 앞, 뒷면을 전자복사기로 복사하고 비슷한 크기로 잘라 진정한 지폐와 유사한 형태로 만들어냈으나, 그 복사상태가 정밀하지 못하고 진정한 통화의 색체를 갖추지 못한 흑백으로만 되어 있고, 실제로 행사의 상대방인 택시기사 B는 야간에 택시 안에서도 이를 진정한 것으로 오인하지 않았다. A의 행위는 통화위조죄 및 위조통화행사 죄를 구성하지 않는다.

통화로서 유통에 놓겠다는 목적을 말하므로, 자신의 신용력을 증명하기 위하여 타인에게 보일 목적으로 통화를 위조한 경우에는 행사할 목적이 있다고 할 수 없다. [경찰채용 18 2차 / 경찰승진 13 / 법원행시 13]

02 내국유통 외국통화위조 · 변조죄

제207조【통화의 위조 등】 ② 행사할 목적으로 내국에서 유통하는 외국의 화폐, 지폐 또는 은행권을 위조 또는 변조한 자는 1년 이상의 유기징역에 처한다.

> **판례연구** **내국유통 외국통화위조 · 변조죄 관련 판례**
>
> 대법원 2003.1.10, 2002도3340
> 형법 제207조 제2항 소정의 내국에서 '유통하는'의 의미
> 형법 제207조 제2항 소정의 내국에서 '유통하는'이란, 같은 조 제1항, 제3항 소정의 '통용하는'과 달리, 강제통용력이 없이 사실상 거래 대가의 지급수단이 되고 있는 상태를 가리킨다. [법원행시 06] 스위스 화폐로서 1998년까지 통용되었으나 현재는 통용되지 않고 다만 스위스 은행에서 신권과의 교환이 가능한 진폐(眞幣)는 형법 제207조 제2항 소정의 내국에서 '유통하는' 외국의 화폐에 해당하지 아니한다(지급수단이 아니라 외국환거래의 대상에 불과하므로 내국유통에 포함되지 않음). [경찰간부 11 · 12 / 법원행시 05 · 06 · 14]

03 외국통용 외국통화위조 · 변조죄

제207조【통화의 위조 등】 ③ 행사할 목적으로 외국에서 통용하는 외국의 화폐, 지폐 또는 은행권을 위조 또는 변조한 자는 10년 이하의 징역에 처한다.

> **판례연구** **외국통용 외국통화위조 · 변조죄 관련 판례**
>
> **1** 대법원 2004.5.14, 2003도3487
> 일반인의 관점에서 통용할 것이라고 오인할 가능성이 있는 외국의 지폐는 형법 제207조 제3항에서 규정한 '외국에서 통용하는 외국의 지폐'에 해당하지 아니한다는 사례
> 형법 제207조 제3항은 "행사할 목적으로 외국에서 통용하는 외국의 화폐, 지폐 또는 은행권을 위조 또는 변조한 자는 10년 이하의 징역에 처한다."고 규정하고 있는바, 여기에서 외국에서 통용한다고 함은 그 외국에서 강제통용력을 가지는 것을 의미하는 것이므로 [경찰승진 10] 외국에서 통용하지 아니하는 즉, 강제통용력을 가지지 아니하는 지폐는 그것이 비록 일반인의 관점에서 통용할 것이라고 오인할 가능성이 있다고 하더라도 위 형법 제207조 제3항에서 정한 외국에서 통용하는 외국의 지폐에 해당한다고 할 수 없고, 만일 그와 달리 위 형법 제207조 제3항의 외국에서 통용하는 지폐에 일반인의 관점에서

통용할 것이라고 오인할 가능성이 있는 지폐까지 포함시키면 이는 위 처벌조항을 문언상의 가능한 의미의 범위를 넘어서까지 유추해석 내지 확장해석하여 적용하는 것이 되어 죄형법정주의의 원칙에 어긋나는 것으로 허용되지 않는다. [경찰채용 10·16 1차 / 경찰간부 13 / 경찰승진 10·13 / 국가9급 12 / 국가7급 07 / 법원9급 07(상) / 법원행시 05] (따라서) 미국에서 발행된 적이 없이 단지 여러 종류의 관광용 기념상품으로 제조, 판매되고 있는 미합중국 100만 달러 지폐와 과거에 발행되어 은행 사이에서 유통되다가 현재는 발행되지 않고 있으나 화폐수집가나 재벌들이 이를 보유하여 오고 있는 미합중국 10만 달러 지폐가 막연히 일반인의 관점에서 미합중국에서 강제통용력을 가졌다고 오인할 수 있다는 이유로 형법 제207조 제3항의 외국에서 통용하는 지폐에 포함된다고 판단한 원심판결은 파기되어야 한다.

2 대법원 2002.1.11, 2000도3950
일본국의 자동판매기에 투입, 사용 목적으로 500원짜리 주화의 표면을 깎아낸 행위[404]
피고인이 한국은행 발행 500원짜리 주화의 표면 일부를 깎아내어 손상을 가하였지만 그 크기와 모양 및 대부분의 문양이 그대로 남아 있어 이로써 기존의 500원짜리 주화의 명목가치나 실질가치가 변경되었다거나(통화변조죄 ×), 객관적으로 보아 일반인으로 하여금 일본국의 500¥짜리 주화로 오신케 할 정도의 새로운 화폐를 만들어낸 것이라고 볼 수 없는 이상(외국통화위조죄 ×), 일본국의 자동판매기 등이 이와 같이 가공된 주화를 일본국의 500¥짜리 주화로 오인한다는 사정만을 들어 그 명목가치가 일본국의 500¥으로 변경되었다거나 일반인으로 하여금 일본국의 500¥짜리 주화로 오신케 할 정도에 이르렀다고 볼 수는 없다. [경찰채용 16 1차 / 경찰간부 12·17 / 경찰승진 10 / 국가7급 07 / 사시 13]

3 대법원 2004.3.26, 2003도5640
진정한 통화인 미화 1달러 및 2달러 지폐의 발행연도, 발행번호, 미국 재무부를 상징하는 문양, 재무부 장관의 사인, 일부 색상을 고친 것만으로는 통화가 변조되었다고 볼 수 없다고 한 사례
진정한 통화에 대한 가공행위로 인하여 기존 통화의 명목가치나 실질가치가 변경되었다거나 객관적으로 보아 일반인으로 하여금 기존 통화와 다른 진정한 화폐로 오신하게 할 정도의 새로운 물건을 만들어낸 것으로 볼 수 없다면 통화가 변조되었다고 볼 수 없다. [경찰간부 12 / 법원행시 05 / 사시 10]

판례연구　　**통화죄와 문서죄의 관계**

대법원 2013.12.12, 2012도2249
위조된 외국의 화폐, 지폐 또는 은행권이 외국에서 강제통용력이 없고 국내에서 사실상 거래 대가의 지급수단이 되지 않는 경우, 통화죄가 성립하지 않고 문서죄가 성립할 수 있다는 사례
형법상 통화에 관한 죄는 문서에 관한 죄에 대하여 특별관계에 있으므로 통화에 관한 죄가 성립하는 때에는 문서에 관한 죄는 별도로 성립하지 않는다. 그러나 위조된 외국의 화폐, 지폐 또는 은행권이 강제통용력을 가지지 않는 경우에는 형법 제207조 제3항에서 정한 '외국에서 통용하는 외국의 화폐 등'에 해당하지 않고, 나아가 그 화폐 등이 국내에서 사실상 거래 대가의 지급수단이 되고 있지 않는 경우에는 형법 제207조 제2항에서 정한 '내국에서 유통하는 외국의 화폐 등'에도 해당하지 않으므로, 그 화폐 등을 행사하더라도 형법 제207조 제4항에서 정한 위조통화행사죄를 구성하지 않는다고 할

---

404 **판례의 사실관계** : 한국은행발행 500원짜리 주화와 일본국의 500¥짜리 주화는 그 재질 및 크기가 유사하여 한국은행발행 500원짜리 주화의 표면을 깎아내어 일본국의 500¥짜리 주화의 무게와 같도록 하면 이를 일본국의 자동판매기 등에 투입하여 일본국의 500¥짜리 주화처럼 사용할 수 있는데, 甲은 이에 착안하여 한국은행발행 500원짜리 주화를 매집한 다음, 일부는 앞면의 학 문양 부분을 선반으로 깎아내고 그 나머지는 일본에서 가공하기로 하여 그 전부를 일본국에 밀반출하였다. 이와 같이 가공한 주화는 그 이전의 주화와 비교하여, 앞면의 학 문양 일부가 깎여나가 무게가 약간 줄어들었을 뿐이고 그 크기와 모양, 앞면의 다른 문양 및 500원이라는 액면이 표시된 뒷면의 문양은 그대로 남아있었다.

것이고, 따라서 이러한 경우에는 형법 제234조에서 정한 위조사문서행사죄 또는 위조사도화행사죄로 의율할 수 있다고 보아야 한다. [경찰간부 16 / 법원행시 16]

04 통화위조 등 예비·음모죄

제213조 【예비, 음모】 제207조 제1항 내지 제3항의 죄를 범할 목적으로 예비 또는 음모한 자는 5년 이하의 징역에 처한다. 단, 그 목적한 죄의 실행에 이르기 전에 자수한 때에는 그 형을 감경 또는 면제한다.

판례연구 **통화위조 예비 사례**

대법원 1966.12.6, 66도1317
피고인이 행사할 목적으로 미리 준비한 물건들과 옵셋인쇄기를 사용하여 한국은행권 100원권을 사진 찍어 그 필름 원판 7매와 이를 확대하여 현상한 인화지 7매를 만들었음에 그쳤다면 아직 통화위조의 착수에는 이르지 아니하였고 그 예비단계에 불과하다. ⇨ 실행의 착수 × ⇨ 통화위조예비죄 ○ [법원행시 05·14 / 사시 14]

---

05 위조·변조통화행사 등 죄

제207조 【통화의 위조 등】 ④ 위조 또는 변조한 전3항 기재의 통화를 행사하거나 행사할 목적으로 수입 또는 수출한 자는 그 위조 또는 변조의 각 죄에 정한 형에 처한다.

판례연구 **위조·변조통화행사죄 관련 판례**

1 대법원 2003.1.10, 2002도3340
위조통화임을 알고 있는 자에게 그 위조통화를 교부한 행위는 위조통화행사죄가 성립한다는 사례
위조통화임을 알고 있는 자에게 그 위조통화를 교부한 경우에 피교부자가 이를 유통시키리라는 것을 예상 내지 인식하면서 교부하였다면, 그 교부행위 자체가 통화에 대한 공공의 신용 또는 거래의 안전을 해할 위험이 있으므로 위조통화행사죄가 성립한다. [경찰채용 16 1차 / 경찰간부 11·13·16·17 / 경찰승진 12 / 국가7급 07 / 법원9급 07(상) / 법원행시 06 / 사시 10]

2 대법원 1979.7.10, 79도840
위조통화행사죄와 사기죄의 죄수관계는 법익표준설에 의하여 판단한다는 사례
통화위조죄에 관한 규정은 공공의 거래상의 신용 및 안전을 보호하는 공공적인 법익을 보호함을 목적으로 하고 있고, 사기죄는 개인의 재산법익에 대한 죄이어서 양죄는 그 보호법익을 달리하고 있으므로 위조통화를 행사하여 재물을 불법영득한 때에는 위조통화행사죄와 사기죄의 양죄가 성립된다. [경찰간부 11·13 / 경찰승진(경감) 11 / 경찰승진 12 / 국가7급 07 / 법원승진 12 / 법원행시 05·06 / 사시 10·11 / 변호사시험 12]

---

01 총 설

판례연구 | **유가증권에 해당한다는 사례**

1 대법원 1984.11.27, 84도1862; 1995.3.14, 95도20
형법 제214조 소정의 유가증권의 의의
형법 제214조의 유가증권이란 증권상에 표시된 재산상의 권리의 행사와 처분에 그 증권의 점유를 필요로 하는 것을 총칭하는 것으로서 그 명칭에 불구하고 재산권이 증권에 화체된다는 것과 그 권리의 행사와 처분에 증권의 점유를 필요로 한다는 두가지 요소를 갖추면 족하고, 반드시 유통성을 가질 필요도 없다. [경찰채용 11 2차/경찰간부 12·14/경찰승진(경사) 11/경찰승진 12]

2 대법원 2001.8.24, 2001도2832
증권이 비록 문방구 약속어음 용지를 이용하여 작성되었다 하더라도 전체적인 형식·내용에 비추어 일반인이 진정한 것으로 오신할 정도의 약속어음요건을 갖추고 있으면 유가증권에 해당한다.[405] [경찰채용 18 1차/경찰승진(경사) 11/경찰승진 12/법원9급 13/법원행시 11·13]

3 대법원 1995.3.14, 95도20
할부구매전표는 그 소지인이 판매회사의 영업소에서 그 취급상품을 그 금액한도 내에서 구매할 수 있는 권리가 화체된 증권으로서 유가증권으로 봄이 정당하다.

4 대법원 1984.11.27, 84도1862
한국외환은행 소비조합이 그 소속 조합원들에게 발행한 신용카드는 그 카드에 의해서만 신용구매의 권리를 행사할 수 있는 점에서 재산권이 증권에 화체되었다고 볼 수 있으므로 유가증권이라 할 것이다. [경찰채용 11 2차/경찰간부 12/경찰승진(경사) 10]

5 대법원 1998.2.27, 97도2483
공중전화카드는 문자로 기재된 부분과 자기기록 부분이 일체로써 공중전화 서비스를 제공받을 수 있는 재산상의 권리를 화체하고 있고, 이를 카드식 공중전화기의 카드 투입구에 투입함으로써 그 권리를 행사하는 것으로 볼 수 있으므로, 공중전화카드는 형법 제214조의 유가증권에 해당한다.[406]
[경찰승진(경감) 10]

---

405 **판례의 사실관계** : A, B는 수차 甲에게 돈을 대여하여 주면서 대여금채권 총액이 늘어나게 되자 평소 甲뿐만 아니라 甲의 남편인 乙과도 가까운 사이인데다가 乙이 확실한 직장을 갖고 있으면서 적지 않은 급여를 받고 있는 것을 잘 알고 있었으므로, 甲에게 "너만 보고 돈을 빌려 줄 수 없으니 남편도 채무내용을 알게 하고 확실히 하기 위하여 대여금에 대한 변제담보로 남편 명의로 약속어음을 발행하여 달라."라고 요구하였고, 이에 甲은 남편 몰래 남편의 목도장을 새겨 1993.8.25, 같은 해 9월 15일, 1994.4.6. 세 차례에 걸쳐 B로부터 돈을 빌리면서(다만, 마지막은 그간 누계액인 125,000,000원에 대하여) 乙 명의로 문방구 용지로 작성된 약속어음 3장을 작성하여 그 사정을 모르는 B에게 대여금에 대한 변제담보로 이를 교부하였다. 甲의 죄책은 유가증권위조 및 동행사죄의 실체적 경합이다.

406 **사례** : 폐공중전화카드 사례 甲은 폐공중전화카드의 자기기록부분에 전자정보를 기록하여 사용가능한 공중전화카드를 만든 후 이를 사용하여 공중전화를 걸었다. 甲의 죄책은?
해결 : 유가증권위조죄 및 동행사죄. [경찰채용 11 2차/경찰승진(경사) 10/법원행시 11]

판례연구 유가증권에 해당하지 않는다는 사례

1 대법원 1984.11.27, 84도2147
정기예탁금증서는 유가증권이 아니라는 사례
정기예탁금증서는 예탁금반환채권의 유통이나 행사를 목적으로 작성된 것이 아니고 채무자가 그 증서소지인에게 변제하여 책임을 면할 목적으로 발행된 이른바 면책증권에 불과하여 위 증서의 점유가 예탁금반환채권을 행사함에 있어 그 조건이 된다고 볼 수 없는 것이라면 위 증권상에 표시된 권리가 그 증권에 화체되었다고 볼 수 없을 것이므로 위 증서는 형법 제216조, 제217조에서 규정된 유가증권에 해당하지 아니한다.

2 대법원 1999.7.9, 99도857
신용카드는 유가증권이 아니라는 판례
신용카드업자가 발행한 신용카드는 이를 소지함으로써 신용구매가 가능하고 금융의 편의를 받을 수 있다는 점에서 경제적 가치가 있다 하더라도, 그 자체에 경제적 가치가 화체되어 있거나 특정의 재산권을 표창하는 유가증권이라고 볼 수 없고, 단지 신용카드회원이 그 제시를 통하여 신용카드회원이라는 사실을 증명하거나 현금자동지급기 등에 주입하는 등의 방법으로 신용카드업자로부터 서비스를 받을 수 있는 증표로서의 가치를 갖는 것이다. [경찰채용 10 1차 / 경찰간부 13 / 경찰승진(경위) 10]

3 대법원 2010.5.13, 2008도10678
피고인이 위조하였다는 선하증권은 "COPY NON NEGOTIABLE"이라고 찍힌 선하증권의 사본임을 알 수 있어, 거기에 운송물 인도청구권이 화체되어 있다고 볼 수 없음이 명백하고, 따라서 위 법리에 의할 때, 위 선하증권을 형법 제214조의 유가증권에 해당하는 것으로 볼 수는 없다.

4 대법원 2013.12.26, 2011도7184
백지수표 부정수표단속법 적용 부정 사건
① 금액과 발행일자의 기재가 없는 이른바 백지수표도 유통증권에 해당하므로[407] 백지수표의 발행도 부정수표단속법의 규제를 받아야 함은 물론이다(대법원 1973.7.10, 73도1141 참조). ② 다만 백지수표를 발행한 목적과 경위 등에 비추어 백지수표를 교부받은 수표소지인이 이를 제3자에게 유통시킬 가능성이 없을 뿐만 아니라 장차 백지보충권을 행사하여 지급제시를 하게 될 때에는 이미 당좌거래가 정지될 상황에 있을 것임이 그 수표 발행 당시부터 명백하게 예견되는 등의 특별한 사정이 인정된다면 그 백지수표는 유통증권성을 가지지 아니한 단순한 증거증권에 지나지 아니하는 것으로서 그러한 백지수표를 발행한 행위에 대해서까지 부정수표단속법 제2조 제2항 위반죄로 처벌할 수는 없다 할 것이다(대법원 1995.9.29, 94도2464; 1998.3.10, 98도180).[408]

---

407 보충: 백지수표도 소지인이 보충권을 행사하여 금액과 날짜를 기입하면 완전무결한 유가증권인 수표가 되는 것이고, 특별한 사정이 없는 한 백지수표를 발행하는 그 자체로서 보충권을 소지인에게 부여하였다고 보아야 하며, 수표면이나 그 부전에 명시되어 있지 않는 한 보충권의 제한을 선의의 취득자에게 대항할 수 없다.

408 보충: 백지수표의 금액란이 부당보충된 경우 적어도 보충권의 범위 내에서는 백지수표의 발행인이 그 금액을 보충한 것과 다를 바 없어 백지수표의 발행인은 그 범위 내에서는 부정수표단속법위반죄의 죄책을 진다고 할 것이나, 이와 달리 보충권을 넘어서는 금액에 관하여는 발행인이 그와 같은 금액으로 보충한 것과 동일하게 볼 수는 없으므로, 그 발행인에게 보충권을 넘어서는 금액에 대하여까지 부정수표단속법위반죄의 죄책을 물을 수는 없다.

> **제214조【유가증권의 위조 등】** ① 행사할 목적으로 대한민국 또는 외국의 공채증서 기타 유가증권을 위조 또는 변조한 자는 10년 이하의 징역에 처한다.
> ② 행사할 목적으로 유가증권의 권리의무에 관한 기재를 위조 또는 변조한 자도 전항의 형과 같다.

판례연구 유가증권위조·변조에 해당하는 사례

1 대법원 1971.7.27, 71도905
허무인 명의의 유가증권 작성 사건
허무인 명의의 유가증권이라 할지라도 적어도 그것이 행사할 목적으로 작성되었고 외형상 일반인으로 하여금 진정하게 작성된 유가증권이라고 오신케 할 수 있을 정도라면 그 위조죄가 성립된다고 해석함이 상당하다. [경찰승진 13 / 법원행시 13]

2 대법원 1974.12.24, 74도294
대표이사의 날인이 없어 상법상 무효이나 회사의 사인은 날인된 주권 사건
대표이사의 날인이 없어 상법상 무효인 주권(株券)이라도 발행인인 대표이사의 기명을 비롯한 그 밖의 주권의 기명을 비롯한 그 밖의 주권의 기재요건을 모두 구비하고 회사의 사인까지 날인하였다면 일반인으로 하여금 일견 유효한 주권으로 오신시킬 정도의 외관을 갖추었으므로 유가증권에 해당한다. [국가9급 16]

3 대법원 1983.10.25, 83도1520; 2009.10.29, 2009도4658; 2011.7.14, 2010도1025
사망자의 생존 시를 발행일자로 한 사자 명의 유가증권을 위조한 사례
사자(死者) 명의로 된 약속어음을 작성함에 있어 사망자의 처로부터 사망자의 인장을 교부받아 생존 당시 작성한 것처럼 약속어음의 발행일자를 그 명의자의 생존 중의 일자로 소급하여 작성한 때에는 발행명의인의 승낙이 있었다고 볼 수 없다. [법원행시 16 / 사시 13]

4 대법원 1984.2.28, 83도3284
명의대여자의 승낙 없이 명의임차인이 명의대여자의 명의로 어음을 배서한 사례
타점포체인의 명의를 사용하여 영업하고 그 체인대표자의 명의를 사용할 수 있는 내용의 명의임대차계약이 체결된 경우에 있어서 명의대여자의 승낙(점포체인의 대표자로부터 체인의 지점장으로 임명받는 형식) 없이 제1의 명의임차인으로부터 지점의 영업권을 사실상 매수한 제2의 명의임차인이 명의대여자의 승낙 없이 본래의 명의대여자의 명의로 어음을 배서하고 이를 행사하였다면 제2의 명의임차인은 유가증권위조의 책임을 면할 수 없고 위 체인 대표자가 명의대여자로서 책임을 지는 여부는 유가증권위조죄의 성립에 소장이 없다.

5 대법원 1984.11.27, 84도1862
간접정범에 의한 유가증권변조 사건
신용카드(구두를 구입할 수 있는 신용카드) 소지인이 상점점원에게 자신이 그 카드의 금액란을 정정기재할 수 있는 권리가 있는 양 기망하여 정정기재하게 하였다면 이는 간접정범에 의한 유가증권변조로 봄이 상당하다. [국가7급 13]

6 대법원 2003.1.10, 2001도6553
어음상 권리·의무자의 동의 없이 어음발행인이 지급일자를 변경한 사례
형법 제214조 제2항에 규정된 '유가증권의 권리의무에 관한 기재를 변조한다'는 것은 진정하게 성립된 타인 명의의 부수적 증권행위에 관한 유가증권의 기재내용에 작성권한이 없는 자가 변경을 가하는 것을 말하고, 어음발행인이라 하더라도 어음상에 권리의무를 가진 자가 있는 경우에는 이러한 자의 동의를 받지 아니하고 어음의 기재 내용에 변경을 가하였다면 이는 유가증권의 권리의무에 관한 기재를 변조한 것에 해당한다 할 것이다.

사례연구 | **백지어음의 보충행위 : 백지위조 사례**

甲은 乙이 위조하여 액면과 지급기일이 백지로 된 약속어음 1매를 그 사정을 알면서 乙로부터 사들인 후 행사할 목적으로 백지의 액면란에 1억 원이라고 기입하여 위 약속어음을 완성하였다. 甲의 형사책임은?

> 해결 | 유가증권위조죄가 성립한다. 타인이 위조한 백지의 약속어음에 행사할 목적으로 백지인 금액란에 금액을 기입하여 위조어음을 완성하는 행위는 백지어음형태의 위조행위(위 乙이 이미 범하고 있는 유가증권위조죄)와는 별개의 유가증권위조죄를 구성하는 것이다. 이는 진정하게 성립된 백지어음의 액면란을 보충권 없이 함부로 기입하는 행위가 유가증권위조죄에 해당한다는 법리와 다를 바 없다(대법원 1982.6.22, 82도677). [경찰채용 17·18 1차 / 경찰채용 12 3차 / 경찰승진 13 / 법원9급 09(상)]

판례연구 | **유가증권위조·변조에 해당하지 않는 사례**

1 대법원 1978.11.14, 78도1904
타인에게 속한 자기명의의 유가증권에 변경을 가한 자의 죄책
타인에게 속한 자기명의의 유가증권에 무단히 변경을 가하였다 하더라도 그것이 문서손괴죄나 허위유가증권작성죄에 해당되는 경우가 있음은 별론으로 하고 유가증권변조죄를 구성하는 것은 아니다. [경찰채용 10 2차 / 경찰간부 14]

2 대법원 1982.9.28, 82도296
망부 사망 후 망부 명의를 거래상 자기를 표시하는 명칭으로 사용하여 온 사건
어음에 기재되어야 할 어음행위자의 명칭은 반드시 어음행위자의 본명에 한하는 것은 아니고 상호, 별명 그 밖의 거래상 본인을 가리키는 것으로 인식되는 칭호라면 어느 것이나 다 가능하다고 볼 것이므로 비록 그 칭호가 타인의 명칭이라도 통상 그 명칭은 자기를 표시하는 것으로 거래상 사용하여 그것이 그 행위자를 지칭하는 것으로 인식되어 온 경우에는 그것을 어음상으로도 자기를 표시하는 칭호로 사용할 수 있다 할 것이므로 피고인이 그 망부의 사망 후 그의 명의를 거래상 자기를 표시하는 명칭으로 사용하여 온 경우에는 피고인에 의한 망부 명의의 어음발행은 피고인 자신의 어음행위라고 볼 것이고 이를 가리켜 타인의 명의를 모용하여 어음을 위조한 것이라고 할 수 없다. [경찰승진(경사) 11 / 사시 13]

> 유사 | 수표에 기재되어야 할 수표행위자의 명칭은 반드시 수표행위자의 본명에 한하는 것은 아니고 상호, 별명 그 밖의 거래상 본인을 가리키는 것으로 인식되는 칭호라면 어느 것이나 다 가능하다고 볼 것이므로, 비록 그 칭호가 본명이 아니라 하더라도 통상 그 명칭을 자기를 표시하는 것으로 거래상 사용하여 그것이 그 행위자를 지칭하는 것으로 인식되어 온 경우에는 그것을 수표상으로도 자기를 표시하는 칭호로 사용할 수 있다(대법원 1996.5.10, 96도527).

3 대법원 1985.9.10, 85도1501

발행인의 날인 없는 가계수표 위조행위

피고인이 위조한 것이라는 가계수표가 발행인의 날인이 없는 것이라면 이는 일반인이 진정한 것으로 오신할 정도의 형식과 외관을 갖춘 수표라 할 수 없어 부정수표단속법상 수표위조의 책임을 물을 수 없다.

4 대법원 1989.12.8, 88도753

약속어음을 양도받은 자가 제3자에게 교부양도 하였다가 어음금 지급 거절되어 제3자에게 소구의무를 이행하고 이를 환수한 다음 배서란에 자신의 성명과 배서일자를 기재하고 날인한 사례

형법 제214조 제2항에 규정된 "유가증권의 권리의무에 관한 기재를 위조 한다"는 것은 진정하게 성립된 유가증권에 작성권한이 없는 자가 타인의 명의를 모용하여 배서, 보증 등의 부수적 증권행위를 하는 것을 말하고, "유가증권의 권리의무에 관한 기재를 변조한다"는 것은 진정하게 성립된 타인명의의 부수적 증권행위에 관한 유가증권의 기재내용에 작성권한이 없는 자가 변경을 가하는 것을 말하므로, 약속어음을 제3배서인으로부터 백지식배서의 방식에 의하여 교부양도 받아 백지를 보충하지 아니하고 배서도 하지 아니한 채 제3자에게 교부양도한 자가 만기에 어음금의 지급이 거절됨에 따라 양수인에게 소구의무를 이행하고 약속어음을 환수하여 약속어음의 정당한 소지인이 되었다면, 약속어음의 제3배서란과 제4배서란 사이에 보전지를 결합시키고 그 보전지의 배서란에 자신의 성명과 배서일자를 기재하고 날인하였다고 하더라도 이와 같은 행위는 타인의 명의를 모용하여 한 것이 아님은 물론 타인명의의 유가증권의 기재내용에 변경을 가한 것도 아니므로 형법 제214조 제2항 소정의 유가증권 위조·변조죄에 해당하지 아니한다.

5 대법원 2006.1.13, 2005도6267

백지어음 할인을 위임받은 자가 그 목적을 이루지 못하자 원상태대로 발행인에게 반환하기 위하여 어음금액의 기재를 삭제한 것은 유가증권변조가 아니라는 사례

약속어음의 발행인으로부터 어음금액이 백지인 약속어음의 할인을 위임받은 자가 위임 범위 내에서 어음금액을 기재한 후 어음할인을 받으려고 하다가 그 목적을 이루지 못하자 유통되지 아니한 당해 약속어음을 원상태대로 발행인에게 반환하기 위하여 어음금액의 기재를 삭제하는 것은 그 권한 범위 내에 속한다고 할 것이므로, 이를 유가증권변조라고 볼 수 없다. [경찰승진(경감) 10]

6 대법원 2006.1.26, 2005도4764

위조 유가증권에 대한 유가증권변조죄는 성립하지 않는다는 사례

유가증권변조죄에 있어서 변조라 함은 진정으로 성립된 유가증권의 내용에 권한 없는 자가 그 유가증권의 동일성을 해하지 않는 한도에서 변경을 가하는 것을 말하므로 [경찰채용 17 1차], 이미 타인에 의하여 위조된 약속어음의 기재사항을 권한 없이 변경하였다고 하더라도 유가증권변조죄는 성립하지 아니한다. [경찰채용 10 1차 / 경찰채용 12 3차 / 경찰간부 12·14 / 국가9급 16 / 법원9급 07(상)] 또한 (약속어음의 액면금액을 권한 없이 변경하는 것은 유가증권변조에 해당할 뿐 [경찰채용 18 1차] 유가증권위조는 아니므로) 약속어음의 액면금액을 권한 없이 변경하는 행위가 당초의 위조와는 별개의 새로운 유가증권위조로 된다고 할 수 없다.

7 대법원 2008.11.27, 2006도9194

주식회사의 대표이사가 실질적 운영자인 1인 주주의 구체적인 위임이나 승낙을 받지 않고 이미 퇴임한 전 대표이사를 대표이사로 표시하여 회사 명의의 문서를 작성한 사건

주식회사 대표이사의 대표권은 정관이나 주주총회 또는 이사회 결의 등에 의하여 적법하게 제한할

수 있지만, 회사의 운영을 실질적으로 장악·통제하고 있는 1인 주주가 적법한 대표이사의 권한 행사를 사실상 제한하고 있다는 것만으로는 대표이사의 대표권을 적법하게 제한하였다고 할 수 없으므로, 대표이사가 권한을 행사하는 과정에서 단순히 그 1인 주주의 위임 또는 승낙을 받지 않았다고 하여 그 대표권 행사가 권한을 넘어서는 행위가 되는 것은 아니다. 따라서 주식회사의 대표이사가 실질적 운영자인 1인 주주의 구체적인 위임이나 승낙을 받지 않고 이미 퇴임한 전 대표이사를 대표이사로 표시하여 회사 명의의 문서를 작성한 행위는 문서위조죄가 성립하지 아니한다. [국가9급 16]

8 대법원 2008.12.24, 2008도9494
백지 약속어음의 액면란 등을 부당 보충하여 위조한 후 금액란을 임의로 변경한 사례
甲이 백지 약속어음의 액면란 등을 부당 보충하여 위조한 후 乙이 甲과 공모하여 금액란을 임의로 변경한 경우, 乙의 행위는 유가증권위조나 변조에 해당하지 않는다. [법원9급 11] 상고이유에서 거시한 대법원 1982.6.22, 82도677 판결(앞서 설명한 사례 참조)은 액면란이 백지인 위조 약속어음을 완성하는 행위에 관한 것으로서, 부당한 보충권의 행사로 이미 완성된 어음을 변조한 이 사건과는 사안을 달리하여 원용하기에 적절하지 않다.[409]

9 대법원 2015.11.27, 2014도17894
대표이사가 다른 공동 대표이사가 발행한 것처럼 약속어음을 발행한 사건
주식회사의 대표이사가 그 대표 자격을 표시하는 방식으로 작성한 문서에 표현된 의사 또는 관념이 귀속되는 주체는 대표이사 개인이 아닌 주식회사이므로 그 문서의 명의자는 주식회사라고 보아야 한다. 따라서 위와 같은 문서 작성행위가 위조에 해당하는지는 그 작성자가 주식회사 명의의 문서를 적법하게 작성할 권한이 있는지에 따라 판단하여야 하고, 문서에 대표이사로 표시되어 있는 사람으로부터 그 문서 작성에 관하여 위임 또는 승낙을 받았는지에 따라 판단할 것은 아니다. 원래 주식회사의 적법한 대표이사는 회사의 영업에 관하여 재판상 또는 재판외의 모든 행위를 할 권한이 있으므로, 대표이사가 직접 주식회사 명의의 문서를 작성하는 행위는 자격모용사문서작성 또는 위조에 해당하지 않는 것이 원칙이다. 이는 그 문서의 내용이 진실에 반하는 허위이거나 대표권을 남용하여 자기 또는 제3자의 이익을 도모할 목적으로 작성된 경우에도 마찬가지이다. 이러한 법리는 주식회사의 대표이사가 대표 자격을 표시하는 방식으로 약속어음 등 유가증권을 작성하는 경우에도 마찬가지로 적용된다.

사례연구 　 당좌거래 명의변경 없는 대표이사 수표발행 사례 : 무죄

甲은 DM광업개발주식회사의 대표이사직에 있는 자로서 은행과의 당좌거래약정이 전 대표이사 乙 명의로 되어 있어 당좌거래명의를 변경함이 없이 그대로 전 대표이사 乙 명의를 사용하여 회사의 수표를 발행하였다. 甲의 형사책임은?

　해결　 타인의 대리 또는 대표자격으로서 문서를 작성하는 경우 그 대표자 또는 대리인은 자기를 위하여 작성하는 것이 아니고 본인을 위하여 작성하는 것으로서 그 문서는 본인의 문서이고 본인에 대해서만 효력이 생기는 것인데, 본건 수표의 발행인은 어디까지나 위 DM광업개발주식회사이고 위 乙은 아님이 명백하여 위 회사의 대표이사로서 그 회사 명의의 수표를 발행할 권한이 있는 피고인 甲이 위 회사 명의의 수표를 위조한 것으로 볼 수는 없다(대법원 1975.9.23, 74도1684). 따라서 甲은 무죄이다(타인소유문서로 볼 수 있다면 손괴죄는 가능).

---

409 이는 마치 허위작성된 공문서의 내용을 변경한 행위가 공문서변조죄를 구성하지 않는 법리와도 유사하다.

대법원 2008.2.14, 2007도10100
부정수표단속법상 수표위조·변조죄의 성립에 '행사할 목적'이 필요하지 않다는 사례
유가증권위조·변조죄에 관한 형법 제214조 제1항은 "행사할 목적으로 대한민국 또는 외국의 공채증서 기타 유가증권을 위조 또는 변조한 자는 10년 이하의 징역에 처한다"라고 규정하고 있는 반면, 수표위조·변조죄에 관한 부정수표단속법 제5조는 "수표를 위조 또는 변조한 자는 1년 이상의 유기징역과 수표금액의 10배 이하의 벌금에 처한다"라고 규정하고 있는바, 이러한 부정수표단속법 제5조의 문언상 본조는 수표의 강한 유통성과 거래수단으로서의 중요성을 감안하여 유가증권 중 수표의 위·변조행위에 관하여는 범죄성립요건을 완화하여 초과주관적 구성요건인 '행사할 목적'을 요구하지 아니하는 한편, 형법 제214조 제1항 위반에 해당하는 다른 유가증권위조·변조행위보다 그 형을 가중하여 처벌하려는 취지의 규정이라고 해석하여야 한다. [법원9급 13 / 법원행시 09·12·13]

판례연구 **유가증권위조·변조죄의 죄수**

대법원 1983.4.12, 82도2938
유가증권위조죄의 죄수는 원칙적으로 위조된 유가증권의 매수를 기준으로 정할 것이므로, 약속어음 2매의 위조행위는 포괄일죄가 아니라 경합범이다. [법원9급 20]

판례연구 **약속어음의 교부행위는 사기죄가 성립하는가 : 약속어음교부 사례**

甲은 丙 명의의 약속어음 2장을 위조하여 그 사정을 모르는 자신의 채권자 乙에게 이를 교부하였다. 위 위조된 약속어음의 액면금액은 도합 1억 원이었으며, 乙의 甲에 대한 채권금액도 1억 원이었다. 그 후 乙은 이 약속어음이 위조어음이라는 사실을 발견하고 경찰에 신고하였다. 판례에 의할 때 甲의 형사책임은?

해결 甲은 유가증권위조죄(2개의 경합범)와 동 행사죄의 경합범이 된다. 문제는 사기죄가 성립하는가이다. 판례는 약속어음을 채권자에게 교부하였다 하여도 어음이 결제되지 않는 한 물품대금채무가 소멸되지 아니하므로 사기죄는 성립되지 않는다고 한다(대법원 1983.4.12, 82도2938).

사례연구 **MJ리조트 리프트탑승권 사례**

甲은 MJ리조트 매표소에 있던 탑승권발매기의 전원을 켠 후 날짜를 입력시켜서 탑승권발행화면이 나타나면 전산실의 테스트카드를 사용하여 한 장씩 찍혀 나오는 탑승권을 빼내어 가지고 가는 방법으로 리프트탑승권 100장을 부정발급·취득하여 이를 사정을 아는 乙에게 금 279만 원에 판매하였다. 甲과 乙의 형사책임은?

해결 甲은 유가증권위조죄, 절도죄 및 위조유가증권행사죄, 乙은 장물취득죄가 성립한다. 이 판례에서 나타난 법리 중 중요한 것은 유가증권위조죄뿐만 아니라 절도죄를 인정함으로써 장물취득죄까지 성립시키고 있다는 점이다.

판례 형법상 유가증권이라 함은 증권상에 표시된 재산상의 권리의 행사와 처분에 그 증권의 점유를 필요로 하는 것을 총칭하는 것이므로, 이 사건 회원용 리프트탑승권은 그와 같은 의미에서 유가증권의 일종이고, 甲이 위와 같이 발매할 권한 없이 발매기를 임의조작함으로써 리프트탑승권을 부정발급한 행위가 유가증권인 리프트탑승권을 위조하는 행위에 해당함은 원심이 인정한 바와 같다. 그러나 유가증권도 그것이

정상적으로 발행된 것은 비록 작성권한 없는 자에 의하여 위조된 것이라고 하더라도 절차에 따라 몰수되기까지는 그 소지자의 점유를 보호하여야 한다는 점에서 형법상 재물로써 절도죄의 객체가 된다고 할 것이므로, [법원행시 14] 이 사건에서 甲의 행위가 원심이 인정한 것처럼 유가증권위조행위일 뿐 위조된 유가증권인 리프트탑승권의 절도죄에는 해당하지 아니한다고 단정하기 위하여는 과연 전〇〇가 구체적으로 어떠한 방법으로 이 사건 리프트탑승권발매기를 조작하여 탑승권을 부정발급하였는지를 살펴보아야 할 것이다. 그런데 기록에 의하면, 甲은 MJ리조트 서편 매소소에 있던 탑승권발매기의 전원을 켠 후 날짜를 입력시켜서 탑승권발행화면이 나타나면 전산실의 테스트카드를 사용하여 한 장씩 찍혀 나오는 탑승권을 빼내어 가지고 가는 방법으로 리프트탑승권을 발급·취득한 사실이 인정되고, 그와 같이 발매기에서 나오는 위조된 탑승권은 甲이 이를 뜯어가기 전까지는 〇〇〇개발의 소유 및 점유 하에 있다고 보아야 할 것이므로, 위 甲의 행위는 발매할 권한 없이 발매기를 임의조작함으로써 유가증권인 리프트탑승권을 위조하는 행위와 발매기로부터 위조되어 나오는 리프트탑승권을 절취하는 행위가 결합된 것이고, 나아가 그와 같이 위조된 리프트탑승권을 판매하는 행위는 일면으로는 위조된 리프트탑승권을 행사하는 행위임과 동시에 절취한 장물인 위조 리프트탑승권의 처분행위에 해당한다 할 것이다. 따라서 이 사건에서 甲이 위 위조된 리프트탑승권을 위와 같은 방법으로 취득하였다는 사정을 피고인 乙이 알면서 이를 甲으로부터 매수하였다면 위조된 유가증권인 리프트탑승권에 대한 장물취득죄를 구성한다고 보아야한다(대법원 1998.11.24, 98도2967). [국가7급 10 / 법원행시 14]

03 자격모용에 의한 유가증권작성죄

제215조 【자격모용에 의한 유가증권의 작성】 행사할 목적으로 타인의 자격을 모용하여 유가증권을 작성하거나 유가증권의 권리 또는 의무에 관한 사항을 기재한 자는 10년 이하의 징역에 처한다.

판례연구 **자격모용유가증권작성죄에 해당하는 사례**

1 대법원 1991.2.26, 90도577
대표이사 변경 후 전대표이사가 대표이사 직함으로 어음을 발행·행사
주식회사 대표이사로 재직하던 피고인이 대표이사가 타인으로 변경되었음에도 불구하고 이전부터 사용하여 오던 피고인 명의로 된 회사 대표이사의 명판을 이용하여 여전히 피고인을 회사의 대표이사로 표시하여 약속어음을 발행·행사하였다면, 설사 약속어음을 작성·행사함에 있어 **후임 대표이사의 승낙을 얻었다**거나 회사의 실질적인 대표이사로서 권한을 행사하는 피고인이 은행과의 당좌계약을 변경하는 데에 시일이 걸려 **잠정적으로** 전임 대표이사인 그의 명판을 **사용한 것이라 하더라도** 이는 합법적인 대표이사의 권한행사라 할 수 없어 자격모용유가증권작성 및 동 행사죄에 해당한다.[410]
[경찰간부 17 / 법원행시 11]

2 대법원 1987.8.18, 87도145
대표이사직무집행정지 가처분을 받고 대표이사 명의의 유가증권을 작성한 행위
대표이사직무집행정지 가처분결정은 대표이사의 직무집행을 정지시킬 뿐 대표이사의 자격까지 박탈

---

410 비교판례 : 약속어음을 발행함에 있어 발행인의 주소란에 '안동택시' 발행인란에 '피고인'이라고 기재하고 피고인이라는 이름 밑에 '주식회사 안동택시 대표이사 피고인'이라는 인장을 압날하여 동 어음을 타인에게 교부하였다면 이 사실만으로 안동택시의 대표이사의 자격을 모용하여 유가증권인 약속어음을 작성 행사하였다고 할 수 없다(대법원 1974.11.26, 74도1708).
보충 : 위 행위만으로는 '피고인' 발행의 어음일 뿐 '주식회사 안동택시'가 발생한 약속어음으로 인식될 수는 없다고 본 것이다.

하는 것은 아니나 가처분결정이 송달되어 일체의 직무집행이 정지됨으로써 직무집행의 권한이 없게 된 대표이사가 그 권한 밖의 일인 대표이사 명의의 유가증권을 작성·행사하는 행위가 회사업무의 중단을 막기 위한 긴급한 인수인계행위라 하더라도 합법적인 권한행사라 할 수 없으므로 이는 자격모용유가증권작성 및 동 행사죄에 해당한다.

04 허위유가증권작성죄

> **제216조 【허위유가증권의 작성 등】** 행사할 목적으로 허위의 유가증권을 작성하거나 유가증권에 허위사항을 기재한 자는 7년 이하의 징역 또는 3천만 원 이하의 벌금에 처한다.

표정리 허위유가증권작성에 해당하는 사례

1	지급은행과 당좌거래사실이 없거나 거래정지처분을 당했음에도 수표를 발행하는 행위(대법원 1956.6.26, 4289형상128)
2	어음발행인이 실재하지 않는 회사 명의의 약속어음을 발행하는 행위(대법원 1970.12.29, 70도2389)
3	어음발행인이 실제보다 발행일자를 소급하여 주권을 발행하는 경우(대법원 1974.1.15, 73도2041)
4	발행인 명의로 진실에 반하는 피고인의 인장을 날인하여 약속어음을 발행하는 행위(대법원 1975.6.10, 74도2594)[411] [경찰간부 13]
5	화물이 선적되지도 않았는데 선적되었다는 내용의 선(先)선하증권을 발행하는 행위(아래 사례) 또는 타인에게 부탁하여 선선하증권을 발행하게 한 행위(대법원 1985.8.20, 83도2575)[412] [경찰간부 13·18]

사례연구 소위 선(先)선하증권 사례 : 허위유가증권작성죄 및 동행사죄

甲(화물운송주선업체인 HL해운주식회사의 경영자-이사)은 乙(주식회사 S무역 대표이사)과 공모하여 1993년 12월 18일 위 HL해운주식회사 사무실에서 乙이 중국 심양에 물품을 수출할 계획도 없고 乙이 인천항을 출발하여 중국 대련항에 입항할 얀셍 287W호에 화물을 선적한 사실이 없음에도, 행사할 목적으로 乙이 같은 날 얀셍 298W호에 알루미늄호일 등 미화 20만 달러 상당의 화물을 선적하였다는 내용의 선하증권을 발급하여 같은 달 20일 국민은행 도곡동지점에서 乙이 위 선하증권을 수출환매입서에 첨부하여 이를 동 지점장인 丙에게 제시하였으며, 즉석에서 사실관계를 모르는 丙으로부터 위 선하증권의 매입대금으로 161,286,279원을 乙의 예금계좌로 입금받았다. 甲과 乙의 형사책임은?(사기죄는 제외)

---

411 **판례** : 형법 19장 소정의 유가증권은 실체법상 유효한 유가증권만을 지칭하는 것이 아니고 절대적 요건 결여 등 사유로서 실체법상은 무효한 유가증권이라 할지라도 일반인으로 하여금 일견 유효한 유가증권이라고 오신케 할 수 있을 정도의 외관을 구유한 유가증권도 포함하는 것이고 약속어음 작성권자의 승낙 내지 위임을 받아 약속어음을 작성함에 있어서 발행인 명의 아래 진실에 반하는 내용인 피고인의 인장을 날인하여 일견 유효한 듯한 약속어음의 발행은 형법 제216조 전단 소정의 허위유가증권작성죄 및 동 행사가 성립한다(대법원 1975.6.10, 74도2594). [경찰간부 13]

412 **판례** : 유가증권의 허위작성행위 자체에는 직접 관여한 바 없다 하더라도 타인에게 그 작성을 부탁하여 의사연락이 되고 그 타인으로 하여금 범행을 하게 하였다면 공모공동정범에 의한 허위작성죄가 성립한다(대법원 1985.8.20, 83도2575). [경찰채용 10 1차 / 경찰간부 12·13]

해결 甲은 허위유가증권작성죄가 성립한다. 또한 甲과 乙은 허위작성유가증권행사죄의 공동정범이 된다. 소위 선선하증권을 허위내용의 유가증권이라고 본 사례이다.

참조 진실에 반하는 선하증권을 작성하면서 곧 위 물품이 선적될 것이라고 예상하였다고 하여 위 각 선하증권의 허위성의 인식이 없었다고 할 수 없으며, 화물이 선적되기도 전에 이른바 선선하증권을 발행하는 것이 해운업계의 관례라고 하더라도 이를 가리켜 정상적인 행위라거나 그 목적과 수단의 관계에서 보아 사회적 상당성이 있다고 할 수는 없으므로(위법성 인정 – 필자 주) 피고인들이 위 행위가 죄가 되지 아니한다고 그릇 인식하였다고 하더라도 거기에 정당한 이유가 있는 경우라고 할 수 없으므로(정당한 이유 있는 법률의 착오 부정 – 필자 주) 허위유가증권작성죄의 죄책을 면할 수 없다. 또한 허위작성된 유가증권을 피교부자가 그것을 유통하게 한다는 사실을 인식하고 교부한 때에는 허위작성유가증권행사죄의 공동정범이 성립된다(대법원 1995.9.29, 95도803). [경찰간부 13]

표정리 | 허위유가증권작성에 해당하지 않는 사례

1	주권발행 전에 주식을 양도받은 자에 대하여 주권을 발행한 경우(-만약 그 주식양도가 주권발행 전에 이루어진 것이어서 상법 제335조에 의하여 무효라 할지라도- 권리의 실체관계에 부합되므로 허위의 주권발행의 고의가 있다고 할 수 없음)(대법원 1982.6.22, 81도1935)
2	약속어음 배서인(背書人)의 주소(住所)를 허위로 기재한 경우(배서인의 주소 기재는 어음배서의 요건이 아니므로 그것이 배서인의 인적 동일성을 해쳐서 배서인이 누구인지를 알 수 없는 경우가 아닌 한, 약속어음상의 권리관계에 아무런 영향을 미치지 않는다고 할 것임)(대법원 1986.6.24, 84도547) [경찰채용 12 3차 / 경찰승진 13 / 법원행시 11]
3	은행을 통하여 지급이 이루어지는 약속어음의 발행인이 그 발행을 위하여 은행에 신고된 것이 아닌 발행인(發行人)의 다른 인장을 날인한 경우(그것이 발행인의 인장인 이상 그 어음의 효력에는 아무런 영향이 없음)(대법원 2000.5.30, 2000도883) [경찰채용 10 2차 / 경찰채용 12 3차 / 경찰승진(경사) 10·11 / 경찰승진(경감) 10 / 국가9급 13 / 사시 16]
4	자기앞수표의 발행인이 수표의뢰인으로부터 수표자금을 입금받지 아니한 채 자기앞수표를 발행한 경우(그 수표의 효력에는 아무런 영향이 없음)(대법원 2005.10.27, 2005도4528)[413] [경찰채용 17·18 1차 / 경찰채용 10 2차 / 경찰간부 13]

05 위조 등 유가증권행사죄

제217조 【위조유가증권 등의 행사 등】 위조, 변조, 작성 또는 허위기재한 전3조 기재의 유가증권을 행사하거나 행사할 목적으로 수입 또는 수출한 자는 10년 이하의 징역 처한다.

판례연구   위조등유가증권행사에 해당하는 사례

1 대법원 1966.9.27, 66도1011; 1970.2.10, 69도20070
위조유가증권을 할인을 받기 위하여 제시하거나 신용을 얻기 위하여 타인에게 제시하는 행위도 위조유가증권행사에 해당한다.

---

413 **유사판례**: 당좌거래은행에 자금이 없음을 알면서 수표를 발행한 경우(대법원 1960.11.30, 4293형상78)나 원인관계가 존재하지 않는데도 약속어음을 발행한 경우(대법원 1977.5.24, 76도4132)에도 허위유가증권작성죄는 성립하지 않는다.

2 대법원 1983.6.14, 81도2492

위조유가증권임을 알고 있는 자에게 교부한 행위는 위조유가증권행사죄를 구성한다는 사례

위조유가증권임을 알고 있는 자에게 교부하였더라도 피교부자가 이를 소통시킬 것임을 인식하고 교부하였다면 그 교부행위 그 자체가 유가증권의 유통질서를 해할 우려가 있어 위조유가증권행사죄가 성립한다. [경찰승진(경사) 10 / 경찰승진 12·13 / 법원승진 13 / 법원행시 11]

판례연구 **위조등유가증권행사에 해당하지 않는 사례**

1 대법원 1998.2.13, 97도2922

위조유가증권행사죄에 있어서의 '유가증권'의 의미

위조유가증권행사죄에 있어서의 유가증권이라 함은 위조된 유가증권의 원본을 말하는 것이지 전자복사기 등을 사용하여 기계적으로 복사한 사본은 이에 해당하지 않는다.[414] [경찰채용 17 1차 / 경찰간부 17 / 법원9급 07(상) / 변호사시험 13]

> **유사** 피고인이 은행에 제출한 위조 선하증권의 사본은 위조유가증권행사죄에서 말하는 유가증권에 해당하지 않는다(대법원 2010.5.13, 2008도10678).

2 대법원 2010.12.9, 2010도12553

유가증권위조죄의 공범 사이에서의 위조유가증권 교부행위는 위조유가증권행사죄에 해당하지 않는다는 사례

위조유가증권의 교부자와 피교부자가 서로 유가증권위조를 공모하였거나 위조유가증권을 타에 행사하여 그 이익을 나누어 가질 것을 공모한 공범의 관계에 있다면, 그들 사이의 위조유가증권 교부행위는 그들 이외의 자에게 행사함으로써 범죄를 실현하기 위한 전단계의 행위에 불과한 것으로서 위조유가증권은 아직 범인들의 수중에 있다고 볼 것이지 행사되었다고 볼 수는 없다.[415] [경찰채용 12 3차 / 경찰승진 13 / 법원9급 11·13 / 법원행시 13 / 사시 13]

판례연구 **위조등유가증권행사와 다른 범죄와의 관계**

1 대법원 1985.8.20, 83도2575

허위의 선하증권을 발행교부하여 수취인으로 하여금 그 물품대금을 지급받게 한 사례

허위의 선하증권을 발행하여 타인에게 교부하여 줌으로써 그 타인으로 하여금 이를 행사하여 그 선하증권상의 물품대금을 지급받게 한 소위는 허위작성유가증권행사죄와 사기죄의 공동정범을 인정하기에 충분하다.

---

414 **사례 : 위조유가증권을 복사한 사본을 행사한 사례** 甲은 그가 위조한 O 명의의 유가증권(甲은 O 등으로부터 그 전에 미리 서명날인만을 받아놓은 백지 약속어음에 발행일 '1993.4.15.', 금액 '일십팔억 원정, 1,800,000,000', 수취인 'K, C'라고 함부로 기재하여 위조하였음)인 약속어음 1매를 복사한 사본을 甲이 위 O를 상대로 제기한 서울지방법원 약속어음금청구사건에서 그 청구를 대여금청구로 변경하면서 그 소 변경신청서에 이를 첨부하여 제출하여 행사하였다. 甲에게는 위조유가증권행사죄가 성립하는가?
판례 : 피고인이 위 위조약속어음을 그 소송대리인인 P 변호사 사무실에서 사본하여 이 사본을 위 민사소송사건에 관하여 위와 같이 소 변경신청서에 첨부하여 제출한 사실은 인정되나, 그 당시 위의 위조한 약속어음 원본을 위 소 변경신청서에 첨부하여 제출함으로써 행사하였다고 볼 아무런 증거가 없으므로, 위조유가증권행사죄는 성립하지 않는다(대법원 1998.2.13, 97도2922). [변호사시험 13]
해결 : 성립하지 않는다.
415 **판례 :** A와 甲은 甲이 A로부터 돈을 차용하는 것처럼 가장하기로 공모한 다음, A가 위조된 자기앞수표가 들어 있는 봉투를 乙을 통해 공범 甲과 그 위조사실을 모르는 丙이 함께 있는 자리에서 甲에게 교부하였는데, 이때 甲은 위조된 자기앞수표를 봉투에서 꺼내거나 丙에게 보여 주지도 않았다. A에게는 위조유가증권행사죄의 죄책이 인정되지 않는다.

06 인지 · 우표위조 · 변조죄

제218조 【인지 · 우표의 위조 등】 ① 행사할 목적으로 대한민국 또는 외국의 인지, 우표 기타 우편요금을 표시하는 증표를 위조 또는 변조한 자는 10년 이하의 징역에 처한다.

07 위조 · 변조 인지 · 우표행사 등 죄

제218조 【인지 · 우표의 위조 등】 ② 위조 또는 변조된 대한민국 또는 외국의 인지, 우표 기타 우편요금을 표시하는 증표를 행사하거나 행사할 목적으로 수입 또는 수출한 자도 제1항의 형과 같다.

08 위조 · 변조 인지 · 우표취득죄

제219조 【위조 인지 · 우표 등의 취득】 행사할 목적으로 위조 또는 변조한 대한민국 또는 외국의 인지, 우표 기타 우편요금을 표시하는 증표를 취득한 자는 3년 이하의 징역 또는 1천만 원 이하의 벌금에 처한다.

> **판례연구** **위조우표행사죄 및 위조우표취득죄 관련 판례**
>
> 대법원 1989.4.11, 88도1105
>
> 형법 제218조 및 제219조의 "행사"의 의미와 관련하여 위조우표를 수집의 대상으로 매매하는 경우도 이에 포함된다는 사례
>
> 위조우표취득죄 및 위조우표행사죄에 관한 형법 제219조 및 제218조 제2항에 규정된 "행사할 목적" 또는 "행사하거나"에 있어서의 "행사"라 함은 위조된 대한민국 또는 외국의 우표를 진정한 우표로서 사용하는 것을 말하는 것으로 반드시 우편요금의 납부용으로 사용하는 것에 한정되지 아니하고 우표수집의 대상으로서 매매하는 경우도 이에 해당된다 할 것이고, 또한 위조우표행사죄(우표위조죄의 오기로 보임)에 규정된 "행사 목적"에는 위조된 우표를 그 정을 알고 있는 자에게 교부하더라도 교부받은 사람이 그 우표를 진정하게 발행된 우표로서 사용할 것이라는 정을 인식하면서 이를 교부하는 경우도 해당된다고 할 것이다(위조우표행사죄, 위조우표취득죄 성립).

01 총 설

판례연구 문서죄의 입법방식에 관한 형식주의 원칙

대법원 1985.10.22, 85도1732
사문서의 무형위조는 처벌하지 않는 것이 형법의 원칙
이사회를 개최함에 있어 이사들이 그 참석·의결권의 행사에 관한 권한을 피고인에게 위임하였다면
그 이사들이 실제로 이사회에 참석하지도 않았는데 마치 참석하여 의결권을 행사한 것처럼 피고인이
이사회 회의록에 기재하였다 하더라도 이는 이른바 사문서의 무형위조에 해당할 따름이어서 처벌대상
이 되지 아니한다. [경찰채용 18 3차]

판례연구 형법상 문서에 해당하는 사례

1 대법원 1995.9.5, 95도1269
"소인(消印)"을 문서로 본 사례(권리·의무 또는 중요사실에 관한 증명성 인정 사례)
형법상 문서에 관한 죄에 있어서 문서라 함은 문자 또는 이에 대신할 수 있는 가독적 부호로 계속적으로
물체 상에 기재된 의사 또는 관념의 표시인 원본 또는 이와 사회적 기능, 신용성 등을 동시할 수
있는 기계적 방법에 의한 복사본으로서 그 내용이 법률상, 사회 생활상 주요 사항에 관한 증거로 될
수 있는 것을 말하는 것으로, 사람의 동일성을 표시하기 위하여 사용되는 일정한 상형인 인장이나,
사람의 인격상의 동일성 이외의 사항에 대해서 그 동일성을 증명하기 위한 부호인 기호와는 구분되며,
이른바 생략문서도 그것이 사람 등의 동일성을 나타내는 데에 그치지 않고 그 이외의 사항도 증명,
표시하는 한 인장이나 기호가 아니라 문서로서 취급하여야 한다. 구청 세무계장 명의의 소인을 세금
영수필 통지서에 날인하는 의미는 은행 등 수납기관으로부터 그 수납기관에 세금이 정상적으로 입금
되었다는 취지의 영수필 통지서가 송부되어 와서 이에 기하여 수납부 정리까지 마쳤으므로 이제
그 영수필 통지서는 보관하면 된다는 점을 확인함에 있는데, 소인이 가지는 의미가 위와 같은 것이라면
이는 하나의 문서로 보아야 한다. [경찰채용 13 1차/법원9급 10/법원행시 09·11]

> **유사** 신용장에 날인된 은행의 접수일부인(接受日附印)은 사실증명에 관한 사문서에 해당되므로 신용장에
> 허위의 접수인을 날인한 것은 사문서위조에 해당된다(신용장에 날인된 접수인도 사문서에 해당함, 대법
> 원 1979.10.30, 77도1879).

2 대법원 2009.4.23, 2008도8527
사문서위조, 동 행사죄에서 '거래상 중요한 사실을 증명하는 사실증명에 관한 문서'의 의미
사문서위조, 동 행사죄의 객체인 사문서는 권리·의무 또는 사실증명에 관한 타인의 문서 또는 도화를
가리키고, 권리·의무에 관한 문서라 함은 권리의무의 발생·변경·소멸에 관한 사항이 기재된 것을
말하며, 사실증명에 관한 문서는 권리·의무에 관한 문서 이외의 문서로서 거래상 중요한 사실을 증명하는
문서를 의미한다. 그리고 거래상 중요한 사실을 증명하는 문서는, 법률관계의 발생·존속·변경·소멸의
전후과정을 증명하는 것이 주된 취지인 문서뿐만 아니라 직접적인 법률관계에 단지 간접적으로만 연관
된 의사표시 내지 권리·의무의 변동에 사실상으로만 영향을 줄 수 있는 의사표시를 내용으로 하는 문서도
포함될 수 있다고 할 것이므로, ○○작가협회 회원이 타인의 명의를 도용하여 협회 교육원장을 비방하
는 내용의 호소문(구체적인 요구사항이 적시되어 있고 이를 이행하지 않으면 법적·행정적 책

임을 묻겠다는 의사표시가 기재되어 있음)을 작성하였다면 이는 중요한 사실을 증명하는 사실증명에 관한 문서에 해당하고, 이를 협회 회원들에게 우편으로 송달한 하였다면 사문서위조죄와 명예훼손죄가 각 성립하고, 이는 실체적 경합관계에 해당한다.

3 사실증명에 관한 문서에 해당하는 경우

1	담뱃갑(그 안에 들어 있는 담배가 특정 제조회사가 제조한 특정한 종류의 담배라는 사실을 증명하는 기능을 하므로 도화 – 圖畵 – 에 해당함)(대법원 2010.7.29, 2010도2705) [경찰간부 18 / 법원행시 11 · 12 · 13 · 14 / 변호사시험 12]
2	조합원들의 권리 · 의무의 변동 및 조합원들과 조합임원들 간의 법적 분쟁에 직 · 간접적으로 영향을 줄 수 있는 의사표시를 내용으로 하는 안내문(대법원 2012.5.9, 2010도2690) [변호사시험 17]

4 대법원 2019.3.14, 2018도18646
문서상 작성명의인의 명시는 요하지 아니한다는 사례(보증성 인정 사례)
허위공문서작성죄의 객체가 되는 문서는 문서상 작성명의인이 명시된 경우뿐 아니라 작성명의인이 명시되어 있지 않더라도 문서의 형식, 내용 등 문서 자체에 의하여 누가 작성하였는지를 추지할 수 있을 정도의 것이면 된다. [경찰채용 21 1차 / 법원9급 20]

5 대법원 2005.2.24, 2002도18 전원합의체
허무인 · 사망자 명의의 사문서를 위조한 경우 사문서위조죄가 성립한다는 사례
문서위조죄는 문서의 진정에 대한 공공의 신용을 그 보호법익으로 하는 것이므로 행사할 목적으로 작성된 문서가 일반인으로 하여금 당해 명의인의 권한 내에서 작성된 문서라고 믿게 할 수 있는 정도의 형식과 외관을 갖추고 있으면 문서위조죄가 성립하는 것이고, 위와 같은 요건을 구비한 이상 그 명의인이 실재하지 않는 허무인이거나 또는 문서의 작성일자 전에 이미 사망하였다고 하더라도 그러한 문서 역시 공공의 신용을 해할 위험성이 있으므로 문서위조죄가 성립한다고 봄이 상당하며, 이는 공문서뿐만 아니라 사문서의 경우에도 마찬가지라고 보아야 한다. [경찰채용 18 1차 / 경찰채용 14 2차 / 경찰승진 12 · 17 / 국가9급 16 / 국가7급 07 · 09 · 11 · 13 / 법원9급 07(상) / 법원9급 08 · 10 · 11 · 12 / 법원승진 10 / 법원행시 05 · 06 · 08 · 09 · 10 · 11 / 변호사시험 18]

> 유사 해산등기를 마쳐 그 법인격이 소멸한 법인 명의의 사문서를 위조한 행위도 사문서위조죄에 해당된다(대법원 2005.3.25, 2003도4943).[416] [경찰채용 11 2차 / 경찰승진 16 / 법원행시 05 / 사시 10 · 13]

6 대법원 1989.9.12, 87도506 전원합의체
복사문서가 문서위조 및 동행사죄의 객체인 문서에 해당하는지 여부(적극)
사진기나 복사기 등을 사용하여 기계적인 방법에 의하여 원본을 복사한 문서, 이른바 복사문서는 사본이더라도 필기의 방법 등에 의한 단순한 사본과는 달리 복사자의 의식이 개재할 여지가 없고, 그 내용에서부터 규모, 형태에 이르기까지 원본을 실제 그대로 재현하여 보여주므로 관계자로 하여금 그와 동일한 원본이 존재하는 것으로 믿게 할 뿐만 아니라 그 내용에 있어서도 원본 그 자체를 대하는 것과 같은 감각적 인식을 가지게 하고, 나아가 오늘날 일상거래에서 복사문서가 원본에 대신하는 증명수단으로서의 기능이 증대되고 있는 실정에 비추어 볼 때 이에 대한 사회적 신용을 보호할 필요가

---

416 판례의 사실관계 : 甲은 삼성종합건설 주식회사 명의의 아파트공급계약서, 입금표를 위조, 행사하였는데, 그 당시 삼성종합건설은 1993.7.경 삼성건설 주식회사로 명칭이 변경되었다가 1996.1.27. 기존에 존재하던 삼성물산 주식회사에 흡수 · 합병되면서 해산등기를 마친 회사이었다. [사시 13]
참고 : 회사가 다른 회사에 흡수합병이 될 때에는 존속회사(상법상의 개념으로서 회사가 흡수 · 합병된 후에도 존속하는 회사를 말한다. 존속회사는 정관을 변경하고 소멸 회사의 권리와 의무를 승계하게 된다.)를 제외한 모든 회사들이 소멸하고, 이들의 일체의 권리 · 의무관계는 별도의 이전절차 없이 법률상 당연히 존속회사에 승계되는 것이다.
해결 : 甲의 죄책은 사문서위조죄와 위조사문서행사죄의 실체적 경합이다. [경찰채용 11 2차]

있으므로 복사한 문서의 사본은 문서위조 및 동행사죄의 객체인 문서에 해당한다. [경찰간부 13 / 법원9급 / 변호사시험 12]

7 대법원 2000.9.5, 2000도2855
복사문서를 전자복사기를 이용하여 조작을 가하면서 복사하여 전혀 다른 재사본을 만든 행위는 문서위조
형법 제237조의2에 따라 전자복사기, 모사전송기 기타 이와 유사한 기기를 사용하여 복사한 문서의 사본도 문서원본과 동일한 의미를 가지는 문서로서 이를 다시 복사한 문서의 재사본도 문서위조죄 및 동 행사죄의 객체인 문서에 해당한다 할 것이고, 진정한 문서의 사본을 전자복사기를 이용하여 복사하면서 일부 조작을 가하여 그 사본 내용과 전혀 다르게 만드는 행위는 공공의 신용을 해할 우려가 있는 별개의 문서사본을 창출하는 행위로서 문서위조행위에 해당한다. [경찰승진(경위) 11 / 경찰승진 16 / 국가9급 13 / 국가7급 09·16 / 법원9급 07(상) / 법원9급 08 / 법원행시 05·08 / 변호사시험 16]

8 대법원 2016.7.14, 2016도2081
'문서가 원본인지 여부'가 중요한 거래에서 다른 조작을 가함이 없이 문서 원본을 그대로 컬러복사기로 복사하고 사본을 원본인 것처럼 행사한 사건
문서위조 및 동행사죄의 보호법익은 문서에 대한 공공의 신용이므로 '문서가 원본인지 여부'가 중요한 거래에서 문서의 사본을 진정한 원본인 것처럼 행사할 목적으로 다른 조작을 가함이 없이 문서의 원본을 그대로 컬러복사기로 복사한 후 복사한 문서의 사본을 원본인 것처럼 행사한 행위는 사문서위조죄 및 동행사죄에 해당한다. …… 변호사인 피고인이 대량의 저작권법 위반 형사고소 사건을 수임하여 피고소인 30명을 각 형사고소하기 위하여 20건 또는 10건의 고소장을 개별적으로 수사관서에 제출하면서 각 하나의 고소위임장에만 소속 변호사회에서 발급받은 진정한 경유증표 원본을 첨부한 후 이를 일체로 하여 컬러복사기로 20장 또는 10장의 고소위임장을 각 복사한 다음 고소위임장과 일체로 복사한 경유증표를 고소장에 첨부하여 접수한 경우, 변호사회가 발급한 경유증표는 증표가 첨부된 변호사선임서 등이 변호사회를 경유하였고 소정의 경유회비를 납부하였음을 확인하는 문서이므로 법원, 수사기관 또는 공공기관에 이를 제출할 때에는 원본을 제출하여야 하고 사본으로 원본에 갈음할 수 없으며, 각 고소위임장에 함께 복사되어 있는 변호사회 명의의 경유증표는 원본이 첨부된 고소위임장을 그대로 컬러 복사한 것으로서 일반적으로 문서가 갖추어야 할 형식을 모두 구비하고 있고, 이를 주의 깊게 관찰하지 아니하면 그것이 원본이 아닌 복사본임을 알아차리기 어려울 정도이므로 일반인이 명의자의 진정한 사문서로 오신하기에 충분한 정도의 형식과 외관을 갖추었다고 보아야 한다(사문서 위조죄 및 동행사죄).

사례연구   **사문서위조 후 위조죄의 공소시효 지나 전자복사하여 행사한 행위**

甲은 乙 명의의 매도증서를 위조하여 소지하고 있다가 매도증서에 대한 사문서위조죄의 공소시효가 완성된 후 이를 전자복사기로 그대로 복사하여 그 복사본을 법원에 제출하였다. 甲의 형사책임은?

[해결] 甲은 사문서위조죄, 동행사죄, 사기미수죄의 실체적 경합범이다. 판례는 위조된 문서원본을 단순히 전자복사기로 복사하여 그 사본을 만드는 행위도 공공의 신용을 해할 우려가 있는 별개의 문서사본을 창출하는 행위로서 문서위조행위에 해당한다고 보고 있다. 또한 소송사기의 형태로서 사기미수죄가 성립한다는 것도 이 사례의 논점이다(피고인은 이 사건 토지에 대한 자신의 점유가 타주점유여서 점유취득시효완성으로 인한 소유권이전등기청구권이 발생하지 않았다는 것을 잘 알면서도, 마치 자신의 점유가 자주점유인 것처럼 법원을 기망하여 취득시효완성으로 인한 소유권이전등기절차의 이행을 명하는 승소판결을 받을 목적으로, 이 사건 매도증서를 위조한 다음 이를 법원에 증거로 제출한 사실을 충분히 인정할 수 있으므로, 피고인을 소송사기에 의한 사기미수죄로 처단한 원심판결은 정당함)(대법원 1996.5.14, 96도785).

판례연구 **형법상 문서에 해당하지 않는 사례**

1 대법원 2007.11.29, 2007도7480

형법상 문서는 의사·관념의 표시가 계속적으로 나타나야 한다는 사례(계속성 부정 사례)

자신의 이름과 나이를 속이는 용도로 사용할 목적으로 주민등록증의 이름·주민등록번호란에 글자를 오려붙인 후 이를 컴퓨터 스캔 장치를 이용하여 이미지 파일로 만들어 컴퓨터 모니터로 출력하는 한편 타인에게 이메일로 전송한 경우, 컴퓨터 모니터 화면에 나타나는 이미지는 형법상 문서에 관한 죄의 문서에 해당하지 않으므로 공문서위조 및 위조공문서행사죄를 구성하지 않는다(위조된 문서 자체가 존재하지 않음).⁴¹⁷ [경찰간부 18 / 국가9급 13 / 국가7급 14 / 법원9급 10 / 법원승진 11 / 법원행시 10·12·14]

2 대법원 2008.4.10, 2008도1013

컴퓨터 모니터에 나타나는 이미지는 형법상 문서에 관한 죄의 '문서'에 해당하지 않는다는 사례

컴퓨터 모니터 화면에 나타나는 이미지는 이미지 파일을 보기 위한 프로그램을 실행할 경우에 그때마다 전자적 반응을 일으켜 화면에 나타나는 것에 지나지 않아서 계속적으로 화면에 고정된 것으로는 볼 수 없으므로, 형법상 문서에 관한 죄에 있어서의 '문서'에는 해당되지 않는다고 할 것이다. 따라서 컴퓨터 스캔 작업을 통하여 만들어낸 공인중개사 자격증의 이미지 파일은 형법상 문서에 관한 죄의 '문서'에 해당하지 않는다. [경찰간부 11 / 법원승진 14 / 사시 10 / 변호사시험 18]

3 대법원 2002.12.10, 2002도5533

백지에 도장을 찍은 것만으로는 사실증명에 관한 문서로 볼 수 없다는 사례(증명성 부정 사례)

단순히 백지(白紙)에 피해자 회사의 법인명판과 인감도장을 찍었다 하더라도 이것만으로 그 백지에 사실증명에 관한 피해자 회사의 일정한 의미가 있는 구체적 의사가 표현되어 있다고 볼 수 없으므로 이를 사문서위조죄에서 말하는 사실증명에 관한 문서로 볼 수는 없다.

4 대법원 1997.12.26, 95도2221

작성명의인을 알 수 없는 문건은 문서로 볼 수 없다는 사례(보증성 부정 사례)

사문서위조죄는 그 명의자가 진정으로 작성한 문서로 볼 수 있을 정도의 형식과 외관을 갖추어 일반인이 명의자의 진정한 사문서로 오신하기에 충분한 정도이면 성립하는 것이고, 반드시 그 작성명의자의 서명이나 날인이 있어야 하는 것은 아니나, 일반인이 명의자의 진정한 사문서로 오신하기에 충분한 정도인지 여부는 그 문서의 형식과 외관은 물론 그 문서의 작성경위, 종류, 내용 및 일반거래에 있어서 그 문서가 가지는 기능 등 여러 가지 사정을 종합적으로 고려하여 판단하여야 한다. 따라서 작성명의자의 승낙이나 위임이 없이 그 명의를 모용하여 토지사용에 관한 책임각서 등을 작성하면서 작성명의자의 서명이나 날인은 하지 않고 다만 피고인이 자신의 이름으로 보증인란에 서명·날인한 경우, 사문서위조죄가 성립되기 어렵다.

판례연구 **공문서와 사문서의 구별**

1 공문서에 해당하는 사례

1	십지지문 지문대조표(수사기관이 피의자의 신원을 특정하고 지문대조조회를 하기 위하여 직무상 작성하는 서류로서 비록 자서란에 피의자로 하여금 스스로 성명 등의 인적사항을 기재하도록 하고 있다 하더라도 이를 사문서로 볼 수 없음)(대법원 2000.8.22, 2000도2393) [경찰승진 14 / 법원승진 10 / 법원행시 12]

---

417 **유사판례** : 국립대학교 교무처장 명의의 '졸업증명서 파일'을 위조한 행위는 공문서위조죄를 구성하지 않는다(대법원 2010.7.15, 2010도6068). [법원행시 12]

2	민사분쟁사건처리특례법에 의하여 공증사무 취급이 인가된 합동법률사무소 명의로 작성된 공증에 관한 문서(직무의 근거가 법률에 근거를 두고 있다는 점에서 공정증서 기타 공문서에 해당됨)(대법원 1977.8.23, 74도2715 전원합의체)[418] [경찰간부 12 / 경찰승진(경위) 10]
3	외부 전문기관이 작성·보고하였다 하더라도 지방자치단체의 장 또는 계약담당자가 결재·승인한 검사조서(대법원 2010.4.29, 2010도875).[419] [법원9급 11]
4	자동차등록증의 '비고'란(∴ 비고란을 임의로 변경·행사한 행위는 공문서변조 및 동행사죄 성립, 대법원 2016.3.24, 2014도6287) 등
5	금융감독원장 명의의 금융감독권 대출정보내역(대법원 2021.3.11, 2020도14666)[420]

2 공문서에 해당하지 않는 사례(사문서)

1	(설사 공무원이 자기명의의 문서를 작성할 권한을 부여받았다 하더라도) 개인 채무부담의 의견표시인 문서(대법원 1984.3.27, 83도2892)
2	지방세의 수납업무를 일부 관장하는 시중은행의 세금수납영수증(대법원 1996.3.26, 95도3073) [경찰채용 11 1차 / 국가9급 16 / 법원행시 09·14]
3	공증인이 사서증서(私書證書)에 인증(認證[421])을 한 경우의 사서증서(이를 일부 변조한 행위는 공문서변조죄가 아니라 사문서변조죄에 해당함)(대법원 2005.3.24, 2003도2144) [경찰승진(경위) 10 / 국가7급 11]
4	선박안전기술공단이 해양수산부장관의 선박검수업무 등을 대행하면서 발급한 선박검사증서(대법원 2016.1.14, 2015도9133) 등
5	식당의 주·부식 구입 업무 담당공무원이 계약 등에 의하여 공무소의 주·부식 구입·검수 업무 등을 담당하는 조리장·영양사 등의 명의를 위조하여 작성한 검수결과보고서(대법원 2008.1.17, 2007도6987) [경찰채용 20 1차 / 법원행시 10]

3 대법원 2016.3.24, 2015도15842; 1996.3.26, 95도3073

계약 등에 의하여 공무와 관련되는 업무를 일부 대행하는 자는 공문서위조죄의 행위 주체인 '공무원 또는 공무소'가 될 수 없다는 사례

공문서위조죄의 객체인 공문서는 공무원 또는 공무소가 그 직무에 관하여 작성하는 문서로서, 그 행위 주체가 공무원과 공무소가 아닌 경우에는 형법 또는 기타 특별법에 의하여 공무원 등으로 의제되는 경우를 제외하고는 계약 등에 의하여 공무와 관련되는 업무를 일부 대행하는 경우가 있다고 하더라도 공무원 또는 공무소가 될 수 없고, 특히 형벌법규의 구성요건을 법률의 규정도 없이 유추 해석하는 것은 죄형법정주의의 원칙에 반한다. 구 화물자동차 운수사업법령에 따라 국토해양부장관에게서 '구 화물자동차 운수사업법 제3조 제3항 단서에 따른 허가사항 변경신고'에 관한 업무를 위탁받은 화물자

---

418 **판례의 사실관계** : 甲은 공증사무취급이 인가된 한일합동법률사무소의 사무원으로 종사하는 자인바, 위 합동법률사무소 소속 변호사 W의 참여하에 K의 유언에 대한 공정증서를 작성하기 위하여 그 초안을 작성하였는데 1973.5.15. 15:00 경 위 합동법률사무소 사무실에서 甲은 허위의 유언내용의 초안을 작성하여 이미 작성된 초안과 대체한 후 이를 진정한 공정증서 초안인 것처럼 가장하여 그 사정을 모르는 위 W에게 제출함으로써 이를 그대로 믿은 W로 하여금 해당요소에 서명날인케 하여 위 허위의 유언내용의 초안의 기재와 같은 내용이 기재된 한일합동법률사무소명의의 공정증서가 작성되게 하였다. 甲의 죄책은 공정증서원본불실기재 죄이다.

419 허위공문서작성죄에서 후술한다.

420 **보충** : 보이스피싱 현금 수거 및 전달책인 甲이 성명불상자와 공모하여 금융감독원장 명의의 '금융감독원 대출정보내역'이라는 문서를 위조하여 피해자에게 교부한 행위는 사문서위조·동행사죄가 아니라 공문서위조·동행사죄를 구성한다는 사례이다.

421 **보충** : 공증인법 제57조 제1항의 규정에 의하여 공증인(公證人)이 사서증서에 대하여 하는 인증은 ① 당해 사서증서에 나타난 서명 또는 날인이 작성명의인에 의하여 정당하게 성립하였음을 인증하는 것에 불과하므로 사서증서 인증서 중 그 인증기재 부분은 공문서에 해당하지만, ② 이러한 공증인의 인증이 그 사서증서의 기재 내용의 진정성까지 인증하는 것은 아니므로 사서증서의

동차운송사업협회의 임원과 직원은 공문서위조죄나 허위공문서작성죄의 주체인 공무원이 될 수 없으므로 위 협회 이사장이 작성한 대폐차수리통보서는 사문서에 해당한다.

---

02 사문서위조 · 변조죄

제231조【사문서 등의 위조 · 변조】 행사할 목적으로 권리 · 의무 또는 사실증명에 관한 타인의 문서 또는 도화를 위조 또는 변조한 자는 5년 이하의 징역 또는 1천만 원 이하의 벌금에 처한다.

판례연구 **작성권한 없는 자의 명의모용이 인정되어 사문서위조죄가 성립하는 사례**

1 대법원 1987.4.11, 87도399
사실혼 관계에 있던 자의 일방적인 혼인신고서 작성행위와 사문서위조죄의 성부
혼인신고 당시에는 피해자가 피고인과의 동거관계를 청산하고 피고인을 만나주지 아니하는 등으로 피하여 왔다면 당초에는 피해자와 사실혼 관계에 있었고 또 피해자에게 혼인의 의사가 있었다 하더라도 위 혼인신고 당시에는 그 혼인의사가 철회되었다고 보아야 할 것이므로 피고인이 일방적으로 혼인신고서를 작성하여 혼인신고를 한 소위는 설사 혼인신고서 용지에 피해자 도장이 미리 찍혀 있었다 하더라도 사문서 위조 기타 관계법조의 범죄에 해당한다 할 것이다. [법원9급 07(상)]

2 대법원 2007.3.29, 2006도9425
예금통장 명의신탁자와 수탁자 사이 분쟁 계속 중에 신탁자 측에서 수탁자의 명의를 임의로 사용한 사례
수탁자가 신탁받은 채권을 자신이 신탁자로부터 증여받았을 뿐 명의신탁받은 것이 아니라고 주장하는 상황에서, 신탁자의 상속인이 수탁자의 동의를 받지 아니하고 그 명의의 채권이전등록청구서를 작성 · 행사한 행위는 사문서위조 및 위조사문서행사죄에 해당한다. [경찰승진(경장) 11 / 법원행시 09]

3 대법원 2010.11.11, 2010도1835
본명 대신 가명이나 위명을 사용하여 사문서를 작성한 경우, 사문서위조죄가 성립하는지 여부
실제의 본명 대신 가명(假名)이나 위명(僞名)을 사용하여 사문서를 작성한 경우에 그 문서의 작성명의인과 실제 작성자 사이에 인격의 동일성이 그대로 유지되는 때에는 위조가 되지 않으나, 명의인과 작성자의 인격이 상이할 때에는 위조죄가 성립할 수 있다(대법원 1979.6.26, 79도908). 피고인이 다방 업주로부터 선불금을 받고 그 반환을 약속하는 내용의 현금보관증을 작성하면서 가명과 허위의 출생연도를 기재한 후 이를 교부한 행위는, 사문서위조죄 및 동행사죄에 해당한다.[422] 사시 12

기재내용은 사문서에 해당한다.
422 **사례 : 가명 사용 현금보관증 작성 사례** 甲은 다방 업주로부터 선불금을 받고 그 반환을 약속하는 내용의 현금보관증을 작성하면서 타인으로 가장하기 위해 가명과 허위의 출생연도를 기재한 후 이를 교부하였다. 甲의 행위는 사문서위조죄 및 동행사죄에 해당하는가?
판례 : 이 사건 현금보관증에 표시된 명칭과 주민등록번호 등으로부터 인식되는 인격은 '1954년에 출생한 52세 가량의 여성인 ○○○'이고 피고인은 위 다방에 취업하기 위하여 실제 나이보다 4살 어린 1954년생으로 가장하였고 1950년생인 피고인과는 다른 인격인 것이 분명하고 상대방도 이를 모르고 있었으므로, 이 사건 문서의 명의인과 작성자 사이에 인격의 동일성이 인정되지 않는다고 보아야 한다. 비록 피고인이 위 '○○○'이라는 가명을 다방에 근무하는 동안 계속 사용해 왔고, 주소는 실제 피고인의 주소와

대법원 2007.3.15, 2007도169

세금계산서의 공급받는 자란에 타인의 이름을 기재한 사례

세금계산서상의 공급받는 자는 그 문서 내용의 일부에 불과할 뿐 세금계산서의 작성명의인은 아니라 할 것이니, 공급받는 자 란에 임의로 다른 사람을 기재하였다 하여 그 사람에 대한 관계에서 사문서위 조죄가 성립된다고 할 수 없다.[423] [국가7급 14]

1 대법원 1980.4.22, 79도3034; 1983.10.25, 83도2257; 2008.11.27, 2006도2016; 2008.12.24, 2008도7836[424]

대표이사가 권한을 남용하여 허위로 주식회사 명의의 문서를 작성한 경우, 자격모용사문서작성죄 또는 사문서위조죄가 성립하는지 여부(소극)

원래 주식회사의 적법한 대표이사는 회사의 영업에 관하여 재판상 또는 재판외의 모든 행위를 할 권한이 있으므로, 대표이사가 직접 주식회사 명의 문서를 작성하는 행위는 자격모용사문서작성 또는 위조에 해당하지 않는 것이 원칙이다. 이는 그 문서의 내용이 진실에 반하는 허위이거나 대표권을 남용하여 자기 또는 제3자의 이익을 도모할 목적으로 작성된 경우에도 그러하다. [법원9급 12 / 법원행시 10]

2 대법원 1984.2.14, 83도2650

가등기담보권을 양수한 자가 임의로 양도인 명의로 가등기말소신청서를 작성한 경우에는 위조라고 볼 수 없다.[425]

동일하게 기재되어 있으며, 피고인이 위 문서로부터 발생할 책임을 면하려는 의사나 편취의 목적을 가지지는 않았다고 하더라도, 위 문서를 작성함에 있어서 자신이 위 문서에 표시된 명의인인 '1954년생 ○○○'인 체 가장한 것만은 분명하므로, 명의인과 작성자의 인격의 동일성을 오인케 한 피고인의 이러한 행위는 사문서 위조, 동행사죄에 해당한다고 보아야 한다(대법원 2010.11.11, 2010도 1835). [경찰채용 21 1차 / 사시 12]

해결 : 해당한다.

[423] **보충** : 위 세금계산서는, 부가가치세 과세사업자가 재화나 용역을 공급하는 때에 이를 공급받은 자에게 작성·교부하여야 하는 계산서이므로(부가가치세법 제16조 제1항), 그 작성권자는 어디까지나 재화나 용역을 공급하는 공급자가 된다. 따라서 공급받는 자의 상호, 성명, 주소는 필요적 기재사항이 아닌 임의적 기재사항에 불과하여(부가가치세법 시행령 제53조 제1항) 공급받는 자의 상호, 성명, 주소가 기재되어 있지 않은 세금계산서라도 그 효력에는 영향이 없다(위 판례).

[424] **사례** : 주식회사 대표이사의 주식회사 명의의 문서작성 사례 甲은 A주식회사의 대표이사로서, 전처(前妻)인 乙이 A주식회사에 대하여 32억 원의 대여금채권을 가지고 있는 것처럼 허위로 꾸며 乙로 하여금 위 허위의 대여금채권에 기하여 A주식회사 앞으로 공탁된 공탁금 231,169,555원에 대한 출급청구권에 대하여 채권압류 및 추심명령을 받게 함으로써, A주식회사에 대한 채권자인 B가 위 공탁금 출급청구권에 대한 채권압류 및 추심명령에 기하여 위 공탁금을 출급하는 것을 막고 나아가 각자의 채권액에 비례하여 안분배당을 받게 하기 위하여, 2005.1.3. 작성일자를 '1995.12.18.'로, 채무자를 'A주식회사 대표이사 丙'으로 표시하여 마치 A주식회사가 乙에 대하여 32억 원의 채무를 부담하고 있는 것처럼 기재한 차용증을 작성한 다음, 이를 공증담당 변호사에게 교부하였다. 甲의 차용증 작성행위는 위조 내지 자격모용작성에 해당하는가?

해결 : 甲에게는 위조 내지 자격모용사문서작성 및 동행사의 죄책이 인정되지 않는다(다만 이 사건에서, 甲은 A주식회사가 乙에 대하여 32억 원의 채무를 부담하고 있는 것처럼 기재한 허위의 차용증을 작성한 다음 이를 공증담당변호사에게 교부하여 공증을 받아 공정증서원본이 작성되게 하고 이를 비치하게 하였는데, 이 부분에 대해서는 공정증서원본부실기재죄 및 동행사죄의 죄책이 인정된다)

[425] **판례의 사실관계** : 고소인 K는 피고인 甲의 소개로 사채업자인 공소외 H에게 대여한 700만 원에 대한 회수가 어렵게 되자 피고인 甲은 위 양자간의 소개인으로서 책임지고 변제하라는 이유로 그 변제책임을 피고인 甲에게 떠맡기는 대신 위 K가 위 H에게 위 금원을 대여하면서 설정한 가등기에 의한 담보권을 완전히 피고인 甲에게 양도하게 되었다. 이에 피고인 甲은 위 가등기를 말소함에 있어서 고소인 K 명의의 위 가등기말소등기 신청서류 등을 임의로 작성하였다. 甲의 행위는 사문서위조죄를 구성하지 않는다. 왜냐하면 피고인 甲이 위 가등기를 말소함에 있어서 고소인 K 명의의 위 가등기말소등기 신청서류 등을 임의로 작성하였다 하더라도 이는 결국 위 K로부터의 포괄적 위임 내지 승낙에 기한 것이어서 피고인 甲이 가등기말소신청서 등을 위조하였다 할 수 없기

3 대법원 1984.7.10, 84도1146

대리인이 본인의 명의로 문서를 작성하면서 허위의 내용을 기재한 경우 사문서위조죄의 성부(소극)

매수인으로부터 매도인과의 토지매매계약체결에 관하여 포괄적 권한을 위임받은 자는 위임자 명의로 토지매매계약서를 작성할 적법한 권한이 있다 할 것이므로 매수인으로부터 그 권한을 위임받은 피고인이 실제 매수가격 보다 높은 가격을 매매대금으로 기재하여 매수인 명의의 매매계약서를 작성하였다 하여도 그것은 작성권한 있는 자가 허위내용의 문서를 작성한 것일 뿐 사문서위조죄가 성립될 수는 없다. [경찰채용 14 2차/경찰승진(경사) 11/변호사시험 18]

4 대법원 1984.10.10, 84도1566

연대보증인이 될 것을 허락한 자의 인감도장과 인감증명서를 교부받아 그를 직접 차주로 하는 차용금 증서를 작성한 경우 위조에 해당되지 않는다.[426] [법원9급 18/변호사시험 18]

5 대법원 1985.10.22, 85도1732

이사들이 작성자에게 출석·의결권을 위임하고 불출석하자 작성자가 이사들이 출석하여 의결권을 행사한 것으로 회의록을 작성한 경우 위조가 아니다.

6 대법원 1988.1.12, 87도2256

전세계약서를 작성함에 있어 그 명의자의 명시적이거나 묵시적인 승낙(위임)이 있은 것이라면 이는 사문서위조에 해당한다 할 수 없다.

7 대법원 2003.5.30, 2002도235

문서명의인의 추정적 승낙이 예상되는 경우 사문서위조·변조죄는 성립하지 아니한다는 사례

사문서의 위·변조죄는 작성권한 없는 자가 타인 명의를 모용하여 문서를 작성하는 것을 말하는 것이므로 사문서를 작성·수정함에 있어 그 명의자의 명시적이거나 묵시적인 승낙이 있었다면 사문서의 위·변조죄에 해당하지 않고, 한편 행위 당시 명의자의 현실적인 승낙은 없었지만 행위 당시의 모든 객관적 사정을 종합하여 명의자가 행위 당시 그 사실을 알았다면 당연히 승낙했을 것이라고 추정되는 경우 역시 사문서의 위·변조죄가 성립하지 않는다.[427] [국가9급 16/사시 10·13]

8 대법원 2009.5.14, 2009도11040

사임의사를 표시하였던 이사를 포함한 이사 3인 명의로 이사회 의사록을 작성하고 비치하거나 교부하였다 하더라도, 사임으로 인하여 필요한 이사의 수에 결원이 생기는 등의 사유가 있는 경우에는 사임을 한 이사가 자신의 명의사용을 곧바로 금지한 것이라고 볼 수도 없고 상대방인 1인 회사의 대표이사도 그 금지의 의사를 인식하였다고 단정할 수는 없기 때문에, 위 행위는 사문서위조·동행사죄에 해당하지 아니한다.[428]

때문이다.

426 **판례**: 피해자들이 일정한도액에 관한 연대보증인이 될 것을 허락하고 이에 필요한 문서를 작성하는데 쓰일 인감도장과 인감증명서(대출보증용)를 채무자에게 건네준 취지는 채권자에 대해 동액상당의 채무를 부담하겠다는 내용의 문서를 작성하도록 허락한 것으로 보아야 할 것이므로 비록 차용금증서에 동 피해자들을 연대보증인으로 하지 않고 직접 차주로 하였을지라도 그 문서는 정당한 권한에 기하여 그 권한의 범위 안에서 적법하게 작성된 것으로 보아야 한다(대법원 1984.10.10, 84도1566).

427 **사례**: 대학교 캠퍼스 건설본부장 공사계약서 추가 날인 사례 B대학교 직원들의 파업으로 인하여 B대학교 건물신축 관련 행정업무에는 차질이 생기게 되었고 이에 A학원 측에서는 원활한 공사시행을 위하여 법인소속의 캠퍼스 건설본부를 설치한 후 乙을 건설본부장으로 하여 건설공사를 진행시키게 되었다. 그런데 乙은 교육부 감사를 당하게 되자 신속하게 캠퍼스 건설공사를 진행시키려는 의도로 A학원 명의로 작성된 공사계약서의 도급인란에 총장 甲의 동의를 받지 않고 기존의 A학원 명의 옆에 추가로 총장 甲의 고무인을 찍고 그 옆에 총장 직인을 날인하여 이를 위 직원에게 제시하였다. 乙에게는 사문서변조죄가 성립하는가?

판례: 사문서의 위·변조죄는 작성권한 없는 자가 타인 명의를 모용하여 문서를 작성하는 것을 말하는 것이므로 사문서를 작성·수정함에 있어 그 명의자의 명시적이거나 묵시적인 승낙이 있었다면 사문서의 위·변조죄에 해당하지 않고, 한편 행위 당시 명의자의 현실적인 승낙은 없었지만 행위 당시의 모든 객관적 사정을 종합하여 명의자가 행위 당시 그 사실을 알았다면 당연히 승낙했을 것이라고 추정되는 경우 역시 사문서의 위·변조죄가 성립하지 않는다(대법원 2003.5.30, 2002도235).

해결: 사문서변조죄가 성립하지 않는다.

428 **판결이유**: 법인의 이사가 사임하는 행위는 상대방 있는 단독행위여서 그 의사표시가 상대방에게 도달함과 동시에 그 효력을

9 대법원 2010.5.13, 2010도1040

주식회사의 지배인이 권한을 남용하여 허위로 회사 명의의 문서를 작성한 경우, 사문서위조 또는 자격모용사문서작성죄에 해당하는지 여부(소극)

주식회사의 지배인이 자신을 그 회사의 대표이사로 표시하여 연대보증채무를 부담하는 취지의 회사 명의의 차용증을 작성·교부한 경우, 그 문서에 일부 허위 내용이 포함되거나 위 연대보증행위가 회사의 이익에 반하는 것이더라도 사문서위조 및 위조사문서행사에 해당하지 않는다. [경찰채용 16·18 1차 / 경찰승진 14 / 법원9급 11 / 법원승진 11 / 사시 13 / 변호사시험 17]

| 판례연구 | 작성권자의 포괄적 위임 내지 승낙이 없는데도 작성하여 위조죄에 해당되는 사례 |

1 대법원 1997.3.28, 96도3191

신축상가건물의 명목상 건축주의 포괄적 승낙 하에 업무를 처리하던 실제 건축주 사례

신축상가건물의 명목상 건축주의 포괄적 승낙 하에 분양에 관한 모든 업무를 처리하던 실제 건축주가 실제 분양되지도 않은 상가에 대하여 명목상의 건축주 명의로 분양계약서 및 입금표를 작성하고 그 분양계약서 및 입금표를 이용하여 대출을 받는 식으로 금원을 편취한 경우, 상가건물이 실제 분양되지도 않았고 분양대금이 납부된 바도 없는데도 그러한 사실이 있는 것으로 되어 있는 허위 내용의 문서를 작성하는 것과 같은 범죄행위는 포괄적으로 위임받은 분양업무에 속하는 것이라고 볼 수 없으므로, 위와 같은 내용의 문서 작성 및 행사는 사문서위조 및 동행사에 해당된다. [경찰채용 18 3차]

2 대법원 2007.11.30, 2007도4812

신탁자가 수탁자의 개별적 승낙 없이 수탁자 명의로 신탁재산의 처분에 필요한 서류를 작성하는 행위가 사문서위조·동행사죄를 구성하는 경우

① 신탁자에게 아무런 부담이 없이 재산이 수탁자에게 명의신탁된 경우에는 그 재산의 처분 기타 권한행사에 있어서는 수탁자가 자신의 명의사용을 포괄적으로 신탁자에게 허용하였다고 봄이 상당하므로, 신탁자가 수탁자 명의로 신탁재산의 처분에 필요한 서류를 작성함에 있어 수탁자로부터 개별적인 승낙을 받지 아니하였다 하더라도 사문서위조·동행사죄가 성립하지 아니하지만, ② 수탁자가 명의신탁 받은 사실을 부인하면서 신탁재산이 수탁자 자신의 소유라고 주장하는 등으로 두 사람 사이에 신탁재산의 소유권에 관하여 다툼이 있는 경우에는 더 이상 신탁자가 그 재산의 처분 등과 관련하여 수탁자의 명의를 사용하는 것이 허용된다고 볼 수 없으며, ③ 이는 수탁자가 명의신탁 받은 사실 자체를 부인하는 것은 아니더라도 신탁자의 신탁재산 처분권한을 다투는 등 신탁재산에 관한 처분이나 기타 권한행사에 있어서 신탁자에게 부여하였던 수탁자 명의사용에 대한 포괄적 허용을 철회한 것으로 볼 만한 사정이 있는 경우에도 마찬가지이다. 따라서 수탁자가 신탁자에게 '자신에 대한 차용금 채무를 변제하지 않는 한 신탁재산을 타인에게 매도하는 데 필요한 서류 작성에 협조하지 않겠다.'는 취지의 말을 한 경우, 신탁자에게 부여하였던 수탁자 명의사용에 대한 포괄적 허용을 철회한 것으로 보아야 한다(신탁자는 사문서위조·동행사죄).⁴²⁹

발생하는 것이고, 통상 이사가 사임하면 그 즉시 이사로서의 지위를 상실하므로 자신의 이름을 회사의 이사인 것처럼 사용하도록 허락한 사람이 사임의 의사표시를 하는 경우 그 의사표시에는 명의사용에 대한 기존의 승낙이나 동의를 더 이상 유지하지 않는다는 의사도 포함된 것이고 상대방도 이러한 의사를 인식하였다고 보는 것이 일반적이므로, 그 이후에는 더 이상 그 명의를 사용할 수 없다. 그러나 사임으로 인하여 필요한 이사의 수에 결원이 생기는 등의 사유가 있는 경우에는 명의사용을 곧바로 금지한 것이고 상대방인 1인 회사의 대표이사도 그 금지의 의사를 인식하였다고 단정할 수는 없다. 그러므로 이사가 사임한 경우에 더 이상의 명의사용을 금지한 것인지 여부 및 상대방이 이를 인식하였는지 여부는 당초 이사로 선임된 동기, 사임으로 인한 이사 정원의 미달 여부, 사임의 동기, 이사와 회사 및 1인 주주와의 관계, 사임 이후의 명의사용에 대하여 이의를 제기하였는지 여부 등의 사정을 종합하여 살펴보아야 한다.

429 **보충 : 위 판례의 또 다른 논점** 또한 위 판례는 명의신탁자가 매도인 명의를 수탁자로 하여 제3자에게 신탁재산을 매도하는 계약을 체결하면서 수탁자가 위 신탁재산의 매도를 반대하며 매도에 따른 절차이행에 협조하기를 거절하고 있는 사정을 숨긴 경우, 매수인인

3 대법원 2008.11.27, 2006도2016

대표이사로부터 권한을 위임받은 사람이 회사 명의로 문서를 작성하는 행위가 적법하기 위한 요건(= 개별적·구체적 위임 또는 승낙)

주식회사의 적법한 대표이사라 하더라도 그 권한을 포괄적으로 위임하여 다른 사람으로 하여금 대표이사의 업무를 처리하게 하는 것은 허용되지 않는다. 따라서 ① 대표이사로부터 포괄적으로 권한행사를 위임받은 사람이 주식회사 명의로 문서를 작성하는 행위는 원칙적으로 권한 없는 사람의 문서 작성행위로서 자격모용사문서작성 또는 위조에 해당하고, ② 대표이사로부터 개별적·구체적으로 주식회사 명의의 문서 작성에 관하여 위임 또는 승낙을 받은 경우에만 예외적으로 적법하게 주식회사 명의로 문서를 작성할 수 있다. ③ 따라서 A회사의 대표이사 甲이 B회사의 대표이사 乙로부터 포괄적 위임을 받아 두 회사의 대표이사 업무를 처리하면서 두 회사 명의로 허위 내용의 영수증과 세금계산서를 작성한 경우, B회사 명의 부분은 乙의 개별적·구체적 위임 또는 승낙 없는 행위로서 사문서위조 및 위조사문서행사죄가 성립하지만, A회사 명의 부분은 이미 퇴직한 종전의 대표이사를 승낙 없이 대표이사로 표시하였더라도 이에 해당하지 않는다.

4 대법원 2011.1.13, 2010도9725

교회를 탈퇴해 새로운 교회를 설립한 목사가 기존 교회 명의를 사용한 사례

甲 교회 목사인 A는 자신을 지지하는 일부 교인들과 甲 교회를 탈퇴한 후, 甲 교회 명의로 甲 교회 소유 부동산을 자신에게 매도하는 내용의 매매계약서를 작성하고 이를 행사하였다. A의 행위는 사문서위조죄 및 위조사문서행사죄에 해당한다. [경찰채용 13 1차]

5 대법원 2012.9.27, 2012도7467

내부규정으로 권한이 제한된 주식회사의 지배인의 회사 명의의 문서 작성 사례

원래 주식회사의 지배인은 회사의 영업에 관하여 재판상 또는 재판 외의 모든 행위를 할 권한이 있으므로, ① 지배인이 직접 주식회사 명의 문서를 작성하는 행위는 위조나 자격모용사문서작성에 해당하지 않는 것이 원칙이고, 이는 문서의 내용이 진실에 반하는 허위이거나 권한을 남용하여 자기 또는 제3자의 이익을 도모할 목적으로 작성된 경우에도 마찬가지이다. 그러나 ② 회사 내부규정 등에 의하여 각 지배인이 회사를 대리할 수 있는 행위의 종류, 내용, 상대방 등을 한정하여 권한을 제한한 경우에 제한된 권한 범위를 벗어나서 회사 명의의 문서를 작성하였다면, 이는 자기 권한 범위 내에서 권한행사의 절차와 방식 등을 어긴 경우와 달리 문서위조죄에 해당한다.[430] [국가7급 21]

판례연구 **작성명의인의 승낙이 추정되지 않거나, 추정되더라도 사자명의의 문서의 명의자의 생존 사실이 중요한 전제가 되어 있는 경우이므로 문서위조·변조에 해당되는 사례**

1 대법원 2011.9.29, 2010도14587

명의인의 승낙에 대한 막연한 기대나 예측만으로 승낙이 추정된다고 단정할 수 있는지 여부(소극) : 사문서변조죄 및 동행사죄 ○

제3자에 대한 기망행위가 된다고 한 사례이기도 하다.

430 **사례** : 주식회사의 지배인이 회사 내부규정 등에 의하여 제한된 권한 범위를 벗어나 회사 명의의 문서를 작성한 사례 甲 은행의 지배인으로 등기되어 있는 A는, 신용이나 담보가 부족한 차주 회사가 저축은행 등 대출기관에서 대출을 받는 데 사용하도록 지급보증의 성질이 있는 甲 은행 명의의 대출채권양수도약정서와 사용인감계를 작성하였다. 그런데 甲 은행의 내부규정은 지급보증 등 여신에 관하여 금액 규모 등에 따라 전결권자를 구분하고 나아가 여신 결재가 이루어진 것을 전제로 인감관리자의 결재를 받아 사용인감계를 작성하도록 하는 등으로 지급보증 등의 의사결정 권한을 상위 결재권자에게 부여하고 있다. 그렇다면 이러한 A의 문서작성행위는 사문서위조죄를 구성하는가?
판례 : 위와 같은 문서작성 행위는 제한된 지배인의 대리권한을 넘는 경우에 해당하여 사문서위조죄가 성립한다(대법원 2012.9.27, 2012도7467). [국가7급 21]
해결 : 구성한다.

명의자의 명시적인 승낙이나 동의가 없다는 것을 알고 있으면서도 명의자가 문서작성 사실을 알았다면 승낙하였을 것이라고 기대하거나 예측한 것만으로는 그 승낙이 추정된다고 단정할 수 없다(대법원 2008.4.10, 2007도9987). [사시 10] 피고인이 행사할 목적으로 권한 없이 甲 은행 발행의 피고인 명의 예금통장 기장내용 중 특정 일자 입금자 명의를 가리고 복사하여 그 통장사본을 법원에 증거로 제출한 행위는 사문서변조죄 및 동행사죄를 구성한다.[431] [국가9급 21 / 국가7급 20 / 법원9급 18]

2 대법원 2011.9.29, 2011도6223

사망한 아버지 명의로 인감증명서 발급 위임장을 작성하여 행사한 사례

사망한 사람 명의의 사문서를 위조한 경우 문서명의인이 생존하고 있다는 점이 문서의 중요한 내용을 이루거나 그 점을 전제로 문서가 작성되었다면, 사망한 명의자의 승낙이 추정된다는 이유로 사문서위조죄의 성립을 부정할 수 없다. 따라서 피고인이 자신의 부(父) 甲에게서 甲 소유 부동산 매매에 관한 권한 일체를 위임받아 이를 매도하였는데, 그 후 甲이 갑자기 사망하자 소유권 이전에 사용할 목적으로 甲이 자신에게 인감증명서 발급을 위임한다는 취지의 인감증명 위임장을 작성하여 주민센터 담당직원에게 제출한 경우에는 사문서위조죄 및 동행사죄가 성립한다.[432] [국가7급 13·16·20 / 법원행시 14 / 사시 14 / 변호사시험 14]

판례연구　　**위임의 취지에 반하거나 위임받은 권한을 초과하여 작성하여 문서위조에 해당되는 사례**

1 대법원 1982.10.12, 82도2023

일정금액의 차용권한을 위임받으면서 명의인으로부터 작성해 받은 대출신청서 및 영수증의 백지로 된 금액란에 위임받은 금액보다 많은 금액을 기재한 소위가 사문서위조죄에 해당하는지 여부(적극)

위탁된 권한을 초월하여 위탁자 명의의 문서를 작성하거나 위탁자의 서명날인이 정당하게 성립한 때라

---

431 **사례**: A는 행사할 목적으로 권한 없이 甲 은행 발행의 A 명의 예금통장 기장내용 중 특정 일자 입금자 명의를 가리고 복사하여 그 통장사본을 법원에 증거로 제출하였다. A의 죄책은?

판례: 피고인이 행사할 목적으로 권한 없이 甲 은행 발행의 피고인 명의 예금통장 기장내용 중 특정 일자에 乙 주식회사로부터 지급받은 월급여의 입금자 부분을 화이트테이프로 지우고 복사하여 통장 1매를 변조한 후 그 통장사본을 법원에 증거로 제출하여 행사하였다는 내용으로 기소된 경우, 관련 민사소송에서 피고인이 언제부터 乙 회사에서 급여를 받았는지가 중요한 사항이었는데 2006.4.25.자 입금자 명의를 가리고 복사하여 이를 증거로 제출함으로써 2006.5.25.부터 乙 회사에서 급여를 수령하였다는 새로운 증명력이 작출되었으므로 공공적 신용을 해할 위험성이 있었다고 볼 수 있고, 제반 사정을 종합할 때 통장 명의자인 甲 은행장이 행위 당시 그러한 사실을 알았다면 이를 당연히 승낙했을 것으로 추정된다고 볼 수 없으며, 피고인이 쟁점이 되는 부분을 가리고 복사함으로써 문서내용에 변경을 가하고 증거자료로 제출한 이상 사문서변조 및 변조사의 고의가 없었다고 할 수 없다(대법원 2011.9.29, 2010도14587).

해결: 사문서변조죄와 변조사문서행사죄의 실체적 경합.

432 **사례**: A는 자신의 부(父) 甲에게서 甲 소유 부동산 매매에 관한 권한 일체를 위임받아 이를 매도하였는데, 그 후 甲이 갑자기 사망하자 소유권 이전에 사용할 목적으로 甲이 자신에게 인감증명서 발급을 위임한다는 취지의 인감증명 위임장을 작성하여 주민센터 담당직원에게 제출하였다. A에게는 사문서위조죄가 성립하는가?

판례: 사망한 사람 명의의 사문서에 대하여도 문서에 대한 공공의 신용을 보호할 필요가 있다는 점을 고려하면(대법원 2005.2.24, 2002도18 전원합의체), 문서명의인이 이미 사망하였는데도 문서명의인이 생존하고 있다는 점이 문서의 중요한 내용을 이루거나 그 점을 전제로 문서가 작성되었다면 이미 문서에 관한 공공의 신용을 해할 위험이 발생하였다 할 것이므로, 그러한 내용의 문서에 관하여 사망한 명의자의 승낙이 추정된다는 이유로 사문서위조죄의 성립을 부정할 수는 없다. … 甲의 사망으로 포괄적인 명의사용의 근거가 되는 위임관계 내지 포괄적인 대리관계는 종료된 것으로 보아야 하므로 특별한 사정이 없는 한 피고인은 더 이상 위임받은 사무처리와 관련하여 甲의 명의를 사용하는 것이 허용된다고 볼 수 없고, 피고인이 사망한 甲의 명의를 모용한 인감증명 위임장을 작성하여 인감증명서를 발급받아야 할 급박한 사정이 있었다고 볼 만한 사정도 없으며, 인감증명 위임장은 본래 생존한 사람이 타인에게 인감증명서 발급을 위임한다는 취지의 문서라는 점을 고려하면, 이미 사망한 甲이 '병안 중'이라는 사유로 피고인에게 인감증명서 발급을 위임한다는 취지의 인감증명 위임장이 작성됨으로써 문서에 관한 공공의 신용을 해할 위험성이 발생하였다 할 것이고, 피고인이 명의자 甲이 승낙하였을 것이라고 기대하거나 예측한 것만으로는 사망한 甲의 승낙이 추정된다고 단정할 수 없는데도, 이와 달리 피고인에게 무죄를 인정한 원심판결에 사망한 사람 명의의 사문서위조죄에서 승낙 내지 추정적 승낙에 관한 법리오해의 위법이 있다(대법원 2011.9.29, 2011도6223). [국가7급 13·16 / 법원행시 14 / 변호사시험 14]

해결: 성립한다.

하더라도 그 서명날인자의 의사에 반하는 문서를 작성한 경우에는 사문서위조죄가 성립한다 할 것이므로 피고인이 공소외 甲으로부터 금 75,000,000원의 차용 위탁을 받고 백지의 대출신청서 및 영수증에 동인의 날인을 받은 연후에 차용금액을 금 150,000,000원으로 기입하여 공소외 甲 명의의 대출신청서 및 영수증을 작성하였다면 문서위조죄가 성립한다.

2 대법원 1984.6.12, 83도2408
수임인의 위임취지에 반한 문서작성과 사문서위조죄의 성부
피고인 甲이 공소외 乙과의 동업계약에 따라 甲의 명의로 변경하기 위하여 乙의 인장이 날인된 백지의 건축주명의변경신청서를 받아 보관하고 있던 중 그 위임의 취지에 반하여 피고인 丙 앞으로 건축주명의를 변경하는 건축주명의변경신청서를 작성하여 구청에 제출하였다면 사문서위조 및 그 행사죄가 성립한다. [경찰승진(경장) 11]

3 대법원 1992.3.31, 91도2815
백지 동의서에 날인을 받은 다음 분묘소재지 바로 옆에서 골재채취를 하도록 기재한 사례
A가 다른 곳의 토지에 분묘를 소유하고 있는 B에게 위 분묘 소재지는 A가 신청한 골재채취장과는 멀리 떨어져 있어 토석채취를 한다고 하여도 피해가 없으니 동의해 달라고 말하여 백지의 동의서 양식에 인감도장을 날인하게 한 다음, 행사할 목적으로 그 동의서에 B의 의사에 반하여 분묘 소재지를 위 골재채취장 주변의 토지로 기재하였다면, A에게는 사문서위조죄가 성립하게 된다.[433]

4 대법원 1992.12.22, 92도2047
백지위조 사례
작성명의자의 날인이 정당하게 성립된 사문서라고 하더라도 내용을 기재할 정당한 권한이 없는 자가 내용을 기재하거나 또는 권한을 위임받은 자가 권한을 초과하여 내용을 기재함으로써 날인자의 의사에 반하는 사문서를 작성한 경우에는 사문서위조죄가 성립한다.[434] [경찰승진(경장) 11 / 법원승진 13]

5 대법원 1994.7.29, 93도1091
공동대표이사로 법인등기를 하기로 하여 이사회의사록 작성 등 그 등기절차를 위임받았음에도 단독대표이사 선임의 이사회의사록을 작성하여 단독대표이사로 법인등기한 행위는 사문서위조, 동행사, 공정증서원본부실기재, 동행사의 죄에 해당한다. [법원행시 09]

6 대법원 1997.2.14, 96도2234
문서를 작성할 권한을 위임받지 아니한 문서기안자가 문서 작성권한을 가진 사람의 결재를 받은 바 없이 권한을 초과하여 문서를 작성하였다면 이는 사문서위조죄가 된다. [경찰채용 14 2차]

---

433 보충 : 피고인이 작성한 피해자 작성명의 동의서는 피해자가 동의서의 양식에 인감도장을 날인하면서 그 공란을 기재하도록 승낙한 내용과 다른 것이고, 위 동의서의 공란을 기재하여 완성하도록 승낙한 취지에도 어긋나는 것이어서 피고인은 피해자가 승낙한 문서 아닌 문서를 작성한 셈이 되고, 피해자의 의사에 반한 내용의 동의서를 작성한 것이 되어 사문서를 위조한 경우에 해당한다고 보아야 할 것이고, 그 동의서에 미리 날인받은 피해자의 인영이 진정한 것이었다고 하여 이것만 가지고 사문서를 위조한 것이 아니라고 할 수 없다(위 판례).

434 보충 : 백지위조 사례 乙은 1989.4.20. 丙에게 같은 해 6.5.까지 원심판시 금액을 변제하지 않을 경우 그 다음날 이후에는 이 사건 나이트클럽의 명의를 위 丙 앞으로 변경하기로 약정하고 소정사항이 기재되어 있지 아니한 백지의 양도양수서 용지에 그의 도장을 날인하여 교부하였는데, 피고인 甲은 위 丙으로부터 같은 해 5.3. 위 서류를 같은 해 6.5.까지 보관만 하기로 약정하고 교부받았을 뿐임에도 불구하고 같은 해 5.6. 위 서류에 위 乙이 같은 달 1.자로 위 나이트클럽을 피고인 甲에게 양도한다는 내용을 기재하였다는 것인바, 이에 의하면 피고인 甲은 위 양도양수서 중 백지로 되어 있는 부분에 위와 같은 내용을 기재할 수 있는 권한을 위임받은 바 없으면서 작성명의인인 위 乙의 의사에 반하여 동인명의 사문서를 작성하였다고 할 것이므로 피고인의 위 행위는 사문서위조죄에 해당한다(위 판례).

7 대법원 2006.9.28, 2006도1545

상법상 특별배임죄의 범행에 사용할 목적으로 회사 대표이사 명의로 '인허가권 및 토지 양도양수 계약서' 등을 작성한 행위는 위임된 위 회사 명의의 문서작성권한을 남용한 정도에 그치는 것이 아니라 위임된 권한의 범위를 벗어나는 것으로서 사문서위조죄를 구성한다고 보아야 한다.

판례연구 **기망에 의한 위조가 되어 위조죄가 성립하는 사례**

1 대법원 1970.9.29, 70도1759

기망에 의한 위조가 인정되는 경우

문서의 작성명의자를 기망하여 명의자가 당해 문서에 기재된 의사표시를 한다는 사실 자체를 알지 못하는 상태에서 문서에 서명날인하게 하거나, 작성 명의자로 하여금 문서의 내용을 오신시켜 이를 이용하여 문서에 서명날인을 받은 경우에도 사문서위조죄가 성립한다.

2 대법원 1983.6.28, 83도1036

허위의 신탁증서에 명의자를 속여 날인을 받아 행사한 사례

권리의무에 관한 사문서인 타인명의의 신탁증서 1통을 작성한 후 마치 이를 다른 내용의 문서인 것처럼 그 타인에게 제시하여 날인을 받은 후 이를 법원에 증거로 제출하여 사용하였다면 사문서위조 및 동행사죄가 성립한다. [경찰간부 17]

3 대법원 2000.6.13, 2000도778

명의인을 기망하여 문서를 작성케 한 사례 : 정기문중총회 회의록 사건

명의인을 기망하여 문서를 작성케 하는 경우는 서명, 날인이 정당히 성립된 경우에도 기망자는 명의인을 이용하여 서명 날인자의 의사에 반하는 문서를 작성케 하는 것이므로 사문서위조죄가 성립한다.[435]

[경찰채용 14 2차 / 경찰채용 18 3차 / 경찰승진(경위) 11 / 경찰승진 12·17 / 국가7급 11 / 법원9급 12 / 법원승진 10 / 법원행시 11]

판례연구 **기망에 의한 위조로 볼 수 없어 위조죄가 인정되지 않는 사례**

1 대법원 2003.11.28, 2003도5340

기망에 의한 위조가 인정되지 않는 경우

문서 작성명의자가 '당해 문서의 행사결과 취득할 금전이나 재산상 이득의 처분 등에 관하여' 타인으로부터 기망을 당하거나 착오에 빠져 직접 문서를 작성하여 타인에게 교부하거나, 문서작성권한을 타인에게 위임하거나 문서작성을 승낙하여 타인으로 하여금 문서를 작성하게 한 경우에는 문서작성 자체는 명의인의 의사에 기인한 것이므로 사문서위조죄를 구성하지 않는다.

2 대법원 2010.11.25, 2010도11509

법무사 명의의 확인서면의 등기의무자란에 허위로 날인한 사례

피고인들이 甲 등과 공모하여, 부동산등기법 제49조 제3항, 제2항에서 정한 확인서면의 등기의무자란에 등기의무자 乙 대신 甲이 우무인을 날인하는 방법으로 사문서인 乙 명의의 확인서면을 작성한

---

435 **사례** : 명의인 기망 사례 甲은 문중 소유 임야의 매도와 관련된 정기문중총회 회의록을 임의로 작성하고는 종중원들을 찾아다니면서 서명·날인을 받았는데, 이때 종중원들에게 위 임야의 등기 및 매도권한을 甲에게 일임하고 매도금액 3분의 1을 문중에 반납하고 나머지를 甲에게 소송대행비용으로 준다는 회의록의 내용 등에 관해서는 제대로 알려주지 아니한 채, 단지 위 임야에 관하여 문중 명의로 소유권이전등기를 하는 데 필요하다는 정도로만 얘기하면서 서명·날인을 받았다. 甲의 죄책은?

해결 : 사문서위조죄.

다음 법무사를 통해 이를 교부받은 경우, 위 확인서면은 법무사 명의의 문서이고, 작성명의인인 법무사가 피고인들 등에게 속아 등기의무자를 乙로 하는 내용의 확인서면을 작성하였다고 하더라도 이를 피고인들 등이 위조하였다고는 볼 수 없다. [경찰채용 12 2차]

판례연구 **일반인이 명의자의 진정한 사문서로 오신하기에 충분한 정도에 이른 경우**

1 다소 미완성이라도 진정한 사문서로 오신할 수 있는 경우에는 위조에 해당한다는 전통적 사례
① 날인이 없는 예금청구서를 권한 없이 작성하는 것 : 일반인으로 하여금 진정한 문서로 오인할 정도로 문서로서의 형식과 외관을 갖추고 있으면 족하고 반드시 작성명의자의 서명·날인이 있어야 하는 것은 아님(대법원 1967.3.28, 67도253). [경찰승진 14 / 법원9급 12·17 / 사시 13·14 / 변호사시험 17]
② 졸업증명서나 수료증에 성명기재가 없는 경우(대법원 1962.9.27, 62도113)
③ 작성자의 고무명판을 찍고 서명날인이 없는 경우(대법원 1988.3.22, 88도3)

2 대법원 2007.5.10, 2007도1674
명의자의 사문서로 오신할만한 사례
차용증에 연대보증인의 이름과 주민등록번호 및 주소가 함께 적혀 있고 날인(捺印)은 없는 경우에도 반드시 작성명의자의 서명·날인이 있어야 하는 것은 아니므로 이러한 차용증도 사문서에 해당한다.
[사시 14]

3 대법원 2011.2.10, 2010도8361
직인을 오려붙인 흔적을 감추기 위하여 복사하여 추천서와 경력증명서를 위조하고 행사한 사례
피고인이 다른 서류에 찍혀 있던 甲의 직인을 칼로 오려내어 풀로 붙인 후 이를 복사하는 방법으로 甲 명의의 추천서와 경력증명서를 위조하고 이를 행사한 경우, 위 문서는 피고인이 직인을 오려붙인 흔적을 감추기 위하여 복사한 것으로서 일반적으로 문서가 갖추어야 할 형식을 다 구비하고 있고, 주의 깊게 관찰하지 아니하면 외관에 비정상적인 부분이 있음을 알아차리기가 어려울 정도이므로, 일반인이 명의자의 진정한 사문서로 오신하기에 충분한 정도의 형식과 외관을 갖추었다고 볼 수 있다. [변호사시험 16]

판례연구 **일반인이 명의자의 진정한 사문서로 오신하기에 충분한 정도에 이르지 못한 경우**

1 대법원 1965.7.20, 65도280
문서로 볼만한 정도에 이르지 못한 경우
작성명의인의 인장도 없고 모두에 사본이라고 써두어 외관상 문서라고 볼 수 없는 것을 작성한 데 그친 경우 위조죄에 해당하지 않는다.

2 대법원 2006.9.14, 2005도2518
명의자의 사문서로 오신할만한 정도에 이르지 못한 입금확인서 사례
어떤 입금확인서가 수기(手記)로 기재된 부분이 전혀 없이 컴퓨터 활자로만 작성되어 있고, 공동 작성명의자 중 甲의 이름 다음에는 날인이 되어 있으나 乙의 이름 다음에는 날인이 되어 있지 않은 경우, 이러한 입금확인서는 문서에 해당하지 않는다.

3 대법원 2009.5.14, 2009도5
문서의 정도에 이르지 못한 매매계약동의서 사례
건설시행업자가 재개발사업 대상 토지 소유자들이 일정한 기한 내에 매매계약을 체결할 것을 동의한

다는 내용의 매매계약동의서를 컴퓨터 및 필기구를 이용하여 작성하였지만, 위 매매계약동의서에는동의 당사자들의 성명 및 주소만 기재되어 있을 뿐 날인은 없었던 점, 다른 토지 소유자들의 매매동의를 얻어 날인까지 받은 매매계약동의서와 함께 제시됨으로써 위 매매계약동의서의 소유자들은 확정적으로 매매계약에 동의하지 않았다는 사실을 쉽게 구별·확인 가능한 점, 매매계약동의서의 성격 등을 고려해 볼 때, 위 매매계약동의서가 진정한 문서로 오신하기에 충분한 정도의 형식과 외관을 갖춘 완성된 문서로 인정하기에 부족하므로, 사문서위조죄는 성립하지 않는다.

판례연구   **사문서변조에 해당하는 사례**

1 대법원 1976.8.24, 76도1774
매매계약서의 매수인을 추가기재한 사례
부동산매매계약을 체결함에 있어서 甲을 매수인으로 내세우고 乙은 그 계약의 단순한 입회인의 자격으로서 그 계약을 체결한 이상 그 전에 甲과 乙이 서로 돈을 대어 丙으로부터 이 사건 부동산을 공동매수하기로 합의하였다 하더라도 이는 甲과 乙만의 대내적인 합의에 불과하였다 할 것이므로 甲·乙 등만이 마음대로 乙을 매수인이라고 기재하여 그 매매계약서를 고쳤다면 그 행위는 사문서변조죄에 해당한다. [법원승진 10]

2 대법원 1995.2.24, 94도2092
보관 중인 영수증에 작성명의인의 승낙 없이 새로운 증명력을 가져오게 하는 문구를 기재한 사례
피고인이 나중에 관련 민사소송에서 그 어음을 그 계쟁 부동산을 담보물로 한 은행융자금채무의 상환을 위하여 교부받은 것이라는 주장사실을 입증하는 데 사용할 목적으로 당시 보관 중이던 그 영수증 위의 '할부금'이라는 기재부분 옆에다 그 작성명의인인 망인의 승낙 없이 임의로 그 계쟁 부동산을 지칭하는 표시로서 '733 – 19번지'라고 써 넣은 것이라면, 그 변경 내용이 비록 객관적인 진실에 합치하는 것이라 하더라도, 이는 그 영수증에 새로운 증명력을 가져오게 한 것임이 분명하므로, 사문서변조죄의 구성요건을 충족한다.

3 대법원 2010.1.28, 2009도9997
일련번호 16번까지 투표지를 받은 사람들의 기명 및 서명이 기재되어 있고, 투표 후 확인업무 담당자인 甲, 乙이 그 하단 공백 부분에 서명한 '건물 임시관리단집회 투표지대장'의 일련번호 17번란에 피고인이 자신의 이름을 기명하고 서명한 행위는 甲, 乙 명의의 사문서인 위 투표지대장을 변조한 것에 해당한다.

4 대법원 2018.9.13, 2016도20954
이사장이 이사의 서명거부기재를 삭제한 사건
이사회 회의록에 관한 이사의 서명권한에는 서명거부사유를 기재하고 그에 대해 서명할 권한이 포함된다. 이사가 이사회 회의록에 서명함에 있어 이사장이나 다른 이사들의 동의를 받을 필요가 없는 이상 서명거부사유를 기재하고 그에 대한 서명을 함에 있어서도 이사장 등의 동의가 필요 없다고 보아야 한다. 따라서 이사가 이사회 회의록에 서명 대신 서명거부사유를 기재하고 그에 대한 서명을 하면, 특별한 사정이 없는 한 그 내용은 이사회 회의록의 일부가 되고, 이사회 회의록의 작성권한자인 이사장이라 하더라도 임의로 이를 삭제한 경우에는 이사회 회의록 내용에 변경을 가하여 새로운 증명력을 가져오게 되므로 사문서변조에 해당한다. [경찰채용 21 1차]

> **판례연구** 　　사문서변조에 해당하지 않는 사례

대법원 2017.12.5, 2014도14924
진정하게 성립된 타인 명의의 문서가 존재하지 않는 경우
사문서변조죄는 권한 없는 자가 이미 진정하게 성립된 타인 명의의 문서 내용에 대하여 동일성을 해하지 않을 정도로 변경을 가하여 새로운 증명력을 작출케 함으로써 공공적 신용을 해할 위험성이 있을 때 성립한다. 따라서 이미 진정하게 성립된 타인 명의의 문서가 존재하지 않는다면 사문서변조죄가 성립할 수 없다.

> **판례연구** 　　국제운전면허증 사진 교체 사건

대법원 1998.4.10, 98도164,98감도12
외국에서 발행되어 유효기간이 경과한 국제운전면허증에 첨부된 사진을 바꾸어 붙인 사례
문서위조죄는 문서의 진정에 대한 공공의 신용을 그 보호법익으로 하는 것이므로, 피고인이 위조하였다는 국제운전면허증(공문서가 아니라 사문서에 해당함)이 그 유효기간을 경과하여 본래의 용법에 따라 사용할 수는 없게 되었다고 하더라도, 이를 행사하는 경우 그 상대방이 유효기간을 쉽게 알 수 없도록 되어 있거나 위 문서 자체가 진정하게 작성된 것으로서 피고인이 명의자로부터 국제운전면허를 받은 것으로 오신하기에 충분한 정도의 형식과 외관을 갖추고 있다면 피고인의 행위는 문서위조죄에 해당한다(주민등록증·운전면허증의 사진을 바꾸어 붙인 행위는 동일성 자체를 변경한 것이므로 변조가 아니라 위조에 해당함).[436] [경찰간부 18 / 국가9급 16]

> **판례연구** 　　사문서위조의 고의가 인정되는 사례

대법원 2008.4.10, 2007도9987
법무사가 위임인이 문서명의자로부터 문서작성권한을 위임받지 않았음을 알면서도 법무사법 제25조에 따른 확인절차[437]를 거치지 아니하고 권리의무에 중대한 영향을 미칠 수 있는 문서를 작성한 경우, 사문서위조 및 동행사죄의 고의를 인정할 수 있다.

> **판례연구** 　　사문서위조의 고의가 인정되지 않는 사례

대법원 1984.3.27, 84도115
대금수령에 관하여 포괄적 위임을 받은 자가 대금을 지급받는 방법으로 본인명의의 차용증서를 작성해 준 경우의 사문서위조 및 동행사의 고의
급식용 가공돼지고기를 납품하는 단지원들에 의하여 돼지고기의 가공, 납품 및 대금수령에 관한 사무를 총괄적으로 위임받고 이를 위하여 그들의 인장을 맡아 사용하는 단지장이 그 대금의 수령을 위해 납품자인 단지원의 이름으로 축산협동조합에 예금청구서와 차용증서를 작성 제출하고 선급금명목으로 납품대금을 받아 이를 단지원에게 지급한 사실이 인정된다면 위 예금청구서와 차용증서는 단지원

---

436 **사례** : 국제운전면허증 사진 교체 사례 피고인 甲은 행사할 목적으로 1996년 8월 21일 16:00경 피고인의 아파트 응접실에서 홍콩 교통국장이 공소외 乙에게 발행한 국제운전면허증에 붙어 있던 乙의 사진을 떼어내고 그 자리에 피고인 甲의 사진을 붙여 홍콩 교통국장 명의의 사문서인 국제운전면허증 1장을 위조하였다. [국가9급 16] 甲의 죄책은?
　　해결 : 사문서위조죄.
437 **보충** : 법무사법 제25조에 의하면 법무사가 사건의 위임을 받은 경우에는 주민등록증·인감증명서 등 법령에 의하여 작성된 증명서의 제출이나 제시 기타 이에 준하는 확실한 방법으로 위임인이 본인 또는 그 대리인임을 확인하여야 한다.

들로부터 돼지고기의 가공, 납품에 따른 포괄적 위임에 따라 작성된 것이라고 보여져 이에 대하여 사문서위조 동행사의 고의를 인정할 수 없다. [국가7급 11]

판례연구 사문서위조·변조죄의 행사할 목적의 의미

대법원 2006.1.26, 2004도788
목적은 미필적 인식으로 족하다는 사례
문서변조죄에 있어서 행사할 목적이란 변조된 문서를 진정한 문서인 것처럼 사용할 목적을 말하는 것으로 적극적 의욕이나 확정적 인식을 요하지 아니하고 미필적 인식이 있으면 족하다. [경찰승진(경위) 10]

판례연구 문서에 관한 죄의 죄수 및 다른 범죄와의 관계

대법원 1987.7.21, 87도564
문서죄의 죄수판단은 명의인의 수를 기준으로 한다는 사례
문서에 2인 이상의 작성명의인이 있을 때에는 각 명의자마다 1개의 문서가 성립되므로 2인 이상의 연명으로 된 문서를 위조한 때에는 작성명의인의 수대로 수개의 문서위조죄가 성립하고 또 그 연명문서를 위조하는 행위는 자연적 관찰이나 사회통념상 하나의 행위라 할 것이어서 위 수개의 문서위조죄는 형법 제40조가 규정하는 상상적 경합범에 해당한다. [경찰간부 12·14 / 경찰승진 17 / 법원9급 07(상) / 법원행시 06]

➔ 유가증권은 매수를 기준

---

03 자격모용에 의한 사문서작성죄

제232조【자격모용에 의한 사문서의 작성】 행사할 목적으로 타인의 자격을 모용하여 권리·의무 또는 사실증명에 관한 문서 또는 도화를 작성한 자는 5년 이하의 징역 또는 1천만 원 이하의 벌금에 처한다.

판례연구 자격모용에 의한 사문서작성죄 인정 사례

1 대법원 1991.10.8, 91도1703
양식계장 아닌 자가 양식계장 명의 내수면사용동의신청서의 계장란에 자신의 이름을 쓴 사례
양식계의 계장이나 그 직무를 대행하는 자가 아닌 자가 양식계의 계장 명의의 내수면사용동의신청서 하단의 계장란에 자신의 이름을 쓰게 하고 그 옆에 자신의 도장을 날인하여 사실증명에 관한 문서인 위 내수면사용동의신청서 1매를 작성하고 이를 행사하였다면 이는 자격모용에 관한 사문서작성, 동행사죄에 해당한다.

2 대법원 2007.7.26, 2005도4072
종중의 신임 대표자 등이 선임되고 전임 대표자에 대한 직무집행정지가처분결정이 있은 후 위 가처분결정이 취소된 경우, 신임 대표자 선임결의가 무효라 하더라도 전임 대표자가 위 가처분결정을 알면서 가처분결정시부터 취소시 사이에 대표자 자격으로 작성한 이사회 의사록 등은 자격을 모용하여 작성한 문서가 된다. [사시 14]

3 대법원 2007.7.27, 2006도2330

재건축조합장 아닌 사람이 재건축조합장 직함 사용한 사례

재건축조합의 조합장이 아닌 사람이 재건축조합 조합장의 직함을 사용하여 재건축사업에 관한 계약서를 작성하였다면, 계약의 상대방이 자격모용사실을 알고 있었다거나 그 계약서에 조합장의 직인이 아닌 다른 인장을 날인하였더라도 자격모용에 의한 사문서작성죄의 고의와 행사의 목적이 인정된다고 보아야 한다. [법원행시 09]

4 대법원 2008.2.14, 2007도9606

부동산중개사무소를 대표하거나 대리할 권한이 없는 사람이 부동산매매계약서의 공인중개사란에 '○○부동산 대표 △△△(피고인의 이름)'라고 기재한 경우, '○○부동산'이라는 표기는 단순히 상호를 가리키는 것이 아니라 독립한 사회적 지위를 가지고 활동하는 존재로 취급될 수 있으므로 자격모용사문서작성죄의 '명의인'에 해당하므로, 위 행위는 자격모용사문서작성죄에 해당된다. [경찰채용 11 1차/법원행시 10/사시 12]

5 대법원 2017.12.22, 2017도14560

자격모용사문서작성죄의 성립에 필요한 대표 또는 대리관계의 표시 정도 및 판단 방법

자격모용에 의한 사문서작성죄는 문서위조죄와 마찬가지로 문서의 진정에 대한 공공의 신용을 보호법익으로 하는 것으로, 행사할 목적으로 타인의 자격을 모용하여 작성된 문서가 일반인으로 하여금 명의인의 권한 내에서 작성된 문서라고 믿게 할 수 있는 정도의 형식과 외관을 갖추고 있으면 성립한다. 대표자 또는 대리인의 자격으로 임대차 등 계약을 하는 경우 그 자격을 표시하는 방법에는 특별한 규정이 없다. 피고인 자신을 위한 행위가 아니고 작성명의인을 위하여 법률행위를 한다는 것을 인식할 수 있을 정도의 표시가 있으면 대표 또는 대리관계의 표시로서 충분하다.

> 보충 | A는 甲 주식회사 소유의 오피스텔에 대한 분양대행 권한을 가지게 되었을 뿐 甲 회사의 동의 없이 오피스텔을 임대할 권한이 없는데도 임차인들과 임대차계약을 체결하면서 甲 회사가 분양사업을 위해 만든 乙 회사 명의로 계약서를 작성·교부하였는데, 임대차계약서에는 임대인 성명이 '乙 회사(A)'로 기재되어 대표자 또는 대리인의 자격 표시가 없고 또 A의 개인 도장이 찍혀있는 경우이었다. 그렇다면, 일반인으로서는 임대차계약서가 乙 회사의 대표자 또는 대리인의 자격을 가진 피고인에 의해 乙 회사 명의로 작성된 문서라고 믿게 할 수 있는 정도의 형식과 외관을 갖추고 있어 피고인의 행위는 자격모용사문서작성과 자격모용작성사문서행사에 해당된다.

판례연구 **자격모용이 아니거나 대표권·대리권을 남용하여 작성한 것에 불과한 사례**

1 대법원 1975.11.25, 75도2067

회사의 대표이사직에 있었던 자가 재직시에 발행한 약속어음의 발행명의인과 일치시키기 위하여 위 약속어음에 대한 회사명의의 지급각서를 작성함에 있어서 당시의 대표이사의 승낙을 받아 작성하였다면 이는 진정한 문서로서 타인의 자격을 모용하여 문서를 작성하였다고 볼 수 없다.

2 대법원 2006.4.27, 2005도8875

후임 이사가 유효하게 선임되었으나 선임의 효력을 둘러싼 다툼이 있는 경우, 임기가 만료된 구 이사만이 직무수행권한을 가지는지 여부(소극)

후임 이사가 유효히 선임되었는데도 그 선임의 효력을 둘러싼 다툼이 있다고 하여 그 다툼이 해결되기 전까지는 후임 이사에게는 직무수행권한이 없고 임기가 만료된 구 이사만이 직무수행권한을 가진다고 할 수는 없다. 따라서 사단법인의 이사장 선거에서 당선된 후 전임 이사장의 임기만료에 따라 이사장으

로 취임한 피고인이 선거 결과를 둘러싼 민사소송에서 적법한 당선자라는 취지의 판결을 선고받아 확정된 경우, 피고인은 이미 위 법인의 이사장으로서의 권한을 가지고 있었다고 보아야 하므로, 피고인의 이사장 자격 사용 문서작성은 자격모용작성에 해당하지 않는다.

3 대법원 2007.7.26, 2005도4072
민법상 법인의 이사의 임기가 만료하였다고 하더라도 후임 이사가 선임되지 않은 경우 전임 이사들이 계속 종전 그 직무를 수행하면서 임원 자격으로 작성한 이사회 의사록 등은 자격을 모용하여 작성한 문서가 아니다.[438] [사시 14]

4 대법원 2007.10.11, 2007도5838
대표 또는 대리명의로 문서를 작성할 권한을 가진 자가 이를 남용하여 문서를 작성한 경우, 자격모용 사문서작성죄의 성립 여부(소극)
A로부터 토지매수권한을 위임받은 대리인 甲이 매도인측 대표자 乙과 공모하여 매매대금 일부를 착복하기로 하고 위임받은 특정 매매금액보다 낮은 금액을 허위로 기재한 매매계약서를 작성하였다 하더라도 甲에게는 자격모용 사문서작성죄는 성립하지 않는다.

> **판례연구** 　**자격모용사문서작성의 고의를 인정하지 않은 사례**
>
> 대법원 1996.7.12, 93도2628
> 교단이 A협회와 B협회로 분열됨으로써 위 각 분열된 교단 모두 원래의 교단과의 동일성을 상실하게 되었다고 하더라도 피고인 등은 자신들이 소속한 B협회가 원래의 교단의 교리를 따르고 있었으므로 동 교단이 동일성을 그대로 유지한다고 믿었을 것이라고 보이고, 그렇다면 위 B협회의 회장으로 선출된 피고인이 이 사건 진정서 등을 작성, 제출할 당시 타인의 자격을 모용한다는 고의가 있었다고 보기는 어렵다.

04　사전자기록 위작 · 변작죄

> **제232조의2【사전자기록 위작 · 변작】** 사무처리를 그르치게 할 목적으로 권리 · 의무 또는 사실증명에 관한 타인의 전자기록 등 특수매체기록을 위작 또는 변작한 자는 5년 이하의 징역 또는 1천만 원 이하의 벌금에 처한다.

> **판례연구** 　**작성권한 있는 자의 허위 정보 입력 사전자기록 생성 사건**
>
> 대법원 2020.8.27, 2019도11294 전원합의체
> 사전자기록 허위작성(무형위조) 행위도 사전자기록위작죄를 구성한다는 사례
> (작성권한 있는 자가 그 권한을 남용하여 허위의 정보를 입력함으로써 시스템 설치 · 운영 주체의 의사에 반하는 전자기록을 생성한 행위가 형법 제232조의2에서 정한 사전자기록의 '위작'에 해당하는가의 문제) 형법 제227조의2의 공전자기록등위작죄는 사무처리를 그르치게 할 목적으로 공무원 또

---

438 **보충**：또는 후임 이사가 선임되었다고 하더라도 그 선임결의가 무효이고 임기가 만료하지 아니한 다른 이사만으로는 정상적인 법인의 활동을 할 수 없는 경우에는, 임기가 만료한 구 이사로 하여금 법인의 업무를 수행케 함이 부적당하다고 인정할 만한 특별한 사정이 없는 한, 구 이사는 후임 이사가 선임될 때까지 종전의 직무를 수행할 수 있다(위 판례).

는 공무소의 전자기록 등 특수매체기록을 위작 또는 변작한 경우에 성립한다. 대법원은, 형법 제227 조의2에서 위작의 객체로 규정한 전자기록은 그 자체로는 물적 실체를 가진 것이 아니어서 별도의 표시·출력장치를 통하지 아니하고는 보거나 읽을 수 없고, 그 생성 과정에 여러 사람의 의사나 행위가 개재됨은 물론 추가 입력한 정보가 프로그램에 의하여 자동으로 기존의 정보와 결합하여 새로운 전자기록을 작출하는 경우도 적지 않으며, 그 이용 과정을 보아도 그 자체로서 객관적·고정적 의미를 가지면서 독립적으로 쓰이는 것이 아니라 개인 또는 법인이 전자적 방식에 의한 정보의 생성·처리·저장·출력을 목적으로 구축하여 설치·운영하는 시스템에서 쓰임으로써 예정된 증명적 기능을 수행하는 것이므로, 위와 같은 시스템을 설치·운영하는 주체와의 관계에서 전자기록의 생성에 관여할 권한이 없는 사람이 전자기록을 작출하거나 전자기록의 생성에 필요한 단위정보의 입력을 하는 경우는 물론 시스템의 설치·운영 주체로부터 각자의 직무 범위에서 개개의 단위정보의 입력 권한을 부여받은 사람이 그 권한을 남용하여 허위의 정보를 입력함으로써 시스템 설치·운영 주체의 의사에 반하는 전자기록을 생성하는 경우도 형법 제227조의2에서 말하는 전자기록의 '위작'에 포함된다고 판시하였다(대법원 2005.6.9, 2004도6132). 위 법리는 형법 제232조의2의 사전자기록등위작죄에서 행위의 태양으로 규정한 '위작'에 대해서도 마찬가지로 적용된다(대법원 2016.11.10, 2016도6299). 이와 같은 위작에 관한 대법원의 법리는 타당하므로 이 사건에서도 적용할 수 있다.

> **보충** 코미드라는 상호로 인터넷 가상화폐 거래소를 운영하는 주식회사 코미드의 대표이사 내지 사내이사인 피고인들이 가상화폐 거래시스템상 차명계정에 허위의 원화 포인트 및 가상화폐 포인트를 입력하고, 이를 위 거래시스템상 표시하게 한 것은 사전자기록등위작죄 및 위작사전자기록등행사죄에 해당한다는 판례이다.

판례연구 **사전자기록변작죄의 성립을 인정한 사례**

대법원 2003.10.9, 2000도4993
RAM 수정입력 사건
형법 제232조의2의 사전자기록위작·변작죄에서 말하는 권리의무 또는 사실증명에 관한 타인의 전자기록 등 특수매체기록이라 함은 일정한 저장매체에 전자방식이나 자기방식에 의하여 저장된 기록을 의미한다고 할 것인데, 비록 컴퓨터의 기억장치 중 하나인 램(RAM, Random Access Memory)이 임시기억장치 또는 임시저장매체이기는 하지만, 형법이 전자기록위·변작죄를 문서위·변조죄와 따로 처벌하고자 한 입법취지, 저장매체에 따라 생기는 그 매체와 저장된 전자기록 사이의 결합강도와 각 매체별 전자기록의 지속성의 상대적 차이, 전자기록의 계속성과 증명적 기능과의 관계, 본죄의 보호법익과 그 침해행위의 태양 및 가벌성 등에 비추어 볼 때, 위 램에 올려진 전자기록 역시 사전자기록위작·변작죄에서 말하는 전자기록 등 특수매체기록에 해당한다. [경찰채용 10 2차/법원행시 08/사시 10] (따라서) 램에 올려진 전자기록은 원본파일과 불가분적인 것으로 원본파일의 개념적 연장선상에 있는 것이므로, 비록 원본파일의 변경까지 초래하지는 아니하였더라도 이러한 전자기록에 허구의 내용을 권한 없이 수정입력한 것은 그 자체로 그러한 사전자기록을 변작한 행위의 구성요건에 해당된다고 보아야 할 것이며 그러한 수정입력의 시점에서 사전자기록변작죄의 기수에 이르렀다고 해야 한다. [경찰채용 10 2차/법원행시 08/사시 10]

판례연구 **사전자기록위작·변작죄의 사무처리를 그르치게 할 목적을 인정하지 않은 사례**

1 대법원 2008.4.24, 2008도294
인터넷 포털사이트에 개설한 카페의 설치·운영 주체로부터 글쓰기 권한을 부여받은 사람이 위 카페에 접속하여 자신의 아이디로 허위내용의 글을 작성·게시한 사례
'사무처리를 그르치게 할 목적'이란 위작 또는 변작된 전자기록이 사용됨으로써 위와 같은 시스템을

설치·운영하는 주체의 사무처리를 잘못되게 하는 것을 말한다(대법원 2005.6.9, 2004도6132). 따라서 인터넷카페의 설치·운영 주체로부터 위 카페에 글을 게시할 수 있는 권한을 부여받아 자신의 아이디로 허위 내용의 전자기록을 작성하여 게시하였다 하더라도, 이는 위 인터넷카페의 사무처리를 그르치게 할 목적으로 인정할 수 없다.[439] [경찰간부 16 / 법원행시 08]

2 대법원 2008.6.12, 2008도938
새마을금고 직원 甲이 위 금고의 전 이사장 乙에 대한 위 금고의 채권확보를 위해 금고의 예금 관련 컴퓨터 프로그램에 전 이사장 乙 명의의 예금계좌 비밀번호를 乙의 동의 없이 입력하여 위 예금계좌에 입금된 상조금(相助金)을 위 금고의 가수금(假受金)계정으로 이체한 경우, 甲에게 위 금고의 사무처리를 그르치게 할 목적은 인정되지 않는다. [경찰간부 16]

05 공문서위조·변조죄

제225조 【공문서 등의 위조·변조】 행사할 목적으로 공무원 또는 공무소의 문서 또는 도화를 위조 또는 변조한 자는 10년 이하의 징역에 처한다.

판례연구 **보조공무원이 상관의 위임·승낙 없이 직접 작성권자의 명의를 모용한 사례**

1 대법원 1980.11.11, 80도2216
공문서 작성권자의 부하인 업무담당자가 유효기간이 경과하여 무효인 공문서에 기간과 발행일자를 정정하여 정정기재 부분을 함부로 작성권한자의 직인을 압날한 경우 공문서위조죄가 성립한다.

2 대법원 1981.7.28, 81도898
공문서 작성을 보조하는 공무원이 임의로 허위내용의 공문서를 작성한 사례
허위공문서작성죄의 주체는 그 문서를 작성할 권한이 있는 명의인인 공무원에 한하고, 그 공무원의 문서작성을 보조하는 직무에 종사하는 공무원은 위 죄의 주체가 되지 못하므로 ① 보조 공무원이 허위공문서를 기안하여 그 정을 모르는 작성권자의 결재를 받아 공문서를 완성한 때에는 허위공문서 작성죄의 간접정범이 되고, [법원9급 13] ② 이러한 결재를 거치지 않고 임의로 허위내용의 공문서를 완성한 때에는 공문서위조죄가 성립한다. [경찰채용 14 1차 / 경찰승진(경장) 10 / 국가7급 07 / 법원행시 11]

3 대법원 1990.10.12, 90도1792
면사무소 호적계장이 임의로 가족관계등록부의 내용을 고쳐 쓰고 함부로 면장의 직인을 날인한 경우에는 공문서위조죄에 해당된다.[440] [경찰간부 14·17]

---

439 **보충** : 甲이 '북한산 월드메르디앙 아파트 입주자대표회의'를 반대하는 일부 주민들이 개설한 인터넷 포털사이트 네이버 상의 북한산 월드메르디앙 아파트 카페에 접속한 다음 '북한산 월드메르디앙 아파트 원로회의'의 사무처리를 그르치게 할 목적으로 그 내용이 중립적인 입장을 천명한 위 원로회의가 마치 위 입주자대표회의에 반대하는 입장에 있는 듯하게 보일 수 있는 위 원로회의 명의의 전자기록을 작성, 게시하였다 하여도, 사전자기록위작 및 동행사죄에 해당되지 않는다는 사례이다.
440 **사례** : 면 호적계장의 직접 작성 사례 면사무소 호적계장인 甲은 호적정정사유가 없음을 알면서도 행사할 목적으로 乙의 가족관계등록부에 출생연도와 주민등록번호를 임의로 정정하고 작성권자 직인날인란에 甲이 소지하고 있던 면장 丙의 직인을 날인한 후 그 가족관계등록부가 진정성립한 것처럼 면사무소에 비치하였다. 甲의 형사책임은?

판례연구 　보조공무원이 상관의 지시·승낙 하에 작성권자의 서명을 대신 한 사례

대법원 1983.5.24, 82도1426
공문서의 위조라 함은 행사할 목적으로 공무원 또는 공무소의 문서를 정당한 작성권한 없는 자가 작성권한 있는 자의 명의로 작성하는 것을 말하므로, 공문서인 기안문서의 작성권한자가 직접 이에 서명하지 않고 피고인에게 지시하여 자기의 서명을 흉내내어 기안문서의 결재란에 대신 서명케 한 경우라면 피고인의 기안문서 작성행위는 작성권자의 지시 또는 승낙에 의한 것으로서 공문서위조죄의 구성요건해당성이 조각된다. [국가7급 10 / 법원행시 09]

판례연구 　공문서위조에 해당하는 사례

1 대법원 1987.9.22, 87도1443
다소 미완성 상태이어도 공공의 신용을 해할 위험이 있다는 사례
일반인으로 하여금 공무원 또는 공무소의 권한 내에서 작성된 문서라고 믿을 수 있는 형식과 외관을 구비한 문서를 작성하면 공문서위조죄가 성립되므로, 피고인이 국립경찰병원장 명의의 진단서에 직인과 계인을 날인하고 환자의 성명과 병명 및 향후치료소견을 기재하였다면 비록 진단서 발행번호나 의사의 서명날인이 없더라도 이는 공문서로서 형식과 외관을 구비하였으므로 공문서위조죄가 성립한다.

2 대법원 1991.9.10, 91도1610
타인의 주민등록증에 붙어있는 사진을 떼어내고 피고인의 사진을 붙인 사건
피고인이 행사할 목적으로 타인의 주민등록증에 붙어있는 사진을 떼어내고 그 자리에 피고인의 사진을 붙였다면 이는 기존 공문서의 본질적 또는 중요 부분에 변경을 가하여 새로운 증명력을 가지는 별개의 공문서를 작성한 경우에 해당하므로 공문서위조죄를 구성한다.[441] [경찰승진(경장) 11 / 경찰승진(경위) 11 / 법원행시 05]

3 대법원 2000.9.5, 2000도2855
복사한 문서의 사본을 다시 복사한 문서의 재사본도 문서에 해당한다는 사례
형법 제237조의2에 따라 전자복사기, 모사전송기 기타 이와 유사한 기기를 사용하여 복사한 문서의 사본도 문서원본과 동일한 의미를 가지는 문서로서 이를 다시 복사한 문서의 재사본도 문서위조죄 및 동 행사죄의 객체인 문서에 해당한다. [변호사시험 12] (따라서) 타인의 주민등록증사본의 사진란에 피고인의 사진을 붙여 복사하여 행사한 행위는 공문서위조죄 및 동행사죄에 해당한다. [경찰간부 13 / 경찰승진(경위) 11 / 경찰승진(경감) 10 / 국가9급 12 / 법원9급 16 / 법원행시 05]

판례 : 형법 제227조가 규정한 허위공문서작성죄는 그 문서를 작성할 권한이 있는 공무원이 허위내용의 공문서를 작성한 경우에 성립하는 것이고, 그 공무원을 보조하는 직무에 종사하는 공무원이 작성권한을 가진 공무원의 결재도 받지 아니하고 임의로 허위내용의 공문서를 작성권한자 명의로 작성한 때에는 공문서위조죄가 성립한다고 할 것이다(대법원 1990.10.12, 90도1792). [경찰간부 14]
해결 : 공문서위조죄.

441 보충 : 종래의 판례 중에는 운전면허증의 사진을 바꿔 붙인 경우에 공문서변조죄가 성립한다는 것이 있다(대법원 1957.4.10, 4290형상52). 그러나 행사할 목적으로 타인의 주민등록증에 붙어 있는 사진을 떼어내고 그 자리에 자신의 사진을 붙였다면 이는 기존 공문서의 본질적 또는 중요부분에 변경을 가하여 새로운 증명력을 가지는 별개의 공문서를 작성한 경우에 해당하므로 공문서위조죄를 구성한다고 보아야 하며, 현재의 판례도 이러한 입장을 취하고 있다. 따라서 신분증의 사진을 바꾸어 붙인 행위는 위조에 해당된다고 정리하면 된다.

1 대법원 1992.5.26, 92도699

외견상 공무소 또는 공무원이 그 직무권한 내에서 작성한 공문서라고 보기 어려울 정도인 경우에는 공문서위조에 해당하지 않는다는 사례

위조 행사하였다는 출근통지서는 타자용지에 타자기로 작성한 것으로 그 두문에 발신기관명이 기재되어 있지 않고, 그 작성명의도 공무소인 시청이나 공무원인 그 시장 또는 보조기관인 총무과장으로 되어 있지 않고 말단에 총무과로만 기재되어 있어 본문의 내용을 읽어 보지 않고는 어느 기관의 총무과인지 선뜻 알아 볼 수 없게 되어 있고, 위 "총무과"라는 기재 부분 옆에는 직인이나 관인이 아닌 공소외인의 사인이 찍혀 있어 그 외관이 공문서라고 보기 어려울 정도로 극히 조악하고, 그 본문에 있어서도 출근통지라는 매우 이례적인 내용을 담고 있는 점 등을 종합 고찰하여 보면, 위 출근통지서는 외견상으로도 공무소 또는 공무원이 그 직무권한 내에서 작성한 공문서라고 보기 어려울 정도로 공문서로서의 외관과 형식을 갖추지 못하였다고 보아야 한다.

2 대법원 2020.10.24, 2019도8443

자신의 인감증명서에 직인을 붙여 이를 메신저 단체대화방에 올린 사건

피고인이 제주도 콘도 입주민들의 모임인 '한국녹지한라산소진 시설운영위원회' 직인을 행정기관에 등록한 것처럼 꾸미기 위하여 서귀포시 동홍동장이 발급한 개인 인감증명서에 위원회 직인 2개를 날인한 종이를 오려붙이는 방법으로 인감증명서를 위조하고, 이를 메신저 단체대화방에 게재하는 방법으로 행사한 경우, 피고인이 만든 종이 문서 자체를 평균수준의 사리분별력을 갖춘 일반인이 보았을 때 진정한 문서로 오신할 만한지 여부를 판단해야 하는데, 피고인이 만든 문서가 그와 같은 외관과 형식을 갖추었다고 인정하기는 어렵고, 공문서위조죄가 성립한다고 보기 어려운 이상 이를 사진촬영 하여 메신저 단체대화방에 게재한 행위가 위조공문서행사죄에 해당한다고 할 수도 없다. [법원9급 22]

---

1 대법원 1991.9.24, 91도1733

공립학교 교사가 작성하는 교원의 인적사항과 전출희망사항 등을 기재하는 부분과 학교장이 작성하는 학교장의견란 등으로 구성되어 있는 교원실태조사카드는 학교장의 작성명의 부분은 공문서라고 할 수 있으나, 작성자가 교사 명의로 된 부분은 개인적으로 전출을 희망하는 의사표시를 한 것에 지나지 아니하여 이것을 가리켜 공무원이 직무상 작성한 공문서라고 할 수는 없을 것이므로 위 카드의 교사 명의 부분을 명의자의 의사에 반하여 작성하였다고 하여도 공문서를 위조한 것이라고 할 수 없다.
[경찰채용 14·16 1차/ 경찰채용 13 2차/ 경찰승진 17]

2 대법원 2004.8.20, 2004도2767

권한 없는 자가 임의로 (부동산매도용 이외의) 인감증명서의 사용용도란의 기재를 고쳐 썼다고 하더라도 공무원 또는 공무소의 문서 내용에 대하여 변경을 가하여 새로운 증명력을 작출한 경우라고 볼 수 없으므로 공문서변조죄나 이를 전제로 하는 변조공문서행사죄가 성립되지는 않는다.[442] [경찰채용 16 1차/ 경찰채용 16 2차/ 경찰승진(경사) 10/ 국가7급 09/ 법원승진 11]

---

442 **사실관계** : 甲은 乙의 승낙 없이, 서울 서초구 서초 제2동장이 乙에게 발행한 이 사건 인감증명서 2통의 사용용도란에 기재된 토지사용승인용(70㎡)의 '70'을 지운 후 '135'로 기재하여, 이를 성남시 분당구청 공무원에게 일괄 제출하였다. 甲에게는 공문서변조죄 및 변조공문서행사죄가 성립하지 않는다. [법원승진 11]

보충 : 인감증명법 제12조 제1항, 동법시행령(2002.12.31. 대통령령 제17867호로 개정되기 전의 것) 제13조 등 인감증명의 신청과 인감증명서의 발급에 관한 법령의 규정에 의하면, 인감의 증명을 신청함에 있어서 그 용도가 부동산매도용일 경우에는 부동산매수자

3 대법원 2004.12.23, 2004도6483

주취운전자 적발보고서 및 주취운전자 정황진술보고서의 각 운전자란에 타인의 서명을 한 다음 이를 경찰관에게 제출한 것은 사문서위조 및 동행사죄에 해당한다. [법원9급 16 / 법원행시 07 / 사시 12]

4 대법원 2005.3.24, 2003도2144

사서증서 인증서 중 사서증서의 기재 내용을 일부 변조한 행위는 공문서변조가 아니라는 사례

공증인이 공증인법 제57조 제1항의 규정에 의하여 사서증서에 대하여 하는 인증은 당해 사서증서에 나타난 서명 또는 날인이 작성명의인에 의하여 정당하게 성립하였음을 인증하는 것일 뿐 그 사서증서의 기재 내용을 인증하는 것은 아닌바, 사서증서 인증서 중 인증기재 부분은 공문서에 해당한다고 하겠으나, 위와 같은 내용의 인증이 있었다고 하여 사서증서의 기재 내용이 공문서인 인증기재 부분의 내용을 구성하는 것은 아니라고 할 것이므로, 사서증서의 기재 내용을 일부 변조한 행위는 공문서변조죄가 아니라 사문서변조죄에 해당한다.[443] [경찰승진(경위) 10 / 국가7급 11]

5 대법원 2009.1.30, 2006도7777

법원이 이혼의사확인서등본 뒤에 이혼신고서를 첨부하고 간인하여 교부하였는데 당사자가 이를 떼어내고 다른 내용의 이혼신고서를 붙여 호적관서에 제출한 경우, 공문서변조 및 변조공문서행사죄가 성립하지 않는다.[444] [경찰채용 11·14·18·21 1차 / 경찰채용 10 2차 / 경찰승진(경위) 10 / 경찰승진 14 / 국가7급 16]

사례연구 비공무원이 관공서에 허위내용의 증명원을 제출하여 그 사정을 모르는 공무원으로부터 그 증명원 내용과 같은 증명서를 발급받은 경우

甲은 A 건설회사의 대표이사인데, 대전시 종합건설본부에서 발주하는 대덕연구단지 진입도로 확장공사에 입찰하여 적격심사 1순위자로 선정되었으나, 위 건설본부에서 요구하는 공사실적이 부족하여 최종낙찰에 탈락될 위기에 처하자, 관공서 등에서 발급하는 공사실적증명서를 위조하여 위 건설본부에 제출하기로 마음먹고, 총 12회에 걸쳐 공사실적증명서 18장을 각 위조하고 각 관할관청에 사업마다 약 10부씩의 공사실적증명원을 제출하였다. 그런데 이 가운데 1부의 증명원에는 사실과 다른 허위의 내용을 기재하였고, 각 관할관청의 담당공무원들은 제출된 약 10부의 증명원 전부가 사실에 맞게 기재된 것으로 생각하고 증명원 기재와 같은 사실을 증명한다는 취지로 각 관할관청의 직인을 찍어 공사실적증명서를 작성해준 것이다. 甲의 형사책임은?

해결 어느 문서의 작성권한을 갖는 공무원이 그 문서의 기재사항을 인식하고 그 문서를 작성할 의사로써 이에 서명날인하였다면, 설령 그 서명날인이 타인의 기망으로 착오에 빠진 결과 그 문서의 기재사항이 진실에 반함을 알지 못한 데 기인한다고 하여도, 그 문서의 성립은 진정하며 여기에 하등 작성명의를 모용한 사실이 있다고 할 수는 없으므로, 공무원 아닌 자가 관공서에 허위내용의 증명원을 제출하여 그 내용이 허위인 사정을 모르는 담당공무원으로부터 그 증명원 내용과 같은 증명서를 발급받은 경우

란에 매수자의 성명(법인인 경우에는 법인명), 주소 및 주민등록번호를 기재하여 신청하여야 하지만 그 이외의 경우에는 신청 당시 사용용도란을 기재하여야 하는 것은 아니고, 필요한 경우에 신청인이 직접 기재하여 사용하도록 되어 있으며, 사용용도에 따른 인감증명서의 유효기간에 관한 종전의 규정도 삭제되어 유효기간의 차이도 없으므로 인감증명서의 사용용도란의 기재는 증명청인 동장이 작성한 증명문구에 의하여 증명되는 부분과는 아무런 관계가 없다고 할 것이기 때문이다(대법원 2004.8.20, 2004도2767의 판결이유 중 발췌).

443 판례 : 피고인이 피해자와 사이에 온천의 시공에 필요한 비용을 포함한 일체의 비용을 자신이 부담하기로 약정하였음에도 피해자를 상대로 공사대금청구의 소를 제기하면서 시공 외의 비용은 모두 피해자가 부담한다는 내용으로 변조한 인증합의서를 소장에 첨부하여 제출한 경우, 사문서변조죄 및 동행사죄가 성립하며 더불어 소송사기의 실행에 착수하였다고 한 사례이다.

444 판결이유 : 구 호적법(2007.5.17. 법률 제8435호로 폐지) 제79조 제1항 및 구 호적법 시행규칙(2007.11.28. 대법원규칙 제2119호로 폐지) 등을 종합하여 볼 때, 가정법원의 서기관 등이 이혼의사확인서등본을 작성한 뒤 이를 이혼의사확인신청 당사자 쌍방에게 교부하면서 이혼신고서를 확인서등본 뒤에 첨부하여 그 직인을 간인하였다고 하더라도, 그러한 사정만으로 이혼신고서가 공문서인 이혼의사확인서등본의 일부가 되었다고 볼 수 없다.

공문서위조죄의 간접정범으로 의율할 수는 없다(대법원 2001.3.9, 2000도938). [경찰간부 12·16·18/경찰승진 (경장) 10/경찰승진 16/국가7급 13·16/법원9급 13/법원행시 11/사시 10]

보충 일반인 甲이 공무원 乙에게 허위의 증명원을 제출하여 乙이 그 내용을 검토하였으나 허위임을 인식하지 못하고 같은 내용의 증명원을 발급해준 경우, ① 위 판례처럼 甲은 공문서위조의 간접정범은 성립하지 않는다. 乙이 해당 내용을 검토하고 직접 자신의 명의로 증명서를 작성하였기 때문이다. (만일 甲이 乙에게 마치 다른 내용의 증명원인 것처럼 乙을 기망하였다면 甲에게 위조죄의 성립은 가능함) ② 甲은 허위공문서 작성죄의 간접정범도 성립하지 않는다. 甲은 작성권한 있는 공무원이 아니기 때문이다. ③ 甲은 허위공문서 작성죄의 교사범·방조범도 성립하지 않는다. 乙에게 허위작성의 고의가 없기 때문이다. ④ 甲은 공정증서원 본부실기재죄도 성립하지 않는다. 위 증명서는 공정증서원본에 해당하지 않기 때문이다. ⑤ 甲은 위계에 의한 공무집행방해죄도 성립하지 않는다. 乙이 충분히 심사를 하였어도 그 허위임을 인식할 수 없는 정도가 되어야 위계에 해당되는데, 이러한 사실이 적시되어 있지 않기 때문이다.

판례연구   공문서변조에 해당하는 사례

1 대법원 1982.12.14, 81도81
군(郡)에 제출한 건축허가신청에 첨부된 설계도면을 권한없이 바꿔 넣은 사건
공용서류무효죄는 공문서나 사문서를 불문하고 공무소에서 사용 또는 보관중인 서류를 정당한 권한없이 그 효용을 해함으로써 성립하므로, 피고인이 군에 보관중인 피고인 명의의 건축허가신청서에 첨부된 설계도면을 떼내고 별개의 설계도면으로 바꿔 넣은 경우 공용서류무효죄가 성립한다. 그리고 건축허가서에 첨부된 설계도면을 떼내고 건축사협회의 도면등록 일부인을 건축허가 신청당시 일자로 소급 변조하여 새로 작성한 설계도면을 그 자리에 가철한 행위는 공문서변조죄에 해당한다(공용서류무효와 공문서위조의 경합범).

2 대법원 1996.11.22, 96도1862
작성권한 없는 자의 내용 변경은 변조에 해당한다는 사례
재산세 과세대장의 작성 권한이 있던 자가 인사이동되어 그 권한이 없어진 후 그 기재내용을 변경한 경우, 공문서변조죄에 해당한다.[445] [사시 13]

3 대법원 2021.2.25, 2018도19043
인터넷을 통하여 열람·출력한 등기사항전부증명서 하단의 열람 일시 부분을 수정 테이프로 지우고 복사해 두었다가 이를 타인에게 교부한 사건
공문서변조죄는 권한 없는 자가 공무소 또는 공무원이 이미 작성한 문서내용에 대하여 동일성을 해하지 않을 정도로 변경을 가하여 새로운 증명력을 작출케 함으로써 공공적 신용을 해할 위험성이 있을 때 성립한다. 이때 일반인으로 하여금 공무원 또는 공무소의 권한 내에서 작성된 문서라고 믿을 수

---

445 **사례** : 재산세 과세대장의 작성 권한이 있던 자가 인사이동되어 그 권한이 없어진 사례 甲은 1992. 4.21.경부터 1993.11.30.경까지 사이에 지방세무주사보로서 대구 북구청 세무과에서 부동산 취득세의 과세 및 징수업무 등에 종사하던 중 1993.5.20. 위 북구청 사무실에서 대구 북구 산격동 소재 토지를 취득한 乙로부터 취득세 955,200원을 수령한 다음 위 토지에 대한 재산세 과세대장의 변동사항 기록 확인란에 "'93.5.20. 신납"이라고 기재한 후 위 취득세를 횡령하였다가 1994. 11. 하순경 위 취득세 횡령사실을 은폐하기 위하여 행사할 목적으로 위 재산세 과세대장 변동사항 기록 확인란의 "'93.5.20. 신납"이라는 기재를 한 줄로 그어 버리고 그 옆에 "'94.11.30. 납기"라고 기재하고 위 과세대장을 북구청에 비치케 하였다. 그런데 甲이 위와 같이 정정할 당시에는 인사이동되어 위 과세대장의 작성권한이 없었다. 甲의 죄책은?
판례 : 피고인이 위 乙로부터 취득세를 수납한 이상 위 재산세 과세대장에 "'93.5.20. 신납"이라고 기재한 것을 허위라고 할 수 없으므로 그것이 허위임을 전제로 피고인이 이를 "'94.11.30. 납기"라고 정정한 행위는 공문서변조죄가 되지 않는다고 할 수 없다(대법원 1996.11.22, 96도1862). [사시 13]
보충 : 참고로 만약 이미 허위작성된 공문서의 내용을 고쳤다면 그것은 공문서변조죄가 되지 않는다. 그런데 위 판례는 진실하게 작성된 공문서의 내용을 권한 없이 고쳤다는 점에서 변조죄에 해당한다는 것이다.
해결 : 공문서변조죄와 변조공문서행사죄의 실체적 경합.

있는 형식과 외관을 구비한 문서를 작성하면 공문서변조죄가 성립하는 것이다. 피고인이 인터넷을 통하여 열람·출력한 등기사항전부증명서 하단의 열람 일시 부분을 수정 테이프로 지우고 복사해 두었다가 이를 타인에게 교부한 경우, 피고인이 등기사항전부증명서의 열람 일시를 삭제하여 복사한 행위는 등기사항전부증명서가 나타내는 권리·사실관계와 다른 새로운 증명력을 가진 문서를 만든 것에 해당하고 그로 인하여 공공적 신용을 해할 위험성도 발생하였다고 보아야 하므로 공문서변조죄 및 변조공문서행사죄가 성립한다. [법원9급 22]

판례연구 **공문서변조에 해당하지 않는 사례**

1 대법원 1986.11.11, 86도1984
허위로 작성된 공문서는 공문서변조죄의 객체가 되지 않는다는 사례
공문서변조라 함은 권한없이 이미 진정하게 성립된 공무원 또는 공무소명의의 문서내용에 대하여 그 동일성을 해하지 아니할 정도로 변경을 가하는 것을 말한다 할 것이므로 이미 허위로 작성된 공문서(폐품반납증)는 형법 제225조 소정의 공문서변조의 객체가 되지 아니한다(부진정문서는 위·변조의 대상이 되지 않음). [경찰간부 18 / 법원행시 10]

2 대법원 1997.3.28, 97도30
주민등록증 비닐커버 위에 주민등록번호를 덧기재하고 투명테이프를 붙인 사건
자신의 주민등록증 비닐커버 위에 검은색 볼펜을 사용하여 주민등록번호 전부를 덧기재하고 투명 테이프를 붙이는 방법으로 주민등록번호 중 출생연도를 나타내는 "71"을 "70"으로 고친 경우, 변조행위가 공문서 자체에 변경을 가한 것이 아니며 그 변조방법이 조잡하여 공문서에 대한 공공의 위험을 초래할 정도에 이르지 못하였다고 보아야 하므로 공문서변조죄는 성립하지 아니한다.

3 대법원 2000.11.10, 2000도3033
인낙조서에 첨부되어 있는 도면 및 그 사본에 임의로 점선을 그은 사건
공도화변조죄에 있어서의 변조라 함은 공무소 또는 공무원의 도화 내용에 동일성을 해하지 않을 정도로 변경을 가하여 새로운 증명력을 작출케 함으로써 공도화에 대한 공공적 신용을 해할 위험성이 있는 행위를 말한다. 인낙조서에 첨부되어 있는 도면 및 그 사본에 임의로 그은 점선은 인낙조서 본문이나 도면에서 그에 대한 설명이 없는 이상 특정한 의미 내용을 갖지 아니한 단순한 도형에 불과하여 그 자체로서 새로운 증명력이 작출케 된다고 할 수 없다. 따라서 그와 같은 점선을 그은 행위가 문서의 손괴에 해당할 수 있음은 별론으로 하고, 공도화로서의 공공적 신용을 해할 위험이 있는 공도화변조죄에 해당한다고 할 수 없다.

판례연구 **공문서위조·변조죄의 고의를 인정한 사례**

1 대법원 1970.12.29, 70도116
결재된 원안문서에 있는 사항을 없는 것으로 알고서 기재한 사례
결재된 원안문서에 이미 기재되어 있음에도 이를 자세히 인정치 않고 단순히 결재 때 빠진 것으로 생각하고 가필변경할 권한이 없는 공무원이 원안에 없는 새로운 항을 만들어 중복되게 기재해 넣었다면 그 공문서를 변조한다는 인식이 있었다고 하지 않을 수 없다. [경찰간부 12]

2 대법원 1995.3.24, 94도1112
공문서 기안담당자가 적법한 절차를 거침이 없이 임의로 결재된 원문서에 누락사실을 추가기재한 경우, 문서변조의 고의를 인정한 사례

최종 결재권자를 보조하는 기안담당자가 토지가격 감정의뢰서에 첨부된 재산명세서상에 일부 기재가 누락된 토지가 있었으나 그 감정의뢰에 따른 감정을 하는 과정에서 그 누락사실이 발견되어 감정평가사가 그 토지까지 감정하여 작성한 감정평가서를 송부하여 오자, 사후에 이를 일치시킨다는 생각에서 위 재산명세서상에 그 누락된 토지들을 추가기재하였더라도 그 과정에서 적법한 절차를 거침이 없이 임의로 결재된 원문서에 없는 사항을 추가기재한 이상 그러한 행위에 대하여는 공문서변조의 고의를 인정하기에 충분하다.

판례연구   공문서위조 · 변조죄의 고의를 인정하지 않은 사례

대법원 1997.7.11, 97도1082
대리인의 신청에 의한 인감증명을 본인 신청에 의한 것으로 기재 발급한 경우의 죄책(= 허위공문서작성죄)
면사무소의 호병계 소속 직원(차석)으로 근무하던 A가 병사관계 업무와 면장 명의의 제증명발급 등의 업무를 담당하던 중에 그 면사무소 산업계에 근무하는 동료직원인 B의 부탁을 받고 그 용도를 '대출보증용' 또는 '대출용'으로 하여 세 차례에 걸쳐 C 본인이 나오지 아니하였음에도 불구하고 마치 그 본인이 직접 출두하여 신청한 것처럼 인감증명서 상단의 본인, 대리인 여부란의 본인란에 ○표를 하는 방법으로, 면장명의의 C에 대한 인감증명서를 각 발급하였다면, A에게는 위의 각 인감증명서 발급에 관하여 공문서위조의 고의가 있었던 것이 아니라, 대리인의 신청에 의한 것임에도 불구하고 본인의 직접 신청에 의한 것처럼 인감증명서를 발급한 데 대한 허위공문서 작성의 고의만 있었다고 보이기 때문에, 공문서위조죄 · 동행사죄가 성립하지 않고 허위공문서작성죄 · 동행사죄만 성립할 뿐이다(공문서위조의 고의가 아니라 허위공문서작성의 고의에 불과하다는 사례).[446] [경찰채용 17 1차/사시 14]

판례연구   공문서위조 · 변조죄의 행사할 목적을 인정한 사례

대법원 1995.3.24, 94도1112
문서죄의 행사할 목적은 변조 전 문서의 본래 용도에 사용할 목적으로 한정되는 아니라는 사례
공문서변조죄에 있어서 행사할 목적이란 변조된 공문서를 진정한 문서인 것처럼 사용할 목적 즉 행사의 상대방이 누구이든지간에 그 상대방에게 문서의 진정에 대한 착오를 일으킬 목적이면 충분한 것이지 반드시 변조 전의 그 문서의 본래의 용도에 사용할 목적에 한정되는 것은 아니다.[447] [법원행시 09]

06   자격모용에 의한 공문서작성죄

제226조 【자격모용에 의한 공문서 등의 작성】 행사할 목적으로 공무원 또는 공무소의 자격을 모용하여 문서 또는 도화를 작성한 자는 10년 이하의 징역에 처한다.

---

446 보충 : A는 계속 부탁하는 동료직원(B)의 청을 거절하지 못한 채, 원심 공동피고인(B)이 C로부터 인감증명서의 발급신청을 위임받은 것으로 믿고 단지 C 본인이 출두하지 아니하였지만 그 본인이 직접 신청한 것처럼 편의를 보아준다는 생각으로 위와 같이 인감증명서를 각 발급하였던 사실, 피고인이 이로 인하여 아무런 대가나 이익도 얻지 아니하였던 사실 등을 알 수 있다(위 판례).
447 보충 : 따라서 피고인이 군검찰에 제출하기 위하여 (감정의뢰서에) 추가기재 행위를 하였다고 하여 같은 피고인에게 행사할 목적이 없었다거나 그와 같은 방법으로 변조한 감정의뢰서를 진정한 문서인 것처럼 군검찰에 제출한 같은 피고인의 행위가 변조공문서를 행사한 것이 아니라고 볼 수 없다(위 판례).

1 대법원 1993.4.27, 92도2688

전 구청 구청장으로 작성 : 자격모용공문서작성죄

피고인이 동래구청장으로 전보된 후에 남구청장의 권한에 속하는 이 사건 건축허가에 관한 기안용지의 결재란에 서명을 하였다면 이는 자격모용에 의한 공문서작성죄를 구성한다. [경찰채용 12·16 2차/사시 14 / 경찰간부 17]

2 대법원 1993.7.27, 93도1435

피고인 甲이 부동산매매계약서와 영수증을 작성함에 있어 매도인란 또는 영수인란에 "국방부 합참자료실장 이사관 피고인 甲"이라는 이름을 기재하고 그 옆에 위 피고인의 도장을 압날한 다음 그 상단에 '국방부장관'이라는 고무인을 압날함으로써 마치 위 피고인이 국방부장관으로부터 적법한 문서작성권한을 부여받아 그 문서를 작성할 자격이 있는 것처럼 이를 모용하여 위 부동산매매계약서와 영수증을 작성하고 이를 행사한 경우에는 자격모용에 의한 공문서작성 및 동행사죄가 성립한다.

3 대법원 2008.1.17, 2007도6987

식당의 주·부식 구입 업무를 담당하는 공무원 甲은 주·부식구입요구서의 과장(課長)결재란에 권한 없이 자신의 서명을 했다면, 이는 과장의 자격을 모용하여 자신의 이름으로 공문서를 작성한 것이므로 자격모용공문서작성죄가 성립하고 공문서위조죄는 성립할 수 없다. [경찰채용 11 1차/국가7급 16]

07 공전자기록 위작·변작죄

제227조의2【공전자기록 위작·변작】 사무처리를 그르치게 할 목적으로 공무원 또는 공무소의 전자기록 등 특수매체기록을 위작 또는 변작한 자는 10년 이하의 징역에 처한다.

1 대법원 2005.6.9, 2004도6132

개인 또는 법인이 전자적 방식에 의한 정보의 생성·처리·저장·출력을 목적으로 구축하여 설치·운영하는 시스템을 설치·운영하는 주체와의 관계에서 전자기록의 생성에 관여할 권한이 없는 사람이 전자기록을 작출하거나 전자기록의 생성에 필요한 단위 정보의 입력을 하는 경우는 물론 시스템의 설치·운영 주체로부터 각자의 직무 범위에서 개개의 단위정보의 입력 권한을 부여받은 사람이 그 권한을 남용하여 허위의 정보를 입력함으로써 시스템 설치·운영 주체의 의사에 반하는 전자기록을 생성하는 경우도 형법 제227조의2에서 말하는 전자기록의 '위작'에 포함된다. (따라서) 경찰관이 고소사건을 처리하지 아니하였음에도 경찰범죄정보시스템에 그 사건을 검찰에 송치한 것으로 허위사실을 입력한 행위는 공전자기록위작죄를 구성한다. [경찰간부 16·18/법원행시 08]

2 대법원 2007.7.27, 2007도3798

공무원 甲의 업무를 보조하는 乙이 체비지(替費地) 현장에 출장을 나간 사실이 없고 甲만이 체비지 현장에 출장을 나갔음에도 불구하고, 甲과 乙은 공모하여 마치 乙이 직접 그 출장을 나간 것처럼 부천시청 행정지식관리시스템에 허위의 정보를 입력하여 출장복명서를 생성한 후 이를 그 사정을 모르는 위 시청 도시과장에게 전송한 것도 공전자기록위작죄 및 위작공전자기록행사죄의 실체적 경합이 인정된다. [경찰승진(경사) 11 / 사시 10]

3 대법원 2010.7.8, 2010도3545
공전자기록위작·변작죄의 '사무처리를 그르치게 할 목적'이란 위작 또는 변작된 전자기록이 사용됨으로써 위와 같은 시스템을 설치·운영하는 주체의 사무처리를 잘못되게 하는 것을 말하므로, 공군복지근무지원단 예하 지구대의 부대매점 및 창고관리 부사관이 창고 관리병으로 하여금 위 지원단의 업무관리시스템인 복지전산시스템에 자신이 그 전에 이미 횡령한 바 있는 면세주류를 마치 정상적으로 판매한 것처럼 허위로 입력하게 한 경우, 공전자기록위작죄의 '사무처리를 그르치게 할 목적'이 인정된다. [사시 16]

판례연구   공전자기록위작죄가 성립하지 않는 사례

대법원 2011.5.13, 2011도1415
법령에 의하여 요구되는 자격을 갖추지 못하였음에도 불구하고 고의로 이를 갖춘 것처럼 단위 정보를 입력하였다고 하더라도 그 전제 또는 관련된 사실관계에 대한 내용에 거짓이 없는 경우
형법 제227조의2에서 정하는 전자기록의 '위작'에는 시스템의 설치·운영 주체로부터 각자의 직무 범위에서 개개의 단위 정보의 입력 권한을 부여받은 사람이 그 권한을 남용하여 허위의 정보를 입력함으로써 시스템 설치·운영 주체의 의사에 반하는 전자기록을 생성하는 경우도 포함되는바, 이 때 '허위의 정보'라 함은 진실에 반하는 내용을 의미하는 것으로서, 관계 법령에 의하여 요구되는 자격을 갖추지 못하였음에도 불구하고 고의로 이를 갖춘 것처럼 단위 정보를 입력하였다고 하더라도 그 전제 또는 관련된 사실관계에 대한 내용에 거짓이 없다면 허위의 정보를 입력하였다고 볼 수 없다. [경찰간부 18] 자동차등록 담당공무원인 피고인이 여객자동차 운수사업법상 차량충당연한 규정에 위배되어 영업용으로 변경 및 이전등록을 할 수 없는 차량인 것을 알면서 자동차등록정보 처리시스템의 자동차등록원부 용도란에 '영업용'이라고 입력하였으나, 변경 및 이전등록에 관한 구체적 등록내용인 최초등록일 등은 사실대로 입력한 경우, 자동차등록원부상 '영업용으로의 용도변경 및 이전'에 관한 등록정보가 확인·공시하는 내용에 자동차가 영업용으로 용도변경되어 이전되었다는 사실 외에 변경 및 이전등록에 필요한 법령상 자격의 구비 사실까지 포함한다고 볼 법적인 근거가 없고, 최초등록일 등 등록과 관련된 사실관계에 대한 내용에 거짓이 있다고 볼 수 없는 이상, 위 행위는 공전자기록등위작죄의 '위작'에 해당한다고 할 수 없다. [경찰간부 16]

---

08   허위진단서 등 작성죄

> **제233조 【허위진단서 등의 작성】** 의사, 한의사, 치과의사 또는 조산사가 진단서, 검안서 또는 생사에 관한 증명서를 허위로 작성한 때에는 3년 이하의 징역이나 금고, 7년 이하의 자격정지 또는 3천만 원 이하의 벌금에 처한다.

판례연구   허위진단서작성죄의 진단서에 해당한다는 사례

대법원 2017.11.9, 2014도15129
수형생활 또는 수감생활의 가능 여부에 대한 판단 관련 사례
허위진단서 작성에 해당하는 허위의 기재는 사실에 관한 것이건 판단에 관한 것이건 불문하므로, 현재

의 진단명과 증상에 관한 기재뿐만 아니라 현재까지의 진찰 결과로서 발생 가능한 합병증과 향후 치료에 대한 소견을 기재한 경우에도 그로써 환자의 건강상태를 나타내고 있는 이상 허위진단서 작성의 대상이 될 수 있다. (형사소송법 제471조 제1항 제1호에서 정한 형집행정지 요건인 '형의 집행으로 인하여 현저히 건강을 해할 염려가 있는 때'에 해당하는지에 대하여) 의사가 환자의 수형생활 또는 수감생활의 가능 여부에 관하여 기재한 의견이 환자의 건강상태에 기초한 향후 치료 소견의 일부로 서 의료적 판단을 기재한 것으로 볼 수 있다면, 이는 환자의 건강상태를 나타내고 있다는 점에서 허위진단서 작성의 대상이 될 수 있다. 따라서 의사가 진단서에 단순히 환자의 수형생활 또는 수감생활의 가능 여부에 대한 의견만 기재한 것이 아니라, 그 판단의 근거로 환자에 대한 진단 결과 또는 향후 치료 의견 등을 함께 제시하였고 그와 결합하여 수형생활 또는 수감생활의 가능 여부에 대하여 판단한 것이라면 그 전체가 환자의 건강상태를 나타내고 있는 의료적 판단에 해당한다.

판례연구　허위진단서작성죄의 진단서에 해당하지 않는다는 사례

대법원 2013.12.12, 2012도3173
입퇴원 확인서 사례
형법 제233조의 허위진단서작성죄에서 '진단서'란 의사가 진찰의 결과에 관한 판단을 표시하여 사람의 건강상태를 증명하기 위하여 작성하는 문서를 말하고, 위 조항에서 규율하는 진단서에 해당하는지 여부는 서류의 제목, 내용, 작성목적 등을 종합적으로 고려하여 판단하여야 한다. 의사인 피고인이 환자의 인적사항, 병명, 입원기간 및 그러한 입원사실을 확인하는 내용이 기재된 '입퇴원 확인서'를 허위로 작성한 경우, 위 '입퇴원 확인서'는 문언의 제목, 내용 등에 비추어 의사의 전문적 지식에 의한 진찰이 없더라도 확인 가능한 환자들의 입원 여부 및 입원기간의 증명이 주된 목적인 서류로서 환자의 건강상태를 증명하기 위한 서류라고 볼 수 없어 허위진단서작성죄에서 규율하는 진단서로 보기 어렵 다. [법원행시 16 / 경찰간부 16]

판례연구　공무원인 의사가 공무소의 명의로 허위진단서를 작성한 사례

대법원 2004.4.9, 2003도7762
형법이 제225조 내지 제230조에서 공문서에 관한 범죄를 규정하고, 이어 제231조 내지 제236조에서 사문서에 관한 범죄를 규정하고 있는 점 등에 비추어 볼 때 형법 제233조 소정의 허위진단서작성죄의 대상은 공무원이 아닌 의사가 사문서로서 진단서를 작성한 경우에 한정되고, 공무원인 의사가 공무소의 명의로 허위진단서를 작성한 경우에는 허위공문서작성죄만이 성립하고 허위진단서작성죄는 별도로 성립하지 않는다. [경찰채용 10 2차 / 경찰승진 12 / 국가9급 14 / 국가7급 20 / 법원9급 07(하) / 법원승진 13 / 법원행시 08 · 11 · 14 / 사시 13 · 14 / 변호사시험 12 · 18]

판례연구　허위진단서작성의 고의가 인정된 사례

대법원 2001.6.29, 2001도1319
고의가 인정된 사례
사체검안의가 빙초산의 성상이나 이를 마시고 사망하는 경우의 소견에 대하여 알지 못함에도 불구하고 변사자가 '약물음독', '빙초산을 먹고 자살하였다.'는 취지로 사체검안서를 작성한 경우, 검안서작성에 있어 허위성에 대한 인식이 있다고 해야 한다.

허위진단서작성의 고의가 인정되지 않은 사례

대법원 2006.3.23, 2004도3360
의사가 진찰을 소홀히 한 것만으로는 허위진단서작성의 고의가 인정되지 않는다는 사례
형법 제233조의 허위진단서작성죄가 성립하기 위하여는 진단서의 내용이 실질상 진실에 반하는 기재
여야 할 뿐 아니라 그 내용이 허위라는 의사의 주관적 인식이 필요하고, 의사가 주관적으로 진찰을
소홀히 한다던가 착오를 일으켜 오진한 결과로 객관적으로 진실에 반한 진단서를 작성하였다면 허위진
단서작성에 대한 인식이 있다고 할 수 없으므로 허위진단서작성죄가 성립하지 아니한다. (따라서)
의사인 甲이 환자 乙에 대한 장애진단서를 발급해준 경우, 그의 장애상태를 정밀하게 관찰하기 위한
MRI 검사 등을 하지 아니하는 등 일부 소홀한 점이 있었다는 것을 제시하는 것만으로는 甲에게 본죄의
고의를 인정할 수 없다고 보아야 한다.

09 허위공문서작성죄

제227조 【허위공문서작성 등】 공무원이 행사할 목적으로 그 직무에 관하여 문서 또는 도화를 허위로 작성하거나
변개한 때에는 7년 이하의 징역 또는 2천만 원 이하의 벌금에 처한다.

허위공문서작성과 공문서위조의 구별 : 오토바이 사용신고필증 사례

동사무소의 사무장으로서 동장의 업무처리를 보조하는 공무원인 甲은 동장에게 이륜자동차 사용신고
필증의 교부를 신청한 丙이 오토바이의 실제 소유자가 아니라는 사실을 잘 알면서도 동장을 보조하여
이륜자동차사용신고필증의 교부를 담당하던 乙에게 동장의 직인을 날인하여 허위내용의 사용신고필
증을 교부하도록 지시하여 乙은 이 사실을 알면서도 보관하던 동장의 직인을 날인하여 동 신고필증을
임의로 발급하여 주었다. 甲과 乙의 형사책임은?

해결   乙은 공문서위조죄의 정범, 甲은 공문서위조죄의 교사범이다.

판례   공문서 작성권자로부터 일정한 요건이 구비되었는지 여부를 심사하여 그 요건이 구비되었음이 확인될
경우에 한하여 작성권자의 직인을 사용하여 작성권자 명의의 공문서를 작성하라는 포괄적인 권한을
수여받은 업무보조자인 공무원이, 그 위임의 취지에 반하여 공문서 용지에 허위내용을 기재하고 그 위에
보관하고 있던 작성권자의 직인을 날인하였다면, 그 업무보조자인 공무원에게 공문서위조죄가 성립할
것이고, 그에게 그와 같은 행위를 하도록 지시한 중간결재자인 공무원도 공문서위조죄의 공범으로서의
책임을 면할 수 없다 할 것이다(대법원 1996.4.23, 96도424). [사시 11·14]

허위공문서작성죄의 공문서의 예

1 대법원 1975.3.25, 74도2855
사법경찰리가 작성한 피의자신문조서도 본죄의 공문서가 된다.

2 대법원 1990.10.16, 90도1307
연립주택이 당초의 설계도대로 공사되어 있지 아니한 것을 담당공무원이 세밀히 조사하지 아니하여

그 주택공사의 설계와의 적합여부를 제대로 알지 못하면서도 준공검사보고서 용지에 함부로 '적합'이라고 기재하고 서명날인을 하여 허위의 내용을 기재한 것이라면 위 준공검사보고서는 허위공문서작성죄의 객체가 되는 문서에 해당한다.

3 대법원 2009.9.24, 2007도4785
도립대학 교수가 특성화사업단장의 지위에서 납품검사와 관련하여 작성한 납품검수조서 및 물품검수내역서 등은 허위공문서작성죄의 공문서에 해당한다.[448]

4 대법원 2010.4.29, 2010도875
외부 전문기관이 작성·보고하였다 하더라도 지방자치단체의 장 또는 계약담당자가 결재·승인한 검사조서의 경우에는 본죄의 공문서에 해당된다. 자생식물원 조성공사의 감리업체의 책임감리원 甲과 이 공사를 감독하는 담당공무원 乙이 공모하여 허위 내용의 준공검사조서를 작성한 다음, 이를 준공검사결과보고서에 첨부하여 공무원들의 결재를 받아 사무실에 비치한 경우, 위 '준공검사조서'는 공문서에 해당한다.[449] [법원9급 11]

> 해결 영상물등급위원회 임직원이 게임물 등급분류와 관련하여 영상물등급위원회장 명의의 접수일 부인을 허위로 작성·행사한 경우, 처벌법규의 개정으로 형법상 뇌물 관련 범죄 외에는 더 이상 공무원으로 의제되지 않게 된 영상물등급위원회 임직원들에 대해 허위공문서작성죄 및 동행사죄를 적용한 것은 위법이다(대법원 2009.3.26, 2008도93).

> 보충 법률의 변경의 동기가 종전의 조치가 잘못이었다는 반성적 성찰에 기인한 것이라고 본 판례이기도 하다(형법의 적용범위 중 시간적 적용범위에서 기술하였음).

5 대법원 2015.10.29, 2015도9010
국정원에서 주선양총영사관에 파견된 영사인 피고인은 공식적으로는 외교부 소속 사건사고 담당 영사로서, 비공식적으로는 국정원 소속 해외정보관으로 근무하면서, 국정원의 지시에 따라 국정원에서 파견된 영사가 수행하는 직무권한 범위 내에서 공무의 일환으로써 '주선양총영사관 피고인 명의'로 '2013.9.27.자 확인서 및 사실확인서'와 '2013.12.17.자 확인서'를 작성하였으므로, 위 각 확인서 등은 허위공문서작성죄의 객체가 되는 공문서에 해당한다. [경찰간부 18]

> **판례연구** **허위공문서작성에 해당하는 사례**

1 대법원 1960.5.18, 4293형상125
금전출납부에 수입사실을 기재하지 않은 행위와 같이 부작위에 의해서도 허위공문서작성은 가능하다.

---

448 **보충** : 도립 ○○전문대학의 특성화사업단은 위 대학이 산업체 등과 협력하여 특성화사업을 수행함에 있어 산업협력단과 별개로 조직한 기구이고, 위 대학의 교수인 피고인이 특성화사업단장으로서 관여한 납품검사는 교육공무원인 피고인의 직무권한에 속하므로, 피고인이 위 납품검사와 관련하여 작성한 이 사건 납품검수조서 및 물품검수내역서는 공무원이 직무권한 내에서 작성한 문서로서 공문서에 해당한다(대법원 2009.9.24, 2007도4785).
449 **보충** : 지방자치단체를 당사자로 하는 계약의 이행완료에 관한 검사는 지방자치단체의 장 또는 계약담당자의 직무권한에 속하는 사항으로서 이를 전문기관에 위임하여 수행하게 한다고 하여 그 직무 소관이 달라지는 것은 아니고 다만 이때에는 전문기관으로부터 검사결과를 문서로 통보받아 확인하는 방법으로 그 직무를 집행하게 되는 것이므로, 지방자치단체의 장 또는 계약담당자가 그 검사를 위임받아 수행한 전문기관으로부터 검사결과를 검사조서로 작성·보고받고 이를 확인하여 승인하는 의미로 검사조서에 결재하였다면 그와 같이 결재된 검사조서는 공무원이 그 직무권한 내에서 작성한 문서로서 허위공문서작성죄의 객체인 공문서에 해당한다(대법원 2010.4.29, 2010도875). [법원9급 11]

2 대법원 1973.10.23, 73도395

공무원이 작성한 가옥증명서의 기재내용이 객관적인 사실에 부합되는 것으로 그 내용이 허위가 아닐지라도, 가옥증명서 자체가 시청에 비치한 가옥대장과 대조하여 상위가 없다는 증명서이므로, 가옥대장기재와 다른 내용을 기재하여 가옥증명서를 발행한 이상 허위공문서작성죄가 성립한다. [경찰간부 14]

3 대법원 1977.12.27, 77도2155

신고사항이 허위인 것이 명백한 경우에는 호적리는 그 기재를 거부할 수 있다고 해석할 것이므로 허위임을 알고 있으면서 이를 호적부에 기재하였다면 허위공문서작성죄가 성립한다(형식적 심사권만 있는 공무원이라 하더라도 허위공문서작성죄가 성립할 수 있음).⁴⁵⁰ [법원9급 09·22]

4 대법원 1978.6.27, 76도2196

진술조서를 폐기하고 새로 작성하는 행위와 법률의 착오

수사처리의 관례상 일부 상치된 내용을 일치시키기 위하여 적법하게 작성된 참고인 진술조서를 찢어버리고 진술인의 진술도 듣지 아니하고 그 내용을 일치시킨 새로운 진술조서를 작성한 행위는 그 행위를 적법한 것으로 잘못 믿었다고 할지라도 그렇게 잘못 믿은 데 대하여 정당한 이유가 있다고 볼 수 없다. [국가9급 11]

5 대법원 1981.9.22, 80도3180

공무원이 실제로 원본과 대조함이 없이 원본대조필(原本對照畢)이라고 기재한 것은 허위공문서작성에 해당한다. [법원9급 18·22]

6 대법원 1983.12.13, 83도1458

무허가건물을 허가받은 건물로 건축물관리대장에 기입하는 행위는 허위공문서작성이다. [경찰간부 14 / 법원9급 18]

7 대법원 1983.12.27, 82도3063

준공검사조서를 작성함에 있어서 정산설계서를 확인하고 준공검사를 한 것이 아님에도 마치 한 것처럼 준공검사용지에 정산설계서에 의하여 준공검사를 하였다는 내용을 기입한 것은 허위공문서작성죄를 구성한다. [경찰간부 14 / 국가9급 18]

8 대법원 1989.12.12, 89도1253

충청남도청 도로과 공사감독관(공무원) 甲은 골재가 자재시험관의 시험검사를 마친 합격품인지 여부와 골재반입량을 직접 확인하지 않고 다만 시공자측에서 제출하는 서류와 구두보고 등만을 검토·확인하였음에도 '직접 확인한 것처럼 공사감독일지를 작성'하고 이를 위 도청 도로과에 비치하였다. 이는 진실에 부합하지 아니하여 허위기재에 해당한다고 할 것이고, 자재시험은 그 시험관의 소관사항이며, 골재반입량은 시공자의 보고에 따라 공사감독일지를 작성함이 통상의 업무집행관행이라 하여 달리 해석할 수는 없다 할 것이다. 따라서 甲은 허위공문서작성죄와 허위작성공문서행사죄의 실체적 경합의 죄책이 인정된다. [경찰채용 18 2차]

---

450 **판례** : 호적사무를 관장하는 호적리(戶籍吏)는 호적에 기재를 함에 있어서 그 신고가 적어도 형식상의 요건을 갖추고 있는 경우에 있어서는 이것의 기재절차를 밟은 것이고 그 신고사항이 진실한 여부를 심사한 후 그 수리 여부를 정정할 필요는 없다고 할 것은 소론과 같으나, 호적부(현 가족관계등록부)는 사람의 신분을 공증하고 타인으로 하여금 각 사람이 가지는 신분 지위 등을 알게 하기 위하여 설정된 공부로서 그 기재사항의 적법하고 진실에 부합될 것임은 당연한 이치이므로 신고사항이 허위인 것이 명백한 경우에 있어서는 호적리는 그 기재를 거부할 수 있다고 해석함이 법정신에 적합한 것이라 할 것이다. 그러므로 호적리는 신고사항이 허위인 것을 알고 있으면서 고의로 신고인의 뜻을 받아 이를 호적부에 기재한 때에는 형법 제227조의 허위공문서작성죄를 구성한다

9 대법원 1995.6.13, 95도491

준공검사관이 매몰 부분 공사의 미완성을 알면서도 공사감독관의 감독조서를 근거로 준공검사조서를 작성한 경우 허위공문서작성죄가 성립한다.

10 대법원 1996.10.15, 96도1669

소유권이전등기와 근저당설정등기의 신청이 동시에 이루어지고 그와 함께 등본의 교부신청이 있는 경우 등기관이 소유권이전등기만 기입하고 근저당권설정등기는 기입하지 아니한 채 등기부등본을 발급한 것은 허위공문서작성에 해당한다.⁴⁵¹ [경찰승진(경위) 10 / 법원9급 09 · 22]

11 대법원 2003.2.11, 2002도4293

폐기물처리사업계획이 관계 법령의 규정에 적합하지 아니한데도 적합하다는 내용의 통보서 작성 사례

허위공문서작성죄란 공문서에 진실에 반하는 기재를 하는 때에 성립하는 범죄이므로, ① 고의로 법령을 잘못 적용하여 공문서를 작성하였다고 하더라도 그 법령적용의 전제가 된 사실관계에 대한 내용에 거짓이 없다면 허위공문서작성죄가 성립될 수 없다(대법원 2000.6.27, 2000도1858 등 참조). [경찰승진(경사) 11 / 국가9급 18 / 법원9급 18] 그러나 ② 폐기물관리법 제26조 제2항에 의한 폐기물처리사업계획 적합 통보서는 단순히 폐기물처리사업을 관계 법령에 따라 허가한다는 내용이 아니라, 폐기물처리업을 하려는 자가 폐기물관리법 제26조 제1항에 따라 제출한 폐기물처리사업계획이 폐기물관리법 및 관계 법령의 규정에 적합하다는 사실을 확인하거나 증명하는 것이라 할 것이므로, 그 폐기물처리사업계획이 관계 법령의 규정에 적합하지 아니함을 알면서 적합하다는 내용으로 통보서를 작성한 것이라면 그 통보서는 허위의 공문서라고 보지 아니할 수 없다.

12 대법원 2005.10.14, 2003도1154

농림부 주관 농림기술개발사업의 일환으로 시행되고, 국립대학교 총장 명의로 체결된 연구 용역 약정에 기하여 소속 대학 교수가 행하는 연구활동은 교육공무원인 위 교수의 직무 집행 행위에 해당하므로, 위 연구결과보고서에 각 허위 내용을 기재하는 것은 국립대학교 총장 명의의 공문서를 허위로 작성하고, 이를 제출하여 각 행사한 것에 해당한다.

13 대법원 2006.12.22, 2004도7356

특별세무조사 후 증빙자료에 의하여 탈루세액임이 확실한 추징세액 일부를 고의로 누락시킨 채 작성된 특별조사종결보고서는 허위공문서에 해당한다.

14 대법원 2007.1.25, 2006도3996

농지취득자격증명의 신청인에게 농업경영능력이나 영농의사가 없음을 알거나 이를 제대로 알지 못하면서도 농지취득자격증명통보서를 작성한 경우, 허위공문서작성죄가 성립한다. [경찰채용 17 1차]

15 대법원 2007.1.25, 2006도3844

공증담당 변호사가 법무사의 직원으로부터 인증촉탁서류를 제출받았을 뿐 법무사가 공증사무실에 출석하여 사서증서의 날인이 당사자 본인의 것임을 확인한 바 없음에도 마치 그러한 확인을 한 것처럼 인증서에 기재한 경우 — 설사 이것이 업계의 관행이라고 할지라도 그와 같은 업계의 관행이 정당하다고 볼 수 없어 — 허위공문서작성죄가 성립한다. [국가9급 21]

고 할 것이다(대법원 1977.12.27, 77도2155).

451 **보충** : 당시 부동산등기법 제53조 제1항, 제54조 및 1994.1.1.부터 시행된 등기예규 제13조의 규정에 의하면, 소유권이전등기와 근저당설정등기의 신청이 동시에 이루어지고 그와 함께 등본의 교부신청이 있는 경우에는, 등기관은 소유권이전등기와 근저당권설

16 대법원 2013.10.24, 2013도5752

청원경찰인 공무원이 실제로 현장확인을 하지 않고 동료 청원경찰에게 원상복구 여부에 대한 현장확인을 부탁한 다음, 동료가 작성한 출장복명서가 진실한 것인지를 제대로 알지도 못하면서 자신이 직접 현장확인을 하여 보니 원상복구가 완료되었다는 내용의 출장복명서에 자신의 서명을 함으로써 출장복명서를 완성하여 그 사정을 모르는 담당공무원에게 제출하였다면, 허위공문서작성 및 동행사죄를 구성한다. [법원행시 16]

판례연구 **허위공문서작성에 해당하지 않는 사례**

1 대법원 1987.8.18, 87도1263

비록 그 용도에 따른 사용수익을 할 수 없을 정도로 미완공인 건축물이라 할지라도 과세대상이 될 정도에 이른 건축물이라면 이를 재산세과세대장에 올려 그 납세의무자에게 소정의 지방세를 부과징수할 수 있는 것이므로 과세대상이 되는 미완공건축물을 재산세과세대장에 등재하였다고 하여 곧 허위공문서를 작성하였다고 단정할 수는 없다.

2 대법원 1996.5.14, 96도554

고의로 적용해서는 안 될 조항을 적용하여 과세표준을 결정하고 그에 기하여 세액을 산출한 사례

허위공문서작성죄란 공문서에 진실에 반하는 기재를 하는 때에 성립하는 범죄이므로, 고의로 법령을 잘못 적용하여 공문서를 작성하였다고 하더라도 그 법령적용의 전제가 된 사실관계에 대한 내용에 거짓이 없다면 허위공문서작성죄가 성립될 수 없는바, 당사자로부터 뇌물을 받고 고의로 적용하여서는 안될 조항을 적용하여 과세표준을 결정하고 그 과세표준에 기하여 세액을 산출하였다고 하더라도, 그 세액계산서에 허위내용의 기재가 없다면 허위공문서작성죄에는 해당하지 않는다. [경찰간부 11 / 경찰승진(경사) 11 / 경찰승진(경감) 10 / 국가9급 21 / 법원9급 09 / 법원행시 09]

3 대법원 2000.6.27, 2000도1858

건축법상의 요건을 갖추지 못하고 설계된 사실을 알면서도 건축허가서를 작성한 경우

건축 담당 공무원이 건축허가신청서를 접수·처리함에 있어 건축법상의 요건을 갖추지 못하고 설계된 사실을 알면서도 기안서인 건축허가통보서를 작성하여 건축허가서의 작성명의인인 군수의 결재를 받아 건축허가서를 작성한 경우, 건축허가서는 그 작성명의인인 군수가 건축허가신청에 대하여 이를 관계 법령에 따라 허가한다는 내용에 불과하고 위 건축허가신청서와 그 첨부서류에 기재된 내용(건축물의 건축계획)이 건축법의 규정에 적합하다는 사실을 확인하거나 증명하는 것은 아니라 할 것이므로 군수가 위 건축허가통보서에 결재하여 위 건축허가신청을 허가하였다면 위 건축허가서에 표현된 허가의 의사표시 내용 자체에 어떠한 허위가 있다고 볼 수는 없다 할 것이어서, 이러한 건축허가에 그 요건을 구비하지 못한 잘못이 있고 이에 담당 공무원의 위법행위가 개입되었다 하더라도 그 위법행위에 대한 책임을 추궁하는 것은 별론으로 하고 위 건축허가서를 작성한 행위를 허위공문서작성죄로 처벌할 수는 없다.[452] [경찰승진(경사) 11 / 국가7급 13 / 법원9급 13]

정등기 모두에 관하여 등기부에의 기입을 마치고 그에 따른 등기부등본을 교부하여야 한다. 따라서 위 등기부등본은 이미 접수된 신청서에 따라 기입하여야 할 사항 중 일부를 고의로 누락한 채 작성되어 그 내용이 진실하지 아니한 것으로서 허위공문서에 해당한다.

452 **사례** : 법령적용은 허위이나 사실관계는 거짓이 없는 경우 건축담당공무원 甲은 기존의 S건물을 청소년수련시설로 용도변경하고 추가로 약 300km의 건축물을 증축하겠다는 내용의 설계도면이 첨부된 P의 건축허가신청서를 접수·처리함에 있어 그 설계도면을 검토하여 철골조로 설계되어 있는 동 건물 2, 3층의 주요구조부가 건축법상의 내화구조로 설계된 것이 아님을 알고 있었음에도 위 신청을 허가한다는 취지의 기안서인 건축허가통보서를 작성하여 계장인 乙, 과장인 丙이 순차 결재한 다음, 행사할 목적으로 위 건축허가신청서 뒷면에 있는 "이 허가서 및 첨부서류에 기재한 건축물의 건축계획은 건축법의 규정에 적합하므로 건축법 제8조의 규정에 의하여 '건축물의 건축을 허가하며', 이 허가로 건축법 제8조 제5항 각 호의 허가 등을 받거나 신고를 한 것으로 봅니다"라고 기재된 건축허가서란에 '허가 제414 − 1호, 1998.2.26.'이라고 기재한 후 허가명의자란에 군수의 직인을 찍어 공문서인 건축허가서

4 대법원 2021.9.16, 2019도18394

공사계약일반조건과는 달리 기성부분을 인정하여 작성한 기성검사조서 사건

허위공문서작성죄는 공문서에 진실에 반하는 기재를 하는 때에 성립하는 범죄이므로, 공문서를 작성하는 과정에서 법령 등을 잘못 적용하거나 적용하여야 할 법령 등을 적용하지 아니한 잘못이 있더라도 그 적용의 전제가 된 사실관계에 관하여 거짓된 기재가 없다면 허위공문서작성죄가 성립할 수 없고, 이는 그와 같은 잘못이 공무원의 고의에 기한 것이라도 달리 볼 수 없다. 공문서 작성 과정에서 법령 등을 잘못 적용하였다고 하여 반드시 진실에 반하는 기재를 하여 공문서를 작성하게 되는 것은 아니므로, 공문서 작성 과정에서 법령 등의 적용에 잘못이 있다는 것과 기재된 공문서 내용이 허위인지 여부는 구별되어야 한다. …… 관급공사의 현장감독관인 甲이 공사 현장이 아닌 제작 공장에서의 기성검사의 경우 기성검사에서 합격된 자재의 100분의 50 범위 내에서만 기성부분으로 인정할 수 있도록 한 공사계약일반조건과 달리, 자재 제작을 내용으로 하는 부분 전부를 기성부분으로 인정하여 이를 바탕으로 산정된 기성고 비율과 기성부분 준공금액을 기재하여 기성검사조서를 작성한 행위는 허위작성에 해당하지 않는다.

판례연구 **허위공문서작성의 고의가 인정되는 사례**

1 대법원 1997.12.26, 96도3057

토지·하천 등의 경계나 면적을 측량하지 않은 채 지적도상의 그 경계를 정정한 사례

임야도와 지적도상의 경계가 부합하지 아니하여 지적도의 경계 표시에 오류가 있음을 쉽게 확인할 수 있고 또 측량을 하지 않고서도 그 정정이 가능한 경우에 해당한다고 볼 수 없는 경우, 피고인 등이 임야도를 기준으로 하였다 하더라도 토지 및 하천 등의 경계나 면적을 측량하지도 아니한 채 지적도상의 토지 및 하천 등의 경계를 정정한 것은 결코 적법한 업무처리라고 할 수 없고, 따라서 피고인에게 허위공도화 작성 등의 범의가 있다고 보아야 한다.

2 대법원 2010.6.24, 2008도11226

체포사유 및 변호인선임권을 고지하였다는 내용의 허위의 현행범인체포서와 확인서를 작성한 사례

피고인들을 비롯한 경찰관들이 피의자 4명을 현행범으로 체포하거나 현행범인체포서를 작성할 때 체포사유 및 변호인선임권을 고지하지 아니하였음에도 불구하고, '체포의 사유 및 변호인 선임권 등을 고지 후 현행범인 체포한 것임'이라는 내용의 허위의 현행범인체포서 4장과 '현행범인으로 체포하면서 범죄사실의 요지, 구속의 이유와 변호인을 선임할 수 있음을 고지하고 변명의 기회를 주었다'는 내용의 허위의 확인서 4장을 각 작성한 경우, 당시 피고인들에게 허위공문서작성에 대한 고의도 있었다고 보아야 한다.

판례연구 **허위공문서작성의 고의가 인정되지 않는 사례**

1 대법원 1985.5.28, 85도327

대수선허가 면적보다 1층은 1.12평, 2층은 0.25평이 더 증축된 것을 알면서도 허가된 면적대로 준공되었다는 준공검사보고서를 작성하였으나 통상 있을 수 있는 사소한 차이인 것에 불과하다면 허위공문서작성 및 동행사의 고의를 인정할 수 없다.

2 대법원 1997.3.11, 96도2329

교통사고 실황조사서의 사고원인기재란 중 사고도주 표시란에는 아무런 표시를 하지 않은 사례

교통사고 가해자가 사고발생 후 즉시 피해자를 구호조치하지 않고 사고현장으로부터 약 600m 정도

를 작성하고 이를 P에게 교부하였다.

해결 : 甲은 허위공문서작성죄가 성립하지 않는다.

도주한 후 다시 사고현장으로 되돌아 와 경찰관에게 자신이 사고야기자라고 말한 경우, 교통사고 가해자의 사고 후의 행동이 기재된 가해자 및 피해자의 관련자 진술서만 첨부하고 교통사고 실황조사서의 사고원인기재란 중 사고도주 표시란에는 아무런 표시를 하지 않은 것은, 실황조사서의 위와 같은 기재누락으로 인해 위 문서가 바로 허위내용이 되었다고 보기도 힘들 뿐더러 피고인이 이 사건 실황조사서의 기재 내용을 허위기재한다는 고의가 있었다고 볼 수 없다는 점에서, 허위공문서작성에 해당하지 않는다.

3 대법원 2001.1.5, 99도4101
출장조사 내용이 변동 없다는 확신 하에 출장복명서를 작성한 사례
공무원이 여러 차례의 출장반복의 번거로움을 회피하고 민원사무를 신속히 처리한다는 방침에 따라 사전에 출장조사한 다음 출장조사 내용이 변동 없다는 확신 하에 출장복명서를 작성하고 다만 그 출장일자를 작성일자로 기재한 것이라면 허위공문서작성의 범의가 있었다고 볼 수 없다. [경찰채용 16 1차 / 법원행시 14]

사례연구 예비군동대의 방위병 사례 : 허위공문서작성죄의 간접정범 및 공범관계

甲은 예비군훈련에 불참하고서도 평소 잘 알던 예비군동대 방위병 乙에게 훈련을 받았다는 확인증을 발급하여 달라고 부탁하자 乙은 확인증을 발급받기 위한 방법을 甲과 공모한 연후에, 乙은 사정을 모르는 예비군 동대장 丙에게 甲의 출석사실을 보고하고 확인증 발급지시를 받고서 동대장의 직인이 이미 찍혀져 있는 확인서용지에 甲의 인적 사항과 훈련일자 등의 사실을 기재하여 甲에게 교부하였다. 甲과 乙의 죄책은?

[해결] 乙은 허위공문서작성죄(의 간접정범)가 성립하며, 甲은 이러한 허위공문서작성죄의 공동정범이다. 즉, 乙에 대하여는 허위공문서작성죄는 작성권한 있는 공무원만이 범할 수 있는 것이 원칙이나 작성권한 있는 공무원을 보조하는 업무를 담당하는 보조공무원이 사정을 모르는 상사를 이용하여 본죄의 주체(간접정범)가 될 수 있다는 것이 확립된 판례이고, [법원9급 13] 甲에 대하여는 허위공문서작성죄는 작성권한 있는 공무원이라는 신분이 있어야 성립하는 진정신분범이라고 볼 때에, "신분관계로 인하여 성립하는 범죄에 가공한 행위는 전조의 예에 의한다."라는 형법 제33조를 甲에게 적용하여 그 또한 본죄의 공동정범이 된다고 보는 것이 판례이다(대법원 1992.1.17, 91도2837). [경찰승진(경정) 10 / 경찰승진(경감) 11]

사례연구 경찰서 보안과장 음주운전보고서 사례

경찰서 보안과장인 甲은 친구 乙의 음주운전을 단속당하지 않게 하기 위하여 그에 대한 음주운전자적발보고서를 찢어 버리고 부하로 하여금 일련번호가 동일한 가짜 음주운전적발보고서에 丙의 음주운전 사실을 기재케 하여 그 사정을 모르는 담당경찰관 丁으로 하여금 주취운전자음주측정처리부에 丙에 대한 음주운전사실을 기재하도록 하였다. 甲의 죄책은?

[해결] 甲은 허위공문서작성(제227조) 및 동 행사죄(제229조)의 간접정범 및 공용서류무효죄(제141조 제1항)의 실체적 경합이 성립한다. 판례는 작성권한 없는 공무원이라 하더라도 사정을 모르는 작성권한 있는 공무원을 이용하여 허위공문서작성죄의 간접정범이 될 수 있다는 입장이다. [경찰간부 16 / 국가7급 16 / 법원9급 13] 그렇다면 甲은 丙이 음주운전으로 인하여 처벌을 받았는지 여부와는 관계없이 허위공문서작성 및 동 행사죄의 간접정범으로서의 죄책을 면할 수 없다(대법원 1996.10.11, 95도1706). [사시 10] 또한 음주운전자적발보고서를 무단으로 찢어 버린 행위는 공용서류무효죄에도 해당된다.

판례연구 **허위공문서작성의 간접정범 등이 성립한다는 사례**

1 대법원 1990.10.30, 90도1912
면의 호적계장이 정을 모르는 면장의 결재를 받아 허위내용의 호적부를 작성한 사례
허위공문서작성죄의 주체는 직무상 그 문서를 작성할 권한이 있는 공무원에 한하고 작성권자를 보조
하는 직무에 종사하는 공무원은 허위공문서작성죄의 주체가 되지 못하나 이러한 보조직무에 종사하는
공무원이 허위공문서를 기안하여 허위인 정을 모르는 작성권자에게 제출하고 그로 하여금 그 내용이
진실한 것으로 오신케 하여 서명 또는 기명날인케 함으로써 공문서를 완성한 때에는 허위공문서작성죄의
간접정범이 성립된다 할 것인바, 면의 호적계장이 정을 모른 면장의 결재를 받아 허위내용의 호적부를
작성한 경우 허위공문서작성, 동행사죄의 간접정범이 성립된다. [경찰채용 13 2차 / 경찰간부 17 / 경찰승진(경사)
10 / 국가7급 13·16 / 법원행시 10·16 / 사시 16]

2 대법원 2009.12.24, 2009도7815; 1997.7.11, 97도1180
부동산등기법상 허위보증서작성죄의 간접정범 사례
보증인이 아닌 자가 허위 보증서 작성의 고의 없는 보증인들을 이용하여 허위의 보증서를 작성하게
한 경우, 부동산소유권 이전등기 등에 관한 특별조치법 제13조 제1항 제3호에 정한 '허위보증서작성죄'
의 간접정범이 성립한다.

3 대법원 2011.5.13, 2011도1415
보조공무원의 허위공문서작성죄의 간접정범 사례 : 간접정범임에도 공동정범으로 본 것은 잘못이나
판결에는 영향이 없다는 사례
공무원 甲이 허위의 사실을 기재한 자동차운송사업변경(증차)허가신청 검토조서를 작성한 다음 이를
자동차운송사업변경(증차)허가신청 검토보고에 첨부하여 결재를 상신하였고, 담당계장으로서 그와
같은 사정을 알고 있는 중간 결재자인 피고인과 담당과장으로서 그와 같은 사정을 모르는 최종 결재자
인 乙이 차례로 결재를 하여 자동차운송사업 변경허가가 이루어진 경우, 피고인과 甲의 행위가 허위공
문서작성죄의 간접정범에 해당하는데도 공동정범에 해당한다고 본 원심판단은 잘못이지만, 그러한 잘못
은 판결에 영향이 없다.453 [사시 14]

판례연구 **허위공문서작성의 간접정범이 성립하지 않는다는 사례**

1 대법원 2010.1.14, 2009도9963
군청 산림과 공무원이 토지이용계획확인서를 작성하거나 군청 민원봉사과에 보내어 발급하게 한 사례
군청 산림과 소속 공무원인 피고인 甲과 乙이 공모하여 乙이 기안하고 甲이 전결한 해당 임야에 대한
허위의 '산지이용구분 내역 통보'를 군청 민원봉사과에 보내거나, 또는 피고인 乙이 일부 임야에 대하
여는 단독으로, 일부 임야에 대하여는 공무원 아닌 피고인 丙과 공모하여 허위의 각 '산지이용구분
내역 통보' 공문을 기안하고 그 사정을 모르는 피고인 甲의 전결로 위 각 공문을 군청 민원봉사과로
보내어, 그 사정을 모르는 민원봉사과 소속 공무원으로 하여금 군수 명의의 위 각 임야에 대한 토지이
용계획확인서를 작성·발급하게 한 경우, 甲과 乙이 위 각 토지이용계획확인서의 작성권한자라고 볼
수 없을 뿐만 아니라 위 각 문서의 발급을 담당하는 민원봉사과 소속 공무원의 업무를 보조하는 직무에

---

453 **보충** : 공문서인 위 검토보고의 작성자는 乙이라고 보아야 하므로, 위 검토보고의 내용 중 일부에 불과한 위 검토조서의 작성자인
甲은 물론 乙의 업무상 보조자이자 중간 결재자인 피고인은 허위공문서작성죄의 주체가 될 수 없는데도 피고인과 甲의 행위가
공동정범에 해당한다고 본 원심판단은 잘못이지만, 이는 허위의 사정을 모르는 작성권자 乙로 하여금 허위의 공문서를 결재·작성하
게 한 경우에 해당하여 그 간접정범에 해당하고, 간접정범은 형법 제34조 제1항, 제31조 제1항에 의하여 죄를 실행한 자와 동일한
형으로 처벌되는 것이므로 그러한 잘못은 판결에 영향을 미친 위법이 되지 못한다(위 판례의 판결이유).

종사하거나 위 각 문서의 작성을 기안하는 업무에 종사하는 지위에서 위 각 '산지이용구분 내역 통보' 공문을 보내 준 것으로 보기도 어려우므로, 피고인 甲, 乙을 각 허위공문서작성죄의 간접정범 내지 간접정범의 공동정범으로 볼 수는 없다고 할 것이고, 피고인 乙에게 각 허위공문서작성죄의 간접정범으로서의 죄책이 인정되지 않으므로 그와 공모한 공무원 아닌 피고인 丙 역시 각 허위공문서작성죄의 간접정범의 공동정범으로 처단할 수 없다 할 것이다.

2 대법원 2017.5.17, 2016도13912
작성권자의 직인 보관자를 기망하여 날인받은 사례
허위공문서작성죄의 주체는 문서를 작성할 권한이 있는 명의인인 공무원에 한하고 그 공무원의 문서 작성을 보조하는 직무에 종사하는 공무원은 허위공문서작성죄의 주체가 될 수 없다. 따라서 ① 보조 직무에 종사하는 공무원이 허위공문서를 기안하여 허위임을 모르는 작성권자의 결재를 받아 공문서를 완성한 때에는 허위공문서작성죄의 간접정범이 될 것이지만, ② 이러한 결재를 거치지 않고 임의로 작성권자의 직인 등을 부정 사용함으로써 공문서를 완성한 때에는 공문서위조죄가 성립한다. 이는 공문서의 작성권한 없는 사람이 허위공문서를 기안하여 작성권자의 결재를 받지 않고 공문서를 완성한 경우에도 마찬가지이다. 나아가 작성권자의 직인 등을 보관하는 담당자는 일반적으로 작성권자의 결재가 있는 때에 한하여 보관 중인 직인 등을 날인할 수 있을 뿐이다. 이러한 경우 다른 공무원 등이 작성권자의 결재를 받지 않고 직인 등을 보관하는 담당자를 기망하여 작성권자의 직인을 날인하도록 하여 공문서를 완성한 때에도 공문서위조죄가 성립한다. [경찰채용 18 1차]

판례연구 **허위공문서작성의 공동정범이 성립하는 사례**

대법원 2006.5.11, 2006도1663
공무원이 아닌 자가 허위공문서작성죄의 간접정범(×)이나 공동정범(○)이 될 수 있는지 여부
공무원이 아닌 자는 형법 제228조의 경우를 제외하고는 허위공문서작성죄의 간접정범으로 처벌할 수 없으나(대법원 1971.1.26, 70도2598 등), [사시 10] 공무원이 아닌 자가 공무원과 공동하여 허위공문서작성죄를 범한 때에는 공무원이 아닌 자도 형법 제33조, 제30조에 의하여 허위공문서작성죄의 공동정범이 된다.[454] [경찰승진 17 / 국가7급 13]

---

10 공정증서원본 등 부실기재죄

> **제228조【공정증서원본 등의 부실기재】** ① 공무원에 대하여 허위신고를 하여 공정증서원본 또는 이와 동일한 전자기록 등 특수매체기록에 부실의 사실을 기재 또는 기록하게 한 자는 5년 이하의 징역 또는 1천만 원 이하의 벌금에 처한다.
> ② 공무원에 대하여 허위신고를 하여 면허증, 허가증, 등록증 또는 여권에 부실의 사실을 기재하게 한 자는 3년 이하의 징역 또는 700만 원 이하의 벌금에 처한다.

---

454 보충 : 이 판례는, 공무원 乙이 허위로 재해대장 및 농가별농작물피해조사대장을 작성할 당시, 甲이 乙의 행위를 알면서도 이를 묵비하였을 뿐만 아니라 乙로 하여금 재해대장 및 농가별농작물피해조사대장에 甲의 비닐하우스가 설치된 지번(地番)을 허위로 기재하도록 하는 등의 방법으로 乙의 행위에 가공한 경우, 甲에게 허위공문서작성죄의 공동정범을 인정한 사례이다.

공정증서 원본	○	가족관계등록부, 등기부, 상업등기부, 화해조서, 민사분쟁사건처리특례법에 의하여 합동법률사무소 명의로 작성된 공정증서(대법원 1977.8.23, 74도2715)[455] [경찰간부 12 / 경찰승진(경위) 10], 집행수락부 약속어음 공정증서(대법원 2006.6.27, 2006도2864)[456] [법원승진 14] 등
	×	• 주민등록부(대법원 1968.11.19, 68도1231)[457], 주민등록증, 시민증 [경찰승진(경위) 10] • 각종 대장(인감대장은 대법원 1969.3.25, 69도163; 1968.11.19, 68도1231[458] [법원9급 06], 토지대장은 대법원 1988.5.24, 87도2696[459]; 1971.1.29, 69도2238 [경찰간부 12 / 경찰승진(경위) 10 / 경찰승진 17 / 법원9급 06 / 법원행시 05 · 12], 가옥대장은 대법원 1971.4.20, 71도359, 자동차운전면허증대장은 대법원 2010.6.10, 2010도1125 [경찰채용 17 1차 / 경찰승진 11 / 법원9급 12 / 법원행시 11], 임야대장) • 지적도, 임야도, 사서증서, 진술조서, 판결원본,[460] 지급명령원본, 조정조서(대법원 2010.6.10, 2010도3232)[461] [경찰간부 12 / 법원9급 12 / 법원행시 11 · 13 / 사시 14] 등 • 공정증서의 등본, 초본, 사본, 정본(定本)(대법원 2002.3.26, 2001도6503)[462] [경찰승진(경위) 10 / 국가9급 20 / 법원9급 07(상) / 사시 16] • 공증인이 인증한 사서증서(대법원 1975.9.9, 75도331; 1984.10.23, 84도1217) [경찰승진(경위) 10]
전자기록 등 특수매체기록		전산화한 부동산등기파일, 자동차등록파일, 호적파일, 국세청의 세무자료파일 등
면허증	○	의사면허증, 운전면허증, 수렵면허증, 침구사자격증(대법원 1976.7.27, 76도1709) 등
	×	시험합격증서, 교사자격증, 외국인등록증명서, 자동차검사증 등
허가증		고물상허가증, 주류판매업허가증, 미용실영업허가증 등
등록증		자동차등록증, 선박등록증, 변호사등록증, 법무사등록증 등 → 사업자등록증(대법원 2005.7.15, 2003도6934) : × [경찰간부 12 / 경찰승진(경위) 10 / 법원9급 06 / 사시 11 · 14]
여권		여권(여권법위반과 공정증서부실기재의 상상적 경합, 대법원 1974.4.9, 73도2334), [법원9급 06] 가석방자에 대한 여행허가증 등

---

[455] **판례** : 간이절차에 의한 민사분쟁사건처리특례법에 의하여 합동법률사무소 명의로 작성된 공증에 관한 문서는 형법상의 공문서에 해당되고 동 합동법률사무소의 구성원인 변호사에게 허위신고를 하여서 동 합동법률사무소 명의의 공정증서에 부실의 사실을 기재하게 한 행위는 형법 제228조 제1항에 해당된다(대법원 1977.8.23, 74도2715). [경찰간부 12 / 경찰승진(경위) 10]

비교판례 : 공정증서란 권리의무에 관한 공정증서를 가리키는 것이라 할 것이므로 공증인이 인증한 사서증서 자체는 위 법조에서 말하는 공정증서원본이 될 수 없다(대법원 1984.10.23, 84도1217). [경찰승진(경위) 10]

[456] **판례** : 甲은 1억 4,000만 원의 차용을 알선해주겠다면서 피해자 乙로부터 乙과 주식회사 업체 A의 각 인감도장, 각 인감증명서, 백지약속어음 등을 교부받아 편취하고, 丙으로부터 1억 4,000만 원을 차용하여 그중 4,500만 원만 乙에게 송금하고 나머지 9,500만 원을 임의로 사용한 다음 丙에게 교부하기 위해 위 각 인감도장 등을 이용하여 유가증권인 乙과 주식회사 업체 A명의의 액면 1억 원인 약속어음 1장을 위조하고, 공증인이 중앙합동법률사무소 직원에게 이를 교부하여 행사하고, 허위의 사실이 기재된 집행수락부 약속어음 공정증서를 작성·비치하게 한 행위는, 인감도장 등 편취의 사기, 유가증권위조 및 위조유가증권행사, 공정증서원본부실기재 및 부실기재공정증서원본행사의 죄책이 인정된다(대법원 2006.6.27, 2006도2864). [법원승진 14]

[457] **판례** : 주민등록부는 권리의무의 득실변경 등의 증명을 목적으로 하는 공제가 아니라 할 것이므로 형법 제228조 소정의 공정증서가 아니다(위 판례).

[458] **판례** : 인감대장은 행정청이 출원자의 현재 사용하고 있는 인감을 증명함으로써 국민의 편의를 도모하기 위하여 출원자의 인감신고를 받아두는 공부로서 공정증서가 아니라 할 것이다(위 판례).

[459] **판례** : 권리의무에 변동을 주는 효력이 없는 토지대장은 공정증서에 해당하지 아니한다(위 판례).

[460] 법원의 판결문원본이나 지급명령문원본 또는 수사기관의 진술조서 등은 공정증서이기는 하지만 본죄의 객체는 될 수 없다. 본죄의 공정증서란 허위신고에 의하여 그 신고내용이 받아들여지고 그리하여 해당 공정증서가 부실하게 기재될 수 있는 성질을 갖춘 것이어야 하고, 또한 해당 공정증서가 일정한 권리·의무를 나타내는 증명을 직접적 목적으로 하는 것으로 보아야 하기 때문이다.

[461] **판례** : 형법 제228조 제1항이 규정하는 공정증서원본은 그 성질상 허위신고에 의해 불실한 사실이 그대로 기재될 수 있는 공문서이어야 한다고 할 것인바, 민사조정법상 조정신청에 의한 조정제도는 원칙적으로 조정신청인의 신청 취지에 구애됨이 없이 조정담당판사 등이 제반 사정을 고려하여 당사자들에게 상호 양보하여 합의하도록 권유·주선함으로써 화해에 이르게 하는 제도인 점에 비추어, 그 조정절차에서 작성되는 조정조서는 그 성질상 허위신고에 의해 불실한 사실이 그대로 기재될 수 있는 공문서로 볼 수 없어 공정증서원본에 해당하는 것으로 볼 수 없다(대법원 2010.6.10, 2010도3232). [경찰간부 12 / 법원9급 12 / 법원행시 11 · 13]

[462] **보충** : 따라서 부실의 사실이 기재된 공정증서의 '정본'을 그 사정을 모르는 법원 직원에게 교부한 행위도 제229조의 부실기재공정증서원본행사죄에 해당하지 아니한다(유추해석금지원칙, 위 판례).

판례연구	공정증서원본부실기재죄의 허위신고에 해당하는 사례

1 대법원 1985.9.10, 85도1481

해외이주의 목적으로 위장결혼의 혼인신고를 하는 것은 본죄의 허위신고에 해당한다. [경찰채용 12 1차 / 경찰간부 17 / 경찰승진(경장) 10]

2 대법원 1987.11.20, 87도2072

주금을 가장납입하고 마치 주식인수인이 납입을 완료한 것처럼 상업등기부 원본에 증자등기를 신청하여 이 사실이 기재된 경우 본죄가 성립한다. [경찰간부 17 / 사시 11]

3 대법원 1996.5.31, 95도1967

확정판결이 내려진 경우라 하더라도 진실에 반하는 사실관계를 근거로 확정판결이 내려진 것을 알고 이 확정판결에 기하여 등기관에게 등기신청을 하는 것도 본죄의 허위신고이다.[463] [경찰승진(경장) 10 / 국가7급 13 / 법원9급 07(하)]

4 대법원 2006.10.26, 2006도5147

유상증자 등기의 신청시 발행주식 총수 및 자본의 총액이 증가한 사실이 허위임을 알면서 증자등기를 신청하여 상업등기부원본에 그 기재를 하게 한 경우 공정증서원본부실기재죄가 성립한다.

5 대법원 2007.11.30, 2005도9922

토지거래 허가구역 안의 토지에 관하여 실제로는 매매계약을 체결하고서도 처음부터 토지거래허가를 잠탈하려는 목적으로 등기원인을 '증여'로 하여 소유권이전등기를 경료한 행위는 본죄의 허위신고에 해당한다.[464] [경찰채용 13 1차 / 경찰채용 12 3차 / 경찰승진 17 / 법원행시 10 / 사시 11]

판례연구	공정증서원본부실기재죄의 허위신고에 해당하지 않는 사례

1 대법원 1983.12.27, 83도2442

법원의 촉탁에 의한 부실등기는 공정증서원본부실기재죄를 구성하지 않는다는 사례

공정증서원본부실기재죄에 있어서의 부실의 기재는 당사자의 허위신고에 의하여 이루어져야 하므로 법원의 촉탁에 의하여 이루어진 경우에는 가령 그 전제절차에 허위적 요소가 있다 하더라도 그것은 법원의 촉탁에 의하여 이루어진 것이지 당사자의 허위신고에 의하여 이루어진 것이 아니므로 공정증서원본부실기재죄를 구성하지 않는다. [경찰간부 12]

2 대법원 2011.5.13, 2011도1415

영업용 차량 규정에 위배되는 차량을 영업용 등록신청하여 자동차등록원부에 기재된 사례 : 공전자기록등부실기재 및 동행사죄 ×

---

463 **판례의 사실관계** : 등기부의 기재가 확정판결에 의하여 되었다 하더라도 피고인이 그 확정판결의 내용이 진실에 반하는 것임을 알면서 이에 기하여 등기관에게 등기신청을 하는 것은 형법 제228조의 소위 공무원에 대하여 허위신고를 하는 데 해당한다 할 것이다. … 종중의 승소판결이 선고되어 확정되자, 이를 기화로 1988.4.6. 서울지방법원 북부지원 등기과 사무실에서 그 사정을 모르는 등기관에게 위 서울민사지방법원 72가합1421호 확정판결을 토대로 토지소유권이전등기의 말소등기신청을 하여 이 사건 부동산에 대한 위 A 등 15명 명의의 소유권이전등기를 등기부에서 각 말소케 하였다면, 피고인은 등기부상 유효한 등기를 말소케 한다는 점을 인식하고 있었다 할 것이므로 피고인의 위와 같은 행위는 공정증서원본에 부실의 사실을 기재한 것에 해당하고, 위와 같이 부실기재된 등기부를 비치케 한 이상 이는 동 행사죄에도 해당한다 할 것이다. [법원9급 07(하)]

464 **보충** : 국토의 계획 및 이용에 관한 법률상의 토지거래 허가구역 내의 토지에 대한 토지거래계약은 관할 관청의 허가를 받아야만 그 효력이 발생하고 허가를 받기 전에는 원칙적으로 무효라 할 것인바, 다만 허가받을 것을 전제로 체결한 거래계약은 일단 허가를 받으면 소급해서 유효한 계약이 되는 것이지만, 처음부터 허가를 배제하거나 잠탈하는 내용의 계약을 체결한 경우에는 확정적으로 무효라고 할 것이다(대법원 1991.12.24, 90다12243 전원합의체 등).

중고자동차매매업자인 피고인이 여객자동차 운수사업법상 차량충당연한 규정에 위배되어 여객자동차운수사업에 충당될 수 없는 차량인 것을 알면서 영업용으로 변경 및 이전등록신청을 하였으나, 구체적 등록내용인 최초등록일 등은 사실대로 기재한 경우, 자동차등록원부상 '영업용으로의 용도변경 및 이전'에 관한 등록정보가 확인·공시하는 내용에 자동차가 영업용으로 용도변경되어 이전되었다는 사실 외에 변경 및 이전등록에 필요한 법령상 자격의 구비 사실까지 포함한다고 볼 법령상의 근거가 없고, 최초등록일 등 등록과 관련된 사실관계에 대한 내용에 거짓이 있다고 볼 수 없는 이상, 피고인이 허위의 신고를 하였다고 할 수 없다.

판례연구 **공정증서원본부실기재죄의 부실기재에 해당하는 사례**

1 대법원 1992.9.14, 92도1564
1인 주주가 이사가 사임하지 않았음에도 사임하였다고 등기한 경우
이른바 1인회사에 있어서 1인 주주의 의사는 바로 주주총회나 이사회의 의사와 같은 것이어서 ① 가사 주주총회나 이사회의 결의나 그에 의한 임원변경등기가 불법하게 되었다 하더라도 그것이 1인 주주의 의사에 합치되는 이상 이를 가리켜 의사록을 위조하거나 부실의 등기를 한 것이라고는 볼 수 없다 하겠으나, 한편 ② 임원의 사임서나 이에 따른 이사사임등기(理事辭任登記)는 위와 같은 주주총회나 이사회의 결의 또는 1인 주주의 의사와는 무관하고 오로지 당해 임원의 의사에 따라야 하는 것이므로 당해 임원의 의사에 기하지 아니한 사임서의 작성이나 이에 기한 등기부의 기재를 하였다면 이는 사문서위조 및 공정증서원본부실기재의 죄책을 면할 수 없다. [법원9급 07(하)]

2 대법원 1997.7.25, 97도605
근저당권은 근저당물의 소유자가 아니면 설정할 수 없으므로 타인의 부동산을 자기 또는 제3자의 소유라고 허위의 사실을 신고하여 소유권이전등기를 경료한 후 나아가 그 부동산이 자기 또는 당해 제3자의 소유인 것처럼 가장하여 그 부동산에 관하여 자기 또는 당해 제3자 명의로 채권자와의 사이에 근저당권설정등기를 경료한 경우에는 공정증서원본부실기재 및 동행사죄가 성립한다. [경찰간부 16 / 법원행시 07]

3 대법원 2001.11.9, 2001도3959
등기 경료 당시 실체권리관계에 부합하지 아니하면 사후에 실체권리관계에 부합하게 되어도 공정증서원본부실기재에 해당한다는 사례
① 소유권보존등기나 소유권이전등기에 절차상 하자가 있거나 등기원인이 실제와 다르다 하더라도 그 등기가 실체적 권리관계에 부합하게 하기 위한 것이거나 실체적 권리관계에 부합하는 유효한 등기인 경우에는 공정증서원본불실기재 및 동행사죄가 성립되지 않는다고 할 것이나, 이는 등기 경료 당시를 기준으로 그 등기가 실체권리관계에 부합하여 유효한 경우에 한정되는 것이고, ② 등기 경료 당시에는 실체권리관계에 부합하지 아니한 등기인 경우에는 사후에 이해관계인들의 동의 또는 추인 등의 사정으로 실체권리관계에 부합하게 된다 하더라도 공정증서원본부실기재 및 동행사죄의 성립에는 아무런 영향이 없다. [경찰채용 12 2차 / 경찰승진(경감) 10 / 경찰승진 11·12·16 / 경찰승진 16 / 국가9급 14 / 국가7급 14 / 법원9급 07(상) / 법원9급 07(하) / 법원9급 08 / 변호사시험 13]

4 대법원 2003.7.25, 2002도638
실제로는 채권·채무관계가 존재하지 아니함에도 공증인에게 허위신고를 하여 가장된 금전채권에 대하여 '집행력이 있는 공정증서 원본'을 작성하고 이를 비치하게 한 것이라면 공정증서원본부실기재죄 및 동행사죄의 죄책을 면할 수 없다.[465] [경찰승진(경사) 10]

---

465 **보충** : 강제집행을 면탈할 목적으로 허위의 채권을 만들어 공증인에게 허위의 신고를 하여 가장된 금전채권에 관하여 합동법률사무소

유사 대법원 1969.11.11, 69도1804; 2008.9.11, 2007도5386; 2017.2.15, 2014도2415

실제로는 채권·채무관계가 존재하지 않는데도 허위의 채무를 가장하고 이를 담보한다는 명목으로 허위의 근저당권설정등기를 마친 것이라면 등기공무원에게 허위신고를 하여 등기부에 불실의 사실을 기재하게 한 때에 해당하므로 공정증서원본 등의 부실기재죄 및 부실기재공정증서원본 등의 행사죄가 성립한다.

5 대법원 2005.8.25, 2005도4910

종중재산의 취득·처분이 종중총회의 결의사항으로 되어 있는 종중의 대표자가 종중총회의 결의 없이 종중재산인 부동산에 근저당권설정등기를 마친 행위는 공정증서원본부실기재죄를 구성한다.

6 대법원 2005.10.28, 2005도3772

교회의 교인들 간에 갈등이 심화되어 교회가 분열된 후에 일방의 교회가 타방의 교회를 배제한 채 소집·개최한 당회에서 교회 재산인 부동산을 총회유지재단에 증여하기로 하는 내용의 결의를 하고 등기공무원에게 위 결의에 따른 취지의 등기신청을 하여 위 부동산에 관하여 증여를 원인으로 한 소유권이전등기를 마친 경우, 위 당회의 결의는 그 소집 및 결의절차가 부적법하므로 공정증서원본부실기재죄 및 동행사죄가 성립한다.

7 대법원 2006.1.13, 2005도4790

부동산에 관한 종중 명의의 등기에 있어서 허위의 신고를 통하여 허위의 종중 대표자를 기재하게 한 행위도, 종중 대표자의 기재는 당해 부동산의 처분권한과 관련된 중요한 부분의 기재로서 이에 대한 공공의 신용을 보호할 필요가 있다는 점에서 본죄를 구성한다. [경찰승진(경장) 10 / 법원행시 10]

8 대법원 2006.3.10, 2005도9402

물권적 합의가 없는 상태에서의 잔금지급 전 이전등기 사례

부동산 매수인이 매도인과 사이에 부동산의 소유권이전에 관한 물권적 합의가 없는 상태에서, 소유권이전등기신청에 관한 대리권이 없이 단지 소유권이전등기에 필요한 서류를 보관하고 있을 뿐인 법무사를 기망하여 매수인 명의의 소유권이전등기를 신청하게 한 경우, 이는 단지 소유권이전등기신청절차에 하자가 있는 것에 불과한 것이 아니라 허위의 사실을 신고한 것이라고 보아야 하고, 위 소유권이전등기는 원인무효의 등기로서 부실기재에 해당한다.[466] [경찰승진 17 / 법원행시 07]

명의의 공정증서를 작성·비치케 한 행위는 공정증서원본부실기재죄·동행사죄에 해당한다.

466 사례 : 잔금지급 전 이전등기 사례 부동산을 甲(피고인)에게 매도한 乙이 2002년 11월 5일 甲을 만나 이 사건 매매대금잔금에서 甲이 인수할 채무 등을 공제하여 매매잔대금 액수를 확정한 다음, 그가 경기도 성남에 거주하고 있어 또 다시 강원도 홍천으로 오기 곤란하였기 때문에, 다음날 甲으로부터 잔금을 지급받는 조건으로 법무사 사무실에 등기신청을 위임해 두기로 하고, 18:00경 백호법무사 사무실의 사무장 丙에게 연락하여 그 사무실 직원 丁에게 등기신청에 관한 위임장을 작성해주고 이 사건 부동산의 소유권이전등기에 필요한 서류 일체를 교부하여 등기신청행위를 백호법무사에게 위임하였다. 甲은 2002년 11월 6일 잔금을 지급하기만 하면 된다는 생각에서, 사실은 乙과 사이에 협의를 하거나 허락을 받은 바가 없음에도 불구하고, 위 사무장 丙에게 "이 사건 부동산에 관하여 소유권이전등기를 먼저 마치고 위 부동산에 저당권을 설정한 후 대출을 받아 잔금을 지급하도록 乙이 허락하였다." 라고 거짓말하여, 이 사건 부동산에 관한 소유권이전등기절차를 밟도록 함으로써 같은 날 甲 앞으로 소유권이전등기를 마치게 하였다. 甲의 죄책은?

판례 : 단지 소유권이전등기신청절차에 하자가 있는 것에 불과한 것이 아니라 허위의 사실을 신고한 것이라고 보아야 하고 위 소유권이전등기는 원인무효의 등기로서 부실기재에 해당하므로 공정증서원본부실기재죄가 성립한다(대법원 2006.3.10, 2005도9402). [법원행시 07]

보충 : 원심은 무죄를 선고하였으나, 대법원은 일반적으로 부동산매도인이 잔금을 모두 지급받기 전에 먼저 매수인에게 소유권이전등기를 마쳐 주었다가 매수인이 잔금을 지급하지 않은 채 그 부동산을 제3자에게 처분하여 버리면 매도인은 잔금을 지급받지 못하면서도 매매목적물의 소유권은 상실해버리는 손해를 입게 될 위험이 크므로, 잔금을 지급받기에 앞서 매도인이 매수인에게 먼저 소유권이전등기를 하여 주기로 약정한다는 것이 그리 흔하지 않은 점 등을 고려한 것이다.

해결 : 공정증서원본부실기재죄.

9 대법원 2007.2.23, 2006도5074

제3자 명의의 근저당권설정등기 말소 사례

근저당권은 채권담보를 위한 것이므로 원칙적으로 채권자와 근저당권자는 동일인이 되어야 하지만, 제3자를 근저당권 명의인으로 하는 근저당권을 설정하는 경우 그 점에 대하여 채권자와 채무자 및 제3자 사이에 합의가 있고, 채권양도, 제3자를 위한 계약, 불가분적 채권관계의 형성 등 방법으로 채권이 그 제3자에게 실질적으로 귀속되었다고 볼 수 있는 특별한 사정이 있는 경우에는 제3자명의의 근저당권설정등기도 유효하다고 보아야 한다(대법원 2001.3.15, 99다48948 전원합의체; 2006.7.28, 2006다8351 등). 따라서 채무자가 채권자 및 제3자의 승낙 없이 이러한 근저당권설정등기를 말소하였다면 (사문서위조, 위조사문서행사,) 공정증서원본부실기재, 부실기재공정증서원본행사의 죄책이 있다.[467] [경찰채용 18 3차]

10 대법원 2008.9.25, 2008도3198

지교회가 소속된 교단의 헌법상 지교회의 부동산을 특정 재단법인 앞으로 등기하도록 하는 규정이 있다고 하더라도, 지교회의 대표자가 총회의 결의 없이 지교회 교인들의 총유에 속하는 교회 부지·건물을 위 재단법인 앞으로 소유권이전등기를 마친 행위는 공정증서부실기재죄를 구성한다.

11 대법원 2012.4.26, 2009도5786; 2007.7.12, 2007도3005

무효인 어음발행행위가 있는 것처럼 공증을 받은 사례

발행인과 수취인 사이에 통정허위표시로서 무효인 어음발행행위를 공증인에게는 마치 진정한 어음발행행위가 있는 것처럼 허위로 신고함으로써 공증인으로 하여금 어음발행행위에 대하여 집행력 있는 어음공정증서원본을 작성케 하고 이를 비치하게 하였다면, 이러한 행위는 공정증서원본부실기재 및 동행사죄에 해당한다.[468] [경찰승진 17 / 법원9급 14 / 법원행시 16]

467 **사례** : 제3자 명의의 근저당권설정등기 말소 사례 乙은 甲에게 자신의 토지를 매도한 후 2001. 7. 하순경 당시 乙의 丙에 대한 3억 원의 차용금채무를 담보하기 위하여 甲의 동의 아래 乙의 甲에 대한 위 매매로 인한 매매대금채권을 丙에게 양도하였고, 결국 이 사건 토지에 관하여 甲 명의로 소유권이전등기가 경료된 후인 2001.8.7. 丙을 근저당권자로 한 채권최고액 5억 원의 이 사건 근저당권설정등기가 경료되었다. 그런데 甲은 乙과 丙의 승낙 없이 이 사건 근저당권설정등기를 말소하기 위하여 丙 명의의 말소신청서를 위조하고 이를 제출하여 위 근저당권설정등기를 말소하고 위 등기부를 비치케 하였다. 甲의 죄책은?
판례 : 설령 공소외 2(丙)가 피고인(甲)의 동의 아래 공소외 1(乙)로부터 위 매매대금채권을 양수하였다고 단정하기 어렵다고 하더라도 피고인과 공소외 1, 2사이에 위 매매대금채권을 공소외 2에게 귀속시키기로 합의함에 따라 위 매매대금채권은 공소외 2에게 귀속되었다고 할 것이므로, 당사자 사이가 아닌 제3자 명의의 근저당권설정등기도 유효하다는 법리(法理)에 비추어 보면 원심이 이 사건 근저당권이 담보물권의 부종성(附從性)에 반하여 무효라는 피고인의 주장을 배척한 조치는 정당하다(대법원 2007.2.23, 2006도5704).
보충 : 제3명의 근저당권 설정계약은 담보물권의 부종성에 반해 원칙적으로 위법하지만 제3자를 근저당권의 명의인으로하여 근저당권을 설정하는 경우, 채권이 그 제3자에게 실질적으로 귀속될 만한 특별한 사정이 있는 경우, 예외적으로 3자명의 설정계약은 유효한 것으로 본다. 또한 담보물권의 부종성이란 저당권은 피담보채권과 분리해서 처분하지 못하는 성질을 말하며 위에 반하는 계약 등 법률행위는 무효로 본다. 위 사례에서 甲측의 주장은 매매대금채권이 乙에게 있는데 근저당권(담보물권)은 丙에게 있는 것은 담보물권의 부종성(附從性)에 반한다는 주장이나, 판례는 乙은 丙에 대한 차용금 채무의 담보를 위해 甲의 동의를 구해 매매대금채권을 丙에 양도하고 丙을 근저당권자로 한 근저당권설정등기가 유효하게 경료된 바, 甲, 乙, 丙 사이 채권 양도에 대한 합의는 동 채권이 丙에 실질적으로 귀속될 만한 특별한 사정이라 보이므로 이러한 근저당권설정등기는 유효하다고 본 것이다.
해결 : 사문서위조, 위조사문서행사, 공정증서원본부실기재, 부실기재공정증서원본행사의 실체적 경합.

468 **사례** : 발행인 甲과 수취인 乙은 통모하여 진정한 어음채무 부담이나 어음채권 취득 의사 없이 단지 발행인의 채권자 A에게서 채권 추심이나 강제집행을 받는 것을 회피하기 위하여 형식적으로만 약속어음의 발행을 가장한 후 공증인 X에게 마치 진정한 어음발행행위가 있는 것처럼 허위로 신고하여 어음공정증서원본을 작성·비치하게 하였다. 甲·乙에게는 공정증서원본불실기재 및 동행사죄가 성립하는가?
판례 : 발행인과 수취인이 통모하여 진정한 어음채무 부담이나 어음채권 취득에 관한 의사 없이 단지 발행인의 채권자에게서 채권 추심이나 강제집행을 받는 것을 회피하기 위하여 형식적으로만 약속어음의 발행을 가장한 경우 이러한 어음발행행위는 통정허위표시로서 무효이므로(대법원 1996.8.23, 96다18076; 2005.4.15, 2004다70024 등) … 위 행위는 공정증서원본부실기재 및 동행사죄에 해당한다(대법원 2012.4.26, 2009도5786). [경찰승진 17 / 법원9급 14 / 법원행시 16]
해결 : 성립한다.

판례연구　　**공정증서원본부실기재죄의 부실기재에 해당하지 않는 사례**

1 대법원 1957.4.12, 4290형상32; 1967.7.11, 65도592
등기원인이 실제는 명의신탁인데 매매라고 기재하였다 하더라도 공정증서원본부실기재죄에 해당하지 않는다. [경찰채용 12 1차]

2 대법원 1970.5.12, 70도643
공정증서원본부실기재죄는 어디까지나 공정증서원본에 부실을 기재케 하여야 하는 것이므로 가등기가 권리자와 의무자의 합의에 의하여 경료된 이상 공정증서원본부실기재죄가 되지 않는다.

3 대법원 1972.3.28, 71도2417 전원합의체; 1991.9.24, 91도1164; 2009.10.15, 2009도5780; 2011.7.14, 2010도1025
가장매매계약을 원인으로 한 등기
피고인이 부동산에 관하여 가장매매를 원인으로 소유권이전등기를 경료했더라도, 그 당사자 사이에는 소유권이전등기를 경료시킬 의사는 있었다고 할 것이므로 공정증서원본부실기재죄 및 동행사죄는 성립하지 않고, 또한 등기의무자와 등기권리자(피고인)간의 소유권이전등기신청의 합의에 따라 소유권이전등기가 된 이상, 등기의무자 명의의 소유권이전등기가 원인이 무효인 등기로서 피고인이 그 점을 알고 있었다고 하더라도, 특별한 사정이 없는 한 바로 피고인이 등기부에 부실의 사실을 기재하게 했다고 볼 것은 아니다. [경찰채용 12 1차 / 법원9급 14 / 법원행시 10 · 16]

4 대법원 1972.10.31, 72도1966
공정증서의 권리의무에 관한 사항에 관계없는 것이고 아무런 의미가 없는 상태 하에 있는 예고등기는 이를 말소한다 할지라도 공정증서원본부실기재죄가 성립하지 아니한다. [경찰승진(경장) 10]

5 대법원 1976.9.14, 76도1014
해외이주의 목적으로 일시 이혼하기로 하여 이혼신고를 한 행위는 실체법률관계에 합치되므로 부실의 사실기재가 아니다.

6 대법원 1982.7.13, 82도39
부동산의 소유자로 하여금 근저당권자를 자금주라고 믿도록 속여서 근저당권설정등기를 경료케 한 경우라도 정당한 권한있는 자에 의하여 작성된 문서를 제출하여 그 등기가 이루어진 것이라면 당사자의 의사에 합치되는 등기라 할 것이므로 공정증서원본부실기재죄가 성립하지 않는다. [법원행시 05]

7 대법원 1984.12.11, 84도2285
허위의 보증서를 발급받아 부동산소유권이전등기부에 관한 특별조치법에 의거 소유권이전등기를 거쳤더라도 그것이 권리의 실체관계에 부합하는 등기라면 공정증서에 부실의 사실을 기재하였다고는 할 수 없다. [경찰간부 12]

8 대법원 1985.10.8, 84도2461
당사자 간의 합의에 의하여 진정한 채무자 아닌 제3자를 채무자로 등기부상 등재한 사례
근저당설정등기는 등기권리자인 채권자와 등기의무자인 근저당권설정자와의 합의를 기초로 이루어지는 것이므로 설사 등기의 편의상 진정한 채무자가 아닌 제3자를 채무자로 등기부상 등재케 하였다 하더라도 그것이 계약당사자간의 합의에 의하여 이루어진 것이라면 당사자 사이에 이와 같은 등기를 경료하게 할 의사가 있었던 것이므로 공정증서원본부실기재죄는 성립되지 않는다. [경찰간부 16]

9 대법원 1993.9.10, 93도698; 1996.6.11, 96도233; 1997.1.24, 95도448 등

① 공정증서원본에 기재된 사항이 부존재하거나 외관상 존재한다고 하더라도 무효에 해당되는 하자가 있다면 그 기재는 부실기재에 해당하는 것이나, ② 기재된 사항이나 그 원인된 법률행위가 객관적으로 존재하고 다만 거기에 취소사유인 하자가 있을 뿐인 경우 취소되기 전에 공정증서원본에 기재된 이상 그 기재는 공정증서원본의 부실기재에 해당하지는 않는다. [경찰채용 13 2차 / 법원9급 12 · 14 / 법원행시 07 · 10]

10 대법원 1995.11.7, 95도898

공동상속인 중의 1인이 다른 공동상속인들과의 합의 없이 법정상속분에 따른 공동상속등기를 마쳤다고 하더라도 그것이 실체적 권리관계에 부합되는 것이라면 부실의 등기라고는 할 수 없다. [경찰승진 11]

11 대법원 1996.4.26, 95도2468

실체관계에 부합하게 하기 위하여 소유권보존등기를 경료한 사례

공정증서원본부실기재죄는 허위신고에 의하여 부실의 사실을 기재한다는 점에 대한 인식이 있을 것을 요하는 고의범이므로 객관적으로 부실의 기재가 있다 하여도 그에 대한 인식이 없는 경우에는 본죄가 성립하지 않는다. 피고인이 자신의 부친이 적법하게 취득한 토지인 것으로 알고 실체관계에 부합하게 하기 위하여 소유권보존등기를 경료한 경우 등기 당시 부실기재의 점에 대한 고의 내지는 인식이 없었다고 보아야 하므로 공정증서원본부실기재 및 동 행사죄는 성립하지 않는다. [경찰채용 12 1차 / 경찰채용 12 3차]

12 대법원 1996.6.11, 95도2817

1인 주주인 피고인이 특정인과의 합의 없이 주주총회의 소집 등 상법 소정의 형식적 절차도 거치지 않고 특정인을 이사의 지위에서 해임하였다는 내용을 법인등기부에 기재하게 한 경우, 1인 주주회사에 있어서는 그 1인 주주의 의사가 바로 주주총회 및 이사회의 결의로서 1인 주주는 타인을 이사 등으로 선임하였다 하더라도 언제든지 해임할 수 있기 때문에, 공정증서원본의 부실기재에 해당하지 않는다.
[경찰채용 12 1차 / 사시 11]

13 대법원 1996.6.11, 96도223

부동산매수인이 법무사를 기망하여 잔금이 모두 지급된 것으로 잘못 알고 등기신청을 하여 그 소유권이전등기가 경료된 경우, 위 법무사의 등기신청행위에 하자가 있다고 할 수는 있으나(위 신청이 무효라고는 할 수 없음), 위 소유권이전등기의 원인이 되는 법률관계인 매매 내지 물권적 합의가 객관적으로 존재하지 아니하는 것이라고는 할 수 없다.

14 대법원 1997.1.24, 95도448

협의상 이혼의 의사표시가 기망에 의하여 이루어진 것일지라도 그것이 취소되기까지는 유효하게 존재하는 것이므로, 협의상 이혼의사의 합치에 따라 이혼신고를 하여 호적에 그 협의상 이혼사실이 기재되었다면, 이는 공정증서원본부실기재죄에 정한 부실의 사실에 해당하지 않는다.[469] [경찰승진(경감) 10 / 법원9급 14 / 법원행시 07 · 10]

---

469 **보충** : 민법 제836조 제1항, 호적법(현재는 폐지) 제79조, 제79조의2, 호적법 시행규칙 제87조 제1항 등의 규정에 의하면, 협의상 이혼은 이혼의사의 존부에 관하여 가정법원의 확인을 받아 호적법이 정한 바에 의하여 신고하여야 효력이 생기도록 규정하고 있으므로, 협의상 이혼이 가장이혼으로서 무효로 인정되려면 누구나 납득할 만한 특별한 사정이 인정되어야 하고, 그렇지 않으면 이혼당사자 간에 일시적으로나마 법률상 적법한 이혼을 할 의사가 있었다고 보는 것이 이혼신고의 법률상 및 사실상의 중대성에 비추어 상당하다 할 것이다(대법원 1996.11.22, 96도2049). … 피고인 甲이 공소외 乙과 협의 없이 일방적으로 이혼신고를 하였다거나 또는 실제로는 이혼할 의사가 없음에도 위 乙과 통모하여 형식적으로만 협의상 이혼을 한 것이라고 보기 어렵고, 오히려 피고인 甲과 위 乙에게는 일시적으로나마 호적상 이혼신고를 하여 법률상 부부관계를 해소할 의사의 합치가 있었다고 보이므로, 그 이혼신고를 무효라고 할 수 없다. 그렇다면 같은 취지에서 피고인에 대한 공정증서원본부실기재 및 동 행사죄에 대하여 무죄를 선고함이

15 대법원 2004.1.27, 2001도5414

허위의 채권을 양도한다는 취지의 공정증서를 작성하게 한 사례

공증인이 채권양도·양수인의 촉탁에 따라 그들의 진술을 청취하여 채권의 양도·양수가 진정으로 이루어짐을 확인하고 채권양도의 법률행위가 진정으로 이루어졌다는 것일 뿐 그 공정증서가 나아가 양도되는 채권이 진정하게 존재한다는 사실까지 증명하는 것으로 볼 수는 없기 때문에 채권양도인이 허위의 채권에 관하여 그 점을 모르는 양수인과 실제로 채권양도의 법률행위를 한 이상, 부실의 사실을 기재하게 하였다 볼 것이 아니다.[470] [경찰채용 12 3차 / 경찰승진 11 / 법원9급 07(상) / 법원행시 05 / 사시 11]

16 대법원 2004.9.24, 2004도4012

피고인 명의의 소유권이전등기의 원인행위인 증여계약은 객관적으로 존재하는 것이므로, 설사 거기에 취소사유에 해당되는 위와 같은 기망이라는 하자가 있다고 하더라도 이를 이유로 그 증여계약이 취소되지 아니한 이상 피고인이 등기공무원에게 허위의 사실을 신고하여 등기부에 불실의 사실을 기재하게 한 것이라고 할 수 없다.

17 대법원 2004.10.15, 2004도3584

민법상 사단법인의 총회결의의 사법상 효력과 공정증서원본부실기재죄의 관계

민법상의 사단법인의 총회의 결의에 따라 이사 등의 변경등기를 하는 경우에 있어서 그와 같은 행위가 공정증서원본부실기재의 원인이 되는 행위에 해당하는지 여부는 특별한 사정이 없는 한 총회결의의 사법상 효력의 여부와 관계없이 그와 별도로 현실적으로 사원총회에서 그와 같은 내용의 이사 등 변경에 관한 결의가 있었다고 평가할 수 있는지 여부에 따라서 결정하여야 함이 상당하다. 따라서 재건축조합 임시총회의 소집절차나 결의방법이 법령이나 정관에 위반되어 임원개임결의가 사법상 무효라고 하더라도, 실제로 재건축조합의 조합총회에서 그와 같은 내용의 임원개임결의가 이루어졌고 그 결의에 따라 임원변경등기를 마쳤다면 공정증서원본부실기재죄가 성립하지 아니한다. [경찰채용 17 1차 / 경찰간부 18 / 법원행시 07]

18 대법원 2007.5.31, 2006도8488

신주발행이 판결로써 무효로 확정되기 이전에 그 신주발행사실을 담당공무원에게 신고하여 법인등기부에 기재하게 한 경우에는 부실기재에 해당되지 않는다.[471] [경찰간부 16]

19 대법원 2008.6.26, 2008도1044

대주주가 적법한 소집절차나 임시주주총회 개최 없이 나머지 주주들의 의결권을 위임받아 자신이 임시의장이 되어 임시주주총회 의사록을 작성하여 법인등기를 마친 경우, 해당 주주총회 결의가 유효한 이상 ―자격모용사문서작성 및 동행사죄를 구성하지 않을 뿐 아니라― 공정증서원본부실기재죄도 구성하지 않는다. [경찰간부 16 / 경찰승진(경감) 10]

정당하다(대법원 1997.1.24, 95도448). [법원9급 14 / 법원행시 07·10]

470 **판례의 사실관계** : 甲(채무자)은 채권자 乙에게 甲 자신이 丙에 대하여 채권을 가지고 있고(허위의 채권이었음) 이를 乙에게 양도한다고 하여 그의 승낙을 얻고 허위의 채권에 관하여 그 사정을 모르는 양수인 乙과 실제로 채권양도의 법률행위를 하고 이 사실을 공증인에게 신고하여 위 채권을 양도한다는 취지의 공정증서를 작성·비치하게 하였다. 甲에게는 공정증서원본부실기재죄·동행사죄가 성립하지 않는다.

471 **보충** : 주식회사의 신주발행의 경우 신주발행에 법률상 무효사유가 존재한다고 하더라도 그 무효는 신주발행무효(新株發行無效)의 소(訴)에 의해서만 주장할 수 있고, 신주발행무효의 판결이 확정되더라도 그 판결은 장래에 대하여만 효력이 있으므로(상법 제429조, 제431조 제1항), 그 신주발행이 판결로써 무효로 확정되기 이전에 그 신주발행사실을 담당 공무원에게 신고하여 공정증서인 법인등기부에 기재하게 하였다고 하여 그 행위가 공무원에 대하여 허위신고를 한 것이라거나 그 기재가 부실기재에 해당하는 것이라고 할 수는 없다(위 판례).

20 대법원 2009.2.12, 2008도10248

주주총회의 소집절차에 관한 하자가 있는데 주주총회 결의에 따라 감사변경등기를 한 경우, 공정증서원 본에 기재된 사항이 외관상 존재하는 사실이라 하더라도 이에 무효나 부존재에 해당되는 흠이 있다면 그 기재는 부실기재에 해당되지만, 그것이 객관적으로 존재하는 사실이고 이에 취소사유에 해당되는 하자가 있을 뿐인 경우에는 그 취소 전에 그 사실의 내용이 공정증서원본에 기재된 이상, 그 기재는 공정증서원본부실기재죄를 구성하지 않는다. [경찰승진(경감) 10]

21 대법원 2013.1.24, 2012도12363

부동산 거래당사자가 거래가액을 실제와 다른 내용으로 부동산등기부에 등재되도록 한 것이 공전자기 록등불실기재죄에 해당하지 않는다.[472] [경찰채용 13·16 2차 / 경찰간부 16 / 법원행시 16 / 사시 14·16]

22 대법원 2014.5.16, 2013도15895; 2002.12.24, 2000다69927

법령 및 정관상 요구되는 이사회 결의나 소집절차 없이 이루어졌으나 주주 전원이 참석하여 만장일치로 행한 임시주주총회 결의에 따른 등기는 부실의 사항을 기재한 등기가 아니다.[473] [경찰간부 16]

23 대법원 2020.2.27, 2019도9293; 2020.3.26, 2019도7729

범죄에 이용할 목적으로 주식회사 설립등기를 한 사건

주식회사의 발기인 등이 상법 등 법령에 정한 회사설립의 요건과 절차에 따라 회사설립등기를 함으로써 회사가 성립하였다고 볼 수 있는 경우 회사설립등기와 그 기재 내용은 특별한 사정이 없는 한 공정증서 원본 부실기재죄나 공전자기록 등 부실기재죄에서 말하는 부실의 사실에 해당하지 않는다. 발기인 등이 회사를 설립할 당시 회사를 실제로 운영할 의사 없이 회사를 이용한 범죄 의도나 목적이 있었다거나, 회사로서의 인적·물적 조직 등 영업의 실질을 갖추지 않았다는 이유만으로는 부실의 사실을 법인등기부 에 기록하게 한 것으로 볼 수 없다.

> **보충** 주식회사 명의로 통장을 개설하여 대포통장을 유통시킬 목적이었던 사건이다.

판례연구 **공정증서원본부실기재죄의 위법성이 조각되지 않는 사례**

대법원 1987.2.10, 86도2524

정당행위에 해당하지 않는다고 본 예

타인을 대표이사로 선임한 회사의 주주총회결의가 부존재 내지 무효라 하더라도 상법 소정의 소송절차 에 의하여 그 효력을 배제함이 없이 피고인이 임의로 작성한 주주총회의사록을 행사하여 자신을 회사의 대표이사로 등기부상 등재한 행위는 정당행위로 볼 수 없다(공정증서원본부실기재죄 성립).

---

472 **보충** : 부동산등기부에 기재되는 거래가액은 당해 부동산의 권리의무관계에 중요한 의미를 갖는 사항에 해당한다고 볼 수 없다. 따라서 부동산의 거래당사자가 거래가액을 시장 등에게 거짓으로 신고하여 신고필증을 받은 뒤 이를 기초로 사실과 다른 내용의 거래가액이 부동산등기부에 등재되도록 하였다면, '공인중개사의 업무 및 부동산 거래신고에 관한 법률'에 따른 과태료의 제재를 받게 됨은 별론으로 하고, 형법상의 공전자기록등불실기재죄 및 불실기재공전자기록등행사죄가 성립하지는 아니한다(피고인이 토지를 1억 1,000만 원에 매수하고도 1억 8,000만 원에 매수한 것처럼 허위신고를 하여 소유권이전등기를 마치게 한 것이 공전자기록 등불실기재죄에 해당하지 않는다고 본 원심의 판단을 수긍한 사안)(대법원 2013.1.24, 2012도12363). [경찰채용 13 2차 / 사시 14]

473 **보충** : 주식회사의 임시주주총회가 법령 및 정관상 요구되는 이사회의 결의나 소집절차 없이 이루어졌다고 하더라도, 주주 전원이 참석하여 총회를 개최하는 데 동의하고 아무런 이의 없이 만장일치로 결의가 이루어졌다면 그 결의는 특별한 사정이 없는 한 유효하고, 그 결의에 따른 등기는 실체관계에 부합하는 것으로 이를 불실의 사항을 기재한 등기라고 할 수 없다.

11 위조·변조·허위작성 사문서행사죄

제234조【위조사문서 등의 행사】 제231조 내지 제233조의 죄에 의하여 만들어진 문서, 도화 또는 전자기록 등 특수매체기록을 행사한 자는 그 각 죄에 정한 형에 처한다.

판례연구   위조사문서행사에 해당하는 사례

1 대법원 2005.1.28, 2004도4663
작성명의인도 위조사문서행사죄의 상대방에 포함된다는 사례
위조문서행사죄에 있어서의 행사는 위조된 문서를 진정한 것으로 사용함으로써 문서에 대한 공공의 신용을 해칠 우려가 있는 행위를 말하므로, 행사의 상대방에는 아무런 제한이 없고 위조된 문서의 작성 명의인이라고 하여 행사의 상대방이 될 수 없는 것은 아니다. [경찰채용 12 1차 / 경찰승진(경감) 10 / 법원9급 20 / 법원행시 08 / 사시 14] 위조사문서의 행사는 상대방으로 하여금 위조된 문서를 인식할 수 있는 상태에 둠으로써 기수가 되고 상대방이 실제로 그 내용을 인식하여야 하는 것은 아니므로, 위조된 문서를 우송한 경우에는 그 문서가 상대방에게 도달한 때에 기수가 되고 상대방이 실제로 그 문서를 보아야 하는 것은 아니다. [경찰채용 12 1차 / 경찰승진(경감) 10 / 법원행시 07 / 변호사시험 12]

2 대법원 2008.10.23, 2008도5200
휴대전화 신규 가입신청서를 위조한 후 이를 스캔한 이미지 파일을 제3자에게 이메일로 전송한 사례
위조문서행사죄에 있어서 행사라 함은 위조된 문서를 진정한 문서인 것처럼 그 문서의 효용방법에 따라 이를 사용하는 것을 말하고, 위조된 문서를 제시 또는 교부하거나 비치하여 열람할 수 있게 두거나 우편물로 발송하여 도달하게 하는 등 위조된 문서를 진정한 문서인 것처럼 사용하는 한 그 행사의 방법에 제한이 없다. 또한, 위조된 문서 그 자체를 직접 상대방에게 제시하거나 이를 기계적인 방법으로 복사하여 그 복사본을 제시하는 경우는 물론, 이를 모사전송의 방법으로 제시하거나 컴퓨터에 연결된 스캐너(scanner)로 읽어 들여 이미지화한 다음 이를 전송하여 컴퓨터 화면상에서 보게 하는 경우도 행사에 해당하여 위조문서행사죄가 성립한다. 따라서 휴대전화 신규 가입신청서를 위조한 후 이를 스캔한 이미지 파일을 제3자에게 이메일로 전송한 경우, 이미지 파일 자체는 문서에 관한 죄의 '문서'에 해당하지 않으나, (이는 위조된 사문서의 내용에는 해당하므로) 이를 전송하여 컴퓨터 화면상으로 보게 한 행위는 이미 위조한 가입신청서를 행사한 것에 해당하여 위조사문서행사죄가 성립한다. [경찰승진(경사) 10 / 경찰채용 10·16 2차 / 경찰채용 12 1차 / 국가9급 12 / 국가7급 14·21 / 법원9급 07(하) / 법원9급 20 / 법원승진 11 / 법원행시 09·14 / 사시 12 / 변호사시험 12]

3 대법원 2010.5.13, 2008도10678
작성명의자의 서명·날인이 없는 위조 선하증권의 사본을 은행에 제출한 경우, 위조유가증권행사에는 해당되지 않지만 위조사문서행사에는 해당된다는 사례
甲은 A은행에 위조 선하증권의 사본을 제출하였는데, 위 선하증권에는 작성명의자의 서명·날인은 되어 있지 않았으나 DIMERCO 명의의 진정한 사문서로 보기에 충분한 형식과 외관을 갖추고 있고, 실제로도 甲이 이를 A은행에 증빙자료로 제출하여 수입대금이 지급된 바도 있었다면, ─ 위조유가증권행사죄의 유가증권은 원본이어야 한다는 점에서 사본을 행사한 甲의 행위는 위조유가증권행사죄에는 해당되지 않지만─ 이는 위조사문서행사죄의 대상인 문서에 해당하는 것으로 보기 충분하므로, 甲의 행위는 위조사문서행사죄를 구성한다.

대법원 1986.2.25, 85도2798

위조문서를 공범자에게 제시한 경우 위조문서행사죄가 성립하지 않는다는 사례

위조, 변조, 허위작성된 문서의 행사죄는 이와 같은 문서를 진정한 것 또는 그 내용이 진실한 것으로 각 사용하는 것을 말하는 것이므로, 그 문서가 위조, 변조, 허위작성되었다는 정을 아는 공범자등에게 제시, 교부하는 경우 등에 있어서는 행사죄가 성립할 여지가 없다. [경찰간부 16 / 국가9급 14 / 법원행시 16]

12 위조 · 변조 · 허위작성 · 부실기재 등 공문서행사죄

제229조【위조 등 공문서의 행사】 제225조 내지 제228조의 죄에 의하여 만들어진 문서, 도화, 전자기록 등 특수매체기록, 공정증서원본, 면허증, 허가증, 등록증 또는 여권을 행사한 자는 그 각 죄에 정한 형에 처한다.

대법원 2012.2.23, 2011도14441

간접정범을 통한 위조문서행사 범행에서 도구로 이용된 자에게 행사한 경우에도 위조문서행사죄가 성립한다는 사례

위조문서행사죄에 있어서 행사는 위조된 문서를 진정한 것으로 사용함으로써 문서에 대한 공공의 신용을 해칠 우려가 있는 행위를 말하므로 그 행사의 상대방에는 아무런 제한이 없고, 다만 문서가 위조된 것임을 이미 알고 있는 공범자 등에게 행사하는 경우에는 위조문서행사죄가 성립할 수 없으나(대법원 2005.1.28, 2004도4663), 간접정범을 통한 위조문서행사범행에 있어 도구로 이용된 자라고 하더라고 문서가 위조된 것임을 알지 못하는 자에게 행사한 경우에는 위조문서행사죄가 성립한다. (따라서) 피고인이 위조 · 변조한 공문서의 이미지 파일을 甲 등에게 이메일로 송부하여 프린터로 출력하게 함으로써 '행사'하였다는 내용으로 기소된 경우, 甲 등은 출력 당시 위 파일이 위조된 것임을 알지 못하였다면 피고인의 행위는 위조 · 변조공문서행사죄를 구성한다.[474] [경찰간부 16 / 국가7급 21 / 법원행시 13 / 변호사시험 16]

---

474 **사례** : 위조문서행사죄의 상대방의 법리 A는 위조 · 변조한 공문서의 이미지 파일을 甲 등에게 이메일로 송부하여 프린터로 출력하게 하였다. 다만 甲 등은 위 파일이 위조된 것임을 알지 못하였으며, 출력 이후 위 출력물을 다른 사람에게 교부한 상태는 아니었다. A의 의도는 甲 등을 위조문서행사죄의 간접정범의 도구로 이용하려 한 것이었다. 그렇다면 A의 행위는 위조문서행사죄를 구성하는가?

판례 : 공소외 1 또는 공소외 2는 피고인으로부터 이메일로 송부받은 컴퓨터 이미지 파일을 프린터로 출력할 당시 그 이미지 파일이 위조된 것임을 알지 못하였던 사실을 알 수 있으므로, 피고인의 위와 같은 행위는 형법 제229조의 위조 · 변조공문서행사죄를 구성한다(대법원 2012.2.23, 2011도14441). [국가7급 21 / 법원행시 13 / 변호사시험 16]

해결 : 구성한다.

13 사문서 부정행사죄

제236조【사문서의 부정행사】권리·의무 또는 사실증명에 관한 타인의 문서 또는 도화를 부정행사한 자는 1년 이하의 징역이나 금고 또는 300만 원 이하의 벌금에 처한다.

판례연구　**사문서부정행사죄에 해당하는 사례**

대법원 2002.6.25, 2002도461
절취한 후불식 전화카드를 사용하여 공중전화를 건 행위는 사문서부정행사죄에 해당한다는 사례
사용자에 관한 각종 정보가 전자기록되어 있는 자기띠가 카드번호와 카드발행자 등이 문자로 인쇄된 플라스틱 카드에 부착되어 있는 전화카드의 경우 그 자기띠 부분은 카드의 나머지 부분과 불가분적으로 결합되어 전체가 하나의 문서를 구성하므로, 전화카드를 공중전화기에 넣어 사용하는 경우 비록 전화기가 전화카드로부터 판독할 수 있는 부분은 자기띠 부분에 수록된 전자기록에 한정된다고 할지라도, 전화카드 전체가 하나의 문서로서 사용된 것으로 보아야 하고 그 자기띠 부분만 사용된 것으로 볼 수는 없으므로 절취한 전화카드를 공중전화기에 넣어 사용한 것은 권리의무에 관한 타인의 사문서를 부정행사한 경우에 해당한다. [경찰승진(경장) 11 / 국가9급 13]

판례연구　**사문서부정행사죄에 해당하지 않는 사례**

1 대법원 1985.5.28, 84도2999
증거로서 사문서를 법원에 제출하는 행위는 사문서의 부정행사에 해당하지 아니한다는 사례
사문서부정행사죄에 있어서의 부정사용이란 사문서를 사용할 권원 없는 자가 그 문서명의자로 가장행세 하여 이를 사용하거나 또는 사용할 권원이 있다 하더라도 문서를 본래의 작성 목적 이외의 다른 사실을 직접 증명하는 용도에 이를 사용하는 것을 말하는 것이므로 현금보관증이 자기 수중에 있다는 사실 자체를 증명키 위하여 증거로서 법원에 제출하는 행위는 사문서의 부정행사에 해당되지 아니한다.
[법원승진 13]

2 대법원 2007.3.30, 2007도629
'차용증 및 이행각서' 행사는 사문서부정행사죄에 해당하지 않는다는 사례
형법 제236조 소정의 사문서부정행사죄는 사용권한자와 용도가 특정되어 작성된 권리의무 또는 사실 증명에 관한 타인의 사문서 또는 사도화를 사용권한 없는 자가 사용권한이 있는 것처럼 가장하여 부정한 목적으로 행사하거나 또는 권한 있는 자라도 정당한 용법에 반하여 부정하게 행사하는 경우에 성립한다. 실질적인 채권채무관계 없이 당사자 간의 합의로 작성한 '차용증 및 이행각서'는 그 작성명의 인들이 자유의사로 작성한 문서로 그 사용권한자가 특정되어 있다고 할 수 없고 또 그 용도도 다양하므로, 설령 피고인이 그 작성명의인들의 의사에 의하지 아니하고 위 '차용증 및 이행각서'상의 채권이 실제로 존재하는 것처럼 그 지급을 구하는 민사소송을 제기하면서 소지하고 있던 위 '차용증 및 이행각서'를 법원에 제출하였다고 하더라도 이는 사문서부정행사죄에 해당하지 않는다.[475] [법원승진 14]

---

[475] **보충** : 피고인이 그 작성명의인들의 의사에 의하지 아니하고 위 '차용증 및 이행각서'상의 채권이 실제로 존재하는 것처럼 그 지급을 구하는 민사소송을 제기하면서 소지하고 있던 위 '차용증 및 이행각서'를 법원에 제출하였다고 하더라도 사문서부정행사죄에 해당하지 않는다. [법원승진 14]

14 공문서 부정행사죄

제230조 【공문서 등의 부정행사】 공무원 또는 공무소의 문서 또는 도화를 부정행사한 자는 2년 이하의 징역이나 금고 또는 500만 원 이하의 벌금에 처한다.

판례연구 공문서부정행사죄에 해당하는 사례

1 대법원 1982.9.28, 82도1297
피고인의 사진과 지문이 찍힌 타인 명의의 주민등록증을 발급받아 소지하다가 검문경찰관에게 이를 제시한 행위는 공문서부정행사죄를 구성한다는 사례
공문서부정행사죄는 그 사용권한자와 용도가 특정되어 작성된 공문서 또는 공도화를 사용권한 없는 자가 그 사용권한 있는 것처럼 가장하여 부정한 목적으로 행사한 때 또는 형식상 그 사용권한이 있는 자라도 그 정당한 용법에 반하여 부정하게 행사한 때에 성립한다고 해석할 것인바, 피고인이 공소외 甲인 양 허위신고하여 피고인의 사진과 지문이 찍힌 공소외 甲 명의의 주민등록증을 발급받은 이상 주민등록증의 발행목적상 피고인에게 위 주민등록증에 부착된 사진의 인물이 공소외 甲의 신원 상황을 가진 사람이라는 허위사실을 증명하는 용도로 이를 사용할 수 있는 권한이 없다는 사실을 인식하고 있었다고도 할 것이므로 이를 검문경찰관에게 제시하여 이러한 허위사실을 증명하는 용도로 사용한 것은 공문서부정행사죄를 구성한다. [경찰승진(경장) 11 / 국가7급 10]

2 대법원 2001.4.19, 2000도1985 전원합의체
제3자로부터 신분확인을 위하여 신분증명서의 제시를 요구받고 다른 사람의 운전면허증을 제시한 경우 공문서부정행사죄에 해당한다는 사례
운전면허증은 운전면허를 받은 사람이 운전면허시험에 합격하여 자동차의 운전이 허락된 사람임을 증명하는 공문서로서, 운전면허증에 표시된 사람이 운전면허시험에 합격한 사람이라는 '자격증명'과 이를 지니고 있으면서 내보이는 사람이 바로 그 사람이라는 '동일인증명'의 기능을 동시에 가지고 있다. 운전면허증의 앞면에는 운전면허를 받은 사람의 성명·주민등록번호·주소가 기재되고 사진이 첨부되며 뒷면에는 기재사항의 변경내용이 기재될 뿐만 아니라, 정기적으로 반드시 갱신교부되도록 하고 있어, 운전면허증은 운전면허를 받은 사람의 동일성 및 신분을 증명하기에 충분하고 그 기재 내용의 진실성도 담보되어 있다. 그럼에도 불구하고 운전면허증을 제시한 행위에 있어 동일인증명의 측면은 도외시하고, 그 사용목적이 자격증명으로만 한정되어 있다고 해석하는 것은 합리성이 없다. ……
따라서, 제3자로부터 신분확인을 위하여 신분증명서의 제시를 요구받고 다른 사람의 운전면허증을 제시한 행위는 그 사용목적에 따른 행사로서 공문서부정행사죄에 해당한다고 보는 것이 옳다. [경찰채용 11 2차 / 경찰승진(경사) 11 / 국가9급 13 / 국가7급 10 / 법원9급 16 / 법원승진 14 / 사시 11·13 / 변호사시험 14·16]

판례연구 공문서부정행사죄에 해당하지 않는 사례

1 대법원 1999.5.14, 99도206
타인의 주민등록등본을 그와 아무런 관련 없는 사람이 마치 자신의 것인 양 행사한 경우 공문서부정행 사죄가 성립하지 않는다는 사례
공문서부정행사죄는 사용권한자와 용도가 특정되어 작성된 공문서 또는 공도화를 사용권한 없는 자가 사용권한이 있는 것처럼 가장하여 부정한 목적으로 행사하거나 또는 권한 있는 자라도 정당한 용법에 반하여 부정하게 행사하는 경우에 성립되는 것이다. 주민등록표등본은 시장·군수 또는 구청장이 주민의 성명, 주소, 성별, 생년월일, 세대주와의 관계 등 주민등록법 소정의 주민등록사항이 기재된 개인별·세대별 주민등록표의 기재 내용 그대로를 인증하여 사본·교부하는 문서로서

그 사용권한자가 특정되어 있다고 할 수 없고, 또 용도도 다양하며, 반드시 본인이나 세대원만이 사용할 수 있는 것이 아니므로, 타인의 주민등록표등본을 그와 아무런 관련 없는 사람이 마치 자신의 것인 것처럼 행사하였다고 하더라도 공문서부정행사죄가 성립되지 아니한다. [국가9급 13 / 변호사시험 14]

2 대법원 2003.2.26, 2002도4935
사용권한자와 용도가 특정되어 있는 공문서 본래의 용도에 따른 사용이 아닌 사례
사용권한자와 용도가 특정되어 있는 공문서를 사용권한 없는 자가 사용한 경우에도 그 공문서 본래의 용도에 따른 사용이 아닌 경우에는 형법 제230조의 공문서부정행사죄가 성립되지 아니한다. (따라서) 피고인이 기왕에 습득한 타인의 주민등록증을 피고인 가족의 것이라고 제시하면서 그 주민등록증상의 명의 또는 가명으로 이동전화 가입신청을 한 경우, 타인의 주민등록증을 본래의 사용용도인 신분확인용으로 사용한 것이라고 볼 수 없어 공문서부정행사죄가 성립하지 않는다.[476] [경찰채용 10 2차 / 국가9급 14 / 국가7급 07·09·10 / 법원9급 07(하) / 법원9급 08·16 / 사시 14 / 변호사시험 14]

3 대법원 2009.2.26, 2008도10851
甲선박에 의해 발생한 사고를 마치 乙선박에 의해 발생한 것처럼 허위신고를 하면서 그에 대한 검정용 자료로서 乙선박의 선박국적증서와 선박검사증서를 제출한 사례
선박법, 선박안전법 등 관계 법령의 규정에 의하면, 선박국적증서는 한국선박으로서 등록하는 때에 선박번호, 국제해사기구에서 부여한 선박식별번호, 호출부호, 선박의 종류, 명칭, 선적항 등을 수록하여 발급하는 문서이고, 선박검사증서는 선박정기검사 등에 합격한 선박에 대하여 항해구역·최대승선인원 및 만재흘수선의 위치 등을 수록하여 발급하는 문서이다. 위 각 문서는 당해 선박이 한국선박임을 증명하고, 법률상 항행할 수 있는 자격이 있음을 증명하기 위하여 선박소유자에게 교부되어 사용되는 것이다. 따라서 어떤 선박이 사고를 낸 것처럼 허위로 사고신고를 하면서 그 선박의 선박국적증서와 선박검사증서를 함께 제출하였다고 하더라도, 선박국적증서와 선박검사증서는 위 선박의 국적과 항행할 수 있는 자격을 증명하기 위한 용도로 사용된 것일 뿐 그 본래의 용도를 벗어나 행사된 것으로 보기는 어려우므로, 이와 같은 행위는 공문서부정행사죄에 해당하지 않는다 (사용권한자의 용도 이내의 사용이므로 부정행사에 해당하지 않음). [경찰채용 13 1차 / 경찰승진(경장) 11 / 경찰승진(경사) 10 / 국가9급 12 / 변호사시험 14]

4 대법원 2019.12.12, 2018도2560
타인의 자동차운전면허증을 촬영한 이미지파일을 제시한 사건
공문서부정행사죄는 사용권한자와 용도가 특정되어 작성된 공문서 또는 공도화를 사용권한 없는 자가 사용권한이 있는 것처럼 가장하여 부정한 목적으로 행사하거나 또는 권한 있는 자라도 정당한 용법에 반하여 부정하게 행사하는 경우에 성립한다. …… 만일 경찰공무원이 자동차 등의 운전자로부터 운전면허증의 이미지파일 형태를 제시받는 경우에는 그 입수 경위 등을 추가로 조사·확인하지 않는 한 이러한 목적을 달성할 수 없을 뿐만 아니라, 그 이미지파일을 신용하여 적법한 운전면허증의 제시가 있었던 것으로 취급할 수도 없다. 따라서 도로교통법 제92조 제2항에서 제시의 객체로 규정한 운전면허증은 적법한 운전면허의 존재를 추단 내지 증명할 수 있는 운전면허증 그 자체를 가리키는 것이지, 그 이미지파일 형태는 여기에 해당하지 않는다. …… 자동차 등의 운전자가 경찰공무원에게 다른 사람의 운전면허증 자체가 아니라 이를 촬영한 이미지파일을 휴대전화 화면 등을 통하여 보여주는 행위는 운전면허증의 특정된 용법에 따른 행사라고 볼 수 없는 것이어서 그로 인하여 경찰공무원이 그릇된 신용을 형성할 위험이 있다고 할 수 없으므로, 이러한 행위는 결국 공문서부정행사죄를 구성하지 아니한다. [법원9급 22]

---

[476] **보충**: 주민등록법상 주민등록증부정사용죄 사례 주민등록법 제21조 제2항 제8호 주민등록증부정사용죄와 관련하여, 타인의 주민등록증을 그 명의자의 허락 없이 신분확인용 외의 용도로 사용한 경우에는 동죄가 성립하지 않으므로, 타인 명의로 할부금융을 받거나 신용카드를 발급받기 위하여 타인의 주민등록증을 제시한 행위는 주민등록증 본래의 사용용도인 신분확인용으로 사용한 것으로

성립되는 경우	성립되지 않는 경우
① 자동차대여업체에 타인의 운전면허증 제시(대법원 1998.8.21, 98도1701) [경찰승진(경장) 11 / 국가7급 10] ② 불심검문에 타인의 주민등록증 제시(대법원 1982. 9.28, 82도1297) [경찰승진(경장) 11 / 국가7급 10] ③ 불심검문에 타인의 운전면허증 제시(대법원 2001. 4.19, 2000도1985 전원합의체) [경찰채용 11 2차 / 경찰승진(경사) 11 / 국가9급 13 / 국가7급 10 / 사시 11·13 / 변호사시험 14]	① 인감증명서 제시(대법원 1983.6.28, 82도1985) ② 신원증명서(대법원 1995.5.11, 93도127) ③ 화해조서 경정신청 기각결정문(대법원 1984.2.28, 82 도2851) ④ 주민등록표 등본(대법원 1999.5.14, 99도206) [국가9급 13 / 변호사시험 14] ⑤ 타인의 주민등록증을 피고인 가족의 것이라고 제시하면서 그 주민등록증상의 명의 또는 가명으로 이동전화 가입신청을 한 경우(대법원 2003.2.26, 2002도4935) [경찰채용 10 2차 / 국가9급 14 / 국가7급 10 / 법원9급 07(하) / 법원 9급 08 / 사시 14 / 변호사시험 14] ⑥ 선박국적증서·선박검사증서로 허위의 사고신고(대법원 2009.2.26, 2008도10851) [경찰채용 13 1차 / 경찰승진 (경장) 11 / 경찰승진(경사) 10 / 국가9급 12 / 변호사시험 14] ⑦ 운전면허증 이미지파일 제시(대법원 2019.12.12, 2018도2560)
〈이 유〉 특정 용도 문서를 사용권한 없는 자가 그 용도로 제시	〈이 유〉 • 용도 자체가 다양한 문서(①②③④) • 해당 용도 이외의 사용(⑤⑦) • 사용권한자의 해당 용도 이내의 사용(⑥)

제4절 인장에 관한 죄

01 사인 등 위조·부정사용죄

제239조【사인 등의 위조, 부정사용】 ① 행사할 목적으로 타인의 인장, 서명, 기명 또는 기호를 위조 또는 부정사용한 자는 3년 이하의 징역에 처한다. [법원행시 16]

> **판례연구** 사인위조죄 등의 성립을 인정한 사례
>
> **1** 대법원 2005.7.14, 2005도3357
> 피의자가 피의자신문조서 말미의 서명날인란에 타인의 서명을 한 경우 사서명위조 및 동행사죄가 성립한다.
>
> **2** 대법원 2005.12.23, 2005도4478; 2011.3.10, 2011도503[477]
> 피의자신문조서의 진술자란에 제3자의 이름을 기재한 사례
> 수사기관이 수사대상자의 진술을 기재한 후 진술자로 하여금 그의 면전에서 조서의 말미에 서명

볼 수 없어 주민등록법 위반죄가 성립하지 아니한다(대법원 2004.3.26, 2003도7830).

477 **판례** : 피고인은 공소외인으로 행세하면서 피의자로서 조사를 받은 다음 신분이 탄로나기 전에 이미 경찰관에 의하여 작성된 피의자

등을 하도록 한 후 그 자리에서 바로 회수하는 수사서류의 경우에는, 그 진술자가 그 문서에 서명을 하는 순간 바로 수사기관이 열람할 수 있는 상태에 놓이게 되는 것이므로, 음주운전 등으로 경찰서에서 조사를 받으면서 제3자로 행세하여 피의자신문조서의 진술자란에 제3자의 이름을 기재하였다면 무인(拇印) 및 간인(間印)을 하기 전에 발각된 경우에도 사서명위조죄(및 동행사죄)가 성립하게 된다(서명이 완성되면 문서가 완성되지 않아도 서명위조죄 성립). [사시 10 / 변호사시험 16]

3 대법원 2010.1.14, 2009도5929
사립대학 교무처장 직인 복사 배포 사례
아파트 주민대표회 간부들이, 동대표로 당선된 공소외 甲이 사실은 대학을 졸업하지 않았음이 사립대학 교무처장 명의로 된 학력조회 회보서를 통해 확인되자, 甲의 허위학력 사실을 아파트 주민들에게 공고문 형식으로 알리면서 그 공고문의 신뢰성 제고를 위해 공고문 안에 대학 교무처장 명의의 직인을 (위 회보서의 직인 부분을 복사하고 오려붙여 복사하는 방법으로) 함께 나타내게 하였다면, 사인위조죄 및 동행사죄의 죄책이 인정된다.

4 대법원 2020.12.30, 2020도14045
이름의 기명 없이 의미를 알 수 없는 부호를 기재한 행위도 사서명위조에 해당한다는 사건
사서명(私署名) 등 위조죄가 성립하려면 서명 등이 일반인으로 하여금 특정인의 진정한 서명 등으로 오신하게 할 정도에 이르러야 하는바, …… 피고인이 음주운전으로 단속되자 동생의 이름을 대며 조사를 받다가 휴대용정보단말기(PDA)에 표시된 음주운전단속결과통보 중 운전자의 서명란에 동생의 이름 대신 의미를 알 수 없는 부호를 기재한 행위는 동생의 서명을 위조한 것에 해당한다.

판례연구   **사인위조죄 등의 성립을 인정하지 않은 사례**

1 대법원 1981.5.6, 81도721
선거무효로 노동조합 지부장직을 상실한 자가 동 조합지부인과 지부장인을 동 지부장 직무대리에게 인계하지 아니하므로, 이에 대한 대응책으로 동 지부의 문서에 사용할 목적으로 동 지부장 직무대리의 승인 하에 동 지부인과 지부장인을 조각한 행위는 부정한 방법으로 정당한 인장인 양 가장하기 위하여 직인 등을 위조한 것이라고 할 수 없다.

2 대법원 1992.10.27, 92도1578
명의인의 승낙을 얻어 명의인의 문서를 작성하는 데 사용할 의도로 인장을 조각하였으나 승낙을 얻지 못하여 사용하지 않고 명의인에게 돌려 준 사례
형법 제239조 제1항 소정의 인장위조죄는 그 명의인의 의사에 반하여 위법하게 행사할 목적이 인정되어야 하며, 타인의 인장을 조각할 당시에는 미처 그 명의인의 승낙을 얻지 아니하였다고 하더라도 인장을 조각하여 그 명의인의 승낙을 얻어 그 명의인의 문서를 작성하는 데 사용할 의도로 인장을 조각하였으나 그 명의인의 승낙을 얻지 못하여 이를 사용하지 아니하고 명의인에게 돌려주었다면, 특별한 사정이 없는 한 행사의 목적이 있었다고 인정할 수 없다. [변호사시험 12]

3 대법원 2014.9.26, 2014도9213
타인의 인장을 조각할 당시에 명의자로부터 명시적이거나 묵시적인 승낙 내지 위임을 받은 사례
형법 제239조 제1항의 사인위조죄는 그 명의인의 의사에 반하여 위법하게 행사할 목적으로 권한 없이

신문조서의 말미에 공소외인의 서명 및 무인을 하고, 공소외인의 이름이 기재된 수사과정확인서에 무인을 하였다면, 사서명위조죄 및 위조사서명행사죄가 인정된다(대법원 2011.3.10, 2011도503).

타인의 인장을 위조한 경우에 성립하므로, 타인의 인장을 조각할 당시에 그 명의자로부터 명시적이거나 묵시적인 승낙 내지 위임을 받았다면 인장위조죄가 성립하지 않는다고 할 것이다. [경찰간부 16·18]

02 위조사인 등 행사죄

제239조 【사인 등의 위조, 부정사용】 ② 위조 또는 부정사용한 타인의 인장, 서명, 기명 또는 기호를 행사한 때에도 전항의 형과 같다.

> **판례연구** **위조사인등행사죄의 성립을 인정한 사례**
>
> 대법원 2005.12.23, 2005도4478; 2011.3.10, 2011도503
> 피고인이 타인 행세를 하며 피의자로서 조사를 받은 다음 경찰관에 의하여 작성된 피의자신문조서의 말미에 타인의 서명 및 무인을 하고, 타인의 이름이 기재된 수사과정확인서에 무인을 한 사건
> 어떤 문서에 권한 없는 자가 타인의 서명 등을 기재하는 경우에는 그 문서가 완성되기 전이라도 일반인으로서는 그 문서에 기재된 타인의 서명 등을 그 명의인의 진정한 서명 등으로 오신할 수도 있으므로, 일단 서명 등이 완성된 이상 문서가 완성되지 아니한 경우에도 서명 등의 위조죄는 성립한다. 그리고 수사기관이 수사대상자의 진술을 기재한 후 진술자로 하여금 그의 면전에서 조서의 말미에 서명 등을 하도록 한 후 그 자리에서 바로 회수하는 수사서류의 경우에는 그 진술자가 그 문서에 서명 등을 하는 순간 바로 수사기관이 열람할 수 있는 상태에 놓이게 되는 것이므로, 그 진술자가 마치 타인인 양 행세하며 타인의 서명 등을 기재한 경우 그 서명 등을 수사기관이 열람하기 전에 즉시 파기하였다는 등의 특별한 사정이 없는 이상 그 서명 등 기재와 동시에 위조사서명 등 행사죄가 성립하는 것이며, 그와 같이 위조사서명 등 행사죄가 성립된 직후에 수사기관이 위 서명 등이 위조된 것임을 알게 되었다고 하더라도 이미 성립한 위조사서명 등 행사죄를 부정할 수 없다. [사시 10]

> **판례연구** **위조사인등행사죄의 성립을 인정하지 않은 사례**
>
> 대법원 1984.2.28, 84도90
> 위조된 인과자체를 타인에게 교부한 것만으로 위조인장행사죄를 구성하지 않는다는 사례
> 형법 제239조 제2항의 위조인장행사죄에 있어서 행사라 함은 위조된 인장을 진정한 것처럼 용법에 따라 사용하는 행위를 말한다 할 것이므로 위조된 인영을 타인에게 열람할 수 있는 상태에 두든지, 인과의 경우에는 날인하여 일반인이 열람할 수 있는 상태에 두면 그것으로 행사가 되는 것이고, 위조된 인과 그 자체를 타인에게 교부한 것만으로는 위조인장행사죄를 구성한다고 할 수 없다.

03 공인 등 위조·부정사용죄

제238조 【공인 등의 위조, 부정사용】 ① 행사할 목적으로 공무원 또는 공무소의 인장, 서명, 기명 또는 기호를 위조 또는 부정사용한 자는 5년 이하의 징역에 처한다.

04 위조공인 등 행사죄

제238조【공인 등의 위조, 부정사용】 ② 위조 또는 부정사용한 공무원 또는 공무소의 인장, 서명, 기명 또는 기호를 행사한 자도 전항의 형과 같다.

사례연구　자동차등록번호판 사례 : 공기호부정사용죄와 동 행사죄의 경합범

甲은 … 소외 乙로부터 빌린 A승용차의 앞·뒤 번호판을 떼어낸 다음 이미 절취하여 가지고 있던 B승용차의 앞·뒤 번호판을 A승용차에 부착하고 C호텔 주차장에 이르기까지 A승용차를 운전하여 운행함으로써 부정사용한 공기호를 행사하였다. 甲의 형사책임은?

　해결　자동차등록번호판의 용법에 따른 사용행위인 행사라 함은 이를 자동차에 부착하여 운행함으로써 일반인으로 하여금 자동차의 동일성에 관한 오인을 불러일으킬 수 있는 상태, 즉 그것이 부착된 자동차를 운행함을 의미한다고 할 것이고 그 운행과는 별도로 부정사용한 자동차등록번호판을 타인에게 제시하는 등 행위가 있어야 그 행사죄가 성립한다고 볼 수 없다. 따라서 甲이 절취한 자동차등록번호판을 부착한 A승용차를 운행하였다면 이는 부정사용된 공기호행사죄에 해당한다(대법원 1997.7.8, 96도3319).

MEMO

✔ **아웃라인**

목 차		난 도	출제율	대표지문
제1절 먹는 물에 관한 죄	01 먹는 물의 사용방해죄	下	–	• 시설자가 관계당국으로부터 설치허가를 받아 사재로써 시의 상수 도관에다가 특수가압간선을 시설한 경우, 그 시설에 의한 급수를 받고자 하는 자는 시설자와의 계약에 의하여 시설운영위원회에 가입한 후 시의 급수승인을 받아야 하는데 이러한 절차를 거치지 않은 불법이용자라 하더라도 그에 대한 단수조치로써 시설자가 급수관을 발굴·절단하였다면 수도불통죄에 해당한다. (×)
	02 먹는 물의 유해물혼입죄	下	–	
	03 수돗물의 사용방해죄	下	–	
	04 수돗물의 유해물혼입죄	下	–	
	05 먹는 물의 혼독치사상죄	下	–	
	06 수도불통죄	下	★	
제2절 아편에 관한 죄	01 아편흡식죄	下	–	–
	02 아편흡식장소제공죄	下	–	
	03 아편 등 제조·수입·판매· 판매 목적 소지죄	下	–	
	04 아편흡식기제조·수입·판 매·판매 목적 소지죄	下	–	
	05 세관공무원의 아편 등 수입· 수입허용죄	下	–	
	06 상습아편흡식·아편제조· 수입·판매죄	下	–	
	07 아편 등 소지죄	下	–	

✔ **출제경향**

구 분	경찰채용						경찰간부						경찰승진					
	17	18	19	20	21	22	16	17	18	19	20	21	17	18	19	20	21	22
제1절 먹는 물에 관한 죄																		
제2절 아편에 관한 죄																		
출제빈도	0/220						0/240						0/240					

CHAPTER 03

공중의 건강에 대한 죄

국가9급						법원9급						법원행시						변호사시험					
17	18	19	20	21	22	17	18	19	20	21	22	17	18	19	20	21	22	17	18	19	20	21	22
0/120						0/150						0/240						0/140					

CHAPTER 03 공중의 건강에 대한 죄

MEMO

✔ 아웃라인

목 차		난 도	출제율	대표지문
제1절 성풍속에 관한 죄	01 총 설	下	★	• 음행매개죄에서 16세의 부녀가 음행에 자진동의한 경우 승낙에 의한 행위로서 동죄가 성립하지 않는다. (×) • 공연윤리위원회의 심의를 마친 영화의 장면으로써 제작한 포스타 등의 광고물이라 하더라도 건전한 성풍속이나 성도덕 관념에 반하 는 것이라면 음화에 해당할 수 있다. (○)
	02 음행매개죄	下	★	
	03 음화 등 반포·판매·임대· 공연전시·상영죄	下	★	
	04 음화 등 제조·소지·수입· 수출죄	下	−	
	05 공연음란죄	下	★	
제2절 도박과 복표에 관한 죄	01 총설	下	−	• 도박은 '재물을 걸고 우연에 의하여 재물의 득실을 결정하는 것'을 의미하는바, 당사자의 능력이 승패의 결과에 영향을 미친다면 다소 간 우연성의 영향을 받는다고 하여도 도박죄는 성립하지 않는다. (×) • 도박개장죄는 영리의 목적을 필요로 하는 이른바 목적범이다. (○)
	02 단순도박죄	中	★★	
	03 상습도박죄	下	★	
	04 도박장소·공간개설죄	中	★★	
	05 복표발매·중개·취득죄	下	★	
제3절 신앙에 관한 죄	01 장례식 등 방해죄	下	★	• 교회의 교인이었던 사람이 교인들의 총유인 교회 현판, 나무십자 가 등을 떼어 내고 예배당 건물에 들어가 출입문 자물쇠를 교체하 여 7개월 동안 교인들의 출입을 막은 경우 예배방해죄가 성립한 다. (×) • 사람을 살해한 후에 그 시체를 다른 장소로 옮겨 유기하였다면 살인죄 외에도 시체유기죄가 성립한다. (○)
	02 시체 등 오욕죄	下	★	
	03 분묘발굴죄	下	★	
	04 시체 등 손괴·유기·은닉· 영득죄	下	★	
	05 변사체검시방해죄	下	★	

✔ 출제경향

구 분	경찰채용						경찰간부						경찰승진					
	17	18	19	20	21	22	16	17	18	19	20	21	17	18	19	20	21	22
제1절 성풍속에 관한 죄												1	1					
제2절 도박과 복표에 관한 죄								1	1									
제3절 신앙에 관한 죄		1																
출제빈도	1/220						3/240						1/240					

CHAPTER **04**

사회의 도덕에 대한 죄

국가9급						법원9급						법원행시						변호사시험					
17	18	19	20	21	22	17	18	19	20	21	22	17	18	19	20	21	22	17	18	19	20	21	22
													1	1									
													1										
																	1						
0/120						0/150						4/240						0/140					

CHAPTER 04 | 사회의 도덕에 대한 죄

제1절 성풍속에 관한 죄

01 음행매개죄

> **제242조 【음행매개】** 영리의 목적으로 사람을 매개하여 간음하게 한 자는 3년 이하의 징역 또는 1천500만 원 이하의 벌금에 처한다. 〈개정 2012.12.18.〉

> **판례연구** 음행매개죄에 해당하는 사례
>
> **대법원 1955.7.8, 4288형상37**
> 매개된 미성년자의 음행의 상습이나 동의가 있어도 음행매개죄가 성립한다는 사례
> 형법 제242조 소정 미성년자에 대한 음행매개죄의 성립에는 그 미성년자가 음행의 상습이 있거나 그 음행에 자진 동의한 사실은 하등 영향을 미치는 것이 아니다. [경찰승진 12 / 사시 11]

02 음화 등 반포·판매·임대·공연전시·상영죄

> **제243조 【음화반포 등】** 음란한 문서, 도화, 필름 기타 물건을 반포, 판매 또는 임대하거나 공연히 전시 또는 상영한 자는 1년 이하의 징역 또는 500만 원 이하의 벌금에 처한다.

> **판례연구** 음화등반포등죄에 해당하는 사례
>
> **1** **대법원 1991.9.10, 91도1550**
> 형법 제243조 소정의 음란한 문서 또는 도화의 의의 및 그 음란성 존부의 판단 기준
> 형법 제243조에 규정된 음란한 문서 또는 도화라 함은 성욕을 자극하여 흥분시키고 일반인의 정상적인 성적정서와 선량한 사회풍속을 해칠 가능성이 있는 도서를 말하며 그 음란성의 존부는 작성자의 주관적 의도가 아니라 객관적으로 도서 자체에 의하여 판단되어야 한다. [경찰간부 14 / 경찰승진(경위) 11]

2 대법원 1995.6.16, 94도2413

소설 '즐거운 사라사건' : 음란성은 예술성 여부와 사회의 성도덕도 기준 - 음란성 인정

문서의 음란성의 판단에 있어서는 당해 문서의 성에 관한 노골적이고 상세한 묘사·서술의 정도와 그 수법, 묘사·서술이 문서 전체에서 차지하는 비중, 문서에 표현된 사상 등과 묘사·서술과의 관련성, 문서의 구성이나 전개 또는 예술성·사상성 등에 의한 성적 자극의 완화의 정도, 이들의 관점으로부터 당해 문서를 전체로서 보았을 때 주로 독자의 호색적 흥미를 돋우는 것으로 인정되느냐의 여부 등 여러 점을 검토하는 것이 필요하고 이들의 사정을 종합하여 그 시대의 건전한 사회통념에 비추어 그것이 공연히 성욕을 흥분 또는 자극시키고 또한 보통인의 정상적인 성적 수치심을 해하고, 선량한 성적 도의관념에 반하는 것이라고 할 수 있는가의 여부에 따라 결정되어야 한다.

3 대법원 1990.10.16, 90도1485

공연윤리위원회의 심의를 마친 영화의 장면으로써 제작한 포스터 등도 음화에 해당할 수 있다는 사례

공연윤리위원회의 심의를 마친 영화작품이라 하더라도 이것을 영화관에서 상영하는 것이 아니고 관람객을 유치하기 위하여 영화장면의 일부를 포스터나 스틸사진 등으로 제작하였고, 제작된 포스터 등 도화가 그 영화의 예술적 측면이 아닌 선정적 측면을 특히 강조하여 그 표현이 과도하게 성감을 자극시키고 일반인의 정상적인 성적 정서를 해치는 것이어서 건전한 성풍속이나 성도덕 관념에 반하는 것이라면 그 포스터 등 광고물은 음화에 해당한다. [법원행시 16/사시 11]

4 대법원 2000.10.27, 98도679; 2005.7.22, 2003도2911

문학성·예술성과 음란성은 양립할 수 있다는 판례

문학성 내지 예술성과 음란성은 차원을 달리하는 관념이므로 어느 문학작품이나 예술작품에 문학성 내지 예술성이 있다고 하여 그 작품의 음란성이 당연히 부정되는 것은 아니라 할 것이고, 다만 그 작품의 문학적·예술적 가치, 주제와 성적 표현의 관련성 정도 등에 따라서는 그 음란성이 완화되어 결국은 형법이 처벌대상으로 삼을 수 없게 되는 경우가 있을 수 있을 뿐이다. [법원9급 09]

5 대법원 2008.6.12, 2007도3815

인터넷에 게재된 이른바 야설이 그 내용 및 표현방법에 비추어 정보통신망법상 음란표현물에 해당하는 경우, 이를 인터넷 서비스한 회사가 특정 통신사를 통한 음란성 유무에 관한 검수절차 및 청소년 접근 방지를 위한 성인인증절차 등의 조치를 취했다 하더라도 위 법률상 음란물유포죄가 성립한다.

6 대법원 1970.10.30, 70도1879

예술작품이라 하더라도 공개대상·방법에 따라서 음란할 수 있다는 상대적 음란개념이 나타난 사례

비록 명화집에 실려 있는 그림이라 할지라도 이것을 예술 문학 등 공공의 이익을 위해서가 아닌 성냥갑 속에 넣어 판매할 목적으로 그 카드사진을 복사 제조하거나 시중에 판매하였다면 명화를 모독하여 음화화시켰다 할 것이고 그림의 음란성 유무는 객관적으로 판단해야 할 것이다.

7 대법원 2009.5.14, 2008도10914

인터넷카페의 회원수에 비추어 게시행위가 음란물을 공연히 전시한 것에 해당한다는 사례

인터넷사이트에 집단 성행위(일명 '스와핑') 목적의 카페를 개설, 운영한 자가 남녀 회원을 모집한 후 특별모임을 빙자하여 집단으로 성행위를 하고 그 촬영물이나 사진 등을 카페에 게시한 경우, 카페가 회원제로 운영되는 등 제한적이고 회원들 상호간에 음란물을 게시, 공유해 온 사정이 있다고 하더라도, 위 카페의 회원 수에 비추어 위 게시행위는 음란물을 공연히 전시한 것에 해당한다. [경찰승진 13]

판례연구 | 음화등반포등죄에 해당하지 않는 사례

1 대법원 1975.12.9, 74도976

소설 '반노사건' : 전체적 내용 흐름 중시-음란성 부정

소설 반노에 기재된 사실은 그 표현에 있어 과도하게 성욕을 자극시키거나 또는 정상적인 성적 정서를 크게 해칠 정도로 노골적이고 구체적인 묘사라고 볼 수 없고, 더욱이 그 전체적인 내용의 흐름이 인간에 내재하는 향락적인 성욕에 반항함으로써 결국 그로부터 벗어나 새로운 자아를 발견하는 과정으로 이끌어 매듭된 경우에는 이 소설을 음란한 작품이라고 단정할 수 없다.

2 대법원 1999.2.24, 98도3140

컴퓨터 프로그램파일과 음란한 물건(고정성·영속성 要) : 음화반포죄 ×

컴퓨터 프로그램파일은 형법 제243조에서 규정하고 있는 문서, 도화, 필름 기타 물건에 해당한다고 할 수 없으므로, 음란한 영상화면을 수록한 컴퓨터 프로그램파일을 컴퓨터 통신망을 통하여 전송하는 방법으로 판매한 행위에 대하여 전기통신기본법 제48조의2(현재는 정보통신망법 및 성폭법에 해당됨)의 규정을 적용할 수 있음은 별론으로 하고, 형법 제243조의 규정을 적용할 수 없다. [경찰채용 13 2차 / 법원9급 07(상) / 법원행시 08·14 / 사시 11]

3 대법원 1973.8.21, 73도409

음화등반포죄에서 음화등을 공연히 상영한다는 말의 의미

형법 제243조에서 음화등을 공연히 전시한다는 것은 음화등을 불특정 또는 다수인이 관람할 수 있는 상태 하에 현출시키는 것을 뜻한다. 따라서 甲이 친구 A의 집 방안에서 자기 친구인 A와 B 두 사람이 보는 앞에서 영사기로 도색영화 필름을 상영한 행위는 공연한 상영이라 할 수 없다.

03 음화 등 제조·소지·수입·수출죄

제244조【음화제조 등】 제243조의 행위에 공할 목적으로 음란한 물건을 제조, 소지, 수입 또는 수출한 자는 1년 이하의 징역 또는 500만 원 이하의 벌금에 처한다.

판례연구 | 아청법상 아청이용음란물제작죄 관련 판례

대법원 2018.1.25, 2017도18443; 2018.9.13, 2018도9340; 2021.3.25, 2020도18285

아동·청소년을 협박하여 그들로 하여금 스스로 자신을 대상으로 한 음란물을 촬영하게 한 사건

피고인이 아동·청소년으로 하여금 스스로 자신을 대상으로 하는 음란물을 촬영하게 한 경우 피고인이 직접 촬영행위를 하지 않았더라도 그 영상을 만드는 것을 기획하고 촬영행위를 하게 하거나 만드는 과정에서 구체적인 지시를 하였다면, 특별한 사정이 없는 한 아동·청소년이용음란물 '제작'에 해당하고, 이러한 촬영을 마쳐 재생이 가능한 형태로 저장이 된 때에 제작은 기수에 이른다.

제245조【공연음란】 공연히 음란한 행위를 한 자는 1년 이하의 징역, 500만 원 이하의 벌금, 구류 또는 과료에 처한다.

판례연구 **공연음란죄에 해당되는 사례**

1 대법원 1996.6.11, 96도980
연극공연행위의 음란성의 유무는 그 공연행위 자체로서 객관적으로 판단해야 할 것이고, 그 행위자의 주관적인 의사에 따라 좌우되는 것은 아니다. [법원행시 16]

2 대법원 2000.12.22, 2000도4372
형법 제245조 소정의 '음란한 행위'라 함은 일반 보통인의 성욕을 자극하여 성적 흥분을 유발하고 정상적인 성적 수치심을 해하여 성적 도의관념에 반하는 것을 가리킨다고 할 것이고, 위 죄는 주관적으로 성욕의 흥분 또는 만족 등의 성적인 목적이 있어야 성립하는 것은 아니지만 [경찰승진 13 / 국가9급 17 / 법원9급 09 / 법원행시 14 / 사시 11] 그 행위의 음란성에 대한 의미의 인식이 있으면 족하다. [경찰승진 12 · 13] ……
고속도로의 공중 앞에서 알몸이 되어 성기를 노출한 행위는 공연음란죄에 해당한다. [경찰채용 13 2차 / 경찰간부 14 / 법원행시 07 · 16 / 사시 11]

3 대법원 2006.1.13, 2005도1264
요구르트 제품의 홍보를 위하여 전라의 여성 누드모델들이 일반 관람객과 기자 등 수십명이 있는 자리에서, 알몸에 밀가루를 바르고 무대에 나와 분무기로 요구르트를 몸에 뿌려 밀가루를 벗겨내는 방법으로 알몸을 완전히 드러낸 채 음부 및 유방 등이 노출된 상태에서 무대를 돌며 관람객들을 향하여 요구르트를 던진 행위는 －퍼포먼스공연의 형식을 취했다 해도－ 공연음란죄에 해당한다. [경찰승진(경위) 11 / 법원행시 07 · 16]

4 대법원 2011.9.8, 2010도10171
풍속영업의 규제에 관한 법률에서 정한 '음란행위'의 의미
나이트클럽 무용수인 피고인이 무대에서 공연하면서 겉옷을 모두 벗고 성행위와 유사한 동작을 연출하거나 속옷에 부착되어 있던 모조 성기를 수차례 노출한 경우, 제반 사정에 비추어 위 공연이 구 풍속영업의 규제에 관한 법률 제3조 제1호의2에서 정한 음란행위에 해당한다.

5 대법원 2020.1.16, 2019도14056
형법 제245조 공연음란죄에서 '음란한 행위'의 의미
형법 제245조 공연음란죄에서의 '음란한 행위'란 일반 보통인의 성욕을 자극하여 성적 흥분을 유발하고 정상적인 성적 수치심을 해하여 성적 도의관념에 반하는 행위를 가리키는 것이고, 그 행위가 반드시 성행위를 묘사하거나 성적인 의도를 표출할 것을 요하는 것은 아니다. 단순히 다른 사람에게 부끄러운 느낌이나 불쾌감을 주는 정도에 불과하다면 경범죄 처벌법 제3조 제1항 제33호에 해당할 뿐이지만, 그와 같은 정도가 아니라 일반 보통인의 성욕을 자극하여 성적 흥분을 유발하고 정상적인 성적 수치심을 해하는 것이라면 형법 제245조의 '음란한 행위'에 해당한다고 할 수 있다. '음란'이라는 개념 자체는 사회와 시대적 변화에 따라 변동하는 상대적이고도 유동적인 것이고, 그 시대에 있어서 사회의 풍속, 윤리, 종교 등과도 밀접한 관계를 가지는 추상적인 것이므로, 결국 음란성을 구체적으로 판단함에 있어서는 행위자의 주관적 의도가 아니라 사회 평균인의 입장에서 그 전체적인 내용을 관찰하여 건전한 사회통념에 따라 객관적이고 규범적으로 평가하여야 한다.

> **판례연구** | **공연음란죄에 해당되지 않는 사례**
>
> 대법원 2004.3.12, 2003도6514
> 경범죄처벌법 제1조 제41호가 '여러 사람의 눈에 뜨이는 곳에서 함부로 알몸을 지나치게 내놓거나 속까지 들여다 보이는 옷을 입거나 또는 가려야 할 곳을 내어 놓아 다른 사람에게 부끄러운 느낌이나 불쾌감을 준 사람'을 처벌하도록 규정하고 있는 점 등에 비추어 볼 때, 신체의 노출행위가 있었다고 하더라도 그 일시와 장소, 노출 부위, 노출 방법·정도, 노출 동기·경위 등 구체적 사정에 비추어, 그것이 일반 보통인의 성욕을 자극하여 성적 흥분을 유발하고 정상적인 성적 수치심을 해하는 것이 아니라 단순히 다른 사람에게 부끄러운 느낌이나 불쾌감을 주는 정도에 불과하다고 인정되는 경우 그와 같은 행위는 경범죄처벌법 제1조 제41호에 해당할지언정, 형법 제245조의 음란행위에 해당한다고 할 수 없다.[478] ⋯⋯ 말다툼을 한 후 항의의 표시로 엉덩이를 노출시킨 행위는 음란한 행위에 해당하지 않는다.[479] [경찰채용 13 2차 / 법원행시 07·14·16]

제2절 | 도박과 복표에 관한 죄

01 단순도박죄

> **제246조 【도박, 상습도박】** ① 도박을 한 사람은 1천만 원 이하의 벌금에 처한다. 다만, 일시오락 정도에 불과한 경우에는 예외로 한다. 〈전문개정 2013.4.5.〉

> **판례연구** | **도박죄에 해당하는 사례**
>
> 대법원 2008.10.23, 2006도736
> 형법 제246조의 도박행위의 요건인 '우연성'의 의미
> 형법 제246조에서 도박죄를 처벌하는 이유는 정당한 근로에 의하지 아니한 재물의 취득을 처벌함으로써 경제에 관한 건전한 도덕법칙을 보호하는 데 있다. 그리고 도박은 '재물을 걸고 우연에 의하여 재물의 득실을 결정하는 것'을 의미하는바, 여기서 '우연'이란 주관적으로 '당사자에 있어서 확실히 예견 또는 자유로이 지배할 수 없는 사실에 관하여 승패를 결정하는 것'을 말하고, 객관적으로 불확실 할 것을 요구하지 아니한다. 따라서 당사자의 능력이 승패의 결과에 영향을 미친다고 하더라도 다소라도

---

478 **참고판례** : 야한 유흥주점 사례 유흥주점 여종업원들이 웃옷을 벗고 브래지어만 착용하거나 치마를 허벅지가 다 드러나도록 걷어 올리고 가슴이 보일 정도로 어깨끈을 밑으로 내린 채 손님을 접대한 경우, 풍속영업법 제3조 제1호에 정한 '음란행위'에 해당하지 않는다(대법원 2009.2.26, 2006도3119).

479 **보충** : 피고인은 말다툼할 때 공소외 1이 피고인에게 "술을 먹었으면 입으로 먹었지 똥구멍으로 먹었냐."라고 말한 것에 화가 나 이를 항의하기 위하여 다시 공소외 1이 경영하는 상점으로 찾아가 상점카운터를 지키던 공소외 1의 딸인 공소외 3(여, 23세)을 보고 ⋯ 등을 돌려 엉덩이가 드러날 만큼 바지와 팬티를 내린 다음 엉덩이를 들이밀며 "똥구멍으로 어떻게 술을 먹느냐, 똥구멍에 술을 부어 보아라."라고 말한 행위는 보는 사람에게 부끄러운 느낌이나 불쾌감을 주는 정도에 불과하고, 일반 보통인의 성욕을 자극하여 성적 흥분을 유발하거나 정상적인 성적 수치심을 해할 정도에 해당한다고 보기는 어렵다(위 판례). [경찰채용 13 2차 / 법원행시 07·14]

우연성의 사정에 의하여 영향을 받게 되는 때에는 도박죄가 성립할 수 있다(내기골프도 도박에 해당될 수 있음). [경찰승진(경감) 11 / 경찰승진 12 / 국가9급 14]

02 상습도박죄

제246조 【도박, 상습도박】 ② 상습으로 제1항의 죄를 범한 사람은 3년 이하의 징역 또는 2천만 원 이하의 벌금에 처한다. 〈전문개정 2013.4.5.〉

> **판례연구** **상습도박죄에 해당하는 사례**
>
> 대법원 1984.4.24, 84도195
> 도박의 습벽있는 자가 도박을 하고 또 도박방조를 한 경우의 죄수관계(= 포괄1죄)
> 상습도박의 죄나 상습도박방조의 죄에 있어서의 상습성은 행위의 속성이 아니라 행위자의 속성으로서
> 도박을 반복해서 거듭하는 습벽을 말하는 것인 바, 도박의 습벽이 있는 자가 타인의 도박을 방조하면
> 상습도박방조의 죄에 해당하는 것이며, 도박의 습벽이 있는 자가 도박을 하고 또 도박방조를 하였을
> 경우 상습도박방조의 죄는 무거운 상습도박의 죄에 포괄시켜 1죄로서 처단하여야 한다. [경찰채용 20 · 21
> 1차 / 경찰간부 14 / 경찰승진 16 / 국가9급 14 / 사시 11 · 13 / 변호사시험 16]

03 도박장소 · 공간개설죄

제247조 【도박장소 등 개설】 영리의 목적 [경찰채용 10 1차 / 경찰채용 12 3차 / 법원9급 11] 으로 도박을 하는 장소나 공간을 개설한 사람은 5년 이하의 징역 또는 3천만 원 이하의 벌금에 처한다. 〈전문개정 2013.4.5.〉

> **판례연구** **도박개장죄의 방조범, 기수시기, 죄수 등 관련 판례**
>
> **1** 대법원 2007.11.29, 2007도8050
> 도박개장방조가 성립하지 않는다는 사례
> 인터넷 게임사이트의 온라인게임에서 통용되는 사이버머니를 구입하고자 하는 사람을 유인하여 돈을
> 받고 위 게임사이트에 접속하여 일부러 패하는 방법으로 사이버머니를 판매한 사람은, 정범인 위 게임사
> 이트 개설자의 도박개장행위를 인정할 수 없는 이상 종범인 도박개장방조죄도 성립하지 않는다. [경찰채용
> 13 1차 / 사시 11]
>
> **2** 대법원 2009.12.10, 2008도5282
> 인터넷 도박게임 사이트를 개설하여 운영하는 경우, 도박개장죄의 기수 시기
> 피고인이 가맹점을 모집하여 인터넷 도박게임이 가능하도록 시설 등을 설치하고 도박게임 프로그램을
> 가동하던 중 문제가 발생하여 더 이상의 영업으로 나아가지 못한 경우, 실제로 이용자들이 도박게임

사이트에 접속하여 도박을 한 사실이 없더라도 도박개장죄는 이미 '기수'에 이르렀다고 볼 수 있다.
[경찰채용 13 1차 / 경찰채용 11 2차 / 경찰채용 12 3차 / 경찰간부 13 / 경찰승진(경감) 11 / 경찰승진 12]

3 대법원 2009.12.10, 2009도11151
무허가 카지노영업으로 인한 관광진흥법 위반죄와 도박개장죄의 죄수 관계는 상상적 경합이다. [경찰승진
(경감) 11]

판례연구　**도박개장죄의 영리의 목적 관련 사례**

1 대법원 2002.4.12, 2001도5802
인터넷 고스톱게임 사이트를 유료화하는 과정에서 사이트를 홍보하기 위하여 고스톱대회를 개최하면
서 참가자들로부터 참가비를 받고 입상자들에게 상금을 지급한 행위는 도박개장죄가 성립한다. [경찰채용
13 1차 / 경찰간부 18]

2 대법원 2008.9.11, 2008도1667
인터넷 사이트 운영자가 회원들로 하여금 온라인에서 현금화할 수 있는 게임코인을 걸고 속칭 고스톱,
포커 등을 하도록 하고, 수수료 명목으로 일정액을 이익으로 취한 행위는 도박개장죄에 해당한다.

3 대법원 2008.10.23, 2008도3970
성인피시방 운영자가 손님들로 하여금 컴퓨터에 접속하여 인터넷 도박게임을 하고 게임머니의 충전과
환전을 하도록 하면서 게임머니의 일정 금액을 수수료 명목으로 받은 행위는 도박개장죄를 구성한다.
[경찰간부 14]

4 대법원 2009.2.26, 2008도10582
유료낚시터를 운영하는 자가 입장료 명목으로 요금을 받은 후 물고기에 부착된 시상번호에 따라 경품을
지급하였다면 도박개장죄가 성립한다. [경찰채용 12 3차 / 경찰간부 14 / 경찰승진(경감) 11 / 국가9급 14]

04　복표 발매 · 중개 · 취득죄

제248조 【복표의 발매 등】 ① 법령에 의하지 아니한 복표를 발매한 사람은 5년 이하의 징역 또는 3천만 원 이하의
벌금에 처한다.
② 제1항의 복표발매를 중개한 사람은 3년 이하의 징역 또는 2천만 원 이하의 벌금에 처한다.
③ 제1항의 복표를 취득한 사람은 1천만 원 이하의 벌금에 처한다.
〈전문개정 2013.4.5.〉

판례연구　**복표발매죄에 해당하는 사례**

대법원 2003.12.26, 2003도5433
형법 제248조가 규정하는 복표의 개념요소 및 판단 기준 : 광고복권도 복표에 해당한다는 사례
형법 제248조가 규정하는 복표의 개념요소는 ① 특정한 표찰일 것, ② 그 표찰을 발매하여 다수인으로
부터 금품을 모을 것, ③ 추첨 등의 우연한 방법에 의하여 그 다수인 중 일부 당첨자에게 재산상의

이익을 주고 다른 참가자에게 손실을 줄 것의 세 가지로 파악할 수 있으며, …… 그 기본적인 성질이 위와 같은 개념요소를 갖추고 있다면, 거기에 광고 등 다른 기능이 일부 가미되어 있는 관계로 당첨되지 않은 참가자의 손실을 그 광고주 등 다른 사업주들이 대신 부담한다고 하더라도, 특별한 사정이 없는 한 복표로서의 성질을 상실하지는 않는다. 이른바 '광고복권'은 통상의 경우 이를 홍보 및 판촉의 수단으로 사용하는 사업자들이 당첨되지 않은 참가자들의 손실을 대신 부담하여 주는 것일 뿐, 그 자체로는 추첨 등의 우연한 방법에 의하여 일부 당첨자에게 재산상의 이익을 주고 다른 참가자에게 손실을 주는 복표로서의 성질을 갖추고 있으므로 형법 제248조 소정의 복표에 해당한다. [국가7급 07]

제3절 신앙에 관한 죄

01 장례식 등 방해죄

제158조 【장례식 등의 방해】 장례식, 제사, 예배 또는 설교를 방해한 자는 3년 이하의 징역 또는 500만 원 이하의 벌금에 처한다.

판례연구 장례식등방해죄에 해당하는 사례

대법원 1971.9.28, 71도1465
정식절차를 밟은 위임 목사가 아닌 자가 당회의 결의에 반하여 설교와 예배인도를 한 경우라 할지라도 그가 그 교파의 목사로서 그 교의를 신봉하는 신도 약 350여명 앞에서 그 교지에 따라 설교와 예배인도를 한 것이라면 다른 특별한 사정이 없는한 그 설교와 예배인도는 형법상 보호를 받을 가치가 있고, 이러한 설교와 예배인도의 평온한 수행에 지장을 주는 행위를 하면 형법 제158조의 설교 또는 예배방해죄가 성립한다.

판례연구 장례식등방해죄에 해당하지 않는 사례

1 대법원 2008.2.28, 2006도4773
소속 교단으로부터 목사면직의 판결을 받은 목사가 일부 신도들과 함께 소속 교단을 탈퇴한 후 아무런 통보나 예고도 없이, 부활절 예배를 준비 중이던 종전 교회 예배당으로 들어와 찬송가를 부르고 종전 교회의 교인들로부터 예배당을 비워달라는 요구를 받았으나 이를 계속 거부한 경우, 위 목사와 신도들의 행위는 종전 교회의 교인들의 예배를 방해하는 것으로서 (위 목사와 신도들의 행위는) 형법 제158조 예배방해죄에서 보호하는 '예배'에 해당한다고 보기는 어렵다.

2 대법원 1982.2.23, 81도2691
제전과는 상관없이 제사상을 발로 찬 행위는 제전방해죄에 해당하지 않는다는 사례
제전방해죄는 제전의 평온을 그 보호법익으로 하는 것이므로 제전(祭典)이 집행 중이거나 제전의 집행과 시간적 밀접·불가분의 관계에 있는 준비단계에서 이를 방해하는 경우에만 성립한다. (따라서) 피고

인이 피해자의 집에 가서 시비 중에 마침 제사상에 사용할 음식을 마련하여 임시로 작은 상위에 올려 놓은 것을 발로 찼다는 정도의 행위는 제전방해죄에 해당하지 않는다고 할 것이다.

3 대법원 2008.2.1, 2007도5296
장기간 예배당 건물의 출입을 통제한 행위는 예배방해죄를 구성하지 않는다는 사례
형법 제158조에 규정된 예배방해죄는 공중의 종교생활의 평온과 종교감정을 그 보호법익으로 하는 것이므로, 예배 중이거나 예배와 시간적으로 밀접불가분의 관계에 있는 준비단계에서 이를 방해하는 경우에만 성립한다. 교회의 교인이었던 사람이 교인들의 총유인 교회 현판, 나무십자가 등을 떼어 내고 예배당 건물에 들어가 출입문 자물쇠를 교체하여 7개월 동안 교인들의 출입을 막은 경우, 장기간 예배당 건물의 출입을 통제한 위 행위는 교인들의 예배 내지 그와 밀접불가분의 관계에 있는 준비단계를 계속하여 방해한 것으로 볼 수 없어 예배방해죄가 성립하지 않는다. [경찰간부 18 / 경찰승진(경위) 11]

4 대법원 2013.2.14, 2010도13450
장례식방해죄의 성립 요건
장례식방해죄는 장례식의 평온과 공중의 추모감정을 보호법익으로 하는 이른바 추상적 위험범으로서 범인의 행위로 인하여 장례식이 현실적으로 저지 내지 방해되었다고 하는 결과의 발생까지 요하지 않고 방해행위의 수단과 방법에도 아무런 제한이 없으며 일시적인 행위라 하더라도 무방하나, 적어도 객관적으로 보아 장례식의 평온한 수행에 지장을 줄 만한 행위를 함으로써 장례식의 절차와 평온을 저해할 위험이 초래될 수 있는 정도는 되어야 비로소 방해행위가 있다고 보아 장례식방해죄가 성립한다고 할 것이다.[480]

---

02 분묘발굴죄

제160조 【분묘의 발굴】 분묘를 발굴한 자는 5년 이하의 징역에 처한다.

판례연구 분묘발굴죄가 성립하는 사례

1 대법원 1976.10.29, 76도2828
무연고분이라고 하여도 제사와 신앙의 대상이 되는 분묘라 할 수 없다거나 분묘발굴죄의 객체인 분묘에 해당되지 않는다고는 할 수 없다. 또한 암장된 분묘라 하더라도 당국의 허가 없이 자구행위로 이를 발굴하여 개장할 수 없는 것이다.

2 대법원 1990.2.13, 89도2061
분묘발굴죄의 객체인 분묘는 사람의 사체, 유골, 유발 등을 매장하여 제사나 예배 또는 기념의 대상으로 하는 장소를 말하는 것이고, 사체나 유골이 토괴화하였을 때에도 분묘인 것이며, 그 사자가 누구

---

480 **보충** : 피고인이 이 사건 영결식장에서 한 행위, 즉 ○○○ 대통령의 헌화 순서에 맞추어 헌화대 쪽을 향하여 몇 걸음을 옮기면서 크게 소리를 지른 행위가 비록 피고인이 대통령의 헌화를 방해하려는 의도를 가지고 한 행동이라 하더라도, 그 행위의 내용, 경호원들의 제압에 대한 피고인의 반응, 소란이 있었던 시간 등 여러 객관적 사정으로 보아 피고인의 위와 같은 행위가 이 사건 영결식의 평온한 수행에 지장을 줄 만한 행위로서 이로 말미암아 이 사건 영결식의 절차와 평온을 저해할 위험이 초래될 정도라고 단정하기는 어렵다고 할 것이다.

인지 불명하다고 할지라도 현재 제사 숭경하고 종교적 예의의 대상으로 되어 있고 이를 수호봉사하는 자가 있으면 여기에 해당한다고 할 것이다.

③ 대법원 2012.10.25, 2010도5112
매장된 시체나 유골이 토괴화한 것을 화장하여 다시 묻는 경우, 그 시설을 분묘로 볼 수 있다는 사례
매장의 대상인 유골에는 화장한 유골의 골분도 포함되고, 화장한 유골의 골분을 묻은 경우라도 그것이 자연장으로 인정될 수 없는 경우에는 이를 매장으로 보아 분묘 및 묘지에 관한 규제의 적용 대상이 된다고 보아야 한다. 분묘는 시체나 유골을 매장하여 제사나 예배 또는 기념의 대상으로 삼기 위하여 만든 시설이므로, 여기에 매장된 시체나 유골이 후에 토괴화되었더라도 이는 여전히 분묘라 할 것이고, 이를 개장하여 토괴화한 유골을 화장하여 다시 묻는 경우에도 그 시설이 자연장의 요건을 갖추었다는 등의 사정이 없는 한 제사나 예배 또는 기념의 대상으로 삼기 위하여 만든 분묘로 보아야 한다.

④ 대법원 1978.5.9, 77도3588
토지구획정리사업시행자의 개장명령에 의한 분묘개장도 이장법상 개장신고를 요한다는 사례
토지구획정리사업시행자로부터 분묘의 개장명령을 받았다 하더라도 그 분묘를 보존 수호하는 권한있는 자의 제지를 무릅쓰고 한 분묘발굴행위가 정당한 것으로 될 수는 없고 또 그와 같은 개장명령이 있었다 하여 매장및묘지등에관한법률에 정한 절차에 따른 개장신고를 하지 않아도 된다고 볼 수도 없다.

판례연구	분묘발굴죄가 성립하지 않는 사례

대법원 2007.12.13, 2007도8131
분묘발굴행위의 위법성이 조각되기 위한 요건
분묘발굴죄는 그 분묘에 대하여 아무런 권한 없는 자나 또는 권한이 있는 자라도 사체에 대한 종교적 양속에 반하여 함부로 이를 발굴하는 경우만을 처벌대상으로 삼는 취지라고 보아야 할 것이므로, 법률상 그 분묘를 수호, 봉사하며 관리하고 처분할 권한이 있는 자 또는 그로부터 정당하게 승낙을 얻은 자가 사체에 대한 종교적, 관습적 양속에 따른 존숭의 예를 갖추어 이를 발굴하는 경우에는 그 행위의 위법성은 조각된다고 할 것이다. (따라서) 분묘를 수호, 봉사하며 관리하고 처분할 권한이 있는 구 민법상 호주상속인이 사체에 대한 종교적, 관습적 양속에 따른 존숭의 예를 갖추어 분묘를 발굴하는 경우, 그 행위의 위법성이 조각된다.

---

03 시체 등 손괴 · 유기 · 은닉 · 영득죄

제161조 【시체 등의 유기 등】 ① 시체, 유골, 유발 또는 관 속에 넣어 둔 물건을 손괴(損壞), 유기, 은닉 또는 영득(領得)한 자는 7년 이하의 징역에 처한다. 〈우리말 순화 개정 2020.12.8.〉
② 분묘를 발굴하여 제1항의 죄를 지은 자는 10년 이하의 징역에 처한다. 〈우리말 순화 개정 2020.12.8.〉

판례연구	시체유기 · 은닉죄에 해당하는 사례

대법원 1984.11.27, 84도2263
사람을 살해한 다음 그 범죄의 흔적을 은폐하기 위하여 그 시체를 다른 장소로 옮겨 유기하였을 때에는

살인죄와 사체유기죄의 경합범이 성립하고 사체유기를 불가벌적 사후행위라 할 수 없다. [경찰채용 14 1차/경찰간부 13/경찰승진 14/국가9급 11/법원행시 08/변호사시험 12]

판례연구 **시체유기·은닉죄에 해당하지 않는 사례**

대법원 1986.6.24, 86도891
인적이 드문 장소에서 피해자를 살해하고 사체를 방치한 채 도주한 경우 사체은닉죄는 성립하지 않는다는 사례
형법 제161조의 사체은닉이라 함은 사체의 발견을 불가능 또는 심히 곤란하게 하는 것을 구성요건으로 하고 있으나 살인, 강도살인등의 목적으로 사람을 살해한 자가 그 살해의 목적을 수행함에 있어 사후 사체의 발견이 불가능 또는 심히 곤란하게 하려는 의사로 인적이 드문 장소로 피해자를 유인하거나 실신한 피해자를 끌고 가서 그 곳에서 살해하고 사체를 그대로 둔 채 도주한 경우에는 비록 결과적으로 사체의 발견이 현저하게 곤란을 받게 되는 사정이 있다 하더라도 별도로 사체은닉죄가 성립되지 아니한다. [경찰채용 18 2차/경찰간부 13/법원행시 12/변호사시험 12]

---

04 변사체검시방해죄

제163조【변사체 검시 방해】 변사자의 시체 또는 변사(變死)로 의심되는 시체를 은닉하거나 변경하거나 그 밖의 방법으로 검시(檢視)를 방해한 자는 700만 원 이하의 벌금에 처한다. 〈우리말 순화 개정 2020.12.8.〉

판례연구 **변사체검시방해죄에 해당하지 않는 사례**

대법원 1970.2.24, 69도2272
형법 제163조의 변사자는 부자연한 사망으로서 그 사인이 분명하지 않은 자를 의미하고 그 사인이 명백한 것은 변사자라 할 수 없다. [경찰간부 13]

MEMO

PART 03

국가적 법익에 대한 죄

✔ 아웃라인

	목 차	난 도	출제율	대표지문
제1절 내란의 죄	01 총 설	下	★	• 내란죄의 구성요건인 폭동의 내용으로서의 폭행 또는 협박은 일체의 유형력의 행사나 외포심을 생기게 하는 해악의 고지를 의미하는 최광의의 폭행·협박을 말하는 것으로서, 이를 준비하거나 보조하는 행위를 전체적으로 파악한 개념이다. (○)
	02 내란죄	中	★★	
	03 내란목적살인죄	下	★	
	04 내란예비·음모·선동·선전죄	下	-	
제2절 외환의 죄	01 총 설	下	-	• 지령에 의하여 해외교포 사회의 민심동향을 파악·수집하는 것은 간첩죄에 해당하지 않는다. (×) • 대법원은 국가기밀과 관련해 국내에서 공지에 속하거나 국민에게 널리 알려진 사실도 국가기밀이 될 수 있다는 입장이다. (×) • 간첩으로서 군사기밀을 탐지·수집하면 그로써 간첩행위는 기수가 되고 그 수집한 자료가 지령자에게 도달됨으로써 범죄의 기수가 되는 것은 아니다. (○)
	02 외환유치죄	下	-	
	03 여적죄	下	-	
	04 이적죄	下	-	
	05 간첩죄	中	★★	
	06 전시군수계약불이행죄	下	-	
제3절 국기에 관한 죄	01 총 설	下	-	-
	02 국기·국장모독죄	中	-	
	03 국기·국장비방죄	中	-	
제4절 국교에 관한 죄	01 총 설	下	-	• 외교상 기밀누설죄는 공무원 또는 공무원이었던 자가 직무와 관련하여 알게 된 외교상 기밀을 누설한 때에 성립하는 신분범이다. (×)
	02 외국원수에 대한 폭행 등 죄	下	-	
	03 외국사절에 대한 폭행 등 죄	下	-	
	04 외국국기·국장모독죄	下	-	
	05 외국에 대한 사전죄	下	-	
	06 중립명령위반죄	下	-	
	07 외교상 기밀누설죄	下	★	

✔ 출제경향

구 분	경찰채용						경찰간부						경찰승진					
	17	18	19	20	21	22	16	17	18	19	20	21	17	18	19	20	21	22
제1절 내란의 죄								1										
제2절 외환의 죄																		
제3절 국기에 관한 죄																		
제4절 국교에 관한 죄									1									
출제빈도	0/220						2/240						0/240					

CHAPTER **01**

국가의 존립과 권위에 대한 죄

✔ 키포인트

국가9급						법원9급						법원행시						변호사시험					
17	18	19	20	21	22	17	18	19	20	21	22	17	18	19	20	21	22	17	18	19	20	21	22
															1								
													1										
0/120						0/150						2/240						0/140					

CHAPTER 01 국가의 존립과 권위에 대한 죄

01 내란죄

> **제87조【내 란】** 대한민국 영토의 전부 또는 일부에서 국가권력을 배제하거나 국헌을 문란하게 할 목적으로 폭동을 일으킨 자는 다음 각 호의 구분에 따라 처벌한다. 〈우리말 순화 개정 2020.12.8.〉
> 1. 우두머리는 사형, 무기징역 또는 무기금고에 처한다.
> 2. 모의에 참여하거나 지휘하거나 그 밖의 중요한 임무에 종사한 자는 사형, 무기 또는 5년 이상의 징역이나 금고에 처한다. 살상, 파괴 또는 약탈 행위를 실행한 자도 같다.
> 3. 부화수행(附和隨行)하거나 단순히 폭동에만 관여한 자는 5년 이하의 징역이나 금고에 처한다.

> **제91조【국헌문란의 정의】** 본장에서 국헌을 문란할 목적이라 함은 다음 각 호의 1에 해당함을 말한다.
> 1. 헌법 또는 법률에 정한 절차에 의하지 아니하고 헌법 또는 법률의 기능을 소멸시키는 것
> 2. 헌법에 의하여 설치된 국가기관을 강압에 의하여 전복 또는 그 권능 행사를 불가능하게 하는 것

판례연구 내란죄 관련 판례

대법원 1997.4.17, 96도3376 전원합의체
① 형법 제91조 제2호 소정의 '국헌문란'의 의미

형법 제91조 제2호에 의하면 헌법에 의하여 설치된 국가기관을 강압에 의하여 전복 또는 그 권능행사를 불가능하게 하는 것을 국헌문란의 목적의 하나로 규정하고 있는데, 여기에서 '권능행사를 불가능하게 한다'고 하는 것은 그 기관을 제도적으로 영구히 폐지하는 경우만을 가리키는 것은 아니고 사실상 상당기간 기능을 제대로 할 수 없게 만드는 것을 포함한다.
② 내란죄의 구성요건인 '폭동'의 의미와 정도 및 내란행위자들에 의하여 이루어진 비상계엄 전국확대조치의 폭동성 여부(적극)

내란죄의 구성요건인 폭동의 내용으로서의 폭행 또는 협박은 일체의 유형력의 행사나 외포심을 생기게 하는 해악의 고지를 의미하는 최광의의 폭행·협박을 말하는 것으로서, 이를 준비하거나 보조하는 행위를 전체적으로 파악한 개념이며, 그 정도가 한 지방의 평온을 해할 정도의 위력이 있음을 요한다. [경찰간부 12·13] …… 비상계엄의 전국확대조치의 그와 같은 강압적 효과가 법령과 제도 때문에 일어나는 당연한 결과라고 하더라도, 이러한 법령이나 제도가 가지고 있는 위협적인 효과가 국헌문란의 목적을 가진 자에 의하여 그 목적을 달성하기 위한 수단으로 이용되는 경우에는 비상계엄의 전국확대조치가 내란죄의 구성요건인 폭동의 내용으로서의 협박행위가 되므로 이는 내란죄의 폭동에 해당하고, 또한 그 당시 그와 같은 비상계엄의 전국확대는 우리 나라 전국의 평온을

해하는 정도에 이르렀음을 인정할 수 있다.
③ 간접정범의 방법에 의한 내란죄의 인정 여부(적극)
   범죄는 '어느 행위로 인하여 처벌되지 아니하는 자'를 이용하여서도 이를 실행할 수 있으므로, 내란죄의 경우에도 '국헌문란의 목적'을 가진 자가 그러한 목적이 없는 자를 이용하여 이를 실행할 수 있다. [경찰간부 13·16 / 법원행시 16]
④ 내란죄와 내란목적살인죄의 관계
   내란목적살인죄는 국헌을 문란할 목적을 가지고 직접적인 수단으로 사람을 살해함으로써 성립하는 범죄라 할 것이므로, 국헌문란의 목적을 달성함에 있어 내란죄가 '폭동'을 그 수단으로 함에 비하여 내란목적살인죄는 '살인'을 그 수단으로 하는 점에서 두 죄는 엄격히 구별된다. 따라서 내란의 실행과정에서 폭동행위에 수반하여 개별적으로 발생한 살인행위는 내란행위의 한 구성요소를 이루는 것이므로 내란행위에 흡수되어 내란목적살인의 별죄를 구성하지 아니하나, [경찰간부 12 / 법원행시 14·16] 특정인 또는 일정한 범위 내의 한정된 집단에 대한 살해가 내란의 와중에 폭동에 수반하여 일어난 것이 아니라 그것 자체가 의도적으로 실행된 경우에는 이러한 살인행위는 내란에 흡수될 수 없고 내란목적살인의 별죄를 구성한다.
⑤ 내란죄의 기수시기 및 내란죄가 상태범인지 여부(적극)
   내란죄는 국토를 참절하거나 국헌을 문란할 목적으로 폭동한 행위로서, 다수인이 결합하여 위와 같은 목적으로 한 지방의 평온을 해할 정도의 폭행·협박행위를 하면 기수가 되고, 그 목적의 달성 여부는 이와 무관한 것으로 해석되므로, [경찰간부 13 / 법원행시 14·16] 다수인이 한 지방의 평온을 해할 정도의 폭동을 하였을 때 이미 내란의 구성요건은 완전히 충족된다고 할 것이어서 상태범으로 봄이 상당하다. [국가9급 14 / 법원행시 14 / 변호사시험 14]

02 내란목적살인죄

제88조 【내란목적의 살인】 대한민국 영토의 전부 또는 일부에서 국가권력을 배제하거나 국헌을 문란하게 할 목적으로 사람을 살해한 자는 사형, 무기징역 또는 무기금고에 처한다. 〈우리말 순화 개정 2020.12.8.〉

03 내란 예비·음모·선동·선전죄

제90조 【예비, 음모, 선동, 선전】 ① 제87조 또는 제88조의 죄를 범할 목적으로 예비 또는 음모한 자는 3년 이상의 유기징역이나 유기금고에 처한다. 단, 그 목적한 죄의 실행에 이르기 전에 자수한 때에는 그 형을 감경 또는 면제한다.
② 제87조 또는 제88조의 죄를 범할 것을 선동 또는 선전한 자도 전항의 형과 같다.

1 대법원 2015.1.22, 2014도10978

내란선동죄의 성립요건

내란선동이라 함은 내란이 실행되는 것을 목표로 하여 피선동자들에게 내란행위를 결의, 실행하도록 충동하고 격려하는 일체의 행위를 말한다. 내란선동은 주로 언동, 문서, 도화 등에 의한 표현행위의 단계에서 문제되는 것이므로 내란선동죄의 구성요건을 해석함에 있어서는 국민의 기본권인 표현의 자유가 위축되거나 그 본질이 침해되지 아니하도록 죄형법정주의의 기본정신에 따라 엄격하게 해석하여야 할 것이다. 따라서 내란을 실행시킬 목표를 가지고 있다 하여도 단순히 특정한 정치적 사상이나 추상적인 원리를 옹호하거나 교시하는 것만으로는 내란선동이 될 수 없고, 그 내용이 내란에 이를 수 있을 정도의 폭력적인 행위를 선동하는 것이어야 하고, 나아가 피선동자의 구성 및 성향, 선동자와 피선동자의 관계 등에 비추어 피선동자에게 내란 결의를 유발하거나 증대시킬 위험성이 인정되어야만 내란선동으로 볼 수 있다. … 내란선동을 처벌하는 근거가 선동행위 자체의 위험성과 불법성에 있다는 점 등을 전제하면, 내란선동에 있어 시기와 장소, 대상과 방식, 역할분담 등 내란 실행행위의 주요 내용이 선동 단계에서 구체적으로 제시되어야 하는 것은 아니고, 또 선동에 따라 피선동자가 내란의 실행행위로 나아갈 개연성이 있다고 인정되어야만 내란선동의 위험성이 있는 것으로 볼 수도 없다 [경찰채용 16 2차 / 경찰간부 16·18 / 국가9급 21 / 법원9급 17 / 법원행시 16]

2 대법원 1999.11.12, 99도3801

내란음모죄의 성립요건

어떤 범죄를 실행하기로 막연하게 합의한 경우나 특정한 범죄와 관련하여 단순히 의견을 교환한 경우까지 모두 범죄실행의 합의가 있는 것으로 보아 음모죄가 성립한다고 한다면 음모죄의 성립범위가 과도하게 확대되어 국민의 기본권인 사상과 표현의 자유가 위축되거나 그 본질이 침해되는 등 죄형법정주의 원칙이 형해화될 우려가 있으므로, 음모죄의 성립범위도 이러한 확대해석의 위험성을 고려하여 엄격하게 제한하여야 할 것이다. … 따라서 내란음모가 성립하였다고 하기 위해서는 개별 범죄행위에 관한 세부적인 합의가 있을 필요는 없으나, 공격의 대상과 목표가 설정되어 있고, 그 밖의 실행계획에 있어서 주요 사항의 윤곽을 공통적으로 인식할 정도의 합의가 있어야 할 것이다. 나아가 합의는 실행행위로 나아간다는 확정적인 의미를 가진 것이어야 하고, 단순히 내란에 관한 생각이나 이론을 논의한 것으로는 부족하다. 또한, 내란음모가 단순히 내란에 관한 생각이나 이론을 논의 내지 표현한 것인지 실행행위로 나아간다는 확정적인 의미를 가진 합의인지를 구분하기가 쉽지 않다는 점을 고려하면, 내란음모죄에 해당하는 합의가 있다고 하기 위해서는 단순히 내란에 관한 범죄결심을 외부에 표시·전달하는 것만으로는 부족하고 객관적으로 내란범죄의 실행을 위한 합의라는 것이 명백히 인정되고, 그러한 합의에 실질적인 위험성이 인정되어야 할 것이다. [법원9급 21]

제2절 외환의 죄

01 간첩죄

제98조 【간 첩】 ① 적국을 위하여 간첩하거나 적국의 간첩을 방조한 자는 사형, 무기 또는 7년 이상의 징역에 처한다.
② 군사상의 기밀을 적국에 누설한 자도 전항의 형과 같다.

1 대법원 1997.7.16, 97도985 전원합의체

국가보안법 제4조 제1항 : 실질적 기밀개념 긍정, 공지의 사실의 기밀성 부정

현행 국가보안법 제4조 제1항 제2호 나목에 정한 기밀을 해석함에 있어서 그 기밀은 정치·경제·사회·문화 등 각 방면에 관하여 반국가단체에 대하여 비밀로 하거나 확인되지 아니함이 대한민국의 이익이 되는 모든 사실, 물건 또는 지식으로서, 그것들이 국내에서의 적법한 절차 등을 거쳐 이미 일반인에게 널리 알려진 공지의 사실, 물건 또는 지식에 속하지 아니한 것이어야 하고, 또 그 내용이 누설되는 경우 국가의 안전에 위험을 초래할 우려가 있어 기밀로 보호할 실질가치를 갖춘 것이어야 한다. … 따라서 이와 일부 다른 견해를 취한 대법원 1993.10.8, 93도1951; 1994.5.24, 94도930; 1995.7.28, 95도1121; 1995.9.26, 95도1624 및 이와 같은 취지의 종전 판결들은 이를 변경하기로 한다. [경찰간부 12]

2 대법원 1975.9.23, 75도1773

적국 등과의 의사 연락 없는 편면적 간첩은 간첩이 아니라는 사례

형법 제98조 제1항의 간첩이라 함은 적국을 위하여 적국의 지령 사주 기타 의사의 연락 하에 군사상(총력전하에서는 정치 경제, 사회, 문화에 관한 분야를 포함한 광의로 해석하여야 할 것임) 기밀사항 또는 도서 물건을 탐지 모집하는 것을 의미하는 것이므로 북괴의 지령사주 기타의 의사의 연락 없이 단편적으로 지득하였던 군사상의 기밀사항을 북괴에 납북된 상태 하에서 제보한 행위는 위 법조 소정의 간첩죄에 해당하지 아니하고 다만 반공법 제4조 제1항 소정의 반국가단체를 이롭게 하는 행위에 해당한다. [경찰채용 13 2차 / 경찰간부 12·13]

3 대법원 1984.9.11, 84도1381

간첩행위의 착수시기 : 잠입·입국 시

간첩의 목적으로 외국 또는 북한에서 국내에 침투 또는 월남하는 경우에는 기밀탐지가 가능한 국내에 침투 상륙함으로써 간첩죄의 실행의 착수가 있다고 할 것이다. [국가7급 11 / 법원행시 08·14] 피고인이 기밀탐지임무를 부여받고 대한민국에 입국 기밀을 탐지 수집중 경찰관이 피고인의 행적을 탐문하고 갔다는 말을 전해 듣고 지령사항수행을 보류하고 있던 중 체포되었다면 피고인은 기밀탐지의 기회를 노리다가 검거된 것이므로 이를 중지범으로 볼 수는 없다.

4 대법원 1968.7.30, 68도754

간첩죄의 실행의 착수가 인정되지 않는 사례

외국에서 우리나라로 귀국함에 있어 반국가단체의 구성원으로부터 국내에서의 동지포섭 및 지하당조직과 같은 지령만 받았을 뿐 국가기밀을 탐지보고하라는 지령을 전혀 받은 바 없다면 귀국행위가 바로 간첩죄의 착수가 된다고 할 수 없다.

5 대법원 1974.11.12, 74도2662

간첩죄의 실행의 착수가 인정되지 않는 사례

간첩미수죄는 국가기밀을 탐지·수집하라는 지령을 받았거나 소위 무인포스트를 설정하는 것만으로는 부족하고 그 지령에 따라 국가기밀을 탐지수집하는 행위의 실행의 착수가 있어야 성립된다.

6 대법원 2011.1.20, 2008재도11 전원합의체

간첩행위의 의미와 기수시기

형법 제98조 제1항에서 간첩이라 함은 적국에 제보하기 위하여 은밀한 방법으로 우리나라의 군사상은 물론 정치, 경제, 사회, 문화, 사상 등 기밀에 속한 사항 또는 도서, 물건을 탐지·수집하는 것을 말하고, 간첩행위는 기밀에 속한 사항 또는 도서, 물건을 탐지·수집한 때에 기수가 되므로 간첩이 이미 탐

지·수집하여 지득하고 있는 사항을 타인에게 보고·누설하는 행위는 간첩의 사후행위로서 위 조항에 의하여 처단의 대상이 되는 간첩행위 자체라고 할 수 없다. [경찰채용 13 2차/사시 11]

7 대법원 1982.11.23, 82도2201
탐지·수집과 누설의 죄수관계
구 국가보안법 제2조, 형법 제98조 제1항의 간첩죄는 적국을 위하여 군사상 기밀은 물론 적국에 알려짐으로써 우리나라에 불이익이 되는 정치, 경제, 사회, 문화 등 모든 분야에 걸친 기밀을 탐지, 수집함으로 성립되는 것이고, 그 후에 이 탐지, 모집한 기밀을 적국에 제보하여 누설하였다고 하더라도 이는 따로 별개의 죄가 성립되는 것이 아니다. [경찰채용 13 2차/경찰간부 11·13/법원9급 14]

판례연구 **간첩방조죄 관련 판례**

1 대법원 1979.10.10, 75도1003
간첩을 숨겨준 행위만으로 간첩방조가 성립하지 않는다는 사례
간첩을 숨겨준 사실이 있다 하더라도 그 간첩이 군사기밀을 탐지, 수집, 누설하거나 하려한 사실을 인정할 수 없어서 간첩의 범행을 용이하게 하려는 의사가 있다고 볼 수 없으면 간첩방조죄는 성립되지 아니한다.

2 대법원 1986.2.25, 85도2533
단순히 숙식을 제공한 행위 등으로 간첩방조가 성립하지 않는다는 사례
간첩이라 함은 적국을 위하여 국가기밀을 탐지, 수집하는 행위를 말하는 것이므로 간첩방조죄가 성립하려면 간첩의 활동을 방조할 의사로서 그의 기밀의 탐지 수집행위를 용이하게 하는 행위가 있어야 하고 단순히 숙식을 제공한다거나 또는 무전기를 매몰하는 행위를 도와주었다거나 하는 사실만으로서는 간첩방조죄가 성립할 수 없다. [경찰간부 13/법원9급 14]

판례연구 **간첩과 일반이적의 구별**

대법원 1982.7.13, 82도968
적국에 누설한 군사상 기밀의 지득이 직무와 관련된 여부에 따른 법률 적용 관계
① 직무에 관하여 군사상 기밀을 지득한 자가 이를 적국에 누설한 경우에는 형법 제98조 제2항에,
② 직무에 관계없이 지득한 군사상 기밀을 적국에 누설한 경우에는 형법 제99조에 각 해당한다.

제3절 **국기에 관한 죄**

01 **국기·국장모독죄**

제105조 【국기, 국장의 모독】 대한민국을 모욕할 목적으로 국기 또는 국장을 손상, 제거 또는 오욕한 자는 5년 이하의 징역이나 금고, 10년 이하의 자격정지 또는 700만 원 이하의 벌금에 처한다.

02 국기·국장비방죄

제106조【국기, 국장의 비방】 전조의 목적으로 국기 또는 국장을 비방한 자는 1년 이하의 징역이나 금고, 5년 이하의 자격정지 또는 200만 원 이하의 벌금에 처한다.

판례연구 **국기비방에 해당하지 않는 사례**

대법원 1975.5.13, 74도2183
성경의 교리상 국기에 대하여 절을 해서는 안 되나 국기를 존중하는 의미에서 가슴에 손을 얹고 주목하는 방법을 경의를 표할 수 있다고 말한 것은 국기의 비방에 해당하지 않는다.

제4절 국교에 관한 죄

01 외교상 기밀누설죄

제113조【외교상 기밀의 누설】 ① 외교상의 기밀을 누설한 자는 5년 이하의 징역 또는 1천만 원 이하의 벌금에 처한다. [국가9급 17]
② 누설할 목적으로 외교상의 기밀을 탐지 또는 수집한 자도 전항의 형과 같다.

판례연구 **외교상 기밀에 해당하지 않는 사례**

대법원 1995.12.5, 94도2379
외국에 이미 널리 알려진 사항이 '외교상의 기밀'에 해당하지 않는다는 사례
형법 제113조 제1항 소정의 외교상의 기밀이라 함은, 외국과의 관계에서 국가가 보지해야 할 기밀로서, 외교정책상 외국에 대하여 비밀로 하거나 확인되지 아니함이 대한민국의 이익이 되는 모든 정보자료를 말한다. 외국에 이미 널리 알려져 있는 사항은 특단의 사정이 없는 한 이를 비밀로 하거나 확인되지 아니함이 외교정책상의 이익이 된다고 할 수 없는 것이어서 외교상의 기밀에 해당하지 아니한다. (따라서) 외국언론에 이미 보도된 바 있는 우리 나라의 외교정책이나 활동에 관련된 사항들에 관하여 정부가 이른바 보도지침의 형식으로 국내언론기관의 보도 여부 등을 통제하고 있다는 사실을 알리는 것은 외교상의 기밀을 누설한 경우에 해당하지 않는다. [경찰간부 18 / 법원행시 11·18]

CHAPTER **02**

국가의 기능에 대한 죄

✔ 키포인트

✔ 출제경향

구 분	경찰채용						경찰간부						경찰승진					
	17	18	19	20	21	22	16	17	18	19	20	21	17	18	19	20	21	22
제1절 공무원의 직무에 관한 죄	1	3	1	1		3	1	1	1	1	1	2	1	1	2	1	2	2
제2절 공무방해에 관한 죄	2	3	1			1	2	1	2	2	2		1	1		1	1	1
제3절 도주와 범인은닉의 죄			1	1		1	1					1			1	1		
제4절 위증과 증거인멸의 죄	1	2	1					1	1	1		1	1	2		1		
제5절 무고의 죄	1	1				1		1	1	1	1		1	1			1	1
출제빈도	26/220						26/240						24/240					

국가9급						법원9급						법원행시						변호사시험					
17	18	19	20	21	22	17	18	19	20	21	22	17	18	19	20	21	22	17	18	19	20	21	22
2	1	1			1	1	2	2	2	1	2	1		3	5		3	1	1	1	1		2
			1			1	1	1			1	3	1	1		1	2						
								1						1				1					
1		1					1	1	1			1		1	2		1	1	1	1			
						1		1		1	1	1					1	1			1	1	
8/120						22/150						28/240						13/140					

CHAPTER 02 국가의 기능에 대한 죄

제1절 공무원의 직무에 관한 죄

01 총설

> **판례연구** 준정부기관인 도로교통공단의 임직원은 뇌물죄 규정의 공무원에 해당한다는 사례
>
> 대법원 2016.11.25, 2014도14166
> 행정기관에 준하는 공법인의 직원이 뇌물죄에 있어서는 공무원에 해당할 수 있다는 사례
> 공공기관운영법 제53조는 담당업무의 성격을 불문하고 형법상 뇌물죄 규정을 적용할 때에 한정하여 공무원으로 보도록 규정하고 있다. 반면 도로교통법은 형법이나 그 밖의 법률에 따른 벌칙을 적용할 때 뇌물수수죄 등에 한정하지 아니하고 공무원으로 보도록 규정하고 있다. 이와 같이 공공기관운영법 제53조와 도로교통법 제129조의2는 입법목적, 입법연혁, 규정사항 및 적용범위 등을 달리하여 서로 모순·저촉되는 관계에 있다고 볼 수 없다. 따라서 공공기관운영법에 따른 준정부기관인 도로교통공단의 임직원에 대하여 도로교통법 제129조의2가 특별법 내지 신법으로 우선하여 적용되고 공공기관운영법 제53조의 적용이 배제된다고 볼 수 없다.

02 직무유기죄

> **제122조【직무유기】** 공무원이 정당한 이유 없이 그 직무수행을 거부하거나 그 직무를 유기한 때에는 1년 이하의 징역이나 금고 또는 3년 이하의 자격정지에 처한다.

> **판례연구** 직무유기죄의 성격
>
> **1** 대법원 1972.9.12, 72도1175
> 직무유기죄의 부진정부작위범 및 계속범의 성격
> 형법 제122조에 이른바 직무유기죄의 성립에는 주관적으로 직무를 버린다는 인식과 객관적으로 직무 또는 직장을 벗어나는 행위가 있어야 된다 할 것이므로 직무집행에 관련하여 태만·분망·착각 등 일신상 또는 객관적 사유로 말미암아 부당한 결과를 초래함에 지나지 않는 경우에는 형법상의 직무유기죄

는 성립하지 않는다 할 것이고(대법원 1960.7.30, 4292형상1081; 1966.3.15, 65도984) [경찰승진 10] 형법 제122조 후단 소정의 직무유기죄는 소위 부진정부작위범이다. [경찰승진 14 / 국가9급 14 / 법원9급 08 / 법원행시 11]

2 대법원 1997.8.29, 97도675
직무유기죄는 즉시범이 아니라는 사례
직무유기죄는 그 직무를 수행하여야 하는 작위의무의 존재와 그에 대한 위반을 전제로 하고 있는바, 그 작위의무를 수행하지 아니함으로써 구성요건에 해당하는 사실이 있었고 그 후에도 계속하여 그 작위의무를 수행하지 아니하는 위법한 부작위상태가 계속되는 한 가벌적 위법상태는 계속 존재하고 있다(직무유기죄는 계속범이다)고 할 것이며 형법 제122조 후단은 이를 전체적으로 보아 1죄로 처벌하는 취지로 해석되므로 이를 즉시범이라고 할 수 없다. [법원9급 13·16 / 법원행시 11]

3 대법원 1997.4.22, 95도748
직무유기죄의 구체적 위험범의 성격 및 병가중인 자가 직무유기죄의 주체가 될 수 있는지 여부(소극)
직무유기죄는 구체적으로 그 직무를 수행하여야 할 작위의무가 있는데도 불구하고 이러한 직무를 버린다는 인식하에 그 작위의무를 수행하지 아니함으로써 성립하는 것이고, 또 그 직무를 유기한 때라 함은 공무원이 법령, 내규 등에 의한 추상적인 충근의무를 태만히 하는 일체의 경우를 이르는 것이 아니고, 직장의 무단이탈, 직무의 의식적인 포기 등과 같이 그것이 국가의 기능을 저해하며 국민에게 피해를 야기시킬 가능성이 있는 경우를 말하는 것이므로, [국가9급 17 / 법원9급 06·16] 병가중인 자의 경우 구체적인 작위의무 내지 국가기능의 저해에 대한 구체적인 위험성이 있다고 할 수 없어 직무유기죄의 주체로 될 수는 없다.[481] [법원9급 06·12·16]

판례연구 **직무를 수행하였으므로 직무유기에 해당하지 않는 사례**

1 대법원 1982.6.8, 82도117
사법경찰관이 경미한 범죄혐의사실을 인지하고 혐의자를 훈방조치하여 검사의 수사지휘를 받지 않은 경우에도 사법경찰관리가 직무집행의사로 위법사실을 조사하여 훈방하는 등 어떤 형태로든지 그 직무집행행위를 하였다면 형사피의사건으로 입건수사하지 않았다 하여 곧 직무유기죄가 성립한다고 볼 수 없다.

2 대법원 1983.3.22, 82도3065
피고인 이○○과 최○○은 이 사건 도박사건을 직접 취급하지 아니한 관계로 그 조사처리과정에 일질 관여하지 아니하였으므로 위 도박사건을 적법하게 조사·처리해야 할 직무를 담당하였다고 볼 수 없고, 또 피고인 두○○과 양○○의 위 **도박사건의 처리조치**가 직무유기의 의사에 의한 것이라고 인정할 수 있는 증거가 없다 하여 무죄를 선고한 원심의 조치는 정당하다.

3 대법원 2007.7.12, 2006도1390
지방자치단체장이 전국공무원노동조합이 주도한 파업에 참가한 소속 공무원들에 대하여 관할 인사위원회에 징계의결요구를 하지 아니하고 가담 정도의 경중을 가려 자체 인사위원회에 징계의결요구를 하거나 훈계처분을 하도록 지시한 경우, 직무유기죄가 성립하지 않는다. [변호사시험 14]

---

481 대법원 1997.4.22, 95도748. 다만 병가 중인 자라 하더라도 업무집행 중인 자와 함께 직무유기죄의 공동정범은 성립할 수 있다(위 판례).

4 대법원 2011.7.28, 2011도1739; 2013.4.26, 2012도15257

공무원이 직무집행의 의사로 직무를 수행하였으나 직무집행의 내용이 위법한 경우, 직무유기죄가 성립하지 않는다는 사례

일단 직무집행의 의사로 자신의 직무를 수행한 경우에는 그 직무집행의 내용이 위법한 것으로 평가된다는 점만으로 직무유기죄의 성립을 인정할 것은 아니고, 공무원이 태만·분망 또는 착각 등으로 인하여 직무를 성실히 수행하지 아니한 경우나 형식적으로 또는 소홀히 직무를 수행한 탓으로 적절한 직무수행에 이르지 못한 것에 불과한 경우에도 직무유기죄는 성립하지 아니한다. [경찰채용 20 2차 / 법원9급 12]

판례연구　　**직무유기죄를 인정한 사례**

1 직무유기죄를 인정한 전통적 사례

① 자동차에 편승했던 경찰관이 운전사가 일으킨 교통사고를 인지하고서도 의법조치하지 않은 경우 (대법원 1956.10.19, 4289형상244)

② 세관서기가 무단승선자가 있음에도 이를 묵인하고 결국 밀수품 양륙에 대한 조치를 취하지 않은 경우(대법원 1959.12.4, 4291형상105)

③ 세관감시과 소속 공무원으로서 항구에 정박 중인 외항선에 머무르면서 밀수여부의 감시, 방지 등 근무명령을 받았음에도 불구하고 감기가 들어 몸이 불편하다는 구실로 위 임무를 도중에 포기하고 집에 돌아와 자버린 경우(대법원 1970.9.29, 70도1790)

④ 세무공무원이 담당구역 내에 거주하는 자에 관한 양도소득세 과세자료를 다른 공무원이 은닉하고 있는 사실을 발견하고도 이를 방치한 경우(대법원 1984.4.10, 83도1653)

⑤ 소속대 수송관 겸 3종 출납관으로서 소속대 유류수령과 불출 및 그에 따른 결산 기타 업무를 수행할 직무있는 자가 신병치료를 이유로 상부의 승인없이 1984.12. 초부터 1985.3.경까지 3종 출납관 도장과 창고열쇠를 포함한 3종 업무일체를 계원에게 맡겨두고 이에 대한 일체의 확인감독마저 하지 않은 경우(이는 부대관례에 따른 정당한 위임의 정도를 벗어난 직무의 의식적인 포기이다(대법원 1986.2.11, 85도2471).

⑥ 가축도축업체에 배치되어 가축검사원으로 재직하는 공무원이 퇴근시 소 계류장의 시정·봉인 조치를 취하지 아니하고 그 관리를 도축장 직원에게 방치한 경우(대법원 1990.5.25, 90도191)

⑦ 경찰관이 불법체류자의 신병을 출입국관리사무소에 인계하지 않고 훈방하면서 이들의 인적사항조차 기재해 두지 아니한 경우(대법원 2008.2.14, 2005도4202)(이상 부작위에 의한 직무유기 − 필자 주)
[경찰간부 12 / 경찰승진 10·11·14·16 / 법원행시 14]

⑧ 인감증명발급사무를 담당하는 공무원이 청탁을 받고 인감증명서의 주민등록번호·성명·생년월일란에 아무런 기재를 하지 않고 또한 신고한 인감과의 상위 여부를 확인함이 없이 동장 직인 및 계인을 압날하여 증명신청인에게 교부한 경우(대법원 1971.6.22, 71도778)

⑨ 차량번호판의 교부담당공무원이 운행정지처분을 받은 자동차에 대하여 번호판을 재교부한 경우 (대법원 1972.6.27, 72도969)(이상 작위에 의한 직무유기 − 필자 주)

2 대법원 1990.12.21, 90도2425

당직사관의 당직근무 불인계·불인수 퇴근행위 사례

피고인(당직사관)이 학생군사교육단의 당직사관으로 주번근무를 하도록 지휘관의 명령을 받은 육군 중위로 당직근무를 함에 있어서, 17:00경부터 20:00경까지 훈육관실에서 학군사관후보생 2명과 함께 외부의 음식점에서 시켜온 술과 중국요리를 먹고, 20:00경부터 24:00경까지는 내무반에서 학군사관후보생 2명 및 애인 등과 함께 화투놀이를 한 다음, 24:00경부터 다음날 08:00까지는 내무반에서 애인과 성교를 하면서 함께 자고, 08:30경에는 교대할 당직근무자에게 당직근무의 인계·인수도 하지 아니한 채 퇴근하였다면, 정당한 이유 없이 당직근무자로서의 직무를 유기한 것이다. [경찰승진 16 / 법원행시 07]

3 대법원 1993.12.24, 92도3334

농지사무담당 군직원의 농지불법전용사실 불보고 사례

농지사무를 담당하고 있는 군직원으로서는 그 관내에서 발생한 농지불법전용사실을 알게 되었으면 군수에게 그 사실을 보고하여 군수로 하여금 원상회복을 명하거나 나아가 고발을 하는 등 적절한 조치를 취할 수 있도록 하여야 할 직무상 의무가 있는 것이므로 농지불법전용사실을 외면하고 아무런 조치를 취하지 아니한 것은 자신의 직무를 저버린 행위로서 농지의 보전·관리에 관한 국가의 기능을 저해하며 국민에게 피해를 야기시킬 가능성이 있어 직무유기죄에 해당한다. [법원행시 14]

4 대법원 2002.5.17, 2001도6170

경찰관이 방치된 오토바이가 있다는 신고를 받거나 순찰 중 이를 발견하고 오토바이 상회 운영자에게 연락하여 오토바이를 수거해 가도록 하고 그 대가를 받은 경우, 직무유기죄에 해당한다고 한 사례

경찰관이 장기간에 걸쳐 여러 번 오토바이를 오토바이 상회 운영자에게 보관시키고도 경찰관 스스로 소유자를 찾아 반환하도록 처리하거나 상회 운영자에게 반환 여부를 확인한 일이 전혀 없고, 상회 운영자로부터 오토바이를 보내준 대가 또는 그 처분대가로 돈까지 지급받았다면, 경찰관의 이와 같은 행위는 습득물을 단순히 상회 운영자에게 보관시키거나 소유자를 찾아서 반환하도록 협조를 구한 정도를 벗어나 상회 운영자에게 그 습득물에 대한 임의적인 처분까지 용인한 것으로서 습득물 처리지침에 따른 직무를 의식적으로 방임 내지 포기하고 정당한 사유 없이 직무를 수행하지 아니한 경우에 해당한다. [경찰간부 12 / 경찰승진 16 / 국가7급 12·16 / 법원9급 08 / 법원행시 07·14]

5 대법원 2010.6.24, 2008도11226

경찰관들이 현행범으로 체포한 도박혐의자들에게 현행범인체포서 대신에 임의동행동의서를 작성하게 하거나 압수한 일부 도박자금에 관하여 검사의 지휘도 받지 않고 반환한 사례

피고인들을 비롯한 경찰관들이 현행범으로 체포한 도박혐의자 17명에 대해 현행범인체포서 대신에 임의동행동의서를 작성하게 하고, 그나마 제대로 조사도 하지 않은 채 석방하였으며, 현행범인 석방사실을 검사에게 보고도 하지 않았고, 석방일시·사유를 기재한 서면을 작성하여 기록에 편철하지도 않았으며, 압수한 일부 도박자금에 관하여 압수조서 및 목록도 작성하지 않은 채 검사의 지휘도 받지 않고 반환하였고, 일부 도박혐의자의 명의도용 사실과 도박 관련 범죄로 수회 처벌받은 전력을 확인하고서도 아무런 추가조사 없이 석방한 경우, 이는 단순히 업무를 소홀히 수행한 것이 아니라 정당한 사유 없이 의도적으로 수사업무를 방임 내지 포기한 것이라고 봄이 상당하다. [경찰간부 12 / 사시 12]

6 대법원 2011.9.8, 2009도13371

사법경찰관이 벌금미납자를 검거하지 않은 사례

벌금미납자에 대한 노역장유치 집행을 위하여 검사의 지휘를 받아 형집행장을 집행하는 경우, 벌금미납자 검거는 사법경찰관리의 직무범위에 속하므로,⁴⁸² 경찰관인 피고인이 벌금미납자로 지명수배되어 있던 甲을 세 차례에 걸쳐 만나고도 그를 검거하여 검찰청에 신병을 인계하는 등 필요한 조치를 취하지 않은 것은 직무유기죄를 구성한다. [경찰승진 14]

---

482 **보충** : 형사소송법 제460조 제1항, 제473조에 의하면 재판의 집행은 검사가 지휘하고, 검사는 신체를 구금하는 자유형의 집행을 위하여 형집행장을 발부하여 수형자를 구인할 수 있으며, 같은 법 제475조, 제81조에 의하면 구속영장과 동일한 효력이 있는 형집행장은 검사의 지휘에 의하여 사법경찰관리가 집행하고, 이러한 형의 집행에 관한 규정은 같은 법 제492조에 의하여 벌금미납자에 대한 노역장유치의 집행에 준용되고 있다. 이러한 규정을 종합하면 사법경찰관리도 검사의 지휘를 받아 벌금미납자에 대한 노역장유치의 집행을 위하여 형집행장의 집행 등을 할 권한이 있으므로, 이 경우 벌금미납자에 대한 검거는 사법경찰관리의 직무범위에 속한다고 보아야 한다(위 판례).

1 직무유기죄를 인정하지 않은 전통적 사례

① 면장이 면 소유 물품의 매매와 면 경영공사의 도급 등 계약을 체결함에 있어서 경쟁입찰에 의하지 아니하고 수의계약에 의한 경우(그 직무를 수행함에 있어서 필요로 하는 법적 절차를 이행하지 아니함에 불과한 경우로서 직무유기라 할 수 없다)(대법원 1961.8.23, 4294형상223)

② 중대장이 연대장에게 보고를 하지 아니한 경우(중대장의 보고의무는 특단의 사정이 없는 한 그 직속 상관인 대대장에게 보고함으로써 족하기 때문이다)(대법원 1965.9.7, 65도464)

③ 영림(營林)서장이 국유임산물의 매수인이 농림부장관의 허가를 받지 않고 타인에게 전매한 사실을 알면서 국유임야산물의 매각계약을 해제하지 아니한 경우(대법원 1965.12.10, 65도826)

④ 약사 감시원이 무허가 약국개설자를 적발하고 상사에 보고하여 그 지시에 따라 약국을 폐쇄토록 하면서 수사관서에 고발하지 아니한 경우(대법원 1969.2.4, 67도184)

⑤ 세관수입과에서 검사사무를 맡아보던 세관검사사무 담당공무원이 검사사무 중 항구부두 창고 내에 수입장치되어 있는 염료 및 안료라는 물품을 검사할 때에 그 물품이 들어있는 깡통 중에는 "신나"라는 물품표시와 화기엄금이라는 위험표시가 있었음에도 불구하고 15개의 각 깡통 중에서 분석 감정용으로 조금씩 채취하기만 하고 보세화물장치요강에 따라 이를 위험물창고에 옮기도록 상사나 소관과나 장, 차장에게 협의하는 등 조치를 취하지 않고 방치한 경우(대법원 1970.11.24, 70도2113)

⑥ 지방검찰청검사장의 지명을 받은 군사법경찰관리가 군용물등 범죄에 관한 특별조치법에 규정된 범죄 이외의 범죄를 수사하다가 중단한 경우(대법원 1974.6.11, 74도1270)

⑦ 대대장이 소속부대원이 부대 내에서 소란을 일으킨 것을 상급부대에 보고하지 않은 경우[483] 및 군사법경찰업무에 종사하지 않는 하사관이 상관으로부터 군무이탈자를 체포·동행하라는 명령지시를 받아 군무이탈자를 동행 중 놓친 경우[484](대법원 1976.10.12, 75도1895)

⑧ 차량부속품을 불출받는 직무를 수행함에 있어서 일부 받지 아니한 품목을 받은 것처럼 불출관에게 공제하여 준 경우(대법원 1977.11.22, 77도2952)

⑨ 서울특별시 천호출장소 도시정비과 공무원이 1978.4.19. 서울특별시장으로부터 이 사건 도시계획 상의 도로개설 계획을 도계 415-568호의 안과 같이 변경할 경우, '(가) 인접 기존도로 계획과의 지장 여부', '(나) 현장 기존도로와의 접합 관계상의 지장 유무 및 민원발생 가능 여부'를 신속히 조사하여 보고하라는 공문을 하달받고 현장을 조사하여 보고함에 있어 위 지시사항 중 민원발생 가능여부는 빠뜨리고 나머지 점만을 보고한 경우(대법원 1982.3.23, 81도861)

⑩ 피고인이 순찰 및 검사 등을 하지 아니하고 잠을 잔 것은 일직사관으로서의 직무를 성실하게 수행하지 아니하여 충근의무에 위반한 허물이 있다고 하겠으나 근무장소에서 유사시(자연발화도 가능할 만큼 가연성이 높은 아마인유가 묻은 총기수입포에 담배 불씨가 떨어져 화재가 일어난 경우)에 깨어 직무수행에 임할 수 있는 상황(상황실로부터 피고인이 누운 침상까지는 2미터 정도의 거리로서 판자칸막이가 있는데 불과함)에서 잠을 잤던 경우(대법원 1984.3.27, 83도3260)

⑪ 조세범처벌절차법에 따른 통고처분이나 고발을 할 권한이 없는 세무공무원이 그 권한자에게 범칙 사건 조사결과에 따른 통고처분이나 고발조치를 건의하지 않은 경우(대법원 1997.4.11, 96도 2753) [경찰승진 10 / 법원9급 12]

---

[483] **판결이유** : 군형법 제24조에 규정된 직무유기죄가 성립되려면 그 직무의 내용이 성문된 법령상의 근거가 있거나 적어도 군대내의 특단의 지시 또는 명령이 있어 그것이 고유의 직무내용을 이루고 있어야 하는 바 군인복무규율 12조에 의해도 부대지휘관에게 소속부대원이 부대 내에서 소란을 일으킨 경우를 상급부대에 보고하여야 한다는 고유의 직무가 있다고 할 수 없다.

[484] **판결이유** : 피고인은 군사법경찰업무에 종사하는 자가 아니므로 군무이탈자를 체포·연행할 의무가 있다 할 수 없고 설사 상관으로부터 군무이탈자를 체포·동행하라는 명령지시가 있다 하여도 이 명령은 군사법경찰관리가 아닌 피고인에 대해서는 위법한 것이라 할 것이므로 피고인에게 그런 직무가 있다고 할 수 없으니 군무이탈자를 동행 중 놓쳤다 하여 직무유기로 단정할 수 없다.

⑫ 전매공무원인 피고인이 외제담배를 긴급압수한 후 도주한 범칙자를 찾는 데 급급하여 미처 압수수색 영장을 신청하지 못한 경우에 본죄의 성립을 부정한 이유도 여기에 있다(대법원 1982.9.28, 82도1633).

2 대법원 1983.1.18, 82도2624
경찰관 총기난동 사례
피고인이 치안책임자(경찰서장)로서 그 관내에서 일어난 총기난동사건에 대하여 전혀 효과적인 대응책을 강구하지 못한 사실은 인정되지만, 사건 당일은 칠흑 같은 밤인 데다 비마저 내리고 있어서 총기난동자의 소재파악이 어려웠을 뿐만 아니라, 피고인의 직속부하인 경찰관이 그 관내에서 총기를 무차별 난사하여 수십명을 헤아리는 사상자가 발생하는 미증유의 사태에서 피고인이 망연자실하여 거의 정상적인 사고력를 잃은 정도였고, 피고인이 궁유지서 도착한 당일 01:30경은 이미 범인이 총기난사를 끝내고 은신하고 있을 때라는 사실 등에 비추어 보면, 특수범 진압조직으로 대처하지 않았다는 점 등 피고인의 대응조치가 적절하지 못하였다는 사정만으로서는 형법상 직무유기죄가 성립한다고 볼 수 없다.

3 대법원 1991.6.11, 91도96
교도소 보안과 출정계장과 감독교사 사례
교도소 보안과 출정계장과 감독교사가 호송지휘관 및 감독교사로서 호송교도관 5명을 지휘하여 재소자 25명을 전국의 각 교도소로 이감하는 호송업무를 수행함에 있어서, 시간이 촉박하여 호송교도관들이 피호송자 개개인에 대하여 규정에 따른 검신 등의 절차를 철저히 이행하지 아니한 채 호송하는 데도 호송교도관들에게 호송업무 등을 대강 지시한 후에는 그들이 이를 제대로 수행할 것으로 믿고 구체적인 확인·감독을 하지 아니한 잘못으로 말미암아, 피호송자들이 집단도주하는 결과가 발생한 경우, 위 출정계장과 감독교사가 재소자의 호송계호업무를 수행함에 있어서 성실하게 그 직무를 수행하지 아니하여 충근의무에 위반한 잘못은 인정되나 고의로 호송계호업무를 포기하거나 직무 또는 직장을 이탈한 것이라고는 볼 수 없으므로 위 형법상 직무유기죄를 구성하지 아니한다. [경찰간부 12]

4 대법원 2011.7.28, 2011도1739
단순히 의심을 품은 것만으로 인지가 있었다고 할 수 없다는 사례 : 해군본부 고등검찰부장 사례
특가법상 특수직무유기죄는 범죄수사의 직무에 종사하는 공무원이 같은 법에 규정된 죄를 범한 사람을 '인지'하고 직무를 유기할 것을 구성요건으로 하고 있으므로, 본죄가 성립하기 위해서는 범죄수사의 직무에 종사하는 공무원이 같은 법에 규정된 죄를 범한 자임을 명백히 인식하고 그에 대하여 수사를 개시할 수 있을 정도의 단계에 이르러야 하고, 단순히 확인되지 않은 제보 등에 의하여 이러한 죄를 범하였을 수도 있다는 의심을 품은 것만으로는 위 법에서 규정하고 있는 '인지'가 있었다고 할 수 없다.

5 대법원 2013.6.27, 2011도797
시국선언 전교조 교사 징계사유를 통보받았으나 징계요구를 하지 않은 사례 : 김상곤 경기교육감 사건
지방자치단체의 교육기관 등의 장이 수사기관 등으로부터 교육공무원의 징계사유를 통보받고도 징계요구를 하지 아니하여 주무부장관으로부터 징계요구를 하라는 직무이행명령을 받았으나 그에 대한 이의의 소를 제기한 경우, 수사기관 등으로부터 통보받은 자료 등으로 보아 징계사유에 해당함이 객관적으로 명백한 경우 등 특별한 사정이 없는 한, 징계사유를 통보받은 날로부터 1개월 내에 징계요구를 하지 않았다는 것만으로 곧바로 직무를 유기한 것에 해당한다고 볼 수는 없다.[485]

---

485 **보충** : ① 교육공무원 징계령 제6조 제3항, 제4항은 교육공무원에게 징계사유가 있음을 알게 된 수사기관의 장 등으로 하여금 해당 교육공무원에 대한 징계의결요구권을 가지고 있는 교육기관 등의 장에게 징계사유를 증명할 수 있는 관계 자료를 통보함으로써

6 대법원 2014.4.10, 2013도229

교육기관장이 교육공무원 징계의결을 통보받은 경우와 직무유기죄

① 교육공무원의 징계에 관한 관련 규정을 종합하여 보면, 교육기관·교육행정기관·지방자치단체 또는 교육연구기관의 장이 징계위원회로부터 교육공무원에 대한 징계의결서를 통보받은 경우 해당 징계의결을 집행할 수 없는 법률상·사실상의 장애가 있는 등 특별한 사정이 없는 이상 법정 시한 내에 이를 집행할 의무가 있다. ② 다만 교육기관 등의 장이 징계의결을 집행하지 못할 법률상·사실상의 장애가 없는데도 징계의결서를 통보받은 날로부터 법정시한이 지나도록 집행을 유보하는 모든 경우에 직무유기죄가 성립하는 것은 아니고, 그러한 유보가 직무에 관한 의식적인 방임이나 포기에 해당한다고 볼 수 있는 경우에 한하여 직무유기죄가 성립한다고 보아야 한다.[486] [경찰간부 18]

사례연구   허위공문서작성죄와 직무유기죄의 죄수 I : 위법사실 적극은폐목적인 경우

예비군 중대장 甲은 소속 예비군대원 乙의 훈련불참사실을 알았지만 이러한 훈련불참사실을 은폐할 목적으로 乙이 훈련에 참석한 것처럼 허위의 학급편성명부를 작성하고 행사하였다. 甲의 형사책임은?

> 해결   예비군 중대장이 그 소속 예비군대원의 훈련불참사실을 알았다면 이를 소속 대대장에게 보고하는 등의 조치를 취할 직무상의 의무가 있음은 물론이나, 그 소속 예비군대원의 훈련불참사실을 고의로 은폐할 목적으로 당해 예비군대원이 훈련에 참석한 양 허위내용의 학급편성명부를 작성, 행사하였다면, 직무위배의 위법상태는 허위공문서작성 당시부터 그 속에 포함되어 있는 것이고 그 후 소속대대장에게 보고하지 아니하였다 하더라도 당초에 있었던 직무위배의 위법상태가 그대로 계속된 것에 불과하다고 보아야 하고, 별도의 직무유기죄가 성립하여 양죄가 실체적 경합범이 된다고 할 수 없다(대법원 1982.12.28, 82도2210). [경찰승진 10·16] 甲은 허위공문서작성죄와 동행사죄가 성립할 뿐이다.

사례연구   허위공문서작성죄와 직무유기죄의 죄수 II : 위법사실 적극은폐목적이 아닌 경우

피고인 甲(당진군청 산업과 농어촌개발계에 근무하면서 농지전용허가 및 불법농지전용고발 등 전반적인 농지사무를 담당하고 있음)은 1991년 10월 21일 乙(NY개발 주식회사 대표이사)로부터 그 소유의 농지에 관한 일시전용허가신청서를 접수하였다(그런데 甲은 위 농지의 불법전용사실을 확인하였으므로 불법전용된 농지를 원상복구하고 적법절차를 거쳐 다시 신청을 하기 전에는 위 농지의 전용을

징계절차의 원활한 진행이 가능하도록 하는 한편, 징계의결요구권자에 의한 자의적인 징계운영을 견제하려는 데에 그 취지가 있다. … 따라서 통보받은 자료 등을 통해 징계사유에 해당함이 객관적으로 명백하고, 달리 징계의결을 요구하지 아니할 상당한 이유가 없는데도 1월 이내에 관할 징계위원회에 징계의결을 요구하지 아니하면, 이는 재량권의 한계를 벗어난 것으로서 위법할 뿐만 아니라 법령에서 부여된 구체적인 작위의무를 수행하지 아니한 경우에 해당할 수 있다. (그러나) ② 지방자치법은 지방자치단체의 장이 법령의 규정에 따라 그 의무에 속하는 국가위임사무 등의 관리와 집행을 명백히 게을리하고 있다고 인정되면 주무부장관이 그 직무의 이행을 명령할 수 있고, 지방자치단체의 장은 그 이행명령에 이의가 있으면 15일 이내에 대법원에 소를 제기할 수 있다고 규정하고 있는데(제170조 제1항, 제3항), 이 규정은 '지방교육자치에 관한 법률' 제3조에 의하여 지방자치단체의 교육과 학예에 관한 사무에도 준용된다. 따라서 지방자치단체의 교육기관 등의 장이 국가위임사무인 교육공무원에 대한 징계사무를 처리함에 있어 주무부장관의 직무이행명령을 받은 경우에도 이의가 있으면 대법원에 소를 제기할 수 있다 할 것이므로, 수사기관 등으로부터 징계사유를 통보받고도 징계요구를 하지 아니하여 주무부장관으로부터 징계요구를 하라는 직무이행명령을 받았다 하더라도 그에 대한 이의의 소를 제기한 경우에는, 수사기관 등으로부터 통보받은 자료 등으로 보아 징계사유에 해당함이 객관적으로 명백한 경우 등 특별한 사정이 없는 한 징계사유를 통보받은 날로부터 1개월 내에 징계요구를 하지 않았다는 것만으로 곧바로 직무를 유기한 것에 해당한다고 볼 수는 없다(대법원 2013.6.27, 2011도797).

[486] **보충** : 시국선언에 참여한 교사들에 대한 형사재판의 진행 경과 및 시국선언 참여행위의 정당성 여부에 관한 찬반양론이 대립하였던 점, 전임 전라북도 교육감 공소외인이 재직 당시 위 교사들에 대한 이 사건 징계의결의 집행 유보를 선언하였던 점, 이후 피고인이 이 사건 징계의결의 집행을 유보하게 된 경위와 위 교사들에 대한 형사사건의 대법원판결이 있던 당일 징계의결을 집행한 점, 이 사건 징계의결의 집행 유보로 학생들의 학습권이 침해되었다고 볼 만한 자료가 없는 점 등을 고려할 때, 피고인이 이 사건 징계의결의 집행을 유보한 행위를 직무의 의식적인 방임이나 포기로 볼 수 없다.

허가하여 주어서는 아니 됨을 직무상 잘 알고 있었음). 이에 甲은 위 농지의 일시전용허가를 해주기위하여, 행사할 목적으로, 같은 달 24일 현장출장복명서를 작성하면서 위와 같은 불법농지전용사실은 일절 기재하지 아니한 채 복명자 의견란에 위 농지에 출장하여 확인조사한 결과 경지지역 내에 석석개발을 위한 진입로를 시설하고자 하는데, 허가하여 줌이 타당하다고 사료되어 허가하고자 한다라는 취지로 기재하고, 심사의견서를 작성하면서 종합의견란에 적합하다는 표시를 하고 그 이유로서 위 복명서와 같은 취지로 기재하여 그 직무에 관하여 허위의 공문서인 복명서 1매 및 심사의견서 1매를 각 작성하고, 그 무렵 결재를 위하여 위 허위작성된 복명서 1매 및 심사의견서 1매를 마치 진정하게 작성된 것처럼 산업과장, 군수에게 제출하여 이를 각 행사하였다. 甲의 형사책임은?

> [해결] 위법사실을 적극적으로 은폐할 목적으로 허위공문서를 작성·행사한 경우에는 허위공문서작성죄 및 동 행사죄만이 성립하고 부작위범인 직무유기죄는 따로 성립하지 않지만, 직접적으로 위법사실을 은폐하기 위하여 허위공문서작성행위를 한 것이 아닌 경우에는 허위공문서작성 및 동행사죄 이외에 별도로 직무유기죄가 성립한다. 피고인 甲이 위 복명서 및 심사의견서를 허위작성한 것은 위 乙이 농지일시전용허가를 신청하자 이를 허가하여 주기 위한 것이지, 직접적으로 위 乙의 농지불법전용사실을 은폐하기 위하여 한 것은 아니므로, 허위공문서작성, 동행사죄와 직무유기죄는 실체적 경합범의 관계에 있다(대법원 1993.12.24, 92도3334).

판례연구 **직무유기죄와 다른 범죄와의 관계 관련 판례**

1 대법원 1999.12.24, 99도2240[487]; 1972.5.9, 72도722[488]
허위공문서작성, 동행사죄 이외에 직무유기죄는 별도로 성립하지 않는다는 사례
공무원이 어떠한 위법사실을 발견하고도 직무상 의무에 따른 적절한 조치를 취하지 아니하고 위법사실을 적극적으로 은폐할 목적으로 허위공문서를 작성, 행사한 경우에는 직무위배의 위법상태는 허위공문서작성 당시부터 그 속에 포함되는 것으로 작위범인 허위공문서작성, 동행사죄만이 성립하고 부작위범인 직무유기죄는 따로 성립하지 아니한다. [경찰채용 13 1차 / 경찰승진 11 / 법원9급 08·16 / 사시 11·12·13]

2 대법원 1996.5.10, 96도91
범인도피죄만 성립하고 직무유기는 성립하지 않는다는 사례
피고인이 검사로부터 범인을 검거하라는 지시를 받고서도 그 직무상의 의무에 따른 적절한 조치를 취하지 아니하고 오히려 범인에게 전화로 도피하라고 권유하여 그를 도피케 하였다는 원심이 유지한 제1심 판시 범죄사실만으로는 직무위배의 위법상태가 범인도피행위 속에 포함되어 있는 것으로 보아야 할 것이므로, 이와 같은 경우에는 작위범인 범인도피죄만이 성립하고 부작위범인 직무유기죄는 따로 성립하지 아니한다고 봄이 상당하다고 할 것이다. [경찰채용 17 1차 / 경찰채용 11 2차 / 경찰승진 11 / 법원9급 10 / 법원행시 05·07·14]

3 대법원 1997.2.28, 96도2825
위계공무집행방해죄와 직무유기죄의 관계
피고인(공무원)이, 출원인이 어업허가를 받을 수 없는 자라는 사실을 알면서도 그 직무상의 의무에 따른 적절한 조치를 취하지 않고 오히려 부하직원으로 하여금 어업허가 처리기안문을 작성하게 한 다음 피고인 스스로 중간결재를 하는 등 위계로써 농수산국장의 최종결재를 받았다면, 직무위배의

---

487 **판례** : 수사업무에 종사하는 피고인들이 판시 일시, 장소에서 공소외인 등 18명의 도박범행사실을 적발하고 그들의 인적사항을 확인하였음에도 이를 상사인 파출소장에게 즉시 보고하여 그 도금(賭金) 등을 압수하고 공소외인 등을 도박죄로 형사입건하는 등 범죄수사에 필요한 조치를 다하지 아니하고 공소외인 등으로부터 이를 묵인하여 달라는 부탁을 받고 그 도박사실을 발견하지 못한 것처럼 판시 근무일지를 허위로 작성하고 소속 파출소장에게 이를 허위로 보고한 것은 허위공문서작성 및 동행사죄만 성립하고 별도의 직무유기죄는 성립하지 않는다(대법원 1999.11.24, 99도2240). [사시 13]

위법상태가 위계에 의한 공무집행방해행위 속에 포함되어 있는 것이라고 보아야 할 것이므로, 이와 같은 경우에는 작위범인 위계에 의한 공무집행방해죄만이 성립하고 부작위범인 직무유기죄는 따로 성립하지 아니한다. [법원9급 09 / 법원행시 07·08 / 사시 12 / 변호사시험 13]

4 대법원 2006.10.19, 2005도3909 전원합의체
경찰관이 압수물을 돌려주어 증거인멸죄를 범한 경우에 직무유기죄가 성립하지 않는다는 사례
경찰서 방범과장이 부하직원으로부터 음반·비디오물 및 게임물에 관한 법률 위반 혐의로 오락실을 단속하여 증거물로 오락기의 변조 기판을 압수하여 사무실에 보관 중임을 보고받아 알고 있었음에도 그 직무상의 의무에 따라 위 압수물을 수사계에 인계하고 검찰에 송치하여 범죄 혐의의 입증에 사용하도록 하는 등의 적절한 조치를 취하지 않고, 오히려 부하직원에게 위와 같이 압수한 변조 기판을 돌려주라고 지시하여 오락실 업주에게 이를 돌려준 경우, 작위범인 증거인멸죄만이 성립하고 부작위범인 직무유기(거부)죄는 따로 성립하지 아니한다. [경찰채용 11 2차 / 경찰간부 12 / 경찰승진 14 / 법원9급 08·12 / 법원행시 07·09·11·14]

5 대법원 1980.3.25, 79도2831
건축법위반교사죄와 직무유기죄의 관계
위법건축물이 발생하지 않도록 자신은 물론 소관 부하직원들로 하여금 이를 예방단속하게 하여야 할 직무상 의무있는 자가 위법건축을 하도록 타인을 교사한 경우 위 직무위배의 위법상태는 건축법위반교사행위에 내재하고 있는 것이므로 건축법위반교사죄와 직무유기죄는 실체적 경합범이 되지 아니한다.

6 대법원 2010.10.28, 2008도11999
인권옹호직무명령부준수와 직무유기의 상상적 경합을 인정한 사례
형법 제139조에 규정된 인권옹호직무명령부준수죄와 형법 제122조에 규정된 직무유기죄의 각 구성요건과 보호법익 등을 비교하여 볼 때, 인권옹호직무명령부준수죄가 직무유기죄에 대하여 법조경합 중 특별관계에 있다고 보기는 어렵고 양 죄를 상상적 경합관계로 보아야 한다. 검사가 긴급체포 등 강제처분의 적법성에 의문을 갖고 대면조사를 위한 피의자 인치를 2회에 걸쳐 명하였으나 이를 이행하지 않은 사법경찰관에게는 인권옹호직무명령부준수죄와 직무유기죄의 죄책이 모두 인정되고 두 죄는 상상적 경합관계에 있다. [경찰간부 12 / 법원행시 11·12·14 / 변호사시험 12]

7 대법원 2008.2.14, 2005도4202
하나의 행위가 부작위범인 직무유기죄와 작위범인 허위공문서작성·행사죄의 구성요건을 동시에 충족하는 경우, 그 중 하나의 죄로만 공소를 제기할 수 있다는 사례
경찰관이 불법체류자의 신병을 출입국관리사무소에 인계하지 않고 훈방하면서 이들의 인적사항조차 기재해 두지 아니하였다면 직무유기죄가 성립한다. 하나의 행위가 부작위범인 직무유기죄와 작위범인 허위공문서작성·행사죄의 구성요건을 동시에 충족하는 경우, 공소제기권자는 재량에 의하여 작위범인 허위공문서작성·행사죄로 공소를 제기하지 않고 부작위범인 직무유기죄로만 공소를 제기할 수 있다 (일죄의 일부에 대한 공소제기도 적법).

---

488 판례 : 공무원이 신축건물에 대한 착공 및 준공검사를 마치고 관계서류를 작성함에 있어 그 허가조건 위배사실을 숨기기 위하여 허위의 복명서를 작성 행사하였을 경우에는 작위범인 허위공문서작성 동행사죄만이 성립하고 부작위범인 직무유기죄는 성립하지 아니한다(대법원 1972.5.9, 72도722). [경찰승진 11 / 사시 11]

03 공무상 비밀누설죄

제127조 【공무상 비밀의 누설】 공무원 또는 공무원이었던 자가 법령에 의한 직무상 비밀을 누설한 때에는 2년 이하의 징역이나 금고 또는 5년 이하의 자격정지에 처한다.

판례연구 **공무상 비밀누설죄의 보호법익 관련 국가의 기능에 위험이 발생하지 않았다는 사례**

대법원 2021.11.25, 2021도2486

법원 형사수석부장판사가 같은 법원 영장전담판사들로부터 보고받은 정보를 법원행정처 차장에게 보고한 사건

공무상비밀누설죄는 공무상 비밀 그 자체를 보호하는 것이 아니라 공무원의 비밀엄수의무의 침해에 의하여 위험하게 되는 이익, 즉 비밀누설에 의하여 위협받는 국가의 기능을 보호하기 위한 것이다. [국가9급 17/법원행시 11·12] 그러므로 공무원이 직무상 알게 된 비밀을 그 직무와의 관련성 혹은 필요성에 기하여 해당 직무의 집행과 관련 있는 다른 공무원에게 직무집행의 일환으로 전달한 경우에는, 관련 각 공무원의 지위 및 관계, 직무집행의 목적과 경위, 비밀의 내용과 전달 경위 등 제반 사정에 비추어 비밀을 전달받은 공무원이 이를 그 직무집행과 무관하게 제3자에게 누설할 것으로 예상되는 등 국가기능에 위험이 발생하리라고 볼 만한 특별한 사정이 인정되지 않는 한, 위와 같은 행위가 비밀의 누설에 해당한다고 볼 수 없다.

> **유사** 법원장이 소속 법원 기획법관으로 하여금 영장재판 관련 정보를 법원행정처 차장에게 보고하도록 한 경우 공무상비밀누설에 해당하지 않는다(대법원 2021.12.30, 2021도11924).

판례연구 **공무상 비밀에 해당한다는 사례**

1 대법원 1970.6.30, 70도562

시험의 당락에 중요한 영향을 미칠 문제에 속한 사실의 비밀성

공무상 비밀누설죄의 범죄사실 적시에서 피고인 '甲'이 '丙'에게 알려준 내용사실이 시험의 당락에 중요한 영향을 미칠 문제에 속하였던 사실을 적시하면 족하고, 그 내용 사항이 구체적으로 출제된 여부의 점까지 밝힐 필요는 없다. … 피고인이 시험정리원으로서 그 직무에 관련하여 '丙'으로부터 돈을 받은 것은 뇌물수수죄가 되며 나아가 피고인이 그 직무상 지득한 구술시험 문제 중에서 소론 사항을 '丙'에게 알린 것은 공무상 비밀의 누설인 동시에 형법 제131조 제1항의 부정한 행위를 한 때에 해당한다(수뢰 후 부정처사죄와 공무상비밀누설죄의 상상적 경합). [국가7급 20]

2 대법원 1982.6.22, 80도2822

도시계획위원회에서 가결된 도시계획시설결정 사례

가결된 도시계획시설결정은 그것이 법 소정의 절차를 거쳐 일반에게 공고 또는 고시 등에 의하여 공개되기 전에 관계공무원이 이를 미리 특정인에게 누설하는 경우, 부동산 투기를 조장하여 특정인에게 부당한 이익을 줄 염려가 있는 한편, 선량한 시민에게 부당한 피해를 주어 도시계획의 건전한 발전을 저해하는 요소로 작용될 수 있는 사항이라 할 것이므로, 비록 도시계획사업을 규율하는 도시계획법 등에 도시계획시설결정사실을 비밀사항으로 규정한 바 없다 하더라도 판시와 같은 도시계획시설결정사실은 실질적으로 비밀성을 지녔다 할 것이다.[489]

---

489 **유사** : 피고인이 공소외 오○○에게 복사하여 건네 준 성남도시개발사업 현안문제에 대한 조치라는 제목의 경기도지사의 공문내용은 사전 누설이 될 경우 특정인에게 부당한 이익을 주거나 또는 부동산투기 등을 일으키게 하는 등의 우려가 있어 실질적으로 비밀성을 지닌 것이다(대법원 1981.7.28, 81도1172).

3 대법원 2005.9.15, 2005도4843
당사자가 부인하는 간통사건의 간통장면을 촬영한 증거의 존재 사실의 비밀성
따라서 피의자들의 간통행위에 대한 형사고소 사건에 있어서 제출된 증거 관계, 특히 당사자가 부인하는 간통사건에 있어서 간통장면을 촬영한 CD와 같은 직접적 증거의 존재 및 제출 여부는, 그 사실이 당해 사건의 피의자에게 누설될 경우 피의자로 하여금 제출된 증거의 종류 및 증명력 여하에 따라 범행을 부인하거나 관련된 증거의 인멸, 위·변조 등을 시도하게 할 염려가 있고 이로써 국가기관의 수사기능을 저해하는 요소로 작용될 수 있기 때문에, 비록 관계 법령에서 이를 비밀 사항으로 규정한 바 없다 하더라도, 이를 피의자에게 알려주는 등 특정인의 이익을 도모하여 정당한 이유 없이 누설함은 공무상 비밀누설죄에 해당한다. [경찰간부 12]

4 대법원 2007.6.14, 2004도5561
특정 사건 수사 중 수사기관의 자료 확보 내역, 사안의 죄책 여하, 신병처리 의견 등의 정보의 비밀성
검찰 등 수사기관이 특정 사건에 대하여 수사를 진행하고 있는 상태에서, 수사기관이 현재 어떤 자료를 확보하였고 해당 사안이나 피의자의 죄책, 신병처리에 대하여 수사책임자가 어떤 의견을 가지고 있는지 등의 정보는 해당 사건에 대한 종국적인 결정을 하기 전까지는 외부에 누설되어서는 안 될 수사기관 내부의 비밀에 해당한다. 따라서 검찰의 고위 간부가 특정 사건에 대한 수사가 계속 진행 중인 상태에서 해당 사안에 관한 수사책임자의 잠정적인 판단 등 수사팀의 내부 상황을 확인한 뒤 그 내용을 수사대상자 측에 전달한 행위는 형법 제127조에 정한 공무상 비밀누설에 해당한다. [경찰간부 13 / 경찰승진 11 / 법원행시 11]

5 대법원 2008.3.14, 2006도7171
지방재정법상 수의계약의 공사 예정가격 사례
지방재정법 및 동시행령의 제 규정들을 종합하면 지방자치단체의 장 또는 계약담당공무원이 수해복구 공사계약을 체결하면서 수의계약에 부칠 사항에 관하여 당해 규격서 및 설계서 등에 의하여 결정한 '예정가격'은 형법 제127조의 '공무상 비밀'에 해당한다.

6 대법원 2018.2.13, 2014도11441
검사의 수사지휘서의 기재 내용과 이에 관계된 수사상황
검사가 수사의 대상, 방법 등에 관하여 사법경찰관리에게 지휘한 내용을 기재한 수사지휘서는 당시까지 진행된 수사의 내용뿐만 아니라 향후 수사의 진행방향까지 가늠할 수 있게 하는 수사기관의 내부문서이다. 수사기관이 특정 사건에 대하여 내사 또는 수사를 진행하고 있는 상태에서 수사지휘서의 내용이 외부에 알려질 경우 피내사자나 피의자 등이 증거자료를 인멸하거나 수사기관에서 파악하고 있는 내용에 맞추어 증거를 준비하는 등 수사기관의 증거 수집 등 범죄수사 기능에 장애가 생길 위험이 있다. 또한 수사지휘서의 내용이 누설된 경로에 따라서는 사건관계인과의 유착 의혹 등으로 수사의 공정성과 신뢰성이 훼손됨으로써 수사의 궁극적인 목적인 적정한 형벌권 실현에 지장이 생길 우려도 있다. 그러므로 수사지휘서의 기재 내용과 이에 관계된 수사상황은 해당 사건에 대한 종국적인 결정을 하기 전까지는 외부에 누설되어서는 안 될 수사기관 내부의 비밀에 해당한다.

7 대법원 2018.4.26, 2018도2624
중국 특사단 추천 의원 문건 사건
제18대 대통령 당선인 甲의 비서실 소속 공무원인 피고인이 당시 甲을 위하여 중국에 파견할 특사단 추천 의원을 정리한 문건을 乙에게 이메일 또는 인편 등으로 전달함으로써 법령에 의한 직무상 비밀을 누설하였다는 내용으로 기소된 경우, 위 문건은 사전에 외부로 누설될 경우 대통령 당선인의 인사 기능에 장애를 초래할 위험이 있으므로, 종국적인 의사결정이 있기 전까지는 외부에 누설되어서는 아니 되는 비밀로서 보호할 가치가 있는 직무상 비밀에 해당한다.

판례연구 공무상 비밀에 해당하지 않는다는 사례

1 대법원 1996.6.5, 95도780

감사원 감사관이 공개한 기업의 비업무용 부동산 보유실태에 관한 감사원 보고서의 내용은 공무상 비밀에 해당되지 않는다.

2 대법원 2003.12.26, 2002도7339

법령에 의한 직무상 비밀이란 반드시 법령에 의하여 비밀로 규정되었거나 비밀로 분류·명시된 사항에 한하지 아니하고 정치, 군사, 외교, 경제, 사회적 필요에 따라 비밀로 된 사항은 물론 정부나 공무소 또는 국민이 객관적·일반적인 입장에서 외부에 알려지지 않는 것에 가치가 있다고 인정할 수 있는 것이어야 하므로(다수설은 법령에 의한 비밀로 제한하는 입장이나, 판례는 비밀유지의 상당한 이익이 있는 사항도 포함된다는 입장), [경찰간부 13] 이른바 옷값 대납 사건의 내사결과보고서의 내용은 비공지의 사실이기는 하나 실질적으로 비밀로서 보호할 가치가 있는 것이라고 인정할 수 없다.

3 대법원 2012.3.15, 2010도14734

구청에서 체납차량 영치 및 공매 등의 업무를 담당하던 공무원인 A가 甲의 부탁을 받고 차적 조회 시스템을 이용하여 범죄 현장 부근에서 경찰의 잠복근무에 이용되고 있던 경찰청 소속 차량의 소유관계에 관한 정보를 알아내 甲에게 알려주었다 하더라도, 재산의 소유 주체에 관한 정보에 불과한 자동차 소유자에 관한 정보를 정부나 공무소 또는 국민이 객관적·일반적인 입장에서 외부에 알려지지 않는 것에 상당한 이익이 있는 사항으로서 실질적으로 보호할 가치가 있다거나, 그 누설에 의하여 국가의 기능이 위협받는다고 볼 수 없고, 경찰청 소속 차량으로 잠복수사에 이용되는 경우 소속이 외부에 드러나지 말아야 할 사실상의 필요성이 있다는 사정만으로 달리 볼 것은 아니다. [경찰간부 13]

04 직권남용죄

제123조【직권남용】 공무원이 직권을 남용하여 사람으로 하여금 의무 없는 일을 하게 하거나 사람의 권리행사를 방해한 때에는 5년 이하의 징역, 10년 이하의 자격정지 또는 1천만 원 이하의 벌금에 처한다.

판례연구 직권남용죄는 추상적 위험범이지만 결과범이라는 사례

대법원 1978.10.10, 75도2665

형법 제123조의 직권남용죄의 기수시기

형법 제123조의 죄가 기수에 이르려면 의무없는 일을 시키는 행위 또는 권리를 방해하는 행위가 있었다는 것만으로는 부족하고, 지금 당장에 피해자의 의무없는 행위가 이룩된 것 또는 권리방해의 결과가 발생한 것을 필요로 한다고 해석하여야 법문에 충실한 해석이라 하겠다. 따라서 공무원의 직권남용이 있다 하여도 현실적으로 권리행사의 저해가 없다면 본죄의 기수를 인정할 수 없다. [경찰간부 16/ 사시 12] 제123조의 죄의 보호객체(법익)가 국권의 공정에 있고 이 법익침해는 침해결과의 발생의 위험이 있으면 족하다고 보아야 하는 점에서 강학상 위태범이라 함은 옳으나(추상적 위험범설이 다수설이고, 판례의 입장도 추상적 위험범설로 평가됨) 이 문제와 행위객체로서의 범죄구성요건에 있어서의 행위에 결과가 있어야 그 요건이 충족된다 함은 다르기 때문에 위태범이라는 이유를 들어 제123조의 죄에 있어서 권리침해사실이 현실적으로 있을 필요가 없다고 할 수는 없다.

대법원 2019.3.14, 2018도18646
직권남용죄에서 말하는 '직권의 남용'에 해당하기 위한 요건 및 지위를 이용한 불법행위와의 구별
직권남용죄는 공무원이 그 일반적 직무권한에 속하는 사항에 관하여 직권의 행사에 가탁하여 실질적,
구체적으로 위법·부당한 행위를 한 경우에 성립한다. 여기에서 말하는 '직권의 남용'이란 공무원이
일반적 직무권한에 속하는 사항을 불법하게 행사하는 것, [법원행시 12] 즉 형식적, 외형적으로는 직무집행
으로 보이나 실질적으로는 정당한 권한 이외의 행위를 하는 경우를 의미하고, [경찰승진(경위) 10 / 경찰승진
12] 공무원이 그의 일반적 직무권한에 속하지 않는 행위를 하는 경우인 지위를 이용한 불법행위와는
구별된다(대법원 2013.11.28, 2011도5329). [경찰승진(경위) 10 / 사시 13] 그리고 어떠한 직무가 공무원의 일반
적 권한에 속하는 사항이라고 하기 위해서는 그에 관한 법령상의 근거가 필요하다. 다만 법령상의
근거는 반드시 명문의 근거만을 의미하는 것은 아니고, 명문이 없는 경우라도 법·제도를 종합적, 실질
적으로 관찰해서 그것이 해당 공무원의 직무권한에 속한다고 해석되고 그것이 남용된 경우 상대방으
로 하여금 의무 없는 일을 행하게 하거나 상대방의 권리를 방해하기에 충분한 것이라고 인정되는
경우에는 직권남용죄에서 말하는 일반적 권한에 포함된다.

1 대법원 1992.3.10, 92도116
① 대통령 비서실 민정수석비서관이 대통령의 근친관리업무에 관련하여 농수산물 도매시장 관리공사
대표이사에게 요구하여 위 시장 내 일부 시설을 당초 예정한 공개입찰이 아닌 수의계약으로 대통령의
근친에게 임대케 한 행위라든가, ② 위 청와대 민정수석이 수집된 각종 정보에 의거하여 필요한 경우
감사원의 감사활동을 현실적으로 지시하여 오던 중 그러한 직무권한에 가탁(假託)하여 감사원의 특정
기관에 대한 감사를 중단케 한 행위는 직권남용죄에 해당한다.

2 대법원 2004.5.27, 2002도6251
재정경제원장관이 대기업에 해당되지도 아니하며 회생 가능성도 불투명하여 대출이 가능한 요건을
갖추었다고 보기 어려운 기업에 대하여 은행감독원장으로부터 경영개선명령을 받아 신규대출을 기피
하고 있던 위 기업의 주거래 은행의 은행장에게 개인적 친분이 있는 위 기업을 도와주기 위한 목적으
로 대출을 실행하여 줄 것을 요구하고 위 요구에 따라 위 은행장이 이미 같은 은행으로부터 대출신청이
거절당한 바 있는 위 기업에 대하여 새로이 다른 채권은행장들과 협조융자를 추진하고 대출하도록 한
행위는 직권남용죄를 구성한다.

3 대법원 2004.10.14, 2004도2899
시(市)의 자치행정국장으로서 해당 시의 조직관리, 공무원 인사 및 민원사무 등 내무행정 전반을 총괄
하고 있으므로 비록 다른 부서의 직원이지만 개발제한구역 내의 행위에 관한 허가 등 민원업무를 담당하
는 공무원의 승진 등 인사에 관여하거나 그 공무원의 민원업무에 대한 감사를 요구하는 것은 피고인의
일반적 직무권한에 속하는 사항이라고 봄이 상당하다.

4 대법원 2006.5.26, 2005도6966
참고인 조사를 위하여 타청 관할에 속하는 교도소장에 대하여 참고인의 소환을 요청하는 것을 그 일반적
직무권한에 속하는 사항이라고 할 수 있는 검사 甲이 실제로는 개인적인 목적을 위하여 乙을 소환하면
서도 수사 목적이라는 명분을 내세워 乙이 수용된 구치소 또는 교도소의 교도관리에게 乙에 대한
소환요구 또는 출석요구를 하였고 이에 따라 교도관리들로 하여금 乙을 검사실로 호송케 한 행위는
직권남용죄에 해당한다.

5 대법원 2007.6.14, 2004도5561

검찰의 고위 간부(검찰총장 또는 대검 차장검사)가 내사 담당 검사로 하여금 내사(内査)를 중도에서 그만두고 종결처리토록 한 행위는 직권남용죄를 구성한다.⁴⁹⁰ [경찰간부 12]

6 대법원 2009.1.30, 2008도6950

대통령비서실 정책실장이 공무원으로 하여금 특별교부세 교부대상이 아닌 특정 사찰의 증·개축사업을 지원하는 특별교부세 교부신청 및 교부결정을 하도록 하게 한 행위가 직권남용권리행사죄를 구성한다. [경찰간부 12·18]

7 대법원 2020.1.30, 2018도2236 전원합의체

대통령비서실장 등의 이른바 좌파 지원배제 지시 사건 : 소위 블랙리스트 사건

대통령비서실장 甲 등은 문화체육관광부 공무원을 통하여 문화예술진흥기금 등 정부의 지원을 신청한 개인·단체의 이념적 성향이나 정치적 견해 등을 이유로 한국문화예술위원회·영화진흥위원회·한국출판문화산업진흥원이 수행한 각종 사업에서 이른바 좌파 등에 대한 지원배제를 지시하였다. 피고인들의 위와 같은 지원배제 지시는 헌법에서 정한 문화국가원리, 표현의 자유, 평등의 원칙, 문화기본법의 기본이념인 문화의 다양성·자율성·창조성 등에 반하여 헌법과 법률에 위배되므로 '직권남용'에 해당한다.

판례연구	직권남용에 해당하지 않는 사례

1 대법원 2005.4.15, 2002도3453

대검찰청 공안부장인 피고인이 고등학교 후배인 한국조폐공사 사장에게 위 공사의 쟁의행위 및 구조조정에 관하여 전화통화를 한 것은 직권남용죄⁴⁹¹와 업무방해죄⁴⁹²에 해당하지 않는다. [경찰간부 12]

2 대법원 2009.1.30, 2008도6950

공무원이 직무와는 상관없이 단순히 개인적인 친분에 근거하여 문화예술 활동에 대한 지원을 권유하거나 협조를 의뢰한 것에 불과한 경우까지 직권남용에 해당한다고 할 수는 없다. 따라서 대통령비서실 정책실장이 임원들과 개인적 친분이 있는 기업체들에 대하여 기업 메세나 활동의 일환인 미술관 전시회 후원을 요청한 행위는 직권남용권리행사방해죄에 해당하지 않는다. [경찰승진(경위) 10]

---

490 **판결이유** : 피고인 1의 주장과 같이 위 피고인이 울산지방검찰청 검사장에게 단지 내사진행이 외부로 공개되지 않도록 하라는 뜻으로 말하였을 뿐이라고 하더라도, 이미 수개월간 내사가 진행되어 사무실과 임원의 거주지에 대한 압수수색까지 진행된 사안에 대하여 압수수색 결과 확보된 자료에 대한 충분한 검토도 하지 못한 상태인 압수수색 직후의 시점에서 더 이상 내사진행이 외부로 공개되지 않도록 하라고 언급하였다면 그 언급만으로도 내사 담당자로서는 현실적으로 더 이상 추가적인 내사진행을 추진하기 어려울 것이므로, 위와 같은 언급 역시 A종합건설회사에 대한 내사중단의 지시로 평가될 수밖에 없으며, 위와 같은 내사중단 지시에 의하여 담당 검사로 하여금 구체적인 혐의 사실을 발견하여 정상적인 처리절차를 진행 중이던 A회사 내지 B시장에 대한 내사를 중도에서 그만두고 종결처리토록 한 행위는 본죄를 구성한다.

491 **판결이유** : 직권남용죄에 해당하려면 현실적으로 다른 사람이 의무 없는 일을 하였거나 다른 사람의 구체적인 권리행사가 방해되는 결과가 발생하여야 하며, 그 결과의 발생은 직권남용 행위로 인한 것이어야 한다. 따라서 피고인이 공소외인에게 단지 전화로 "좋지 않은 정보 보고가 올라온다. 서울이 시끄럽다. 빨리 직장폐쇄를 풀고 구조조정을 단행하라."라고 말한 사실은 인정되지만, 공소외인은 직장폐쇄의 철회와 조폐창의 조기통합은 조폐공사의 경영상 필요에 의하여 자율적으로 판단하여 실시한 것이라면, 피고인의 위 전화행위와 공소외인이 직장폐쇄를 철회하고, 인력감축을 하지 않으려던 경영방침을 포기한 후 옥천조폐창을 경산조폐창으로 조기에 통합하기로 결정한 것 사이에는 인과관계가 있다고 볼 수 없다.

492 **판결이유** : 형법 제314조의 위계 또는 위력에 의한 업무방해죄가 성립하려면 업무방해의 결과가 실제로 발생할 것을 요하지 아니하지만 업무방해의 결과를 초래할 위험은 발생하여야 하고(대법원 1992.4.10, 91도3044; 1997.3.11, 96도2801; 2002.3.29, 2000도3231 등), [변호사시험 13] 그 위험의 발생은 위계 또는 위력으로 인한 것이어야 한다(대법원 2004.3.26, 2003도7927). 공소외인이 직장폐쇄를 철회하고, 인력감축을 하지 않으려는 경영방침을 포기한 후 조폐창을 조기에 통합하기로 결정한 것은 피고인의 위 전화행위로

3 대법원 2020.2.13, 2019도5186

공무원이 퇴임 전에 범행을 공모하였으나 공직에서 퇴임한 경우, 퇴임 후의 범행에 관하여 공범으로서 책임을 원칙적으로 지지 않는다는 사례

직권남용권리행사방해죄는 공무원에게 직권이 존재하는 것을 전제로 하는 범죄이고, 직권은 국가의 권력 작용에 의해 부여되거나 박탈되는 것이므로, 공무원이 공직에서 퇴임하면 해당 직무에서 벗어나고 그 퇴임이 대외적으로도 공표된다. 공무원인 피고인이 퇴임한 이후에는 위와 같은 직권이 존재하지 않으므로, 퇴임 후에도 실질적 영향력을 행사하는 등으로 퇴임 전 공모한 범행에 관한 기능적 행위지배가 계속되었다고 인정할 만한 특별한 사정이 없는 한, 퇴임 후의 범행에 관하여는 공범으로서 책임을 지지 않는다고 보아야 한다.

판례연구 **직권남용죄의 의무 없는 일을 하게 한 것에 해당하는 사례**

1 대법원 2011.2.10, 2010도13766

실무 담당자로 하여금 기준과 절차에 위반하여 직무집행을 보조하게 한 사례

서울특별시 교육감인 피고인이 인사담당장학관 등에게 지시하여 승진 또는 자격연수 대상이 될 수 없는 특정 교원들을 승진임용하거나 그 대상자가 되도록 하였다면 '의무 없는 일을 하게 한 때'에 해당한다.[493] [경찰채용 21 1차/법원행시 14]

2 대법원 2011.7.28, 2011도1739

해군본부 법무실장이 국방부 검찰수사관 甲에게 군내 납품비리 수사 관련 기밀사항을 보고케 한 사례

해군본부 법무실장인 피고인은 해군 검찰업무뿐 아니라 소송, 징계업무 등 법무업무 전반에 관하여 해군참모총장을 보좌하는 자로서 해군 소속 인원의 사법처리와 관련된 중요 사항에 관하여 보고를 받을 일반적인 직무권한이 있으나, 여기서 나아가 국방부 검찰단의 향후 수사 방향에 대한 내용 등 수사기밀사항에 대한 보고를 요구하는 행위는 형식적·외형적으로는 직무집행으로 보이나 실질은 일반적 직무권한 범위를 넘어 직무의 행사에 가탁한 부당한 행위이고, 甲으로서는 외부에 유출될 경우 검찰단의 수사 기능에 현저한 장애를 초래할 수 있는 검찰단 내부 수사 내용을 피고인에게 보고할 법률상의 의무가 없으므로, 피고인에게는 직권남용죄의 죄책이 인정된다.

3 대법원 2012.1.27, 2010도11884

용인시장 공무원 평정순위 변경 사례

시장(市長)인 피고인 甲이 자신의 인사관리업무를 보좌하는 피고인 乙과 공동하여, 관련 법령에서 정한 절차에 따라 평정대상 공무원에 대한 평정단위별 서열명부 및 평정순위가 정해졌는데도 평정권자나 실무 담당자 등에게 특정 공무원들에 대한 평정순위 변경을 구체적으로 지시하여 평정단위별 서열명부를 새로 작성하도록 한 경우, 직권남용권리행사방해죄의 공동정범에 해당한다. [경찰간부 14]

인한 것이 아니므로, 피고인의 위 전화행위로 인하여 공소외인의 경영업무가 방해될 위험이 발생하였다고 볼 수 없다.

493 **보충** : 서울특별시 교육감인 피고인이 인사담당장학관 등에게 지시하여 승진후보자명부상 승진 또는 자격연수 대상이 될 수 없는 특정 교원들을 적격 후보자인 것처럼 추천하거나 임의로 평정점을 조정하는 방법으로 승진임용하거나 그 대상자가 되도록 한 경우, 이는 직권남용에 해당하고(서울특별시교육청 소속 교육공무원에 대한 인사권은 교육감인 피고인의 일반적인 직무권한에 속하는 사항이지만, 피고인이 승진대상자를 특정한 후 그들을 승진시킬 목적으로 법령에 위반하여 위와 같은 행위를 한 것이라면 그 실질은 정당한 권한 행사를 넘어 직무의 행사에 가탁한 부당한 행위라고 할 것임) 인사 실무를 담당하는 장학관이나 장학사로 하여금 법령에 위배되는 일을 하게 하여 그들이 이와 같은 역할을 수행한 것은 그들에게 법령상 의무 없는 일을 하게 한 것이다. [사시 12]

4 대법원 2020.1.30, 2018도2236 전원합의체

대통령비서실장 등이 좌파 지원배제 지시를 하여 문체부 공무원 및 산하단체가 진행하는 사업진행절차를 중단케 한 사건

대통령비서실장의 좌파 지원배제 지시(전술한 판례 참조)로써 문체부 공무원이 문예위 등의 직원들로 하여금 지원배제 방침이 관철될 때까지 사업진행 절차를 중단하는 행위, 지원배제 대상자에게 불리한 사정을 부각시켜 심의위원에게 전달하는 행위, 지원배제 방침을 심의위원에게 전달하면서 지원배제 대상자의 탈락을 종용하는 행위 등을 하게 한 것은 모두 위원들의 독립성을 침해하고 자율적인 절차진행과 운영을 훼손하는 것으로서 문예위 등의 직원들이 준수해야 하는 법령상 의무에 위배되므로 '의무 없는 일을 하게 한 때'에 해당한다.

5 대법원 2021.9.9, 2021도2030

국군기무사령관의 온라인 여론조작 활동 지시 사건

직무집행의 기준과 절차가 법령에 구체적으로 명시되어 있고 실무 담당자에게도 직무집행의 기준을 적용하고 절차에 관여할 고유한 권한과 역할이 부여되어 있다면 실무 담당자로 하여금 그러한 기준과 절차를 위반하여 직무집행을 보조하게 한 경우에는 '의무 없는 일을 하게 한 때'에 해당한다. 공무원의 직무집행을 보조하는 실무 담당자에게 직무집행의 기준을 적용하고 절차에 관여할 고유한 권한과 역할이 부여되어 있는지 여부 및 공무원의 직권남용행위로 인하여 실무 담당자가 한 일이 그러한 기준이나 절차를 위반하여 한 것으로서 법령상 의무 없는 일인지 여부는 관련 법령 등의 내용에 따라 개별적으로 판단하여야 한다(대법원 2021.3.11, 2020도12583 등). …… 피고인의 지시를 이행한 실무 담당자들의 행위(온라인 여론조작 활동, 인터넷상에서 발간되는 잡지의 제작 및 전송)를 두고 피고인의 직무집행을 보조하는 사실행위에 불과하다고 할 수 없고, 피고인이 실무 담당자들로 하여금 법령에 명시된 직무집행의 기준을 위반하여 직무집행을 보조하게 한 경우에 해당하므로, 피고인은 실무 담당자들로 하여금 법령상 의무 없는 일을 하게 한 때에 해당한다고 볼 수 있다.

6 대법원 2021.9.16, 2021도2748

청와대 민정수석비서관인 피고인이 국가정보원 국익정보국장과 공모하여 국정원 직원들로 하여금 전 청와대 특별감찰반, 전 평창동계올림픽 조직위원장에 대한 정보를 수집하고 보고서를 작성하도록 한 것은 직권남용권리행사방해죄가 성립한다.

판례연구 직권남용죄의 의무 없는 일을 하게 한 것에 해당하지 않는 사례

1 대법원 1991.12.27, 90도2800

치안본부장의 메모 작성 요구 사례

치안본부장이 국립과학수사연구소 법의학1과장에게 고문치사자의 사인에 관하여 기자간담회에 참고할 메모를 작성하도록 요구한 경우에도 법의학1과장이 그와 같은 메모를 작성하여 준 것은 단순한 심리적 의무감 또는 스스로의 의사에 기한 것으로 볼 수 있을 뿐이어서[494] 본죄는 성립되지 아니한다.[495]

[법원행시 12]

---

494 **판결이유** : 위 과장의 메모작성행위가 국립과학수사연구소의 행정업무에 관한 행정상 보고의무라고 할 수 없고 치안본부장이 위 과장에게 메모를 작성하도록 한 행위가 그 일반적 권한에 속하는 사항이라고도 볼 수 없으며 또 위 과장이 그 요청에 따라 작성해 준 메모는 정식 부검소견서가 아니어서 동인이 위 메모를 작성하여 줄 법률상 의무가 있는 것도 아니다.

495 단, 위 사례에서 치안본부장이 가혹행위치사사건에 대한 수사지휘를 하지 아니하고 오히려 적극적으로 은폐하려 함으로써 그의 수사지휘직무를 포기한 것으로 볼 수 있으므로 직무유기죄는 성립한다.

2 대법원 2020.1.9, 2019도11698

검사 전보인사 관련 직권남용 부정 사건

(법무부 검찰국장인 피고인이 검찰국이 마련하는 인사안 결정과 관련한 업무권한을 남용하여 검사인사담당 검사 甲으로 하여금 2015년 하반기 검사인사에서 부치지청에 근무하고 있던 경력검사 乙을 다른 부치지청으로 다시 전보시키는 내용의 인사안을 작성하게 한 행위가 직권남용죄를 구성하는가의 문제) 공무원의 직무집행을 보조하는 실무 담당자에게 직무집행의 기준을 적용하고 절차에 관여할 고유한 권한과 역할이 부여되어 있는지 여부 및 공무원의 직권남용행위로 인하여 실무 담당자가 한 일이 그러한 기준이나 절차를 위반하여 한 것으로서 법령상 의무 없는 일인지 여부는 관련 법령 등의 내용에 따라 개별적으로 판단하여야 한다. …… 검사에 대한 …… 인사안 작성 당시 경력검사 부치지청 배치제도가 인사기준 내지 고려사항의 하나로 유지되고 있었더라도, 이는 부치지청에서 근무한 경력검사를 차기 전보인사에서 배려한다는 내용에 불과하며, 관련 법령이나 검찰인사위원회의 심의·의결사항 등을 전제로 한 여러 인사기준 또는 다양한 고려사항들 중 하나로서, 검사인사담당 검사가 검사의 전보인사안을 작성할 때 지켜야 할 일의적·절대적 기준이라고 볼 수 없고, 다른 인사기준 내지 다양한 고려사항들보다 일방적으로 우위에 있는 것으로 볼 만한 근거도 찾기 어려운 점 등의 사정을 종합하면, 피고인이 甲으로 하여금 위 인사안을 작성하게 한 것을 두고 피고인의 직무집행을 보조하는 甲으로 하여금 그가 지켜야 할 직무집행의 기준과 절차를 위반하여 법령상 의무 없는 일을 하게 한 때에 해당한다고 보기 어렵다.

3 대법원 2020.1.30, 2018도2236 전원합의체

문화계 블랙리스트 사건

대통령비서실장 등이 ① 문체부 공무원에게 좌파지원배제를 지시함로써 문예위 등의 직원들으로 하여금 사업진행절차 중단케하는 등의 행위는 직권남용죄를 구성하고, ② 문예위 등의 직원들로 하여금 문체부 공무원에게 각종 명단을 송부케 하고 사업진행 중 수시로 심의진행상황을 보고케 한 행위는 직권남용죄를 구성하지 않는다.

4 대법원 2020.2.13, 2019도5186

전경련 보수단체 지원 요구 사건

공무원이 한 행위가 직권남용에 해당한다고 하여 그러한 이유만으로 상대방이 한 일이 '의무 없는 일'에 해당한다고 인정할 수는 없다. '의무 없는 일'에 해당하는지는 직권을 남용하였는지와 별도로 상대방이 그러한 일을 할 법령상 의무가 있는지를 살펴 개별적으로 판단하여야 한다. 직권남용 행위의 상대방이 일반 사인인 경우 특별한 사정이 없는 한 직권에 대응하여 따라야 할 의무가 없으므로 그에게 어떠한 행위를 하게 하였다면 '의무 없는 일을 하게 한 때'에 해당할 수 있다.

5 대법원 2020.1.30, 2018도2236 전원합의체

대통령비서실장 등이 좌파 지원배제 지시를 하여 문체부 산하단체 직원들로 하여금 문체부 공무원에게 각종 명단을 송부하게 하고 공모사업 진행 중 수시로 심의 진행 상황을 보고하게 한 사건

공무원이 직권을 남용하여 사람으로 하여금 어떠한 일을 하게 한 때에 상대방이 공무원 또는 유관기관의 임직원인 경우에는 그가 한 일이 형식과 내용 등에 있어 직무범위 내에 속하는 사항으로서 법령 그 밖의 관련 규정에 따라 직무수행 과정에서 준수하여야 할 원칙이나 기준, 절차 등을 위반하지 않는다면 특별한 사정이 없는 한 법령상 의무 없는 일을 하게 한 때에 해당한다고 보기 어렵다. …… 문예위 등의 직원들로 하여금 문체부 공무원에게 각종 명단을 송부하게 한 행위, 공모사업 진행 중 수시로 심의 진행 상황을 보고하게 한 행위 부분은, 문예위·영진위·출판진흥원은 사업의 적정한 수행에 관하여 문체부의 감독을 받으므로 일반적으로 지원사업의 진행 상황을 보고하는 등 문체부의 지시에 협조할 의무가 있어 의무 없는 일에 해당하기 어렵다고 볼 여지가 있다.

6 대법원 2020.12.10, 2019도17879

지방공무원 승진임용권자가 인사위원회에 특정 후보자를 제시·추천하도록 유도한 사건
지방자치단체의 장(군수)이 승진후보자명부 방식에 의한 5급 공무원 승진임용 절차에서 인사위원회의 사전심의·의결 결과를 참고하여 승진후보자명부상 후보자들에 대하여 승진임용 여부를 심사하고서 최종적으로 승진대상자를 결정하는 것이 아니라, 미리 승진후보자명부상 후보자들 중에서 승진대상자를 실질적으로 결정한 다음 그 내용을 인사위원회 간사, 서기 등을 통해 인사위원회 위원들에게 '승진대상자 추천'이라는 명목으로 제시하여 인사위원회로 하여금 자신이 특정한 후보자들을 승진대상자로 의결하도록 유도하는 행위는 인사위원회 사전심의 제도의 취지에 부합하지 않는다는 점에서 바람직하지 않다고 볼 수 있지만, 그것만으로는 직권남용권리행사방해죄의 구성요건인 '직권의 남용' 및 '의무 없는 일을 하게 한 경우'로 볼 수 없다.[496]

판례연구　**직권남용죄의 권리행사방해에 해당하는 사례**

대법원 2010.1.28, 2008도7312
형법 제123조의 직권남용권리행사방해죄에서 '권리'의 의미와 죄수
형법 제123조의 직권남용권리행사방해죄에서 말하는 '권리'는 법률에 명기된 권리에 한하지 않고 법령상 보호되어야 할 이익이면 족한 것으로서, 공법상의 권리인지 사법상의 권리인지를 묻지 않는다고 봄이 상당하다. [경찰승진 12 / 법원행시 12] 경찰관직무집행법의 관련 규정에 근거하여 경찰관은 범죄를 수사할 권한을 가지고 있고, 이러한 범죄수사권은 직권남용권리행사방해죄에서 말하는 '권리'에 해당한다. [경찰간부 18 / 법원9급 11 / 법원행시 14] 상급 경찰관이 직권을 남용하여 부하 경찰관들의 수사를 중단시키거나 사건을 다른 경찰관서로 이첩하게 한 경우, 일단 '부하 경찰관들의 수사권 행사를 방해한 것'에 해당함과 아울러 '부하 경찰관들로 하여금 수사를 중단하거나 사건을 다른 경찰관서로 이첩할 의무가 없음에도 불구하고 수사를 중단하게 하거나 사건을 이첩하게 한 것'에도 해당된다고 볼 여지가 있다. 그러나 이는 어디까지나 하나의 사실을 각기 다른 측면에서 해석한 것에 불과한 것으로서, '권리행사를 방해함으로 인한 직권남용권리행사방해죄'와 '의무 없는 일을 하게 함으로 인한 직권남용권리행사방해죄'가 별개로 성립하는 것이라고 할 수는 없다. 따라서 위 두 가지 행위 태양에 모두 해당하는 것으로 기소된 경우, '권리행사를 방해함으로 인한 직권남용권리행사방해죄'만 성립하고 '의무 없는 일을 하게 함으로 인한 직권남용권리행사방해죄'는 따로 성립하지 아니하는 것으로 봄이 상당하다. [법원행시 12·14]

판례연구　**직권남용죄의 권리행사방해에 해당하지 않는 사례**

1 대법원 1986.6.30, 86모12
검사가 고발사건을 불기소결정하여 피고발인으로 하여금 처벌받게 하려는 고발인의 의도가 이루어질 수 없게 되었다 하여 고발인의 권리행사를 방해하였다고는 말할 수 없다.

2 대법원 2005.2.1, 2004모542
검사가 재항고인의 진정사건을 내사종결하였다 하더라도 이로 인하여 피진정인을 처벌받게 하려는 재항고인의 목적이 이루어질 수 없게 되었다 하더라도, 그러한 사정만으로는 재항고인의 구체화된 권리의 행사가 현실로 방해되었다고 볼 수 없으므로 검사의 진정종결처분을 직권남용죄에 해당된다 할 수는 없다.

---

496 **보충** : 지방공무원법령상 임용권자(기장군수)는 인사위원회의 사전심의 결과에 구속되지 않으며 최종적으로 승진임용대상자를 결정할 권한은 임용권자에게 있다는 점을 중시한 판결로서, 직권남용죄 성립범위에 관한 대법원 2020.1.30, 2018도2236 전원합의체 판결(소위 블랙리스트 사건)의 후속판결이다.

3 대법원 2006.2.9, 2003도4599

정보통신부장관이 개인휴대통신 사업자선정과 관련하여 서류심사는 완결된 상태에서 청문심사의 배점방식을 변경함으로써 직권을 남용하였다 하더라도, 이로 인하여 최종 사업권자로 선정되지 못한 경쟁업체가 가진 구체적인 권리의 현실적 행사가 방해되는 결과가 발생하지는 아니하였다면 직권남용죄는 성립하지 않는다. [사시 11]

4 대법원 2008.12.24, 2007도9287

한국토지공사 지사(경북지사)가 폐기물최종처리시설 부지를 분양하면서 지방자치단체장(포항시장)의 추천을 받아 분양신청을 한 사람을 분양대상자로 제한하였는데, 지방자치단체장이 분양신청을 하려는 특정인에 대하여 추천서발급을 거부한 경우에도 구체화된 권리의 현실적인 행사가 방해된 경우라고 볼 수 없으므로 본죄의 기수를 인정할 수 없다.

판례연구 직권남용죄의 고의를 인정하지 않은 사례

대법원 1993.7.26, 92모29
행형법 소정의 "필요한 용무"에 해당하지 아니한다 하여 접견신청을 거부한 사례
형법 제123조의 죄에 관한 주관적 구성요건으로서의 범의에는 권리행사를 방해한다는 인식 이외에 직권을 남용한다는 인식도 포함되는 것이므로 교도소에서 접견업무를 담당하던 교도관이 접견신청에 대하여 행형법 소정의 "필요한 용무"가 있는 때에 해당하지 아니한다고 판단하여 그 접견신청을 거부하였다면, 단지 접견신청거부행위의 위법성에 대한 인식이 없었던 것에 불과한 것이 아니라 애초부터 직권남용에 대한 범의 자체가 없어 위 범죄를 구성하지 아니한다.

판례연구 직권남용죄의 포괄일죄 사례

대법원 2021.3.11, 2020도12583
국정원 원장·차장·국장의 국정원 직원들에 대한 직권남용죄의 포괄일죄와 공소시효
동일 죄명에 해당하는 수 개의 행위를 단일하고 계속된 범의로 일정 기간 계속하여 행하고 그 피해법익도 동일한 경우에는 이들 각 행위를 통틀어 포괄일죄로 처단하여야 하고, 그 경우 공소시효는 최종의 범죄행위가 종료한 때로부터 진행한다(대법원 2002.10.11, 2002도2939 등). 따라서 국정원 직원이 동일한 사안에 관한 일련의 직무집행 과정에서 단일하고 계속된 범의로 일정 기간 계속하여 저지른 직권남용행위에 대하여는 설령 그 상대방이 수인이라고 하더라도 포괄일죄가 성립할 수 있다고 봄이 타당하다. …… 다만 각 직권남용 범행이 포괄일죄가 되느냐 경합범이 되느냐에 따라 공소시효의 완성 여부, 기판력이 미치는 범위 등이 달라질 수 있다.

---

05 불법체포·감금죄

제124조【불법체포, 불법감금】① 재판, 검찰, 경찰 기타 인신구속에 관한 직무를 행하는 자 또는 이를 보조하는 자가 그 직권을 남용하여 사람을 체포 또는 감금한 때에는 7년 이하의 징역과 10년 이하의 자격정지에 처한다.
② 전항의 미수범은 처벌한다.

1 대법원 1971.3.9, 70도2406

법정절차 없이 피해자를 이른바 경찰서 보호실에 구금케 한 행위는 그 직무상의 권능을 행사함에 필요한 법정조건을 구비하지 않았음에도 불구하고 이를 행사한 것이니 이는 곧 그 직권을 남용한 것에 해당한다 할 것이고, 피해자를 소위 보호실에 구금케 한 것이 곧 피해자를 감금한다는 것을 인식한 것에 해당한다 할 것이다.

2 대법원 1985.7.29, 85모16

경찰관이 X를 국가보안법 위반사범으로 수사를 함에 있어서 X를 임의동행형식으로 경찰서로 연행한 후 구속영장에 의하지 아니하고 6일간 위 경찰서 정보계 조사실 또는 보호실 등에서 계속 구금한 행위는 경찰관으로서 그 직권을 남용하여 사람을 불법감금한 것에 해당한다.

3 대법원 1991.12.30, 91모5

설사 재항고인이 경찰서 안에서 판시와 같이 식사도 하고 사무실 안팎을 내왕하였다 하여도 재항고인을 경찰서 밖으로 나가지 못하도록 그 신체의 자유를 제한하는 유형·무형의 억압이 있었다면 이는 바로 감금행위에 해당할 수도 있는 것이다. … 특히 재항고인이 스스로 경찰서에 찾아간 것이 아니라 임의동행형식으로 연행되어 경찰서까지 인치된 점에 비추어 더욱 그러하다 할 것이다. [경찰간부 11 / 경찰승진 11]

4 대법원 1997.6.13, 97도877

즉결심판 피의자의 정당한 귀가요청을 거절한 채 다음날 즉결심판법정이 열릴 때까지 피의자를 경찰서 보호실에 강제유치시키려고 함으로써 피의자를 경찰서 내 즉결피의자 대기실에 10~20분 동안 있게 한 행위는 불법감금죄에 해당한다. [경찰승진 11]

5 대법원 2017.3.9, 2013도16162

체포현장에서 접견을 요구하는 변호사를 현행범으로 체포한 사례

형사소송법 제34조는 "변호인 또는 변호인이 되려는 자는 신체구속을 당한 피고인 또는 피의자와 접견하고 서류 또는 물건을 수수할 수 있으며 의사로 하여금 진료하게 할 수 있다."라고 규정하고 있으므로, 변호인이 되려는 의사를 표시한 자가 객관적으로 변호인이 될 가능성이 있다고 인정되는데도, 형사소송법 제34조에서 정한 '변호인 또는 변호인이 되려는 자'가 아니라고 보아 신체구속을 당한 피고인 또는 피의자와 접견하지 못하도록 제한하여서는 아니 된다. 한편, 현행범인 체포의 요건을 갖추었는지에 관한 검사나 사법경찰관 등의 판단에는 상당한 재량의 여지가 있으나, 체포 당시 상황으로 보아도 요건 충족 여부에 관한 검사나 사법경찰관 등의 판단이 경험칙에 비추어 현저히 합리성을 잃은 경우 그 체포는 위법하다. 그리고 범죄의 고의는 확정적 고의뿐만 아니라 결과 발생에 대한 인식이 있고 이를 용인하는 의사인 이른바 미필적 고의도 포함한다. 피고인이 인신구속에 관한 직무를 집행하는 사법경찰관으로서 체포 당시 상황을 고려하여 경험칙에 비추어 현저하게 합리성을 잃지 않은 채 판단하면 체포 요건이 충족되지 아니함을 충분히 알 수 있었는데도, 자신의 재량 범위를 벗어난다는 사실을 인식하고 그와 같은 결과를 용인한 채 사람을 체포하여 권리행사를 방해하였다면, 직권남용체포죄와 직권남용권리행사방해죄가 성립한다. [경찰채용 18 3차]

> 보충 이 사건은 집회나 시위, 파업 현장에서 체포된 사람을 접견하게 해 달라고 요구하며 호송차량의 진행을 막은 변호사를 경찰이 공무집행방해죄의 현행범으로 체포한 것은 직권을 남용한 불법체포일 뿐만 아니라 직권을 남용해 변호사의 접견교통권을 방해한 것이라는 대법원 판례이다.

06 단순수뢰죄

> 제129조 【수뢰, 사전수뢰】 ① 공무원 또는 중재인이 그 직무에 관하여 뇌물을 수수, 요구 또는 약속한 때에는 5년 이하의 징역 또는 10년 이하의 자격정지에 처한다.
> 제134조 【몰수, 추징】 범인 또는 사정을 아는 제3자가 받은 뇌물 또는 뇌물로 제공하려고 한 금품은 몰수한다. 이를 몰수할 수 없을 경우에는 그 가액을 추징한다. 〈우리말 순화 개정 2020.12.8.〉

1. 뇌물죄 총설

> **판례연구** **뇌물죄의 보호법익 및 직무관련성의 의미 관련 판례**
>
> **1** 대법원 2000.1.21, 99도4940
> 뇌물죄는 직무집행의 공정과 이에 대한 사회의 신뢰 및 직무행위의 불가매수성을 그 보호법익으로 하고 있고, [법원행시 11] 직무에 관한 청탁이나 부정한 행위를 필요로 하는 것은 아니기 때문에 수수된 금품의 뇌물성을 인정하는 데 특별한 청탁이 있어야만 하는 것은 아니고, 또한 금품이 직무에 관하여 수수된 것으로 족하고 개개의 직무행위와 대가적 관계에 있을 필요는 없으며, 그 직무행위가 특정된 것일 필요도 없다. …… (따라서) 공무원이 얻는 어떤 이익이 직무와 대가관계가 있는 부당한 이익으로서 뇌물에 해당하는지 여부는 …… 공무원이 그 이익을 수수하는 것으로 인하여 사회일반으로부터 직무집행의 공정성을 의심받게 되는지 여부도 뇌물죄의 성부를 판단함에 있어서의 판단 기준이 된다. [경찰채용 12 1차 / 법원행시 10] …… 공무원이 그 직무의 대상이 되는 사람으로부터 금품 기타 이익을 받은 때에는 그것이 그 사람이 종전에 공무원으로부터 접대 또는 수수받은 것을 갚는 것으로서 사회상규에 비추어 볼 때에 의례상의 대가에 불과한 것이라고 여겨지거나, 개인적인 친분관계가 있어서 교분상의 필요에 의한 것이라고 명백하게 인정할 수 있는 경우 등 특별한 사정이 없는 한 직무와의 관련성이 없는 것으로 볼 수 없고, 공무원의 직무와 관련하여 금품을 수수하였다면 비록 사교적 의례의 형식을 빌어 금품을 주고 받았다 하더라도 그 수수한 금품은 뇌물이 된다.
>
> **2** 대법원 1995.9.5, 95도1269; 1996.1.23, 94도3022; 2003.6.13, 2003도1060
> 뇌물성은 의무위반 행위나 청탁의 유무 및 금품수수 시기와 직무집행 행위의 전후를 가리지 아니한다 할 것이고(직무에 관한 청탁이나 뇌물을 받은 결과로 부정한 행위가 있을 필요가 없음), [경찰채용 12 2차 / 경찰간부 11 · 17 / 국가9급 17] 따라서 뇌물죄에서 말하는 '직무'에는 법령에 정하여진 직무뿐만 아니라 그와 관련 있는 직무, 과거에 담당하였거나 장래에 담당할 직무 [변호사시험 14] 외에 사무분장에 따라 현실적으로 담당하지 않는 직무라도 법령상 일반적인 직무권한에 속하는 직무 등 공무원이 그 직위에 따라 공무로 담당할 일체의 직무를 포함한다 할 것이다. [경찰채용 14 1차 / 경찰승진 12 / 국가9급 17 / 사시 14]
>
> **3** 대법원 1997.4.17, 96도3378
> 뇌물은 직무에 관하여 수수된 것으로 족하고 개개의 직무행위와 대가적 관계에 있을 필요는 없으며, 그 직무행위가 특정된 것일 필요도 없다(일반적 · 포괄적 직무관련성도 인정됨). [경찰채용 21 1차 / 경찰간부 16 / 국가7급 08 · 10 · 12] (또한) 뇌물수수죄에 있어서 직무라는 것은 공무원이 법령상 관장하는 직무행위뿐만 아니라 그 직무와 관련하여 사실상 처리하고 있는 행위 및 결정권자를 보좌하거나 영향을 줄 수 있는 직무행위도 포함된다. [국가7급 12 / 법원행시 08 · 13 / 사시 12]
>
> **4** 대법원 1997.12.26, 97도2609; 1996.6.14, 96도865[497]
> 뇌물죄에 있어서 직무에는 공무원이 법령상 관장하는 직무 그 자체뿐만 아니라 그 직무와 밀접한

---

497 **판례** : 피고인은 부산시 주차관리공단의 영업1과장으로서 부산시내 중구 등 6개구에 설치된 공영주차장의 관리 및 주차료 징수업무

관계가 있는 행위 또는 관례상이나 사실상 소관하는 직무행위도 포함된다. [경찰채용 12 1차 / 경찰간부 11 / 국가9급 11 / 법원9급 10 / 법원행시 08 · 10 · 13] 국회의원이 그 직무권한의 행사로서의 의정활동과 전체적 · 포괄적으로 대가관계가 있는 금원을 교부받았다면 그 금원의 수수가 어느 직무행위와 대가관계에 있는 것인지 특정할 수 없다고 하더라도 이는 국회의원의 직무에 관련된 것으로 보아야 하고, 한편 국회의원이 다른 의원의 직무행위에 관여하는 것이 국회의원의 직무행위 자체라고 할 수는 없으나, 국회의원이 자신의 직무권한인 의안의 심의 · 표결권 행사의 연장선상에서 일정한 의안에 관하여 다른 동료의원에게 작용하여 일정한 의정활동을 하도록 권유 · 설득하는 행위 역시 국회의원이 가지고 있는 위 직무권한의 행사와 밀접한 관계가 있는 행위로서 그와 관련하여 금원을 수수하는 경우에도 뇌물수수죄가 성립한다.

판례연구 **뇌물죄의 직무관련성이 인정되는 사례**

1 뇌물죄의 직무관련성이 인정되는 전통적 사례
① 부하직원의 비행 묵인조로 돈을 받은 경우(대법원 1968.12.24, 66도1575)
② 재무부 보험과장이 보험회사의 주식을 인수하게 한 경우(대법원 1984.7.24, 83도830)
③ 경락허가결정문의 문안작성을 처리해 온 관여 주사보가 허부결정에 대한 청탁을 받은 경우(대법원 1985.2.8, 84도2625)
④ 광산과 운수업무를 취급하는 시 광산과장이 개인택시면허를 청탁받은 경우(대법원 1987.9.22, 87도1472)
⑤ 구청위생계장이 건물용도변경허가와 관련하여 금품을 수수한 경우(대법원 1989.9.12, 89도597[498])
⑥ 국회의원이 의정활동의 대가로 금원을 받은 경우(대법원 1997.12.26, 97도2609[499]) [법원9급 11]

2 대법원 1981.8.25, 81도1830
뇌물수수죄에 있어서의 '직무'의 의미 및 세무공무원의 공용서류 반환 청탁 관련 뇌물수수 사례
뇌물수수죄에 있어서의 직무란 법령에 의한 공무원의 직무 자체뿐만 아니라 이와 관련하여 사실상 관리하는 직무행위도 포함한다고 할 것이므로 과세자료를 조사 수집하고 그에 따라 법령의 규정에 따른 과세를 하여 이를 징수하는 법령상의 직무를 수행하는 세무공무원이 그 직무와 관련하여 그가 보관하는 공무소에서 사용하는 서류를 반환하여 달라는 청탁을 받고 이를 응낙한 후 그 청탁 명목으로 금원을 수수하였다면 직무에 관한 뇌물의 수수라고 할 것이다.

총괄과 직원 채용에 관한 추천 및 심의업무에 종사할 뿐 아니라 위 공단의 인사위원으로 되어 있어 위 공단 인사에 영향을 미칠 수 있는 직위에 있었고, 공소외 2는 위 공단 관리과의 지도계장으로 위 피고인보다 하위직에 있었으며, 당시 위 피고인과 사이가 좋지 않아 인사상의 불이익을 모면하기 위하여 판시 금원을 위 피고인에게 교부한 점 등을 알 수 있는바, 그렇다면 위 피고인이 위 공소외 2로부터 받은 판시 금원은 자신의 직무와 관련하여 뇌물을 수수한 것이라고 할 것이다.

498 **판례** : 뇌물죄에 있어서 직무에 관하여라 함은 당해 공무원이 그 직무의 결정권을 갖고 있지 않더라도 그 직무행위와 밀접한 관계에 있는 경우 및 사실상 관리하는 직무행위도 포함된다고 할 것이므로, 유흥업소를 경영하는 사람으로부터 구청위생계장이 건물용도변경허가와 관련하여 금품을 수수한 것은 직무와 관련하여 교부받은 것이라고 인정한 원심의 조치는 정당하다.

499 **판례** : 국회의원이 그 직무권한의 행사로서의 의정활동과 전체적 · 포괄적으로 대가관계가 있는 금원을 교부받았다면 그 금원의 수수가 어느 직무행위와 대가관계에 있는 것인지 특정할 수 없다고 하더라도 이는 국회의원의 직무에 관련된 것으로 보아야 하고, 한편 국회의원이 다른 의원의 직무행위에 관여하는 것이 국회의원의 직무행위 자체라고 할 수는 없으나, 국회의원이 자신의 직무권한인 의안의 심의 · 표결권 행사의 연장선상에서 일정한 의안에 관하여 다른 동료의원에게 작용하여 일정한 의정활동을 하도록 권유 · 설득하는 행위 역시 국회의원이 가지고 있는 위 직무권한의 행사와 밀접한 관계가 있는 행위로서 그와 관련하여 금원을 수수하는 경우에도 뇌물수수죄가 성립한다.

3 대법원 1984.2.14, 83도3218

수뢰한 금품을 공공의 비용에 충당한 경우 수뢰죄의 성부

수뢰한 금품의 용도는 그것을 개인의 용도에 사용하였건 부대의 행정에 소요되는 비용에 충당하였건 뇌물죄의 성립에 영향이 없다.

4 대법원 1984.8.14, 84도1139

시도지사에게 위임된 컨트리클럽 지도감독업무와 교통부장관 보좌관의 직무관련성

뇌물성은 의무위반행위의 유무와 청탁의 유무 등은 이를 가리지 않는 것이며 또 설사 컨트리클럽에 대한 지도·감독업무가 각 시도지사에게 위임되었다 하더라도 지방자치단체의 장에게 위임한 국가행정사무에 관하여는 당해 주무부장관이 이를 지휘·감독하도록 되어 있으므로 피고인이 교통부장관을 보좌하여 관광호텔 골프장 등 관광이용시설업체의 지휘·감독 등의 업무를 관장하고 있었다면 이를 들어 피고인의 직무의 관련성을 부정할 수 없다.

5 대법원 1985.5.14, 83도2050; 1996.6.14, 96도865

뇌물죄에 있어서 금품을 수수한 장소가 공개된 장소이고, 금품을 수수한 공무원이 이를 공사 현장 인부들의 식대 또는 동 공사의 홍보비, 부하직원들을 위한 휴가비·회식비 등으로 소비하였을 뿐 자신의 사리(私利)를 취한 바 없다 하더라도 그 뇌물성이 부정되는 것은 아니다. [경찰채용 10·12 2차/ 국가7급 08/ 법원9급 08·10]

6 대법원 1994.9.9, 94도619

동화은행으로부터 뇌물을 받은 대통령 경제수석 사례

대통령경제수석비서관은 금융기관의 감독업무를 포함하여 모든 국가경제정책의 수립에 관한 조정·통제 및 경제전반에 걸친 대통령의 지시사항의 이행을 점검·감독하는 업무를 수행하고 이를 위하여 관계행정기관의 장과 협의하고 그 자신의 견해를 대통령에게 보고하는 등 금융기관의 업무에 관하여 사실상의 영향력을 행사하는 지위이므로 위 피고인 甲이 위 금원을 수수한 것은 적어도 직무행위와 밀접한 관계가 있다.

7 대법원 1996.11.15, 95도1114

토지소유자들이 구획정리사업조합을 설립하여 시행하는 위의 토지구획정리사업에 관하여는 실무상 시의회의 심의를 거치도록 되어 있음을 알 수 있고, 시의회 의장직에 있던 피고인은 위 토지구획정리사업에 대한 시의회의 심의와 관련하여 영향을 미칠 수 있는 지위에 있다 할 것이므로 직무관련성이 있다 할 것이다.

8 대법원 1997.4.17, 96도3377 전원합의체

뇌물죄에 있어서 대통령의 직무범위 및 그 직무관련성

국책사업의 사업자 선정도 역시 대통령의 직무범위에 속하거나 그 직무와 밀접한 관계가 있는 행위이므로 이에 관하여 대통령에게 금품을 공여하면 바로 뇌물공여죄가 성립하고, 대통령이 실제로 영향력을 행사하였는지 여부는 범죄의 성립에 영향을 미치지 않는다.

9 대법원 1998.3.10, 97도3113

지방자치단체 건축지도계장이 건축업자에게 자신의 주상복합건물 신축공사를 도급주어 시공하게 한 사례

공무원이 그 이익을 수수하는 것으로 인하여 사회일반으로부터 직무집행의 공정성을 의심받게 되는지 여부도 뇌물죄의 성부를 판단함에 있어서의 판단 기준이 되며, 뇌물을 받은 결과 부정한 행위를 해야만 뇌물죄가 성립하는 것은 아니므로, 건축지도계장으로 근무하는 피고인이 건축업자에게 편의를 제공한

후 동인에게 자신의 주상복합건물 신축공사를 도급주어 시공하게 한 경우, 통상공사비보다 다소 저렴한 액수로 공사계약을 체결한 것이 직무와 관련하여 부당하게 저렴한 가격으로 결정되었다고 볼 수 없다는 이유로 뇌물죄가 성립하지 않는다고 볼 것은 아니다.

10 대법원 1999.11.9, 99도2530
음주운전 단속 경찰관의 운전면허취소업무에 대한 직무관련성
뇌물죄는 직무집행의 공정과 이에 대한 사회의 신뢰에 기하여 직무행위의 불가매수성을 그 직접의 보호법익으로 하고 있으므로 뇌물성은 의무위반 행위나 청탁의 유무 및 금품수수 시기와 직무집행행위의 전후를 가리지 아니한다 할 것이고, 따라서 뇌물죄에서 말하는 '직무'에는 사무분장에 따라 현실적으로 담당하지 않는 직무라도 법령상 일반적인 직무권한에 속하는 직무 등 공무원이 그 직위에 따라 공무로 담당할 일체의 직무를 포함한다. 따라서 음주운전 단속에 관련된 제반 서류를 작성한 후 운전면허취소업무를 담당하는 직원에게 이를 인계하는 업무를 담당하는 경찰관이 피단속자로부터 운전면허가 취소되지 않도록 하여 달라는 청탁을 받고 금원을 교부받은 경우 뇌물수수죄의 죄책이 인정된다(참고로 수뢰후부정처사죄는 성립하지 않는 판례임). [경찰채용 18 1차 / 경찰채용 10·16 2차 / 경찰간부 12 / 경찰승진(경사) 11 / 법원9급 09]

11 대법원 2002.5.10, 2000도2251
의장선거에서의 투표권을 가지고 있는 군(郡)의원[500]들이 이와 관련하여 금품 등을 수수할 경우 이는 군의원으로서의 직무와 관련된 것이라 할 것이므로 뇌물죄가 성립한다. [경찰승진(경사) 11]

12 대법원 2003.6.13, 2003도1060
범죄를 예방·진압·수사하여야 할 일반적 직무권한[501]을 가지는 경찰관(원주경찰서 교통계 근무)이 도박장개설 및 도박범행을 묵인하고 편의를 봐주는 데 대한 사례비 명목으로 금품을 수수하고, 나아가 도박장개설 및 도박범행사실을 잘 알면서도 이를 단속하지 아니한 것은 경찰관으로서 직무와 관련되는 것이다(결국 수뢰후부정처사죄가 성립함).[502] [사시 14 / 변호사시험 14]

13 대법원 2004.5.28, 2004도1442
대대 주임원사인 피고인이 소속 대대 병사들의 보직에 관하여 지휘관인 대대장에게 건의하면 그 건의가 상당 부분 반영되어 왔다면 그와 같은 병사들의 보직 등을 결정하는 직무는 뇌물죄에 있어서의 직무에 해당한다. [경찰채용 21 1차 / 법원9급 18]

14 대법원 2005.10.14, 2003도1154
농림부 주관 농림기술개발사업의 일환으로 시행되고, 국립대학교 총장 명의로 체결된 연구 용역 약정에 기하여 소속 대학 교수가 행하는 연구 활동이 교육공무원인 위 교수의 직무 집행 행위에 해당한다.

15 대법원 2007.4.27, 2005도4204
사회 일반으로부터 직무집행의 공정성을 의심받게 되는지 여부도 뇌물죄의 성부를 판단함에 있어서의 판단기준이 되므로, 경찰관이 재건축조합 직무대행자에 대한 진정사건을 수사하면서 진정인 측에 의하여 재건축 설계업체로 선정되기를 희망하던 건축사사무소 대표로부터 금원을 수수한 경우, 금원의 수수와 경찰공무원의 직무인 진정사건 수사와의 관련성을 배척할 수 없다. [경찰간부 12 / 경찰승진(경사) 11]

---

500 지방자치법 제42조 제1항의 규정에 의하면 지방의회는 의장을 의원들 간의 무기명투표로 선거하도록 되어 있다.
501 경찰관직무집행법 제2조 제1호는 경찰관이 행하는 직무 중의 하나로 '범죄의 예방·진압 및 수사'를 들고 있다.
502 비록 해당 경찰관이 도박범행의 수사 등에 관한 구체적인 사무를 담당하고 있지 아니하였다 하여도 달리 볼 것은 아니다(위 판례의 판결이유 중에서).

16 대법원 2009.8.20, 2009도4391

공무원이 수수한 금품에 직무행위와 대가관계가 있는 부분과 그렇지 않은 부분이 불가분적으로 결합되어 있으면, 수수한 금품 '전액'이 직무행위에 대한 대가로 수수한 뇌물이라고 해야 한다. [경찰간부 14]

17 대법원 2010.4.29, 2010도1082

경찰청장으로서 모든 범죄수사에 관하여 직무상 또는 사실상의 영향력을 행사할 수 있는 지위에 있던 피고인이, 1년에 3~4차례 정도 전화로 안부 인사를 나눌 정도였던 甲으로부터 미화 2만 달러를 받은 것은 직무와 관련하여 뇌물로 수수한 것이라고 해야 한다.

18 대법원 2010.5.13, 2008도5506

도시 및 주거환경정비법 제84조에 의하여 공무원으로 의제되는 정비사업전문관리업자의 임·직원의 경우, 임·직원이 얻는 어떤 이익을 직무와 대가관계가 있는 부당한 이익으로서 뇌물에 해당하는 것으로 보려면 정비사업전문관리업자가 반드시 정비조합이나 조합설립추진위원회와 특정 재건축·재개발 정비사업에 관하여 구체적인 업무위탁계약을 체결하여 그 직무에 관하여 이익을 취득할 것을 요하는 것은 아니라고 할 것이다. [법원행시 09]

19 대법원 2010.12.23, 2010도10910

국회 정무위원회 수석전문위원으로서 정무위원회 소관 기관에 대하여 상당한 영향력을 가진 피고인이 그 소관 기관 등의 업무에 관한 청탁 또는 부탁을 받고 금품을 수수한 경우, 피고인의 위 행위는 자신의 직무이거나 그 직무와 밀접한 관계가 있는 행위라고 할 것이어서 수뢰죄에 해당한다.

20 대법원 2010.12.23, 2010도13584

공무원으로 의제되는 재건축조합 조합장 甲이 재건축상가 일반분양분의 매수를 위한 청탁 명목으로 제공된다는 사정을 알면서 피고인 乙을 통하여 丁으로부터 5,000만 원이 입금되어 있는 통장과 현금카드를 교부받은 경우, 재건축상가 일반분양분의 매각은 조합장의 직무와 밀접한 관련이 있으므로 甲에게는 뇌물수수죄가 인정된다.

21 대법원 2011.3.24, 2010도17797

시(市) 도시계획국장인 피고인 甲이 건설회사를 운영하는 피고인 乙의 부탁을 받고 위 회사로 하여금 자신이 관리·감독하는 공사 중 일부를 하도급받도록 해 준 다음 그 대가로 돈을 받은 경우에는 뇌물수수죄에 해당한다.

22 대법원 2011.12.8, 2010도15628

시(市)의원인 피고인이 신문사와 노인단체의 부탁을 받고 노인시설에서 구독하는 신문의 구독료 예산을 확보하여 지급되도록 한 다음 수수료 명목의 돈을 수수한 경우, 위 돈은 피고인이 직무에 관하여 수수한 것으로 보아야 한다.

23 대법원 2012.1.12, 2011도12642

직무에 대한 대가성과 직무 외의 행위에 대한 사례의 성질이 결합된 사례
① 공무원이 수수·요구 또는 약속한 금품에 그 직무행위에 대한 대가로서의 성질과 직무 외의 행위에 대한 사례로서의 성질이 불가분적으로 결합되어 있는 경우에는, 그 수수·요구 또는 약속한 금품 전부가 불가분적으로 직무행위에 대한 대가로서의 성질을 가진다(대법원 2009.7.9, 2009도3039). 또한 ② 정치자금·선거자금 등의 명목으로 이루어진 금품의 수수라 하더라도 그것이 정치인인 공무원의 직무행위에 대한 대가로서의 실체를 가지는 한 뇌물로서의 성격을 잃지 아니하고, 설령 수수된 금품

중 순수한 정치자금의 성격이 일부 포함되어 있는 경우가 있다고 하더라도 이를 뇌물로 보는 데에는 지장이 없다(대법원 1997.12.26, 97도2609). 다만 ③ 그 금품의 수수가 수회에 걸쳐 이루어졌고 각 수수 행위별로 직무관련성 유무를 달리 볼 여지가 있는 경우에는 그 행위마다 직무와의 관련성 여부를 가릴 필요가 있을 뿐이다(대법원 2011.5.26, 2009도2453).

24 대법원 2013.11.28, 2013도10011

원래의 직무범위에 속하지 않지만 직무와 관련하여 금품을 수수한 지방건설기술심의위원회 위원 사건
구 건설기술관리법 제45조 제1호는 형법 제129조부터 제132조까지의 뇌물죄 규정을 적용할 때에
는 제5조 제1항에 따른 지방건설기술심의위원회(기술심의위원회)의 위원 중 공무원이 아닌 위원은
공무원으로 본다고 규정하고 있다. 이는 심의의 공정성과 투명성을 높이기 위하여 공무원이 아닌
사람이 기술심의위원회의 위원으로서 직무를 처리하는 경우에 그 직무와 관련하여 부당한 금품을
수수하면 공무원으로 보아 형법 제129조부터 제132조까지의 뇌물죄로 처벌하려는 것이다. 위와 같
은 의제규정의 내용 및 목적에 비추어 보면, 국가공무원이나 지방공무원 등 공무원이 기술심의위원
회의 위원으로서 직무를 처리하는 경우에 그 직무가 그 공무원이 취급하는 원래의 직무 범위에 속하
지 아니한다고 하더라도 기술심의위원회 위원의 직무와 관련하여 부당한 금품을 수수한 때에는 뇌물
죄가 성립한다. [법원9급 14]

판례연구 | 뇌물죄의 직무관련성이 인정되지 않는 사례

1 뇌물죄의 직무관련성이 인정되지 않는 전통적 사례

① 교육부 편수국 교육연구관이 발행자로부터 검정교과서의 내용검토와 개편 등을 의뢰받은 경우(대
법원 1979.5.22, 78도296) [경찰간부 12]
② 형사피고사건의 공판참여주사가 양형을 감경해 달라는 청탁을 받은 경우(대법원 1980.10.14, 86도
1373) [변호사시험 14]

2 대법원 2002.5.31, 2001도670

구체적인 행위가 공무원의 직무에 속하는지 여부는 그것이 공무의 일환으로 행하여졌는가 하는 형식
적인 측면과 함께 그 공무원이 수행하여야 할 직무와의 관계에서 합리적으로 필요하다고 인정되는
것이라고 할 수 있는가 하는 실질적인 측면을 아울러 고려하여 결정하여야 하므로, 어업손실액 조사기
관인 국립대학교 부설 연구소가 국가를 당사자로 하는 계약에 관한 법률에 근거하지 아니하고 국가와
는 별개의 지위에서 연구소라는 단체의 명의로 체결한 어업피해조사용역계약상의 과업 내용에 의하여
국립대학교 교수가 위 연구소 소속 연구원으로서 수행하는 조사용역업무는 교육공무원의 직무 또는
그와 밀접한 관계가 있거나 그와 관련된 행위에 해당한다고 볼 수 없다. [경찰채용 11 1차]

3 대법원 2006.6.15, 2005도1420

서울대학교 의과대학 교수 겸 서울대학교병원 의사가 구치소로 왕진을 나가 진료하고 진단서를 작성
해 주거나 법원의 사실조회에 대하여 회신을 해주는 것은 의사로서의 진료업무이지 교육공무원인
서울대학교 의과대학 교수의 직무와 밀접한 관련 있는 행위라고 할 수 없다. [국가7급 21]

4 대법원 2007.10.12, 2005도7112

수의계약(隨意契約)을 체결하는 공무원이 해당 공사업자와 적정한 금액 이상으로 계약금액을 부풀려서
계약하고 부풀린 금액을 자신이 되돌려 받기로 사전에 약정한 다음 그에 따라 수수한 돈은 성격상
뇌물이 아니고 횡령(국고손실)금에 해당한다. [경찰채용 11·14 1차 / 경찰채용 16 2차 / 경찰승진 17 / 법원9급 09 / 법원행시
08·11·12·13 / 사시 11·13]

5 대법원 2009.11.26, 2009도8670

한국전기연구원의 책임연구원이 차세대초전도응용기술개발사업의 사업단장으로서 연구비 지원에 대한 사례 명목으로 금품을 수수한 경우, 뇌물수수죄는 성립하지 않고 배임수재죄가 성립한다.

6 대법원 2011.5.26, 2009도2453

구 해양수산부 소속 공무원인 피고인이 甲 해운회사의 대표이사 등에게서 중국의 선박운항허가 담당부서가 관장하는 중국 국적선사의 선박에 대한 운항허가를 받을 수 있도록 노력해 달라는 부탁을 받고 돈을 받은 경우에는 직무관련성이 없어 뇌물수수죄가 성립하지 않는다. [경찰채용 13·14·21 2차 / 경찰간부 12]

7 대법원 2017.12.22, 2017도12346

장래에 담당할 직무와의 관련성을 인정할 수 없다는 사례

형법 제129조 제1항의 뇌물수수죄가 성립하려면 공무원이 그 직무에 관하여 뇌물을 수수하여야 한다. 따라서 공무원이 이익을 수수한 행위가 공무원의 직무와 관련이 없다면 뇌물수수죄는 성립하지 않는다. ① 공무원이 장래에 담당할 직무에 대한 대가로 이익을 수수한 경우에도 뇌물수수죄가 성립할 수 있지만, ② 그 이익을 수수할 당시 장래에 담당할 직무에 속하는 사항이 그 수수한 이익과 관련된 것임을 확인할 수 없을 정도로 막연하고 추상적이거나, 장차 그 수수한 이익과 관련지을 만한 직무권한을 행사할지 자체를 알 수 없다면, 그 이익이 장래에 담당할 직무에 관하여 수수되었다거나 그 대가로 수수되었다고 단정하기 어렵다.

8 대법원 2019.11.28, 2019도11766

횡령 범행으로 취득한 돈을 공범자끼리 수수한 것은 뇌물수수가 아니라는 사례

횡령 범행으로 취득한 돈을 공범자끼리 수수한 행위가 공동정범들 사이의 범행에 의하여 취득한 돈을 공모에 따라 내부적으로 분배한 것에 지나지 않는다면 별도로 그 돈의 수수행위에 관하여 뇌물죄가 성립하는 것은 아니다.[503]

판례연구	경찰관과 중소기업협동조합중앙회 회장의 직무관련성 사례 : 무죄

경찰청 정보과에 근무하는 경찰관인 甲은 중소기업 A회사를 운영하는 乙로부터 중소기업협동조합중앙회 회장 丙에 의하여 외국인산업연수생에 대한 국내관리업체로 선정되는 데 힘써 달라고 각종 향응을 받은 다음, 금 5,000만 원을 중앙회 회장에게 전달해 달라는 부탁을 받았다. 甲은 위 금전을 임의로 소비하였다. 甲의 형사책임은?(제133조 제2항의 증뢰물전달죄는 논외로 함)

해결 경찰청 정보과 근무 경찰관의 직무와 중소기업협동조합중앙회 회장의 외국인산업연수생에 대한 국내관리업체 선정업무는 직무관련성이 없으므로 수뢰죄 내지 증뢰죄가 인정되지 않고, 한편 판례에 의하면 제3자에 대한 뇌물공여 또는 배임증재의 목적으로 전달하여 달라고 교부받은 금전은 불법원인급여물에 해당하여 그 소유권이 甲에게 귀속되므로 횡령죄가 성립하지 않는다. 따라서 甲은 무죄이다(대법원 1999.6.11, 99도275). [경찰채용 14 2차 / 경찰승진(경사) 11 / 경찰승진(경감) 11 / 경찰승진 13 / 법원9급 07(하) / 법원행시 07]

---

503 **참고** : 국가정보원 특수활동비 35억여 원을 대통령 등이 상납 받은 것은 특정범죄 가중처벌 등에 관한 법률상 국고손실죄에 해당한다. 국고손실죄에 해당하려면 특활비를 상납한 국정원장도 국고손실죄의 주체인 '회계관계직원'에 해당된다고 봐야 하는데 대법원은 이를 인정하였다. 대법원은 박 전 대통령이 받은 35억 가운데 33억원은 국고손실에 해당하고, 2016년 9월 이병호 전 국정원장이 건넨 돈 2억원은 뇌물로 판단했다. 2심에서 무죄로 판단한 일부 국고손실 혐의와 뇌물 혐의를 모두 유죄로 판시해 박 전 대통령의 형량은 다소 늘어날 것으로 예상된다(법률신문, 2019.11.28. 기사에서 발췌).

1 대법원 2000.1.21, 99도4940

금액이 적더라도 직무와의 대가관계로 금품을 받은 것은 뇌물수수라는 사례

공무원이 그 직무의 대상이 되는 사람으로부터 금품 기타 이익을 받은 때에는 그것이 그 사람이 종전에 공무원으로부터 접대 또는 수수받은 것을 갚는 것으로서 사회상규에 비추어 볼 때에 의례상의 대가에 불과한 것이라고 여겨지거나, 개인적인 친분관계가 있어서 교분상의 필요에 의한 것이라고 명백하게 인정할 수 있는 경우 등 특별한 사정이 없는 한 직무와의 관련성이 없는 것으로 볼 수 없고, 공무원의 직무와 관련하여 금품을 수수하였다면 비록 사교적 의례의 형식을 빌어 금품을 주고 받았다 하더라도 그 수수한 금품은 뇌물이 된다. [경찰채용 12·21 2차 / 경찰승진(경사) 11 / 국가7급 08·11 / 법원9급 14]

2 대법원 1997.4.17, 96도3378; 2008.6.12, 2006도8568

정치자금, 선거자금, 성금 등의 명목으로 이루어진 금품의 수수라 할지라도, 그것이 정치가인 공무원의 직무행위에 대한 대가로서의 실체를 갖는 한 뇌물로서의 성격을 잃지 않는다.[504] [법원9급 06 / 법원행시 05]

3 대법원 1984.4.10, 83도1499

노동청 해외근로국장 사례

노동청 해외근로국장으로서 해외취업자 국외송출허가 등 업무를 취급하던 피고인이 접대부 등의 국외 송출을 부탁받고 시가 70,000원 상당의 음식을 접대받은 경우, 비록 그 접대의 규모가 그리 크지 아니하였다 하더라도 그 사유만으로 이를 단순한 사교적 의례의 범위에 속하는 향응에 불과하다고 볼 수 없으며 뇌물성을 띤다고 볼 것이다.

4 대법원 1996.6.14, 96도865

주차관리원 채용 사례

비록 피고인이 교부받은 금원이 금 20만 원으로서 비교적 소액이라 하더라도 그것이 주차관리원의 채용이라는 공무원의 직무와 관련하여 그 알선 명목으로 수수된 것이므로 뇌물죄에 해당한다.

5 대법원 2008.11.27, 2006도8779; 2002.7.26, 2001도6721; 2008.2.1, 2007도5190

재건축조합 설립인가 관련 구청 주택과장 사례

재건축추진위원장이 재건축조합의 조속한 설립인가를 위해 담당공무원(구청 주택과장)에게 두 차례에 걸쳐 점심 식사를 제공한 경우라면, 공무원이 직무와 관련하여 금품을 수수한 것으로서 비록 사교적 의례의 형식을 빌려 금품을 주고받았다 하더라도 그 수수한 금품은 뇌물이 된다.

1 대법원 1976.9.28, 75도3607; 2004.5.28, 2004도1442

공무원이 그 직무에 관하여 금원을 무기한·무이자로 차용한 경우에는 수뢰자가 받은 실질적 이익은

---

504 **판례** : 정치자금 명목으로 관련 법률에 정한 절차에 따라 수수된 금품의 경우에 뇌물성을 인정할 수 있는지 여부(적극) 정치자금의 기부행위는 정치활동에 대한 재정적 지원행위이고, 뇌물은 공무원의 직무행위에 대한 위법한 대가로서 양자는 별개의 개념이므로, 금품이 정치자금의 명목으로 수수되었고 또한 당시 시행되던 구 정치자금에 관한 법률에 정한 절차를 밟았다 할지라도, 상대방의 지위 및 직무권한, 당해 기부자와 상대방의 종래 교제상황, 기부의 유무나 시기, 상대방, 금액, 빈도 등의 상황과 함께 당해 금품의 액수 및 기부하기에 이른 동기와 경위 등에 비추어 볼 때, 정치인의 정치활동 전반에 대한 지원의 성격을 갖는 것이 아니라 공무원으로서의 정치인의 특정한 구체적 직무행위와 관련하여 제공자에게 유리한 행위를 기대하거나 혹은 그에 대한 사례로서 이루어짐으로써 정치인인 공무원의 직무행위에 대한 대가로서의 실체를 가진다면 뇌물성이 인정된다(대법원 2008.6.12, 2006도8568). [법원행시 05 / 사시 10]

무기한·무이자 차용금의 금융이익 상당이므로 그 금융이익이 뇌물이라 할 것이다. [법원9급 13]

2 대법원 1994.11.4, 94도129
투기적 사업에 참여할 기회 : 체비지 원가매수 사례
직무와 관련하여 장래 시가앙등이 예상되는 체비지의 지분을 낙찰원가에 매수한 것은 투기적 사업에 참여할 기회를 제공받은 것으로 뇌물수수죄에 해당된다. [경찰채용 12 3차/국가7급 12/법원9급 08/법원행시 06·08] 피고인 甲·乙(공무원)이 평소 담당하여 온 직무와 피고인 丙(증뢰자)의 관계, 그들이 체비지 150평 지분을 매매하게 된 경위, 그 매매대금의 액수, 그 당시의 부동산가격 조짐과 그 후 이 사건 체비지의 가격이 급등하게 된 점 등에 비추어, 피고인 甲·乙이 丙으로부터 위 체비지 지분을 낙찰원가에 매수한 것은 설사 그 매수 당시의 체비지의 시세가 낙찰원가에 불과하다고 하더라도 직무와 관련하여 이른바 투기적 사업에 참여할 기회를 제공받음에 다름 아니라 할 것이고, … 이 사건에 있어서 피고인 甲·乙이 직무와 관련하여 피고인 丙으로부터 장래 시가의 앙등이 예상되는 이 사건 체비지 150평 지분을 낙찰원가에 매수한 것은 뇌물수수죄에, 피고인 丙이 이를 매도한 것은 뇌물공여죄에 해당된다고 할 것이다.

3 대법원 2001.1.5, 2000도4714
군에서 일차진급 평정권자가 그 평정업무와 관련하여 진급대상자로 하여금 자신의 은행대출금채무에 연대보증하게 한 행위는 직무에 관련하여 이익인 뇌물을 받은 것에 해당된다.

4 대법원 2002.11.26, 2002도3539
액수 미상의 프리미엄이 예상되는 조합아파트 1세대를 분양해 준 사례
재개발주택조합의 조합장이 그 재직 중 고소하거나 고소당한 사건의 수사를 담당한 경찰관에게 액수 미상의 프리미엄이 예상되는 그 조합아파트 1세대를 분양해 준 경우, 그 아파트가 당첨자의 분양권 포기로 조합에서 임의분양하기로 된 것으로서 예상되는 프리미엄의 금액이 불확실하였다고 하더라도, 조합, 즉 조합장이 선택한 수분양자가 되어 분양계약을 체결한 것 자체가 경제적인 이익이라고 볼 수 있으므로 이는 뇌물공여죄에 해당한다. [국가9급 22/법원행시 09/사시 11·14]

5 대법원 2006.4.27, 2006도735
자동차를 뇌물로 수수하였다고 하기 위해서는 수뢰자가 그 법률상 소유권을 취득하여야 하는지 여부 (소극)
자동차를 뇌물로 제공한 경우 자동차등록원부에 뇌물수수자가 그 소유자로 등록되지 않았다고 하더라도 자동차의 사실상 소유자로서 자동차에 대한 실질적인 사용 및 처분권한이 있다면 자동차 자체를 뇌물로 취득한 것으로 보아야 한다.[505] [경찰승진 17/법원승진 11]

6 대법원 2014.1.29, 2013도13937
성적 욕구의 충족도 뇌물의 내용인 이익에 포함된다는 사례
뇌물죄에서 뇌물의 내용인 이익이라 함은 금전, 물품 기타의 재산적 이익뿐만 아니라 사람의 수요·욕망을 충족시키기에 족한 일체의 유형·무형의 이익을 포함하며, [경찰승진 12/사시 13] 제공된 것이 성적 욕구의 충족이라고 하여 달리 볼 것이 아니다. [경찰채용 18 1차/경찰채용 16 2차/법원9급 17]

---

505 **보충** : 다만 피고인에게 뇌물로 제공되었다는 자동차는 리스차량으로 리스회사 명의로 등록되어 있는 점, 피고인이 처분승낙서, 권리확인서 등 원하는 경우 소유권이전을 할 수 있는 서류를 소지하고 있지도 아니한 점, 리스계약상 리스계약이 기간만료 또는 리스료 연체로 종료되어 리스회사에서 위 승용차의 반환을 구하는 경우 피고인은 이에 응할 수밖에 없다고 보이는 점 등에 비추어 볼 때 피고인에게 위 승용차에 대한 실질적 처분권한이 있다고 할 수 없어 자동차 자체를 뇌물로 수수한 것으로 볼 수 없다(위 판례). [법원9급 08/법원행시 09/사시 13]

7 대법원 2014.10.15, 2014도8113

보험설계사인 재건축정비사업의 임원이 시공사 선정 등과 관련하여 보험계약을 체결하게 한 사례

甲 생명보험 주식회사의 보험설계사이자 도시 및 주거환경정비법상 재건축정비사업조합의 조합장인 피고인이, 乙에게서 시공사 선정 등에 도움을 달라는 청탁을 받고 乙로 하여금 甲 회사 보험상품에 대한 보험계약을 체결하게 한 후 그에 대한 보험계약 모집수수료를 교부받음으로써 직무에 관하여 뇌물을 수수하였다는 내용으로 기소된 경우, 피고인이 乙에게서 제공받은 뇌물은 '보험계약 체결에 따라 모집수수료 등을 지급받을 수 있는 지위 또는 기회'이고, 재산적 가치는 적어도 보험계약 모집수수료 상당은 된다.

판례연구　**부당한 이익에 해당되지 않으므로 뇌물로서 인정되지 않는 사례**

대법원 1982.9.14, 81도2774

사교적 의례에 불과한 결혼식 축의금 사례

공소외 이○○으로부터 받은 돈 10만 원과 공소외 한○○, 유○○으로부터 받은 각 금 5만 원은 피고인 甲이 자신의 차남 및 3남 결혼식 축의금으로 받은 것일뿐 아니라 피고인이 위 공소외인들과 개인적으로도 친분관계를 맺어온 사이였다면, 비록 공소외인들이 피고인의 직무와 관련이 있는 사업을 경영하는 사람들이었다 하더라도 그 사정만으로 각 금원이 축의금을 빙자하여 뇌물로 수수된 것이었다고 단정할 수는 없다.

판례연구　**수뢰죄의 주체에 해당하는 경우**

1 대법원 2001.1.19, 99도5753

지방공사와 지방공단의 임원·직원을 공무원으로 본다고 규정한 지방공기업법 제83조는 헌법 제11조 제1항, 제37조 제2항 등에 위반된다고 볼 수 없으며, 또한 지방공기업법은 지방공사와 지방공단의 임원·직원에 관하여 구체적인 규정을 두고 있으므로, 위 제83조가 죄형법정주의에 위배되는 것이라고 할 수도 없다. [법원행시 08]

2 대법원 2007.4.27, 2007도694; 2008.1.24, 2006도5711

재건축조합장 등 주택재건축조합의 임원도 도시 및 주거환경정비법상 근거가 명시되어 있기 때문에 뇌물죄의 적용에 있어서 공무원으로 의제되므로, 건설업자들이 재건축조합장에게 직무와 관련하여 금전을 제공하였다면 별도의 부정한 청탁이 존재하지 않더라도 뇌물공여죄가 성립한다.

3 대법원 2009.2.12, 2007도2733

시·도지사에 의하여 지방교통영향심의위원회의 위원으로 임명 또는 위촉된 자는 그때부터 형법 제129조에 규정된 수뢰죄의 주체인 공무원에 해당하게 되고, 특정 안건을 심의하기 위한 '지방교통영향심의위원회의 회의' 개최를 앞두고 위원장에 의하여 그 회의의 위원으로 지명된 때에 비로소 위 법조에 정한 '공무원'에 해당하게 되는 것은 아니다.

4 대법원 2010.5.13, 2008도5506

정비사업전문관리업자의 임·직원이 일정한 자본·기술인력 등의 기준을 갖추어 등록한 후에는 조합설립추진위원회로부터 정비사업전문관리업자로 선정되기 전이라도 그 직무에 관하여 뇌물을 수수한 때에 형법 제129조 내지 제132조의 적용대상이 되고, 정비사업전문관리업자가 조합설립추진위원회로부터 정비사업에 관한 업무를 대행할 권한을 위임받은 후에야 비로소 그 임·직원이 형법 제129조 내지 제132조의 적용에 있어 공무원으로 의제된다고 볼 것은 아니다.

5 대법원 2010.12.23, 2010도13584

재건축조합의 전임 조합장 직무대행자가 선임된 상태에서 후임 조합장으로 선임된 자가 실질적으로 조합장 직무를 수행한 경우, 뇌물죄의 적용에서 공무원으로 의제되는 '조합의 임원'이 된다.

6 대법원 2011.1.13, 2009도14660

지방공기업법상 뇌물죄의 공무원으로 의제되는 '과장 또는 팀장 이상의 직원' 여부의 판단 기준(= 직급)

지방공기업법 제83조는 "공사와 공단의 임원 및 대통령령이 정하는 직원은 형법 제129조 내지 제132조의 적용에 있어서는 이를 공무원으로 본다."고 규정하고 있고, 같은 법 시행령 제80조는 "법 제83조에서 '대통령령이 정하는 직원'이라 함은 공사와 공단의 정관상 과장 또는 팀장 이상의 직원을 말한다."고 규정하고 있는바, 위 시행령에 정한 '과장 또는 팀장 이상의 직원'이란 직급을 기준으로 하여 과장 또는 팀장과 동급이거나 그 이상의 직원을 말하는 것으로서 현실적으로 과장이나 팀장의 직위를 가지고 있는지 여부는 문제삼지 않는다.

7 대법원 2013.11.14, 2012도15254

한국환경공단 설계심의분과위원 뇌물수수 사건

발주청의 설계심의분과위원회의 위원으로 임명 또는 위촉된 사람이 설계심의분과위원회 또는 그 위원의 직무와 관련하여 부당한 금품을 수수한 경우에는 건설기술관리법의 규정에서 정한 설계자문위원회 위원으로서 그 직무와 관련하여 부당한 금품을 수수한 것에 해당하여 뇌물죄가 성립한다고 봄이 상당하다.[506]

8 대법원 2014.3.27, 2013도11357

임용결격자이어서 임용이 무효가 된 경우의 공무원과 수뢰죄

법령에 기한 임명권자에 의하여 임용되어 공무에 종사하여 온 사람이 나중에 그가 임용결격자이었음이 밝혀져 당초의 임용행위가 무효라고 하더라도, 그가 임용행위라는 외관을 갖추어 실제로 공무를 수행한 이상 공무 수행의 공정과 그에 대한 사회의 신뢰 및 직무행위의 불가매수성은 여전히 보호되어야 한다. 따라서 이러한 사람은 형법 제129조에서 규정한 공무원으로 봄이 타당하고, 그가 그 직무에 관하여 뇌물을 수수한 때에는 수뢰죄로 처벌할 수 있다. [경찰채용 18 1차 / 경찰채용 14 2차 / 국가7급 16 / 법원9급 20·22 / 법원행시 14·16 / 변호사시험 17·18]

9 대법원 2014.6.12, 2014도2393

도시개발조합 임직원 사건

도시개발구역의 토지 소유자가 도시개발을 위하여 설립한 조합, 즉 도시개발조합의 임직원[507] 등이 그 직무에 관하여 부당한 이익을 얻었다면 그러한 이익도 형법 제133조 제1항에 규정된 "제129조 내지 제132조에 기재한 뇌물"에 해당하므로, 그 뇌물을 약속, 공여 또는 공여의 의사를 표시한 자에게는 형법 제133조 제1항에 의한 뇌물공여죄가 성립한다.

---

506 **보충** : 건설기술관리법(이하 '법') 제45조 제2호가 형법상 뇌물죄의 규정을 적용할 때는 법 제5조의2에 따른 발주청의 설계자문위원회 위원 중 공무원이 아닌 위원을 공무원으로 본다고 규정하고, 법의 위임에 따라 건설기술관리법 시행령은 설계자문위원회가 설계심의분과위원회를 구성·운영할 수 있다고 규정하고 있는데, … 발주청의 설계심의분과위원회는 설계자문위원회의 하부기관으로서 설계자문위원회가 담당하는 업무 중 일정한 사항을 수행하고, 이를 위하여 설계자문위원회의 위원 중에서 설계심의분과위원회의 위원을 임명 또는 위촉하도록 한 점에 비추어 보면, 설계심의분과위원회 위원은 건설기술관리법령에서 정한 바에 따라 설계자문위원회 위원의 직무를 수행한다고 할 것이다(위 판례).

507 **보충** : 도시개발법 제84조는 "조합의 임직원, 제20조에 따라 그 업무를 하는 감리원은 형법 제129조부터 제132조까지의 규정에 따른 벌칙을 적용할 때 공무원으로 본다."고 규정하고 있으므로, 도시개발구역의 토지 소유자가 도시개발을 위하여 설립한 조합(도시개발조합)의 임직원 등은 형법 제129조 내지 제132조가 정한 죄의 주체가 된다.

10 대법원 2016.1.14, 2015도15798

조합 임원의 지위 상실 또는 직무수행권의 상실과 공무원 의제

도시정비법 제84조의 문언과 취지, 형법상 뇌물죄의 보호법익 등을 고려하면, 정비사업조합의 임원이 그 정비구역 안에 있는 토지 또는 건축물의 소유권 또는 그 지상권을 상실함으로써 조합 임원의 지위를 상실한 경우나 임기가 만료된 정비사업조합의 임원이 관련 규정에 따라 그 후임자가 선임될 때까지 계속하여 그 직무를 수행하다가 후임자가 선임되어 그 직무수행권을 상실한 경우, 그 조합 임원이 그 후에도 조합의 법인 등기부에 임원으로 등기되어 있는 상태에서 계속하여 실질적으로 조합 임원으로서의 직무를 수행하여 왔다면 그 직무수행의 공정과 그에 대한 사회의 신뢰 및 직무행위의 불가매수성은 여전히 보호되어야 한다. 따라서 그 조합 임원은 임원의 지위 상실이나 직무수행권의 상실에도 불구하고 도시정비법 제84조에 따라 형법 제129조 내지 제132조의 적용에 있어서 공무원으로 보아야 한다. [경찰채용 16 2차 / 법원9급 17]

11 대법원 2016.6.10, 2015도576

조합 설립인가처분 취소와 공무원 의제

도시 및 주거환경정비법 제16조의2 제1항에서 말하는 추진위원회 승인 또는 조합 설립인가의 '취소'는 추진위원회 승인이나 조합 설립인가 당시에 위법 또는 부당한 하자가 있음을 이유로 한 것이 아니라 처분 이후 발생한 후발적 사정을 이유로 하는 것이므로, 추진위원회 승인 또는 조합 설립인가의 효력을 소급적으로 상실시키는 행정행위의 '취소'가 아니라 적법요건을 구비하여 완전히 효력을 발하고 있는 추진위원회 승인 또는 조합 설립인가의 효력을 장래에 향해 소멸시키는 행정행위의 '철회'이다. … 주택재건축사업조합장은 형법 제129조 내지 제132조의 적용에 있어서 공무원으로 의제되는 조합의 임원이라고 봄이 상당하다.

12 대법원 2016.11.25, 2014도14166

공공기관운영법에 따른 준정부기관인 도로교통공단의 임직원에 대하여도 공공기관운영법 제53조의 적용이 배제된다고 볼 수 없다.

판례연구 수뢰죄의 주체에 해당하지 않는 경우

1 대법원 2011.3.10, 2010도14394

집행관사무소의 사무원은 뇌물죄의 주체인 공무원에 해당하지 않는다는 사례

집행관사무소의 사무원은 '지방법원에 소속되어 법률이 정하는 바에 따라 재판의 집행, 서류의 송달 그 밖에 법령에 따른 사무에 종사'하는 집행관(집행관법 제2조)과 달리 그에게 채용되어 업무를 보조하는 자에 불과할 뿐(같은 규칙 제21조 제1항), 그를 대신하거나 그와 독립하여 집행에 관한 업무를 수행하는 자의 지위에 있지는 않다. 따라서 각 법령의 규정, 그리고 피고인에게 불리한 형벌법규의 유추적용은 엄격히 제한되어야 한다는 점 등에 비추어 보면, 집행관사무소의 사무원이 집행관을 보조하여 담당하는 사무의 성질이 국가의 사무에 준하는 측면이 있다는 사정만으로는 형법 제129조 내지 제132조 및 변호사법 제111조에서 정한 '공무원'에 해당한다고 보기 어렵다. [경찰간부 13·17 / 법원승진 13]

2 대법원 2012.7.26, 2012도5692

건축법상 건축위원회의 위원은 수뢰죄의 주체인 공무원에 해당하지 않는다는 사례

건축법에서는 뇌물죄의 적용을 받는 자들을 열거하면서 '같은 법 제4조 제1항의 규정에 의한 건축위원회의 위원'은 이를 포함하지 않고 있다. 형벌법규는 엄격하게 해석하여야 한다는 원칙을 더하여 볼 때, 구 건축법 제4조 제1항의 규정에 의한 건축위원회의 위원은 뇌물수수죄의 주체인 공무원에 해당하지 않는다고 보아야 한다.

3 대법원 2012.8.23, 2011도12639

서울시청 구내식당 소속 시간제 종사원은 수뢰죄의 주체인 공무원에 해당하지 않는다는 사례

서울특별시 후생복지심의위원회가 정한 서울특별시 후생복지시설 운영규정 제6조에 따라 위 후생복지심의위원회 위원장에 의해 서울시청 구내식당 소속 시간제 종사원으로 고용된 사람은, 서울특별시의 내부규정에 불과한 위 운영규정이 법령에 해당하지 아니하고, 채용, 징계, 신분보장, 보수, 업무 등의 내용이 지방공무원법상 계약직 공무원의 그것과 명백히 다르다는 점에서, 뇌물수수죄 및 허위공문서작성·행사죄의 주체인 공무원에 해당한다고 할 수 없다.

판례연구 | **수뢰죄의 공무원 신분의 존재 시점 관련 판례**

1 대법원 2008.2.1, 2007도5190[508]; 2010.10.14, 2010도387[509]

공무원이 직무와 관련하여 뇌물수수를 약속하고 퇴직 후 이를 수수한 사례 : 뇌물수수죄 ×

뇌물수수죄는 공무원 또는 중재인이 그 직무에 관하여 뇌물을 수수한 때에 성립하는 것이어서 그 주체는 현재 공무원 또는 중재인의 직에 있는 자에 한정되므로, 공무원이 직무와 관련하여 뇌물수수를 약속하고 퇴직 후 이를 수수하는 경우에는, 뇌물약속과 뇌물수수가 시간적으로 근접하여 연속되어 있다고 하더라도, 뇌물약속죄 및 사후수뢰죄가 성립할 수 있음은 별론으로 하고, 뇌물수수죄는 성립하지 않는다. [경찰채용 11·21 1차 / 경찰간부 11 / 국가9급 11 / 법원승진 11 / 사시 11·12]

2 대법원 2013.11.28, 2013도10011

공무원이었던 자가 재직 중에 청탁을 받고 직무상 부정한 행위를 한 후 뇌물의 수수 등을 할 당시 이미 공무원의 지위를 떠난 경우, 형법 제129조 제1항의 수뢰죄로 처벌할 수 없다는 사례

형법은 공무원이었던 자가 재직 중에 청탁을 받고 직무상 부정한 행위를 한 후 뇌물을 수수, 요구 또는 약속을 한 때에는 제131조 제3항에서 사후수뢰죄로 처벌하도록 규정하고 있으므로, 뇌물의 수수 등을 할 당시 이미 공무원의 지위를 떠난 경우에는 제129조 제1항의 수뢰죄로는 처벌할 수 없고 사후수뢰죄의 요건에 해당할 경우에 한하여 그 죄로 처벌할 수 있을 뿐이다. (따라서) 국가공무원이 지방자치단체의 업무에 관하여 전문가로서 위원 위촉을 받아 한시적으로 직무를 수행하는 경우와 같이 공무원이 그 고유의 직무와 관련이 없는 일에 관하여 별도의 위촉절차 등을 거쳐 다른 직무를 수행하게 된 경우에는 그 위촉이 종료되면 그 위원 등으로서 새로 보유하였던 공무원 지위는 소멸한다고 보아야 하므로, 그 이후에 종전에 위촉받아 수행한 직무에 관하여 금품을 수수하더라도 이는 사후수뢰죄에 해당할 수 있음은 별론으로 하고 일반 수뢰죄로 처벌할 수는 없다. [법원9급 14 / 법원행시 16]

판례연구 | **뇌물수수행위가 인정되는 사례**

1 대법원 1983.2.22, 82도2964

뇌물로 공여된 당좌수표가 수수 후 부도(不渡)가 되었다 하더라도 뇌물죄의 성립에는 아무런 소장이 없다. [경찰승진(경감) 11 / 경찰승진 16 / 법원승진 13 / 사시 14]

2 대법원 1985.2.8, 84도2625

뇌물을 수수함에 있어서 공여자를 기망한 점이 있다 하여도 뇌물수수, 뇌물공여죄의 성립에는 아무런

---

508 **판례** : 피고인이 공소외인으로부터 사무실 등을 제공받을 당시 산업은행 총재직에서 퇴직한 이상 뇌물수수죄는 성립하지 않는다고 판단한 것은 정당하다.

509 **판례** : 금융기관 임직원이 그 직무에 관하여 금품 등을 수수한 때에 성립하는 구 특정경제범죄 가중처벌 등에 관한 법률 제5조 제4항 제1호, 제1항 위반죄 역시 이를 처벌하는 형벌법규의 내용 및 그 가중처벌의 취지와 관련 판례의 법리 등에 비추어 그 주체는 범행 당시 금융기관 임직원의 직에 있는 자에 한정된다.

소장이 없다. [법원9급 05]

③ 대법원 2002.5.10, 2000도2251; 2002.11.26, 2002도3539
수뢰죄의 기수시기
공무원이 뇌물로 투기적 사업에 참여할 기회를 제공받은 경우, 뇌물수수죄의 기수시기는 '투기적 사업에 참여하는 행위가 종료된 때'로 보아야 하며, 그 행위가 종료된 후 경제사정의 변동 등으로 인하여 당초의 예상과는 달리 그 사업 참여로 인한 아무런 이득(임야에 대한 개발이익)을 얻지 못한 경우라도 뇌물수수죄의 성립에는 아무런 영향이 없다. [경찰채용 10 2차 / 경찰간부 11 / 경찰승진(경위) 11 / 경찰승진(경감) 10 / 국가7급 12 · 16 / 법원9급 07(상) / 법원9급 09 · 22 / 법원행시 07 · 14 / 사시 11 · 14 / 변호사시험 12]

④ 대법원 2008.3.13, 2007도10804
함정에 빠뜨릴 의사로 공무원에게 금품을 공여하여 공무원이 그 금품을 수수한 사례
뇌물공여죄와 뇌물수수죄는 필요적 공범관계에 있다고 할 것이나, 필요적 공범이라는 것은 법률상 범죄의 실행이 다수인의 협력을 필요로 하는 것을 가리키는 것으로서 이러한 범죄의 성립에는 행위의 공동을 필요로 하는 것에 불과하고 반드시 협력자 전부가 책임이 있음을 필요로 하는 것은 아니므로, 오로지 공무원을 함정에 빠뜨릴 의사로 직무와 관련되었다는 형식을 빌려 그 공무원에게 금품을 공여한 경우에도 공무원이 그 금품을 직무와 관련하여 수수한다는 의사를 가지고 받아들이면 뇌물수수죄가 성립한다. [경찰채용 11 1차 / 경찰승진(경위) 11 / 경찰승진(경감) 10 / 국가7급 21 / 법원행시 11 / 사시 10 · 12]

⑤ 대법원 2008.6.12, 2006도8568
甲이 乙을 대신하여 자신의 자금으로 수뢰자에게 금품을 지급한 다음 乙로부터 그 금액을 상환받은 경우, 뇌물공여자의 특정 방법
뇌물죄는 공여자의 출연에 의한 수뢰자의 영득의사의 실현으로서, 공여자의 특정은 직무행위와 관련이 있는 이익의 부담 주체라는 관점에서 파악하여야 하므로, 금품이나 재산상 이익 등이 반드시 공여자와 수뢰자 사이에 직접 수수될 필요는 없고, 그 사이에서 제3자가 먼저 공여자를 대신하여 자신의 자금으로 수뢰자에게 지급한 다음 공여자로부터 그 금액을 상환받는 방식으로 수수되었다 할지라도, 공여자와 수뢰자 사이에 금품 제공에 관한 의사의 합치가 존재하고 또한 그러한 지급방법에 관하여 수뢰자가 양해하였다고 인정되는 한, 공여자와 수뢰자 사이에 직접 금품이 수수되지 아니하였다는 사정만으로는 뇌물수수죄의 죄책을 면할 수 없다.

⑥ 대법원 2012.2.23, 2011도7282
공무원이 직무에 관하여 금전을 무이자로 차용한 경우, 뇌물수수죄의 공소시효 기산점(＝금전을 차용한 때)
공소시효는 범죄행위를 종료한 때로부터 진행하는데(형소법 제252조 제1항), 공무원이 직무에 관하여 금전을 무이자로 차용한 경우에는 차용 당시에 금융이익 상당의 뇌물을 수수한 것으로 보아야 하므로, 공소시효는 금전을 무이자로 차용한 때로부터 기산한다. [경찰채용 13 2차 / 경찰승진 13 · 16 / 법원9급 13 / 법원행시 14]

⑦ 대법원 2019.8.29, 2018도13792 전원합의체
뇌물수수죄에 해당하려면 뇌물에 대한 법률상 소유권을 취득하여야 하는 것은 아니라는 사례
뇌물수수죄에서 말하는 '수수'란 받는 것, 즉 뇌물을 취득하는 것이다. 여기에서 취득이란 뇌물에 대한 사실상의 처분권을 획득하는 것을 의미하고, 뇌물인 물건의 법률상 소유권까지 취득하여야 하는 것은 아니다. 뇌물수수자가 법률상 소유권 취득의 요건을 갖추지는 않았더라도 뇌물로 제공된 물건에 대한 점유를 취득하고 뇌물공여자 또는 법률상 소유자로부터 반환을 요구받지 않는 관계에 이른 경우에는 그 물건에 대한 실질적인 사용 · 처분권한을 갖게 되어 그 물건 자체를 뇌물로 받은 것으로 보아야 한다. 뇌물수수자가 뇌물공여자에 대한 내부관계에서 물건에 대한 실질적인 사용·처분권한을 취득하였으나 뇌물수수 사실을 은닉하거나 뇌물공여자가 계속 그 물건에 대한 비용 등을 부담하기 위하여 소유권 이전의 형식적 요건을 유보하는 경우에는 뇌물공여자와 뇌물수수자 사이에서는 소유권을 이전받은 경우와 다르지 않으므로 그 물건을 뇌물로 받았다고 보아야 한다. 뇌물수수자가 교부받은 물건을 뇌물공여자에게 반환할 것이 아니므로 뇌물수수자에게 영득의 의사도 인정된다.

판례연구　**뇌물약속행위가 인정되는 사례**

1 대법원 1981.8.20, 81도698
뇌물약속죄에 있어서 뇌물의 목적물인 이익의 현존 및 그 가액확정의 각 필요성은 필요 없다는 사례
뇌물약속죄에 있어서 뇌물의 목적물인 이익은 약속 당시에 현존할 필요는 없고 약속당시에 예기할 수 있는 것이라도 무방하며, 뇌물의 목적물이 이익인 경우에는 그 가액이 확정되어 있지 않아도 뇌물약속죄가 성립하는 데는 영향이 없으므로 공무원이 건축업자로부터 그가 건축할 주택을 공사비 상당액으로 분양받기로 약속한 경우에는 매매시가 중 공사비를 초과하는 액수만큼의 이익을 뇌물로서 약속한 것이 되어 뇌물약속죄가 성립한다. [법원행시 06]

2 대법원 2001.9.18, 2000도5438
뇌물약속죄에 있어서 이익이 약속 당시 현존하거나 그 가액이 확정되어 있어야 하는 것은 아니라는 사례
뇌물약속죄에 있어서 뇌물의 목적물인 이익은 약속 당시에 현존할 필요는 없고 약속 당시에 예기할 수 있는 것이라도 무방하며, 뇌물의 목적물이 이익인 경우에는 그 가액이 확정되어 있지 않아도 뇌물약속죄가 성립하는 데는 영향이 없다. [경찰승진(경위) 11 / 경찰승진 13 / 법원9급 06·17] 피고인이 그 소유의 甲 토지를 乙 토지와 교환한 것과 관련하여 수뢰를 하였다는 공소사실에 대하여, 원심은 교환된 토지 간에 시가의 차이가 있다고 인정할 수 없다는 이유로 무죄를 선고하였으나, 甲 토지의 시가가 乙 토지의 시가보다 비싸다고 하더라도 피고인으로서는 장기간 처분하지 못하던 토지를 처분하는 한편 매수를 희망하던 전원주택지로 향후 개발이 되면 가격이 많이 상승할 토지를 매수하게 되는 '무형의 이익'을 얻었다고 봄이 상당하다.

3 대법원 2012.11.15, 2012도9417; 2007.7.13, 2004도3995
형법 제129조의 구성요건 중 뇌물의 '약속'의 의미
형법 제129조의 구성요건인 뇌물의 '약속'은 양 당사자의 뇌물수수의 합의를 말하고, 여기에서 '합의'란 그 방법에 아무런 제한이 없고 명시적일 필요도 없지만, 장래 공무원의 직무와 관련하여 뇌물을 주고 받겠다는 양 당사자의 의사표시가 확정적으로 합치하여야 한다. [경찰간부 14 / 법원9급 17·18]

판례연구　**뇌물수수의 고의가 인정된 사례**

1 대법원 1984.4.10, 83도1499
피고인이 소외 甲으로부터 인력송출의 부탁과 함께 사례조로 교부받은 **자기앞수표를 약 2주일 후 송환**하여 주었다 하더라도, 수표를 일단 피고인의 은행계좌에 예치시켰다가 그 뒤 동료직원들에게 "甲에 대하여 탐문해 본 결과 믿을 수 없다."고 하므로 후환을 염려하여 甲에게 반환한 것이라면 피고인에게 뇌물수수의 고의가 있었다고 할 것이다. [법원9급 11 / 법원행시 05]

2 대법원 2007.3.29, 2006도9182

영득의 의사로 수령한 뇌물의 액수가 예상한 것보다 너무 많아 후에 이를 반환한 경우 뇌물죄의 성립 범위(= 수령한 액수 전부)

뇌물을 수수한다는 것은 영득의 의사로 금품을 수수하는 것을 말하므로, ① 뇌물인지 모르고 이를 수수하였다가 뇌물임을 알고 즉시 반환하거나, 증뢰자가 일방적으로 뇌물을 두고 가므로 후일 기회를 보아 반환할 의사로 어쩔 수 없이 일시 보관하다가 반환하는 등 그 영득의 의사가 없었다고 인정되는 경우라면 뇌물을 수수하였다고 할 수 없겠지만, [법원9급 07(하)] ② 공무원이 먼저 뇌물을 요구하여 증뢰자가 제공하는 돈을 받았다면 수뢰자에게는 받은 돈 전부에 대한 영득의 의사가 인정된다고 하지 않을 수 없고, 이처럼 영득의 의사로 뇌물을 수령한 이상 그 액수가 피고인이 예상한 것보다 너무 많은 액수여서 후에 이를 반환하였다고 하더라도 (받은 돈 전부에 대한) 뇌물죄의 성립에는 영향이 없다. [법원9급 08 / 법원승진 11]

판례연구　　**뇌물수수의 고의가 인정되지 않은 사례**

1 대법원 1978.1.31, 77도3755

자기도 모르는 사이에 돈뭉치를 놓고 간 것을 발견하고 연락하여 반환한 경우 뇌물수수의 고의가 없다.

2 대법원 1979.7.10, 79도2114

택시를 타고 떠나려는데 돈뭉치를 던져 놓고 가버려 부득이 다음날 반환한 경우라면 뇌물수수의 의사가 없다.

3 대법원 2006.2.24, 2005도4737

선물의 구체적 내용에 대하여 고지를 받지 못한 상태에서 피고인의 여동생 가족이 사용하는 아파트로 선물이 전달되도록 하였다가 그 내용물을 확인하는 즉시 관청에 이를 신고한 경우라면 뇌물수수의 고의가 인정되지 않는다.

4 대법원 2010.4.15, 2009도11146

불우이웃돕기 성금이나 연극제에 전달할 의사로 금원을 받은 것에 불과하고 영득할 의사로 수수하였다고 보기는 어렵다면 뇌물수수죄는 성립하지 아니한다. [경찰승진 12]

판례연구　　**수뢰죄의 죄수 관련 판례**

대법원 1978.12.13, 78도2545; 1999.1.29, 98도3584; 2000.1.21, 99도4940
수뢰죄의 연속범 사례

단일하고도 계속된 범의 아래 동종의 범행을 일정기간 반복하여 행하고 그 피해법익도 동일한 경우에는 각 범행을 통틀어 포괄일죄로 볼 것이고, 수뢰죄에 있어서 단일하고도 계속된 범의 아래 동종의 범행을 일정기간 반복하여 행하고 그 피해법익도 동일한 것이라면 돈을 받은 일자가 상당한 기간에 걸쳐 있고, 돈을 받은 일자 사이에 상당한 기간이 끼어 있다 하더라도 각 범행을 통틀어 포괄일죄로 볼 것이다. [국가7급 12·16 / 법원9급 16]

사례연구 **수뢰죄의 연속범**

공무원 甲은 건축업자 乙로부터 그의 담당업무인 허가와 관련하여 협조를 부탁한다는 청탁과 함께 1980년 12월 10일 한 번, 동년 동월 17일 甲의 자택에서 한번, 동년 동월 하순(일자불상)경 한번 금원을 각각 교부받았다. 甲의 형사책임은?

해결 甲은 수뢰죄가 성립한다. 죄수는 연속범으로서 1죄가 된다(대법원 1983.11.8, 83도711). [경찰간부 16 / 법원9급 16] 단일범의 하에 이루어진 계속된 행위라고 볼 수 있고 피해법익 또한 동일한 경우이므로 위 행위는 포괄하여 일죄만을 구성하는 것이다. 상습수뢰죄 같은 죄목을 떠올리는 독자들이 있을지도 모르지만, 국가적 법익에 대한 죄는 상습범 가중처벌규정이 존재하지 않는다는 사실을 다시 한 번 주의해야 한다.

사례연구 **공갈죄와 수뢰죄의 죄수 Ⅰ : 직무집행의사ㆍ직무에 관한 경우**

세무공무원 甲 등은 D건설주식회사에 대한 세무조사를 하는 과정에서 위 회사가 제출한 손금항목의 계산서 중 T종합건설주식회사 명의의 계산서가 위장거래에 기해 가공계상된 것이라고 판단하고도 이를 묵인하여 손금항목에 대한 세부조사를 하지 않는 조건으로 위 D건설주식회사의 대표이사인 乙로부터 3억 원을 교부받았다. 甲과 乙의 형사책임은?

해결 세무공무원인 피고인 甲 등에게 세무조사라는 직무집행의 의사가 있었고, 과다계상된 손금항목에 대한 조사를 하지 않고 이를 묵인하는 조건으로, 다시 말하면 그 직무처리에 대한 대가관계로서 금품을 제공받았으며, 피고인 乙은 공무원의 직무행위를 매수하려는 의사에서 금품을 제공하였음을 알 수 있다. 따라서 판례에 의하면 甲은 공갈죄와 수뢰죄의 상상적 경합범이고 乙은 증뢰죄가 성립한다(대법원 1994. 12. 22, 94도2528).[510] [경찰채용 18 3차 / 경찰승진(경장) 11 / 경찰승진 13 / 국가9급 13]

사례연구 **공갈죄와 수뢰죄의 죄수 Ⅱ : 직무집행의사ㆍ직무관련성이 없는 경우**

경찰관 甲은 직무집행의 의사가 없음에도 불구하고 관할 유흥업소 업주 乙에게 "잘 보이지 않으면 재미 없다."고 말하여 금 500만 원을 교부받았다. 甲과 乙의 형사책임은?

해결 공무원이 직무집행의 의사 없이 또는 직무처리와 대가적 관계없이 타인을 공갈하여 재물을 교부하게 한 경우에는 공갈죄만이 성립하고, 이러한 경우 재물의 교부자가 공무원의 해악의 고지로 인하여 외포의 결과 금품을 제공한 것이라면 그는 공갈죄의 피해자가 될 것이고 뇌물공여죄는 성립될 수 없다고 하여야 할 것이다. 따라서 甲은 공갈죄가 성립하고, 이 경우 乙은 공갈죄의 피해자에 불과하여 증뢰죄도 성립하지 않는다(대법원 1994.12.12, 94도2528). [경찰채용 14 1차 / 경찰간부 13 / 경찰승진(경장) 11 / 경찰승진(경사) 11 / 경찰승진 13ㆍ16 / 국가9급 13 / 법원9급 09ㆍ14 / 법원승진 13 / 법원행시 06ㆍ14 / 사시 14]

---

510 **판결이유** : 세무공무원인 피고인 1 등에게 세무조사라는 직무집행의 의사가 있었고, 과다계상된 손금항목에 대한 조사를 하지 않고 이를 묵인하는 조건으로, 다시 말하면 그 직무처리에 대한 대가관계로서 금품을 제공받았으며, 피고인 6은 공무원의 직무행위를 매수하려는 의사에서 금품을 제공하였음을 알 수 있고, 한편 기록에 의하면 피고인 1등은 세무조사 당시 위 태양종합건설주식회사 명의의 세금계산서가 위장거래에 의하여 계상된 허위의 계산서라고 판단하고 이를 바로잡아 탈루된 세금을 추징할 경우 추징할 세금이 모두 50억 원에 이를 것이라고 알려 주었음이 명백하므로 위 문제된 세금계산서가 진정한 거래에 기하여 제출된 것인지, 피고인 1 등의 묵인행위로 인하여 공소외 1주식회사에게 추징된 세금액수가 실제적으로 줄어든 것이 있는지 여부에 관계없이 피고인들의 행위가 뇌물죄를 구성한다는 원심의 판단은 정당하고 거기에 뇌물죄에 관한 법리를 오해한 위법이 있다고 할 수 없다.

판례연구   사기죄와 수뢰죄의 죄수 관련 판례

대법원 2015.10.29, 2015도12838

뇌물을 수수할 때 공여자를 기망한 경우, 뇌물수수죄, 뇌물공여죄가 성립하고, 이때 뇌물을 수수한 공무원은 뇌물수수죄와 사기죄의 상상적 경합범의 죄책을 진다는 사례

뇌물을 수수함에 있어서 공여자를 기망한 점이 있다 하여도 뇌물수수죄, 뇌물공여죄의 성립에는 영향이 없고(대법원 1985.2.8, 84도2625), 이 경우 뇌물을 수수한 공무원에 대하여는 한 개의 행위가 뇌물죄와 사기죄의 각 구성요건에 해당하므로 형법 제40조에 의하여 상상적 경합으로 처단하여야 할 것이다(대법원 1977.6.7, 77도1069). [법원행시 07]

사례연구   사기죄와 수뢰죄의 죄수관계

甲은 소속대 병기과 전임하사직에 있는 자인데, 총기가 분실된 것으로만 알고 있는 乙이 분실된 총기문제를 해결해 주면 돈을 얼마든지 주겠다고 제의하자, 위 총기부족은 행정착오로서 그 총기는 같은 1중대에 있다는 것을 알고 있음에도 불구하고, 그 위 행정착오인 사실을 감추고 막연히 다른 곳에서 같은 총기 1정을 구입 보충해서 해결해 줄 것 같은 태도를 취하여 乙로부터 돈 6만 원을 교부받았다. 甲과 乙의 형사책임은?

> 해결 甲은 공무원의 신분으로서 직무에 관하여 乙을 기망하여 재물을 교부받았으므로 수뢰죄와 사기죄의 상상적 경합이 된다는 것이 판례의 입장이다. 이 경우 사기죄의 피해자인 乙에게도 증뢰죄는 성립하는 것이며, 이는 수뢰죄와 증뢰죄의 필요적 공범의 법리에 위배되지 않는다고 보아야 한다(대법원 1977.6.7, 77도1069).[511]

판례연구   뇌물의 몰수·추징의 전제인 뇌물의 특정

1 대법원 1996.5.8, 96도221

특정되어야 몰수·추징 가능

형법 제134조는 뇌물에 공할 금품을 필요적으로 몰수하고 이를 몰수하기 불가능한 때에는 그 가액을 추징하도록 규정하고 있는바, 몰수는 특정된 물건에 대한 것이고 추징은 본래 몰수할 수 있었음을 전제로 하는 것임에 비추어 뇌물에 공할 금품이 특정되지 않았던 것은 몰수할 수 없고 그 가액을 추징할 수도 없다. [경찰간부 17 / 경찰승진(경사) 11 / 법원행시 08] 피고인 甲이 원심 공동피고인 乙과 공모하여 원심 공동피고인 丙에게 승용차대금 명목으로 금 14,000,000원을 뇌물로 제공하기로 약속하였고, … '뇌물로 약속된 승용차 대금 명목의 금품은 특정되지 않아' 이를 몰수할 수 없었으므로 그 가액을 추징할 수 없는 것임에도 이를 간과하고 그 가액을 공범들에게 균분하여 추징한 원심판결은 … 위법을 저지른 것이다. [국가9급 17]

2 대법원 2011.5.26, 2009도2453

뇌물죄에서 수뢰액은 엄격한 증명의 대상이라는 사례

뇌물죄에서 수뢰액은 다과(多寡)에 따라 범죄구성요건이 되므로 엄격한 증명의 대상이 되고, [법원승진 11]

---

511 **보충 – 판결이유 중에서** : 특히 이 판례는 절도죄의 불법영득의사가 부정된 판례로도 유명한 예이다. 원심은 피고인 乙의 판시사실 중 소속 중대 M16소총 1정이 부족하자, 이를 분실한 것으로 알고 그 보충을 위하여 1976.2. 중순경 병장 김 모, 동 최 모, 동 한 모와 타부대에서 같은 총기 1정을 절취할 것을 공모하여 동 최 모, 동 한 모 등이 같은 달 24. 04:00경 제72연대 1대대 2중대 앞에서 2.5톤 차량 운전석에 있던 같은 소총 1정을 절취하였다는 사실을 인정하고, 동 사실에 대하여 군형법 제75조 제1항 제1호, 형법 제329조·제30조를 적용하였다. 그러나 소속중대에서 총기를 분실하고 그를 보충하기 위하여 타부대 총기를 취거해 왔다고 하면, 그 행위는 자기 또는 타인을 위한 영득의사에 의한 행위라고는 할 수 없으므로(대법원 1965.2.24, 64도795) 동 행위를 형법 제329조의 절도죄로 처단할 수 없다고 할 것이다.

특정범죄 가중처벌 등에 관한 법률에서 정한 범죄구성요건이 되지 않는 단순 뇌물죄의 경우에도 몰수·추징의 대상이 되는 까닭에 역시 증거에 의하여 인정되어야 하며, 수뢰액을 특정할 수 없는 경우에는 가액을 추징할 수 없다. [경찰채용 18 1차] 구 해양수산부 소속 공무원인 피고인이 甲 해운회사의 전·현직 대표이사에게서 직무관련성이 없는 '중국 교통부로부터 선박운항허가를 받을 수 있도록 해달라는 명목'과 직무관련성이 있는 '甲 회사의 업무편의를 도모하여 달라는 명목'으로 돈을 교부받은 경우, 명확한 근거 없이 비율적 방법으로 직무관련성이 있는 업무와 대가관계에 있는 수뢰액을 추산하여 추징한 것은 위법하다.

3 대법원 2015.10.29, 2015도12838
공무원이 상대방에게 돈을 빌려달라고 요구하였으나 즉각 거부한 경우 몰수·추징 ×
피고인이 공소외인에게 돈을 빌려달라고 요구하였으나 공소외인이 이를 즉각 거부한 경우, 공소외인이 피고인에게 뇌물로 제공한 금품이 특정되지 않아 이를 몰수할 수 없으므로 그 가액을 추징할 수도 없다.

판례연구   **뇌물의 몰수·추징의 상대방**

1 대법원 1984.2.28, 83도2783
증뢰자에게 반환한 뇌물은 수뢰자로부터 추징할 수 없다는 사례
수뢰자가 뇌물을 그대로 보관하였다가 증뢰자에게 반환한 때에는 증뢰자로부터 몰수·추징할 것이므로 수뢰자로 부터 추징함은 위법하다. [국가9급 17 / 국가7급 14 / 법원행시 05 / 변호사시험 14]

2 대법원 1986.10.14, 86도1189
수수한 뇌물을 소비하였다가 동액을 반환한 경우 그 가액의 추징
수뢰죄에 있어서 수뢰자가 일단 수수한 뇌물을 소비하여 몰수하기 불능하게 되었을 때에는 그 후에 동액의 금원을 증뢰자에게 반환하였다 하여도 수뢰자로부터 그 가액을 추징하여야 한다. [법원9급 13 / 변호사시험 12]

3 대법원 1986.11.25, 86도1951
수뢰한 금원을 다시 타인에게 뇌물로 공여한 경우의 추징
피고인들이 뇌물로 받은 돈을 그 후 다른 사람에게 다시 뇌물로 공여하였다 하더라도 그 수뢰의 주체는 어디까지나 피고인들이고 그 수뢰한 돈을 다른 사람에게 공여한 것은 수뢰한 돈을 소비하는 방법에 지나지 아니하므로 피고인들로부터 그 수뢰액 전부를 각 추징하여야 한다. [법원승진 13]

4 대법원 1986.12.23, 86도2021
수수한 뇌물상당액을 3개월 후에 반환한 경우의 추징
뇌물을 일단 영득의 의사로 수수한 것이라면 뒤에 이를 반환하였다 하더라도 뇌물죄의 성립에 영향이 없다. 1985.6초에 교부받은 뇌물 200만원 상당액을 1985.9.3에 증뢰자의 거래은행구좌에 온라인으로 입금하여 반환하였다면 그 반환시기 등에 비추어 반환한 돈 200만원이 뇌물로 교부받았던 바로 그 돈이었다고 보기 어려우므로 그 가액상당을 수뢰자로부터 추징한 조치는 적법하다.

5 대법원 1996.10.25, 96도2022
뇌물로 받은 금원을 예금하였다가 뒤에 같은 금액을 증뢰자에게 반환한 경우 그 가액의 추징
뇌물로 받은 돈을 은행에 예금한 경우 그 예금행위는 뇌물의 처분행위에 해당하므로 그 후 수뢰자가 같은 액수의 돈을 증뢰자에게 반환하였다 하더라도 이를 뇌물 그 자체의 반환으로 볼 수 없으니 이러한

경우에는 수뢰자로부터 그 가액을 추징하여야 한다. [법원9급 12]

6 대법원 1999.1.29, 98도3584
자기앞수표를 뇌물로 받아 소비한 후 액면금 상당을 반환한 경우의 추징
수뢰자가 자기앞수표를 뇌물로 받아 이를 소비한 후 자기앞수표 상당액을 증뢰자에게 반환하였다 하더라도 뇌물 그 자체를 반환한 것은 아니므로 이를 몰수할 수 없고 수뢰자로부터 그 가액을 추징하여야 할 것이다. [경찰채용 14 2차 / 법원행시 13 / 사시 12 / 변호사시험 14]

판례연구 **뇌물의 몰수·추징의 방법**

1 대법원 1977.3.8, 76도1932
수뢰자와 증뢰자로 평등 분할하고 수뢰액을 정해야 한다는 사례
피고인이 증뢰자와 함께 중식, 석식 등의 향응을 하고 증뢰자가 이에 소요되는 금원을 제출한 경우 위 부분에 관한 피고인의 수뢰액을 인정함에 있어서는 먼저 피고인의 접대에 요한 비용과 증뢰자가 소비한 비용액을 가려내어 전자의 수뢰액을 가지고 피고인의 수뢰액으로 하여야 하고 만일 각자에 요한 비용액이 불명일 때에는 이를 평등하게 분할한 액을 가지고 피고인의 수뢰액으로 인정하여야 할 것이므로, 피고인이 증뢰자와 함께 소비한 금액 전체를 피고인으로부터 추징할 수 없다. [법원9급 07(상)]

2 대법원 1991.5.28, 91도352; 2008.10.9, 2008도6944
추징의 가액산정의 기준시(= 판결선고시)
몰수의 취지가 범죄에 의한 이득의 박탈을 그 목적으로 하는 것이고 추징도 이러한 몰수의 취지를 관철하기 위한 것이라는 점을 고려하면 몰수하기 불능한 때에 추징하여야 할 가액은 범인이 그 물건을 보유하고 있다가 몰수의 선고를 받았더라면 잃었을 이득상당액을 의미한다고 보아야 할 것이므로 그 가액산정은 재판선고시의 가격을 기준으로 하여야 할 것이다.

3 대법원 1999.6.25, 99도1900
공무원의 직무에 속한 사항의 알선에 관하여 금품을 받은 자가 금품 중의 일부를 독자적인 판단에 따라 경비로 사용한 경우, 그 금액의 추징 여부(적극)
① 공무원의 직무에 속한 사항의 알선에 관하여 금품을 받고 그 금품 중의 일부를 받은 취지에 따라 청탁과 관련하여 관계 공무원에게 뇌물로 공여하거나 다른 알선행위자에게 청탁의 명목으로 교부한 경우에는 그 부분의 이익은 실질적으로 범인에게 귀속된 것이 아니어서 이를 제외한 나머지 금품만을 몰수하거나 그 가액을 추징하여야 하지만, ② 범인의 독자적인 판단에 따라 경비로 사용한 것이라면 이는 범인이 받은 금품을 소비하는 방법의 하나에 지나지 아니하므로 그 가액 역시 범인으로부터 추징하지 않으면 안 된다. [경찰간부 16 / 법원9급 12 / 법원행시 05·09]

4 대법원 1999.8.20, 99도1557
특가법 제2조 제1항 소정의 '수뢰액'은 공범자 전원의 수뢰액을 합한 금액을 기준으로 한다는 사례
수인이 공동하여 뇌물수수죄를 범한 경우에 공범자는 자기의 수뢰액뿐만 아니라 다른 공범자의 수뢰액에 대하여도 그 죄책을 면할 수 없는 것이므로, 특가법 제2조 제1항의 적용 여부를 가리는 수뢰액을 정함에 있어서는 그 공범자 전원의 수뢰액을 합한 금액을 기준으로 하여야 할 것이고, 각 공범자들이 실제로 취득한 금액이나 분배받기로 한 금액을 기준으로 할 것이 아니다. [경찰채용 12 1차 / 경찰승진(경감) 11 / 사시 14]

5 대법원 1999.10.8, 99도1638

수뢰자가 수뢰를 위해 비용을 지출한 경우 그 비용은 몰수·추징에서 공제하지 않는다는 사례

공무원이 뇌물을 받음에 있어서 그 취득을 위하여 상대방에게 뇌물의 가액에 상당하는 금원의 일부를 비용으로 지출하거나 그 밖에 경제적 이익을 제공한 경우, 그 뇌물의 가액에서 위와 같은 공무원의 지출을 공제한 나머지 가액을 추징하는 것이 아니라 받은 뇌물 자체를 몰수하거나 이에 상당하는 가액을 추징해야 한다. [법원9급 12 / 법원승진 11]

> 유사 | 대법원 2017.3.22, 2016도21536
>
> 공무원이 뇌물을 받는 데에 필요한 경비를 지출한 경우 그 경비는 뇌물수수의 부수적 비용에 불과하여 뇌물의 가액과 추징액에서 공제할 항목에 해당하지 않는다. 뇌물을 받는 주체가 아닌 자가 수고비로 받은 부분이나 뇌물을 받기 위하여 형식적으로 체결된 용역계약에 따른 비용으로 사용된 부분은 뇌물수수의 부수적 비용에 지나지 않는다. 따라서 이는 뇌물의 가액과 추징액에서 공제할 항목에 해당하지 아니한다. [경찰간부 18]

6 대법원 2000.5.26, 2000도440

판사·검사에게 청탁하여 석방시켜 준다는 명목으로 돈을 받아 그 중 일부를 변호사선임비로 사용한 경우

변호사를 선임하여 주겠다는 명목이 아니라 판사, 검사에게 청탁하여 석방시켜 주겠다는 명목으로 돈을 받은 이상 그중 일부를 변호사 선임비로 사용하였다 하더라도 이는 변호사법위반으로 취득한 재물의 소비방법에 불과하므로 변호사선임비로 사용한 금액 상당을 추징액에서 제외할 수는 없다.

7 대법원 2001.10.12, 99도5294

수뢰자가 제3자를 초대하여 함께 접대를 받은 사례

공무원(수뢰자)이 뇌물로서 향응을 받는 자리에 그 스스로 제3자를 초대하여 함께 접대를 받은 경우에는 그 제3자가 수뢰자와는 별도의 지위에서 접대를 받는 공무원이라는 등의 특별한 사정이 없는 한 그 제3자의 접대에 요한 비용도 수뢰자의 접대에 요한 비용에 포함·합산시켜 그 수뢰액으로 보아야 한다. [경찰간부 16 / 법원9급 12 / 변호사시험 16]

8 대법원 2004.12.9, 2004도5371

증뢰자 측이 소비한 몫을 공제하지 않은 경우 : 소액인 경우 위법이 아니다

이 사건 증뢰액의 대부분은 공사감독관 등에게 정기 또는 부정기적으로 지급한 월례비 등 현금이고, 향응제공비용은 액수가 상대적으로 적을 뿐만 아니라 향응을 제공하는 자리에서 증뢰자 측이 소비한 비용도 소액이어서 그 부분이 전체 증뢰액에서 차지하는 비율이 미미하므로, 향응비용 중 증뢰자 측이 소비한 몫을 공제하지 아니한 잘못은 판결의 결과에 영향을 미칠 수 없다.

9 대법원 2010.3.25, 2009도11660

알선수재한 금품에 관하여 소득신고를 하고 세금을 납부한 경우에도 추징액에 포함된다는 사례

범인이 알선 대가로 수수한 금품에 관하여 소득신고를 하고 이에 관하여 법인세 등 세금을 납부하였다고 하더라도 이는 범인이 자신의 특가법상 알선수재행위를 정당화시키기 위한 것이거나, 범인 자신의 독자적인 판단에 따라 소비하는 방법의 하나에 지나지 아니하므로 이를 추징에서 제외할 것은 아니다. 따라서 알선수재의 방법으로 용역계약을 체결하고 그에 따른 용역대금 및 부가가치세 상당액을 교부받은 경우 위 부가가치세 상당액도 수재금액에 포함된다.

10 대법원 2011.11.24, 2011도9585

여러 사람이 공동으로 뇌물을 수수한 경우 가액 추징의 방법 및 공동수수자가 아닌 교사범 또는 종범에게 뇌물 중 일부를 사례금 등의 명목으로 교부한 경우 추징하여야 할 금액(= 수뢰액 전부)

여러 사람이 공동으로 뇌물을 수수한 경우 그 가액을 추징하려면 ① 실제로 분배받은 금품만을 개별적

으로 추징하여야 하고(원칙 : 개별추징) ② 수수금품을 개별적으로 알 수 없을 때에는 평등하게 추징하여야 한다(예외 : 균분추징). …… 공무원이 뇌물을 받는 데에 필요한 경비를 지출한 경우 그 경비는 뇌물수수의 부수적 비용에 불과하여 뇌물의 가액 및 추징액에서 공제할 항목에 해당하지 아니하고(대법원 1999.10.8, 99도1638; 2005.7.15, 2003도4293 등), 뇌물로 금품을 수수한 자가 독자적인 판단에 따라 금품의 전부 또는 일부를 위와 같은 경비로 사용하였다면 이는 범인이 취득한 재물을 소비한 것에 불과하므로 그 경비 상당액도 뇌물수수자로부터 추징하여야 한다(대법원 2008.8.21, 2008도4378 등). 한편, ③ 공동정범뿐 아니라 교사범 또는 종범도 뇌물의 공동수수자에 해당할 수 있으나(대법원 2001.3.9, 2000도794; 2004.10.27, 2003도6738 등)(공동수수자의 경우에는 개별추징), 공동정범이 아닌 교사범 또는 종범의 경우에는 정범과의 관계, 범행 가담 경위 및 정도, 뇌물 분배에 관한 사전약정의 존재 여부, 뇌물공여자의 의사, 종범 또는 교사범이 취득한 금품이 전체 뇌물수수액에서 차지하는 비중 등을 고려하여 공동수수자에 해당하는지를 판단하여야 한다. [법원9급 14 / 법원행시 05·16] 다만 ④ 뇌물을 수수한 자가 공동수수자가 아닌 교사범 또는 종범에게 뇌물 중 일부를 사례금 등의 명목으로 교부하였다면 이는 뇌물을 수수하는 데 따르는 부수적 비용의 지출 또는 뇌물의 소비행위에 지나지 아니하므로, 뇌물수수자에게서 수뢰액 전부를 추징하여야 한다(공동수수자 아닌 교사범·종범에게 교부한 경우 뇌물수수자는 부수적 비용 지출 내지 독자적 판단에 따른 소비로서 뇌물수수자에게 전액 추징). [경찰채용 12·18 3차 / 경찰승진 13 / 법원행시 14·16]

11 대법원 2014.5.16, 2014도1547; 2008.9.25, 2008도2590
뇌물죄에서 금품을 무상차용하여 위법한 재산상 이익을 취득한 경우 추징의 대상(= 금융이익 상당액) 및 그 산정 방법
형법 제134조의 규정에 의한 필요적 몰수 또는 추징은 같은 법 제129조 내지 133조를 위반한 자에게 제공되거나 공여될 금품 기타 재산상 이익을 박탈하여 그들로 하여금 부정한 이익을 보유하지 못하게 함에 그 목적이 있다. ① 금품의 무상대여를 통하여 위법한 재산상 이익을 취득한 경우 범인이 받은 부정한 이익은 그로 인한 금융이익 상당액이라 할 것이므로 추징의 대상이 되는 것은 무상으로 대여받은 금품 그 자체가 아니라 위 금융이익 상당액이라고 봄이 상당하다. [경찰승진(경위) 11 / 사시 10] 한편 ② 여기에서 추징의 대상이 되는 금융이익 상당액은 객관적으로 산정되어야 할 것인데, 범인이 금융기관으로부터 대출받는 등 통상적인 방법으로 자금을 차용하였을 경우 부담하게 될 대출이율을 기준으로 하거나 그 대출이율을 알 수 없는 경우에는 금품을 제공받은 피고인의 지위에 따라 민법 또는 상법에서 규정하고 있는 법정이율을 기준으로 하여, 변제기나 지연손해금에 관한 약정이 가장되어 무효라고 볼 만한 사정이 없는 한 금품수수일로부터 약정된 변제기까지 금품을 무이자로 차용하여 얻은 금융이익의 수액을 산정한 뒤 이를 추징하여야 한다. 나아가 ③ 그와 같이 약정된 변제기가 없는 경우에는, 판결 선고일 전에 실제로 차용금을 변제하였다거나 대여자의 변제 요구에 의하여 변제기가 도래하였다는 등의 특별한 사정이 없는 한, 금품수수일로부터 판결 선고시까지 금품을 무이자로 차용하여 얻은 금융이익의 수액을 산정한 뒤 이를 추징하여야 할 것이다. [법원행시 16]

---

07 사전수뢰죄

제129조 【수뢰, 사전수뢰】 ② 공무원 또는 중재인이 될 자가 그 담당할 직무에 관하여 청탁을 받고 뇌물을 수수, 요구 또는 약속한 후 공무원 또는 중재인이 된 때에는 3년 이하의 징역 또는 7년 이하의 자격정지에 처한다.

대법원 2010.5.13, 2009도7040

형법 제129조 제2항에서의 '공무원 또는 중재인이 될 자'의 의미

형법제129조 제2항에 정한 '공무원 또는 중재인이 될 자'란 공무원채용시험에 합격하여 발령을 대기하고 있는 자 또는 선거에 의해 당선이 확정된 자 등 공무원 또는 중재인이 될 것이 예정되어 있는 자뿐만 아니라 공직취임의 가능성이 확실하지는 않더라도 어느 정도의 개연성을 갖춘 자를 포함한다고 할 것이다.[512] [경찰승진(경감) 11 / 사시 13]

08 제3자 뇌물제공죄

> **제130조 【제3자 뇌물제공】** 공무원 또는 중재인이 그 직무에 관하여 부정한 청탁을 받고 제3자에게 뇌물을 공여하게 하거나 공여를 요구 또는 약속한 때에는 5년 이하의 징역 또는 10년 이하의 자격정지에 처한다.

대법원 2008.6.12., 2006도8568[513]; 2011.4.14, 2010도12313

제3자뇌물공여죄에서의 부정한 청탁의 의미와 '대가관계에 대한 양해'가 존재하지 않는 경우에는 '청탁의 부정성'을 인정할 수 없다는 사례

형법 제130조의 제3자뇌물공여죄에 있어서 '청탁'이란 공무원에 대하여 일정한 직무집행을 할 것을 의뢰하는 행위를 말하고, '부정한' 청탁이란, 의뢰한 직무집행 자체가 위법하거나 부당한 경우는 물론, 의뢰한 직무집행 그 자체는 위법하거나 부당하지 아니하지만 당해 직무집행을 어떤 대가관계와 연결시켜 그 직무집행에 관한 대가의 교부를 내용으로 하는 청탁이라면 의연 '부정한 청탁'에 해당한다고 보아야 한다(대법원 2006.6.15, 2004도3424; 2007.1.26, 2004도1632 등). [법원9급 07(상)] 이러한 부정한 청탁은 반드시 명시적 의사표시에 의해서 뿐 아니라 묵시적 의사표시에 의해서도 가능하지만, 묵시적 의사표시에 의한 부정한 청탁이 있다고 하기 위하여는 청탁의 대상이 되는 직무집행의 내용과 제3자에게 제공되는 금품이 그 직무집행에 대한 대가라는 점에 대하여 당사자 사이에 공통의 인식이나 양해가 있어야 한다. 따라서 그러한 인식이나 양해 없이 막연히 선처하여 줄 것이라는 기대나 직무집행과는 무관한 다른 동기에 의하여 제3자에게 금품을 공여한 경우에는 묵시적 의사표시에 의한 부정한 청탁이 있다고 볼 수 없고, 이는 공무원이 먼저 제3자에게 금품을 공여할 것을 요구하였다고 하여 달리 볼 것도 아니다. (요컨대) 제3자뇌물공여죄에서 '부정한 청탁'을 요건으로 하고 있는 취지는 처벌의 범위가 불명확해지지 않도록 하기 위한 것이므로, 청탁의 부정성을 규정짓는 이러한 대가관계에 관한 양해가

---

512 **보충** : 도시개발조합의 임원인 조합장 또는 상무이사로 선출될 상당한 개연성이 있는 甲 등이 그 담당할 직무에 관하여 청탁을 받고 소유권이전등기를 마칠 수 있는 기회를 제공받는 방법으로 이익을 수수한 경우 사전수뢰죄가 성립한다는 사례이다(대법원 2010.5.13, 2009도7040).

513 **판례의 사실관계** : B(사업가)는 甲(국회의원)에 대해 某지원법 개정안에 관한 2003.11.20. 청탁을 하였고, 2003.12.28. 위 개정안이 국회 본회의까지 통과되어 청탁에 의해 도모하려는 바가 달성되었다. 그런데 한국휠체어테니스협회 회장으로 있던 甲이 협회 관계자들로부터 2004년도 코리아오픈 테니스대회의 운영경비를 지원해 달라는 부탁을 받은 것은 (이미 위 청탁의 목적이 달성되고 난 지 3개월 가까이 지난) 2004년 3월경부터였음에도 甲과 위 협회관계자들이 대회 개막 전날인 2004.4.26.까지도 마땅한 후원자를 구하지 못하여 세계에서 이미 선수단이 입국한 상태에서 대회가 무산될 위기에 처한 급박한 상황에서 B와 오랜 기간 절친하게 지내 온 A의 권유 및 주선으로 B의 위 협회에 대한 5,000만 원의 기부가 이루어지게 되었다.

명시적이든 묵시적이든 당사자 사이에 존재하여야 하며, 이와 같이 청탁과 관련하여 대가관계에 대한 양해가 존재하지 않는다면 단지 나중에 제3자와 금품 수수가 있었다는 사정만으로 소급하여 청탁이 부정한 것으로 평가할 수는 없다.

판례연구 **부정한 청탁이 인정되는 사례**

대법원 2007.1.26, 2004도1632
도지사가 관광지구 추가지정 및 관련 절차의 진행에 있어서 이를 총괄하는 도지사로서의 직무와 관련하여 복지재단 출연금으로 30억 원의 뇌물을 수수한 것은 제3자 뇌물공여죄에서 뜻하는 광의의 부정한 청탁을 매개로 이루어진 것으로 보아야 한다.

판례연구 **부정한 청탁이 인정되지 않는 사례**

1 대법원 2008.6.12, 2006도8568
제3자에 대한 금품의 지급이 다른 동기에 의하여 결정되었을 개연성도 있다면, ① 비록 당사자가 상정한 청탁의 대가에 해당하는 부분은 그 죄책을 물을 수 있다 하더라도, ② 그 이외의 부분까지 청탁 당시에 대가관계의 연결에 관한 인식이나 양해가 있었던 것으로 보아 부정한 청탁에 해당한다고 볼 수는 없다.

2 대법원 2009.1.30, 2008도6950
대통령비서실 정책실장 기업 메세나 활동 요청 사례[514]
대통령비서실 정책실장 乙은 개인적 친분이 있는 기업체들에 대하여 기업 메세나(Mecenat) 활동의 일환으로서 성곡미술관 전시회 후원을 요청하였는바, 乙의 후원요청을 받은 기업관계자들이 성곡미술관에 후원금을 지급하였다는 것만으로는 乙에게 제3자뇌물공여죄의 죄책이 성립하지 않는다. [경찰간부 12 / 법원9급 14]

판례연구 **제3자뇌물제공죄가 성립하는 사례**

1 대법원 2006.6.15, 2004도3424
공정거래위원회 위원장이 이동통신회사의 기업결합심사에 대하여 선처를 부탁받으면서 특정 사찰에의 시주를 요청하여 시주금을 제공케 한 사례
형법 제130조 뇌물죄에 있어서의 뇌물성은 형법 제129조 뇌물죄에 있어서와 마찬가지로 직무와의 관련성이 있으면 인정되는 것이고, 그 뇌물을 받는 제3자가 뇌물임을 인식할 것을 요하지 아니하며, 그 뇌물을 제3자에게 공여하게 한 동기를 묻지 아니하므로, 어떤 금품이 공무원의 직무행위와 관련하여 교부된 것이라면 그것이 시주의 형식으로 교부되었고 또 불심에서 우러나온 것이라 하더라도 뇌

---

514 **보충**: 신정아 사건 위 판례는 위 논점 외에도 ① 甲이 기획예산처로부터 4개의 설치물로 구성된 '움직이는 고요'라는 작품의 구입을 부탁받고 작가인 A와 작품가격을 절충한 뒤 위 작품을 구입하여 인도받은 다음, 기획예산처에 위 작품 전부를 인도하지 않고 그중 1개의 설치물을 자신의 집에 설치한 행위에 대해 횡령죄의 성립은 인정하였으며, ② 대통령비서실 정책실장 乙이 공무원으로 하여금 특별교부세 교부대상이 아닌 특정 사찰의 증·개축사업을 지원하는 특별교부세 교부신청 및 교부결정을 하도록 하게 한 행위에 대해서는 직권남용권리행사방해죄의 성립을 인정하였으나, ③ 甲이 어느 대학교 시간강사 임용과 관련하여 허위의 학력이 기재된 이력서만을 제출하여 임용된 행위에 대해 업무방해죄의 성립을 부정하였고, ④ 甲이 대학교수로 임용된 것을 乙이 뇌물을 받은 것으로는 볼 수 없다고 하여 이에 대한 뇌물수수죄의 성립을 부정하였으며, ⑤ 乙이 임원들과 개인적 친분이 있는 기업체들에 대하여 기업 메세나 활동의 일환인 미술관 전시회 후원을 요청한 행위에 대해서는 직권남용권리행사방해죄의 성립을 부정하는 등 다른 논점들도 문제되는 사례이다.

물임을 면할 수 없다. 따라서 공정거래위원회 위원장인 피고인이 이동통신회사가 속한 그룹의 구조조정본부장으로부터 당해 이동통신회사의 기업결합심사에 대하여 선처를 부탁받으면서 특정 사찰에의 시주를 요청하여 시주금을 제공케 한 경우, 그 부탁한 직무가 피고인의 재량권한 내에 속하더라도 형법 제130조에 정한 부정한 청탁에 해당하고, 위 시주는 기업결합심사와 관련되어 이루어진 것으로 볼 수 있으므로 제3자뇌물수수의 죄책이 인정된다.

2 대법원 2007.11.16, 2004도4959

성남시장이 정자·백궁지구의 도시설계변경 및 건축허가 관련 업무를 처리하며 위 지구에 주상복합아파트 건설사업을 추진하는 甲으로부터 이에 관한 편의를 제공해 달라는 묵시적 청탁을 받고, 위 주상복합아파트의 건축설계용역을 乙업체에게 도급하여 달라고 甲에게 부탁하였다면, 제3자 뇌물제공죄가 성립한다.

3 대법원 2011.4.14, 2010도12313

구청장인 피고인이 관내의 공사 인·허가와 관련하여 甲 회사로부터 묵시적인 부정한 청탁을 받고 누각을 제3자인 구(區)에 기부채납하게 하였다는 등의 제3자뇌물제공으로 기소된 사례
공무원인 지방자치단체장이 직무에 관하여 부정한 청탁을 받고 '지방자치단체'에 금품을 제공하게 하였다면 공무원 개인이 금품을 취득한 경우와 동일시할 수는 없고 그 공무원이 단체를 대표하는 지위에 있는 경우에도 마찬가지여서 형법 제130조의 제3자뇌물제공죄가 성립할 수 있다. 따라서 이와 달리 위 기부채납 재산을 취득한 지방자치단체인 구는 '제3자뇌물제공죄의 제3자'가 될 수 없다고 본 원심판단에는 잘못이 있다(다만 부정한 청탁에 대한 대가관계를 인정할 수 없으므로 결론은 무죄가 된 사례).[515] [사시 12]

사례연구 | 영등포구청장과 연인관계라는 소문이 난 여자 사례

A는 영등포구청장인데 영등포구청 계장인 C로부터 그의 업무에 대한 감독, 인사 등과 관련하여 잘 보아달라는 취지로 1996.10. 초순경 같은 구 여의도동 소재 여의도 세모선착장 1층 식당에서 현금 5,000,000원, 1997.2. 초순경 영등포구청 근처 영등포병원 건물 1층 다방에서 현금 3,000,000원을 스스로 받지 않고 이를 B(女)에게 받게 하였다. 그런데 B는 영등포구 여성연합회 회장과 영등포구 문고 회장 등으로서 A와 가깝게 지내는 사이이고, 영등포구청 주변에는 A와 B가 연인관계라는 소문이 나 있었다(정작 당사자인 피고인 1과 공소외인은 연인관계가 아니라고 부인하고 있음). A에게는 수뢰죄가 인정되는가, 제3자뇌물제공죄가 인정되는가?

해결 | 수뢰죄는 성립하지 않고 제3자뇌물제공죄가 성립한다.

판례 | 이와 같은 사정만 가지고는 피고인 1이 피고인 2로 하여금 공소외인에게 돈을 주도록 하였다 할지라도 공소외인이 위 돈을 받은 것을 가지고 피고인 1이 이를 받은 것과 동일시하기에는 부족하다 할 것이다(대법원 1998.9.22, 98도1234).

---

515 **판례** : 제반 사정에 비추어 甲 회사의 관계자들이 피고인의 요구를 받고 위 누각을 구에 기부채납한 것이 피고인의 직무와 관련한 부정한 청탁의 대가로 제공된 것이라고 단정할 수 없으므로, 피고인에게 무죄를 선고한 원심판단의 결론은 정당하다(대법원 2011.4.14, 2010도12313).

1 대법원 1998.9.22, 98도1234

공무원이 직접 뇌물을 받지 아니하고 증뢰자로 하여금 제3자에게 뇌물을 공여하도록 하고 그 제3자가 뇌물을 받은 경우, 형법 제129조 제1항의 단순수뢰죄와 형법 제130조의 제3자뇌물제공죄의 성부

형법 제130조의 제3자뇌물제공죄를 형법 제129조 제1항의 단순수뢰죄와 비교하여 보면 공무원이 직접 뇌물을 받지 아니하고, 증뢰자로 하여금 제3자에게 뇌물을 공여하도록 하고 그 제3자로 하여금 뇌물을 받도록 한 경우에는 부정한 청탁을 받고 그와 같은 행위를 한 경우에 한하여 단순수뢰죄와 같은 형으로 처벌하고, 공무원이 직접 뇌물을 받지 아니하고, 증뢰자로 하여금 제3자에게 뇌물을 공여하도록 하고 그 제3자로 하여금 뇌물을 받도록 하였다 하더라도 부정한 청탁을 받은 일이 없다면 이를 처벌하지 아니한다는 취지로 해석하여야 할 것이나, 다만 공무원이 직접 뇌물을 받지 아니하고, 증뢰자로 하여금 다른 사람에게 뇌물을 공여하도록 하고 그 다른 사람으로 하여금 뇌물을 받도록 한 경우라 할지라도 그 다른 사람이 공무원의 사자 또는 대리인으로서 뇌물을 받은 경우나 그밖에 예컨대 평소 공무원이 그 다른 사람의 생활비 등을 부담하고 있었다거나 혹은 그 다른 사람에 대하여 채무를 부담하고 있었다는 등의 사정이 있어서 그 다른 사람이 뇌물을 받음으로써 공무원은 그만큼 지출을 면하게 되는 경우 등 사회통념상 그 다른 사람이 뇌물을 받은 것을 공무원이 직접 받은 것과 같이 평가할 수 있는 관계가 있는 경우에는 형법 제129조 제1항의 단순수뢰죄가 성립한다. [경찰채용 13 2차 / 경찰채용 12 3차 / 경찰승진 17 / 법원9급 07(상) / 법원9급 07(하) / 법원9급 13 / 법원승진 13 / 법원행시 06 / 변호사시험 12·18]

2 대법원 2004.3.26, 2003도8077; 2011.11.24, 2011도9585[516]

공무원이 실질적인 경영자로 있는 회사(대표이사 명의만 동생 이름으로 해둠)가 청탁 명목의 금원을 회사 명의의 예금계좌로 송금받은 경우에 사회통념상 위 공무원이 직접 받은 것과 같이 평가할 수 있어 뇌물수수죄가 성립한다고 보고 있다. [경찰채용 18 3차 / 법원행시 06]

3 대법원 2019.8.29, 2018도13792 전원합의체

공무원이 뇌물공여자로 하여금 공무원과 뇌물수수죄의 공동정범 관계에 있는 비공무원에게 뇌물을 공여하게 한 사건

공무원이 아닌 사람(이하 '비공무원')이 공무원과 공동가공의 의사와 이를 기초로 한 기능적 행위지배를 통하여 공무원의 직무에 관하여 뇌물을 수수하는 범죄를 실행하였다면 공무원이 직접 뇌물을 받은 것과 동일하게 평가할 수 있으므로 공무원과 비공무원에게 형법 제129조 제1항에서 정한 뇌물수수죄의 공동정범이 성립한다. 형법은 제130조에서 제129조 제1항 뇌물수수죄와는 별도로 공무원이 그 직무에 관하여 뇌물공여자로 하여금 제3자에게 뇌물을 공여하게 한 경우에는 부정한 청탁을 받고 그와 같은 행위를 한 때에 뇌물수수죄와 법정형이 동일한 제3자뇌물수수죄로 처벌하고 있다. 제3자뇌물수수죄에서 뇌물을 받는 제3자가 뇌물임을 인식할 것을 요건으로 하지 않는다. 그러나 공무원이 뇌물공여자로 하여금 공무원과 뇌물수수죄의 공동정범 관계에 있는 비공무원에게 뇌물을 공여하게 한 경우에는 공동정범의 성질상 공무원 자신에게 뇌물을 공여하게 한 것으로 볼 수 있다. 공무원과 공동정범 관계에 있는 비공무원은 제3자뇌물수수죄에서 말하는 제3자가 될 수 없고, 공무원과 공동정범 관계에 있는 비공무원이 뇌물을 받은 경우에는 공무원과 함께 뇌물수수죄의 공동정범이 성립하고 제3자뇌물수수죄는 성립하지 않는다. 뇌물수수죄의 공범들 사이에 직무와 관련하여 금품이나 이익을 수수하기로 하는 명시적 또는 암묵적 공모관계가 성립하고 공모 내용에 따라 공범 중 1인이 금품이나 이익을 주고받았다면, 특별한 사정이 없는 한 이를 주고받은 때 그 금품이나 이익 전부에 관하여 뇌물수수죄의 공동정범이 성립하고, 금품이나 이익의 규모나 정도 등에 대하여 사전에 서로 의사의 연락이 있거나

금품 등의 구체적 금액을 공범이 알아야 공동정범이 성립하는 것은 아니다. 금품이나 이익 전부에 관하여 뇌물수수죄의 공동정범이 성립한 이후에 뇌물이 실제로 공동정범인 공무원 또는 비공무원 중 누구에게 귀속되었는지는 이미 성립한 뇌물수수죄에 영향을 미치지 않는다. 공무원과 비공무원이 사전에 뇌물을 비공무원에게 귀속시키기로 모의하였거나 뇌물의 성질상 비공무원이 사용하거나 소비할 것이라고 하더라도 이러한 사정은 뇌물수수죄의 공동정범이 성립한 이후 뇌물의 처리에 관한 것에 불과하므로 뇌물수수죄가 성립하는 데 영향이 없다.

판례연구 **제3자를 공무원과 동일하다고 볼 수 없어 수뢰죄가 성립하지 않는다는 사례**

1 대법원 2002.4.9, 2001도7056
산악회 지부가 사업자로부터 등반대회 행사용 수건을 교부받은 것을 지부의 고문으로 있는 군수가 이를 교부받은 것과 동일시하기에는 부족하므로 형법 제129조 제1항의 뇌물수수죄의 성립은 부정된다.

2 대법원 2008.9.25, 2008도2590; 2010.5.13, 2008도5506
공무원으로 의제되는 정비사업전문관리업자의 임·직원이 직무에 관하여 자신이 아닌 정비사업전문관리업자에 뇌물을 공여하게 하는 경우, 위 임·직원에게는 원칙적으로 형법 제129조 제1항의 뇌물수수죄가 성립하지 않는다. [법원행시 11]

3 대법원 2009.1.30, 2008도6950
대통령비서실 정책실장 乙(변○○)과 甲(신○○)은 서로 아끼고 사랑하는 연인관계로서 서로 선물을 주고 받는 사이였고, 甲의 업무에 乙은 다소 도움을 주고자 하였다 하더라도, 甲이 D대학교 조교수로 임용된 것을 乙이 직접 뇌물을 받은 것과 같이 평가할 수는 없다.

판례연구 **제3자뇌물제공죄의 제3자의 방조범의 성부**

대법원 2017.3.15, 2016도19659
공무원 또는 중재인이 부정한 청탁을 받고 제3자에게 뇌물을 제공하게 하고 제3자가 그러한 공무원 또는 중재인의 범죄행위를 알면서 방조한 경우, 제3자뇌물수수방조죄가 성립한다는 사례
제3자뇌물수수죄에서 제3자란 행위자와 공동정범 이외의 사람을 말하고, 교사자나 방조자도 포함될 수 있다. 그러므로 공무원 또는 중재인이 부정한 청탁을 받고 제3자에게 뇌물을 제공하게 하고 제3자가 그러한 공무원 또는 중재인의 범죄행위를 알면서 방조한 경우에는 그에 대한 별도의 처벌규정이 없더라도 방조범에 관한 형법총칙의 규정이 적용되어 제3자뇌물수수방조죄가 인정될 수 있다.

판례연구 **제3자뇌물제공죄와 다른 범죄의 관계**

대법원 2017.3.15, 2016도19659
제3자뇌물수수죄와 직권남용권리행사방해죄의 상상적 경합
공무원이 직무관련자에게 제3자와 계약을 체결하도록 요구하여 계약 체결을 하게 한 행위가 제3자뇌물수수죄의 구성요건과 직권남용권리행사방해죄의 구성요건에 모두 해당하는 경우에는, 제3자뇌물수수죄와 직권남용권리행사방해죄가 각각 성립하되, 이는 사회 관념상 하나의 행위가 수 개의 죄에 해당하는 경우이므로 두 죄는 형법 제40조의 상상적 경합관계에 있다.

도와달라는 취지의 부탁을 받고 자신이 실질적으로 장악하고 있는 컨설팅회사 명의 계좌로 돈을 교부받았다면, 甲에게는 뇌물수수죄가 인정된다(대법원 2011.11.24, 2011도9585). [법원행시 13]

09 수뢰 후 부정처사죄

제131조【수뢰 후 부정처사, 사후수뢰】 ① 공무원 또는 중재인이 전2조의 죄를 범하여 부정한 행위를 한 때에는 1년 이상의 유기징역에 처한다.
④ 전3항의 경우에는 10년 이하의 자격정지를 병과할 수 있다.

판례연구 수뢰 후 부정처사죄가 성립하는 사례

대법원 2003.6.13, 2003도1060
수뢰후부정처사죄에서 말하는 '부정한 행위'의 의미
뇌물죄에서 말하는 '직무'에는 사무분장에 따라 현실적으로 담당하지 않는 직무라도 법령상 일반적인 직무권한에 속하는 직무 등 공무원이 그 직위에 따라 공무로 담당할 일체의 직무가 포함된다, 수뢰후부정처사죄에서 말하는 '부정한 행위'라 함은 직무에 위배되는 일체의 행위를 말하는 것으로 직무행위 자체는 물론 그것과 객관적으로 관련 있는 행위까지를 포함한다 할 것이다. 경찰관직무집행법 제2조 제1호는 경찰관이 행하는 직무 중의 하나로 '범죄의 예방·진압 및 수사'를 들고 있고, 이와 같이 범죄를 예방하거나, 진압하고, 수사하여야 할 일반적 직무권한을 가지는 피고인이 도박장개설 및 도박범행을 묵인하고 편의를 봐주는 데 대한 사례비 명목으로 금품을 수수하고, 나아가 도박장개설 및 도박범행사실을 잘 알면서도 이를 단속하지 아니하였다면, 이는 경찰관으로서 직무에 위배되는 부정한 행위를 한 것이라 할 것이고, 비록 피고인이 이 사건 범행당시 원주경찰서 교통계에 근무하고 있어 도박범행의 수사 등에 관한 구체적인 사무를 담당하고 있지 아니하였다 하여도 달리 볼 것은 아니라고 할 것이다. [사시 14]

판례연구 수뢰 후 부정처사죄가 성립하지 않는 사례

대법원 1995.12.12, 95도2320
과세 대상에 관한 규정이 명확하지 않고 그에 관한 확립된 선례도 없었던 경우, 공무원이 주식회사로부터 뇌물을 받은 후 관계 법령에 대한 충분한 연구, 검토 없이 위 회사에 유리한 쪽으로 법령을 해석하여 감액처분하였더라도 위 감액처분이 위법하지 않으면[517] 그 공무원이 수뢰 후 '부정한 행위'를 한 것으로서 수뢰후부정처사죄를 범하였다고 볼 수는 없다.

사례연구 허위공문서작성죄 및 동행사죄와 수뢰 후 부정처사죄의 죄수관계

예비군대원 乙은 예비군 중대장 甲에게 금 30만 원을 제공하면서 자신의 훈련의 불참사실을 출석으로 하여 달라고 부탁하자, 甲은 예비군학급편성명부의 출석기재란에 '參'이라고 표시한 연후에 이를 행사하였다. 甲의 형사책임은?

> **해결** 판례에 의하면 甲은 수뢰 후 부정처사죄와 허위공문서작성죄와 동(허위작성공문서)행사죄의 상상적 경합범으로 '처벌'된다. 그러나 '성립'하는 죄책은 수뢰 후 부정처사죄와 허위공문서작성죄의 상상적

---

517 **보충**: 부정한 행위에는 위법한 행위뿐 아니라 부당한 행위도 포함되는가의 문제 위 판례는 판결요지상으로는 '감액처분이 위법하지 않으면' 설사 부당한 행위에 해당되어도 부정한 행위에 포함되지 않는 것으로 해석될 수도 있어, 판례의 입장이 수뢰 후 부정처사죄의 부정한 행위에는 위법한 행위만 포함하고 부당한 행위는 포함되지 않는 입장인 것으로 평가될 수 있는 소지가 있다(이러한 평석은 오영근, 929면 참조). 그러나 위 판례의 판결이유를 들여다보면 "위 감액처분이 결과적으로 정당한 것이라면 … 수뢰 후 '부정한 행위'를 한 것으로 … 볼 수는 없다."고 판시하고 있다. 따라서 결론적으로 판례도 부당한 행위를 본죄의 부정한 행위에 포함시키는 입장으로 생각된다. 즉 통설과 판례의 입장 차이는 거의 없어 보인다.

경합범과 수뢰 후 부정처사죄와 허위작성공문서행사죄의 상상적 경합범의 실체적 경합범이 된다. 이러한 판례의 이론을 '소위 연결효과에 기한 상상적 경합'이라고 부르기도 한다(대법원 1983.7.26, 83도1378, 유사판례로는 공도화변조·동행사와의 상상적 경합을 인정한 대법원 2001.2.9, 2000도1216 참조).[518]

[경찰채용 11 2차 / 국가9급 13·17 / 국가7급 12 / 법원9급 12]

10 사후수뢰죄

제131조 【수뢰 후 부정치사, 사후수뢰】 ② 공무원 또는 중재인이 그 직무상 부정한 행위를 한 후 뇌물을 수수, 요구 또는 약속하거나 제3자에게 이를 공여하게 하거나 공여를 요구 또는 약속한 때에도 전항의 형과 같다.
③ 공무원 또는 중재인이었던 자가 그 재직 중에 청탁을 받고 직무상 부정한 행위를 한 후 뇌물을 수수, 요구 또는 약속한 때에는 5년 이하의 징역 또는 10년 이하의 자격정지에 처한다.
④ 전3항의 경우에는 10년 이하의 자격정지를 병과할 수 있다.

판례연구 **형법 제131조 제2항의 부정처사 후 수뢰죄 관련 사례**

대법원 1999.7.23, 99도390
사단법인 한국컴퓨터산업중앙회의 이사이자 지회장인 A는 컴퓨터게임장 업주인 B에게 B의 기구 내에 설치된 프로그램의 점검필 여부를 확인하지 아니한 채 점검필유기기구확인표시증 50매를 함부로 교부해 주고 그 사례로 금 200,000원을 교부받았다면, 위 20만 원 교부행위가 사교적 예의의 명목을 빌린 것이라 하여도, A에게는 부정처사 후 수뢰죄의 죄책이 인정된다.

판례연구 **형법 제131조 제3항의 사후수뢰죄 관련 사례**

1 대법원 1983.4.26, 82도2095
공사의 입찰업무를 담당하고 있는 장교가 비밀로 하여야 할 그 공사의 입찰예정가격을 응찰자에게 미리 알려 준 소위는 직무에 위배되는 행위로서 형법 제131조 제2항의 부정한 행위에 해당한다 할 것이어서, 입찰이 끝난 후 20여 일이 경과한 후 전속시의 전별금 명목으로 금원을 받았다 하더라도 이는 직무행위의 부정행위와 관련된 금품의 수수에 해당하므로 사후수뢰죄를 구성한다.

2 대법원 1997.2.25, 94도3346
특가법 제5조 소정의 배임에 의한 국고손실죄의 공동정범인 공무원이 다른 공범으로부터 그 범행에 의하여 취득한 금원의 일부를 받은 경우, 그 금원의 성격은 그 성질이 공동정범들 사이의 내부적 이익분배에 불과한 것이고 별도로 뇌물수수죄(사후수뢰죄)에 해당하지 않는다. [법원9급 06]

---

518 자세한 것은 총론, 죄수론, 상상적 경합 중 연결효과에 기한 상상적 경합 참조.

11 알선수뢰죄

제132조【알선수뢰】공무원이 그 지위를 이용하여 다른 공무원의 직무에 속한 사항의 알선에 관하여 뇌물을 수수, 요구 또는 약속한 때에는 3년 이하의 징역 또는 7년 이하의 자격정지에 처한다.

판례연구 **알선수뢰죄의 지위를 이용한다는 의미**

대법원 1994.10.21, 94도852
알선수뢰죄에 있어서 "공무원이 그 지위를 이용하여"에 해당하는 경우
형법 제132조 소정의 알선수뢰죄에 있어서 "공무원이 그 지위를 이용하여"라고 함은 친구, 친족관계 등 사적인 관계를 이용하는 경우이거나[519] 단순히 공무원으로서의 신분이 있다는 것만을 이용하는 경우에는 여기에 해당한다고 볼 수 없으나, 다른 공무원이 취급하는 업무처리에 법률상 또는 사실상으로 영향을 줄 수 있는 공무원이 그 지위를 이용하는 경우에는 여기에 해당하고 그 사이에 반드시 상하관계, 협동관계, 감독권한 등의 특수한 관계에 있거나 같은 부서에 근무할 것을 요하는 것은 아니다. [경찰채용 13 2차 / 경찰승진(경사) 11 / 법원9급 11 / 법원행시 10 / 변호사시험 16]

표정리 **지위이용에 관한 판례 정리**

긍정되는 경우	• 법원장의 예하 법관의 직무에 대한 관계(대법원 1956.3.2, 4288형상179) • 병무청 심리연구사보의 병무담당자의 직무에 대한 관계(대법원 1969.8.26, 69도1120) [법원행시 07] • 육군참모총장의 수석부관의 장교의 진급업무에 관한 관계(대법원 1982.6.8, 82도403) • 군교육청 관리과 서무계장의 초등학교 고용원 임용에 대한 관계(대법원 1988.1.19, 86도1138) • 노동부 고용대책과장의 연예인 국외공급사업에 관한 관계(대법원 1989.9.12, 89도1297) • 서울시 부시장 비서관의 시청 관재과 소속 공무원의 체비지 불하업무에 관한 관계(대법원 1989.11.14, 89도1700) • 전임 징세계장의 후임 징세계장의 직무에 대한 관계(대법원 1989.12.26, 89도2018) • 지역경제계장이 직전에 자신이 계장으로 있던 지적과 지정계 직원에게 토지거래계약허가를 받도록 알선하는 관계(대법원 1990.7.27, 90도890)
부정되는 경우	• 군청 건설과 농림계 공무원의 도지사 직무에 대한 관계(대법원 1984.1.31, 83도3015) • 검찰주사의 검사의 직무에 대한 관계(대법원 1982.6.8, 82도404)

판례연구 **알선수뢰죄의 지위 이용이 인정되는 사례**

1 대법원 1993.7.13, 93도1056
甲은 乙이 근무하는 군산시청 공단관리계의 전임계장이었고 현재에는 같은 시청 지방세의 세외수입계장으로 근무하고 있었다면 이에 터 잡아 위 乙의 직무에 관하여 사실상의 영향력을 행사할 수 있는 지위에 있었다고 인정할 수 있을 것이다.

2 대법원 1994.10.21, 94도852
A는 중부지방국세청 재산국 제3부동산 조사담당관인 B가 제1세무서 총무과장으로 근무할 당시 제1세무서장이었고, 현재에는 위 지방국세청 산하 제2세무서장으로 근무하고 있다면, 양도소득세 관련

---

519 **보충** : 개인적 친분을 이용한 알선수재 및 알선자 소개 법률상·사실상 영향을 줄 수 있는 관계가 아니라 개인적인 친분을 이용하여 공무원의 직무에 속한 사항의 알선에 관하여 재산을 취득하는 것은 후술하는 특가법 제3조의 알선수재죄에 해당될 뿐이다. 특경법 및 변호사법에서도 알선수재를 처벌한다.

세무조사 사무를 담당한 위 B의 직무에 관하여 사실상의 영향력을 행사할 수 있는 지위에 있었다고 인정할 수 있다.

3 대법원 1995.1.12, 94도2687
甲은 전라북도경찰국 면허계 기능반 경찰공무원(경장)으로 근무를 하였고, 현재에는 전라북도경찰국 산하 진안경찰서 수사과 수사계장으로서 근무하고 있었는데, 자동차운전면허 발급담당공무원의 직무에 속한 사항의 알선에 관하여 뇌물을 받았다면 알선수뢰죄에 해당한다고 볼 수 있다. [법원행시 07]

4 대법원 1999.6.25, 99도1900
A는 육군본부 인사과에서 근무하다가 모병관으로 병무청에 파견되어 있는 자(장교)이므로 자신의 직무와 직접 또는 간접적으로 관련되는 병역면제 여부, 부대 배치 및 병과 부여, 신체등급 조정 등의 직무를 담당하는 관계 공무원들에게 부탁하는 등의 방법으로 그 직무에 관하여 사실상의 영향력을 행사할 수 있는 지위에 있었다고 인정하기에 충분하다.

5 대법원 2001.10.12, 99도5294
서울시 지역경제국장인 피고인은 서울시 지하철공사와의 장소 임대차계약에 기하여 음료수자판기 영업을 하고 있는 업체의 대표이사로부터 청탁을 받고 금품을 받은 경우, 위 피고인은 자신의 직무와 직접 또는 간접적으로 관련되는 서울시 지하철공사 소속 관계 공무원들이나 사장[520]에게 부탁하는 등의 방법으로 그 직무에 관하여 사실상의 영향력을 행사할 수 있는 지위에 있었다고 인정하기에 충분하다.

판례연구 **알선수뢰죄의 지위 이용이 인정되지 않는 사례**

대법원 2010.11.25, 2010도11460
육군본부 정보작전지원참모부에서 조직진단관으로 근무하는 3급 군무원 피고인이 장군진급심사를 앞두고 있던 甲으로부터 인사참모부 선발관리실장인 乙에게 부탁하여 장군진급이 되도록 하여 달라는 부탁을 받고 합계 5,000만 원을 받은 경우, 피고인은 위 금원을 수수할 당시 자신의 지위를 이용하여 선발관리실장이던 乙의 진급업무와 관련하여 사실상 영향을 줄 수 있는 관계에 있었다고 하기에 부족하므로 알선수뢰죄는 성립하지 않는다.

판례연구 **알선수뢰죄의 다른 공무원의 직무에 속한 사항의 의미**

1 대법원 2001.10.26, 2000도2968
특가법상 알선수재죄에서 공무원이나 그 직무내용이 구체적으로 특정되어야 하는지 여부(소극)
특가법 제3조에서 말하는 공무원의 직무에 속하는 사항의 알선에 관하여 금품이나 이익을 수수한다 함은 공무원의 직무에 속한 사항을 알선한다는 명목으로 금품 등을 수수하는 행위로서 반드시 알선의 상대방인 공무원이나 그 직무내용이 구체적으로 특정될 필요는 없다.

2 대법원 2006.4.27, 2006도735
알선수뢰죄에 있어서 '다른 공무원의 직무에 속한 사항의 알선행위'의 의미
'다른 공무원의 직무에 속한 사항의 알선행위'는 그 공무원의 직무에 속하는 사항에 관한 것이면

---

520 **보충** : 지방공기업법 제83조는 지방공사의 임원 및 직원을 형법 제129조 내지 제132조의 적용에 있어서 공무원으로 보도록 규정하고 있으며, 서울시 지하철공사는 위 규정이 적용되는 지방공사의 하나이므로, 피고인이 서울시 지하철공사의 임직원의 직무에 속한 사항의 알선에 관하여 뇌물을 수수하였다면 이는 형법 제132조에 해당하는 것이다(위 판례).

되는 것이지 그것이 반드시 부정행위라거나 그 직무에 관하여 결재권한이나 최종 결정권한을 갖고 있어야 하는 것이 아니다. [국가7급 10 / 사시 13]

판례연구 알선수뢰죄의 알선에 관한 뇌물수수 등에 해당하는 사례

대법원 2009.7.23, 2009도3924; 2017.12.22, 2017도12346

형법 제132조의 알선뇌물요구죄의 성립요건으로서 알선할 사항의 특정 정도 및 뇌물을 요구할 당시 알선에 의하여 해결을 도모하여야 할 현안이 존재하여야 하는지 여부(소극)

형법 제132조에서 말하는 '다른 공무원의 직무에 속한 사항의 알선에 관하여 뇌물을 요구한다'고 함은, ① 다른 공무원의 직무에 속한 사항을 알선한다는 명목으로 뇌물을 요구하는 행위로서 반드시 알선의 상대방인 다른 공무원이나 그 직무의 내용이 구체적으로 특정될 필요까지는 없지만, 알선뇌물요구죄가 성립하려면 알선할 사항이 다른 공무원의 직무에 속하는 사항으로서 뇌물요구의 명목이 그 사항의 알선에 관련된 것임이 어느 정도 구체적으로 나타나야 한다. ② 단지 상대방으로 하여금 뇌물을 요구하는 자에게 잘 보이면 그로부터 어떤 도움을 받을 수 있다거나 손해를 입을 염려가 없다는 정도의 막연한 기대감을 갖게 하는 정도에 불과하고, 뇌물을 요구하는 자 역시 상대방이 그러한 기대감을 가질 것이라고 짐작하면서 뇌물을 요구하였다는 정도의 사정만으로는 알선뇌물요구죄가 성립한다고 볼 수 없다. ③ 한편, 여기서 말하는 알선행위는 장래의 것이라도 무방하므로, 알선뇌물요구죄가 성립하기 위하여는 뇌물을 요구할 당시 반드시 상대방에게 알선에 의하여 해결을 도모하여야 할 현안이 존재하여야 할 필요는 없다. … 따라서 구청 공무원이 유흥주점의 업주에게 '유흥주점 영업과 관련하여 세금이나 영업허가 등에 관하여 문제가 생기면 다른 담당 공무원에게 부탁하여 도움을 주겠다.'면서 그 대가로 1,000만 원을 요구한 경우에는, 그 뇌물요구의 명목이 상대방의 막연한 기대감을 전제로 한 것에 불과하다고 볼 수는 없으므로, 당시 알선할 사항이 구체적으로 특정되었다거나 알선에 의하여 해결을 도모해야 할 현안이 존재하였다는 사실을 인정할 증거가 없더라도 알선뇌물요구죄가 성립한다고 보아야 한다. [경찰채용 12·21 1차 / 경찰간부 14 / 국가7급 12 / 법원9급 10·11]

판례연구 알선수뢰·알선수재 등의 알선에 관한 뇌물수수 등에 해당하지 않는 사례

대법원 2004.11.12, 2004도5655

특가법상 알선수재죄의 공무원의 직무에 속한 사항의 알선에 관하여 금품이나 이익을 수수한다는 의미

공여자와 수수자가 막연한 기대감 속에 금품 등을 교부·수수하였을 뿐 구체적으로 도와달라거나 특정한 부탁을 한 사실이 없다면 알선수재죄가 성립하지 않는다.

판례연구 특가법·특경법상 알선수재죄의 공무원·금융기관임직원의 직무에 속한 사항의 알선에 관하여 금품을 수수하는 죄에 해당하는 사례

1 대법원 2002.10.8, 2001도3931

공무원의 직무에 속한 사항에 관한 청탁을 받고 스스로 알선행위를 하는 경우뿐만 아니라 알선행위를 할 사람을 소개시켜 준 행위도 특가법상 알선수재죄를 구성한다.

2 대법원 2006.8.25, 2006도203

특정범죄 가중처벌 등에 관한 법률 제3조의 알선수재죄가 성립하려면 알선을 의뢰한 사람(알선의뢰인)과 알선의 상대방이 될 수 있는 공무원(알선상대방) 사이를 알선 내지 중개한다는 명목으로 금품 기타

이익을 수수하는 등의 행위를 하여야 하고, 알선수재죄의 공동정범도 이러한 행위에 공동가공의 의사를 가지고 공모 내지 실행행위의 분담 등을 통하여 관여함으로써 성립한다. 따라서 피고인이 알선의뢰인으로부터 재개발사업계획승인과 관련한 부탁을 받고 해당 지역구 국회의원을 소개해 주어 알선의뢰인이 위 국회의원을 통하여 알선상대방인 구청장에게 위 사업계획승인과 관련한 부탁을 할 수 있도록 알선하고 그 대가로 위 알선의뢰인으로부터 아파트를 받기로 한 경우, 알선수재죄가 성립한다.[521]

판례연구 | **특가법·특경법상 알선수재죄의 공무원·금융기관임직원의 직무에 속한 사항의 알선에 관하여 금품을 수수하는 죄에 해당하지 않는 사례**

1 대법원 2010.4.15, 2009도11146

甲이 뇌물공여의 점에 대해 공동정범의 관계에 있는 乙으로부터 뇌물로 공여할 금품을 교부받은 경우, 그 행위는 상호간의 뇌물공여를 위한 예비행위에 불과할 뿐 자신의 이익을 취득하기 위하여 받은 것으로 볼 수는 없으므로, 甲에게는 특가법상 알선수재죄는 성립하지 않는다.

2 대법원 2010.9.9, 2010도5972

특정경제범죄 가중처벌 등에 관한 법률 제7조에 정한 '금융기관의 임·직원의 직무에 속한 사항의 알선에 관하여 금품을 수수한다'는 것의 의미

특경법 제7조에서 말하는 '금융기관의 임·직원의 직무에 속한 사항의 알선에 관하여 금품을 수수한다' 함은 금융기관의 임·직원의 직무에 속한 사항에 관하여 알선을 의뢰한 사람(알선의뢰인)과 알선의 상대방이 될 수 있는 금융기관의 임·직원(알선상대방) 사이를 중개한다는 명목으로 금품 기타 이익을 수수하는 경우라야 하는 것이지, 이를 전제로 하지 않고 단순히 금융기관의 임·직원의 직무에 속하는 사항과 관련하여 알선의뢰인에게 편의를 제공하고 그 대가로서 금품을 수수하였을 뿐인 경우에는 금융기관의 임·직원의 직무에 속한 사항의 알선에 관하여 금품을 수수한 것이라고 할 수 없다(대법원 1997.5.30, 97도367; 2005.8. 19, 2005도3045 등)(금융기관으로부터 대출이 성사될 수 있도록 사업계획서를 작성하고 알선의뢰인을 대신하여 그 내용을 설명하는 등의 방법으로 그의 대출 관련 업무를 도와주었을 뿐, 금융기관 임직원의 직무에 속한 사항에 관한 알선의 명목으로 금품을 수수한 행위로는 볼 수 없다는 사례).

---

12 증뢰죄·증뢰물전달죄

제133조 【뇌물공여 등】 ① 제129조부터 제132조까지에 기재한 뇌물을 약속, 공여 또는 공여의 의사를 표시한 자는 5년 이하의 징역 또는 2천만 원 이하의 벌금에 처한다. 〈우리말 순화 개정 2020.12.8.〉
② 제1항의 행위에 제공할 목적으로 제3자에게 금품을 교부한 자 또는 그 사정을 알면서 금품을 교부받은 제3자도 제1항의 형에 처한다. 〈우리말 순화 개정 2020.12.8.〉

---

521 **참고** : 변호사법상 알선 사례 비변호사인 경찰관, 법원·검찰의 직원 등이 변호사인 피고인에게 소송사건의 대리를 알선하고 그 대가로 금품을 받은 행위는 구 변호사법 제90조 제2호 후단의 알선에 해당하고, 변호사인 피고인이 그러한 사정을 알면서 비변호사들로부터 법률사건의 수임을 알선받은 경우, 같은 법 제90조 제3호, 제27조 제2항, 제90조 제2호 위반죄가 성립한다(대법원 2000.6.15, 98도3697 전원합의체).

증뢰죄에 해당하지 않는 사례

대법원 2015.10.15, 2015도6232

배임증재한 물건을 계속 사용케 한 행위의 뇌물공여죄 성부

배임수재자가 배임증재자에게서 그가 무상으로 빌려준 물건을 인도받아 사용하고 있던 중에 공무원이 된 경우, 그 사실을 알게 된 배임증재자가 배임수재자에게 앞으로 물건은 공무원의 직무에 관하여 빌려주는 것이라고 하면서 뇌물공여의 뜻을 밝히고 물건을 계속하여 배임수재자가 사용할 수 있는 상태로 두더라도, 처음에 배임증재로 무상 대여할 당시에 정한 사용기간을 추가로 연장해 주는 등 새로운 이익을 제공한 것으로 평가할 만한 사정이 없다면, 이는 종전에 이미 제공한 이익을 나중에 와서 뇌물로 하겠다는 것에 불과할 뿐 새롭게 뇌물로 제공되는 이익이 없어 뇌물공여죄가 성립하지 않는다. [법원9급 17 / 법원행시 16 / 사시 16]

수뢰죄와 증뢰죄의 관계

1 대법원 1987.12.22, 87도1699

수뢰죄가 성립 안 되어도 증뢰죄는 성립 : 필요적 공범의 의미

피고인 甲으로부터 뇌물을 공여받은 피고인 乙의 뇌물수수죄에 대하여 뇌물성의 인식이 없이 이를 수령하였다는 취지에서 무죄선고가 내려졌음이 인정되나, 원심 설시와 같이 피고인이 증뢰의 의사로서 뇌물을 공여한 이상, 그가 뇌물수수죄의 죄책이 있느냐 여부에 불구하고 피고인의 뇌물공여죄는 성립된다. [국가7급 08]

2 대법원 2006.2.24, 2005도4737

뇌물공여죄의 성립에 반드시 상대방측의 뇌물수수죄가 성립하여야만 하는지 여부(소극)

뇌물공여죄가 성립하기 위하여는 뇌물을 공여하는 행위와 상대방측에서 금전적으로 가치가 있는 그 물품 등을 받아들이는 행위가 필요할 뿐 반드시 상대방측에서 뇌물수수죄가 성립하여야 함을 뜻하는 것은 아니다. [경찰채용 11 1차 / 경찰채용 12 2차 / 경찰채용 12 3차 / 경찰간부 17 / 경찰승진(경사) 11 / 경찰승진(경감) 10 / 경찰승진 16 / 국가9급 11·17 / 법원9급 09·10·13 / 법원행시 08·10·12·13 / 변호사시험 12]

증뢰물전달죄(제3자뇌물교부·취득죄)에 해당하는 사례

1 대법원 2002.6.14, 2002도1283

공무원이 제3자뇌물취득죄의 주체가 될 수 있다는 사례

형법 제133조 제2항은 증뢰자가 뇌물에 공할 목적으로 금품을 제3자에게 교부하거나 또는 그 정을 알면서 교부받는 증뢰물전달행위를 독립한 구성요건으로 하여 이를 같은 조 제1항의 뇌물공여죄와 같은 형으로 처벌하는 규정으로서, 제3자의 증뢰물전달죄는 제3자가 증뢰자로부터 교부받은 금품을 수뢰할 사람에게 전달하였는지의 여부에 관계없이 제3자가 그 정을 알면서 금품을 교부받음으로써 성립하는 것이고, [경찰채용 18 2차 / 경찰승진 12 / 국가7급 10·11 / 법원행시 14 / 변호사시험 12] 본죄의 주체는 비공무원을 예정한 것이나 공무원일지라도 직무와 관계되지 않는 범위 내에서는 본죄의 주체에 해당될 수 있다 할 것이므로, 피고인이 자신의 공무원으로서의 직무와는 무관하게 군의관 등의 직무에 관하여 뇌물에 공할 목적의 금품이라는 정을 알고 이를 전달해준다는 명목으로 취득한 경우라면 제3자뇌물취득죄가 성립된다.

2 대법원 1997.9.5, 97도1572

증뢰물을 교부받은 제3자가 수뢰자에게 이를 전달한 것은 별도로 뇌물공여죄를 구성하지 않는다는 사례

제3자의 증뢰물전달죄는 제3자가 증뢰자로부터 교부받은 금품을 수뢰할 사람에게 전달하였는지 여부에 관계 없이 제3자가 그 정을 알면서 금품을 교부받음으로써 성립하는 것이며, 나아가 제3자가 그 교부받은 금품을 수뢰할 사람에게 전달하였다고 하여 증뢰물전달죄 외에 별도로 뇌물공여죄가 성립하는 것은 아니다. [경찰간부 16 / 국가7급 10 · 11 / 법원9급 16 / 법원행시 14 / 변호사시험 12 · 16]

3 대법원 1997.6.27, 97도439; 2007.2.23, 2004도6025

공무원이 취급하는 사무에 관한 청탁을 받고, 자신이 이득을 취할 의사는 없이, 청탁상대방인 공무원에게 제공할 금품을 단순히 전달만 한 경우 증뢰물전달죄에 해당된다는 사례(변호사법상 알선수재 ×)

공무원이 취급하는 사건 또는 사무에 관하여 청탁한다는 명목으로 자신의 이득을 취하기 위하여 금품 등을 교부받은 것이 아니고, 공무원이 취급하는 사무에 관한 청탁을 받고 청탁 상대방인 공무원에게 제공할 금품을 받아 그 공무원에게 단순히 전달한 경우에는 알선수뢰죄나 증뢰물전달죄만이 성립하고, 이와 같은 경우에 변호사법 제111조 위반죄는 성립할 수 없다.

판례연구 증뢰물전달죄(제3자뇌물교부 · 취득죄)에 해당하지 않는 사례

1 대법원 2006.6.15, 2004도756; 2012.12.27, 2012도11200

형법 제133조 제2항에서 정한 '제3자'의 의미

형법 제133조 제2항은 증뢰자가 뇌물에 공할 목적으로 금품을 제3자에게 교부하거나 또는 그 정을 알면서 교부받는 증뢰물 전달행위를 독립한 구성요건으로 하여 이를 같은 조 제1항의 뇌물공여죄와 같은 형으로 처벌하는 규정으로서, 여기에서의 제3자란 행위자와 공동정범 이외의 자를 말한다고 할 것이다(피고인을 증뢰자와 독립적인 제3자로 볼 수 없어 증뢰물전달에 해당하지 않는다는 사례).

2 대법원 2006.11.24, 2005도5567

자신의 이득을 위하여 공무원이 취급하는 사건 등에 관한 청탁 명목으로 금품을 교부받은 경우, 구 변호사법 제90조 제1호 위반죄 외에 형법상 증뢰물전달죄가 성립하지 않는다는 사례

공무원이 취급하는 사건 또는 사무에 관한 청탁을 받고 청탁 상대방인 공무원에게 제공할 금품을 받아 그 공무원에게 단순히 전달한 경우와는 달리, 자기 자신의 이득을 취하기 위하여 공무원이 취급하는 사건 또는 사무에 관하여 청탁한다는 등의 명목으로 금품 등을 교부받으면 그로써 곧 구 변호사법 제90조 제1호 위반죄가 성립되고 이와 같은 경우에는 형법 제133조 제2항 증뢰물전달죄는 성립할 여지가 없다.

판례연구 금품을 받고 그 금품 중의 일부를 받은 취지에 따라 청탁과 관련하여 관계공무원에게 뇌물로 공여하거나 다른 알선행위자에게 청탁의 명목으로 교부한 경우, 몰수 · 추징의 범위

대법원 2002.6.14, 2002도1283

형법 제134조의 규정에 의한 필요적 몰수 또는 추징은, 범인이 취득한 당해 재산을 범인으로부터 박탈하여 범인으로 하여금 부정한 이익을 보유하지 못하게 함에 그 목적이 있는 것으로서, 공무원의 직무에 속한 사항의 알선에 관하여 금품을 받고 그 금품 중의 일부를 받은 취지에 따라 청탁과 관련하여 관계 공무원에게 뇌물로 공여하거나 다른 알선행위자에게 청탁의 명목으로 교부한 경우에는 그 부분의 이익은 실질적으로 범인에게 귀속된 것이 아니어서 이를 제외한 나머지 금품만을 몰수하거나 그 가액을 추징하여야 한다. [경찰채용 11 1차 / 국가7급 10 / 법원9급 11 · 12]

사례연구 변호사법상 알선수재죄와 증뢰물전달(내지 알선수뢰)죄의 구별

甲은 경찰청 외사1과 국제협력계에 근무하는 경장이며 乙과 개인적으로 알고 있는 자이다. 그런데 A가 미성년자인 B를 일본에 있는 주점 종업원으로 취업시키기 위하여 주한 일본대사관에 위조여권을 행사한 혐의로 종로경찰서 형사 2명에게 연행되어 종로서 외사계 사무실에서 조사를 받게 되자, 당시 일본에 체류 중이던 위 乙로부터 전화로 "A와 B를 뺄 수 있도록 노력해 달라. 곧 귀국하니 사례는 그때 하겠다."는 청탁을 받고 이를 승낙한 후 그 시경 종로경찰서 조사계장 경감 D에게 외사계 담당형사를 통하여 A와 B를 빼내 달라고 부탁하였다. 이후 甲은 A와 B가 같은 날 저녁 무렵 귀가된다는 사실을 알고 이를 위 乙에게 전해 주고, 위 사건이 잘 마무리될 수 있도록 위 종로서 외사계 담당형사에게 전해달라는 명목으로 乙로부터 금 2,000,000원을 수수하였다. 甲의 행위는 변호사법위반죄에 해당하는가, 증뢰물전달 또는 알선수뢰죄에 해당하는가?

해결 알선수뢰죄 또는 증뢰물전달죄에 해당될 뿐이다.

판례 자신의 이득을 취하기 위하여 공무원이 취급하는 사건 또는 사무에 관하여 청탁한다는 명목으로 금품 등을 교부받은 것이 아니고, 공무원이 취급하는 사무에 관한 청탁을 받고, 청탁상대방인 공무원에게 제공할 금품을 받아 그 공무원에게 단순히 전달한 경우에는 알선수뢰죄나 증뢰물전달죄만이 성립하고, 이와 같은 경우에 변호사법 제90조 제1호 위반죄는 성립할 수 없다(대법원 1997.6.27, 97도439).

제2절 공무방해에 관한 죄

01 공무집행방해죄

제136조【공무집행방해】 ① 직무를 집행하는 공무원에 대하여 폭행 또는 협박한 자는 5년 이하의 징역 또는 1천만 원 이하의 벌금에 처한다.

판례연구 공무집행방해죄의 공무원은 직무집행 중이어야 하는 것과 관련된 판례

1 대법원 1979.7.24, 79도1201
공무집행 중이라고 볼 수 없어 본죄가 성립하지 않는다고 본 사례 : 공무집행방해 ×
피해자 허○○(김천시 건설과 소속 수도검침원)가 수도 검침차 피고인 집으로 가다가 그 집과 약 32m 떨어진 공터에서 피고인이 피해자를 폭행한 경우, 피고인이 피해자가 공무원인 사실을 알았다거나 나아가 피해자가 폭행을 당할 당시 공무집행 중이었고 또는 공무집행 중이라고 볼 만한 근접한 행위가 있었다고 볼 수 없다.

2 대법원 1999.9.21, 99도383
불법주차 스티커를 떼어낸 직후 사례 : 공무집행방해 ○
불법주차차량에 불법주차 스티커를 붙였다가 이를 다시 떼어낸 직후에 있는 주차단속 공무원을 폭행한 경우, 폭행 당시 주차단속 공무원은 일련의 직무수행을 위하여 근무 중인 상태에 있었다고 보아야 하므로 공무집행방해죄의 성립을 인정하여야 한다. [경찰채용 14 · 18 1차 / 경찰채용 13 2차 / 경찰승진 16 / 법원9급 14 / 법원승진 14]

3 대법원 2009.1.15, 2008도9919

불법주차 단속요구 현장확인 사례 : 공무집행방해 ○

야간 당직 근무자는 불법주차 단속권한은 없지만 민원접수를 받아 다음날 관련 부서에 전달하여 처리하고 있으므로 불법주차 단속업무는 야간 당직 근무자들의 민원업무이자 경비업무로서 공무집행 방해죄의 '직무집행'에 해당한다. 따라서 야간 당직 근무 중인 청원경찰이 불법주차 단속요구에 응하여 현장을 확인만 하고 즉시 단속하지 않는다는 이유로 민원인이 청원경찰을 폭행한 경우, 공무집행방해죄가 인정된다. [경찰채용 14 2차 / 법원행시 07 / 사시 10·14]

판례연구	공무원의 추상적 직무권한에 속하는 직무집행의 사례

1 대법원 1998.5.12, 98도662

지방의회의 회의가 적법한 소집절차를 밟아 소집되었고 소집의 목적이 불법적이거나 사회질서에 반하는 것이 아닌 이상, 그 회의의 의결사항 중에 지방의회의 권한에 속하지 아니하는 사항이 포함되어 있었다 하더라도 지방의회 의원들이 그 회의에 참석하고 그 회의에서 의사진행을 하는 직무행위는 적법한 것이므로 공무집행방해죄의 대상인 직무집행이라고 볼 수 있다.

2 대법원 2003.11.28, 2003도5234

주·정차 단속하는 공무원을 폭행하고 있는 피고인을 제지하는 다른 공무원을 폭행한 사례

피고인이 불법 주·정차 단속을 하는 공무원을 폭행함으로써 전체적인 직무수행을 방해받게 되자 다른 공무원들이 피고인의 폭행을 제지한 것은 일련의 주·정차 단속업무가 원활·용이하게 수행되게 하기 위하여 취한 불가피한 조치였을 뿐만 아니라 피고인의 불법적 폭행행위를 사회적 상당성이 있는 방법으로 저지한 것에 불과하다고 할 것이므로 … 이는 주·정차 단속공무원의 직무에 수반되는 행위로 파악함이 상당하고 그 직무권한의 범위를 벗어난 행위라고 볼 것은 아니다.

> 유사 대법원 2018.3.29, 2017도21537
>
> A는 甲과 주차문제로 언쟁을 벌이던 중, 112 신고를 받고 출동한 경찰관 乙이 甲을 때리려는 A를 제지하자 자신만 제지를 당한 데 화가 나서 손으로 乙의 가슴을 밀치고, A를 현행범으로 체포하며 순찰차 뒷좌석에 태우려고 하는 乙의 정강이 부분을 양발로 걷어찼다. 공무집행방해죄는 직무를 집행하는 공무원에 대하여 폭행 또는 협박한 경우에 성립하는 범죄로서 여기서의 폭행은 사람에 대한 유형력의 행사로 족하고 반드시 그 신체에 대한 것임을 요하지 아니하며, 또한 추상적 위험범으로서 구체적으로 직무집행의 방해라는 결과발생을 요하지도 아니한다. 제반 사정을 종합하면 피고인이 손으로 乙의 가슴을 밀칠 당시 乙은 112 신고처리에 관한 직무 내지 순찰근무를 수행하고 있었고, 이와 같이 공무를 집행하고 있는 乙의 가슴을 밀치는 행위는 공무원에 대한 유형력의 행사로서 공무집행방해죄에서 정한 폭행에 해당한다. [법원행시 21]

3 대법원 2005.5.26, 2004도8464

피고인들이 불법으로 시청사 안으로 침입을 하려고 하는 것은 아니었다 할지라도, 총무과 소속 공무원들이 시청사 현관 바로 앞에 불법으로 천막을 설치하는 것에 대해서 이를 막으려고 하는 행위 및 천막을 철거하는 행위는 일반적으로 허용된 청사방호의 업무 범위 내에 포함되는 적법한 공무집행행위에 해당한다.[522]

---

522 **사실관계** : 甲 등은 안양시청 현관 바로 앞에 해고자 복직을 요구하면서 천막을 설치하고 농성을 하려할 때에 안양시청 총무과장의 지시를 받은 총무과 소속 공무원 乙 등과 청원경찰들로부터 저지당하자 甲은 그들에게 폭행을 하였다. 이 경우 乙 등이 농성을 위하여 천막을 설치하는 것을 저지하고 천막을 철거한 행위는 적법한 직무집행행위에 해당한다는 사례이다.

판례연구 **공무원의 추상적 직무권한에 속하지 않는 사례**

1 공무원의 추상적 직무권한에 속하지 않는 전통적 사례

① 면사무소 근무 공무원이 설계도면의 제출을 요구하는 행위

② 법관이 수사상의 강제처분을 집행하는 행위

③ 경찰관이 조세를 징수하는 행위

④ 경찰관이 사법상 분쟁해결에 관여하는 행위

⑤ 마약감시원이 풍속사범을 단속하는 행위

⑥ 철도공안원이 열차·철도시설 외의 장소에서 수사를 하는 행위

⑦ 특별사법경찰관리가 법률이 정한 사항 이외의 수사를 하는 행위

2 대법원 1982.11.23, 81도1872

면사무소 공무원의 설계도면 요구 사례

공무집행방해죄는 적법한 공무집행이 있을 것을 전제로 하는데, 위 조○○(면사무소 공무원)의 표준설계도의 요구가 공무집행에 해당하는가에 관하여 살펴보건대, 취락구조개선 여부는 본인의 자유이고, 취락구조개선을 원하는 사람에게 설계도면을 제출케 할 법적인 근거나 권한도 없고, 단지 조속한 사업진척을 위하여 촉구할 수 있을 뿐으로, 피고인에게는 설계도면을 제출할 의무나 설계에 필요한 금원을 조○○에게 지급할 의무는 없는 것이고, 피고인이 설계도를 제출하지 아니함으로써 건축시공상의 어떤 불이익을 받는 것은 별론으로 하고, 조○○로서도 이를 적법하게 강제할 권한이 없고 보면 조○○가 자신의 행정사무의 편의를 위한 목적으로 설계도의 제출을 요구한 행위를 두고 공무집행이라고 단정할 수는 없다 할 것이다.

판례연구 **공무원의 구체적 직무권한에 속하는 직무집행의 사례**

1 대법원 1990.6.22, 90도767

대학생들에 의해 감금된 전경들을 구출하기 위하여 압수수색영장 없이 대학교 도서관에 진입한 사례

대학생들인 피고인들이 전경 5명을 불법으로 납치, 감금하고 있으면서 경찰의 수회에 걸친 즉시 석방요구에도 불구하고 불가능한 조건을 내세워 이에 불응하는 상황 아래에서는 현행의 불법감금상태를 제거하고 범인을 체포할 긴급한 필요가 있으므로 경찰이 압수수색영장 없이 도서관 건물에 진입한 것은 적법한 공무원의 직무집행이라 할 것이다.

2 대법원 1992.4.28, 92도220

경찰공무원이 자동차운전자에게 후렛쉬봉(플래시봉)에 의한 3회(한 명의 의경이 2회, 다른 의경이 1회)에 걸친 음주측정 후에도 음주사실을 확인할 수 없게 되자 이번에는 다시 음주측정기로 검사받을 것을 요구한 행위는 적법한 직무집행이다.

3 대법원 1994.9.27, 94도886

범칙행위를 하였다고 인정되는 운전자가 자신의 인적사항을 밝히지 아니하고 면허증 제시를 거부하며 차량을 출발시킨 경우, 교통단속업무에 종사하던 의경이 서서히 진행하는 차량의 문틀을 잡고 정지할 것을 요구한 행위는 적법한 공무집행의 범위 안에 든다.

4 대법원 2006.2.10, 2005도7158

방금 범죄를 실행한 범인이라고 인정할 죄증이 명백히 존재한다고 본 사례

경찰관이 피고인을 현행범인으로 체포한 시기는 피고인이 타인에 대한 상해행위를 종료한 순간과

아주 접착된 시간적 단계에 있다고 볼 수 있으며 피고인을 체포한 장소도 피고인이 위 상해범행을 저지른 바로 그 장소이므로, 경찰관 P가 피고인을 체포할 당시는 피고인이 방금 범죄를 실행한 범인이라고 볼 죄증이 명백히 존재하는 것으로 인정할 수 있는 상황이었다고 할 것이므로,[523] 피고인을 현행범인으로 볼 수 있다고 할 것이다. 따라서 경찰관의 현행범체포는 적법한 직무집행이었고, 피고인의 행위는 공무집행방해죄를 구성한다.

5 대법원 2006.9.28, 2005도6461
현행범인체포서에 기재된 죄명에 체포사유가 한정되는 것은 아니라고 본 사례
피고인이 술에 취하여 지하철 역사 내에서 행패를 부려 출동한 경찰관들이 현행범으로 체포하려고 하자 이에 반항하는 과정에서 경찰관의 안면을 할퀴고 안경을 손괴한 경우, 피고인의 위 행위를 폭행죄로 의율하기에는 다소 모호하나 적어도 당시 업무방해죄의 현행범인 상태에 있었다고 보아야 하고, 현행범인의 체포에 있어서 현행범인체포서에 기재된 죄명에 의해 체포 사유가 한정되는 것은 아니므로, 피고인의 행위는 공무집행방해죄를 구성한다.

6 대법원 2008.10.9, 2008도3640
경찰관의 현행범인 체포경위 및 현행범인체포서와 범죄사실의 기재에 다소 차이가 있는 경우
경찰관의 현행범인 체포경위 및 그에 관한 현행범인체포서와 범죄사실의 기재에 다소 차이가 있더라도, 그것이 논리와 경험칙상 장소적·시간적 동일성이 인정되는 범위 내라면 그 체포행위는 공무집행방해죄의 요건인 적법한 공무집행에 해당한다. [법원행시 21]

7 대법원 2011.4.28, 2007도7514[524]; 2011.4.28, 2008도4721; 2011.5.26, 2010도10305
행정대집행이 전체적으로 대집행의 대상이 되는 대체적 작위의무인 철거의무를 대상으로 한 것인 사례
법외 단체인 전국공무원노동조합의 지부가 당초 공무원 직장협의회의 운영에 이용되던 군(郡) 청사시설인 사무실을 임의로 사용하자, 지방자치단체장이 자진폐쇄 요청 후 행정대집행법에 따라 행정대집행을 하였는데, 피고인들과 위 지부 소속 공무원들이 위 집행을 행하던 공무원들에게 대항하여 폭행 등 행위를 한 경우 피고인들에게 특수공무집행방해죄가 성립한다. [경찰승진 13]

8 대법원 2012.6.28, 2011도15990
교도관들이 교도소 내에서 소란을 피운 피고인에 대하여 보호장비인 수갑과 머리보호대를 사용한 것은 적법하다는 사례
여러 사정을 종합해볼 때, 교도소의 질서유지 등을 위하여 교도관들이 보호장비를 사용할 만한 상당한 이유가 있었다고 볼 여지가 충분하고,[525] 실제 교도관들이 보호장비의 사용에 착수한 후 피고인이 자신의 머리로 관구실 내 비품을 들이받아 자해행위를 하고 관구계장인 피해자에 대한 적극적

---

523 보충 : 甲(피고인)은 09:35경 ○○목욕탕 앞 노상에서 범죄신고를 받고 출동한 청주서부경찰서 가경지구대 소속 경사 P에 의해 같은 날 09:10경에 乙에게 상해를 가하였다는 혐의사실로 미란다고지가 이루어지고 현행범인으로 체포되어 연행되어 가던 중 112 순찰차량에 태우려 하는 위 P의 안면부를 양 주먹으로 수회 때렸다.

524 보충 : 공유재산법 제83조는 "정당한 사유 없이 공유재산을 점유하거나 이에 시설물을 설치한 때에는 행정대집행법 제3조 내지 제6조의 규정을 준용하여 철거 그 밖의 필요한 조치를 할 수 있다."라고 정하고 있는데, 위 규정은 대집행에 관한 개별적인 근거 규정을 마련함과 동시에 행정대집행법상의 대집행 요건 및 절차에 관한 일부 규정만을 준용한다는 취지에 그치는 것이고, 그것이 대체적 작위의무에 속하지 아니하여 원칙적으로 대집행의 대상이 될 수 없는 다른 종류의 의무에 대하여서까지 강제집행을 허용하는 취지는 아니다(대법원 1998.10.23, 97누157). … 그런데, 이 사건 행정대집행은 그 주된 목적이 법외 단체인 전공노의 위 사무실에 대한 사실상 불법사용을 중지시키기 위하여 사무실 내에 비치되어 있는 전공노의 물품을 철거하고 사무실을 폐쇄함으로써 ○○군청사의 기능을 회복하는 데 있다고 보이므로, 이 사건 행정대집행은 전체적으로 대집행의 대상이 되는 대체적 작위의무인 철거의무를 대상으로 한 것으로 적법한 공무집행에 해당한다고 볼 수 있고, 그 집행을 행하는 공무원들에 대항하여 피고인들과 전공노 소속 ○○군청공무원들

공격행위에까지 나아간 점에 비추어 더욱 그러하다.

9 대법원 2012.9.13, 2010도6203
불심검문의 적법 요건 및 그 내용
검문 중이던 경찰관들이, 자전거를 이용한 날치기 사건 범인과 흡사한 인상착의의 甲이 자전거를 타고 다가오는 것을 발견하고 정지를 요구하였으나 멈추지 않아, 앞을 가로막고 검문에 협조해 달라고 하였음에도 불응하고 그대로 전진하자, 따라가서 재차 앞을 막고 검문에 응하라고 요구하였는데, 이에 甲이 경찰관들의 멱살을 잡아 밀치는 등 항의하였던 경우, 경찰관직무집행법의 규정 내용 및 체계 등을 종합하면 경찰관은 법 제3조 제1항에 규정된 대상자에게 질문을 하기 위하여 범행의 경중, 범행과의 관련성, 상황의 긴박성, 혐의의 정도, 질문의 필요성 등에 비추어 목적 달성에 필요한 최소한의 범위 내에서 사회통념상 용인될 수 있는 상당한 방법으로 대상자를 정지시킬 수 있고 질문에 수반하여 흉기의 소지 여부도 조사할 수 있다. 따라서 甲에게는 공무집행방해죄의 죄책이 인정된다. [경찰채용 14 1차 / 경찰채용 13 2차 / 변호사시험 16]

10 대법원 2014.2.13, 2011도10625; 2014.2.27, 2013도5356
도로 관리청이 갖는 도로관리권의 범위와 공무집행방해죄
피고인이 甲 시청 옆 일반국도인 도로의 보도에서 철야농성을 위해 천막을 설치하던 중 이를 제지하는 甲 시청 소속 공무원들에게 폭행을 가한 경우, 정당한 사유 없이 보도에 천막을 설치하여 교통에 지장을 끼치는 등 도로법 제45조에 규정된 금지행위를 하는 데 대하여 도로 관리청 소속 공무원이 도로 관리의 목적으로 이를 제지하고 시설물의 설치를 완성하지 못하도록 막는 등의 행위는 도로의 본래 목적을 달성하도록 하기 위한 합리적 상당성이 있는 조치로서 포괄적인 도로관리권의 행사 범주에 속하므로, 도로관리권에 근거한 공무집행을 하는 공무원에 대하여 폭행 등을 가한 피고인의 행위는 공무집행방해죄를 구성한다고 해야 한다.[526] [경찰채용 14 2차]

11 대법원 2014.9.25, 2013도1198
교도관의 부착물제거지시 및 수용자 조사거실 분리수용과 직무집행의 적법성
① 교정시설 소장에 의하여 허용된 범위를 넘어 사진 또는 그림 등을 부착한 수용자에 대해 교도관이 부착물의 제거를 지시한 행위는 원칙적으로 적법한 직무집행에 해당한다.[527] … 그러나 ② 징벌사유에 해당하는 행위를 하였다고 의심할 만한 상당한 이유가 있는 수용자에 대하여 조사가 필요한 경우에는

이 폭행 등 행위를 한 것은 단체 또는 다중의 위력으로 공무원들의 적법한 직무집행을 방해한 것이 된다(위 판례).

525 **보충** : 형의 집행 및 수용자의 처우에 관한 법률('형집행법') 제97조에 의하면, 교도관은 이송·출정, 그 밖에 교정시설 밖의 장소로 수용자를 호송하는 때, 수용자가 도주·자살·자해 또는 다른 사람에 대한 위해의 우려가 큰 때, 위력으로 교도관 등의 정당한 직무집행을 방해하는 때, 교정시설의 설비·기구 등을 손괴하거나 그 밖에 시설의 안전 또는 질서를 해칠 우려가 큰 때에 해당하면 보호장비를 사용할 수 있다.

526 **보충** : 도로 관리청은 도로를 설치하고 존립을 유지하여 이를 일반교통에 제공함으로써 도로로서 본래의 기능이 발휘될 수 있도록 하기 위한 포괄적 관리권을 가지고, 이러한 도로관리권에는 도로 시설물 등을 기능에 적합하도록 유지·관리하는 것뿐 아니라, 도로 관리를 위한 직무집행 행위로서 합리적 상당성이 인정되는 범위 내에서 도로의 기능 발휘에 장애가 되는 행위를 금지하거나 제지하는 등의 사실행위를 할 권한도 포함된다. 그런데 구 도로법에 의하면, 누구든지 정당한 사유 없이 도로를 손궤하는 행위, 도로에 장애물을 쌓아놓는 행위, 그 밖에 도로의 구조나 교통에 지장을 끼치는 행위를 하여서는 아니 되므로(제45조), 위와 같은 금지행위를 하고 있는 위반자에 대하여 도로관리권에 기하여 이를 제지하는 것은 특별한 사정이 없는 한 정당한 직무집행 행위에 속한다고 보아야 한다.

527 **보충** : 형의 집행 및 수용자의 처우에 관한 법률(이하 '형집행법') 제32조 제1항, 제105조 제1항, 제3항, 형의 집행 및 수용자의 처우에 관한 법률 시행규칙 제214조 제17호와 같은 수용자의 청결의무와 규율준수의무에 관한 규정의 취지와 아울러, 수용자가 교정시설의 소장이 허용한 범위를 넘어 수용시설에 사진 또는 그림 등을 부착하는 행위는 교정시설의 소장이 유지하려는 수용시설 본래의 청결상태를 훼손하는 본질적 성격을 가지는 점, 수용시설에 부착될 부착물의 허용 기준 설정은 수용시설의 관리자인 교정시설 소장의 권한에 속하는 사항으로서 허용 기준 설정 자체를 두고 형집행법상 수용자의 인권 존중 조항(제4조)이나 헌법상 과잉금지의 원칙에 위배된다고 볼 수 없는 점, 수용자의 위와 같은 개인적·임의적 부착 행위는 수용시설 자체의 청결유지뿐만 아니라 교정시설

원칙적으로 수용자를 조사거실에 분리 수용할 수 없다.[528]

12 대법원 2018.12.13, 2016도19417

경찰관직무집행법에 따른 경찰관의 제지 조치의 적법성

피고인은 평소 집에서 심한 고성과 욕설, 시끄러운 음악 소리 등으로 이웃 주민들로부터 수회에 걸쳐 112신고가 있어 왔던 사람인데, 피고인의 집이 소란스럽다는 112신고를 받고 출동한 경찰관 甲, 乙이 인터폰으로 문을 열어달라고 하였으나 욕설을 하였고, 경찰관들이 피고인을 만나기 위해 전기차단기를 내리자 화가 나 식칼을 들고 나와 욕설을 하면서 경찰관들을 향해 찌를 듯이 협박함으로써 甲, 乙의 112신고 업무 처리에 관한 직무집행을 방해하였다고 하여 특수공무집행방해로 기소된 경우, 공소사실을 무죄로 판단한 원심판결에는 위법이 있다.

판례연구 | 공무원의 구체적 직무권한에 속하지 않는 사례

1 대법원 1991.5.10, 91도453

긴급체포의 요건 중 사안의 중대성에 비추어 법정형이 긴급체포요건에 해당하지 않는 교육법위반 등 혐의로 기소중지 중에 있는 자에 대하여 임의동행에 응하지 않자 국가보안법위반혐의로 긴급체포하는 경우

법정형이 긴급구속사유에 해당하지 않는 범죄혐의로 기소중지된 자를 경찰관들이 검거하는 과정에서(이러한 긴급체포에 검사의 사전지휘나 사후승인을 받은 바도 없고 통상의 구속영장에 의해 구속시킨 경우이었음) 그 구원을 요청받은 피고인 등의 폭행으로 공무집행이 방해되었다고 공소가 제기된 경우, 경찰관들이 임의동행을 거절하는 공소외인을 강제로 연행하려고 한 것이라면 이는 적법한 공무집행에 해당하지 아니하므로 강제적인 임의동행을 거부하는 방법으로서 경찰관을 폭행·협박을 하여도 공무집행방해죄는 성립하지 아니한다.[529] [국가9급 21]

2 대법원 1992.5.22, 92도506

경미한 범죄에 대한 강제연행 사례

법정형 5만 원 이하의 벌금, 구류 또는 과료에 해당하는 경미한 범죄에 불과한 경우 비록 그가 현행범인이라고 하더라도 영장 없이 체포할 수는 없으므로, 경찰관이 그의 의사에 반하여 강제로 연행하려고 한 행위는 적법한 공무집행이라고 볼 수 없어, 피고인이 위 경찰관의 행위를 제지하기 위하여 경찰관에게 폭행을 가하였다고 하여도 이는 공무집행방해죄를 구성하지 아니한다. [법원승진 14]

내 공동생활의 질서유지를 저해할 우려가 크다고 보이는 점 등을 종합하면, 수용자에게 부착물의 내용, 부착의 경위 등에 비추어 교정시설의 소장에 의하여 허용된 범위를 넘은 부착 행위를 하게 된 정당한 사유가 인정되는 등의 특별한 사정이 없는 한, 교정시설의 소장에 의하여 허용된 범위를 넘어 사진 또는 그림 등을 부착한 수용자에 대하여 교도관이 부착물의 제거를 지시한 행위는 수용자가 복종하여야 할 직무상 지시로서 적법한 직무집행이라고 보아야 한다(위 판례).

528 **보충** : 징벌사유에 해당하는 행위를 하였다고 의심할 만한 상당한 이유가 있는 수용자에 대하여 조사가 필요한 경우라 하더라도, 특히 그 수용자에 대한 조사거실에의 분리 수용은 형의 집행 및 수용자의 처우에 관한 법률 제110조 제1항의 각 호에 따라 그 수용자가 증거를 인멸할 우려가 있는 때 또는 다른 사람에게 위해를 끼칠 우려가 있거나 다른 수용자의 위해로부터 보호할 필요가 있는 때에 한하여 인정된다(위 판례).

529 **사실관계** : 부천경찰서 소속 순경 A 등은 교육법위반 등으로 기소중지 중에 있고 또한 노동자대학 설립과 관련하여 국가보안법위반의 혐의를 받고 있던 乙에게 경찰서까지 동행할 것을 요구하였다가 거절당하자 강제로 데려가려고 하였던바, 그와 함께 있던 甲 등은 乙의 구원 요청을 받고 위 경찰관들에게 폭행을 가하여 상해를 입게 하였다. **판례** 공소외 2(乙)는 현행범이나 준현행범에 해당하지 아니하고, 공소외 1등 경찰관의 검거행위에 순순히 응하지도 아니하였으므로 결국 공소외 2를 검거하기 위한 공무집행을 적법한 것으로 인정하기 위하여는 긴급구속에 해당하는 경우라야만 할 것이다(긴급구속은 당시 형사소송법 제206조에 규정되어 있었고, 이는 현행 형사소송법 제200조의3의 긴급체포 규정과 유사하다) 그런데 공소외 2는 그 당시 교육법위반, 정기간행물의 등록 등에 관한 법률위반으로 기소중지되고 있었음을 알 수 있는데, 그 어느 범죄도 당시 형사소송법 제206조 제1항 소정의 법정형에

3 대법원 1995.5.9, 94도3016

형사소송법 제211조 소정의 범죄실행의 즉후인 자의 의미

경찰관들이 주민들의 신고를 받고 현장에 도착한 당시 이미 싸움이 끝나 피고인이 의자에 앉아 있었던 사실이 인정됨에 비추어 피고인을 현행범으로 보기 어려울 뿐만 아니라,[530] 위 경찰관들 스스로가 피고인을 현행범으로 체포하려 한 것이 아니라 임의동행하려 하였다고 진술하고 있고, 위 경찰관들이 현행범 체포에 필요한 형사소송법 제72조 소정의 절차를 밟지도 않았던 점 등으로 보아, 피고인을 임의동행하려고 한 것이 명백하다 할 것이므로, 피고인이 임의동행을 강요하는 경찰관들에 대하여 이를 거부하는 방법으로 폭행을 한 것은 공무집행방해죄가 성립하지 아니한다.

4 대법원 1999.12.28, 98도138

경찰관이 임의동행을 요구하며 손목을 잡고 뒤로 꺾어 올리는 등으로 제압하자 거기에서 벗어나려고 몸싸움을 하는 과정에서 경찰관에게 경미한 상해를 입힌 경우, 위법성이 조각된다.[531] [국가7급 10]

5 대법원 2000.7.4, 99도4341; 2002.5.10, 2001도300; 2006.11.23, 2006도2732

형소법상 현행범체포요건을 갖추지 못한 경우

피고인은 현행범에 해당되지 아니함에도 불구하고 현장에 출동한 경찰관들에 의하여 폭력사건의 범인으로 지목되어 강제로 순찰차에 태워 파출소로 끌고 가려 하였다면, 피고인이 이를 벗어날 목적으로 몸부림을 치던 중 순찰차 조수석에 앉아 있던 공소외 1(경장)의 뒷머리를 발로 차게 되었고, 그 과정에서 공소외 1은 약 2주간의 치료를 요하는 다발성좌상 등의 상해를 입었다 하더라도 피고인의 행위는 공무집행방해죄를 구성하지 않는다. [국가9급 21 / 국가7급 12 / 법원행시 08 / 사시 13]

6 대법원 2004.7.9, 2003도8336

교통단속 중인 경찰공무원이 범칙금납부통고서를 받기를 거부하는 사람에 대해 범칙금납부통고처분 강행목적으로 운전면허증 제시를 요구하는 행위[532]

도로교통법 제118조는 경찰서장은 범칙자로 인정되는 사람에 대하여는 그 이유를 명시한 범칙금납부통고서로 범칙금을 납부할 것을 통고할 수 있으나, 범칙금납부통고서를 받기를 거부한 사람에 대하여는 그러하지 아니하다고 규정하고 있고, 같은 법 제120조는 경찰서장은 범칙금납부통고서를 받기를 거부한 사람에 대하여는 지체 없이 즉결심판을 청구하여야 한다고 규정하고 있으므로, 교통경찰관으로서는 피고인이 신호위반을 하였다고 하더라도 범칙금납부통고서를 받지 않겠다는 의사를 분명히 밝힌 이상, 피고인에 대하여 지체 없이 즉결심판 출석통지서를 교부 또는 발송하고 즉결심판청구서를 작성하여 관할 법원에 제출하는 등 즉결심판청구의 절차로 나아가야 함에도, 이러한 절차를 밟지 아니한 채 범칙금납부통고처분을 강행할 목적으로 무리하게 운전면허증을 제시할 것을 계속 요구한 것은 적법한 교통단속업무라고 할 수 없어 그 교통경찰관에게 폭행을 가한 행위는 공무집행방해죄에 해당하지 않는다.

해당하지 아니한다. 또한 경찰관들이 형사소송법 제206조 제2항 소정의 검사의 사전 지휘나 사후 승인의 절차를 밟은 흔적도 없고 통상의 구속영장을 발부받아 공소외 2를 구속한 점 등에 비추어 보면 위 경찰관들은 공소외 2에게 '임의동행'을 요구하였다가 동인이 이를 거절하자 강제로 연행하려고 한 것이 아닌가 짐작된다. 그렇다면 임의동행을 강요하는 경찰관들에 대하여 임의동행을 거부하는 방법으로서 폭행·협박을 하여도 공무집행방해죄는 성립하지 아니하는 것이다(대법원 1991.5.10, 91도453).

530 **보충**: 형사소송법 제211조가 현행범으로 규정한 '범죄실행의 즉후인 자'란 체포하는 자가 볼 때 범죄의 실행행위를 종료한 직후의 범인이라는 것이 명백한 경우를 일컫는 것으로서, 시간이나 장소로 보아 체포당하는 자를 방금 범죄를 실행한 범인이라고 볼 증거가 명백히 존재하는 것으로 인정되는 경우에만 그를 현행범으로 볼 수 있다.

531 **사례**: 甲은 경찰관 乙과 丙이 甲에게 임의동행을 요구하면서 순찰차량에 태워 丙이 甲의 오른쪽 손목을 잡고 뒤로 꺾어 올리는 등 甲을 제압하자, 甲은 이를 벗어나기 위해 丙과 몸싸움을 하는 과정에서 양발로 순찰차의 뒷문을 2~3차례 걷어차고 오른발로 乙의 목 부위를 1회, 우측 팔로 丙의 좌측 옆구리를 2회 때렸다(이로 인하여 乙과 丙에게 각각 전치 2주의 상해와 순찰차에는 수리비 10,000원 상당의 손해가 발생하였음). 甲의 형사책임은?

7 대법원 2006.9.8, 2006도148

긴급체포를 시도한 검사의 판단이 현저히 합리성을 잃은 경우

검사나 사법경찰관이 수사기관에 자진출석한 사람을 긴급체포의 요건을 갖추지 못하였음에도 실력으로 체포하려고 하였다면 적법한 공무집행이라고 할 수 없고, 자진출석한 사람이 검사나 사법경찰관에 대하여 이를 거부하는 방법으로써 폭행을 하였다고 하여 공무집행방해죄가 성립하는 것은 아니다. … 또한 그 체포를 면하려고 반항하는 과정에서 상해를 가한 것도 불법체포로 인한 신체에 대한 현재의 부당한 침해에서 벗어나기 위한 행위로서 정당방위에 해당하여 위법성이 조각된다.[533] [경찰채용 13 1차 / 경찰채용 10 2차 / 국가7급 11 / 법원9급 07(상) / 법원9급 07(하) / 변호사시험 12]

8 대법원 2007.4.13, 2007도1249

음주운전 종료 후 40분 이상 경과한 시점의 현행범체포의 적법성 여부

신고를 받고 출동한 제천경찰서 청전지구대 소속 경장 공소외인이 피고인이 음주운전을 종료한 후 40분 이상이 경과한 시점에서 길가에 앉아 있던 피고인에게서 술냄새가 난다는 점만을 근거로 피고인을 음주운전의 현행범으로 체포한 것은 피고인이 '방금 음주운전을 실행한 범인이라는 점에 관한 죄증이 명백하다고 할 수 없는 상태'에서 이루어진 것으로서 적법한 공무집행이라고 볼 수 없고, 그 이후에 피고인에 대하여 음주측정을 요구한 것은 절차적 적법성을 구비하지 못한 것이고 피고인에 대한 조사행위 역시 적법한 직무집행행위라고 볼 수 없다.

9 대법원 2008.11.13, 2007도9794

경찰관직무집행법 제6조 제1항에 의한 경찰관의 제지 조치 발동·행사 요건 사례

구 집회 및 시위에 관한 법률에 의하여 금지되어 그 주최 또는 참가행위가 형사처벌의 대상이 되는 위법한 집회·시위가 장차 특정지역에서 개최될 것이 예상된다고 하더라도, 이와 시간적·장소적으로 근접하지 않은 다른 지역에서 그 집회·시위에 참가하기 위하여 출발 또는 이동하는 행위를 함부로 제지하는 것은 경찰관직무집행법 제6조 제1항의 행정상 즉시강제인 경찰관의 제지의 범위를 명백히 넘어 허용될 수 없다. 따라서 이러한 제지 행위는 공무집행방해죄의 보호대상이 되는 공무원의 적법한 직무집행이

해결 : 정당방위로서 무죄이다(대법원 1999.12.28, 98도138).

532 **판례의 사실관계** : 甲은 서울 노량진경찰서 소속 순경인 乙이 신호를 위반하여 진행하던 甲의 차량을 단속한 후 범칙금납부통고서를 발부하려고 하자, 甲 자신이 신호위반을 하지 않았다면서 乙에게 범칙금납부통고서를 받지 않겠으니 즉결심판을 받을 수 있게 해달라고 요구하였음에도 불구하고 乙은 이와 같은 甲의 요구를 무시한 채 범칙금납부통고처분을 강행하려 하자 乙의 손목을 잡아채며 욕설을 하고 계속하여 교통단속을 위하여 출발하려고 하는 乙의 견장을 잡아당기고 멱살을 잡아 2~3회 밀치는 등 폭행하였다. 甲에게는 공무집행방해죄의 죄책이 인정되지 않는다.

533 **사례** : 1심재판에서 위증교사, 위조증거사용죄로 기소된 A에 대하여 무죄가 선고되었고, 당시 공판검사이던 P는 이에 불복하여 항소한 후 위 무죄가 선고된 공소사실에 대한 보완수사를 한다며 A의 변호사사무실 사무장이던 B에게 검사실로 출석하라고 요구하였다. 이에 B는 자진출석하였는데 P는 참고인 조사를 하지 아니한 채 곧바로 위증 및 위증교사 혐의로 피의자신문조서를 받기 시작하였고, 이에 B는 인적사항만을 진술한 후 검사의 승낙 하에 A에게 전화를 하여 "검사가 자신에 대하여 위증 및 위증교사 혐의로 피의자신문조서를 받고 있으니 여기서 데리고 나가 달라."고 하였으며, 더 이상의 조사가 이루어지지 아니하는 사이 A가 위 408호 검사실로 찾아와서 검사 P에게 "참고인 조사만을 한다고 하여 임의수사에 응한 것인데 B를 피의자로 조사하는 데 대해서는 협조를 하지 않겠다."는 취지로 말하며 B에게 여기서 나가라고 지시하였다. 이에 B가 일어서서 검사실을 나가려 하자 검사 P는 B에게 "지금부터 긴급체포하겠다."고 말하면서 B의 퇴거를 제지하려 하였고, A는 B에게 계속 나가라고 지시하면서 B를 붙잡으려는 검사 P를 몸으로 밀어 제지하였다. A에게는 공무집행방해죄가 성립하는가?

판례 : 검사가 B를 긴급체포하려고 할 당시 B가 위증 및 위증교사의 범행을 범하였다고 의심할 만한 상당한 이유가 있었다고 볼 수 없고, 검사의 제지에도 불구하고 퇴거하였다고 하여 도망할 우려가 있다거나 증거를 인멸할 우려가 있다고 보기도 어려우므로, 위와 같이 긴급체포를 하려고 한 것은 그 당시 상황에 비추어 보아 형사소송법 제200조의3 제1항의 요건을 갖추지 못한 것으로 쉽게 보여져 이를 실행한 검사 등의 판단이 현저히 합리성을 잃었다고 할 것이다. 따라서 검사가 위와 같이 검찰청에 자진출석한 B를 체포하려고 한 행위를 적법한 공무집행이라고 할 수 없다(대법원 2006.9.8, 2006도148). [경찰채용 13 1차 / 경찰채용 10 2차 / 국가7급 11 / 법원9급 07(상) / 법원9급 07(하) / 변호사시험 12]

해결 : 성립하지 않는다.

아니다.[534] [경찰채용 16 1차 / 국가7급 11 / 사시 14]

10 대법원 2011.6.9, 2009도591

옥외집회 또는 시위 장소가 두 곳 이상의 지방경찰청 관할지에 속하는 경우의 적법한 신고 사례

피고인이 부산지방경찰청장에게 '부산에서 서울까지 도보로 시위한다.'는 내용의 옥외집회(시위·행진) 신고를 한 후 부산 등을 거쳐 서울에서 도보행진을 하던 중, 불법집회라며 이를 제지하는 일부 경찰관들을 넘어뜨려 상해를 입히는 등 시위진압 업무를 방해한 행위는 공무집행방해죄를 구성하지 않는다.[535]

11 대법원 2013.6.13, 2010도13609

국회 외통위 회의실 봉쇄 사건

누구든지 국회의원이 본회의 또는 위원회에 출석하기 위하여 본회의장 또는 위원회 회의장에 출입하는 것을 방해하여서는 아니 되며, 특히 국회의 경호 업무 등을 담당하는 국회 경위가 상임위원회 위원의 회의장 출입을 막는 것은 이를 정당화할 만한 특별한 사정이 없는 한 위법하다고 할 것이므로, 회의장 근처에 배치된 국회 경위들이 민주당 소속 외통위 위원들의 회의장 출입을 막은 행위는 외통위 위원장의 회의장 출입구를 폐쇄하고 출입 봉쇄 등의 위법한 조치를 보조한 행위에 지나지 아니하므로 역시 위법한 직무집행이라고 할 것이다. 따라서 민주당 소속 국회의원 등이 국회 경위들을 밀어내기 위해 옷을 잡아당기거나 밀친 행위는 공무집행방해죄를 구성하지 않는다. [경찰채용 14 2차 / 국가9급 21]

판례연구 | **공무집행방해죄 관련 판례는 아니지만 역시 공무원에게 구체적 직무권한이 없다고 본 판례**

1 대법원 2006.11.9, 2004도8404

위법한 체포상태에서 이루어진 음주측정요구에 불응한 사례

교통안전과 위험방지를 위한 필요가 없음에도 주취운전을 하였다고 인정할 만한 상당한 이유가 있다는 이유만으로 이루어지는 음주측정은 이미 행하여진 주취운전이라는 범죄행위에 대한 증거 수집을 위한 수사절차로서의 의미를 가지는 것인데, 구 도로교통법상의 규정들[536]이 음주측정을 위한 강제처분의 근거가 될 수 없으므로 위와 같은 음주측정을 위하여 당해 운전자를 강제로 연행하기 위해서는 수사상의 강제처분에 관한 형사소송법상의 절차에 따라야 하고, 이러한 절차를 무시한 채 이루어진 강제연행은 위법한 체포에 해당한다. 이와 같은 위법한 체포 상태에서 음주측정요구가 이루어진 경우, 음주측정요구를 위한 위법한 체포와 그에 이은 음주측정요구는 주취운전이라는 범죄행위에 대한 증거 수집을 위하여 연속하여 이루어진 것으로서 개별적으로 그 적법 여부를 평가하는 것은 적절하지 않으므로 그 일련의 과정을 전체적으로 보아 위법한 음주측정요구가 있었던 것으로 볼 수밖에 없으므로 그에

불응하였다고 하여 음주측정거부에 관한 도로교통법 위반죄로 처벌할 수 없다.[537] [법원승진 14]

2 대법원 2006.11.9, 2004도8404; 2012.12.13, 2012도11162[538]
경찰관직무집행법상 경찰관의 보호조치의 요건
① 경찰관직무집행법 제4조 제1항 제1호에서 규정하는 술에 취한 상태로 인하여 자기 또는 타인의 생명·신체와 재산에 위해를 미칠 우려가 있는 피구호자에 대한 보호조치는 경찰 행정상 즉시강제에 해당하므로, 그 조치가 불가피한 최소한도 내에서만 행사되도록 발동·행사 요건을 신중하고 엄격하게 해석하여야 하므로 … 피구호자의 가족 등에게 피구호자를 인계할 수 있다면 특별한 사정이 없는 한 경찰관서에서 피구호자를 보호하는 것은 허용되지 않는다.
② 경찰관직무집행법 제4조 제1항 제1호의 보호조치 요건이 갖추어지지 않았음에도, 경찰관이 실제로는 범죄수사를 목적으로 피의자에 해당하는 사람을 이 사건 조항의 피구호자로 삼아 그의 의사에 반하여 경찰관서에 데려간 행위는, 달리 현행범체포나 임의동행 등의 적법 요건을 갖추었다고 볼 사정이 없다면, 위법한 체포에 해당한다고 보아야 한다.
③ 위법한 체포 상태에서 이루어진 음주측정요구에 불응한 행위를 음주측정거부에 관한 도로교통법 위반죄로 처벌할 수 없다.

판례연구 **법령이 정한 방식과 절차에 어긋난 위법한 직무집행으로 본 판례**

1 대법원 1978.10.10, 78도2134
교통경찰관이 서행 중인 차를 정차시켜 정차여부의 확인도 하지 아니한 채 정차금지구역에서 정차하였다고 욕설과 폭행을 한 행위는 공무원이 그 권한에 속하는 사항에 관하여 법령에 정한 방식에 따라 그 직무를 집행하는 경우에 해당된다고 보기 어렵다.

2 대법원 1992.2.11, 91도2797
운전자가 경찰관에게 먼저 폭행 또는 협박을 가한 것이 아니고 경찰관의 오만한 단속 태도에 항의하였는데 경찰관이 운전자를 그 의사에 반하여 교통초소로 연행하는 행위는 적법한 직무집행이 아니다. 따라서 이러한 강제연행에 항거하는 와중에서 경찰관의 멱살을 잡는 등 폭행을 가하였다고 하여도 공무집행방해죄가 성립되지 않는다.

3 대법원 1994.3.11, 93도958
보호실은 경찰관직무집행법상 정신착란자, 주취자, 자살기도자 등 응급의 구호를 요하는 자를 24시간

의한 경찰공무원의 측정에 응하지 아니한 사람은 2년 이하의 징역이나 500만 원 이하의 벌금의 형으로 벌한다.”고 규정하고 있다.
537 **참고판례** : 자동차 등 운전자가 신체 이상 등의 사유로 '호흡에 의한 음주측정'에 응하지 못한 경우, 음주측정불응죄가 성립하지 않는다(대법원 2006.1.13, 2005도7125). 또한 구 도로교통법 제150조 제2호는 “술에 취한 상태에 있다고 인정할 만한 상당한 이유가 있는 사람으로서 제44조 제2항의 규정에 의한 경찰공무원의 측정에 응하지 아니한 사람은 2년 이하의 징역이나 500만 원 이하의 벌금에 처한다.”라고 규정하고 있으므로, 위 조항에서 규정한 경찰공무원의 측정은 같은 법 제44조 제2항 소정의 호흡조사에 의한 측정만을 의미하는 것으로서 같은 법 제44조 제3항 소정의 혈액채취에 의한 측정을 포함하는 것으로 볼 수 없음은 법문상 명백하다. 따라서 신체 이상 등의 사유로 인하여 호흡조사에 의한 측정에 응할 수 없는 운전자가 혈액채취에 의한 측정을 거부하거나 이를 불가능하게 하였다고 하더라도 이를 들어 음주측정에 불응한 것으로 볼 수는 없다(대법원 2010.7.15, 2010도2935).
538 **보충** : 화물차 운전자인 피고인이 경찰의 음주단속에 불응하고 도주하였다가 다른 차량에 막혀 더 이상 진행하지 못하게 되자 운전석에서 내려 다시 도주하려다 경찰관에게 검거되어 지구대로 보호조치된 후 2회에 걸쳐 음주측정요구를 거부하였다고 하여 도로교통법 위반(음주측정거부)으로 기소된 경우, 당시 경찰관이 피고인과 피고인 처의 의사에 반하여 피고인을 지구대로 데려간 행위를 적법한 보호조치라고 할 수 없고, 나아가 달리 적법 요건을 갖추었다고 볼 자료가 없는 이상 경찰관이 피고인을 지구대로 데려간 행위는 위법한 체포에 해당하므로, 그와 같이 위법한 체포 상태에서 이루어진 경찰관의 음주측정요구도 위법하다고 볼 수밖에 없어 그에 불응하였다고 하여 피고인을 음주측정거부에 관한 도로교통법 위반죄로 처벌할 수는 없다(위 판례).

을 초과하지 아니하는 범위 내에서 경찰관서에 보호조치할 수 있는 시설로 제한적으로 운영되는 경우를 제외하고는 구속영장을 발부받음이 없이 피의자를 보호실에 유치함은 영장주의에 위배되는 위법한 구금으로서 적법한 공무수행이라고 볼 수 없다.

4 대법원 1996.12.23, 96도2673

사법경찰관이 피의자에 대한 구속영장을 소지하였으나 체포 당시에 범죄사실의 요지, 구속의 이유와 변호인을 선임할 수 있음을 말하고 변명할 기회를 주는 것과 같은 절차를 밟지 아니한 채 실력으로 연행하려고 한 행위는 적법한 직무집행이라 할 수 없다.

5 대법원 2000.7.4, 99도4341

경찰관이 적법절차를 준수하지 아니한 채 실력으로 현행범인을 연행하려고 하였다면 적법한 공무집행이라고 할 수 없고, 현행범인이 그 경찰관에 대하여 이를 거부하는 방법으로써 폭행을 하였다고 하여 공무집행방해죄가 성립하는 것은 아니다. 또한 경찰관의 행위가 적법한 공무집행을 벗어나 불법하게 체포한 것으로 볼 수밖에 없다면, 그 체포를 면하려고 반항하는 과정에서 경찰관에게 상해를 가한 것은 불법 체포로 인한 신체에 대한 현재의 부당한 침해에서 벗어나기 위한 행위로서 정당방위에 해당하여 위법성이 조각된다.[539] [사시 13]

6 대법원 2005.10.28, 2004도4731

경찰관들이 노래연습장에서의 주류 판매여부를 확인하기 위하여 영장 없이 노래연습장을 검색한 사례
경찰관들이 주류 판매여부를 확인하기 위하여 노래연습장을 검색하는 행위는 풍속영업의 규제에 관한 법률 제9조 제1항에서 규정하고 있는 '검사(檢査)'에 해당하지 아니하고 또 이를 일반적으로 허용하는 법령도 없어서, 법관이 발부한 영장(令狀) 없이는 노래연습장 업주의 의사에 반하여 이를 행할 수 없다고 할 것인데, 위 경찰관들은 피고인의 의사에 반함에도 불구하고 영장 없이 이를 행하였음이 기록상 분명하므로, 위 경찰관들의 위 각 행위는 적법한 직무집행으로 볼 수 없고, 따라서 피고인이 이를 방해하였다고 하더라도 공무집행방해죄를 구성하지 아니한다.

7 대법원 2009.3.12, 2008도7156

출입국관리공무원의 관리자의 사전 동의 없는 사업장 진입 및 불법체류자 단속 사례
영장주의 원칙의 예외로서 출입국관리공무원 등에게 외국인 등을 방문하여 외국인동향조사 권한을 부여하고 있는 출입국관리법 규정의 입법 취지 및 그 규정 내용 등에 비추어 볼 때, 출입국관리공무원 등이 출입국관리법 제81조 제1항에 근거하여 제3자의 주거 또는 일반인의 자유로운 출입이 허용되지 아니한 사업장 등에 들어가 외국인을 상대로 조사하기 위해서는 그 주거권자 또는 관리자의 사전 동의가 있어야 한다. 따라서 출입국관리공무원이 관리자의 사전 동의 없이 사업장에 진입하여 불법체류자 단속업무를 개시한 경우에는 공무집행행위의 적법성이 부인되어 공무집행방해죄가 성립하지 않는다. [경찰채용 14 1차 / 사시 11·14]

8 대법원 2010.10.14, 2010도8591

사법경찰관리가 형집행장 없이 벌금형에 따르는 노역장 유치의 집행을 위하여 구인하는 경우
경찰관이 벌금형에 따르는 노역장 유치의 집행을 위하여 형집행장을 소지하지 아니한 채 피고인을

---

539 **사례** : 인천중부경찰서 ○○파출소에 근무하는 乙경장과 丙순경은 112차량을 타고 순찰근무를 하던 중 교통사고가 발생한 지 4분 만에 경찰서지령실로부터 교통사고를 일으킨 검정색 그랜져승용차가 경찰서방면으로 도주하였다는 무전연락을 받고 인천 중구 신흥동 2가 54 소재 삼익아파트쪽으로 진행하고 있었는데, 다시 도보순찰자인 丁순경으로부터 검정색 그랜져승용차가 펑크가 난 상태로 삼익아파트 뒷골목으로 도주하였다는 무전연락을 받고 그 주변을 수색하던 중 삼익아파트 뒤편 철로 옆에 세워져 있던(운전석

구인할 목적으로 그의 주거지를 방문하여 임의동행의 형식으로 데리고 가다가, 피고인이 동행을 거부하며 다른 곳으로 가려는 것을 제지하면서 체포·구인하려고 하자 피고인이 이를 거부하면서 경찰관을 폭행한 경우, 위와 같이 피고인을 체포·구인하려고 한 것은 노역장 유치의 집행에 관한 법규정에 반하는 것으로서 적법한 공무집행행위라고 할 수 없으며,[540] 또한 그 경우에 형집행장의 제시 없이 구인할 수 있는 '급속을 요하는 경우'(형사소송법 제85조 제3항)에 해당한다고 할 수 없고, 이는 피고인이 벌금미납자로 지명수배 되었다고 하더라도 달리 볼 것이 아니므로, 피고인에게는 공무집행방해죄의 죄책이 인정되지 않는다. [경찰승진(경장) 11 / 경찰승진 13 / 법원행시 14]

9 대법원 2010.11.11, 2009도11523
행정대집행법상 계고 및 대집행영장에 의한 통지절차를 거치지 않은 사례
도심광장인 '서울광장'에서, 행정대집행법이 정한 계고 및 대집행영장에 의한 통지절차를 거치지 아니한 채 위 광장에 무단설치된 천막의 철거대집행을 행하는 공무원들에 대항하여 피고인들이 폭행·협박을 가하였더라도, 특수공무집행방해죄는 성립하지 않는다.[541]

10 대법원 2017.9.26, 2017도9458
벌금형 미납자에 대한 노역장 유치 집행의 적법성
사법경찰관리가 벌금형을 받은 이를 그에 따르는 노역장 유치의 집행을 위하여 구인하려면 검사로부터 발부받은 형집행장을 상대방에게 제시하여야 하지만(형사소송법 제85조 제1항), 형집행장을 소지하지 아니한 경우에 급속을 요하는 때에는 상대방에 대하여 형집행 사유와 형집행장이 발부되었음을 고하고 집행할 수 있고(형사소송법 제85조 제3항), 여기서 형집행장의 제시 없이 구인할 수 있는 '급속을 요하는 때'란 애초 사법경찰관리가 적법하게 발부된 형집행장을 소지할 여유가 없이 형집행의 상대방을 조우한 경우 등을 가리킨다. 이때 사법경찰관리가 벌금 미납으로 인한 노역장 유치의 집행의 상대방에게 형집행 사유와 더불어 벌금 미납으로 인한 지명수배 사실을 고지하였더라도 특별한 사정이 없는 한 그러한 고지를 형집행장이 발부되어 있는 사실도 고지한 것이라거나 형집행장이 발부되어 있는 사실까지도 포함하여 고지한 것이라고 볼 수 없으므로, 이와 같은 사법경찰관리의 직무집행은 적법한 직무집행에 해당한다고 할 수 없다. [법원행시 21]

> **메모** 경찰관 甲이 도로를 순찰하던 중 벌금 미납으로 지명수배된 A와 조우하게 되어 벌금 미납 사실을 고지하고 벌금납부를 유도하였으나 A가 이를 거부하자 벌금 미납으로 인한 노역장 유치의 집행을 위하여 구인하려 하였는데, A는 이에 저항하여 甲을 폭행하였다. 그런데 A에 대하여 확정된 벌금형의 집행을 위하여 형집행장이 이미 발부되어 있었으나, 甲이 A를 구인하는 과정에서 형집행장이 발부되어 있는 사실은 고지하지 않았다. 그렇다면 A의 행위는 공무집행방해죄를 구성하지 않는다.

범퍼와 펜더부분이 파손된 상태로 있던) 검정색 그랜져승용차에서 甲이 내리는 것을 발견하였다. 이에 乙과 丙은 범죄사실의 요지, 구속의 이유와 변호인을 선임할 수 있음 등을 고지해 주지 아니한 채 甲을 강제로 순찰차에 태우려고 하였고, 甲은 자신을 파출소로 강제로 끌고 가려는 乙 등의 불법한 강제수사로 신체의 자유가 부당하게 침해되는 긴급상황에 놓인 것으로 판단, 이를 벗어날 목적으로 자신을 강제로 붙잡고 놓아주지 않는 그들의 손에서 벗어나기 위해 발버둥을 치는 과정에서 팔꿈치로 그들의 가슴부분을 밀어 넘어뜨리거나 손으로 밀어내며 반항하였다. 甲의 죄책은?
판례 : 순찰 중이던 경찰관이 교통사고를 낸 차량이 도주하였다는 무전연락을 받고 주변을 수색하다가 범퍼 등의 파손상태로 보아 사고차량으로 인정되는 차량에서 내리는 사람을 발견한 경우, 형사소송법 제211조 제2항 제2호 소정의 '장물이나 범죄에 사용되었다고 인정함에 충분한 흉기 기타의 물건을 소지하고 있는 때'에 해당하므로 준현행범으로서 영장 없이 체포할 수 있다. 그러나 甲의 행위는, 체포시에 요구되는 적법한 절차가 준수되지 못한 상태에서 자신을 연행하려던 乙 등의 불법체포를 면하려는 과정에서 乙 등에게 폭행을 가한 것은 공무집행방해죄를 구성하지 않고, 상해를 입힌 것은 정당방위가 되어 범죄가 성립하지 않는다(대법원 2000.7.4, 99도4341). [사시 13]
해결 : 무죄.
540 보충 : 벌금형에 따르는 노역장 유치는 실질적으로 자유형과 동일하므로, 그 집행에 대하여는 자유형의 집행에 관한 규정이 준용된다(형사소송법 제492조). 따라서 구금되지 아니한 당사자에 대하여 형의 집행기관인 검사는 그 형의 집행을 위하여 이를 소환할

의경 정○○는 A가 차선을 위반하여 진행하는 것을 적발하고 검문하던 중에 음주운전한 사실까지 추가로 발견하고, 음주측정을 위하여 파출소까지 가자고 요구하였으나, A가 음주운전한 사실이 없다고 하면서 이를 거절하자 A의 혁대를 잡고 파출소까지 끌고 가려고 하는데, A가 이에 대항하면서 의경의 목을 잡고 미는 등 폭행하여 1주간의 치료를 요하는 외측경부타박상을 입혔다. A의 죄책은?

> **해결** 위 사안은 음주측정을 거절하는 운전자를 음주측정할 목적으로 적법절차를 무시하고 파출소로 연행하는 직무집행의 적법성을 인정하지 않은 판례이다. 따라서 피고인의 행위는 공무집행방해죄의 구성요건에 해당되지 않음은 물론이고, 폭처법위반죄에 대해서도 정당방위가 인정되어 역시 범죄가 성립하지 않게 된다. 따라서 A는 무죄이다.

> **판례** 피의자를 구속영장 없이 현행범으로 체포하든지 긴급구속하기 위하여는 체포 당시에 헌법 및 형사소송법에 규정된 바와 같이 피의자에 대하여 범죄사실의 요지, 체포 또는 구속의 이유와 변호인을 선임할 수 있음을 말하고 변명할 기회를 준 후가 아니면 체포 또는 긴급구속할 수 없다고 할 것인데, 의경이 피고인을 연행할 당시 음주측정을 하기 위하여 파출소까지 가자고만 하였을 뿐 이러한 절차를 준수하지 아니하였음이 명백하므로, 결국 피고인을 적법하게 현행범으로 체포하거나 긴급구속한 것이라고 볼 수는 없고, 달리 의경의 강제연행이 적법한 공무집행이었다고 볼 증거가 없으므로, 공무집행방해죄의 점은 무죄가 된다(대법원 1994.10.25, 94도2283).

1 대법원 2007.10.12, 2007도6088
교육부 장관이 약학대학 학제개편에 관한 공청회를 개최하면서 행정절차법상 통지 절차를 위반한 사례
교육인적자원부 장관이 대한의사협회에 이 사건 각 공청회의 개최를 통보함에 있어 행정절차법 제38조 제1항에서 정한 바에 따라 14일 전에 공청회의 일시와 장소 등을 통보하여야 함에도 이를 준수하지 못한 잘못이 있으나, … 대한의사협회는 토론자를 지정하여 의견을 발표할 기회를 제공받았고 피고인들 등 대한의사협회 회원들이 이 사건 각 공청회에 참석한 이상, 위 공청회 개최 통지 절차 위반은 경미한 흠에 불과하고 이 사건 각 공청회 개최를 형법상 보호대상에서 제외되는 부적법한 직무행위라고 평가할 수 있는 정도는 아니다.

수 있으나, 당사자가 소환에 응하지 아니한 때에는 형집행장을 발부하여 이를 구인할 수 있는데(같은 법 제473조), 이 경우의 형집행장의 집행에 관하여는 형사소송법 제1편 제9장(제68조 이하)에서 정하는 피고인의 구속에 관한 규정이 준용된다(같은 법 제475조). 그리하여 사법경찰관리가 벌금형을 받은 이를 그에 따르는 노역장 유치의 집행을 위하여 구인하려면, 검사로부터 발부받은 형집행장을 그 상대방에게 제시하여야 한다(같은 법 제85조 제1항)(위 판례).

541 보충 : 도로법 제65조 제1항은 "관리청은 반복적, 상습적으로 도로를 불법 점용하는 경우나 신속하게 실시할 필요가 있어서 행정대집행법 제3조 제1항과 제2항에 따른 절차에 의하면 그 목적을 달성하기 곤란한 경우에는 그 절차를 거치지 아니하고 적치물을 제거하는 등 필요한 조치를 취할 수 있다."고 규정하고 있는바, … 위 규정은 일반인의 교통을 위하여 제공되는 도로로서 도로법 제8조에 열거된 도로를 불법 점용하는 경우 등에 적용될 뿐 도로법상 도로가 아닌 장소의 경우에까지 적용된다고 할 수 없고, 토지대장상 지목이 도로로 되어 있다고 하여 반드시 도로법의 적용을 받는 도로라고 할 수는 없다. 도심광장으로서 '서울특별시 서울광장의 사용 및 관리에 관한 조례'에 의하여 관리되고 있는 '서울광장'은 비록 공부상 지목이 도로로 되어 있으나 도로법 제65조 제1항 소정의 행정대집행의 특례규정이 적용되는 도로법상 도로라고 할 수 없으므로 위 철거대집행은 구체적 직무집행에 관한 법률상 요건과 방식을 갖추지 못한 것으로서 적법성이 결여되었고 따라서 피고인들이 위 공무원들에 대항하여 폭행·협박을 가하였더라도 특수공무집행방해죄는 성립되지 않는다(위 판례).

2 대법원 2007.11.29, 2007도7961; 2008.2.14, 2007도10006

미란다원칙의 고지시기

경찰관들이 미란다 원칙상 고지사항의 일부만 고지하고 신원확인절차를 밟으려는 순간 범인이 유리조각을 쥐고 휘둘러 이를 제압하려는 경찰관들에게 상해를 입힌 경우, 그 제압과정 중이나 후에 지체 없이 미란다 원칙을 고지하면 되는 것이므로 위 경찰관들의 긴급체포업무에 관한 정당한 직무집행을 방해한 경우라고 보아야 한다.

3 대법원 2014.12.11, 2014도7976

경찰관이 신분증을 제시하지 않고 불심검문을 하였으나 경찰관임을 알고 있었던 사례

경찰관직무집행법 제3조 제4항은 경찰관이 불심검문을 하고자 할 때에는 자신의 신분을 표시하는 증표를 제시하여야 한다고 규정하고, 동법 시행령 제5조는 위 법에서 규정한 신분을 표시하는 증표는 경찰관의 공무원증이라고 규정하고 있는데, 불심검문을 하게 된 경위, 불심검문 당시의 현장상황과 검문을 하는 경찰관들의 복장, 피고인이 공무원증 제시나 신분 확인을 요구하였는지 여부 등을 종합적으로 고려하여, 검문하는 사람이 경찰관이고 검문하는 이유가 범죄행위에 관한 것임을 피고인이 충분히 알고 있었다고 보이는 경우에는 신분증을 제시하지 않았다고 하여 그 불심검문이 위법한 공무집행이라고 할 수 없다. [경찰채용 16 1차]

4 대법원 2020.8.20, 2020도7193

경찰관의 음주측정 요구를 받은 운전자가 도주하자 이를 제지한 사례

(경찰관이 음주운전 신고를 받고 음주측정을 위한 하차를 요구하자 피고인은 차량은 운전하지 않았다고 다투었고, 이에 경찰관이 지구대로 가서 차량 블랙박스를 확인하자고 하였는데 피고인은 차량에서 내리자마자 도주하여 차량 블랙박스 확인을 위한 임의동행 요구를 거부하여, 경찰관이 이미 착수한 음주측정에 관한 직무를 계속하기 위하여 피고인의 도주를 제지한 것이 적법한 직무집행인가의 문제)
도로교통법 제44조 제2항은 경찰공무원은 교통의 안전과 위험방지를 위하여 필요하다고 인정하거나 술에 취한 상태에서 자동차등을 운전하였다고 인정할 만한 상당한 이유가 있는 때에는 운전자가 술에 취하였는지의 여부를 호흡조사에 의하여 측정할 수 있고, 이 경우 운전자는 경찰공무원의 측정에 응하여야 한다고 규정한다. 음주운전 신고를 받고 출동한 경찰관이 만취한 상태로 시동이 걸린 차량 운전석에 앉아있는 피고인을 발견하고 음주측정을 위해 하차를 요구함으로써 도로교통법 제44조 제2항이 정한 음주측정에 관한 직무에 착수하였다고 할 것이고, 피고인이 차량을 운전하지 않았다고 다투자 경찰관이 지구대로 가서 차량 블랙박스를 확인하자고 한 것은 음주측정에 관한 직무 중 '운전' 여부 확인을 위한 임의동행 요구에 해당하고, 피고인이 차량에서 내리자마자 도주한 것을 임의동행 요구에 대한 거부로 보더라도, 경찰관이 음주측정에 관한 직무를 계속하기 위하여 피고인을 추격하여 도주를 제지한 것은 앞서 본 바와 같이 도로교통법상 음주측정에 관한 일련의 직무집행 과정에서 이루어진 행위로써 정당한 직무집행에 해당한다. [경찰채용 21 2차]

판례연구 **공무집행방해죄의 폭행·협박을 인정한 사례**

1 대법원 1989.12.26, 89도1204

파출소에서 경찰관들이 폭언을 한 것이 공무집행방해죄에 있어서의 협박에 해당한다고 본 사례

폭력행위 등 전과 12범인 피고인이 그 경영의 술집에서 떠들며 놀다가 주민의 신고를 받고 출동한 경찰로부터 조용히 하라는 주의를 받은 것뿐인데 그후 새벽 4시의 이른 시각에 파출소에까지 뒤쫓아가서 "우리 집에 무슨 감정이 있느냐, 이 순사새끼들 죽고 싶으냐"는 등의 폭언을 하였다면, 이는 단순한 불만의 표시나 감정적인 욕설에 그친다고 볼수 없고, 경찰이 계속하여 단속하는 경우에 생명, 신체에

어떤 위해가 가해지리라는 것을 통보함으로써 공포심을 품게 하려는데 그 목적이 있었다고 할 것이고, 또 이는 객관적으로 보아 상대방으로 하여금 공포심을 느끼게 하기에 족하다고 할 것이다.

2 대법원 1994.9.27, 94도886
본죄의 폭행을 인정한 사례
의경 조○○이 좌회전 후 횡단보도 앞에 정지한 피고인 차량을 길가로 유도하여 정차시킨 후 신호위반 사실을 알리면서 면허증 제시를 요구하였는데, 피고인이 신호위반사실을 부인하여 다시 신호위반임을 고지한 후 면허증 제시를 요구하였음에도 불구하고 피고인이 차를 출발·전진시켰고 위 의경은 시속 약 5km로 서서히 진행하는 피고인 차량의 운전석 쪽 문틀을 한 손으로 잡고 차를 세우라고 하였고, 그래도 계속 진행하자 양 손으로 문틀을 잡고 따라 뛰면서 서라고 하였으나 피고인 차량이 시속 약 20km에 이르기까지 속도를 내자 더 이상 따라 뛰지 못하여 순간적으로 차에 매달려 약 10여m 정도 가다가 차에서 떨어지려고 양발을 땅에 대고 서려는 순간 땅바닥에 넘어지면서 손은 계속 차량을 잡은 채로 약 5m 가량 끌려가다가 차는 정차하였고, 이로 인하여 위 의경의 오른쪽 발이 오른쪽 바퀴에 치여 상해를 입은 사실이 인정된다[도로교통법상의 관련 규정을 살펴보면(제77조 제2항, 제112조, 제118조, 제120조) … 이 사건 의경의 행위는 범칙행위와 시간적·장소적으로 밀접하게 이루어졌을 뿐 아니라 범칙자의 신원확인을 위하여도 동인에게 정차를 요구할 수 있음]. 피고인의 행위는 공무집 행방해죄를 구성한다.

3 대법원 2009.10.29, 2007도3584
공무원의 직무 수행에 대한 비판이나 시정 등을 요구하는 집회·시위 과정에서 음향을 발생시킨 행위가 공무집행방해죄에서의 폭행에 해당하는지 여부(한정 적극) 및 그 판단 기준
민주사회에서 공무원의 직무수행에 대한 시민들의 건전한 비판과 감시는 가능한 한 널리 허용되어야 한다는 점에서 볼 때, ① 공무원의 직무 수행에 대한 비판이나 시정 등을 요구하는 집회·시위 과정에서 일시적으로 상당한 소음이 발생하였다는 사정만으로는 이를 공무집행방해죄에서의 음향으로 인한 폭행이 있었다고 할 수는 없다. 그러나 ② 의사전달수단으로서 합리적 범위를 넘어서 상대방에게 고통을 줄 의도로 음향을 이용하였다면 이를 폭행으로 인정할 수 있을 것인바, 구체적인 상황에서 공무집행방 해죄에서의 음향으로 인한 폭행에 해당하는지 여부는 음량의 크기나 음의 높이, 음향의 지속시간, 종류, 음향발생 행위자의 의도, 음향발생원과 직무를 집행 중인 공무원과의 거리, 음향발생 당시의 주변 상황을 종합적으로 고려하여 판단하여야 한다. [경찰간부 11·12/국가7급 11·12/법원9급 14/법원승진 14/ 법원행시 12/사시 11·16]

4 대법원 2011.2.10, 2010도15986
공무집행방해죄에서 '협박'의 의미
공무집행방해죄에서 협박이란 상대방에게 공포심을 일으킬 목적으로 해악을 고지하는 행위를 의 미하는 것으로서 고지하는 해악의 내용이 그 경위, 행위 당시의 주위 상황, 행위자의 성향, 행위자 와 상대방과의 친숙함의 정도, 지위 등의 상호관계 등 행위 당시의 여러 사정을 종합하여 객관적으 로 상대방으로 하여금 공포심을 느끼게 하는 것이어야 하고(광의의 협박), [국가9급 14/법원행시 06·09·12] 그 협박이 경미하여 상대방이 전혀 개의치 않을 정도인 경우에는 협박에 해당하지 않는다. [경찰승진(경 사) 11/법원행시 12] 수산업협동조합 조합장인 피고인은 당시 조합장을 7년 이상 역임해 온 자로서 지 역사회에 상당한 영향력을 행사하고 있었고, 검찰청 또는 해양경찰청 고위 간부들과의 친분관계를 과시하였으므로 甲으로서는 충분히 위협을 느낄 수 있는 지위에 있었던 것으로 보이는 점, 당시 피고인의 전화통화 내용도 수사에 대하여 강하게 항의하면서 해양경찰청 고위 간부들과의 친분관 계를 이용하여 甲에게 인사상 불이익을 가하겠다는 것으로 甲이 공포심을 느낄 수 있는 해악의 고 지로 보이는 점, 기타 폭언을 하게 된 동기 및 경위, 그 내용 등에 비추어 보면, 피고인의 폭언은

단순히 경찰공무원의 수사에 대한 불만의 표시나 감정적인 욕설에 그친다고 볼 수는 없고, 수사를 계속하는 경우에는 담당 경찰관에게 어떤 인사상 불이익이 가해지리라는 것을 통보함으로써 공포심을 품게 하려는 데 그 목적이 있었다 할 것이고, 또 이는 객관적으로 보아 상대방으로 하여금 공포심을 느끼게 하기에 충분하다. [경찰승진(경위) 11/ 경찰승진 13]

판례연구   공무집행방해죄의 폭행·협박을 인정하지 않은 사례

1 대법원 1976.3.9, 75도3779
공무집행방해죄의 폭행·협박으로 볼 수 없다는 사례
경찰관의 임의동행을 요구받은 피고인이 자기 집 안방으로 피하여 문을 잠갔다면 이는 임의동행 요구를 거절한 것이므로 피요구자의 승낙을 조건으로 하는 임의동행하려는 직무행위는 끝난 것이고 피고인이 문을 잠근 방안에서 면도칼로 앞가슴 등을 그어 피를 보이면서 자신이 죽어버리겠다고 불온한 언사를 농하였다 하여도 이는 자해자학행위는 될지언정 위 경찰관에 대한 유형력의 행사나 해악의 고지표시가 되는 폭행 또는 협박으로 볼 수 없다. [경찰승진 16]

2 대법원 1996.4.26, 96도281
본죄의 폭행이 아니다 : 교통경찰에 대한 경미한 위협 사례
종로경찰서 교통지도계 소속 의경으로 교통단속업무에 종사하던 공소외 이○○가 피고인이 그 차량운행 중 안전띠를 착용하지 아니하였다는 이유로 이를 단속하기 위하여 … 피고인의 차량을 정차시키고 운전사 쪽의 열린 유리창 윗부분을 손으로 잡고서 피고인에게 운전면허증 제시를 요구하였는데, 피고인이 … 면허증 제시에 응하지 않다가 그대로 출발하려 하므로 잡고 있던 위 차량 운전사 쪽 열린 유리창 윗부분을 놓지 않은 채 10 내지 15m가량을 걸어서 따라가다가 위 차량의 속도가 빨라지자 더 이상 차량을 잡은 채로 있을 수 없어 손을 놓게 되었던 경우, 이러한 사실만으로는 피고인의 행위가 공무집행방해죄에 있어서의 폭행에 해당한다고 할 수 없다.

3 대법원 2007.6.1, 2006도4449
피고인의 행동이 경찰의 공무집행을 방해할 만한 폭행 또는 협박에 해당하지 않는다고 본 사례
공무집행방해죄에 있어서의 폭행·협박은 성질상 공무원의 직무집행을 방해할 만한 정도의 것이어야 하므로, 경미하여 공무원이 개의치 않을 정도의 것이라면 여기의 폭행·협박에는 해당하지 아니한다고 할 것이다(대법원 1972.9.26, 72도1783 등). 피고인 2가 위 오락실 밖에서 기판이 든 박스를 옮기고 있던 의경 공소외 3을 뒤쫓아 가 '이 박스는 압수된 것이 아니다'라고 말하며 공소외 3의 손에 있던 박스를 들고 간 것은 당시 공소외 3이 즉각적으로 대응하거나 저항하지 아니한 점에 비추어 공소외 3의 공무집행을 방해할 만한 폭행 또는 협박에 해당하지 아니한다고 판단한 것은 정당하다. [경찰승진 16 / 법원9급 07(상)]

판례연구   공무집행방해죄의 고의 관련 판례

대법원 1995.1.24, 94도1949
공무집행방해죄에 있어서의 고의의 내용
공무집행방해죄에 있어서의 범의는 상대방이 직무를 집행하는 공무원이라는 사실, 그리고 이에 대하여 폭행 또는 협박을 한다는 사실을 인식하는 것을 그 내용으로 하고, 그 인식은 불확정적인 것이라도 소위 미필적 고의가 있다고 보아야 하며, 그 직무집행을 방해할 의사를 필요로 하지 아니한다. [경찰채용 16 1차/ 경찰채용 10 2차/ 경찰간부 11 / 경찰승진 11·12 / 법원9급 07(하)] 의무경찰이 직진하여 오는 택시의 운전자에게

좌회전을 지시하고 불과 30cm 앞에서 이유를 설명하고 있다가, 택시 운전자가 신경질적으로 갑자기 좌회전하는 바람에 택시 우측 범퍼로 무릎을 들이받힌 경우, 공무집행방해의 미필적 고의가 있었다고 보아야 한다. 다만, 택시 운전자의 범행을 특수공무집행방해치상죄로 의율할 수는 없다.[542]

판례연구 | **공무집행방해죄의 죄수판단의 기준은 공무원의 수라는 사례**

대법원 2009.6.25, 2009도3505
동일한 공무를 집행하는 여러 공무원의 공무집행을 방해한 경우의 죄수관계(= 상상적 경합)
동일한 공무를 집행하는 여럿의 공무원에 대하여 폭행·협박 행위를 한 경우에는 공무를 집행하는 공무원의 수에 따라 여럿의 공무집행방해죄가 성립하고, 위와 같은 폭행·협박 행위가 동일한 장소에서 동일한 기회에 이루어진 것으로서 사회관념상 1개의 행위로 평가되는 경우에는 여럿의 공무집행방해죄는 상상적 경합의 관계에 있다. 범죄 피해 신고를 받고 출동한 두 명의 경찰관에게 욕설을 하면서 차례로 폭행을 하여 신고 처리 및 수사 업무에 관한 정당한 직무집행을 방해한 경우, 동일한 장소에서 동일한 기회에 이루어진 폭행 행위는 사회관념상 1개의 행위로 평가하는 것이 상당하므로, 위 공무집행방해죄는 형법 제40조에 정한 상상적 경합의 관계에 있다. [경찰채용 12 1차 / 경찰채용 13·18 2차 / 경찰간부 12 / 경찰승진(경위) 11 / 경찰승진(경감) 11 / 경찰승진 14 / 국가9급 12·14 / 법원행시 09 / 사시 10·11·12·13·14]

---

02 위계에 의한 공무집행방해죄

제137조 【위계에 의한 공무집행방해】 위계로써 공무원의 직무집행을 방해한 자는 5년 이하의 징역 또는 1천만원 이하의 벌금에 처한다.

판례연구 | **위계에 의한 공무집행방해죄의 공무 관련 판례**

1 대법원 2003.10.9, 2000도4993
지방자치단체의 공사입찰에 있어서 허위서류를 제출하여 입찰참가자격을 얻고 낙찰자로 결정되어 계약을 체결한 행위에 대하여 위계에 의한 공무집행방해죄의 성립을 긍정한 사례
위계에 의한 공무집행방해죄는 행위목적을 이루기 위하여 상대방에게 오인, 착각, 부지를 일으키게 하여 이를 이용함으로써 법령에 의하여 위임된 공무원의 적법한 직무에 관하여 그릇된 행위나 처분을 하게 하는 경우에 성립한다. 지방자치단체가 발주하는 공사의 입찰에 있어서 입찰참가자결정과 심사

---

542 **보충** : 의무경찰이 학생들의 가두캠페인 행사관계로 직진하여 오는 택시의 운전자에게 좌회전 지시를 하였음에도 택시의 운전자가 계속 직진하여 와서 택시를 세우고는 항의하므로 그 의무경찰이 택시 약 30 cm 전방에 서서 이유를 설명하고 있는데 그 운전자가 신경질적으로 갑자기 좌회전하는 바람에 택시 우측 앞 범퍼부분으로 의무경찰의 무릎을 들이받은 경우, 그 사건의 경위, 사고 당시의 정황, 운전자의 연령 및 경력 등에 비추어 특별한 사정이 없는 한 택시의 회전반경 등 자동차의 운전에 대하여 충분한 지식과 경험을 가졌다고 볼 수 있는 운전자에게는, 사고 당시 최소한 택시를 일단 후진하였다가 안전하게 진행하거나 의무경찰로 하여금 안전하게 비켜서도록 한 다음 진행하지 아니하고 그대로 좌회전하는 경우 그로부터 불과 30cm 앞에서 서 있던 의무경찰을 충격하리라는 사실을 쉽게 알고도 이러한 결과발생을 용인하는 내심의 의사, 즉 미필적 고의가 있었다고 봄이 경험칙상 당연하다. 다만, 사건의 경위와 정황, 그 의무경찰의 피해가 전치 5일 간의 우슬관절부 경도좌상 정도에 불과한 점 등에 비추어 볼 때, 그와 같은 택시운행으로 인하여 사회통념상 피해자인 의무경찰이나 제3자가 위험성을 느꼈으리라고는 보이지 아니하므로 그 택시 운전자의 범행을 특수공무집행방해치상죄로 의율할 수는 없다(위 판례).

및 낙찰자결정, 그에 따른 공사계약체결 등 일련의 업무는 법령에 의하여 위임된 공무원의 적법한 직무에 관한 것으로서 공무집행방해죄의 대상이 된다고 할 것이다(위계에 의한 공무집행방해죄의 '공무'에는 권력적 작용뿐만 아니라 사경제주체로서의 활동을 비롯한 비권력적 작용도 포함된다는 사례). [경찰채용 17 1차/경찰채용 10 2차/경찰승진 12·14·17/법원행시 06·13]

2 대법원 2007.3.29, 2006도8189

적법한 공무가 아니라면 위계에 의한 공무집행방해죄의 보호대상인 공무에 해당하지 아니한다는 사례
구 도로교통법 시행령 제49조 제1항의 입법 취지는 글을 알지 못하는 문맹자에게도 글을 아는 사람과 동일하게 운전면허를 취득할 기회를 부여하려는 데 있다고 할 것인데, 구 도로교통법 시행령 제49조 제7항, 구 도로교통법 시행규칙 제69조 제1항의 위임에 따라 제정된 자동차운전면허 사무처리지침은 그 제8조 제1항에서 " 구 도로교통법 시행령 제49조 제1항 단서 중 '글을 알지 못하는 사람'이라 함은 초등학교 중퇴 이하의 학력자로서 글을 전혀 읽지 못하거나 잘 읽을 수 없는 사람을 말한다"고 규정하고, 같은 조 제2항에서 구술시험을 희망하는 문맹자는 자신이 초등학교 중퇴 이하의 학력자로서 글을 알지 못하고 있다는 내용이 기재된 인우보증서를 제출하도록 규정함으로써, 설령 글을 알지 못한다 하더라도 초등학교 졸업 이상의 학력을 가진 사람에게는 구술시험의 응시를 허용하지 않고 있는바, 이는 초등학교 졸업 이상의 학력을 가진 문맹자가 구술시험을 통하여 운전면허를 취득할 수있는 기회를 합리적인 근거 없이 제한한 것으로서 모법의 위임범위를 벗어나 무효이다. (따라서) 초등학교를 졸업하였음에도 초등학교 중퇴 이하의 학력자라는 허위 내용의 인우보증서를 첨부하여 운전면허 구술시험에 응시하였다는 사실만으로는 위계에 의한 공무집행방해죄가 성립하지 않는다. [법원행시 14]

판례연구 **위계에 의한 공무집행방해죄에 해당하는 사례**

1 위계에 의한 공무집행방해죄에 해당되는 전통적인 사례

① 시험문제를 사전에 입수하여 시험에 응시하는 부정행위(대법원 1966.4.26, 66도30)
② 국가시험을 보면서 답안쪽지를 전달하는 부정행위(대법원 1967.5.23, 67도650)
③ 간호조무사 자격시험 응시자격을 증명하는 수료증명서를 허위작성·제출하는 행위(대법원 1982.7.27, 82도1301)
④ 고등학교 입학원서 추천서란을 허위기재하여 고입 입학전형에 응한 행위(대법원 1983.9.27, 83도 1864)
⑤ 운전면허시험에 대리응시하는 행위(대법원 1987.9.9, 86도1245)

2 대법원 1997.2.28, 96도2825

출원에 대한 심사업무를 담당하는 공무원이 출원인의 출원사유가 허위라는 사실을 알면서도 결재권자로 하여금 오인·착각·부지를 일으키게 하고 그 오인·착각·부지를 이용하여 인·허가처분에 대한 결재를 받아낸 경우라면, 출원자가 허위의 출원사유나 허위의 소명자료를 제출한 경우와는 달리 더 이상 출원에 대한 적정한 심사업무를 기대할 수 없게 되었다고 할 것이어서 위계에 의한 공무집행방해죄를 구성한다.[543]
[법원9급 09/법원행시 07·08/사시 12/변호사시험 13]

3 대법원 2002.9.4, 2002도2064

허위의 진단서를 소명자료로 제출하여 직접 운전할 수 없는 것처럼 가장하여 진단서의 기재내용을 신뢰한 행정관청으로부터 개인택시 운송사업의 양도·양수의 인가를 받은 행위는 위계에 의한 공무집행방해죄를 구성한다. [경찰간부 16·17/법원9급 09]

---

543 **사례** : 甲(전라북도청 수산과 시설지도계장으로서 어업허가신청업무를 담당하고 있음)이 乙(전북도청 수산과 직원)로부터 丙의

4 대법원 2003.7.25, 2003도1609

음주운전을 하다가 교통사고를 야기한 후 그 형사처벌을 면하기 위해 타인의 혈액을 자신의 혈액인 것처럼 교통사고 조사 경찰관에게 제출하여 감정하도록 한 경우에는 위계에 의한 공무집행방해죄에 해당한다. [경찰채용 18 1차 / 경찰간부 17 / 국가9급 21 / 법원9급 16]

5 대법원 2005.3.10, 2004도8470

도시개발공사의 공고상 보상계획 및 이주대책대상인 종교시설이 되기 위한 기준일 이전에 사찰을 창건하여 주지로서 재직한 바가 없거나, 그 사찰이 위 기준일 이전에 불교종단에 등록된 바가 없음에도, 위 사찰의 등록일을 위 기준일 이전으로 소급한 등록증을 발급받아 이를 위 사찰의 존치요청신청서에 첨부하여 제출한 것은 위계에 의한 공무집행방해죄에서 말하는 위계에 해당한다.

6 대법원 2005.8.25, 2005도1731

변호인 접견을 이용하여 변호인이 휴대전화와 증권거래용 단말기를 구치소 내로 몰래 반입하고 교도관에게 적발되지 않기 위해 휴대전화의 핸즈프리를 상의 호주머니 속에 숨긴 다음 수용자와 머리를 맞대고 변호인과 수용자가 상담하는 것처럼 보이게 하거나 가방을 세워 두어 통화모습을 가리는 등의 방법으로 마치 형사사건에 관하여 상담하고 있는 것처럼 가장하여 수용자로 하여금 외부와 통화하게 하고 물품을 수수하게 한 것은 위계에 의한 공무집행방해죄를 구성한다. [경찰채용 13·18 1차 / 경찰승진 10 / 법원9급 09 / 법원행시 07·08·13 / 사시 10]

7 대법원 2007.10.11, 2007도6101

피고인이 타인의 소변을 마치 자신의 소변인 것처럼 건네주어 필로폰 음성반응이 나오게 한 행위는, 단순히 피의자가 수사기관에 대하여 허위사실을 진술하거나 자신에게 불리한 증거를 은닉하는 데 그친 것이 아니라 수사기관의 착오를 이용하여 적극적으로 피의사실에 관한 증거를 조작한 것이므로 위계에 의한 공무집행방해죄가 성립한다.

8 대법원 2008.3.13, 2007도7724

담당자가 아닌 공무원이 출원인의 청탁을 들어줄 목적으로 자신의 업무 범위에 속하지도 않는 업무에 관하여 그 일부를 담당공무원을 대신하여 처리하면서 위계를 써서 담당공무원으로 하여금 오인, 착각, 부지를 일으키게 하고 그 오인, 착각, 부지를 이용하여 인·허가 처분(용도변경 신청에 대한 승인서 발급)을 하게 하였다면 이는 담당자가 아닌 공무원의 위계행위가 원인이 된 것이어서 위계에 의한 공무집행방해죄가 성립한다.

9 대법원 2008.6.26, 2008도1011

병역법상 지정업체에서 전문연구요원으로 근무할 의사가 없음에도 허위내용의 편입신청서를 제출하여 관할관청으로부터 전문연구요원 편입을 승인받고, 관할지방병무청장에게 허위의 공동연구 협약서를 작성·제출하여 파견근무를 신청하여 승인받았다면, 출원인의 위계행위가 원인이 된 것이어서 위계에 의한 공무집행방해죄가 성립한다. [경찰간부 11]

어업허가처리를 부탁받고 어선이 없고 선박증서만 있는 丙의 제11봉천호에 대한 어업허가장이 발부되도록 처리하여 달라는 청탁을 받고 이를 승낙한 다음, 丁(甲의 부하직원인 어업허가담당자)에게 어업허가시 필요한 선박실체확인 등 어업허가 실태조사를 하지 말고 어업허가처리기안문을 작성하도록 지시하여 동인으로 하여금 어업허가처리기안문을 작성하게 한 다음, 甲이 스스로 중간결재를 하고 그 사정을 모르는 농수산국장 A로부터 최종결재를 받아 전라북도지사 명의의 허가장을 발급하게 하였다. 甲과 丙의 죄책은? (판례에 의함)
해결 : 甲은 위계에 의한 공무집행방해죄(직무유기는 성립하지 않음)이고, 丙은 무죄이다. [법원행시 07·08 / 사시 12]

10 대법원 2009.2.26, 2008도11862; 2011.4.28, 2010도14696

범죄행위로 인하여 강제출국당한 전력이 있는 사람이 외국 주재 한국영사관에 허위의 호구부 및 외국인 등록신청서 등을 제출하여 사증[544] 및 외국인등록증을 발급받은 경우에는 위와 같은 이유에서 위계에 의한 공무집행방해죄가 성립한다. [법원9급 16·22 / 법원행시 11·13·16]

11 대법원 2009.3.12, 2008도1321

병역법상의 지정업체에서 산업기능요원으로 근무할 의사가 없음에도 해당 지정업체의 장과 공모하여 허위내용의 편입신청서를 제출하여 관할관청으로부터 산업기능요원 편입을 승인받고, 관할관청의 실태조사를 회피하기 위하여 허위서류를 작성·제출하는 등의 방법으로 파견근무를 신청하여 관할관청으로부터 파견근무를 승인받은 행위는 위계에 의한 공무집행방해죄를 구성한다. [법원9급 16]

12 대법원 2009.9.10, 2009도6541

지방의회 의장 선거의 감표위원이 사전에 투표용지에 감표위원 확인 도장을 날인하면서 누가 어떤 후보에게 투표하였는지 구별할 수 있도록 투표용지에 표시하고 그 용지에 의하여 투표가 행해진 경우, 그 자체만으로 위계에 의한 공무집행방해죄가 성립한다.[545]

13 대법원 2011.5.26, 2011도1484

피고인들이 공모하여 허위의 물량배정계획서와 일괄 작성한 견적서들을 인천지방조달청에 제출하여 위계로써 인천지방조달청장의 단체수의계약 체결에 관한 정당한 직무집행을 방해한 것이다.

14 대법원 2012.1.27, 2010도11884

피고인들이 그와 같이 담당 공무원으로 하여금 근무성적평정표를 조작하여 근무성적평정위원회에 제출하도록 하여 이에 속은 근무성적평정위원회가 조작된 근무성적평정표에 따라 평정대상 공무원들의 순위와 평정점을 심사·결정하도록 한 것은 위계에 의한 공무집행방해죄에 해당한다.[546]

15 대법원 2016.1.28, 2015도17297

① 행정청에 대한 일방적 통고로 효과가 완성되는 '신고'의 경우에는 신고인이 신고서에 허위사실을 기재하거나 허위의 소명자료를 제출하였더라도, 그것만으로는 담당 공무원의 구체적이고 현실적인 직무집행이 방해받았다고 볼 수 없어 특별한 사정이 없는 한 허위 신고가 위계에 의한 공무집행방해죄를 구성한다고 볼 수 없다. 그러나 ② 행정관청이 출원에 의한 인허가처분 여부를 심사하거나 신청을 받아 일정한 자격요건 등을 갖춘 때에 한하여 그에 대한 수용 여부를 결정하는 등의 업무를 하는 경우에는 위 '신고'의 경우와 달리, 출원자나 신청인이 제출한 허위의 소명자료 등에 대하여 담당 공무원이 나름대로 충분히 심사를 하였으나 이를 발견하지 못하여 인허가처분을 하게 되거나 신청을 수리하게 되었다면,

---

544 사증(査證)은 비자(visa)라고도 하며, 외국인에 대한 입국 허가 증명을 말한다.

545 **보충** : 무기명투표는 선거인이 누구에게 투표하였는가를 제3자가 알지 못하게 하기 위하여 마련된 선거방식이다. 따라서 지방의회 의장 선거의 감표위원이 되어 투표용지에 사전에 날인하게 된 것을 기화로 누가 어떤 후보에게 투표를 하였는지 구별할 수 있도록 그 용지에 표시를 하는 행위는 무기명투표의 비밀성을 침해하는 행위로서, 그 후에 그 용지에 의하여 투표가 행하여졌다면 그 자체만으로 의원들의 비밀선거에 의한 의장 선출 직무와 의장의 투표사무 감독직무를 위계로써 방해하는 행위에 해당한다고 할 것이다. 거기서 나아가 의원들이 비밀성이 침해되었음을 알아서 자신들의 소신과 다른 투표를 하게 되어야 비로소 의원들 및 의장의 위 직무의 집행이 방해되었다고 할 것은 아니다(위 판례).

546 **보충 - 또 다른 논점** : 용인시 행정과장인 피고인은 근무성적평정서 작성 및 수정 권한 없는 자에게 재작성한 평정단위별 서열명부의 순위에 맞게 근무성적평정서의 점수를 작성권자의 사전 동의 없이 수정하도록 지시하여 진정하게 성립된 근무성적평정서를 수정케 하였다. … 피고인은 근무성적평정서의 작성명의자들로부터 수정한 부분에 도장을 받아 놓으라고 지시하였다 하여도, 사후에 권한 있는 자의 동의나 추인 등이 있었다고 하더라도 이미 성립한 범죄에는 아무런 영향이 없다(대법원 1998.4. 14, 98도16; 2007.6.28, 2007도2714). 피고인에게는 공문서변조죄의 죄책도 성립한다(대법원 2012.1.27, 2010도11884).

출원자나 신청인의 위계행위가 원인이 되어 행정관청이 그릇된 행위나 처분에 이르게 된 것이어서 위계에 의한 공무집행방해죄가 성립한다. … 등기신청은 단순한 '신고'가 아니라 신청에 따른 등기관의 심사 및 처분을 예정하고 있으므로, 등기신청인이 제출한 허위의 소명자료 등에 대하여 등기관이 나름대로 충분히 심사를 하였음에도 이를 발견하지 못하여 등기가 마쳐지게 되었다면 위계에 의한 공무집행방해죄가 성립할 수 있다. 이는 등기관이 등기신청에 대하여 부동산등기법상 등기신청에 필요한 서면이 제출되었는지 및 제출된 서면이 형식적으로 진정한 것인지를 심사할 권한은 갖고 있으나 등기신청이 실체법상의 권리관계와 일치하는지를 심사할 실질적인 심사권한은 없다고 하여 달리 보아야 하는 것은 아니다. [경찰간부 18 / 국가9급 21 / 법원9급 17 / 법원행시 16]

16 대법원 2019.3.14, 2018도18646

피의자 등이 수사기관에 조작된 허위의 증거를 제출함으로써 수사기관의 수사활동을 적극적으로 방해한 경우 위계공무집행방해죄가 성립한다는 사례

수사기관이 범죄사건을 수사함에 있어서는 피의자 등의 진술 여하에 불구하고 피의자를 확정하고 그 피의사실을 인정할 만한 객관적인 모든 증거를 수집·조사할 권한과 의무가 있다. 한편 피의자는 진술거부권 및 자기에게 유리한 진술을 할 권리와 유리한 증거를 제출할 권리를 가질 뿐이고, 수사기관에 대하여 진실만을 진술하여야 할 의무가 있는 것은 아니다. 따라서 ① 피의자 등이 수사기관에 대하여 허위사실을 진술하거나 피의사실 인정에 필요한 증거를 감추고 허위의 증거를 제출하였더라도, 수사기관이 충분한 수사를 하지 않은 채 이와 같은 허위의 진술과 증거만으로 증거의 수집·조사를 마쳤다면, 이는 수사기관의 불충분한 수사에 의한 것으로서 피의자 등의 위계에 의하여 수사가 방해되었다고 볼 수 없어 위계에 의한 공무집행방해죄가 성립된다고 할 수 없다. 그러나 ② 피의자 등이 적극적으로 허위의 증거를 조작하여 제출하고 그 증거 조작의 결과 수사기관이 그 진위에 관하여 나름대로 충실한 수사를 하더라도 제출된 증거가 허위임을 발견하지 못할 정도에 이르렀다면, 이는 위계에 의하여 수사기관의 수사행위를 적극적으로 방해한 것으로서 위계공무집행방해죄가 성립된다.

판례연구 **위계에 의한 공무집행방해죄에 해당하지 않는 사례**

1 위계에 의한 공무집행방해죄에 해당되지 않는 전통적인 사례

① 수사기관에 대한 무고의 목적 없는 허위신고행위(대법원 1974.12.10, 74도2841)
② 수사기관에서의 피의자로서의 허위자백 및 참고인으로서의 허위진술행위(대법원 1977.2.22, 76도 368; 1972.10.10, 72도1974)
③ 전화가입청약순위에 대하여 허위신고를 한 행위(대법원 1977.12.27, 77도3199)
④ 개인택시면허신청서에 허위의 소명자료를 첨부하여 제출한 행위(대법원 1988.9.27, 87도2174) [경찰채용 12 2차]

2 대법원 1975.7.8, 75도324; 1989.1.17, 88도709; 1997.2.28, 96도2825

행정관청이 출원에 의한 인·허가처분을 함에 있어서는 그 출원사유가 사실과 부합하지 아니하는 경우가 있음을 전제로 하여 인·허가할 것인지 여부를 심사결정하는 것이므로, 행정관청이 사실을 충분히 확인하지 아니한 채 '출원자'가 제출한 허위의 출원사유나 허위의 소명자료를 가볍게 믿고 인가 또는 허가를 하였다면, 이는 행정관청의 불충분한 심사에 기인한 것으로서 출원자의 위계에 의한 것이었다고 할 수 없어 위계에 의한 공무집행방해죄를 구성하지 않는다고 할 것이다. [국가9급 14 / 법원행시 16]

3 대법원 1984.1.31, 83도2290

건물점유자로서 명도집행을 저지할 수 있는 정당한 권능이 있는 자가 그 점유사실을 입증하기 위한

수단으로 임대차계약서 사본을 제시하면서 그 실효된 사실을 고지하지 아니하고 자신이 정당한 임차인인 것처럼 주장하였다고 하더라도 이로써 형법 제137조 소정의 위계에 해당한다고는 볼 수 없다.
[경찰간부 11 / 법원행시 12 / 사시 16]

4 대법원 1995.5.9, 94도2990

검사의 몰수판결 집행업무란 몰수를 명한 판결이 확정된 후 검사의 집행지휘에 의하여 몰수집행을 하는 것을 뜻하는 것으로서, 몰수물이 압수되어 있는 경우에는 집행지휘만으로 집행이 종료되게 되며, 몰수물이 압수되어 있지 아니한 경우에는 검사가 몰수선고를 받은 자에게 그 제출을 명하고 이에 불응할 경우 몰수집행명령서를 작성하여 집달관에게 강제집행을 명하는 방법으로 집행하는 것으로 족하므로, 몰수물이 압수되어 있는 이상 검사의 몰수판결 집행업무는 타인의 위계에 의하여 방해당할 수 없는 성질의 업무이다.

5 대법원 1996.10.11, 96도312; 1972.12.27, 77도284

민사소송을 제기함에 있어 피고의 주소를 허위로 기재하여 법원공무원으로 하여금 변론기일소환장 등을 허위주소로 송달하게 한 경우 이로써 법원의 송달업무가 불능에 이르게 된다고는 할 수 없어 위계에 의한 공무집행방해죄를 구성하지 아니한다. [법원9급 22]

6 대법원 2002.12.27, 2002도4020

세무공무원이 세무에 관한 범칙사건의 조사를 필요로 하는 때에는 범칙혐의자나 참고인을 심문, 압수 또는 수색할 수 있다는 조세범처벌절차법의 규정에 비추어보면, 세무공무원이 범칙사건을 조사함에 있어서는 범칙혐의자나 참고인의 진술 여하에 불구하고 범칙혐의자를 확정하고 그 범죄사실을 인정할 만한 객관적인 제반 증거를 수집·조사하여야 할 권리와 의무가 있다고 할 것이고, 범칙혐의자나 참고인에게 법적으로 진실만을 말하도록 의무가 지워져 있는 것도 아니므로, 범칙혐의자나 참고인이 세무공무원에 대하여 허위진술을 하였다 하더라도 위계에 의한 공무집행방해죄를 구성한다고 할 수 없다.[547]

7 대법원 2003.11.13, 2001도7045

법령에서 어떤 행위의 금지를 명하면서 이를 위반하는 행위에 대한 벌칙을 두는 한편 공무원으로 하여금 그 금지규정의 위반 여부를 감시·단속하게 하고 있는 경우, 그 공무원에게는 금지규정 위반행위의 유무를 감시하여 확인하고 단속할 권한과 의무가 있으므로 단순히 공무원의 감시·단속을 피하여 금지규정에 위반하는 행위를 한 것에 불과하다면 그에 대하여 벌칙을 적용하는 것은 별론으로 하고 위계에 의한 공무집행방해죄를 구성한다고는 볼 수 없다. 따라서 교도소 수용자가 교도관의 감시·단속을 피하여 금지물품인 담배를 소지·수수·교환하거나 허가 없이 전화 등의 방법으로 다른 사람과 연락한 경우에 위계에 의하여 교도관 또는 구치소장의 공무집행을 방해한 것을 볼 수 없다. [경찰간부 11 / 경찰승진(경감) 11 / 법원행시 10]

8 대법원 2009.4.23, 2007도1554

국립대학교의 전임교원 공채심사위원인 학과장 甲이 지원자 乙의 부탁을 받고 이미 논문접수가 마감된 학회지에 乙의 논문이 게재되도록 돕고, 그 후 연구실적심사의 기준을 강화하자고 제안한 행위는 위계에 의한 공무집행방해죄에 해당하지 않는다. [경찰채용 11·13 1차 / 경경찰채용 21 2차 / 법원행시 14]

---

547 **관련 판례** : 피의자나 참고인은 수사기관에 진실만을 진술하거나 증거를 제출하여야 할 법률상의 의무를 지는 것은 아니므로, 피의자나 참고인 등이 적극적으로 피의자의 무고함을 입증하는 등의 목적으로 허위의 증거를 조작하여 제출한 것이 아니라 단순히 증거를 감추거나 없애버린 것만으로는 위계로써 수사기관으로 하여금 오인, 착각, 부지를 일으키게 하였다고 할 수 없다. 따라서 보험회사 임원이, 회사 전산시스템에서 관리하고 있던 보험금 출금 관련 데이터가 압수될 상황에 이르게 되자 특정 기간의 위 전산데이터를 삭제한 행위는 '위계로써 특별검사 등의 직무수행을 방해한 것'이라고 볼 수 없다(대법원 2009.6.11, 2008도9437).

9 대법원 2010.4.15, 2007도8024

과속단속카메라에 촬영되더라도 불빛을 반사시켜 차량 번호판이 식별되지 않도록 하는 기능이 있는 제품('파워매직세이퍼')을 차량 번호판에 뿌린 상태로 차량을 운행한 행위만으로는, 교통단속 경찰공무원이 충실히 직무를 수행하더라도 통상적인 업무처리과정 하에서 사실상 적발이 어려운 위계를 사용하여 그 업무집행을 하지 못하게 한 것으로 보기 어렵다. [경찰채용 12 1차 / 법원9급 11 / 사시 11]

10 대법원 2010.10.28, 2008도9590

수출입화물방제업체 운영자인 피고인이 국립식물검역소 출장소에 허위의 소독작업결과서가 첨부된 수출식물검사신청서를 제출하여 수출검사합격증명서를 발급받은 경우, 담당공무원이 신청사유의 사실 여부를 정당하게 조사하지 아니한 채 위 합격증명서를 발급한 것이라면, 피고인의 행위로 그 공무집행이 방해되었다고 단정할 수는 없다.

11 대법원 2011.8.25, 2010도7033

화물자동차 운송주선사업자인 피고인이 관할 행정청에 주기적으로 허가기준에 관한 사항을 신고하는 과정에서 가장납입에 의하여 발급받은 허위의 예금잔액증명서를 제출하는 부정한 방법으로 허가를 받은 경우 위계에 의한 공무집행방해죄가 성립한다고 볼 수 없다.[548] [경찰채용 17 1차 / 경찰간부 12 / 법원행시 16]

12 대법원 2012.4.26, 2011도17125

가처분신청 시 당사자가 허위의 주장을 하거나 허위의 증거를 제출한 경우

법원은 당사자의 허위 주장 및 증거 제출에도 불구하고 진실을 밝혀야 하는 것이 그 직무이므로, 가처분신청 시 당사자가 허위의 주장을 하거나 허위의 증거를 제출하였다 하더라도 그것만으로 법원의 구체적이고 현실적인 어떤 직무집행이 방해되었다고 볼 수 없으므로 이로써 바로 위계에 의한 공무집행 방해죄가 성립한다고 볼 수 없다. [경찰채용 17 1차 / 경찰채용 21 2차 / 국가9급 21 / 법원9급 16 / 법원행시 16]

13 대법원 2021.4.29, 2018도18582

지방의회의원들이 지방의회 의장선거에 있어 특정인을 선출하기로 하고, 그에 따라 투표용지에 각자 기명할 위치를 특정하여 투표하기로 한 합의는 위계에 해당하지 않는다는 사례

지방의회 의원으로서 지방의회의 의장을 선택할 권한을 부여받은 피고인들이 A를 의장으로 선택하기로 정치적 합의를 하고, 그 합의의 이행을 관철하기 위하여 일정한 투표방법을 고안하여 각자 실행하기로 한 것을 가리켜, 그것이 과연 정치적으로 정당하거나 바람직한 것인지 여부에 관한 평가는 별론으로 하더라도, 임시의장의 위 직무집행에 대한 관계에서 금지된 행위를 실행한 것으로 단정할 수는 없다. 지방의회 의원들이 사전에 서로 합의한 방식대로 투표행위를 한 것만으로는, 무기명투표원칙에 반하는 전형적인 행위 즉 투표 과정이나 투표 이후의 단계에서 타인의 투표내용을 알려는 행위라거나 자신의 투표내용을 공개하는 것 또는 타인에게 투표의 공개를 요구하는 행위로 평가하기는 어렵기 때문이다.

---

548 **보충** : 제반 사정에 비추어 위 신고는 행정청의 단순한 접수나 형식적 심사를 거친 수리 외에 신고에 대응한 어떠한 적극적·실질적 행정작용에 나아갈 것이 예정되어 있다고 볼 수 없을 뿐 아니라, 행정청이 신고내용의 진실성이나 첨부자료의 취지를 제대로 따져보지 않아 추가 조사를 통한 적정한 관리감독권의 행사에 나아가지 않았더라도 이를 신고인의 위계에 의한 방해의 결과로 볼 수 없다(위 판례).

위계 인정	1. 시험문제를 사전에 입수하여 시험에 응시하는 부정행위(대법원 1966.4.26, 66도30) 2. 국가시험을 보면서 답안쪽지를 전달하는 부정행위(대법원 1967.5.23, 67도650) 3. 간호조무사 자격시험 응시자격을 증명하는 수료증명서를 허위작성·제출하는 행위(대법원 1982.7.27, 82도1301) 4. 고등학교 입학원서 추천서란을 허위기재하여 고입 입학전형에 응한 행위(대법원 1983.9.27, 83도1864) [법원행시 10] 5. 운전면허시험에 대리응시하는 행위(대법원 1987.9.9, 86도1245) [경찰채용 12 2차 / 경찰간부 17] 6. 허위의 진단서를 소명자료로 제출하여 −직접 운전할 수 없는 것처럼 가장하여− 진단서의 기재내용 을 신뢰한 행정관청으로부터 개인택시 운송사업의 양도·양수의 인가를 받은 행위(대법원 2002.9.4, 2002도2064) [경찰채용 11 1차 / 경찰간부 17 / 법원9급 09 / 변호사시험 14] 7. 음주운전을 하다가 교통사고를 야기한 후 그 형사처벌을 면하기 위해 타인의 혈액을 자신의 혈액인 것처럼 교통사고 조사 경찰관에게 제출하여 감정하도록 한 경우(대법원 2003.7.25, 2003도1609) [경찰채 용 10 2차 / 경찰간부 13·17 / 경찰승진 14 / 법원9급 09·16 / 법원행시 06·11] 8. 지방자치단체의 공사입찰에 있어서 허위서류를 제출하여 입찰참가자격을 얻고 낙찰자로 결정되어 계약을 체결한 행위에 대하여 위계에 의한 공무집행방해죄의 성립을 긍정한 사례(대법원 2003.10.9, 2000도4993) [경찰승진 14] 9. 감척어선 입찰자격이 없는 자가 제3자와 공모하여 제3자의 대리인 자격으로 제3자 명의로 입찰에 참가하고, 낙찰받은 후 자신의 자금으로 낙찰대금을 지급하여 감척어선에 대한 실질적 소유권을 취득 한 경우, 위계에 의한 공무집행방해죄가 성립한다고 한 사례(대법원 2003.12.26, 2001도6349) 10. 타인의 소변을 마치 자신의 소변인 것처럼 수사기관에 건네주어 필로폰 음성반응이 나오게 한 경우 (대법원 2007.10.11, 2007도6101)
위계 부정	1. 수사기관에 대한 무고의 목적 없는 허위신고행위(대법원 1974.12.10, 74도2841) 2. 수사기관에서의 피의자로서의 허위자백 및 참고인으로서의 허위진술행위(대법원 1977.2.22, 76도368; 1972.10.10, 72도1974) [국가7급 14 / 법원행시 10·11] 3. 전화가입청약순위에 대하여 허위신고를 한 행위(대법원 1977.12.27, 77도3199) 4. 개인택시면허신청서에 허위의 소명자료를 첨부하여 제출한 행위(대법원 1988.9.27, 87도2174) [경찰채 용 12 2차] 5. 민사소송을 제기함에 있어 피고의 주소를 허위로 기재하여 법원공무원으로 하여금 변론기일소환장 등을 허위주소로 송달하게 한 행위(대법원 1996.10.11, 96도312; 1972.12.27, 77도284) [경찰채용 12 2차 / 경찰간부 11·13 / 경찰승진(경감) 11 / 경찰승진 10·14 / 법원9급 09 / 법원행시 10·11 / 사시 10·12] 6. 허가출원사유에 대하여 행정관청에 허위신고를 하는 행위(대법원 1997.2.28, 96도2825) 7. 교도소 수용자가 교도관의 감시·단속을 피하여 금지물품인 담배를 소지·수수·교환하거나 허가 없이 전화 등의 방법으로 다른 사람과 연락한 경우(대법원 2003.11.13, 2001도7045) [경찰간부 11 / 경찰승진 (경감) 11 / 법원행시 10]

판례연구 위계에 의한 공무집행방해죄의 성립에 공무집행방해의 결과를 필요로 한다는 사례

1 대법원 1977.9.13, 77도284

민사소송을 제기함에 있어 피고의 주소를 허위로 기재하여 법원공무원으로 하여금 변론기일 소환장등을 허위주소로 송달케 하였다는 사실만으로서는 이로 인하여 법원공무원의 구체적이고 현실적인 어떤 직무집행이 방해되었다고 할 수는 없으므로 이로써 바로 위계에 의한 공무집행방해죄가 성립된다고 볼 수는 없다. [경찰채용 12 2차 / 경찰간부 13 / 법원9급 09 / 법원행시 10·11]

2 대법원 2000.3.24, 2000도102; 2003.2.11, 2002도4293

위계에 의한 공무집행방해죄는 위계에 의하여 상대방이 그릇된 행위나 처분을 하여야만 이 죄가 성립하는 것이고, 만약 범죄행위가 구체적인 공무집행을 저지하거나 현실적으로 곤란하게 하는 데까지는 이르지 아니하고 미수에 그친 경우에는 위계에 의한 공무집행방해죄로 처벌할 수 없다(위계에 의한 공무집행방해죄는 공무집행 방해의 결과가 필요하다는 것이 판례의 입장, 다수설은 반대). [경찰승진(경사) 11 / 경찰승진(경감) 11 / 법원행시 06]

1 대법원 1970.1.27, 69도2260

피고인이 경찰관서에 허구의 범죄를 신고한 까닭이 생활에 궁하여 오로지 직장을 구하여 볼 의사로서 허위로 간첩이라고 자수를 한 데 불과하고 더 나아가서 그로 말미암아 공무원의 직무집행을 방해하려는 의사까지 있었던 것이 아니라면 위계에 의한 공무집행방해죄는 성립하지 않는다(위계에 의한 공무집행방해의 고의는 공무집행 방해의 의사까지 필요하다는 것이 다수설·판례). [경찰채용 12 1차/ 경찰간부 13 / 경찰승진 17]

2 대법원 1974.12.10, 74도2841

자가용차를 운전하다가 교통사고를 낸 사람이 경찰관서에 신고함에 있어 가해차량이 자가용일 경우 피해자와 합의하는데 불리하다고 생각하여 영업용택시를 운전하다가 사고를 내었다고 허위신고를 하였다 하더라도 이 사실만으로 공무원의 직무집행을 방해할 의사가 있었다고 단정하기 어려우므로 위계로 인한 공무집행방해죄가 성립하지 않는다. [경찰채용 14 2차]

03　인권옹호직무방해죄

제139조 【인권옹호직무방해】 경찰의 직무를 행하는 자 또는 이를 보조하는 자가 인권옹호에 관한 검사의 직무집행을 방해하거나 그 명령을 준수하지 아니한 때에는 5년 이하의 징역 또는 10년 이하의 자격정지에 처한다.

대법원 2010.10.28, 2008도11999

사법경찰관이 검사에게 긴급체포된 피의자에 대한 긴급체포 승인 건의와 함께 구속영장을 신청한 경우, 검사는 긴급체포의 승인 및 구속영장의 청구가 피의자의 인권에 대한 부당한 침해를 초래하지 않도록 긴급체포의 적법성 여부를 심사하면서 수사서류 뿐만 아니라 피의자를 검찰청으로 출석시켜 직접 대면조사할 수 있는 권한을 가진다고 보아야 한다. …… 다만 체포된 피의자의 구금 장소가 임의적으로 변경되는 점, 법원에 의한 영장실질심사 제도를 도입하고 있는 현행 형사소송법 하에서 체포된 피의자의 신속한 법관 대면권 보장이 지연될 우려가 있는 점 등을 고려하면, 위와 같은 검사의 구속영장 청구 전 피의자 대면조사는 긴급체포의 적법성을 의심할 만한 사유가 기록 기타 객관적 자료에 나타나고 피의자의 대면조사를 통해 그 여부의 판단이 가능할 것으로 보이는 예외적인 경우에 한하여 허용될 뿐, 긴급체포의 합당성이나 구속영장 청구에 필요한 사유를 보강하기 위한 목적으로 실시되어서는 아니 된다. 나아가 검사의 구속영장 청구 전 피의자 대면조사는 강제수사가 아니므로 피의자는 검사의 출석 요구에 응할 의무가 없고, 피의자가 검사의 출석 요구에 동의한 때에 한하여 사법경찰관리는 피의자를 검찰청으로 호송하여야 한다. …… 검사가 긴급체포 등 강제처분의 적법성에 의문을 갖고 대면조사를 위한 피의자 인치를 2회에 걸쳐 명하였으나 사법경찰관이 이를 이행하지 않은 경우, 형법 제139조에 규정된 인권옹호직무명령부준수죄와 형법 제122조에 규정된 직무유기죄의 각 구성요건과 보호법익 등을 비교하여 볼 때, 인권옹호직무명령부준수죄가 직무유기죄에 대하여 법조경합 중 특별관계에 있다고 보기는 어렵고 양 죄는 상상적 경합관계로 보아야 한다(부작위범과 부작위범은 상상적 경합이 될 수 있다는 사례).

04 공무상 비밀표시무효죄

> **제140조【공무상 비밀표시무효】** ① 공무원이 그 직무에 관하여 실시한 봉인 또는 압류 기타 강제처분의 표시를 손상 또는 은닉하거나 기타 방법으로 그 효용을 해한 자는 5년 이하의 징역 또는 700만 원 이하의 벌금에 처한다.

판례연구 | 공무상 표시무효죄의 객체로 인정되는 사례

1 대법원 1981.10.13, 80도1441

압류가 경합된 경우에 한 채권자에게만 변제하고 압류된 유체동산을 처분한 경우 공무상비밀표시무효죄가 성립한다는 사례

채권자 甲에 의하여 압류된 피고인 소유 유체동산에 대하여 다시 채권자 乙에 의하여 조사절차가 취하여진 경우에는 乙에 대한 관계에 있어서도 압류의 효력이 미친다고 할 것이니, 피고인이 甲에대한 채무를 변제하였다 하여도 그 압류가 해제되지 아니한 한 압류상태에 있다고 할 것이니 甲에 대한 변제사실만 가지고는 압류의 효력이 없다고 할 수 없고, 이를 처분한 피고인에게 공무상비밀표시무효에 관한 범의가 없었다고도 할 수 없다.

2 대법원 1985.7.9, 85도1165

피고인은 출입금지 및 건물건축공사방해금지 가처분결정에 기하여 집행관이 실시한 가처분결정 표시의 효력이 존속하고 있는 동안에 그 효용을 해치는 행위를 하였음이 명백하므로 피고인에 대하여 공무상 비밀표시무효죄의 성립을 인정한 조치는 정당하다.

3 대법원 2000.4.21, 99도5563

가처분결정이 부당하여도 가처분 표시의 효력에는 영향이 없다는 사례

공무원이 그 직권을 남용하여 위법하게 실시한 봉인 또는 압류 기타 강제처분의 표시임이 명백하여 법률상 당연무효 또는 부존재라고 볼 수 있는 경우에는 그 봉인 등의 표시는 공무상표시무효죄의 객체가 되지 아니하여 이를 손상 또는 은닉하거나 기타 방법으로 그 효용을 해한다 하더라도 공무상표시무효죄가 성립하지 아니한다 할 것이나, 공무원이 실시한 봉인 등의 표시에 절차상 또는 실체상의 하자가 있다고 하더라도 객관적·일반적으로 그것이 공무원이 그 직무에 관하여 실시한 봉인 등으로 인정할 수 있는 상태에 있다면 적법한 절차에 의하여 취소되지 아니하는 한 공무상표시무효죄의 객체로 된다고 할 것이다.[549] [경찰간부 17 / 국가7급 07 / 사시 14]

4 대법원 2001.1.16, 2000도1757

가압류공시서에 다소의 흠이 있으나 전체적으로 보아 가압류목적물이 특정됨을 인정할 수 있는 경우 공무원이 실시한 봉인 등의 표시에 절차상 또는 실체상의 하자가 있다고 하더라도 객관적·일반적으로 그것이 공무원이 그 직무에 관하여 실시한 봉인 등으로 인정할 수 있는 상태에 있다면 적법한 절차에 의하여 취소되지 아니하는 한 공무상 표시무효죄의 객체로 된다.[550] [경찰채용 18 3차 / 경찰승진 12 / 법원9급 09 / 법원행시 05]

---

[549] **판례 :** A는 B로부터, 수원지방법원 소속 집행관이 1995.4.4. A 소유의 기계에 대하여 유체동산 가압류집행을 실시하고 그 뜻을 기재한 표시를 하였음을 전해 들어 알고 있으면서, C로 하여금 이 사건 기계들을 가져가도록 하였다. 그런데 이 사건 가압류집행 이전에 이미 A는 C에게 이 사건 기계를 양도하기로 하는 합의가 있었다. 그렇다 해도 위 가압류가 당연무효가 되는 것이 아닌 이상 A가 가압류를 무효라고 믿은 데에 정당한 이유가 없으므로, A에게는 공무상 비밀표시무효죄의 죄책이 인정된다(대법원 2000.4.21, 99도5563).

[550] **보충 - 위 판례의 사실관계 :** 가압류 집행장소인 이 사건 채무자 甲 소유의 농장에는 3,100마리의 비육돈이 사육되고 있었다. 그런데 집행관은 가압류집행을 하면서 정확한 비육돈의 숫자를 세어보지도 않고 비육돈을 30kg에서 40kg, 40kg에서 60kg, 60kg에서

5 대법원 2002.12.27, 2002도4906

법원의 감수보존결정에 따라 감수보존인으로 선임된 자는 법원의 위임을 받아 공무를 집행하는 직권으로서의 지위를 가지고(공무상표시무효죄의 공무원에 해당함), 법원의 감수보존처분은 일종의 집행보존처분으로서 압류의 집행과 동일한 효력이 있어 감수보존처분이 있는 때에는 압류의 효력이 생긴다.

6 대법원 2005.6.9, 2005도1085

법원이 시설물에 대한 사용금지가처분 결정을 하고 집행관이 위 결정에 따라 위 시설물을 사용하지 말도록 위 가처분의 집행을 하고 그 표시를 하였으며, 위 가처분의 집행 및 표시가 적법한 절차에 의하여 취소된 바가 없음에도, 피신청인인 입주자대표회의의 회장인 피고인이 위 표시에 반하여 이를 계속 사용한 것은, 가사 피고인이 자신의 이익을 위한 것이 아니라 입주민들의 이익을 위하여 그와 같이 하였다 하더라도 공무상표시무효죄가 성립한다.

7 대법원 2007.3.15, 2007도312; 2001.1.16, 2000도1757

특허권을 침해하였다는 소명이 있다는 이유로 가처분집행이 행하여졌으나 후일 그 본안소송에서 위 특허가 무효라는 취지의 대법원 판결이 선고되어 그 피보전권리의 부존재가 확정된 경우에도, 적법한 절차에 의하여 취소되지 아니하는 한 위 가처분집행의 표시는 본죄의 객체가 된다.

판례연구 **공무상 표시무효죄의 객체로 인정되지 않는 사례 : 부존재·부적법·무효**

1 대법원 1965.9.25, 65도495

부동산인도의 강제집행에 있어서 집달리가 채무자의 점유를 해제하고 이를 채권자에게 인도함으로써 강제집행을 완결한 후 그 인도집행의 뜻을 기재한 표목을 세웠다 하여도 그 표시는 법률상 아무런 효력을 발생할 수 없는 것이므로 채무자가 그 표목을 빼어버리고 그 토지에 들어갔다 하여도 공무상 비밀표시무효죄가 성립되지 아니한다(법률상 효력을 발생할 수 없는 표식을 손상한 경우 공무상 비밀표시무효죄가 성립하지 아니한다는 판례이다).

2 대법원 1975.5.13, 73도2555

채무자가 채권가압류결정의 정본을 송달받고서 제3채무자에게 가압류된 돈을 지급하였어도 채권가압류결정의 송달을 받은 것이 본조의 강제처분의 표시가 있었다거나 형법 제142조 소정의 공무상 보관명령이 있었다고도 볼 수 없으니 공무상 비밀표시무효죄나 공무상 보관물의 무효죄 둘 다 성립하지 않는다.

3 대법원 1985.7.23, 85도1092

강제집행 완결 후의 건물침입행위 : 공무상 비밀표시무효죄 ×, 부동산강제집행효용침해죄 ○
집행관이 채무자 겸 소유자의 건물에 대한 점유를 해제하고 이를 채권자에게 인도한 후 채무자의 출입을 봉쇄하기 위하여 출입문을 판자로 막아둔 것을 채무자가 이를 뜯어내고 그 건물에 들어갔다 하더라도 이는 강제집행이 완결된 후의 행위로서 채권자들의 점유를 침범하는 것은 별론으로 하고 공무상 비밀표시무효죄에 해당하지 않는다. [법원행시 08·12]

90kg의 세 단계로 구분하여 각 1,000마리씩을 가압류하고 나머지 약 100마리 정도는 병든 돼지라서 담보가치가 없다고 보아 이를 가압류에서 제외하였다. 이 가압류공시서에는 위와 같이 폐사될 100여 마리를 고려하여 3,000마리를 가압류목적물로 표시하였다는 취지의 기재를 하지 아니하고, 3,000마리의 중량을 일일이 측정하지 아니한 채 중량별로 세 분류로 나누어 1,000마리씩 기재한 흠이 있기는 하다. 그런데 甲은 위 비육돈 중 일부를 다른 곳에 처분한 것이다.

4 대법원 1997.3.11, 96도2801

공무상비밀표시무효죄의 성립요건으로 행위 당시 강제처분의 표시가 현존할 것을 요한다는 사례

공무상표시무효죄가 성립하기 위해서는 행위 당시에 강제처분의 표시가 현존할 것을 요한다. [법원9급 08·12/법원행시 05] (따라서) 위 피고인들의 이 사건 행위 당시까지 집달관이 가처분집행 당시 게시한 가처분결정문이 현존하고 있었다고 볼 증거가 없으므로 죄가 되지 아니한다.

5 대법원 2008.12.24, 2006도1819

공무상 표시무효죄는 공무원이 그 직무에 관하여 봉인, 동산의 압류, 부동산의 점유 등과 같은 구체적인 강제처분을 실시하였다는 표시를 손상·은닉하는 등의 행위를 해야 성립하므로, 집행관이 부작위를 명하는 가처분 발령사실을 고시하였을 뿐 구체적인 집행행위를 하지 않은 상태라면 채무자가 부작위명령을 위반하였다 하여도 본죄에 해당되지 않는다. [법원9급 12/법원행시 12]

6 대법원 2010.9.30, 2010도3364

집행관이 영업방해금지 가처분결정의 취지를 고시한 공시서를 게시하였을 뿐 어떠한 구체적 집행행위를 하지 않은 상태에서 위 가처분에 의하여 부과된 부작위명령을 피고인이 위반한 경우, 공무상 표시의 효용을 해하는 행위를 하였다고 볼 수 없다.

(2) **행위** − 손상·은닉 기타 방법으로 강제처분 표시의 효력을 해하는 것

① **기타 방법** : 표시의 효용을 해하는 일체의 행위로서 손상 또는 은닉 이외의 방법으로 그 표시 자체의 효력을 사실상으로 감쇄(減殺) 또는 멸각(滅却)시키는 것을 의미하며(대법원 2004.10.28, 2003도8238; 2007.7.27, 2007도4378), 압류물건의 매각·절취, 봉인한 통에서 내용물인 액체를 유출시키는 행위, 영업금지가처분에 위반되는 영업의 계속행위 등이 포함된다. 다만 그 표시의 근거인 처분의 법률상의 효력까지 상실케 할 것까지 요하는 것은 아니다. 따라서 **채권자나 집행관 몰래 원래의 보관장소로부터 상당한 거리에 있는 다른 장소로 압류물을 이동시킨 경우**에도 객관적으로 집행을 현저히 곤란하게 한 것이 되어 '기타의 방법으로 그 효용을 해한 경우'에 해당된다(대법원 1986.3.25, 86도69).

판례연구 | **공무상표시무효죄의 행위('그 효용을 해하는 것')에 해당하는 사례**

1 대법원 1980.12.23, 80도1963

점유이전금지가처분을 어긴 사례

직접점유자에 대한 점유이전금지가처분결정이 집행된 후 그 피신청인인 직접점유자가 가처분 목적물의 간접점유자에게 그 점유를 이전한 경우에는 그 가처분표시의 효용을 해한 것이 된다.[551] [법원행시 07·12/사시 11]

2 대법원 2004.10.28, 2003도8238

점유이전금지가처분을 어긴 사례

채무자 소유의 건물에 대해 점유이전금지가처분이 내려지고 집행관이 해당 건물에 관하여 가처분을 집행하면서 '채무자는 점유를 타에 이전하거나 또는 점유명의를 변경하여서는 아니된다.'는 등의 집행취지가 기재되어 있는 고시문을 해당 건물에 부착한 경우에, 채무자가 제3자로 하여금 위 건물 중

---

[551] **보충** : A를 피신청인으로 하는 점유이전금지가처분결정의 집행이 이루어진 부동산 중 당시 A가 점유하고 있던 부분은 방 1칸으로서 그 부분은 이미 A가 매도하여 명도 및 소유권이전등기의 경료까지 마친 B 소유의 주택 중 일부였고 위 방은 위 명도 및 소유권이전등기 이후에 새로이 A가 세를 얻어 점유하고 있었던 경우, 위 가처분집행 후에 A가 위 방을 소유자 B에게 다시 명도해 준 행위는 공무상표시무효죄를 구성한다는 사례이다.

3층에서 카페 영업을 할 수 있도록 이를 무상으로 사용케 하였다면, 이는 위 고시문의 효력을 사실상 멸각시키는 행위에 해당된다.[552] [법원행시 05]

3 대법원 1986.3.25, 86도69
압류물을 원래의 보관장소로부터 다른 장소로 이동시킨 사례
압류물을 채권자나 집달관 몰래 원래의 보관장소로부터 상당한 거리에 있는 다른 장소로 이동시킨 경우에는 설사 그것이 집행을 면탈할 목적으로 한 것이 아니라 하여도 객관적으로 집행을 현저히 곤란하게 한 것이 되어 형법 제140조 제1항 소정의 "기타의 방법으로 그 효용을 해한" 경우에 해당된다.[553]

4 대법원 2005.7.22, 2005도3034
부작위에 의한 공무상표시무효죄 사례
압류된 골프장시설을 보관하는 회사의 대표이사가 위 압류시설의 사용 및 봉인의 훼손을 방지할 수 있는 적절한 조치 없이 골프장을 개장하게 하여 봉인이 훼손되게 한 경우, 부작위에 의한 공무상표시무효죄가 성립한다.[554] [경찰간부 13]

5 대법원 2018.7.11, 2015도5403
가압류된 유체동산을 제3자에게 양도하고 점유를 이전한 사례
형법 제140조 제1항이 정한 공무상표시무효죄 중 '공무원이 그 직무에 관하여 실시한 압류 기타 강제처분의 표시를 기타 방법으로 그 효용을 해하는 것'이란 손상 또는 은닉 이외의 방법으로 그 표시 자체의 효력을 사실상으로 감쇄 또는 멸각시키는 것을 의미하는 것이지, 그 표시의 근거인 처분의 법률상 효력까지 상실케 한다는 의미는 아니다. 집행관이 유체동산을 가압류하면서 이를 채무자에게 보관하도록 한 경우 그 가압류의 효력은 압류된 물건의 처분행위를 금지하는 효력이 있으므로, 채무자가 가압류된 유체동산을 제3자에게 양도하고 그 점유를 이전한 경우, 이는 가압류집행이 금지하는 처분행위로서, 특별한 사정이 없는 한 가압류표시 자체의 효력을 사실상으로 감쇄 또는 멸각시키는 행위에 해당한다. 이는 채무자와 양수인이 가압류된 유체동산을 원래 있던 장소에 그대로 두었더라도 마찬가지이다.

---

552 **보충** : 이는 가족, 고용인 기타 동거자 등 가처분 채무자에게 부수하는 사람을 거주시키는 것과 같이 가처분 채무자가 그 목적물을 사용하는 하나의 태양에 불과하다고 평가할 수 없는 행위이기 때문이다. 또한 위 판례에서는, 비록 점유이전금지가처분 채권자가 가처분이 가지는 당사자(當事者) 항정효로 인하여 가처분 채무자로부터 점유를 이전받은 제3자를 상대로 본안판결에 대한 승계집행문을 부여받아 가처분의 피보전권리를 실현할 수 있다 하더라도 달리 볼 것은 아니라는 점을 밝혀두고 있다.

553 **판례** : 집행관이 서울 영등포구에 있는 S여관에서 압류집행을 하고 그 표시를 한 컬러텔레비전 1대와 VTR 녹화기 1대를 피고인이 서울 강서구에 있는 A여관으로 옮김으로써 그 뒤 위 압류물의 소재불명으로 경매의 집행을 불능케 하였다면 본죄에 해당된다(대법원 1986.3.25, 86도69).

554 **판례의 사실관계** : 甲은 경기도 광주시 실촌면 오향리 소재 오향관광개발주식회사의 대표이사로서 위 회사가 관리하는 경기컨트리클럽 골프장의 시설물(경락 전 운영자이었던 태우관광개발 주식회사 소유의 모노레이, 엘리베이터)에 대한 압류, 봉인의 조치가 이루어진 사실을 알았음에도 불구하고, 2003.6.30. 위와 같은 압류, 봉인의 사실을 인식하면서도 그 훼손을 방지하기 위한 아무런 조치를 취하지 아니한 채 2003.7.1. 골프장 개장을 방치함으로써 위 압류시설을 사용하게 하여 위 봉인이 훼손되게 되었다. … 대표이사에게는 위와 같은 회사의 대외적 의무사항이 준수될 수 있도록 적절한 조치를 취할 위임계약 혹은 조리상의 작위의무가 존재한다. 여기에는 적어도 위 압류·봉인에 의하여 사용이 금지된 골프장 시설물에 대하여 위 시설물의 사용 및 그 당연한 귀결로서 봉인의 훼손을 초래하게 될 골프장의 개장 및 그에 따른 압류시설 작동을 제한하거나 그 사용 및 훼손을 방지할 수 있는 적절한 조치를 취할 의무가 존재하는 것이다. 따라서 이러한 회사의 대표이사인 자가 위와 같은 피고인의 부작위(조치의무 불이행)는 위 봉인을 훼손하고 압류시설을 사용함으로써 그 효용을 해하는 적극적 작위로서의 행위와 다름없다고 형법상 평가될 만한 공무상표시무효죄의 실행행위라고 볼 수 있다 할 것이다.

판례연구 　공무상표시무효죄의 행위에 해당하지 않는 사례

1 대법원 1984.3.13, 83도3291
압류표시된 원동기를 종전의 용법대로 가동한 사례
압류는 채무자의 처분행위를 금하는 것이므로 압류의 효용을 손상하지 않는다면 압류상태에서 그 용법에 따라 종전대로 사용하는 것은 허용된다 할 것이므로 피고인이 압류표시된 원동기를 가동하였다 하여 공무상표시무효죄를 구성한다고 볼 수 없다.

2 대법원 1976.7.27, 74도1896
가처분을 받은 채무자가 특정 채무자로 지정된 경우 그 이외의 자에 대한 사례
제3자가 건축주를 상대로 건축공사중지가처분집행을 한 후에 건축허가 명의를 피고인이 자기가 대표이사로 있는 회사로 변경하여 건축공사를 계속한 경우에도 압류표시의 효용을 해한 것으로 되지 않는다.[555] [법원행시 07]

3 대법원 1979.2.13, 77도1455
가처분을 받은 채무자가 특정 채무자로 지정된 경우 그 이외의 자에 대한 사례
남편을 채무자로 한 출입금지가처분 명령이 있음에도 불구하고 그 처가 이를 무시하고 출입금지된 밭에 들어가 작업을 한 경우에도 공무상표시무효죄에 해당되지 않는다.

4 대법원 2007.11.16, 2007도5539
가처분을 받은 채무자가 특정 채무자로 지정된 경우 그 이외의 자에 대한 사례
온천수 사용금지 가처분결정이 있기 전부터 온천이용허가권자인 가처분 채무자로부터 이를 양수하고 임대차계약의 형식을 빌어 온천수를 이용하여 온 제3자가 위 금지명령을 위반하여 계속 온천수를 사용한 경우, 위 제3자가 위 가처분 사건 당사자 사이의 권리관계 내용을 잘 알고 있었다거나 그가 실질적으로는 가처분 채무자와 같은 당사자 위치에 있었다는 등의 사정이 있다 하여도 위 위반행위는 공무상표시무효죄를 구성하지 않는다. [법원9급 08 / 법원행시 08]

5 대법원 2006.10.13, 2006도4740
출입금지가처분의 대상이 된 건조물 등에 가처분 채권자의 승낙을 얻어 출입한 사례
출입금지가처분은 그 성질상 가처분 채권자의 의사에 반하여 건조물 등에 출입하는 것을 금지하는 것이므로 비록 가처분결정이나 그 결정의 집행으로서 집행관이 실시한 고시에 그러한 취지가 명시되어 있지 않다고 하더라도 가처분 채권자의 승낙을 얻어 그 건조물 등에 출입하는 경우에는 출입금지가처분 표시의 효용을 해한 것이라고 할 수 없다. [법원9급 07(상) / 법원9급 08·12 / 법원행시 07·12]

6 대법원 2004.7.9, 2004도3029
채무자가 불가피한 사정으로 채권자의 승낙을 얻어 압류물을 이동시켰으나 집행관의 승인은 얻지 못한 경사례
집행관이 그 점유를 옮기고 압류표시를 한 다음 채무자에게 보관을 명한 유체동산에 관하여 채무자가 이를 다른 장소로 이동시켜야 할 특별한 사정[556]이 있고, 그 이동에 앞서 채권자에게 이동사실 및 이동장

---

555 **판례** : 제3자가 법원으로부터 받은 건축공사중지명령의 가처분집행은 어디까지나 甲회사에 대하여 부작위 명령을 집행한데 불과한 것이므로 위 가처분집행이 완료된 뒤 피고인이 본건 시공 중인 건축허가 명의를 자기가 대표이사로 있는 乙회사로 변경하여 위 가처분집행을 그대로 둔 채 그 건축공사를 계속하였다는 사실자체만으로는 위와 같은 내용의 가처분집행표시의 효용을 해한 것이라고는 할 수 없으므로 형법 140조 제1항 소정 공무상표시무효죄가 성립하지 아니한다. [법원행시 07]

556 **보충** : 이 판례에서는, 집행관이 자동차용품점을 운영하는 채무자 甲 소유의 유체동산에 대하여 그 점유를 옮기고 압류표시를 한 다음 채무자 甲에게 보관을 명하였는데, 채무자 甲이 자신의 자동차용품점을 이전해야 하는 상황이었다.

소를 고지하여 승낙을 얻은 때에는 비록 집행관의 승인을 얻지 못한 채 압류물을 이동시켰다 하더라도 형법 제140조 제1항 소정의 '기타의 방법으로 그 효용을 해한' 경우에 해당한다고 할 수 없다고 할 것이다. [법원9급 09 / 법원행시 05]

판례연구 **강제처분의 적법성·유효성에 대한 착오를 사실의 착오로 보아 고의를 조각시킨 사례**

1 대법원 1970.9.22, 70도1206

민사소송법 기타의 공법의 해석을 잘못하여 피고인이 가압류의 효력이 없는 것이라 하여 가압류가 없는 것으로 착오하였거나 또는 봉인 등을 손상 또는 효력을 해할 권리가 있다고 오신한 경우에는 민사법령 기타 공법의 부지에 인한 것으로서 이러한 법령의 부지는 형벌법규의 부지와 구별되어 고의를 조각한다.

2 대법원 1972.11.14, 72도1248

채권자가 채무자소유의 동산을 가압류한 후 그 본안사건에 관한 합의가 성립되어 그 가압류물건을 인수하기로 하고 담보취소까지 된 경우에 있어서 가압류취소절차를 거침이 없이 가압류목적물건을 가져간 경우 공무상 비밀표시무효의 고의가 있다고는 할 수 없다.

판례연구 **강제처분의 적법성·유효성에 대한 착오를 법률의 착오로 보아 유죄를 인정한 사례**

대법원 1992.5.26, 91도894; 2000.4.21, 99도5563

공무원이 그 직무에 관하여 실시한 봉인 등의 표시를 손상 또는 은닉 기타의 방법으로 그 효용을 해함에 있어서 그 봉인 등의 표시가 법률상 효력이 없다고 믿은 것은 법규의 해석을 잘못하여 행위의 위법성을 인식하지 못한 것이라고 할 것이므로 그와 같이 믿은 데에 정당한 이유가 없는 이상, 그와 같이 믿었다는 사정만으로는 공무상표시무효죄의 죄책을 면할 수 없다. 따라서 압류물을 집행관의 승인 없이 임의로 그 관할구역 밖으로 옮긴 경우에는 압류물을 이전시킨다는 인식과 의사가 있기 때문에 본죄의 고의가 인정되고, 위와 같은 행위를 하면서 변호사 등에게 문의하여 간단한 자문을 받았다고 해도 자신의 행위가 죄가 되지 않는다고 믿는 데에 정당한 이유가 있다고 할 수 없다. [경찰간부 12 / 국가7급 07 / 법원9급 08·09 / 법원행시 08 / 사시 14]

05 부동산강제집행효용침해죄

제140조의2 【부동산강제집행효용침해】 강제집행으로 명도 또는 인도된 부동산에 침입하거나 기타 방법으로 강제집행의 효용을 해한 자는 5년 이하의 징역 또는 700만 원 이하의 벌금에 처한다.

판례연구 **부동산강제집행효용침해죄의 객체 관련 판례**

대법원 2003.5.13, 2001도3212

부동산강제집행효용침해죄에 있어 '강제집행으로 명도 또는 인도된 부동산'

형법 제140조의2 부동산강제집행효용침해죄의 입법취지와 체제 및 내용과 구조를 살펴보면, 부동산강제집행효용침해죄의 객체인 강제집행으로 명도 또는 인도된 부동산에는 강제집행으로 퇴거집행된 부동산을 포함한다고 해석된다. [경찰승진(경위) 11 / 법원9급 07(상) / 법원9급 12 / 법원행시 05]

06 공용서류 등 무효죄

> **제141조 【공용서류 등의 무효, 공용물의 파괴】** ① 공무소에서 사용하는 서류 기타 물건 또는 전자기록 등 특수매체기록을 손상 또는 은닉하거나 기타 방법으로 그 효용을 해한 자는 7년 이하의 징역 또는 1천만 원 이하의 벌금에 처한다.

판례연구 **공용서류무효죄의 서류에 해당하는 사례 : 공무소 사용이면 해당**

1 대법원 1965.12.10, 65도826; 1966.10.18, 66도567
공무원이 작성하는 공문서는 그것이 작성자의 지배를 현실적으로 떠나 작성권자일지라도 변경·삭제 등이 불가능한 정도로 객관화된 단계에 이르렀을 때 한하여, 작성자에 의한 변경·삭제·파기가 이루어진 경우에도 형법 제141조 제1항의 범죄가 된다.

2 대법원 1980.10.27, 80도1127
사법경찰관 사무취급이 작성 중인 피의자신문조서를 찢어 그 효용을 해한 피고인의 소위에 대하여 형법 제141조 제1항을 적용 처단하였음은 정당하다.

3 대법원 1981.8.25, 81도1830
세무공무원이 상속세신고서 및 세무서 작성의 부과결정서등을 임의로 반환한 경우에는 공용서류무효죄에 해당한다.

4 대법원 1982.10.12, 82도368
피고인이 작성한 이 사건 진술조서가 상사에게 정식으로 보고되어 수사기록에 편철된 문서가 아니라거나 완성된 서류가 아니라 하여 형법 제141조 제1항 소정의 공무소에서 사용하는 서류에 해당하지 않는 것이라고 할 수 없으니, 피고인이 진술자의 서명무인과 간인까지 받아 작성한 진술조서를 수사기록에 편철하지 않은 채 보관하고 있다가 휴지통에 버려 폐기한 소위는 공용서류무효죄에 해당한다. [경찰간부 17]

5 대법원 1982.12.14, 81도81
피고인이 군에 보관 중인 피고인 명의의 건축허가신청서에 첨부된 설계도면을 떼내고 별개의 설계도면으로 바꿔 넣은 경우 공용서류무효죄가 성립한다.

6 대법원 1987.4.14, 86도2779; 2006.5.25, 2003도3945
경찰관이 작성한 진술서가 미완성의 문서이고 작성자와 진술자가 서명·날인 또는 무인한 것이 아니어서 공문서로서의 효력이 없다고 하더라도 공무소에서 사용하는 서류가 아니라고 할 수 없으며 피고인과 경찰관 사이의 공모관계의 유무나 피고인의 강력력 행사의 유무가 서류의 효용을 해한다는 인식에 지장을 주는 사유가 되지도 아니한다. [경찰승진(경사) 11 / 법원행시 08 / 사시 14]

7 대법원 2020.12.10, 2015도19296

대통령기록물인 2007년 남북정상회담 회의록 파일 첨부 문서관리카드 무단 파기 사건

공문서(전자공문서 포함)는 결재권자가 서명 등의 방법으로 결재함으로써 성립된다고 할 수 있다. 여기서 '결재'란 문서의 내용을 승인하여 문서로서 성립시킨다는 의사를 서명 등을 통해 외부에 표시하는 행위이다. …… 대통령기록물법상 대통령기록물은 대통령기록물생산기관이 '생산'한 것이어야 하는데, 해당 대통령기록물이 공문서(전자공문서 포함)의 성격을 띠는 경우에는 결재권자의 결재가 이루어짐으로써 공문서로 성립된 이후에 비로소 대통령기록물로도 생산되었다고 봄이 타당하다.[557]

사례연구 | **진정서를 피진정인에게 교부한 후 찢은 행위 : 무죄**

담당형사 甲이 접수받은 乙에 대한 진정서를 乙에게 임의로 교부하자, 乙은 이를 가지고 진정서 작성자인 丙에게 가지고 가서 이를 찢어버렸다. 乙의 형사책임은?

해결 | 무죄이다. 형사사건을 조사하던 경찰관이 스스로의 판단에 따라 자신이 보관하던 진술서를 임의로 피고인에게 넘겨준 것이라면, 진술서의 보관책임자인 경찰관은 장차 이를 공무소에서 사용하지 아니하고 폐기할 의도 하에 처분한 것이라고 보아야 할 것이므로, 진술서는 더 이상 공무소에서 사용하거나 보관하는 문서가 아닌 것이 되어 공용서류로서의 성질을 상실하였다고 보아야 한다(대법원 1999.9.24, 98도4350).

판례연구 | **공용서류무효죄의 고의 관련 판례**

대법원 1998.8.21, 98도360; 2006.5.25, 2003도3945; 2013.11.28, 2011도5329

형법 제141조 제1항에서 정한 공용서류은닉죄의 고의의 내용

형법 제141조 제1항의 '공무소에서 사용하는 서류'란 공무소에서 사용 또는 보관 중인 서류이면 족하고, 그 범의란 피고인에게 공무소에서 사용하는 서류라는 사실과 이를 은닉하는 방법으로 그 효용을 해한다는 사실의 인식이 있음으로써 충분하며 반드시 그에 관한 계획적인 의도나 적극적인 희망이 있어야 하는 것은 아니다. [법원행시 16]

판례연구 | **공용서류무효와 다른 범죄와의 관계 관련 판례**

1 대법원 1982.12.14, 81도81

군에 제출한 건축허가신청에 첨부된 설계도면을 권한없이 바꿔 갈아 넣고, 건축허가서에 첨부된 설계도면을 일부인이 소급 기재된 설계도면으로 바꿔 갈아 끼운 사례

공용서류무효죄는 공문서나 사문서를 불문하고 공무소에서 사용 또는 보관중인 서류를 정당한 권한 없이 그 효용을 해함으로써 성립하므로, 피고인이 군에 보관중인 피고인 명의의 건축허가신청서에 첨부된 설계도면을 떼내고 별개의 설계도면으로 바꿔 넣은 경우 공용서류무효죄가 성립한다. (이어) 건축허가서에 첨부된 설계도면을 떼내고 건축사협회의 도면등록 일부인을 건축허가 신청당시 일자로 소급 변조하여 새로 작성한 설계도면을 그 자리에 가철한 행위는 공문서변조죄에 해당한다.

---

557 보충 : 2007년 남북정상회담 회의록을 폐기한 혐의로 기소된 백종천 전 청와대 외교안보실장과 조명균 전 청와대 안보정책비서관 사건이다. 1, 2심은 이들이 폐기한 자료는 초본(초안)에 불과한데다 노무현 전 대통령이 회의록에 대한 수정·보완 등을 지시했기 때문에 결재가 없었다고 판단해 대통령기록물이 아니라고 판단했으나, 대법원은 대통령이 회의록이 담긴 문서관리카드를 열람하고 전자서명까지 했다면 이는 대통령 결재가 있었던 대통령기록물로 보아야 하므로 대통령기록물 관리에 관한 법률 위반 및 형법상 공용표시무효에 관하여 무죄를 선고한 원심 판결을 파기환송한 것이다.

2 대법원 1995.11.10, 95도1395

공문서 작성권자와 공용서류무효죄

형법 제141조 제1항이 규정한 공용서류무효죄는 정당한 권한 없이 공무소에서 사용하는 서류의 효용을 해함으로써 성립하는 죄이므로 권한 있는 자의 정당한 처분에 의한 공용서류의 파기에는 적용의 여지가 없고, 또 공무원이 작성하는 공문서는 그것이 작성자의 지배를 떠나 작성자로서도 그 변경 삭제가 불가능한 단계에 이르렀다면 모르되 그렇지 않고 상사가 결재하는 단계에 있어서는 작성자는 결재자인 상사와 상의하여 언제든지 그 내용을 변경 또는 일부 삭제할 수 있는 것이며 그 내용을 정당하게 변경하는 경우는 물론 내용을 허위로 변경하였다 하여도 그 행위가 허위공문서작성죄에 해당할지언정 따로 형법 제141조 소정의 공용서류의 효용을 해하는 행위에 해당한다고는 할 수 없다.

---

07 공무상 보관물무효죄

제142조 【공무상 보관물의 무효】 공무소로부터 보관명령을 받거나 공무소의 명령으로 타인이 관리하는 자기의 물건을 손상 또는 은닉하거나 기타 방법으로 그 효용을 해한 자는 5년 이하의 징역 또는 700만 원 이하의 벌금에 처한다.

판례연구 공무상보관물무효죄에 해당하지 않는 사례

1 대법원 1975.5.13, 73도2555

채무자가 채권가압류결정의 정본을 송달받고서도 제3채무자에게 가압류된 돈을 지급한 사례

채무자가 채권가압류결정의 정본을 송달받고서 제3채무자에게 가압류된 돈을 지급하였어도 채권가압류결정의 송달을 받은 것이 형법 142조 소정의 공무상 보관명령이 있는 경우도 아니고 형법 140조 1항 소정의 강제처분의 표시가 있었다고 볼 수 없으니 공무상 보관물의 무효죄 또는 공무상 비밀표시무효죄가 성립하지 않는다.

2 대법원 1983.7.12, 83도1405

채권가압류 명령의 송달은 공무상 보관명령에 해당하지 아니한다는 사례

제3채무자는 채무자에 대한 채무의 지급을 하여서는 아니된다는 내용 등의 가압류결정 정본의 송달을 받은 것이 형법 제142조 소정의 공무소로부터 보관명령을 받은 경우에 해당한다고 할 수 없다.

---

08 특수공무방해죄 · 특수공무방해치사상죄

제144조 【특수공무방해】 ① 단체 또는 다중의 위력을 보이거나 위험한 물건을 휴대 [법원9급 13] 하여 제136조, 제138조와 제140조 내지 전조의 죄를 범한 때에는 각 조에 정한 형의 2분의 1까지 가중한다.

② 제1항의 죄를 범하여 공무원을 상해에 이르게 한 때에는 3년 이상의 유기징역에 처한다. 사망에 이르게 한 때에는 무기 또는 5년 이상의 징역에 처한다.

특수공무집행방해치사상죄가 성립하는 사례

1 대법원 1979.7.24, 79도451

피고인도 그 속에 끼인 단체 또는 다중인 데모대원이 던진 돌에 의하여 공무집행중이던 경찰관이 상해를 입은 경우 피고인이 던진 돌이 동 피해자에게 맞고, 안 맞고를 가리지 않고 특수공무방해치상죄가 성립한다.

2 대법원 2002.4.12, 2000도3485

근로감독관을 폭행하고, 노동조합원 중 일부가 시위진압 경찰관들과의 몸싸움 과정에서 경찰관들에게 상해를 입게 한 경우 그 집회 및 시위에 적극 참가한 금속연맹 지역본부장의 죄책

① 노동조합관계자들과 사용자 측 사이의 다툼을 수습하려 하였으나 노조 측이 지시에 따르지 않자 경비실 밖으로 나와 회사의 노사분규 동향을 파악하거나 파악하기 위해 대기 또는 준비 중이던 근로감독관을 폭행한 행위는 공무집행방해죄를 구성한다. 또한 ② 집회 및 시위에 참가한 노조원 중 일부가 시위진압경찰관들과의 몸싸움 과정에서 경찰관들에게 상해를 입게 한 경우, 금속연맹 지역본부장의 직책을 가지고 그 집회 및 시위에 적극적으로 참가한 피고인에게는 특수공무집행방해치상죄의 공모공동정범으로서의 죄책이 인정된다. [경찰승진 10 / 법원행시 08]

3 대법원 2008.2.28, 2008도3

자동차로 경찰관을 사망에 이르게 한 사례

자동차는 원래 살상용이나 파괴용으로 만들어진 것이 아니지만 그것이 사람의 생명 또는 신체에 위해를 가하거나 다른 사람의 재물을 손괴하는 데 사용되었다면 폭력행위 등 처벌에 관한 법률 제3조 제1항의 '위험한 물건'에 해당한다고 할 것이며, 한편 이러한 물건을 '휴대하여'라는 말은 소지뿐만 아니라 널리 이용한다는 뜻도 포함하고 있다. 따라서 '위험한 물건'인 자동차를 이용하여 경찰관인 공소외인의 교통단속에 관한 정당한 직무집행을 방해하고 그로 인해 공소외인을 사망에 이르게 한 특수공무집행방해치사죄에 해당한다. [국가7급 12 / 법원행시 07]

4 대법원 2008.11.27, 2008도7311

특수공무방해치상죄와 상해죄의 죄수 : 법조경합으로서 1죄

기본범죄를 통하여 고의로 중한 결과를 발생하게 한 경우에는 가중처벌하는 부진정결과적 가중범에서, 고의로 중한 결과를 발생하게 한 행위가 별도의 구성요건에 해당하고 그 고의범에 대하여 결과적 가중범에 정한 형보다 더 무겁게 처벌하는 규정이 있는 경우에는 그 고의범과 결과적 가중범이 상상적 경합관계에 있다고 보아야 할 것이지만, [국가9급 13] 위와 같이 고의범에 대하여 더 무겁게 처벌하는 규정이 없는 경우에는 결과적 가중범이 고의범에 대하여 특별관계에 있다고 해서되므로 결과적 가중범만 성립하고 이와 법조경합의 관계에 있는 고의범에 대하여는 별도로 죄를 구성한다고 볼 수 없다. [국가9급 13·14·21 / 사시 10·11·12]

5 대법원 2010.11.11, 2010도7621

소위 용산참사 사례

재개발지역 내 주민들이 철거에 반대하여 건물 옥상에 망루를 설치하고 농성하던 중 피고인 등이 던진 화염병에 의해 발생한 화재로 일부 농성자 및 진압작전 중이던 일부 경찰관이 사망하거나 상해를 입은 경우, 경찰의 위 농성 진압작전을 위법한 직무집행으로 볼 수 없으므로 피고인들에게는 특수공무집행방해치사상죄 등의 죄책이 인정된다.[558]

---

558 보충 : 범죄의 예방·진압 및 수사는 경찰관의 직무에 해당하고(경찰관직무집행법 제2조), 그 직무행위의 구체적 내용이나 방법

대법원 2010.12.23, 2010도7412
특수공무집행방해치상죄의 구성요건 중 폭행의 의미
피고인이 노조원들과 함께 경찰관인 피해자들이 파업투쟁 중인 공장에 진입할 경우에 대비하여 미리
윤활유나 철판조각을 바닥에 뿌려 놓은 것에 불과하고, 위 피해자들이 이에 미끄러져 넘어지거나 철판
조각에 찔려 다쳤다는 것에 지나지 않은 경우, 특수공무집행방해치상죄로 볼 수 없다.[559] [경찰채용 13
1차/ 경찰승진 13·17]

제3절 　도주와 범인은닉의 죄

01 　단순도주죄

제145조【도주, 집합명령위반】 ① 법률에 따라 체포되거나 구금된 자가 도주한 경우에는 1년 이하의 징역에 처한다.
〈우리말 순화 개정 2020.12.8.〉

판례연구 　도주죄의 주체에 해당하지 않는 사례

대법원 2006.7.6, 2005도6810
불법체포된 자는 도주죄의 주체에 해당되지 않는다는 사례
사법경찰관이 피고인을 수사관서까지 동행한 것이 사실상의 강제연행, 즉 불법 체포에 해당하고, 불법
체포로부터 6시간 상당이 경과한 후에 이루어진 긴급체포 또한 위법하므로 피고인이 불법체포된 자로서
형법 제145조 제1항에 정한 '법률에 의하여 체포 또는 구금된 자'가 아니어서 도주죄의 주체가 될
수 없다.

판례연구 　도주죄는 즉시범이라는 사례

대법원 1979.8.31, 79도622
도주죄는 도주상태가 계속되는 것이므로 도주 중에는 시효가 진행 안된다는 소론을 채용할 수 없다(도주
죄는 즉시범이므로 간수자의 실력적 지배를 이탈한 시점부터 공소시효가 기산·진행된다는 판례임).

등은 경찰관의 전문적 판단에 기한 합리적인 재량에 위임되어 있다고 할 것이다. 따라서 경찰관이 구체적 상황에 비추어 그
인적·물적 능력의 범위 내에서 적절한 조치라는 판단에 따라 범죄의 진압 및 수사에 관한 직무를 수행한 경우에는, 그러한 직무수행
이 객관적 정당성을 상실하여 현저하게 불합리한 것으로 인정되지 않는 한 이를 위법하다고 할 수 없다. 특히 불법적인 농성을
진압하는 경찰들의 직무집행이 법령에 위반한 것이라고 하기 위해서는 그 농성 진압이 불필요하거나 또는 불법 농성의 태양
및 농성 장소의 상황 등에서 예측되는 피해 발생의 구체적 위험성의 내용 등에 비추어 볼 때 농성 진압의 계속 수행 내지 그
방법 등이 현저히 합리성을 결하여 이를 위법하다고 평가할 수 있는 경우이어야 한다(위 판례).

559 **보충 – 또 다른 논점** : 피고인(노조간부)이 노조원들의 폭행, 상해, 특수공무집행방해치상 등 범행들에 대하여 구체적으로 모의하거
나 이를 직접 분담·실행한 바 없었더라도, 피고인이 파업투쟁에 가담하게 된 경위, 위 파업투쟁 및 폭력사태의 경위와 진행 과정,
그 과정에서 피고인의 지위 및 역할, 피고인이 작성한 문건의 내용 및 성격 등을 종합할 때, 위 각 범행에 대하여 암묵적인 공모는
물론 본질적 기여를 통한 기능적 행위지배가 있었다고 보아 그 공동정범으로 의율한 사례이기도 하다.

02 도주원조죄

제147조【도주원조】법률에 의하여 구금된 자를 탈취하거나 도주하게 한 자는 10년 이하의 징역에 처한다.
제148조【간수자의 도주원조】법률에 의하여 구금된 자를 간수 또는 호송하는 자가 이를 도주하게 한 때에는 1년 이상 10년 이하의 징역에 처한다.

> **판례연구** **도주원조죄의 객체는 도주 기수 이전이어야 한다는 사례**
>
> 대법원 1991.10.11, 91도1656
> 도주 기수 이후 원조는 도주원조죄 ×, 범인도피죄 ○
> 도주죄는 즉시범으로서 범인이 간수자의 실력적 지배를 이탈한 상태에 이르렀을 때에 기수가 되어 도주행위가 종료하는 것이고, 도주원조죄는 도주죄에 있어서 범인의 도주행위를 야기시키거나 이를 용이하게 하는 등 그와 공범관계에 있는 행위를 독립한 구성요건으로 하는 범죄이므로, 도주죄의 범인이 도주행위를 하여 기수에 이른 이후에 범인의 도피를 도와주는 행위는 범인도피죄에 해당할 수 있을 뿐 도주원조죄에는 해당하지 않는다. [경찰간부 17 / 경찰승진(경위) 11 / 경찰승진 13 / 국가9급 12 / 법원행시 05·07]

03 범인은닉죄

제151조【범인은닉과 친족 간의 특례】① 벌금 이상의 형에 해당하는 죄를 범한 자를 은닉 또는 도피하게 한 자는 3년 이하의 징역 또는 500만 원 이하의 벌금에 처한다.
② 친족 또는 동거의 가족이 본인을 위하여 전항의 죄를 범한 때에는 처벌하지 아니한다. [경찰채용 16 1차 / 경찰승진 10]

> **판례연구** **범인은닉·도피죄의 위험범적 성질**
>
> 대법원 2000.11.24, 2000도4078
> 형법 제151조에서 규정하는 범인도피죄는 범인은닉 이외의 방법으로 범인에 대한 수사, 재판 및 형의 집행 등 형사사법의 작용을 곤란 또는 불가능하게 하는 행위를 말하는 것으로서, 그 방법에는 어떠한 제한이 없고, 또한 위 죄는 위험범으로서 현실적으로 형사사법의 작용을 방해하는 결과가 초래될 것이 요구되지 아니할 뿐만 아니라(범인은닉·도피죄는 위험범이라는 것이 통설·판례이고, 미수범도 처벌하지 아니함) [경찰채용 12 1차 / 국가7급 13 / 법원행시 06·07] 같은 조 소정의 '벌금 이상의 형에 해당하는 죄를 범한 자'라 함은 범죄의 혐의를 받아 수사 대상이 되어 있는 자도 포함하고, 벌금 이상의 형에 해당하는 자에 대한 인식은 실제로 벌금 이상의 형에 해당하는 범죄를 범한 자라는 것을 인식함으로써 족하고 그 법정형이 벌금 이상이라는 것까지 알 필요는 없으며, 범인이 아닌 자가 수사기관에 범인임을 자처하고 허위사실을 진술하여 진범의 체포와 발견에 지장을 초래하게 한 행위는 위 죄에 해당한다.

판례연구 **자기의 범행에 대해서는 자기 자신은 범인은닉·도피죄가 되지 않는다는 사례**

대법원 2018.8.1, 2015도20396
타인을 도피하게 하여야 하므로 자기의 범행에 관해서는 범인도피죄가 성립할 수 없다는 사례
범인도피죄는 타인을 도피하게 하는 경우에 성립할 수 있는데, 여기에서 타인에는 공범도 포함되나 범인 스스로 도피하는 행위는 처벌되지 않는다. 또한 공범 중 1인이 그 범행에 관한 수사절차에서 참고인 또는 피의자로 조사받으면서 자기의 범행을 구성하는 사실관계에 관하여 허위로 진술하고 허위 자료를 제출하는 것은 자신의 범행에 대한 방어권 행사의 범위를 벗어난 것으로 볼 수 없다. 이러한 행위가 다른 공범을 도피하게 하는 결과가 된다고 하더라도 범인도피죄로 처벌할 수 없다. 이때 공범이 이러한 행위를 교사하였더라도 범죄가 될 수 없는 행위를 교사한 것에 불과하여 범인도피교사죄가 성립하지 않는다.

판례연구 **공범에 대해서는 범인은닉·도피죄가 성립한다는 사례**

대법원 1958.1.14, 4290형상393
공범자간의 범인은닉죄가 성립한다는 사례
형법 제151조 제1항 소정의 범인도피죄에 있어서 공동정범 중의 1인이 타 공동정범인을 도피시킴에 대하여 동조 제2항과 같은 불처벌의 특례를 규정한바 없으므로 공동정범 중의 1인인 소외 1이 타 공동정범인인 소외 2 외 1인을 도피시킴은 범인도피죄의 죄책을 면치 못하고 따라서 피고인이 우 소외 1의 도피행위를 용이케 함은 동방조죄를 구성한다고 해석함이 타당하다. [경찰채용 12 1차 / 경찰승진 10]

판례연구 **범인 자신의 범인은닉·도피죄의 교사범 관련 판례**

1 대법원 2000.3.24, 2000도20; 2006.5.26, 2005도7528[560]
범인이 자신을 위하여 타인으로 하여금 허위의 자백을 하게 한 사례
범인이 자신을 위하여 타인으로 하여금 허위의 자백을 하게 하여 범인도피죄를 범하게 하는 행위는 방어권의 남용으로 범인도피교사죄에 해당한다. [경찰간부 11 / 경찰승진(경위) 11 / 경찰승진 12·14·16 / 국가9급 12 / 법원 9급 07(상) / 법원9급 16 / 법원승진 12 / 법원행시 11·13·14·16 / 사시 13·16]

2 대법원 2014.4.10, 2013도12079
범인 자신이 범인도피교사죄가 성립하기 위한 방어권 남용 여부의 판단 기준
범인 스스로 도피하는 행위는 처벌되지 아니하므로, 범인이 도피를 위하여 타인에게 도움을 요청하는 행위 역시 도피행위의 범주에 속하는 한 처벌되지 아니하며, 범인의 요청에 응하여 범인을 도운 타인의 행위가 범인도피죄에 해당한다고 하더라도 마찬가지이다. 다만 범인이 타인으로 하여금 허위의 자백을 하게 하는 등으로 범인도피죄를 범하게 하는 경우와 같이 그것이 방어권의 남용으로 볼 수 있을 때에는 범인도피교사죄에 해당할 수 있다. 이 경우 방어권의 남용이라고 볼 수 있는지 여부는, 범인을 도피하게 하는 것이라고 지목된 행위의 태양과 내용, 범인과 행위자의 관계, 행위 당시의 구체적인 상황, 형사사법의 작용에 영향을 미칠 수 있는 위험성의 정도 등을 종합하여 판단하여야 한다.[561] [법원9급 18]

---

560 **사례** : A는 자신이 음주운전 혐의로 적발되자 평소 알고 지내던 B를 불러내어 그로 하여금 단속경찰관인 P가 A에 대한 주취운전자 적발보고서를 작성하거나 재차 음주측정을 하지 못하도록 제지하는 등으로 A의 수사를 곤란하게 했다. A의 죄책은? **판례** 피고인이 위 공소외 1에게 전화를 걸어 음주단속 현장으로 나오게 한 점이나 그에게 "어떻게 좀 해 보라."고 계속 재촉한 사정 등에 비추어 보면 피고인에게 범인도피교사에 대한 고의가 없었다고 보기도 어렵다(대법원 2006.5.26, 2005도7528). **해결** 범인도피교사죄.

561 **사례** : 범인이 도피를 위하여 타인에게 도움을 요청하는 행위가 범인도피교사죄를 구성하는 경우와 그 경우 방어권 남용 여부의 판단 기준 乙은 벌금 이상의 형에 해당하는 죄를 범한 甲과 평소 가깝게 지내던 후배인데, 甲은 자신의 휴대폰을 사용할 경우

판례연구 범인은닉 · 도피죄의 객체인 범인에 해당하는 사례

1 대법원 1982.1.26, 81도1931

범인은닉죄는 형사사법에 관한 국권의 행사를 방해하는 자를 처벌하고자 하는 것이므로 형법 제151조 제 1 항 소정의 '죄를 범한 자'라 함은 범죄의 혐의를 받아 수사 대상이 되어 있는 자를 포함한다. 따라서 구속수사의 대상이 된 소송외인이 그 후 무혐의로 석방되었다 하더라도 위 죄의 성립에 영향이 없다(범죄의 혐의를 받아 수사의 대상이 된 자라면 '진범이 아니더라도' 범인은닉 · 도피죄의 객체에 해당함). [경찰승진 13 / 법원행시 13]

2 대법원 2000.11.24, 2000도4078

범인에 대하여 적용 가능한 죄가 도로교통법위반죄로부터 교통사고처리특례법위반죄를 거쳐 상해죄에 이르기까지 다양하고, 그 죄들은 모두 벌금 이상의 형을 정하고 있으며 범인에게 적용될 수 있는 죄가 교통사고처리특례법위반죄에 한정된다고 하더라도 자동차종합보험 가입사실만으로 범인의 행위가 형사소추 또는 처벌을 받을 가능성이 없는 경우에 해당한다고 단정할 수 없을 뿐 아니라, 피고인이 수사기관에 적극적으로 범인임을 자처하고 허위사실을 진술함으로써 실제 범인을 도피하게 하였다면 범인도피죄의 성립은 인정된다.

표정리 범인은닉 · 도피 행위 정리

범인 은닉 · 도피 ○	범인 은닉 · 도피 ×
• 도피자금의 제공, 변장용 의류 등의 제공, 은신처의 제공, 도피 중인 자에게 피의자를 만나게 해 주는 것 등 • 가족의 안부나 수사상황을 알려 주는 행위 • 범인 아닌 다른 사람을 범인으로 가장하게 하여 수사를 받도록 하는 행위(대법원 1967.5.23, 67도366) • 피의자 아닌 자가 수사기관에 대해 범인임을 자처하고 허위사실을 진술하여 범인의 체포와 발견에 지장을 초래하게 하는 행위(대법원 1977.2.22, 76도368; 1996. 6.14, 96도1016) [경찰채용 12 1차 / 경찰간부 12 / 경찰승진 16 / 법원9급 10 · 16 / 법원행시 05 · 06]	• 변호사가 묵비권을 남용하게 하는 경우 : 소송법상 권리를 행사하는 것이므로 범인은닉이라고 볼 수 없다. • 증언거부권자에게 증언을 거부하게 하는 경우 : 위와 같은 이유로 해당하지 않는다. • 피고인이 공범의 이름을 묵비한 경우 : 위와 같은 이유로 도피에 해당하지 않는다(대법원 1984.4.10, 83도 3288). [경찰승진(경감) 11 / 법원9급 16] • 참고인이 수사기관에서 허위진술을 하여 범인이 석방된 경우 : 범인도피가 되지 않는다(대법원 1987.10.5, 85도897). [경찰승진(경감) 11 / 경찰승진 13 · 14 / 법원행시 13]

소재가 드러날 것을 염려하여 乙에게 요청하여 대포폰을 개설하여 받고, 乙에게 전화를 걸어 자신이 있는 곳으로 오도록 한 다음 乙이 운전하는 자동차를 타고 청주시 일대를 이동하여 다녔다면, 甲에게는 범인도피교사죄의 죄책이 인정되는가?

판례 : 형법 제151조가 정한 범인도피죄에서 '도피하게 하는 행위'란 은닉 이외의 방법으로 범인에 대한 수사, 재판 및 형의 집행 등 형사사법의 작용을 곤란하게 하거나 불가능하게 하는 일체의 행위를 말한다(대법원 2008.12.24, 2007도11137 등 참조). 한편 범인 스스로 도피하는 행위는 처벌되지 아니하는 것이므로, 범인이 도피를 위하여 타인에게 도움을 요청하는 행위 역시 도피행위의 범주에 속하는 한 처벌되지 아니하는 것이며, 범인의 요청에 응하여 범인을 도운 타인의 행위가 범인도피죄에 해당한다고 하더라도 마찬가지이다. 다만 범인이 타인으로 하여금 허위의 자백을 하게 하는 등으로 범인도피죄를 범하게 하는 경우와 같이 그것이 방어권의 남용으로 볼 수 있을 때에는 범인도피교사죄에 해당할 수 있다(대법원 2000.3.24, 2000도20 등 참조). 이 경우 방어권의 남용이라고 볼 수 있는지 여부는, 범인을 도피하게 하는 것이라고 지목된 행위의 태양과 내용, 범인과 행위자의 관계, 행위 당시의 구체적인 상황, 형사사법의 작용에 영향을 미칠 수 있는 위험성의 정도 등을 종합하여 판단하여야 할 것이다. ··· 피고인의 위 행위는 형사사법에 중대한 장애를 초래한다고 보기 어려운 통상적 도피의 한 유형으로 볼 여지가 충분하다(대법원 2014.4.10, 2013도12079).

보충 : 원심은 공소외인의 범인도피행위가 인정된다는 이유만으로 피고인에 대하여 범인도피교사의 점을 유죄로 판단하였으니, 이러한 원심판결에는 범인도피교사죄의 성립요건에 관한 법리를 오해하여 필요한 심리를 다하지 아니함으로써 판결에 영향을 미친 잘못이 있다.

해결 : (乙에게 범인도피죄가 인정되더라도 甲에게는 범인도피교사죄의 죄책이) 인정되지 않는다.

1 대법원 1990.12.26, 90도2439

피의자 간에 연락하여 만나게 해 주고 도피를 용이하게 한 행위가 범인도피죄에 해당하는지 여부
피고인이 살인미수의 피의자를 상피고인에게 연락하여 만나게 해주고 동인으로 하여금 도피를 용이하게 한 경우 범인도피죄에 해당한다.

2 대법원 1995.12.26, 93도904

공범이 더 있다는 사실을 숨긴 채 허위보고를 하고 조사를 받고 있는 범인에게 다른 공범이 더 있음을 실토하지 못하도록 하는 등의 행위를 하게 한 행위에는 범인도피행위에 대한 고의가 인정된다(고 박종철 군 고문치사사건).

3 대법원 2000.11.24, 2000도4078

甲이 승용차를 운전하던 중 사고장소 좌측에 설치된 노면 턱을 들이받는 바람에 그 충격으로 조수석에 탑승하고 있던 乙(피고인)에게 전치 4주간의 상해를 입힌 경우, 乙이 수사기관에 적극적으로 자신이 운전자라는 허위사실을 진술함으로써 실제 운전자인 甲을 도피하게 하였다면 이로써 수사권의 행사를 비롯한 국가의 형사사법작용은 곤란·불가능하게 되는 것이므로(例 수사기관이 초동단계에서 실제 운전자에 대한 음주측정을 하지 못해 교통사고처리특례법 위반죄로 기소하지 못하게 되는 경우), 이는 범인도피죄에 해당한다.

4 대법원 2004.3.26, 2003도8226

기소중지된 자의 부탁에 따라 피고인이 그 처의 이름으로 대신 오피스텔 임대차계약을 체결해 준 사례
피고인이 자신의 처를 내세워 그녀의 이름으로 대신 임대차계약을 체결해 준 행위는 비록 임대차계약서가 공시되는 것은 아니라 하더라도 수사기관이 위와 같은 탐문수사나 신고를 받아 범인을 발견하고 체포하는 것을 곤란하게 하여 범인을 도피하게 한 행위에 해당한다. [경찰채용 16 1차 / 경찰간부 12 / 경찰승진 10·14·16 / 법원9급 12 / 법원행시 05·06·14]

---

1 대법원 1984.2.14, 83도2209

피의자의 채무를 인수하여 채권자가 피의자를 수사당국에 인계치 않게 한 자와 범인도피
피고인들이 부정수표단속법 피의자 甲이 공소외 乙에 대하여 지는 또 다른 노임채무를 인수키로 하는 지불각서를 작성하여 주고 위 乙이 甲을 수사당국에 인계하는 것을 포기하기로 하는 합의가 이루어져 위 甲이 수사당국에 인계되지 않은 경우이면 피고인들에 대하여 범인도피죄의 성립을 인정할 수 없다.

2 대법원 1992.6.12, 92도736

단순히 안부를 묻거나 통상적인 인사말 등만으로는 범인을 도피하게 한 것이라고 할 수 없으므로 주점 개업식 날 찾아 온 범인에게 '도망다니면서 이렇게 와 주니 고맙다. 항상 몸조심하고 주의하여 다녀라. 열심히 살면서 건강에 조심하라.'고 말한 것은 범인도피죄를 구성하지 않는다.

3 대법원 1995.3.3, 93도3080

범인의 부탁을 받고 그의 자녀들을 미국으로 보내기 위하여 김포공항까지 안내하여 출국시켰다 하더라

도 이는 사회적 상당성이 있는 행위로서 범인도피죄는 성립하지 아니한다.

4 대법원 2003.2.14, 2002도5374

甲이 도로교통법위반으로 체포된 범인 乙이 타인의 성명을 모용한다는 사정을 알면서 신원보증인으로서 신원보증서에 甲 자신의 인적 사항을 허위로 기재하여 제출하였다고 해도, 甲에게는 본죄가 성립하지 않는다.[562] [경찰간부 11 / 경찰승진(경위) 11 / 법원9급 18]

5 대법원 2008.6.26, 2008도1059

폭행사건 현장의 참고인이 출동한 경찰관에게 범인의 이름 대신 허무인의 이름을 대면서 구체적인 인적사항에 대한 언급을 피한 경우에는 범인은닉죄를 구성하지 않는다. [국가7급 21]

6 대법원 2008.12.24, 2007도11137

수사기관은 범죄사건을 수사할 때 피의자나 참고인의 진술 여하에 불구하고 피의자를 확정하고 그 피의사실을 인정할 만한 객관적인 제반 증거를 수집·조사하여야 할 권리와 의무가 있으므로, 참고인이 수사기관에서 범인에 관하여 조사를 받으면서 그가 알고 있는 사실을 묵비하거나 허위로 진술하였다고 하더라도, 그것이 적극적으로 수사기관을 기만하여 착오에 빠지게 함으로써 범인의 발견 또는 체포를 곤란 내지 불가능하게 할 정도가 아닌 한 형법 제151조 소정의 범인도피죄를 구성하지 않으며, [법원9급 07(상) / 법원9급 16] 이러한 법리는 피의자가 수사기관에서 공범에 관하여 묵비하거나 허위로 진술한 경우에도 그대로 적용된다. 따라서 피고인이 수사기관에서 자신이 오락실의 실제 업주로서 단독으로 운영하였다는 취지로 허위진술하여 오락실을 주로 운영한 공범의 존재를 숨긴 것은 범인도피죄에 해당하지 않는다. [법원9급 12 / 법원행시 12·14]

7 대법원 2010.1.28, 2009도10709

수사기관에서 조사받는 피의자가 사실은 게임장·오락실·피씨방의 실제 업주가 아니라 종업원임에도 불구하고 자신이 실제 업주라고 허위로 진술하는 행위가 범인도피죄를 구성하는지 여부(원칙적 소극) ① 게임산업진흥에 관한 법률 위반, 도박개장 등의 혐의로 수사기관에서 조사받는 피의자가 사실은 게임장·오락실·피씨방 등의 실제 업주가 아니라 그 종업원임에도 불구하고 자신이 실제 업주라고 허위로 진술하였다고 하더라도, 그 자체만으로 범인도피죄를 구성하는 것은 아니다. ② 다만, 그 피의자가 실제 업주로부터 금전적 이익 등을 제공받기로 하고 단속이 되면 실제 업주를 숨기고 자신이 대신하여 처벌받기로 하는 역할(이른바 '바지사장')을 맡기로 하는 등 수사기관을 착오에 빠뜨리기로 하고, 단순히 실제 업주라고 진술하는 것에서 나아가 게임장 등의 운영 경위, 자금 출처, 게임기 등의 구입 경위, 점포의 임대차계약 체결 경위 등에 관해서까지 적극적으로 허위로 진술하거나 허위 자료를 제시하여 그 결과 수사기관이 실제 업주를 발견 또는 체포하는 것이 곤란 내지 불가능하게 될 정도에까지 이른 것으로 평가되는 경우 등에는 범인도피죄를 구성할 수 있다. [경찰채용 14 2차 / 국가7급 21 / 사시 14]

---

562 **판결이유** : 수사절차에서 작성되는 신원보증서(身元保證書)는 체포된 피의자 석방의 필수적인 요건이거나 어떠한 법적 효력이 있는 것은 아니고, 다만 피의사건이 비교적 경미한 경우 피의자와 일정한 관계에 있는 신원보증인이 수사기관에 대하여 피의자의 신분, 직업, 주거 등을 보증하고 향후 수사기관이나 법원의 출석요구에 사실상 협조하겠다는 의사를 표시하는 것으로서 피의자나 신원보증인에게 심리적인 부담을 줌으로써 수사기관이나 재판정에의 출석 또는 형 집행 등 형사사법절차상의 편의를 도모하는 것에 불과하여 보증인에게 법적으로 진실한 서류를 작성·제출할 의무가 부과된 것은 아니므로, 신원보증서를 작성하여 수사기관에 제출하는 보증인이 피의자의 인적 사항을 허위로 기재하였다고 하더라도, 그로써 적극적으로 수사기관을 기만한 결과 피의자를 석방하게 하였다는 등 특별한 사정이 없는 한, 그 행위만으로 범인도피죄가 성립되지 않는다. [경찰간부 11]

대법원 1995.9.5, 95도577

공범자의 범인도피행위 도중에 범인도피죄의 공동정범이 성립할 수 있다는 사례

범인도피죄는 범인을 도피하게 함으로써 기수에 이르지만 범인도피행위가 계속되는 동안에는 범죄행위도 계속되고 행위가 끝날 때 비로소 범죄행위가 종료되고(범인은닉·도피죄는 즉시범이 아니라 계속범), [경찰채용 16 1차/법원9급 16·18] 공범자의 범인도피행위의 도중에 그 범행을 인식하면서 그와 공동의 범의를 가지고 기왕의 범인도피상태를 이용하여 스스로 범인도피행위를 계속한 자에 대하여는 범인도피죄의 공동정범이 성립한다.

---

1 대법원 1990.3.27, 89도1480

피고인이 수표발행인을 은닉한 것이 그 수표가 부도나기 전날이라고 하더라도 그 수표가 부도날 것이라는 사정과 수표발행인이 부정수표단속법 위반으로 수사관서의 수배를 받게 되리라는 사정을 알았다면 범인은닉에 관한 고의가 없다고 할 수는 없다.[563] [경찰승진(경감) 11]

2 대법원 1995.12.26, 93도904

범인도피죄에 있어서 벌금 이상의 형에 해당하는 자에 대한 인식은 실제로 벌금 이상의 형에 해당하는 범죄를 범한 자라는 것을 인식함으로써 족하고 그 법정형이 벌금 이상이라는 것까지 알 필요는 없는 것이고 [경찰승진 14/법원행시 12] 범죄의 구체적인 내용이나 범인의 인적사항 및 공범이 있는 경우 공범의 구체적 인원수 등까지 알 필요는 없다.

3 대법원 2003.12.12, 2003도4533

벌금 이상의 형에 해당하는 죄를 범한 자라는 것을 인식하면서도 도피하게 한 경우에는 그 자가 당시에는 아직 수사대상이 되어 있지 않았다고 하더라도 범인도피죄가 성립한다. [경찰채용 14 2차/경찰간부 11·12·13/경찰승진(경사) 11/법원9급 07(상)/법원행시 05]

대법원 1997.9.9, 97도1596

참고인이 실제의 범인이 누구인지 정확하게 모르는 상태에서, 수사기관에서 실제의 범인이 아닌 어떤 사람을 범인이 아닐지도 모른다고 생각하면서도 그를 범인이라고 지목하는 허위의 진술을 한 경우에는, 참고인의 허위진술에 의하여 범인으로 지목된 사람이 구속기소됨으로써 실제의 범인이 용이하게 도피하는 결과를 초래한다고 하더라도 본죄가 성립할 수 없다.[564] [경찰채용 14 2차/경찰승진 16]

---

563 **판결이유** : 부정수표단속법 제2조 제2항 위반의 범죄는 예금부족으로 인하여 제시일에 지급되지 아니할 것이라는 결과발생을 예견하고 수표를 발행한 때에 바로 성립하는 것이고 수표소지인의 제시일에 수표금의 지급이 거절된 때에 비로소 성립하는 것은 아니기 때문이다.

564 **사례** : 참고인의 허위진술과 범인은닉죄의 고의 甲은 1997년 10월경 乙(女)의 집 담을 넘어 창문을 통해 乙의 방에 침입하여 알몸으로 자던 乙을 덮쳐 누르고 간음하였다. 그 후 1998년 6월 13일 새벽에 甲은 다시 乙의 방에 침입하여 침대에서 자고 있는 乙을 간음하려 하였으나 乙이 몸부림치면서 저항하는 바람에 함께 침대에서 굴러 떨어지자 주먹으로 乙의 머리 및 목 부위를 수회 때리던 중 乙이 "엄마"라고 비명을 지르자 창문을 넘어 도주하였고, 甲은 현장에 전에 훔친 丙 소유의 휴대폰을 떨어뜨렸다. 乙은 범행수법이 甲과 유사하다고 생각하였으나 휴대폰의 소유자가 甲이 아닌 丙으로 판명됨에 따라 丙이 범인일 가능성이 높다고 생각하면서도, 경찰서에서 丙이 범인이냐는 형사들의 질문에 대해 잘 모르겠다고 대답하였다. 형사들은 그렇게 대답하면 안 되고

판례연구 　범인은닉·도피죄의 친족간 특례 관련 판례

대법원 2003.12.12, 2003도4533
사실혼관계에 있는 자는 범인은닉과 증거인멸의 친족간 특례의 '친족'에 해당하지 아니한다는 사례
형법 제151조 제1항의 이른바, 죄를 범한 자라 함은 범죄의 혐의를 받아 수사대상이 되어 있는 자를
포함하며, 나아가 벌금 이상의 형에 해당하는 죄를 범한 자라는 것을 인식하면서도 도피하게 한 경우에
는 그 자가 당시에는 아직 수사대상이 되어 있지 않았다고 하더라도 범인도피죄가 성립한다고 할 것이
고, 한편, 증거인멸죄에 관한 형법 제155조 제1항의 이른바 타인의 형사사건이란 인멸행위시에 아직
수사절차가 개시되기 전이라도 장차 형사사건이 될 수 있는 것까지 포함한다. 형법 제151조 제2항
및 제155조 제4항은 친족 또는 동거의 가족이 본인을 위하여 범인도피죄, 증거인멸죄 등을 범한 때에는
처벌하지 아니한다고 규정하고 있는바, 사실혼관계에 있는 자는 민법 소정의 친족이라 할 수 없어 위
조항에서 말하는 친족에 해당하지 않는다. [경찰채용 14 2차 / 경찰승진(경위) 11 / 경찰승진(경감) 11 / 경찰승진 13 / 국가7급
13 / 법원9급 07(상) / 법원행시 05 / 사시 14]

사례연구 　범인 자신이 친동생을 피의자로 대신 조사받게 한 사례

무면허 운전으로 사고를 낸 甲이 친동생 乙을 경찰서에 대신 출두시켜 피의자로 조사받도록 하였다.
판례에 따르면 甲의 행위의 죄책은?

[해결] 다수설은 무죄로 보나, 판례는 범인이 자신을 위하여 타인으로 하여금 허위의 자백을 하게 하여 범인도피
죄를 범하게 하는 행위는 자기방어권의 남용으로 범인도피교사죄에 해당한다는 입장이며, 이 경우 그
타인이 형법 제151조 제2항에 의하여 처벌을 받지 아니하는 친족 또는 동거 가족에 해당한다 하여 달리
볼 것은 아니라고 본다(대법원 2006.12.7, 2005도3707). [경찰간부 18 / 국가7급 13 / 법원행시 08·12·13·14 / 사시
13 / 변호사시험 12·17]

[보충] 범인 A는 자신의 처인 B가 A를 도피하기 위한 범행을 하는 것을 돕기 위하여 B에게 사고발생 경위, 도주
경위 등에 관하여 상세한 정보를 제공하여 주는 등의 방법으로 B로 하여금 심리적으로 안정할 수 있도록
하였다. 이처럼 범인이 자신을 위해 타인(범인의 처)이 허위의 자백을 하는 것을 방조한 경우, 범인도피방조죄
가 성립한다(대법원 2008.11.13, 2008도7647). [사시 11]

　　　　　　　　　　　　　　　　　　　　　　　　　　　　[정답] 범인도피교사죄

제4절 | 위증과 증거인멸의 죄

01 | 위증죄

> **제152조【위증, 모해위증】** ① 법률에 의하여 선서한 증인이 허위의 진술을 한 때에는 5년 이하의 징역 또는
> 1천만 원 이하의 벌금에 처한다.

확실하게 대답하라고 다그치자, 乙은 "丙이 범인이다."라고 단정적으로 진술하였다. 이에 丙은 강간치상죄로 구속기소되었다. 乙의
형사책임은?
해결 : 고의가 없으므로 범인은닉죄가 성립하지 않는다.

> 제153조 【자백, 자수】 전조의 죄를 범한 자가 그 공술한 사건의 재판 또는 징계처분이 확정되기 전에 자백 또는 자수한 때에는 그 형을 감경 또는 면제한다.

판례연구 위증죄의 주체인 법률에 의하여 선서한 증인 관련 판례

1 대법원 1995.4.11, 95도186; 2003.7.25, 2003도180[565]

심문절차에서는 위증죄가 성립하지 아니한다는 사례

제3자가 심문절차로 진행되는 소송비용확정신청사건에서 증인으로 출석하여 선서를 하고 진술함에 있어서 허위의 공술을 하였다고 하더라도 그 선서는 법률상 근거가 없어 무효라고 할 것이므로 위증죄는 성립하지 않는다. [경찰채용 11·17 1차 / 경찰채용 16 2차 / 경찰간부 16 / 경찰승진 17 / 법원9급 07(상) / 법원9급 12·14 / 법원승진 11 / 법원행시 07·09·10 / 사시 10]

2 대법원 1998.3.10, 97도1168

민사소송의 당사자인 법인의 대표자는 위증죄의 주체가 될 수 없다는 사례

민사소송의 당사자는 증인능력이 없으므로 증인으로 선서하고 증언하였다고 하더라도 위증죄의 주체가 될 수 없고, 이러한 법리는 민사소송에서의 당사자인 법인의 대표자의 경우에도 마찬가지로 적용된다. [경찰간부 16·17 / 경찰승진 13·17 / 법원9급 07(상) / 법원9급 12·16 / 법원행시 09·10]

3 대법원 1982.9.14, 82도1000

공범자 아닌 공동피고인[566]은 증인적격이 있다는 사례

피고인과 별개의 범죄사실로 기소되어 병합심리중인 공동피고인은 피고인의 범죄사실에 관하여는 증인의 지위에 있다 [변호사시험 13] 할 것이므로 선서없이 한 공동피고인의 법정진술이나 피고인이 증거로 함에 동의한 바 없는 공동피고인에 대한 피의자 신문조서는 피고인의 공소 범죄사실을 인정하는 증거로 할 수 없다.

4 대법원 1983.10.25, 83도1318

민사사건에서 변론이 분리된 경우 증인적격이 있다는 사례

피고인을 공동피고로 한 민사사건에서 피고인이 의제자백에 의해 분리되고, 공소외인만이 피고로 남았다면 이는 타인 사이의 사건이라고 할 것이므로 그 사건에서 한 증언이 기억에 반한 것인 이상, 위증죄에 해당한다. [경찰승진(경위) 11]

5 대법원 2008.6.26, 2008도3300; 2012.3.29, 2009도11249

공범인 공동피고인이 다른 공동피고인에 대한 공소사실에 관하여 증인적격이 있는지 여부(원칙적 소극)

① 공범인 공동피고인은 당해 소송절차에서는 피고인의 지위에 있으므로 다른 공동피고인에 대한 공소사실에 관하여 증인이 될 수 없으나, ② 소송절차가 분리되어 피고인의 지위에서 벗어나게 되면

---

565 판례 : 가처분사건이 변론절차에 의하여 진행될 때에는 제3자를 증인으로 선서하게 하고 증언을 하게 할 수 있으나 심문절차에 의할 경우에는 법률상 명문의 규정도 없고 또 민사소송법의 증인신문에 관한 규정이 준용되지도 아니하므로 선서를 하게 하고 증언을 시킬 수 없다고 할 것인바, 제3자가 심문절차로 진행되는 가처분 신청사건에서 증인으로 출석하여 선서를 하고 진술함에 있어서 허위의 공술을 하였다고 하더라도 그 선서는 법률상 근거가 없어 무효라고 할 것이므로 위증죄는 성립하지 않는다(대법원 2003.7.25, 2003도180). [경찰채용 11 1차 / 법원9급 07(상) / 법원9급 12·14 / 법원행시 07·10 / 사시 10]

566 공동피고인이라 함은 2인 이상의 피고인이 동일한 형사절차에서 심판을 받게 된 경우(소위 병합심리), 각 피고인을 일컫는다. 공동피고인의 진술은 자기 사건에 대해서는 피고인의 진술이면서 다른 공동피고인의 사건에 관하여는 제3자의 진술이라는 이중적 성격을 가지게 되는바, 여기에서부터 공동피고인은 피고인으로서의 진술거부권(헌법 제12조 제2항 및 형사소송법 제289조)이라는 권리와 제3자로서 법원에 대하여 부담하는 증언의무(형사소송법 제161조) 및 진실의무(형사소송법 제158조, 형법 제152조)라는 의무가 나오게 된다.

다른 공동피고인에 대한 공소사실에 관하여 증인이 될 수 있다. [경찰간부 17 / 국가7급 16 / 법원9급 09] 이는 대향범인 공동피고인의 경우에도 다르지 않다. … 게임장의 종업원이 그 운영자와 함께 게임산업진흥에 관한 법률 위반죄의 공범으로 기소되어 공동피고인으로 재판을 받던 중, 운영자에 대한 공소사실에 관한 증인으로 증언한 내용과 관련하여 위증죄로 기소된 경우라 하더라도, 소송절차가 분리되지 않은 이상 위 종업원은 증인적격이 없어 위증죄가 성립하지 않는다고 보아야 한다. [법원승진 11 / 사시 10]

판례연구 **증언거부권을 고지받았음에도 증언거부권자가 위증한 사례**

대법원 2012.10.11, 2012도6848,2012전도143
소송절차가 분리된 공범인 공동피고인이 증언거부권을 고지받은 상태에서 자기의 범죄사실에 대하여 허위로 진술한 경우, 위증죄가 성립한다는 사례
형사소송법 제148조는 피고인의 자기부죄거부특권을 보장하기 위하여 자기가 유죄판결을 받을 사실이 발로될 염려 있는 증언을 거부할 수 있는 권리를 인정하고 있고, 그와 같은 증언거부권 보장을 위하여 형사소송법 제160조는 재판장이 신문 전에 증언거부권을 고지하여야 한다고 규정하고 있으므로, 소송절차가 분리된 공범인 공동피고인에 대하여 증인적격을 인정하고 그 자신의 범죄사실에 대하여 신문한다 하더라도 피고인으로서의 진술거부권 내지 자기부죄거부특권을 침해한다고 할 수 없다. 따라서 증인신문절차에서 형사소송법 제160조에 정해진 증언거부권이 고지되었음에도 불구하고 위 피고인이 자기의 범죄사실에 대하여 증언거부권을 행사하지 아니한 채 허위로 진술하였다면 위증죄가 성립된다고 할 것이다.

판례 대법원 1987.7.7, 86도1724 전원합의체
증인으로 선서한 이상 진실대로 진술한다고 하면 자신의 범죄를 시인하는 진술을 하는 것이 되고 증언을 거부하는 것은 자기의 범죄를 암시하는 것이 되어 증인에게 사실대로의 진술을 기대할 수 없다고 하더라도 형사소송법상 이러한 처지의 증인에게는 증언을 거부할 수 있는 권리를 인정하여 위증죄로부터의 탈출구를 마련하고 있는 만큼 적법행위의 기대가능성이 없다고 할 수 없으므로 선서한 증인이 증언거부권을 포기하고 허위의 진술을 하였다면 위증죄의 처벌을 면할 수 없다(전원합의체판결로서 본판결로 대법원 1961.7.13, 4294형상194 판결 폐기). [경찰간부 11 / 국가7급 09 / 법원행시 06 · 08 · 09 · 10]

판례연구 **증언거부권을 고지받지 못하여 위증죄가 성립하지 않는 사례**

1 대법원 2010.1.21, 2008도942 전원합의체
증언거부사유가 있음에도 증언거부권을 고지받지 못함으로 인하여 그 증언거부권을 행사하는 데 사실상 장애가 초래되었다고 볼 수 있는 경우 위증죄 성립 여부(소극)
위증죄의 의의 및 보호법익, 형사소송법에 규정된 증인신문절차의 내용, 증언거부권의 취지 등을 종합적으로 살펴보면, 증인신문절차에서 법률에 규정된 증인 보호를 위한 규정이 지켜진 것으로 인정되지 않은 경우에는 증인이 허위의 진술을 하였다고 하더라도 위증죄의 구성요건인 "법률에 의하여 선서한 증인"에 해당하지 아니한다고 보아 이를 위증죄로 처벌할 수 없는 것이 원칙이다. 다만, 법률에 규정된 증인 보호 절차라 하더라도 개별 보호절차 규정들의 내용과 취지가 같지 아니하고, 당해 신문 과정에서 지키지 못한 절차 규정과 그 경위 및 위반의 정도 등 제반 사정이 개별 사건마다 각기 상이하므로, 이러한 사정을 전체적·종합적으로 고려하여 볼 때, 당해 사건에서 증인 보호에 사실상 장애가 초래되었다고 볼 수 없는 경우에까지 예외 없이 위증죄의 성립을 부정할 것은 아니라고 할 것이다. … 재판장이 신문 전에 증인에게 증언거부권을 고지하지 않은 경우에도 당해 사건에서 증언 당시 증인이 처한 구체적인 상황, 증언거부사유의 내용, 증인이 증언거부사유 또는 증언거부권의 존재

를 이미 알고 있었는지 여부, 증언거부권을 고지 받았더라도 허위진술을 하였을 것이라고 볼 만한 정황이 있는지 등을 전체적·종합적으로 고려하여 증인이 침묵하지 아니하고 진술한 것이 자신의 진정한 의사에 의한 것인지 여부를 기준으로 위증죄의 성립 여부를 판단하여야 한다. 그러므로 헌법 제12조 제2항에 정한 불이익 진술의 강요금지 원칙을 구체화한 자기부죄거부특권에 관한 것이거나 기타 증언거부사유가 있음에도 증인이 증언거부권을 고지받지 못함으로 인하여 그 증언거부권을 행사하는 데 사실상 장애가 초래되었다고 볼 수 있는 경우에는 위증죄의 성립을 부정하여야 할 것이다.[567] [경찰채용 18 1차 / 경찰간부 12·16·18 / 경찰승진(경사) 11 / 경찰승진 14 / 국가9급 11·14 / 국가7급 20 / 법원9급 11 / 법원승진 11 / 사시 14 / 변호사시험 16]

2 대법원 2010.2.25, 2009도13257

사촌관계에 있는 甲의 도박 사실 여부에 관하여 증언거부사유가 발생하게 되었는데도 재판장으로부터 증언거부권을 고지받지 못한 상태에서 허위 진술을 하게 된 사례
증언 첫머리에서 피고인이 공소외 2와 사촌관계에 있다고 진술함으로써 공소외 2의 도박 사실에 관하여 증언거부사유가 발생하게 되었는데도 재판장으로부터 증언거부권을 고지받지 못한 상태에서 이 사건 허위 진술을 하게 된 점 등을 종합하여 보면, 이 사건 증언 당시 증언거부권을 고지받지 못함으로 인하여 피고인이 그 증언거부권을 행사하는 데 사실상 장애가 초래되었다고 볼 수 있으므로, 피고인에게 위증죄의 죄책을 물을 수 없다고 판단한 것은 정당하다. [경찰간부 16]

3 대법원 2012.3.29, 2009도11249

증·수뢰사건의 공동피고인 중 1인이 증인으로 소환되었는데 증언거부권을 고지받지 못한 사례
피고인들이 증·수뢰사건으로 기소되어 공동피고인으로 함께 재판을 받으면서 서로 뇌물을 주고받은 사실이 없다고 다투던 중 증·수뢰의 상대방인 공동피고인에 대한 사건이 변론분리되어 뇌물공여 또는 뇌물수수의 증인으로 채택되었는데, 증언거부권을 고지 받지 못한 상태에서 자신들의 종전 주장을 되풀이함에 따라 거짓 진술에 이르게 되었다면, 피고인들에게는 위증죄의 죄책이 인정되지 않는다.[568]

판례연구 증언거부권을 고지받지 못하였더라도 위증죄가 성립하는 사례

1 대법원 2010.2.25, 2007도6273

전 남편에 대한 도로교통법 위반(음주운전) 사건의 증인으로 법정에 출석한 전처(前妻)가 증언거부권을 고지받지 않은 채 공소사실을 부인하는 전 남편의 변명에 부합하는 내용을 적극적으로 허위 진술한 경우, 증인으로 출석하여 증언한 경위와 그 증언 내용, 증언거부권을 고지받았더라도 그와 같이 증언을 하였을 것이라는 취지의 진술 내용 등을 전체적·종합적으로 고려할 때 선서 전에 재판장으로부터

---

567 **보충** : 이와 달리, 선서한 증인이 허위의 진술을 한 이상 증언거부권 고지 여부를 고려하지 아니한 채 위증죄가 바로 성립한다는 취지로 대법원 1987.7.7, 선고 86도1724 전원합의체 판결에서 판시한 대법원의 의견은 위 견해에 저촉되는 범위 내에서 이를 변경하기로 한다. … 피고인이 공소외인과 쌍방 상해 사건으로 공소 제기되어 공동피고인으로 함께 재판을 받으면서 자신은 폭행한 사실이 없다고 주장하며 다투던 중 공소외인에 대한 상해 사건이 변론분리되면서 피해자인 증인으로 채택되어 검사로부터 신문받게 되었고 그 과정에서 피고인 자신의 공소외인에 대한 폭행 여부에 관하여 신문을 받게 됨에 따라 증언거부사유가 발생하게 되었는데도, 재판장으로부터 증언거부권을 고지받지 못한 상태에서 자신의 종전 주장을 그대로 되풀이함에 따라 결국 거짓 진술에 이르게 된 사정 등을 이유로 피고인에게 위증죄의 죄책을 물을 수 없다고 판단한 것은 정당하다(대법원 2010.1.21, 2008도942 전원합의체).
568 **보충** : 피고인들로서는 증인신문과정에서 그들 자신의 뇌물공여 또는 뇌물수수 여부에 관하여 신문을 받게 됨에 따라 유죄판결을 받을 수 있는 범죄사실이 발각될 염려가 있어 증언거부사유가 발생하게 되었음에도, 재판장으로부터 증언거부권을 고지받지 못한 상태에서 그들의 종전 주장을 그대로 되풀이함에 따라 결국 거짓 진술에 이르게 되었음을 알 수 있다. 그렇다면 위 피고인들이 이 사건 증언 당시 증언거부권을 고지받지 못함으로 인하여 그 증언거부권을 행사하는 데 사실상 장애가 초래되었다고 보기에 충분하므로, 이를 위증죄로 처벌할 수는 없다고 할 것이다.

증언거부권을 고지받지 아니하였다 하더라도 이로 인하여 증언거부권이 사실상 침해당한 것으로 평가할 수는 없다는 점에서 위증죄는 성립한다고 해야 한다. [경찰채용 11 1차 / 경찰채용 13 2차 / 사시 13]

2 대법원 2011.7.28, 2009도14928

민사소송법상 재판장에게 증언거부권 고지의무가 인정되지 않으므로, 민사소송절차에서 적법하게 선서한 증인이 증언거부권을 고지받지 아니한 상태에서 허위진술을 한 경우 원칙적으로 위증죄가 성립한다.[569] [경찰간부 16 · 18 / 법원행시 13 / 변호사시험 16]

3 대법원 2008.10.23, 2005도10101

유죄판결이 확정된 피고인이 공범의 형사사건에서 사실대로 자신의 범행을 시인하는 증언을 할 것이라는 기대가능성이 있다는 사례

이미 유죄의 확정판결을 받은 피고인은 공범의 형사사건에서 그 범행에 대한 증언을 거부할 수 없을 뿐만 아니라 나아가 사실대로 증언하여야 하고, 설사 피고인이 자신의 형사사건에서 시종일관 그 범행을 부인하였다 하더라도 이러한 사정은 위증죄에 관한 양형참작사유로 볼 수 있음은 별론으로 하고 이를 이유로 피고인에게 사실대로 진술할 것을 기대할 가능성이 없다고 볼 수는 없다. (따라서) 자신의 강도상해 범행을 일관되게 부인하였으나 유죄판결이 확정된 피고인이 별건으로 기소된 공범의 형사사건에서 자신의 범행사실을 부인하는 증언을 한 경우, 피고인에게 사실대로 진술할 기대가능성이 있으므로 위증죄가 성립한다. [경찰채용 10 1차 / 경찰채용 16 2차 / 경찰채용 18 3차 / 경찰승진(경사) 10 / 경찰승진(경위) 10 / 국가9급 11 / 국가7급 10 · 20 / 법원9급 13 · 20 / 법원행시 13 · 14 / 사시 13 / 변호사시험 12]

4 대법원 2011.11.24, 2011도11994

자신에 대한 유죄판결이 확정된 증인이 확정판결에 대하여 재심을 청구할 예정인 경우, 공범에 대한 피고사건에서 형사소송법 제148조에 의한 증언거부권이 인정되지 않는다.[570] 따라서 피고인이 마약류관리에 관한 법률 위반(향정)죄로 이미 유죄판결을 받아 확정된 후 별건으로 기소된 공범 甲에 대한 피고사건의 증인으로 출석하여 허위의 진술을 한 경우, 피고인에게 증언을 거부할 권리가 없으므로 증언에 앞서 증언거부권을 고지받지 못하였더라도 증인신문절차상 잘못이 없으므로 위증죄의 죄책이 인정된다. [법원행시 14]

5 대법원 2012.12.13, 2010도10028

범행 하지 아니한 자가 범인으로 기소되어 허위자백한 후 증인으로서도 범행을 하였다고 허위증언한 경우
① 형사소송법에서 위와 같이 증언거부권의 대상으로 규정한 '공소제기를 당하거나 유죄판결을 받을

---

569 보충 : 우리 입법자는 1954.9.23. 제정 당시부터 증언거부권 및 그 고지 규정을 둔 형사소송법과는 달리 그 후인 1960.4.4. 민사소송법을 제정할 때 증언거부권 제도를 두면서도 그 고지 규정을 두지 아니하였고, 2002.1.26. 민사소송법을 전부 개정하면서도 같은 입장을 유지하였다. 이러한 입법 경위 및 규정 내용에 비추어 볼 때, 이는 양 절차에 존재하는 목적 · 적용원리 등의 차이를 염두에 둔 입법적 선택으로 보인다. 더구나 민사소송법은 형사소송법과 달리, '선서거부권 제도'(제324조), '선서면제 제도'(제323조) 등 증인으로 하여금 위증죄의 위험에서 벗어날 수 있도록 하는 이중의 장치를 마련하고 있어 증언거부권 고지 규정을 두지 아니한 것이 입법의 불비라거나 증언거부권 있는 증인의 침묵할 수 있는 권리를 부당하게 침해하는 입법이라고 볼 수도 없다. 그렇다면 민사소송절차에서 재판장이 증인에게 증언거부권을 고지하지 아니하였다 하여 절차위반의 위법이 있다고 할 수 없고, 따라서 적법한 선서절차를 마쳤는데도 허위진술을 한 증인에 대해서는 달리 특별한 사정이 없는 한 위증죄가 성립한다고 보아야 한다(위 판례).

570 보충 : 형사소송법 제148조의 증언거부권은 헌법 제12조 제2항에 정한 불이익 진술의 강요금지 원칙을 구체화한 자기부죄거부특권에 관한 것인데, 이미 유죄의 확정판결을 받은 경우에는 헌법 제13조 제1항에 정한 일사부재리의 원칙에 의해 다시 처벌받지 아니하므로 자신에 대한 유죄판결이 확정된 증인은 공범에 대한 사건에서 증언을 거부할 수 없고, 설령 증인이 자신에 대한 형사사건에서 시종일관 범행을 부인하였더라도 그러한 사정만으로 증인이 진실대로 진술할 것을 기대할 수 있는 가능성이 없는 경우에 해당한다고 할 수 없으므로 허위의 진술에 대하여 위증죄 성립을 부정할 수 없다. 한편 자신에 대한 유죄판결이 확정된 증인이 재심을 청구한다 하더라도, 이미 유죄의 확정판결이 있는 사실에 대해서는 일사부재리의 원칙에 의하여 거듭 처벌받지 않는다는 점에 변함이 없고,

사실이 발로될 염려 있는 증언'에는 자신이 범행을 한 사실뿐 아니라 범행을 한 것으로 오인되어 유죄판결을 받을 우려가 있는 사실 등도 포함된다고 할 것이다. 따라서 범행을 하지 아니한 자가 범인으로 공소제기가 되어 피고인의 지위에서 범행사실을 허위자백하고, 나아가 공범에 대한 증인의 자격에서 증언을 하면서 그 공범과 함께 범행하였다고 허위의 진술을 한 경우에도 그 증언은 자신에 대한 유죄판결의 우려를 증대시키는 것이므로 증언거부권의 대상은 된다고 볼 것이다. ② 다만 그 경우는 자신이 하지 아니한 범행을 오히려 했다고 진술하는 것으로서 자기부죄거부의 특권이 인정되는 본래 모습과는 상당한 차이가 있으므로, 이는 증언거부권을 고지받았으면 증언을 거부하였을지 여부, 즉 증언거부권의 행사에 사실상 장애가 초래되었다고 볼 수 있는지를 판단함에 있어 중요한 요소로 고려함이 마땅하다(사실상 장애가 초래되었다고 볼 수 없어 위증죄 인정).[571]

판례연구 | **위증죄의 허위 개념에 대하여 주관설을 취하는 판례**

1 대법원 1983.8.23, 82도1989

효력이 없는 종중의 이사회 및 임원회의 결의 내용에 상반하는 진술과 위증죄의 성부

피고 등이 종중의 이사회결의나 임원회의 결의 등이 있었음을 알면서도 이에 반하는 공술을 한 이상, 동 결의가 종중규약에 위반하여 효력이 없는 것이라 한들 위증죄의 성립에 영향을 미치지 않는다.

2 대법원 1988.5.24, 88도350

위증죄의 허위의 진술은 기억에 반하는 진술을 말한다는 사례(주관설)

위증죄에 있어서의 위증은 법률에 의하여 적법하게 선서한 증인이 자신의 기억에 반하는 사실을 진술함으로써 성립되고 설사 그 증언이 객관적 사실과 합치한다고 하더라도 기억에 반하는 진술을 한 때에는 위증죄의 성립에 영향이 없으며 그 증언이 당해 사건의 요증사항인 여부 및 재판의 결과에 영향을 미친 여부는 위증죄의 성립에 아무런 관계가 없다. [경찰채용 11 1차 / 경찰채용 12·13 2차 / 경찰간부 17 / 경찰승진(경위) 10 / 국가7급 09 / 법원9급 07(상) / 법원9급 11·14 / 법원행시 05·06·07 / 사시 14 / 변호사시험 13]

3 대법원 1990.5.8, 90도448

타인에게 들은 금품전달사실을 자신이 전달한 것처럼 진술한 사례

피고인의 위 증언 중 "증인은 그 무렵 원고 홍○○에게 보험증권과 계약금을 전달할 사실이 있다."는 진술부분에 관하여 보건대, 피고인은 원심 제1차 공판기일의 변론에서 피고인의 공소외 최○○으로부터 계약금과 보험증권을 전달하였다는 말을 듣고 위와 같이 진술한 것이라고 변명하고 있으나, 타인으로부터 전해들은 금품의 전달사실을 마치 피고인 자신이 전달한 것처럼 진술한 것은 피고인의 기억에 반하는 허위진술이라고 할 것이므로 진술부분을 위증으로 본 원심판단은 정당하다. [경찰채용 11 1차 / 경찰승진(경위) 11 / 법원행시 09]

형사소송법상 피고인의 불이익을 위한 재심청구는 허용되지 아니하며(형사소송법 제420조), 재심사건에는 불이익변경 금지 원칙이 적용되어 원판결의 형보다 중한 형을 선고하지 못하므로(형사소송법 제439조), 자신의 유죄 확정판결에 대하여 재심을 청구한 증인에게 증언의무를 부과하는 것이 형사소추 또는 공소제기를 당하거나 유죄판결을 받을 사실이 발로(發露)될 염려 있는 증언을 강제하는 것이라고 볼 수는 없다. 따라서 자신에 대한 유죄판결이 확정된 증인이 공범에 대한 피고사건에서 증언할 당시 앞으로 재심을 청구할 예정이라고 하여도, 이를 이유로 증인에게 형사소송법 제148조에 의한 증언거부권이 인정되지는 않는다(위 판례).

571 보충 : 피고인이 살인 사건의 공판과정에서 선서 전에 재판장으로부터 증언거부권을 고지받지 아니하였다 하더라도 이로 인하여 피고인의 증언거부권 행사에 사실상 장애가 초래되었다고 볼 수는 없고, 피고인이 증언하였던 살인 사건의 제4회 공판조서에 재판장이 피고인에 대한 살인 사건을 분리하여 심리한다는 결정을 고지한 이후에 피고인을 증인신문하였다고 기재되어 있으므로 피고인은 위 증언 당시 증인적격이 있으므로, 피고인에게는 위증죄의 성립이 인정된다.

1. 기억이 확실하지 못한 사실을 확실히 기억하고 있다고 진술한 행위 – 위증죄(대법원 1985.8.20, 85도686). [경찰승진(경위) 11]

2. 모르는 사실을 잘 안다고 진술한 행위 : 피고인이 3회에 걸쳐 법률에 의한 선서를 하고서 진술한 증언내용이 객관적 사실에 부합하지 아니하고 피고인 자신이 증언내용사실을 잘 알지 못하면서도 잘 아는 것으로 증언했다는 것이므로, 그렇다면 피고인의 증언은 기억에 반한 진술이 될 것이고 위증죄가 성립되는 것이다. 기억에 반하는 사실을 진술하였다면 설령 논지가 주장하는 것처럼 그것이 진실에 합치한다고 하더라도 위증죄의 성립에는 영향이 없다(대법원 1986.9.9, 86도57). [경찰승진(경위) 11 / 경찰승진 16]

3. 타인으로부터 전해들은 사실을 자신이 하였다고 진술한 행위 – 위증죄(대법원 1990.5.8, 90도448) [경찰채용 11 1차 / 경찰승진(경위) 11 / 법원행시 09]

4. 방에서 개최된 회의를 마당에서 구경하고 허위로 참석하였다고 증언한 행위 – 위증죄(대법원 1968.10.29, 68도1063)

판례연구 **위증의 대상은 사실이어야 한다는 사례**

1 대법원 1986.6.10, 84도2039

사실에 대한 법률적 표현의 진술 : 위증죄 긍정[572]

증인이 자기가 지득하지 아니한 어떤 사실관계를 단순히 법률적 표현을 써서 진술한 것이라면 이는 객관적 사실을 토대로 한 증인 나름의 법률적 견해를 진술한 것과는 다르므로 위증죄의 성립을 부인할 수 없다.

2 대법원 1981.8.25, 80도2019

주관적 평가나 법률효력에 관한 설명 : 위증죄 부정

경험한 사실에 기초한 주관적 평가나 그 법률적 효력에 관한 견해를 부연한 진술부분에 다소의 오류나 모순이 있다고 하여도 위증죄가 성립하지 아니한다. [법원9급 09·20]

3 대법원 1996.2.9, 95도1797

증인의 의견 내지 판단의 진술 : 위증죄 부정

甲은 증인으로 출석하여 증언하기를 관계 서류의 기재 등으로 보아 신용장 개설은행인 한국외환은행과 수입업자인 제황실업주식회사 사이에 '수입물품대금에 관한 분할결제 약정이 있었던 것으로 볼 수 없다고 판단'하여 같은 내용으로 진술하였다고 하자. 이 경우 甲은 법률행위의 해석에 관한 의견 내지 판단을 진술한 것으로 위증의 대상이 되는 사실을 진술한 것에 해당하지 않는다.

4 대법원 2009.3.12, 2008도11007

증인의 진술이 법률적·주관적 평가나 의견인 경우 및 그 내용에 다소의 오류나 모순이 있는 경우

위증죄는 법률에 의하여 선서한 증인이 사실에 관하여 기억에 반하는 진술을 한 때에 성립하고, 증인의

---

572 **판례의 사실관계** : A는 민사소송사건의 증인으로 출석하여 "B와 C가 공동 투자하여 아파트 11동을 건축 완공한 다음 D와 E 등에게 위 대지대금에 상응한 아파트를 분양하기로 약정한 것이 사실이다. 신축되는 아파트의 소유권은 D와 E 등에게 명의신탁한다고 약정하고 B 외 1명이 건축을 완공한 후 D 등에게 신탁해지통고를 하면 D 등은 아파트의 소유권은 물론 대지의 소유권도 B 등에게 이전하기로 약정한 사실이 있다."라는 증언을 하였다. 그런데 위 민사소송사건의 당사자사이에 이루어진 아파트신축에 따른 대지매매계약 내용으로서 명백한 점은 위 대지를 매도함에 있어서 그 대금을 평당 금 145,000원으로 하고 아파트를 6개월 내에 완공하여 당사자 간의 합의에 따라 이에 상응한 아파트를 분양받기로 하며 B 등이 대금을 지급할 형편이 못되었으므로 매매계약서 대신 대지사용승낙서를 교부하여 D 등의 명의로 아파트건축허가를 받게 한 것은 사실이지만, 명의신탁 및 신탁해지통고와 이로 인한 소유권이전에 관한 부분은 사실이 아니었다. A에게는 위증죄가 성립한다.

진술이 경험한 사실에 대한 법률적 평가이거나 단순한 의견에 지나지 아니하는 경우에는 위증죄에서 말하는 허위의 공술이라고 할 수 없으며(대법원 2007.9.20, 2005도9590 등), [법원행시 10 / 변호사시험 13] 경험한 객관적 사실에 대한 증인 나름의 법률적·주관적 평가나 의견을 부연한 부분에 다소의 오류나 모순이 있더라도 위증죄가 성립하는 것은 아니라고 할 것이다(대법원 2001.3.23, 2001도213). [법원9급 09]

판례연구 **위증죄의 진술에 해당하는 사례**

대법원 1990.2.23, 89도1212
허위의 진술이 요증사실에 관한 것 또는 판결에 영향을 미친 것임을 요하지 아니한다는 사례
위증죄는 법률에 의하여 선서한 증인이 허위의 공술을 한 때에 성립하는 것으로서, 그 공술의 내용이 당해 사건의 요증사실에 관한 것인지의 여부나 판결에 영향을 미친 것인지의 여부는 위증죄의 성립과 아무런 관계가 없다. [경찰채용 12 2차 / 경찰간부 17 / 경찰승진 13·16 / 법원9급 09·11·14 / 법원행시 06·07 / 변호사시험 13]

판례연구 **위증죄의 진술에 해당하지 않는 사례**

1 대법원 1989.9.12, 88도1147
수사기록에 기재된 진술내용이 상위없다는 증언이 있을 경우 위증죄가 성립될 수 있는 범위
판사가 증인이 경찰과 검사에게 진술한 내용이 사실이냐고 묻고 수사기록을 제시하고 그 요지를 고지한 즉 증인이 사실대로 진술하였으며 그 내용도 상위없다고 답변하였을 뿐이라면 증인이 수사기록에 있는 그의 진술조서에 기재된 내용을 기억하여 반복 진술한 것이라고 할 수는 없으므로 설사 그 진술조서에 기재된 내용 중 증인의 기억에 반하는 부분이 있다고 하여도 그 기재내용을 상위없다고 하는 진술자체가 위증이 될 수 있음은 별론으로 하고 그 진술기재내용을 위증한 것이라고 할 수는 없다.

2 대법원 2010.5.13, 2007도1397
증인이 법정에서 선서 후 증인진술서에 기재된 내용이 사실대로라는 취지의 진술만을 한 사례
증인이 법정에서 선서 후 증인진술서에 기재된 구체적인 내용에 관하여 진술함이 없이 단지 그 증인진술서에 기재된 내용이 사실대로라는 취지의 진술만을 한 경우에는 그것이 증인진술서에 기재된 내용 중 특정 사항을 구체적으로 진술한 것과 같이 볼 수 있는 등의 특별한 사정이 없는 한 증인이 그 증인진술서에 기재된 구체적인 내용을 기억하여 반복 진술한 것으로는 볼 수 없으므로, 가사 거기에 기재된 내용에 허위가 있다 하더라도 그 부분에 관하여 법정에서 증언한 것으로 보아 위증죄로 처벌할 수는 없다고 할 것이다(증인진술서의 실질적인 진정성립을 인정하는 취지의 진술만으로는 위증죄가 성립하지 않는다는 사례). [국가9급 13 / 사시 14·16]

판례연구 **위증죄의 기수시기 관련 판례**

1 대법원 1974.6.25, 74도1231; 1984.3.27, 83도2853[573]; 1993.12.7, 93도2510; 2008.4.24, 2008도1053[574]
위증죄의 기수시기
증인의 증언은 그 전부를 일체로 관찰 판단하는 것이므로 선서한 증인이 일단 기억에 반한 허위의

---

573 **판례** : 증언의 전체취지에 비추어 원고대리인 신문시에 한 증언을 피고대리인과 재판장 신문시에 취소·시정한 것으로 보인다면 앞의 증언부분만을 따로 떼어 위증이라고 보는 것은 위법하다(대법원 1984.3.27, 83도2853). [경찰간부 12 / 경찰승진(경위) 10]

진술을 하였더라도 그 신문이 끝나기 전에 그 진술을 취소·시정한 경우에는 위증이 되지 아니한다고 봄이 상당하며 [경찰간부 12 / 국가7급 16 / 법원9급 05·14 / 법원행시 05·10·12] 따라서 위증죄의 기수시기는 신문 진술이 종료한 때로 해석할 것이다(공판기일종료시가 아니라 당해 증인신문절차종료시임). [국가9급 11] 한편 진술 후에 선서를 명하는 경우는 선서종료한 때 기수가 될 것이다.

2 대법원 2010.9.30, 2010도7525

별도의 증인 신청 및 채택 절차를 거쳐 그 증인이 다시 신문을 받는 과정에서 종전 신문절차에서의 진술을 철회·시정한 사례

증인의 증언은 그 전부를 일체로 관찰·판단하는 것이므로 선서한 증인이 일단 기억에 반하는 허위의 진술을 하였더라도 그 신문이 끝나기 전에 그 진술을 철회·시정한 경우 위증이 되지 아니한다고 할 것이나, 증인이 1회 또는 수회의 기일에 걸쳐 이루어진 1개의 증인신문절차에서 허위의 진술을 하고 그 진술이 철회·시정된 바 없이 그대로 증인신문절차가 종료된 경우 그로써 위증죄는 기수에 달하고, 그 후 별도의 증인 신청 및 채택 절차를 거쳐 그 증인이 다시 신문을 받는 과정에서 종전 신문절차에서의 진술을 철회·시정한다 하더라도 그러한 사정은 형법 제153조가 정한 형의 감면사유에 해당할 수 있을 뿐, 이미 종결된 종전 증인신문절차에서 행한 위증죄의 성립에 어떤 영향을 주는 것은 아니다. 위와 같은 법리는 증인이 별도의 증인신문절차에서 새로이 선서를 한 경우뿐만 아니라 종전 증인신문절차에서 한 선서의 효력이 유지됨을 고지 받고 진술한 경우에도 마찬가지로 적용된다(동일한 증인신문절차인가를 기준으로 하여 이미 위증이 기수가 된 이후 새로운 증인신문절차에서 번복한 것은 이미 성립한 위증기수를 방해하지 않음). [경찰간부 12 / 경찰승진 14 / 국가7급 17 / 법원9급 12·16·20 / 법원승진 11 / 사시 13·14]

판례연구   **위증죄의 고의가 부정되는 경우**

1 대법원 1982.9.14, 81도105; 1994.12.22, 94도1790; 1996.3.12, 95도2864

착오 내지 신문의 몰이해로 인한 사소한 허위

증인의 증언이 기억에 반하는 허위진술인지 여부는 그 증언의 단편적인 구절에 구애될 것이 아니라 당해 신문절차에 있어서의 증언 전체를 일체로 파악하여 판단하여야 할 것이고, 증언의 전체적 취지가 객관적 사실과 일치되고 그것이 기억에 반하는 공술이 아니라면 사소한 부분에 관하여 기억과 불일치하더라도 그것이 신문취지의 몰이해 또는 착오에 인한 것이라면 위증이 될 수 없다.

2 대법원 1985.3.26, 84도1098

기억이 분명하지 못하여 잘못 진술한 사례

부동산을 매수한 지 20여년이 경과한 뒤 이어서 그 매수 당시의 입회인을 매수 당시 입회한 것으로 잘못 기억하고 증언하였다면, 이는 기억에 반하는 허위의 진술이라고 보기는 어렵다.

3 대법원 1991.5.10, 89도1748

무엇인가 착오에 빠져 기억에 반한다는 인식 없이 증언한 사례

위증죄에서 증인의 증언이 기억에 반하는 허위의 진술인지 여부를 가릴 때에는 그 증언의 단편적인 구절에 구애될 것이 아니라 당해 신문절차에서 한 증언 전체를 일체로 파악하여야 하고, 그 결과 증인이 무엇인가 착오에 빠져 기억에 반한다는 인식 없이 증언하였음이 밝혀진 경우에는 위증의 범의를 인정할 수 없다. [법원행시 07]

---

574 **판례** : 甲은 민사사건에 증인으로 출석하여 선서한 다음 기억에 반하여 허위로 진술하였다가, 이어지는 원고 지배인의 추궁을 받고 대위변제 확인서의 작성 시기에 대하여 "정확한 기억이 없다."라고 답변함으로써 직전의 진술을 철회·시정하였다. 甲에게는 위증죄가 성립하지 않는다.

대법원 2004.1.27, 2003도5114
자기의 형사피고사건에 관하여 타인을 교사하여 위증하게 한 경우 위증교사죄가 성립한다는 사례
피고인이 자기의 형사사건에 관하여 허위의 진술을 하는 행위는 피고인의 형사소송에 있어서의 방어
권을 인정하는 취지에서 처벌의 대상이 되지 않으나, 법률에 의하여 선서한 증인이 타인의 형사사건에
관하여 위증을 하면 형법 제152조 제1항의 위증죄가 성립되므로 자기의 형사사건에 관하여 타인을
교사하여 위증죄를 범하게 하는 것은 이러한 방어권을 남용하는 것이라고 할 것이어서 교사범의 죄책을
부담케 함이 상당하다. [경찰채용 13 2차 / 경찰채용 18 3차 / 경찰승진 16 / 법원9급 09 · 12 · 13 · 16 · 20 / 법원행시 06 / 사시 12 ·
13 / 변호사시험 13 · 17]

---

1 대법원 1998.4.14, 97도3340
당해 위증사건의 허위진술 일자와 같은 날짜에 한 다른 허위진술로 인한 위증사건에 관한 판결이
확정되었다면, 비록 종전 사건 공소사실에서 허위의 진술이라고 한 부분과 당해 사건 공소사실에서
허위의 진술이라고 한 부분이 다르다 하여도 종전 사건의 확정판결의 기판력은 당해 사건에도 미치게
되어 당해 위증죄 부분은 면소되어야 한다. [법원행시 09]

2 대법원 2007.3.15, 2006도9463
위증죄의 죄수
하나의 사건에 관하여 한 번 선서한 증인이 같은 기일에 여러 가지 사실에 관하여 기억에 반하는 허위의
진술을 한 경우 이는 하나의 범죄의사에 의하여 계속하여 허위의 진술을 한 것으로서 포괄하여 1개의
위증죄를 구성하는 것이고 각 진술마다 수 개의 위증죄를 구성하는 것이 아니므로, [경찰간부 11 / 경찰승진
16 · 17 / 법원9급 07(상) / 법원9급 05 · 09 · 16 / 법원행시 06 · 07 / 변호사시험 13] 당해 위증 사건의 허위진술 일자와 같은
날짜에 한 다른 허위진술로 인한 위증 사건에 관한 판결이 확정되었다면, 비록 종전 사건 공소사실에서
허위의 진술이라고 한 부분과 당해 사건 공소사실에서 허위의 진술이라고 한 부분이 다르다 하여도
종전 사건의 확정판결의 기판력은 당해 사건에도 미치게 되어 당해 위증죄 부분은 면소되어야 한다(대법
원 1998.4.14, 97도3340). 나아가 행정소송사건의 같은 심급에서 변론기일을 달리하여 수차 증인으로
나가 수 개의 허위진술을 하더라도 최초 한 선서의 효력을 유지시킨 후 증언한 이상(동일한 증인신문절차
로 볼 수 있는 경우) 1개의 위증죄를 구성함에 그친다(대법원 2005.3.25., 2005도60). [경찰간부 12 / 경찰승진
(경위) 10 / 경찰승진 12 · 13 / 국가7급 10 / 법원9급 13]

---

02 모해위증죄

제152조 【위증, 모해위증】 ② 형사사건 또는 징계사건에 관하여 피고인, 피의자 또는 징계혐의자를 모해할 목적으
로 전항의 죄를 범한 때에는 10년 이하의 징역에 처한다.
제153조 【자백, 자수】 전조의 죄를 범한 자가 그 공술한 사건의 재판 또는 징계처분이 확정되기 전에 자백 또는
자수한 때에는 그 형을 감경 또는 면제한다. [경찰채용 10 2차 / 사시 16]

모해위증죄의 모해의 목적 관련 판례

1 대법원 2007.12.27, 2006도3575

형법 제152조 제2항의 모해위증죄에 있어서 '모해할 목적'의 의미

형법 제152조 제2항의 모해위증죄에 있어서 '모해할 목적'이란 피고인·피의자 또는 징계혐의자를 불리하게 할 목적을 말하고, 허위진술의 대상이 되는 사실에는 공소 범죄사실을 직접, 간접적으로 뒷받침하는 사실은 물론 이와 밀접한 관련이 있는 것으로서 만일 그것이 사실로 받아들여진다면 피고인이 불리한 상황에 처하게 되는 사실도 포함된다. 그리고 이러한 모해의 목적은 허위의 진술을 함으로써 피고인에게 불리하게 될 것이라는 인식이 있으면 충분하고 그 결과의 발생까지 희망할 필요는 없다.[575]

[경찰채용 17 1차 / 법원행시 12]

2 대법원 1994.12.23, 93도1002

모해위증죄는 부진정신분범이고 제33조 단서가 제31조 제1항에 우선한다는 판례

형법 제33조 소정의 이른바 신분관계라 함은 남녀의 성별, 내·외국인의 구별, 친족관계, 공무원인 자격과 같은 관계뿐만 아니라 널리 일정한 범죄행위에 관련된 범인의 인적 관계인 특수한 지위 또는 상태를 지칭하는 것이다. … 형법 제152조 제1항과 제2항은 위증을 한 범인이 형사사건의 피고인 등을 '모해할 목적'을 가지고 있었는가, 아니면 그러한 목적이 없었는가 하는 범인의 특수한 상태의 차이에 따라 범인에게 과할 형의 경중을 구별하고 있으므로, 이는 바로 형법 제33조 단서 소정의 '신분관계로 인하여 형의 경중이 있는 경우'에 해당한다고 봄이 상당하다. 따라서 피고인이 甲을 모해할 목적으로 乙에게 위증을 교사한 이상, 가사 정범인 乙에게 모해의 목적이 없었다고 하더라도, 형법 제33조 단서의 규정에 의하여 피고인을 모해위증교사죄로 처단할 수 있다.[576] … 또한 형법 제31조 제1항은 협의의 공범의 일종인 교사범이 그 성립과 처벌에 있어서 정범에 종속한다는 일반적인 원칙을 선언한 것에 불과하고, 신분관계로 인하여 형의 경중이 있는 경우에 신분이 있는 자가 신분이 없는 자를 교사하여 죄를 범하게 한 때에는 형법 제33조 단서가 형법 제31조 제1항에 우선하여 적용됨으로써 신분이 있는 교사범이 신분이 없는 정범보다 중하게 처벌된다. [경찰채용 12 2차 / 경찰간부 18 / 경찰승진(경장) 10 / 경찰승진(경사) 10 / 국가9급 12·21 / 국가7급 16·20 / 법원9급 11 / 법원행시 08·09·14 / 사시 13·14 / 변호사시험 16]

03   허위감정·통역·번역죄

제154조 【허위의 감정, 통역, 번역】 법률에 의하여 선서한 감정인, 통역인 또는 번역인이 허위의 감정, 통역 또는 번역을 한 때에는 전2조의 예에 의한다.

---

575 **판례** : 甲의 증언 내용은 그 증언이 행하여진 형사사건의 공소범죄사실을 직접, 간접적으로 뒷받침하거나 그와 밀접한 관련이 있는 것으로서 만일 그 증언 내용이 사실로 인정된다면 위 형사사건의 피고인이던 乙로서는 불리한 입장에 놓이게 될 것임이 명백한 경우, 甲은 위 형사사건의 자칭 피해자이자 고소인으로서 乙에 대한 공소범죄사실인 공갈 범행으로 인하여 자신이 피해 입은 경위와 과정을 설명하면서 허위로 증언하였다. 이 경우 甲에게 모해위증죄의 모해의 목적이 있었다고 보아야 한다.

576 반대의 입장인 통설에 의하자면 목적은 주관적 구성요건요소에 불과하고 신분요소가 아니므로 이러한 경우 정범의 불법에 종속되고 책임은 개별적으로 판단한다는 제한적 종속형식에 의하여 판단하게 된다. 그러므로 乙은 위증죄의 정범, 甲은 위증죄의 교사범이 성립한다고 보게 된다. 통설의 입장이 타당하다고 생각한다.

> **판례연구**　허위감정죄 관련 판례

대법원 2000.11.28, 2000도1089
허위감정죄는 감정내용의 허위성에 대한 인식 및 죄수와 기수시기
허위감정죄는 고의범이므로, 비록 감정내용이 객관적 사실에 반한다고 하더라도 감정인의 주관적
판단에 반하지 않는 이상 허위의 인식이 없어 허위감정죄로 처벌할 수 없다. (또한) 하나의 소송사건에서
동일한 선서 하에 이루어진 법원의 감정명령에 따라 감정인이 동일한 감정명령사항에 대하여 수차례에
걸쳐 허위의 감정보고서를 제출하는 경우에는 각 감정보고서 제출행위시마다 각기 허위감정죄가 성립
한다 할 것이나, 이는 단일한 범의 하에 계속하여 허위의 감정을 한 것으로서 포괄하여 1개의 허위감정
죄를 구성한다. [사시 10]

04　증거인멸죄

> **제155조【증거인멸 등과 친족간의 특례】**① 타인의 형사사건 또는 징계사건에 관한 증거를 인멸, 은닉, 위조 또는
> 변조하거나 위조 또는 변조한 증거를 사용한 자는 5년 이하의 징역 또는 700만 원 이하의 벌금에 처한다.
> ④ 친족 또는 동거의 가족이 본인을 위하여 본조의 죄를 범한 때에는 처벌하지 아니한다. [경찰채용 13 1차]

> **판례연구**　증거인멸죄의 타인의 증거 관련 판례
>
> **1** 대법원 1995.9.29, 94도2608[577]; 2003.11.28, 2011도5329
> 피고인 자신을 위한 증거인멸행위가 동시에 피고인의 공범자 아닌 자의 증거를 인멸한 결과가 되는
> 사례
> 증거인멸죄는 타인의 형사사건 또는 징계사건에 관한 증거를 인멸하는 경우에 성립하는 것으로서,
> 피고인 자신이 직접 형사처분이나 징계처분을 받게 될 것을 두려워한 나머지 자기의 이익을 위하여
> 그 증거가 될 자료를 인멸하였다면, 그 행위가 동시에 다른 공범자의 형사사건이나 징계사건에 관한
> 증거를 인멸한 결과가 된다고 하더라도 이를 증거인멸죄로 다스릴 수 없고, 이러한 법리는 그 행위가
> 피고인의 공범자가 아닌 자의 형사사건이나 징계사건에 관한 증거를 인멸한 결과가 된다고 하더라도
> 마찬가지이다. [경찰승진 12 / 법원9급 13 / 법원행시 06 · 10 · 16 / 변호사시험 17]
>
> **2** 대법원 2000.3.24, 99도5275; 2011.2.10, 2010도15986[578]
> 타인을 교사하여 자기의 증거를 인멸케 한 자는 증거인멸교사죄가 성립한다는 사례
> 자기의 형사 사건에 관한 증거를 인멸하기 위하여 타인을 교사하여 죄를 범하게 한 자에 대하여는 증거인
> 멸교사죄가 성립한다. [경찰채용 11 2차 / 경찰승진 14 / 법원9급 08 · 13 / 법원승진 12 / 법원행시 07 · 09 · 10 · 13 · 16 / 사시 12 · 13]

---

577 **판례의 사실관계** : 해운항만청 공무원인 甲과 乙은 공모하여 검찰로부터 선박의 침몰사건과 관련하여 선박의 안전운항과 관련된 항만청
　　의 직무수행 내용 등에 관한 서류의 제출을 요구받자, 이미 항만청 해무과 소속 공무원들이 위 선박의 정원초과 운항사실 등을 적발하여
　　선장등으로부터 정원초과운항확인서 4장을 작성받아 보관 중이면서도 이에 따른 아무런 조치를 취하지 아니한 채 방치한 사실과
　　관련하여 자신들을 비롯한 항만청 관계자들이 형사처벌(이미 선장 등은 선박안전법위반사건으로 기소되어 현재 재판 중임) 및 징계를
　　받을 것을 두려워하고 있던 중, 위 정원초과운항 확인서 4장을 소각해버렸다. 甲과 乙에게는 공용서류손상죄의 공동정범만 인정된다(공
　　용서류손상죄와 증거인멸죄의 상상적 경합으로 본 원심을 파기환송한 대법원판례임)(대법원 1995.9.29, 94도2608).
578 **판례1** : 자기의 형사사건에 관한 증거를 위조하기 위하여 타인을 교사하여 죄를 범하게 한 자에 대하여는 증거위조교사죄가 성립한다

> **판례연구** 증거인멸죄의 형사사건 또는 징계사건에 관한 증거에 해당되는 사례
>
> **1** 대법원 2003.12.12., 2003도4533
> 형사사건이라면 아직 수사개시 전이어도 해당된다는 사례
> 증거인멸죄에 관한 형법 제155조 제1항의 이른바 타인의 형사사건이란 인멸행위시에 아직 수사절차가
> 개시되기 전이라도 장차 형사사건이 될 수 있는 것까지 포함한다. [경찰채용 13·17 1차 / 법원행시 07·16]

> **판례연구** 증거인멸죄의 형사사건 또는 징계사건에 관한 증거에 해당되지 않는 사례
>
> 대법원 2007.11.30, 2007도4191
> 증거변조죄가 적용되는 '징계사건'에 사인(私人) 간의 징계사건이 포함되지 아니한다는 사례
> 형법 제155조 제1항은 '타인의 형사사건 또는 징계사건에 관한 증거를 인멸, 은닉, 위조 또는 변조하거
> 나 위조 또는 변조한 증거를 사용한 자'를 처벌한다고 규정하고 있는바, 증거인멸 등 죄는 위증죄와
> 마찬가지로 국가의 형사사법작용 내지 징계작용을 그 보호법익으로 하므로, 위 법조문에서 말하는
> '징계사건'이란 국가의 징계사건에 한정되고 사인(私人) 간의 징계사건은 포함되지 않는다. [경찰승진 14
> / 법원9급 08 / 법원행시 10·11]

> **판례연구** 증거인멸·위조죄의 증거에 해당한다는 사례
>
> **1** 대법원 2007.6.28, 2002도3600; 2013.11.28, 2011도5329
> 증거인멸죄에서 '증거'의 의미
> 증거인멸죄에서 '증거'라 함은 타인의 형사사건 또는 징계사건에 관하여 수사기관이나 법원 또는 징계
> 기관이 국가의 형벌권 또는 징계권의 유무를 확인하는 데 관계있다고 인정되는 일체의 자료를 의미하
> 고, 타인에게 유리한 것이건 불리한 것이건 가리지 아니하며 또 증거가치의 유무 및 정도를 불문한다.
> [경찰승진(경사) 11 / 법원행시 11·16]
>
> **2** 대법원 2021.1.28, 2020도2642
> 형 또는 징계의 경중에 관계있는 정상을 인정하는 데 도움이 되는 자료는 증거에 해당한다는 사례
> 형법 제155조 제1항이 정한 증거위조죄에서의 '증거'에는 범죄 또는 징계사유의 성립 여부에 관한
> 것뿐만 아니라 형 또는 징계의 경중에 관계있는 정상(情狀)을 인정함에 도움이 될 자료까지도 본조가
> 규정한 증거에 포함된다.

> **판례연구** 증거위조에 해당한다는 사례
>
> **1** 대법원 2007.6.28, 2002도3600
> 형법 제155조 제1항의 증거위조죄에서 '위조'의 의미
> 타인의 형사사건 또는 징계사건에 관한 증거를 위조한 경우에 성립하는 형법 제155조 제1항의 증거위
> 조죄에서 '위조'란 문서에 관한 죄에 있어서의 위조 개념과는 달리 새로운 증거의 창조를 의미하는

(대법원 2011.2.10, 2010도15986).
판례2 : 증거은닉죄는 타인의 형사사건이나 징계사건에 관한 증거를 은닉할 때 성립하고 자신의 형사사건에 관한 증거은닉 행위는
형사소송에 있어서 피고인의 방어권을 인정하는 취지와 상충하여 처벌의 대상이 되지 아니하므로 자신의 형사사건에 관한 증거은닉
을 위하여 타인에게 도움을 요청하는 행위 역시 원칙적으로 처벌되지 아니하나, 다만 그것이 방어권의 남용이라고 볼 수 있을
때는 증거은닉교사죄로 처벌할 수 있다(대법원 2014.4.10, 2013도12079; 2016.7.29, 2016도5596). [법원9급 18]

것이므로 존재하지 아니한 증거를 이전부터 존재하고 있는 것처럼 작출하는 행위도 증거위조에 해당하며, 증거가 문서의 형식을 갖는 경우 증거위조죄에 있어서의 증거에 해당하는지 여부가 그 작성권한의 유무나 내용의 진실성에 좌우되는 것은 아니다. [경찰승진(경장) 11 / 법원행시 11] 타인의 형사사건과 관련하여 수사기관이나 법원에 제출하거나 현출되게 할 의도로 법률행위 당시에는 존재하지 아니하였던 처분문서, 즉 그 외형 및 내용상 법률행위가 그 문서 자체에 의하여 이루어진 것과 같은 외관을 가지는 문서를 사후에 그 작성일을 소급하여 작성하는 것은, 가사 그 작성자에게 해당 문서의 작성권한이 있고, 또 그와 같은 법률행위가 당시에 존재하였다거나 그 법률행위의 내용이 위 문서에 기재된 것과 큰 차이가 없다 하여도 증거위조죄의 구성요건을 충족시키는 것이라고 보아야 하고, 비록 그 내용이 진실하다 하여도 국가의 형사사법기능에 대한 위험이 있다는 점은 부인할 수 없다. [경찰채용 13 · 17 1차 / 경찰승진(경장) 11 / 국가9급 17 / 법원행시 14 · 16]

2 대법원 2013.12.26, 2013도8085,2013전도165
허위진술이 담긴 대화를 녹음한 녹음파일 또는 녹취록을 만드는 것은 증거위조에 해당한다는 사례
① 참고인이 타인의 형사사건 등에 관하여 제3자와 대화를 하면서 허위로 진술하고 위와 같은 허위진술이 담긴 대화 내용을 녹음한 녹음파일 또는 이를 녹취한 녹취록은 참고인의 허위진술 자체 또는 참고인 작성의 허위 사실확인서 등과는 달리 그 진술내용만이 증거자료로 되는 것이 아니고 녹음 당시의 현장음향 및 제3자의 진술 등이 포함되어 있어 그 일체가 증거자료가 된다고 할 것이므로, 이는 증거위조죄에서 말하는 '증거'에 해당한다. ② 또한 위와 같이 참고인의 허위 진술이 담긴 대화 내용을 녹음한 녹음파일 또는 이를 녹취한 녹취록을 만들어 내는 행위는 무엇보다도 그 녹음의 자연스러움을 뒷받침하는 현장성이 강하여 단순한 허위진술 또는 허위의 사실확인서 등에 비하여 수사기관 등을 그 증거가치를 판단함에 있어 오도할 위험성을 현저히 증대시킨다고 할 것이므로, 이러한 행위는 허위의 증거를 새로이 작출하는 행위로서 증거위조죄에서 말하는 '위조'에도 해당한다고 봄이 상당하다. ③ 따라서 참고인이 타인의 형사사건 등에 관하여 제3자와 대화를 하면서 허위로 진술하고 위와 같은 허위 진술이 담긴 대화 내용을 녹음한 녹음파일 또는 이를 녹취한 녹취록을 만들어 수사기관 등에 제출하는 것은, 참고인이 타인의 형사사건 등에 관하여 수사기관에 허위의 진술을 하거나 이와 다를 바 없는 것으로서 허위의 사실확인서나 진술서를 작성하여 수사기관 등에 제출하는 것과는 달리, 증거위조죄를 구성한다. [국가9급 17 / 법원행시 14 · 16]

판례연구 | **증거위조에 해당하지 않는다는 사례**

1 대법원 1998.2.10, 97도2961
허위의 진술은 제155조 제1항의 증거위조죄에 해당하지 않는다는 사례
형법 제155조 제1항에서 타인의 형사사건에 관하여 증거를 위조한다 함은 증거 자체를 위조함을 말하는 것으로서, 선서무능력자로서 범죄현장을 목격하지도 못한 사람으로 하여금 형사법정에서 범죄현장을 목격한 양 허위의 증언을 하도록 하는 것은 위 조항이 규정하는 증거위조죄를 구성하지 아니한다 (위증죄의 간접정범, 교사범이 되지 않는데, 증거위조도 되지 않는다는 사례). [경찰채용 13 1차 / 경찰채용 12 2차 / 경찰승진(경장) 11 / 국가9급 17 / 법원행시 07 · 10 · 13]

2 대법원 2011.7.28, 2010도2244; 2015.10.29, 2015도9010(서울시 공무원 간첩조작 사건)[579]
참고인이 직접 진술하는 것을 대신하거나 그에 앞서 허위의 사실확인서나 진술서를 작성 · 제출한 사례

---

579 **참고** : 소위 국정원 서울시 공무원 간첩 조작 사건에 대한 대법원 판결로서, 대법원 제3부(주심 박보영 대법관)는 2015.10. 29. 허위공문서 등을 만들어 유우성 간첩사건 공판검사와 재판부에 제출한 혐의(모해증거위조 및 사용, 허위공문서작성 및 행사, 사문서위조 및 행사)로 기소된 국정원 대공수사국 김ㅇㅇ 과장에게 징역 4년을 선고한 원심을 확정했다. 또한 국정원

타인의 형사사건 등에 관한 증거를 위조한다 함은 증거 자체를 위조함을 말하는 것이고, 참고인이 수사기관에서 허위의 진술을 하는 것은 여기에 포함되지 않는다(대법원 1995.4.7, 94도3412 등). 한편 참고인이 타인의 형사사건 등에서 직접 진술 또는 증언하는 것을 대신하거나 그 진술 등에 앞서서 허위의 사실확인서나 진술서를 작성하여 수사기관 등에 제출하거나 또는 제3자에게 교부하여 제3자가 이를 제출한 것은 존재하지 않는 문서를 이전부터 존재하고 있는 것처럼 작출하는 등의 방법으로 새로운 증거를 창조한 것이 아닐뿐더러, 참고인이 수사기관에서 허위의 진술을 하는 것과 차이가 없으므로, 증거위조죄를 구성하지 않는다고 할 것이다.

3 대법원 2021.1.28, 2020도2642

'사실의 증명을 위해 작성된 문서'에 허위가 없는 경우 위조에 해당하지 않는다는 사례

형법 제155조 제1항은 타인의 형사사건 또는 징계사건에 관한 증거를 인멸, 은닉, 위조 또는 변조하거나 위조 또는 변조한 증거를 사용한 자를 처벌하고 있고, 여기서의 '위조'란 문서에 관한 죄의 위조 개념과는 달리 새로운 증거의 창조를 의미한다(대법원 2007.6.28, 2002도3600 판결 참조). 그러나 사실의 증명을 위해 작성된 문서가 그 사실에 관한 내용이나 작성명의 등에 아무런 허위가 없다면 '증거위조'에 해당한다고 볼 수 없다. 가사 사실증명에 관한 문서가 형사사건 또는 징계사건에서 허위의 주장에 관한 증거로 제출되어 그 주장을 뒷받침하게 되더라도 마찬가지이다. …… 따라서 돈을 송금하였다가 되돌려 받는 방법으로 송금자료를 만들어 피해 변제의 증거로 제출한 경우 그 사실에 관한 내용이나 작성명의 등에 허위가 없는 경우에는 증거위조에 해당하지 않는다.

05 증인은닉 · 도피죄

제155조【증거인멸 등과 친족간의 특례】 ② 타인의 형사사건 또는 징계사건에 관한 증인을 은닉 또는 도피하게 한 자도 제1항의 형과 같다.

④ 친족 또는 동거의 가족이 본인을 위하여 본조의 죄를 범한 때에는 처벌하지 아니한다. [경찰채용 10 2차]

판례연구 증인은닉 · 도피죄가 성립하지 않는 사례

1 대법원 1977.9.13, 77도997

증인의 현출 자체를 방해해야 증인은닉 · 도피죄가 성립한다는 사례

단순히 타인의 형사사건에 관해 수사기관에서 허위진술을 하거나 허위진술을 하도록 교사하는 정도의 행위로는 타인의 형사사건에 관한 증인을 은닉 또는 도피하게 한 것에 해당하지 아니함은 물론 증거의 현출을 방해하여 증거로서 멸실 또는 감소시키는 증거인멸 등의 적극적 행위에 나선 것으로는 볼 수 없으므로, 위와 같은 행위가 증거를 위조하고 또는 그 위조를 교사한 죄를 구성한다고 볼 수 없다. [국가7급 07]

대공수사국 이○○ 처장에게 벌금 1,000만 원, 국정원 권○○ 과장과 이○○ 영사에게 벌금 700만 원에 대한 선고유예 판결을 내린 원심도 확정했다. 다만 재판부는 위 공소사실 중에서 "이 사건 각 영사 확인서는 피고인 이○○이 관련 사건(유우성 재판)에 관해 수사기관에서 허위의 진술을 하는 것과 차이가 없다고 할 것이므로, 증거위조죄에서의 '증거위조'에 해당하지 않는다"고 판단하였다.

2 대법원 2003.3.14, 2002도6134

피고인 자신과 다른 공범자의 형사사건이나 징계사건에 관한 증인을 도피시킨 사례

형법 제155조 제2항 소정의 증인도피죄는 타인의 형사사건 또는 징계사건에 관한 증인을 은닉·도피하게 한 경우에 성립하는 것으로서, 피고인 자신이 직접 형사처분이나 징계처분을 받게 될 것을 두려워한 나머지 자기의 이익을 위하여 증인이 될 사람을 도피하게 하였다면, 그 행위가 동시에 다른 공범자의 형사사건이나 징계사건에 관한 증인을 도피하게 한 결과가 된다고 하더라도 이를 증인도피죄로 처벌할 수 없다. [국가7급 07·12 / 법원9급 08·12 / 법원승진 12 / 법원행시 14]

06 모해증거인멸죄

제155조【증거인멸 등과 친족간의 특례】 ③ 피고인, 피의자 또는 징계혐의자를 모해할 목적으로 전2항의 죄를 범한 자는 10년 이하의 징역에 처한다.

④ 친족 또는 동거의 가족이 본인을 위하여 본조의 죄를 범한 때에는 처벌하지 아니한다.

판례연구 **모해증거인멸죄의 피의자의 요건**

대법원 2010.6.24, 2008도12127

형법 제155조 제3항의 모해증거위조죄에서 '피의자'에 해당하기 위한 요건

형법 제155조 제1항은 "타인의 형사사건 또는 징계사건에 관한 증거를 인멸, 은닉, 위조 또는 변조하거나 위조 또는 변조한 증거를 사용한 자는 5년 이하의 징역 또는 700만 원 이하의 벌금에 처한다"고 하고, 그 제3항은 "피고인, 피의자 또는 징계혐의자를 모해할 목적으로 제1항의 죄를 범한 자는 10년 이하의 징역에 처한다"고 규정하고 있는바, 그 문언 내용 및 입법 목적과 형벌법규 엄격해석의 원칙 등에 비추어 보면 형법 제155조 제3항에서 말하는 '피의자'라고 하기 위해서는 수사기관에 의하여 범죄의 인지 등으로 수사가 개시되어 있을 것을 필요로 하고, 그 이전의 단계에서는 장차 형사입건될 가능성이 크다고 하더라도 그러한 사정만으로 '피의자'에 해당한다고 볼 수는 없다. [국가9급 17]

제5절 무고의 죄

01 무고죄

제156조【무 고】 타인으로 하여금 형사처분 또는 징계처분을 받게 할 목적으로 공무소 또는 공무원에 대하여 허위의 사실을 신고한 자는 10년 이하의 징역 또는 1천500만 원 이하의 벌금에 처한다.

제157조【자백, 자수】 제153조는 전조에 준용한다.

제153조【자백, 자수】 전조의 죄를 범한 자가 그 공술한 사건의 재판 또는 징계처분이 확정되기 전에 자백 또는 자수한 때에는 그 형을 감경 또는 면제한다. [법원행시 06]

판례연구 　**무고죄의 주체인 신고자 관련 판례**

1　대법원 1989.9.26, 88도1533
타인명의의 고소장 제출에 의한 위증사실의 신고와 무고죄의 주체
위증죄는 국가의 사법기능을 보호법익으로 하는 죄로서 개인적 법익을 보호법익으로 하는 것이 아니므로 위증사실의 신고는 고소의 형식을 취하였더라도 고발이고, 고발은 피해자 본인 및 고소권자를 제외하고는 누구나 할 수 있는 것이어서 고발의 대리는 허용되지 않고 고발의 의사를 결정하고 고발행위를 주재한 자가 고발인이라고 할 것이므로 타인명의의 고소장 제출에 의해 위증사실의 신고가 행하여졌더라도 피고인이 고소장을 작성하여 수사기관에 제출하고 수사기관에 대하여 고발인 진술을 하는 등 피고인의 의사로 고발행위를 주도하였다면 그 고발인은 피고인이다.

2　대법원 2006.7.13, 2005도7588; 2007.3.30, 2006도6017
타인 명의의 고소장을 대리하여 작성하고 제출하는 형식으로 고소가 이루어진 경우, 무고죄의 주체
비록 외관상으로는 타인 명의의 고소장을 대리하여 작성하고 제출하는 형식으로 고소가 이루어진 경우라 하더라도 그 명의자는 고소의 의사가 없이 이름만 빌려준 것에 불과하고 명의자를 대리한 자가 실제 고소의 의사를 가지고 고소행위를 주도한 경우라면 그 명의자를 대리한 자를 신고자로 보아 무고죄의 주체로 인정하여야 할 것이다. [경찰간부 13 / 경찰승진 12 / 법원행시 10]

판례연구 　**무고죄의 공무소 또는 공무원에 해당하는 사례**

1　대법원 2005.12.22, 2005도3203
수표발행인인 피고인이 은행에 지급제시된 수표가 위조되었다는 내용의 허위의 신고를 한 사례
수표발행인인 피고인이 은행에 지급제시된 수표가 위조되었다는 내용의 허위의 신고를 하여 그 정을 모르는 은행 직원이 수사기관에 고발을 함에 따라 수사가 개시되고, 피고인이 경찰에 출석하여 수표위조자로 특정인을 지목하는 진술을 한 경우, 이는 피고인이 위조 수표에 대한 부정수표단속법 제7조의 고발의무가 있는 은행원을 도구로 이용하여 수사기관에 고발을 하게 하고 이어 수사기관에 대하여 특정인을 위조자로 지목함으로써 자발적으로 수사기관에 대하여 허위의 사실을 신고한 것으로 평가하여야 한다. [경찰채용 12 3차 / 법원행시 09·12·13 / 사시 10]

2　대법원 2010.11.25, 2010도10202
변호사에 대한 징계처분과 관련한 지방변호사회의 장에게 허위의 진정서를 제출한 사례
형법 제156조는 타인으로 하여금 형사처분 또는 징계처분을 받게 할 목적으로 공무소 또는 공무원에 대하여 허위의 사실을 신고한 자를 처벌하도록 정하고 있다. 여기서 '징계처분'이란 공법상의 특별권력관계에 기인하여 질서유지를 위하여 과하여지는 제재를 의미하고, 또한 '공무소 또는 공무원'이란 징계처분에 있어서는 징계권자 또는 징계권의 발동을 촉구하는 직권을 가진 자와 그 감독기관 또는 그 소속 구성원을 말한다. …… 변호사에 대한 징계처분은 형법 제156조에서 정하는 '징계처분'에 포함된다고 봄이 상당하고, 구 변호사법 제97조의2 등 관련 규정에 의하여 그 징계 개시의 신청권이 있는 지방변호사회의 장은 형법 제156조에서 정한 '공무소 또는 공무원'에 포함된다. [경찰채용 12 1차 / 경찰채용 16 2차 / 경찰간부 12·13 / 경찰승진 17 / 국가7급 21 / 법원행시 13 / 사시 13]

1 대법원 1982.6.22, 82도826

혼인무효로 귀착되는 乙녀를 피고인이 배우자 있는 여자로 알고서 상간하였다가 호적상 배우자로 등재된 甲남으로부터 간통죄로 고소를 당한 후에, 피고인이 혼인의 효력문제는 언급함이 없이 乙녀와 상간한 사실이 없는 데도 있는 것처럼 무고하였다는 취지로 제기한 위 甲남에 대한 고소는 결과적으로는 간통죄를 구성하지 아니한다는 객관적 사실에 부합하는 것이므로 위 甲남에 대한 무고죄가 성립하지 아니한다.

2 대법원 1985.9.24, 84도1737

객관적인 사실관계대로 신고하였으나 주관적인 법률평가가 잘못된 경우 무고죄는 성립하지 아니한다는 사례

무고죄에서 말하는 허위라 함은 객관적인 사실에 반하는 것을 말하고 그 고의는 이 허위에 대한 인식이 있음을 요하는 것이므로 객관적인 사실관계를 자신이 인식한 대로 신고하는 이상 객관적인 사실을 토대로 한 나름대로의 주관적, 법적 구성이나 평가에 잘못이 있다 하더라도 이는 허위의 사실을 신고한 것에 해당한다고 볼 수 없어 무고죄가 성립하지 아니한다. [법원9급 07(하) / 법원9급 05 / 법원행시 07]

3 대법원 1991.10.11, 91도1950

무고죄에 있어서의 허위사실의 신고의 의미 및 신고한 사실의 허위 여부의 인정기준

무고죄는 타인으로 하여금 형사처분 등을 받게 할 목적으로 신고한 사실이 객관적 진실에 반하는 허위사실인 경우에 성립되는 범죄로서, 신고자가 그 신고내용을 허위라고 믿었다 하더라도 그것이 객관적으로 진실한 사실에 부합할 때에는 허위사실의 신고에 해당하지 않아 무고죄는 성립하지 않는 것이며, [경찰채용 12 2차/ 경찰승진 13/ 법원9급 05/ 법원행시 05·06·10] 한편 위 신고한 사실의 허위 여부는 그 범죄의 구성요건과 관련하여 신고사실의 핵심 또는 중요내용이 허위인가에 따라 판단하여 무고죄의 성립 여부를 가려야 한다.

대법원 2006.5.25., 2005도4642[580]

무고죄에 있어서 허위사실 적시의 정도는 수사관서 또는 감독관서에 대하여 수사권 또는 징계권의 발동을 촉구하는 정도의 것이면 충분하고 반드시 범죄구성요건 사실이나 징계요건 사실을 구체적으로 명시하여야 하는 것은 아니다. [경찰채용 14 1차/ 경찰승진 14/ 법원9급 07(하) / 법원9급 16/ 법원행시 09] (다만) 무고죄는 타인으로 하여금 형사처분이나 징계처분을 받게 할 목적으로 신고한 사실이 객관적 진실에 반하는 허위사실인 경우에 성립되는 범죄이므로 신고한 사실이 객관적 사실에 반하는 허위사실이라는 요건은 적극적인 증명이 있어야 하며, 신고사실의 진실성을 인정할 수 없다는 소극적 증명만으로 곧 그 신고사실이 객관적 진실에 반하는 허위사실이라고 단정하여 무고죄의 성립을 인정할 수는 없다. [경찰채용 14 1차 / 경찰채용 16 2차/ 경찰채용 12·18 3차/ 경찰간부 16/ 경찰승진 17/ 법원9급 07(상) / 법원9급 05/ 법원행시 08·16/ 사시 10·13·16]

---

580 유사 : 甲은 수사관서에 '(당명 생략)당 도의원 후보인 乙이 수원시(구명 생략)구 지구당 운영비로 수천만 원을 넣은 후 후보로 당선되었다는 의혹이 커지고 있다'는 내용을 기재한 고발장을 제출하였다. 그런데 증인 丙은 '乙로부터 정치자금을 받은 바 없다.'는 취지로 진술하고 있고, 乙도 '도의원 후보 선정과 관련하여 지구당 운영비로 수천만 원을 납부한 사실이 없고, 수원일보 보도는 사실이 아니다.'라고 진술하고 있으며, 지구당 사무국장이었던 丁도 '乙이 지구당 운영비로 수천만 원을 넣었는지 여부를 모른다.'고 진술하고 있는 점, 2002.5.2.자 수원일보 기사의 취재기자인 J, R은 수사기관에의 출석을 거부하면서 경찰관과의 전화통화에서 당시 취재경위 및 보도의 사실 여부에 관하여 잘 기억나지 않는다고 하거나 그에 대하여는 별다른 해명을 하고 있지 않다. 무고죄에 있어서 신고한 사실이 객관적 사실에 반하는 허위사실이라는 요건은 적극적인 증명이 있어야 하며, 신고사실의 진실성을 인정할

판례연구	무고죄의 허위에 해당하는 사례

1	신고사실 중 일부 허위인 사실이 국가의 심판작용을 그르치거나 부당하게 처벌을 받지 아니할 개인의 법적 안정성을 침해할 우려가 있을 정도로 고소사실 전체의 성질을 변경시키는 때(대법원 2009.1.30, 2008도6573)
2	(위 1.의 법리에 의해) 고소인이 '그 실제용도에 관하여 허위로 신고'를 하면서, 피고소인이 차용금의 용도를 사실대로 이야기하였더라면 금원을 대여하지 않았을 것인데 차용금의 용도를 속이는 바람에 대여하였다고 주장하는 경우(차용금의 용도 부분이 신고사실의 핵심부분이 되어 허위의 사실을 신고한 것에 해당함)(대법원 2004.12.9, 2004도2212)
3	범죄성립조각사유가 존재함을 알고 있었음에도 불구하고 이를 숨기고 신고하는 경우(대법원 1998.3.24, 97도2956)
4	1통의 고소장에 의하여 수개의 혐의사실을 들어 고소를 한 경우 그중 일부 사실은 진실이나 다른 사실은 허위인 때(허위사실이 독립하여 무고죄를 구성함)(대법원 1989.9.26, 88도1533; 2001.7.27, 99도2533; 2007.3.29, 2006도8638) [법원행시 16]

1 대법원 1977.4.26, 75도2885
허위신고 내용이 피신고자의 권한의 행위인 경우의 무고죄의 성부
시청의 시민과장이 부당하게 도시계획을 변경하였다는 내용의 허위진정은 비록 도시계획변경은 건설부 장관의 권한에 속하며 시청의 시민과장이 임의로 좌우할 수 없다 하더라도 당해 시청에서 도시계획을 수립하는 이상 시청의 시민과장의 징계권자로 하여금 징계권발동을 유발하기에 족한 것으로 보인다.

2 대법원 1995.2.24, 94도3068
고소내용이 허위사실을 신고한 것으로 신고사실의 정황을 과장하는데 불과하다고 볼 수 없다고 한 사례
① 피고소인들이 피고인과 제3자와의 싸움을 말리려고 하다가 피고인이 말을 듣지 아니하여 만류를 포기하고 옆에서 보고만 있었을 뿐 피고소인들이 피고인의 팔을 잡은 사실이 없었고, ② 또한 피고인이 그 싸움에서 턱 부위에 상해를 입은 사실은 있으나 그 상해 역시 피고인이 제3자로부터 안면부를 얻어맞아 입은 것이 아니라 서로 멱살을 잡고 밀고 당기는 과정에서 입은 상해임을 엿볼 수 있는 경우, 이와 같은 사실관계에서 "피고소인들이 피고인의 양팔을 잡아 가세하고 제3자가 피고인의 안면부를 때려 상해를 입혔다."는 취지의 고소내용은 그 제3자에 대한 관계에서는 신고사실의 정황을 다소 과장한 것에 불과하다고 볼 수도 있겠으나(위 ②와 관련된 고소는 무고죄 불성립), [국가7급 08] 피고소인들에 대한 관계에서는 고소내용 전체가 객관적인 진실에 반하는 허위의 사실을 신고한 것으로서 그것이 단지 신고사실의 정황을 과장하는 데 불과하다고 볼 수는 없다(위 ①과 관련된 고소는 무고죄 성립).

3 대법원 1998.3.24, 97도2956
범죄성립조각사유가 있음을 알면서 이를 숨기고 신고한 사례
위법성조각사유가 있음을 알면서도 "피고소인이 허위사실을 공표하였다."고 고소한 행위는 결국 적극적으로 위법성조각사유가 적용되지 않는 공직선거법상 허위사실공표죄로 처벌되어야 한다고 주장한 것과 같은 것이므로 무고죄가 성립한다. [경찰간부 16 / 국가7급 14]

수 없다는 소극적 증명만으로 곧 그 신고사실이 객관적 진실에 반하는 허위사실이라고 단정하여 무고죄의 성립을 인정할 수는 없는데, 이 사건에서는 허위사실이라는 요건에 대한 적극적 증명이 있기 때문에 무고죄의 성립이 인정된다(대법원 2006.5.25, 2005도4642).

4 대법원 2004.1.16, 2003도7178

일부 허위사실을 포함한 신고가 무고죄에 해당하는 경우 : 도박자금으로 대여한 금전의 용도에 대하여 허위로 신고한 것이 무고죄의 허위신고에 해당한다고 한 사례 [국가7급 08 / 사시 11]

신고사실의 일부에 허위의 사실이 포함되어 있다고 하더라도 그 허위부분이 범죄의 성부에 영향을 미치는 중요한 부분이 아니고, 단지 신고한 사실을 과장한 것에 불과한 경우에는 무고죄에 해당하지 아니하지만, 그 일부 허위인 사실이 국가의 심판작용을 그르치거나 부당하게 처벌을 받지 아니할 개인의 법적 안정성을 침해할 우려가 있을 정도로 고소사실 전체의 성질을 변경시키는 때에는 무고죄가 성립될 수 있다.[581] [경찰승진 17 / 법원행시 05 · 12]

5 대법원 2007.6.1, 2007도2299

영수증을 정당하게 작성·교부하거나 적법하게 백지보충권을 수여하여 그에 따라 백지보충이 이루어졌음에도 불구하고 상대방이 그 영수증을 위조하였다고 신고한 경우, 무고죄에 있어서 허위사실의 신고에 해당한다.

6 대법원 2009.1.30, 2008도8573; 2008.8.21, 2008도3754

경찰관이 甲을 현행범으로 체포하려는 상황에서 乙이 경찰관을 폭행하여 乙을 현행범으로 체포하였는데, 乙은 경찰관의 현행범 체포업무를 방해한 일이 없다며 경찰관을 불법체포로 고소한 경우, 乙에게는 무고죄가 성립한다. [경찰승진 11]

7 대법원 2009.11.12, 2009도8949

고소사실 자체가 인정되지 않는 경우에는 고소 내용이 설사 피고인의 과실 또는 무지에 기인한 것이라고 하더라도 이를 단순한 정황의 과장에 해당한다고 볼 수 없어, 무고죄가 성립한다.[582]

8 대법원 2010.2.25, 2009도1302

피고인이 甲, 乙과 공모하여 은행으로부터 대출금을 편취한 것과는 별도로 甲이 피고인을 기망하여 위 대출금을 편취하였으니 처벌해 달라는 취지로 고소하여 甲에 대해 사기죄로 공소제기까지 된 사안에서, 위 고소는 甲에 대한 관계에서 독립하여 형사처분 등의 대상이 되는 허위사실의 고소로 볼 여지가 있음에도 피고인이 공범이었다는 이유로 무고죄가 성립하지 않는다고 판단한 원심판결에는 법리오해의 위법이 있다.

---

581 **사례** : 甲은 1999년 6월경 도박현장에서 乙에게 도박자금으로 120만 원을 빌려주었다가 이를 돌려받지 못하게 되자, 2001년 6월 27일 위 금원을 도박자금으로 빌려주었다는 사실을 감추고 단순한 대여금인 것처럼 하여 乙이 120만 원을 빌려 간 후 변제하지 아니하고 있으니 처벌하여 달라는 취지로 고소하였다. 또한 甲은 은평경찰서에서 고소보충진술을 하면서 금전의 대여경위에 대하여 乙이 사고가 나서 급해서 그러니 120만 원을 빌려주면 다음날 아침에 카드로 현금서비스를 받아 갚아 주겠다고 하여 금전을 빌려준 것이라고 허위로 진술하였다. 甲의 죄책은?

판례 피고인(甲)은 공소외 1(乙)에게 도박자금으로 대여하였음에도 불구하고 단순히 그 대여금의 용도를 묵비한 것을 넘어서 실제와는 다른 장소에서 공소외 1에게 사고 처리비용조로 금전을 대여하였고 공소외 1이 그 다음날 바로 변제하겠다고 약속하였다는 내용으로 고소하여 그 대여한 금전의 용도에 대하여 허위로 진술한 것이다. 이는 수사기관이 피고인의 고소내용을 근거로 피고소인의 범행방법을 특정하여 수사권을 발동하고, 이를 기초로 하여 당해 행위에 있어 사기죄의 기망행위와 편취범의를 조사하여 형사처분을 할 것인지와 어떠한 내용의 형사처분을 할 것인지를 결정하는 데에 직접적인 영향을 줄 정도에 이르는 내용에 관하여 허위의 사실을 고소한 것이다(대법원 2004.1.16, 2003도7178). [법원행시 05 · 12 / 사시 11]

해결 무고죄

582 **보충** 피고인이 송○○으로부터 폭행을 당한 사실 자체가 인정되지 않으므로 피고인이 설령 6개월간의 가료를 요한다는 내용의 일반진단서의 의미를 잘 이해하지 못하였고 치근파절이 기왕증이라는 사실을 몰랐다고 하더라도 피고인의 이 사건 고소가 단순한 정황의 과장에 해당하는 것으로 볼 수 없다. 또한 피고인이 신문사 기자에게 연예인 송○○의 실명을 거론하면서 허위사실을 적시함으로써 비방할 목적으로 기사의 자료를 제공하자, 이를 진실한 것으로 오신한 위 기자가 기사를 작성하여 공표한 경우, 피고인에게 출판물에 의한 명예훼손죄가 성립한다.

9 대법원 2010.4.29, 2010도2745

피고인이 먼저 자신을 때려 주면 돈을 주겠다고 하여 甲, 乙이 피고인을 때리고 지갑을 교부받아 그 안에 있던 현금을 가지고 간 것임에도, '甲 등이 피고인을 폭행하여 돈을 빼앗았다.'는 취지로 허위사실을 신고한 경우에는 무고죄가 성립한다. [경찰승진 11]

10 대법원 2012.5.24, 2011도11500

신고 내용에 일부 허위사실이 포함된 경우, 무고죄가 성립하는지 판단하는 기준

피고인이 甲 주식회사에서 리스한 승용차를 乙에게 담보로 제공하고 돈을 차용하면서 약정 기간 내에 갚지 못할 경우 이를 처분하더라도 아무런 이의를 제기하지 않기로 하였는데, 변제기 이후 乙 등이 차량을 처분하자 피고인의 허락 없이 마음대로 처분하였다는 취지로 고소한 경우, 일부 허위인 사실이 국가의 심판작용을 그르치거나 부당하게 처벌을 받지 아니할 개인의 법적 안정성을 침해할 우려가 있을 정도로 고소사실 전체의 성질을 변경시키는 때에는 무고죄가 성립될 수 있으므로(대법원 2004.1.16, 2003도7178; 2009.1.30, 2008도8573; 2010.4.29, 2010도2745 등). 피고인이 乙로부터 700만 원을 차용하면서 변제기까지 차용금을 갚지 못하면 담보로 제공한 차량을 처분하더라도 아무런 이의를 제기하지 않겠다고 하였다면, 피고인의 허락 없이 마음대로 차량을 처분하였다는 취지의 고소 내용은 허위사실의 기재로서 그 자체로 독립하여 무고죄가 성립한다고 할 것이다.

11 대법원 2014.3.13, 2012도2468

피고인이 수사기관에 '甲이 민사사건 재판과정에서 위조된 확인서를 제출하였으니 처벌하여 달라.'는 내용으로 허위 사실이 기재된 고소장을 제출하면서 '甲이 위조된 합의서도 제출하였다.'는 취지로 기재하였으나, 고소보충 진술 시 확인서가 위조되었다는 점에 관하여만 진술한 경우, 피고인이 제출한 고소장에 '합의서도 도장을 찍은 바가 없으므로 위조 및 행사 여부를 가려주시기 바랍니다'라고 기재한 내용이 허위의 사실이라면 이 부분에 대해서도 '허위 사실을 신고한 것'으로 보아야 한다.

판례연구	무고죄의 허위에 해당하지 않는 사례
1	무고죄에 있어 비록 신고내용에 일부 객관적 진실에 반하는 내용이 포함되어 있다고 하더라도, 고소내용이 터무니없는 허위사실이 아니고 사실에 기초하여 단지 신고사실의 정황을 과장하는 데 불과한 경우(대법원 1973.12.26, 73도2771; 1983.1.18, 82도2170; 1986.7.22, 86도582; 1987.6.9, 87도1029; 1996.5.31, 96도771; 2003.1.24, 2002도5939; 2004.12.9, 2004도2212; 2007.9.20, 2007도4450; 2008.5.29, 2006도6347; 2010.11.11, 2008도7451). [경찰간부 16 / 국가9급 18 / 법원9급 07(상) / 법원9급 17]
2	상대방의 범행에 공범으로 가담한 사람이 이를 숨긴 채 상대방을 고소한 경우(고소내용이 결국 상대방의 범행 부분에 관한 한 진실에 부합함)(대법원 2008.8.21, 2008도3754). [경찰채용 14 1차 / 경찰간부 12 · 13 / 국가7급 13 / 법원9급 09 · 16 / 법원행시 09 · 12 / 사시 10]

1 대법원 1981.6.23, 80도1049

절도죄의 고소사실이 인정되지 아니하나 권리행사 방해죄가 인정되는 경우에 무고죄의 성부(소극)

피고소인이 피고인 소유의 원목을 절취하였다는 고소사실 중 동 원목이 피고인 소유가 아니라 피고소인 소유이어서 절도죄를 구성하지 아니하여도 피고소인의 소위가 권리행사방해죄를 구성하는 때에는 피고인의 고소를 무고라고 할 수 없다.

2 대법원 1987.6.9, 87도1029

주관적 법률평가의 잘못으로 인한 고소와 무고죄의 성부

고소인이 甲에게 대여하였다가 이미 변제받은 금원에 관하여 甲이 이를 수개월간 변제치 않고 있었던

점을 들어 위 금원을 착복하였다는 표현으로 고소장에 기재하였다 하여도 이것이 甲으로부터 아직 변제받지 못한 나머지 금원에 관한 고소내용의 정황을 과장한 것이거나 또는 주관적 법률평가를 잘못하였음에 지나지 아니한 것이라면 특별의 사정이 없는 한 이로써 허위의 사실을 들어 고소하였다고 단정할 수는 없다.

3 대법원 1996.5.31, 96도771; 1986.7.22, 86도582
다소 과장한 것에 불과하므로 허위의 사실을 신고한 것이라 단정하기 어렵다고 본 사례
폭행을 당하지는 않았더라도 그와 다투는 과정에서 시비가 되어 서로 허리띠나 옷을 잡고 밀고 당기면서 평소에 좋은 상태가 아니던 요추부에 경도의 염좌증세가 생겼을 가능성이 충분히 있다면 피고인의 구타를 당하여 상해를 입었다는 내용의 고소는 다소 과장된 것이라고 볼 수 있을지언정 이를 일컬어 무고죄의 처벌대상인 허위사실을 신고한 것이라고 단정하기는 어렵다. [국가7급 08]

4 대법원 2004.12.9, 2004도2212; 2011.1.13, 2010도14028; 2011.9.8, 2011도3489[583]
변제의사와 능력의 유무에 관하여 기망하였다는 내용으로 고소한 경우라면, 차용금의 용도를 묵비하거나 실제와 달리 신고였다 하여도 무고죄는 성립하지 않는다는 사례
① 금원을 대여한 고소인이 차용금을 갚지 않는 차용인을 사기죄로 고소함에 있어서, 피고소인이 차용금의 용도를 사실대로 이야기하였더라면 금원을 대여하지 않았을 것인데 차용금의 용도를 속이는 바람에 대여하였다고 주장하는 사안이라면 그 차용금의 실제용도는 사기죄의 성부에 영향을 미치는 것으로서 고소사실의 중요한 부분이 되고 따라서 그 실제용도에 관하여 고소인이 허위로 신고를 할 경우에는 그것만으로도 무고죄에 있어서의 허위의 사실을 신고한 경우에 해당한다 할 것이나, ② 단순히 차용인이 변제의사와 능력의 유무에 관하여 기망하였다는 내용으로 고소한 경우에는 차용금의 용도와 무관하게 다른 자료만으로도 충분히 차용인의 변제의사나 능력의 유무에 관한 기망사실을 인정할 수 있는 경우도 있을 것이므로 고소인이 차용금의 '용도'를 묵비하거나 그 차용금의 실제 용도에 관하여 사실과 달리 신고하였다 하더라도 그것만으로는 범죄사실의 성부에 영향을 줄 정도의 중요한 부분을 허위로 신고하였다고 할 수 없는 것이다. … 이와 같은 법리는 고소인이 차용사기로 고소할 때 묵비하거나 사실과 달리 신고한 차용금의 실제 용도가 도박자금이었더라도 달리 볼 것은 아니다.
[경찰승진 14 / 법원9급 22 / 사시 13·14]

5 대법원 2014.2.13, 2011도15767
신고사실의 진실성을 인정할 수 없는 경우와 무고죄의 허위
무고죄는 타인으로 하여금 형사처분이나 징계처분을 받게 할 목적으로 신고한 사실이 객관적 진실에 반하는 허위사실인 경우에 성립되는 범죄이므로 신고한 사실이 객관적 진실에 반하는 허위사실이라는 점에 관하여는 적극적인 증명이 있어야 하며, 신고사실의 진실성을 인정할 수 없다는 점만으로 곧 그 신고사실이 객관적 진실에 반하는 허위사실이라고 단정하여 무고죄의 성립을 인정할 수는 없고, 이는 수표금액의 지급 또는 거래정지처분을 면할 목적으로 금융기관에 거짓 신고를 하는 경우에 성립하는 부정수표 단속법 제4조 위반죄에서도 마찬가지이다. [경찰채용 18 1차]

6 대법원 2019.7.11, 2018도2614
성폭행 고소에 관하여 무고죄가 성립하는지가 문제된 사건
피해자임을 주장하는 자가 성폭행 등의 피해를 입었다고 신고한 사실에 대하여 증거불충분 등을 이유로

---

583 보충 피고인이 돈을 갚지 않는 甲을 차용금 사기로 고소하면서 대여금의 용도에 관하여 '도박자금'으로 빌려준 사실을 감추고 '내비게이션 구입에 필요한 자금'이라고 허위 기재하고, 대여의 일시·장소도 사실과 달리 기재하여 신고한 데 대하여 무고죄의 성립을 부정한 사례이다. [경찰채용 12 1차 / 법원행시 13]

불기소처분되거나 무죄판결이 선고된 경우 반대로 이러한 신고내용이 객관적 사실에 반하여 무고죄가 성립하는지 여부를 판단할 때에도 마찬가지로 고려되어야 한다. 따라서 성폭행 등의 피해를 입었다는 신고사실에 관하여 불기소처분 내지 무죄판결이 내려졌다고 하여, 그 자체를 무고를 하였다는 적극적인 근거로 삼아 신고내용을 허위라고 단정하여서는 아니 됨은 물론, 개별적, 구체적인 사건에서 피해자임을 주장하는 자가 처하였던 특별한 사정을 충분히 고려하지 아니한 채 진정한 피해자라면 마땅히 이렇게 하였을 것이라는 기준을 내세워 성폭행 등의 피해를 입었다는 점 및 신고에 이르게 된 경위 등에 관한 변소를 쉽게 배척하여서는 아니 된다.

판례연구   **형사처분 · 징계처분의 원인이 될 만한 사실이 아닌 사례**

1 대법원 1970.3.24, 69도2330

허위사실을 신고한 경우라도 그 사실이 사면되어 공소권이 소멸된 것이 분명한 때에는 무고죄는 성립되지 아니한다.

2 대법원 2008.1.24, 2007도9057[584]; 2017.5.30, 2015도15398

허위로 신고한 사실 자체가 신고 당시 형사범죄를 구성하지 않는 경우 무고죄가 성립하지 아니한다는 사례

타인으로 하여금 형사처분 또는 징계처분을 받게 할 목적으로 공무소 또는 공무원에 대하여 허위의 사실을 신고하는 때에 무고죄가 성립한다(형법 제156조). 무고죄는 부수적으로 개인이 부당하게 처벌받거나 징계를 받지 않을 이익도 보호하나, 국가의 형사사법권 또는 징계권의 적정한 행사를 주된 보호법익으로 한다. 타인에게 형사처분을 받게 할 목적으로 '허위의 사실'을 신고한 행위가 무고죄를 구성하기 위해서는 신고된 사실 자체가 형사처분의 대상이 될 수 있어야 하므로, 가령 허위의 사실을 신고하였더라도 신고 당시 그 사실 자체가 형사범죄를 구성하지 않으면 무고죄는 성립하지 않는다.

[국가7급 09 / 법원9급 16]

사례연구   **방배동 카페 이중임대차 사례**

甲은 1998.5.8. 乙로부터 서울 서초구 방배동 소재 다방을 임대차보증금 1,000만 원, 월차임 70만 원, 임차기간 1998.5.10.부터 12개월로 정하여 임차하여 그와 내연의 관계에 있던 丙으로 하여금 위 다방을 운영하도록 하던 중 같은 달 18. 乙은 丙과 통정하여 甲을 배제시킬 의도로 甲 모르게 임차인을 丙으로 하는 임대차계약서를 다시 작성하였다(㉠). 이에 甲은 乙을 상대로 임대차보증금반환청구를 하였는데 乙은 새로 작성된 임대차계약서를 제시하면서 그 반환을 거절하였다(㉡). 이에 甲은 법원에 임대차보증금반환청구의 소(민사소송)를 제기하였다가 여기에서도 패소하였다. 그러자 甲은 2001.7.25. 서울 동대문구 장안동 소재 현대부동산에서 "乙과 丙이 통정하여 1998.5.18. 甲 모르게 임차인을 丙으로 하는 임대차계약서를 다시 작성하여 甲의 임대차 보증금 1,000만 원과 권리금 800만 원 합계 1,800만 원을 편취하였다."는 취지의 고소장을 작성한 후 같은 달 27. 서울 서초구 방배동 소재 방배경찰서 민원실에서 같은 경찰서장 앞으로 이를 제출 · 접수하게 하였다(㉢). ㉢의 행위에

---

584 판례 : 甲은 乙로부터 파커수성볼심 4,004개를 인수한 후 백지에 숫자 '4004'를 기재하고 영문으로 甲의 서명을 하였다. 이렇게 甲은 위와 같이 백지에 숫자 '4004'와 甲의 영문 서명을 하였을 뿐인데 乙이 함부로 문구를 추가 기재하여 이 사건 인수증을 위조하였다는 취지로 甲은 乙을 문서위조 · 변조죄로 고소하였다. 그런데 乙이 이 사건 문구를 추가 기재하였다고 하더라도 이로써 별개의 새로운 문서를 만들어내거나 그 내용에 전혀 영향을 미쳤다고 할 수 없는 경우이었다. 그렇다면 甲이 乙을 고소한 행위는 무고죄를 구성하지 않는다.

대하여 만일 甲이 乙과 丙 사이의 1998.5.18.자 임대차계약서의 작성을 승낙하였음에도 불구하고 마치 승낙을 하지 않은 것처럼 허위의 사실을 신고하여 乙과 丙의 처벌을 구하는 위와 같은 고소를 하였다면, 이는 형법 제156조의 무고죄를 구성하는가?

해결 무고죄를 구성하지 않는다.

판례 乙과 丙의 새로운 임대차계약서 작성행위 자체는 甲의 명의를 모용한 바 없기 때문에 사문서위조죄를 구성하지 않으며, 乙이 임대차보증금의 반환을 거부하는 것은 민사상 채무불이행책임을 지는 것은 별론 으로 하고 횡령죄나 배임죄가 성립할 수 없고, 乙과 丙이 甲을 상대로 기망행위를 한 것을 인정할 수 없으니 사기죄가 성립하지도 않는다. 따라서 피고인 甲의 고소사실이 위와 같다면 그 사실 자체가 그 고소사실 자체가 사문서위조, 횡령이나 배임, 사기 기타 형사범죄로 구성되지 아니하기 때문에, 설사 허위사실을 신고한 경우라도 하더라도 무고죄는 성립하지 않는다(대법원 2002.11.8, 2002도3738). [법원행 시 05·09]

사례연구 송이채취권 이중양도 사례

고소장의 기재 내용을 살펴보면 甲이 A를 고소한 취지는, "피고소인 A는 1998년 11월 3일 피고인 甲과의 사이에 甲이 1999년부터 2008년까지 10년간 A 소유의 이 사건 전답을 경작·관리함과 아울러 이 사건 임야에 자생하는 송이를 채취하고, A에게 그 대가를 지급하기로 하는 내용의 토지경작관리계 약을 체결하였는데, A가 2002년 7월경 B·C에게 이 사건 임야에 자생하는 송이의 채취권을 이중으로 넘겨주어 甲으로 하여금 손해를 입게 하였으므로 A를 엄벌하여 달라."라는 것임을 알 수 있다. 그렇다 면 위 사실은 허위임이 판명되었다. 甲의 행위는 무고죄를 구성하는가?

해결 피고인의 고소사실이 위와 같다면, 위와 같이 장차(1999년부터 2008년까지의 기간 동안) 이 사건 임야에 서 자생하게 될 송이를 채취할 수 있는 권리를 피고인에게 양도한 공소외 1이 피고인의 송이채취를 방해하지 않아야 할 의무는 민사상의 채무에 지나지 아니하여 이를 타인의 사무로 볼 수 없고, 따라서 비록 공소외 1이 위 송이채취권을 이중으로 양도하였다고 하더라도 횡령죄나 배임죄 기타 형사범죄를 구성하지는 않는다고 할 것이므로, 형사범죄가 되지 아니하는 내용의 허위사실을 피고인이 신고하였다 하여도 피고인에 대한 무고죄는 성립할 수 없다고 할 것이다(대법원 2007.4.13, 2006도558). [국가7급 16 / 법원9급 17 / 사시 14]

사례연구 임대차보증금 전액을 돌려주지 않기 위해 불법체류자로 고발하였다는 고소

甲이 작성한 고소장의 기재 내용은 '甲은 乙에게 주택의 임대차보증금으로 950만 원을 지급하였는데, 乙은 900만 원만 받았다고 주장하면서 임대차보증금 전액을 돌려주지 않기 위해 중국 국적의 甲을 불법체류자로 고발하였다'는 것이다. 위 내용 중 乙은 950만 원을 받은 것이 사실이어서 900만 원만 받았다고 주장한 부분은 허위사실에 해당한다. 甲에게는 무고죄가 성립하는가?

해결 성립하지 않는다.

판례 타인에게 형사처분을 받게 할 목적으로 허위의 사실을 신고한 행위가 무고죄를 구성하기 위하여는 신고 된 사실 자체가 형사처분의 원인이 될 수 있어야 할 것이어서, 가령 허위의 사실을 신고하였다 하더라도 그 사실 자체가 횡령죄, 배임죄 기타 형사범죄로 구성되지 아니한다면 무고죄는 성립하지 아니한다(대법 원 1992.10.13, 92도1799; 2007.4.13, 2006도558; 2013.9.26, 2013도6862[585]).

---

585 **보충** : ① 우선 임대차보증금이 있는 임대차계약에 있어 임대인은 임차인으로 하여금 목적물을 사용·수익하게 할 의무와 임대차가 종료한 경우 임대차보증금 중 연체차임 등 당해 임대차에 관하여 명도시까지 생긴 임차인의 채무를 청산한 나머지 금액을 반환할 사법상의 의무만 있을 뿐, 임차인을 위하여 임대차보증금을 보관하거나 임차인의 사무를 처리하는 지위에 있지 아니하므로, 설령

판례연구   **공소시효 또는 친고죄의 고소기간 경과와 무고죄의 성부에 관한 판례**

1 대법원 1995.12.5, 95도1908

공소시효와 무고죄의 성부 : 무고죄 ○

피고인은 피고소인들이 공모하여 건축법 위반범죄를 저지른 사실이 없음에도 불구하고 그와 같은 건축법 위반행위를 하였다고 허위로 고소한 사실을 충분히 인정할 수 있고, 객관적으로 고소사실에 대한 공소시효가 완성되었더라도 고소를 제기하면서 마치 공소시효가 완성되지 아니한 것처럼 고소한 경우에는 국가기관의 직무를 그르칠 염려가 있으므로 무고죄를 구성한다고 할 것이다. [경찰간부 13·16 / 경찰승진 11 / 법원행시 07·10·14 / 사시 16]

2 대법원 1982.3.23, 81도2617; 1985.5.28, 84도2919; 1994.2.8, 93도3445[586]

공소시효와 무고죄의 성부 : 무고죄 ×

타인으로 하여금 형사처분을 받게 할 목적으로 공무소에 대하여 허위의 사실을 신고하였다고 하더라도, 신고된 범죄사실에 대한 공소의 시효가 완성되었음이 그 신고의 내용 자체에 의하여 분명한 경우에는 형사처분의 대상이 되지 않는 것이므로, 무고죄가 성립하지 아니한다. [경찰채용 12 3차 / 경찰승진 16 / 법원행시 14]

판례연구   **무고죄의 신고에 해당하는 사례**

대법원 1996.2.9, 95도2652

무고죄에 있어서의 신고는 자발적인 것이어야 하고 수사기관 등의 추문에 대하여 허위의 진술을 하는 것은 무고죄를 구성하지 않는 것이지만, 당초 고소장에 기재하지 않은 사실을 수사기관에서 고소보충조서를 받을 때 자진하여 진술하였다면 이 진술 부분까지 신고한 것으로 보아야 한다. [경찰승진 13 / 사시 16]

판례연구   **무고죄의 신고에 해당하지 않는 사례**

대법원 2005.12.22, 2005도3203

고발사건의 참고인이 수사기관의 추문에 대하여 허위진술을 한 사례

무고죄에 있어서의 신고는 자발적인 것이어야 하고 수사기관 등의 추문에 대하여 허위의 진술을 하는 것은 무고죄를 구성하지 않는 것이지만, [경찰채용 14 1차 / 국가9급 12 / 법원9급 07(상) / 법원행시 08·12] 참고인의 진술

피고인이 공소외인에게 이 사건 주택에 관한 임대차보증금으로 950만 원을 지급하였는데, 공소외인이 900만 원을 받았다고 주장하며 900만 원을 초과하는 임대차보증금의 반환을 거부하였더라도 횡령죄나 배임죄가 성립하지 아니한다. 또한, ② 피고인이 고소장에 기재한 고소 내용에 의하면, 피고인은 자신이 불법체류자라는 사실을 스스로 밝히고 있음을 알 수 있고, 한편 공소외인은 피고인을 불법체류자로 고발한다고 하여 피고인에 대한 임대차보증금의 반환의무를 면할 수도 없으므로, 설령 공소외인이 임대차보증금 전액을 돌려주지 않겠다는 내심의 의사를 가지고 피고인을 불법체류자로 고발하였더라도 어떠한 형사범죄로 구성되지 아니한다. 그렇다면, 설령 피고인의 공소외인에 대한 고소가 허위 사실의 신고에 해당한다고 하더라도, 그 고소 사실 자체가 횡령죄, 배임죄 기타 형사범죄로 구성되지 아니하는 이상 피고인의 무고죄가 성립한다고 할 수 없다(위 판례).

[586] **보충** : 이 사건 공소장에 기재된 공소사실의 요지는 피고인이 1992.1. 하순경 춘천지방검찰청 속초지청에서 "공소외 오○○가 1978.6.4. 13:00경에 피고인 명의의 기증약정서를 위조하였다."는 취지의 고소장을 작성·접수시켜 오○○를 무고하였다는 것인데, 피고인이 신고하였다는 범죄사실은 사문서위조죄에 해당하는 것으로서, 형법 제231조와 형사소송법 제249조 제1항 제4호에 의하면 그 공소시효의 기간이 5년임이 명백하고, 따라서 피고인이 고소한 내용 자체에 의하더라도 고소할 당시에 이미 공소의 시효가 완성되었음이 역수상 명백하므로, 피고인이 고소한 사실이 허위라고 하더라도 무고죄가 성립하지 않는다(대법원 1994. 2.8, 93도3445).

이 수사기관 등의 추문에 의한 것인지 여부는 수사가 개시된 경위, 수사의 혐의사실과 참고인의 진술의 관련성 등을 종합하여 판단하여야 한다.

판례연구　　**무고죄의 기수시기 관련 판례**

1 대법원 1983.9.27, 83도1975
무고죄의 성립과 신고를 받은 공무원의 수사착수 여부와의 관계
무고죄는 타인으로 하여금 형사처분을 받게 할 목적으로 수사기관에 신고함으로써 성립하고 그 신고를 받은 공무원이 수사에 착수하였는지의 여부는 그 범죄의 성립에 영향을 주지 않는다. [경찰간부 13]

2 대법원 1985.2.8, 84도2215
허위내용의 고소장을 경찰관에게 제출하였다가 반환 받은 경우, 무고죄의 성부.
피고인이 최초에 작성한 허위내용의 고소장을 경찰관에게 제출하였을 때 이미 허위사실의 신고가 수사기관에 도달되어 무고죄의 기수에 이른 것이라 할 것이므로 그 후에 그 고소장을 되돌려 받았다 하더라도 이는 무고죄의 성립에 아무런 영향이 없다. [경찰채용 12 1차/경찰승진 16/국가7급 16/법원9급 09/사시 11]

3 대법원 2008.3.27, 2007도11153
신고시를 기준으로 무고죄의 성립 여부를 판단해야 한다는 사례
신고된 범죄사실이 이미 공소시효가 완성되어 무고죄가 성립하지 않는 경우인지 여부를 판단하기 위한 기준시점은 신고시이다. (따라서) 범행일시를 특정하지 않은 고소장을 제출한 후, 고소보충진술시에 범죄사실의 공소시효가 아직 완성되지 않은 것으로 진술한 피고인이 그 이후 검찰이나 제1심 법정에서 다시 범죄의 공소시효가 완성된 것으로 정정 진술한 경우, 이미 고소보충진술시에 무고죄가 성립하였다고 보아야 한다.587 [국가7급 21 / 사시 16]

판례연구　　**무고죄의 추상적 위험범적 성질**

1 대법원 1989.9.26, 88도1533
위증혐의로 고소·고발한 사실 중 재판결과에 영향이 없는 사실만이 허위인 경우 무고죄의 성부(적극)
위증죄는 진술내용이 당해 사건의 요증사항이 아니거나 재판의 결과에 영향을 미친 바 없더라도 선서한 증인이 그 기억에 반하여 허위의 진술을 한 경우에는 성립되어 그 죄책을 면할 수 없으므로, 위증으로 고소, 고발한 사실 중 위증한 당해사건의 요증사항이 아니고 재판결과에 영향을 미친 바 없는 사실만이 허위라고 인정되더라도 무고죄의 성립에는 영향이 없다. [경찰승진 13·16]

2 대법원 2017.5.30, 2015도15398
허위로 신고한 사실이 무고행위 당시 형사처분의 대상이 될 수 있었으나 이후 형사범죄가 되지 않는 것으로 판례가 변경된 경우, 이미 성립한 무고죄에는 원칙적으로 영향을 미치지 않는다는 사례
타인에게 형사처분을 받게 할 목적으로 '허위의 사실'을 신고한 행위가 무고죄를 구성하기 위해서는 신고된 사실 자체가 형사처분의 대상이 될 수 있어야 하므로, 가령 허위의 사실을 신고하였더라도

---

587 **판례** : 甲은 乙의 폭행일시를 특정하지 아니한 고소장을 2005.6.28.경 수서경찰서 민원실에 제출, 접수한 후, 고소인 보충진술시에 그 폭행일시를 2003.3.경으로 특정하였다. 그런데 乙이 폭행하였다는 것은 허위사실이었다. (참고로 폭행죄의 공소시효기간은 3년이라고 생각할 것) 그런데 甲은 그 이후 검찰이나 제1심 법정에서 위 乙의 폭행일시를 2002. 3.로 정정하여 진술하였다. 甲의 행위는 무고죄를 구성한다. [국가7급 21]

신고 당시 그 사실 자체가 형사범죄를 구성하지 않으면 무고죄는 성립하지 않는다. 그러나 허위로 신고한 사실이 무고행위 당시 형사처분의 대상이 될 수 있었던 경우에는 국가의 형사사법권의 적정한 행사를 그르치게 할 위험과 부당하게 처벌받지 않을 개인의 법적 안정성이 침해될 위험이 이미 발생하였으므로 무고죄는 기수에 이르고, 이후 그러한 사실이 형사범죄가 되지 않는 것으로 판례가 변경되었더라도 특별한 사정이 없는 한 이미 성립한 무고죄에는 영향을 미치지 않는다. [경찰간부 18]

> **보충** 여기서 판례가 변경된 부분은, 이 사건 고소와 조사 당시의 대법원 판례가 '채권담보로 부동산에 관한 대물변제예약을 체결한 채무자가 대물로 변제하기로 한 부동산을 처분한 경우 배임죄가 성립한다.'고 보았으나(대법원 2000.12.8, 2000도4293 등), 대법원은 2014.8.21. 선고한 전원합의체 판결로 판례를 변경하여 위와 같은 경우에 배임죄가 성립하지 않는다(대법원 2014.8.21, 2014도3363 전원합의체 판결)고 한 부분이다.

판례연구 **무고죄의 미필적 고의가 인정되는 사례**

1 대법원 1986.12.9, 85도2482
종중의 사고수습대책회의가 종묘관리인의 채무를 면제하여 주는 결의를 할 적법한 권한은 없다 하더라도 피고소인은 위 회의의 결의에 따라 종묘관리인의 채무를 면제하여 준 것인데 피고인이 이를 알고 있었음에도 불구하고 진실이라는 확신 없이 위 피고소인이 공소외인으로부터 금원을 받고 임의로 결손처분하였다고 고소하였다면 금전수수의 대가로 채무면제를 하여 주었다는 점에 대하여 수사기관으로 하여금 수사권을 발동하도록 함에 충분하므로 피고인의 위와 같은 소위는 무고죄를 구성한다.

2 대법원 1995.3.17, 95도162
자신의 간통행위가 유죄로 인정된 경우 그 간통행위를 고소한 고소인을 허위사실의 신고라 하여 무고죄로 고소한 피고인에게는 자신의 신고사실이 허위라는 인식이 있다.

3 대법원 2006.5.25, 2005도4642
무고죄에 있어서의 범의는 반드시 확정적 고의임을 요하지 아니하고 미필적 고의로서도 족하다 할 것이므로 [경찰간부 12] 무고죄는 신고자가 진실하다는 확신 없는 사실을 신고함으로써 성립하고 그 신고사실이 허위라는 것을 확신함을 필요로 하지 않는다. [국가7급 14 / 법원행시 13]

4 대법원 2006.9.22, 2006도4255[588]
무고죄에 있어서 허위사실의 신고라 함은 신고사실이 객관적 사실에 반한다는 것을 확정적이거나 미필적으로 인식하고 신고하는 것을 말하는 것이므로 객관적 사실과 일치하지 않는 것이라도 신고자가 진실이라고 확신하고 신고하였을 때에는 무고죄가 성립하지 않는다고 할 것이나, [법원행시 10] 여기에서 진실이라고 확신한다 함은 신고자가 알고 있는 객관적인 사실관계에 의하더라도 신고사실이 허위라거나 또는 허위일 가능성이 있다는 인식을 하지 못하는 경우를 말하는 것이지, 신고자가 알고 있는 객관적 사실관계에 의하여 신고사실이 허위라거나 허위일 가능성이 있다는 인식을 하면서도 이를 무시한 채 무조건 자신의 주장이 옳다고 생각하는 경우까지 포함되는 것은 아니다(대법원 2000.7.4, 2000도1908,2000감도62). [사시 16]

---

588 판례 : 甲은 자신의 처 乙이 A, B, C 등과 각 간통하였으니 처벌해 달라는 취지의 고소장을 수사기관에 제출하였다. 그런데 甲은 인터넷에서 내려받은 동영상에 등장하는 여자가 乙이라고 판단하여 고소한 것이라고 하지만, 甲이 고소장에 첨부한 동영상 출력 화면의 사진들에 등장하는 여성이 乙인지 여부를 알 수 없고 동영상 CD 자체를 검증하여 보아도 동영상에 등장하는 여성이 乙인지 여부를 알 수 없었고 오히려 일부 영상에서는 乙이 아닌 것으로 보이기도 하였다. 또한 甲이 乙과 상간한 자들의 정액이 묻은 것이라며 검찰에 제출한 휴지에 대하여 감정을 실시한 결과 오히려 甲 자신의 정액이 검출되었다. 甲의 행위는 무고죄를 구성한다(대법원 2006.9.22, 2006도4255).

5 대법원 2007.3.15, 2006도9453

고소당한 범죄가 유죄로 인정되는 경우 고소를 당한 사람이 고소인에 대하여 '고소당한 죄의 혐의가 없는 것으로 인정된다면 고소인이 자신을 무고한 것에 해당하므로 고소인을 처벌해 달라.'는 내용의 고소장을 제출하였다면 설사 그것이 자신의 결백을 주장하기 위한 것이라고 하더라도 방어권의 행사를 벗어난 것으로서 고소인을 무고한다는 고의를 인정할 수 있다.⁵⁸⁹ [경찰채용 12 3차 / 경찰승진 11·13·14·17 / 국가7급 21 / 법원행시 08·09 / 사시 14]

판례연구 **무고죄의 미필적 고의가 인정되지 않는 사례**

1 대법원 1996.3.26, 95도2998

진실한 객관적인 사실들에 근거하여 고소인이 피고소인의 주관적인 의사에 관하여 갖게 된 의심을 고소장에 기재하였을 경우에 법률 전문가가 아닌 일반인의 입장에서 볼 때 그와 같은 의심을 갖는 것이 충분히 합리적인 근거가 있다고 볼 수 있다면, 비록 그 의심이 나중에 진실하지 않는 것으로 밝혀졌다고 하여 곧바로 고소인에게 무고의 미필적 고의가 있었다고 단정해서는 안 된다. [사시 14]

2 대법원 1998.9.8, 98도1949

고소내용이 사실에 기초하여 그 정황을 다소 과장한 사례

무고죄는 타인으로 하여금 형사처분 또는 징계처분을 받게 할 목적으로 공무소 또는 공무원에 대하여 허위의 사실을 신고하는 때에 성립하는 것인데, 여기에서 허위사실의 신고라 함은 신고사실이 객관적 사실에 반한다는 것을 확정적이거나 미필적으로 인식하고 신고하는 것을 말하는 것으로서, 설령 고소 사실이 객관적 사실에 반하는 허위의 것이라 할지라도 그 허위성에 대한 인식이 없을 때에는 무고에 대한 고의가 없다. (따라서) 고소내용이 터무니 없는 허위사실이 아니고 사실에 기초하여 그 정황을 다소 과장한 데 지나지 아니한 경우에는 무고죄가 성립하지 아니한다.

판례연구 **무고죄의 목적 관련 판례**

1 대법원 1991.5.10, 90도2601

무고죄의 목적은 미필적 인식이면 족하다는 사례

형사처분·징계처분을 받게 할 목적은 허위신고를 함에 있어서 다른 사람이 그로 인하여 형사·징계처분을 받게 될 것이라는 인식이 있으면 족한 것이고 그 결과발생을 희망하는 것을 요하는 것은 아닌바, [법원9급 07(하) / 법원9급 16 / 법원행시 08] 피고인이 고소장을 수사기관에 제출한 이상 그러한 인식은 있었다 할 것이니 피고인이 고소를 한 목적이 피고소인들을 처벌받도록 하는 데에 있지 아니하고 단지 회사 장부상의 비리를 밝혀 정당한 정산을 구하는 데에 있다 하여 무고의 고의가 없다 할 수 없다. [법원9급 07(하) / 법원행시 16]

2 대법원 1995.12.12, 94도3271; 2007.4.26, 2007도1423

고소를 한 목적이 상대방을 처벌받도록 하는 데 있지 않고 시비를 가려 달라는 데에 있다고 하여 무고죄의 고의가 없다고 할 수 없으며, 그가 신문사의 대표이사로서 위 신문사 수습대책위원회의 요구에 따라 수동적으로 행동한 것이라고 하여도 무고죄의 성립에는 지장이 없다. [국가9급 20 / 법원행시 14]

---

589 **판결이유** : 원심이 피고인을 미성년자의제강간미수죄로 고소한 피해자의 아버지에 대하여 자신의 혐의가 없다고 밝혀질 경우 무고로 처벌해달라는 취지로 고소한 이 사건 공소사실을 무고죄에 해당한다고 판단하여 피고인에게 무죄를 선고한 제1심판결을 취소하고 유죄를 선고한 것은 이와 같은 법리에 비추어 정당하다.

3 대법원 2005.9.30, 2005도2712

甲이 乙의 승낙을 받고 乙로부터 차용금 피해를 당한 것처럼 허위사실을 담은 고소장을 수사기관에 제출한 경우, 甲이 乙에 대한 형사처분까지 의욕한 것은 아니라 하더라도 적어도 그러한 결과발생에 대한 미필적 인식은 있었던 것으로 인정되기 때문에 무고죄가 성립한다.⁵⁹⁰ [국가7급 09·10/경찰승진 14·16/법원9급 07(상)/법원9급 07(하)/법원9급 09·17·22/법원행시 06·08·13·14·16/변호사시험 13·14]

4 대법원 2014.3.13, 2012도2468

허위 내용의 고소장을 수사기관에 제출한 고소인에게는 무고죄의 형사처분 또는 징계처분을 받게 할 목적이 인정된다.

5 대법원 2014.7.24, 2014도6377

사립학교 교원에 대한 학교법인 등의 징계처분은 형법 제156조의 '징계처분'에 포함되지 아니한다는 사례

형법 제156조는 타인으로 하여금 형사처분 또는 징계처분을 받게 할 목적으로 공무소 또는 공무원에 대하여 허위의 사실을 신고한 자를 처벌하도록 정하고 있다. 여기서 '징계처분'이란 공법상의 감독관계에서 질서유지를 위하여 과하는 신분적 제재를 말한다. [법원행시 16] (그런데) 학교법인 등의 사립학교 교원에 대한 인사권의 행사로서 징계 등 불리한 처분은 사법적 법률행위의 성격을 가진다. 형벌법규의 해석은 엄격하여야 하고, 명문의 형벌법규의 의미를 피고인에게 불리한 방향으로 지나치게 확장해석하거나 유추해석하는 것은 죄형법정주의의 원칙에 어긋나는 것으로서 허용되지 않으므로, 사립학교 교원에 대한 학교법인 등의 징계처분은 형법 제156조의 '징계처분'에 포함되지 않는다고 해석함이 옳다. (따라서) 피고인이 사립대학교 교수인 피해자들로 하여금 징계처분을 받게 할 목적으로 국민권익위원회에서 운영하는 범정부 국민포털인 국민신문고에 민원을 제기한 경우, 피해자들은 사립학교 교원이므로 피고인의 행위는 무고죄에 해당하지 않는다.⁵⁹¹ [경찰채용 18 1차]

6 무고죄의 타인으로 하여금 형사처분·징계처분을 받게 할 목적 정리

자기무고	① 본죄의 구성요건해당성이 없다. [법원행시 07] ② 그러나 판례에 의하면, 피무고자의 교사·방조 하에 제3자가 피무고자에 대한 허위의 사실을 신고한 경우에는 제3자의 행위는 무고죄의 구성요건에 해당하여 무고죄를 구성하므로, 제3자를 교사·방조한 피무고자도 교사·방조범으로서의 죄책을 부담한다(대법원 2008.10.23, 2008도4852). [경찰채용 12 1차/국가7급 12/법원9급 09·13/법원승진 12/법원행시 09·10·11·12/사시 11·12·13·16/변호사시험 17]
공동무고	타인에 대한 부분에 관해서만 무고죄가 성립한다.
승낙무고	본죄의 주된 보호법익은 국가의 심판기능의 적정이기 때문에 무고죄가 성립한다(대법원 2005.9.30, 2005도2712).⁵⁹² [경찰승진 14·16/국가9급 11/국가7급 09·10/법원9급 07(상)/법원9급 07(하)/법원9급 09·17/법원행시 06·08·13·14·16/변호사시험 13·14]
허무인·사자에 대한 무고	국가의 심판기능이 침해되거나 피무고자를 해할 위험이 없기 때문에 무고죄가 성립하지 않는다(통설). [법원행시 06·07]

---

590 **보충** : 피무고자의 승낙이 있었다는 점은 중요하지 않다. 왜냐하면 무고죄는 국가의 형사사법권 또는 징계권의 적정한 행사를 주된 보호법익으로 하고 개인의 부당하게 처벌 또는 징계받지 아니할 이익을 부수적으로 보호하는 죄이기 때문이다. 따라서 설사 무고에 있어서 피무고자의 승낙이 있었다고 하더라도 무고죄의 성립에는 영향을 미치지 못한다 할 것이다.

591 **판례** : 사립학교 교원은 학교법인 또는 사립학교경영자가 임면하고(사립학교법 제53조, 제53조의2), 그 임면은 사법상 고용계약에 의하며, 사립학교 교원은 학생을 교육하는 대가로 학교법인 등으로부터 임금을 지급받으므로 학교법인 등과 사립학교 교원의 관계는 원칙적으로 사법상 법률관계에 해당한다. 비록 임면자가 사립학교 교원의 임면에 대하여 관할청에 보고하여야 하고, 관할청은 일정한 경우 임면권자에게 해직 또는 징계를 요구할 수 있는 등(사립학교법 제54조) 학교법인 등에 대하여 국가 등의 지도·감독과 지원 및 규제가 행해지고, 사립학교 교원의 자격, 복무 및 신분을 공무원인 국·공립학교 교원에 준하여 보장하고 있지만, 이 역시 이들

7 대법원 2017.4.26, 2013도12592

자기 자신에 대한 무고죄의 공동정범의 성립을 부정한 사례

① 형법 제30조에서 정한 공동정범은 공동으로 범죄를 저지르려는 의사에 따라 공범자들이 협력하여 범행을 분담함으로써 범죄의 구성요건을 실현한 경우에 각자가 범죄 전체에 대하여 정범으로서의 책임을 지는 것이다. 범죄의 실행에 가담한 사람이라고 할지라도 그가 공동의 의사에 따라 다른 공범자를 이용하여 실현하려는 행위가 자신에게는 범죄를 구성하지 않는다면, 특별한 사정이 없는 한 공동정범의 죄책을 진다고 할 수 없다. ② 형법 제156조에서 정한 무고죄는 타인으로 하여금 형사처분 또는 징계처분을 받게 할 목적으로 허위의 사실을 신고하는 것을 구성요건으로 하는 범죄이다. 자기 자신으로 하여금 형사처분 또는 징계처분을 받게 할 목적으로 허위의 사실을 신고하는 행위, 즉 자기 자신을 무고하는 행위는 무고죄의 구성요건에 해당하지 않아 무고죄가 성립하지 않는다. 따라서 자기 자신을 무고하기로 제3자와 공모하고 이에 따라 무고행위에 가담하였더라도 이는 자기 자신에게는 무고죄의 구성요건에 해당하지 않아 범죄가 성립할 수 없는 행위를 실현하고자 한 것에 지나지 않아 무고죄의 공동정범으로 처벌할 수 없다. [경찰간부 18 / 국가7급 20 / 법원행시 17]

> **보충** 소극적 신분자라 하더라도 소극적 신분이 없는 자의 범행에 가공한 경우에는 당해 범행의 공범이 성립한다. 이는 신분 없는 자가 신분자의 범행에 가공한 경우 당해 범행의 공범이 성립한다는 제33조 본문이 적용되기 때문이다. 그런데 무고죄는 누구든지 허위신고를 행함으로써 성립하는 일반범이지 신분범이 아니므로, 제33조는 적용되지 않는다.

판례연구 **무고죄의 필요적 감면사유인 자백·자수 감면 특례 관련 판례**

1 대법원 1995.9.5, 94도755

무고죄의 자백·자수감면특례의 자백의 의미

무고죄에 있어서 형의 필요적 감면사유(형법 제157조, 제153조)에 해당하는 자백이란 자신의 범죄사실, 즉 타인으로 하여금 형사처분 또는 징계처분을 받게 할 목적으로 공무소 또는 공무원에 대하여 허위의 사실을 신고하였음을 자인하는 것을 말하고, 단순히 그 신고한 내용이 객관적 사실에 반한다고 인정함에 지나지 아니하는 것은 이에 해당하지 아니한다 [법원행시 14]

2 대법원 2018.8.1, 2018도7293

무고죄의 자백·자수감면특례의 재판확정 전의 의미위

형법 제157조, 제153조는 무고죄를 범한 자가 그 신고한 사건의 재판 또는 징계처분이 확정되기 전에 자백 또는 자수한 때에는 그 형을 감경 또는 면제한다고 하여 이러한 재판확정 전의 자백을 필요적 감경 또는 면제사유로 정하고 있다. 위와 같은 자백의 절차에 관해서는 아무런 법령상의 제한이 없으므로 그가 신고한 사건을 다루는 기관에 대한 고백이나 그 사건을 다루는 재판부에 증인으로 다시 출석하여 전에 그가 한 신고가 허위의 사실이었음을 고백하는 것은 물론 무고 사건의 피고인 또는 피의자로서 법원이나 수사기관에서의 신문에 의한 고백 또한 자백의 개념에 포함된다(대법원 1973.11.27, 73도 1639; 2012.6.14, 2012도2783 등). 또한 형법 제153조에서 정한 '재판이 확정되기 전'에는 피고인의 고소사건 수사 결과 피고인의 무고 혐의가 밝혀져 피고인에 대한 공소가 제기되고 피고소인에 대해서는 불기소결정이 내려져 재판절차가 개시되지 않은 경우도 포함된다.

사이의 법률관계가 사법상 법률관계임을 전제로 신분 등을 교육공무원의 그것과 동일하게 보장한다는 취지에 다름 아니다(위 판례).

592 **판례** : 무고죄는 국가의 형사사법권 또는 징계권의 적정한 행사를 주된 보호법익으로 한다. 다만, 개인의 부당하게 처벌 또는 징계받지 아니할 이익을 부수적으로 보호하는 죄이므로, 설사 무고에 있어서 피무고자의 승낙이 있었다고 하더라도 무고죄의 성립에는 영향을 미치지 못한다 할 것이다(대법원 2005.9.30, 2005도2712). [법원9급 09 / 법원행시 06·08·14 / 변호사시험 13]

APPENDIX

부록

APPENDIX

APPENDIX

APPENDIX

MEMO

MEMO